Vom Gewerbe- und Industrie-Kommentar als Gesamtwerk in Einzelbänden brachte der erste Band aus der Feder des Reichsgerichtsrats Dr. h. c. Erich Brodmann das Gesetz betr. die Gesellschaften mit beschränkter Haftung, der zweite Band das Scheckgesetz von Reichsgerichtsrat Rich. Michaelis. Der hohe Schatz des Wissens und die große praktische Erfahrung, die in den Senaten des höchsten deutschen Gerichtshofes im Laufe der Jahrzehnte zu einem *Κτῆμα εἰς ἀεί* geworden sind, haben sich schon Geltung und Anerkennung in Buchform verschafft, so bei dem BGB-Kommentar der Reichsgerichtsräte und bei dem Ebermayerschen Strafgesetz-Kommentar. An diese Werke knüpft der G. u. J. K. in Idee und Plan an; sein Inhalt geht noch tiefer hinein in die Einzelheiten des wirtschaftlichen Lebens und will also ein Reichsgerichtsräte-Kommentar nicht nur über gewerbliches und industrielles Recht, sondern auch für das Gewerbe und die Industrie sein.

Die Kommentare der einzelnen in diesem Gesamtwerk erläuterten Gesetze erscheinen insoweit als selbständige Bücher, als sie in sich abgeschlossene Bände bilden und ohne Bezugnahme auf Nachbarbände brauchbar sind. Trotz des Erscheinens in selbständig käuflichen Einzelbänden bleibt aber das ganze Unternehmen ein Werk von enger Zusammengehörigkeit — nicht nur, weil sein Verfasserkreis auf Herren vom Reichsgericht beschränkt ist, sondern auch weil die Themata der einzelnen Bände einander ergänzen werden.

Gewerbe- und Industrie-Kommentar
(GIK.)

Unter besonderer Berücksichtigung der Rechtsprechung
des Reichsgerichts

herausgegeben von

Senatspräsidenten und Räten des Reichsgerichts

unter Führung des

Senatspräsidenten Dr. h.c. H. Koenige

Band III.

Warenzeichenrecht

Kommentar

von

Senatspräsident

Dr. Alfred Hagens

Berlin und Leipzig 1927.

Walter de Gruyter & Co.

vormals G. J. Göschen'sche Verlagshandlung – J. Guttentag, Verlagsbuchhandlung – Georg Reimer – Karl J. Trübner – Veit & Comp.

Roßberg'sche Buchdruckerei in Leipzig.

Inhaltsverzeichnis.

	Seite
Bekanntmachung v. 7. 12. 23 (RGBl II 437)	1
Gesetz zum Schutze der Warenbezeichnungen	1
Patentgesetz	12
Gesetz, betr. den Schutz von Gebrauchsmustern	23
Nachtrag zum Abdruck der Gesetzestexte	25
Einleitung	28

Kommentar zum Warenzeichengesetz.

§ 1	36
§ 2	51
Anhang zu § 2: a) Bestimmungen v. 8. 9. 22	62
b) Erläuterung derselben	64
§ 3	65
§ 4	72
§ 5	112
§ 6	129
§ 6a	134
§ 7	134
Vorbemerkung zu §§ 8 und 9	144
§ 8	146
§ 9	152
Anhang zu § 9: Zivilrechtliche Löschungsgründe	164
§ 10	171
§ 11	179
§ 12	181
§ 13	209
§ 14	228
§ 15	242
§ 16	258
§ 17	267
§ 18	269
§ 19	271
§ 20	273
§ 21	303
§ 22	304
§ 23	304
§ 24	318
§ 24a—h	320
§ 25	326

Anhang:

A. Deutsche Gesetze.

I. Ausführungsverordnung zum Warenzeichengesetz v. 30. 6. 94	327
II. Ausführungsverordnung zum Patent- und Gebrauchsmustergesetz v. 11. 7. 91	328
III. Vereinfachungsverordnung v. 9. 3. 17	331
IV. Bekanntmachung und Gesetz betr. Wiedereinsetzung in den vorigen Stand, v. 10. 9. 14, v. 13. 4. 16 und v. 27. 4. 20	331
V. a) Gebührengesetz v. 27. 6. 22	332
b) Gebührengesetz v. 9. 7. 23	334
c) Gebührenverordnung v. 29. 10. 23	334
VI. Gebührengesetz v. 26. 3. 26	335

B. Internationale Verträge und dazugehörige deutsche Gesetze. Seite

I. Der Pariser Unionsvertrag.
a) Washingtoner Fassung 337
b) Haager Fassung 351
c) Ausführungsgesetz v. 31. 3. 13 368
d) Prioritätsbekanntmachung v. 8. 4. 13 369
e) Gesetz, betr. den Ausstellungsschutz v. 18. 3. 04 369
II. Madrider Abkommen über die Markenregistrierung.
a) Washingtoner Fassung 370
b) Ausführungsverordnung 374
c) Beitrittsgesetz v. 12. 7. 22 378
d) Verordnung v. 9. 11. 22 378
e) Bekanntmachung v. 9. 11. 22 379
f) Haager Fassung 379
Ausführungsverordnung 387
III. Madrider Abkommen betr. Unterdrückung falscher Herkunftsangaben.
a) Beitrittsgesetz v. 21. 3. 25 395
b) Abkommen. Washingtoner Fassung 396
c) Abkommen. Haager Fassung 398
IV. Andere Staatsverträge 400

Register wichtiger Zeichenstellen 401
Sachregister 405

Abkürzungen.

Sachlich.

WZ oder Z = Warenzeichen, Zeichen

Instanzen.

RG = Reichsgericht.
PA = Patentamt.
BA = Beschwerdeabteilung des PA.
BG = Berufungsgericht.
KG = Kammergericht.
OLG = Oberlandesgericht.

Gesetze u. dgl.

WZG = Warenbezeichnungsgesetz S. 1.
PG = Patentgesetz S. 12.
GMG = Gebrauchsmustergesetz S. 23.
Bestimmungen = Bestimmungen über die Anmeldung von WZ v. 8. 9. 22, Bl 22 S. 106; Anh zu § 2 S. 62.
Erläuterungsbek = Bekanntmachung zur Erläuterung der Bestimmungen über die Anmeldung von WZ v. 8. 9. 22, Bl 22 S. 107; Anh zu § 2 S. 64.
VereinfVO. = Bekanntmachung über Vereinfachungen im PA v. 9. 3. 17 RGBl 221; Bl S. 26; Anh A III S. 331.
Wiedereinsetzungsverordnungen = a) Bek, betr. vorübergehende Erleichterungen auf dem Gebiete des Patent-, Gebrauchsmuster- und WZ-Rechts v. 10. 9. 14 RGBl S. 403; Bl S. 290; Anh A IV a S. 331.
b) Bek über Erleichterungen im Patent-, Gebrauchsmuster- und WZ-Recht v. 10. 4. 16 (RGBl S.278); Bl S.50; Anh A IV b S. 332.
c) Gesetz, betr. eine verlängerte Schutzdauer bei Patenten und Gebrauchsmustern, sowie die Wiedereinsetzung in den vorigen Stand im Verfahren vor dem Reichspatentamt, v. 27. 4. 20 (RGBl 675); Bl S. 74; Anh A IVc S. 332.
Entw 1913 = Entwurf eines WZG nebst Erläuterungen. Beilage zu Nr 7/8 des Bl 13 S. 45ff.

Urteilssammlungen, Zeitschriften u. dgl.

RG 50, 1 oder E 50,1 = Entscheidung des RG in Zivilsachen Bd 50 S. 1.
RGStr oder EStr 50, 1 = Entscheidung des RG in Strafsachen Bd 50 S. 1.
Blatt 00, 1 = Blatt für Patent-, Muster- und Zeichenwesen Jahrgang 1900 S. 1.
MW 23, 1 = Markenschutz und Wettbewerb Jahrgang Nr 23 (Okt. bis Sept.) S. 1.
UW = Unlauterer Wettbewerb (die ersten 4 Jahrgänge von MW).
GR 24, 1 = Gewerblicher Rechtsschutz und Urheberrecht. Jahrgang 1924 S. 1.
Geschäftstätigkeit = Die Geschäftstätigkeit des Kais. PA usw. Berlin 1902; Ergänzungsband zu Bl 02.
JW = Juristische Wochenschrift.
DJZ = Deutsche Juristenzeitung.
HGZ = Hanseatische Gerichtszeitung.
HRZ = Hanseatische Rechtszeitschrift.
MittvB = Mitteilungen vom Verbande der Patentanwälte.
ROLG = Rechtsprechung der Oberlandesgerichte.
JBl = Juristische Blätter.

Schriftsteller.

Abel = Abel, System des Österr. Markenrechts, Wien 1908.
Adler = Adler, System des Österr. Markenrechts, Wien 1909.
Allfeld = Allfeld, Kommentar zu den Reichsgesetzen über das gewerbl. Urheberrecht, München 1904.
Allfeld II = Allfeld II, Gewerbl. Rechtsschutz zweiter Band, Hamburg 1925 (Hamburger Kaufmannsbücher).
Busse = Busse, Das Gesetz zum Schutze der Warenbezeichnungen, Berlin 1925.
Ebermayer = Ebermayer, Kommentar zum WZG in Stengleins Nebengesetzen, Berlin 1926.
Elster = Elster, Gewerblicher Rechtsschutz, Berlin 1921.
Finger = Finger, Das Reichsgesetz zum Schutze der Warenbezeichnungen, 3. Aufl, Berlin 1926.
Freund oder Fr. = Freund-Magnus, Gesetz zum Schutze der Warenbezeichnungen, Berlin 1909.
Freund, Magnus, Jüngel oder FrMJ = Das Deutsche WZ-Recht, 6. Aufl I. Teil: Die internationalen Verträge.
Ganz = Ganz, Festschrift der Juristischen Gesellschaft zu Frankfurt a. M. für Präsident Dr. Carl Hagens, 1906.
Kohler = Kohler, WZ-Recht, Berlin 1910.
Kohler Festgabe = Studien zur Förderung des gewerblichen Rechtsschutzes. Festgabe für Kohler, Berlin 1909.
Lutter, Kr = Lutter, Kriegsvorschriften auf dem Gebiete des gewerblichen Rechtsschutzes, Berlin 1917.
Osterrieth = Osterrieth, Lehrbuch des gewerblichen Rechtsschutzes, Leipzig 1908.
Osterrieth, W. = Osterrieth, Die Washingtoner Konferenz, Berlin 1912.
Osterrieth-Axster = Die Internationale Übereinkunft zum Schutze des gewerblichen Eigentums von Osterrieth und Axster.
Pinzger = Pinzger und Heinemann, Das deutsche WZ-Recht, Berlin 1926.
Rosenthal = Rosenthal, Reichsgesetz gegen den unlauteren Wettbewerb, 5. Aufl, Berlin 1922, 6. Aufl, Berlin 1927.
Seligsohn = Seligsohn, Gesetz zum Schutze der Warenbezeichnungen, 3. Aufl, Berlin 1925.
Warn = Warneyer, Entscheidungen des RG.

Bekanntmachung

über die Fassung des Patentgesetzes, des Gesetzes, betreffend den Schutz von Gebrauchsmustern und des Gesetzes zum Schutze der Warenbezeichnungen. Vom 7. Dezember 1923

(mit den Änderungen in §§ 14, 15 WZG durch § 3a des Ges. v. 21. 3. 25, RGBl. II 115 und in §§ 8, 19 PG, § 3 WZG durch Art II u. III Ges. v. 26. 3. 26, RGBl. II 181).

Auf Grund des Artikel VIII des Gesetzes über die patentamtlichen Gebühren vom 9. Juli 1923 (Reichsgesetzbl. II S. 297) und des Artikel VI der Verordnung über die patentamtlichen Gebühren vom 29. Oktober 1923 (Reichsgesetzbl. II S. 399) wird der Wortlaut der drei in der Überschrift genannten Gesetze nachstehend bekanntgemacht.

Berlin, den 7. Dezember 1923.

Der Reichsminister der Justiz.
In Vertretung
Dr. Joel.

I. Gesetz zum Schutze der Warenbezeichnungen.

§ 1. Wer in seinem Geschäftsbetriebe zur Unterscheidung seiner Waren von den Waren anderer eines Warenzeichens sich bedienen will, kann dieses Zeichen zur Eintragung in die Zeichenrolle anmelden.

§ 2. Die Zeichenrolle wird bei dem Patentamt geführt. Die Anmeldung eines Warenzeichens hat schriftlich bei dem Patentamt zu erfolgen. Jeder Anmeldung muß die Bezeichnung des Geschäftsbetriebs, in welchem das Zeichen verwendet werden soll, ein Verzeichnis der Waren, für welche es bestimmt ist, sowie eine deutliche Darstellung und, soweit erforderlich, eine Beschreibung des Zeichens beigefügt sein.

Das Patentamt erläßt Bestimmungen über die sonstigen Erfordernisse der Anmeldung.

Bei der Anmeldung jedes Zeichens ist eine Anmeldegebühr und für jede Klasse oder Unterklasse der in der Anlage beigefügten Warenklasseneinteilung, für die der Schutz begehrt wird, eine Klassengebühr nach Maßgabe des Tarifs zu entrichten. Werden in einer Anmeldung mehr als zwanzig Klassen oder Unterklassen in Anspruch genommen, so ist für die über zwanzig hinausgehende Zahl von Klassen oder Unterklassen eine Gebühr nicht zu zahlen.

Führt die Anmeldung aus einem Grunde nicht zur Eintragung, der für alle angemeldeten Waren ohne Unterschied der in Anspruch genommenen Klassen oder Unterklassen zutrifft, so wird die für mehr als eine Klasse oder Unterklasse gezahlte Gebühr erstattet. Diese Vorschrift findet keine Anwendung, wenn die Eintragung wegen Übereinstimmung des angemeldeten Zeichens mit einem für dieselben oder gleichartige Waren früher angemeldeten Zeichen versagt wird.

Bei jeder Erneuerung der Anmeldung ist eine Erneuerungsgebühr und für jede Klasse oder Unterklasse, für welche die Erneuerung begehrt wird, eine Klassengebühr nach Maßgabe des Tarifs zu entrichten. Satz 2 des Abs. 3 gilt entsprechend.

Die amtliche Festsetzung der Anzahl der durch eine Anmeldung betroffenen Klassen und Unterklassen ist unanfechtbar.

Die Reichsregierung kann mit Zustimmung des Reichsrats die Warenklasseneinteilung ändern.

§ 3. Die Zeichenrolle soll enthalten:

1. den Zeitpunkt des Einganges der Anmeldung;
2. die nach § 2 Abs. 1 der Anmeldung beizufügenden Angaben;
3. Namen und Wohnort des Zeicheninhabers und seines etwaigen Vertreters sowie Änderungen in der Person, im Namen oder im Wohnort des Inhabers oder des Vertreters;
4. den Zeitpunkt einer Erneuerung der Anmeldung;
5. den Zeitpunkt der Löschung des Zeichens.

Die Einsicht der Zeichenrolle steht jedermann frei.

Jede Eintragung, [soweit sie nicht nur die im Abs. 1 Nr. 3 bezeichneten Änderungen betrifft,]*) und jede Löschung wird vom Patentamt in regelmäßig erscheinenden Übersichten veröffentlicht (Warenzeichenblatt).

§ 4. Die Eintragung in die Rolle ist zu versagen für Freizeichen sowie für Warenzeichen,

1. welche ausschließlich in Zahlen, Buchstaben oder solchen Wörtern bestehen, die Angaben über Art, Zeit und Ort der Herstellung, über die Beschaffenheit, über die Bestimmung, über Preis-, Mengen- oder Gewichtsverhältnisse der Ware enthalten;
2. welche Staatswappen oder sonstige staatliche Hoheitszeichen oder Wappen eines inländischen Ortes, eines inländischen Gemeinde- oder weiteren Kommunalverbandes enthalten;
3. welche Ärgernis erregende Darstellungen oder solche Angaben enthalten, die ersichtlich den tatsächlichen Verhältnissen nicht entsprechen und die Gefahr einer Täuschung begründen.

---

*) Gestrichen durch Art. III Ges v. 26. 3. 26, RGBl II 181.

Die Vorschrift der Nr. 2 findet keine Anwendung, wenn der Anmelder befugt ist, das Wappen oder Hoheitszeichen in dem Warenzeichen zu führen.

Zeichen, welche gelöscht sind, dürfen für die Waren, für welche sie eingetragen waren, oder für gleichartige Waren zugunsten eines anderen als des letzten Inhabers erst nach Ablauf von zwei Jahren seit dem Tage der Löschung von neuem eingetragen werden.

§ 5. Erachtet das Patentamt, daß ein zur Anmeldung gebrachtes Warenzeichen mit einem anderen, für dieselben oder für gleichartige Waren auf Grund des Gesetzes über Markenschutz vom 30. November 1874 (Reichsgesetzbl. S. 143) oder auf Grund des gegenwärtigen Gesetzes früher angemeldeten Zeichen übereinstimmt, so macht es dem Inhaber dieses Zeichens hiervon Mitteilung. Erhebt derselbe nicht innerhalb eines Monats nach der Zustellung Widerspruch gegen die Eintragung des neu angemeldeten Zeichens, so ist das Zeichen einzutragen. Im anderen Falle entscheidet das Patentamt durch Beschluß, ob die Zeichen übereinstimmen. Hinsichtlich der durch eine Anhörung oder eine Beweisaufnahme verursachten Kosten gilt § 25 Abs. 2 des Patentgesetzes entsprechend.

Aus dem Unterbleiben der im ersten Absatz vorgesehenen Mitteilung erwächst ein Ersatzanspruch nicht.

§ 6. Wird durch den Beschluß (§ 5 Abs. 1) die Übereinstimmung der Zeichen verneint, so ist das neuangemeldete Zeichen einzutragen.

Wird durch den Beschluß die Übereinstimmung der Zeichen festgestellt, so ist die Eintragung zu versagen. Sofern der Anmelder geltend machen will, daß ihm, ungeachtet der durch die Entscheidung des Patentamts festgestellten Übereinstimmung, ein Anspruch auf die Eintragung zustehe, hat er diesen Anspruch im Wege der Klage gegenüber dem Widersprechenden zur Anerkennung zu bringen. Die Eintragung auf Grund einer zu seinen Gunsten ergehenden Entscheidung wird unter dem Zeitpunkt der ursprünglichen Anmeldung bewirkt.

§ 6 a. Für jedes Zeichen ist vor der Eintragung eine Eintragungsgebühr nach Maßgabe des Tarifs und zur Deckung der durch die vorgeschriebenen Veröffentlichungen (§ 3 Abs. 3) entstehenden Kosten ein Druckkostenbeitrag zu entrichten. Die Höhe des Beitrags wird nach Stufen berechnet, die das Patentamt nach dem Umfang der Veröffentlichungen allgemein festsetzt. Die Berechnung ist unanfechtbar.

§ 7. Das durch die Anmeldung oder Eintragung eines Warenzeichens begründete Recht geht auf die Erben über und kann durch Vertrag oder durch Verfügung von Todes wegen auf andere übertragen werden. Das Recht kann jedoch nur mit dem Geschäftsbetriebe, zu welchem das Warenzeichen gehört, auf einen anderen übergehen. Der Übergang wird auf Antrag des Rechtsnachfolgers in der Zeichenrolle vermerkt, sofern die Einwilligung des Berechtigten in beweisender Form beigebracht wird. Ist der Berechtigte verstorben, so ist der Nachweis der Rechtsnachfolge zu führen.

Solange der Übergang in der Zeichenrolle nicht vermerkt ist, kann der Rechtsnachfolger sein Recht aus der Eintragung des Warenzeichens nicht geltend machen.

Verfügungen und Beschlüsse des Patentamts, welche einer Zustellung an den Inhaber des Zeichens bedürfen, sind stets an den eingetragenen Inhaber zu richten. Ergibt sich, daß derselbe verstorben ist, so kann das Patentamt nach seinem Ermessen die Zustellung als bewirkt ansehen oder zum Zwecke der Zustellung an die Erben deren Ermittlung veranlassen.

§ 8. Auf Antrag des Inhabers wird das Zeichen jederzeit in der Rolle gelöscht.

Von Amts wegen erfolgt die Löschung

1. wenn seit der Anmeldung des Zeichens oder seit ihrer Erneuerung zehn Jahre verflossen sind;
2. wenn die Eintragung des Zeichens hätte versagt werden müssen. Wird von einem Dritten aus diesem Grunde die Löschung beantragt, so ist gleichzeitig eine Gebühr nach Maßgabe des Tarifs zu entrichten; sie kann, falls der Antrag für berechtigt befunden wird, erstattet werden.

Soll die Löschung ohne Antrag des Inhabers erfolgen, so gibt das Patentamt diesem zuvor Nachricht. Widerspricht er innerhalb eines Monats nach der Zustellung nicht, so erfolgt die Löschung. Widerspricht er, so faßt das Patentamt Beschluß. Ist die Löschung von einem Dritten beantragt, so gilt hinsichtlich der durch eine Anhörung oder eine Beweisaufnahme verursachten Kosten § 25 Abs. 2 des Patentgesetzes entsprechend.

Soll infolge Ablaufs der zehnjährigen Frist die Löschung erfolgen, so ist von ihr abzusehen, wenn der Inhaber des Zeichens bis zum Ablauf eines Monats nach der Zustellung unter Zahlung der tarifmäßigen Nachholungsgebühr neben der Erneuerungs- und Klassengebühr (§ 2 Abs. 5) die Erneuerung der Anmeldung nachholt; die Erneuerung gilt dann als an dem Tage des Ablaufs der früheren Frist geschehen.

§ 9. Ein Dritter kann die Löschung eines Warenzeichens beantragen:

1. wenn das Zeichen für ihn auf Grund einer früheren Anmeldung für dieselben oder für gleichartige Waren in der Zeichenrolle oder in den nach Maßgabe des Gesetzes über den Markenschutz vom 30. November 1874 geführten Zeichenregistern eingetragen steht;
2. wenn der Geschäftsbetrieb, zu welchem das Warenzeichen gehört, von dem eingetragenen Inhaber nicht mehr fortgesetzt wird;
3. wenn Umstände vorliegen, aus denen sich ergibt, daß der Inhalt des Warenzeichens den tatsächlichen Verhältnissen nicht entspricht und die Gefahr einer Täuschung begründet.

Hat ein nach dem Gesetz über Markenschutz vom 30. November 1874 von der Eintragung ausgeschlossenes Warenzeichen bis zum Erlasse des gegenwärtigen Gesetzes innerhalb beteiligter Verkehrskreise als Kennzeichen der Waren eines bestimmten Geschäftsbetriebs gegolten, so kann der Inhaber des letzteren, falls das Zeichen nach Maßgabe des gegenwärtigen Gesetzes für einen anderen in die Zeichenrolle eingetragen wird, bis zum 1. Oktober 1895 die Löschung beantragen. Wird dem Antrag stattgegeben, so darf das Zeichen für den Antragsteller schon vor Ablauf der im § 4 Abs. 2 bestimmten Frist in die Zeichenrolle eingetragen werden.

Der Antrag auf Löschung ist im Wege der Klage geltend zu machen und gegen den eingetragenen Inhaber oder, wenn dieser gestorben, gegen dessen Erben zu richten.

Hat vor oder nach Erhebung der Klage ein Übergang des Warenzeichens auf einen anderen stattgefunden, so ist die Entscheidung in Ansehung der Sache auch gegen den Rechtsnachfolger wirksam und vollstreckbar. Auf die Befugnis des Rechtsnachfolgers, in den Rechtsstreit einzutreten, finden die Bestimmungen der §§ 66 bis 69 und 76 der Zivilprozeßordnung entsprechende Anwendung.

In den Fällen des Abs. 1 Nr. 2 kann der Antrag auf Löschung zunächst bei dem Patentamt angebracht werden. Das Patentamt gibt dem als Inhaber des Warenzeichens Eingetragenen davon Nachricht. Widerspricht derselbe innerhalb eines Monats nach der Zustellung nicht, so erfolgt die Löschung. Widerspricht er, so wird dem Antragsteller anheimgegeben, den Anspruch auf Löschung im Wege der Klage zu verfolgen.

§ 10. Anmeldungen von Warenzeichen, Anträge auf Übertragung und Widersprüche gegen die Löschung derselben werden in dem für Patentangelegenheiten maßgebenden Verfahren durch Vorbescheid und Beschluß erledigt. In den Fällen des § 5 Abs. 1 wird ein Vorbescheid nicht erlassen.

Gegen den Beschluß, durch welchen ein Antrag zurückgewiesen wird, kann der Antragsteller, und gegen den Beschluß, durch welchen Widerspruchs ungeachtet die Löschung angeordnet wird, der Inhaber des Zeichens innerhalb eines Monats nach der Zustellung bei dem Patentamt Beschwerde einlegen.

Zustellungen, welche die Eintragung, die Übertragung oder die Löschung eines Warenzeichens betreffen, erfolgen mittels eingeschriebenen Briefes. Kann eine Zustellung im Inland nicht erfolgen, so wird sie durch Aufgabe zur Post nach Maßgabe der §§ 175, 213 der Zivilprozeßordnung bewirkt.

§ 11. Das Patentamt ist verpflichtet, auf Ersuchen der Gerichte über Fragen, welche eingetragene Warenzeichen betreffen, Gutachten abzugeben, sofern in dem gerichtlichen Verfahren voneinander abweichende Gutachten mehrerer Sachverständigen vorliegen.

§ 12. Die Eintragung eines Warenzeichens hat die Wirkung, daß dem Eingetragenen ausschließlich das Recht zusteht, Waren der angemeldeten Art oder deren Verpackung oder Umhüllung mit dem Warenzeichen zu versehen, die so bezeichneten Waren in Verkehr zu setzen sowie auf Ankündigungen, Preislisten,

Geschäftsbriefen, Empfehlungen, Rechnungen oder dergleichen das Zeichen anzubringen.

Im Falle der Löschung können für die Zeit, in welcher ein Rechtsgrund für die Löschung früher bereits vorgelegen hat, Rechte aus der Eintragung nicht mehr geltend gemacht werden.

§ 13. Durch die Eintragung eines Warenzeichens wird niemand gehindert, seinen Namen, seine Firma, seine Wohnung sowie Angaben über Art, Zeit und Ort der Herstellung, über die Beschaffenheit, über die Bestimmung, über Preis-, Mengen- oder Gewichtsverhältnisse von Waren, sei es auch in abgekürzter Gestalt, auf Waren, auf deren Verpackung oder Umhüllung anzubringen und derartige Angaben im Geschäftsverkehr zu gebrauchen.

§ 14. Wer wissentlich oder aus grober Fahrlässigkeit Waren oder deren Verpackung oder Umhüllung, oder Ankündigungen, Preislisten, Geschäftsbriefe, Empfehlungen, Rechnungen oder dergleichen mit dem Namen oder der Firma eines andern oder mit einem nach Maßgabe dieses Gesetzes geschützten Warenzeichen widerrechtlich versieht oder dergleichen widerrechtlich gekennzeichnete Waren in Verkehr bringt oder feilhält, ist dem Verletzten zur Entschädigung verpflichtet.

Hat er die Handlung wissentlich begangen, so wird er außerdem mit Geldstrafe oder mit Gefängnis bis zu sechs Monaten bestraft. [Die Strafverfolgung tritt nur auf Antrag ein. Die Zurücknahme des Antrags ist zulässig.]*)

§ 15. Wer zum Zwecke der Täuschung in Handel und Verkehr Waren oder deren Verpackung oder Umhüllung, oder Ankündigungen, Preislisten, Geschäftsbriefe, Empfehlungen, Rechnungen oder dergleichen mit einer Ausstattung, welche innerhalb beteiligter Verkehrskreise als Kennzeichen gleichartiger Waren eines andern gilt, ohne dessen Genehmigung versieht, oder wer zu dem gleichen Zwecke derartig gekennzeichnete Waren in Verkehr bringt oder feilhält, ist dem Verletzten zur Entschädigung verpflichtet und wird mit Geldstrafe oder mit Gefängnis bis zu drei Monaten bestraft. [Die Strafverfolgung tritt nur auf Antrag ein. Die Zurücknahme des Antrags ist zulässig.]*)

§ 16. Wer Waren oder deren Verpackung oder Umhüllung oder Ankündigungen, Preislisten, Geschäftsbriefe, Empfehlungen, Rechnungen oder dergleichen fälschlich mit einem Staatswappen oder mit dem Namen oder Wappen eines Ortes, eines Gemeinde- oder weiteren Kommunalverbandes zu dem Zwecke versieht, über Beschaffenheit und Wert der Waren einen Irrtum zu erregen, oder wer zu dem gleichen Zwecke derartig bezeichnete Waren in Verkehr bringt oder feilhält, wird mit Geldstrafe oder mit Gefängnis bis zu sechs Monaten bestraft.

Die Verwendung von Namen, welche nach Handelsgebrauch zur Benennung

---

*) Gestrichen durch § 3a Ges v. 21. 3. 25, RGBl S. 115, betr. Beitritt zum Madrider Abkommen v. 2. 6. 11.

gewisser Waren dienen, ohne deren Herkunft bezeichnen zu sollen, fällt unter diese Bestimmung nicht.

§ 17. Ausländische Waren, welche mit einer deutschen Firma und Ortsbezeichnung oder mit einem in die Zeichenrolle eingetragenen Warenzeichen widerrechtlich versehen sind, unterliegen bei ihrem Eingang nach Deutschland zur Einfuhr oder Durchfuhr auf Antrag des Verletzten und gegen Sicherheitsleistung der Beschlagnahme und Einziehung. Die Beschlagnahme erfolgt durch die Zoll- und Steuerbehörden, die Festsetzung der Einziehung durch Strafbescheid der Verwaltungsbehörden (§ 459 der Strafprozeßordnung).

§ 18. Statt jeder aus diesem Gesetze entspringenden Entschädigung kann auf Verlangen des Beschädigten neben der Strafe auf eine an ihn zu erlegende Buße erkannt werden. Für diese Buße haften die zu derselben Verurteilten als Gesamtschuldner.

Eine erkannte Buße schließt die Geltendmachung eines weiteren Entschädigungsanspruchs aus.

§ 19. Erfolgt eine Verurteilung auf Grund der §§ 14 bis 16, 18, so ist bezüglich der im Besitze des Verurteilten befindlichen Gegenstände auf Beseitigung der widerrechtlichen Kennzeichnung, oder, wenn die Beseitigung in anderer Weise nicht möglich ist, auf Vernichtung der damit versehenen Gegenstände zu erkennen.

Erfolgt die Verurteilung im Strafverfahren, so ist in den Fällen der §§ 14 und 15 dem Verletzten die Befugnis zuzusprechen, die Verurteilung auf Kosten des Verurteilten öffentlich bekanntzumachen. Die Art der Bekanntmachung sowie die Frist zu derselben ist in dem Urteil zu bestimmen.

§ 20. Die Anwendung der Bestimmungen dieses Gesetzes wird durch Abweichungen nicht ausgeschlossen, mit denen fremde Namen, Firmen, Zeichen, Wappen und sonstige Kennzeichnungen von Waren wiedergegeben werden, sofern ungeachtet dieser Abweichungen die Gefahr einer Verwechselung im Verkehr vorliegt.

§ 21. In bürgerlichen Rechtsstreitigkeiten, in welchen durch Klage oder Widerklage ein Anspruch auf Grund dieses Gesetzes geltend gemacht ist, wird die Verhandlung und Entscheidung letzter Instanz im Sinne des § 8 des Einführungsgesetzes zum Gerichtsverfassungsgesetze dem Reichsgericht zugewiesen.

§ 22. Wenn deutsche Waren im Ausland bei der Einfuhr oder Durchfuhr der Verpflichtung unterliegen, eine Bezeichnung zu tragen, welche ihre deutsche Herkunft erkennen läßt, oder wenn dieselben bei der Zollabfertigung in Beziehung auf die Warenbezeichnungen ungünstiger als die Waren anderer Länder behandelt werden, so ist der Reichsrat ermächtigt, den fremden Waren bei ihrem Eingang nach Deutschland zur Einfuhr oder Durchfuhr eine entsprechende Auflage zu machen, und anzuordnen, daß für den Fall der Zuwiderhandlung die Beschlagnahme und Einziehung der Waren erfolge. Die Beschlagnahme erfolgt durch die Zoll- und Steuerbehörden, die Festsetzung der Einziehung durch Strafbescheid der Verwaltungsbehörden (§ 459 der Strafprozeßordnung).

§ 23. Wer im Inland eine Niederlassung nicht besitzt, hat auf den Schutz dieses Gesetzes nur Anspruch, wenn in dem Staate, in welchem seine Niederlassung sich befindet, nach einer im Reichsgesetzblatt enthaltenen Bekanntmachung deutsche Warenbezeichnungen in gleichem Umfang wie inländische Warenbezeichnungen zum gesetzlichen Schutze zugelassen werden.

Der Anspruch auf Schutz eines Warenzeichens und das durch die Eintragung begründete Recht können nur durch einen im Inland bestellten Vertreter geltend gemacht werden. Der letztere ist zur Vertretung in dem nach Maßgabe dieses Gesetzes vor dem Patentamt stattfindenden Verfahren sowie in den das Zeichen betreffenden bürgerlichen Rechtsstreitigkeiten und zur Stellung von Strafanträgen befugt. Für die das Zeichen betreffenden Klagen gegen den eingetragenen Inhaber ist das Gericht zuständig, in dessen Bezirk der Vertreter seinen Wohnsitz hat, in dessen Ermangelung das Gericht, in dessen Bezirk das Patentamt seinen Sitz hat.

Wer ein ausländisches Warenzeichen zur Anmeldung bringt, hat damit den Nachweis zu verbinden, daß er in dem Staate, in welchem seine Niederlassung sich befindet, für dieses Zeichen den Markenschutz nachgesucht und erhalten hat. Die Eintragung ist, soweit nicht Staatsverträge ein anderes bestimmen, nur dann zulässig, wenn das Zeichen den Anforderungen dieses Gesetzes entspricht.

§ 24. Auf die in Gemäßheit des Gesetzes über Markenschutz vom 30. November 1874 in die Zeichenregister eingetragenen Warenzeichen finden bis zum 1. Oktober 1898 die Bestimmungen jenes Gesetzes noch ferner Anwendung. Die Zeichen können bis zum 1. Oktober 1898 jederzeit zur Eintragung in die Zeichenrolle nach Maßgabe des gegenwärtigen Gesetzes angemeldet werden und unterliegen alsdann dessen Bestimmungen. Die Eintragung darf nicht versagt werden hinsichtlich derjenigen Zeichen, welche auf Grund eines älteren landesgesetzlichen Schutzes in die Zeichenregister eingetragen worden sind. Die Eintragung geschieht unentgeltlich und unter dem Zeitpunkt der ersten Anmeldung. Über den Inhalt der ersten Eintragung ist ein Zeugnis der bisherigen Registerbehörde beizubringen.

Mit der Eintragung in die Zeichenrolle oder, sofern eine solche nicht erfolgt ist, mit dem 1. Oktober 1898 erlischt der den Warenzeichen bis dahin gewährte Schutz.

§ 24 a. Rechtsfähige Verbände, die gewerbliche Zwecke verfolgen, können, auch wenn sie einen auf Herstellung oder Vertrieb von Waren gerichteten Geschäftsbetrieb nicht besitzen, Warenzeichen anmelden, die in den Geschäftsbetrieben ihrer Mitglieder zur Kennzeichnung der Waren dienen sollen (Verbandszeichen).

Die juristischen Personen des öffentlichen Rechtes stehen den bezeichneten Verbänden gleich.

Auf die Verbandszeichen finden die Vorschriften über Warenzeichen Anwendung, soweit nicht in §§ 24a bis 24h ein anderes bestimmt ist.

§ 24 b. Der Anmeldung des Verbandszeichens muß eine Zeichensatzung beigefügt sein, die über Namen, Sitz, Zweck und Vertretung des Verbandes, über den Kreis der zur Benutzung des Zeichens Berechtigten, die Bedingungen der Benutzung und die Rechte und Pflichten der Beteiligten im Falle der Verletzung des Zeichens Auskunft gibt. Spätere Änderungen sind dem Patentamt mitzuteilen. Die Einsicht der Satzung steht jedermann frei.

§ 24 c. Über die Einrichtung der Rolle für die Verbandszeichen trifft das Patentamt Bestimmung.

§ 24 d. Das durch die Anmeldung oder Eintragung des Verbandszeichens begründete Recht kann als solches nicht auf einen anderen übertragen werden.

§ 24 e. Ein Dritter kann unbeschadet der Vorschriften im § 9 Nr. 1, 3 die Löschung des Verbandszeichens beantragen,

1. wenn der Verband, für den das Zeichen eingetragen ist, nicht mehr besteht;
2. wenn der Verband duldet, daß das Zeichen in einer den allgemeinen Verbandszwecken oder der Zeichensatzung widersprechenden Weise benutzt wird. Als eine solche mißbräuchliche Benutzung ist es anzusehen, wenn die Überlassung der Benutzung des Zeichens an andere zu einer Irreführung des Verkehrs Anlaß gibt.

In den Fällen der Nr. 1 findet § 9 Abs. 5 Anwendung.

§ 24 f. Der Anspruch des Verbandes auf Entschädigung wegen unbefugter Benutzung des Verbandszeichens (§ 14) umfaßt auch den einem Mitglied erwachsenen Schaden.

§ 24 g. Wird dem Patentamt nachgewiesen, daß ein eingetragenes Warenzeichen bis zum Inkrafttreten dieses Gesetzes von einem Verband als Verbandszeichen geführt wurde, so ist das Zeichen auf Antrag des Verbandes als Verbandszeichen in der Rolle umzuschreiben. Der Antrag muß innerhalb eines Jahres seit dem Inkrafttreten dieses Gesetzes gestellt werden und den für die Anmeldung eines Verbandszeichens bestehenden Vorschriften entsprechen. Mit dem Eingang des Antrags beginnt die Frist für die Erneuerung des Zeichens.

§ 24 h. Die Vorschriften über Verbandszeichen finden auf ausländische Verbandszeichen nur dann Anwendung, wenn nach einer im Reichsgesetzblatt enthaltenen Bekanntmachung die Gegenseitigkeit verbürgt ist.

§ 25. Die zur Ausführung dieses Gesetzes erforderlichen Bestimmungen über die Einrichtung und den Geschäftsgang des Patentamts sowie über das Verfahren vor demselben werden durch Verordnung des Reichspräsidenten unter Zustimmung des Reichsrats getroffen.

Warenklasseneinteilung.

Klasse

1. Ackerbau-, Forstwirtschafts-, Gärtnerei- und Tierzuchterzeugnisse, Ausbeute von Fischfang und Jagd.

2. Arzneimittel, chemische Produkte für medizinische und hygienische Zwecke, pharmazeutische Drogen und Präparate, Pflaster, Verbandstoffe, Tier- und Pflanzenvertilgungsmittel, Desinfektionsmittel, Konservierungsmittel für Lebensmittel.

3a. Kopfbedeckungen, Friseurarbeiten, Putz, künstliche Blumen.

b. Schuhwaren.

c. Strumpfwaren, Trikotagen.

d. Bekleidungsstücke, Leib-, Tisch- und Bettwäsche, Korsetts, Kravatten, Hosenträger, Handschuhe.

4. Beleuchtungs-, Heizungs-, Koch-, Kühl-, Trocken- und Ventilationsapparate und -geräte, Wasserleitungs-, Bade- und Klosettanlagen.

5. Borsten, Bürstenwaren, Pinsel, Kämme, Schwämme, Toilettegeräte, Putzmaterial, Stahlspäne.

6. Chemische Produkte für industrielle, wissenschaftliche und photographische Zwecke, Feuerlöschmittel, Härte- und Lötmittel, Abdruckmasse für zahnärztliche Zwecke, Zahnfüllmittel, mineralische Rohprodukte.

7. Dichtungs- und Packungsmaterialien, Wärmeschutz- und Isoliermittel, Asbestfabrikate.

8. Düngemittel.

9a. Rohe und teilweise bearbeitete unedle Metalle.

b. Messerschmiedewaren, Werkzeuge, Sensen, Sicheln, Hieb- und Stichwaffen.

c. Nadeln, Fischangeln.

d. Hufeisen, Hufnägel.

e. Emaillierte und verzinnte Waren.

f. Eisenbahn-Oberbaumaterial, Kleineisenwaren, Schlosser- und Schmiedearbeiten, Schlösser, Beschläge, Drahtwaren, Blechwaren, Anker, Ketten, Stahlkugeln, Reit- und Fahrgeschirrbeschläge, Rüstungen, Glocken, Schlittschuhe, Haken und Ösen, Geldschränke und Kassetten, mechanisch bearbeitete Fassonmetallteile, gewalzte und gegossene Bauteile, Maschinenguß.

10. Land-, Luft- und Wasserfahrzeuge, Automobile, Fahrräder, Automobil- und Fahrradzubehör, Fahrzeugteile.

11. Farbstoffe, Farben, Blattmetalle.

12. Felle, Häute, Därme, Leder, Pelzwaren.

13. Firnisse, Lacke, Beizen, Harze, Klebstoffe, Wichse, Lederputz- und Lederkonservierungsmittel, Appretur- und Gerbmittel, Bohnermasse.

14. Garne, Seilerwaren, Netze, Drahtseile.

15. Gespinstfasern, Polstermaterial, Packmaterial.

Klasse
16a. Bier.
b. Weine, Spirituosen.
c. Mineralwässer, alkoholfreie Getränke, Brunnen- und Badesalze.
17. Edelmetalle, Gold-, Silber-, Nickel- und Aluminiumwaren, Waren aus Neusilber, Britannia und ähnlichen Metallegierungen, echte und unechte Schmucksachen, leonische Waren, Christbaumschmuck.
18. Gummi, Gummiersatzstoffe und Waren daraus für technische Zwecke.
19. Schirme, Stöcke, Reisegeräte.
20a. Brennmaterialien.
b. Wachs, Leuchtstoffe, technische Öle und Fette, Schmiermittel, Benzin.
c. Kerzen, Nachtlichte, Dochte.
21. Waren aus Holz, Knochen, Kork, Horn, Schildpatt, Fischbein, Elfenbein, Perlmutter, Bernstein, Meerschaum, Zelluloid und ähnlichen Stoffen, Drechsler-, Schnitz- und Flechtwaren, Bilderrahmen, Figuren für Konfektions- und Friseurzwecke.
22a. Ärztliche, gesundheitliche, Rettungs- und Feuerlösch-Apparate, -Instrumente und -Geräte, Bandagen, künstliche Gliedmaßen, Augen, Zähne.
b. Physikalische, chemische, optische, geodätische, nautische, elektrotechnische, Wäge-, Signal-, Kontroll- und photographische Apparate, -Instrumente und -Geräte, Meßinstrumente.
23. Maschinen, Maschinenteile, Treibriemen, Schläuche, Automaten, Haus- und Küchengeräte, Stall-, Garten- und landwirtschaftliche Geräte.
24. Möbel, Spiegel, Polsterwaren, Tapezierdekorationsmaterialien, Betten, Särge.
25. Musikinstrumente, deren Teile und Saiten.
26a. Fleisch- und Fischwaren, Fleischextrakte, Konserven, Gemüse, Obst, Fruchtsäfte, Gelees.
b. Eier, Milch, Butter, Käse, Margarine, Speiseöle und Fette.
c. Kaffee, Kaffeesurrogate, Tee, Zucker, Sirup, Honig, Mehl und Vorkost, Teigwaren, Gewürze, Saucen, Essig, Senf, Kochsalz.
d. Kakao, Schokolade, Zuckerwaren, Back- und Konditorwaren, Hefe, Backpulver.
e. Diätetische Nährmittel, Malz, Futtermittel, Eis.
27. Papier, Pappe, Karton, Papier- und Pappwaren, Roh- und Halbstoffe zur Papierfabrikation, Tapeten.
28. Photographische und Druckereierzeugnisse, Spielkarten, Schilder, Buchstaben, Druckstöcke, Kunstgegenstände.
29. Porzellan, Ton, Glas, Glimmer und Waren daraus.
30. Posamentierwaren, Bänder, Besatzartikel, Knöpfe, Spitzen, Stickereien.
31. Sattler-, Riemer-, Täschner- und Lederwaren.
32. Schreib-, Zeichen-, Mal- und Modellierwaren, Billard- und Signierkreide, Büro- und Kontorgeräte (ausgenommen Möbel), Lehrmittel.

Klasse
33. Schußwaffen.
34. Parfümerien, kosmetische Mittel, ätherische Öle, Seifen, Wasch- und Bleichmittel, Stärke und Stärkepräparate, Farbzusätze zur Wäsche, Fleckenentfernungsmittel, Rostschutzmittel, Putz- und Poliermittel (ausgenommen für Leder), Schleifmittel.
35. Spielwaren, Turn- und Sportgeräte.
36. Sprengstoffe, Zündwaren, Zündhölzer, Feuerwerkskörper, Geschosse, Munition.
37. Steine, Kunststeine, Zement, Kalk, Kies, Gips, Pech, Asphalt, Teer, Holzkonservierungsmittel, Rohrgewebe, Dachpappen, transportable Häuser, Schornsteine, Baumaterialien.
38. Rohtabak, Tabakfabrikate, Zigarettenpapier.
39. Teppiche, Matten, Linoleum, Wachstuch, Decken, Vorhänge, Fahnen, Zelte, Segel, Säcke.
40. Uhren und Uhrteile.
41. Web- und Wirkstoffe, Filz.

II. Patentgesetz.

Erster Abschnitt.

Patentrecht.

§ 1. Patente werden erteilt für neue Erfindungen, welche eine gewerbliche Verwertung gestatten.

Ausgenommen sind:

1. Erfindungen, deren Verwertung den Gesetzen oder guten Sitten zuwiderlaufen würde;
2. Erfindungen von Nahrungs-, Genuß- und Arzneimitteln sowie von Stoffen, welche auf chemischem Wege hergestellt werden, soweit die Erfindungen nicht ein bestimmtes Verfahren zur Herstellung der Gegenstände betreffen.

§ 2. Eine Erfindung gilt nicht als neu, wenn sie zur Zeit der auf Grund dieses Gesetzes erfolgten Anmeldung in öffentlichen Druckschriften aus den letzten hundert Jahren bereits derart beschrieben oder im Inland bereits so offenkundig benutzt ist, daß danach die Benutzung durch andere Sachverständige möglich erscheint.

Die im Ausland amtlich herausgegebenen Patentbeschreibungen stehen den öffentlichen Druckschriften erst nach Ablauf von drei Monaten seit dem Tage der Herausgabe gleich, sofern das Patent von demjenigen, welcher die Erfindung im Ausland angemeldet hat, oder von seinem Rechtsnachfolger nachgesucht wird. Diese Begünstigung erstreckt sich jedoch nur auf die amtlichen Patentbeschreibungen derjenigen Staaten, in welchen nach einer im Reichsgesetzblatt enthaltenen Bekanntmachung die Gegenseitigkeit verbürgt ist.

§ 3. Auf die Erteilung des Patents hat derjenige Anspruch, welcher die Erfindung zuerst nach Maßgabe dieses Gesetzes angemeldet hat. Eine spätere Anmeldung kann den Anspruch auf ein Patent nicht begründen, wenn die Erfindung Gegenstand des Patents des früheren Anmelders ist. Trifft diese Voraussetzung teilweise zu, so hat der spätere Anmelder nur Anspruch auf Erteilung eines Patents in entsprechender Beschränkung.

Ein Anspruch des Patentsuchers auf Erteilung des Patents findet nicht statt, wenn der wesentliche Inhalt seiner Anmeldung den Beschreibungen, Zeichnungen, Modellen, Gerätschaften oder Einrichtungen eines anderen oder einem von diesem angewendeten Verfahren ohne Einwilligung desselben entnommen und von dem letzteren aus diesem Grunde Einspruch erhoben ist. Hat der Einspruch die Zurücknahme oder Zurückweisung der Anmeldung zur Folge, so kann der Einsprechende, falls er innerhalb eines Monats seit Mitteilung des hierauf bezüglichen Bescheids des Patentamts die Erfindung seinerseits anmeldet, verlangen, daß als Tag seiner Anmeldung der Tag vor Bekanntmachung der früheren Anmeldung festgesetzt werde.

§ 4. Das Patent hat die Wirkung, daß der Patentinhaber ausschließlich befugt ist, gewerbsmäßig den Gegenstand der Erfindung herzustellen, in Verkehr zu bringen, feilzuhalten oder zu gebrauchen. Ist das Patent für ein Verfahren erteilt, so erstreckt sich die Wirkung auch auf die durch das Verfahren unmittelbar hergestellten Erzeugnisse.

§ 5. Die Wirkung des Patents tritt gegen denjenigen nicht ein, welcher zur Zeit der Anmeldung bereits im Inland die Erfindung in Benutzung genommen oder die zur Benutzung erforderlichen Veranstaltungen getroffen hatte. Derselbe ist befugt, die Erfindung für die Bedürfnisse seines eigenen Betriebs in eigenen oder fremden Werkstätten auszunutzen. Diese Befugnis kann nur zusammen mit dem Betriebe vererbt oder veräußert werden.

Die Wirkung des Patents tritt ferner insoweit nicht ein, als die Erfindung nach Bestimmung der Reichsregierung für das Heer oder für die Flotte oder sonst im Interesse der öffentlichen Wohlfahrt benutzt werden soll. Doch hat der Patentinhaber in diesem Falle gegenüber dem Reiche oder dem Staate, welcher in seinem besonderen Interesse die Beschränkung des Patents beantragt hat, Anspruch auf angemessene Vergütung, welche in Ermangelung einer Verständigung im Rechtsweg festgesetzt wird.

Auf Einrichtungen an Fahrzeugen, welche nur vorübergehend in das Inland gelangen, erstreckt sich die Wirkung des Patents nicht.

§ 6. Der Anspruch auf Erteilung des Patents und das Recht aus dem Patente gehen auf die Erben über. Der Anspruch und das Recht können beschränkt oder unbeschränkt durch Vertrag oder durch Verfügung von Todes wegen auf andere übertragen werden.

§ 7. Die Dauer des Patents ist achtzehn Jahre; der Lauf dieser Zeit beginnt mit dem auf die Anmeldung der Erfindung folgenden Tage. Bezweckt eine Erfindung die Verbesserung oder sonstige weitere Ausbildung einer anderen, zugunsten des Patentsuchers durch ein Patent geschützten Erfindung, so kann dieser die Erteilung eines Zusatzpatents nachsuchen, welches mit dem Patente für die ältere Erfindung sein Ende erreicht.

Fällt das Hauptpatent durch Erklärung der Nichtigkeit, durch Zurücknahme oder durch Verzicht fort, so wird das Zusatzpatent zu einem selbständigen Patente; seine Dauer bestimmt sich nach dem Anfangstage des Hauptpatents.

§ 8. Für jedes Patent ist vor der Erteilung die erste Jahresgebühr (§ 24 Abs. 1), mit Beginn des zweiten und jedes folgenden Jahres der Dauer des Patents eine weitere Jahresgebühr nach Maßgabe des Tarifs zu entrichten.

Zusatzpatente (§ 7) sind von den Gebühren für das zweite und jedes folgende Jahr der Dauer des Patents ausgenommen. In den Fällen des § 7 Abs. 2 tritt jedoch, sobald die Gebührenzahlung für das Hauptpatent fortfällt, für das selbständig gewordene Zusatzpatent die Gebührenpflicht ein, wobei sich der Fälligkeitstag und der Jahresbetrag der Gebühr nach dem Anfangstage des bisherigen Hauptpatents bestimmt.*)

Die für das zweite und die folgenden Jahre zu zahlende Gebühr ist innerhalb zweier Monate nach der Fälligkeit zu entrichten. Nach dem Ablauf der Frist kann die Gebühr nur unter Zahlung des tarifmäßigen Zuschlags entrichtet werden. Das Patentamt gibt dem Patentinhaber Nachricht, daß das Patent erlischt, sofern nicht bis zum Ablauf eines Monats nach Zustellung die Gebühr nebst Zuschlag gezahlt wird (§ 9).

Einem Patentinhaber, welcher seine Bedürftigkeit nachweist, können die Gebühren für das erste und zweite Jahr der Dauer des Patents bis zum dritten Jahre gestundet und, wenn das Patent im dritten Jahre erlischt, erlassen werden.

Die Zahlung der Gebühren kann vor Eintritt der Fälligkeit erfolgen. Wird auf das Patent verzichtet oder dasselbe für nichtig erklärt oder zurückgenommen, so erfolgt die Rückzahlung der nicht fällig gewordenen Gebühren.

§ 9. Das Patent erlischt, wenn der Patentinhaber auf dasselbe verzichtet oder wenn die Gebühren nicht rechtzeitig nach Zustellung der amtlichen Nachricht (§ 8 Abs. 3) bei der Kasse des Patentamts oder zur Überweisung an dieselbe bei einer Postanstalt im Gebiete des Deutschen Reichs eingezahlt sind.

§ 10. Das Patent wird für nichtig erklärt, wenn sich ergibt:

1. daß der Gegenstand nach §§ 1 und 2 nicht patentfähig war,
2. daß die Erfindung Gegenstand des Patents eines früheren Anmelders ist,
3. daß der wesentliche Inhalt der Anmeldung den Beschreibungen, Zeichnungen, Modellen, Gerätschaften oder Einrichtungen eines anderen oder einem von diesem angewendeten Verfahren ohne Einwilligung desselben entnommen war.

---

*) Abs. 2 verändert durch Ges v. 26. 3. 26 Art II Nr 1, RGBl II 181.

Trifft eine dieser Voraussetzungen (1 bis 3) nur teilweise zu, so erfolgt die Erklärung der Nichtigkeit durch entsprechende Beschränkung des Patents.

§ 11. Verweigert der Patentinhaber einem andern die Erlaubnis zur Benutzung der Erfindung auch bei Angebot einer angemessenen Vergütung und Sicherheitsleistung, so kann, wenn die Erteilung der Erlaubnis im öffentlichen Interesse geboten ist, dem andern die Berechtigung zur Benutzung der Erfindung zugesprochen werden (Zwangslizenz). Die Berechtigung kann eingeschränkt erteilt und von Bedingungen abhängig gemacht werden.

Das Patent kann, soweit nicht Staatsverträge entgegenstehen, zurückgenommen werden, wenn die Erfindung ausschließlich oder hauptsächlich außerhalb des Deutschen Reichs oder der Schutzgebiete ausgeführt wird. Die Übertragung des Patents auf einen andern ist insofern wirkungslos, als sie nur den Zweck hat, der Zurücknahme zu entgehen.

Vor Verlauf von drei Jahren seit der Bekanntmachung der Erteilung des Patents kann eine Entscheidung nach Abs. 1, 2 gegen den Patentinhaber nicht getroffen werden.

§ 12. Wer nicht im Inland wohnt, kann den Anspruch auf die Erteilung eines Patents und die Rechte aus dem Patente nur geltend machen, wenn er im Inland einen Vertreter bestellt hat. Der letztere ist zur Vertretung in dem nach Maßgabe dieses Gesetzes stattfindenden Verfahren sowie in den das Patent betreffenden bürgerlichen Rechtsstreitigkeiten und zur Stellung von Strafanträgen befugt. Der Ort, wo der Vertreter seinen Wohnsitz hat, und in Ermangelung eines solchen der Ort, wo das Patentamt seinen Sitz hat, gilt im Sinne des § 23 der Zivilprozeßordnung als der Ort, wo sich der Vermögensgegenstand befindet.

Unter Zustimmung des Reichsrats kann durch Anordnung der Reichsregierung bestimmt werden, daß gegen die Angehörigen eines ausländischen Staates ein Vergeltungsrecht zur Anwendung gebracht werde.

Zweiter Abschnitt.

Patentamt.

§ 13. Die Erteilung, die Erklärung der Nichtigkeit und die Zurücknahme der Patente erfolgt durch das Patentamt.

Das Patentamt hat seinen Sitz in Berlin. Es besteht aus einem Präsidenten, aus Mitgliedern, welche die Befähigung zum Richteramt oder zum höheren Verwaltungsdienste besitzen (rechtskundige Mitglieder) und aus Mitgliedern, welche in einem Zweige der Technik sachverständig sind (technische Mitglieder). Die Mitglieder werden, und zwar der Präsident auf Vorschlag des Reichsrats, vom Reichspräsidenten ernannt. Die Berufung der rechtskundigen Mitglieder erfolgt, wenn sie im Reichs- oder Staatsdienst ein Amt bekleiden, auf die Dauer dieses Amtes, andernfalls auf Lebenszeit. Die Berufung der technischen Mitglieder erfolgt entweder auf Lebenszeit oder auf fünf Jahre. Im letzteren Falle finden auf sie die Bestimmungen im § 16 des Gesetzes, betreffend die Rechtsverhältnisse der Reichsbeamten, vom 31. März 1873 keine Anwendung.

§ 14. In dem Patentamt werden

1. Abteilungen für die Patentanmeldungen (Anmeldeabteilungen),
2. eine Abteilung für die Anträge auf Erklärung der Nichtigkeit oder auf Zurücknahme von Patenten (Nichtigkeitsabteilung),
3. Abteilungen für die Beschwerden (Beschwerdeabteilungen)

gebildet.

In den Anmeldeabteilungen dürfen nur solche technische Mitglieder mitwirken, welche auf Lebenszeit berufen sind. Die technischen Mitglieder der Anmeldeabteilungen dürfen nicht in den übrigen Abteilungen, die technischen Mitglieder der letzteren nicht in den Anmeldeabteilungen mitwirken.

Die Beschlußfähigkeit der Anmeldeabteilungen ist durch die Anwesenheit von mindestens drei Mitgliedern bedingt, unter welchen sich zwei technische Mitglieder befinden müssen.

Die Entscheidungen der Nichtigkeitsabteilung und der Beschwerdeabteilungen erfolgen in der Besetzung von zwei rechtskundigen und drei technischen Mitgliedern. Zu anderen Beschlußfassungen genügt die Anwesenheit von drei Mitgliedern.

Die Bestimmungen der Zivilprozeßordnung über Ausschließung und Ablehnung der Gerichtspersonen finden entsprechende Anwendung.

Zu den Beratungen können Sachverständige, welche nicht Mitglieder sind, zugezogen werden; dieselben dürfen an den Abstimmungen nicht teilnehmen.

§ 15. Die Beschlüsse und die Entscheidungen der Abteilungen erfolgen im Namen des Patentamts; sie sind mit Gründen zu versehen, schriftlich auszufertigen und allen Beteiligten von Amts wegen zuzustellen.

§ 16. Gegen die Beschlüsse der Anmeldeabteilungen und der Nichtigkeitsabteilung findet die Beschwerde statt. An der Beschlußfassung über die Beschwerde darf kein Mitglied teilnehmen, welches bei dem angefochtenen Beschlusse mitgewirkt hat.

§ 17. Die Bildung der Abteilungen, die Bestimmung ihres Geschäftskreises, die Formen des Verfahrens, einschließlich des Zustellungswesens, und der Geschäftsgang des Patentamts werden, insoweit dieses Gesetz nicht Bestimmungen darüber trifft, durch Verordnung des Reichspräsidenten unter Zustimmung des Reichsrats geregelt.

§ 18. Das Patentamt ist verpflichtet, auf Ersuchen der Gerichte über Fragen, welche Patente betreffen, Gutachten abzugeben, sofern in dem gerichtlichen Verfahren voneinander abweichende Gutachten mehrerer Sachverständiger vorliegen.

Im übrigen ist das Patentamt nicht befugt, ohne Genehmigung der Reichsregierung außerhalb seines gesetzlichen Geschäftskreises Beschlüsse zu fassen oder Gutachten abzugeben.

§ 19. Bei dem Patentamt wird eine Rolle geführt, welche den Gegenstand und die Dauer der erteilten Patente, sowie den Namen und Wohnort der Patentinhaber und ihrer bei Anmeldung der Erfindung etwa bestellten Vertreter angibt. Der Anfang, der Ablauf, das Erlöschen, die Erklärung der Nichtigkeit und die Zurücknahme der Patente sind in der Rolle zu vermerken.

Tritt in der Person des Patentinhabers oder seines Vertreters eine Änderung ein, so wird dieselbe, wenn sie in beweisender Form zur Kenntnis des Patentamts gebracht ist, ebenfalls in der Rolle vermerkt. Solange dieses nicht geschehen ist, bleiben der frühere Patentinhaber und sein früherer Vertreter nach Maßgabe dieses Gesetzes berechtigt und verpflichtet.

Die Einsicht der Rolle, der Beschreibungen, Zeichnungen, Modelle und Probestücke, auf Grund deren die Erteilung der Patente erfolgt ist, steht, soweit es sich nicht um ein im Namen der Reichsverwaltung für die Zwecke des Heeres oder der Flotte genommenes Patent handelt, jedermann frei.

Das Patentamt veröffentlicht die Beschreibungen und Zeichnungen, soweit deren Einsicht jedermann freisteht (Patentschriften), und regelmäßig erscheinende Übersichten über die Eintragungen in der Rolle, soweit sie nicht nur den regelmäßigen Ablauf der Patente [oder Änderungen in der Person, im Namen oder im Wohnort des Patentinhabers oder seines Vertreters]*) betreffen (Patentblatt).

Dritter Abschnitt.

Verfahren in Patentsachen.

§ 20. Die Anmeldung einer Erfindung behufs Erteilung eines Patents geschieht schriftlich bei dem Patentamt. Für jede Erfindung ist eine besondere Anmeldung erforderlich. Die Anmeldung muß den Antrag auf Erteilung des Patents enthalten und in dem Antrag den Gegenstand, welcher durch das Patent geschützt werden soll, genau bezeichnen. In einer Anlage ist die Erfindung dergestalt zu beschreiben, daß danach die Benutzung derselben durch andere Sachverständige möglich erscheint. Am Schlusse der Beschreibung ist dasjenige anzugeben, was als patentfähig unter Schutz gestellt werden soll (Patentanspruch). Auch sind die erforderlichen Zeichnungen, bildlichen Darstellungen, Modelle und Probestücke beizufügen.

Das Patentamt erläßt Bestimmungen über die sonstigen Erfordernisse der Anmeldung.

Bis zu dem Beschluß über die Bekanntmachung der Anmeldung sind Abänderungen der darin enthaltenen Angaben zulässig. Gleichzeitig mit der Anmeldung ist für die Kosten des Verfahrens eine Gebühr nach Maßgabe des Tarifs zu entrichten.

§ 21. Die Anmeldung unterliegt einer Vorprüfung durch ein Mitglied der Anmeldeabteilung.

*) Gestrichen Art II Nr 2 Ges v. 26. 3. 26, RGBl II 181.

Erscheint hierbei die Anmeldung als den vorgeschriebenen Anforderungen (§ 20) nicht genügend, so wird durch Vorbescheid der Patentsucher aufgefordert, die Mängel innerhalb einer bestimmten Frist zu beseitigen.

Insoweit die Vorprüfung ergibt, daß eine nach §§ 1, 2, 3 Abs. 1 patentfähige Erfindung nicht vorliegt, wird der Patentsucher hiervon unter Angabe der Gründe mit der Aufforderung benachrichtigt, sich binnen einer bestimmten Frist zu äußern.

Erklärt sich der Patentsucher auf den Vorbescheid (Abs. 2 und 3) nicht rechtzeitig, so gilt die Anmeldung als zurückgenommen; erklärt er sich innerhalb der Frist, so faßt die Anmeldeabteilung Beschluß.

§ 22. Ist durch die Anmeldung den vorgeschriebenen Anforderungen (§ 20) nicht genügt oder ergibt sich, daß eine nach §§ 1, 2, 3 Abs. 1 patentfähige Erfindung nicht vorliegt, so wird die Anmeldung von der Abteilung zurückgewiesen. An der Beschlußfassung darf das Mitglied, welches den Vorbescheid erlassen hat, nicht teilnehmen.

Soll die Zurückweisung auf Grund von Umständen erfolgen, welche nicht bereits durch den Vorbescheid dem Patentsucher mitgeteilt waren, so ist demselben vorher Gelegenheit zu geben, sich über diese Umstände binnen einer bestimmten Frist zu äußern.

§ 23. Erachtet das Patentamt die Anmeldung für gehörig erfolgt und die Erteilung eines Patents nicht für ausgeschlossen, so beschließt es die Bekanntmachung der Anmeldung. Mit der Bekanntmachung treten für den Gegenstand der Anmeldung zugunsten des Patentsuchers einstweilen die gesetzlichen Wirkungen des Patents ein (§§ 4 und 5).

Die Bekanntmachung geschieht in der Weise, daß der Name des Patentsuchers und der wesentliche Inhalt des in seiner Anmeldung enthaltenen Antrags durch das Patentblatt einmal veröffentlicht wird. Mit der Veröffentlichung ist die Anzeige zu verbinden, daß der Gegenstand der Anmeldung einstweilen gegen unbefugte Benutzung geschützt sei.

Gleichzeitig ist die Anmeldung mit sämtlichen Beilagen bei dem Patentamt zur Einsicht für jedermann auszulegen. Auf dem durch § 17 des Gesetzes bestimmten Wege kann angeordnet werden, daß die Auslegung auch außerhalb Berlins zu erfolgen habe.

Die Bekanntmachung kann auf Antrag des Patentsuchers auf die Dauer von höchstens sechs Monaten, vom Tage des Beschlusses über die Bekanntmachung an gerechnet, ausgesetzt werden. Bis zur Dauer von drei Monaten darf die Aussetzung nicht versagt werden.

Handelt es sich um ein im Namen der Reichsverwaltung für die Zwecke des Heeres oder der Flotte nachgesuchtes Patent, so erfolgt auf Antrag die Patenterteilung ohne jede Bekanntmachung. In diesem Falle unterbleibt auch die Eintragung in die Patentrolle.

§ 24. Innerhalb der Frist von zwei Monaten nach der Veröffentlichung (§ 23) ist die erste Jahresgebühr (§ 8 Abs. 1) einzuzahlen. Nach dem Ablauf der Frist kann die Gebühr nur unter Zahlung des tarifmäßigen Zuschlags entrichtet werden. Das Patentamt gibt dem Patentsucher Nachricht, daß die Anmeldung als zurückgenommen gelten wird, sofern nicht bis zum Ablauf eines Monats nach der Zustellung die Gebühr nebst Zuschlag bezahlt wird. Erfolgt die Einzahlung nicht binnen dieser Frist, so gilt die Anmeldung als zurückgenommen.

Innerhalb der Frist von zwei Monaten nach der Veröffentlichung kann gegen die Erteilung des Patents Einspruch erhoben werden. Der Einspruch muß schriftlich erfolgen und mit Gründen versehen sein. Er kann nur auf die Behauptung gestützt werden, daß der Gegenstand nach §§ 1 und 2 nicht patentfähig sei oder daß dem Patentsucher ein Anspruch auf das Patent nach § 3 nicht zustehe. Im Falle des § 3 Abs. 2 ist nur der Verletzte zum Einspruch berechtigt.

Nach Ablauf der Frist hat das Patentamt über die Erteilung des Patents Beschluß zu fassen. An der Beschlußfassung darf das Mitglied, welches den Vorbescheid (§ 21) erlassen hat, nicht teilnehmen.

§ 25. Bei der Vorprüfung und in dem Verfahren vor der Anmeldeabteilung kann jederzeit die Ladung und Anhörung der Beteiligten, die Vernehmung von Zeugen und Sachverständigen sowie die Vornahme sonstiger zur Aufklärung der Sache erforderlicher Ermittlungen angeordnet werden.

In dem Beschlusse, der über die Erteilung des Patents gefaßt wird, sind auf Antrag die durch eine Anhörung oder eine Beweisaufnahme verursachten Kosten dem unterliegenden Beteiligten aufzuerlegen; die §§ 92, 95, 96 der Zivilprozeßordnung gelten entsprechend. Über diese Kosten ist auf Antrag auch dann Bestimmung zu treffen, wenn die Anmeldung oder der Einspruch ganz oder teilweise zurückgenommen wird; in solchen Fällen ist der Zurücknehmende als Unterliegender anzusehen. Eine Bestimmung nach Satz 1, 2 kann auch dann getroffen werden, wenn ein Antrag nicht gestellt ist. Die Anfechtung eines Beschlusses nur hinsichtlich des Kostenpunkts ist unzulässig; das gleiche gilt von der Anfechtung eines nur über den Kostenpunkt ergehenden Beschlusses.

§ 26. Gegen den Beschluß, durch welchen die Anmeldung zurückgewiesen wird, kann der Patentsucher, und gegen den Beschluß, durch welchen über die Erteilung des Patents entschieden wird, der Patentsucher oder der Einsprechende innerhalb eines Monats nach der Zustellung Beschwerde einlegen. Mit der Einlegung der Beschwerde ist für die Kosten des Beschwerdeverfahrens eine Gebühr nach Maßgabe des Tarifs zu zahlen; erfolgt die Zahlung nicht, so gilt die Beschwerde als nicht erhoben.

Ist die Beschwerde an sich nicht statthaft oder ist dieselbe verspätet eingelegt, so wird sie als unzulässig verworfen.

Wird die Beschwerde für zulässig befunden, so richtet sich das weitere Verfahren nach § 25. Die Ladung und Anhörung der Beteiligten muß auf Antrag eines derselben erfolgen. [Dieser Antrag kann nur abgelehnt werden, wenn die Ladung des Antragstellers in dem Verfahren vor der Anmeldeabteilung bereits erfolgt war.]*)

Soll die Entscheidung über die Beschwerde auf Grund anderer als der in dem angegriffenen Beschlusse berücksichtigten Umstände erfolgen, so ist den Beteiligten zuvor Gelegenheit zu geben, sich hierüber zu äußern.

Das Patentamt kann nach freiem Ermessen bestimmen, inwieweit einem Beteiligten im Falle des Unterliegens die Kosten des Beschwerdeverfahrens zur Last fallen, sowie anordnen, daß dem Beteiligten, dessen Beschwerde für gerechtfertigt befunden ist, die Gebühr (Abs. 1) zurückgezahlt wird. Das gleiche gilt, wenn die Beschwerde, die Anmeldung oder der Einspruch ganz oder teilweise zurückgenommen wird.

§ 27. Ist die Erteilung des Patents endgültig beschlossen, so erläßt das Patentamt darüber durch das Patentblatt eine Bekanntmachung und fertigt demnächst für den Patentinhaber eine Urkunde aus.

Wird die Anmeldung nach der Veröffentlichung (§ 23) zurückgenommen oder wird das Patent versagt, so ist dies ebenfalls bekanntzumachen. Die eingezahlte Jahresgebühr wird in diesen Fällen zur Hälfte erstattet. Mit der Versagung des Patents gelten die Wirkungen des einstweiligen Schutzes als nicht eingetreten.

§ 28. Die Einleitung des Verfahrens wegen Erklärung der Nichtigkeit oder wegen Zurücknahme des Patents erfolgt nur auf Antrag.

Im Falle des § 10 Nr. 3 ist nur der Verletzte zu dem Antrag berechtigt.

Im Falle des § 10 Nr. 1 ist nach Ablauf von fünf Jahren, von dem Tage der über die Erteilung des Patents erfolgten Bekanntmachung (§ 27 Abs. 1) gerechnet, der Antrag unstatthaft.

Der Antrag ist schriftlich an das Patentamt zu richten und hat die Tatsachen anzugeben, auf welche er gestützt wird. Mit dem Antrag ist eine Gebühr nach Maßgabe des Tarifs zu zahlen. Erfolgt die Zahlung nicht, so gilt der Antrag als nicht gestellt.

Wohnt der Antragsteller im Ausland, so hat er dem Gegner auf dessen Verlangen Sicherheit wegen der Kosten des Verfahrens zu leisten. Die Höhe der Sicherheit wird von dem Patentamt nach freiem Ermessen festgesetzt. Dem Antragsteller wird bei Anordnung der Sicherheitsleistung eine Frist bestimmt, binnen welcher die Sicherheit zu leisten ist. Erfolgt die Sicherheitsleistung nicht vor Ablauf der Frist, so gilt der Antrag als zurückgenommen.

§ 29. Nachdem die Einleitung des Verfahrens verfügt ist, fordert das Patentamt den Patentinhaber unter Mitteilung des Antrags auf, sich über denselben innerhalb eines Monats zu erklären.

---

*) Satz 3 fällt nach § 3 Abs 2 der VereinfVO v. 9. 3. 17, RGBl S. 221, Anh A Nr III S. 331 einstweilen fort.

Erklärt der Patentinhaber binnen der Frist sich nicht, so kann ohne Ladung und Anhörung der Beteiligten sofort nach dem Antrag entschieden und bei dieser Entscheidung jede von dem Antragsteller behauptete Tatsache für erwiesen angenommen werden.

§ 30. Widerspricht der Patentinhaber rechtzeitig, oder wird im Falle des § 29 Abs. 2 nicht sofort nach dem Antrag entschieden, so trifft das Patentamt, und zwar im ersteren Falle unter Mitteilung des Widerspruchs an den Antragsteller, die zur Aufklärung der Sache erforderlichen Verfügungen. Es kann die Vernehmung von Zeugen und Sachverständigen anordnen. Auf dieselben finden die Vorschriften der Zivilprozeßordnung entsprechende Anwendung. Die Beweisverhandlungen sind unter Zuziehung eines beeidigten Protokollführers aufzunehmen.

Die Entscheidung erfolgt nach Ladung und Anhörung der Beteiligten.

§ 31. In der Entscheidung (§§ 29, 30) hat das Patentamt nach freiem Ermessen zu bestimmen, zu welchem Anteil die Kosten des Verfahrens den Beteiligten zur Last fallen.

§ 32. Die Gerichte sind verpflichtet, dem Patentamt Rechtshilfe zu leisten. Die Festsetzung einer Strafe gegen Zeugen und Sachverständige, welche nicht erscheinen oder ihre Aussage oder deren Beeidigung verweigern, sowie die Vorführung eines nicht erschienenen Zeugen erfolgt auf Ersuchen durch die Gerichte.

§ 33. Gegen die Entscheidung des Patentamts (§§ 29, 30) ist die Berufung zulässig. Die Berufung geht an das Reichsgericht. Sie ist binnen sechs Wochen nach der Zustellung bei dem Patentamt schriftlich anzumelden und zu begründen. Mit der Anmeldung der Berufung ist eine Gebühr nach Maßgabe des Tarifs zu zahlen; erfolgt die Zahlung nicht, so gilt die Berufung als nicht angemeldet.

In dem Verfahren vor dem Reichsgerichte werden Gebühren und Auslagen nach den Vorschriften des Gerichtskostengesetzes erhoben. Die Gebühren werden nach den für das Verfahren in der Revisionsinstanz geltenden Sätzen berechnet. Ein Gebührenvorschuß ist nicht zu zahlen. Die für die Anmeldung der Berufung gezahlte Gebühr wird auf die reichsgerichtlichen Gebühren angerechnet; sie wird nicht zurückgezahlt.

Durch das Urteil des Gerichtshofs ist nach Maßgabe des § 31 auch über die Kosten des Verfahrens zu bestimmen.

Im übrigen wird das Verfahren vor dem Gerichtshof durch ein Regulativ bestimmt, welches von dem Gerichtshof zu entwerfen ist und durch Verordnung des Reichspräsidenten unter Zustimmung des Reichsrats festgestellt wird.

§ 34. In betreff der Geschäftssprache vor dem Patentamt finden die Bestimmungen des Gerichtsverfassungsgesetzes über die Gerichtssprache entsprechende Anwendung. Eingaben, welche nicht in deutscher Sprache abgefaßt sind, werden nicht berücksichtigt.

Vierter Abschnitt.

Strafen und Entschädigung.

§ 35. Wer wissentlich oder aus grober Fahrlässigkeit den Bestimmungen der §§ 4 und 5 zuwider eine Erfindung in Benutzung nimmt, ist dem Verletzten zur Entschädigung verpflichtet.

Handelt es sich um eine Erfindung, welche ein Verfahren zur Herstellung eines neuen Stoffes zum Gegenstande hat, so gilt bis zum Beweise des Gegenteils jeder Stoff von gleicher Beschaffenheit als nach dem patentierten Verfahren hergestellt.

§ 36. Wer wissentlich den Bestimmungen der §§ 4 und 5 zuwider eine Erfindung in Benutzung nimmt, wird mit Geldstrafe oder mit Gefängnis bis zu einem Jahre bestraft.

Die Strafverfolgung tritt nur auf Antrag ein. Die Zurücknahme des Antrags ist zulässig.

Wird auf Strafe erkannt, so ist zugleich dem Verletzten die Befugnis zuzusprechen, die Verurteilung auf Kosten des Verurteilten öffentlich bekanntzumachen. Die Art der Bekanntmachung sowie die Frist zu derselben ist im Urteil zu bestimmen.

§ 37. Statt jeder aus diesem Gesetz entspringenden Entschädigung kann auf Verlangen des Beschädigten neben der Strafe auf eine an ihn zu erlegende Buße erkannt werden. Für diese Buße haften die zu derselben Verurteilten als Gesamtschuldner.

Eine erkannte Buße schließt die Geltendmachung eines weiteren Entschädigungsanspruchs aus.

§ 38. In bürgerlichen Rechtsstreitigkeiten, in welchen durch Klage oder Widerklage ein Anspruch auf Grund der Bestimmungen dieses Gesetzes geltend gemacht ist, wird die Verhandlung und Entscheidung letzter Instanz im Sinne des § 8 des Einführungsgesetzes zum Gerichtsverfassungsgesetze dem Reichsgerichte zugewiesen.

§ 39. Die Klagen wegen Verletzung des Patentrechts verjähren rücksichtlich jeder einzelnen dieselbe begründenden Handlung in drei Jahren.

§ 40. Mit Geldstrafe wird bestraft:

1. wer Gegenstände oder deren Verpackung mit einer Bezeichnung versieht, welche geeignet ist, den Irrtum zu erregen, daß die Gegenstände durch ein Patent nach Maßgabe dieses Gesetzes geschützt seien;
2. wer in öffentlichen Anzeigen, auf Aushängeschildern, auf Empfehlungskarten oder in ähnlichen Kundgebungen eine Bezeichnung anwendet, welche geeignet ist, den Irrtum zu erregen, daß die darin erwähnten Gegenstände durch ein Patent nach Maßgabe dieses Gesetzes geschützt seien.

III. Gesetz, betreffend den Schutz von Gebrauchsmustern.

§ 1. Modelle von Arbeitsgerätschaften oder Gebrauchsgegenständen oder von Teilen derselben werden, insoweit sie dem Arbeits- oder Gebrauchszweck durch eine neue Gestaltung, Anordnung oder Vorrichtung dienen sollen, als Gebrauchsmuster nach Maßgabe dieses Gesetzes geschützt.

Modelle gelten insoweit nicht als neu, als sie zur Zeit der auf Grund dieses Gesetzes erfolgten Anmeldung bereits in öffentlichen Druckschriften beschrieben oder im Inland offenkundig benutzt sind.

§ 2. Modelle, für welche der Schutz als Gebrauchsmuster verlangt wird, sind bei dem Patentamt schriftlich anzumelden.

Die Anmeldung muß angeben, unter welcher Bezeichnung das Modell eingetragen werden und welche neue Gestaltung oder Vorrichtung dem Arbeits- oder Gebrauchszweck dienen soll.

Jeder Anmeldung ist eine Nach- oder Abbildung des Modells beizufügen.

Über die sonstigen Erfordernisse der Anmeldung trifft das Patentamt Bestimmung.

Gleichzeitig mit der Anmeldung ist für jedes angemeldete Modell eine Gebühr nach Maßgabe des Tarifs einzuzahlen. Führt die Anmeldung nicht zur Eintragung, so wird die Hälfte der Gebühr erstattet.

Wenn der Anmelder für das Modell ein Patent nachgesucht hat oder nachsuchen will, so kann er beantragen, daß das Modell in die Gebrauchsmusterrolle nicht eingetragen wird, bevor die Patentanmeldung erledigt ist (Eventual-Anmeldung). In diesem Falle ist bei der Anmeldung nur die Hälfte der Anmeldegebühr zu zahlen; die andere Hälfte ist vor der Eintragung zu entrichten.

§ 3. Entspricht die Anmeldung den Anforderungen des § 2, so verfügt das Patentamt die Eintragung in die Rolle für Gebrauchsmuster.

Die Eintragung muß den Namen und Wohnsitz des Anmelders sowie die Zeit der Anmeldung angeben.

Die Eintragungen sind durch das Patentblatt in bestimmten Fristen bekanntzumachen.

Änderungen in der Person des Eingetragenen werden auf Antrag in der Rolle vermerkt.

Die Einsicht der Rolle sowie der Anmeldungen, auf Grund deren die Eintragungen erfolgt sind, steht jedermann frei.

§ 4. Die Eintragung eines Gebrauchsmusters im Sinne des § 1 hat die Wirkung, daß dem Eingetragenen ausschließlich das Recht zusteht, gewerbsmäßig das Muster nachzubilden, die durch Nachbildung hervorgebrachten Gerätschaften und Gegenstände in Verkehr zu bringen, feilzuhalten oder zu gebrauchen.

Das durch eine spätere Anmeldung begründete Recht darf, soweit es in das Recht des auf Grund früherer Anmeldung Eingetragenen eingreift, ohne Erlaubnis des letzteren nicht ausgeübt werden.

Wenn der wesentliche Inhalt der Eintragung den Beschreibungen, Zeichnungen, Modellen, Gerätschaften oder Einrichtungen eines anderen ohne Einwilligung desselben entnommen ist, so tritt dem Verletzten gegenüber der Schutz des Gesetzes nicht ein.

§ 5. Soweit ein nach § 4 begründetes Recht in ein Patent eingreift, dessen Anmeldung vor der Anmeldung des Modells erfolgt ist, darf der Eingetragene das Recht ohne Erlaubnis des Patentinhabers nicht ausüben.

Imgleichen darf, soweit in ein nach § 4 begründetes Recht durch ein später angemeldetes Patent eingegriffen wird, das Recht aus diesem Patent ohne Erlaubnis des Eingetragenen nicht ausgeübt werden.

§ 6. Liegen die Erfordernisse des § 1 nicht vor, so hat jedermann gegen den Eingetragenen Anspruch auf Löschung des Gebrauchsmusters.

Im Falle des § 4 Abs. 3 steht dem Verletzten ein Anspruch auf Löschung zu.

§ 7. Das durch die Eintragung begründete Recht geht auf die Erben über und kann beschränkt oder unbeschränkt durch Vertrag oder Verfügung von Todes wegen auf andere übertragen werden.

§ 8. Die Dauer des Schutzes ist drei Jahre; der Lauf dieser Zeit beginnt mit dem auf die Anmeldung folgenden Tage. Bei Zahlung einer weiteren Gebühr nach Maßgabe des Tarifs tritt eine Verlängerung der Schutzfrist um drei Jahre ein. Die Verlängerung wird in der Rolle vermerkt. Nach Ablauf der ursprünglichen Schutzfrist kann die Verlängerungsgebühr nur unter Zahlung des tarifmäßigen Zuschlags entrichtet werden. Das Patentamt gibt dem Eingetragenen Nachricht, daß eine Verlängerung der Schutzfrist nur eintritt, sofern bis zum Ablauf eines Monats nach der Zustellung die Verlängerungsgebühr nebst Zuschlag gezahlt wird.

Wenn der Eingetragene während der Dauer der Frist auf den Schutz Verzicht leistet, so wird die Eintragung gelöscht.

Die nicht infolge von Ablauf der Frist stattfindenden Löschungen von Eintragungen sind durch das Patentblatt in bestimmten Fristen bekanntzumachen.

§ 9. Wer wissentlich oder aus grober Fahrlässigkeit den Bestimmungen der §§ 4 und 5 zuwider ein Gebrauchsmuster in Benutzung nimmt, ist dem Verletzten zur Entschädigung verpflichtet.

Die Klagen wegen Verletzung des Schutzrechts verjähren rücksichtlich jeder einzelnen dieselbe begründenden Handlung in drei Jahren.

§ 10. Wer wissentlich den Bestimmungen der §§ 4 und 5 zuwider ein Gebrauchsmuster in Benutzung nimmt, wird mit Geldstrafe oder mit Gefängnis bis zu einem Jahre bestraft.

Die Strafverfolgung tritt nur auf Antrag ein. Die Zurücknahme des Antrags ist zulässig.

Wird auf Strafe erkannt, so ist zugleich dem Verletzten die Befugnis zuzusprechen, die Verurteilung auf Kosten des Verurteilten öffentlich bekanntzumachen. Die Art der Bekanntmachung sowie die Frist zu derselben ist im Urteil zu bestimmen.

§ 11. Statt jeder aus diesem Gesetz entspringenden Entschädigung kann auf Verlangen des Beschädigten neben der Strafe auf eine an ihn zu erlegende Buße erkannt werden. Für diese Buße haften die zu derselben Verurteilten als Gesamtschuldner.

Eine erkannte Buße schließt die Geltendmachung eines weiteren Entschädigungsanspruchs aus.

§ 12. In bürgerlichen Rechtsstreitigkeiten, in welchen durch Klage oder Widerklage ein Anspruch auf Grund der Bestimmungen dieses Gesetzes geltend gemacht ist, wird die Verhandlung und Entscheidung letzter Instanz im Sinne des § 8 des Einführungsgesetzes zum Gerichtsverfassungsgesetze dem Reichsgerichte zugewiesen.

§ 13. Wer im Inland einen Wohnsitz oder eine Niederlassung nicht hat, kann nur dann den Anspruch auf den Schutz dieses Gesetzes geltend machen, wenn in dem Staate, in welchem sein Wohnsitz oder seine Niederlassung sich befindet, nach einer im Reichsgesetzblatt enthaltenen Bekanntmachung deutsche Gebrauchsmuster einen Schutz genießen.

Wer auf Grund dieser Bestimmung eine Anmeldung bewirkt, muß gleichzeitig einen im Inland wohnhaften Vertreter bestellen. Name und Wohnsitz des Vertreters werden in die Rolle eingetragen. Der eingetragene Vertreter ist zur Vertretung des Schutzberechtigten in den das Gebrauchsmuster betreffenden Rechtsstreitigkeiten und zur Stellung von Strafanträgen befugt. Der Ort, wo der Vertreter seinen Wohnsitz hat, und in Ermangelung eines solchen der Ort, wo das Patentamt seinen Sitz hat, gilt im Sinne des § 23 der Zivilprozeßordnung als der Ort, wo der Vermögensgegenstand sich befindet.

§ 14. Die zur Ausführung dieses Gesetzes erforderlichen Bestimmungen über die Einrichtung und den Geschäftsgang des Patentamts werden durch Verordnung des Reichspräsidenten unter Zustimmung des Reichsrats getroffen.

Nachtrag zum Abdruck der Gesetzestexte.

In einer Sonderbeilage des GR 1924 zu Heft Nr 2 (nach S. 36) ist ein Abdruck des PG, des GMG und des WZG nach der vorstehenden Bek. vom 7. 12. 23 enthalten, worin auch die Änderungen berücksichtigt sind, die die amtliche Veröffentlichung noch nicht gebracht hat, besonders die VereinfVO v. 9. 3. 17 Anh A III S. 331. Danach ergeben sich folgende Abweichungen von dem amtlichen Text:

I. Warenzeichengesetz.

Die Abweichungen sind ohne Interesse. Es ist dabei übersehen worden, daß § 10 Abs 1 bei Berücksichtigung der VereinfVO folgende Fassung wegen Wegfall des Vorbescheides erhalten würde:

Anmeldungen von WZ, Anträge auf Übertragung und Widersprüche gegen die Löschung derselben werden in dem für Patentangelegenheiten maßgebenden Verfahren durch Beschluß erledigt.

II. Patentgesetz.

1. **§§ 5 a** und **6 a** geben die Übergangsbestimmungen Art V Nr 3 u. 4 des Ges v. 9. 7. 23 (RGBl II 298), betr. Vorbenutzungs- und Lizenzrechte bei laufenden, von 15 auf 18 Jahre verlängerten Patenten wieder.

2. **§ 8 a.** Über die Rechtzeitigkeit der Zahlung einer Gebühr, die nach § 8 Abs 2, 3 des PG v. 7. 4. 91 (RGBl S. 79) oder nach § 8 Abs 1 des Ges., betr. den Schutz von Gebrauchsmustern, v. 1. 6. 91 (RGBl S. 290) zu entrichten ist, entscheidet ausschließlich das PA.

Hier ist § 2 der Bek. v. 8. 3. 17 (RGBl S. 222) eingeschoben.

3. **§ 21** (unter Berücksichtigung der VereinfVO):

Die Anmeldung unterliegt einer Prüfung. Erscheint hierbei die Anmeldung als den vorgeschriebenen Anforderungen (§ 20) nicht genügend, so wird der Patentsucher aufgefordert, die Mängel innerhalb einer bestimmten Frist zu beseitigen.

Insoweit die Prüfung ergibt, daß eine nach §§ 1, 2, 3 Abs 1 patentfähige Erfindung nicht vorliegt, wird der Patentsucher hiervon unter Angabe der Gründe mit der Aufforderung benachrichtigt, sich binnen einer bestimmten Frist zu äußern.

4. **§ 22** (gemäß VereinfVO): Ist durch die Anmeldung den vorgeschriebenen Anforderungen (§ 20) nicht genügt, oder ergibt sich, daß eine nach §§ 1, 2, 3 Abs 1 patentfähige Erfindung nicht vorliegt, so wird die Anmeldung zurückgewiesen.

Soll die Zurückweisung auf Grund von Umständen erfolgen, welche nicht bereits dem Patentsucher mitgeteilt waren, so ist demselben vorher Gelegenheit zu geben, sich über diese Umstände binnen einer bestimmten Frist zu äußern.

5. In **§ 24** fällt der letzte Satz des Abs 3, weil auf dem nicht mehr praktischen Vorbescheid beruhend, gemäß der VereinfVO fort.

6. Der Eingang des **§ 25** lautet: „Bei der Prüfung" statt „bei der Vorprüfung", weil die Vorprüfung nach der VereinfVO fortfällt.

7. In **§ 26** Abs 3 fällt Satz 3 gemäß § 3 Abs 2 der VereinfVO fort.

8. **§ 34 a** (eingeschoben gemäß der KriegsVO v. 10. 9. 14 [RGBl S. 403] und v. 13. 4. 16 [RGBl S. 278], sowie Art II des Ges v. 27. 4. 20 [RGBl S. 677]:

Wer durch den Kriegszustand oder durch Naturereignisse oder andere unabwendbare Zufälle verhindert worden ist, dem PA gegenüber eine Frist einzuhalten, deren Versäumung nach gesetzlicher Vorschrift einen Rechtsnachteil zur Folge hat, ist auf Antrag wieder in den vorigen Stand einzusetzen.

Die Wiedereinsetzung muß innerhalb einer Frist von zwei Monaten nach dem Wegfall des Hindernisses beantragt werden. Der Reichskanzler bestimmt, von welchem Zeitpunkt an der Antrag nicht mehr zulässig ist. Im übrigen sind die Bestimmungen der §§ 236ff der ZPO entsprechend anzuwenden.

(Die in Abs 2 vorgesehene Bestimmung des Reichskanzlers, an dessen Stelle gemäß § 5 RG v. 4. 3. 19 [RGBl S. 286] und Art 56 der RVerf v. 11. 8. 19 die Reichsregierung bzw. der Reichsminister der Justiz getreten ist, ist bisher nicht ergangen.)

Hinzuzufügen ist noch § 3 VO v. 10. 9. 14, wonach die Wiedereinsetzung bei Angehörigen ausländischer Staaten nur dann stattfindet, wenn nach einer im RGBl enthaltenen Bekanntmachung den deutschen Reichsangehörigen gleichartige Erleichterungen gewährt werden.

9. Bei den §§ 35—40 sind die Beträge der Geldstrafen und Bußen gemäß der VO über Vermögensstrafen und Bußen v. 6. 2. 24 (RGBl I 44) (zum Teil unrichtig) eingefügt worden.

III. Gebrauchsmustergesetz.

Die Abweichungen sind ohne Interesse.

Einleitung.

Inhalt.

	Seite
1. Entstehung des Gesetzes und heute geltende Fassung	28
2. Inhalt des Gesetzes	30
3. WZG und UWG	31
4. Die Natur des WZ-Rechts	32
5. Die wirtschaftliche Bedeutung des WZ-Rechts	34

Motto: Das Zeichenrecht als Recht des guten Glaubens
und der Lauterkeit des Verkehrs...

Josef Kohler.

1. Die Entstehung des Gesetzes und die Änderungen. Das WZG v. 12. 5. 94 (in Kraft seit 1. 10. 94) ist an die Stelle des Markenschutzgesetzes v. 30. 11. 74 getreten zu dem Zwecke, wie es in der allgemeinen Begründung des Gesetzentwurfs heißt, „den Gewerbetreibenden die ausschließliche Benutzung ihrer Zeichen zu sichern und die Konsumenten vor Täuschung zu schützen".

Die wichtigsten Änderungen gegenüber dem alten Gesetze waren die folgenden:

1. Das eingetragene Zeichen wurde allen Gewerbetreibenden zugängig gemacht, während es bis dahin auf Firmen, die im Handelsregister eingetragen waren, beschränkt war.

2. Die Verwaltung des Zeichenwesens wurde beim PA zentralisiert, während die Anmeldung vorher bei den örtlich zuständigen Handelsregistern erfolgte.

3. Das reine Anmeldeverfahren wurde durch eine Vorprüfung der Anmeldung (ohne Aufgebotsverfahren) ersetzt.

4. Neben dem Bildzeichen wurde die Wortmarke zugelassen.

5. Der Rechtsschutz wurde durch Einführung des Begriffs der Verwechslungsgefahr und durch Zubilligung von Schadensersatz auch bei grober Fahrlässigkeit verstärkt.

6. Neu eingeführt wurde der Schutz der Ausstattung und die Sicherung des redlichen Verkehrs gegen falsche örtliche Herkunftsbezeichnungen.

Das WZG gilt nach § 4 der Kais. VO v. 9. 11. 00 (RGBl S. 1006) in den Schutzgebieten und nach der Kais. VO v. 4. 7. 14 (RGBl S. 256) — nach der Rechtsprechung s. RG II 21/3 02 Bl 02, 213 auch schon vorher — ferner in den Konsulargerichtsbezirken, in diesen aber zugunsten von Ausländern nur insoweit, als die Gegenseitigkeit verbürgt ist (vgl. RG II 12/11 14 MW 14, 333; Kohler S. 247). Konsulargerichtsbezirke sind zur Zeit nur noch Abessinien, Persien, Spanisch-Marokko und einstweilen Ägypten (s. § 23 A. 4).

Durch Art VIII RG v. 9. 7. 23 über die patentamtlichen Gebühren (RGBl II 298, Anh Vb) wurde die Reichsregierung ermächtigt, den Wortlaut des PG, des GMG und des WZG im RGBl unter Berücksichtigung der Änderungen bekanntzumachen, die sich aus dem vorliegenden Gesetze (v. 9. 7. 23; hier wichtig Art IV, betr. § 3 Abs 3 WZG) und den Ges. v. 6. 6. 11 (betr. den Patentausführungszwang),

v. 31. 3. 13 zur Ausführung der revidierten Pariser Übereinkunft zum Schutze des gewerblichen Eigentums (RGBl S. 236, Anh B I c; hier wichtig Art. III über die Abänderung des § 4 und die Einstellung der §§ 24a bis h WZG) und v. 27. 6. 22 zur Erhöhung der patentamtlichen Gebühren (RGBl II S. 619, Anh Va; hier wichtig Art IV, betr. Abänderung der §§ 2, 8 u. 24 sowie Einstellung des § 6a WZG) ergeben. Dabei war an Stelle bestimmter Gebührenbeträge der Hinweis auf den Tarif zu setzen. Nach Art VI der VO über die patentamtlichen Gebühren v. 29. 10. 23 (RGBl II 399, Anh Ve) waren bei der Bekanntmachung auch andere die drei Gesetze berührenden gesetzliche Änderungen zu berücksichtigen.

Danach ist eine neue Fassung der drei Gesetze durch Bek v. 7. 12. 23 im RGBl II 437ff (das WZG S. 445ff) veröffentlicht worden. Das WZG hat als Anlage (S. 450) die zur Zeit geltende Warenklasseneinteilung.

Inzwischen sind weitere Gesetzesänderungen erfolgt, nämlich:

1. Durch das Ges. v. 21. 3. 25 über den Beitritt des Reiches zu dem Madrider Abkommen, betr. die Unterdrückung falscher Herkunftsangaben auf Waren (RGBl II 115). Nach § 3 unter a dieses Gesetzes fallen im § 14 Abs 2 und im § 15 des WZG die beiden letzten Sätze fort; die betreffenden Vergehen sind also nicht mehr Antragsdelikte.

2. Durch das Gesetz über die patentamtlichen Gebühren v. 26. 3. 26 (RGBl II 181, Anh VI). Nach Art III dieses Gesetzes fallen im § 3 Abs 3 des WZG die Worte: „soweit sie nicht nur die im Abs 1 Nr 3 bezeichneten Änderungen betrifft", fort. Danach ist auch eine Änderung in der Person, im Namen oder im Wohnort des Inhabers oder des Vertreters im WZBlatt zu veröffentlichen. Dieses Gesetz enthält zugleich den jetzt gültigen Gebührentarif. Die Bek v. 7. 12. 23 hat aber auch die bis zu ihrem Erlaß erfolgten Gesetzesänderungen noch nicht erschöpfend berücksichtigt.

Nicht berücksichtigt sind:

1. Art I des Ges. v. 31. 3. 13 zur Ausführung der Washingtoner Revision der Pariser Übereinkunft (RGBl S. 236): danach findet § 23 Abs 1 WZG keine Anwendung mehr auf Reichsangehörige.

2. Die VO v. 10. 9. 14 (RGBl S. 403), die VO v. 13. 4. 16 (RGBl S. 278) und des Ges. v. 27. 4. 20 Art II (RGBl S. 677, Anh IV), wonach die Wiedereinsetzung in den vorigen Stand im patentamtlichen Verfahren ermöglicht ist.

3. Die VereinfVO v. 9. 3. 17 (RGBl S. 221, Anh III): danach findet die Prüfung der Anmeldungen unter Beseitigung des Vorbescheids durch Einzelprüfer statt und entscheiden die Beschwerdeabteilungen in der Besetzung mit drei Mitgliedern.

4. Art IV der VO über die patentamtlichen Gebühren v. 29. 10. 23 (RGBl. II 400): danach soll in den Bescheiden, die das PA den Beteiligten gemäß § 8 Abs 4 des WZG zustellt, der zu zahlende Betrag zahlenmäßig angegeben werden. Die Höhe desselben wird durch eine spätere Änderung des Tarifs nicht berührt.

Weitere Gesetzesänderungen stehen bevor infolge der Beschlüsse der Haager Konferenz (8. 10. bis 6. 11. 25) zur Revision des Pariser Unionvertrags, welche spätestens am 1. 6. 28 in Kraft treten sollen.

Zur Auslegung des Gesetzes sind von Bedeutung:

1. der Entwurf des Gesetzes und die Begründung dazu nebst Kommissionsbericht, abgedruckt im Bl. 1894/95 S. 22ff;

2. der im RPA verfaßte und 1913 veröffentlichte Entwurf eines neuen WZG nebst Begründung, welche überall der Auffassung des PA über das noch geltende Recht Ausdruck geben. Ein Abdruck findet sich im Bl. 1913 Beilage zu Nr 7/8 S. 45ff. Die jeweils für die Auslegung wichtigen Teile aus beiden Drucksachen sind in den Erläuterungen der einzelnen Paragraphen in abgekürzter Form wiedergegeben.

2. Der Inhalt des Gesetzes. Wie der Titel sagt, befaßt sich das Gesetz mit dem Schutze der Warenbezeichnungen. Geschützte Warenbezeichnungen sind:

1. das eingetragene Zeichen;

2. das ohne Eintragung kraft Individualrechts geschützte Zeichen, insbesondere die Ausstattung;

3. die kraft absoluten Rechts des Inhabers schon nach bürgerlichem Rechte geschützten Hinweise auf ein Individuum oder auf ein kaufmännisches Geschäft, d. h. Name und Firma, die, soweit sie zur Warenbezeichnung verwendet werden, durch das Gesetz in den §§ 14 u. 17 einen zusätzlichen Schutz erhalten;

4. die zur Warenbezeichnung benutzten Hinweise auf einen bestimmten Ort zur allgemeinen Lokalisierung der Erzeugung oder des Vertriebs.

Die unter 4 bezeichneten rein örtlichen Herkunftsbezeichnungen, die nur durch § 16 geschützt sind, treten an Wichtigkeit weit hinter den anderen, den persönlichen Herkunftszeichen, zurück. Sie unterscheiden sich von ihnen dadurch, daß ihr Schutz nicht auf einem Individualrecht beruht und nicht dem Inhaber eines bestimmten Geschäftsbetriebs als solchem zusteht, demgemäß in der Hauptsache dem allgemeinen Publikum und daneben dem Interesse einer durch den Ort bestimmten Gesamtheit von Personen dient. § 16 ist überdies unzulänglich und wird durch die §§ 3, 4 u. 13 UWG, die den gleichen Schutz stärker und umfassender gewähren, praktisch ersetzt und verdrängt, weswegen er auch im Entwurf 1913 fallengelassen ist. Auch die unter 3 angeführten Schutzgegenstände, Namen und Firmen, sind für das Gesetz nur von nebensächlicher Bedeutung, da sie allgemeinrechtlich schon einen weit über das Gebiet der Warenbezeichnung hinausgehenden Schutz genießen, mit dem sie sich allenfalls begnügen könnten.

Als eigentliche Gegenstände des Gesetzes verbleiben somit das eingetragene WZ und die Ausstattung, von denen letztere dem älteren Rechte gegenüber neu und anscheinend noch etwas zögernd unter Schutz gestellt ist, indem sie lediglich auf den dürftigen und nicht glücklich gefaßten § 15 verwiesen wurde. Sie hat sich aber unter der von einer tiefen Einsicht in das Wesen des Wettbewerbs geleiteten Rechtsprechung zu beständig steigender Bedeutung entwickelt und auch gegenüber dem eingetragenen WZ, dem sie in der ersten Zeit unbedingt zu weichen hatte, eine gewisse Stellung verschafft.

Der Schwerpunkt des Gesetzes liegt im eingetragenen Zeichen, dessen Recht sich im Zusammenwirken von Gesetzgebung, Rechtswissenschaft, Praxis des PA und Rechtsprechung der Gerichte, besonders des RG, zu einem wohl ausgebauten, feinen und doch schmiegsamen System von logischer Folgerichtigkeit entwickelt hat, dem in dem deutschen Rechte und in der deutschen Wirtschaft ein ehrenvoller Platz gebührt.

Der Aufbau des Gesetzes entspricht zwar insofern nicht strengen gesetzestechnischen Anforderungen, als materielles und Verfahrensrecht nicht gesondert behandelt wird, ein Fehler, den der Entwurf 1913 zu vermeiden sucht. Auch die Fassung der einzelnen Bestimmungen ist vielfach unvollkommen, so daß die zugrunde liegenden richtigen, dem Wirtschaftsbedürfnisse entsprechenden Gedanken zum Teil erst in der Rechtsprechung von PA und Gerichten zum Ausdruck gelangt sind oder noch gelangen werden. Im großen und ganzen aber hat sich das Gesetz gut bewährt. Die Zuständigkeiten von PA und Gerichten sind nach dem Vorbilde des Patentrechts zweckmäßig verteilt, so daß im allgemeinen das PA über Eintragung und Löschung entscheidet, während den Gerichten die Entscheidung über etwaige Verletzungen des konstitutiv erteilten und bis zur Löschung dauernden Rechts obliegt. Die Gerichte können aber aus zivilrechtlichen und den im § 9 behandelten zeichenrechtlichen Gründen den Inhaber zur Einwilligung in die Löschung verurteilen, die dann gemäß § 8 Abs 1 das PA zur Löschung dann veranlaßt, wenn es die Zuständigkeit der Gerichte für den betreffenden Fall bestätigt. Reibereien und Konflikte haben sich aus dieser Zuständigkeitsregelung kaum ergeben.

3. WZG und UWG. Das WZ-Recht ist ein Teil des Wettbewerbs- und zugleich ein Teil des Industrie- und Handelsrechts. Es bezweckt, die Erzeugung und den Vertrieb guter Waren im Wettbewerb dadurch zu fördern, daß es der Quelle, aus der diese Waren stammen, die Möglichkeit gibt, sich durch ein Zeichen auf der Ware kenntlich zu machen, und zugleich andere verhindert, sich derselben Bezeichnung zu bedienen, so daß der Verbraucher aus dem Zeichen auf die Quelle schließen kann. Die unerlaubte Benutzung fremder Warenbezeichnungen ist eine sowohl im Interesse des Verletzten wie der Allgemeinheit zu bekämpfende Art des unlauteren Wettbewerbs (E 100, 24 u. 25). Während aber das Wettbewerbsrecht im engeren Sinne als eine Art Zivilpolizeirecht die Ordnung des geschäftlichen Wettbewerbs auf Grund des volkswirtschaftlichen und sittlichen Interesses der Gesamtheit regelt, verfolgt das WZ-Recht seinen Zweck durch Ausbildung von Individualrechten einzelner Geschäftsinhaber. Es gewährt dem Inhaber die ausschließliche Befugnis, die gewählte Bezeichnung mittels Wort oder Bild für die von ihm erzeugten oder vertriebenen Waren zu benutzen, und sichert dadurch den Rückschluß des Publikums, daß die so bezeichnete Ware tatsächlich aus der von ihm ins Auge gefaßten Betriebsstätte stammt (Herkunftszeichen). Eine Verpflichtung des Inhabers zur Benutzung seines Zeichens besteht nicht, auch ist der Bestand desselben von der Benutzung nicht abhängig (RG 97, 93). Darauf beruht die Zulässigkeit der Anmeldung von Vorrats- und Defensivzeichen (RG 97, 90 u. 302). Doch steht dies Recht der Nichtbenutzung, wie das WZ-Recht überhaupt unter allgemeinen Wettbewerbsgrundsätzen, so daß ein Mißbrauch zum Verlust des Rechts führen kann. Bei rechtswidriger und unlauterer Ausnutzung muß es allgemeinen Rechtssätzen, besonders des Schuldrechts, und den höheren Zwecken des Wettbewerbsrechts weichen (RG Nr 49, 242; E 48, 235; 97, 94). Andererseits siegt es nach dem wettbewerblichen Grundsatze der Priorität über entgegenstehende, später begründete Rechte, z. B. das Firmenrecht (RG 100, 266). Es gibt daher kaum ein Gesetz, dessen Auslegung im Laufe seiner Geltung solche Wandlungen erfahren hat wie das WZG durch die unter dem Einflusse der Gesetze gegen den unlauteren Wettbewerb und des § 826 BGB. ständig sich verfeinernde und läuternde Rechtsanschauung. Mit Recht sagte Wirth schon 1910 (GR 10, 319), daß heute eigentlich jedem Paragraphen des Gesetzes die Klausel beigefügt werden könnte: „vorausgesetzt, daß kein Verstoß gegen die guten Sitten vorliegt". Dem könnte hinzugesetzt werden: „und gegen die Gesetze eines lauteren Wettbewerbs". Wirth legt auch a. a. O. dar, wie sehr manche Bestimmungen unter diesem Einfluß ihr Wesen geändert haben (vgl. auch Rosenthal ib. S. 172 und Kloeppel S. 329; ferner Mittelstädt GR 27, 137). In der Tat entscheidet bei diesem Gesetze der Wortlaut weit weniger wie bei anderen Gesetzen, denn bei jeder warenzeichenrechtlichen Frage ist der Zweck des Gesetzes im Auge zu behalten: nicht nur die Täuschung des kaufenden und konsumierenden Publikums über die Herkunft der Ware zu verhüten, sondern auch auf diesem Gebiete allgemein den ehrbaren und redlichen Verkehr zu fördern und dem unlauteren Wettbewerb entgegenzutreten. So sehr hiernach eine Auslegung des WZG an Hand von wettbewerblichen Grundsätzen geboten ist, so ist doch andererseits einer gewissen begreiflichen Neigung der Rechtsprechung entgegenzutreten, das WZG in manchen WZ-Fällen über Bord zu werfen und lediglich nach dem UWG zu urteilen. Insbesondere sollte man Rechtswirkungen, die sich einfach aus dem Wesen des WZ-Rechts und des Ausstattungsbesitzes als Immaterialgüterrechten ergeben oder die sich aus formulierten Bestimmungen des WZG bei richtiger Auslegung herleiten lassen, nicht auf § 1 UWG gründen (s. z. B. § 15 A 17; § 9 A 11; § 20 A 13). Denn dadurch würde das WZG seines Inhalts beraubt und dem § 1 UWG nicht selten eine Aufgabe zugeteilt, die er nicht leisten kann, indem man ihn auf gutgläubige Handlungen ausdehnt, die „objektiv" gegen die guten Sitten des Wettbewerbs verstoßen sollen (s. z. B. E 100, 8 oben (Antiformin) und RG II 4/6 20 MW 20, 33 (Inselverlag).

4. Die Natur des WZ-Rechts. Über die rechtliche Natur des WZ-Rechts herrscht noch eine große Unsicherheit. Unter dem Einflusse Kohlers suchte man es vielfach in der Kategorie der Persönlichkeitsrechte unterzubringen. Kohler selbst (S. 207, 246, 249) nennt es ein universelles Persönlichkeitsrecht, bringt es aber andererseits wieder in Gegensatz zu den Persönlichkeitsrechten, die territorial ungebunden seien und die Person überallhin begleiteten, während das WZ-Recht als „Markensteigerung" in den einzelnen Ländern verörtlicht sei und nur bezüglich dieser Gebiete gelte. Insofern gleiche es dem Immaterialgüterrecht. Osterrieth (S. 7, 8, 10ff u. 323) nennt es eine „Ausstrahlung" des allgemeinen Persönlichkeitsrechts. Dieser seinerzeit herrschenden Auffassung folgend, hat das RG es in mehreren Urteilen, die sich aber mit dem WZ selbst nicht befaßten, beiläufig ein „gesetzlich geregeltes Persönlichkeitsrecht" genannt. So E 69, 403; 113, 414. Die Auffassung ist aber unhaltbar, denn von den Persönlichkeitsrechten ist das WZ-Recht scharf dadurch geschieden, daß es keineswegs an die Person gebunden ist, sondern als „Gegenstand" im Sinne von §§ 90 u. 93 BGB. der rechtsgeschäftlichen Verfügung unterliegt s. RGKomm. z. BGB. § 90 Nr 3; vgl. E 90, 398ff; Sohm, Der Gegenstand, § 4 Nr 2 S. 21.

Mehr und mehr neigt sich die Rechtswissenschaft daher der zuerst von Richard Alexander-Katz, GR 01, 102 näher begründeten Ansicht zu, daß das WZ-Recht ebenso wie das Patent- und das Gebrauchsmusterrecht ein Immaterialgüterrecht ist.

Zutreffend bemerkte Magnus auf der Tagung der Internationalen Vereinigung für gewerblichen Rechtsschutz, deutsche Gruppe, Mai 1923: „Ursprünglich schien die Marke als der Überschuß der Persönlichkeit, ebenso wie der Name, inzwischen hat das Markenrecht volkswirtschaftlich wie rechtlich eine andere Gestaltung gewonnen, sie ist zu einem selbständigen, von der Persönlichkeit des Trägers losgelösten Vermögenswert geworden" (GR 23, 163).

Das WZ-Recht ist ein absolutes, gegen jedermann verfolgbares Recht, dessen Verletzung oder Bedrohung auch ohne Verschulden des Verletzers den negatorischen Abwehranspruch auslöst (RG 60, 7; vgl. RGKomm z. BGB § 1004 A 7). Es ist immateriell, denn es besteht nicht in einer Herrschaft über bestimmte Sachen. Es gehört nicht wie Leben, Körper, Gesundheit, Freiheit und Ehre zu der rechtlich geschützten Persönlichkeit als solche (E Str 43, 134; Bl 10, 240); es ist nicht wie das Namensrecht, das Recht am eigenen Bilde oder das Recht des Autors an der unveränderten Form seines Werkes (E 79, 399) ein Individualrecht oder gesetzlich geregeltes Persönlichkeitsrecht (E 69, 403), denn es ist objektivierbar, von der Person lösbar, fähig, Gegenstand des Rechtsverkehrs zu sein. Daher ist es wie der vermögensrechtliche Teil des Urheberrechts, wie das Erfinderrecht vor der Patentanmeldung (Gutachten des I. ZS des RG zum Entwurf eines PG, herausgegeben vom Verfasser, S. 49), das Patent- oder Gebrauchsmusterrecht, ein Immaterialgüterrecht. Dem steht nicht entgegen, daß es nach § 7 Abs 1 nur mit dem Geschäftsbetriebe, als dessen Zubehör, veräußerlich ist. Es steht auch insofern den als Immaterialgüterrechten allgemein anerkannten Rechten nahe, als es in gewisser Hinsicht auf schöpferischer Tätigkeit beruht, die darauf abzielt, aus der Fülle der Möglichkeiten diejenigen auszuwählen, die nach Lage der Sache am besten geeignet ist, der Bezeichnung Unterscheidungskraft zu sichern, das Erinnerungsvermögen zu beeinflussen und sympathische, die Kauflust fördernde Empfindungen zu erwecken (vgl. Marquardt, Immaterielles Güterrecht und Persönlichkeitsrecht,

GR 14, 142, und Elster S. 207). Auch die Marke liegt eine Idee zugrunde, wie dem Kunstwerk oder der Erfindung; sie bestimmt sich nach der Bezeichnungskraft und ist verschiedener Ausdrucksformen fähig, deren Gesamtheit ihre Charakterisierungssphäre darstellt (Kohler S. 160).

Wie beim Patent und Gebrauchsmuster besteht das Recht wesentlich in einem staatlich, nach allgemeinen Gesetzen verliehenen Monopol, einem die Benutzung der Idee durch andere ausschließenden Verbietungsrechte.

Die Begründung des WZ-Rechts aus einem allgemeinen Persönlichkeitsrechte und die Definition des ersteren als einem Bestandteil oder einer Ausstrahlung desselben haben weder systematischen noch praktischen Wert, da ein allgemeines Persönlichkeitsrecht in Deutschland gesetzlich nicht geregelt ist (E 113, 414) und daher einen imaginären Begriff darstellt (vgl. Ramdohr Bl 1899, 91). Die gesetzliche Regelung betrifft das WZ nur in seinem Wesen als geschütztes Rechtsgut, und zwar nicht als Bestandteil einer Persönlichkeit, sondern als Zubehör eines Geschäftsbetriebs. Wie das Wappen Kennzeichen einer Familie, der Name Kennzeichen einer Person in allen ihren Lebensäußerungen, die Firma Kennzeichen einer oder mehrerer Personen als Inhaberin eines Geschäfts ist, so hat das WZ eine noch engere Bedeutung, indem es gewisse Waren als solche kennzeichnen soll, mit denen ein bestimmtes Geschäft sich befaßt. Namen und Wappen als Kennzeichnungen von Personen und mit diesen, weil unveräußerlich, unlösbar verbunden, gehören zu den geregelten Persönlichkeitsrechten. Firma und WZ als Kennzeichnungen eines Geschäfts, selbst eines immateriellen Rechtsgutes, und als dessen Zubehör mit ihm veräußerlich, sind Verkehrsgüter wie alle immateriellen Güterrechte. Dies um so mehr, als die beschränkte Veräußerlichkeit (nur mit dem Geschäfte) auf positiver, zweckmäßiger Satzung beruht, aber nicht aus dem Wesen der Marke entspringt, die denn auch nach französischem Rechte frei, unabhängig vom Geschäft, veräußerlich ist.

Es ist nicht richtig, wenn Pinzger lehrt (S. 18 § 1 A 5), das WZ verbinde die Ware mit der Person des Inhabers. Es verbindet sie vielmehr mit seinem Geschäftsbetrieb (vgl. E 56, 371). Nur der jeweilige Inhaber des Gewerbebetriebs kann Inhaber des Zeichens sein. Das Zeichen muß mit dem Gewerbebetriebe übergehen oder es geht unter. Pinzger will, um die Theorie des Persönlichkeitsrechts zu halten, dem Unternehmen als solchem eine „gewisse Rechtspersönlichkeit" zuerkennen. Weit einfacher ist es aber, Unternehmen und WZ als Immaterialgüter, und zwar im Verhältnis von Hauptsache und Zubehör zu behandeln.

Gegen die Annahme eines Persönlichkeitsrechts s. besonders Adler S. 43ff; derselbe in GoldschmidtsZ 89, 438ff.

Für Immaterialgüterrecht unter anderen Dernburg, Zivilrecht des Deutschen Reiches I 308; Lobe, Unlauterer Wettbewerb I 163; Finger, Komm S. 44, 285, MW 11, 491; Abel S. 10ff; Elster S. 12, 207.

Die Firma steht zwischen Namen und WZ-Recht. Sie kann mit dem Geschäft veräußert werden, hat aber, wie der Name, stärkere Beziehungen zur Person. Daher ist auch im Konkurse zur Veräußerung die Zustimmung des Gemeinschuldners erforderlich (Staub § 22 A 7; E 70, 229). Dagegen unterliegt das WZ der Verfügungsmacht des Konkursverwalters und kann von ihm mit dem Geschäft ohne Zustimmung des Gemeinschuldners veräußert werden (Jäger § 8 A 8).

Nach § 23 HGB ist auch die Firma unselbständiges Zubehör des Geschäfts wie das WZ nach § 7 Abs 1 Satz 2 WZG. Wie Name und Firma zusammenfallen können (§ 18 HGB), so können beide auch als Warenbezeichnung dienen (§ 14 WZG), ja sie können zum eingetragenen WZ erhoben werden, so daß unter Umständen der Schutz aller drei Rechte untereinander konkurrieren kann (RG 100, 182, Gervais).

Ausnahmsweise kann auch der Name zum Immaterialgut werden, wenn er Vermögenswert hat und einem anderen zur alleinigen geschäftlichen Ausnutzung überlassen wird (E St 29, 355). Der zweite Hauptgegenstand des WZG, die Ausstattung, deren Schutz statt von einer staatlichen Verleihung durch Eintragung von der Anerkennung im Verkehr abhängt, muß aus denselben Gründen wie das eingetragene Zeichen als Immaterialgüterrecht angesehen werden. Näheres hierüber in § 15 A 3.

5. Die wirtschaftliche Bedeutung des WZ-Rechts. Die gleichmäßige individuelle Bezeichnung der Waren, die in einem Gewerbebetrieb erzeugt oder vertrieben werden, und welche durch diese Gleichmäßigkeit in ständiger Wiederholung auf ihn hinweisen soll und hinweist, ist ein wichtiges Zubehör zum eingerichteten und ausgeübten Gewerbebetrieb, den das RG in ständiger Rechtsprechung als ein Recht im Sinne des § 823 Abs 1 BGB anerkennt. Die wirtschaftliche Bedeutung einer solchen Herkunftsbezeichnung ist um so größer, wenn es sich um einen Betrieb handelt, der bereits bekannt ist und Ansehen im Verkehr genießt. Die Herkunftsbezeichnung bietet dann dem Publikum schon an sich eine gewisse Bürgschaft für die Güte der Ware, da man sich sagen kann, daß der Inhaber des Betriebs sie nicht als aus ihm herrührend kennzeichnen würde, wenn sie demselben nicht zur Ehre gereichte. Sie erleichtert aber auch das Bestreben, dieselbe Ware wieder zu erhalten, die man einmal als dem verfolgten Zwecke dienlich erkannt hat. Dem Produzenten und Händler bietet eine bekanntgewordene Herkunftsbezeichnung somit ein sicheres Mittel, vorausgesetzt, daß die Ware gut war, einen weiteren und ständig steigenden Absatz zu erzielen. Da die Wirkung auf die Dauer stets von der Güte der Ware abhängt, so wirkt sie hier auf solide Herstellung des Erzeugers und sorgfältige Auswahl des Händlers und fördert so ganz im allgemeinen eine vorteilhafte Versorgung des Marktes mit Waren und den industriellen Aufstieg eines Landes.

Die nächstliegende Herkunftsbezeichnung wäre die Anbringung des Namens oder der Firma auf der Ware, die auch in großem Umfange benutzt wird. Sie genügt aber dem Bedürfnisse noch nicht. Gleiche oder ähnliche Namen und Firmen sind häufig weitverbreitet und daher unter Umständen von geringer Unterscheidungskraft. Auch ist damit zu rechnen, daß der Betrieb Leben und Arbeitsfähigkeit des derzeitigen Inhabers weit überdauert, und ebenso die Firma sich trotz Bestehenbleibens des Betriebs oft nicht aufrechterhalten läßt. Es ist daher wünschenswert, ein Zeichen zu wählen, das unabhängig von solchen Umständen dauernd mit dem Betriebe verbunden bleiben kann. Auch benötigt ein großer Betrieb oft Zeichen *verschiedener* Art, besonders als Wortmarken, die ja nur für eine bestimmte Spezies von Waren benutzt werden, dieser als Namen dienen und so den Umsatz im Verkehr wesentlich erleichtern und fördern. Dazu kommt, daß ein gutgewähltes Bild- oder Wortzeichen ganz anders wie ein Name oder Firma die Aufmerksamkeit des Publikums zu erregen und sich durch beständige Wiederholung einzuprägen vermag, so daß es schon an sich ein wirksames Reklamemittel ist. Der Wert des Wortzeichens ist um so größer, als es imstande ist, gleichartige und gleichwertige Waren anderer vom Markte zu verdrängen, weil das Publikum sich leicht daran gewöhnt, diese Art von Waren mit der geschützten Bezeichnung zu verlangen, und alsdann selbst die stillschweigende Abgabe anderer gleichartiger Waren an den Kauflustigen nach § 15 UWG strafbar ist. RGStr 45, 376 (Aspirin).

Das Bildzeichen hat seine besonderen Vorzüge für den Export in fremdsprachige und weniger kultivierte Länder, wo die Firma oder ein Wortzeichen nicht dem nötigen Verständnis begegnet.

Das WZ ist oft weit wertvoller wie das entsprechende Patent (vgl. die Bemerkungen kanadischer Richter zu dem Zeichen Aspirin, GR 24, 135). Denn das Patent ist der Vernichtung ausgesetzt, und seine Dauer beschränkt sich auf höchstens 18 Jahre, die des Gebrauchsmusters auf höchstens 6 Jahre, während das WZ-Recht die Möglichkeit ewiger Dauer hat, da es stets nach Ablauf von 10 Jahren erneuert werden kann. So hat z. B. der Absatz des bekannten Heilmittels „Formamint" trotz der bereits Jahrzehnte zurückliegenden Vernichtung des Patents nicht gelitten, und Nachahmungen konnten nicht durchdringen, da es infolge des geschützten Namens nach wie vor den Markt beherrschte. Unbegründet ist der auch vom RG in E 100, 9 angeregte Zweifel, ob nicht mit dem Aufhören des Patentschutzes auch die als WZ geschützte Bezeichnung ins Freie falle, da es hierfür an jedem Rechtsgrunde fehlt.

In dem WZ stecken nicht selten Millionenwerte. So bewertete der amerikanische Tabaktrust bei seiner Auflösung in Einzelunternehmen seine Schutzmarken mit 45 Mill. Dollar bei einem Gesamtvermögen von 227 Mill. Dollar (MW 18, 125, Duchesne).

Ist der innere Wert des Zeichens abhängig von der Güte der Ware, so der äußere von der gesetzlichen Sicherheit der rechtmäßigen Benutzung. Jede Herkunftsbezeichnung würde ihren Zweck verfehlen, könnte sie von Unbefugten unbehindert benutzt werden. Namen und Firmen sind gegen unbefugte Benutzung ohne weiteres durch § 12 BGB und § 37 Abs 2 HGB geschützt. Bei frei gewählten Herkunftsbezeichnungen bedarf es einer besonderen gesetzlichen Regelung, da an sich die Auswahl einem jeden freisteht. Diese gewährt das Gesetz zum Schutze der Warenbezeichnungen einerseits für das eingetragene Zeichen, andererseits für die im Verkehr durchgedrungene Ausstattung, und ist dadurch für die heimische Volkswirtschaft von höchster Bedeutung geworden.

Warenzeichengesetz.

§ 1

§ 1.

Wer in seinem Geschäftsbetriebe zur Unterscheidung seiner Waren von den Waren anderer eines Warenzeichens sich bedienen will, kann dieses Zeichen zur Eintragung in die Zeichenrolle anmelden.

Inhalt.

Anm.		Seite
1.	Aus der Begr S. 9, 10 Bl. 1894/95 S. 28	36
1a)	Begriff	37
2.	Gesetzlicher Schutz	37
3.	Subjekt des Rechts	39
4.	Firma	38
5.	Personenmehrheit	38
6.	Mehrere Geschäftsbetriebe einer Pers.	38
7.	Eintragung für andere	38
8.	Ausländer	38
9.	Rechts- und Geschäftsfähigkeit	38
10.	Waren	39
11.	Sittenwidrige Waren	39
12.	Bestandteile	39
13.	Etiketten	39
14.	Hilfsartikel	39
15.	Hilfsartikel als Gegenstand des Geschäfts. Kollision	40
16.	Geschäftsbetrieb	40
17.	Eigener Geschäftsbetrieb	41
18.	Zeit des Bestandes des Geschäftsbetriebs. Kontrolle des PA	42
19.	Geschäftsbetrieb und Warenverzeichnis	42
20.	Defensiv-Warenverzeichnisse	43
21.	Das Zeichen. Begriff und Zweck	44
22.	Äußere Form	44
23.	Inhalt des Zeichens	45
24.	Wortzeichen	45
25.	Fabrik- und Handelsmarke, Exportmarke	46
26.	Druckschriftentitel	46
27.	Unterscheidungskraft. Allgemeines	47
28.	Entscheidungen über Unterscheidungskraft	48
	A. Obrigkeitliche Zeichen	48
	B. Ornamente, Linien	48
	C. Signierungs- oder Packerzeichen	48
	D. Abbildungen von Waren usw.	49
	E. Verschiedenes	49

Anm. 1 **Aus der Begr S. 9, 10 (Bl 1894/95 S. 28).** Durch die Trennung der Zeichenrolle von den Handels- und Firmenregistern wurde es möglich, die Beschränkung der Befugnis zur Anmeldung von Z auf Firmen führende und in das Handelsregister eingetragene Gewerbetreibende fallen zu lassen. Das Gesetz dehnt daher diese Befugnis auf jeden rechtsfähigen Geschäftsmann, einschließlich der juristischen Personen und Handelsgesellschaften aus; anmeldefähig sind insbesondere Minderkaufleute, Handwerker, Produzenten auf dem Gebiete des Land- und Gartenbaues, des Bergbaues, Besitzer von Mineralquellen u. dgl. Wer eine Firma führt, kann sowohl unter dieser, wie auch unter seinem bürgerlichen Namen anmelden.

Notwendig ist stets, daß das Z zur Kenntlichmachung der Ware eines bestimmten Geschäftsbetriebs dienen soll. Darunter ist zu verstehen jedes auf Gewinn abzielende Unternehmen im Bereiche der Produktion oder des Handels. Darüber hinaus einen Schutz zu gewähren, liegt nicht im Rahmen dieses lediglich wirtschaftlichen Interessen dienenden Gesetzes. Waren sind Erzeugnisse, welche aus einem solchen Unternehmen in den wirtschaftlichen Verkehr gebracht werden. Geschützt werden soll der Wert, der sich an die Ware vermöge ihrer Herkunft aus einem bestimmten Betriebe knüpft. Der „Geschäftsbetrieb" umfaßt die Gesamtheit der wirtschaftlichen Beziehungen des Produzenten wie des Kaufmanns, des Vermittlers, Kommissionärs, Exporteurs. Die Sonderung in Fabrik- und Handelszeichen wäre weder erschöpfend — da es auch andere als Fabrik- und Handelszeichen gibt — noch tatsächlich durchführbar, da die Grenzlinie zwischen der auf Erzeugung und der auf Absatz gerichteten Tätigkeit sich vielfach nicht sicher würde feststellen lassen. Übrigens bietet häufig, besonders im internationalen Verkehr, das Z des Verkäufers für die Güte der Ware eine ebenso zuverlässige Gewähr wie das des Produzenten. Neuheit des Z ist nicht Voraussetzung seiner Eintragungsfähigkeit. Auch ein Z, welches bereits benutzt ist, kann durch Anmeldung und Eintragung Gegenstand eines ausschließlichen Benutzungsrechts werden, vorausgesetzt, daß es nicht inzwischen in den allgemeinen Gebrauch übergegangen ist. Zur Kenntlichmachung der Ware eines Geschäftsbetriebs können mehrere Z verwendet und zur Eintragung angemeldet werden. § 1

Begriff. WZ in der allgemeinsten Bedeutung ist die Kennzeichnung der Ware in irgendwelcher Richtung, z. B. eine Jahreszahl, die bekunden soll, daß die Ware in dem betreffenden Jahre erzeugt ist, ein Name zum Hinweis auf den Eigentümer, ein Hinweis auf eine bestimmte Abteilung des Geschäftsbetriebs, auf eine bestimmte Qualität der Ware, auf ihre Versteuerung (vgl. ROHG 25, 68). Es gehören dahin auch die Herkunftsbezeichnungen, z. B. Hinweis auf einen Ort, eine Gegend, einen Verwaltungsbezirk, einen Staat, das vielfach angestrebte „nationale WZ" (vgl. Abele MW 20, 226), endlich solche, die auf die Herkunft der Ware aus einem bestimmten Geschäftsbetriebe, sei es dem des Erzeugers oder des Händlers, hinweisen, z. B. Namen oder Firma solcher Personen, aber auch jedes andere hierfür geeignete Z. Das Gesetz befaßt sich ausschließlich mit Herkunftsbezeichnungen für Waren im allgemeinen und versteht solche unter dem im Titel des Gesetzes sowie im § 23 gebrauchten Worte „Warenbezeichnungen", doch befaßt es sich vorzugsweise mit solchen, die auf einen bestimmten Geschäftsbetrieb oder auf eine größere Anzahl in einem Verbande zusammengefaßter Geschäftsbetriebe unterscheidend hinweisen sollen und diesem Zwecke entsprechend von dem Inhaber gewählt sind. Nur § 16 betrifft örtliche Herkunftsbezeichnungen. Der größte Teil des Gesetzes (die §§ 1—14) befaßt sich mit dem WZ im engeren Sinne, nämlich einer auf den Betrieb hinweisenden Herkunftsbezeichnung, die vermöge der Eintragung in die Rolle des PA dem Inhaber ein Monopol der Benutzung gewährt. § 14 gewährt zugleich einen Schutz für Namen und Firma, § 15 für die Ausstattung, eine ebenfalls auf den Betrieb hinweisende Herkunftsbezeichnung. WZ oder Marken im weiteren Sinne, also Warenbezeichnungen im Sinne des Gesetzes, jedoch mit Ausnahme der im § 16 behandelten, sind also willkürlich gewählte Kenn- oder Merkzeichen, die ein Geschäfts- oder Gewerbetreibender gebraucht, um seine Ware als aus seinem Betriebe stammend zu kennzeichnen und sie dadurch von der Ware anderer zu unterscheiden (Dunkhase MW 1915, 183). Das Z setzt weder ein Eigentum des Zeichenberechtigten voraus, noch verliert es seine Bedeutung durch Übergang von Eigentum und Besitz in andere Hände. Vielmehr erfüllt es in der Hauptsache seinen Zweck erst durch die Veräußerung, indem es in fremder Hand darauf hinweist, wo Waren gleicher Art und gleicher Bezeichnung erhältlich sind. Die WZ können aus Worten, aus Bildern oder aus Zusammensetzungen von Wort und Bild bestehen (s. Anm 23). Anm. 1a

Gesetzlicher Schutz. Der gesetzliche Schutz der Warenbezeichnungen besteht darin, daß andere, als der Inhaber, gehindert werden, sich ihrer zu bedienen. Die sich aus § 1 ergebenden Voraussetzungen des Schutzes sind: Anm. 2

1. das Subjekt des Schutzrechts sowie dessen Rechts- und Geschäftsfähigkeit,
2. ein auf Erzeugung, Bearbeitung oder Absatz von Waren gerichteter Geschäftsbetrieb,
3. das Zeichen,
4. der auf Unterscheidung gerichtete Zweck des Z, welcher wiederum voraussetzt, daß das Z zur Unterscheidung geeignet ist.

Für das eingetragene WZ kommen hinzu die in den §§ 2 u. 3 geregelte Anmeldung und Eintragung. Von der Benutzung des Z, sei es vor, sei es nach der Anmeldung und Eintragung, ist der Schutz nicht abhängig (E 104, 315; 108, 36). Das WZ rechtfertigt nicht die Bezeichnung: „patentamtlich geschützt", vielmehr ist darin ein Vergehen nach § 40 PG erblickt worden (RGSt 49, 230; MW 16, 198).

Subjekt des Rechts. Subjekt des WZ-Rechts können physische oder juristische Personen sein, die Inhaber eines dem Gesetze entsprechenden Geschäftsbetriebs sind. Ebenso Gesellschaften des Handelsrechts, die wie die offene Handelsgesellschaft und die Kommanditgesellschaft zwar nicht als selbständige rechtsfähige Personen, aber doch — gemäß §§ 124, 161 Abs 2 HGB — als Träger von Vermögensrechten anerkannt sind (s. Begr A 1). Als warenzeichenfähige juristische Personen kommen hiernach im Privatrecht hauptsächlich in Betracht: Aktiengesellschaften, Aktienkommanditgesellschaften, Gesellschaften mit beschränkter Haftung, eingetragene Genossenschaften und Stiftungen. Die eingetragenen Vereine in der Regel nicht, weil ihr Zweck normalerweise nicht auf einen wirtschaftlichen Geschäftsbetrieb gerichtet ist (§ 22 BGB); der Versicherungsverein auf Gegenseitigkeit (§§ 15ff PrVersUG v. 12. 5. 01) nicht, weil er sich nicht mit Waren befaßt. Ebenso sind Personen des öffentlichen Rechts bei geeignetem Gewerbebetriebe (Monopol- und Brunnenverwaltung, Brauerei, Porzellanmanufaktur, Absatz von religiösen Gegenständen usw.) warenzeichenfähig. Die Vertreter Anm. 3

§ 1 juristischer Personen und handelsrechtlicher Gesellschaften können für deren Geschäftsbetrieb bestimmte Z nur auf deren (nicht auf ihren eigenen) Namen anmelden.

Für jeden Geschäftsbetrieb können Zeichen in beliebiger Zahl angemeldet werden.

Vereinigungen oder Gesamtheiten von Personen, die nicht, wie offene Handelsgesellschaften u. dgl. gesetzlich als Träger von Vermögensrechten anerkannt sind, insbesondere Gesellschaften des bürgerlichen Rechts, können als solche keine Z anmelden (s. jedoch A 5). Daher auch nicht die Aktiengesellschaft oder die Gesellschaft m. b. H. vor der Eintragung (PA 22. 9. 17, MW 17, 181).

Anm. 4 **Firma.** Wird das Geschäft unter einer Firma betrieben, so erfolgt die Anmeldung regelmäßig und zweckmäßig auf die Firma, obwohl sie auch auf den Privatnamen des Inhabers oder der Inhaber erfolgen könnte. Bei Anmeldung auf die Firma untersucht das PA nicht, welches Rechtsgebilde oder welche Person hinter der Firma steht, ob Einzelkaufmann, offene Handelsgesellschaft usw. Insbesondere wird ein Auszug aus dem Handelsregister nicht verlangt, zumal die Eintragung ins Handelsregister zeichenrechtlich nicht vorausgesetzt wird (BA 15. 1. 03, Bl 03, 208). Durch die Eintragung auf die Firma wird das WZ von dem jeweiligen Inhaber erworben (RGSt 28, 277; 15, 293); es bedarf also beim Wechsel des Inhabers nicht der Übertragung des Z (vgl. § 7 A 3), einerlei, ob es sich um eine eingetragene oder nicht eingetragene Firma handelt. Ergeben sich aber bei der späteren Geltendmachung Zweifel, ob eine Firma bestand und wer Inhaber des Unternehmens war, so muß nachgewiesen werden, daß der angeblich Zeichenberechtigte schon zur Zeit der Eintragung Inhaber des Geschäftsbetriebs war oder ihn später mit dem Z erworben hat (RGSt 29. 10. 07, Bl 08, 145; „Administration der Kronenquelle"); vgl. RGSt 41, 422.

Anm. 5 **Personenmehrheit.** Nicht ausgeschlossen ist eine Anmeldung durch mehrere Personen auch ohne gemeinschaftliche Firma. Da das Z aber nur für einen bestimmten Geschäftsbetrieb gilt (vgl. Begr A 1), so erfolgt die Eintragung für mehrere nur dann, wenn sie einen gemeinschaftlichen Geschäftsbetrieb haben (s. Bestimmungen v. 8. 9. 22 § 2f Anh zu § 2; Rauter GR 07, 378; 06, 275). Die Erklärungen der mehreren Anmelder müssen einheitlich erfolgen, widrigenfalls die Anmeldung zurückgewiesen wird (MW 12, 302).

Anm. 6 **Mehrere Geschäftsbetriebe einer Person.** Hat eine Person mehrere voneinander unabhängige Geschäftsbetriebe, so kann an sich das Z auf Grund einer Anmeldung nur für einen derselben eingetragen werden. Doch genügt es, daß die verschiedenen Geschäftsbetriebe (Geschäftszweige) nach außen als eine Einheit erscheinen, z. B. durch einheitliche Firma oder Geschäftsbezeichnung. Im Zweifel wird man der Auffassung des Anmelders zu folgen haben (vgl. auch PA 5. 12. 00, Bl 01, 44). Mehrere Niederlassungen stehen der Einheit des Geschäftsbetriebs nicht entgegen. Sonst sind mehrere identische und für sich kostenpflichtige Anmeldungen für die verschiedenen Geschäftsbetriebe erforderlich. Ebenso können mehrere Geschäftsinhaber (im Einverständnis untereinander) jeder die gleiche Anmeldung für seinen Betrieb machen (vgl. aus dem Kommissionsbericht § 2 A 1 und E 44, 74). Die verschiedenen Anmeldungen gelten dann als voneinander unabhängig und werden gemäß §§ 5, 6 bearbeitet. Erfolgen sie am gleichen Tage, so richtet sich die Priorität nach der Geschäftsnummer (s. § 2 A 2).

Anm. 7 **Eintragung für andere.** Prinzipiell kann das WZ nur für den eigenen Geschäftsbetrieb angemeldet werden. Eine Anmeldung, ohne die Absicht des Z selbst zu gebrauchen, nur um die Benutzung für einen anderen zu ermöglichen, würde die Löschungsklage begründen (s. unten A 17). Indessen ist es zulässig, daß jemand auf Grund einer Geschäftsverbindung mit einem anderen (z. B. einem Ausländer, dessen eigener Anmeldung Hindernisse im Wege stehen) als dessen Fiduziar, um seine Waren zu vertreiben, z. B. als Agent, das Z für sein eigenes Geschäft anmeldet. Auch sonst kann ein Treuhänder ein eigenes Geschäft für Rechnung anderer führen und WZ anmelden; vgl. Kohler S. 113 (Chartreuse); E 69, 1; vgl. A 16. Die §§ 24a bis h geben rechtsfähigen Verbänden ohne eigenen Geschäftsbetrieb die Möglichkeit, WZ zur Benutzung durch die Mitglieder für deren Geschäftsbetrieb zu erwerben (Verbandszeichen). Die Eintragung erfolgt nur auf den Namen des Inhabers, nicht auf den eines Vertreters.

Anm. 8 **Ausländer.** Für Ausländer im Sinne des § 23 gelten die dort angegebenen besonderen Bedingungen.

Anm. 9 **Rechts- und Geschäftsfähigkeit.** Die Anmeldung ist ein Rechtsgeschäft und erfordert die Rechts- und Geschäftsfähigkeit des Anmelders. Dieselbe bestimmt sich im allgemeinen nach dem Statut seiner Staatsangehörigkeit (EGBGB Art 7 Abs 1; E 62, 403). Doch gilt er, wenn ihm hiernach die Geschäftsfähigkeit fehlt, doch nach Art 7 Abs 3 EGBGB für Inlandsgeschäfte (abgesehen von den hier nicht in Betracht kommenden Geschäften des Abs 3 Satz 2) insoweit als geschäftsfähig, als er es nach deutschem Rechte sein würde. Die Rechts- und Geschäftsfähigkeit ausländischer juristischer Personen bestimmt sich nach dem Statut ihres Sitzes (E 83, 367). Die Rechts- und Parteifähigkeit ausländischer handelsrechtlicher

Erwerbsgesellschaften ist im Deutschen Reiche kraft Gewohnheitsrechts anerkannt (RG 24. 2. 13, Bl 13, 190). Mängel in der Rechts- und Geschäftsfähigkeit des Anmelders, die im Eintragungsverfahren übersehen sind, können die Löschung des Z gemäß § 8 Abs 2 Nr 2 zur Folge haben (s. § 8 A 5). Dagegen können sie als Eintragungshindernisse von den Gerichten bei Geltendmachung des Z nicht berücksichtigt werden. A. M. Ganz S. 163. Wohl aber kann dem Z daraufhin in der Konkurrenz mit anderen Z die Priorität abgesprochen werden. § 1

Anm. 10 **Waren.** Das Z dient der Unterscheidung von Waren. Waren sind bewegliche, körperliche Sachen, die Gegenstand des Handelsverkehrs sein können (§ 1 Abs 2 Nr 1 HGB). Ausgeschlossen sind unbewegliche Sachen und unkörperliche Verkehrsgegenstände, insbesondere gewerbliche Leistungen jeder Art und Immaterialgüter als Produkte des Urhebers (ESt 39, 93; 42, 187; Bl 09, 221). Gebrauchsgegenstände, die von Künstlern oder Männern der Wissenschaft, z. B. Ärzten, gewerbsmäßig hergestellt werden, sind Waren (z. B. Nippsachen, Puppen, Kopien, Zahnersatz, orthopädische Hilfsmittel). Zu den unbeweglichen Sachen gehören auch solche, die schon bei ihrer Herstellung mit unbeweglichen Sachen untrennbar verbunden werden, also Bauwerke wie Ringöfen, Fabrikschornsteine (PA 1. 12. 00, Bl 02, 193), Generatoranlagen, Kesseleinmauerungen und Maschinenfundamente (ESt 42, 187). Doch können Sachen, die demnächst mit unbeweglichen verbunden werden, vorher bewegliche Handelsgegenstände sein und als Waren zugelassen werden, z. B. Öfen, Eisenkonstruktionen, Baubuden. Auch „zu erbauende Dampfschornsteine" wurden als Waren zugelassen, weil sie aus einem bestimmten Satz von Formsteinen bestanden, die als solche Gegenstand des Handelsverkehrs waren (BA 2. 1. 96, Bl 96, 186); ebenso Klärvorrichtungen (BA 10. 6. 09, Bl 09, 276). Zu den Waren gehören nicht nur gewerbliche Erzeugnisse, sondern auch Rohprodukte der Natur, insbesondere Tiere, Pflanzen und Früchte. Die schriftlichen Ausarbeitungen und Zeichnungen eines Patentanwalts sind keine Waren. Für den Inhaber eines Patentbureaus können daher WZ nicht eingetragen werden (PA 5. 10. 95, Bl 96, 64; vgl. A 17). Während der unmittelbare Gegenstand des Urheberrechts, das Immaterialgut, auch das körperliche individuelle Kunstwerk oder das Manuskript (Kohler S. 117; a. M. Pinzger § 1 A 19) des WZ-Schutzes unfähig ist, sind die daraus hervorgehenden Verlagsartikel, wie Zeitungen, Zeitschriften, Bücher, Kunstreproduktionen usw. als Gegenstand der Herstellung und des Vertriebs Waren (s. RGSt 36, 199; 39, 94; Verlagszeichen; vgl. GR 1920, 9). Wegen der Titel von Zeitungen u. dgl. als WZ s. A 26.

Anm. 11 **Sittenwidrige Waren u. dgl.** Die Natur der Ware gibt keinen Grund dafür, sie vom Z-Schutz auszuschließen, etwa weil sie gegen die guten Sitten verstößt, staatlich monopolisiert ist usw. (vgl. Pariser Übereinkunft Art 7 und § 4 A 32).

Anm. 12 **Bestandteile.** Auch unselbständige Bestandteile anderer Waren, die für sich Gegenstände des Verkehrs sind, können durch WZ gekennzeichnet werden. Ausgeschlossen ist dies nur bei Bestandteilen, die mit den anderen unterschiedslos verbunden sind (ESt 42, 187, Bl 09, 221). So können Pneumatik oder Stahlrad am Fahrrade, Brenner an der Lampe, Futter am Hute, Knopf an der Kleidung für sich mit WZ versehen werden. Auch kann mit der Kennzeichnung zugleich ein außerhalb des WZG liegender Zweck verbunden werden (ESt 42, 184; Fußringe für Brieftauben, bei denen das Z auch die Zugehörigkeit der Tauben zu einem Verbande dartun soll).

Anm. 13 **Etiketten.** Der Hersteller von Etiketten, Plakaten u. dgl., die als WZ für ihre Abnehmer bestimmt sind, kann für seine Waren ein selbständiges WZ erwirken. Selbstverständlich kann er sich die Etiketten usw. nicht als eigenes WZ eintragen lassen (BA 21. 10. 01, Bl 02, 10). Er kann aber unter den Bedingungen des Ges v. 11. 1. 76 den Geschmacksmusterschutz erwirken und dann gegen unbefugte Dritte, die sich das Muster als WZ eintragen lassen, mit der Löschungsklage vorgehen. In anderen Fällen, wo die Bedingungen des Geschmacksmusters nicht gegeben sind und die gleichen Etiketten an eine Mehrzahl von Abnehmern (z. B. Zigarrenfabrikanten) geliefert werden, kann er, um die Aneignung als WZ zu hindern, sie dem PA als Freizeichen aufgeben (vgl. MW 6, 188).

Anm. 14 **Hilfsartikel.** Die Waren müssen Gegenstand des Geschäftsbetriebs sein, für den das Z angemeldet wird, Hilfsartikel, wie Verpackungsmittel, die im Geschäft gebrauchten Drucksachen, Reklamemittel usw. sind als solche nicht eintragsfähig. Die Stellungnahme des PA zu dieser Frage hat geschwankt (vgl. Horster MW 10, 14). Anfangs wurde die Eintragung von Warenverpackungen (Flaschen, Fässern, Kisten usw.) im Warenverzeichnisse eines Geschäftsbetriebs, der sich mit der Herstellung oder dem Vertriebe der verpackten Waren befaßt, abgelehnt (PBl 94, 54: „Die Verpackung ist keine Ware im Sinne des Gesetzes"), später unter dem Drängen von Exportgeschäften zugelassen. Doch sei das letzte Wort darüber noch nicht gesprochen (Geschäftsth. S. 255). Nach der jetzigen festen Praxis des PA — seit der Entsch. v. 28. 10. 09 und 26. 3. 10, Bl 10, 141; MW 9, 84 u. 262 — wird die Aufnahme der sog. Hilfsartikel in das Warenverzeichnis abgelehnt (vgl. auch BA 22. 5. 11, Bl 11, 197; MW 11, 19), und zwar auch dann, wenn die Verpackungen, Gefäße usw. im eigenen Betriebe

§ 1 hergestellt oder wenn sie an den Abnehmer in Verbindung mit der verkauften Ware nur geliehen werden. Selbst ein ausnahmsweiser Verkauf ohne die Ware kann die Eintragung nicht begründen. Ebenso BA 8. 5. 11 in bezug auf Zigarren- und Zigarettentüten. (Eine Schädigung des Anmelders dadurch, daß ein Tütenfabrikant sich das gleiche Z für seine Tüten eintragen ließe, sei nicht zu befürchten, denn die Verwendung solcher Tüten sei für die Zigarren- und Zigarettenhändler unmöglich, weil sie sich damit straf- und zivilrechtlich verantwortlich machen würden.) Den Verpackungen und Umhüllungen stehen als Hilfsartikel gleich die ferner in § 12 genannten Ankündigungen, Preislisten usw. Das RG hat ebenfalls in E 101, 374 auf Streichung derartiger „Hilfsartikel, die zur Verpackung, Aufbewahrung und Umhüllung" der den Gegenstand des Geschäfts bildenden Waren dienen, im Warenverzeichnisse erkannt, da sie eines selbständigen Z-Schutzes in diesem Betriebe nicht fähig seien (ebenso bereits E 75, 348, Bl 11, 175; s. auch Pflug GR 08, 410). Da das Z die Herkunft aus einem bestimmten Betriebe kenntlich machen solle, könne es sich nicht auch auf Gegenstände beziehen, die in diesem Betriebe nur benutzt oder verarbeitet würden, ohne gehandelt zu werden und so aus dem Betriebe in den Verkehr überzugehen. Ebensowenig auf Gegenstände, die bei festlichen Gelegenheiten zu Reklamezwecken von der Klägerin (einer Brauerei) verkauft wurden, wie Bierkrüge, Tabakpfeifen, Streichholzschachteln usw., bei denen die Befugnis zur Anbringung des Z zu diesem Zwecke schon aus § 12 folge. Auch hier diene das Z nicht zur Kennzeichnung der Herkunft dieser Waren ans dem Betriebe der Klägerin, würde vielmehr insoweit irreführend sein (§ 9 Nr 3). Endlich sei der Klägerin nach dem Zwecke des § 1 der Z-Schutz zu versagen für Waren, die in ihrem Restaurationsbetrieb roh oder verarbeitet (gekocht, gebraten) zum Genuß auf der Stelle, verkehrsüblich ohne WZ, verabfolgt würden. Diese Waren bedürften für sie keines Z-Schutzes, und die Anbringung des Z auf denselben würde nur Irrtum im Verkehr verursachen, da damit auf eine andere Fabrikations- oder Handelsstätte, von der die Klägerin sie bezogen habe, hingewiesen werden würde (vgl. Geschäftsbetrieb A 16). Ebenso ist im Urteil RG II v. 9. 2. 23, MW 22, 148 (Underberg-Kalender) erkannt worden, daß zu Reklamezwecken unentgeltlich ausgegebene Kalender mit abgekürzter Firma oder WZ keine Ware im Sinne der §§ 1 u. 13 seien, da ihnen die Voraussetzung, daß sie gehandelt würden, fehle; es handle sich daher nicht um eine Anbringung auf Waren (oder deren Verpackung und Umhüllung), sondern um den „Gebrauch im Geschäftsverkehr" im Sinne des § 13, welch letztere Worte der Anbringung auf „Ankündigungen, Preislisten, Geschäftsbriefen, Empfehlungen, Rechnungen oder dergleichen" im Sinne des § 12 Abs 1 entsprächen; s. auch KG 31. 10. 23, MW 24, 74 unten und E 109, 227 (Die Stimme seines Herrn). Gegen die E 101, 374 hat Osterrieth GR 23, 20 (vgl. auch J. Seligsohn GR 25, 62) Bedenken erhoben, die wohl insofern als begründet anzuerkennen sind, als es sich um diejenigen Waren handelt, die tatsächlich in dem betreffenden Betriebe verkauft und in den Verkehr gesetzt wurden, einerlei, ob dies zur Reklame und bei besonderen Gelegenheiten geschah. Die Möglichkeit eines Irrtums über die Herstellungsstätte kann hier ebensowenig ins Gewicht fallen wie bei den WZ der Exportgeschäfte und Warenhäuser. Die E 101, 374 wird in E 109, 76 dahin (einschränkend) ausgelegt, daß die Natur des Unternehmens die Verwendung von WZ nach Inhalt und Zweck des Gesetzes zulassen müsse. Zuzustimmen ist dem RG, wenn es die Aufnahme in das Warenverzeichnis bei Gaststätten für Waren ablehnt, die auf der Stelle konsumiert werden und somit nicht in den Verkehr treten und mit anderen Waren konkurrieren (vgl. E 109, 76); s. auch Pflug GR 10, 112.

Anm. 15 **Hilfsartikel als Gegenstand des Geschäfts. Kollision.** Selbstverständlich können WZ auf Verpackungsmitteln und anderen Hilfsartikeln für Betriebe eingetragen werden, die auf die Herstellung und den Vertrieb solcher Waren gerichtet sind. Doch kann ihre Verwendung unzulässig sein, wenn sie mit älteren Z Dritter kollidieren, die sich auf die verpackten oder dieser gleichartige Waren beziehen und wenn dadurch die Gefahr einer Täuschung im Verkehr entsteht (vgl. E 87, 274 und § 12 A 8). Im Falle E 69, 236 führte eine solche Kollision zur Löschung des WZ „Urquell" für Siphons als trügerisch, weil es auf den Inhalt (Bier) bezogen und wegen eines gleichen für Bier erteilten Z zu Täuschungen über den Inhalt Anlaß geben könne. In dem älteren Falle E 45, 143 (Bl 00, 39) ist gegen den Inhaber des älteren Z für die Flüssigkeit und zugunsten des Inhabers des jüngeren Z für die Behältnisse entschieden worden, was wohl der heutigen Auffassung über unlauteren Wettbewerb nicht mehr entspricht. Den umgekehrten Fall, wo ein für Hohlglaswaren eingetragenes Z nachträglich einem anderen für Flüssigkeiten erteilt wurde, behandelt E 29, 44. Der Inhaber des letztgenannten Z hat dann bei der Anbringung dafür zu sorgen, daß es nicht auf das selbständig verkehrsfähige Glas bezogen wird, was z. B. durch Einpressen, Einätzen u. dgl. verursacht werden könnte, während es bei Aufkleben eines sich deutlich auf den Inhalt beziehenden Etiketts ausgeschlossen wäre; s. über solche Kollisionsmöglichkeiten ferner § 12 A 23; § 5 A 6.

Anm. 16 **Geschäftsbetrieb.** Der Geschäftsbetrieb im Sinne des WZG ist eine gewerbliche, d. h. auf Gewinn gerichtete fortgesetzte Tätigkeit, die sich mit Erzeugung, Bearbeitung oder Handel von Waren befaßt. (E 101, 407, Simonsbrot; vgl. Rosenthal GR 1917, 189). „Bei zahlreichen Waren ist der Fabrikationsbetrieb zugleich auch der Verkaufsbetrieb, und das Gesetz macht daher keinen Unterschied zwischen Fabrikmarken und Handelsmarken und versteht unter Geschäftsbetrieb jedes auf Gewinn abzielende Unternehmen im Gebiete der Produktion oder des Handels" (Geschth. S. 275; Begr S. 9; RGSt 28, 278; 35, 90, Bl 02, 199). § 1

Daher gehört dahin auch die Landwirtschaft (ein landwirtschaftlicher Kleinbetrieb zur Züchtung von Saatroggen genügt; RG II 12. 2. 09, Bl 09, 225, MW 8, 250). Nicht aber die Erzeugung von Geisteswerten. Versieht daher ein Tonsetzer seine Musikstücke widerrechtlich mit dem Namen eines anderen, so erweckt er einen Irrtum über die Urheberschaft, nicht aber über die Herkunft aus einem Geschäftsbetrieb, und kann nicht nach § 14 bestraft werden (RGSt 39, 93; Bl 06, 314; vgl. § 14 A 6). Es genügt die Bearbeitung der Waren in fremdem Auftrage; sie brauchen nicht Eigentum des Z-Inhabers zu sein (ESt 23, 25). Es kommt aber darauf an, daß eine für den Verkehr wesentliche Eigenschaft in dem Betriebe hergestellt wird (BA 24. 4. 23, Bl 23, 71). Daher sind Färbereien und Reinigungsanstalten zeichenberechtigt (ESt 16, 315; BA 2. 12. 09, MW 9, 176 u. 6, 142; das österreichische Ministerium hat entgegengesetzt entschieden; 23. 7. 13, Bl 14, 285; vgl. auch PA 9. 5. 02, Bl 02, 194). Auch der Kommissionär und der Agent können auf die von ihnen vertriebenen fremden Waren ein Z nehmen, auch wenn sie nur Waren eines selbst nach § 23 nicht zeichenberechtigten Ausländers vertreiben (RGSt 16, 312; s. auch Begr; a. M. Kohler MW 10, 198; vgl. A 7). Ebenso kann der Pächter oder Nießbraucher eines Geschäfts das Z auf seinen Namen anmelden (vgl. E 38, 84; Begr S. 9; Kohler S. 65).

Spediteure und Frachtführer sind nicht zeichenberechtigt für die von ihnen spedierten und verfrachteten Waren, wohl aber für die von ihnen gelieferten oder verliehenen Transport- und Verpackungsmittel (Packkisten, Packkörbe und Transportkisten) BA 27. 2. 09, Bl 09, 169 und 1. 10. 07, Bl 07, 243; Kohler S. 116f, 119 und MW 10, 198.

Auch Geschäfte, die sich mit dem Verleihen oder Vermieten von Waren befassen, können hierfür Z anmelden, z. B. Leihbibliotheken (BA 27. 2. 09, Bl 09, 169), Filmverleiher (Pinzger A 19). Es genügt ein Vertrieb ins Ausland, auch für fremde Rechnung (RG II 18. 9. 23, Bl 23, 159, Schokobona). Der Betrieb muß derart auf Herstellung oder Vertrieb von Waren gerichtet sein, daß ein Interesse an Unterscheidung der zu ihm gehörigen Waren von anderen Waren besteht. Entscheidend ist nicht die Frage, ob im gegebenen Falle ein Bedürfnis für Eintragungn von WZ besteht, sondern ob die Natur des Unternehmens die Verwendung von WZ nach Inhalt und Zweck des Gesetzes zuläßt. So ist auch die E 101, 375 (s. A 14) zu verstehen. Daher ist ein Sanatorium, das keinen Handelsbetrieb nach außen unterhält, sondern nur Waren zum Verbrauch oder zur Benutzung an seine Gäste abgibt, die mit fremden Waren nicht in freien Wettbewerb gelangen, keine Grundlage für ein WZ. Der Verbraucher hat hier nicht die Möglichkeit, die Ware unter Verwertung seines auf das WZ gerichteten Erinnerungsvermögens zu wählen. Es genügt auch nicht, wenn das Sanatorium anderen Gewerbetreibenden Lizenzen erteilt, um nach seinen Angaben oder Rezepten Waren herzustellen und unter dem WZ in Verkehr zu bringen, denn insoweit besteht der Gewerbebetrieb bei diesem Lizenznehmer (vgl. E 101, 407 A 17; RG II 21. 10. 24, E 109, 73; MW 24, 106).

Abgelehnt wurde aus ähnlichen Gründen der Antrag einer Sportgesellschaft auf Eintragung eines WZ für ihre Plakate, Programme und sonstigen Drucksachen und Reklameartikel (PA 24. 8. 97, Bl 97, 243). Nicht eintragbar sind selbstverständlich Vereinsabzeichen, Ex-libris-Zeichen u. dgl.

Ein Kantinenbetrieb genügt für die Eintragung eines WZ für Tabakfabrikate (BA 2. 7. 12, MW 12, 104).

Eine Auskunftei kann kein WZ haben für die von ihr verwendeten Druckschriften, Briefbogen, Umschläge u. dgl., denn ihr Betrieb ist nicht auf den Vertrieb von Waren gerichtet und die bezeichneten Gegenstände sind nur Hilfsmittel des Geschäfts (PA 29. 1. 12, Bl 12, 157; vgl. PA 23. 4. 04, Bl 04, 346).

Auch gibt es nach deutschem Rechte keine Eintragung der Garantiezeichen von Anstalten, welche Waren im Auftrage der Händler und Produzenten prüfen (anders nach englischem Recht Ges v. 11. 8. 05 sect. 62; Eyck MW 11, 339).

Weiter als das deutsche Gesetz definiert den Zweck des Z Art 1 des dem deutschen WZG nachgebildeten japanischen Gesetzes: „Waren als in einem bestimmten Gewerbebetrieb erzeugt, hergestellt, bearbeitet, ausgesucht (dont il opère la sélection), beglaubigt (qu'il certifie), behandelt (qu'il manipule, par exemple une agence de transport) oder verkauft zu bezeichnen." (MW 12, 157, Neukirch.)

Eigener Geschäftsbetrieb. Das Z kann nur für den eigenen Geschäftsbetrieb des Inhabers angemeldet werden, nicht für den Geschäftsbetrieb eines anderen, dem dann Lizenz erteilt werden soll. Die auf eine solche Anmeldung dennoch erfolgte Eintragung begründet die Löschungsklage nach § 9[1] Nr 2. Eine Heilung wird auch durch Übertragung auf den Lizenz- Anm. 17

§ 1 nehmer nicht bewirkt (E 100, 6; Antiformin). Eine Ausnahme besteht für die in § 24a bezeichneten Verbände, die Z zur Benutzung durch ihre Mitglieder anmelden können. Doch kann nicht umgekehrt ein Z, das von vornherein als Verbandszeichen bestimmt ist und sich äußerlich als solches darstellt, auf den Namen eines Mitgliedes angemeldet werden, weil es in der Hauptsache nicht dazu dienen soll, die Herkunft der Ware aus diesem Betriebe zu gewährleisten (PA 3. 12. 15, Bl 16, 44); vgl. § 24g. Es ist unzulässig, sich lediglich im Interesse eines anderen ein Z eintragen zu lassen, das man selbst nicht führen will, um Dritte von der Benutzung auszuschließen (E 87, 90, Hawaka; vgl. MW 14, 157; s. auch § 4^1 Nr 3 A 34; OLG Dresden 17. 6. 14, Bl 1915, 256, MW 15, 56). Dies gilt auch dann, wenn der Inhaber das Rohmaterial für den fremden Betrieb liefert (OLG Hamburg 31. 3. 08, Bl 09, 44, MW 7, 173). Es genügt nicht, daß ein Patentinhaber sein Patent lediglich durch Erteilung von Lizenzen verwertet, um für den patentierten Gegenstand für sich ein WZ zu erwirken. Legt er den Lizenznehmern die Verpflichtung auf, diesen nur mit der angemeldeten Bezeichnung in Verkehr zu bringen, so macht er diese mangels eines Geschäftsbetriebs, auf den sie hinweisen könnte, zur Beschaffenheitsangabe (E 101, 407, Simonsbrod; vgl. auch BA 24. 10. 12, MW 12, 198; PA 28. 10. 97, Bl 97, 259, Patentverwertungsgeschäft).

Ebensowenig genügt es, daß eine religiöse Gemeinde die Fabrikation anderer daraufhin überwacht, ob die von ihnen hergestellten Verbrauchsgegenstände nach ihrem Ritual hergestellt sind und in diesem Falle die Benutzung des von ihr erwirkten Z gestattet. Letzteres verfällt nach § 8^2 Nr 2 der Löschung (BA 24. 4. 23, Bl 23, 70).

Anm. 18 **Zeit des Bestandes des Geschäftsbetriebs. Kontrolle des PA.** Die Anmeldung kann für einen noch nicht eröffneten, aber ernstlich in Aussicht genommenen Geschäftsbetrieb erfolgen. Im übrigen begründet Nichtbestehen des Geschäftsbetriebs die Löschungsklage nach § 9^1 Nr 2. Nichteröffnung bei Aussichtslosigkeit des Beginnes steht dem Nichtbestehen gleich (E 67, 349). Lange Unterlassung der Geschäftseröffnung nach Eintragung des Z begründet den Anspruch auf Löschung, selbst wenn die ernstliche Absicht auf Eröffnung bestand oder besteht (E 97, 98, Sojana; RG II 9. 10. 25, MW 25, 92). Der Geschäftsbetrieb muß sich auf die angemeldeten Waren (Markenwaren) beziehen. Erstreckt er sich nur auf einen Teil derselben, so ist Teillöschung begründet (vgl. jedoch A 19). Auch wenn nachträglich das Z vom Geschäftsbetrieb getrennt wird, indem es ohne diesen übertragen wird, ist Löschung begründet, selbst wenn das Z vorher rückübertragen wurde (E 56, 371; 100, 6; Näheres zu § 7 A 5).

Im allgemeinen legt das PA die Angabe des Anmelders bezüglich des Geschäftsbetriebs zugrunde (Geschäftstätigkeit S. 254f). Bestehen jedoch Bedenken, so tritt eine Untersuchung ein (Näheres § 3 A 4). Geschäftsbetrieb und Warenverzeichnis müssen im Einklange stehen, insbesondere darf die Anmeldung nicht für Waren erfolgen, die in den Geschäftsbetrieb nach Art und Umfang desselben nicht gehören.

Anm. 19 **Geschäftsbetrieb und Warenverzeichnis.** Grundsätzlich soll die Eintragung nur erfolgen und aufrechterhalten werden (§ 9^1 Nr 2) für Waren, die in dem betreffenden Geschäftsbetriebe geführt werden (E 101, 374). Z, hinter denen die angegebenen Waren in Wahrheit nicht stehen, unterliegen als blinde Z (Kohler S. 77, 147ff und MW 10, 198; vgl. Dunkhase GR 1918, 58) der Löschung. Doch läßt sich dieser Grundsatz nicht streng durchführen, vielmehr ist in vielen Fällen ein gewisses Ermessen und eine Berücksichtigung der besonderen Umstände erforderlich (s. auch A 20 und Rosenthal GR 26, 363, der aber mit Unrecht den prinzipiellen Standpunkt des RG in E 101, 374 bekämpft). Das RG sagt in E 108, 37: „Der durch die Eintragung des WZ erlangte Z-Schutz beschränkt sich nicht auf die eingetragenen, sondern erstreckt sich auf die diesen gleichartigen Waren, gleichgültig, ob sie geführt werden oder nicht. Hieraus ergibt sich, daß der Z-Schutz, den die von der Beklagten hergestellten und vertriebenen Waren infolge ihrer Gleichartigkeit mit den für die Beklagte als geschützt eingetragenen, aber wegen Nichtführung beanstandeten Waren genießen, sich auch auf die letzteren erstreckt. Weiter folgt daraus, daß die wegen Nichtführung beanstandeten Waren den Z-Schutz genießen, falls sie gleichartig sind mit anderen im Verzeichnis enthaltenen Waren, bezüglich deren der Schutz bestehen bleibt, weil ihre Löschung nicht im Wege der Klage verlangt wird. Solange ein Z für gewisse Waren nicht gelöscht ist oder die Löschung nicht im Wege der Klage verlangt wird, kann die Löschung auch nicht für gleichartige Waren begehrt werden." Dieser letzte Satz folgt nicht aus den vorhergehenden und ist zu beanstanden. Richtig ist, daß sich das Schutzrecht, d. h. das Verbietungsrecht (Monopol) auf die mit den eingetragenen Waren gleichartigen erstreckt (s. § 12^1 A 8). Darum braucht aber die Eintragung solcher gleichartiger Waren noch nicht gerechtfertigt und ihre Löschung ungerechtfertigt zu sein. Nach § 2 soll das Verzeichnis nur die Waren enthalten, für die das Z bestimmt ist, d. h. solche, die in dem betreffenden Geschäfte geführt werden oder deren zukünftige Führung in Aussicht zu nehmen und nicht ausgeschlossen ist. Mit dem Satze des RG würde man zu Defensivwarenverzeichnissen im weitesten Umfange, schließlich zur Firmenmarke gelangen, denn es gibt wohl kaum Waren, die sich nicht auf dem Umwege über andere und weitere Warengruppen als gleichartig mit demgemäß eingetragenen Waren bezeichnen ließen (Kohler S. 148). Daher dürfen Waren, die mit dem Geschäftsbetrieb nichts zu tun haben, keinenfalls eingetragen werden (s. auch J. Seligsohn GR 25, 62 und Seligsohn Komm S. 147). Werden aber die mit angemeldeten gleichartigen Waren nur vorübergehend nicht geführt oder fallen sie an sich in einen solchen Geschäftsbetrieb, so daß die Erstreckung derselben auf sie naheliegt, so wird die Eintragung zu gestatten sein (PA 5. 12. 00, Bl 01, 44; GR 01, 302; E 101, 374; vgl. E 104, 314 u. 315). **§ 1**

Es ist dabei zu berücksichtigen, daß jungen Geschäften die Entwicklungsmöglichkeit freizulassen ist und daß es für sie von großem Nachteile sein kann, wenn für Waren, die sie zur Zeit nicht führen, später aber in ihren Betrieb aufnehmen, inzwischen das gleiche Z für einen anderen eingetragen ist, weil die Gleichartigkeit mit den anfangs geführten Waren zu verneinen war (vgl. Meißner GR 09, 225.

In dem Versammlungsberichte GR 21, 168 wird als genügend erachtet, daß die Waren in nahen wirtschaftlichen Beziehungen zu dem Geschäftsbetriebe stehen, daß sie nicht außerhalb desselben liegen; vgl. auch die Verhandlungen selbst S. 169ff.; LG Dresden 12. 5. 20, GR 1920, 113 (Moll-Molly) mit Bemerkung von Osterrieth.

Das PA hat sich in dem Beschluß der BA v. 8. 12. 10 (MW 10, 259) zu der Frage grundsätzlich ausgesprochen. § 1 setze voraus, daß die Waren tatsächlich vertrieben würden. Das PA sei verpflichtet und berechtigt, das Vorliegen dieser Voraussetzung zu prüfen. Dabei komme es darauf an, ob der Anmelder die Waren bereits vertreibe, ob die Aufnahme in den Geschäftsbetrieb bevorstehe oder die angeblich darauf gerichtete Absicht glaubhaft erscheine, ob der angegebene Geschäftsbetrieb die betreffende Ware umfasse u. dgl. m. Die bloße Möglichkeit, daß nach dem bisherigen Verlaufe der Geschäftsentwicklung auch andere Waren in den Betrieb später einmal, in gänzlich unbestimmter Zeit, hineingezogen werden können, genüge nicht. Das PA sei berechtigt, Nachweise für den tatsächlichen Umfang des Geschäftsbetriebs zu fordern, wenn der Umfang des Warenverzeichnisses den Verdacht erweckt, daß die Waren ganz oder teilweise dem Charakter des Geschäftsbetriebs nicht entsprechen. In der Regel müßten, wenn der Betrieb sich noch nicht auf die betreffenden Waren erstrecke, greifbare Anstalten für die demnächstige Aufnahme getroffen sein. Nur bei *Warenhäusern* und allgemeinen *Exportgeschäften* genüge es, daß die Waren nach der Verkehrsübung von dem angegebenen Geschäftsbetrieb mit umgriffen werden. Auch der Umstand, daß die versagten Waren mit einigen der dem Anmelder bereits bewilligten Waren *gleichartig* sind, begründe um so weniger ein Bedürfnis für ihre Aufnahme in die Zeichenrolle, als gemäß § 12 der Schutz sich von selbst auf die gleichartigen Waren erstrecke.

In dem Beschluß BA v. 19. 5. 08, Bl 08, 214 heißt es ferner: „Der Nachweis, daß bestimmte Waren den Gegenstand des bestehenden oder in Vorbereitung begriffenen Betriebs bilden, ist nur insoweit erforderlich, als die Führung dieser Waren dem Geschäftsbetriebe seinen Charakter verleiht. Hat jemand ein Warenhaus, ein *Exporthandelsgeschäft* o. dgl., so ist es unerheblich, welche einzelnen Waren er jeweilig in Wirklichkeit führt; die Art des Geschäfts umgreift Waren aller Art. Hat jemand aber z. B. ein Teeimportgeschäft als Geschäftsbetrieb angegeben und nennt er als Waren Nahrungsmittel aller möglichen Art, so muß er dartun nicht, daß er diese Waren wirklich sämtlich führt, wohl aber, daß seinem Geschäftsbetrieb ein solcher Charakter eigen ist, daß er im Rahmen seines Betriebs bleibt, wenn er ein beliebiges Nahrungsmittel verkauft (vgl. auch BA 21. 9. 08, Bl 274; BA 28. 3. 16, MW 16, 209; KG 4. 7. 08, Bl 08, 278).

Diesen Sätzen ist zuzustimmen; vgl. auch MW 8, 50 und LG Leipzig 19. 12. 10, MW 10, 317 (keine bestimmte Aussicht des künftigen Vertriebs der betreffenden Waren), sowie wegen der Exportgeschäfte BA 21. 9. 08, MW 8, 43; OLG Hamburg 11. 2. 11, MW 10, 316; Handelskammer Hamburg 08, MW 8, 291; Leuckfeld MW 7, 181; Wassermann MW 7, 186.

Eine Seifenfabrik meldete neben von ihr fabrizierten Waren auch gleichartige an. Die BA hielt die Versagung der Eintragung für letztere Waren *nicht* für gerechtfertigt, weil sie den von der Anmelderin fabrizierten Waren nahestehen und vielfach in Geschäften neben letzteren gehandelt zu werden pflegen, so daß die Nichtzulassung die berechtigten Interessen der Anmelderin beeinträchtigen würde (BA 2. 5. 12, MW 12, 139). Bei einer *Exportagentur* wurde die Löschung wegen gewisser Waren abgelehnt, weil sie den tatsächlich geführten nahestanden und die Ausdehnung des Geschäfts auf erstere nicht ausgeschlossen schien (OLG Hamburg 21. 4. 10, MW 10, 37; vgl. § 9 Nr 2).

Defensivwarenverzeichnisse. Salinger (GR 1916, 99) will *Defensivwarenverzeichnisse* ebenso zugelassen wissen wie Defensivzeichen. Er hält also die Anmeldung auch für Waren zulässig, welche der Anmeldende weder führt noch in Zukunft je führen will (sog. Vorratswaren) und meint, daß dies dem Gesetze in keiner Weise widerspreche. Ähnlich Rosenthal § 1 Note 71ff. Es widerspricht aber dem Grundgedanken des Gesetzes, daß das Z nur für einen bestimmten Geschäftsbetrieb und für bestimmte Waren angemeldet werden kann **Anm. 20**

§ 1 und gelten soll. Ließe man dies außer acht, so käme man ohne weiteres zur Firmenmarke. Aus der zweifellosen Ablehnung der Firmenmarke durch das Gesetz ergibt sich die Anwendung des § 9 Nr 2 auf den Fall, daß die im Warenverzeichnis stehenden Waren dauernd nicht geführt werden (s. auch J. Seligsohn GR 25, 63; ebenso das englische Recht, Reimer MW 26, 170). Beim Defensivzeichen handelt es sich dagegen um ein Z für wirklich geführte Waren, das nur nicht benutzt wird, weil das Hauptzeichen dem Bedürfnis genügt, dessen Benutzung aber immerhin nicht ausgeschlossen ist und das die Verteidigung des Hauptzeichens in Fällen, wo die Verwechslungsgefahr zweifelhaft ist, erleichtern soll. Zur Löschung eines solchen Z gibt das Gesetz keine Handhabe. Es ist nur nach dem Recht des unlauteren Wettbewerbs im Falle des Mißbrauchs der Löschung ausgesetzt (s. § 12[1] A 5).

Die Ausbeutung eines bekannten WZ eines anderen durch Anmeldung für andere Waren kann aber gegen § 826 BGB und § 1 UWG verstoßen, so daß der durch das Defensivwarenverzeichnis verfolgte Zweck auf anderem Wege zu erreichen ist (s. § 5 A 6; vgl. Salinger GR 1916, 102ff). Es ist unlauterer Wettbewerb, wenn jemand den guten Ruf eines fremden Z und die von dem Inhaber darauf gemachten Aufwendungen ohne eigene Mühe und Kosten für seinen Betrieb ausnutzt und das fremde Z dadurch in seinem Rufe und in seiner Unterscheidungskraft beeinträchtigt. Ein solches Verhalten würde daher gemäß § 1 UWG die Klage auf Löschung und Unterlassung begründen. Unter Umständen wird auch Täuschungsgefahr bestehen und das Z nach § 4 Nr 3 oder nach § 9 Nr 3 anfechtbar sein. Vgl. Rosenthal § 1 Note 56; Rudolf Isay GR 23, 177ff unter III; s. auch Rosenthal GR 1919, 63, dessen Bekämpfung der E 87, 89 (Hawaka) allerdings wohl auf ungenügender Berücksichtigung des dem RG unterbreiteten Tatbestandes beruht; ferner Rosenthal GR 26, 363.

Für gleichartige Waren wird eine Anmeldung desselben Z durch andere schon durch das WZG selbst (§§ 5, 6 und § 9[1] Nr 1) verhindert.

Anm. 21 **Das Zeichen. Begriff und Zweck.** Z sind Mittel zur Erweckung einer Vorstellung. Warenbezeichnungen und Warenzeichen im Sinne des Gesetzes sollen die Erinnerung erwecken an eine gleichbezeichnete, gleichartige Ware, die dem Kauflustigen von früher her bekannt ist, und, in der Voraussetzung, daß sie ihm damals gefallen hat, neue Kauflust in ihm erregen. Die wichtigste Art der Benutzung des Z ist das Versehen der Ware, ihrer Verpackung oder Umhüllung mit demselben zu dem Zwecke, die so bezeichnete Ware in Verkehr zu setzen. Insoweit kann man das Z als einen Bestandteil der Ausstattung der Ware ansehen. Schon aus technischen Gründen wird nach der Zweckmäßigkeitsregel der Normalität oder des Schematismus die einem bestimmten Betriebe entstammenden Waren derselben Art nicht nur selbst, sondern auch in ihrer Aufmachung und Verpackung, d. h. der Ausstattung, in der Regel gleichmäßig ausfallen. Dadurch leistet aber diese Ausstattung zugleich den wichtigen Dienst, dem Publikum die Herkunft aus einem und demselben Betriebe kenntlich zu machen. Demselben Zwecke soll in erhöhtem Maße das eintragungsfähige Z dadurch dienen, daß es die aus einem bestimmten Betriebe stammenden Waren ständig, sie von anderen Waren unterscheidend, im Verkehr begleitet. Es kann diese Kennzeichnung aber auch unabhängig von der Ausstattung dadurch leisten, daß es auf den aus dem Betriebe herrührenden, sich auf die Waren beziehenden Schriftstücken: Ankündigungen, Preislisten, Geschäftsbriefen, Empfehlungen, Rechnungen o. dgl. angebracht wird und sich selbst dem Publikum ständig in Erinnerung bringt, auf den Betrieb hinweisend und bei Auftreten der Ware letztere in der Vorstellung des Publikums mit jenem verknüpfend. Das Z ist den anderen gewerblichen Schutzrechten dadurch überlegen, daß es theoretisch und rechtlich ewiger Dauer fähig ist. Es kann immer von 10 zu 10 Jahren erneuert werden, während die Lebensdauer des Patents höchstens 18 Jahre, die des Gebrauchsmusters 6 und die des Geschmacksmusters 15 Jahre beträgt, die der letzteren beiden einschließlich der möglichen Verlängerungen. Das Z-Recht ist unabhängig von der Benutzung, es besteht keine Benutzungspflicht. Dies ermöglicht die Eintragung von Defensiv- und Vorratszeichen, von denen erstere zur Verteidigung des wirklich benutzten Z gegen Konkurrenz mit verwechslungsfähigen Z dienen, während letztere für einen etwaigen späteren Bedarf in Bereitschaft gehalten werden (E 108, 34, Bl 1924, 341). Schon 1902 gab es für das Wort „Odol" 24, für das Wort „Maggi" 26 Defensivzeichen und für das Henckelsche Zwillingszeichen in gleicher Stilisierung als Defensivzeichen den Illing, die Drillinge und Vierlinge (Geschäftstätigkeit S. 253).

Anm. 22 **Äußere Form.** Das Z ist nur als ein Flächengebilde eintragbar (RGSt 23. 2. 15, Bl 15, 157; MW 14, 335; RG II 16. 11. 26, E. 115, 235; vgl. § 15 A 2, JW 27, 102[8]; MW 26, 172), was indessen nicht ausschließt, daß es in plastischer Darstellung, auch mittels der Form der Ware, benutzt und nachgemacht werden kann (RG 16. 11. 26 cit.; a. A. OLG Jena MW 26, 159). Da die Ware oder Umhüllung damit versehen werden soll, so muß es dieser gegenüber eine gewisse Selbständigkeit haben, es darf nicht Bestandteil derselben sein, wenn es auch mit der Ware ein stoffliches Ganzes bilden, z. B. bei Textilwaren eingewebt, bei Metallwaren eingegossen werden kann (E 64, 95; RGSt 20. 4. 95, Bl 95, 236). Die Form oder Farbe der Ware (vgl.

Bl 11, 179, Amerika) oder die Art ihrer Verpackung und Aufmachung sind daher als Z nicht eintragbar (E 18, 86), auch nicht die äußere Gestaltung einer Etikette. Alles dies kann nur Gegenstand des Ausstattungsschutzes sein (BA 2. 12. 98, Bl 99, 18; GR 01, 301). Ein Muster, das als Rückseite einer Spielkarte einen notwendigen (oder als notwendig aufgefaßten) Bestandteil der Karte bildet, ist daher in dieser Verwendung nicht als Z geschützt, und die Nachahmung ist kein Eingriff in das Z-Recht. Andernfalls würde ein nicht schutzfähiges Geschmacksmuster als Zeichen dauernden Schutz genießen können (E 64, 98ff; s. auch Levy GR 07, 84). Das WZ darf keinen funktionellen (technischen) Zweck erfüllen (Kohler S. 86). (Ein um das Ende einer Zigarette zu klebender ausgezackter Streifen, bei dem lediglich die originelle Form in Betracht kam, wurde als WZ eingetragen. BA 31. 12. 97, Bl 98, 30.) Wenn auch die Form der Ware nicht als solche eintragbar ist, so darf doch das Z derart in die Ware eingepreßt werden, daß es insoweit ihre Form wesentlich mitbestimmt (RGSt. 1. 2. 97, Bl 97, 82, Leibniz-Kakes). Das WZ erfordert — im Gegensatze zur Ausstattung — eine gewisse Einheit und Geschlossenheit, weil davon die Einprägbarkeit abhängt. Es ist aber nicht unbedingt nötig, daß es im ganzen mit einem Blick zu übersehen ist, z. B. ist es zulässig, daß das Gesamtzeichen die Ware oder ihre Umhüllung umfaßt; s. z. B. OLG Hamm 1. 10. 15 MW 15, 319 (Kathreiners Malzkaffee) und MW 24, 173 (Gebr. Stollwerck AG.). Das Z braucht auch nicht sofort äußerlich an Ware oder Umhüllung sichtbar zu sein (RGSt 25, 20, Marken an der unteren Fläche des Korkes der Weinflasche). Neuheit und Eigenartigkeit ist hier ebensowenig Bedingung wie bei der Ausstattung (vgl. E 106, 253). § 1

Inhalt der Z. Inhaltlich gibt es Bild-, Wort- und gemischte Z. Erstere (nach dem Markenschutzgesetze von 1874 allein zulässig) können jeden Gegenstand zeichnerischer Darstellung zum Inhalte haben. Sie wirken zunächst durch das im Auge hervorgerufene Bild, und zwar nur durch dieses, wenn der Gegenstand der zeichnerischen Darstellung, wie z. B. bei einem rein ästhetisch wirkenden Muster, nicht gut in Worten wiederzugeben ist, sonst auch durch den Sinn des dem Gegenstande entsprechenden Wortes. Wortzeichen wirken durch das Wortbild, durch den Wortklang und in der Regel auch durch den Wortsinn, wenn ein solcher von vornherein vorhanden ist, oder ihm im Verkehr beigelegt wird (vgl. § 20 A 7, 11, 12). **Anm. 23**

Die gemischten (Kombinations-) Z können eine Verbindung von Wort und Bild (oder mehreren Wörtern und Bildern), aber auch eine Verbindung von mehreren Bildern oder mehreren Wörtern darstellen (vgl. E 53, 94).

Auch inhaltlich ist eine gewisse Einheit, Übersehbarkeit und Einprägbarkeit erforderlich. Daher sind lange schriftliche Ausführungen (Gebrauchsanweisungen u. dgl.; vgl. E 22, 102ff) und komplizierte bildliche (technische) Darstellungen als solche ausgeschlossen und höchstens in einem Gesamtzeichen neben geeigneten Bestandteilen zulässig (E 18, 86). Ist das Z indessen vom PA eingetragen worden, so können ihm die Gerichte den Schutz nicht wegen Mangels an Übersichtlichkeit und innerer Geschlossenheit versagen, sondern höchstens einzelne Bestandteile als nicht unterscheidungskräftig bei Prüfung der Verwechslungsgefahr ausscheiden (RGSt 23. 2. 15, Bl 115, 157).

Gebrauchsanweisungen können unter Umständen durch besondere typographische Anordnung ein eigentümliches Gesamtbild geben und dann eintragbar sein. Auf langjährige Anerkennung im Verkehr ist dabei Rücksicht zu nehmen (BA 1. 10. 97, Bl 97, 246, Angostura-Bitter). Dasselbe gilt, wenn in ihnen bestimmte eintragungsfähige Worte (Name des Erfinders oder ersten Herstellers der Ware o. dgl.) besonders hervortreten (BA 18. 12. 95, Bl 96, 68).

Bei genügender Übersichtlichkeit und Geschlossenheit kann ein Z aus einer Mehrheit einheitlich zusammengefügter Zeichen (Etiketten) bestehen, die auch jedes für sich ein Z darstellen könnten (RGSt 23. 2. 15, Bl 15, 157). Vielfach bezeichnet man ein solches Gebilde als „Kollektivzeichen" (Kohler S. 75), doch ist dieser Ausdruck nicht glücklich und schon deshalb nicht empfehlenswert, weil er sich für Verbandszeichen (Marque collective) eingebürgert hat. Das PA gebraucht zutreffend die Bezeichnung „Zeichenzusammenstellung" (Bl 08, 273 Anm). Es handelt sich dabei um ein Z, für das es nur einer Anmeldung bedarf.

Wegen Nichtübersehbarkeit oder Nichteinprägbarkeit sind abgelehnt worden

1. ein aus zwanzig verschiedenen Bildetiketten ohne inneren Zusammenhang bestehendes Z (BA 10. 6. 03, Bl 04, 52);
2. eine Zusammenstellung von sieben englischen Namen (BA 26. 9. 03, Bl 05, 53).

Eine bloße Zusammenstellung von Farben kann bei genügender Unterscheidungskraft ein eintragbares Z abgeben (BA 20. 10. 25, MW 26, 29, farbiges Flechtmuster). Außerdem ist die besondere Färbung als Merkmal irgendeines Z eintragbar (RGSt 33, 94; vgl. § 2 A 13).

Wortzeichen. Als wörtliche Warenbezeichnungen, die auch ohne Eintragung geschützt sind, kommen in Betracht: der Name (§ 12 BGB; § 14 WZG; § 16 UWG), die Firma (§ 37² HGB; §§ 14 u. 17 WZG; § 16 UWG), die besondere Bezeichnung eines Erwerbsgeschäfts (Etablissementsbezeichnung; § 16 UWG) und der Herstellungsort (§§ 16 u. 17 WZG). **Anm. 24**

§ 1 Von Bildzeichen gehören hierher: das eigene Wappen (§ 16 WZG; E 71, 264) und das eigene Bildnis (§ 22 Kunstschutzgesetz; E 74, 308). Alle diese Bezeichnungen oder Bestandteile derselben — jedoch mit Ausnahme des Herstellungsortes (s. § 4[1] Nr 1) — sind auch als WZ eintragbar (RG II 29. 9. 03, Bl 04, 177; Krüger MW 9, 283; Niebour MW 6, 4). Im Falle der Eintragung konkurriert der Schutz des WZ mit dem Schutze der vorbezeichneten Gesetze. Über die Vorteile der Eintragung eines Namens oder einer Firma als WZ gegenüber dem bloßen Namens- und Firmenschutz vgl. Krüger MW 9, 284 und über die Zweckmäßigkeit dieser festen Praxis de lege ferenda denselben MW 9, 377ff, wo auch dargelegt wird, daß man in wichtigen Auslandsstaaten (Großbritannien, Vereinigte Staaten von Nordamerika, Italien usw.) die Eintragung des bloßen Namens oder der Firma als WZ ablehnt. Häufig werden Abkürzungen von Namen und Firmen, sog. Buchstabenwörter, die durch Zusammenziehung der Hauptbezeichnung entstanden sind, als WZ eingetragen (Hapag, Degea, Kofra für Kornfrank u. dgl.; E 112, 163).

Übrigens hat der Inhaber des Namens, der Firma usw. kein unbedingtes Recht auf die Eintragung, sondern letztere ist von den gewöhnlichen Voraussetzungen der Eintragbarkeit gemäß §§ 4 und 1 (Unterscheidungskraft) abhängig (BA 26. 11. 13, Bl 14, 13; vgl. auch Krüger MW 9, 285ff). Nach dem schweizerischen Bundesgesetze v. 26. 9. 90 Art 1 u. 2 gelten die Geschäftsfirmen schon kraft ihrer Eintragung ins Handelsregister als Fabrik- und Handelsmarken (MW 14, 57). Es besteht auch kein Verbot, fremde Namen, Firmenbildnisse usw. — vorbehaltlich etwaiger Rechte der Inhaber — als Z für sich eintragen zu lassen (RG 55, 242, Kyriazi frères). Jedoch wird dann oft die Gefahr einer Täuschung gemäß § 4[1] Nr 3 gegeben sein, deren Ausschluß von dem Anmelder auf Erfordern nachzuweisen ist (Dunkhase MW 14, 324; Krüger MW 9, 287 u. 333).

Die Wortzeichen können auch in einer eigenartigen bildhaften Form (charakteristische Schrift oder Anordnung der einzelnen Buchstaben, schmückende Zutaten usw.) erscheinen und haben dann neben dem Klangwort zugleich die Wirkung von Bildzeichen (ESt 30, 352). Abgesehen hiervon können sie, soweit es sich nicht um die bereits erörterten Individualzeichen (Name usw., die natürlichen Warenbezeichnungen, Kohler S. 124) handelt, entweder dem allgemeinen Sprachschatze entnommene oder frei gewählte, an sich sinnlose Phantasiewörter sein. In der Regel haben sie dann die Bedeutung eines gewillkürten Namens für alle aus dem betreffenden Betriebe stammenden Waren dieser Art und werden durch die Eintragung in der Weise geschützt, daß nur der Inhaber sich dieses Warennamens zur Bezeichnung der betreffenden Ware gemäß § 12 bedienen darf. Diese monopolisierten Warennamen, die besonders für die chemische Industrie von größter Bedeutung sind (Aspirin, Saccharin, Formamint usw.), stehen dann im Gegensatze zu den freien Warennamen, die Waren derselben Art aus beliebigen Betrieben bezeichnen (vgl. Freund, Wortmarken, Festgabe für Kohler S. 351ff).

Anm. 25 **Fabrik- und Handelsmarke. Exportmarke.** Je nachdem das Z zu einem Erzeugerbetriebe oder zu einem Betriebe gehört, der sich nur mit dem Inverkehrsetzen von Waren befaßt, unterscheidet man Fabrik- und Handelsmarken. Der Unterschied ist an sich ohne zeichenrechtliche Bedeutung. Doch weist das RG mit Recht darauf hin, daß neue Händlermarken sich bei den gleichen Waren besonders deutlich von älteren Erzeugermarken unterscheiden müssen, da das Publikum bei Verwechslungsmöglichkeit meistens den Erzeuger, nicht den Händler im Auge haben wird (RG II 22. 2. 24, MW 23, 188, Mampe, Elefant); vgl. auch E 101, 372 a. E. Dagegen Seligsohn A 8. Zu den Handelsmarken gehört die Exportmarke (s. A 19). Über das berechtigte Interesse des Exporteurs an eigenen Marken zur Führung seines Geschäfts, um die direkte Verbindung des ausländischen Abnehmers mit dem inländischen Produzenten zu verhüten, s. Albrecht MW 6, 178 (Sammelmarken). Dem Fabrikanten wird häufig eine Aufmachung, die auf den Exporteur hinweist und Abzeichen und Firma des Fabrikanten nicht enthalten darf, vorgeschrieben. Allerdings hat die Verdrängung der Fabrikmarke durch die Exportmarke auch Nachteile im Gefolge (s. Rauter GR 06, 141ff).

Anm. 26 **Druckschriftentitel.** Die Frage, ob Titel von Zeitungen, Zeitschriften usw. als WZ eingetragen werden können, ist bestritten, doch hat sich eine feste Praxis des RG und des PA für die Verneinung ausgesprochen, und zwar aus folgenden Gründen: Die Titel stehen den Zeitschriften nicht als Herkunftsbezeichnungen selbständig gegenüber, sondern sind der Name, den sie notwendig haben müssen, um in den Verkehr zu treten. Das einzelne Zeitungsunternehmen als Bestandteil eines Verlagsgeschäfts muß mit dem Titel selbständig verkäuflich sein. Der Titel wird ausschließlich durch § 16 UWG geschützt. Dies war auch die Auffassung des Gesetzgebers bei § 8 UWG v. 1896 (E 44, 101; s. ferner ESt 28, 275, wo dargelegt wird, daß ein für einen Verleger eingetragenes Wortzeichen für Zeitschriften u. dgl. nicht verhindert, daß ein anderer sich desselben Wortes als Titel seiner Zeitschrift bedient, noch daß ihm selbst alsdann nach § 16 UWG untersagt wird, seine eigene Zeitschrift so zu betiteln (ESt 40, 343; RGZ 40, 21; BA 16. 6. 22, Bl 22, 131; MW 23, 172; 14. 12. 95, Bl 96, 19,

Berliner Adreßbuch; OLG Dresden 3. 2. 11 GR 11, 177, Fliegende Blätter). Ebenso das schweizerische Markenrecht (MW 14, 67; vgl. auch Ebner MW 11, 102. A. A. Niebour MW 23, 149; dagegen BA 21. 12. 25, MW 25, 187; Freund-M. S. 9; Osterrieth S. 292; Pinzger S. 79). Die Ausstattung einer Zeitschrift genießt den Schutz des § 15 (RGSt 40, 343). Für den Schutz des Zeitungstitels nach § 16 UWG bedarf es keiner Anerkennung im Verkehr wie beim Ausstattungsschutz, es entscheidet lediglich die Priorität der Annahme (RG II 11. 11. 10, GR 11, 36). **§ 1**

Zuzugeben ist, daß die oben angeführten Gründe nicht besonders zwingend sind; ebensowenig die Begründung Fingers (S. 20, 288), der Zeitungstitel bezeichne nicht die Ware, sondern das Immaterialgut der unkörperlichen Druckschrift. Der als WZ eingetragene Name der Zeitschrift könnte im Verkehr wohl dieselben Dienste leisten wie ein als Z eingetragener Name bei anderen Waren (vgl. Neuberg LZ 25, 579). Bei Veräußerung des Zeitungsunternehmens als Teil eines Gesamtverlags würde nach § 7 auch keine Schwierigkeit bestehen, das den Titel darstellende WZ auf den Erwerber übergehen zu lassen, wenn es nur für die Zeitung benutzt wurde. Das Bedenken, daß Zeitungs- und Zeitschriftentitel Namen sind, deren das Unternehmen im Verkehr notwendig bedarf, könnte ebensowohl gegen die Eintragung von Namen oder Firmen erhoben werden. Indessen könnte der langjährigen, der Meinung des Gesetzgebers entsprechenden und fast allgemein anerkannten Praxis jetzt nur noch durch einen Akt der Gesetzgebung entgegengetreten werden. Abgelehnt ist die Eintragung des Wortes „Werkstattechnik" für eine Zeitschrift „als Beschaffenheitsangabe" mit der Begründung, daß dieses Wort, auch wenn es bisher für technische Zeitschriften noch nicht angewandt sei, als eine Bezeichnung derselben dem Verkehr freigehalten werden müsse (BA 26. 4. 07, Bl 07, 165). Die Begründung ist nicht zu billigen. Nach heutiger Praxis würde einfach die Eintragung als Zeitungstitel versagt werden.

Unterscheidungskraft. Allgemeines. Da nach § 1 das WZ dazu dienen soll, die Waren **Anm.** 27
verschiedener Betriebe voneinander zu unterscheiden, so ergibt sich daraus das wichtige Erfordernis der Unterscheidungskraft. Art 6[1] Nr 2 des Pariser Unionvertrags bezeichnet es ausdrücklich als eine Voraussetzung des WZ-Schutzes. Auch der Entwurf von 1913 erklärt in § 2 unter Nr 2 ausdrücklich von der Eintragung für ausgeschlossen: „Z, die der Unterscheidungskraft ermangeln." Das Erfordernis bezieht sich auf das ganze Z; einzelne Teile können der Unterscheidungskraft entbehren (ESt 7, 217). Es ergänzt die Ablehnungsgründe des § 4; der Mangel berührt und deckt sich auch vielfach mit dem Ablehnungsgrunde des Freizeichens sowie mit den Ablehnungsgründen aus § 4[1] Nr 1 und wird ebenfalls von Amts wegen berücksichtigt. Wie diese steht er hinsichtlich der Wirkung auf Eintragung oder Löschung ausschließlich zur Entscheidung des PA. Eine gerichtliche Löschungsklage kann nicht darauf gegründet werden, ebensowenig eine die Wirksamkeit des Z ganz aufhebende Einrede gegen die Klage aus § 12, jedoch kann die schwache Unterscheidungskraft des ganzen Z oder einzelner Bestandteile desselben bei der Frage der Verwechselbarkeit auch von den Gerichten berücksichtigt werden (Schwache Z, § 20 A 21). Die Unterscheidungsfähigkeit in diesem Sinne setzt zwar keineswegs Neuheit, aber doch einen gewissen Grad von Eigentümlichkeit voraus. Ausgeschlossen ist eine Bezeichnung, wie sie auch sonst im Verkehr zu anderen Zwecken als zur Kennzeichnung der Herkunft aus einem bestimmten Betriebe, z. B. als Verzierung, als Merkmal für den inneren Geschäftsbetrieb, für den Frachtverkehr, als Anhalt für die Stückzahl und für Augenblickszwecke häufig benutzt zu werden pflegt. Die konkrete Gefahr der Verwechslung mit anderen WZ kommt hier nicht in Betracht. In der Begründung zum Entwurf von 1913 heißt es S. 56: nur die absolute Fähigkeit zur Unterscheidung sei gemeint, nicht das Verhältnis zu anderen Z, die relative Unterscheidbarkeit. Maßgebend ist auch hier der Gesamteindruck des Z und die Auffassung des Verkehrs. Daher können Individualzeichen, die sich als solche bereits im Verkehr bewährt haben, oft ohne weiteres als unterscheidungskräftig angesehen werden; vgl. Pariser Verbandsübereinkunft Art 6[2] Nr 2 Abs 2 und § 4 A 21.

Die Geschäftstätigkeit S. 259 gibt folgende Übersicht: „Der Unterscheidungskraft als Herkunftsbezeichnung entbehren solche Zeichen, welche staatlicherseits oder verkehrsüblich anderen Zwecken gewidmet sind, z. B. die Abbildung einer Reichspostmarke, eines staatlichen Brandzeichens (Körungsmarke) für Pferde, von Münzen und Eichungsmarken, Stempeln für Gold- und Silbergeräte, Medaillen, staatlichen Flaggen; ferner ein Punkt, ein Kreis, eine Gebrauchsanweisung, die Wörter: ‚Laden', ‚Aktiengesellschaft', ‚Schutzmarke'; sodann die Abbildung der betreffenden Ware oder ihrer Verpackung und eine naheliegende Darstellung ihrer Benutzung."

Der Mangel beruht also meistens auf der Verbrauchtheit des Z für andere Zwecke. Es handelt sich aber nicht um einen scharf begrenzten, einheitlichen Begriff, sondern es kommen auch andere Gründe für die Versagung der Eintragung in Betracht. So soll bei den Nachahmungen von Z, deren sich die Behörden zu anderen Zwecken bedienen, der Entwertung

§ 1 derselben durch Verwechslung mit WZ vorgebeugt werden (vgl. z. B. RG v. 16. 7. 84, RGBl S. 120 über den Feingehalt von Gold- und Silberwaren). In diesen und vielen anderen Fällen liegt auch die Aneignung als WZ zu nahe, um jedem beliebigen ersten Anmelder ein Monopol darauf gewähren zu können. Endlich würde ein berechtigter Verkehr, der sich solcher Z unbefangen und ohne Anspruch auf individuelle Rechte bedient, durch ein Monopol in unliebsamer und schädlicher Weise gestört werden. Diese Gesichtspunkte müssen bei Handhabung der Regel, daß Z ohne Unterscheidungskraft nicht einzutragen sind, stets mit berücksichtigt werden und können bewirken, daß im Zweifelsfalle die Eintragung gewährt wird, wenn eine Beeinträchtigung berechtigter fremder Interessen nicht zu besorgen ist. Es ist nicht die Aufgabe des PA, den Anmelder lediglich in dessen Interesse durch Ablehnung von Z, die kein genügendes Erinnerungsbild hervorrufen, zu bevormunden und ihn zu veranlassen, sich ein wirksameres Z zu wählen. Eine scharfe Grenzziehung ist unmöglich. Die Aufgabe ist nur mit Takt und Erfahrung zu lösen.

Auch bei anderen Eintragungshindernissen (Freizeichen und § 4[1] Nr 1) konkurriert vielfach der Mangel der Unterscheidungskraft und kann mit maßgebend für die Ablehnung sein.

Anm. 28

Entscheidungen über Unterscheidungskraft.

A. Obrigkeitliche Zeichen und ähnliches.

Nicht unterscheidungskräftig:

Staatliche Körungszeichen (PA 7. 12. 00, Bl 01, 44; GR 02, 55).

Ausländische Kurs habende Münzen (PA 6. 6. 02, Bl 02, 254; GR 04, 158).

Briefmarken (PA 24. 11. 97, Bl 98, 88).

Das Wort „Wappen" (Wappenkaffee) wegen der häufigen Verwendung von Wappen zur Warenbezeichnung (BA 3. 3. 04, Bl 04, 247).

Die Worte „Siegel", „Medaille", „Firma" und „Etikette" (PA 26. 2. 02, Bl 02, 193). Wegen Medaillen s. ESt 7, 214.

B. Einfache Ornamente, Linien u. dgl.

Nicht unterscheidungskräftig:

Einfache Umrahmungen (BA 13. 10. 13, MW 13, 121 (vgl. aber BA 1. 12. 97, Bl 98, 126).

Einfache Linien oder Verbindungen von solchen (z. B. quadratische Liniierung für Papier) (BA 13. 11. 00, Bl 01, 47).

Punkte, Striche und Kreise (PA 17. u. 19. 9. 95, Bl 96, 63).

Eine sonst leere Etikette mit abwechselnd weißen und farbigen Schrägstreifen (PA 26. 2. 02, Bl 02, 163.).

Die Zahl 10 in einem Dreieck (BA 24. 5. 13, MW 12, 669).

Das Wortzeichen „Arabeske" (PA 4. 11. 04, Bl 05, 30).

Das Wort „Litera" in Verbindung mit einzelnen Buchstaben (BA 9. 11. 96, Bl 97, 73).

Die Worte „Schutzmarke", „Imperial" in einer einfachen Umrahmung (BA 13. 10. 13, MW 13, 121.

Unterscheidungskräftig:

Bei einer Anmeldung der Firma Johann Maria Farina wurden als an sich unterscheidungskräftig angesehen Z, bestehend aus zwei parallelen schrägen Linien mit seitlichen Punkten für sich allein oder in Verbindung mit Schnörkeln, sowie ein Schnörkel in Verbindung mit drei Punkten (vorbehaltlich der Prüfung der Übereinstimmung mit älteren Z) (BA 12. 11. 03, Bl 04, 53).

Eine zu einem einheitlichen Bilde zusammengefügte Menge von (einzeln nicht unterscheidungskräftigen) Ornamenten kann durch künstlerischen Stil unterscheidungskräftig sein (BA 1. 3. 07, Bl 07, 162, Singer, Nähmaschinen).

C. Signierungs- oder Packerzeichen

sind in der Regel nicht unterscheidungskräftig (BA 22. 1. 15, Bl 15, 14). Dies gilt besonders bei Waren, die nur eine Anbringung des Z auf der Verpackung zulassen (z. B. Mehl) oder die nur in dauernden Behältnissen (Fässern, Säcken, Ballen) oder ohne jede Umhüllung versandt zu werden pflegen, weil das Z hier als Transportzeichen gelten würde. In einem Falle, wo dies nicht zutraf, wurde die Löschung eines aus einem aufgerichteten Rhombus mit der Zahl 500 und seitlichen Buchstaben S. S. bestehenden Z abgelehnt. (PA 5. 12. 99, Bl 00, 278). Dagegen wurde die Eintragung eines ähnlichen Z für Bier, Wein, Spirituosen, Hopfen, Malz, Rohtabak und Zement versagt (PA 28. 5. 01, Bl 01, 281). Hieraus ergibt sich, daß die Anbringung derartiger Z auf der Verpackung lediglich zum Zwecke der Transportsignierung keinen Eingriff in das WZ-Recht darstellt (LG Hamburg 16. 12. 99, Bl 00, 288). Wird im einzelnen Falle bewiesen, daß sich ein auch als Signierungszeichen mögliches Z die Anerkennung im Verkehr als Sondermarke errungen hat, so ist die Eintragung zuzulassen (BA 14. 1. 98, Bl 98, 127: P inmitten eines Rhombus). § 1

D. Abbildungen von Waren usw.

Die Abbildung von Waren oder deren Aufmachung oder Umhüllung auf Ankündigungen, Rechnungen u. dgl. ist allgemein üblich. Daher entbehren sie nicht nur der Unterscheidungskraft für einen Einzelbetrieb, sondern es wäre auch unbillig, ihre Benutzung für einen solchen zu monopolisieren (BA 30. 12. 97, Bl 98, 89; 8. 6. 97, Bl 97, 183; vgl. MW 9, 190ff). Dies gilt auch von schematischen Darstellungen, insbesondere patentierten oder unter Gebrauchsmusterschutz stehenden Gegenständen (BA 25. 5. 04, Bl 04, 307; PA 16. 4. 07, Bl 07, 187). Die Abbildung der Ware ist auch dann nicht als WZ eintragbar, wenn für die Ware ein Gebrauchsmusterschutz oder für die Aufmachung ein Ausstattungsschutz besteht (BA 18. 6. 97, Bl 97, 212). Ebensowenig wie Abbildungen der Ware selbst, können solche ihrer charakteristischen Teile eingetragen werden (PA 13. 12. 99 und 15. 2. 00, Bl 00, 203). Dies gilt insbesondere auch für Abbildungen von Etiketten als WZ für solche (PA 7. 4. 00, Bl 00, 353). Desgleichen nicht eine bildliche Darstellung ihrer Verwendungsart (BA 30. 1. 00, Bl 00, 206 mit A.; Benutzung eines Dampfbadeapparats; PA 5. 10. 00, Bl 00, 395: weiblicher Kopf mit Haarnetz; BA 1. 12. 97, Bl 98, 29: Benutzung eines Biersiphons). Die Abbildung der Ware kann auch dann nicht als WZ dienen, wenn einzelne Teile von anderen durch Färbung oder Farbnamen unterschieden sind (Phonographenschallplatte mit Mittelinschrift „Red Seal") (BA 7. 10. 02, Bl 03, 9).

Nicht unterscheidungskräftig:

Abbildung eines Kalenders, wie er Waren gratis beigegeben wird (PA 17. 5. 03, Bl 04, 43).

Abbildung der Ware in Verbindung mit einem einfachen Ornamente (BA 15. 6. 14, Bl 14, 325; MW 14, 54).

Das Bild einer Flasche ohne eigenartige Ausstattung für Weine (BA 18. 9. 96, Bl 97, 73).

Ein Plakat, auf dem eine Menge der geführten Waren einzeln abgebildet ist (verbunden mit Phantasiebildern) BA 13. 11. 02, Bl 03, 176.

Eine auf die Ware bezügliche Zeitungsannonce (PA 24. 6. 97, Bl 97, 209).

Dagegen:

Wenn auch Abbildungen der Ware selbst, wie sie jedem Gewerbetreibenden freistehen müssen, nicht unterscheidungskräftig und eintragungsfähig sind, so kann doch durch charakteristische Zutaten und Ausgestaltung einer solchen Abbildung Unterscheidungskraft und Eintragungsfähigkeit hergestellt werden (BA 17. 11. 09, MW 9, 175: zwei Garnknäule nebeneinander in perspektivischer Darstellung mit einem goldenen bzw. einem silbernen Faden; ebenso BA 7. 4. 09, MW 9, 192: brennende Glühlampe mit Buchstaben P); s. auch Dunkhase MW 14, 138.

Handelt es sich um Waren, die nur von Sachverständigen gekauft werden, so genügen schon geringe Zutaten, um die Auffassung der Abbildung der Waren auszuschließen, und die Unterscheidungskraft herzustellen (Matrize mit zwei verschiedenen Buchstaben; BA 13. 6. 25, GR 25, 223). Ein gleicher Beschluß wurde erlassen bezüglich der Abbildung einer Setzmaschine mit der in eigenartiger Anordnung darin enthaltenen Inschrift „Standard Compositor" (ib. S. 224).

Das Bild der Ware kann für verwandte Waren unterscheidungskräftig sein, z. B. einer Kanne für sonstige Gefäße (BA 31. 5. 05, Bl 05, 207); ähnlich bei Umhüllungen (BA 12. 10. 05, Bl 05, 294: Weinflaschen für Tinte).

E. Verschiedenes.

Als nicht unterscheidungskräftig werden in der Regel die Bildnisse und Namen besonders populärer Persönlichkeiten aus der Zeitgeschichte, die in weitem Umfange zu Ausstattungen verwendet zu werden pflegen, erachtet werden müssen (abgesehen von der diesen Personen selbst zustehenden Anfechtung der Eintragung; s. § 9 A 19 u. 23). Mit Recht wurde daher durch BA 22. 1. 15, Bl 1915, 14; GR 1915, 69; MW 14, 197 die Eintragung des Bildnisses von Hindenburg und der Wortmarke „Hindenburg-Wolle" abgelehnt. Aus ähnlichen Gründen hat die BA am 6. 2. 15 die Eintragung des Eisernen Kreuzes abgelehnt (Bl 1915, 35; GR 1915, 70; MW 14, 175; vgl. österr. Ministerium vom 6. 2. und 8. 2. 15, Bl 1915, 114 u. 115). Ebenso BA 30. 3. 15, Bl 1915, 136: „Deutsch-österreichische Bündnis-Spielkarte Gelb-Schwarz-

§ 1 Weiß-Rot". Zugelassen wurde die Bezeichnung „Deutsche Arbeit — Deutsche Kraft" in Verbindung mit einer deutschen Fahne (BA 19. 9. 15, Bl 15, 209).

Ebenso wurden abgelehnt Aussprüche im vaterländischen Sinne, die in der Kriegszeit von Mund zu Mund gingen: „Uns treibt nicht Eroberungsluft"; „Lieb Vaterland magst ruhig sein"; „Ich kenne keine Parteien mehr, ich kenne nur noch Deutsche", wobei dahingestellt blieb, ob die Eintragung nicht auch nach § 4 Nr 3 als ärgerniserregend zu versagen sei (BA 16. 11. 15; GR 1916, 252, Bl 1915, 250; MW 15, 244). Ebenso „Bahlsens Uneun" (U 9) (BA 6. 11. 15, MW 15, 244); vgl. auch den allgemeinen Bescheid v. 14. 8. 14, Bl 14, 281 und MittGR 1915, 74.

Ebenso sind Wörter, die rechtliche Erscheinungen und tatsächliche Verhältnisse des kaufmännischen Lebens kennzeichnen, wie Kredit, Konkurs, Absatz, Lombard, Pfand usw. mangels Unterscheidungskraft nicht eintragbar (BA 26. 4. 09, Bl 09, 252).

Wie die Worte „Kaufmann", „Prokurist" u. dgl. nicht unterscheidungskräftig sind, so kann auch im Verkehr mit Ostasien ein chinesisches Wort, das „Comprador" bedeutet, nicht als unterscheidungskräftig und monopolisierbar gelten (BA 9. 4. 03, Bl 04, 51).

Worte, die eine gewisse wirtschaftliche Richtung bezeichnen (z. B. Trustfeind) sind nicht unterscheidungskräftig (BA 28. 10. 02, Bl 03, 10).

Auch bei Namen und Firmen, die an sich als WZ eintragungsfähig sind, wird die Frage der Unterscheidungskraft besonders bei Abkürzungen eine Rolle spielen können. So hat das PA vor 1902 die Eintragung für „Allgemeine Elektrizitäts-Gesellschaft" und „Deutsche Veilchen-Parfümerie" versagt (Geschäftstätigkeit S. 259), dagegen später bei: „Beyer" (für Farben, Filme usw.) und bei „Elberfelder Farbenfabriken" genehmigt, offenbar, weil hier die Firma sich eine solche Anerkennung im Verkehr verschafft hatte, daß die Unterscheidungskraft unzweifelhaft gegeben war.

Nicht zu billigen ist der Beschluß BA 3. 12. 98, Bl 99, 87 und GR 01, 300, durch den die Entscheidung der Vorinstanz, daß die Anmeldung „Löwen-Aktien-Bier" zurückzuweisen sei, weil es an vielen Orten Löwen-Brauereien gäbe und daher das Zeichen nicht unterscheidungskräftig sei, aufgehoben wurde mit der Begründung, daß über die Frage der Übereinstimmung mit anderen Individualzeichen nur gemäß §§ 5 u. 6 bzw. 9 zu entscheiden sei. Die Frage der Übereinstimmung kommt nur bei Kollision mit älteren WZ in Betracht, von der im gegebenen Falle keine Rede war. Mangel an Unterscheidungskraft liegt aber gerade dann vor, wenn vermöge vielfacher anderweitiger Verwendung derselben oder einer verwechselbaren Bezeichnung im Verkehr, ohne daß geradezu ein Freizeichen entstanden ist, die Eintragung Anlaß zu fortwährenden Verwechslungen der Waren verschiedener Geschäfte geben würde und es zugleich unbillig wäre, durch Schaffung eines Monopols viele andere bestehende Geschäfte zu schädigen; vgl. auch PA 30. 6. 97, betr. Anmeldung „Löwenbräu" (Bl 97, 210).

In einem ähnlichen Falle (PA 21. 5. 96, Bl 96, 359) sind die Worte „Kaiserbier" und „Cerveza Imperial" (spanische Übersetzung) für Freizeichen erklärt worden, weil mindestens acht Kaiserbrauereien in Deutschland beständen und daneben noch andere Firmen ihr Produkt als Kaiserbier bezeichneten.

Der Mangel der Unterscheidungskraft kann aber auch nur für bestimmte Waren begründet sein. So sind Flächenmuster für Waren, bei denen sie als Verzierung zu dienen pflegen (z. B. Emailwaren), für diese Waren nicht unterscheidungskräftig und daher nicht eintragbar (österr. Min. 20. 4. 09, Bl 11, 155).

Ebensowenig kann eine auf Genever hinweisende Etikette für leere Flaschen eingetragen werden, weil der Verkehr sie auf den Inhalt beziehen würde (BA 23. 12. 99, Bl 00, 34.

Nicht unterscheidungskräftig ist der Totenkopf allein oder mit gekreuzten Knochen bei Genußmitteln, weil er als Warnungszeichen bei Giften üblich ist und daher auch dort als solcher und nicht als WZ aufgefaßt werden wird (PA 14. 5. 01, Bl 02, 9).

Desgleichen Worte, denen nicht zu entnehmen ist, daß sie als Z dienen und auf einen bestimmten Betrieb hinweisen sollen, z. B. solche, die die Anwendung eines Verfahrens für die bezeichneten Waren ausdrücken, wie Cellonierung = Behandlung mit Cellon, analog Betonierung, Azetylierung, Japonierung, Lackierung (BA 19. 12. 18, Bl 18, 111).

Als nicht unterscheidungskräftig wurde für Spielwaren ein kombiniertes Wort- und Bildzeichen Friedrich Fröbel erachtet und gemäß § 8² Nr 2 gelöscht (PA 16. 12. 11, Bl 12, 119).

Nicht unterscheidungskräftig:

Die Namen der Wochentage (auch als Hinweis auf eine Eigenschaft der Waren unzulässig) (PA 10. 6. 10, Bl 11, 127; vgl. Bl 18, 35, Österreich).

„Deutscher Reichs-Käse" (BA 8. 11. 95, Bl 96, 16).

„Deutsche Veilchen-Parfümerie" (BA 19. 12. 95, Bl 96, 170).

„Bundessekt" (BA 7. 10. 15, MW 15, 244).

„Reichszuschuß" (BA 21. 5. 15, MW 15, 396).

„Zentrale für Propaganda“ (BA 26. 11. 13, Bl 14, 13). § 1
„Der“ Fachmann (BA 24. 10. 14, MW 14, 406).
„Duplex“ (BA 9. 2. 15, MW 14, 407).
„Hansa-Bund“ (BA 26. 3. 10, MW 10, 102; Bl 10, 264).
„Firma-Zigarren“ (PA 22. 4. 97, Bl 97, 243).

Dagegen

wurde das Wort „Mia“ nicht beanstandet, während „Mia bona“ (als Beschaffenheitsangabe) abgelehnt wurde (BA 14. 5. 13, MW 13, 41).

§ 2. § 2

Die Zeichenrolle wird bei dem Patentamt geführt. Die Anmeldung eines Warenzeichens hat schriftlich bei dem Patentamt zu erfolgen. Jeder Anmeldung muß die Bezeichnung des Geschäftsbetriebs, in welchem das Zeichen verwendet werden soll, ein Verzeichnis der Waren, für welche es bestimmt ist, sowie eine deutliche Darstellung und, soweit erforderlich, eine Beschreibung des Zeichens beigefügt sein.

Das Patentamt erläßt Bestimmungen über die sonstigen Erfordernisse der Anmeldung.

Bei der Anmeldung jedes Zeichens ist eine Anmeldegebühr und für jede Klasse oder Unterklasse der in der Anlage beigefügten Warenklasseneinteilung, für die der Schutz begehrt wird, eine Klassengebühr nach Maßgabe des Tarifs zu entrichten. Werden in einer Anmeldung mehr als zwanzig Klassen oder Unterklassen in Anspruch genommen, so ist für die über zwanzig hinausgehende Zahl von Klassen oder Unterklassen eine Gebühr nicht zu zahlen.

Führt die Anmeldung aus einem Grunde nicht zur Eintragung, der für alle angemeldeten Waren ohne Unterschied der in Anspruch genommenen Klassen oder Unterklassen zutrifft, so wird die für mehr als eine Klasse oder Unterklasse gezahlte Gebühr erstattet. Diese Vorschrift findet keine Anwendung, wenn die Eintragung wegen Übereinstimmung des angemeldeten Zeichens mit einem für dieselben oder gleichartige Waren früher angemeldeten Zeichen versagt wird.

Bei jeder Erneuerung der Anmeldung ist eine Erneuerungsgebühr und für jede Klasse oder Unterklasse, für welche die Erneuerung begehrt wird, eine Klassengebühr nach Maßgabe des Tarifs zu entrichten. Satz 2 des Abs. 3 gilt entsprechend.

Die amtliche Festsetzung der Anzahl der durch eine Anmeldung betroffenen Klassen und Unterklassen ist unanfechtbar.

Die Reichsregierung kann mit Zustimmung des Reichsrats die Warenklasseneinteilung ändern.

Inhalt.

Anm.		Seite
1.	Gesetzesmaterialien	52
2.	Entstehung des Rechts und Priorität	53
3.	Rechtsnatur der Anmeldung	54
4.	Das Eintragungsrecht	54
5.	Führung der Rolle beim PA	54
6.	Form und Inhalt der Anmeldung. Übersicht	55
7.	Deutsche Sprache	55
8.	Bedeutung der Erfordernisse für die Priorität	55
9.	Einheit der Anmeldung	56
	Zu den Einzelheiten der Anmeldung	
10.	Schriftlichkeit. Unterschrift. Antrag auf Eintragung	56
11.	Der Anmelder	56
12.	Vertretung und Vollmacht	57
13.	Darstellung	57
14.	Beschreibung	57

§ 2

Anm.		Seite	Anm.		Seite
15.	Geschäftsbetrieb	58		Absätze 3—7.	
16.	Warenverzeichnis	58	20.	Gebühren	61
17.	Druckstock	60	21.	Rückerstattung	62
18.	Gebührenzahlung	60		Anhang zu § 2.	
19.	Abänderung während des Eintragungsverfahrens	60	I.	Bestimmungen	62
			II.	Erläuterung der Bestimmungen	64

Anm. 1 **Gesetzesmaterialien.**

A. Aus der Begründung des Entwurfs zum ursprünglichen Ges v. 1894 (S. 10, 11; Bl 94/95, 29ff.) in abgekürzter Fassung.

Gegenüber den bisherigen Vorschriften über die Anmeldung wird nunmehr auch Angabe des Geschäftsbetriebs, in dem das Z verwendet werden soll, verlangt, um durch entsprechenden Vermerk in der Z-Rolle (§ 3) den unlösbaren Zusammenhang zwischendem Z und dem wirtschaftlichen Umfange eines bestimmten Geschäfts erkennbar zu machen. Innerhalb seines Betriebs die zu kennzeichnenden Waren auszuwählen, wird dem Anmelder überlassen. Er ist nicht, wie in England, an das amtliche Klassensystem gebunden, welches für Zwecke des inneren Dienstbetriebs und im Interesse der Übersichtlichkeit der Veröffentlichungen seine Geltung behält. Die Anmeldung soll jedoch ein Verzeichnis der Waren, nicht nur eine allgemein gehaltene Angabe der Warengattungen enthalten. Nach der Fassung des vorliegenden Gesetzes hat das PA auf eine genauere Bezeichnung der Waren hinzuwirken, als sie nach dem früheren Gesetze zulässig erschien, wonach ein Z schlechthin für „Maschinen", für „Kurzwaren" oder für „chemische Produkte" angemeldet werden konnte, damit der in Anspruch genommene Schutz im allgemeinen auf das geschäftliche Bedürfnis des Anmelders beschränkt bleibt (und gewisse Z nicht ohne sachliches Bedürfnis der Benutzung durch andere entzogen werden). Die Klasseneinteilung des PA wird auch den beteiligten Verkehrskreisen einen Anhalt dafür bieten, inwieweit sie angemessenerweise den gewünschten Z-Schutz begrenzen wollen, oder wo sie mit einiger Sicherheit die sie interessierenden Z zu suchen haben, ohne daß sie in diesem Punkte einem unnötigen Zwange ausgesetzt sind. Eine Beschreibung soll nur dann eingereicht werden, wenn nach dem Ermessen des PA oder des Anmelders die bildliche Wiedergabe das Wesen des Z nicht hinreichend klar veranschaulicht.

Die dem PA vorbehaltenen Bestimmungen über die sonstigen Erfordernisse der Anmeldung werden gewisse Einzelheiten hinsichtlich der Form und des Inhalts der Anmeldung und ihrer Beilagen zu regeln, namentlich auch diejenigen Voraussetzungen zu bezeichnen haben, unter denen zur Veranschaulichung des Bildes, welches das Z in Verbindung mit der Ware gewährt, Modelle und Probestücke der mit dem Z versehenen Ware vorzulegen sind.

B. Aus dem Kommissionsbericht Bl 94/95 S. 42, 43.

Bei § 2 wurde bezüglich der Benutzung desselben WZ für die gleichen Waren seitens mehrerer Geschäftsbetriebe folgendes festgestellt. Die Anmeldung eines WZ zum Zwecke der Benutzung für mehrere Geschäftsbetriebe ist . . . nicht zulässig*). Privaten Vereinbarungen, nach welchen das eingetragene Z auch von anderen benutzt werden darf, steht nichts im Wege. Auch ist die Eintragung eines bereits eingetragenen Z für einen Zweiten, Dritten usw. zulässig, sofern der Erstberechtigte den im § 5 vorgesehenen Widerspruch nicht erhebt.

C. Aus der Begründung des Ges v. 27. 6. 22 Art IV Nr 1 (§ 2 Abs 3—7 WZG) Abdruck Bl 22, 80.

Es wurde als unbillig empfunden, daß alle Anmelder einem feststehenden stets gleichbleibenden Gebührensatz unterliegen. Die Prüfung einer Anmeldung mit umfangreichem Warenverzeichnis verursacht dem PA viel mehr Arbeit und höhere Kosten, als eine auf eine oder zwei Klassen beschränkte; erstere ist daher stärker zu den Kosten heranzuziehen, was bisher mangels einer mit Gesetzeskraft ausgestatteten Klasseneinteilung nicht möglich war. Eine neue Prüfung ergab jedoch die Verwendbarkeit der für den Zweck der Geschäftsverteilung im Gebrauch befindlichen Klasseneinteilung auch als Maßstab für die Gebührenbemessung. Sie soll deshalb für diesen Zweck gesetzlich eingeführt werden, zugleich aber, um etwaigen Mängeln unverzüglich entgegentreten zu können, der Abänderung seitens der Reichsregierung mit Zustimmung des Reichsrats unterliegen. Die neben der Anmeldegebühr

*) Zulässig sind aber mehrere Anmeldungen desselben Z für mehrere voneinander unabhängige Geschäftsbetriebe (s. § 1 A 4 u. 5).

zu zahlende Klassengebühr wird gleichzeitig dem ungerechtfertigten, für PA und Mitbewerber § 2
lästigen Bestreben entgegenwirken, sich das Schutzrecht in einem weit über das wirtschaftliche Bedürfnis hinausgehenden Umfang zu verschaffen. Auch für die Erneuerung der Anmeldung soll die Klassengebühr eingeführt werden, obwohl sie dem PA geringere Mühen und Kosten verursacht wie die erste Anmeldung. Es handelt sich aber um die Gewährung eines weiteren zehnjährigen Schutzes für solche Z, die im Verkehr Anerkennung gefunden haben und für den Inhaber wertvoll geworden sind. Auch hier wird erreicht werden, daß ungebührlich weitgreifende Warenverzeichnisse anläßlich der Erneuerung auf ein gesundes Maß zurückgeführt werden. Selbstverständlich kommt der Klasseneinteilung und der Klassengebühr keinerlei materiell-rechtliche Wirkung auf das Ergebnis des Prüfungsverfahrens zu, insbesondere wird die Beurteilung der Gleichartigkeit durch die Neuerung nicht berührt; vgl. hierzu auch die Begründung des Entwurfs von 1913, Bl Beil. S. 54, 63, 66 und Lutter MW 21, 227 u. 228.

Entstehung des Rechts und Priorität. Das WZ-Recht entsteht konstitutiv durch die **Anm. 2**
Eintragung in die Z-Rolle (§ 12), die zur Voraussetzung hat einen auf formeller und materieller Prüfung beruhenden Beschluß des PA auf Eintragung. Diese Art der Entstehung gleicht in der Hauptsache der des Patents und unterscheidet sich von dieser nur dadurch, daß das Patent mit der Zustellung des Erteilungsbeschlusses, nicht mit der Eintragung in die Rolle entsteht. Auch das Gebrauchsmuster entsteht mit der Eintragung in die Rolle, jedoch erfolgt diese hier ohne materielle Prüfung, welche alsdann im Streitfalle von den Gerichten nachzuholen ist. Bei allen drei gewerblichen Schutzrechten ist die Entstehung abhängig von einer Anmeldung, die den formellen Vorschriften genügen muß. Beim Patent und WZ schließt sich demgemäß an die Prüfung der formellen Voraussetzungen noch ein eingehend geregeltes Verfahren zwecks Prüfung der materiellen Berechtigung, die, wenn sie letztere bejaht, zur Entstehung eines in gewissen Grenzen gesicherten Rechts führt. Während aber beim Patente in das Prüfungsverfahren ein allgemeines Aufgebot eingeschaltet ist, werden beim WZ nur gewisse Interessenten nach Auswahl des PA am Verfahren beteiligt. Während die Eintragung das WZ-Recht selbst erzeugt, entsteht auch bereits durch die Anmeldung, wenn sie ordnungsmäßig erfolgt und materiell begründet ist, ein Recht, nämlich der öffentlich-rechtliche, übertragbare und vererbliche Anspruch auf die Eintragung (vgl. § 7 Abs 1). Dieser Anspruch erlischt durch die Eintragung wegen seiner Befriedigung, aber in der Weise, daß er in dem eingetragenen Rechte aufgeht und diesem hierbei den rechtlichen Vorzug einer auf ihm beruhenden Priorität verleiht, vermöge dessen es andere gleiche oder gleichartige Rechte, die auf späterer Anmeldung beruhen, nach Maßgabe der §§ 5 u. 9 Abs 1 Nr 1 überwinden kann. Auch bei Kollision mit andersartigen Rechten ist die Priorität von Bedeutung (s. Anhang zu § 9 A 18 und § 13 A 9ff). Sie ist aber nicht unmittelbar wirksam, sondern bedarf der Geltendmachung seitens des Berechtigten. Trägt z. B. das PA ein später angemeldetes gleiches Recht unter Unterlassung seiner Benachrichtigung oder unberechtigter Verwerfung seines Widerspruchs (§ 5) ein, so ist die Eintragung an sich wirksam, aber der Löschungsklage des ersten Anmelders nach § 9 Nr 1 ausgesetzt.

Die Priorität wird nicht erteilt, sondern folgt ohne weiteres aus einer vorschriftsmäßigen Anmeldung. In der Regel ist das Datum der letzteren für sie maßgebend. Wird die Anmeldung ganz oder teilweise zurückgenommen oder rechtskräftig (§ 10) zurückgewiesen, so gilt sie als nicht erfolgt, und diese Priorität geht verloren. Eine nochmalige Anmeldung vermag nur eine ihrem Datum entsprechende neue Priorität zu begründen (a. A. Seligsohn S. 55 unten). Zur Feststellung der Anmeldungszeit wird jede eingehende Anmeldung mit dem Datum (Tag) des Eingangs versehen und mit einer laufenden Geschäftsnummer bezeichnet. Von mehreren an demselben Tage eingegangenen gilt diejenige als später eingegangen, welche die höhere Geschäftsnummer trägt (§ 8 VO v. 30. 6. 94 in Verbindung mit § 27 VO v. 11. 7. 91; s. Anhang A I u. II S. 327/28). Im Falle der Eintragung wird das Datum auch in der Rolle vermerkt, während die Geschäftsnummer aus den in der Rolle in Bezug genommenen Akten zu ersehen ist (s. § 3 A 2).

Die aus den früheren Zeichenregistern gemäß § 24 in die Rolle übertragenen WZ genießen die Priorität der ursprünglichen Anmeldung. Durch die frühere tatsächliche Benutzung wird eine Priorität nicht begründet (E 38, 76). Bei Auslandszeichen (§ 23) wird die Anmeldung erst wirksam, wenn die Voraussetzungen des § 23 erfüllt sind, d. h. wenn die Bekanntmachung nach Abs 1 erlassen, die Anmeldung von dem in Abs 2 geforderten Vertreter erklärt oder genehmigt und der Heimatsschutz (Abs 3) gewährt ist. Belege und Vollmacht können nachgebracht werden.

Die Priorität erfährt eine Verschiebung zugunsten des Z:

1. nach dem Ges. v. 18. 3. 04 (RGBl S. 141), betr. den Schutz von Erfindungen, Mustern und Warenzeichen auf Ausstellungen (Anhang B I e S. 369;
2. nach Art IV des Pariser Unionvertrags (Anhang B I S. 337)

und nach anderen, ähnliche Prioritätsvereinbarungen enthaltenden Staatsverträgen.

§ 2 Genießt eine deutsche Marke den Ausstellungsschutz und wird sie hernach innerhalb der internationalen Prioritätsfrist im Auslande angemeldet, so ist die dortige Priorität eine spätere wie die in Deutschland, da für erstere stets die Anmeldung im Inlande, nicht die Vordatierung infolge des Ausstellungsschutzes maßgebend ist (vgl. Damme GR 11, 153ff).

Bei den nach dem Madrider Abkommen v. 14. 4. 91 (Anhang B II S. 370) international registrierten ausländischen Marken tritt hinsichtlich der Priorität an Stelle der Anmeldung im Inlande die internationale Registrierung in Bern (§ 7 VO v. 9. 11. 22, Anhang B II d S. 378); vgl. Art 4 des Madrider Abkommens. Bei rechtzeitiger Registrierung tritt noch das Prioritätsrecht der Pariser Übereinkunft hinzu. Diese Marken werden in die Z-Rolle nicht eingetragen, jedoch hat das PA dafür ein „Nebenregister" eingerichtet (Fr. Magnus Jüngel S. 22).

Im Falle der Eintragung stellt das PA das Datum der Anmeldung, und damit für den Regelfall die Priorität fest und trägt das Datum in die Rolle ein (§ 3 Abs 1 Nr 1). Ebenso wird die etwa nach dem Gesetz über den Ausstellungsschutz oder nach internationalen Verträgen beanspruchte Priorität geprüft und das Ergebnis der Prüfung in der Rolle vermerkt. Diese Eintragungen sind aber nicht bindend, sondern unterliegen im späteren Streitfalle der Nachprüfung sowohl des PA wie auch der Gerichte (E 44, 64; 104, 162). Nach § 8 Abs 2 Nr 1 läuft auch die zehnjährige Schutzfrist vom Zeitpunkte der Anmeldung, nicht der Eintragung an.

Anm. 3 **Rechtsnatur der Anmeldung.** Die Anmeldung ist ein Rechtsgeschäft von teils zivilrechtlichem, teils öffentlich-rechtlichem Charakter; zivilrechtlich insofern, als der Anmelder durch eine Art von Okkupationserklärung das Z für sich belegt und in Anspruch nimmt, öffentlich-rechtlich als Antrag an das PA als eine Behörde der freiwilligen Gerichtsbarkeit, und zwar des öffentlichen Rechts, auf Einleitung des Prüfungsverfahrens und Feststellung des beanspruchten Rechts; vgl. Kohler S. 125; Pinzger § 1 A 7 S. 21. Obwohl das PA hiernach eine quasi richterliche Tätigkeit ausübt (vgl. auch Seligsohn § 4 Nr 1 Abs 4 und Ebermayer § 4 N 1), so bleibt seine Entscheidung doch Akt einer Verwaltungsbehörde und entbehrt danach der materiellen Rechtskraft (vgl. § 3 A 8).

Anm. 4 **Das Eintragungsrecht.** Während die §§ 1, 4 u. 5 das materielle Eintragungsrecht, nämlich § 1 die positiven, §§ 4 u. 5 die negativen Bedingungen (Eintragungshindernisse) des Eintragungsrechts enthalten, regeln die §§ 2 u. 3 das Eintragungsverfahren, und zwar betrifft § 2 hauptsächlich die Obliegenheiten des Anmelders, § 3 die des PA, als der zuständigen Behörde. Zu § 3 gehört noch der die besonderen Kosten der Eintragung regelnde § 6a, wogegen die Abs 3—7 des § 2 Vorschriften über die durch die Anmeldung (oder ihre Erneuerung) entstehenden Kosten enthalten. Doch sind neben den besonderen Vorschriften über Anmeldung und Eintragung der §§ 2 u. 3 auch die allgemeinen Verfahrensvorschriften des § 10 WZG zu beachten. Ferner ist dem PA in § 2 Abs 2 die gesetzgeberische Befugnis zum Erlaß ergänzender Bestimmungen über Erfordernisse der Anmeldung erteilt worden. Darin liegt auch die Zuständigkeit zur Aufhebung und Abänderung einmal erlassener „Bestimmungen". Die jetzt maßgebenden „Bestimmungen" sind die vom 8. 9. 22 (Bl 22, 106; s. Anhang zu § 2 a S. 62). Gleichzeitig hat das PA eine „Erläuterung der Bestimmungen" (Bl 22, 107) veröffentlicht, jedoch mit der Erklärung, daß damit keine „Vorschriften", sondern nur „Ratschläge" gegeben würden, deren Befolgung im Interesse der Beteiligten liege (Anhang zu § 2b S. 64). Endlich kommen für das Eintragungsverfahren noch folgende Verordnungen in Betracht: 1. die auf Grund des § 25 WZG erlassene AusführungsVO v. 30. 6. 94 (Anhang A I S. 327); 2. gemäß § 8 derselben die darin in Bezug genommenen Bestimmungen der VO v. 11. 7. 91 zur Ausführung des PG (Anhang A II S. 328); 3. die VO über Vereinfachungen im PA v. 9. 3. 17 (Anhang A III S. 331); 4. die VO, betr. Wiedereinsetzung in den vorigen Stand v. 10. 9. 14 und 13. 4. 16 sowie das dazu erlassene Ges v. 27. 4. 20 Art II (Anhang A IV c S. 332); 5. gemäß § 10 Abs 1 WZG die Verfahrensvorschriften des PG; 6. das Ges über die patentamtlichen Gebühren v. 26. 3. 26 (Anhang A VI S. 335). Für die hier sowie in § 2 Abs 3—6 WZG vorgesehenen Klassengebühren ist die gemäß § 2 Abs 3 WZG diesem Gesetze als Anlage beigefügte, 58 Klassen und Unterklassen enthaltende Warenklasseneinteilung maßgebend. Letztere kann gemäß § 2 Abs 7 WZG jederzeit von der Reichsregierung mit Zustimmung des Reichsrats geändert werden.

Das Eintragungsrecht für Personen, die im Inlande keine Niederlassung haben, ist in § 23, das für Verbandszeichen in den §§ 24a—e und § 24h besonders geregelt.

Anm. 5 **Führung der Rolle beim PA.** Abs 1 Satz 1 u. 2 enthalten eine der wichtigsten Neuerungen des Gesetzes gegenüber dem Markenschutzgesetz v. 30. 11. 74, nach dem die Anmeldung zu den Handelsregistern erfolgte: die Zentralisierung der Rollenführung beim PA in Berlin. Nach dem Beitritte des Reiches zum Madrider Abkommen v. 14. 4. 91 (Anhang B II c S. 378, mit Wirkung ab 1. 12. 22) enthält die Z-Rolle freilich nicht mehr alle im Deutschen Reiche geschützten Z. Geschützt sind auch die gemäß Art 4 des Abkommens beim Internationalen Bureau in Bern registrierten, beim PA in einem „Nebenregister" geführten Marken (vor-

behältlich nachträglicher Prüfung und Versagung des Schutzes gemäß Art 5; s. § 3 A 5). **§ 2**
Wegen der Organisation des PA s. § 13 Abs 2 PG. Das PA untersteht nach der Bek v. 31. 10. 17 III, Bl 17, 113 dem Reichsjustizamt, nunmehr nach Art 56 RV dem Reichsminister der Justiz. Nach den Kais VO v. 30. 6. 94 § 1 (Anhang A I S. 327), v. 10. 5. 03 und v. 17. 5. 06 (RGBl 03, 218; 06, 474) werden beim PA drei Abteilungen für WZ gebildet. Jede Abteilung ist gemäß Bestimmung des Justizministers (Art 56 RV, vormals des Reichskanzlers) für eine bestimmte Anzahl von Warenklassen zuständig. Die Abteilungen bestehen aus je einem rechtskundigen Mitgliede als Vorsitzenden und mindestens zwei anderen Mitgliedern, welche rechtskundig oder in einem Zweige der Technik sachverständig sind (§ 1 und § 3 Abs 1 VO v. 30. 6. 94).

Das PA ist auch zuständig für Anträge auf internationale Registrierung von WZ. § 2 VO v. 9. 11. 22 (Anhang B II d S. 378).

Durch die VereinfVO v. 9. 3. 17 (Anhang A III S. 331) sind die Obliegenheiten der Abteilungen in Anmeldesachen den mit je einem Mitgliede der ersteren besetzten Prüfungsstellen übertragen (Näheres § 10 A 4).

Form und Inhalt der Anmeldung. Übersicht. Das Gesetz verlangt in Abs 1 Satz 2 u. 3: **Anm. 6**
1. Schriftlichkeit der Anmeldung; 2. Bezeichnung des Geschäftsbetriebs, in welchem das Z verwendet werden soll; 3. ein Verzeichnis der Waren, für welche es bestimmt ist; 4. eine deutliche Darstellung und, soweit erforderlich, 5. eine Beschreibung des Z. Hierzu treten die in den gemäß Abs 2 erlassenen Bestimmungen enthaltenen „sonstigen Erfordernisse". Die Bestimmungen enthalten zum Teil Ausführungen über die schon im Gesetze aufgestellten Erfordernisse, zum Teil selbständige Vorschriften. Letztere betreffen:

1. Angabe von Namen, Wohnort oder Hauptniederlassung des Anmelders (§ 2a);
2. den Antrag auf Eintragung in die Z-Rolle (§ 2c);
3. die Aufführung der Anlagen (s. unten) unter Angabe von Nummer und Inhalt (§ 2d);
4. die Angabe eines etwaigen Vertreters mit beigefügter Vollmacht (§ 2e);
5. die Unterschrift des Anmelders (der Anmelder) oder des Vertreters (§ 2g);
6. bei mehreren Anmeldern ohne gemeinsamen Vertreter die Bezeichnung eines Zustellungsbevollmächtigten (§ 2f).

Sodann werden als Anlagen (neben der unter 4 erwähnten Vollmacht) erfordert:

a) die Darstellung des Z in regelmäßig 12 Ausführungen (§ 3);
b) das Warenverzeichnis in zwei Ausfertigungen, das jedoch bei geringem Umfange in das Gesuch aufgenommen werden kann (§ 4);
c) bei Verbandszeichen die Z-Satzung in zwei Ausfertigungen (Best. § 7; vgl. Ges § 24b Satz 1);
d) ein zur Vervielfältigung des Z bestimmter Druckstock (§ 8);

sodann, wenn vom Anmelder oder vom PA für erforderlich erachtet:

e) eine Beschreibung des Z in zwei Ausfertigungen (§ 5);
f) Modelle und Probestücke der mit dem Z versehenen Waren sowie Nachbildungen des Z in der Form, wie es im Verkehr verwendet wird, in einer Ausführung (§ 6).

Bei Anmeldung von Auslandszeichen und bei Beanspruchung einer besonderen Priorität können hinzukommen Nachweise über den Heimatsschutz und Prioritätsnachweise (vgl. Best. § 9 Abs 6). Formvorschriften über Kenntlichmachung der Anlagen und ähnliches enthalten noch die §§ 9 u. 10; s. auch Mitt des PA Bl 02, 253. Ein Beispiel einer Anmeldung s. bei Busse S. 69.

Deutsche Sprache. Nach § 10 Abs 1 WZG, § 34 PG und §§ 184—189 GVG muß die Anmeldung in deutscher Sprache erfolgen. Eingaben in fremder Sprache werden nicht berücksichtigt (s. auch Mitt v. V. 24, 18). Dies bezieht sich naturgemäß nicht auf die Anlagen, denen aber gemäß § 9 Abs 5 der Best. deutsche Übersetzungen beizufügen sind. Prioritätsnachweise gemäß Unionvertrag und Nachweise über Auslandsschutz gemäß § 23 Abs 3 bedürfen nur auf besonderes Erfordern der Anmeldestelle einer Übersetzung (Best. § 9 Abs 6). **Anm. 7**

Bedeutung der Erfordernisse für die Priorität. Alle Erfordernisse sind notwendig in dem Sinne, daß, wenn ihnen auch auf Verlangen des PA in der gesetzten Frist nicht genügt wird, die Anmeldung zurückzuweisen ist. Aber sie sind es nicht alle in dem Sinne, daß die Anmeldung erst von dem Zeitpunkt an datiert wird, wo sie erfüllt sind. Vielmehr können sie nach der zu billigenden Praxis des PA großenteils nachgeholt werden, und es genügt zur Begründung der Priorität eine schriftliche (bei Wortzeichen auch telegraphische, nicht aber telephonische oder zu Protokoll gegebene) Erklärung einer festzustellenden handhandlungsfähigen Person, aus welcher sich das für das einzutragende Z Wesentliche ersehen läßt, nämlich 1. das Z selbst, 2. die Person des zukünftigen Inhabers, 3. die Waren, für welche es bestimmt ist. Wesentlich ist freilich auch (nach §§ 1 u. 9 Abs 1 Nr 2) ein bestehender oder beabsichtigter, dem Zwecke des Z entsprechender Geschäftsbetrieb; doch wird er, wenn überhaupt vorhanden, vorläufig durch die Angaben zu 2 u. 3 genügend bezeichnet. PA 26. 11. 03, **Anm. 8**

§ 2 Mitt v. V. 1903, 73 erklärt Unterschrift an sich für erforderlich, hält es aber zur Begründung der Priorität für genügend, wenn die Anmeldung auch nur von dem Anmelder oder seinem Vertreter unterstempelt sei, und beruft sich dafür auf E 44, 369, wonach telegraphische Einlegung der Revision zugelassen wird. Ebenso RG VII 4. 2. 21, JW 527 Nr 8. Abweichend vom PA verlangt Pinzger A 4 unter Berufung auf § 126 BGB zur Begründung der Priorität Unterschrift des Anmelders oder seines Vertreters, dessen Vollmacht aber nachträglich erteilt oder beigebracht werden könne, und hält auch telegraphische Anmeldung im Gegensatze zum PA (s. Geschäftstätigkeit S. 252) für ungenügend. Seligsohn S. 54, der dem PA nicht widerspricht, zitiert irrtümlich die obenerwähnten Urteile des RG und das nicht hierhergehörige E 65, 81 für die Gegenmeinung.

Eine Anmerkung zu § 2 der Bestimmungen verweist auf Art II des AusfGes v. 2. 6. 11 und auf die Bek des Reichskanzlers v. 8. 4. 13 zur Pariser Übereinkunft, wonach die Prioritätserklärung bei der Anmeldung des WZ abzugeben ist, widrigenfalls für diese Anmeldung der Prioritätsanspruch verwirkt wird. Ist daher die Prioritätsfrist noch im Lauf, so kann der Anspruch durch eine neue Anmeldung gewahrt werden.

Die Ausstellungspriorität braucht nicht bei der Anmeldung geltend gemacht zu werden (s. Fried GR 25, 237; 26, 465; vgl. auch Erläuterungen 2c).

Anm. 9 **Einheit der Anmeldung.** Jede Anmeldung kann sich nur auf ein Z beziehen, das sich aber aus mehreren, auch für sich eintragbaren Teilen zusammensetzen kann (s. § 1 A 23; Best. § 1 Abs 2). Ebenso kann die Anmeldung nur für einen Geschäftsbetrieb erfolgen (s. § 1 A 6). Doch wird durch eine diesen Vorschriften nicht entsprechende Anmeldung die Priorität für die nachträglich unter Bezugnahme darauf erfolgenden vorschriftsmäßigen Anmeldungen begründet (Pinzger Nr 15).

Zu den Einzelheiten der Anmeldung (A 6).

Anm. 10 **Schriftlichkeit. Unterschrift. Antrag auf Eintragung.** Maßgebend für die Schriftform ist § 126 BGB. Das Gesuch muß daher eigenhändig durch Namensunterschrift (evtl. mittels beglaubigten Handzeichens) von dem Anmelder oder von dem Vertreter unterzeichnet werden. Im übrigen vgl. A 8.

§ 2c der „Bestimmungen" verlangt den Antrag auf Eintragung, der jedoch keiner besonderen Form bedarf und regelmäßig ohne weiteres aus der Anmeldung entnommen werden kann. Da das Z für das ganze Inland und für alle Möglichkeiten der Benutzung gilt, so kann die Anmeldung sich nicht auf einen bestimmten Teil des Deutschen Reiches oder auf die Benutzung für ein bestimmtes inländisches oder ausländisches Absatzgebiet beschränken (PA 7. 2. 96, Bl 96, 184 und 26. 9. 96, Bl 97, 103; BA 22. 6. 98, Bl 98, 217).

Anm. 11 **Der Anmelder.** § 2a der „Bestimmungen" handelt von dem Anmelder, d. h. dem zukünftigen Inhaber des Z, und verlangt im Satz 1: „die Angabe des Vor- und Zunamens, bei Frauen außerdem des Familienstandes und des Geburtsnamens, des Wohnortes oder der Hauptniederlassung des Anmelders; bei größeren Städten auch die Angabe von Straße und Hausnummer der Wohnung oder der Hauptniederlassung; bei Verbandszeichen die Angabe des Namens und des Sitzes des Verbandes; bei ausländischen Orten auch die Angabe des Staates und Bezirks". Befindet sich die Hauptniederlassung im Auslande, so ist zugleich die etwaige inländische Niederlassung anzugeben, um die Anwendung des § 23 auszuschließen. Satz 2 verlangt, daß kein Zweifel darüber bestehe, „ob die Eintragung des WZ von einzelnen Personen oder von einer Gesellschaft, von dem Inhaber einer Firma auf seinen bürgerlichen Namen oder von einer Firma nachgesucht wird". Danach kann die Anmeldung für eine Firma, auch die eines Einzelkaufmanns, erfolgen, ohne daß deren Inhaber näher bezeichnet wird. Inhaber des Z wird dann der jeweilige Inhaber der Firma, so daß es beim Wechsel desselben keiner Umschreibung nach § 7 Abs 2 bedarf; s. § 7 A 3 u. 9. Es muß jedoch klar sein, ob die Anmeldung für eine Firma oder für wen sonst erfolgt. Mehrere Personen können nur für einen gemeinschaftlichen Geschäftsbetrieb anmelden (s. § 1 A 5). Nach Best. § 2f muß eine Person benannt werden, der die amtlichen Verfügungen zugesandt werden sollen, falls mehrere Personen ohne Bestellung eines gemeinschaftlichen Vertreters anmelden.

Bei Anmeldung für eine Firma braucht deren gesetzliche Zulässigkeit oder ihre Eintragung ins Handelsregister nicht nachgewiesen zu werden, vorbehaltlich des Rechts der Behörde, nähere Auskunft zu verlangen, wenn Bedenken gegen die Rechts- oder Geschäftsfähigkeit obwalten. Unvollständige oder unrichtige Angabe der Firma ist unschädlich, wenn nur im späteren Streitfalle die Identität und die Meinung der Anmeldung dargetan werden kann. Bestehen keine Bedenken, so erfolgt ohne weitere Nachforschungen die Eintragung auf die angegebene Firma (RGSt 41, 422, Bl 08, 303; Staub HGB § 17 Anm 11 und § 24 a. E.; Geschäftstätigkeit S. 251; PA 15. 1. 03, Bl 03, 208; vgl. § 1 A 4).

Da die Anmeldung ein Rechtsgeschäft ist, das für den Anmelder ein Recht begründen soll, so erfordert sie seine Rechtsfähigkeit und zugleich die Geschäftsfähigkeit des Anmelders oder seines Vertreters. Daraus folgt aber nicht, daß eine mit dem Mangel der Geschäftsfähigkeit behaftete Anmeldung ohne weiteres nichtig ist und nicht nach Genehmigung durch den zuständigen gesetzlichen Vertreter eine Priorität begründen könnte, so z. B., wenn eine zur Konkursmasse gehörige Anmeldung durch den Gemeinschuldner erfolgt und durch den Konkursverwalter rechtzeitig genehmigt wird. A. A. Seligsohn S. 54; Finger S. 47. § 2

Vertretung und Vollmacht. Best. § 2e handelt von dem etwaigen Vertreter des Anmelders. Als Vertreter kann nur eine prozeßfähige, mit ihrem bürgerlichen Namen bezeichnete Person bestellt werden (vgl. § 8 der AusfVO v. 30. 6. 94 Anhang A I S. 327 und § 28 der VO v. 11. 7. 91 Anhang A II S. 328). Unzulässig ist also die Vertretung durch eine Firma oder juristische Person, auch als Zustellungsbevollmächtigte (BA 2. 3. 18, MW 18, 43). Daher ist z. B. die Widerspruchserklärung einer Firma als Vertreterin unwirksam (PA 15. 9. 02, Bl 03, 202). Bei Bevollmächtigung mehrerer gilt jeder von ihnen auch einzeln als bevollmächtigt, eine abweichende Bestimmung ist unzulässig (VO v. 11. 7. 91, § 28 Abs 3). Die Vollmacht ist als Anlage beizufügen oder nachzubringen, auf Verlangen des PA mit Beglaubigung der Unterschrift des Anmelders. Durch das Fehlen einer ordnungsmäßigen Vollmacht wird aber die geschäftliche Behandlung der Anmeldung nicht gehindert. Der Anmelder kann sich daher nach Beibringung der Vollmacht nicht auf den Standpunkt stellen, daß noch keine gebührenpflichtige Anmeldung vorliege, und wesentliche Änderungen vornehmen. Vielmehr ist hierfür Zurücknahme und Neuanmeldung erforderlich (PA 29. 4. 99, Bl 99, 220). Der Konkurs über das Vermögen des Anmelders erfordert gemäß § 23 KO eine neue Vollmacht des Vertreters (Bek des PA v. 28. 1. 02, Bl 02, 36). Anm. 12

Bei Personen, die nach bürgerlichem Recht einer gesetzlichen Vertretung bedürfen, ist die Legitimation des Vertreters auf Verlangen des PA nachzuweisen.

Bei Auslandszeichen ist rechtsgeschäftliche Vertretung notwendig und in § 23 Abs 2 besonders geregelt. Das Auslandszeichen muß durch einen im Inlande bestellten Vertreter angemeldet werden. Eine direkt erfolgende Anmeldung vermag daher die Priorität nicht zu begründen, vielmehr erst ihre Wiederholung durch den Vertreter. Dagegen kann die Vollmacht dieses Vertreters und der nach § 23^3 erforderliche Nachweis des Heimatschutzes nachträglich beigebracht werden (vgl. § 23 A 6 u. 12).

Abgesehen von § 23 Abs 2 bestehen über den Inhalt der Vollmacht keine besonderen Vorschriften. Die allgemeine Vollmacht für das Anmeldeverfahren umfaßt aber alle in dessen Verlauf vornehmbaren Rechtshandlungen und schließt die Befugnis zur Zurücknahme der Anmeldung ein (BA 11. 3. 11, Bl 11, 310).

Personen, die nicht Rechts- oder Patentanwälte sind und die Vertretung berufsmäßig betreiben, können nach § 17 des Ges, betr. die Patentanwälte v. 21. 5. 00 (RGBl S. 236) durch den Präsidenten des PA von der Vertretung ausgeschlossen werden, wodurch etwaige zukünftige Vertretungshandlungen derselben unwirksam werden (Pinzger S. 42 Abs 4).

Darstellung. § 3 der Bestimmungen gibt technische Vorschriften über die Art der Darstellung. Nach Abs 5 kann bei Z, die ausschließlich in Wörtern bestehen, die Beifügung der Darstellung durch Aufnahme des Wortes in das Gesuch und die Erklärung ersetzt werden, daß der Abdruck des Druckstockes als Darstellung gelten soll. Bei Wortzeichen, die infolge einer besonderen Schreibweise oder sonstigen Ausgestaltung zugleich bildlich wirken sollen, kann diese Ausnahmebestimmung nicht zur Anwendung kommen. Die Darstellung, die zum Einkleben in die Rolle bestimmt ist und hierfür geeignet sein muß (in der Regel Zeichnung, Druck oder Photographie), ist stets ein Flächengebilde, was nicht ausschließt, daß ein entsprechendes plastisches Gebilde benutzt wird und daß die Beschreibung oder die mit ihr eingereichte Nachbildung (vgl. Best. § 6) darauf hinweist (s. § 1 A 22). Die Darstellung ist von besonderer Wichtigkeit, denn sie ist maßgebend für den Umfang des Z-Schutzes (E. 30, 351). Die Darstellung erfolgt in der Regel in Schwarzdruck und ist so an sich für alle Farben geschützt. Soll aber eine bestimmte Färbung wesentlich sein, so muß die Darstellung oder die beigefügte Beschreibung diese ersichtlich machen (ESt 33, 94). Näheres über den Rechtsschutz bei farbigen Z s. § 20 A 16 und § 1 A 23 a. E. Anm. 13

Wenn § 3 der Bestimmungen verlangt, daß die Darstellung die wesentlichen Bestandteile des Z deutlich erkennen lassen müsse, so heißt das nicht, daß das Z selbst deutlich sein müsse. Sind dessen Bestandteile, z. B. darauf befindliche Bilder oder Schriftzeichen, undeutlich, so hindert dies die Eintragbarkeit nicht, und keinesfalls hat die Darstellung deutlicher zu sein wie das Z selbst. Unter Umständen wird es sich dann empfehlen, eine Beschreibung zu verlangen, die aber nicht mehr enthalten darf wie das Z selbst (BA 24. 6. und 25. 6. 08, Bl 09, 167).

Beschreibung. Hierüber vgl. den Aufsatz von Krüger GR 11, 101ff. Anm. 14
Das PA erfordert eine Beschreibung, wenn die bloße Darstellung nicht genügend ergibt, was das Z bilden soll, z. B. bei einem Wasserzeichen in Papier oder einem Faden von bestimmter Farbe in einem Gewebe oder endlich bei zusammengesetzten Z, wo mehrere Teile

§ 2 als Einheit das Z bilden sollen (Hals- und Bauchetiketten einer Flasche u. dgl.). Die von den Anmeldern freiwillig eingereichten Beschreibungen sind vielfach ohne Bedeutung, besonders insofern sie „Schutzansprüche“ enthalten. Denn für den Inhalt des Schutzes kommt es nur auf Darstellung des Z selbst an (Geschäftstätigkeit S. 258).

Stellt z. B. die zeichnerische Darstellung das Bild einer Schiebekarre dar, so ist es für den Schutzumfang unerheblich, wenn in der Beschreibung hinzugefügt wird: „in beliebiger Ausführung“ (RG II 28. 4. 14, Bl 14, 355; MW 14, 361).

Die Beschreibung ist nur insofern von Bedeutung, als Zweifel über den Inhalt des Z bestehen können; sie ist nicht zu berücksichtigen, soweit sie mit dem Z oder seiner Natur in Widerspruch steht oder etwas enthält, was nach der Auffassung des Verkehrs dem eingetragenen Bilde fremd ist (E 48, 212, Bl 01, 268; PBl 1894/95, 210; PA 17. 9. 95, Bl 96, 63). Insbesondere ist sie unbeachtlich, wenn danach eine bestimmte Form der Ware unter Schutz gestellt werden soll (RG II 16. 11. 26; E. 115, 235; JW 27, 102[3]; MW 26, 172). Der in § 1 A 28 erwähnte Fall PA 17. 11. 09, MW 9, 175 bietet ein Beispiel, wo die Beschreibung von Bedeutung war, da ohne dieselbe die Eintragung hätte versagt werden müssen, weil es sich dann nur anscheinend um die Abbildung der Ware gehandelt hätte.

Über die Beifügung einer Beschreibung wird nach der Praxis des PA ein Vermerk in die Z-Rolle unter Anführung der Geschäftsnummer aufgenommen. Einen kurzen Vermerk enthält auch die Veröffentlichung im WZ-Blatt (Krüger GR 11, 102).

Wird in der Beschreibung eine gesetzwidrige Verwendung (z. B. in Verbindung mit dem Reichsadler im Wappenschilde) des Z angekündigt und die Zurückziehung dieser Ankündigung geweigert, so kann die Anmeldung zurückgewiesen werden (PA 3. 11. 98, Bl 99, 87; GR 01, 337). Dieselbe Folge wird einzutreten haben, wenn der Anmelder dem Erfordern einer Beschreibung seitens des PA nicht entspricht (Krüger a. a. O. S. 115). Im übrigen ist das PA zu einer Prüfung der Beschreibung weder berechtigt noch verpflichtet (PBl 95, 210).

Die zulässige Beschreibung bildet eine zu beachtende Ergänzung der Darstellung. Sie kann sich insbesondere auf eine besondere Farbengebung beziehen (RGSt 33, 94; E 69, 378).

Erklärungen des Anmelders über die rechtliche Tragweite des Z sind unerheblich (PA 26. 11. 07, Bl 08, 141).

Anm. 15 **Geschäftsbetrieb.** § 2b der „Bestimmungen“ verlangt die Bezeichnung des Geschäftsbetriebs, die jedoch bei Verbandszeichen gemäß § 24a wegfällt. Auch die international registrierten ausländischen Marken werden nicht deswegen beanstandet, weil die Bezeichnung des Geschäftsbetriebs fehlt (§ 8 Abs 2 der VO v. 9. 11. 22 Anhang B II d; vgl. Fr.-Magnus-Jüngel S. 53).

Bezeichnungen wie „Handwerksbetrieb“, „Fabrikbetrieb“, „kaufmännischer Betrieb“, „kaufmännisches Geschäft“ genügen nicht (PA 30. 3. 05, Bl 06, 10). Die Angabe muß so speziell sein, daß der Einklang zwischen dem Warenverzeichnisse und dem Geschäftsbetriebe geprüft werden kann. Andererseits genügt aber auch nicht die bloße Bezugnahme auf das Warenverzeichnis, vielmehr muß die im Geschäftsverkehr übliche Bezeichnung angegeben werden (PA 12. 11. 01, Bl 02, 53; PA 7. 12. 01, Bl 02, 194).

Wegen der Einheit des Geschäftsbetriebs s. § 1 A 6. Bestehen in dieser Hinsicht Bedenken, so kann das PA Auskunft verlangen (Seligsohn S. 52; Pinzger S. 44).

Anm. 16 **Warenverzeichnis.** Das schon im Gesetz § 2 Abs 1 Satz 2 vorgeschriebene Warenverzeichnis kann nach § 4 der „Bestimmungen“ in das Gesuch aufgenommen werden, wenn es von geringem Umfange ist.

Auch das Warenverzeichnis ist von besonderer Wichtigkeit, weil es neben der Darstellung des Z für den Schutzumfang maßgebend ist. Daher ist eine möglichst bestimmte Benennung der beanspruchten Waren erforderlich. Als zu unbestimmt wurde abgelehnt: „Eisen-, Stahl-, Messing- und Metallwaren“ (PA 22. 11. 97, Bl 98, 13). Unzulässig sind Zusätze, deren Tragweite nicht zu übersehen ist, wie: „usw.“, „z. B.“, „insbesondere“ (Pinzger S. 46).

Nach dem Umfange des Warenverzeichnisses richtet sich auch die Höhe der Klassengebühren (Abs 3—6). Nach Abs 6 stellt das PA unanfechtbar fest, wieviel Klassen und Unterklassen durch eine Anmeldung betroffen werden.

Nach dem Gesetz von 1874 brauchten nur Warengattungen angegeben zu werden, nach dem Gesetze von 1894 ist eine größere Spezialisierung vorgeschrieben, da es sich um ein Verzeichnis der Waren handelt (vgl. Begr A 1 A). Es ist dadurch allerdings eine Neigung der Anmelder hervorgerufen worden, den Warenverzeichnissen (besonders unter Benutzung der jetzt beseitigten Sammelklasse 42) einen übermäßigen Umfang zu geben, der das PA nur schwer entgegenwirken konnte (Geschäftstätigkeit S. 256, 257). Eine wirksame Abhilfe gegen die sog. „Defensivwarenverzeichnisse“ (§ 1 A 20) wird, abgesehen von der Löschungsklage aus § 9 Nr 2, von den Klassengebühren (§ 2 Abs 3—7) zu erwarten sein (vgl. A 1 C).

Die Aufnahme der sog. Hilfsartikel, Verpackungsmittel usw. in das Warenverzeichnis ist nur zulässig, wenn der Betrieb auf die Herstellung oder den Vertrieb solcher Waren gerichtet ist (s. § 1 A 14, 15). § 2

In den „Erläuterungen" unter 2 empfiehlt das PA, die Waren in den Verzeichnissen nach der gesetzlichen Klasseneinteilung zu ordnen. Gesetzlich vorgeschrieben ist dies nicht (s. schon Begr S. 10 A 1 A). Auch erfolgt die Eintragung nicht immer, wie RG 104, 165 anzunehmen scheint (dagegen Magnus JW 1923 S. 232) nach den gesetzlichen Klassen. Wenn nun auch die Klasseneinteilung für den Umfang des Z-Schutzes an sich ohne rechtliche Bedeutung ist, so kann sie doch, wenn die Anmeldung sich offensichtlich auf sie stützen will, als Auslegungsmittel wirksam werden. Daher wurde z. B. angenommen, daß bei der Anmeldung eines Z für „Steine und Kunststeine; Klasse 37" der Schutz sich nicht erstrecke auf „Putz-, Polier- und Schleifsteine", weil diese zu den „Schleifmitteln" der Klasse 34 gehörten, während die Klasse 37, wie der Zusatz „und andere Baumaterialien" zeige, Steine anderer Art beträfe (E 104, 165ff).

Wird das Z der Anmeldung zuwider in eine unrichtige Warenklasse eingetragen und ergibt sich die Unrichtigkeit aus dem sonstigen Inhalt der Eintragung, so ist das Z der Anmeldung gemäß geschützt. An sich entscheidet allerdings über den Schutzumfang die Eintragung (RG. ZS I 5. 12. 96, Bl 97, 234; auch JW 97 S. 16).

Zur Erleichterung der Anmeldung hat das PA ein alphabetisches Verzeichnis der in Anmeldungen vorkommenden Waren mit Angabe der Warenklassen, denen sie amtlich zugeteilt sind, herausgegeben und läßt es in der Patentschriften-Vertriebsstelle verkaufen (Bl 22, 109).

Die Waren müssen in dem Warenverzeichnis mit den allgemein üblichen Namen, nicht nach selbsterfundenen (Phantasie-) Bezeichnungen angegeben werden. Abgelehnt wurde z. B. die Bezeichnung „Perles du Japon" für ein Nahrungsmittel (BA 27. 10. 97, Bl 98, 13; vgl. „Erläuterungen" zu 2b).

Nach § 2 Abs 1 muß die Anmeldung ein Verzeichnis der Waren enthalten, für welche das Z bestimmt ist. Dies entspricht dem Zwecke des Gesetzes, den Z-Schutz auf bestimmte Warenarten, nämlich die jedesmal im Warenverzeichnis enthaltenen, zu beschränken. Freilich ist es nicht ausgeschlossen, daß im einzelnen Falle sämtliche Warenarten in das Verzeichnis aufgenommen werden, was auch nicht selten, besonders bei Exportgeschäften geschehen ist. Die neue Gebührenregelung in Abs 3—7 sucht dies Vorgehen zu erschweren. Erfolgt trotzdem eine Anmeldung für alle Warenklassen und ist sie zulässig, so entsteht tatsächlich die allgemeine Firmenmarke, die das Gesetz grundsätzlich und als solche ablehnt (Finger A 8 S. 56). Die Zulässigkeit wird aber in der überwiegenden Mehrzahl der Fälle durch die Vorschrift ausgeschlossen, daß das Verzeichnis nur die Waren enthalten darf, für welche das Z bestimmt ist. Das bedeutet, daß das Warenverzeichnis im Einklange stehen muß mit der Art des Geschäftsbetriebs und sich zu beschränken hat auf diejenigen Waren, welche Gegenstand des letzteren sind oder werden können. Es kommt also nicht unbedingt auf den Bestand des Geschäfts bei der Anmeldung an, vielmehr genügt eine naheliegende Möglichkeit oder Hoffnung der Weiterentwicklung in der Weise, daß die zur Zeit noch nicht geführten oder vertriebenen Waren später in den Geschäftsbereich fallen. Soweit dies aber ausgeschlossen ist, ist die Aufnahme der betreffenden Ware in das Verzeichnis unzulässig und der Teillöschung nach § 8 Abs 2 Nr 2, der allerdings in dieser Hinsicht vom PA sehr eng ausgelegt wird (s. § 8 A 6), oder nach § 9 Abs 1 Nr 2 ausgesetzt. Ergibt sich später, daß die Ausdehnung des Betriebs auf solche Waren dauernd ausgeschlossen ist oder daß der Geschäftsbetrieb bezüglich ihrer dauernd aufgegeben ist, so ist Teillöschungsklage nach § 9 Abs 1 Nr 2 oder Teillöschungsantrag nach § 9 Abs 5 begründet.

Das Warenverzeichnis muß mit dem Geschäftsbetrieb und dem Gesetze im Einklange sein. So darf eine nicht importierende deutsche Zigarettenfabrik nicht ein Z für „ägyptische Zigaretten" anmelden, weil darin eine falsche Herkunftsbezeichnung liegt. Ebenso ist die Bezeichnung: „in Deutschland hergestellte ägyptische Zigaretten" unzulässig, weil in sich widersinnig (BA 17. 10. 08, MW 8, 103; Bl 08, 297).

Dem Z-Inhaber liegt zwar keine Verpflichtung zur tatsächlichen Führung des Z ob. Es genügt, daß der Geschäftsbetrieb auf die betreffende Ware gerichtet ist und daß die Benutzung des Z beabsichtigt wird. Liegt eine solche Absicht aber nicht vor und ist danach die Führung in dem betreffenden Geschäftsbetriebe ausgeschlossen, so ist das Z nach § 9 Nr 2 oder nach § 1 UWG anfechtbar (E 87, 90).

Allerdings prüft das PA die Berechtigung des Inhalts des Warenverzeichnisses in der Regel nicht, sondern nur ausnahmsweise dann, wenn die Anmeldung selbst in dieser Hinsicht zu Bedenken Anlaß gibt.

Das Warenverzeichnis darf nicht den Anschein erwecken, als habe eine amtliche Prüfung der Güte der Ware stattgefunden. Daher wurde die Angabe „Heilmittel gegen Gicht und

§ 2 Rheumatismus" zurückgewiesen und nur zugelassen die Angabe „Mittel zur Behandlung von Gicht und Rheumatismus" (PA BA 10. 2. 20, Bl S. 85).

Die Verwendung fremder WZ zur Bezeichnung der Waren im Warenverzeichnis enthält eine Verletzung des fremden Z-Rechts und ist daher unzulässig (RG 11. 3. 24, Bl 24, 290; MW 23, 183; s. § 12 A 11, 15 u. 25; Galalith).

Manchmal enthält das Warenverzeichnis Vermerke wie: „mit Ausschluß von" oder „ohne Ausdehnung auf" näher bezeichnete Waren. Derartige Vermerke beruhen entweder darauf, daß das Z für die ausgenommenen Waren als Freizeichen festgestellt ist oder daß der Anmelder sich anderen gegenüber verpflichtet hat, das Z für die betreffenden Waren nicht zu benutzen oder ihnen die Benutzung dafür freizugeben. Sie haben keine Bedeutung für die Frage der Gleichartigkeit und hindern z. B. nicht, daß das Zeichen im Widerspruchsverfahren wegen Gleichartigkeit der nicht ausgenommenen Waren mit den für das Gegenzeichen geltenden, hier ausgenommenen Waren von Dritten mit Erfolg bekämpft wird, oder daß späterer Anmeldung Dritter wegen derselben Gleichartigkeit auf Grund des Z widersprochen wird (BA 18. 3. 02, Bl 02, 197; vgl. § 5 A 5 u. 6)

Nicht zuzustimmen ist dem Urteil RGSt V 4. 7. 13, MW 13, 21. Danach soll, wenn die Eintragung für eine angemeldete Ware ausdrücklich abgelehnt ist, sich der Z-Schutz auch nicht auf sie als eine mit den eingetragenen Waren gleichartige erstrecken. Maßgebend ist aber nur der Inhalt der Eintragung, und danach erstreckt sich der Schutz kraft Gesetzes (s. § 5) auf die gleichartigen Waren. Die Sache liegt nicht anders, wie wenn die betreffende Ware überhaupt nicht angemeldet wäre, etwa weil der Anmeldende sie nicht führt.

Unter Umständen ist das Warenverzeichnis nach dem übrigen Inhalte der Anmeldung, z. B. nach dem angegebenen Geschäftsbetrieb, auszulegen (BA 31. 3. 14, MW 13, 514).

Anm. 17 **Druckstock.** Nach § 8 der „Bestimmungen" gehört zu den Anlagen der Anmeldung stets, auch bei reinen Wortzeichen, ein zur Vervielfältigung des Z bestimmter Druckstock, über dessen Art und Ausführungen § 8 eingehende Vorschriften enthält (s. auch PBl 94, 65 u. 98). Der Druckstock ist bei der Anmeldung oder auf spätere Aufforderung einzureichen. Wird er innerhalb der gesetzten Frist nicht geliefert oder die amtsseitige Anfertigung nicht beantragt (§ 8 Abs 6), so ist die Anmeldung zurückzuweisen. Doch kann die Erfüllung der Verpflichtung in der Beschwerdeinstanz nachgeholt werden (BA 1. 12. 06, Bl 07, 15). Selbstverständlich kann eine Zurückweisung der Anmeldung auch noch nach Einreichung des erforderten, vorschriftsmäßigen Druckstockes aus sonstigen Gründen erfolgen (BABl 97, 254). Gegen die bloße Beanstandung des Druckstockes gibt es keine Beschwerde, sondern nur gegen die deswegen erfolgende Zurückweisung der Anmeldung (BABl 03, 207).

Anm. 18 **Gebührenzahlung.** Zu den Erfordernissen der Anmeldung gehört auch die rechtzeitige Zahlung der Gebühren gemäß § 2 Abs 3 und § 6a, denn wenn sie auf Aufforderung innerhalb der gesetzten Frist nicht erfolgt, wird die Anmeldung zurückgewiesen. In diesem Falle kann indessen der Anmelder noch unter Nachholung der Zahlung und Entrichtung der Beschwerdegebühr Beschwerde einlegen und, wenn die Anmeldung im übrigen in Ordnung ist, die Eintragung ohne Verlust der Priorität erzielen. Wegen der Art der Zahlung s. „Erläuterungen" unter 1 S. 64 und unten A 20 S. 61.

Anm. 19 **Abänderungen der Anmeldung während des Eintragungsverfahrens.** Wesentliche Änderungen der einmal eingereichten Anmeldung sind unzulässig, sie können nur in einer neuen, gebührenpflichtigen Anmeldung erfolgen (BA 9. 5. 98, Bl 98, 137; 27. 10. 95, Bl 96, 18; PA 26. 6. 95, Bl 94/95, 234; vgl. hierüber auch Krüger GR 08, 263). Dagegen ist eine Abänderung in unwesentlichen Einzelheiten zulässig. So kann eine allgemeine Angabe im Warenverzeichnis, z. B. „Schreibwaren", nachträglich durch eine spezialisierte ersetzt werden, wenn dadurch der Umfang der Anmeldung sachlich nicht erweitert wird (BA 19. 10. 10, MW 10, 168). Zulässig ist stets die nachträgliche Streichung von Waren im Warenverzeichnis (BA 2. 11. 08, Bl 08, 299). Selbst Bestandteile des Z können weggelassen werden, um die Übereinstimmung mit einem älteren Z zu beseitigen (Jul. Seligsohn GR 25, 58). Ebenso können Zusätze zulässig sein, um die Anwendung des § 4^1 Nr 1 auszuschließen, z. B. die die Firma andeutenden Buchstaben W. & W. zu dem Worte „Universal" (BA 5. 12. 95, Bl 96, 185). Ebenso wurde die nachträgliche Umgebung eines Wortes mit einer landläufigen Umrahmung zugelassen (BA 5. 12. 95, Bl 96, 185). In derartigen Fällen bleibt die Identität der Anmeldung in der Hauptsache unberührt. Abgelehnt wurde dagegen die Änderung des Wortzeichens „Trasulfan" in eine bestimmte bildliche Darstellung dieses Wortes, um Übereinstimmung mit dem Heimatszeichen gemäß § 23^3 herbeizuführen (PA 7. 3. 02, Bl 02, 197). Ebenso die Weglassung des Wortes in einem aus Bild und Wort kombinierten Z (BA 29. 1. 98, Bl 98, 96). Ebenso die Hinzufügung der Worte: „Auf Flaschen gefüllt und fertiggestellt in Deutschland", um den Irrtum auszuschließen, daß es sich um echten französischen Champagner handle (BA 16. 12. 98, Bl 99, 228). Ferner die Änderung des Wortes „Digestin" in „Digerin" oder „Pan-Digestin" (BA 13. 1. 98, Bl 98, 93). Ebenso die Abänderung des

angemeldeten und abgelehnten Wortes „Rhombus" in „Rhomba" (BA 5. 12. 10, MW 10, 260). **§ 2**
Bei Wortzeichen ist schon die Änderung auch nur eines Buchstabens als wesentlich anzusehen (BA 2. 11. 08, Bl 08, 299: **Haida** — **Heida**). Es läßt sich nicht verkennen, daß hier das freie Ermessen eine Rolle spielt und daß man in manchen dieser Fälle vielleicht anderer Ansicht sein könnte.

Da die Gerichte die vom PA angenommene Priorität im Streitfalle nachzuprüfen haben, so unterliegt ihrer Prüfung auch, ob einer vom PA zugelassenen nachträglichen Änderung die Priorität der ursprünglichen Anmeldung zukommt (E 104, 162; vgl. oben A 16 S. 58).

Absätze 3—7.

Gebühren. Die Absätze 3—7 sind durch Ges v. 27. 6. 22 Art IV Nr 1 an Stelle des **Anm. 20** früheren Abs 3, der nur eine Anmeldegebühr von dreißig und eine Erneuerungsgebühr von zehn Mark vorsah, getreten (Begründung s. A 1 C). Die Worte „nach Maßgabe des Tarifs" in Abs 3 u. 5 entsprechen den späteren Gesetzen und Verordnungen über die patentamtlichen Gebühren, in denen bezüglich der Höhe der zu zahlenden Gebühren auf einen beigefügten Tarif verwiesen wird, und der der Reichsregierung durch Art VIII Ges v. 9. 7. 23 (RGBl II S. 298) und durch Art VI VO v. 29. 10. 23 (RGBl II S. 400) gewährten Bekanntmachungsermächtigung (vgl. S. 1ff).

Der neueste Tarif ist enthalten in dem Ges v. 26. 3. 26 (RGBl II S. 181, Anhang A Nr VI S. 335). Nach Art I Abs 2 des Ges über die patentamtlichen Gebühren v. 9. 7. 23 (RGBl II S. 297) kann die Reichsregierung bis zum 15. 7. 28 im Falle einer wesentlichen Änderung der wirtschaftlichen Verhältnisse die Gebühren mit Zustimmung des Reichsrats (vorbehaltlich späteren Widerspruchs des Reichstags) anderweit festsetzen. Die Warenklasseneinteilung bildet eine Anlage des WZG und umfaßt gegenwärtig 58 Klassen oder Unterklassen. Sie kann gemäß Abs 7 von der Reichsregierung mit Zustimmung des Reichsrats geändert werden. Wegen der Gründe zur Einführung von Klassengebühren s. A 1 C. Sie stellt auch insofern einen Fortschritt dar, als sie eine abschreckende Besteuerung der sog. Z-Händler enthält, die durch Anmeldung von Z ohne eigenen Bedarf und Erstreckung auf sämtliche Warenklassen darauf ausgingen, sich die Unterlassung von Widersprüchen abkaufen zu lassen (Magnus MW 12, 632). Andererseits ist nicht zu verkennen, daß Exportgeschäfte unter Umständen übermäßig belastet werden (Leuckfeld MW 12, 633). Diesen ist aber dadurch entgegengekommen, daß, wenn durch das Warenverzeichnis mehr als 20 Klassen oder Unterklassen betroffen werden, die diese Zahl übersteigenden Klassen nach Abs 3 gebührenfrei sind. Auch bei der Erneuerung der Anmeldung (§ 8) sind nach Abs 5 Klassengebühren (und zwar gegenwärtig in gleicher Höhe wie bei der Anmeldung) zu entrichten, obwohl hier dem PA erheblich geringere Arbeit obliegt wie bei der Anmeldung. Es soll indessen darauf hingewirkt werden, daß überflüssig gewordene Z und Warenklassen die Rolle nicht weiter belasten! (s. A 1 C). Die Zahlung der Gebühren hat bei der Kasse des PA zu erfolgen (vgl. § 9 PG). Daher ist nach der Natur des Schuldverhältnisses (§ 269 BGB) Erfüllungsort für alle Zahlungen der Sitz des PA (Seligsohn S. 60). Das PA hat mithin bei der Fristberechnung nur die Sonntage und die in Preußen anerkannten Feiertage zu berücksichtigen, diese aber auch dann, wenn sie am Wohnsitze des Einzahlenden oder dort, wo er die Zahlung überweist, nicht gelten. Doch berücksichtigt das PA aus Billigkeitsgründen, wenn die Einzahlung bei einer deutschen Postanstalt erfolgt, auch die an deren Sitze geltenden Feiertage, so daß sich die Frist um einen Tag verlängert, wenn ihr letzter Tag auf einen solchen Feiertag fällt (BA 3. 2. 08, Bl 08, 204).

Nach § 1 der Kriegsverordnung v. 8. 3. 17 (RGBl 1917, 222), die nach § 3 vom Reichskanzler außer Kraft gesetzt werden kann, aber bisher nicht außer Kraft gesetzt ist, kann das PA Bestimmungen darüber erlassen, welche Zahlungsformen bei der Zahlung der an das PA zu entrichtenden Gebühren der Barzahlung gleichgestellt werden. Das PA hat daraufhin die Bestimmungen v. 12. 3. und v. 25. 6. 17 (Bl 17, 26 u. 70) erlassen, wonach der Barzahlung gleichgestellt sind:

1. der Eingang eines Postschecks bei demjenigen Postscheckamt, bei welchem der Einzahler sein Konto hat, oder beim PA zur Bewirkung der Gutschrift auf das Postscheckkonto des PA;
2. der Eingang eines Bankschecks, Wechsels oder einer sonstigen Anweisung beim PA, sofern die Einlösung innerhalb zehn Tagen nach Eingang erfolgt (Verzögerungen bei der Einlösung sind daher stets zu Lasten des Zahlenden);
3. der Eingang des Auftrags zur Gutschrift auf das Reichsbankgirokonto der Kasse des PA bei der Reichshauptbank oder einer Reichsbankanstalt;
4. der Eingang des Auftrags zur Gutschrift auf das Reichsbankgirokonto der Kasse des PA bei einer Bank, die dem Abrechnungsverkehr der Reichshauptbank oder einer Reichsbankanstalt angeschlossen ist.

§ 2 Nach § 9 PG steht der unter 1 erwähnten Zahlungsform gleich die Einzahlung auf Postanweisung oder Zahlkarte bei einer deutschen Postanstalt. Es genügt also in allen diesen Fällen, daß die Zahlung oder der Eingang des Postschecks innerhalb der Frist bei der Postanstalt erfolgt und daß der Scheck honoriert wird (BA 3. 2. 08, Bl 08, 204 und 4. 5. 10, Bl 10, 290).

Nach § 2 der VO v. 8. 3. 17 (RGBl S. 222) in Verbindung mit § 10 Abs 1 WZG entscheidet über die Rechtzeitigkeit der Zahlung einer Gebühr ausschließlich das PA. Eine verspätete oder unvollständige Zahlung — sei es auch nur, weil nicht entrichtetes Bestellgeld darauf ruht (Pinzger S. 51) — gilt als nicht erfolgt. Wegen Zahlungen mittels Geldbriefs und Postanweisungen aus dem Auslande s. Pinzger S. 52 Abs 1.

Anm. 21 **Rückerstattung.** Nach Abs 4 werden unter Umständen die bezahlten Klassengebühren teilweise erstattet; s. hierzu Niebour MW 1924, 61.

Da die Verfahrensgebühren grundsätzlich mit der Einleitung des Verfahrens verfallen, ist eine ausdehnende Auslegung dieser Ausnahmebestimmung unzulässig (BA 20. 2. 25, MW 25, 107).

Hat die Anmeldung zu einer Prüfung geführt, bei der eine einheitliche Beanstandung nicht für alle angemeldeten Warenklassen erfolgt, sondern gewisse Warenklassen unbeanstandet bleiben, so findet Abs 4 Satz 1 keine Anwendung. Die gänzliche Zurücknahme nach einer derartigen Prüfung kann die teilweise Rückzahlung der Gebühren nicht begründen (BA 14. 12. 25, MW 25, 187; Bl 26, 182).

Anhang zu § 2

Anhang zu § 2.

a) Bestimmungen über die Anmeldung von Warenzeichen. Vom 8. September 1922.

Auf Grund des § 2 Abs. 2 des Gesetzes zum Schutz der Warenbezeichnungen vom 12. Mai 1894 werden die nachstehenden Bestimmungen über die Erfordernisse einer Warenzeichenanmeldung erlassen. Sie treten vom 1. Oktober 1922 an die Stelle der Bestimmungen vom 30. April 1920.

§ 1. Die Anmeldung eines Warenzeichens behufs Eintragung in die Zeichenrolle geschieht in der Form eines an das Reichspatentamt zu richtenden, schriftlichen Gesuchs, dem die sonst erforderlichen Stücke als Anlagen beizufügen sind.

Für jedes Zeichen ist eine besondere Anmeldung erforderlich.

§ 2. Das Gesuch muß enthalten:

a) die Angabe des Vor- und Zunamens, bei Frauen außerdem des Familienstandes und des Geburtsnamens, des Wohnorts oder der Hauptniederlassung des Anmelders; bei größeren Städten auch die Angabe von Straße und Hausnummer der Wohnung oder der Hauptniederlassung; bei Verbandszeichen die Angabe des Namens und des Sitzes des Verbandes; bei ausländischen Orten auch die Angabe des Staates und Bezirks. Durch diese Angaben muß jeder Zweifel auch darüber ausgeschlossen sein, ob die Eintragung des Warenzeichens von einzelnen Personen oder von einer Gesellschaft, von dem Inhaber einer Firma auf seinen bürgerlichen Namen oder von einer Firma nachgesucht wird;

b) die Bezeichnung des Geschäftsbetriebes, in dem das Zeichen verwendet werden soll; bei Verbandszeichen fällt diese Angabe weg;

c) den Antrag, daß das Warenzeichen in die Zeichenrolle eingetragen wird;

d) die Aufführung der Anlagen unter Angabe ihrer Nummer und ihres Inhalts;

e) falls der Anmelder einen Vertreter bestellt hat, die Angabe der Person, der Berufsstellung und des Wohnorts des Vertreters. Als Anlage ist eine Vollmacht beizufügen, die nach § 8 der Verordnung vom 30. Juni 1894 (RGBl. S. 495) und § 28 der Verordnung vom 11. Juli 1891 (RGBl. S. 349) auf eine prozeßfähige, mit ihrem bürgerlichen Namen bezeichnete Person (nicht also z. B. auf eine Firma) auszustellen ist. Eine Beglaubigung der Unterschrift des Anmelders unter der Vollmacht ist auf besonderes Erfordern des Patentamts beizubringen;

f) falls mehrere Personen ohne Bestellung eines gemeinsamen Vertreters anmelden, die Benennung derjenigen Person, der die amtlichen Verfügungen zugesandt werden sollen;

g) die Unterschrift des Anmelders (der Anmelder) oder des Vertreters.

Anmerkung: Nach den Bestimmungen des Art. II des Gesetzes zur Ausführung der revidierten Pariser Übereinkunft vom 2. Juni 1911 zum Schutz des gewerblichen Eigentums vom 31. März 1913 (RGBl. S. 236ff.) und der Bekanntmachung des Reichskanzlers, betr. die Geltendmachung des im Art. 4 dieser Übereinkunft vorgesehenen Prioritätsrechts, vom 8. April 1913 (RGBl. S. 241) ist die im Art. 4 Abs. d der Übereinkunft vorgesehene Prioritätserklärung über Zeit und Land der Voranmeldung bei der Anmeldung des Warenzeichens abzugeben; anderenfalls wird der Prioritätsanspruch für diese Anmeldung verwirkt.

§ 3. Dem Gesuch ist eine Darstellung des Zeichens in zwölf Ausführungen beizufügen. Eine davon ist auf einem mit Heftrand versehenen halben Bogen anzubringen.

Die Ausführungen müssen sauber und dauerhaft sein und die wesentlichen Bestandteile des Zeichens deutlich erkennen lassen. Wird die Darstellung im Laufe des Verfahrens verändert, so sind vor der Eintragung neue Ausführungen einzureichen, oder es ist zu erklären, daß der Abdruck des Druckstocks als Darstellung gelten soll.

Die Größe der Darstellung darf 33 cm in der Höhe und 25 cm in der Breite nicht übersteigen. Größere Darstellungen, wie Plakate u. dgl., werden als Probestücke behandelt. In diesem Falle sind entweder Ausführungen in kleinerem Maßstabe nachzureichen, oder es ist zu erklären, daß der Abdruck des Druckstocks als Darstellung gelten soll.

Die Darstellung darf nur einseitig bedruckt sein.

Bei Zeichen, die ausschließlich in Wörtern bestehen, kann die Beifügung der Darstellung durch Aufnahme des Wortes in das Gesuch und die Erklärung ersetzt werden, daß der Abdruck des Druckstocks als Darstellung gelten soll.

§ 4. Das Verzeichnis der Waren, für die das Zeichen bestimmt ist, ist in zwei Ausfertigungen einzureichen. Ist das Verzeichnis von geringem Umfang, so kann es in das Gesuch aufgenommen werden.

§ 5. Die Beschreibung des Zeichens ist, wenn der Anmelder sie für erforderlich hält, oder wenn das Reichspatentamt sie erfordert, dem Gesuch in zwei Ausfertigungen beizufügen.

§ 6. Unter der gleichen Voraussetzung sind Modelle und Probestücke der mit dem Zeichen versehenen Ware sowie Nachbildungen des Zeichens in der Form, wie es im Verkehr verwendet wird, und zwar in einer Ausführung vorzulegen. Gegenstände, die leicht beschädigt*) werden können, sind in festen Hüllen einzureichen. Gegenstände von kleinerem Umfange sind auf steifem Papier zu befestigen.

§ 7. Bei Verbandszeichenanmeldungen sind die Zeichensatzung sowie etwaige Nachträge und Änderungen der Zeichensatzung in je zwei Ausfertigungen einzureichen.

§ 8. Zugleich mit der Anmeldung oder auf spätere Aufforderung ist ein für die Vervielfältigung des Zeichens bestimmter Druckstock*) einzureichen, der das Zeichen in allen wesentlichen Teilen, einschließlich der Inschriften, deutlich und sauber wiedergibt. Auch bei Zeichen, die ausschließlich in Wörtern bestehen, ist ein Druckstock erforderlich.

Der Druckstock muß aus Holz, Zink oder einem anderen zum Drucke geeigneten Stoffe bestehen und eine Druckhöhe von 2,4 cm haben. Es darf nur hartes, glattes, nicht poröses Holz (Zedernholz) benutzt werden. Zu Metallplatten, die mit dem Holz fest verbunden sein müssen, darf kein sprödes, leicht brüchiges Metall verwendet werden. Der zum Festmachen des Metalls auf dem Holze bestimmte Rand darf nicht zu schmal und dünn sein, so daß die zur Befestigung bestimmten Nägel auch noch an anderer Stelle eingeschlagen werden können.

Der Druckstock darf nach Breite und Länge nicht mehr als 10 cm messen.

Der Druckstock muß in allen Fällen aus einem Stück bestehen.

Soll ein Zeichen mehrfach eingetragen werden, so ist für jede Eintragung ein besonderer Druckstock einzureichen.

Auf Antrag kann die Anfertigung des Druckstocks oder die Nachbildung eines schon vorhandenen Druckstocks auf Kosten des Anmelders durch das Reichspatentamt veranlaßt werden.

Ein mittels des Druckstocks gefertigter Abdruck des Zeichens ist in zwei Ausfertigungen beizufügen.

§ 9. Die Anlagen des Gesuchs müssen mit einer ihre Zugehörigkeit zur Anmeldung kennzeichnenden Aufschrift versehen sein. Dasselbe gilt für Modelle, Probestücke, Nachbildungen, Zeichensatzungen und Druckstock.

Schriftstücke, die anderen Personen mitzuteilen sind, oder die mehrere Anmeldungen betreffen, sind in der dazu erforderlichen Zahl von Ausfertigungen einzureichen.

Zu allen Schriftstücken ist dauerhaftes, nicht durchscheinendes weißes Papier, zu Schriftstücken, die Anträge enthalten oder die Unterlagen der Anmeldung selbst betreffen, Papier in der üblichen Seitengröße (zur Zeit 33 cm zu 21 cm) zu verwenden.

Alle Schriftstücke müssen unverwischbar, leicht lesbar sein und dürfen nicht abfärben. Die Schriftzüge müssen in dunkler Farbe ausgeführt sein. Schriftstücke, besonders die mittels der Schreibmaschine hergestellt sind, müssen zwischen den einzelnen Wörtern und Zeilen einen angemessenen Zwischenraum aufweisen.

---

*) Für die dauernde Erhaltung der Gegenstände in unversehrtem Zustande übernimmt das Reichspatentamt keine Verantwortung.

Anhang zu § 2

Allen Schriftstücken, die nicht in deutscher Sprache abgefaßt sind, ist eine von einem öffentlich bestellten Sprachkundigen angefertigte deutsche Übersetzung beizufügen. Die Unterschrift des Übersetzers sowie die Tatsache, daß dieser für derartige Zwecke öffentlich bestellt ist, bedarf auf Anfordern des Reichspatentamts der urkundlichen Beglaubigung.

Diese Vorschrift findet keine Anwendung auf die Prioritätsnachweise gemäß der revidierten Pariser Übereinkunft vom 2. Juni 1911 zum Schutze des gewerblichen Eigentums und auf die Nachweise über das Bestehen des Auslandsschutzes gemäß § 23 Abs. 3 des Gesetzes zum Schuze der Warenbezeichnungen vom 12. Mai 1894. Ob für solche Nachweise eine Übersetzung beizubringen ist, wird im Einzelfalle durch die zuständige Dienststelle bestimmt.

§ 10. Auf den später eingereichten Anmeldestücken ist der Name des Anmelders und das Aktenzeichen anzugeben.

Die Sendungen an das Reichspatentamt müssen kostenfrei eingehen.

Berlin, den 8. September 1922.

Reichspatentamt.
v. Specht.

b) Bekanntmachung zur Erläuterung der Bestimmungen über die Anmeldung von Warenzeichen. Vom 8. September 1922.

Durch Bekanntmachung vom heutigen Tage hat das Reichspatentamt neue Bestimmungen über die Anmeldung von Warenzeichen erlassen. Im Anschluß an diese Bestimmungen werden die nachstehenden Erläuterungen herausgegeben, die den Beteiligten einen weiteren Anhalt für die Anfertigung und Einreichung einer Warenzeichenanmeldung darbieten sollen. Sie stellen nicht Vorschriften dar, die zur Vermeidung der Zurückweisung der Anmeldung befolgt werden müssen, sondern nur Ratschläge, deren Befolgung im eigenen Interesse der Beteiligten liegt.

1. Gebühren.

Die Gebühren können unmittelbar bei der Kasse des Reichspatentamts (Berlin SW 61, Gitschiner Str. 97/103) eingezahlt werden. Die Barzahlung ist jedoch nicht erwünscht. Vielmehr wird von den Bank- oder Postscheckkontoinhabern Zahlung durch Überweisung erbeten. Die Kasse hat Reichsbank-Girokonto und besitzt das Postscheckkonto Berlin Nr. 2. Schecks sind zweckmäßig mit dem Vermerk „Nur zur Verrechnung" zu versehen. Nichtkontoinhaber können die Gebühr auf das Postscheckkonto der Kasse mittels Zahlkarte bei jedem Postamt im Gebiet des Deutschen Reichs einzahlen.

In allen Fällen ist der Verwendungszweck des Geldes anzugeben.

Die Beifügung baren Geldes als Anlage der Schriftstücke ist zu vermeiden.

2. Gesuch.

a) Der Geschäftsbetrieb ist mittels einer verkehrsüblichen Bezeichnung (z. B. Spinnerei, Eisenwarenfabrik, Kolonialwarenhandlung) anzugeben.

b) Da mit der Anzahl der angegebenen Waren die Gefahr der Übereinstimmung mit älteren Zeichen und damit die Wahrscheinlichkeit einer Verzögerung der Eintragung wächst, liegt es im eigenen Interesse der Anmelder, das Warenverzeichnis nicht über das praktische Bedürfnis auszudehnen. Das Warenverzeichnis darf nur die in den beteiligten Verkehrskreisen gebräuchlichen Warennamen aufführen. Es wird empfohlen, in dem Warenverzeichnis die Waren nach der gesetzlichen Klasseneinteilung zu ordnen. Dadurch wird für den Anmelder und für das Amt die Feststellung der Zahl der Klassen und Unterklassen und die Berechnung der Klassengebühr wesentlich erleichtert.

c) Falls der Anmelder den Schutz auf Grund des Gesetzes vom 18. März 1904, betreffend den Schutz von Erfindungen, Mustern und Warenzeichen auf Ausstellungen (RGBl. S. 141), in Anspruch nimmt, soll ein entsprechender Antrag in das Gesuch aufgenommen werden.

3. Modelle und Probestücke.

Bei der Einreichung von Modellen und Probestücken ist zu erklären, ob sie im Falle der Entbehrlichkeit zurückgegeben werden sollen oder vernichtet werden können.

Haben Modelle oder Probestücke einen besonderen Wert, so ist in dem Anschreiben hierauf hinzuweisen. Können sie schon durch ein unvorsichtiges Auspacken leicht beschädigt oder durch die Einwirkung von Licht, Feuchtigkeit u. dgl. verdorben werden, so ist die Umhüllung mit der deutlichen Aufschrift zu versehen: „Ungeöffnet in den Geschäftsgang".

Anhang zu § 2

4. Verschiedenes.

a) In allen Schriftstücken sind entbehrliche Fremdwörter zu vermeiden.

b) Schriftsätze, die mehrere Seiten umfassen, sind mit Seitenzahlen zu versehen. In allen Schriftsätzen ist ein ausreichender Heftrand und an der linken Seite ein Raum von mindestens 5 cm Breite für amtliche Vermerke frei zu lassen.

c) In allen Eingaben, zu denen Anlagen gehören, insbesondere im Gesuche, sind die Anlagen nach Nummer und Inhalt besonders aufzuzählen.

d) Eingangsbestätigungen werden in der Regel nur über Anmeldungen*) erteilt, und zwar nur in einer Ausfertigung. Die Erteilung der Bestätigung erfolgt nur dann, wenn ein Schriftstück mit folgendem Wortlaut eingesandt wird:

„Ihre Warenzeichenanmeldung vom . . . .

oder

Die Warenzeichenanmeldung von . . . .
vom . . . .
auf nachstehendes Warenzeichen:

(Darstellung)

ist am . . . . hier eingegangen und unter dem Aktenzeichen . . . . . .
in den Geschäftsgang gegeben worden."

Wird die Eingangsbestätigung nicht auf der Rückseite einer Postkarte vorbereitet, so ist ein mit der Anschrift des Empfängers versehener Briefumschlag beizufügen.

Über Gebührenbeträge wird nur auf besonderen Antrag des Einzahlers eine Quittung erteilt. Im übrigen wird wegen des Zahlungsverkehrs mit dem Reichspatentamt auf Ziffer 1 verwiesen.

Berlin, den 8. September 1922.

Reichspatentamt.
v. Specht.

§ 3

§ 3

Die Zeichenrolle soll enthalten:

1. den Zeitpunkt des Einganges der Anmeldung;

2. die nach § 2 Abs. 1 der Anmeldung beizufügenden Angaben;

3. Namen und Wohnort des Zeicheninhabers und seines etwaigen Vertreters sowie Änderungen in der Person, im Namen oder im Wohnort des Inhabers oder des Vertreters;

4. den Zeitpunkt einer Erneuerung der Anmeldung;

5. den Zeitpunkt der Löschung des Zeichens.

Die Einsicht der Zeichenrolle steht jedermann frei.

Jede Eintragung, [soweit sie nicht nur die im Abs. 1 Nr. 3 bezeichneten Änderungen betrifft,]**) **und jede Löschung wird vom Patentamt in regelmäßig erscheinenden Übersichten veröffentlicht (Warenzeichenblatt).**

Inhalt

Anm.		Seite	Anm.		Seite
1.	Zur Entstehung des § 3	66	4.	Gang des Eintragungsverfahrens. Vorprüfung	67
	Abs 1		5.	Die international registrierten Marken	67
2.	Inhalt der Rolle. Übersicht . . .	66	6.	Bedeutung der Eintragung	68
3.	Zu den Einzelheiten	66	7.	Anfechtbarkeit und Unwirksamkeit .	69

*) Außerdem werden auf Verlangen auch über die Einreichung von Schriftsätzen im Laufe des Verfahrens, insbesondere in Fällen, in denen Fristen zu wahren sind, von der Annahmestelle Eingangsbestätigungen erteilt, wenn vorbereitete Bestätigungen vorgelegt werden.

Die Anordnung erstreckt sich auch auf Postsendungen, denen vorbereitete Bestätigungen und gebührenfreie Briefumschläge für die Rücksendung beiliegen.

Die Quittungsleistung geschieht durch Aufdruck des Tagesstempels der Annahmestelle auf die Bestätigung.

**) Gestrichen durch Art III Ges v. 26. 3. 26, RGBl II 181.

§ 3 Anm. Seite
8. Weitere Abgrenzung der Zuständigkeit . . . 69
9. Eintragung und Schutzumfang . . 70
10. Änderungen und Berichtigungen . 70
Anm. Seite
Abs 2
11. Öffentlichkeit . . . 71
Abs 3
12. Veröffentlichung . . . 71

Anm. 1 **Zur Entstehung des § 3.** A. Aus der Begründung des Entwurfs S. 11, Bl. 94/95 S. 30 (abgekürzt). Die zur allgemeinen Einsicht ausliegende Z-Rolle muß, um ihren Zweck zu erfüllen, alle für die Beurteilung des Geltungsbereichs eines Z erheblichen Tatsachen enthalten; nach diesem Gesichtspunkte ist in Anlehnung an die für die Führung der Patentrolle maßgebenden Vorschriften der Inhalt der Z-Rolle festgestellt. Neben der letzteren sollen die Eintragungen und Löschungen von Amts wegen zur allgemeinen Kenntnis gebracht werden. Hierfür wird eine Einteilung des gesamten Stoffes in feste Gruppen zur Erleichterung der Übersicht vorgesehen werden müssen.

B. Änderungen. Die jetzige Fassung des Abs 3 beruht auf Art IV des Ges über die patentamtlichen Gebühren v. 9. 7. 23 (RGBl II 297) und Art III des Ges v. 26. 6. 26 (RGBl II 181); vgl. unten A 12.

Abs 1:

Anm. 2 **Inhalt der Rolle. Übersicht.** Nach § 1 und § 2 Abs 1 Satz 2 wird für die Eintragung der Z beim PA eine Z-Rolle geführt.

Diese Rolle soll nach § 3 Abs 1 enthalten:

1. den Zeitpunkt d. h. den Tag des Eingangs der Anmeldung (vgl. § 2 A 2 S. 54);
2. (gemäß § 2 Abs 1 Satz 3:) Geschäftsbetrieb, Warenverzeichnis, Darstellung und — falls erforderlich — Beschreibung des Z;
3. den Namen und Wohnort des Z-Inhabers und seines etwaigen Vertreters, d. h. nach der Praxis des PA des nach § 23 Abs 2 notwendigen Vertreters, sowie etwaige Änderungen in diesen Daten; bei Firmen tritt an Stelle des Wohnsitzes die Niederlassung gemäß § 2 A 11;
4. den Zeitpunkt (Tag) einer etwaigen Erneuerung gemäß § 8 Abs 2 Nr 1 und Abs 4;
5. den Zeitpunkt (Tag) der Löschung.

Außerdem enthält aber die Rolle nach der Praxis des PA noch folgende weitere Angaben:

6. die Eintragungsnummer, welche sich nach der Reihenfolge der Eintragungen richtet und nunmehr gewissermaßen den Namen des Z darstellt;
7. das Aktenzeichen der über das Z geführten Sonderakten;
8. die Warenklassen, zu denen das Z gehört, bzw. die Klassen, unter der es bearbeitet und veröffentlicht wird;
9. das Datum (Tag) der Eintragung, von dem die Wirksamkeit des Z beginnt;
10. etwaige besondere Vermerke, z. B. über Beifügung von Modellen und Probestücken (s. § 2 A 6 unter f), über anerkannte Priorität gemäß Staatsverträgen oder Ausstellungsschutz (Präsidialbescheide v. 18. 4. 03 unter XI, Bl 03, 131, und v. 12. 12. 23, Bl. 24, 28; vgl. § 2 A 2 S. 53), über internationale Registrierung eines deutschen Z u. dgl.

Auch eine etwaige Beschreibung (§ 2 A 14 S. 57) wird nicht eingetragen, sondern durch einen Vermerk in Bezug genommen (PA 22. 9. 17, Bl 17, 131); vgl. hierzu die formularmäßige Darstellung der Z-Rolle bei Seligsohn S. 64 und die Beispiele bei Busse S. 75.

Wegen der international registrierten ausländischen Marken s. § 2 A 2 u. 5 und unten A 5.

Anm. 3 **Zu den Einzelheiten.** Die Abgabe der Anmeldung an einen Beamten des PA außerhalb des Dienstgebäudes oder außerhalb der Geschäftszeit ist kein Eingang beim PA (PA 13. 10. 03, Mitt v. V 3, 60). Die Rechtsprechung des RG, daß die Revision als eingelegt gilt, wenn die Abgabe in dieser Weise an den für die Annahme zuständigen Beamten erfolgt und dieser sie entgegennimmt (RG 26. 2. 04, JW 04, 211; RG 25. 10. 04, JW 05, 52), ist hier, wo es sich um eine nach bestimmten Vorschriften festzustellende Priorität handelt (§ 2 A 2), nicht analog anwendbar. Die Darstellung wird in die Rolle eingeklebt. Bei Verbandszeichen fällt die Angabe des Geschäftsbetriebes weg („Best." 2b). Änderungen in der Person des Inhabers finden statt bei Rechtsnachfolge in der Innehabung des Z (hierüber s. § 7). Die Eintragung der Umschreibung hat keine konstitutive Bedeutung. Adressenänderungen werden auf Antrag des Berechtigten eingetragen. Bei Firmenänderung ist auf Verlangen ein Nachweis (Handelsregisterauszug) beizubringen. Der Name des notwendigen Vertreters (§ 23 Abs 2) wird gelöscht, wenn seine Vollmacht aufhört oder wenn das Auslandszeichen durch Verlegung der Niederlassung oder Übergang auf einen Inländer zum Inlandszeichen wird (Pinzger S. 5).

Gang des Eintragungsverfahrens. Vorprüfung. Die Eintragung erfolgt erst, nachdem das angemeldete Z eine Prüfung in bezug auf vorschriftsmäßige Anmeldung (§ 2), materielle Zulässigkeit (§§ 1, 4, 23 u. 24a ff) und auf Priorität (§§ 5, 6) bestanden hat (Vorprüfungssystem im Gegensatze zum bloßen Anmeldesystem des Ges von 1874). Zweckmäßiger- und logischerweise geht die Prüfung in der eben angegebenen Reihenfolge vor sich. § 3 Anm. 4

Jede Anmeldung wird je nach den Waren, für die das Z begehrt wird, einer bestimmten Klasse (oder mehreren) zugeteilt. Die Klasseneinteilung ist für die Verteilung der Geschäfte unter den Beamten maßgebend. Bezieht sich eine Anmeldung auf mehrere zu verschiedenen Klassen gehörige Waren, so muß die Prüfung in allen in Betracht kommenden Klassen durchgeführt werden (Geschäftstätigkeit S. 243). Durch die neue Gebührenregelung in § 2 Abs 3 bis 7 wird darauf hingewirkt, daß sich die Anmeldungen nicht auf übermäßig viele Klassen erstrecken (vgl. § 2 A 1 C und „Erläuterung" 2b).

Vor Entrichtung der Gebühren (§ 2 Abs 3 u. 6) wird in eine Behandlung der Anmeldung nicht eingetreten (§ 2 A 18). Ist dieser Punkt geregelt, so werden zunächst die formellen Erfordernisse gemäß § 2 Abs 1 und den nach § 2 Abs 2 erlassenen „Bestimmungen" geprüft. Die formelle Prüfung erstreckt sich weiter darauf, ob eine *schriftliche*, also auch gehörig vollzogene Anmeldung vorliegt, welches Rechtssubjekt als Anmelder auftritt, ob die Vollmacht des Vertreters in Ordnung ist, ob die erforderlichen Darstellungen des Z nicht fehlen u. dgl. (Geschäftstätigkeit S. 243).

Ist den formellen Erfordernissen genügt, so erfolgt die sachliche Prüfung, und zwar

A. wegen der absoluten Versagungsgründe und des relativen, aber von Amts wegen zu berücksichtigenden Versagungsgrundes der Sperrfrist, nämlich gemäß:

1. § 1 (Unterscheidungskraft, formell zulässiges Z, *Einklang zwischen Geschäftsbetrieb und Warenverzeichnis*);
2. § 4 Abs 1 und zugehörigen Vorschriften (a. Freizeichen, b. Nr 1 bis 3, c. Rotes Kreuz u. dgl.);
3. § 4 Abs 3 (Sperrfrist);
4. § 23 (Auslandszeichen);
5. §§ 24a ff (Verbandszeichen).

Das PA untersucht nicht, ob der Anmelder sich des Z „bedienen will" (§ 1). Doch kann das Nichtvorhandensein dieser Absicht nach erfolgter Eintragung die Anfechtbarkeit oder Unwirksamkeit des Z begründen (vgl. § 12 A 5).

Hinsichtlich der *Bezeichnung des Geschäftsbetriebes und des Warenverzeichnisses* ist das PA an sich berechtigt, die Wahrheit der Angaben des Anmelders zugrunde zu legen, also zu unterstellen, daß die angegebenen Waren tatsächlich geführt werden. Liegen jedoch Zweifel oder Bedenken vor, so hat das PA den Sachverhalt aufzuklären und kann zu diesem Zwecke Ermittlungen und Nachfragen jeder Art anstellen, auch dem Anmelder Nachweise auferlegen. Bedenken können besonders dadurch hervorgerufen werden, daß der angegebene Geschäftsbetrieb mit dem Warenverzeichnis nicht in Einklang steht. Werden die Beanstandungen nicht behoben, so ist die Anmeldung abzulehnen oder das Warenverzeichnis zu beschränken (Dunkhase GR 1919, 59; Bl 11, 199). Auch kann nachträgliche Löschung erfolgen (§ 8 Abs 2 Nr 2).

Etwaige formelle oder materielle Beanstandungsgründe werden dem Anmelder (nach dem früheren ordentlichen Verfahren durch Vorbescheid oder einfache Verfügung, nach der VereinfVO) durch einfache Verfügung zur Äußerung mitgeteilt.

Ist die Prüfung der absoluten Versagungsgründe zugunsten des Z erledigt, so wendet sie sich

B. dem relativen Versagungsgrunde, nämlich der Übereinstimmung (§§ 5 u. 6; § 20) zu. Diese Prüfung erstreckt sich darauf, ob die Z, bei denen Übereinstimmung in Frage kommt, für gleiche oder gleichartige Waren gelten, sowie auf ihre Priorität. Sie erfolgt unter Beiziehung der gegnerischen Interessenten in einem nach §§ 5 u. 6 geregelten Widerspruchsverfahren, unter Umständen unter Einholung einer gerichtlichen Entscheidung gemäß § 6 Abs 2.

Die international registrierten Marken. Nach dem Madrider Abkommen über die internationale Registrierung von Fabrik- oder Handelsmarken v. 14. 4. 91 Anh B II (Kommentar in dem WZ-Recht von Freund-Magnus-Jüngel), dem Deutschland zum 1. 12. 22 beigetreten ist, gibt es in Deutschland geschützte ausländische Marken, deren Schutz nicht auf Eintragung in die Z-Rolle, sondern auf internationaler Registrierung beruht. Anm. 5

Aus der Begründung zu dem Beitrittsgesetze v. 12. 7. 22 Anh B II e (Bl 22 S. 138ff.): Durch die unmittelbar schutzbegründende Wirkung der internationalen Registrierung wird neben den bisherigen auf dem WZG beruhenden Rechten eine zweite Art von WZ für Deutschland geschaffen, die ihre Rechtsgrundlage außerhalb dieses Gesetzes

§ 3 haben. An die Stelle der Eintragung in die deutsche WZ-Rolle . . . tritt für die internationalen Marken die Registrierung in Bern . . . Die Prüfung nach Maßgabe der §§ 1, 4 bis 6 WZG bleibt jedoch durch Art 5 des Abkommens, § 3 des vorliegenden Gesetzentwurfs auch den international registrierten Marken gegenüber erhalten . . . Eine nachträgliche Prüfung auch der gemäß Art 11 Abs 2 zu übernehmenden etwa 28000 bis 29000 internationalen Marken, der sog. Übergangszeichen, ist nicht durchführbar . . . Doch werden aus der ungeprüften Übernahme keine Gefahren erwachsen . . . Viele darunter sind für Deutschland nicht bestimmt und geeignet und werden daher im deutschen Verkehr nicht auftreten. Viele werden schon jetzt in Deutschland national geschützt sein. Im übrigen hat jeder deutsche Interessent die Möglichkeit, gemäß §§ 8 u. 9 WZG. sowie nach den Vorschriften des UWG dem Inhaber einer ungeprüften internationalen Marke entgegenzutreten (vgl. ferner das Merkblatt des PA Bl 1922 S. 143; bei FrMJ S. 56).

Abgesehen von dem beim PA für diese Marken geführten „Nebenregister" (§ 2 A 4 u. 5; s. auch Pinzger S. 56) sind sie in einer dem WZ-Blatte (§ 3 Abs 2) beigegebenen Beilage enthalten, und im WZ-Blatte selbst werden diejenigen Marken mitgeteilt, denen der Schutz versagt ist (Niebour MW 24, 98). Das Prüfungsverfahren bezüglich dieser Marken schließt entweder mit der im Art 5 des Abkommens vorgesehenen Anzeige an das Internationale Bureau, daß der Schutz versagt werde (FrMJ S. 17) oder mit dem Vermerk im „Nebenregister": „Schutz bewilligt" (BA 13. 8. 25, Bl. 25, 211). Während für die Priorität dieser Marken im allgemeinen die Registrierung in Bern maßgebend ist (§ 2 A 2), so entscheidet für die der ungeprüft bleibenden Übergangsmarken das Datum der Notifikation (Sammelanzeige Art. 11 des Abkommens) bzw. soweit diese vor dem Beitritt Deutschlands zum Abkommen erfolgt ist, der letztere (FrMJ. S. 34; Finger S. 645).

Anm. 6 **Bedeutung der Eintragung.** In bezug auf die Bedeutung der Eintragung unterscheidet sich das WZ-Recht erheblich vom GM-Recht und vom P-Recht. Im GM-Recht ist die Eintragung 1. Bedingung für die Entstehung des Rechts, die aber noch anderweit sachlich bedingt ist, 2. begründet sie eine jederzeit widerlegbare Vermutung für den Bestand des Rechts, die an sich einen wirtschaftlichen Wert hat (E 94, 250 und 86, 45). Es bedarf nicht erst der Löschung, um auch nur diese beschränkten Wirkungen der Eintragung zu beseitigen. Vielmehr hören sie ohne weiteres auf mit dem Ablauf der Schutzfrist, mit dem Verzicht des Inhabers (§ 8 GMG) oder mit der Rechtskraft des Löschungsurteils (ebenda § 6), und zwar im letzteren Falle mit Rückwirkung (E 71, 196).

Das Patent entsteht mit der Zustellung oder der Rechtskraft des Erteilungsbeschlusses (§ 26 PG) und es erlischt durch Zeitablauf (§ 7 PG), durch Verzicht des Inhabers (§ 9 PG), durch Ablauf der Fristen für die Gebührenzahlung (§§ 8 u. 9 PG), durch Rechtskraft des Zurücknahmeurteils (§ 11 Abs 2, §§ 28ff PG) oder durch Rechtskraft des Nichtigkeitsurteils (§§ 10, 28ff PG), im letzteren Falle mit Rückwirkung. Die Eintragungen in die Rolle dienen lediglich der Kundmachung, auch begründen sie bei Rechtsnachfolge eine formale Legitimation (§ 19 PG). Im WZ-Recht hat dagegen die Eintragung wie die Löschung konstitutive Bedeutung. Nach § 12 Abs 1 entsteht das Monopol des Z-Inhabers **kraft der Eintragung** in die Z-Rolle auf Grund der Prüfung des PA, nach § 12 Abs 2 erlischt es, gegebenenfalls mit einer gewissen Rückwirkung, durch die Löschung (vgl. Kohler S. 127). Das Z besteht, solange es eingetragen ist.

Verdeutlichend heißt es in § 7 des Entwurfs 1913: „Der Z-Schutz dauert bis zur Löschung des Z in der Rolle. Er kann für die vorangegangene Zeit, soweit ein Rechtsgrund für die Löschung schon vorhanden war, nicht mehr geltend gemacht werden."

Die Begründung S. 60 bemerkt dazu: „Die Eintragung des Z ist Voraussetzung nicht nur für den Erwerb des Schutzes, sondern auch für seinen Bestand, so zwar, daß ihm nur die formelle Löschung ein Ende macht. Der Einwand, daß das Z mit Unrecht eingetragen sei, oder daß es nachträglich den Anspruch auf Schutz eingebüßt hat, kann, wie die Fassung zum Ausdruck bringt, der Klage des Z-Inhabers nicht entgegengesetzt werden. Rückwirkende Kraft kommt der Löschung, wie bisher, insofern zu, als sie der Geltendmachung des Schutzes auch dann entgegensteht, wenn der Eingriff zu einer Zeit geschehen ist, wo die Löschung bereits begründet und geboten war."

Dieselbe Auffassung, wie sie dem Entwurf 1913 zugrunde liegt, ist auch vom RG für das geltende Recht in ständiger Praxis in Zivil- und Strafsachen vertreten worden (s. besonders RGSt 46, 23; 64, 274 und die Urteile § 12 A 2 u. 35; vgl. Schanze MW 16, 165; Pinzger S. 200ff.

Von einer **Nichtigkeit** des Z oder der Eintragung kann hiernach nicht gesprochen werden, es sei denn, daß letztere auf einem offenbaren Versehen des PA beruht. Dagegen besteht eine **Anfechtbarkeit** nach Maßgabe des § 8 Abs 2 Nr 2 — wo auch eine Löschung von Amts wegen erfolgen kann — und des § 9 Abs 1 Nr 1—3, oder wegen eines zivilrechtlichen Anspruchs auf Löschung (s. Anhang zu § 9 A 18ff). Außerdem kann das Z nach Maßgabe des

§ 13 und des § 23 Abs 1 oder wegen eines entgegenstehenden stärkeren Gegenrechts unwirksam sein. § 3

Anfechtbarkeit hat hier nicht in jeder Beziehung die Bedeutung, die ihr nach dem BGB zukommt. Es handelt sich vielmehr um einen Aufhebungsgrund, der auf einem ursprünglichen oder auf einem nachträglich eingetretenen Mangel des Schutzrechts beruhen kann und dessen gänzliche oder teilweise Vernichtung bewirkt. Sie hat jedoch mit der Anfechtbarkeit im zivilrechtlichen Sinne das gemein, daß sie den Bestand des Rechts ohne Geltendmachung nicht berührt und im Falle der Geltendmachung seine Rechtswirkungen für die Zukunft soweit beseitigt, als sie nach dem Eintritt des Aufhebungsgrundes entstanden sind.

Anfechtbarkeit und Unwirksamkeit. Die Anfechtung erfolgt mit dem Löschungsantrag (§ 8 Abs 2 Nr 2, § 9 Abs 5) oder mit der zeichenrechtlichen (§ 9 Abs 1 Nr 1—3) bzw. der zivilrechtlichen Löschungsklage (s. Anhang zu § 9). In den Fällen des § 8 Abs 2 Nr 2 kann das PA auch von Amts wegen löschen. Die Unwirksamkeit wird geltend gemacht mittels Einrede gegen die Klage aus dem Z-Recht (s. § 12 Abs 1 A 35ff). Anm. 7

Sowohl die Anfechtbarkeit wie die Unwirksamkeit können sein a) total oder teilweise, b) absolut oder relativ.

Total anfechtbar ist das Z, wenn die Löschung für alle angemeldeten Waren verlangt werden kann; wenn nicht: teilweise anfechtbar; absolut anfechtbar, wenn die Löschung von jedermann verlangt werden kann, relativ, wenn sie nur von bestimmten Gegnern auf Grund eines individuellen Gegenrechts oder nach dem Rechte der unerlaubten Handlungen bzw. des unlauteren Wettbewerbs verlangt werden kann.

Total unwirksam ist das Z, wenn das damit verbundene Verbietungsrecht in jeder Beziehung versagt; teilweise, wenn es nur in gewisser Beziehung, gemäß § 13, oder nur bei einem Teil der angemeldeten Waren versagt; absolut unwirksam, wenn es jedermann gegenüber versagt, relativ, wenn das Verbietungsrecht nur gegenüber bestimmten Gegnern wegen eines individuellen Gegenrechts oder nach dem Rechte der unerlaubten Handlungen bzw. des unlauteren Wettbewerbs versagt.

Die Anfechtung (das Löschungsbegehren) kann entweder vor dem PA oder vor den Gerichten erfolgen. Das erstere in den Fällen des § 8 (§§ 1, 4, 23 u. 24aff) und § 9 Abs 5, das letztere in den Fällen des § 9 Abs 1 Nr 1—3, § 24e oder wenn die Anfechtbarkeit aus dem allgemeinen Zivilrecht folgt. In den Fällen der patentamtlichen Anfechtung und der Popularklagen des § 9 Nr 2 u. 3 sowie des § 24e ist die Anfechtbarkeit eine absolute, in dem Falle der Löschungsklage nach § 9 Nr 1 eine relative (die nur für den Inhaber des älteren Z gilt). Ebenso ist sie relativ, wenn die Löschungsklage sich auf ein besseres Gegenrecht nach bürgerlichem Recht oder auf das Recht der unerlaubten Handlungen bzw. des unlauteren Wettbewerbs gründet.

Die Unwirksamkeit ist eine absolute, wenn es bei einem Auslandszeichen an den Voraussetzungen des § 23 Abs 1 mangelt. Die Rechtsprechung des RG kennt noch zwei weitere Fälle der absoluten Unwirksamkeit, nämlich wenn bei einem Auslandszeichen der Heimatschutz nach § 23 Abs 3 fehlt und wenn ein Wortzeichen, sei es vor der Eintragung, sei es nachher, sich zum freien Warennamen entwickelt hat. Doch liegen hiergegen Bedenken vor (s. § 23^3 A 17 und § 4 A 9; § 13 A 18).

Die Unwirksamkeit ist relativ, wenn der Gegner sich auf § 13 WZG oder auf ein besseres Gegenrecht (älteres Z-Recht oder ein die Geltendmachung des Z ausschließendes zivilistisches Recht) berufen kann, oder wenn der Erwerb oder die Geltendmachung des Z ihm gegenüber eine unerlaubte Handlung, insbesondere unlauteren Wettbewerb bedeutet.

Aus dem Grundsatze, daß das einmal eingetragene Z an sich bis zur Löschung zu Recht besteht, ergibt sich, daß die Unwirksamkeitseinrede nicht darauf gegründet werden kann, daß das Z nicht hätte eingetragen werden dürfen oder daß es der Löschung unterliegt; vielmehr ist es dann im Wege der Anfechtung mittels Löschungsantrags oder Löschungsklage zu beseitigen. Die Berufung auf den Löschungsanspruch eines Dritten ist selbstverständlich unbeachtlich. Hiernach kann auch das anfechtbare Z sehr wohl wirksam sein. Doch können Anfechtbarkeit und Unwirksamkeit (aus einem anderen Grunde) auch nebeneinander bestehen.

Weitere Abgrenzung der Zuständigkeit. Das PA entscheidet über alle Eintragungen in die Z-Rolle. Die Gerichte können solche nicht verfügen. Ihre Entscheidungen können nur die Voraussetzungen schaffen, unter denen das PA in Anwendung des Gesetzes Eintragungen vorzunehmen hat, so durch Verurteilung des Inhabers eines älteren WZ, den Widerspruch gegen eine Eintragung zugunsten eines späteren Anmelders aufzugeben (§§ 5 und 6) oder durch Verurteilung eines WZ-Inhabers, die Löschung zu beantragen (§ 8 Abs 1) oder in die Umschreibung zu willigen (§ 7). Anm. 8

Auch dem gerichtlichen Urteil gegenüber verbleibt dem PA eine gewisse Selbständigkeit der Entscheidung, insbesondere darf es nachprüfen, ob das Gericht bei der Beurteilung seine Zuständigkeit überschritten hat (vgl. § 6 Abs 2 A 5; Vorbemerkung zu §§ 8 u. 9 Nr 2).

§ 3 Die rechtskräftige Ablehnung der Eintragung durch das PA ist unanfechtbar. Sie entbehrt aber als Verwaltungsakt (§ 2 A 3) der materiellen Rechtskraft, so daß dasselbe Z auch von demselben Anmelder nochmals angemeldet werden und dann möglicherweise die Prüfung bestehen kann. Noch weniger erwachsen die Gründe der ablehnenden Entscheidung in Rechtskraft. Wird z. B. die Eintragung abgelehnt, weil das Z Freizeichen sei und wird nunmehr bei einer Klage nach § 12 auf Grund eines anderen Z die Verwechslungsgefahr bestritten, weil sie lediglich auf einer vom PA anerkannten Freizeicheneigenschaft beruhen würde, so hat das Gericht, wenn es darauf ankommt, diese Freizeicheneigenschaft selbständig nachzuprüfen. Dasselbe gilt von der vom PA festgestellten Übereinstimmung zweier Z, welche nur für das gerichtliche Verfahren nach § 6 Abs 2 unangreifbar feststeht. Der rechtskräftige Beschluß des PA auf Eintragung läßt Raum für die in den §§ 8 u. 9, sowie 24e bestimmten Anfechtungsgründe, deren Würdigung im Falle der §§ 9 u. 24e den Gerichten zusteht. In diesem Verfahren haben sie unabhängig vom PA zu entscheiden. Sie können also im Falle des § 9 Nr 1 eine Übereinstimmung oder eine Gleichartigkeit von Waren annehmen, die das PA verneint hat, oder die Priorität anders feststellen, im Falle der Nr 2 im Gegensatze zum PA die Eröffnung eines dem § 1 entsprechenden Geschäftsbetriebs verneinen, im Falle der Nr 3 im Gegensatze zum PA Dezeptivität des Z feststellen. Dagegen können sie nicht wegen eines Anfechtungsgrundes, der zur Entscheidung des PA steht, das Z für unwirksam erklären und sich dadurch in Widerspruch mit dem Eintragungsbeschluß setzen, wonach die Eintragung gerechtfertigt war und das Z zu Recht besteht.

Eine andere Frage ist es, inwieweit die Gerichte ein Z für unwirksam erklären können, weil nachträglich Voraussetzungen eingetreten sind, welche die Eintragung gehindert hätten, wenn sie schon damals bestanden hätten. Das PA ist alsdann nach der Vorschrift des § 8 Abs 2 Nr 2 nicht in der Lage, die Löschung zu verfügen, da hierzu vorausgesetzt wird, daß das Eintragungshindernis schon bei der Eintragung bestanden hat. Einverständnis herrscht darüber, daß eine nachträgliche Entwicklung eines eingetragenen Z zum Freizeichen ausgeschlossen und daher die hiermit begründete Einrede der Unwirksamkeit unzulässig ist. Für die Fälle des § 9 Abs 1 Nr 2 u. 3 kommt es umgekehrt auf die gegenwärtige Sachlage an. Die Einrede, daß ein Wortzeichen nachträglich zur Gattungsbezeichnung, Beschaffenheitsangabe oder freiem Warennamen geworden sei, wird vom RG prinzipiell zugelassen, aber nur in seltenen Fällen für begründet erachtet. Richtiger dürfte es sein, sie ganz auszuschließen, da sie eine Gefahr und fortlaufende Belästigung gerade für die wertvollsten WZ bildet und die Grenze zwischen einem Wortfreizeichen und einem freien Warennamen kaum zu ziehen ist (s. hierüber § 4 A 9 und § 13 A 18). Auch widerspricht die Zulassung dem allgemeinen Grundsatze, daß das einmal eingetragene Z bis zur Löschung in Kraft ist.

Anm. 9 **Eintragung und Schutzumfang.** Die Eintragung ist maßgebend für den Umfang des Z-Schutzes, auch wenn sie ungerechtfertigterweise von der Anmeldung abweichen sollte, z. B. wenn eine angemeldete Ware versehentlich bei der Eintragung nicht berücksichtigt ist. (Seligsohn S. 1). Maßgebend ist aber nicht die unrichtige Zuteilung zu einer Warenklasse, sondern nur das eingetragene Warenverzeichnis (E 38, 79 [Kakao Chouwa]; E 104, 165).

Verweist das Z selbst (d. h. die Darstellung) inhaltlich nur auf eine bestimmte W, während das Warenverzeichnis noch andere Waren enthält, so ist erstere Angabe nur als Beispiel zu verstehen und durch Verweisung auf eine der anderen Waren ersetzbar (Auswechselbarkeit verschiedener Packungen, von denen nur eine eingetragen ist; BA 25. 9. 18, MW 18, 42). Auch andere sich auf bestimmte Waren beziehende schriftliche Bestandteile des Z (z. B. Gebrauchsanweisungen) sind in gleicher Weise auswechselbar (BA 14./18. 12. 12, MW 12, 361).

Anm. 10 **Änderungen und Berichtigungen.** Sachliche Änderungen eines eingetragenen Z oder des zugehörigen Warenverzeichnisses sind unzulässig. Insbesondere kann das in einem Z enthaltene Fremdwort nicht nachträglich verdeutscht werden (PA 25. 6. und 9. 10. 17, MW 17, 87).

Dagegen ist eine sonstige offenbar unrichtige (aktenwidrige) Eintragung, z. B. unrichtige Zuteilung zu einer Warenklasse (vgl. auch § 12 A 42 a. E.), wenn sie bemerkt wird, von Amts wegen richtigzustellen. Wird eine Berichtigung beantragt und abgelehnt, so ist Beschwerde zulässig (PA 11. 6. 97, Bl 97, 231; BA 26. 11. 04, Bl 05, 109). Die Berichtigung unterliegt unter Umständen der Nachprüfung des Gerichts (E 104, 169, Bl 24, 67). In diesem Falle, der einen Prioritätsstreit nach § 9 Nr 1 betraf, stellte das RG in abweichender Beurteilung der ursprünglichen Anmeldung fest, daß weder die Berichtigung eines Versehens noch die nachträgliche Bescheidung eines übergangenen Eintragungsantrags vorliege, nahm aber auch (S. 170) für den zweiten Fall Unzulässigkeit eines Ergänzungsbeschlusses an. Dem letzteren Ausspruche tritt der Einsender des Urteils in JW 1923 S. 232 mit Recht entgegen. Lautet die Anmeldung auf mehr Waren, als in der ersten Eintragung enthalten sind, und erweist sich jene als berechtigt, so wird eine nachträgliche Ergänzung der Eintragung durch Aufnahme der ausgelassenen Waren zuzulassen sein, und zwar ohne Bindung an die Formen des § 321 ZPO, welche für das patentamtliche Offizialverfahren nicht maßgebend sind. Das PA selbst tritt dem RG ebenfalls in den Entscheidungen Bl 24, 64ff (MW 24, 238) entgegen. Soweit dasselbe im Gegensatze zum RG ausführt, daß die ursprüngliche Anmeldung sich bereits auf die nachträglich hinzugefügten Waren bezogen hat und daher der Ergänzungsbeschluß der Sachlage entsprach, kann die Meinungsverschiedenheit auf sich beruhen, da es sich in dieser Beziehung nur um eine verschiedene Auslegung der Erklärungen des Anmelders handelt. Auch darin kann dem PA beigetreten werden, daß die Gerichte, soweit es sich nicht um Löschungsklagen aus § 9 WZG handelt, die Rechtmäßigkeit einer vom PA verfügten Eintragung als solcher nicht beanstanden können. Es handelt sich aber auch insoweit, wie das PA selbst zutreffend bemerkt, nur um Entscheidungsgründe des reichsgerichtlichen Urteils. Letzteres selbst betraf die Frage, ob das Gegenzeichen des Beklagten, das nach der ersten Anmeldung der Klägerin, aber vor ihrem Ergänzungsantrage und vor dem zu ihren Gunsten ergangenen Berichtigungsbeschlusse angemeldet und eingetragen war, in Gemäßheit jener Anmeldung, des Ergänzungsantrags und des Berichtigungsbeschlusses für Schleifsteine zu löschen sei. Die Entscheidung hing also davon ab, welcher von beiden Parteien die Priorität der Anmeldung für Schleifsteine gebührte. In dieser Hinsicht stand dem Gerichte, wie auch das PA anscheinend nicht bestreitet, volle Freiheit zu, insbesondere war es durch den Berichtigungsbeschluß des PA nicht gehindert, anzunehmen, daß die erste Anmeldung der Klägerin sich noch nicht auf Schleifsteine bezogen hatte und daß daher dem Beklagten die Priorität für Schleifsteine zustehe, so daß es danach an der nach § 9 Nr 1 erforderten Voraussetzung der Klage mangelte (E 44, 62). Daraus folgte auch die Abweisung der Klage aus § 12 WZG. Zustimmend Seligsohn S. 52 Abs 4; unentschieden Pinzger S. 45 Abs 4 und S. 50 Abs 2. **§ 3**

Eine Berichtigung wird auch zu gestatten sein, wenn der Anmelder eine rechtlich unzulässige Bezeichnung für die betreffende Warengattung gewählt hatte (vgl. § 12 A 25 a. E.).

Abs 2:

Öffentlichkeit. § 3 Abs 2 enthält den Grundsatz der Öffentlichkeit der Z-Rolle. Die Einsicht steht während der Dienststunden jedermann frei. Zur Z-Rolle gehört auch die der Darstellung etwa beigegebene Beschreibung, sowie Modelle und Probestücke. Nach § 6 der VO v. 30. 6. 94 (Anhang Nr I) erhält der Inhaber eine Bescheinigung über die Eintragung in die Rolle. Im übrigen werden sowohl an den Inhaber wie auch an Dritte Abschriften oder Auszüge aus der Rolle erteilt, die auf Wunsch beglaubigt werden. Für Auslandsanmeldungen erhält der Auszug auf Antrag die Unterschrift des Präsidenten (Präsidialbescheid v. 26. 10. 01, Bl 01, 300). **Anm. 11**

Nach § 8 der VO v. 30. 6. 94 findet § 29 der VO v. 11. 7. 91 zur Ausführung des PG (Anhang Nr II) in WZ-Sachen entsprechende Anwendung. Danach kann das PA nach seinem Ermessen von den bei ihm beruhenden Eingaben und Verhandlungen, soweit die Einsicht in dieselben gesetzlich nicht beschränkt ist, an jedermann Abschriften und Auszüge gegen Einzahlung der Kosten erteilen. Soweit es sich um eingetragene Z handelt, wird darauf gerichteten Anträgen sowie Anträgen auf Einsicht ohne weiteres stattgegeben, während bei abgewiesenen Anmeldungen der Nachweis eines begründeten Interesses verlangt wird (BA 28. 1. 08, Bl 08, 142; vgl. BA 2. 7. 04, Bl 04, 357 für Patente). Ein „rechtliches" Interesse wird nicht erfordert, nur ein „berechtigtes" (BA 25. 3. 26, GR 26, 401). Ein Recht zur Einsicht in die zur Vorbereitung der Beschlüsse im PA erwachsenen Schriftstücke wird nicht anerkannt (BA 27. 6. 05, Bl 05, 234). Auf Verlangen der Gerichte, Staatsanwaltschaften und anderer Behörden werden die Akten über eingetragene WZ, soweit sie nicht den inneren Dienst betreffen, übersandt.

Veröffentlichung. Abs 3 des ursprünglichen Gesetzes von 1894 ist zweimal geändert worden, nämlich durch Ges v. 9. 7. 23 Art IV (RGBl. II 297) und sodann durch Ges v. 26. 6. 26 Art III (RGBl. II 181). Bis zum Gesetze von 1923 erfolgte die Veröffentlichung der Eintragungen gemäß Abs 1 sowohl im Reichsanzeiger wie auch im WZ-Blatt. Nach dem Gesetze von 1923 wurden aus Sparsamkeitsgründen (s. Begründung, abgedruckt Bl 23, S. 97 und 99 daselbst) die Veröffentlichungen beschränkt auf das WZ-Blatt, außerdem wurden die in Abs 1 Nr 3 bezeichneten Änderungen von der Veröffentlichung ausgenommen. Letztere Ausnahme ist jedoch zweckmäßigerweise, um die Änderungen auch in dem leichter zugänglichen WZ-Blatte ersichtlich zu machen, durch das Gesetz von 1926 wieder beseitigt worden, durch Streichung der Worte: „soweit sie nicht nur die im Abs 1 Nr 3 bezeichneten Änderungen betrifft". **Anm. 12**

Es erfolgt demnach gegenwärtig die Veröffentlichung der Eintragung zwar nur im WZ-Blatte, aber im vollen Umfange.

Rechtsfolgen sind an die Veröffentlichung nicht geknüpft. Doch kann die Kenntnis derselben nach § 14 von Bedeutung sein.

§ 4

§ 4

Die Eintragung in die Rolle ist zu versagen für Freizeichen sowie für Warenzeichen,

1. welche ausschließlich in Zahlen, Buchstaben oder solchen Wörtern bestehen, die Angaben über Art, Zeit und Ort der Herstellung, über die Beschaffenheit, über die Bestimmung, über Preis-, Mengen- oder Gewichtsverhältnisse der Ware enthalten;

2. welche Staatswappen oder sonstige staatliche Hoheitszeichen oder Wappen eines inländischen Ortes, eines inländischen Gemeinde- oder weiteren Kommunalverbandes enthalten;

3. welche Ärgernis erregende Darstellungen oder solche Angaben enthalten, die ersichtlich den tatsächlichen Verhältnissen nicht entsprechen und die Gefahr einer Täuschung begründen.

Die Vorschrift der Nr. 2 findet keine Anwendung, wenn der Anmelder befugt ist, das Wappen oder Hoheitszeichen in dem Warenzeichen zu führen.

Zeichen, welche gelöscht sind, dürfen für die Waren, für welche sie eingetragen waren, oder für gleichartige Waren zugunsten eines anderen als des letzten Inhabers erst nach Ablauf von zwei Jahren seit dem Tage der Löschung von neuem eingetragen werden.

Inhalt

Anm. — Seite

Einleitung

1. Gesetzesmaterialien 73
2. Übersicht 74
3. Schutzunfähige Bestandteile in einer Kombination 75

A. Abs 1:

Eingangssatz. Freizeichen

4. Aus der Geschäftstätigkeit 75
5. Das Urteil des RG 24, 74 und andere wichtige Entscheidungen 76
6. Begriff des Freizeichens 77
7. Entstehung des Freizeichens im allgemeinen 78
8. Umwandlung eines Individualrechts in ein Freizeichen 79
9. Freizeichen und freier Warenname . 80
10. Anwendung des § 20 83
11. Freizeichen in der Kombination . . 83
12. Motiv als Freizeichen 84
13. Freizeichen und Gleichartigkeit der Ware 84
14. Verfahren des PA bei Freizeichenfeststellung 84
15. Tragweite der Entscheidungen des PA. Zuständigkeit der Gerichte . . 84
16. Einzelne Entscheidungen über Freizeichen 85

B. Abs 1 Nr 1:

I. Zahlen und Buchstaben

17. Zahlen und Buchstaben 85

II. Beschaffenheitsangabe u. Ähnliches.

18. Übersicht 86
19. Aus der Geschäftstätigkeit 87
20. Einteilung und allgemeine Regeln . 88
21. Auslegung gemäß dem Pariser Unionsvertrage 88
22. Regel und Einschränkung nach dem Zweck des Gesetzes 89
23. Weitere allgemeine Grundsätze betr. Beschaffenheitsangaben 91
24. Fremde Sprache 93
25. Einzelentscheidungen 95
26. Herkunftsangaben im allgemeinen . 97
27. Herkunftsangaben. Besondere Regeln 97
28. Einzelentscheidungen 99

C. Abs 1 Nr 2 u. Abs 2:

Wappen und ähnliches

29. Allgemeines 100
30. Besondere Regeln 101
31. Besondere Verträge und Gesetze . 101

D. Abs 1 Nr 3:

I. Ärgerniserregende Darstellungen

32. Allgemeines 101
33. Einzelne Entscheidungen 102

II. Trügerische Zeichen

34. Allgemeines 103
35. Geschäftstätigkeit 104
36. Besondere Fälle
    a) fremde Namen usw. 105
    b) fremde Sprache 107
    c) örtliche Herkunft 107
    d) Patentschutz u. dgl. 108
37. Einzelne Entscheidungen 108

Anm. Seite Anm. Seite **§ 4**

E. Abs 3: Sperrfrist

38. Zweck und Tragweite der Bestimmung 109

39. Rechtsprechung des PA zur grundsätzlichen Frage 110

40. Wesen und Wirkung des Rechts aus § 4 Abs 3 111

Gesetzesmaterialien. a) Aus der Begründung S. 11—13, Bl 94/95, 30ff (abgekürzte Fassung). Im Gegensatze zum geltenden Gesetze wird vorgeschlagen, Freizeichen (Z, die bei der Anmeldung Gemeingut waren), von vornherein von der Eintragung auszuschließen, anstatt gemäß § 11 des alten Gesetzes die Beseitigung der Eintragung einer Löschungsklage zu überlassen. Damit werden allerdings für das PA in manchen Fällen Schwierigkeiten entstehen, und es wird gegebenenfalls nicht umhin können, durch Vernehmung von Zeugen und Sachverständigen, durch Nachfrage bei Behörden, Handelskammern, Berufsgenossenschaften und Fachvereinen sein Urteil zu klären und die Entscheidung vorzubereiten. Eine ausdrückliche Gesetzesbestimmung und weitere Vorschriften sind hierfür nicht erforderlich, vielmehr ist dem PA in der Wahl der geeigneten Aufklärungsmittel freie Hand gelassen. Haben im Vorprüfungsverfahren Ermittlungen nicht stattgefunden, oder haben sie zu einer nicht gerechtfertigten Eintragung geführt, so bietet die Bestimmung in § 7 (Gesetz: § 8) Abs 2 Nr 2 des Entwurfs jederzeit die Möglichkeit, eine nochmalige Prüfung herbeizuführen und das zu Unrecht eingetragene Z wieder zu beseitigen. Die im geordneten Verfahren von Fall zu Fall ergehenden Entscheidungen bieten die Grundlage für eine amtliche Sammlung von Freizeichen. Allerdings kann dieselbe nur diejenigen Freizeichen umfassen, deren ausschließliche Benutzung jemand im Wege der Anmeldung sich zu sichern versucht hat. Außerhalb des gesetzlichen Prüfungsverfahrens eine Sammlung aller im Verkehr vorkommenden Freizeichen zu veranstalten, kann schon deshalb nicht Aufgabe der Behörde sein, weil diese dadurch behindert sein würde, im Einzelfalle auf Grund eingehender Prüfung ein dem Inhalte der Sammlung nicht entsprechendes Urteil zu fällen. Das Wort „Freizeichen" hat nach Maßgabe der Auslegung, welche die Bestimmung im § 10 Abs 2 des Ges v. 30. 11. 74 („Auf WZ, welche bisher im freien Gebrauche aller oder gewisser Klassen von Gewerbetreibenden sich befunden haben, . . . kann durch Anmeldung niemand ein Recht erwerben") durch die Rechtsprechung gefunden hat, im Sprachgebrauche des Verkehrs eine feststehende begriffliche Bedeutung gewonnen, so daß es ohne weitere Erläuterung in das neue Gesetz übernommen werden kann. **Anm. 1**

Zahlen und Buchstaben sollen nach wie vor von der Eintragung ausgeschlossen bleiben, da sie ihrer Bestimmung nach dem allgemeinen Gebrauche zugunsten einzelner Geschäftsunternehmer auch in beschränktem Umfange nicht entzogen werden dürfen. Dagegen soll die Wortmarke nach dem Vorgange wichtiger Industriestaaten zugelassen werden. Es handelt sich dabei um Schlagwörter, welche entweder frei erfunden sind (Phantasieworte im engeren Sinne), oder welche, wenn auch dem allgemeinen Sprachschatze angehörig, doch zu der Ware und ihren Besonderheiten in keiner durch den Begriff des Wortes gegebenen Beziehung stehen. Ausgeschlossen bleiben lediglich Wörter, welche eine Ware nach Art, Zeit und Ort ihrer Herstellung, nach ihrer Beschaffenheit, nach ihrer Bestimmung oder nach Preis, Menge oder Gewicht bezeichnen. Diese Einschränkung erscheint unerläßlich, um diejenigen Wörter, deren sich der Verkehr zur Beschreibung einer Ware bedient und die in dieser Zweckbestimmung unersetzlich sind, dem allgemeinen Sprachschatze nicht zu entziehen. Auch dann soll der Schutz von Wortzeichen nicht ausgeschlossen sein, wenn die Wörter, ohne ihren sprachlichen Klang zu verlieren, nur durch die Gestalt der Buchstaben ein anderes Bild darbieten. Mit der für ein einzelnes Wort gegebenen Einschränkung soll auch die Verbindung mehrerer Wörter schutzfähig sein. Es wird dadurch die Möglichkeit geschaffen, für etikettartige Warenbezeichnungen, welche ohne figürliches Beiwerk nur aus Buchstaben und Worten bestehen, ein ausschließliches Gebrauchsrecht zu begründen.

Neben den öffentlichen Wappen des Inlandes sollen in Zukunft auch ausländische (aber unter Beschränkung auf) Staatswappen ausgeschlossen sein. Bilden diese im Auslande den Inhalt eines WZ, so kann letzteres nach Maßgabe der die Eintragung ausländischer Z in unser Z-Register regelnden Verträge (vgl. Übereinkommen mit Österreich v. 17. 11. 08 Art 3, FrJM S. 139 und Schlußprotokoll zur Paris-Washingtoner Konvention v. 2. 6. 11 zu Art. 6, FrMJ S. 126) auch im Inlande zum Schutze zugelassen werden. Der Entwurf will gemäß dem geltenden Rechte Wappen nur in ihrer besonderen heraldischen Gestaltung von der Eintragung ausschließen. Einzelne Motive, Sinnbilder oder Figuren sind der Verwertung bei der Z-Anmeldung nicht entzogen. Den ärgerniserregenden Darstellungen sind Angaben offenbar unrichtigen und die Gefahr einer Täuschung begründenden Inhalts gleichgestellt. Es würde den Interessen des redlichen Verkehrs zuwiderlaufen, Angaben, welche bei der amtlichen Vorprüfung von vornherein als trügerisch erkannt sind, durch die Eintragung in die Z-Rolle unter die Autorität eines staatlichen Schutzes zu stellen.

§ 4 Der Schlußabsatz des § 4 gewährt für die Dauer von zwei Jahren dem Inhaber eines gelöschten Z das ausschließliche Recht auf die erneute Eintragung desselben. Die Wahrnehmung, daß in einzelnen Fällen Z, deren rechtzeitige Erneuerung versäumt wurde, in unlauterer Absicht von einem Dritten angemeldet wurden, gibt den Anlaß zu der Bestimmung.

Daß, abgesehen von den in § 4 aufgezählten Fällen, die Eintragung auch dann abzulehnen ist, wenn das Z den Voraussetzungen des § 1 nicht entspricht, oder wenn die Anmeldung den im § 2 oder nach Maßgabe des § 2 vom PA aufgestellten Erfordernissen nicht genügt, kann auch in Ermanglung einer ausdrücklichen Vorschrift einem Zweifel nicht begegnen.

b) Zu dem Worte „ersichtlich" in § 4 Abs 1 Nr 3 erklärte der Berichterstatter in der Reichstagssitzung v. 16. 4. 94, Drucks S. 2158:

Das Wort „ersichtlich" soll an dieser Stelle nichts weiter bedeuten, als: zutage liegen, durch den Anblick erkennbar. Der Geschäftsgang soll nicht aufgehalten werden durch langwierige Untersuchungen u. dgl. Das PA soll sich nach dem vorliegenden Anblick entscheiden. Durch § 9 Abs 1 Nr 3 ist Gelegenheit geboten zu einer nachherigen eingehenden gerichtlichen Untersuchung und evtl. Änderung der Entscheidung nach § 4 Nr 3.

Daraufhin ist die Streichung des Wortes „ersichtlich" abgelehnt worden.

c) Die jetzige Fassung des § 4 beruht auf Art III Nr 1 des Ges v. 31. 3. 13 zur Ausführung der revidierten Pariser Übereinkunft v. 2. 6. 11 (Washington) zum Schutze des gewerblichen Eigentums (RGBl S. 237).

Anm. 2 **Übersicht.** Die §§ 4 u. 5 (letzterer in Verbindung mit § 6 Abs 2 Satz 1) behandeln die wichtigsten materiellen Eintragungshindernisse, und zwar § 4 Abs 1 solche absoluter Art, d. h. solche, die im öffentlichen Rechte wurzeln und nicht den Schutz von Rechten bestimmter Dritter im Auge haben. Schon von Anfang an wurde erkannt, daß die absoluten Versagungsgründe hier nicht erschöpfend aufgeführt sind, sondern daß noch weitere besonders aus § 1 und aus § 23 Abs 1 u. 3 hinzutreten (PA 18. 12. 95, Bl 96, 68). Von diesen ist der wichtigste der sich aus § 1 (s. dort A 27, 28) ergebende Mangel der Unterscheidungskraft, der sich mit den Versagungsgründen des § 4 Eingangssatz (Freizeichen) und des § 4 Abs 1 Nr 1 berührt und ihnen unter anderem mit zugrunde liegt. Osterrieth S. 282 u. 293 bezeichnet das Freizeichen als einen wichtigen Fall des Mangels der Unterscheidungskraft; es betreffe Z, die ursprünglich Unterscheidungskraft hatten, sie aber durch Allgemeingebrauch verloren haben. Ähnlich verhält es sich mit den in § 4 Abs 1 Nr 1 aufgeführten ungeeigneten Z, die aber, ebenso wie die Freizeichen, auch deshalb ausgeschlossen werden, weil sie dem allgemeinen Verkehr dienen und nicht monopolisiert werden dürfen.

§ 4 Abs 1 Nr 2 in Verbindung mit Abs 2 schließt im Interesse der öffentlichen Ordnung öffentliche Wappen u. dgl. — mit gewissen Einschränkungen — vom Z-Schutz aus. Hinzu treten noch auf Grund von Sondergesetzen Nachbildungen des Roten Kreuzes und von in der Kriegszeit verliehenen Gedenkstücken der Reichsbank (s. unten A 31).

§ 4 Abs 1 Nr 3 untersagt zum Schutze der guten Sitten und des lauteren Wettbewerbs die Eintragung von ärgerniserregenden oder das Publikum durch Täuschung gefährdenden Z.

§ 4 Abs 3 endlich behandelt, ebenso wie die §§ 5, 6 Abs 2 Satz 1, ein relatives Eintragungshindernis, durch das lediglich der Schutz eines bestimmten Dritten bezweckt wird und das daher nur mit dessen Willen wirksam wird. Es betrifft eine Sperrfrist für die Neueintragung eines gelöschten Z zugunsten eines anderen als des bisherigen Inhabers und will diesen gegen Verwechslungen seines Betriebes mit dem eines anderen schützen. Es ist ebenso wie die absoluten Hindernisse des Abs 1 von Amts wegen zu beachten.

Bürgerliche Rechte, die durch die Eintragung verletzt werden könnten, wie Gegenrechte Dritter, Ansprüche aus unerlaubter Handlung oder unlauterem Wettbewerb, bilden keine Eintragungshindernisse und können daher nur nach der Eintragung im Wege der Anfechtung des Z geltend gemacht werden. Sie sind vom PA nur insoweit zu beachten, als sie mit Eintragungshindernissen, z. B. nach § 4 Abs 1 Nr 3 (s. unten A 36a), zusammenfallen.

Die Grenze zwischen zulässigen und unzulässigen Z ist im konkreten Falle oft zweifelhaft. Um so mehr ist es im Interesse der Rechtssicherheit erwünscht, daß an einer einmal getroffenen Entscheidung auch später bezüglich desselben Z tunlichst festgehalten wird (PA 9. 10. 02, Bl 03, 151). Daher wurde z. B. in vielen Fällen die Eintragung des Wortes „Majestic" als Beschaffenheitsangabe abgelehnt (PA 28. 4. 13, MW 12, 671).

§ 4 bezieht sich nur auf das WZ-Recht im engeren Sinne und läßt sich insbesondere nicht ausdehnen auf den Ausstattungsschutz, der nicht aus dem Grunde versagt werden kann, weil die Eintragung als WZ nach § 4 zu versagen wäre. RGSt 34, 30; 38, 439 (Buchstaben O. J. O.); vgl. § 15 A 10.

Schutzunfähige Bestandteile in einer Kombination. Die in Abs 1 unter Nr 2 u. 3 behandelten Z sind dem Zwecke dieser Bestimmungen gemäß auch in der Kombination mit anderen Bestandteilen unzulässig, weil sie gegen die öffentliche Ordnung oder gegen die guten Sitten verstoßen (vgl. Pariser Übereinkunft Art 6 Abs 2 Nr 3 und Schlußprotokoll zu Art 6 Abs 2 bis 4). Dagegen können die in Abs 1 Eingang und unter Nr 1 behandelten Z, ebenso wie die für sich der Unterscheidungskraft entbehrenden sehr wohl Bestandteile von Kombinationszeichen sein. Doch werden sie dadurch nicht monopolisiert, es wird also die Benutzung dieser Teile für sich durch andere nicht gehindert. **§ 4 Anm. 3**

Die Eintragungsfähigkeit einer Kombination von für sich uneintragbaren Bestandteilen ist aber dadurch bedingt, daß eine eindrucksfähige, unterscheidungskräftige Einheit entsteht. Daher wurde z. B. die Verbindung einzelner Buchstaben mit einer Beschaffenheitsangabe, bei der ein eigenartiger Begriff nicht hervorgebracht wurde, abgelehnt. BA 16. 5. 06, Bl 07, 118 (D. L. G. Hochzucht). Ebenso die Verbindung eines Buchstabens (B) mit einem Freizeichen (Madonnenbild), BA 23. 12. 95, Bl 96, 68; desgleichen der Wörter „Goldlack" und „Champagne" mit dem Bilde eines Kometen (Freizeichen) für Schaumwein (BA 4. 3. 96, Bl 96, 140).

Ein aus schutzunfähigen Bestandteilen bestehendes Gesamtzeichen ist auch bei Hinzufügung eines schutzfähigen Bestandteils (z. B. der Firma des Anmelders) nicht unbedingt schutzfähig, sondern nur dann, wenn entweder der schutzfähige Bestandteil das Z beherrscht oder wenn das Gesamtbild eigentümlich ist (BA 18. 2. 96, Bl 96, 139).

Auch durch Kombination mehrerer, einzeln unzulässiger Teile kann unter Umständen ein zulässiges Z entstehen (E 69, 33). Es steht auch an sich nichts im Wege, in einem Kombinationszeichen einen schutzunfähigen Teil besonders hervorzuheben (s. PA MW 12, 262).

Besteht ein Z aus einer Kombination von einzeln nicht schutzfähigen Z, so ist bei etwaigen Streitfällen stets im Auge zu behalten, daß nur die Kombination als solche geschützt ist und daß keine Verwechslungsfähigkeit festgestellt werden darf, die nur auf einem nicht schutzfähigen Bestandteil beruht (vgl. PA 9. 5. 08, MW 7, 160, und Bemerkungen von Wassermann dazu).

A. Abs 1: **Eingangssatz. Freizeichen.**

Aus der Geschäftstätigkeit. Der Geschäftstätigkeit S. 260ff ist über Freizeichen zu entnehmen: **Anm. 4**

Die Annahme der Freizeicheneigenschaft erfordert die Feststellung eines allgemeinen und freien Gebrauchs des Z für bestimmte Ware. Ein allgemeiner Gebrauch gilt schon dann als vorliegend, wenn das Z von einer im Verhältnis zur Gesamtzahl der Gewerbetreibenden des betreffenden Industriezweigs beträchtlichen Zahl von Benutzern verwendet wird. Die Freiheit des allgemeinen Gebrauchs ist bei einem Z nicht vorhanden, welches vor Eintritt dieses Gebrauchs als Marke oder WZ geschützt war. Schon die Anmeldung genügt, um die Entwicklung zum Freizeichen auszuschließen. Ein Freizeichen liegt auch dann nicht vor, wenn es ursprünglich als Herkunftsbezeichnung im anerkannten Sonderbesitze eines bestimmten Gewerbetreibenden gestanden hat und er sich diesen Besitz zu wahren gewußt hat. Dies trifft regelmäßig nicht zu, wenn das Z zuerst nicht als Marke, sondern zu anderen Zwecken benutzt wurde, z. B. bei Wortzeichen, um der Ware lediglich einen Namen zu geben. Dann wird das Z zuweilen auch schon aus anderen Gründen (§ 1 und § 4 Nr 1) nicht schutzfähig sein. Jedenfalls wird dann ein die Freiheit des sich spät entwickelnden allgemeinen Gebrauchs hinderndes Sonderrecht nie bestanden haben. So sind das Wort „Lanolin" für Wollfett und das Wort „Kosmos" für Brenner als nicht schutzfähig hauptächlich aus diesem Grunde festgestellt worden, weil sie von vornherein Warennamen oder Konstruktionsbenennung und nicht Wortzeichen gewesen sind und diesen Charakter nicht verloren haben.

Ist der Einzelbesitz anzuerkennen, so gilt der etwa bestehende allgemeine Gebrauch nicht ohne weiteres als frei. Hält noch ein beträchtlicher Teil des Publikums (auch eine starke Minderheit kann genügen) an der Auffassung fest, daß das Z Sondermarke ist, wie dies z. B. bei dem Wortzeichen „Monopol" für Champagner festgestellt wurde, so hat sich die Entwicklung zum Freizeichen noch nicht vollzogen. Diese Entwicklung ist freilich beim Wortzeichen leichter wie beim Bildzeichen, weil das Wort der allgemeinen Aufnahme durch Schrift oder Sprache leichter zugänglich ist und weil Wortzeichen häufig zugleich den Namen einer Warengattung oder Warensorte darstellen, obwohl auch Warennamen wie „Chartreuse" für Likör oder „Salvator" für Bier auf den Ursprung aus einem bestimmten Betriebe hinweisen können. Aber selbst umfangreiche Bemühungen, durch Reklame aller Art die Erinnerung an das Sonderrecht wachzuhalten, haben häufig gegenüber dem massenhaften Mitgebrauch durch andere nichts gefruchtet. Leicht ist die Entwicklung bei Z, deren Unterscheidungskraft an sich gering ist, also etwa Bildzeichen, die einer Abbildung der Ware nahe-

§ 4 kommen oder ein deren Gewinnung andeutendes Motiv wiedergeben (z. B. das Schwanenbild bei Bettfedern), ferner Wortzeichen, die sich einer beschreibenden Angabe nähern (z. B. Karbolineum). Die Aufnahme eines Wortes durch die technologische Wissenschaft in Fachzeitschriften und Büchern ist hingegen von geringem Einfluß, da es vor allem auf die Auffassung im Handel und Verkehr ankommt. Auch Z, die nicht zur Warenkennzeichnung, sondern zu anderen Zwecken, etwa zur Verzierung oder zur Signierung der Verpackung dienen, können Freizeichen werden, wenn sie für WZ gehalten werden können. So ist das Bild der Brieftaube als Freizeichen für Briefpapier festgestellt. Dagegen ist das geflügelte Rad als schutzfähig für Kleidungsstücke erachtet, weil seine Anbringung auf die Kleidung der Eisenbahnbeamten nicht derart erfolgt, daß es für ein WZ gehalten werden könnte.

Die Freizeicheneigenschaft gilt in der Regel nur für die bestimmten Waren, für die das Z frei benutzt wurde, und nicht etwa auch für die gleichartigen Waren. Eine Ausnahme gilt nur für Waren von besonders naher Verwandtschaft, z. B. Seife und Seifenpulver, Schokolade und Kakaopulver, Zigarren und Zigarillos. Andererseits sind manche Z für größere Gruppen von Waren frei geworden, z. B. das Rote Kreuz und der Äskulapstab für pharmazeutische und hygienische Waren aller Art, das Bild der Krone für Stahlwaren aller Art.

Anm. 5 **Das Urteil RG 24, 74 und andere wichtige Entscheidungen.** Lehrreich für den Begriff des Freizeichens und die Bedingungen, unter denen sich ein ursprüngliches Individualzeichen zum Freizeichen entwickeln kann, ist besonders RG 24, 74. Österreichische Sensenfabrikanten benutzten seit mehr als 100 Jahren Z, die aus Meisterzeichen, Innungszeichen und dem den österreichischen Sensenschmieden ausdrücklich gestatteten österreichischen Erblandswappen zusammengesetzt waren, in Österreich schon seit 1748 gesetzlichen Schutz genossen und allgemein, auch in Deutschland, als Kennzeichen der österreichischen Produzenten galten. Diese Z waren auch seit 1875 für die österreichische Klägerin in Leipzig eingetragen. Seit mehr als 30 Jahren wurden sie aber von deutschen Sensenfabrikanten auf ihren Fabrikaten angebracht, um denselben den Schein österreichischen (steirischen) Ursprungs zu geben. Es wurde verneint, daß schon vor der Anmeldung die Entwicklung zum Freizeichen vollendet worden sei, und der Untersagungsklage stattgegeben. An Hand der Motive zu § 10 des Entw zum Ges von 1874 versteht das RG unter Freizeichen solche Z, welche nicht wie eingetragene WZ zur Unterscheidung dienen, sondern entweder gar keinen bestimmten Zweck oder nur die Bestimmung haben, eine ganze Warengattung, Qualität, Größenverhältnisse, Herkunftsort für alle Hersteller der Waren oder deren Abnehmer zu bezeichnen. Solche Z seien erfahrungsmäßig in der Regel von alters hergebracht. Dem einzelnen Gewerbetreibenden sei der ausschließliche Gebrauch derselben untersagt, weil sie im Verkehr nicht als Marke, eines einzelnen gelten. Sie könnten sich im Laufe der Zeit aus Einzelmarken herausbilden, die diese Eigenschaft durch ihren allgemeinen Gebrauch nach der Anschauung des Verkehrs verloren haben, indem dieser darin nicht mehr ein Einzelzeichen, sondern ein Gattungs- oder Qualitätszeichen erblickt. Hierzu genüge aber nicht die Tatsache allein, daß mehrere oder viele die Marke eines anderen ohne Recht, wenn auch ungestraft, für ihre Ware benutzt haben (vgl. E 3, 78 u. 81). Solange ein Z als Individualmarke auch nur im Auslande zu Recht bestehe, sei regelmäßig davon auszugehen, daß die Nachahmung im Inlande kein Recht gibt, sondern ein Mißbrauch ist, der auch im Inlande keinen Schutz verlangen kann, wenn er auf Täuschung des Publikums beruht und geeignet ist, das inländische Publikum ebenso zu schädigen wie das ausländische. In solchem Falle sei die Frage, ob sich neben dem bestehenden Rechte auf die Marke ein freier, d. h. berechtigter allgemeiner Gebrauch derselben hat bilden können, besonders streng zu beurteilen, zumal wenn es sich hauptsächlich um Exportware handelt. Durch die Nachahmung der Z in Deutschland sei dies ausgeschlossen, vielmehr sei für die Entwicklung zum Freizeichen zu erfordern, daß nicht nur der Verfertiger der damit versehenen Ware gutgläubig die Z ohne das Bewußtsein der Nachahmung einer Individualmarke verwendete, sondern daß auch bei dem maßgebenden in- und ausländischen Verkehr das Bewußtsein von der Eigenschaft der Marke als eines Individualzeichens verlorengegangen. Auch letzteres treffe hier nicht zu, weil nach der Feststellung Abnehmer und Besteller ausdrücklich die Sensen mit diesem Z verlangt hätten. Auf die Anschauung der Konsumenten aber komme es in erster Linie an.

Andere für Begriff und Entstehung des Freizeichens wichtige Entscheidungen, die zum Teil in der Geschäftstätigkeit (A 4) berührt werden, sind folgende:

BA 9. 12. 95, Bl 96, 14: Das Wort Antipyrin eingetragen. Ein für Verkehrszwecke gewähltes Schlagwort. Kein freier Warenname (Freiwort), weil die Anmelderin als Patentinhaberin und alleinige Bezugsquelle an dem Worte einen natürlichen Besitzstand erworben hat. Die Aufnahme in den Sprachschatz der pharmazeutischen Wissenschaft schadet nicht. BA 9. 2. 99, Bl 99, 147: Löschung abgelehnt.

PBl 94/95, 95: Monopole (Heidsieck & Co.) eingetragen. Kein Freizeichen. Im Sonderbesitz der Anmelderin. **§ 4**

PA 8. 3. 96 und 20. 6. 99, Bl 99, 322ff: Salvator eingetragen, Löschung abgelehnt. Kein Freizeichen (freier Warenname, Freiwort). Individualbesitz der Anmelderin.

BA 4. 6. 97, Bl 97, 185: „Marie", Freizeichen für Briketts. Eintragung abgelehnt.

BA 4. 6. 97, Bl 97, 247: „Merkur", Freizeichen für Schlittschuhe. Eintragung abgelehnt. Kein Individualrecht des Anmelders, evtl. gutgläubige Benutzung durch andere (ohne Bewußtsein der Anerkennung eines Sonderrechts).

PA 21. 11. 98, Bl 99, 41: Löschung des Wortes „Schuppenpanzerfarbe" abgelehnt. Individualrecht des Anmelders trotz umfangreichen Mitgebrauchs. Wahrung des Rechts durch Reklame und sonstige Maßnahmen.

Vgl. ferner:

PA 26. 2. 07 und 24. 11. 08, MW 8, 140: Bock y Ca; PA 19. 11. 07, Bl 08, 136; MW 7, 175: El Aguila de Oro; BA 5. 6. 08, Bl 08, 212: Scherings Pepsin-Etikette; Schweizer BG 22. 9. 05, GR 06, 38 (vgl. Meili das. S. 33); Bl 06, 23: Ichthyol; BA 10. 6. 98, Bl 98, 212: Boonekamp; PA 20. 4. 96, Bl 96, 241: (Kränchen).

Begriff des Freizeichens. Die Begriffsbestimmung in § 10 Abs 2 MSchG von 1874: Freizeichen sind „WZ, welche bisher im freien Gebrauch aller oder gewisser Klassen von Gewerbetreibenden sich befunden haben", liegt auch dem geltenden Gesetze zugrunde. Begr S. 12 (A 1). Ähnliche Definitionen s. bei Finger S. 99, 100. **Anm. 6**

Der Gegensatz des Freizeichens ist das Individualzeichen, welches auf einen bestimmten Einzelbetrieb als Herkunft der Ware hindeutet. Dies kann entweder auf Eintragung als WZ nach diesem Gesetze beruhen oder auf allgemeiner Anerkennung in den beteiligten Verkehrskreisen. In letzterer Beziehung fällt das Individualzeichen mit dem Ausstattungsbesitz zusammen, nur daß ersteres ein der Eintragung fähiges WZ sein muß, während der Begriff der Ausstattung neben als eingetragene WZ mögliche noch andere Kennzeichnungen umfaßt (vgl. § 15 A 9).

Freizeichen sind zu unterscheiden von solchen Z, die schon an sich — d. h. ohne Rücksicht auf Allgemeingebrauch — wegen Mangels der Unterscheidungskraft nach § 1 (z. B. Medaillen, Orden usw.) oder gemäß § 4 Abs 1 Nr 1 nicht eintragefähig sind; erstere würden an sich eintragefähig sein, wenn sie nicht durch weitverbreiteten Gebrauch die Kennzeichnungskraft eingebüßt hätten. Demgemäß dient das Freizeichen nicht zur Unterscheidung der Waren eines Gewerbetreibenden von denen eines anderen, sondern höchstens als Hinweis auf die Zugehörigkeit des Produzenten zu einer gewissen Klasse von Gewerbetreibenden, z. B. aus einer bestimmten Gegend, oder aber auf Qualität oder sonstige Verhältnisse der Waren (ROHG 25, 68; E 101, 346).

Die Freizeichen können ebenso wie die Individualzeichen entweder in einem Bilde oder in einem Worte (oder einer Wortverbindung) oder in einer Kombination von Bild und Wort bestehen. Auch Namen oder Firmen können Freizeichen sein. So wurde z. B. der Name „Singer" als Freizeichen für Nähmaschinennadeln erklärt. BA 7. 7. 04, Bl 05, 13; ebenso E 69, 310 (Libertyseide); 101, 407 (Simonsbrot); Grahambrot. Es gibt nur Freizeichen für bestimmte Waren, für andere kann die Kennzeichnungskraft gegeben sein. So ist z. B. das Bild eines Herzens auf vielen Gebieten Freizeichen, wurde aber für Kognak als eintragefähig erachtet (BA 2. 7. 24, MW 23, 253).

Der Zweck der bewußten Anbringung eines Freizeichens auf Waren kann ein sehr verschiedener sein, sie kann auch ohne eigentlichen Zweck, z. B. auf Grund einer Gewohnheit oder in Nachahmung fremden Gebrauchs erfolgen. Es genügt also eine weitverbreitete Benutzung zur Bezeichnung von Waren einer bestimmten Art (vgl. Kohler S. 105ff).

Es muß sich um eine Benutzung handeln, die vom Publikum als die eines WZ aufgefaßt werden kann, also um eine solche gemäß § 12 Abs 1 (PA 12. 6. 97, Bl 97, 230).

Mißverständlich ist die Ausführung in E 101, 346, wo zunächst an die Feststellung, daß die Gerstenähre seit langer Zeit als Kennzeichen und Ausschmückung für Kaffeersatzmittel ziemlich allgemein in Gebrauch sei, mit Recht die Folgerung geknüpft wird: Damit ist die Natur als Freizeichen ausreichend dargetan. Dann aber heißt es: „Daß das Bild der Ähre als WZ verwendet worden ist, ist selbstverständlich nicht erforderlich." WZ ist aber, wie § 1 WZG und der gemeine Sprachgebrauch ergeben, der weitere Begriff und bedeutet ganz allgemein ein Mittel zur Kennzeichnung der Waren. Es ist nicht immer Herkunftsbezeichnung. Das Freizeichen ist es niemals, und das RG führt denn auch a. a. O. weiter aus: Ein Hinweis auf eine bestimmte Herkunftsstätte ist, wenn das Bild einer Ähre im allgemeinen Gebrauch ist, schon begrifflich ausgeschlossen. Das RG wollte a. a. O. also nur sagen, das Z brauche, um Freizeichen zu sein, nicht als Herkunftsbezeichnung benutzt worden zu sein.

§ 4 Die Freizeichen sind vielfach aus ursprünglichen Individualzeichen hervorgegangen, die von anderen nachgeahmt wurden, als Andeutung, daß die Ware von gleicher Beschaffenheit wie die dem Publikum bereits bekannte sei, wobei keineswegs immer Täuschungsabsicht vorgelegen zu haben brauchte. Dadurch, daß der ursprüngliche Inhaber die Nachahmung duldete oder sie sich mangels Rechtsschutzes gefallen lassen mußte, wurde sie eine allgemeine, weil sich das Publikum daran gewöhnt hatte und Waren der betreffenden Art, die der Bezeichnung entbehrten, mit Mißtrauen betrachtete. Vielfach handelte es sich um Qualitätsbezeichnungen, wie Gold, Krone, Perle, Diamant u. dgl., vielfach auch um Bestimmungszeichen wie Hubertushirsch für Jagd-, Schlägel für bergmännische-, Flügelrad für Eisenbahnartikel. Im Verkehr befinden sich Tausende von Freizeichen, deren Entstehung im Laufe der Zeit meistens unnachweisbar geworden ist (s. Dunkhase MW 14, 133).

Kein öffentlich-rechtliches Hindernis besteht nach § 23 Abs 1 Nr 1 KunstschutzG für die Eintragung eines Bildnisses aus dem Bereiche der Zeitgeschichte, wie aus einer für die Entscheidung entbehrlichen Bemerkung des RG am Schlusse der E 74, 308 (Graf Zeppelin) entnommen werden könnte. Der Umstand, daß solche Bildnisse in gewissen Grenzen dem Gemeingebrauche freigegeben werden, beschränkt nur das Recht des Abgebildeten oder seiner Angehörigen nach § 22 KunstschutzG, hindert aber die Monopolisierung durch Eintragung als WZ an sich ebensowenig wie bei anderen Abbildungen und Wörtern, die an sich im Gemeingebrauch stehen. Es handelt sich dabei also nicht um Freizeichen; vgl. Bueren GR 1916, 47.

Anm. 7 **Entstehung des Freizeichens im allgemeinen.** Das Freizeichen kann entstehen entweder, ohne daß ein Individualrecht daran bestanden hat, oder in der Weise, daß ein Individualrecht an einem Z durch den Allgemeingebrauch überwunden wird. Im letzteren Falle gelten besondere Erfordernisse oder es stehen der Entwicklung zum Freizeichen besondere Hindernisse entgegen (hierüber s. A 8). Im ersteren Falle gelten allgemeine Voraussetzungen, die auch bei der Entwicklung eines Sonderrechts zum Freizeichen erfüllt sein müssen. Das Freizeichen hat rechtliche Bedeutung 1. als Eintragungshindernis, 2. als Löschungsgrund, 3. als Beschränkung der Wirksamkeit eines Z, wenn sich ein Bestandteil als Freizeichen ergibt. Bei der Entscheidung über Eintragung und Löschung kommt es auf die Zeit der Anmeldung an, da sich das eingetragene Z nicht mehr zum Freizeichen entwickeln kann. Handelt es sich aber um die Beschränkung der Wirksamkeit wegen Freizeicheneigenschaft eines Bestandteils, so ist in der Regel die Zeit der Entscheidung maßgebend, da sich der Bestandteil regelmäßig auch trotz Eintragung zum Freizeichen entwickeln kann (BA 10. 12. 08, Bl 09, 20; vgl. A 8 und § 5 A 4a).

Der freie und allgemeine Gebrauch, welcher ein WZ zum Freizeichen macht, muß ein Gebrauch im Verkehr sein.

Die Benutzung muß das Z nach außen zur Erscheinung bringen. Interne Handlungen, wie das Bekleben der Waren zu dem Zwecke, sie auf den Markt zu bringen, genügen noch nicht (BA 14. 11. 06, Bl 06, 330).

Es genügt daher auch nicht, wenn eine große Anzahl von Fabrikanten derselben Warengattung auf Bestellung eines einzigen Wiederverkäufers (Exporthaus) das Z auf die Waren schlagen (PA 26. 2. 13, Bl 14, 143). Wenn als weiterer Grund hinzugefügt wird, daß die Waren zur Ausfuhr bestimmt gewesen seien und sich daher nur im Auslande ein Freizeichen entwickelt haben könnte, so ist dies bedenklich oder mißverständlich. Sollten z. B. eine große Anzahl von Exporthäusern in dieser Weise verfahren sein, so wäre ein Inverkehrsetzen vom Inlande aus, also im Inlande, anzunehmen, das wohl als Grundlage für ein inländisches Freizeichen dienen könnte.

Die Benutzung muß sich auf einen längeren Zeitraum erstrecken; eine solche von wenigen Tagen reicht nicht aus (BA 14. 11. 06, Bl 06, 330). Das Z muß als Warenbezeichnung benutzt sein; anderweite Benutzung im Verkehr kommt nicht in Betracht (BA 8. 12. 23, Bl 24, 30: das lebende Plakat).

Die Entwicklung zum Freizeichen kann nicht nur durch Anbringung auf der Ware selbst oder auf der Verpackung erfolgen, sondern auch durch Verwendung auf Ankündigungen usw., kurz, in irgendeiner dem § 12 entsprechenden Art (PA 12. 6. 97, Bl 97, 230).

Die Benutzung eines Wortes in der Wissenschaft oder in Patentschriften des Anmelders als Stoffname begründet nicht die Freizeicheneigenschaft (PA 3. 7. 99, Bl 00, 241; BA 8. 1. 96, Bl 96, 70: Saccharin; BA 12. 3. 00, Bl 00, 248: Lanolin).

Hat aber der Erzeuger eines neuen Stoffes diesen mit einem von ihm erfundenen Namen in den Verkehr eingeführt, ohne ein Sonderrecht an dem Namen geltend zu machen, und hat er zugelassen, daß gleichartige Stoffe anderer Erzeugungsstätten ebenfalls so benannt wurden, so ist das Wort zum Freiwort (freiem Warennamen) geworden und eine nachträgliche Eintragung der Löschung unterworfen (BA 12. 3. 00, Bl 00, 249: Lanolin).

Bei Wörtern, die eine empfehlende Bedeutung haben oder sonst einer Beschaffenheitsangabe nahestehen, vollzieht sich die Entwicklung zum Freizeichen leichter, wie bei reinen Phantasiebenennungen (Gloria, Triumph, Excelsior, Viktoria u. dgl.; PA 16. 9. 96, Bl 97, 103; BA 24. 3. 97, Bl 97, 163: Elfenbeinseife). § 4

Maßgebend ist der inländische Verkehr. Freizeicheneigenschaft im Auslande hindert die Eintragung im Inlande nicht (Kohler S. 108 und GR 14, 105; Seligsohn S. 70 unten; Pinzger S. 64 unten; abweichend früher Kohler und Schweiz. BG s. MW 12, 589).

Findet aber der Vertrieb vorzugsweise im Auslande statt, so kann auch ein dortiges Sonderrecht die Eintragungsfähigkeit im Inlande trotz hier vielfach bestehenden Vorgebrauchs begründen (österr. Sensenstreit: RG 24, 74).

Auch ein örtlich beschränkter allgemeiner Gebrauch kann Freizeicheneigenschaft begründen (PA 8. 3. 96, Bl 97, 101: Posthorn für Nadeln). Auch dann ist anderweite Anmeldung ausgeschlossen, da der WZ-Schutz nicht mit örtlicher Beschränkung erteilt werden kann (PA 26. 9. 96, Bl 97, 103). Umgekehrt schließt die örtlich beschränkte Anerkennung eines Individualrechts die Entwicklung zum Freizeichen nicht aus (PA 7. 12. 96, Bl 97, 107: Diamant-Petroleum).

Maßgebend für die Freiheit und Allgemeinheit des Gebrauchs ist die Anschauung der Verkehrs-, vor allem der Konsumentenkreise (RG 24, 80). Die Anschauung der Konkurrenten und der Zwischenhändler kommt nur wenig in Betracht (BA 4. 6. 97, Bl 97, 249).

Umwandlung eines Individualrechts in ein Freizeichen. Für die Frage der Umwandlung eines Individualrechts in ein Freizeichen scheiden von vornherein eingetragene WZ aus. Denn es wird allgemein anerkannt, daß nach ihrer Anmeldung — wenn sie daraufhin eingetragen werden — diese Entwicklung ausgeschlossen ist, weil ein etwaiger Gebrauch nicht mehr frei, sondern widerrechtlich sein würde (Geschäftstätigkeit oben A 4; E 24, 75; BA 10. 12. 08, Bl 09, 20; RG II 28. 9. 15, Bl 15, 231: Stern; RG II 5. 3. 26, MW 25, 234; PA 16. 10. 95, 4. 3. 96 und 10. 10. 96, Bl 96, 64; 97 S. 101 u. 104). Es kommt also hier nur die zweite Kategorie des WZ in Betracht, nämlich die eintragungsfähige Ausstattung, welche im Verkehr als Kennzeichen eines bestimmten Betriebs anerkannt wird (vgl. A 6). Daneben unterliegen auch Bestandteile von eingetragenen WZ der Entwicklung zum Freizeichen (BA 10. 12. 08, Bl 09, 20: „Herkules" für Trikotwaren). Doch wird hierbei eine Ausnahme für den Fall zu machen sein, daß jener Bestandteil in dem Z der herrschende und kennzeichnende, das übrige nur unwesentliches Beiwerk ist. Die Entwicklung zum Freizeichen muß also in der Regel vor der Anmeldung des Z vollendet sein (vgl. A 7). Übrigens kann die Entwicklung zum Freizeichen auch wieder rückgängig gemacht werden und aus dem Freizeichen durch Konzentrierung der Benutzung auf einen bestimmten Betrieb und allgemeine Anerkennung als dessen Kennzeichen ein für ihn eintragefähiges Individualzeichen werden (BA 10. 6. 98, Bl 98, 212, letzter Abs S. 216; vgl. BA 1. 3. 99, Bl 99, 223; BA 23. 9. 01, Bl 01, 301). In ähnlicher Weise ist das Wort „Insulin", an sich Beschaffenheitsangabe, zum eintragefähigen Individualzeichen geworden (BA 15. 1. 26, Bl 26, 214). Anm. 8

Für die Umwandlung von Individualzeichen in Freizeichen ist zu erfordern: 1. allgemeiner Gebrauch in dem betreffenden Verkehrskreise, 2. allgemeine Überzeugung von der Rechtmäßigkeit des Gebrauchs, wobei jedoch das Wort „allgemein" nicht wörtlich, sondern dahin zu verstehen ist, daß unbeträchtliche Ausnahmen das Ergebnis nicht beeinträchtigen (vgl. BA 14. 1. 98, Bl 98, 89: Tannenbaum für Stahlwaren; BA 4. 6. 97, Bl 97, 247: Merkur für Schlittschuhe). Die Bedingung zu 2 kann dadurch ersetzt werden, daß der Inhaber des Z es dem allgemeinen Gebrauch preisgegeben hat (vgl. Allfeld GR 00, 8; Veracius GR 98, 239ff., der zutreffend betont, daß bei Prüfung der Freizeicheneigenschaft vor allem der unlautere Wettbewerb zu bekämpfen sei).

Wer sich eine Abweisung wegen Freizeicheneigenschaft gefallen läßt, obwohl Beschwerde offenstand, und dann jahrelang mit Neuanmeldung zögert und sein Individualrecht nicht verfolgt, hat dieses preisgegeben (BA 23. 3. 08: Apis für Zigaretten).

Auf eine lediglich mißbräuchliche (schlechtgläubige) Benutzung (bei der der Benutzer sich des Individualrechts eines anderen oder der Tatsache, daß das Z im Publikum auf dessen Betrieb bezogen wird, bewußt ist) kann die Freizeicheneigenschaft nicht gegründet werden (BA 20. 5. 97, Bl 97, 183: Saxonia; BA 3. 12. 10, Bl 11, 150 und MW 12, 198; vgl. E 79, 292: Danziger Goldwasser). Andererseits hindert aber die Schlechtgläubigkeit einzelner bei einer im allgemeinen gutgläubigen Benutzung nicht die Entwicklung zum Freizeichen. BA 4. 6. 97, Bl 97, 249 (Merkur) sagt: „Die ersten Benutzer sind in der Regel nicht gutgläubig. Als Bösgläubigkeit ist auch nicht die Ansicht zu erachten, daß billigerweise dem einen Fabrikanten als dem Erfinder und ersten Benutzer ein Z-Recht zukäme. Diese Ansicht kann in weiten Kreisen noch vorhanden sein und trotzdem eine gutgläubige Benutzung des Z erfolgen. Nur dann ist die Gutgläubigkeit nicht vorhanden, wenn ein Z verwendet wird, welches vom Publikum als Sonderzeichen der Fabrikate eines einzelnen angesehen wird."

§ 4 Der gute Glaube wird durch das Bewußtsein, daß das Z ursprünglich Individualzeichen war, dann nicht ausgeschlossen, wenn zufolge der Benutzung durch viele die Überzeugung besteht, daß das Z jetzt allgemein gebraucht wird (PA 4. 6. 97, Bl 97, 185: „Marie" für Briketts und S. 247: Merkur für Schlittschuhe).

Die Ausführungen von Adler (GR 08, 318), welche darauf hinauslaufen, daß die Entwicklung zum Freizeichen guten Glauben derjenigen, welche das Z im Widerspruch mit einem Individualrecht benutzt haben, nicht erfordere, sind insoweit richtig, als eine umfangreiche, im Bewußtsein des Individualrechts erfolgende, also bösgläubige oder mißbräuchliche Benutzung den Anlaß geben kann zu einer gutgläubigen Benutzung durch andere, die alsdann die Entwicklung dadurch vollendet, daß jetzt die Auffassung als Herkunftsbezeichnung aus einem bestimmten Betriebe allgemein aufhört. Eine lediglich mißbräuchliche Benutzung selbst vieler genügt aber nicht zur Begründung der Freizeicheneigenschaft (PA 17. 12. 98, Bl 99, 41; GR 01, 331: Schuppenpanzerfarbe).

Ist ein Z von einer erheblichen Anzahl von Geschäftsinhabern derselben Branche benutzt worden und wird es dann von einem von ihnen als WZ angemeldet, ohne daß sich für ihn ein Individualrecht feststellen läßt, so kann Freizeicheneigenschaft angenommen werden, auch wenn nur unter Einrechnung der Benutzung des Anmelders sich ein genügender Umfang der freien Vorbenutzung herausstellt (PA 26. 8. 07, Bl 07, 241: Mylady für Zigarren).

Auf den Beweggrund der Benutzung kommt es nicht an; doch muß sie so erfolgen, daß sie als Warenbezeichnung angesehen werden kann.

Insbesondere braucht die zur Freizeichenbildung führende Mitbenutzung nicht zum Zwecke der zeichenmäßigen Unterscheidung erfolgt zu sein (PA 13. 11. 96, Bl 97, 57: Schokoladenmädchen von Liotard; PA. 15. 1. 97, Bl 97, 162).

Auch die vielfache Verwendung eines Bildzeichens als Verzierung oder Geschmacksmuster kann die Freizeicheneigenschaft begründen (z. B. Brieftaube auf Briefpapier) (PA 3. 11. 08, Bl 08, 300; PA 1. 3. 99, Bl 99, 221; GR 00, 213).

Die Umwandlung kann aber z. B. nicht damit begründet werden, daß das betreffende Z (Elefant für Spirituosen) von Gastwirten, Restaurateuren und Apothekern als Geschäftsabzeichen benutzt sei (PA 12. 6. 97, Bl 97, 230; vgl. E 38, 135).

Wichtig ist es, wenn der Verteidiger des Individualrechts Priorität der Benutzung nachweisen kann, z. B. auf Grund eines Patents (Antipyrin, s. A 5) oder eines tatsächlichen Monopols (Kränchen, ebenda). Auch Vorbenutzung im Auslande kann ins Gewicht fallen (RG 24, 74).

Die Benutzung seitens Dritter auf Grund eines Sonderrechts, z. B. auf Grund des Handelsvertrags mit Frankreich von 1862 (vgl. § 12 A 36) kann die Freizeicheneigenschaft nicht begründen (PA 20. 12. 07, Bl 08, 37).

Das Bestehen eines Z-Schutzes oder eines Individualrechts zugunsten des Anmelders im Auslande schließt die Entwicklung zum Freizeichen im Inlande nicht aus (PA 10. 10. 96, Bl 97, 104: Bildnis der Königin Viktoria für Nadeln; PA 11. 6. 97, Bl 97, 250: (Chicorée orientale). Die anderweite Benutzung im Auslande unterstützt dagegen die Annahme der Entwicklung zum Freizeichen gegen den Anmelder (PA 24. 3. 97, Bl 97, 163: Elfenbeinseife).

Ein fremdsprachiges Individualzeichen hindert nicht die Entwicklung des entsprechenden deutschen Wortes zum Freizeichen (Chartreuse—Karthäuser; PA 19. 12. 95, Bl 96, 301).

Nach Art 3 des Übereinkommens mit Österreich und des fast wörtlich übereinstimmenden mit Ungarn v. 17. 11. 08 (RGBl S. 656 u. 660) dürfen öffentliche Wappen aus den Gebieten des einen Teils in den Gebieten des anderen Teils nicht als Freizeichen angesehen werden, und zwar auch dann nicht, wenn sie mit Abweichungen benutzt werden, die die Verwechslungsgefahr nicht ausschließen. Dazu gehören insbesondere das österreichische Erblandswappen und die ungarische Stephanskrone.

Insbesondere ist durch Abs 5 u. 6 die Entwicklung der bekannten österreichischen Sensenmarken, bezüglich derer die österreichischen Inhaber auch sonst in Deutschland bevorzugt sind (vgl. PA 31. 3. 97, Bl 97, 211), zum Freizeichen in Deutschland ausgeschlossen (s. auch A 5 u. 7).

Anm. 9 **Freizeichen und freier Warenname.** Das RG konstruiert (im Anschluß an das PA und an Kohler, s. Seligsohn S. 207 A 2a) einen theoretischen Unterschied zwischen Freizeichen einerseits und freiem Warennamen andererseits und knüpft daran die praktisch wichtige Folge, daß ein Z nach der Eintragung zwar niemals zum Freizeichen (s. A 8), wohl aber zum freien Warennamen werden und dadurch die zeichenrechtliche Wirksamkeit völlig verlieren könne. Diese Unterscheidung ist aber theoretisch wie praktisch gleich unhaltbar. Der freie Warenname ist lediglich eine Unterart des Freizeichens, nämlich ein Wortzeichen, das allgemein im Verkehr zur Benennung von Waren derselben Gattung, die aus verschiedenen Betrieben stammen, gebraucht wird. Der freie Warenname ist Gattungsbezeichnung (Simonsbrot, E 101, 410) oder Beschaffenheitsangabe, beides kann aber auch für Freizeichen zutreffen, sogar für Bildzeichen. So wird z. B. in E 101, 346 für das Bild der Ähre die Natur als Freizeichen daraus hergeleitet, daß es Beschaffenheitsangabe oder Artbezeichnung (= „Gattungsbezeichnung) für Kaffee-Ersatz geworden sei. Es ist schlechterdings nicht einzusehen, aus welchem Grunde zahllose ins Freie gefallene Warenbenennungen, wie Marie, Merkur, Boonekamp, Lanolin, Singer, Liberty, Graham, Simon, Liebig usw. wohl als Beschaffenheitsangaben, nicht aber als Freizeichen gelten sollten, oder umgekehrt. § 4

Die Versuche, die Unterscheidung näher zu begründen, müssen als mißlungen angesehen werden.

In E 73, 232 ist gesagt, daß ein WZ, solange es eingetragen sei, sich regelmäßig nicht zu einem Freizeichen entwickeln könne, weil dies ein Versehen der Ware usw. mit dem Z voraussetze, was der Berechtigte verhindern könne. (Jetzt wird fast allgemein angenommen, daß eine solche Entwicklung wegen Widerrechtlichkeit der Benutzung schlechthin ausgeschlossen sei.) Dagegen könne ein Wortwarenzeichen sehr wohl ohne Verletzung des Z-Rechts zum freien Warennamen werden, weil niemand gehindert werden könne, das geschützte Wort als Namen für bestimmte Warengattungen zu gebrauchen. Dieser Standpunkt entspricht nicht mehr der heutigen Praxis, denn wenn durch bloße Benutzung des Namens der Schutz verlorengehen könnte, so müßte man anerkennen, daß gewisse sehr wertvolle Wortzeichen wie Aspirin, Antipyrin, Sacharin usw. längst schutzlos geworden wären, denn im Verkehr werden die betreffenden Waren ganz allgemein mit diesen Namen benannt. Die jetzt herrschende Meinung nimmt aber an, daß zum Verlust des Schutzes erforderlich ist, daß man sich in keinem noch in Betracht kommenden Teile des Verkehrs dieses Schutzes mehr bewußt ist, was voraussetzt, daß der Inhaber die Benutzung als WZ für Waren Dritter widerstandslos hat geschehen lassen (vgl. § 13 A 17).

Das PA sucht in der Vaseline-Entscheidung v. 11. 12. 05, Bl 10, 301, wo freier Warenname angenommen wird, den Unterschied wie folgt darzustellen (S. 302): „Während dort (beim Freizeichen) die mit dem Worte bezeichnete Ware auch nach vollendeter Freizeichenbildung von anders bezeichneten Waren gleicher Art begrifflich nicht zu scheiden ist, sondert sich hier die mit dem Worte benannte Ware als eine Ware eigener Art ab. Das Wort wird zuerst gebräuchlich, dann notwendig für den Hinweis auf jene besondere Ware. War das Wort ursprünglich Marke gewesen, so hat seine Umwandlung zum Sachnamen eine gewisse Verwandtschaft mit der Freizeichenbildung. War aber das Wort schon bei seiner ersten Einführung als Sachname gemeint und verstanden, so ist für eine Freizeichenbildung oder etwas Ähnliches kein Raum."

Diese einer älteren Entsch PA 12. 3. 00, Bl 00, 243 (Lanolin) entnommene Darlegung, der Pinzger S. 65 oben beigetreten ist, ist nicht nur schwer verständlich, sondern bezieht sich auch wesentlich auf die Entstehung eines Freizeichens einerseits, eines freien Warennamens andererseits. Ein begrifflicher Unterschied zwischen einem vollendeten Wortfreizeichen und einem freien Warennamen kann daraus nicht ersehen werden. Die Unterscheidung nach der Entstehung des Allgemeingebrauchs ist unzureichend, weil diese meistens im Dunkeln liegt. Die ältere Entsch Bl 00, 243 glaubt einen Unterschied auch bei der Rückbildung zum Freizeichen bzw. freien Warennamen feststellen zu können. Die weiteren Ausführungen des PA in der Vaseline-Entscheidung laufen übrigens zum Teil darauf hinaus, daß das Z schon zur Zeit der ersten Anmeldung (1879) Freizeichen war, und auf S. 305 wird geradezu gesagt: die Behauptung der Inhaberin, daß nach ihren Maßnahmen eine Freizeichenbildung ausgeschlossen war, sei unzutreffend.

Nach der Salvator-Entscheidung Bl 99, 338 soll zu unterscheiden sein, ob das Wort schon an sich eine bestimmte sprachliche Bedeutung hat, oder ob es diese erst durch den Gebrauch im Verkehr erhalten hat. Ersterenfalls soll Beschaffenheitsangabe, im letzteren Falle soll Freizeichen gegeben sein. Es kommt aber darauf an, ob das Z jetzt, nach der Eintragung als Beschaffenheitsangabe gelten muß, was sehr wohl auch dann zutreffen kann, wenn es von vornherein keine bestimmte sprachliche Bedeutung hatte.

PA 28. 5. 20, MW 19, 211 (vgl. MW 6, 243) sagt: „Ein Freizeichen ist — im Gegensatze zu Warennamen oder Beschaffenheitsangaben — ein solches, welches ursprünglich Marke, d. h. ein Markzeichen gewesen ist und durch den im Laufe der Zeit hinzugetretenen Mitgebrauch anderer ins Freie gefallen ist." Abgesehen davon, daß auch hier auf die für die Unterscheidung unwesentliche Entstehung des Freizeichens Gewicht gelegt wird, wird verkannt, daß auch eine Individualmarke sich sehr wohl zum Warennamen (Beschaffenheitsangabe) entwickeln kann.

Wenn Osterrieth S. 302, 303 A 5 sagt: „Von dem zum Warennamen gewordenen WZ unterscheidet sich das Freizeichen dadurch, daß es an sich immer Warenbezeichnung bleibt, also zur Auszeichnung von Waren gebraucht wird. Das Freizeichen bleibt ein Sonderzeichen für die betreffende Warengattung", so bietet auch dies kein Kriterium für die Frage, ob ein eingetragenes WZ durch Allgemeingebrauch Freizeichen oder Warenname (Beschaffenheits-

§ 4 angabe) geworden sei. Denn in beiden Fällen könnte es sowohl zur Auszeichnung wie zur Benennung der Ware gebraucht sein.

Auch paßt seine Definition (S. 302): „Freizeichen sind solche WZ, die infolge Gemeingebrauchs die Unterscheidungskraft verloren haben, bei denen also die Wahrnehmung der Z nicht mehr die Erinnerung an eine individuelle Ware, sondern nur die Erinnerung an eine Warengattung oder mehrere Warengattungen hervorruft", auch auf Individualzeichen, die durch allgemeinen Gebrauch zu Beschaffenheitsangaben geworden sind.

Der für den Ausschluß der Einrede der Entwicklung zum Freizeichen nach Anmeldung und Eintragung des Z angegebene Grund, daß der Gebrauch nach dieser Zeit kein freier, sondern ein widerrechtlicher wäre, trifft ebenso für die Entwicklung zum freien Warennamen zu. Ebenso die wohl noch mehr in Betracht kommende Erwägung, daß die erwähnte Einrede, von verschwindenden Ausnahmen abgesehen, nur zu einer zwecklosen Belästigung wertvoller WZ und der Gerichte bei Geltendmachung des Z führt. Denn es kommt kaum vor, daß der Inhaber eines Z dieses der Öffentlichkeit preisgibt, ohne auch auf die Untersagungsklage zu verzichten. Geschieht es aber dennoch, so werden auch andere Rechtsbehelfe zu Gebote stehen, z. B. die Einrede der Schikane oder der Arglist. In dem Falle „Simonsbrot" (E 101, 407) hätte die Löschung gemäß § 9 Nr 2 WZG betrieben werden können und sollen (vgl. § 13 A 17).

In den Entscheidungen des PA von 1906, 1907 und 1908 (Bl 09, 215ff, betr. „Professor Heinrich Roggen" werden denn auch die Begriffe Freizeichen und freier Warenname als völlig gleichwertig behandelt und auf S. 217 ausgesprochen, daß sich nach der Eintragung als WZ ein freier Gebrauch der Bezeichnung nicht mehr entwickeln konnte (vgl. hierzu RG II 12. 2. 09, Bl 09, 225). Ebenso BA 11. 6. 08, Bl 08, 218 (Sir Morell Mackenzie).

In der Entsch RG II 24. 4. 00, Bl 01, 120 wird von der Bezeichnung „Approbiertes Kaffee-Surrogat" als Beschaffenheitsangabe gesprochen und dann bemerkt: sollte diese Bezeichnung früher einmal Individualzeichen der Klägerin gewesen sein, so wäre sie in der Folge jedenfalls Freizeichen geworden.

Auch der österreichische Verwaltungsgerichtshof behandelt in der Lanolin-Entsch v. 28. 6. 99, Bl 00, 257 die Begriffe Freizeichen, allgemeiner Warenname, Freiwort als synonym.

Ebenso das PA in der Remington-Entsch v. 17. 4. 99, Bl 99, 218 die Begriffe Freizeichen und Gattungsname.

In BA 30. 11. 97, Bl 97, 261 wird das Wort „Humboldt", ursprünglich Individualzeichen, als Freizeichen für Stahlfedern erklärt, weil das Publikum in demselben nur noch die Benennung einer bestimmten Warensorte erblicke.

In E 24, 78 wird die Entwicklung zum Freizeichen darin gefunden, daß der Verkehr die Marke nicht mehr als Individualzeichen, sondern als „Gattungs- oder Qualitätszeichen" ansieht. Ebenso erklärt BA 21. 7. 96, Bl 96, 360 das Wort „Phenacetin" zum Freizeichen, weil es sich aus einem Individualzeichen zum freien Warennamen entwickelt habe. Ähnlich BA 9. 12. 95, Bl 96, 14 (Antipyrin). Auch RG I in E 38, 104 (S. 107, 108) unterscheidet nicht zwischen Beschaffenheitsangabe und Freizeichen („Dr. Mamps bittere Tropfen".) Ebenso behandelt das PA in dem Beschluß v. 8. 3. 96, Bl 99, 322 (Salvator) die Begriffe Freizeichen, freier Warenname und Freiwort als synonym; s. auch E 99, 87 a. E. S. 90.

Der Grund, warum man sich gewöhnt hat, das Wort Freizeichen in einen Gegensatz zu bringen zum freien Warennamen und anderen des Schutzes entbehrenden Warenbezeichnungen, beruht vielleicht darauf, daß es bis zum Ges von 1894 überhaupt keine schutzfähigen Wortzeichen gab und man daher auch unter Freizeichen nur freie Bildzeichen verstehen konnte. Nach Einführung der Wortzeichen ergibt sich von selbst auch im Gegensatze dazu die Kategorie der Wortfreizeichen, unter denen man Wortzeichen zu verstehen hat, die an sich als Individualzeichen geschützt sein könnten, aber infolge eines freien Allgemeingebrauchs entweder den Schutz als Individualzeichen verloren haben oder desselben, ohne ihn besessen zu haben, unfähig geworden sind. Sie sind dann zugleich Gattungsbezeichnung, weil sie nicht mehr Waren einer bestimmten Herkunft, sondern ohne Rücksicht darauf Waren einer bestimmten Art bezeichnen.

Seligsohn (WZG 2. Aufl S. 83, 174, 175) lehnt die Entwicklung eines eingetragenen Z zum freien Warennamen ebenso ab wie die zum Freizeichen. In der 3. Aufl S. 207 referiert er die Ansicht des RG und PA, ohne sie zu bekämpfen. Pinzger (S. 66) schließt sich dem RG an.

Da die Einrede in der neueren Rechtsprechung wenig begünstigt wird, so weist die Entwicklung auf die ältere Ansicht Seligsohns hin. Damit würde die Inkongruenz fallen, daß eingetragene Z absolut und total unwirksam werden, ihre Löschung aber gesetzlich nicht zu erreichen ist, wenn nicht der Inhaber darauf verzichtet oder die Erneuerung unterläßt (vgl. PA Bl 00, 246 unten). Die gegenwärtige Praxis läuft darauf hinaus, die Entwicklung des eingetragenen Z zum Freizeichen einerseits allgemein abzulehnen und sie dann durch eine Hintertür mit der Aufschrift „freie WZ" in den praktisch wichtigsten Fällen wieder zuzulassen. **§ 4**

Anwendung des § 20. § 20 findet an sich Anwendung. PA 16. 10. und 5. 11. 95, Bl 96 S. 64 u. 65; ESt 48, 397ff.; RG II 23. 9. 14, Bl 14, 374—79 (bekämpft von Niebour GR 15, 131); E 102, 357 (dagegen Niebour MW 21, 119. **Anm. 10**

Die Anwendung des § 20 erfolgt aber bei der Prüfung der Freizeicheneigenschaft nach § 4 von anderen Gesichtspunkten aus wie bei der Prüfung der Übereinstimmung von zwei Individualzeichen nach §§ 5 u. 6. Im letzteren Falle kommt es auf die Gefahr der Verwechslung der beiden Z im Verkehr an, wobei die Art der Waren und der Geschäftsbetriebe, der Motivschutz und sonstige konkrete Umstände eine Rolle spielen. Im ersteren Falle kommt es lediglich darauf an, daß die gemeinfreie Benutzung des Freizeichens durch die Eintragung desselben als Individualzeichen nicht beeinträchtigt wird. Der Motivschutz kann dabei schon deshalb keine Rolle spielen, weil ein Gesamtzeichen, das ein Freizeichen als Bestandteil enthält, in der Regel nach § 4 eintragefähig ist. Aber auch sonst fordert das PA für die Anwendung des § 20 bei Freizeichen mit Recht eine größere Ähnlichkeit als bei Individualmarken, weil der tatsächliche allgemeine Gebrauch des Freizeichens in sich selbst eine starke Bürgschaft seines Schutzes enthält (s. Dunkhase MW 14, S. 133 u. 358).

Hat das PA ein Z trotz Verwechselbarkeit mit einem Freizeichen eingetragen, so ist es, vorbehaltlich der Anfechtbarkeit nach § 8 Abs 2 Nr 2, vollwirksam und hindert auch den ferneren Gebrauch des Freizeichens (s. jedoch § 13 A 20). Der Inhaber kann sich dann aber auch, wenn er aus § 9 Nr 1 auf Löschung verklagt wird, nicht darauf berufen, daß sein Z wegen dieser Verwechselbarkeit gleichfalls als Freizeichen zu behandeln sei (E 102, 355).

Abgelehnt wurde gemäß § 20 das Wortzeichen „La Fabrica" für Zigarren, weil für letztere „Fabrica de Tabacos" Freizeichen ist (BA 7. 5. 96, Bl 96, 309).

Die Eintragung eines Wortzeichens hindert die Entwicklung des den gleichen Begriff wiedergebenden Wortes, *auch in einer fremden Sprache*, zum Freizeichen. Dagegen werden nicht umgekehrt durch die Entwicklung eines Wortes zum Freizeichen auch dessen Synonyme oder Übersetzungen frei. BA 28. 5. 03, Bl 03, 174 (Victoria-Sieg) und BA 17. 6. 08, Bl 08, 218 (Pavo-Pfau); BA 21. 10. 97, Bl 99, 87 (Dermophile und Philodermine — Hautfreund).

Die Entwicklung eines Wortzeichens zum Freizeichen konnte auch dadurch gehemmt werden, daß sich das Wort als Inschrift in einer dem Anmelder nach dem MarkenschutzG von 1874 geschützten Etikette befand. BA 1. 12. 97, Bl 98, 13 (Bild eines Matrosen mit der Inschrift „Matrosenzwirn").

Eine wörtliche Wiedergabe eines freien Bildzeichens ist ebenfalls Freizeichen (BA 9. 1. 00, Bl 00, 249 („Röder Strecket — Rother Strich").

Ein Wortzeichen, das *einer Reihe unter sich verschiedener Bildzeichen* begrifflich entspricht (Ankerseife) kann aus diesem Grunde nicht zum Freizeichen erklärt werden (BA 27. 4. 98, Bl 99, 88; GR 01, 307).

Freizeichen in der Kombination. Die Kombination eines Freizeichens mit Beiwerk kann ein schutzfähiges Z herstellen, doch müssen entweder im Gesamteindruck kennzeichnende Hinzufügungen als beherrschend hervortreten, oder es muß ein eigentümlicher Gesamteindruck hervorgerufen werden (E 97, 302: Strahlenkranz mit Axt und Beil für Metallwaren; RG II 1. 3. 10, MW 10, 30: Noblesse für Zigaretten; vgl. oben A 3 und Krüger MW 9, 373). **Anm. 11**

Auch durch Verbindung mehrerer Freizeichen kann ein schutzfähiges Z entstehen (E 69, 33).

Bloße Verdoppelung oder Vervielfachung des Freizeichens genügt nicht (BA 16. 9. 96, Bl 97, 57: Krone für Tuch). Ebensowenig eine bloße Umrahmung (BA 10. 6. 97, Bl 97, 213: Konkurrenzseife).

Auch die Hinzufügung eines Namens oder einer Firma genügt regelmäßig nicht (Geschäftstätigkeit S. 259; BA 18. 2. 96, Bl 96, 139: rotes Kreuz mit Firma; österr HMinist 29. 8. 95, Bl 97, 134: Freizeichen — Etikette mit Firma). Ebensowenig eines Ortes (PA 22. 8. und 10. 11. 17, MW 17, 87: „Stern von Dresden" für Zigaretten zurückgewiesen).

Wird die Schutzfähigkeit anerkannt und das Gesamtzeichen eingetragen, so folgt daraus selbstverständlich nicht das Recht auf Untersagung des zukünftigen Gebrauchs des Freizeichens für sich allein durch andere.

Zusätze und Veränderungen, die ein Freizeichen eintragbar machen, brauchen bei der Beurteilung im Widerspruchsverfahren nicht immer unterscheidend zu wirken. So ist das Wort „Fürstenperle" gegenüber den Freizeichen „Fürst" und „Perle" schutzfähig, nicht aber gegenüber dem eingetragenen Z „Perle" (BA 25. 6. 08, Bl 08, 219).

Auch die Benutzung eines Freizeichens in der Kombination kann gegen die guten Sitten verstoßen und unzulässig sein, wenn sie in bewußter Nachahmung der Ausstattung eines anderen im Wettbewerbe und zur Täuschung des Publikums erfolgt. Auch die Erwirkung eines WZ

§ 4 schützt alsdann nicht gegen die Verbotsklage (Petersen & Hansens Heilkraft — Heima Heilkraft, RG II 25. 1. 24, MW 23, 198).

Anm. 12 **Motiv als Freizeichen.** Man kann nicht sagen, wie es in PA 5. 11. 95, Bl 96, 65 heißt, daß ein Motiv als solches überhaupt nicht Freizeichen sein kann. Vielmehr wird man diese Möglichkeit bei geeigneter Konkretisierung, auch wenn Raum für eine abweichende Ausgestaltung bleibt, nicht in Abrede nehmen dürfen Dagegen werden sehr allgemeine, der verschiedensten konkreten Ausgestaltung fähige Motive (z. B. Bild eines jungen Mädchens, Bl 96, 65) allerdings nicht Freizeichen sein können. Überhaupt wird auch hier die Anwendung des § 20 gemäß A 10 eine andere sein müssen, wie bei §§ 5, 9^1, 12 usw.

Keinesfalls wird man Freizeicheneigenschaft nur um deswillen annehmen können, weil das Motiv (in verschiedenartiger Ausgestaltung) von vielen Gewerbetreibenden derselben Branche für ihre Z benutzt wird (RG 12. 6. 95, Bl 95, 280; Dunkhase MW 14, 102).

Ein ein solches Motiv benutzendes Z kann unter Umständen eintragefähig sein und nunmehr das Verbot der Fortbenutzung ähnlicher Z begründen. Als Freizeichenmotiv ist anerkannt worden das Bild eines Jägers mit Büchse und Hund im Tabakhandel (OLG Hamm 26. 11, 01, Bl 03, 105).

Anm. 13 **Freizeichen und Gleichartigkeit der Ware.** Trotz der Gleichartigkeit der Waren kann ein Z für die eine Ware Freizeichen sein, für die andere nicht (Geschäftstätigkeit S. 260ff oben A 4). So wurde z. B. das Bild der kämpfenden Germania für Liköre und Spirituosen zum Freizeichen erklärt, dagegen für Sprit eingetragen (PA 23. 9. 01, Bl 01, 301).

Ebenso wurde das Z „Juno" für Zigaretten eingetragen, obwohl es für Zigarren Freizeichen ist und diese Waren gleichartig sind (s. E 102, 355). Desgleichen „Triumph" für viele landwirtschaftliche Maschinen, nicht aber für Gras- und Getreide-Mäh- und -Bindemaschinen (PA 24. 12. 98, Bl 99, 145; GR 01, 303). Finger (MW 14, 250 und Komm S. 100, 103) will im Gegensatze hierzu die Eintragung nicht nur für die Freizeichenwaren, sondern auch für die diesen gleichartigen Waren ausgeschlossen wissen. Es gibt aber keinen abstrakten Maßstab der Gleichartigkeit, der sich ohne weiteres, wie bei Kollision von Individualzeichen, so auch bei Prüfung des Hindernisses der Freizeicheneigenschaft nach § 4 anwenden ließe; vgl. Dunkhase MW 14, 137. Wie Finger auch Lutter GR 03, 141; vgl. § 13 A 21.

In der Singer-Entsch PA 7. 9. 98, GR 98, 294 (vgl. E 56, 163) ist das PA in dieser Spezialisierung wohl zu weit gegangen, indem es das Wort Singer für gewöhnliche Haushaltungsnähmaschinen als Freizeichen (Beschaffenheitsangabe), für Nähmaschinen anderer Art aber als geschützt erklärte, wodurch, wie Seligsohn S. 298 daselbst darlegt, Verwirrung entstehen muß (vgl. § 13 A 17).

Nur bei besonders naher Verwandtschaft der Waren wird eine Ausnahme gemacht. So wurde aus diesem Grunde das Z „Perle" als Freizeichen für Schokolade auch für Kakaopulver abgelehnt (PA 14. 12. 00, Bl 01, 176). Ebenso ist verfahren bei Seifen und Seifenpulver sowie bei Zigarren und Zigarillos (Geschäftstätigkeit oben A 4 a. E.)

Anm. 14 **Verfahren des PA bei Freizeichenfeststellung.** Das PA entscheidet über die Freizeicheneigenschaft bei der Anmeldung oft nach umfangreichen Ermittlungen und Beweiserhebungen und nach öffentlicher Aufforderung an alle Interessenten, Material für die Entscheidung beizubringen. Wird die Eigenschaft als Individualzeichen zu einer bestimmten Zeit nachgewiesen, so spricht die Vermutung dafür, daß dieser Zustand fortdauert. Ebenso umgekehrt, wenn der Allgemeingebrauch zu einer bestimmten Zeit festgestellt wird.

Das PA veröffentlicht im PMZBl von Zeit zu Zeit Verzeichnisse von Wortzeichen, die wegen mangelnder Unterscheidungskraft oder gemäß § 4 Abs 1 Nr 1 von der Eintragung ausgeschlossen worden sind. Diese Verzeichnisse haben nur informatorische Bedeutung, da die Entscheidungen selbstverständlich nur für den Einzelfall gelten (Dunkhase MW 14, 133; vgl. Niebour, Die deutsche Freizeichenrolle, MW 7, 117). Die Veröffentlichungen betreffen insbesondere auch Freizeichen; insoweit liegen ihnen vielfach Antworten von Handelskammern oder von kaufmännischen oder gewerblichen Vereinen auf an sie gerichtete Anfragen des PA zugrunde; im Streitfalle aber auch die vom PA gemäß § 25 Abs 1 PG veranstalteten Beweisaufnahmen und Ermittlungen (vgl. Geschäftstätigkeit S. 244). Immerhin sind die Veröffentlichungen geeignet, die Umbildung zum Individualzeichen zu erschweren und die Gutgläubigkeit des Allgemeingebrauchs zu stützen (s. Finger S. 97 unter II).

Es gibt keine Feststellung der Freizeicheneigenschaft außerhalb eines Anmelde- oder Löschungsverfahrens. Wird daher in einem auf Löschung wegen Freizeicheneigenschaft gerichteten Verfahren das Z auf Antrag des Inhabers gelöscht, so erledigt sich das erstere Verfahren ohne weiteres. Der Antragsteller bei diesem Verfahren hat keinen Anspruch auf Feststellung, daß ein Freizeichen vorlag (PA 5. 5. und 6. 12. 09, MW 9, 207).

Anm. 15 **Tragweite der Entscheidung des PA. Zuständigkeit der Gerichte.** Über die Freizeicheneigenschaft hat im Anmeldeverfahren allein das PA zu entscheiden. Seine Entscheidung ist insofern allgemein bindend, als mit der Eintragung die Freizeicheneigenschaft verneint wird.

Nur das PA selbst kann gemäß § 8 Abs 2 Nr 2 das Z wieder löschen, weil die Eintragung wegen Freizeicheneigenschaft nicht hätte geschehen dürfen. Im gerichtlichen Verfahren dagegen ist weder der Einwand zulässig, daß die Eintragung ungerechtfertigt war (E 38, 78 u. 137; 44, 65; 102, 355), noch daß sich das Z nachträglich zum Freizeichen entwickelt hat, denn letzteres setzt den freien Gebrauch voraus, der durch die Eintragung ausgeschlossen wird (s. A 8). Wird die Eintragung wegen Freizeicheneigenschaft abgelehnt, so ist dies nur eine Entscheidung für den einzelnen Fall, an die weder das PA noch die Gerichte gebunden sind; s. A 14 (vgl. MW 8, 21: Streit um die Zigarettenmarke „Apis", die zweimal zum Freizeichen erklärt wurde). § 4

Nach der Anmeldung des Z ist bei erfolgter Eintragung die Entwicklung zum Freizeichen ausgeschlossen (s. A 4).

Die Gerichte können trotzdem in die Lage kommen, über die Freizeicheneigenschaft einer bestimmten Bezeichnung zu entscheiden:

1. Wenn ein Z für bestimmte Waren, nicht aber für gewisse diesen gleichartige Waren eingetragen ist und nun in einem sich auf letztere beziehenden Verletzungsprozeß eingewendet wird, für diese sei das Z ein Freizeichen (E 102, 355; a. M. Finger MW 14, 250; Lutter GR 03, 141).

2. Wenn bei zwei prima facie verwechslungsfähigen Z im Verletzungsprozeß eingewendet wird, die Verwechslungsfähigkeit beruhe höchstens auf einem Bestandteile des Klagezeichens, der für sich Freizeichen sei, also auch vom Beklagten benutzt werden dürfe, im übrigen bestehe keine Verwechslungsfähigkeit, und alsdann vom Kläger die Freizeicheneigenschaft der betreffenden beiden Bestandteile bestritten wird (Geschäftstätigkeit S. 244; E 79, 292; 101, 344; ESt 44, 194; RG II 2. 7. 09, MW 09, 99; RG II 18. 11. 98 und OLG Bl 00, 158; s. auch Dunkhase MW 14, 133ff).

3. Bei der Frage, ob eine Zeichenverletzung nach §§ 12, 20 ausgeschlossen ist, weil das angeblich verletzende Z Freizeichen ist (E 99, 87; WZ Vernin — angebliche Verletzung Vernix, für Firniß; s. jedoch hierzu § 13 A 20).

Einzelne Entscheidungen über Freizeichen. Ist das Wort Bacchus als Freizeichen für Weine und Spirituosen erklärt worden, so folgt daraus nicht die Freizeicheneigenschaft des Wortes Dionysos (BA 28. 6. 12, MW 12, 139). Anm. 16

Obwohl „Kurfürstlicher Magenbitter" Freizeichen ist, desgleichen die polnische Bezeichnung „Kurfirstowa" oder „Kurfirst", so ist doch die Eintragung der eigentümlichen polnischen Übersetzung „Elektorska" gegenüber dem Löschungsantrage aufrechterhalten worden (BA 6. 11. 08, Bl 09, 19).

Ist die Bezeichnung für eine aus England bezogene Ware dort Freizeichen, so ist sie auch in Deutschland als Freizeichen zu behandeln (BA 8. 11. 06, Bl 07, 12; House of Lords für Whisky; daher Löschung für Liköre, Spirituosen und Punsch).

Der Name „Blonde" ist Freizeichen für alkoholfreie Getränke (MW 8, 64). Veilchen und ähnliche Blumen sind Freizeichen in der Parfümeriebranche (OLG Braunschweig 4. 6. 07, MW 7, 64; vgl. S. 130).

Durch BA 27. 12. 97, Bl 98, 31 sind eine Reihe von rheinischen Landschaften als Freizeichen für die betreffenden Weine erklärt und als Z gelöscht worden.

Apfelperle Freizeichen für Getränke (PA 2. 5. 04, GR 04, 158).

B. Abs 1 Nr 1. **I. Zahlen und Buchstaben.**

Zahlen und Buchstaben. Zahlen und Buchstaben entbehren im allgemeinen der Unterscheidungskraft und entziehen sich zugleich der Monopolisierung, weil sie für den allgemeinen Verkehr notwendig sind. Anm. 17

Aus der Geschäftstätigkeit S. 265: Trotz des Verbots werden solche Z häufig angemeldet; dem Versuch, die gesetzliche Bestimmung durch unwesentliche Zutaten, wie Umrahmung in allgemein üblicher Linienführung, Übereinanderstellung, Verschiedenheit der Größe der nebeneinandergesetzten Lettern u. dgl., zu umgehen, hat vielfach gesteuert werden müssen. Auch der Nachweis, daß ein reines Zahlen- oder Buchstabenzeichen ein im Verkehr anerkanntes Besitztum des Anmelders sei, gilt für unerheblich. (Neuerdings nicht mehr s. unten A 21.) Z wie „Errtee" oder „Bekuh" werden eingetragen, weil durch das ungewöhnliche Schriftbild der freie Gebrauch der Buchstaben R, T, B, Q nicht beeinträchtigt wird.

BA 27. 9. 13, MW 13, 123, führt aus: „Buchstaben werden häufig zur Abkürzung von Namen und Firmen gebraucht. Sie werden auch vielfach verwendet, um Waren derselben Gattung eines Betriebs voneinander zu unterscheiden, und sie dienen ferner allgemein als Signierungszeichen zur Identifizierung von Waren mit dem zugehörigen Frachtbrief. Für diese Zwecke müssen sie dem Verkehr erhalten bleiben usw." Ähnliches gilt von Zahlen. Es ist streitig, ob Zahlen auch dann nicht eintragbar sind, wenn sie nicht mit Zahlenzeichen, sondern in Wörtern ausgedrückt sind (Seligsohn S. 76). Das PA hat letzterenfalls

§ 4 die Eintragbarkeit angenommen und das Z Zero (spanisch = Null) bewilligt (PA 30. 10. 01, Bl 02, 26). Bei einfachen deutschen Zahlwörtern wird aber in der Regel die erforderliche Unterscheidungskraft fehlen. Daher sind z. B. Null, Tausend, Million nicht eintragbar. Das Gesetz denkt nur an die üblichen und gangbaren Ziffernsysteme und Alphabete, z. B. nicht an Hieroglyphen (Osterrieth S. 302).

Willkürliche Buchstabenzusammenstellungen sind eintragbar, wenn sie als Wort erscheinen und als solches aussprechbar sind. Daher würde „sluc" eintragbar sein, nicht aber S L u C. Auch Ef-Be-De ist eintragbar. Ebenso sind mehrere Buchstaben mit geeigneter bildlicher Zutat eintragbar, z. B. ⊙ W ⊙ H ⊙ E ⊙. Es kommt aber stets auf die Umstände des Einzelfalles an (PA 18. 5. 14, MW 14, 88).

Verbindungen von Buchstaben, die so geschrieben sind, wie sie gesprochen werden und dadurch aussprechbare Worte bilden, und ähnliche aussprechbare Buchstabenkombinationen sind eintragbar, z. B. We-Be und El-Be (PA 4. 9. 10, Bl 11, 127); Eff-Eff (im Gegensatze zu ff keine Qualitätsbezeichnung (PA 27. 10. 11, MW 11, 210); Hapag, Bamag, Agfa, Bedag, Degea (PA 16. 5. 06, Bl 07, 18); nicht aber mehrere Buchstaben, die kein aussprechbares Wort ergeben, wie Bk (Geschäftstätigkeit S. 263) oder DLG (PA 16. 5. 06, Bl 07, 118). Zugelassen wurde das rebusartige IXL (Iexcell); PA 12. 2. 04, Bl 04, 226.

Kombinationen von Buchstaben und Zahlen mit an sich eintragbaren Z sind schutzfähig (vgl. A 3); bei Kombination mit nicht schutzfähigen Zutaten kommt es darauf an, ob ein unterscheidungskräftiges Z entsteht, was in der Regel, besonders bei unwesentlichen Zutaten, wie Anführungsstrichen, Punkten, Kreisumrahmung, dem Worte „und" oder „Marke", aber auch bei Beschaffenheitsangaben nicht zutreffen wird.

„B und W" ist daher nicht eintragbar, wohl aber „B & W", weil infolge des auf eine Firma deutenden Z „&" keine reine Buchstabenverbindung entsteht; auch „Ka und O" (PA 10. 11. 06, Bl 07, 39; 22. 2. 04, Bl 05, 12; vgl. MW 5, 98).

„T T Marke" (erstere Anfangsbuchstaben einer Firma) abgelehnt, weil im wesentlichen aus den beiden T bestehend (PA 13. 12. 05, Bl 06, 11).

Das Gillette-Zeichen „G" in einem Rhombus ist für schutzfähig erklärt (RG II 6. 5. 21, MW 21, 97). Ebenso das Z „W & W Universal" (wegen des &), PA 5. 12. 95, Bl 96, 185, wogegen „DLG Hochzucht" (Beschaffenheitsangabe) abgelehnt ist (PA 16. 5. 06, Bl 07, 118). Desgleichen eine Verbindung von Buchstaben mit den Worten „Deutsche Möbel" (PA 27. 9. 13, MW 13, 123).

Eine eigentümliche Verbindung von Buchstaben in einem Monogramm kann eintragbar sein (RG II 5. 3. 26, MW 25, 233; JW 26, 1435).

Eine Zusammenstellung von Zahlen und Buchstaben ist dann eintragefähig, wenn damit ein bestimmter, allgemein bekannter Begriff wiedergegeben wird. PA 31. 12. 26, Bl 27, 6 (Z. R. 3).

Unter dem Einfluß der Pariser Konvention Art 6 Abs 2 Nr 2 Abs. 2 werden jetzt auch an sich unter § 4 Abs 1 Nr 1 fallende Z zugelassen, wenn sie sich im Verkehr als Kennzeichen der Waren des Anmelders durchgesetzt haben. Von Buchstaben- oder Zahlenzeichen sind davon zu erwähnen: PA 24. 3. 24, MW 23, 251 (DKW); PA 20. 3. 22, Bl 22, 46 (4711); PA 7. 5. 13, Bl 13, 195; MW 12, 669 (Buchstaben LK in altertümlicher Ausführung und Umrahmung); österreichisches Ministerium MW 13, 276 („Marke Z". Näheres hierüber s. unten A 21.

Anm. 18 II. **Beschaffenheitsangaben und ähnliches.**

Übersicht. Nr 1 behandelt neben Buchstaben und Zahlen die deskriptiven Z, d. h. Wörter, welche teils die Ware beschreiben, teils besondere Beziehungen derselben angeben. Auch diese sind deshalb ausgeschlossen, weil sie entweder der Unterscheidungskraft entbehren oder für den allgemeinen Gebrauch unentbehrlich sind und daher nicht monopolisiert werden dürfen. Vielfach trifft beides zugleich zu. Es gibt aber auch viele Wörter, die man wohl als deskriptiv bezeichnen könnte, weil sie irgendwie die Ware beschreiben oder eine ihrer Beziehungen angeben, die aber trotzdem sowohl unterscheidungskräftig wie auch für den Gemeingebrauch entbehrlich sind. Das gilt in der Regel von fernliegenden und neuerfundenen Bezeichnungen, die gerade deshalb, weil sie eine günstige Vorstellung von der Ware erwecken, als Reklamemarken besonders geeignet und wirksam sind. Es hat sich in der Praxis herausgestellt, daß man die Wahl der WZ allzusehr einengen und einen Hauptzweck der ganzen Einrichtung, das Publikum vermöge einer wirksamen, sich der Erinnerung einprägenden Kennzeichnung auf die bewährte Ware hinzuweisen, vielfach vereiteln würde, wenn man auch derartige Z, ohne daß dies im öffentlichen Interesse in anderer Beziehung erforderlich wäre, ausschließen wollte. Daraus hat sich nach feststehendem Gewohnheitsrechte eine einengende Auslegung des § 4 Abs 1 Nr 1 ergeben. Die wichtigsten dieser deskriptiven Z sind die Beschaffenheits- und Herkunftsangaben. Letztere sind zu eng bezeichnet als „Angaben über den Ort der Herstellung", denn es kommt ebenso der Ort des Vertriebs in Betracht. § 4

Weiter sind genannt: Bestimmungsangaben (z. B. Badeseife, Schneiderzwirn), Preisangaben (z. B. 50-Pf.-Brot; Selbstkostenpreis), Mengenangaben (z. B. Dutzendknöpfe) und Gewichtsangaben (z. B. Zweipfundmehl) und Angaben über Ort und Zeit der Herstellung (z. B. Zentrifugenbutter, Lager- und Märzenbier). Auch hier ist eine Ergänzung geboten, denn es lassen sich noch andere Bezeichnungen der Waren denken, die nach dem Zwecke des Gesetzes ebenso zu behandeln sind, obwohl sie sich nicht wohl unter eine der Rubriken bringen lassen, z. B. Größenverhältnisse, Art der Verpackung usw.

Aus der Geschäftstätigkeit S. 262 ff: Dem bereits früher in ausländischen Gesetzgebungen anerkannten Grundsatze, daß dem freien Verkehr diejenigen Bezeichnungen erhalten bleiben müssen, die für die Beschreibung und allgemeine Bezeichnung der Ware notwendig sind, ist auch der deutsche Gesetzgeber in § 4 Nr 1 gerecht geworden. In der Praxis kommen hauptsächlich die Beschaffenheits- und Bestimmungsangaben in Betracht. Es kommt darauf an, einmal im Interesse der Allgemeinheit Worte beschreibenden Inhalts vom Z-Schutz fernzuhalten, andererseits aber auch den Kreis des Wortzeichenschutzes nicht allzusehr einzuschränken. Auch mußte auf die Gewohnheit des Verkehrs, die Schlagworte so zu wählen, daß zwischen dem Worte und den Waren irgendein Zusammenhang besteht, Rücksicht genommen werden. Im allgemeinen ist die Praxis milder geworden — eine Tatsache, die auch in anderen Ländern, besonders Österreich, Ungarn und Großbritannien, in die Erscheinung getreten ist. Bloße Andeutungen an die Natur und Bestimmung der Ware werden nicht mehr als hinreichend angesehen, um ein Wortzeichen auszuschließen. Auch solche sprachlichen Neubildungen, die aus bekannten (deutschen oder fremdsprachigen) Stämmen durch Anhängung von Silben gebildet sind, werden zugelassen (z. B. „Antipyrin", „Saccharin", „Migränin"). Hieran hat besonders die chemisch-pharmazeutische Industrie ein Interesse. Andererseits braucht die Beschaffenheit der Ware nicht erschöpfend dargelegt zu sein, um den Begriff der Beschaffenheits- und Bestimmungsangabe zu erfüllen, sondern es ist hinreichend, daß nur eine Seite der Sache berührt wird. Bezeichnungen in fremden lebenden Kultursprachen werden mit Rücksicht auf die internationale Bedeutung des Z-Rechtes der deutschen Sprache gleichgestellt. Für andere Sprachen wird unterschieden, ob die Ware für das betreffende Land eine Rolle spielt. („Puckha", hindostanisch, gleich „sehr gut", „sehr schön", für leonische Tressen, Flitter u. dgl. wegen starken Exports nach Indien nicht eingetragen.) Die den toten Sprachen angehörigen Wörter werden im allgemeinen ohne Rücksicht auf ihre Bedeutung eingetragen, es sei denn, daß das Wort in bestimmter Bedeutung in den modernen Sprachschatz übergegangen ist, oder daß die tote Sprache, wie z. B. bei pharmazeutischen Waren, noch heute für Verkehrsbezeichnungen benutzt wird. Weil die Grenzfälle nahe beieinander liegen, erscheinen die Entscheidungen gelegentlich dem Laien widerspruchsvoll oder spitzfindig. („Optimus" eingetragen, weil das Wort nur einer toten Sprache angehört; „Optima" abgewiesen, weil diese Form auch im Spanischen vorkommt.) Geographische Namen sind nicht schlechthin ausgeschlossen, doch gehören auch Provinz- und Ländernamen zu den Angaben über den „Ort der Herstellung". Bei doppelter Bedeutung (Bismarck, auch Name einer Stadt) kommt es darauf an, ob sie vom Durchschnittskäufer (wie im Beispiel) als Phantasiewort oder als Herkunftsbezeichnung aufgefaßt wird. Unter Herstellung wird nicht nur jegliche Erzeugung und der natürliche Ursprung verstanden; auch der Name des Ortes, wo die Ware gehandelt oder für den Handel fertiggemacht wird, darf nicht zugunsten eines einzelnen monopolisiert werden. Namen von Örtlichkeiten, die im Eigentum des Anmelders stehen (wie „La Grande Chartreuse", Name eines Klosters, „Sandviken", Name eines Eisenwerkes in Schweden, Namen von Mineralquellen und Weinbergsanlagen), fallen nicht unter das Verbot, da sie individuell sind und dem freien Verkehr nicht vorbehalten zu werden brauchen. Lateinische oder latinisierte Namen von Ländern und Städten wurden anfänglich nicht zugelassen, weil sie als dem Verkehr geläufige Herkunftsbezeichnungen angesehen wurden. Namentlich galt dies von Wörtern wie Germania, die zugleich in romanischen Sprachen moderne Ländernamen sind. Diese Praxis ist indessen verlassen worden, da bei solchen Wörtern in erster Linie an eine symbolische Personifikation, nicht an eine Beziehung des Ortes zu der Ware gedacht wird.*) Die Entscheidung darüber, ob die symbolische oder die geographische Bedeutung die nächstliegende ist, bereitet Schwierigkeiten (z. B. bei Styria, englisch = Steiermark); ebenso die Behandlung von Flußnamen, die einerseits die gegebene Bezeichnung weiter Ortsgebiete sind, Anm. 19

---

*) Die alte Praxis dürfte für diejenigen Fälle den Vorzug verdienen, in denen eine Beziehung zu dem Orte nicht ausgeschlossen ist und die Monopolisierung in einen bereits bestehenden Verkehr eingreifen würde, oder aus anderen Gründen ungerecht erscheint.

§ 4 andererseits eine gewisse Bedeutung als Schlagworte, zumal für manche Waren, beanspruchen.*)

Anm. 20 **Einteilung und allgemeine Regeln.** Die deskriptiven Wortzeichen (vgl. A 18) sind entweder solche, deren Monopolisierung durch Eintragung im Interesse aller Gewerbetreibenden, welche die betreffende Ware produzieren oder vertreiben, untersagt ist, oder solche, bei denen nur das Interesse der Gewerbetreibenden eines bestimmten Bezirks durch das Verbot gewahrt werden soll. Erstere sind solche, welche in irgendeiner Weise das Wesen der Ware selbst kennzeichnen, die Beschaffenheitsangaben im weiteren Sinne, zu denen auch die Angaben über Art und Zeit der Herstellung, über die Bestimmung, über Preis-, Mengen- oder Gewichtsverhältnisse und ähnliches zu rechnen sind, die letzteren sind solche, welche den Ort der Herstellung oder des Vertriebs betreffen, also die Herkunftsangaben. Nach diesen verschiedenen Zwecken bestimmt sich die Anwendung des Gesetzes, das demgemäß unter Umständen enger oder auch ausdehnend auszulegen ist.

Selbstverständlich sind beide Kategorien von Angaben nicht nur dann ausgeschlossen, wenn sie im gegebenen Falle richtig sind, sondern ebenso — und dann möglicherweise noch nach § 4 Nr 3 —, wenn dies nicht der Fall ist, es sei denn, daß der Verkehr das Wort als reine Phantasiebezeichnung auffaßt (BA 18. 10. 02, Bl 03, 172: Eiderdaunenwolle).

Das Wort „ausschließlich" besagt nicht, daß das betreffende Wort nicht noch eine andere Bedeutung haben dürfe als eine Bezeichnung der Beschaffenheit usw., um unter Nr 1 zu fallen, sondern daß das Z neben der Beschaffenheits- usw.-Angabe nicht Bestandteile haben dürfe, in denen derartige Angaben nicht enthalten sind (BA 23. 12. 98, Bl 99, 146; GR 01, 335). Die „Ausschließlichkeit" wird durch unerhebliche Zutaten ohne Unterscheidungskraft, z. B. übliche Umrahmung des Z (BHC in einer Ellipse), nicht aufgehoben. BA 27. 3. 96, Bl 96, 172; BA 24. 4. 96, Bl 96, 185 („Zeitzer Seife" in einer verzierten Umrahmung). Es gelten also die Regeln für Kombinationszeichen (s. A 3, 11 u. 17).

Wenngleich auch Bilder Beschaffenheitsangaben enthalten oder auf die örtliche Herkunft der Ware hindeuten können, so gehören sie doch nicht hierher, da § 4 Nr 1 (abgesehen von Zahlen und Buchstaben) nur von „Wörtern" spricht. (PA 16. 12. 11, Bl 12, 119) Solche Bildzeichen können aber unter dem Gesichtspunkte des Freizeichens (s. z. B. BA 27. 12. 97, Bl 98, 31 A 16 a. E.) oder des § 4 Abs 1 Nr 3 (s. z. B. PA 6. 7. 95, Bl 95, 274: Biene für Sirup; RGSt II 15. 5. 14, GR 16, 188: Krone für Emser Karamellen) von der Eintragung ausgeschlossen oder nach § 13 als Z-Bestandteil unwirksam sein (s. z. B. E 101, 346: Ähre für Kaffee-Ersatz).

Als Wortzeichen kommen gemäß § 4 Abs 1 Nr 1 in erster Linie frei erfundene, sog. Phantasiewörter und solche dem Sprachschatze angehörige Wörter, welche keinerlei sachliche Beziehungen der betreffenden Ware zum Ausdruck bringen, in Betracht. Doch schadet bei letzteren in der Regel auch ein deskriptives Moment dann nicht, wenn es für den Verkehr fernliegt und ungebräuchlich ist. Andererseits können auch reine Phantasiewörter dadurch die Eintragungsfähigkeit verlieren, daß sie im allgemeinen Verkehr, ohne Individualzeichen zu sein, zu Beschaffenheitsangaben oder Warenbenennungen werden.

Anm. 21 **Auslegung gemäß dem Pariser Unionvertrage.** Die ältere Rechtsprechung schloß Z, die unter Nr 1 fielen, ohne Rücksicht darauf, daß sie sich durch langjährigen Gebrauch Anerkennung im Verkehr als Kennzeichen eines bestimmten Geschäfts erworben hatten, von der Eintragung aus. BA 6. 4. 99, Bl 99, 226; GR 00, 61 (Compactum). So auch noch BA 11. 11. 12, MW 12, 361 (Schreibmaschine Ideal). Diese Praxis ist unter dem Einflusse der Pariser Konvention Art 6 Abs 2 Nr 2 (Washingtoner Fassung) geändert worden.

Schon der Entw 1913 hat in § 2 Abs 2 eine Bestimmung aufgenommen, die der heutigen Praxis entspricht:

„Die Eintragung ist jedoch zulässig in den Fällen der Nr 2, 3, wenn das Z im Verkehr als Kennzeichen der Ware des Anmelders gilt . . ."

Nr 2 behandelt den Mangel der Unterscheidungskraft, Nr 3 entspricht im wesentlichen dem § 4 Nr 1 des Gesetzes.

Die Begründung S. 58 bemerkt dazu: „Dies beruht auf der Erfahrung, daß der Verkehr sich oft über Gesetz und Gewohnheit hinwegsetzt und im Einzelfalle Bezeichnungen willig aufnimmt und als echte unterscheidungsfähige WZ anerkennt, die sonst als unfähig dazu galten. Der Grund liegt namentlich in der Energie, mit der das Z auf den Markt gebracht und verbreitet wird, in der Rührigkeit der dafür gemachten Reklame. Durch den tatsächlichen, unter Umständen lange Zeit hindurch fortgesetzten Gebrauch können so seine ursprünglich vielleicht ungeschickte Wahl und ihm anhaftende rechtliche Mängel ausgeglichen und überwunden werden, und die Ablehnung der Eintragung würde mit Recht als unbillig und den

---

*) Auch hier dürfte mit zu berücksichtigen sein, ob die Monopolisierung nicht einem bestehenden Verkehrsgebrauch widerspricht oder sonst unbillig erscheint.

Anmelder ohne Not schädigend empfunden werden. Der Entwurf will daher dem lebendigen Verkehr und dem bewährten Erfolge die Kraft verleihen, das formale Recht zu überwinden, und zwar in Anlehnung an Art 6 Abs 2 Nr 2 der Paris-Washingtoner Übereinkunft. Die neue Vorschrift kommt besonders den Z zugute, die nur aus Buchstaben oder Zahlen bestehen. In dieser Hinsicht sollen Deutsche nicht schlechter stehen als Ausländer, die sich auf die Übereinkunft berufen." § 4

Osterrieth W., S. 66 sagt zutreffend: „Jedenfalls wird es nach dem Inkrafttreten der Washingtoner Akte nicht mehr zulässig sein, daß eine Behörde ein Unionszeichen wegen beschreibender Angaben zurückweist und in der Begründung die Frage, ob das Z infolge seines Gebrauchs Unterscheidungskraft besitze, für unerheblich erklärt." Das gleiche gilt nach der Praxis des PA auch für die Anmeldung von Inlandszeichen und wird von den Gerichten bei Handhabung des § 13 WZG zu beachten sein (vgl. zu dieser Frage auch Jul. Seligsohn GR 23, 69 und 22, 103 mit zahlreichen Nachweisungen). Das PA verlangt jedoch überzeugende Unterlagen dafür, daß sich die betreffende beschreibende Angabe als Kennzeichen des Betriebs des Anmelders allgemein in dem betreffenden Verkehrszweige durchgesetzt hat und hat daher z. B. mangels solcher Unterlagen die Eintragung des Kennwortes „Die Qualität macht's" abgelehnt (BA 7. 2. 20, Bl 20, 26). Besonders sorgfältig wird die Beweiswürdigung bei bloßen Zahlen und Buchstaben sein müssen, die vielfach als Orientierungsmittel in einem Betriebe und als Sortebezeichnung zur Erleichterung von Bestellungen und Lieferungen dienen (vgl. den österreichischen Fall Bl 16, 140). Eine Kritik der Praxis des PA gibt Niebour MW 26, 133. Siehe hierzu Finger MW 13, 10; FrMJ S. 109 Nr 5; S. 110 Nr 7 (abweichend Elster MW 22, 35); BA 4. 12. 15, MW 15, 296 (wo ebenfalls betont wird, daß Inlandszeichen nicht schlechter behandelt werden könnten wie Auslandszeichen); BA 24. 3. 24, MW 23, 251 (DKW); BA 20. 1. 22, Bl 22, 28 (Elberfelder Farbenfabriken); 17. 6. 23, GR 23, 140 (Elberfelder Farben); BA 6. 5. 21, GR 21, 124 (Deutz-Motor); BA 20. 3. 22, Bl 22, 46 (4711); PA 12. 1. und 24. 3. 16, Bl 16, 70 (Eisernes Kreuz); BA 6. 12. 15, MW 15, 396 („Durabel" für Gummiabsätze und Gummiecken an Schuhen); BA 7. 5. 13, Bl 13, 195; MW 12, 669 (Buchstaben LK in altertümlicher Ausführung und Umrahmung); BA 25. 3. 13, MW 12, 669 (das Wort Schiffsmumme, Warenname, mit einer eigenartigen Zusammenstellung von Ähren und Hopfenblättern).

Über die Frage, ob das betreffende Z sich als Individualzeichen durchgesetzt hat, entscheidet auch hier wie bei § 15 (s. dort A 12) die Anschauung der Abnehmer, nicht die der Konkurrenten (J. Seligsohn MW 25, 223).

Wenn Elster MW 26, 67 die außergewöhnliche Schutzfähigkeit gewisser Zahlen- und Buchstabenzusammenstellungen damit begründen will, daß sie für den Verkehr, unabhängig von den Zahl- und Buchstabenworten, eine besondere Bedeutung haben (z. B. 4711 alte kölnische Hausnummer), so mag zugegeben werden, daß hierdurch die Anerkennung im Verkehr gefördert und andererseits die Verwechslungsfähigkeit bei Zahlen, denen eine solche Bedeutung zukommt (z. B. 1813, 1848, 1871) erschwert wird (vgl. den Fall RG II 9. 7. 26, § 20 A 20). Entscheidend für die Eintragungsfähigkeit muß aber immer die allgemeine Anerkennung im Verkehr bleiben.

Regel und Einschränkung nach dem Zweck des Gesetzes. Niemand darf sich ein Monopol an einem Worte aneignen, an dem er kein Individualrecht hat und das für den Verkehr zur Benennung der betreffenden Waren oder zur Bezeichnung ihrer Eigenschaften oder sonstigen Merkmale unentbehrlich ist. Die Praxis hat aber schon seit langem erkannt, daß die Voraussetzung der Verkehrsunentbehrlichkeit keineswegs auf alle Wörter zutrifft, welche in gewissem Sinne Beschaffenheitsangaben nach dem Wortlaute der Nr 1 enthalten und daß man die Auswahl der zu Wortzeichen sich eignenden Wörter ungebührlich und unzweckmäßig einengen würde, wollte man § 4 Abs 1 Nr 2 dem strengen Wortlaute nach anwenden (vgl. A 18 u. 19). Anm. 22

In der Begründung zum Entw von 1913 S. 56 heißt es darüber (mit Kürzung): Es unterliegt keinem Zweifel, daß Wörter, deren die Allgemeinheit bedarf, um die geschäftlich angebotenen Waren zu beschreiben, nicht zugunsten eines einzelnen dem Gemeingebrauche entzogen werden können. Zulässig sind nur Wörter, welche zu den Waren oder ihren Besonderheiten in keiner durch den Begriff des Wortes gegebenen Beziehung stehen, oder welche überhaupt keinen Begriff enthalten. Die Erfahrung hat die 1894 gehegte Erwartung, daß die Grenze zwischen den zulässigen und den unzulässigen Wörtern leicht zu finden sein werde, nicht gerechtfertigt. Weitverbreitet ist die Meinung, daß das PA zu streng verfahre und ohne Not in manchen Wörtern Angaben z. B. über die Beschaffenheit der Ware erblicke, obwohl ein Bedürfnis nach Freihaltung der Wörter im Verkehr nicht bestehe. Daß das Verkehrsbedürfnis in dieser Frage von entscheidender Bedeutung ist hat das PA in vielen Beschlüssen ausdrücklich anerkannt. Doch ist die Grenze, wo die Phantasie zu spielen beginnt und wo eine begriffliche Beziehung des Wortes zu der

§ 4 Ware schlechthin ausgeschlossen ist, überaus flüssig. Jedenfalls verdient die Tatsache Beachtung, daß von vielen Seiten gefordert wird, der Kreis der beschreibenden und deshalb unzulässigen Wörter müsse enger gezogen werden. Der Entwurf will diesem Wunsche Rechnung tragen, indem er den Maßstab, nach dem die Frage zu prüfen ist, den geschäftlichen Verkehr, ausdrücklich vorschreibt und zugleich vorschreibt, daß die Möglichkeit, mit dem Worte die Herstellungsart oder die Bestimmung usw. der Ware zu bezeichnen, vorliegen muß, damit der Schutz versagt werden kann. Demgemäß ist die Bedeutung und Beziehung der angemeldeten Wörter nicht rein sprachwissenschaftlich zu prüfen, und künstlich konstruierte, praktisch unwirkliche Verhältnisse sind nicht zu berücksichtigen. Dagegen lehnt der Entwurf es ab, die Rolle allen Wörtern zu eröffnen, die nicht geradezu unentbehrlich erscheinen, um im allgemeinen Verkehr zur Angabe von Eigenschaften usw. der Ware benutzt zu werden. Es kann nicht wünschenswert sein, in die natürliche Entwicklung der Dinge durch starre Vorschriften einzugreifen, und was dem Einzelanmelder gegenüber hier liberal erscheint, würde die Allgemeinheit in ihrer Bewegungsfreiheit ungebührlich einschränken. Daß Angaben über den Vertrieb der Waren ebenso beschreibender Natur sein können wie Angaben über die Herstellung, die Fabrikation, liegt auf der Hand, hat aber bei dem bisherigen Wortlaut des Gesetzes nur im Wege der Analogie zur praktischen Anwendung gebracht werden können. Der Entwurf will hier Sicherheit schaffen und hat deshalb das Wort Herstellung ersetzt durch die Worte „der Erzeugung oder des Vertriebs". Zu den Mengen- und Gewichtsverhältnissen, von denen das alte Gesetz spricht, treten die Maßverhältnisse, von denen das gleiche gilt, ergänzend hinzu. Danach lautete der Vorschlag zu § 2 Nr 3 (Ges § 4 Abs 1 Nr 1): „oder solchen Wörtern bestehen, die im Geschäftsverkehr zur Bezeichnung von Art, Zeit oder Ort der Erzeugung oder des Vertriebs der Waren oder zur Bezeichnung von Beschaffenheit, Bestimmung, Preis, Menge, Maß oder Gewicht der Waren dienen können".

Obwohl die Ausführungen der Begründung gewisse Zweifel übriglassen, z. B. bezüglich der „Grenze, wo die Phantasie zu spielen beginnt und wo eine begriffliche Beziehung des Wortes zu der Ware schlechthin ausgeschlossen ist", so ist doch die grundsätzliche Auffassung unverkennbar, daß einerseits dem allgemeinen Verkehrsbedürfnis, sich des natürlichen Sprachgebrauchs bei den in Rede stehenden Bezeichnungen bedienen zu dürfen, andererseits dem Bedürfnis der Anmelder bei der Wahl ihrer Zeichen nicht auf nichtssagende Phantasiewörter oder auf Wörter, deren Begriff in keinerlei Beziehung zu der Ware steht, beschränkt zu sein, sondern, soweit es das allgemeine Verkehrsbedürfnis gestattet, auch auf in strengem Sinne deskriptive Bezeichnungen übergreifen zu können, Rechnung zu tragen ist.

Man kann aber auch sagen, daß dieser Auffassung im wesentlichen bereits die heutige Praxis des PA auf Grund des WZG entspricht und daß sie daher den bestehenden Rechtszustand darstellt. Eher ist die gegenwärtige Praxis den Z-Anmeldern noch etwas günstiger. Unter allen Umständen bleibt die Aufgabe des PA auf diesem Gebiete eine überaus schwierige und eine völlig einheitliche, sich überall zwingend als richtig darstellende Praxis wird sich kaum erzielen lassen. Um so mehr ist es anzuerkennen, daß das PA bei der Handhabung des § 8 Abs 2 Nr 2, wo dieselbe Frage neben ähnlichen wiederkehrt, mit größter Vorsicht verfährt und ein einmal eingetragenes Z nur dann vernichtet, wenn die Unrechtmäßigkeit der Eintragung offenbar ist.

Ähnliche Zweifel entstehen für die Gerichte bei der Frage der Unwirksamkeit der Z nach § 13, und auch hier hat sich die Praxis entgegen dem Wortlaute des Gesetzes mehr und mehr zugunsten der Z-Inhaber entwickelt (Näheres s. § 8 A 17 und § 13 A 15 u. 16).

Der Wert der Wortmarke besteht sehr oft gerade darin, daß sie eine indirekte, ungewöhnliche, erst reflektiv zu erkennende Beschaffenheitsangabe enthält, die zum Nachdenken reizt und so die Einprägung fördert (Beispiele: Odol, Antipyrin, Saccharin, Sanatogen, Formamint usw.).

Die Vorschrift der Begründung (s. A 1), daß das Wortzeichen zu der Ware und ihren Besonderheiten in keiner durch den Begriff gegebenen Beziehung stehen dürfe, ist schon in der „Geschäftstätigkeit", die eine erhebliche Milderung der neueren Praxis in der Zulassung feststellt, aufgegeben worden (s. Geschäftstätigkeit A 19). Das englische Recht verbietet nur die direkte Beziehung auf Art und Qualität der Ware, das französische spricht von „dénominations nécessaires" (im Gegensatze zu dénominations de phantaisie). MW 14, 206, 207.

In den Vereinigten Staaten von Nordamerika wird ein Schutz auch für gebräuchliche Worte gewährt wenn sie in einem neuen und unterscheidenden Sinne gebraucht werden, und es wurde ausgesprochen, daß auch ein „indirekt oder entfernt" deskriptives Wort eine gute Marke sein kann (Osterrieth GR 11, 170).

Kohler (S. 94) hält individuelle (originelle) Bezeichnungen mit „secondary meaning" im Sinne des englischen Rechts für zulässig.

Im großen und ganzen wird man den gegenwärtigen Rechtszustand dahin kennzeichnen können, daß originelle Bezeichnungen auch deskriptiver Art, die dem gewöhnlichen Sprachgebrauch fremd sind und fernliegen, als WZ regelmäßig zuzulassen sind. Auch Geist und Phantasie werden hiernach bei der Erfindung geeigneter WZ auf ihre Rechnung kommen dürfen (vgl. Kohler GR 97, 8ff; Rauter GR 05, 8; Wohlgemuth GR 15, 17 und vor allem Osterrieth GR 07, 14; MW 6 S. 109, 129 u. 149). § 4

Osterrieth, der die ältere, allzu formalistische Praxis des PA mit Recht bekämpft (s. auch Lehrbuch S. 299ff), geht bei seinen Beispielen übrigens in der Beschränkung des allgemeinen Verkehrs mehrfach zu weit. So sind z. B. die Worte „Hustenheil" oder „Dauerbrenner" mit Recht als nicht eintragefähig erachtet worden, da es eine unbillige Beschwerung des Verkehrs sein würde, so naheliegende Anpreisungen der Ware zugunsten eines einzelnen zu monopolisieren. Zu berücksichtigen ist dabei, daß im Falle der Eintragung auch andere gleichbedeutende oder sonst ähnliche Bezeichnungen wegen Verwechslungsgefahr dem Verkehr entzogen würden.

Der gegenwärtige Rechtszustand wird durch folgende Einzelentscheidungen näher beleuchtet: Eine originelle, im Verkehr nicht übliche Bezeichnung, fällt in der Regel nicht unter § 4 Ziff 1, auch wenn sie die Beschaffenheit der Ware kennzeichnet. Insofern bedarf § 4¹ der einschränkenden Auslegung (BA 8. 12. 23, Bl 24, 30; BA MW 20, 122: „Odol"; „Das lebende Plakat" für Reklamefilme); ebenso RG II 28. 9. 23, Bl 23, 161. (Der Umstand, daß die Worte „In aller Munde" für Zuckerwaren u. dgl. eine Schlußfolgerung auf die Güte der Ware gestatten, genügt nicht, um sie zur Beschaffenheitsangabe zu machen.)

Eine originelle reklamehafte Anpreisung, bei der kein Bedürfnis vorliegt, sie dem Allgemeingebrauche vorzubehalten, ist eintragefähig (BA 8. 3. 13, „Ahi' esta' la salud" für Malzkaffee, MW 12, 422).

„Metallatom" für Vorrichtungen zum Verspritzen von fein verteilten Stoffen und für Gegenstände, die auf diesem Wege mit einer dünnen Schicht überzogen sind, trotz Andeutung von Bestimmung und Beschaffenheit zulässig, weil nicht dem gemeinen Sprachschatz angehörig (BA 28. 11. 13, Bl 14, 51).

Die in der pharmazeutischen Praxis üblichen Wörter mit den Endungen -in, -ol, -gen u. dgl. sind (abgesehen von Freizeichen), auch wenn sie auf die Beschaffenheit oder Zusammensetzung hinweisen, in der Regel eintragbar (BA 5. 6. 03, Bl 03, 173; vgl. BA 30. 10. 01, Bl 02, 10; vgl. auch österr Verwaltungsgerichtshof 5. 3. 00, Bl 01, 160).

Bei Farbstoffen sind Namen von Gegenständen zulässig, deren Farbe dem betreffenden Farbstoff entspricht, wenn der Name nicht für diese Farbe sprachüblich ist. Daher wurde Eglantin (Eglantine = Heckenrose) zugelassen (dagegen Himmelblau, Elephantengrau, Mimosengelb u. dgl. unzulässig): BA 10. 3. 09, Bl. 09, 220; vgl. PA 5. 6. 97, Bl 97, 231, wo „Taube", „Moos", „Ziegel" und „Ebonit" als unzulässig für Farbstoffe erklärt sind.

Eine reine Beschaffenheitsangabe, die dem Verkehr sofort als solche erscheint, ist auch für den ersten Gebraucher nicht eintrage- und schutzfähig (Lance-Parfum [Parfumspritzer]; RG II 11. 3. 10, Bl 11, 18; MW 10, 58).

Hat sich eine originell erfundene (an sich eintragbare) Beschaffenheitsangabe im Verkehr eingebürgert, so ist sie auch für denjenigen, der sie zuerst in den Verkehr einführte, nicht mehr eintragbar (PA 7. 9. 10, Bl 10, 321: „Tangier-Manier").

Hat sich ein geschütztes Wort nachträglich zum Warennamen entwickelt, so kann dem Inhaber die Ausdehnung des Schutzes auf andere Waren, die zu der ursprünglich angemeldeten in wirtschaftlicher Beziehung stehen, nicht mit der Begründung verwehrt werden, daß es sich nunmehr um eine Bestimmungsangabe handle (BA 4. 7. 04, Bl 04, 426: Grammophon für Sprechapparate und Schallplatten, nachträglich angemeldet für Schalldosen, Schalltrichter, Nadeln u. dgl.). (Diese Entscheidung ist richtig, weil sich der Schutz des Z „Grammophon" ohnehin auf die gleichartigen Waren (Schalldose usw.) erstreckt, dem allgemeinen Verkehr also nicht entzogen wurde.)

Weitere allgemeine Grundsätze betreffend Beschaffenheitsangaben. Die Anwendung des § 4¹ Nr 1 wird dadurch nicht ausgeschlossen, daß dem Verkehr noch andere Wörter zur Kennzeichnung der betreffenden Eigenschaft usw. zur Verfügung stehen. Vielmehr ist die Bezeichnung schon, wenn sie eine gegebene und naheliegende Angabe über die Beschaffenheit der Ware darstellt, dem allgemeinen Verkehr zu erhalten (BA 24. 2. 13, MW 12, 362). Anm. 23

Ein Wort kann für viele Warenarten als Beschaffenheitsangabe unzulässig und doch für eine andere Ware zulässig sein (BA 13. 6. 25, GR 25, 223: Simplex für Uhrarmbänder). Es kann sogar für eine Warenart Beschaffenheits- oder Bestimmungsangabe sein, ohne daß dies für die gleichartigen Waren zutrifft. So wurde das Wort „Jaeger" für Unterwäsche abgelehnt, dagegen für die damit gleichartigen „Schweißblätter und Korsetts" zugelassen. Später wurde das Z „Jaeger & Co." für Unterwäsche zugelassen, weil das eingetragene Z Jaeger auf diese seine Wirkung nicht erstrecken konnte (BA 10. 6. 10, Bl 10, 240).

§ 4 Bestimmungsangaben sind unzulässig, auch wenn sie nur eine von vielen möglichen Bestimmungen der betreffenden Ware (nicht die ausschließliche) angeben (BA 6. 12. 08, Bl 09, 33: Polo für Fahrräder; zum Polo-Spiel).

Auch solche Z sind ausgeschlossen, die durch Übung auf einem größeren Teile des betreffenden Geschäftsgebiets als Größenangaben aufgefaßt werden (BA 15. 4. 25, MW 24, 213: OG, OC, OK für Gummiabsätze).

Uneintragbar sind die Jahreszeiten, weil sie auf die Zeit der Herstellung oder die zeitliche Bestimmung der Ware bezogen werden können (BA 13. 2. 07, Bl 07, 121: Herbst für Gaskocher, Brenner u. dgl.).

Ebenso die Hinweise auf das 20. Jahrhundert (BA 5. 3. 00, Bl 00, 206: New Century Caligraph).

Auch Worte, die noch nicht dem Sprachgebrauch angehören, sind für den allgemeinen Verkehr frei zu halten, wenn die zukünftige Verwendung naheliegt (BA 11. 3. 13: Vierradkuppler für Drahtseilbahnen; MW 12, 422).

Handelt es sich um naheliegende neue Bezeichnungen, die sofort als Beschaffenheitsangaben erkannt werden, so ist die Eintragung zu versagen (BA 13. 6. 96, Bl 96, 310: Wachspasta-Seife; PA 26. 3. 95, Bl 94/95, 233: Hustenheil; BA 3. 11. und 6. 11. 95, Bl 94/95, S. 306 u. 307: Medizinischer Milchkognak, Glühstoff, Glühstein). Das gilt auch für neue Wortzusammensetzungen (BA 25. 9. 96, Bl 96, 364: Seifen-Salmiak; PA 10. 1. 95, Bl 95, 232: Piano-Orchestrion). Wesentlich ist dabei auch die voraussichtliche Unentbehrlichkeit im zukünftigen Verkehr)BA 23. 6. 96, Bl 96, 312: Gasglühlicht).

Den Beschaffenheitsangaben stehen selbstverständlich gleich die schon vor der Anmeldung im Gemeingebrauch befindlichen Namen der Ware. Nach der Anmeldung und Eintragung entscheidet § 13 (vgl. Salinger GR 13, 265).

Wird ein Wort lediglich in der Wissenschaft zur Bezeichnung einer Ware benutzt, so liegt eine allgemeine Warenbenennung noch nicht vor, und das Wort ist daher eintragefähig (BA 9. 2. 99, Bl 99, 147; GR 01, 336: Antipyrin; vgl. BA 9. 12. 95, Bl 96, 15).

Der Umstand, daß ein Wort einem anderen für gewisse Waren geschützt ist, hat nicht zur Folge, daß die Anmeldung für andere Waren als Beschaffenheitsangabe abgelehnt wird. Etwaige Gegenrechte des ersten Z-Inhabers sind im Widerspruchsverfahren oder gerichtlich geltend zu machen (BA 6. 8. 02, Bl 02, 230: Formalin eingetragen für Formaldehyd, angemeldet für Seife).

Wörter, die eine Gattung von Personen bezeichnen, z. B. Gentleman, Bureaudiener, Hausdiener sind als Bestimmungsangabe in der Regel nicht eintragbar (BA 17. u. 19. 3. 06, Bl 06, 206).

Indessen ist nicht selten der Name des Z-Inhabers identisch mit der Bezeichnung einer Personengattung, z. B. Bergmann, Müller, Schuster usw. In diesem Falle wird die Eintragung zu bewilligen sein, wenn anzunehmen ist, daß das Z im Verkehr als Hinweis auf eine Person, nicht als Bestimmungsangabe aufgefaßt werden wird (BA 13. 10. 25 und J. Seligsohn MW 25, 222ff).

Eine Zusammensetzung von zwei Wörtern, die einzeln als Beschaffenheitsangabe unzulässig wären, kann als Kombinationsmarke zulässig sein („Galla-Gold" für Tabakfabrikate), BA 9. 12. 15, MW 15, 347; „Kleine Sachsen" für Zigaretten: RG II 25. 4. 11, MW 10, 382).

Da Zusätze wie „Ersatz", „System" u. dgl. zu einem eingetragenen WZ die Verwechslungsgefahr in der Regel nicht aufheben (s. § 20 A 10), so würden derartige Anmeldungen Dritter nach §§ 5, 6 zu beanstanden sein. Sie sind aber auch abgesehen hiervon als Beschaffenheitsangaben und daher auch für den Inhaber des Grundzeichens unzulässig (PA 17. 1. 11 und 1. 5. 11, MW 14, 310; vgl. Bl 06, 263; s. auch die ausführliche Begründung BA 11. 5. 07, Bl 07, 188; PA 24. 3. 04, Bl 04, 348; BA 13. 6. 03, Bl 04, 175; BA 13. 1. 00, Bl 00, 288; BA 25. 11. 97, Bl 97, 263; PA 22. 11. 95, Bl 96, 66: System Kneipp, Nach Pfarrer Kneipp, Empfohlen von Pfarrer Kneipp).

Wörter, welche die Ware als Ersatz für eine andere Ware bezeichnen, sind nicht eintragbar, einerlei, ob die andere Ware mit einem Freiwort oder mit einem — sei es auch dem Anmelder selbst — geschützten Worte bezeichnet ist (BA 28. 4. 06, Bl 06, 263).

Beschaffenheitsangaben, die sich auf die Form der Ware oder auf die Ausstattung beziehen, stehen im allgemeinen denen gleich, die sich auf die Ware selbst beziehen. Daher abgelehnt „Café-Tafel" (BA 25. 5. 95, Bl 95, 272); „Gold and silver brand" (BA 4. 4. 99, Bl 99, 226; GR 00, 278; BA 10. 6. 03, Bl 04, 50: Kognak mit dem Gläschen; BA 24. 11. 17, Bl 18, 63; MW 17, 221: „Gold für Schokolade; dagegen Osterrieth GR 1918, 77).

Dagegen wurde der Löschungsanregung betreffend das Z „Die erste Gold" für Schokolade, obwohl an der Grenze des Z-Schutzes stehend, weil einmal eingetragen, nicht stattgegeben; es bleibe nur die Löschungsklage nach § 9 Nr 3 für den Fall der unwahren Angabe übrig (BA 24. 10. 18, MW 18, 42; vgl. dazu § 8 A 7).

Die Bezeichnung „Naturgold" für Zigaretten wurde, weil auf die Beschaffenheit des Mundstücks hinweisend, gelöscht, dagegen für andere Tabakfabrikate aufrechterhalten (PA 4. 11. 16, MW 16, 163). § 4

Beschaffenheitsangaben, die sich auf die Form der Ware beziehen, sind zulässig, wenn es sich um eine frei gewählte, nicht technisch notwendige Ausstattung handelt, die entweder neu oder bereits anerkanntes Kennzeichen des Betriebs des Anmelders ist (BA 13. 11. 00, Bl 01, 48: Granate für Bleistiftspitzer).

Dagegen wurde abgelehnt die Eintragung von „Besen" für eine Zigarre mit büschelartig heraustretender Einlage (mit Recht, weil nicht reine Ausstattung, sondern auch technisch, BA 13. 10. 98, Bl 99, 251; GR 01, 334).

Abgelehnt wurde ferner „Wasch-Extrakt mit rotem Band", weil eine so naheliegende Ausstattung nicht monopolisierbar ist (BA 4. 12. 99, Bl 00, 281).

Fremde Sprache. Bei Beschaffenheitsangaben in fremder Sprache kommt es darauf an, ob sie auch im deutschen Verkehr als solche erkannt oder aufgefaßt werden. **Anm. 24**

Während Ausdrücke in den gangbaren lebenden Sprachen im allgemeinen den entsprechenden deutschen gleichgeachtet werden, verhält es sich mit den toten Sprachen umgekehrt (BA 25. 3. 11, MW 10, 319). Selbstverständlich läßt sich diese Unterscheidung aber nicht streng durchführen, vielmehr kommt es darauf an, inwieweit der betreffende fremdsprachige Ausdruck sich im Verkehr eingebürgert hat und ein Bedürfnis für Freihaltung besteht.

Nach diesen Gesichtspunkten wurden z. B. für zulässig erachtet:

„Leukos" (neugriechisch = glänzend, weiß) für Rechenmaschinen (BA 25. 5. 04, Bl 04, 398; MW 5, 71.

„Vitello" (Kalb) für Margarine (BA 24. 4. 03, Bl 03, 152).

„Ova" und „Labona" (BA 16. 12. und 23. 12. 13, MW 13, 394).

„Firnhold" (BA 30. 12. 13, MW 13, 314).

„Fit Rite" für Druckknöpfe (BA 16. 4. 14, MW 13, 512).

„Cleversana" für Margarine (BA 25. 3. 14, MW 13, 514, auch als eigentümliche Kombination).

„Krumbles" für Nahrungsmittel aus Weizen (obwohl die Deutung „in Krümeln" naheliegt, weil ein Verkehrsbedürfnis für Freihaltung nicht besteht; BA 8. 1. 17, MW 16, 176.

„Kaliklora" für Zahnpasta (deswegen Kaliklorin bei späterer Anmeldung als übereinstimmend abgelehnt, obwohl beide Z auf den Zusatz von Kalium chloricum hinweisen; BA 27. 12. 20, MW 20, 121).

Dagegen für unzulässig:

„Sorpresa" (span. = Überraschung), BA 8. 10. 08, Bl 09, 18.

„Piccolo" (klein), BA 7. 11. 03, Bl 03, 284 (Bleistift), und 2. 12. 08, Bl 09, 18).

„Exhibition" (BA 22. 5. 09, Bl 09, 314).

„Non plus ultra" (PA 24. 3. 04, Bl 04, 347).

Es kommt nicht darauf an, ob ein fremdsprachiger Ausdruck richtig gebildet ist; die Eintragung ist ausgeschlossen, wenn er in Deutschland als Beschaffenheitsangabe aufgefaßt wird (BA 4. 12. 08, Bl 09, 33: Best by test).

Die fremde Sprache ist insbesondere dann der deutschen gleichzuachten, wenn das betreffende Land Ausfuhrgebiet für die Ware ist (s. z. B. PA 13. 1. 98, Bl 98, 156).

Es sind aber auch die Bedürfnisse der ausländischen Importeure zu berücksichtigen. Daher abgelehnt „Hermosa" (spanisch = vortrefflich) für Zigarren (BA 27. 3. 96, Bl 96, 185).

In der Schweiz ist die Auffassung in bezug auf fremdländische Bezeichnung von chemischen Erzeugnissen strenger wie in Deutschland. Für schutzunfähig sind z. B. erklärt worden: Saccharin, Antipyrin, Hämatogen und Citrovanille (MW 16, 164; Reichel).

Dieselbe Frage kann auftreten bei der Anwendung des § 13. So wurde, weil die Kenntnis eines Wortes aus einer toten Sprache weniger vorauszusetzen sei wie aus einer lebenden, das Wort „vernix" (Firniß) als Phantasiewort nicht Beschaffenheitsangabe und somit dem Zeichen „Vernin" gegenüber für unzulässig erklärt (E 99, 87).

Einzelentscheidungen. Da die Entscheidung im einzelnen Falle oft sehr zweifelhaft ist, andererseits aber die Rechtssicherheit und die Gerechtigkeit erfordern, daß die in einem Falle ergangene Entscheidung auch in einem gleichliegenden späteren Falle — wenn irgend möglich — als richtig angenommen wird, so ist es unumgänglich, sich einen Überblick über die bisherige Praxis durch Kenntnisnahme von einer größeren Anzahl früherer Entscheidungen zu verschaffen, die in Zukunft von Bedeutung werden können. **Anm. 25**

I. Als zulässige Beschaffenheitsangaben (im weiteren Sinne) wurden erachtet:

„Maschinenspeck" für Mittel zum Dichten von Maschinenteilen (BA 14. 11. 95, Bl 96, 13).

„Sanitas" für Lakritzen (BA 16. 11. 95, Bl 96, 14).

„Antipyrin" (BA 9. 12. 95, Bl 96, 14).

§ 4 „Xylolith" (BA 18. 12. 95, Bl 96, 69).

„Saccharin" (BA 8. 1. 96, Bl 96, 70).

„Granulin" für Waren aus Asphalt u. dgl. (trotz der nahen Beziehung zu den Wörtern Granulit und Granuliren), BA 18. 2. 96, Bl 96, 141.

„Lanolin" für Wollfett (BA 4. 12. 95, Bl 96, 171; später als Freiwort gelöscht, s. A 7).

„Monopole" für Schaumwein (PBl 95, 95).

„Aristol" für ein pharmazeutisches Produkt (BA 6. 11. 95, Bl 95, 307).

„Dentalin" für Zahnpulver (BA 2. 11. 95, Bl 95, 306).

„Armeesekt" für Schaumwein (BA 12. 11. 95, Bl 95, 308; abgelehnt dagegen „Casinosekt").

„Doppelstärke" (BA 18. 11. 95, Bl 95, 309).

„Allegro", jedoch nicht für Musikinstrumente, deren Teile und Saiten (BA 22. 11. 07, Bl 08, 37).

Das Wort „*Αλφα*" für Papier (kann nicht deshalb als Beschaffenheitsangabe gelten, weil Alfa der Handelsname für Espartogras, ein Rohstoff der Papierfabrikation, ist; BA 13. 11. 06, Bl 07, 11).

„Ixl" (rebusartige Wiedergabe des englischen Iexcell), BA 12. 2. 04. MW 6, 92 (gegen MW 6, 75); Bl 04, 226.

„Schneeglöckchen" für Parfümerien, weil die Blume, abgesehen von einzelnen wenig bekannten Arten, nicht duftet (BA 29. 6. 98 und 19. 2. 03, Bl 00, 278 und 04, 46). Anders bei „Stiefmütterchen", weil eine neue, duftende Varietät im Handel war (BA 4. 3. 02, Bl 02, 199). Ebenso abgelehnt: „Veilchenwurzel und Kirschblüte" oder Cherry blossom (BA 5. 4. 99, Bl 99, 226; GR 01, 334).

„Favorit, Favorito, Favorite" (BA 9. 10. 02, Bl 03, 151).

„Mentor" für Schreibhefte, Zeichenvorlagen u. dgl. (vorbehaltlich der Prüfung auf Freizeicheneigenschaft; BA 27. 4. 03, Bl 03, 154).

„Railroad-Seife (keine Bestimmungsangabe), BA 25. 3. 02, Bl 02, 229.

„Victoria" für Nähmaschinen (Freizeicheneigenschaft nicht festzustellen; PA 7. 12. 00, Bl 01, 174).

„Antipyrin" für Fiebermittel (BA 9. 2. 99, Bl 99, 147).

„Antiarthrin" (für ein Gichtmittel), österr. Verwaltungsgerichtshof 6. 4. 99, Bl 99, 279.

„Tramway" für Bleistifte (BA 30. 3. 00, Bl 00, 284).

„Malton" (malzhaltig) für Weine u. dgl. (PA 20. 5. 98, Bl 98, 156).

„L'estomac" für Bitterliköre (weil das Wort im Französischen nicht diese Bedeutung hat; PA 22. 5. 96, Bl 98, 27).

„Globus" für Bücher (BA 18. 5. 14, MW 14, 120).

„Tomatenperlen" für Zwiebeln in Tomatensauce (BA 7. 1. 14, MW 13, 335).

„Sulfo Ichthyolicum", weil Ichthyol ein der Anmelderin als WZ geschütztes Phantasiewort ist (PA 31. 8. 11 und 22. 2. 12, MW 12, 47).

„Crystall" für Gummi (durchscheinend), BA 15. 3. 12 und 24. 2. 13, MW 12, 362.

„Literaria" für Papier, Papierwaren, Druckereierzeugnisse, Filme (ein zulässiges Phantasiewort; BA 7. 6. 13, MW 12, 587).

„Mosaik" für Tabakfabrikate (da es fernliegt, die Bezeichnung etwa auf eine besondere Ausstattung oder Verpackung zu beziehen; BA 13. 5. 12, Bl 12, 204).

„Rival" (ist keine Beschaffenheitsangabe, wohl aber Sans rival; BA 7. 9. 11, MW 11, 57). Ebenso ist erkannt für „Climax" (BA 14. 7. 11, MW 11, 58).

„Butterblume" für Butter und Margarine (keine Beschaffenheitsangabe oder Freizeichen; PA 7. 11. 11, MW 11, 162).

„Krebs-Fett" für Wichse und Lederfett (weder Beschaffenheitsangabe noch irreführend; BA 23. 11. 10, MW 10, 168).

„Hopfentropfen" für Bier („wegen der phantasievollen Form"; BA 29. 1. 10, Bl 10, 141).

„Goldgulden" (weil es sich um eine nicht mehr gangbare Münze handelt; BA 25. 4. 10, MW 9, 397).

Ebenso „Goldmohur" (BA 21. 6. 98, Bl 98, 262).

Während „After dinner Cigar" als Bestimmungsangabe gelöscht und die Eintragung von „Diner Cigarette" abgelehnt ist, wurde das Z „After the Ball" für Zigaretten als Phantasiewort zugelassen (BA 1908, MW 8, 286).

II. Als unzulässig wurden erachtet:

„Boonekamp of Maagbitter" (KG 8. 11. 16, MW 16, 202).

„Waschkraft, Heizkraft, Leuchtkraft, Heilkraft" (BA 7. 3. 17, MW 16, 208).

„Medicon" und „Medico" für Arzneimittel (§ 20 anwendbar; BA 10. 4. 16, MW 16, 209).

„Telephot" für photographische Platten (als Abkürzung für telephotographisch nicht entbehrlich; BA 31. 5. 16, MW 16, 210).

„Alumin" für Desinfektionsmittel (Abkürzung für Aluminium, nicht Phantasiewort wie Migränin, Antipyrin u. dgl.; BA 19. 5. 16, MW 16, 210). § 4

„Flottenatmer" für Taucher-, Rettungs-, Atmungs-, Wiederbelebungs- und medizinische Apparate (weil diese an Bord eines Schiffes besonderer Eigenschaften bedürfen; BA 1. 7. 16, MW 16, 210).

„Stichprobe" (bedeutet „gute Beschaffenheit", wie durch Stichprobe dargetan; BA 13. 9. 16, MW 16, 211).

„Dracorubin" für Farbstoffe (Rubin übliche Bezeichnung; Indirubin, Azorubin, Benzorubin. Draco eine Pflanze, deren Harz einen Farbstoff liefert). Trotz der Neubildung unzulässig (BA 24. 11. 16, MW 16, 212).

„Alantol" (Bezeichnung für den wirksamen Bestandteil der Wurzel von Inule Helenium) unzulässig, weil unentbehrlich zur Kennzeichnung von Waren, die unter Verwendung von Alantol hergestellt werden (BA 24. 11. 16, MW 16, 258).

„Nährgut" für Nahrungsmittel (BA 14. 10. 16, MW 16, 259).

„Hamsterspiel" für Gesellschaftsspiele (weil unter Benutzung eines allgemein gebräuchlichen Wortes lediglich die Art des Spieles bezeichnend; PA 19. 1. 21, MW 20, 218).

„Marmorlicht" (für lichtdurchlassende Marmorplatte), BA 2. 7. 15, MW 15, 243.

„Wander" (als Hinweis, daß die betreffende Ware sich für Wanderer oder Reisende empfehle), BA 5. 5. 15, MW 15, 348.

Ebenso „Pfadfinder" (BA 13. 1. 14, Bl 14, 53).

„Erholungs-" oder „Altersheim" (als Bestimmungsangabe) für Margarine oder andere Nahrungsmittel (BA 6. 2. 15, MW 15, 395. Auch die Unterscheidungskraft ist zweifelhaft).

„Kristallit" für Waren, die Kristallisation bewirken oder bei deren Hervorbringung Kristallisation mitwirkt (BA 1. 7. 14, Bl 14, 307; bekämpft von Wohlgemuth GR 1915, 17).

„Duplex" (BA 9. 2. 15, MW 14, 407).

„Edelwasser" (Tränkmittel für Vieh), BA 18. 4. 14, MW 13, 513.

„Titan" für Stahl (der Name eines Metalls kann nicht WZ für ein anderes sein; BA 4. 3. 14, MW 13, 516).

„Corso" ist vom PA für eine unzulässige Bestimmungsangabe für Fahrräder u. dgl. erklärt worden. Dagegen Schweizer BG v. 21. 2. 13, MW 12, 590.

„Emanoskop" (zum Messen der Radioaktivität), BA 1. 11. 11, Bl 12, 19.

„Titanotherapia" (= Titantherapie) für medizinisch-pharmazeutische Präparate (PA 30. 12. 11, Bl 12, 151).

„Medio" (BA 2. 4. 12, Bl 12, 264).

„Kinematograph" (trotz Eintragung als WZ freier Warenname geworden; BA 22. 6. 12, Bl 12, 265).

„Urmärzenbier" (Beschaffenheitsangabe; BA 13. 9. 11, MW 11, 96).

Ebenso „Edeltyp" für Bier (BA 26. 2. 12, MW 11, 388).

„Nährzucker" (RG II 8. 2. 10, MW 9, 311).

„Lucullus, Feinschmecker, Schlemmer" für Eßwaren (BA 5. 11. 10, MW 10, 196).

„Aristokrat" für Toilettegegenstände (BA 4. 12. 99, Bl 00, 282).

„Imperial" und „Royal" (BA 4. 1. 00, Bl 00, 282).

„Karawanenkaffee" (BA 10. 1. 00, Bl 00, 282).

„Favorite-Columbia" für zahnärztliche Apparate (BA 15. 1. 00, Bl 00, 284).

„Supra" (PA 23. 4. 00, Bl 00, 353).

„Delecto" und „Delecta" (BA 14. 3. 00, Bl 00, 372).

„Cabinet" für Fahrräder (PA 11. 6. 00, Bl 00, 395).

„Wellenbadschaukel" für schaukelnde Badewannen (PA 2. 2. 97, Bl 98, 155).

„Musca" (Fliege) für Vogelfutter (PA 1. 10. 98, Bl 98, 259, ohne genügenden Grund abgelehnt).

„L'industriale" für Bleistifte (BA 28. 10. 98, Bl 98, 260).

„Fruchtgeist" für Fruchtessenzen (PA 26. 11. 97, Bl 98, 155).

„Etrangers" für Zigarren (BA 24. 6. 98, Bl 98, 161).

„Golfhut" für Kopfbedeckungen (BA 3. 11. 25, MW 25, 108).

„Vacuum" für Öle (BA 8. 11. 97, Bl 98, 29).

„Omnicolor" für einen Farbstoff (BA 17. 12. 97, Bl 98, 92).

„Goldkorn" für Branntwein (BA 27. 12. 97, Bl 98, 92).

„Digestin" für Verdauungsmittel (BA 13. 1. 98, Bl 98, 93).

„National" und „The national" (BA 15. 1. 98, Bl 98, 132).

„Vollbrod" für Backwaren (BA 16. 2. 98, Bl 98, 133).

„Economia" und „Ecomonia" (BA 30. 3. 98, Bl 98, 133).

„Familiennudel" (BA 30. 3. 98, Bl 98, 133).

„Zukunftsbräu" (BA 17. 5. 98, Bl 98, 134).

§ 4 „Doppelseife" (BA 13. 1. 98, Bl 98, 157).
„Korkstein" (BA 29. 11. 95, Bl 96, 69; anders Xylolith s. I).
„Registrator" für Briefordner (obwohl ursprünglich originell und daher schutzfähig; BA 31. 10. 96, Bl 97, 59).
Ebenso „Schnellhefter" (BA 22. 11. 97, Bl 97, 262).
„Scheibenzwirn" (BA 4. 6. 97, Bl 97, 193).
„Pastilles d'Orateur" (BA 9. 6. 97, Bl 97, 193).
„Cantbendem" (Cannot bend them) für Nadeln (PA 27. 11. 96, Bl 97, 243).
„Conditorei-Margarine" (BA 11. 6. 97, Bl 97, 252).
„Matrosenschluck" für Spirituosen (BA 4. 10. 97, Bl 97, 252).
„Biersyphon Gambrinus" für Biergefäße (da Gambrinus Freizeichen für Bier; PA 4. 6. 97, Bl 97, 260; vgl. BA 16. 11. 97, Bl 97, 262: „Biersyphon" und „Originalsyphon").
„Perfection Tea Can" für Teedosen u. dgl. (BA 8. 11. 95, Bl 96, 12).
„Universal-Bleistift" (BA 5. 12. 95, Bl 96, 14; dagegen zugelassen „W & W Universal" für Lampen, BA 5. 12. 95, Bl 96, 185).
„Krystallbier" (PA 21. 9. 95, Bl 96, 66).
„Komptoirherde" (PA 16. 10. 95, Bl 96, 66).
„Zephyr-Sammet" (BA 14. 12. 95, Bl 96, 69).
„Bodega" für Weine, Zigarren u. dgl. (BA 17. 1. 96, Bl 96, 72).
„Ideal", „Excellent", „Pompös", „Splendide" (BA 7. 1. 96, Bl 96, 171; vgl. Bl 95, 306).
„Guts" für Leckereien (BA 15. 12. 25, MW 25, 134).
„Selters" für Mineralwasser (PA 8. 6. 96, Bl 96, 306, weil das Wort — im Gegensatze zu „Kränchen", s. PA 20. 4. 96, Bl 96, 241 — freier Warenname geworden ist).
„Dessin" für Blei-, Farb- u. dgl. -Stifte (BA 13. 6. 96, Bl 96, 311).
„Manufakturist" für Zeitungen (BA 4. 7. 96, Bl 96, 312).
„Cito" für Fahrräder (BA 15. 7. 96, Bl 96, 312).
„Watt" für galvanische Elemente (BA 3. 6. 96, Bl 96, 313).
„Seifen-Salmiak" für ein Waschmittel (BA 25. 9. 96, Bl 96, 364; vgl. A 23).
„Eichel" für Kakao (Bl 95, 232).
„Spear pointed pen" für Stahlfedern (Bl 95, 232).
„Extra Cuvée" für Schaumwein (Bl 95, 233; vgl. Bl 95, 275).
„Weldless" für Stahlröhren (Bl 95, 233).
„Argentin" für Britannia- und Zinnwaren (BA 17. 6. 95, Bl 95, 235).
„Standard" (BA 10. 6. 95, Bl 95, 305).
„Nabelschluß" für Bruchbänder (BA 21. 10. 95, Bl 95, 305).
„Vino da pasto" (Tischwein) für italienische Weine (BA 24. 10. 95, Bl 95, 305).
„Pompös" für Spirituosen (BA 2. 11. 95, Bl 95, 306).
„Hochheimer Rot" für Schaumwein (BA 6. 11. 95, Bl 95, 307).
„Doppelglanz" für Wichse (BA 27. 5. 07, Bl 07, 198).
„Sterling comb" (= echter Kamm), BA 1. 10. 03, MW 6, 75.
„Kameel" für Treibriemen (da es auf die Herstellung aus Kamelhaar hindeutet; die Abkürzung ist zwar vielleicht neu, aber sprachüblich; BA 22. 11. 04, Bl 06, 11).
„Das Auge" für Zeitschriften (als Bestimmungsabgabe; PA 26. 5. 04, Bl 05, 12).
„Jubiläum" (PA 31. 10. 04, Bl 05, 127).
„Passepartout" für Land-Motorfahrzeuge (BA 20. 5. 05, Bl 05, 206).
„Skala" für Musikinstrumente (PA 16. 3. 03, Bl 04, 43).
„Hämatogen" für blutbildende Arzneien. High Court of Justice 13. 6. 04, GR 04, 184).
„Grand Prix" (PA 2. 10. 01, Bl 02, 25).
„Rekord" (PA 24. 2. 02, Bl 02, 195).
„Central" (PA 24. 12. 01, Bl 02, 195; 29. 6. 00, Bl 00, 354).
„Schwimmende Emaille" für Bronzefarben (PA 4. 11. 01, Bl 02, 196).
„Rhombus" oder „Rhombos" für Spielwaren (BA 5. 12. 10, MW 10, 260).
„Vero" und „Vera" (obwohl auch weiblicher Vorname), weil auf Echtheit hinweisend (BA 11. 1. 09, Bl 10, 166).
„Zum Wohlsein" oder ähnliche Wendungen für Nahrungs- oder Arzneimittel (Vereinigte Staaten von Nordamerika 7. 12. 09, MW 9, 354: Getwell).
„Est" für Wein, weil Est, est, est italienische Weinsorte (BA 15. 5. 09, Bl 09, 313).
„La satineuse" für Papierwaren nicht eintragbar, weil es im Französischen sowohl für Arbeiterinnen, welche dem Papier einen satinartigen Glanz geben, wie für entsprechende Maschinen gebraucht wird; für andere Waren, obwohl nicht ohne Beziehung zu denselben, eintragbar (BA 3. 11. 06, Bl 07, 119).
„Neveripup" für Präservativs (obwohl sprachlich unrichtig gebildet, doch für das gemeine Verständnis Beschaffenheitsangabe; BA 16. 5. 07, Bl 07, 165).

„Natur“ für eine große Menge von Warenarten (weil auf deren natürliche Beschaffenheit oder Herstellung hinweisend; BA 17. 5. 07, Bl 07, 165). § 4

„Kiosk“ (Bestimmungsangabe; PA 17. 11. 00, Bl 01, 176).

„Flocken“ und „Haferflocken“ für Getreideprodukte (engl. flake), BA 23. 1. 01, Bl 01, 177.

„Wedgwood“ für Papierwaren (Hinweis auf den Wedgwood-Stil;] BA 17. 11. 98, Bl 99, 47; GR 01, 333).

Ebenso „Chippendale“ (BA 24. 4. 99, Bl 99, 227; GR 01, 334).

„Klub-Harmonika“ (BA 15. 11. 98, Bl 99, 88; GR 01, 335).

„Allen voran“ (BA 23. 12. 98, Bl 99, 146; GR 01, 335).

„Goldtropfen“ für Schaumwein (BA 31. 1. 99, Bl 99, 147; GR 01, 335).

„Hillclimber“ und „Bergsteiger“ für Fahrräder (BA 23. 12. 98, Bl 99, 146 und 7. 9. 10, Bl 10, 322).

„Nach Tisch“ oder „after dinner“ für Zigarren (PA 9. 5. 98 und 31. 1. 99, Bl 00, 276).

„Mit“ für Schnupftabak (einen Zusatz andeutend; PA 9. 5. 99, Bl 00, 277).

„Syenitum“ für feuerfestes Ofenmaterial (PA 13. 1. 00, Bl 00, 277).

„Mission“ oder „Missions“ für Margarine (PA 1. 2. 00, Bl 00, 277).

„Alpenvereins-Cognac“ (BA 18. 9. 99, Bl 00, 279).

„Jungfern“ für Kakaobutter (23. 11. 99, Bl 00, 280).

„Armeestift“ für Bleistifte (27. 11. 99, Bl 00, 281).

„Sanomalz“ (PA 2. 7. 14, MW 14, 239).

„Dresdner Pracht“ für Schokolade u. dgl. (weil teils Herkunfts-, teils Beschaffungsangabe; BA 19. 1. 15, MW 15, 275).

„Friedrich Fröbel“ für Spielwaren (PA 16. 12. 11, Bl 12, 119).

„Rebe“ für Sekt und Wein (BA 13. 5. 25, MW 24, 239).

„Bier muß billig sein“, „Bier ist flüssig Brod“, „Im Bier liegt Kraft“ (BA 28. 3. 98, Bl 98, 128).

„Asbesta“ und „Asbestat“ für Asbest, Asbestersatz und Produkte zur Herstellung asbesthaltiger Stoffe (BA 1. 7. 20, MW 20, 44).

„Aluminox“ für Aluminiumoxyd. England (Bl 24, 207).

Die Bezeichnung „Diesel“ und „Dieselmotor“ ist als Beschaffenheitsangabe nicht eintragbar, obwohl die Herstellung unter Patentschutz steht, weil sie in mehreren selbständigen Unternehmungen erfolgt, somit nicht der Hinweis auf einen bestimmten Gewerbebetrieb gegeben ist (österr Verwaltungsgerichtshof 3. 4. 14, Bl 15, 169; s. auch die Liste der unzulässigen Wortzeichen Bl 06, 195 und amerikanische Beispiele Bl 16, 146).

Herkunftsangaben im allgemeinen. Das Wort „Ort“ ist an sich im weitesten Sinne zu verstehen, so daß jeder einen Namen tragende Teil der Erdoberfläche darunter fällt; aber auch Wörter, die die Herkunft nur allgemein andeuten, wie z. B. „Alpenkäse“, „Marschenbutter“ u. dgl., gehören hierher. Zulässig ist jedoch die Eintragung von solchen Örtlichkeiten, die für einen allgemeinen Gebrauch nicht in Betracht kommen, weil sie lediglich auf den Z-Inhaber hinweisen, wie der Name seines Gutes oder seiner sonstigen Betriebsstätte, die ortsübliche Bezeichnung seines Geschäftshauses u. dgl. Ebenso sind Ortsnamen zulässig, die nach der Verkehrsauffassung nicht als Herkunftsbezeichnungen, sondern als Phantasiewarennamen aufgefaßt werden, z. B. Sahara, Nordpol usw.; vgl. hierzu Krüger MW 10, 309 (ausgeschlossen die Namen der Erdteile, Sudan und ähnliche Bezeichnungen größerer Gebiete). Anm. 26

Die Namen von Flüssen und Seen werden im allgemeinen für eintragungsfähig erachtet, soweit sie nicht auf bestimmte Handels- und Produktionsbezirke für die betreffenden Waren hinweisen; s. die Übersicht bei Krüger MW 10, 337ff.. Ausgenommen sind daher z. B. der Rhein und die Ruhr (BA 19. 10. 01, Bl 01, 248; GR 04, 346), doch sind Wortverbindungen, wie Rheingold oder Ruhrperle, die als Phantasiebezeichnung gelten, zulässig. Ebenso ist die Eintragung von „Kongo“ abgelehnt worden, weil das Wort auch den Kongostaat bezeichnet (Krüger a. a. O. S. 341). Naturgemäß kann in diesen Fragen im Einzelfalle Meinungsverschiedenheit herrschen, und es entbehrt daher auch die Rechtsprechung des PA der Einheitlichkeit. Zu empfehlen ist eine strenge Praxis, bei der unbillige Monopolisierungen vermieden werden und im Zweifel gegen die Eintragung geographischer Bezeichnungen entschieden wird; vgl. die Ausführungen bei Krüger MW 10, 371ff.

Herkunftsangaben. Besondere Regeln. Ort der Herstellung ist nicht nur ein staats- und verwaltungsrechtlich abgegrenzter Teil der Erdoberfläche, sondern es genügt eine ethnographische, historische und geographische Abgrenzung, vorausgesetzt, daß es sich um ein als Herknuftsstätte für die Ware in Betracht kommendes, irgendwie einheitliches Gebiet handelt. Daher sind allgemeinere Begriffe ausdrückende Worte, wie „Kontinental“, eintragefähig (BA 12. 12. 98, Bl 99, 228; GR 01, 332; BA 13. 10. 98, Bl 99, 149; GR 01, 333). Die Anm. 27

§ 4 ursprünglich zugelassene Bezeichnung „Orient" ist nachträglich als unentbehrliche Herkunftsangabe abgelehnt worden (BA. 7. 6. 00, Bl 00, 376).

Auch ein Ortsname kann eingetragen werden, wenn er als Herkunftsbezeichnung für die betreffende Ware nicht in Betracht kommt und daher allgemein als Phantasiename aufgefaßt werden muß (BA 22. 5. 20, MW 19, 234: Ferrol, Hafen in Spanien — Verbindung von Ferrum mit der Silbe ol). Ebenso wurde zugelassen die Bezeichnung „Balticball" für Billardbälle, trotz Andeutung der Herkunft, weil als Herkunftsangabe nicht sprachüblich gebildet (BA 8. 5. 15, MW 16, 47).

Desgleichen: Höferbordstein, weil die Auslegung, daß es sich um Steine aus der Stadt Hof handelt — in Wirklichkeit lag der Name Höfer zugrunde —, nicht naheliegend ist (BA 19. 2. 16, MW 16, 208).

Auch „Emserol" wurde als reine Phantasiebezeichnung angesehen und zugelassen (PA MW 16, 258).

Andererseits hat das PA das Wort „Somano" für Zigarren als Herkunftsbezeichnung (Dorf in Japan und in Italien) zurückgewiesen (GR 23, 161).

Vgl. hierzu § 16 Abs 2 A 8 u. 10 und die Übersicht bei Becker GR 22, 123ff.; auch Krüger MW 10, 335.

Gebirgsnamen, auch allgemeinerer Art, z. B. Jura, sind nicht eintragbar (BA 15. 1. 07, Bl 07, 120).

Personifikationen von Ländern, z. B. Austria, sind unterscheidungskräftig und schutzfähig (PA 17. 12. 10, MW 11, 95). BA 22. 6. 05, Bl 05, 233 (Germania, Hammonia); BA 11. 4. 96, Bl 96, 172 (Germania für Kakao).

Eine Ausnahme wird nur gemacht, wenn der Ländername vermöge besonderer Beziehung zur Ware Täuschungsgefahr begründen könnte, z. B. Bohemia für Bier, weil der Anmelder dort nicht seinen Wohnsitz hatte (BA 22. 6. 05, Bl 05, 233; Krüger MW 10, 306).

Städtenamen werden durch Zusätze wie Alt, Neu, Groß o. dgl. in der Regel nicht zulässig (eine Ausnahme wurde gemacht für „Alt-Heidelberg", weil es überwiegend als Hinweis auf das bekannte Lustspiel und das Scheffelsche Gedicht aufgefaßt werde). BA 28. 1. 14, Bl 14, 53 (Alt-Brandenburg). Ebenso BA 17. 9. 13, MW 13, 122 (Groß-Hamburg); BA 10. 11. 11, Bl 13, 21 (Alt-Leipzig).

Altertümliche, nicht mehr gangbare Städtenamen (z. B. Brennabor) sind eintragbar (BA 7. 10. 02, Bl 03, 11).

Nicht zu billigen ist der Beschl des BA v. 7. 3. 11 (MW 10, 289), wonach Bilder von Burgen u. dgl. mit dem Namen der gleichnamigen Stadt eingetragen werden können, wenn nur eine Täuschungsgefahr nicht um deswillen besteht, daß die betreffende Stadt für die Herstellung der betreffenden Ware einen besonderen Ruf genießt. Vielmehr muß ein solches Z als eine (noch dazu vielfach unrichtige) Herkunftsangabe, deren Benutzung ohne Eintragung den in der Stadt angesessenen Gewerbetreibenden vorzubehalten ist, für unzulässig erachtet werden.

Die Namen sehr bekannter Straßen, z. B. Unter den Linden, Brühlsche Terrasse, Broadway, sind als Hinweis auf die betreffenden Städte unzulässig (PA 10. 3. 99, Bl 99, 220; GR 00, 213).

Bei mehrfacher Bedeutung kommt es auf die Auffassung des Verkehrs an. Daher „San Martin" zulässig, weil man dabei in erster Linie an den argentinischen Nationalhelden, nicht an die Stadt denkt. BA 28. 6. 15, MW 15, 347. (So auch das englische Recht: Trade Mark Rules Art 9 Nr 5). Andere Beispiele bei Krüger MW 10, 307: Bismarck, Salvator, Bonanza.

Namen von Örtlichkeiten, die im Eigentume des Anmelders stehen, können für den mit dem Grundbesitz verbundenen Geschäftsbetrieb eingetragen werden, weil und soweit sie eine Täuschung über die Herkunft der Ware nicht hervorrufen und für den Allgemeingebrauch entbehrlich sind, z. B. La Gde Chartreuse (MW 11, 197; vgl. E 69, 1). Ebenso die Namen individueller Produktionsstätten, z. B. „Karlsbader Wasser", „Birresborner Mineralbrunnen" (BA 15. 11. 98, Bl 99, 47; GR 01, 332; Krüger MW 10, 306, 307). Ebenso Emser Wasser, Pastillen, Salz und Quellsalz zugunsten der preußischen Regierung. Mitt v. V. der PA 25, 142; s. auch PA 6. 5. 97, Bl 97, 210 („Karlsbader Sprudel", „Karlsbader Sprudelsalz", „Wildunger Sauerbrunnen").

Dagegen wurde das Z „Hasensprung-Sekt" abgelehnt, weil der Anmelder nur Anteilseigner der betreffenden Weinbergslage war (BA 1. 11. 96, Bl 97, 73). Ebenso PA 13. 5. 96, Bl 96, 305 (Feuerberg).

Entwickelt sich aus einer Fabrik mit einem bestimmten Namen eine größere Ansiedlung mit verschiedenartigen Betrieben, die denselben Namen trägt, so kann der Eigentümer der Fabrik diesen nicht mehr für sich als WZ eintragen lassen (BA 24. 10. 95, Bl 95, 309; a. M. Kohler GR 96, 38).

Einzelentscheidungen. (Vgl. Einl zu A 25.) **§ 4 Anm. 28.**

I. Zulässige, auf Herkunft deutende Angaben:

„Nord-West" für Branntwein und „Nordostseebittern" (BA 10. u. 24. 2. 00, Bl 00, 374).

„The Wardom" für Musikinstrumente (BA 13. 2. 00, Bl 00, 374); zuerst beanstandet, weil es eine Wardom street in London gäbe. Anders bei sehr bekannten Straßen (s. A 26).

„Türkensense" (BA 27. 2. 00, Bl 00, 575).

„Orinocco-Jagdkanaster" (BA 26. 11. 95, Bl 96, 16).

„India" für chemisch-technische Mittel (BA 2. 11. 95, Bl 98, 310).

„Hobart", geschrieben als ein Unterschriftfaksimile, weil es in dieser Darstellung auf eine Person, nicht auf die Hauptstadt Tasmaniens bezogen wird (BA 28. 10. 25, MW 25, 185).

„Kurrhein", weil gegenwärtig ohne geographische Bedeutung (BA 26. 1. 26, MW 25, 188).

„Panabast" für Hüte und Mützen (weil die kleine nordamerikanische Stadt Pana für den Verkehr in dieser Ware keine Rolle spielt; BA 11. 9. 11, MW 11, 161).

„Rhein und Ruhr" für Tabakfabrikate (PA 22. 4. 13, MW 13, 79).

„Thuringia" für Nahrungs- und Genußmittel eintragbar, auch wenn der Anmelder nicht seinen Sitz in Thüringen hat (BA 20. 9. 02, Bl 03, 154).

„Ica" für Photographenapparate zugelassen, da der unbedeutende Ort gleichen Namens bei Abbazia für die Herkunft nicht in Betracht kommt (Österreich; MW 12, 422).

„Ovulinpulver" für Seifenfabrikate (BA 16. 3. 07, Bl 07, 139).

„Emscher Brunnen" für Klärvorrichtungen (BA 10. 6. 09, Bl 09, 276).

Eine Übersicht phantasiemäßig geformter oder verdeckter und deshalb eingetragener Herkunftsangaben s. bei Niebour MW 6 S. 99, 112 u. 133.

II. Unzulässige Herkunftsangaben:

„Samoa" für Papier (PA 14. 10. 01, Bl 02, 52).

„Vaterland" und „Patria" (PA 16. 12. 01, Bl 02, 196).

„Bostonco" (PA 30. 12. 01, Bl 02, 196).

„Jerusalem" für Schokolade und Kakao (PA 25. 11. 99, Bl 00, 354).

„Amerika", „Afrika", „Old England", „India" (PA 9. 12., 20. 12. 99, 19. 3. 00, Bl 00, 355). „Europa" für Schokolade u. dgl. (BA 30. 3. 00, Bl 00, 375). „Australia" und „Asia" desgleichen (BA 30. 3. und 18. 4. 00, Bl 00, 375).

„Freihafen" (PA 22. 3. 00, Bl 00, 356).

„Sudan" für Gebäck (BA 12. 1. 00, Bl 00, 373).

„Farm" für Butter, Käse u. dgl. (ebenso „Meierei", „Gut"); für Margarine unzulässig nach § 4 Abs 1 Nr 3 (BA 13. 9. 00, Bl 00, 395).

„Parisiana" für Schweißblätter (PA 6. 1. 98, Bl 98, 157).

„Kiaotschau" für Farbstoffe und „Columbia" für Öle (BA 5. u. 13. 10. 98, Bl 98, 260 und 261).

„Friedrichsdorfer Zwieback" für nicht aus Friedrichsdorf herrührende Ware, auch wenn daneben der Ort der Herstellung angegeben wird (PA 20. 9. 98, Bl 98, 259).

„Mainzer Aktienbier", da mehrere Aktienbrauereien in Mainz bestehen können (BA 10. 2. 97, Bl 97, 74).

„Canterbury-Bleistifte" (BA 26. 6. 97, Bl 97, 253).

„Litthauer Magenbitter" (BA 8. 1. 96, Bl 96, 138).

„Epirus" für Zigaretten und Tabak (obwohl das Wort wesentlicher Bestandteil der anmeldenden Firma; BA 8. 2. 96, Bl 96, 139).

„Südwest" (Hinweis auf Deutsch-Südwestafrika) für Tabakwaren (BA 30. 1. 14 MW 14, 335). Anders „Nordwest" für Branntwein s. I.

„Yankee", weil auf Herkunft aus Nordamerika hindeutend (PA 5. 3. 12, MW 11, 550).

„Eilenriede", Wald bei Hannover (BA 3. 12. 10, MW 10, 228).

„Teutsch" unzulässig, obschon jetzt selten gebraucht, weil mit „Deutsch" verwechselbar und zugleich Eigenschaftsangabe (BA 24. 12. 08, Bl 09, 94).

„Berliner Rollmops", ursprünglich Beschaffenheits-, jetzt Herkunftsangabe (E 85, 199).

„Niagara", wegen Hinweises auf den großen dortigen Industriebezirk (BA 21. 3. 16, GR 16, 122).

„Niedersachsen" (BA 21. 5. 15, MW 15, 396).

„Emser Karamellen", wenn nicht staatliches Quellprodukt (KG 10. 6. 14, Bl 14, 209).

„Mekong" für Seidengewebe (PA 16. 4. 04, Bl 05, 12).

„Krakowiak", Bewohner von Krakau, schon nach § 1 nicht eintragbar (BA 14. 10. 08, Bl 09, 313).

§ 4 „Brunswick" unzulässig, weil plattdeutsch, französisch und englisch = Braunschweig (PA 28. 10. 11, Bl 12, 16).

„Geraer Stadt-Bier" (PA 4. 5. 96, Bl 96, 313).

„Marca Italia" für italienische Weine (PA 2. 11. 95, Bl 95, 310).

„Aachener Thermalwasser" nicht eintragbar, weil es mehrere Besitzer von solchen Quellen gibt (PA 29. 6. 03, Bl 04, 49).

C. Abs 1 Nr 2 und Abs 2: **Wappen und Ähnliches.**

Anm. 29 **Allgemeines.** Der Gebrauch der öffentlichen Wappen und Hoheitszeichen ist den öffentlichen Behörden vorbehalten und kann nicht ohne Genehmigung jedem Privatmann gestattet werden. Außerdem aber wäre es nicht gerechtfertigt, demjenigen, der sich zuerst eines solchen allbekannten Z durch Anmeldung bemächtigt, ein Monopol und damit einen Vorsprung vor anderen zu gewähren. Endlich ist auch die Möglichkeit in Betracht zu ziehen, daß die Behörden sich selbst des Wappens usw. zur Warenbezeichnung bedienen wollen und in dieser gewerblichen Betätigung nicht durch fremde Konkurrenz oder gar durch ein Verbot Dritter beeinträchtigt werden dürfen.

Die jetzige Fassung der Nr 2 und die Hinzufügung des Abs 2 beruht auf Art III des Ges zur Ausführung der revidierten Pariser Übereinkunft v. 2. 6. 11 zum Schutze des gewerblichen Eigentums v. 31. 3. 13 (RGBl S. 236), Anh B Ic. Damit sollte Übereinstimmung hergestellt werden mtt Ari 6 Nr 3 der Pariser Übereinkunft (Marken, die gegen die guten Sitten oder die öffentliche Ordnung verstoßen) in Verbindung mit dem Schlußprotokoll zu Art 6 Abs 2 u. 3; vgl. auch Übereinkommen mit Österreich v. 17. 11. 08 (RGBl S. 655), Art 3 Abs 1 bis 4 (FrJM S. 137ff).

Aus Geschäftstätigkeit S. 265: „Das Verbot des § 4 Ziff 2 bezieht sich nicht auf solche öffentliche Wappen, die nicht mehr geführt werden. Zulässig ist ferner die Eintragung von ausländischen Orts-, Gemeinde- und Provinzialwappen sowie die von Privat-, insbesondere Familienwappen. In Frage kommt natürlich nur die zeichenmäßige Benutzung des Wappens und ob in bezug auf diese durch die Eintragung des fremden Wappens ein wirksames Verbotsrecht erworben wird, ist bisher noch nicht Gegenstand einer gerichtlichen Entscheidung gewesen. Die bloße Verwendung des Motivs eines öffentlichen Wappens wird nicht beanstandet. Die Feststellung, daß ein Wappen im Z enthalten ist, setzt voraus, daß dasselbe noch den Eindruck eines Hoheitszeichens macht, was in der Regel nicht zutrifft, wenn der Wappeninhalt ohne die übliche Erscheinungsform (Wappenschild, Siegel u. dgl.) wiedergegeben ist (s. PA 14. 3. 96, Bl 96, 175). Im übrigen findet aber die Vorschrift des § 20 auch auf Wappen Anwendung".

Soweit die Eintragung von Wappen nach § 4 Nr 2 nicht verboten ist, hat sich das PA um etwaige Verletzung privater Rechte nicht zu kümmern. Solche sind im Wege der gerichtlichen Verbots- oder Löschungsklage zu verfolgen (vgl. § 9 Anh A 20).

Gegen die unberechtigte Benutzung von Wappen im allgemeinen zu Warenbezeichnungen u. dgl. bietet § 12 BGB Schutz. RG IV 22. 5. 24, Bl 25, 130; MW 24, 43 (die engere Auffassung des § 12 in E 71, 265 ist damit aufgegeben).

Die in der Geschäftstätigkeit aufgeworfene Frage ist daher dahin zu beantworten, daß die ungerechtfertigte Eintragung fremder Wappen zwar ein an sich wirksames Z gewährt, aber von dem Wappenberechtigten angefochten werden kann.

Aus der Begründung des Ges zur Ausführung der revidierten Pariser Übereinkunft v. 2. 6. 11, vom 31. 3. 13, Bl 13, 178:

„Als Hoheitszeichen, d. h. sinnbildliche Darstellungen, die vom Staate als Hinweis auf die Staatsgewalt verwendet werden, kommen für WZ-Zwecke hauptsächlich nationale Fahnen, wie Kriegs- und Postflaggen sowie solche Wappenbestandteile in Betracht, die auch losgelöst vom Wappenganzen wappenartige Geltung besitzen. Die Rechtsübung des PA ist schon bisher auf Grund der Vorschriften in § 4 Nr 2 u. 3 und im § 1 des deutschen Gesetzes bestrebt gewesen, derartige Hoheitszeichen von der Rolle fernzuhalten. Hat die Eintragung nach der damaligen Rechtslage nicht versagt werden können, so wird selbstverständlich der Bestand dieser Z durch die neue Vorschrift nicht berührt."

Die Denkschrift zur Washingtoner Übereinkunft (GR 12, 279) nennt als staatliche Hoheitszeichen (insignes publiques) besonders die staatlichen Flaggen. Daneben kommt noch der Reichsadler (RGBl 1919 S. 1877) in Betracht. Stadtflaggen sind eintragefähig (PA 16. 10. 11, MW 11, 210).

Ausgeschlossen sind hiernach: 1. Staatswappen oder sonstige staatliche Hoheitszeichen ohne Unterscheidung zwischen In- und Ausland; 2. Wappen inländischer Gemeinden oder weiterer Kommunalverbände.

Eintragefähig: Wappen oder Hoheitszeichen, die nicht mehr geführt werden, ausländische Gemeinde- und Kommunalverbandswappen, Familienwappen.

Die nicht erlaubten Wappen usw. dürfen auch nicht Bestandteil eines WZ sein (RGSt

10, 353; 17, 86). Wohl aber können Abänderungen und Motive derselben Bestandteile eines WZ sein. **§ 4**

Nach früherem Rechte war das Verbot ein absolutes, selbstverständlich mit Ausnahme für die Inhaber der betreffenden Wappen usw. (s. BA 11. 3. 96, Bl 96, 174; PBl 95, 208). Jetzt ist im Anschluß an die internationalen Verträge (s. oben) durch Abs 2 vorgesehen, daß die Inhaber auch Dritten die Ermächtigung zur Führung dieser Z gewähren können. Die Berechtigung zur Führung ist dem PA nachzuweisen. Bei Z, die nicht unter Nr 2 fallen, wird die Berechtigung zur Benutzung nicht geprüft.

Besondere Regeln. Die Versagung greift nur dann Platz, wenn das Wappen in seiner **Anm. 30** besonderen heraldischen Gestaltung benutzt wird, während der Benutzung einzelner Motive, Sinnbilder und Figuren aus einem Staats- oder Kommunalwappen bei der Warenbezeichnung keine Schranken gesetzt sind (RGSt 34, 29; BA 8. 11. 95, Bl 96, 173: Münchener Kindl). Auch bei dieser Vorschrift kommt § 20 zur Anwendung (BA 7. 12. 95, Bl 96, 173; BA 18. 3. 95, Bl 95, 275). Bloße Anlehnung an ein Wappen bei sonst genügenden Unterschieden hindert die Eintragung nicht (BA 29. 9. 13, MW 13, 123: Motiv des Hamburger Wappens; RG II 2. 10. 23, MW 23, 125 (Bremer Schlüssel).

Die Eintragung eines Familienwappens als Z wird durch Ähnlichkeit mit einem Staatswappen nicht unbedingt gehindert (BA 21. 6. 12, MW 12, 105).

Durch Erlaß v. 16. 3. 72 (RGBl S. 90 u. 93) ist die Benutzung des Reichsadlers zur Warenbezeichnung in bestimmter Form den deutschen Gewerbetreibenden (nicht ausländischen) allgemein gestattet worden (vgl. ESt 30, 407; Seligsohn S. 85; Pinzger S. 84 hält, im Anschluß an Krüger MW 23, 232, diese Bestimmung unter der Republik ohne Grund nicht mehr für anwendbar). Die Eintragung als WZ oder Bestandteil eines solchen bleibt für den Reichsadler auch in dieser Form untersagt.

Die Anwendung der Nr 2 kann dadurch ausgeschlossen sein, daß die Wiedergabe des Wappens so undeutlich und verschwommen ist (sog. Klatschwappen), daß die heraldischen Bestandteile nicht zu erkennen sind (BA 25. 3. 99, Bl 99, 224; GR 00, 262).

Ein Hoheitszeichen (z. B. die Schweizer militärische Dienstflagge) darf in einem Z nur dann enthalten sein, wenn es hinter den übrigen Bestandteilen so zurücktritt, daß es nicht mehr als Hoheitszeichen aufgefaßt werden kann (BA 19. 9. 25, MW 25, 107).

Besondere Verträge und Gesetze. Nach Art 3 des Übereinkommens mit Österreich (und **Anm. 31** mit Ungarn) v. 17. 11. 08 (RGBl S. 655 u. 659), s. FrJM S. 137 ff, sind öffentliche österreichische (ungarische) Wappen (also auch Kommunalwappen) nicht als Freizeichen anzusehen und können in WZ von demjenigen geführt werden, der von der zuständigen Stelle die Erlaubnis dazu erhalten hat, während die Führung jedem anderen zu versagen ist. Die Erlaubnis kann auch einem Deutschen erteilt werden. Ist sie bezüglich desselben Wappens mehreren erteilt worden, so kann die Eintragung eines jüngeren Anmelders nicht wegen Übereinstimmung um deswillen versagt werden, weil dasselbe Wappen schon in einem älteren Z enthalten ist (BA 20. 4. 04, Bl 04, 274). Ebensowenig kann gegenüber einem zur Führung des österreichischen Wappens berechtigten Österreicher die Anmeldung wegen Übereinstimmung mit einem älteren deutschen Z deshalb zurückgewiesen werden, weil in letzterem eine ähnliche wappenartige Darstellung enthalten ist (BA 22. 3. 02, Bl 03, 12). Soweit eine Berechtigung zur Führung des österreichischen Wappens nicht besteht, ist die Eintragung gemäß § 4 Abs 1 Nr 2 abzulehnen (BA 8. 10. 97, Bl 97, 253).

Nach dem RGes v. 22. 3. 02 (RGBl S. 125) § 7 ist das Rote Kreuz der Genfer Konvention weder als WZ noch als Bestandteil eines solchen eintragefähig. Nach § 3 daselbst genügt Verwechslungsgefahr (Materialien des Gesetzes s. Bl 02, 134; GR 02, 217. Nähere Erläuterung bei Finger MW 5, 99; Kommentar S. 162 ff; Seligsohn S. 86; Pinzger S. 92).

In Konsequenz des Verbots der Marke „Rotes Kreuz" wurde auch die Eintragung „Rote-Kreuzbandmarke" abgelehnt (BA 22. 3. 12, MW 11, 551).

Ein Rotes Kreuz, in dem ein achtspitziges weißes (Johanniter-) Kreuz ausgespart ist, fällt nicht unter das Verbot (BA 4. 7. 04, Bl 05, 30). Dagegen wohl ein dunkelrosa schraffiertes Genfer Kreuz auf hellrosa Grund (BA 1. 3. 04, Bl 04, 227) und ein Genfer Kreuz auf goldfarbigem Grunde (PA 21. 3. 04, Bl 04, 348).

Nach § 4 der VO des BR v. 3. 8. 16, RGBl S. 883 (Bl 16, 91) dürfen WZ, die eine Darstellung von Gedenkstücken der Reichsbank im Sinne des § 1 der Verordnung (Eisengegenstände, die den Einlieferern von Goldsachen verliehen werden) oder die Wiedergabe eines darauf angebrachten Sinnspruchs enthalten, ohne Genehmigung des Reichsbankdirektoriums nicht eingetragen werden.

D. Abs 1 Nr 3:

I. **Ärgerniserregende Darstellungen.**

Allgemeines. § 4 Abs 1 Nr 3 betrifft, wie Nr 2, Marken, welche im Sinne des Art 6 **Anm. 32** Abs 2 Nr 3 gegen die guten Sitten oder die öffentliche Ordnung verstoßen und daher weder

§ 4 als Z noch als Bestandteile von solchen eingetragen werden können (vgl. A 3). Zunächst sind von der Eintragung ausgeschlossen „ärgerniserregende Darstellungen", ein Ausdruck, der dem § 3 Abs 2 des MSchG von 1874 entnommen ist und dort nur für Bildzeichen berechnet war. Es ist aber allgemein anerkannt, daß er im geltenden Gesetze auch die Wortzeichen umfaßt.

Die Ärgerniserregung kann in moralischer (insbesondere sexueller), in politischer oder in religiöser Hinsicht erfolgen (Geschäftstätigkeit S. 267); eingeschlossen ist alles, was gegen die Gebote der öffentlichen Ordnung und der guten Sitten verstößt (PA 15. 1. 08, Bl 08, 210). Sachlich übereinstimmend definiert der Entw 1913: „Z, deren Anwendung gegen die öffentliche Ordnung verstoßen oder Ärgernis erregen würde."

Maßgebend ist eine Verletzung des normalen Gefühls. Individuelle Empfindlichkeit oder Unempfindlichkeit muß außer Betracht bleiben. Eine gröbliche Verletzung des normalen Gefühls ist nicht erforderlich (vgl. ESt 32, 418; Ebermayer § 4 A 20).

Vor allem gehören hierher solche Z, die gegen strafgesetzliche Vorschriften verstoßen, z. B. § 166, § 361 Nr 6 oder § 275 StGB (vgl. z. B. PA 24. 11. 97, Bl 98, 88; Bild einer Briefmarke), oder die zu Straftaten direkt oder indirekt auffordern. So wurde z. B. das Wortzeichen „Anarchist" abgelehnt (BA 2. 7. 06, MW 6, 46). Ebenso ein Z für Branntwein mit der Bezeichnung „Goldkorn" als der Vorschrift des § 107 Abs 2 des BranntweinsteuerG v. 9. 7. 09 widersprechend, weil die Ware nicht ausschließlich aus Roggen, Weizen u. dgl. hergestellt war (PA 24. 9. 10, Bl 11, 46). Bei sittlich oder religiös anstößigen Z kommt es wesentlich auf die Auffassung des Verkehrs an. Daher können z. B. eingebürgerte Benennungen, wie lacrimae Christi, Liebfrauenmilch, zulässig, ähnliche, wie „Dominus vobiscum", „Madonna", unzulässig sein (Freund-Magnus S. 73). Auch St. Marianna für Likör wurde zurückgewiesen (Bl 98, 262; GR 99, 55).

Für Waren, die beim christlichen Gottesdienste Verwendung finden, z. B. Kerzen oder Lichter, wird die Eintragung von Z kirchlichen Inhalts zugelassen, während sie bei anderen Waren als anstößig abgelehnt werden würde (Geschäftstätigkeit S. 267).

Ärgerniserregend sind nicht nur unsittliche, schamlose oder unanständige Darstellungen oder solche, die bei ihrer Verbreitung einer polizeilichen Beanstandung unterliegen könnten, sondern auch solche, deren Aufnahme in die ernsten Zwecken gewidmete und mit Rechtswirkung bekleidete öffentliche Z-Rolle im in- oder ausländischen Verkehr Anstoß erregen und mißbilligt werden würde, wenngleich sie vielleicht in Witzblättern zu dulden wären (BA 10. 11. 15, MW 15, 347). Man kann diesen richtigen Gedanken vielleicht einfach so ausdrücken, daß das WZ nicht gröblich gegen den guten Geschmack verstoßen darf. Unzulässig würde hiernach regelmäßig das Bildnis oder der Name von Verbrechern sein.

Aus diesem Gesichtspunkte wurde das Z John Bull Record mit dem Kopfe einer Bulldogge zurückgewiesen (PA 29. 2. 16, MW 15, 348). Ebenso das Z „d'Annunzios Abführmittel" (BA 31. 3. 16, MW 15, 348).

In den Vereinigten Staaten von Nordamerika wurde am 30. 12. 08 die Eintragung von Bild und Namenszug Grover Clevelands als WZ abgelehnt, weil gegen die Würde des Amtes verstoßend, das Cleveland bekleidet hatte (Bl 09, 124).

Keineswegs sind Darstellungen, welche irgendwie gegen Gesetze verstoßen, schon aus diesem Grunde ärgerniserregend; vor allem hat das PA nicht die Aufgabe, auf Grund des § 4 Nr 3 Privatrechte zu schützen, vielmehr sind hier nur die Gerichte zuständig (BA 31. 6. 02, Bl 02, 231 betreffend Namensrecht). Dies gilt auch vom Schutze des eigenen Bildnisses des Dargestellten.

Nur unter dem Gesichtspunkte der Täuschungsgefahr kann das PA sich veranlaßt sehen, den Nachweis zu verlangen, daß der Namensträger oder der Dargestellte in Beziehung zu der Ware steht und der Eintragung zustimmt (s. A 36a; vgl. Hinrichs, Bildnisschutz und WZ-Schutz, MW 22, 71; a. A. Krüger MW 7, 95ff).

Voraussetzung der Versagung ist, daß das Z durch seinen Inhalt Ärgernis erregt, nicht etwa durch die Ware, auf welche es sich bezieht, oder deren Verpackung. So können WZ für konzeptionshindernde Mittel (Präservativs u. dgl.) auf Grund der Nr 3 nicht versagt werden (BA 7. 2. 08; PA 2. 7. 15, MW 15, 247; RGSt II 29. 11. 12, MW 12, 250; unentschieden RGSt 43, 148; vgl. Art 7 der Pariser Übereinkunft).

Einem vom PA eingetragenen Z kann von den Gerichten der Schutz nicht aus dem Grunde versagt werden, daß die Darstellung Ärgernis errege. Die Entscheidung des PA ist von den Gerichten in diesem Punkte nicht nachzuprüfen (RGSt II 29. 11. 12, Bl 13, 165; GR 13, 64).

Anm. 33 **Einzelne Entscheidungen.** Durch Beschluß v. 15. 1. 08, Bl 08, 210 hat das PA ein Z gelöscht, das durch Darstellung eines Rebhuhns (Unterschrift Laperdrix) geeignet war, Verwechslungen mit dem in dem Bilde eines Auerhahns bestehenden schweizerischen Kontrollstempel für silberne Uhrgehäuse und dadurch den Eindruck hervorzurufen, daß es sich um Erzeugnisse der Schweizer Uhrenindustrie handle.

Abgelehnt wurde das Wort „Pod" (Minister v. Podbielski) für Fleischwaren, weil durch den Anschein einer amtlichen Billigung und Förderung eines Spitz- und Spottnamens Ärgernis erweckt werde (BA MW 6, 60). § 4

Die angeregte Löschung eines eine Kugel mit Kreuz (Reichsapfel) darstellenden Z für Liköre als das religiöse Gefühl verletzend wurde abgelehnt, obwohl das Bild auch als religiöses Symbol verwendet wird, weil diese Verwendung gegenüber der üblichen durchaus zurücktritt (PA 1. 5. 99, Bl 99, 220; GR 00, 101).

Nach schweizerischer Auffassung verstößt es gegen die guten Sitten:

1. wenn Ausländer in der Schweiz Marken anmelden, die besonderen schweizerischen Verhältnissen entnommen sind, wie Tell-Marke, Helvetia, Rütli-Sense, Tell-Gummi, weil sie zur Täuschung über die schweizerische Herkunft der Ware geeignet sind;
2. wenn Ausländer eine Marke anmelden, deren Benutzung durch Ausländer das schweizerische nationale Empfinden verletzt, z. B. eine Darstellung des Nationaldenkmals in Altdorf (Tell-Statue) oder ein den Namen Tells enthaltendes Wortzeichen. Vgl. den Beschluß des Bundesrats v. 3. 6. 18, MW 17, 223, worin die Berufung auf Art 2 der Pariser Übereinkunft zutreffend zurückgewiesen wird.

II. Trügerische Zeichen.

Allgemeines. In seinem zweiten Teile schließt § 4 Abs 1 Nr 3 von der Eintragung aus Z, „welche solche Angaben enthalten, die ersichtlich den tatsächlichen Verhältnissen nicht entsprechen und die Gefahr einer Täuschung begründen". Die Vorschrift hat den Zweck, das Publikum im Warenverkehr gegen Täuschungen durch das Z in bezug auf die Ware, und damit zugleich die Mitgewerbetreibenden gegen unlauteren Wettbewerb zu schützen. Sie behandelt dieselbe Materie wie §§ 3—5 UWG auf dem beschränkten Gebiete der Täuschung mittels WZ und ist daher unter diesem Gesichtspunkte unter Heranziehung jener Bestimmungen und der dazu erwachsenen Literatur und Rechtsprechung auszulegen. **Anm. 34**

Die täuschenden Angaben können durch Wort oder auch durch Bild erfolgen, z. B. durch Medaillen oder Wappen, die dem Anmelder nicht zukommen (s. Geschäftstätigkeit A 35); BA 15. 12. 98, Bl 99, 149; GR 01, 339: Abbildung einer Schildkröte für Nachahmungen von Schildpatt aus Zelluloid; PA 6. 7. 95, Bl 95, 274: Bild einer Biene für Sirup; BA 3. 10. 00, Bl 00, 397: Bild mit weidenden Kühen und einer Milchmagd für Margarine; ebenso für Margarine: Engel mit Butterfaß (BA 8. 6. 95, Bl 95, 234) und Kuhkopf mit Kleeblatt (BA 3. 7. 09, Bl 09, 315).

Die Unrichtigkeit und Täuschungsgefahr muß in dem Inhalte des Z selbst liegen, eine mißbräuchliche Verwendung und besondere Begleitumstände der Verwendung kommen nicht in Betracht (s. Geschäftstätigkeit A 35; PA 20. 6. 99, Bl 99, 341: Salvator; RG 40, 94). Doch darf dieser Satz nicht eng ausgelegt werden. Wohl zu berücksichtigen ist diejenige Art der Verwendung, welche sich unmittelbar aus der Anmeldung selbst ergibt, vor allem ist erheblich, für welche Waren und für welchen Geschäftsbetrieb das Z bestimmt ist. So kann z. B. ein auf Herkunft deutendes Z für gewisse Waren und für einen bestimmten Geschäftsbetrieb trügerisch sein (z. B. „Bohemia" für Bier aus einem norddeutschen Betrieb; PA 17. 6. 98, Bl 98, 212), während es für andere Waren oder für einen anderen Betrieb bedenkenfrei ist.

Die Marke darf nicht inhaltlich im Widerspruch stehen mit der Art des Geschäftsbetriebs, für den sie angemeldet wird, und dadurch im Publikum den Eindruck erwecken, daß sie zu einem anderen Geschäftsbetrieb gehört. So darf eine Papierhandlung sich nicht eine Marke schützen lassen mit der Aufschrift „Feinste niederländische Butter" o. dgl. in der Absicht, das damit versehene Papier als Packmaterial an Butterhandlungen abzusetzen und diesen die Benutzung ihres WZ zu gewähren. Dies würde auch schon nach § 1 unzulässig sein, weil das WZ nur für einen bestimmten Betrieb, und zwar den des Inhabers, angemeldet werden darf. Entsch des österr Ministeriums v. 3. 4. 14, Bl 15, 179; vgl. § 1 A 17 und E 87, 90 (Hawaka).

Die Verwechselbarkeit mit anderen eingetragenen oder vorher angemeldeten Z ist im allgemeinen im Widerspruchsverfahren nach §§ 5 u. 6 zu erledigen. Doch ist es nicht ausgeschlossen, die Anmeldung schon aus dem Gesichtspunkte des § 4 Abs 1 Nr 3 zurückzuweisen, wenn die Gefahr der Täuschung und des unlauteren Wettbewerbs für das PA ersichtlich ist. Ähnlich verhält es sich mit dem Ausstattungsbesitz. Im allgemeinen genügt es nicht, daß das angemeldete Z mit der anerkannten Ausstattung eines anderen übereinstimmt, um es als trügerisch abzulehnen oder nach Eintragung zu löschen (PA 17. 12. 98, Bl 99, 40; GR 01, 339; BA 30. 12. 97, Bl 98, 34). Dem unlauteren Zeichenraub ist in der Regel im Zivilprozeß zu begegnen (s. Anhang zu § 9 A 26). Doch ist auch hier das PA in der Lage, bei Ersichtlichkeit der Täuschungsgefahr das Interesse des Publikums wahrzunehmen, besonders unter dem Gesichtspunkte, daß in der Aneignung der fremden Ausstattung eine unrichtige Qualitätsbezeichnung zu erblicken ist; vgl. E 40, 94 (Directorskije) und RG II 10. 4. 00,

§ 4 Bl 00, 294 (Ausstattung des Benediktinerlikörs). So wurde die Eintragung einer weithin bekannten fremden Ausstattung als WZ als trügerisch abgelehnt (BA 12. 4. 09, MW 9, 151: ungeschütztes Z der österreichischen Tabakregie). Auch wurde das erloschene Z einer alten berühmten Porzellanmanufaktur (Ludwigsburg) einem neuen Anmelder als trügerisch versagt (BA 17. 12. 04, Bl 05, 129).

Nicht selten melden Firmen, die ein eingetragenes WZ im Verkehr zur Geltung gebracht haben, ein zweites WZ an, indem sie sich selbst als Inhaberin des ersten Z vorstellen, z. B. „The Key Pencil Company" im Anschluß an das der tatsächlich I. I. R. firmierenden Gesellschaft gehörige Schlüsselzeichen für Bleistifte. Derartige Anmeldungen werden als nicht trügerisch zugelassen (BA 7. 5. 04, Bl 04, 427).

Eine betrügerische Absicht des Anmelders ist nicht Voraussetzung des Verbots. Ebensowenig die Gefahr eines Schadens. Die objektive Gefahr der Irreführung genügt.

Daß die Angaben den tatsächlichen Verhältnissen nicht entsprechen, genügt allein noch nicht, sie müssen auch die Gefahr einer Täuschung begründen.

Als nicht trügerisch wurde z. B. die Bezeichnung „Bensons Pflaster" in Verbindung mit der Firma des Herstellers und Erfinders „Teaburg & Johnson" erachtet. Letzterer hatte den Mädchennamen seiner Frau „Benson" als geeignetes Schlagwort gewählt, worin zwar eine Unrichtigkeit, aber keine Täuschungsgefahr lag. Auch war die Ware unter diesem Namen seit 30 Jahren im Verkehr (BA 27. 8. 02, Bl 02, 255). Maßgebend für die Annahme einer solchen Gefahr ist die Auffassung des Durchschnittskonsumenten, mögen auch erfahrenere Personen, z. B. Zwischenhändler, der Täuschung nicht unterliegen. Hiernach können übertriebene Anpreisungen (wie „prima", „nonplusultra", „ff" u. dgl.) zulässig sein, wenn infolge der allgemeinen üblichen Reklame auch der Durchschnittskonsument nicht getäuscht werden wird. Daher wurde die Löschung einer als Z eingetragenen, zahlreiche Medaillen enthaltenden Etikette abgelehnt, obwohl bezüglich einzelner dieser Medaillen die rechtmäßige Erteilung nicht mehr nachgewiesen werden konnte (BA 23. 11. 06, Bl 07, 39). Anders BA 7. 1. 07, Bl 07, 40, wo bei vier Medaillen der Nachweis der Erteilung nur für eine geführt werden konnte. Andererseits können an sich richtige Angaben in ihrer besonderen Aufmachung, z. B. durch Wiedergabe in fremder Sprache oder durch täuschenden bildnerischen Zusatz Unrichtiges vorspiegeln und daher unzulässig sein. Die Unrichtigkeit muß irgendwie in Beziehung zur Ware stehen und geeignet sein, die Kauflust anzuregen. Unrichtigkeiten, die hierfür unerheblich sind, kommen für das vorliegende Verbot nicht in Betracht (Heimann MW 7, 8; vgl. UWG § 3).

Die Ersichtlichkeit der Unwahrheit der Angaben und der Täuschungsgefahr ist keine materielle Voraussetzung des Verbots. Es liegt darin nur eine Anweisung an das PA, sich nicht ohne genügenden Grund in weitläufige Ermittlungen über die Richtigkeit einer Angabe einzulassen, was nicht ausschließt, daß dieselbe in geeigneten Fällen, bei Verdacht der Unrichtigkeit, untersucht wird (Geschäftstätigkeit A 35). So auch Begründung zum Entwurf 1913 S. 57: „Bei Verdacht der Unrichtigkeit verlangt das PA den Beweis (Glaubhaftmachung) und weist den Anmelder ab, wenn er der Auflage nicht genügt." Enthält daher das Z Angaben, welche auf besondere Vorzüge des Geschäftsbetriebs oder Güte der Ware schließen lassen, z. B. Preismedaillen, Patent, alte Firma usw., so kann das PA den Beweis der Richtigkeit verlangen und die Anmeldung zurückweisen, wenn der Beweis nicht geführt wird (PBl 94, 54). Angaben über Vorzüge von vorübergehendem Bestande, z. B. betreffs Patent- oder Gebrauchsmusterrechten sind übrigens unzweckmäßig, da nach ihrem Ablaufe das Z der Löschung gemäß § 9¹ Nr 3 ausgesetzt ist (PBl 95, 92).

Das Erfordernis der Ersichtlichkeit hindert nicht, daß ein Z gelöscht wird, bei dem sich der Widerspruch mit den tatsächlichen Verhältnissen erst nachträglich herausstellt (Bl 05, 130). Es kommt nicht darauf an, ob dem die Anmeldung bearbeitenden Beamten die betreffenden tatsächlichen Verhältnisse unbekannt waren. Was weiten Kreisen des Publikums bekannt ist und zu seiner Feststellung nicht erst besonderer Ermittlungen bedarf, das ist ersichtlich (PA 15. 1. 08, Bl 08, 211).

Anm. 35 **Geschäftstätigkeit.** Aus der Geschäftstätigkeit S. 265: Die Ausschließung der Z mit täuschenden Angaben betrifft, wie das PA in Übereinstimmung mit dem RG hinsichtlich der entsprechenden Bestimmung in § 9 Nr 3 annimmt, nur die Fälle eines an sich unrichtigen Z-Inhalts. Die Eintragung kann nicht deshalb versagt werden, weil das Z bereits von einem anderen benutzt wird und als dessen Kennzeichen im Publikum gilt. Die durch Übereinstimmung mit anderen Z hervorgerufene Täuschung fällt nicht unter § 4, sondern unter § 5. Infolgedessen konnten viele Anmelder sich ohne Rechtsnachteil fremde, nicht geschützte Z eintragen lassen, weil das Gesetz das Recht der Vorbenutzung nicht anerkennt (vgl. hierzu § 9 Abs 1 Nr 3 A 11).

Besonders häufig sind falsche Angaben über die Person des Erfinders, Herstellers oder Lieferanten der Waren, falsche Herkunftsangaben und falsche Angaben über Eigenschaften der Ware zu beanstanden. Wenn ein Z einen Personennamen oder Firmenaufdruck enthält, der dem Namen oder der Firma des Anmelders nicht entspricht, so ist hierin in der Regel die Angabe enthalten, daß die genannte Person oder Firma Erfinder, Hersteller oder Lieferant der Ware sei, es sei denn, es handelt sich um einen so berühmten Namen (z. B. Bismarck, Goethe), daß ein derartiger Zusammenhang zwischen ihm und der Ware nicht angenommen werden kann. Die Grenzfälle liegen auch hier nahe beieinander. Zur Beseitigung der Täuschungsgefahr wird regelmäßig der Nachweis einer sachlichen Beziehung zwischen Person oder Firma und Ware und die Genehmigung ersterer zur Eintragung verlangt. Z, die eine nicht bestehende Firma aufweisen, falsche Etablissementsbezeichnungen (z. B. Münchener Lukasbräu) oder fingierte Namen von Weinbergsanlagen (z. B. Rauenthaler Kuckucksloch) werden nicht eingetragen. Indessen begründen nicht alle dem Wohnsitz oder Niederlassungsort des Anmelders nicht entsprechenden Orts- oder Ländernamen eine Täuschungsgefahr, z. B. wenn es klar ist, daß die betreffende Ware aus dem betreffenden Lande bezogen ist (amerikanisches Petroleum) oder die Ortsbezeichnung nach der Verkehrsauffassung lediglich eine Gattungsbezeichnung (Bayrisches Bier) oder einen Phantasienamen darstellt. § 4

Eine Herkunftsbezeichnung ist in der Regel nicht schon in der Verwendung einer fremden Sprache zu erblicken. Doch kann diese die Annahme der Täuschungsgefahr unterstützen, zumal wenn der Export nach dem betreffenden Lande nicht ernstlich in Frage kommt, wohl aber die Herkunft aus demselben. Dies ist praktisch geworden bei Etiketten für Zündhölzer mit schwedischer und für Kognak und Schaumwein mit französischer Schrift. Die Angabe kann auch durch eine bildliche Darstellung erfolgen; daher wurde für Margarine das Bild einer Kuh sowie eines Butterfasses, weil auf Molkereiprodukte hinweisend, abgelehnt.

Das PA versagt die Eintragung nur bei „Ersichtlichkeit" der Täuschungsgefahr, nimmt daher weitläufige Ermittlungen über die Richtigkeit einer Angabe nicht vor. Andererseits unterstellt es aber auch die Richtigkeit gewisser Angaben nicht ohne weiteres, sondern hält sich für befugt und verpflichtet, in geeigneten Fällen den Nachweis oder die Glaubhaftmachung zu verlangen, z. B. wenn sich Medaillen oder Ausdrücke wie „preisgekrönt", „ärztlich empfohlen", „patentiert" o. dgl. in WZ finden. Dagegen werden reklameartige Anpreisungen, die nicht buchstäblich zu nehmen sind, wie „bestes Fabrikat" oder „ohnegleichen" regelmäßig aus § 4 Nr 3 nicht beanstandet.

Besondere Fälle. Anm. 36

a) Fremde Namen und Firmen; fremdes Bildnis.

Sind in dem Z fremde Namen oder Firmen oder auch ein fremdes Bildnis enthalten, so begründet dies regelmäßig den Verdacht des unlauteren Wettbewerbs und erfordert daher eine besondere Rechtfertigung. Es handelt sich dabei nicht um den Schutz der Rechte Dritter, sondern um den Schutz der Allgemeinheit gegen Täuschungen (PA 6. 11. 99, Bl 00, 204: Singer; BA 1. 7. 96, Bl 96, 364; vgl. Geschäftstätigkeit A 35; Krüger MW 9 S. 287 u. 333; 11, 62; GR 08, 91).

In der Regel bedarf es bei Eintragung eines fremden Namens oder Firma des doppelten Nachweises, 1. daß der Inhaber mit der Eintragung einverstanden ist, 2. daß er in einer gewissen Beziehung zu der Ware steht, so daß er für Güte und gleichmäßige Beschaffenheit einzutreten vermag (PA 18. 10. 00, Bl 01, 46; GR 01, 338).

Das Einverständnis allein genügt nicht, weil es auf den Schutz des Publikums gegen Täuschung ankommt (PA 25. 3. 05, Bl 06, 11; Kohler S. 82).

Nicht jede Beziehung zu dem Namensträger oder der Firma genügt, um die Eintragung eines fremden Namens oder einer fremden Firma zu rechtfertigen und die Täuschungsgefahr auszuschließen (vgl. Krüger MW 9, 333). Die Genehmigung des Namensträgers kann unter Umständen entbehrt werden (ib S. 334). Allerdings wird ohne solche Genehmigung die Eintragung meistens auf Grund des Namens- oder Firmenrechts angefochten werden können (RG 54, 42: Sylvester; vgl. Anhang § 9 A 19).

Nur wenn nach Art der Persönlichkeit jede Beziehung zu der Ware ausgeschlossen ist und das Z als reine Phantasiebezeichnung erscheint, ist es ohne weiteres zulässig (PA 25. 3. 05, Bl 06, 11). Dies trifft häufig zu bei berühmten oder allgemein bekannten Persönlichkeiten, besonders wenn sie der Vergangenheit angehören (Geschäftstätigkeit A 35). Krüger (s. oben) verlangt in dieser Hinsicht nicht ohne Grund vom PA größere Strenge und bekämpft die Unterscheidung von berühmten und unberühmten Personen. Doch wird hier ein freies Ermessen des PA im Einzelfalle nicht zu entbehren sein.

Gegen die Eintragung des Namens einer berühmten, der Vergangenheit angehörigen Person wird in der Regel nichts einzuwenden sein (s. z. B. PA 20. 3. 00, Bl 00, 205: Nelson). Die BA 17. 6. 12 hat auch die Eintragung „Bürgermeister Dr. Burchard Magnifizenz" für Zigarren ohne Nachweis der Genehmigung des Namensträgers verfügt, weil bei Personen

§ 4 der Zeitgeschichte eine Täuschung des Publikums über Herkunft und besondere Beziehungen nicht zu befürchten sei (MW 11, 550).

Der Name eines verstorbenen Inhabers des Geschäfts oder der Firma, der in letzterer noch enthalten ist, kann ohne weiteres eingetragen werden (BA 2. 3. 05, Bl 05, 131: Spinn-Lampe; vgl. RG 26. 1. 01, Bl 06, 135. Ebenso BA 6. 12. 02, Bl 03, 155: M. J. Fleischmann; BA 23. 11. 00, Bl 01, 49; GR 01, 337: Gerold).

„Kubelik" für Violinsaiten wurde mit Genehmigung des Violinvirtuosen Kubelik eingetragen, weil das Publikum nicht erwarten werde, daß dieser die Art der Fabrikation beeinflusse oder kontrolliere (BA 2. 10. 03, Bl 04, 50).

Abgelehnt wurde die Eintragung „Theophil Hatt" für Bleistifte, weil der Namensträger mit der Fabrikation nichts zu tun habe und nicht so bekannt sei, daß die Annahme einer sachlichen Beziehung zu der Ware ausgeschlossen werde (BA 8. 10. 03, Bl 04, 51).

Die Genehmigung oder eine besondere Beziehung des Namensträgers zu der Ware können unter Umständen dadurch ersetzt werden, daß die Anmelderin den Namen lange Jahre hindurch unbeanstandet in ihrer Firma geführt und ihn dadurch zum Kennzeichen für diese gemacht hat (BA 7. 1. 03, Bl 04, 228: Shannon Registrator Compagnie; vgl. A 34: „Bensons Pflaster"). Hat ein Zahnarzt (Abbot) einem Apotheker ein Rezept für ein Zahnpulver erteilt und geduldet, daß derselbe das Mittel mit seinem Namen (Abbot) bezeichnet, so kann das PA aus § 4 Nr 3 nicht die Eintragung des Namens als WZ für den Apotheker nach dem Tode des Arztes ablehnen. Das etwa entgegenstehende Namensrecht ist zivilrechtlich zu verfolgen (BA 31. 6. 02, Bl 02, 231; GR 04, 347; s. auch BA 29. 6. 03, Bl 04, 305: Sommerbrodt-Kreosot-Kapseln).

Wörter, die in erster Linie Gattungsbezeichnungen für Personen oder Tiere usw. sind, aber auch als Personennamen vorkommen (Schlosser, Drechsler, Schneider, Jäger, Schütze usw; Löwe, Bär, Wolf u. dgl.) können nicht ohne weiteres als trügerisch abgelehnt werden (BA 22. 3. 01, Bl 01, 178). Im übrigen kommt es bei Worten mehrfacher Bedeutung darauf an, wie sie im Verkehr aufgefaßt werden, und ob danach die Gefahr einer Täuschung besteht. So wurde ein Z für Schuhwachs gelöscht, das als Hauptbestandteil das Wort „Ellrich" enthielt, weil man darin den täuschenden Hinweis auf einen bekannten Wachsfabrikanten dieses Namens und nicht auf das angeblich gemeinte Harzstädtchen Ellrich erblicken würde (PA 26. 6. 01, Bl 01, 282; PA 2. 7. 96, Bl 96, 359: Sponholz).

Abgelehnt wurde die Eintragung „Liebig" für Weine und Spirituosen, weil eine Beziehung zum Namensträger nicht bestand, aber denkbar war (PA 7. 5. 97, Bl 97, 211).

Desgleichen „Liebreich" für Arzneimittel (PA 11. 9. 97, Bl 97, 246).

Dove-Panzer für Luftreifen mangels Beziehung zu Dove abgelehnt (PA 29. 8. 00, Bl 00, 396).

Das Z „Kaiserlicher Automobilklub" für Tabakfabrikate wurde abgelehnt, weil eine besondere Beziehung zu dem Klub nicht bestand (BA 9. 2. 08, Bl 08, 212; MW 7, 178).

Die Eintragung der Marke „Sport der Österreicher" für Zigaretten wurde für unzulässig erklärt und das Z als trügerisch gelöscht, weil die österreichische Tabakmanufaktur seit langem eine allgemein bekannte Sorte unter der Bezeichnung „Sport" vertrieb (BA 12. 4. 09, MW 9, 178).

Aus demselben Grunde wurde das Z Ila für Fahrräder abgelehnt wegen täuschenden Hinweises auf die Internationale Luftschiffahrtsausstellung zu Frankfurt a. M. (BA 24. 11. 09, MW 9, 178).

„Café Peter" wurde nicht als Täuschung erregend angesehen, weil Peter als gangbarer Rufname und somit als Phantasiebezeichnung gelten werde (BA 7. 4. 13, MW 12, 531). Anders „Peter" für Zigarren, weil unberechtigterweise auf eine bekannte Firma hinweisend (PA 9. 12. 98; GR 99, 55, Bl 97, 246).

Das WZ einer weltlichen Firma darf nicht den Eindruck erwecken, daß es einem Kloster gehöre (österr Ministerium 17. 2. 14, Bl 15, 159 Rhum des Bénédictins. Kreuz. Buchstaben D. O. M. (Deus omnipotens maximus).

Beispiel einer Schweizer Dezeptivmarke: Ein gewisser Roßkopf erfand eine besondere Art von Taschenuhren. Nach Erlöschen des Patentschutzes hat sich eine Firma J. Rußbach, die solche Uhren herstellte, die Marke Roßkopf fils und Roßkopf frères eintragen lassen, welche als täuschend gelöscht wurden (MW 20, 124: Reichel).

Unzulässig sind in der Regel fingierte Namen und Firmen:

Gelöscht wurde das auf einen fingierten Namen lautende Z „Alonio Gracia" für Zigarren, zumal da es verwechslungsfähig mit einer bekannten Havaneser Firma „Manuel Garcia Alonso" sei (BA 14. 5. 97, Bl 97, 194).

Der erfundene Name „Theofilidis" für Zigaretten ist täuschend (PA 7. 5. 03, Bl 05, 127).

Ein anscheinend französischer Adelsname (Duc de Courcelles) ist trügerisch für einen in Deutschland aus französischem Rohwein hergestellten Schaumwein (BA 25. 5. 04, Bl 04, 349).

Ebenso Vin Désiles, als Hinweis auf eine nicht vorhandene Person oder eine Person, die keine Beziehungen zur Ware hat (BA 13. 10. 03, Bl 03, 284). § 4

Ein Z „Rosario Montez Puerto Rico", das den Eindruck eines Namens hervorruft, ist trügerisch, wenn eine Rechtfertigung nicht gegeben werden kann (PA 12. 5. 11, MW 11, 95).

Abgelehnt wurde das Z „Seppi Hütte", weil mit der Firma des Anmelders nicht übereinstimmend (PA 12. 9. 96, Bl 97, 244).

Die Eintragung einer fingierten Firma wird auch durch Hinzufügung der eigenen Firma nicht zulässig (BA 28. 9. 97, Bl 97, 254: Raynier-Cognac).

Auch Abkürzungen der eigenen Firma oder Übersetzung derselben (oder des Namens) in eine fremde Sprache können zu Täuschung Anlaß geben und sind dann nicht eintragbar (Krüger MW 9, 340 u. 369; BA 14. 7. 95, Bl 95, 276: Henry Bourgeois).

Wenn der Anmelder Inhaber zweier französischer Zeichen F. Courvoisier und Curlier Frères ist, so ist darum nicht die Anmeldung „F. Courvoisier & Curlin Frères" statthaft, weil er nicht Inhaber einer solchen Firma ist (BA 23. 11. 00, Bl 01, 50; GR 01, 338).

Hat eine Firma eine gut eingeführte Wortmarke („Dalli"), so ist eine daraus gebildete Firmenbezeichnung, auch wenn sie mit der eingetragenen Firma nicht ganz übereinstimmt („Dalli Glühstoff-Gesellschaft" — „Deutsche Glühstoff-Gesellschaft") nicht zu beanstanden (BA 19. 4. 01, Bl 01, 283).

Auch der Name des Geschäftsbegründers, der nicht in der Firma enthalten ist, kann nicht eingetragen werden (PA 21. 9. 99, Bl 00, 203: Steinway & Sons — Steinweg).

Abgelehnt wurde die Eintragung „Cuvée Puchhof" für Schaumweine. Nicht genügend, daß der Namensträger Verwaltungsrat der anmeldenden Aktiengesellschaft oder Bezieher der Ware sei; auch trügerisch, weil der Name Puchhof auf ein Weingut hindeute, das nicht bestehe (PA 5. 3. 00, Bl 00, 357).

Die Führung einer nicht existierenden Firma im WZ ist an sich als täuschend anzusehen (BA 30. 11. 10, Bl 11, 167; 21. 10. 97, Bl 98, 93; BA 10. 7. 96, Bl 96, 365), kann aber dadurch gerechtfertigt werden, daß die Bezeichnung von der Anmelderin und ihren Rechtsvorgängern im Auslande lange Jahre benutzt wurde (BA 28. 4. 13, MW 12, 671; vgl Krüger MW 9, 336 u. 368).

„Leonti" auf Beschwerde zugelassen, weil das Wort nicht als Hinweis auf eine bestimmte italienische Persönlichkeit, sondern als Phantasiename aufgefaßt werde, auch die ausländische Herkunft keine besondere Empfehlung für die betreffende Ware bedeute (BA MW 11, 272).

b) Fremde Sprache.

Der Gebrauch einer fremden Sprache im Z ist dann trügerisch und unzulässig, wenn dadurch der unrichtige Eindruck hervorgerufen wird, daß die Ware aus dem betreffenden Lande stammt. Er kann aber aus besonderen Gründen gerechtfertigt sein, z. B. wenn es sich um Exportware handelt, die für das betreffende Land bestimmt ist, oder wenn er, wie bei Zigarren der Gebrauch der spanischen Sprache, verkehrsüblich ist; vgl. BA 8. 12. 08, MW 09, 35; BA 11. 11. u. 24. 11. 95, Bl 95, 311 (Trade mark und Bouc véritable).

In der Entscheidung v. 23. 10. 22 (Bl 22, 164) hat die BA in Übereinstimmung mit der Prüfungsstelle die Eintragung des Wortzeichens „Folie d'Amour" für Parfümerien und ähnliche Waren (Klassen 2, 6, 34) abgelehnt, weil auf diesem Gebiete Frankreich einen Weltruf genieße und daher durch den Gebrauch der französischen Sprache ersichtlich die Täuschung hervorgerufen wäre, als stamme die Ware aus Frankreich. Dagegen hat sie die Eintragung für Toilettegeräte und Farbstoffe (Klassen 5 u. 11) zugelassen, weil hierfür der angegebene Grund nicht zutreffe und somit eine Täuschungsgefahr nicht zu befürchten sei. Art 274 Abs 2 FV ändere daran nichts, da auch hier Angaben vorausgesetzt würden, die unmittelbar oder mittelbar eine falsche Vorstellung über den Ursprung der Ware hervorriefen. Vgl. hierzu Specht MW 23, 110.

„Dyrektorskie" trügerisch für in Deutschland hergestellte Zigaretten, weil auf importierte russische Zigaretten hinweisend (BA 20. 12. 01, Bl 02, 164; vgl. RG I 8. 12. 97, E 40, 91).

Abgelehnt: „Baltköping" für belgische Zündhölzer (PA 31. 8. 97, Bl 97, 245).

c) Örtliche Herkunft.

In bezug auf Herkunftsbezeichnung hat die Praxis wie die allgemeine Verkehrsauffassung die Anforderung, daß das Publikum vor Täuschung zu schützen sei, neuerdings verschärft, wie besonders in der die Eintragung „Hoefelmayrs Silber-Camembert" ablehnenden Entscheidung der BA v. 21. 1. 19, Bl 19, 11 dargelegt ist (auch MW 18, 167; vgl. § 16² A 10).

Näheres über falsche Herkunftsbezeichnungen im allgemeinen und in bezug auf Wein, Bier und Weinbrand s. § 16.

Z für Weine sind trügerisch, wenn sie den Eindruck des Namens einer Weinbergslage machen, ohne daß der Wein einer solchen Lage entstammt. Da nun häufig Weinlagen nach

§ 4 Heiligen benannt sind, so ist ein Z für Weine „Sankt M..." zurückgewiesen, weil den damit zu bezeichnenden Weinen eine entsprechende Weinbergslage nicht zugrunde liegt (BA 7. 1. 25, MW 24, 187; BA 19. 4. 01, Bl 01, 249; GR 04, 274: Rüdesheimer Adlerturm; BA 26. 6. 97, Bl 97, 216: Rauenthaler Kuckucksloch).

Weinbergsnamen werden, um Täuschungen vorzubeugen, nur dann eingetragen, wenn sie entweder katastermäßig festgelegt oder durch langjährigen Gebrauch volkstümlich geworden sind. Die Namengebung durch den Besitzer genügt nicht (BA 16. 12. 16, MW 16, 259: Bismarckberg; vgl. auch LG Trier v. 2. 2. 12, MW 11, 384: Bernkastler Doctor).

„Andersons Liebfrauberg" trotz des Zusatzes „Keine Weinbergslage" als täuschend abgelehnt (BA 28. 9. 11; Bl 12, 17; MW 11, 270).

Ebenso „Monte Christallo", weil auf eine Weinbergsanlage hinweisend (BA 9. 2. 15, MW 14, 407).

Das PA behandelt eine Herkunftsangabe für Bier (Pilsener, Münchener usw.), welches nicht an dem betreffenden Orte gebraut ist, als täuschend, auch wenn durch eine zusätzliche Herkunftsangabe angedeutet werden soll, daß jene Bezeichnung nur die Brauart betrifft, und lehnt damit die abweichende Rechtsprechung des RG (§ 16² A 9) ab. Dagegen läßt es Bezeichnungen, wie „Wicküler Pilsener Art (Genre oder Typ)" zu (BA 13. 1. 14, Bl 14, 14; GR 14, 82, MW 13, 272; BA 10. 4. 11, Bl 11, 168: Pils).

Das Z „Antipilsener" für nicht aus Pilsen stammendes Bier ist trügerisch (BA 16. 9. 11, MW 11, 96).

Selbstverständlich wird auch die Eintragung fingierter Etablissementsbezeichnungen für Bier abgelehnt (BA 24. 12. 97, Bl 98, 33: Münchener St.-Lucas-Bräu).

Ebenso „Orloff 00" (BA 24. 2. 00); „Moskowiter" (BA 12. 3. 00) oder die russische Flagge mit den Worten „russischer Kümmel" und „Kasan" (BA 12. 3. 00, Bl 00 S. 208 u. 209) für in Deutschland hergestellten Likör.

Trügerisch: „Holländischer Magenbitter" für einen in Deutschland, wenngleich nach dem Rezepte eines Holländers hergestellten Likör (BA 12. 11. 97, Bl 98, 15).

Trügerisch: Flor de Simchos für Tabakwaren (Hinweis auf eine nicht vorhandene Tabakpflanzung; BA 9. 6. 99, Bl 00, 207).

Ebenso Abu Bekr und Kara Ben Nemsi für in Deutschland hergestellte Zigaretten, weil auf orientalischen Ursprung hinweisend (BA 5 v. 8. 7. 00, Bl 00, 207).

Trügerisch: Bavaria-Margarine für Ware, die nicht aus Bayern stammt (PA 13. 9. 00, Bl 00, 396).

Desgleichen „Columbia" für deutsches Mehl (PA 9. 7. 95, Bl 95, 274).

„Old England for ever" täuschend bei Waren, die nicht aus England stammen (PA 28. 6. 02, Bl 02, 254; GR 04, 348).

Ebenso „Hie gut Württemberg allwege" bei einem in Bayern wohnenden Anmelder (BA 30. 10. 01, Bl 02, 27).

Dagegen wurde „Thuringia" für Nahrungs- und Genußmittel, auch wenn sie nicht aus Thüringen stammen, nicht als täuschend angesehen (BA 20. 9. 02, Bl 03, 154, weil die Herkunft derartiger Waren aus Thüringen keinen besonderen Vorzug darstellt).

d) Patentschutz u. dgl.

Die Angabe „patentamtlich" (oder gesetzlich) geschützt ist trügerisch, wenn sie sich nur auf die Eintragung des WZ gründet (PA 1. 5. 25, MW 24, 239; s. auch § 9 Abs 1 Nr 3 A 13). Dagegen ist eine derartige Angabe zulässig, wenn auch nur das Verfahren geschützt ist, mit dem die Ware hergestellt ist (BA 8. 6. 07, Bl 07, 242; vgl. MW 7, 10).

Zusammengesetzte Z, welche das Wort „Privileg" enthalten, sind als trügerisch zurückgewiesen, weil sie den Eindruck patentähnlicher Vorrechte hervorrufen (PA 8. 5. u. 3. 10. 14, MW 14, 311)

Anm. 37 **Einzelne Entscheidungen.** Eine Etikette mit blauem Kreuz für Bier ist nicht als trügerisch erachtet, weil die große Menge des Bier trinkenden Publikums nicht auf Alkoholfreiheit schließen wird (BA 14. 2. 00, Bl 00, 376).

Das Wort „Kulm" ist als Bezeichnung für Kulmbacher Bier nicht nur für Bier, sondern für Waren jeder Art trügerisch, weil es (der Wahrheit zuwider) besagt, daß der Anmelder Kulmbacher Bier herstellt (BA 27. 6. 08 Bl 08, 248).

Abgelehnt wurde das Z „Poyak" für Branntwein, weil verwechselbar mit Kognak und gegen das Weingesetz verstoßend (PA 23. 3. 10, MW 10, 102; Bl 10, 264).

Zur Zeit von großen (insbesondere Welt-) Ausstellungen waren vielfach an demselben Platze Winkelausstellungen veranlaßt, um Gelegenheit zu Diplomen u. dgl. zu geben, die den Anschein erwecken, als seien sie auf der allbekannten Ausstellung erteilt worden. Selbstverständlich sind WZ mit Hinweis auf solche Diplome trügerisch (PA 15. 10. 07, Bl 10, 203; vgl. Verfügung S. 202): „Grand Prix Paris 1900".

Trügerisch: „Porzellan-Email" für Farben, weil Benennung eines viel kostspieligeren Produkts der Berliner Porzellanmanufaktur (BA 14. 12. 95, Bl 96, 186). **§ 4**

Trügerisch: die Bezeichnungen „Brunnen", „Quelle", „Sprudel", „Sauerbrunnen" für künstliche Mineralwässer (PA 12. 2. 97, Bl 97, 245).

Enthält das Z die Angabe eines weit zurückliegenden Gründungsjahres, so ist die Richtigkeit nachzuweisen, widrigenfalls das Z als trügerisch abgelehnt wird (PA 12. 11. 01, Bl 02, 53).

Zusammensetzungen mit dem Worte „Marsch" (Marschfreude, Marschstern usw.) für Margarine wurden nicht als trügerisch erachtet (BA 26. 9. 13, MW 13, 79).

„Kaiserselt" für kohlensäurehaltige Erfrischungsgetränke aus Fruchtbestandteilen ist trügerisch (PA 11. 9. 12, Bl 13, 21).

E. Abs 3: **Sperrfrist.**

Zweck und Tragweite der Bestimmung. Seinem Wortlaute nach verbietet Abs 3 die Neueintragung gelöschter Z für einen anderen als den letzten Inhaber für gleiche oder gleichartige Waren innerhalb einer Sperrfrist von zwei Jahren, die von dem Tage der Löschung an läuft und gemäß BGB §§ 187 Abs 1, 188 Abs 2 u. 3 mit Ablauf des Tages endigt, der dem Löschungstage entspricht. Da § 20 WZG Anwendung findet, so wurde nach dem Wortlaute dem PA eine außerordentliche Arbeit aufgebürdet und der Eintragung von neuen Z ein großes Hindernis bereitet. Die Praxis hat indessen die Anwendung der Bestimmung gemäß ihrem Entstehungsgrunde und den mit ihr verfolgten Zweck mit Recht wesentlich eingeschränkt. Anlaß zu ihr gab nämlich lediglich die unliebsame Usurpation eines versehentlich nicht gemäß § 5 Abs 2 Nr 3 MSchG v. 1874 erneuerten allbekannten Z der Kaiserlichen Tabakmanufaktur in Straßburg („schwarze Hand") durch einen Wettbewerber (RG 18, 98; Begründung S. 30; Kohler S. 71; vgl. E 97, 100). **Anm. 38**

Über die Unzweckmäßigkeit der Bestimmung s. Niebour MW 7, 37ff und Duchesne MW 9, 8ff.

In dem Entwurf 1913 ist sie aufgegeben, weil ein Bedürfnis dafür angesichts des § 8 Abs 4, wonach ein unbeabsichtigter Verfall kaum noch vorkomme, und der Bestimmungen gegen den unlauteren Wettbewerb nicht mehr anzuerkennen sei, die Folgen über die Absicht des Gesetzes hinausgingen und die praktische Handhabung schwierig sei (Begründung S. 58).

Das PA nahm ursprünglich öffentlich-rechtlichen Charakter der Vorschrift an und hielt die Zustimmung des letzten Inhabers zu einer anderweiten Eintragung innerhalb der Sperrfrist für bedeutungslos (PBl 94, 66). Ebenso Kohler WZ-Recht S. 84. Das PA hat jedoch diese Ansicht alsbald mit Recht aufgegeben (s. Geschäftstätigkeit A 39; BA 6. 7. 11, Bl 12, 230. Ebenso das RG E 97, 100; RG II 28. 4. 14, MW 14, 221). In der Tat kann das öffentliche Interesse genügend nach § 4 Abs 1 Nr 3 berücksichtigt werden, indem die unlautere Anmeldung eines versehentlich nicht erneuerten bekannten Z, das als Kennzeichen des Betriebs des früheren Inhabers gilt, wegen Täuschungsgefahr abgelehnt wird (s. A 34). Dies kann im geeigneten Falle sogar dann geschehen, wenn der bisherige Inhaber mit der Neueintragung einverstanden ist, da das öffentliche Interesse vorgeht (vgl. E 100, 18 a. E. S. 25).

Da lediglich verhütet werden soll, daß wertvolle, noch im tatsächlichen Besitze des letzten Inhabers befindliche Z, die infolge der Versäumung der Erneuerungsfrist oder aus anderen Gründen gelöscht wurden, nicht zum Nachteil des bisherigen Inhabers von einem Dritten in unlauterer Weise usurpiert werden (E 97, 100), so ist bei Auslegung der Bestimmung stets davon auszugehen, daß sie nicht dazu dienen darf, gegen das materielle Recht die Eintragung neuer Z zu hindern oder materiell rechtmäßig eingetragene Z wieder zu beseitigen, sondern daß sie nur dem bisherigen Inhaber eine in der Billigkeit und auf seinem noch vorhandenen Besitze begründete (Allfeld S. 491) Anwartschaft auf Neueintragung innerhalb der Sperrfrist einräumen will. Daher kann die Sperrfrist vor allem nicht denjenigen treffen, welcher auf Grund eines ihm zustehenden Rechts die Löschung herbeigeführt hat. Dieser Grundsatz kommt auch in Satz 2 der Übergangsbestimmung § 9 Abs 2 zum Ausdruck.

Es liegt aber ferner auch kein Grund vor, anderen Anmeldern durch Entgegenhaltung der Sperrfrist Schwierigkeiten zu machen, wenn mit der Person des bisherigen Inhabers verknüpfte Gründe die Löschung seines Z herbeigeführt haben und eine Neueintragung für ihn ausschließen oder die Wiederlöschung veranlassen würden, weil sie noch fortbestehen (vgl. Duchesne und Landenberger MW 9 S. 8 u. 45; Niebour MW 07, 37). Dies trifft besonders auch dann zu, wenn das Z für den aufgegebenen Geschäftsbetrieb des bisherigen Inhabers nicht kennzeichnend geworden ist, oder aufgehört hat es zu sein, besonders wenn ein solcher Geschäftsbetrieb überhaupt nicht bestanden hat, oder wenn er seit so lange oder unter solchen Umständen aufgegeben ist, daß das Z nicht mehr auf ihn hinzuweisen vermag, oder wenn die Benutzung durch den bisherigen Inhaber ausgeschlossen ist.

Diese Grundsätze sind vor allem vom RG in E 97, 97 und 100, 10 entwickelt worden

§ 4 (s. auch RG II 12. 11. 14, Bl 15, 109; MW 14, 217: Rosetti). Auch Kohler S. 85 machte bereits eine Ausnahme zugunsten desjenigen Dritten, der aus eigenem Rechte die Löschung erwirkt hat. Ebenso Osterrieth S. 307. Wie das RG, OLG Breslau 2. 12. 18 (Bl 19, 20) und OLG Düsseldorf (MW 23, 137); OLG Dresden 11. 2. 14 (Bl 14, 379) bei Konflikt mit einem Kunstschutzrecht, mag dieses auch inzwischen erloschen sein (Völkerschlachtdenkmal).

Insbesondere kann demjenigen gegenüber, der die Löschung aus § 9 Abs 1 Nr 1 auf Grund seines besseren Z-Rechts erwirkt hat, die Sperrfrist nicht geltend gemacht werden (RG II 22. 5. 25, MW 24, 227; s. auch Geschäftstätigkeit A 39).

Ebenso entfällt die Berufung auf die Sperrfrist, wenn das Z von dem letzten Inhaber trügerisch und daher zu Unrecht geführt war, oder wenn dessen Geschäftsbetrieb schon vor zwei Jahren aufgegeben war, somit das Z schon seit dieser Zeit der Löschung unterlag (OLG Kiel 22. 2. 16, MW 16, 64; vgl. PA MW 14, 221). Im letzteren Falle wird man darüberhinaus annehmen dürfen, daß, wenn der Geschäftsbetrieb endgültig und ohne Aussicht auf Wiederaufnahme aufgegeben ist, jedes berechtigte Interesse des Inhabers an Geltendmachung der Sperrfrist ohne Rücksicht auf die Zeit der Aufgabe fehlt und daher ein neuer Anmelder sofort die Eintragung verlangen kann. E 97, 100 (Sojin); RG II 29. 10. 20, MW 20, 108 (Saxonia); Seligsohn A 27; Pinzger A 31; Busse A 26.

Die Rechtsprechung des PA hat, wie die Übersicht in Note 39 ergibt, stark geschwankt. Die ursprünglich sehr extensive Auslegung war schon 1902 bei Veröffentlichung der „Geschäftstätigkeit" beseitigt und damit die Sache in gesunde, der Rechtsprechung des RG entsprechende Bahnen geleitet. Hierauf trat aber wieder ein Rückschlag im Sinne einer formalistischen Auslegung ein. Veranlassung hierzu war das Bedenken, daß man es dem PA im Erteilungsverfahren nicht zumuten könne, die jeweiligen Gründe der Löschung eingehend zu untersuchen und festzustellen (BA 27. 3. 07 und 19. 1. 09, Bl 07, 140 und 09, 35). Dies führte zu der Entscheidung, daß jede innerhalb der Sperrfrist ohne Einwilligung des letzten Inhabers erfolgende Anmeldung unwirksam und ohne weiteres und auch noch nach Ablauf der Frist zurückzuweisen sei. So auch Allfeld S. 493 und jetzt noch Seligsohn S. 96 Abs 3 (vgl. Duchesne MW 9, 13; dagegen Niebour MW 07, 37 und 25, 139). Das PA hatte früher mit Aussetzung des Anmeldeverfahrens bis zum Ablauf der Sperrfrist geholfen (Geschäftstätigkeit S. 245). Eine solche Aussetzung kann selbstverständlich auch zu dem Zwecke erfolgen, um dem neuen Anmelder die Beibringung der freiwilligen oder erzwungenen Einwilligung des letzten Inhabers zu ermöglichen. Läuft die Sperrfrist ab, ohne daß der letzte Inhaber sein Z neu anmeldet, so liegt kein Grund vor, die Neuanmeldung des Dritten nicht zuzulassen. Ebenso ist sie zuzulassen, wenn nachträglich die Einwilligung des letzten Inhabers beigebracht wird. Meldet aber dieser innerhalb der Frist an, so hat er die Priorität, und es kommt dann evtl. zu dem Verfahren nach §§ 5 u. 6. So auch im wesentlichen Pinzger S. 95 A 34 Abs 2. Auf demselben Standpunkte scheint auch BA 30. 11. 06 (Bl 07, 13) zu stehen.

Die letzte Entsch BA 6. 7. 11 (Bl 12, 230; MW 10, 394) steht im wesentlichen auf dem Standpunkte des RG, womit wohl die formalistischen Zwischenentscheidungen als überholt gelten können. Aus neuerer Zeit waren kaum noch Entscheidungen des PA über die Sperrfrist zu ermitteln, was dafür zu sprechen scheint, daß sie, vielleicht unter dem Einflusse des Entw 1913, verhältnismäßig unpraktisch geworden ist. Eine gewisse Rolle spielt sie noch bei der Klage aus § 6 Abs 2, wo häufig dem Kläger, der im Begriffe ist, mit dem Antrage auf Löschung des Widerspruchszeichens durchzudringen, die Einrede aus § 4 Abs 3 — in der Regel erfolglos — entgegengehalten wird.

Anm. 39 **Die Rechtsprechung des PA zur grundsätzlichen Frage.** Aus der Geschäftstätigkeit S. 267, 268: Nach der Gesetzesbegründung, in erster Linie gegen die unlautere Aneignung der durch Fristablauf verfallenen Z gerichtet, schien die Bestimmung ihrem Wortlaute nach erheblich weiter zu gehen, hat aber durch die Praxis wesentliche Einschränkungen erfahren, die aus Rechtsgründen und im Verkehrsinteresse geboten waren. Wer ein Z aufgeben will, kann die Eintragung des gleichen Z für einen Dritten stets dadurch herbeiführen, daß er die Löschung bis zur Eintragung des gleichen Z für den anderen hinausschiebt oder das gelöschte Z erst für sich von neuem eintragen läßt und dann gegen die Eintragung für den anderen keinen Widerspruch erhebt. Danach wird § 4 Abs 2 nicht mehr als eine Bestimmung des öffentlichen Rechts betrachtet, die einen unabhängig von dem Willen des letzten Z-Inhabers wirkenden Versagungsgrund enthält. Vielmehr steht diesem nur ein durch das PA von Amts wegen zu wahrendes persönliches Recht auf neue Eintragung binnen zwei Jahren zu, auf das er auch verzichten kann. Mit seiner Genehmigung kann daher die neue Eintragung für einen anderen sofort erfolgen. Wenn der Inhaber eines älteren Z die Löschung durch Klage aus § 9 Nr 1 erstritten hat, greift ihm gegenüber § 4 Abs 2 nicht durch, wohl aber gegenüber jedem Dritten. Erfolgt die Löschung wegen Aufgabe des Geschäftsbetriebs gemäß § 9 Abs 5, so wird die zweijährige Sperrfrist abgewartet.

Die Vorschrift bezieht sich nicht nur auf die gelöschten Z selbst, sondern auch auf die mit ihnen nach § 20 verwechselbaren Z. **§ 4**

Aus der Geschäftstätigkeit S. 245: Da die Bestimmung nur eine zeitliche Schranke für die Eintragbarkeit aufrichtet, so wird der Anmelder auf die Möglichkeit einer Aussetzung der Entscheidung bis zum Ablaufe der zweijährigen Sperrfrist hingewiesen. Beantragt er die Zurücklegung, so wird das Verfahren bis zum Ablaufe der Frist ausgesetzt. Andernfalls wird die Anmeldung, da sie den Antrag enthält, das Z schon jetzt einzutragen, zurückgewiesen, wodurch die Wirkungen der Anmeldung . . . endgültig vernichtet werden.

BA 5. 10. 04, 27. 3. 07 und 9. 1. 09 (Bl 04, 396; 07, 140 und 09, 35):

Die Eintragung ist auch dann unzulässig, wenn die Sperrfrist zwar abgelaufen ist, aber zur Zeit der Anmeldung noch lief. Auch kommt es nicht darauf an, ob der letzte Inhaber rechtlich nicht mehr besteht und ob der Geschäftsbetrieb untergegangen ist.

PA 29. 1. 06 (Bl 07, 186):

Die bloße Verurteilung zur Löschung, sei es auch auf Antrag des Anmelders, steht nicht ohne weiteres der Einwilligung gleich.

BA 30. 11. 06 (Bl 07, 13):

Auch wenn für das ältere Z kein Widerspruch erhoben ist, ist die Eintragung nach der Löschung desselben gemäß § 4 Abs 2 davon abhängig, daß die Einwilligung des früheren Inhabers beigebracht wird. (Anmeldung ohne Einwilligung vor Ablauf der Sperrfrist also in diesem Falle wirksam.)

BA 18. 12. 08 (MW 09, 131):

Die Sperre wirkt auch dann, wenn das Z wegen ursprünglichen Nichtvorhandenseins eines Geschäftsbetriebs gelöscht ist.

BA 6. 7. 11 (Bl 12, 230; MW 10, 394):

Die Sperrfrist ist nicht zu beachten, wenn die Löschung auf Grund eines dem Anmelder zustehenden Gegenrechts oder weil das Z trügerisch (§ 4 Abs 1 Nr 3) war, erfolgt ist.

Wesen und Wirkung des Rechts aus § 4 Abs 3. Das Recht aus § 4 Abs 3 ist kein Z-Recht, kein auf der Eintragung beruhendes Recht, sondern ein zeitlich begrenztes Prioritätsrecht des letzten Inhabers eines gelöschten Z. Dieser soll innerhalb der Sperrfrist vor anderen Anmeldern des gleichen Z den Vorrang haben. § 7 Abs 2 findet daher keine Anwendung, so daß der letzte eingetragene Inhaber des Z nur dann den Vorrang beanspruchen kann, wenn er zugleich materiell Inhaber des Z-Rechts war. War das Z vor der Löschung auf einen anderen gemäß § 7 Abs 1 übergegangen, so steht diesem als dem letzten Inhaber das Recht zu. RG II 28. 4. 14, MW 14, 220 (221). Wird der Geschäftsbetrieb, zu dem das Z gehörte, nach der Löschung auf einen anderen übertragen, so geht das Recht auf diesen über (Seligsohn S. 96; Pinzger A 33 S. 94). **Anm. 40**

In welcher Art die Löschung erfolgt ist, ob von Amts wegen nach § 8 Abs 2 oder auf Antrag des Inhabers nach § 8 Abs 1, oder auf Klage eines Dritten nach § 9 Abs 1, ist an sich unerheblich, doch kann das Recht durch die besonderen Gründe der Löschung ausgeschlossen sein (s. A 38).

Erfolgt die Eintragung für einen Dritten mit Einwilligung des Berechtigten und meldet dieser trotzdem gleichfalls innerhalb der Sperrfrist an, so hat der Eingetragene das gewöhnliche Widerspruchsrecht aus § 5 (BA 4. 10. 07, Bl 07, 40). Die Einwilligung des Berechtigten ist dem PA nachzuweisen (BA 30. 11. 06, Bl 07, 13; A 39).

Die Sperrfrist läuft an sich erst von der tatsächlichen Löschung an. § 12 Abs 2 findet auf das Recht des Inhabers des gelöschten Z aus § 4 Abs 3 keine Anwendung (PA 24. 9. 05, Bl 06, 59; MW 5, 21).

§ 4 Abs 3 gilt nicht für die nach altem Rechte geschützten Z, die gemäß § 24 Abs 2 durch Nichteintragung in die Z-Rolle erloschen sind (RGSt 24. 9. 03, Bl 04, 176). Wohl aber für international registrierte Marken (BA 13. 11. 25, MW 25, 132).

Die Sperrfrist ist auch dann zu beachten, wenn die neue Anmeldung vor der Löschung erfolgt war, aber noch nicht zur Eintragung geführt hatte (Seligsohn N. 28 Abs 3a). In diesem Falle verwandelt sich durch die Löschung das Prioritätsrecht des bisherigen Inhabers aus § 5 in ein solches aus § 4 Abs 3. Doch ersetzt die Unterlassung eines Widerspruchs aus § 5 nicht den Verzicht auf die Sperrfrist (wie sie ja auch nicht die Klage aus § 9 Abs 1 Nr 1 ausschließen würde). BA 30. 11. 06, Bl 07, 13. Hat die Anmeldung des Dritten zur Eintragung geführt, so ist dieser nunmehr widerspruchsberechtigt gegen eine etwaige Anmeldung des Sperrfristberechtigten, der aber dann möglicherweise noch Löschungsklage und Klage nach § 6 Abs 2 erheben kann.

Die Gleichartigkeit der Waren ist dieselbe wie im Falle des § 5 (BA 27. 3. 07, Bl 07, 140).

§ 20 findet auf den Fall der Sperrfrist Anwendung, doch ist ein höherer Grad von Ähnlichkeit zu fordern wie im Widerspruchsverfahren (BA 12. 5. 09, MW 14, 131).

§ 4 Zweifelhaft ist die Frage, ob § 8 Abs 2 Nr 2 anwendbar ist, wenn ein Z unter Nichtbeachtung der Sperrfrist eingetragen ist; Seligsohn S. 86 oben bejaht sie im Anschluß an die älteren Entscheidungen des PA (Bl 04, 396 und Bl 07, 140; s. A 38), während Duchesne MW 9, 13ff sie verneint. Gegen die bedingungslose Bejahung spricht, daß es sich um ein zeitlich begrenztes Recht handelt, auf das verzichtet werden kann und das vielfach an besonderen Umständen scheitern muß. Das PA dürfte daher, wenn sich das Übersehen der Sperrfrist herausstellt, richtiger abwarten, ob der Berechtigte innerhalb der Sperrfrist seinerseits anmeldet und die Löschung des Gegenzeichens beantragt. Geschieht dies nicht, so muß es bei der Eintragung sein Bewenden haben, da das Recht des Sperrberechtigten mit dem Ablaufe der Sperrfrist erloschen ist. Anderenfalls wird der Fall zu untersuchen und die Löschung vorzunehmen sein, wenn der Sperrberechtigte materiell im Rechte ist. Erforderlichenfalls wird die Entscheidung der Gerichte unter Aussetzung des Verfahrens zu veranlassen sein. Wenn Duchesne dem Sperrberechtigten eine Klage nach Analogie von § 9 Abs 1 Nr 1 bewilligen will, so ist dem nicht zuzustimmen, da § 9 Abs 1 Nr 1 ein noch eingetragenes Z voraussetzt und die Fälle daher nicht genügend rechtsähnlich sind (vgl. Osterrieth S. 354).

§ 5

§ 5.

Erachtet das Patentamt, daß ein zur Anmeldung gebrachtes Warenzeichen mit einem anderen, für dieselben oder für gleichartige Waren auf Grund des Gesetzes über Markenschutz vom 30. November 1874 (Reichsgesetzbl. S. 143) oder auf Grund des gegenwärtigen Gesetzes früher angemeldeten Zeichen übereinstimmt, so macht es dem Inhaber dieses Zeichens hiervon Mitteilung. Erhebt derselbe nicht innerhalb eines Monats nach der Zustellung Widerspruch gegen die Eintragung des neu angemeldeten Zeichens, so ist das Zeichen einzutragen. Im anderen Falle entscheidet das Patentamt durch Beschluß, ob die Zeichen übereinstimmen. Hinsichtlich der durch eine Anhörung oder eine Beweisaufnahme verursachten Kosten gilt § 25 Abs. 2 des Patentgesetzes entsprechend.

Aus dem Unterbleiben der im ersten Absatz vorgesehenen Mitteilung erwächst ein Ersatzanspruch nicht.

Inhalt.

Anm.		Seite
1.	Entstehungsgeschichte der §§ 5 u. 6 und Folgerungen daraus	112
2.	Übersicht	115
3.	Übereinstimmung. Allgemeines	115
4.	Übereinstimmung. Besondere Fälle	116
	a) Schwache Bestandteile	116
	b) Namen und Firmen	117
	c) Fremde Sprachen	118
	d) Kombinationszeichen	118
	e) Bild und Wort	119
	f) Verschiedenes	119
5.	Gleichartigkeit im allgemeinen	121
6.	Besondere Fälle	122
7.	Einzelne Entscheidungen	123
8.	Widerspruchsverfahren. Die Einleitung	126
9.	Der Widerspruch	126
10.	Die Entscheidung	127
11.	Kosten. Abs 1 Satz 4	129
12.	§ 5 Abs 2	129
13.	Madrider Abkommen	129

Anm. 1 **Entstehungsgeschichte der §§ 5 u. 6 und Folgerungen daraus.** Der Entwurf hatte nur einen § 5, wonach, wie nach dem Gesetze, das PA den Inhaber eines früher angemeldeten Z von der Übereinstimmung eines neu angemeldeten Z mit dem seinigen zu benachrichtigen hatte. Im Falle des Widerspruchs sollte aber der Anmelder auf den Weg der gerichtlichen Klage verwiesen werden. Dieser Vorschlag gab Anlaß zu lebhaften Erörterungen über die Abgrenzung der patentamtlichen und gerichtlichen Zuständigkeit. Insbesondere bestand eine Neigung, den Gerichten die Entscheidung über die Frage der Übereinstimmung ganz zu entziehen und dementsprechend auch den § 9 Abs 1 Nr 1 des Gesetzes zu gestalten. Das Ergebnis ist ein Kompromiß, welches die Zuständigkeit beider Instanzen für diese Frage nicht ganz folgerichtig und nicht ohne Anlaß zu rechtlichen Zweifeln geregelt hat.

A. Aus der Begründung S. 13, 14: Die Abweichung von demjenigen Verfahren, welches bei der Anmeldung von Freizeichen Platz greifen soll, rechtfertigt sich durch die Erwägung, daß im letzteren Falle ein allgemeines und deshalb von Amts wegen wahrzunehmendes Interesse der Anmeldung entgegensteht, während der Streit zweier Interessenten darüber, ob ein neu angemeldetes Z mit einem bereits eingetragenen übereinstimmt, überwiegend privatrechtlicher Natur ist und vor die ordentlichen Gerichte gehört. Ohnehin müßte diesen die Entscheidung für die Fälle verbleiben, in denen im Strafverfahren oder im Rechtsstreite über einen Feststellungs- oder Entschädigungsanspruch die Übereinstimmung eines eingetragenen und eines nicht eingetragenen, aber tatsächlich benutzten Z in Frage steht. Es liegt daher kein Anlaß vor, die Beurteilung der Übereinstimmung zweier Z den Gerichten zu entziehen, wenn die Voraussetzungen des § 5 zutreffen. Dies um so weniger, als dann die Möglichkeit eines Widerspruchs in den Entscheidungen des PA und der Gerichte gegeben wäre, indem die letzteren im Zivil- oder Strafverfahren die Benutzung eines Z für statthaft erklären können, welches das PA wegen Übereinstimmung mit einem früher angemeldeten Z von der Eintragung ausgeschlossen hat. Es kommt hinzu, daß der Streit über die Eintragung eines Z sich leicht mit anderen Fragen privatrechtlicher Natur verflechten kann, zu deren Entscheidung das PA nach seiner Organisation und nach seiner Besetzung mit Beamten von überwiegend technischer Vorbildung nicht immer in der Lage sein wird. Es erschien nicht angezeigt, von einer Prüfung der Kollision bestehender Z mit neu angemeldeten abzusehen und die Beseitigung der letzteren bei Übereinstimmung der Löschungsklage des ersten Anmelders zu überlassen, damit Z, gegen deren Rechtsbeständigkeit Zweifel bestehen, nicht vor rechtskräftiger Erledigung der Zweifel eingetragen und hierdurch zunächst mit einem gegen Dritte wirksamen Rechtsschutz umkleidet wurden, der die Stellung des älteren Z-Inhabers in unbilliger Weise schwächen müßte. Es entspricht der Sachlage und dem öffentlichen Interesse, den späteren Anmelder, der nach Eröffnung der seiner Anmeldung entgegenstehenden Bedenken unschwer ein anderes Z wählen kann, wenn er ausnahmsweise bei ihr beharrt, auf den Klageweg zu verweisen, anstatt den Inhaber des älteren Z zur Löschungsklage zu nötigen. Das im § 5 vorgesehene Verfahren greift selbstverständlich auch dann Platz, wenn die beiden sich gegenüberstehenden Z nur im Sinne des § 18 (Ges § 20) verwechslungsfähig sind, denn § 18 umfaßt das gesamte Gebiet des in dem Entwurfe geregelten Schutzes der Warenbezeichnungen, ist also auf den Fall des § 5 wie auf den analogen Fall im § 8 (Ges § 9) Abs 1 Nr 1 zu beziehen. § 5

In der Reichstagssitzung v. 25. 1. 94 (Druckf S. 877ff) sprach Abg Roeren über den Vorschlag, die Entscheidung über den Widerspruch nicht den Gerichten, sondern dem PA zuzuweisen, hielt denselben aber nur soweit für begründet, als es sich um eine bestimmt abgegrenzte Kategorie von Fragen handle, für die eine spezifisch technische, sachverständige Beurteilung notwendig ist. Er könnte dementsprechend vielleicht zustimmen, daß die mehr technische Frage der Übereinstimmung zweier Z in letzter Instanz durch das PA entschieden werde. Im übrigen aber müsse über das Recht des Antragstellers auf Eintragung, z. B. wenn er sich auf eine Vertragspflicht des älteren Anmelders berufe, das Gericht entscheiden. Es sei nach § 5 zweifellos, daß dasselbe Z auch auf zwei verschiedene Inhaber eingetragen werden könne. Der Abg Hammacher (S. 880) stimmte den Ausführungen von Roeren zu und hielt ebenfalls für die technische (mechanische) Frage der Übereinstimmung das PA für die geeignete Instanz. Staatssekretär Nieberding (S. 881) bestritt, daß es sich hier immer um Fragen mechanischer Natur handle und meinte, daß unsere Richter sie ebensogut entscheiden könnten wie die Richter Italiens, Belgiens, Frankreichs. Dem Vorschlage der Vorredner, wonach die Gerichte alle mit dem Z-Schutz verbundenen rechtlichen Fragen, das PA alle technischen Fragen entscheiden sollten, ständen so große Schwierigkeiten entgegen, daß er auf eine Zurückziehung dieser Anregung in der Kommission hoffe. Er wies sodann auf die Möglichkeit von sich widersprechenden Entscheidungen, die mit der Autorität öffentlicher Organe unvereinbar sei, hin, wenn man bei der Vorprüfung des PA über die Identität zweier Z entscheiden ließe, während z. B. bei der Strafverfolgung wegen Z-Verletzung die Entscheidung dem Richter obliege. Unmöglich sei es, der Entscheidung des PA über die Identität bindende Bedeutung für alle Entscheidungen der Gerichte beizulegen, denn dies würde mit der freien Beweiswürdigung der Richter, einem der wichtigsten Grundsätze unseres Prozeßrechts, in unlösbarem Widerspruch stehen. Auch Abg Schmidt (S. 882) erkannte an, daß ein bereits geschütztes Z für einen Zweiten oder Dritten eingetragen werden könne, wenn der erstberechtigte Inhaber den ihm nach § 5 zugestandenen Widerspruch nicht erhebt (dagegen sei nach § 2 die gleichzeitige Anmeldung desselben Z für mehrere Firmen nicht zulässig).

Nachdem auch in der Kommission (Bericht S. 4) die Regierungskommissare einer Abänderung des Entwurfs mit den bereits in der Begründung und von Nieberding geltend gemachten Gründen entgegengetreten waren, beschloß die Kommission, den § 5 des Entwurfs durch die jetzigen §§ 5 u. 6 des Gesetzes (abgesehen von dem in der Fassung von 1923 dem § 5 Abs 1 hinzugefügten Zusatze wegen der Kosten) zu ersetzen. Es wurde dabei festgestellt, daß nach der Fassung dieser beiden Paragraphen das Recht der Beschwerde gemäß

§ 5 § 10 des Gesetzes gegen einen Beschluß das PA nicht ausgeschlossen werde. Die Prüfung des PA beziehe sich sowohl auf die Übereinstimmung der Z wie auch auf die Gleichheit oder Gleichartigkeit der Waren (S. 5). „Übereinstimmung der Z" in § 6 des Gesetzes sei daher in diesem weiteren Sinne zu verstehen. Der in § 6 des Gesetzes vorgesehene Rechtsstreit könne, wenn die Übereinstimmung anerkannt werde, auch ohne vorherige Anrufung des PA anhängig gemacht werden. Gegen den Antrag, auch für die Löschungsklage nach § 8 des Entwurfs (Ges § 9) das PA für zuständig zu erklären, wandten sich die Regierungsvertreter mit Entschiedenheit und bemerkten, auch wenn das PA zu §§ 5 u. 8 entscheide, so würde doch bei Entschädigungsansprüchen und im Falle der Strafverfolgung den gewöhnlichen Gerichten die freie Entscheidung nach jeder Richtung verbleiben müssen. Als trotzdem der § 8 in der Fassung der Antragsteller in erster Lesung angenommen wurde, erklärten die Regierungsvertreter hierdurch das ganze Gesetz für gefährdet, da die Zustimmung des Bundesrats unwahrscheinlich sei. „Die Klagen auf Löschung eines Z durch Dritte würden zumeist auf besonderen zivilrechtlichen Verhältnissen beruhen, und nachdem durch die Fassung der §§ 5 u. 5a (Ges § 6) dem PA die endgültige Entscheidung der Frage der Übereinstimmung zweier Z zugesprochen sei, müsse man doch die sich weiter bei § 8 ergebenden zivilrechtlichen Fragen der Entscheidung des zuständigen Gerichts überlassen. Die Kommission habe nach dem Beschlusse in erster Lesung doch auch anerkannt, daß die endgültige Entscheidung zu § 8 dem Reichsgericht überlassen bleibe, dasselbe geschehe nach dem Entwurfe der verbündeten Regierungen.

Diesen Ausführungen schloß sich die Kommission an und stellte darauf in zweiter Lesung den § 8 der Regierungsvorlage wieder her" (Bericht S. 5 Spalte 1 unten, Spalte 2 oben).

Der § 8 der Vorlage stimmt demgemäß (abgesehen von einer unwesentlichen Änderung in der Übergangsbestimmung des Abs 2) mit dem Ges § 9 überein.

Obwohl man hiernach in der Entstehungsgeschichte mit Allfeld (S. 502aa u. 533ee) gewisse Anhaltspunkte dafür finden könnte, daß eine weitere Bindung der Gerichte (besonders bezüglich des § 9 Nr 1 des Gesetzes) an die Entscheidung des PA betreffs Übereinstimmung zweier Z beabsichtigt gewesen sein möchte, nimmt doch die herrschende Meinung mit Recht an, daß sich diese Bindung auf das Eintrageverfahren der §§ 5 u. 6 beschränkt. Voraussetzung der Klage nach § 6 Abs 2 Satz 2 ist die vom PA festgestellte Übereinstimmung, die daher bei der Entscheidung über diese Klage von keiner Seite in Frage gezogen werden darf. Dagegen kann dem Gesamtinhalte der dem Gesetze zugrunde liegenden Verhandlungen und vor allem diesem selbst nicht entnommen werden, daß die Gerichte in einem anderen Verfahren an einen Beschluß des PA, der die Übereinstimmung oder Nichtübereinstimmung zweier Z ausspricht, gebunden wären. Ganz außer Zweifel ist dies in bezug auf eine Untersagungs- oder Feststellungsklage nach §§ 12 u. 20 und auf eine Entschädigungsklage oder Strafverfolgung nach § 14, und wird auch insoweit von keiner Seite bestritten (Allfeld S. 557 unten). Aber auch der Wortlaut des § 9 Abs 1 Nr 1 läßt in keiner Weise erkennen, daß dem Kläger die Einrede entgegenstehen soll, das PA habe bereits die Nichtübereinstimmung der beiden Z festgestellt, vielmehr ist Voraussetzung der Klage lediglich die Übereinstimmung der beiden Z, über die das Gericht nach allgemeinen Prozeßgrundsätzen zu befinden hat, ganz abgesehen davon, daß es unsicher wäre, wann eine Vorentscheidung des PA anzunehmen wäre (schon im Falle der Eintragung des zweiten Z ohne Benachrichtigung des ersten Anmelders, oder bei Eintragung wegen Unterlassung des Widerspruchs oder erst bei Verwerfung dieses Widerspruchs). Dadurch wird Übereinstimmung in der Behandlung dieser Klage mit denen nach § 9 Nr 2 u. 3 hergestellt, bei denen es auch unerheblich ist, ob das PA eine Vorentscheidung gemäß §§ 1 u. 4 oder gemäß § 8 erlassen hat. Vor allem aber besteht ein praktisches Bedürfnis dafür, auch im Falle der Ziff 1 eine Nachprüfung auf Grund eines gerichtlichen Verfahrens gegenüber dem Ausspruch des PA, daß Übereinstimmung nicht bestehe, zuzulassen, weil sich im Eintragungsverfahren die Verhältnisse häufig noch nicht erschöpfend übersehen lassen und sich die Verwechslungsgefahr nicht selten erst dadurch herausstellt, daß bei einem Nebeneinanderbestehen beider Z tatsächlich Verwechslungen vorgekommen sind (vgl. Begr zu § 9 Nr 3 vor § 9). Es walten hier ähnliche Gründe ob, wie sie dazu geführt haben, die Nichtigkeitsklage gegen erteilte Patente zuzulassen und den Gerichten die Entscheidung über den Schutzumfang der Patente und über die Patentabhängigkeit auf Grund einer erschöpfenden nochmaligen Prüfung insbesondere des maßgebenden Standes der Technik, zuzuweisen (vgl. E 61, 217). Dieser Standpunkt entspricht der ständigen Praxis des RG: JW 01, 124 Nr 18; RG II 29. 5. 00, Bl 00, 379; E 44, 64; 61, 214; 97, 91; 104, 168; RGSt 41, 80 unten, und ist auch vom PA bereits am 18. 11. 95, Bl 1, 316 anerkannt worden. Ebenso Seligsohn A 1 Abs 1; Pinzger § 6 A 1 S. 111; Finger S. 232.

Der letzte Satz in § 5 Abs 1 (bezüglich der Kosten einer Anhörung oder Beweisaufnahme) beruht auf Art IV Nr 2 des Gesetzes zur Erhöhung der patentamtlichen Gebühren v. 27. 6. 22

(RGBl II 619) Anh Va. § 25 Abs 2 PG beruht auf Art II Nr 3 des Ges zur Erhöhung der patentamtlichen Gebühren v. 27. 6. 22 (RGBl II 619) Anh A Va (s. S. 332). **§ 5**

Eine Widerspruchsgebühr wird nach diesem Gesetze nicht mehr erhoben (vgl. die Begründung Bl 22, 81). Nur etwaige durch Anhörung oder Beweisaufnahme verursachte besondere Kosten des Widerspruchsverfahrens sollen auf Antrag des Gegners und geeignetenfalls auch ohne Antrag den unterliegenden Teil treffen (vgl. hierzu die Begründung Bl 22 S. 81 u. 82).

Übersicht. Materielle Voraussetzung des Verfahrens nach § 5 Abs 1 und zugleich der Versagung der Eintragung nach § 6 Abs 2 Satz 1 ist, daß ein neu angemeldetes Z mit einem vorher für dieselben oder für gleichartige Waren angemeldeten Z übereinstimmt. Ist dies der Fall, so hindert das ältere Z durch seine Priorität die Neueintragung bei Hinzutritt gewisser prozessualer Bedingungen. Da die Übereinstimmung nur dann in Betracht kommt, wenn die etwa übereinstimmenden Z für dieselben oder gleichartigen Waren angemeldet (bzw. eingetragen) sind, so braucht sich die Prüfung nur auf diejenigen Warenklassen zu erstrecken, welche dem Warenverzeichnisse der Neuanmeldung entsprechen. Mit der Prüfung auf Priorität werden daher diejenigen Prüfungsstellen (Abteilungen) befaßt, denen die betreffenden Warenklassen zugewiesen sind (vgl. § 2 A 5, § 3 A 4, § 10 A 3 u. 4). **Anm. 2**

Die in Satz 1 erwähnten, auf Grund des MSchG von 1874 angemeldeten Z kommen für die Prioritätsprüfung nur insoweit in Betracht, als sie gemäß § 24 des geltenden Gesetzes auf Grund rechtzeitiger Anmeldung (vor dem 1. Oktober 1898) in die Z-Rolle eingetragen sind. Soweit die Eintragung nicht erfolgt ist, ist der Schutz mit dem 1. Oktober 1898 erloschen. Die alten Z-Register sind also nicht mehr zu berücksichtigen und dienen höchstens noch als Beleg für das Prioritätsdatum eingetragener Z.

Das PA hat auch über die Priorität der sich entgegenstehenden Z zu entscheiden, soweit sie sich nicht ohne weiteres aus den Anmeldungen ergibt. Sie richtet sich unter Umständen nicht nach dem Datum der Anmeldung, sondern nach den Bestimmungen von Staatsverträgen, insbesondere Art 4 des Unionvertrags, oder nach der Vorbenutzung auf Ausstellungen gemäß dem Ges v. 18. 3. 04. Bei international registrierten Marken bestimmt sie sich nach der Registrierung in Bern, möglicherweise gemäß Art 4 des Unionvertrags nach der Anmeldung im Heimatstaate. Art 4 des Madrider Abkommens (vgl. § 2 A 2).

§ 5 soll zwar für den Regelfall die Eintragung mehrerer übereinstimmender Z für verschiedene Personen bei gleichen oder gleichartigen Waren verhüten, schließt sie aber nicht grundsätzlich aus, sondern macht die Entscheidung von dem rechtzeitig erhobenen Widerspruche des älteren Anmelders abhängig (s. § 2 A 1 KommBer und oben A 1; E 44, 74; a. M. Marquardt GR 22, 57). Da hierdurch im Verkehr Unsicherheit über den Geschäftsbetrieb, aus dem die betreffenden Waren herrühren, geschaffen werden kann, so besteht eine gewisse Antinomie gegenüber dem § 7, welcher durch strenge Regelung der Übertragung der Z eine solche Unsicherheit zu verhüten sucht.

Berechtigt zum Widerspruch ist nur derjenige Inhaber oder Anmelder eines früher angemeldeten Z, dem zu diesem Zwecke von Amts wegen eine Mitteilung von der Neuanmeldung gemacht wird. Voraussetzung für die Mitteilung ist, daß das PA Übereinstimmung der beiden Z und Gleichheit oder Gleichartigkeit der Waren, auf welche die Anmeldungen sich beziehen, annimmt. Es genügt, wenn das PA eine Entscheidung in diesem Sinne für wahrscheinlich oder nicht ausgeschlossen erachtet. Alsdann ist es Sache des Benachrichtigten, innerhalb eines Monats nach Zustellung der Mitteilung der Neueintragung zu widersprechen. Erfolgt kein rechtzeitiger Widerspruch, so wird das ältere Z in dem für das jüngere eröffneten Verfahren nicht mehr berücksichtigt. Andernfalls ist ein Widerspruchsverfahren eröffnet, in dem vom PA über die Übereinstimmung der Z und die Gleichartigkeit der Waren entschieden wird. Dem älteren Anmelder verbleibt, auch wenn er nicht benachrichtigt ist oder nicht widersprochen hat, oder mit seinem Widerspruch nicht durchgedrungen ist, die Löschungsklage aus § 9 Abs 1 Nr 1 gegen die erfolgte Eintragung (s. A 1).

Die für die Prüfung wichtigsten Rechtsbegriffe sind — da die Frage der Gleichheit der Waren keine Schwierigkeit machen kann —: 1. die Übereinstimmung der Z, 2. die Gleichartigkeit der Waren.

Übereinstimmung. Allgemeines. (Siehe auch § 20 A 5ff.) Übereinstimmung liegt vor: 1. wenn die Z völlig gleich oder trotz geringfügiger Abweichungen so ähnlich sind, daß sie als gleich gelten können, 2. wenn sie trotz vorhandener Abweichungen verwechselbar sind. Der Begriff der Übereinstimmung in dem zweiten Sinne, welcher dem der „Gefahr einer Verwechslung im Verkehr" nach § 20 entspricht, bereitet der Praxis des WZ-Rechts große und immer neue Schwierigkeiten und hat nicht nur Anlaß zu einer ungeheueren Menge von Entscheidungen, sondern auch zur Ausbildung vieler praktischer Regeln gegeben. Die Übereinstimmung im ersteren Sinne (Identität) bleibt bestehen trotz verschiedener Größe der Z, wird aber auch nicht durch Abweichungen in der Stärke der Linien, in der Färbung, in **Anm. 3**

§ 5 unerheblichen Verzierungen u. dgl. in Frage gestellt. Bei der Verwechslungsfähigkeit, die auf Ähnlichkeit beruht, handelt es sich um verschiedene Z, bei denen es bei der Frage der Übereinstimmung nicht nur auf die Z selbst, sondern auch noch auf sonstige Umstände ankommt; s. Dunkhase MW 14, 132, der als solche zu berücksichtigende Umstände anführt: die Art der Waren und der Geschäftsbetriebe, die Zahl der für diese Waren im Verkehr befindlichen Z (vgl. Dunkhase MW 14, 287 u. 359), ob das Z-Motiv der Ware entnommen oder sonst naheliegend oder schon anderweit im Verkehr benutzt ist.

Das PA nimmt auch Rücksicht auf die Tendenz der Konkurrenz, wertvolle Z durch möglichste Annäherung für sich auszunutzen und dadurch zu entwerten, und gewährt diesen Z daher einen weitgehenden Motivschutz (BA 6. 1. 08, Bl 08, 140: Queen für Zigaretten, Queen of Romania; BA 18. 5. 26, MW 26, 28: Kaffemühle; Dunkhase MW 14, 287). Andererseits ist Rücksicht zu nehmen auf die Art und Weise, in der sich die beiden Z tatsächlich im Verkehr gegenübertreten (BA 25. 4. 14, MW 13, 511). Insofern dürfen z. B. bei Defensivzeichen, die überhaupt nicht für den Verkehr bestimmt sind, geringere Anforderungen hinsichtlich der Unterscheidungsmerkmale eines Gegenzeichens gestellt werden, als bei gewöhnlichen Z (Dunkhase MW 14, 291; BA 30. 9. 14, MW 14, 312; Lux-Luhns-Luns; vgl. § 12[1] A 5.

Das Nebeneinanderbestehen verhältnismäßig ähnlicher Z kann auch dadurch gerechtfertigt sein, daß das jüngere Z für den Anmelder schon für andere Waren desselben seit langem eingetragen war und für seinen Betrieb kennzeichnend geworden ist (BA 21. 6. 04, Bl 04, 350: Bär, der auf vier Beinen geht und aufrecht stehender Bär).

Da für Lederputz- und Konservierungsmittel bereits sehr zahlreiche Z im Verkehr sind, ist auf erhöhte Aufmerksamkeit zu rechnen. Daher ist das jüngere Z „Klomnin" nicht für verwechslungsfähig erachtet mit „Globin" (BA 15. 10. 14, MW 14, 407).

Auf einen angeblichen Ausstattungsschutz des Anmelders ist bei der Prüfung der Übereinstimmung keine Rücksicht zu nehmen (BA 26. 11. 13, MW 13, 335); wohl aber kommt es auf den Ausstattungsbesitz des Inhabers des Gegenzeichens an, wenn die Ähnlichkeit beider Z auf Bestandteilen beruht, von denen der Anmelder behauptet, daß sie ein Freizeichen darstellen (BA 3. 12. 10: Danziger Goldwasser, Bl 11, 150; MW 12, 198).

§ 13 findet bei der Entscheidung betreffend Übereinstimmung keine Anwendung. Daher konnte sich die Firma „Chemische Werke Hansa" gegenüber dem älteren Z „Hansa" nicht auf § 13 berufen, um die Eintragung ihrer Firma als WZ zu erlangen (BA 4. 7. 04, Bl 05, 14; vgl. § 13 A 6.

Bei der Prüfung der Übereinstimmung ist im Interesse der Einheitlichkeit der Rechtsprechung auch auf Vorentscheidungen derselben Frage Rücksicht zu nehmen. Aus diesem Grunde wurden z. B. trotz bestehender Zweifel die Zeichen „Cosima" und „Cosinus" für verwechslungsfähig erachtet (BA 30. 6. 14, MW 14, 120).

Die Frage der Verwechslungsfähigkeit zweier Zeichen kehrt besonders bei dem § 9 Abs 1 Nr 1 und dem § 12 Abs 1 wieder, wo die Entscheidung den Gerichten obliegt, die dabei an die Rechtsprechung des PA nicht gebunden sind, aber sie zweckmäßigerweise zu berücksichtigen haben.

Anm. 4 **Übereinstimmung. Besondere Fälle.** a) Schwache Bestandteile.

Beruht die Ähnlichkeit lediglich auf solchen Bestandteilen, die für sich nach § 4 nicht eintragefähig wären — Freizeichen, Buchstaben und Zahlen, Beschaffenheitsangaben usw. —, so wird die Übereinstimmung in der Regel zu verneinen sein; jedoch kommt es stets auf den Gesamteindruck an (BA 2. 11. 95, Bl 95, 312: Sternzeichen für Gußstahl). Andererseits heben schwache Zusätze in den neuen Z bei sonstiger Ähnlichkeit die Verwechslungsgefahr nicht auf. Daher Lorraine Monopole für Schaumwein übereinstimmend mit Monopole (BA 15. 4. 96, Bl 96, 187).

Als schwach gilt in der Regel auch die Hinzufügung einer Firma zu einem Bildzeichen (BA 8. 11. 95, Bl 95, 313: Herz-Bildzeichen für Schuhwaren; Hinzufügung der Firma mit dem Bilde von drei Schuhen).

Es kommt auch bei schwachen Bestandteilen stets auf die Auffassung des Verkehrs an. So können auch Herkunfts- oder Beschaffenheitsangaben als Bestandteile in Kombinationszeichen die Verwechslungsgefahr begründen, wenn sie im Verkehr nicht als solche, sondern als wesentliche Teile des Z aufgefaßt werden können; z. B. weniger bekannte Ortsnamen u. dgl. (s. J. Seligsohn MW 25, 225ff: Tula).

Die Eintragung von Cingalla gegenüber einem das Wort Singhala enthaltenden Z für Tee wurde verlangt, weil letzteres Wort die Insel Ceylon bedeute. Die Eintragung wurde jedoch abgelehnt, weil im Verkehr die Bezeichnung Singhala als Herkunftsbezeichnung für Ceylon-Tee nicht üblich sei (BA 10. 3. 15, MW 14, 408).

Auch im Kollisionsverfahren nach § 5 ist die Schwäche des Motivs zu beachten (PA

15. 9. 02, Bl 03, 202: Adler-Wolle; BA 18. 12. 95, Bl 97, 76: Wappenzeichen in der Tabakindustrie; vgl. § 20 A 17). **§ 5**

Beruht die Übereinstimmung auf gemeinsamen Bestandteilen, denen Freizeicheneigenschaft zugeschrieben wird, so ist regelmäßig im Widerspruchsverfahren hierüber zu entscheiden (BA 6. 10. 97, Bl 97, 251). Dann ist für die Prüfung auf Freizeicheneigenschaft und Übereinstimmung die Zeit der Anmeldung des jüngeren Z maßgebend, da bis dahin die Entwicklung zum Freizeichen möglich war (BA 10. 12. 08, Bl 09, 20: Herkules für Trikotwaren; vgl. § 4[1] A 7 u. 8).

Weitere Beispiele:

1. Nichtübereinstimmung bei gleichen schwachen Bestandteilen.

Die Benutzung des Wortes „Aleppo" kann die Übereinstimmung bei WZ für Tinte nicht begründen, weil Aleppo Herkunftsort für Galläpfel und das Wort Aleppotinte vielfach im Gebrauch ist (PA 11. 12. 97, Bl 98, 28).

Da das 1896 eingetragene Wort „Rekord" später Beschaffenheitsangabe geworden ist, so konnte 1903 das Wort „Rekordschlager" als nicht übereinstimmend eingetragen werden (RG II 9. 2. 06, MW 5, 95; vgl. S. 69).

Die ältere Eintragung Uni-Bifo hindert nicht die Eintragung „Kleins Unibifocalglas", da Unibifocalglas reine Beschaffenheitsangabe (BA 29. 9. 08, Bl 08, 276).

Alpakkina und Alpacktin bei Alpakkawaren nicht übereinstimmend (BA 16. 9. 25, MW 25, 51).

Aus gleichem Grunde kann bei Lederwaren bei sonstiger genügender Unterscheidung die Übereinstimmung nicht auf Gleichheit der Worte „Chamois" oder „Gemse" oder auf ein Bild mit Gemsen gegründet werden (BA 30. 6. 25, MW 25, 51).

Zwei sonst verschiedene Z für Tabak und Zigaretten, die beide das Wort „Stambul" enthalten, werden dadurch nicht übereinstimmend, da dies Wort für jene Ware nicht schutzfähig ist (BA 27. 3. 05, Bl 05, 128; UW 4, 104).

Ist zwei sonst verschiedenen Z eine in einer in Deutschland verhältnismäßig unbekannten Sprache ausgedrückte Beschaffenheitsangabe gemeinsam, so ist trotzdem die Übereinstimmung zu verneinen (BA 15. 1. 00, Bl 00, 250: Naum chroot [siamesisch] für Parfüms).

Keine Übereinstimmung, wenn das ältere Z in einem neuen Z lediglich als nebensächliches (ornamentales) Beiwerk erscheint (PA 3. 9. 03, Bl 04, 46: achtstrahliger Stern).

Ferner wurde zugelassen „Manolitip" gegenüber „Mein Tip" (BA 3. 10. 14, MW 14, 407) und „Goldolyt" gegenüber „Goldoni" (BA 22. 10. 14, MW 14, 407).

Ebenso für Beleuchtungsgegenstände „Lucin" nach „Lucia" und „Lucinda" (PA 10. 6. 99, Bl 00, 206; vgl. BA 19. 1. 98, Bl 98, 136: zwei Z mit Reichsadler).

2. Übereinstimmung bei gleichen schwachen Bestandteilen.

Die Übereinstimmung kann sich auf die Gemeinsamkeit nicht schutzfähiger Bestandteile gründen (BA 20. 10. 06, Bl 06, 331: Romani Qualität Lobeck — Philippine Qualité Romali).

Das gilt besonders, wenn die Zutaten sich ebenfalls wenig unterscheiden (BA 18. 12. 97, Bl 98, 15: Freizeichen mit Buchstaben).

Die Übereinstimmung ist auch bei gemeinschaftlichen freiem Wortstamm nicht ausgeschlossen (BA 5. 7. 06, Bl 06, 311: Delecta und Delectina).

Radifix (für Radiergummi) ist nach dem Eindruck des Wortbildes nicht eintragbar wegen Radirit und wegen Verifix. Demgegenüber kommt die Eigenschaft der Silben „Radi" als Bestimmungsangabe nicht in Betracht (BA 5. 11. 08, Bl 08, 302).

Ebenso sind „Sängerlust" und „Sängerfreund" für Tabakwaren übereinstimmend wegen begrifflicher und klanglicher Ähnlichkeit, obwohl das gemeinsame Wort „Sänger" als Bestimmungsangabe gelten kann (BA 27. 9. 06, Bl 07, 10).

b) Namen und Firmen.

Bei WZ, die aus Namen oder Firmen gebildet sind, genügen im allgemeinen schon geringere Unterschiede, um die Übereinstimmung zu verneinen. Besonders gilt dies von häufig vorkommenden Namen, wie Müller, Schmidt u. dgl. (BA 26. 4. 05, Bl 05, 207). Es wäre unbillig, alle Träger des gleichen oder sogar ähnlichen Namens von der Eintragung auszuschließen (Dunkhase MW 14, 324). Daher wurde die Übereinstimmung von Schmitt, Schmitz und Schmidt verneint (PA 13. 9. 01, Bl 01, 300; BA 26. 10. 03: Hermann Lehmann nicht übereinstimmend mit Lehmann). Anders das RG in dem Falle Reichardt—Reinhardt (s. § 20 A 11). Die Unterschiede müssen aber die Namen selbst betreffen. Zutaten, die von den Waren herrühren, genügen nicht („Tack" — „Schuhtack"; BA 3. 1. 13, MW 12, 301; ebenso Tackschuh ib. S. 531).

Andererseits kann bei selten vorkommenden und auffälligen Namen auch bei sonst zur Unterscheidung genügenden Zusätzen die Übereinstimmung bejaht werden (BA 7. 10. 09,

§ 5 Bl 10, 139: Borsalino — G. B. Borsalino fu Lazzaro & Co.; vgl. Krüger MW 9, 376). Ebenso bei berühmten Firmen PA 31. 8. 04, Bl 05, 13 (A. W. Faber — A. Faber). Desgleichen Mumm & Co. Rozérieulles mit dem Bilde eines Kometen übereinstimmend mit 1. Jules Mumm & Co, 2. G. H. Mumm & Co. (BA 3. 10. 03, MW 5, 11).

Die Übereinstimmung mit einem älteren WZ wird regelmäßig durch Hinzufügung der Firma des Anmelders nicht beseitigt (s. Krüger MW 9, 377 und die dort angeführten Entscheidungen; s. z. B. Bl 07, 11; vgl. auch A 4a).

Weitere Beispiele:

Die Anmeldung „Fürst Metternich" wurde für übereinstimmend erachtet mit dem Wortzeichen „Graf Wolff Metternich". Dagegen wurde die Neuanmeldung „Ferry Graf Metternich" zugelassen, weil der Anmelder sachliche Beziehungen zu dem Namensträger nachgewiesen hatte und das Publikum bei Verwendung von Namen bestimmter Persönlichkeiten auf geringe Abweichungen zu achten pflegt (PA 25. 5. und 30. 8. 10, MW 10, 71).

„Graf" nicht übereinstimmend mit „Dr. Graf" (PA 24. 2. 04, Bl 04, 273).

„Marke Hagedorn" übereinstimmend mit dem älteren Z „J. P. H. Hagedorn & Co. Hamburg" (BA 11. 5. 08, Bl 08, 212).

„Der echte Herder" übereinstimmend mit „R. Herder Solingen" (BA 15. 4. 05, Bl 05, 207).

„Luise" verwechselbar mit „Königin Luise" (PA 9. 3. 05, Bl 05, 245); desgleichen „Gotthold Ephraim Lessing" mit „Lessing", obwohl letzteres Z von einer Firma hergeleitet war (PA 23. 3. 05, Bl 05, 245).

Abkürzungen und Neubildungen von Vornamen stimmen nicht immer mit der Grundform überein, z. B. bei Katharina, Käthi oder Kaethe; Elisabeth — Elly oder Else; Adalbert — Albert (BA 23. 2. 09, Bl 09, 122).

Das Wortzeichen „Pfeilsches Außenlicht" ist übereinstimmend mit dem Bilde eines Pfeils und der Beischrift Marke Pfeil, obwohl ersteres auf einen Personennamen hindeutet (BA 20. 10. 05, Bl 06, 60).

c) Fremde Sprachen.

Ob fremdsprachige Bezeichnungen mit gleichbedeutenden deutschen übereinstimmen, oder ob gleichklingende fremde Wörter sich wegen ihrer anderen Bedeutung genügend von deutschen unterscheiden, hängt davon ab, inwieweit die Bedeutung der fremden Bezeichnung dem Verkehr geläufig ist und somit Verwechslungsgefahr gegeben oder ausgeschlossen ist. Im Zweifel wird Übereinstimmung anzunehmen sein. So wurde die Eintragung von „Blitz" wegen des Wortzeichens „L'éclair" abgelehnt (BA 5. 12. 96, Bl 97, 63). Bezüglich des Esperanto hat das PA 27. 2. 11, MW 10, 260 das Bekanntsein im Verkehr verneint und daher die Anmeldung „Alpa (= Alpen) stelo" für übereinstimmend erachtet mit „Alpha".

Bei Z, die für den ausländischen Verkehr bestimmt sind, ist die Übereinstimmung anzunehmen, wenn entweder im Auslande oder im Inlande Verwechslungsgefahr vorliegt (BA 24. 11. 00, Bl 01, 50).

Für die Frage der Übereinstimmung kommt der bei § 4[1] Nr 1 (s. dort A 36b) geltende Grundsatz, daß Ausdrücke in den toten Sprachen in der Regel nicht den entsprechenden deutschen gleichzuachten sind, weniger zur Anwendung, weil es hier auf die Verwechslungsgefahr ankommt, die bei in weiteren Kreisen bekannten lateinischen Wörtern als gegeben angenommen werden muß (BA 25. 3. 11, MW 10, 319: Equus).

Bei mythologischen Götternamen wird in der Regel die griechische und römische Bezeichnung als übereinstimmend erachtet (Zeus — Jupiter; BA 10. 1. 25, MW 25, 140; Phoebus — Apollo; BA 25. 10. 06, Bl 06, 332).

„Helios" nicht übereinstimmend mit „Sun" oder dem Bilde der Sonne (PA 4. 9. und 8. 11. 99, Bl 00, 242).

Eau Bénédictine übereinstimmend mit Benedictiner (Parfümerien; PA 20. 9. 09, Bl 10, 165).

Deutscher Benedictiner übereinstimmend mit Bénédictine (BA 1. 4. 05, Bl 05, 128).

Das Wort „Pearl" (für Farbbänder u. ähnl.) hindert nicht die Eintragung von „Moti" (das im Indischen dasselbe bedeuten soll wie Pearl im Englischen), da die eingeborenen Völkerschaften Indiens für die Ware nicht in Betracht kommen (BA 18. 10. 09, MW 9, 205).

d) Kombinationszeichen.

Es genügt in der Regel die Übereinstimmung des ausschlaggebenden Bestandteils, besonders des wörtlichen, um für das Ganze Übereinstimmung anzunehmen.

Bei Z-Zusammenstellungen (Kollektivzeichen in diesem Sinne s. § 1 A 23) kann schon die Übereinstimmung eines der zusammengestellten Z mit einem älteren Z die Eintragung ausschließen (BA 22. 6. 08, Bl 08, 273).

Übernahme eines älteren Z in ein jüngeres Kombinationszeichen begründet in der Regel Verwechslungsgefahr (PA 4. 11. 95, Bl 95, 312: zwei verschlungene Hände mit dem Worte Trademark; s. auch PA 21. 11. 95, Bl 95, 315). **§ 5**

Ein Kombinationszeichen, bestehend aus dem Worte Tantor und einem stilisierten Elefanten wurde für übereinstimmend erachtet mit der Wortmarke „Quanto Tanto" (PA 15. 10. 25; dazu Zimmermann MW 25, 71). Richtig ist, daß es nur auf einen Vergleich der Wörter ankam. Die Entscheidung wäre daher gerechtfertigt, wenn das Gegenzeichen nur „Tanto" gelautet hätte; nach Lage der Sache ist die Richtigkeit zweifelhaft.

Zwei Kombinationszeichen, von denen das eine die Worte „Thüringer Bergthau", das andere die Worte „Real Mountain dew" enthält, wurden nicht für übereinstimmend erachtet, weil „Mountain dew" im Englischen die verkehrsübliche Bezeichnung für Schnaps oder Whisky ist (PA 16. 4. 98, Bl 98, 157).

Ein Bildzeichen mit der Umschrift „Cosmopolite" hinderte die Eintragung des Wortzeichens „Weltbürger" (PA 27. 6. 96, Bl 97, 61).

Zwei Kombinationszeichen mit verschiedenartigen Bildern, aber von demselben Motiv, wurden wegen der ähnlichen Wortbeigabe „Nord-Ostsee-Kanalbitter" und „Nord-Ostsee-Bitter" für übereinstimmend erachtet (PA 9. 10. 96, Bl 97, 61).

Kombinationszeichen, die aus mehreren zusammenhanglosen Bestandteilen bestehen, können mit Z, die nur einen dieser Bestandteile darstellen, verwechselt werden (PA 21. 11. 02, Bl 03, 175: zwei gekreuzte Schlüssel mit aufgespanntem Regenschirm; PA 12. 20. 02, Bl 02, 122: Flügelrad mit Stern).

Das Wort „Mulsion" (gebildet aus Emulsion) hindert die Eintragung von „Siccomulsion", nicht aber von „Lecimulsin" (PA 7. 26. 10, Bl 10, 265).

Ist in einem Gesamtzeichen unter der Überschrift „Rheinische Sage" eine große Anzahl von Sagenfiguren, darunter der „Schelm von Bergen", zusammengefaßt worden, so ist ein neu angemeldetes Z, das lediglich in letzteren Worten besteht, nicht übereinstimmend (PA 6. 3. 12, Bl 12, 231).

e) Bild und Wort.

Das PA nimmt mit Recht, im Gegensatze zu der bisherigen Rechtsprechung des RG (s. § 20 A 13), die Möglichkeit der Verwechselbarkeit von Bild- und Wortzeichen an.

Eine bildliche Darstellung der Sphinx mit Pyramide trotz der Hinzufügung des Wortes „Osiris" übereinstimmend mit dem Worte „Sphinx" (PA 9. 9. 09, Bl 09, 318).

Mit einem Bildzeichen bestehend aus einem Stern mit der Firma des Inhabers wurde die angemeldete Wortmarke „Reismühlen-Stern" als übereinstimmend erachtet (PA 26. 11. 07, Bl 08, 141). Dagegen nicht das Bild eines Leuchtturms mit dem Worte „Turm" (PA 30. 5. 05, Bl 05, 233).

Mit dem Worte „Rad" stimmt das Bild eines Mühl- oder Zahnrades überein (PA 30. 6. 05, MW 4, 234).

Z mit Darstellungen von Flaggen hindern die Eintragung des Wortzeichens „Flagge" (PA 18. 10. 00, Bl 00, 398).

Das Wort „Adler" nicht zulässig gegenüber der figürlichen Darstellung eines Adlers (PA 3. 1. 96, Bl 96, 73, in Anwendung des § 20). Desgleichen das Wort „Globe" gegenüber dem Bildzeichen eines Globus (PA 6. 7. 95, Bl 95, 273).

Ebenso zwei auf einem Telegraphendraht sitzende Schwalben für Makkaroni gegenüber dem Wortzeichen „Maccaroni-Schwalbe" (PA 6. 11. 95, Bl 95, 313).

Das Wort „Vulkan" stimmt überein mit dem Bilde eines Vulkans mit der Überschrift „Vulkankessel". Dagegen nicht mit Vulkanbildern mit Überschriften „Ätna" oder „Vesuv" (PA 19. 11. 03, Bl 04, 273).

Das Wort „Katzenjammer" (seelische Depression) stimmt nicht überein mit dem Bilde einer weinenden, ihre Tränen trocknenden Katze (PA 7. 12. 03, Bl 04, 273).

Das Wort „Schwan" stimmt nicht überein mit zwei gegeneinander gerichteten Schwanenköpfen und -hälsen (PA 30. 9. 02, Bl 03, 13).

Mit dem Worte „Spielkarte" für Seife ist das Bild eines Piquebuben mit der Unterschrift „Schwarzer Peter" für übereinstimmend erachtet (PA 4. 12. 99, Bl 00, 249). Desgleichen mit dem Worte „Sandwirt" das Bild von Andreas Hofer (PA 21. 12. 99, Bl 00, 250).

„Arminia" und „Hermannia" übereinstimmend mit der Darstellung des Teutoburger Denkmals (PA 25. 4. 00, Bl 00, 377).

f) Verschiedenes.

Bei Phantasieworten oder fremdartigen Wortbildungen kommt es für die Frage der Übereinstimmung hauptsächlich auf den Wortanfang an. Daher wurde Recordin und Bio-

§ 5 cordin für Arzneimittel nicht als übereinstimmend befunden (BA 26. 2. 13, MW 12, 422; ebenso Ruboid und Duroid (BA 15. 4. 13, ib. S. 588).

Die Anhängung der Verkleinerungssilbe „chen" schließt regelmäßig die Übereinstimmung nicht aus (PA 13. 4. 04, Bl 05, 12).

Bild und Bild.

Bei wappenähnlichen Z kann die Übereinstimmung sowohl durch den Inhalt des Wappenschildes wie auch durch die Gesamterscheinung (z. B. bestimmt durch die Wappenhalter) begründet werden (BA 6. 9. 05: ausgestreckte Hand; 13. 9. 06: zwei Greifen als Wappenhalter; Bl 06, 312). Doch ist in der Regel eine genügende Verschiedenheit des Inhalts des Wappenschildes ausschlaggebend (BA 30. 9. 02, Bl 03, 174).

Auch die Abbildungen verschiedener öffentlicher Denkmäler können verwechselt werden (BA 14. 3. 04, Bl 04, 226: Jan Willem in Düsseldorf — Prinz Eugen in Wien).

Auch Gleichheit des Motivs kann Übereinstimmung begründen (BA 11. 1. 96, Bl 96, 140: Hahn auf stehendem Faß — Hahn auf liegendem Faß; BA 8. 6. 95, Bl 95, 234: sitzende Eule bzw. Adler, also sitzender Vogel in ovaler Umrahmung mit dem Namen Döring; PA 8. 7. 95, Bl 95, 274: Schmalzlerfranzl für Schnupftabak; 10. 7. 95, Bl 95, 275: Wappenschild mit Krone).

Keine Übereinstimmung zwischen den verdoppelten Zwillingszeichen (Vierlinge) und der zunächst als eine Ausgestaltung der Zahl 4444 erscheinenden Darstellung, die den Eindruck von einen Balken tragenden Männern machen kann (BA 10. 10. 25, MW 25, 184).

Wort und Wort.

Kinematograph und Pathé Kinematograph nicht übereinstimmend, da ersteres Z inzwischen zum freien Warennamen geworden ist (BA 22. 6. 12, Bl 12, 265).

We — Be und El — Be nicht übereinstimmend (BA 4. 9. 10, Bl 11, 127).

EKA und Emmkah, Elka und Elsa, Elka und Emka wegen ähnlichen Klanges übereinstimmend (BA 27. 10. 11, Bl 11, 323).

Robin und Rotkehlchen für Kognak wurden nicht als übereinstimmend betrachtet, obwohl Robin im Englischen Rotkehlchen bedeutet, weil man bei der französischen Ware an eine französische Firma, nämlich die des Anmelders Jules Robin & Cie. denken wird (BA 10. 4. 13, MW 12, 531; vgl. § 20 A 11).

Vroni und Veronika für Zigaretten nicht übereinstimmend, da bei der überaus großen Zahl von Wortzeichen für diese Waren auf Unterschiede geachtet zu werden pflegt (BA 26. 4. 13, MW 12, 532).

Cora und Cobra, letzteres Wort mit Abbildung einer Schlange, infolge dieser Erläuterung nicht übereinstimmend (BA 31. 5. 13, MW 12, 671).

Daustria und Austria übereinstimmend (PA 17. 12. 10, MW 11, 95).

Sidah nicht übereinstimmend mit Lyda — Jaspi — Sidra (PA 1. 2. 05, Bl 05, 205).

Lecithosal und Lecithomalt nicht übereinstimmend (BA 1. 11. 10, MW 10, 196).

Stanges Teersavon übereinstimmend mit Pixavon (Teerseife; PA 20. 12. 09, Bl 10, 166).

Torosan und Fortossan für pharmazeutische Produkte übereinstimmend (BA 7. 7. 06, Bl 06, 263).

Formysol und Formikal nicht übereinstimmend, weil „Form" für Chemikalien freies Stammwort (PA 13. 1. 12, MW 11, 330).

Kautschukat übereinstimmend mit Kautschukin und Kautschukfluat (PA 16. 1. 09, Bl 10, 164).

Benzoclarin übereinstimmend mit Benzoborin (PA 9. 10. 09, Bl 10, 165).

„Böhmisch, Bremer oder Frankfurter Kindl" übereinstimmend mit „Kindlbräu" (München). Anders bei „Löwen- oder Bürgerbräu", welche Z in zahlreichen Städten bestehen (BA 2. 7. 09, Bl 10, 20; BA 7. 10. 03, Bl 04, 176).

„Buren-Trunk" für Spirituosen hindert Eintragung von „Buren-Feuer" (BA 4. 7. 00, Bl 00, 378).

Die Eintragung der sinnlosen Abkürzung eines imperativischen Wortzeichens („Schmücke Dein Heim" in „Schmücke Dein") kann andere ähnliche Eintragungen (wie „Schmücke Dein Schaufenster") nicht hindern, da durch solche Abkürzungen der Schutzbereich sonst über Gebühr erweitert würde (BA 1. 10. 97, Bl 98, 94).

Anästhesin — Anesin übereinstimmend (BA 12. 11. 97, Bl 97, 263).

Wendburgia — Wanderburgen übereinstimmend (BA 22. 9. 25, MW 25, 131).

Electrit — Electrine übereinstimmend (BA 6. 5. 26, GR 26, 400).

„Der Herr — Die Dame" nicht übereinstimmend mit 1. „Der Herr", 2. „Die Dame" (PA u. BA 29. 12. 24 u. 20. 4. 21, MW 25, 140).

Berado und Pelrado übereinstimmend, da B und P in manchen deutschen Mundarten schwer auseinanderzuhalten sind und die Abweichung im übrigen nicht genügt. Vgl. Perladont und Pelrado, weil Umstellungen von Buchstaben leicht übersehen werden (BA 9. 2. 11, GR 11, 238; MW 10, 353). Ebenso Sanodentin und Dentisano (BA 27. 11. 09, Bl 10, 20). Dagegen GEZ und ZEG nicht übereinstimmend (BA 8. 4. 11, GR 11, 238; MW 10, 353). § 5

Wundermild übereinstimmend mit Wundermilch (trotz Schwäche des erstgenannten Z; BA 29. 12. 24, MW 24, 238; desgl. Rheumasan und Rheumazone, vgl. § 20 A 21).

Allradio und Allmusik nicht übereinstimmend, da das Wort „all" als Beschaffenheitsangabe nicht schutzfähig und der Gesamteindruck hinreichend verschieden (BA 18. 2. 25, GR 25, 105).

Alsterstolz, Alstergold, Alsterfreude, Alstergruß übereinstimmend mit Alster und Alsterkrone (BA 8. 3. 10, MW 9, 323).

„Deutscher Vichy" übereinstimmend mit „Vichy Etat" (für Mineralwasser; BA 9. 3. 09, Bl 09, 186).

Das ältere Z „Deutsche Klassiker" für Zigaretten u. dgl. schließt das Z „Classic" aus (BA 22. 11. 07, Bl 08, 38).

Parole und Paroli übereinstimmend (BA 4. 1. 04, Bl 04, 18).

Gleichartigkeit. Allgemeines. Aus § 5 Abs 1 (in Verbindung mit § 4 Abs 3, § 9 Abs 1 Nr 1 und § 12 Abs 1) ergibt sich der wichtige Grundsatz, daß der Z-Schutz sich nicht nur auf die im Warenverzeichnisse nach § 2 Abs 1 und § 3 Abs 1 Nr 2 eingetragenen Waren, sondern darüber hinaus auf die diesen gleichartigen Waren bezieht. Das bedeutet nicht, daß die gleichartigen Waren, obwohl nicht eingetragen, so anzusehen sind, als wären sie eingetragen, sondern daß es nicht nur rechtswidrig ist, das Z auf Waren der „angemeldeten Art" (§ 12), d. h. auf Waren, die eingetragen sind, anzubringen, sondern ebenso, es auf solchen Waren anzubringen, die diesen gleichartig sind. Daraus folgt, daß sich der Z-Schutz nicht etwa auch auf solche Waren bezieht, die den letzteren gleichartig sind (RG II 5. 1. 23, MW 22, 135: Zeichen Rex, Tee — Schokolade — Zuckerwaren; Dunkhase MW 16, 125 Abs 2). Ferner folgt daraus, daß, während für die eingetragenen Waren der Z-Schutz sicher besteht, bei den anderen Waren, mögen sie prima facie als gleichartig erscheinen oder nicht, stets eine Untersuchung im einzelnen Falle erforderlich ist, ob Gleichartigkeit im Sinne des Gesetzes vorliegt. Eine scharfe und allgemein anwendbare Bestimmung dieses Begriffs ist nämlich ebensowenig möglich wie bei dem Begriffe der Verwechslungsfähigkeit. Es läßt sich lediglich aus dem Zwecke des Gesetzes herleiten, daß zwei Paare von Arten von Waren, die übereinstimmend (im Sinne des § 5) bezeichnet sind und aus verschiedenen Geschäftsbetrieben stammen, dann als gleichartig zu gelten haben, wenn vermöge einer gewissen Verwandtschaft zwischen ihnen die Gefahr einer Verwechslung der Betriebe besteht (vgl. Kohler S. 148, 171). Es gibt Paare von Warenarten, bei denen eine solche Verwandtschaft wohl immer anzunehmen ist, auch solche, bei denen sie gar nicht in Frage kommt, es gibt aber auch solche; bei denen sie in der Regel und solche, bei denen sie nur ausnahmsweise festzustellen sein wird (vgl. Dunkhase MW 18, 176). **Anm. 5**

Aus der Geschäftstätigkeit S. 275: Der beherrschende Grundsatz ist auch hier, daß danach zu urteilen ist, ob die Möglichkeit einer Verwechslung oder Täuschung im Verkehr vorliegt, sowie daß der Begriff der Gleichartigkeit nicht zu eng zu fassen ist.

Allgemein gelten im zeichenrechtlichen Sinne echte Waren mit unechten Waren und Surrogaten als gleichartig. Rohstoffe, sofern sie die Güte der Fertigware in durchschlagendem Maße beeinflussen und bedingen, sind mit diesen Fertigwaren als gleichartig zu erachten, doch ist das Verhältnis zwischen Rohstoff und Fertigware bei den einzelnen Waren außerordentlich verschieden gestaltet. Von besonderer Bedeutung ist die Übereinstimmung des Ortes der Herstellung und des Ortes des Vertriebs. Gleichartigkeit liegt vor, sobald der Verkehr wegen der nahen Verwandtschaft der Ware annehmen muß, daß das ihm entgegentretende Z auf denselben Geschäftsbetrieb hinweist (z. B. bei Seife und Parfümeriewaren, die bekanntlich vielfach in demselben Betriebe hergestellt und vertrieben werden). Nicht minder kommt es auf die Gleichheit des Verwendungszwecks und der Wirkungsweise der Ware an. Hiernach sind z. B. Heilmittel, Konservierungsmittel und Putzmittel untereinander gleichartig. Auch die Übereinstimmung der äußeren Erscheinung kann entscheiden, tritt aber gegenüber anderen wesentlichen Eigenschaften oft zurück.

Über die Frage der Gleichartigkeit entscheidet die Anschauung des Verkehrs. Es kommt darauf an, ob die Waren sich nach ihrer wirtschaftlichen Bedeutung und ihrem Verwendungszwecke so nahestehen, daß der Durchschnittskäufer infolge des gleichen oder vermeintlich gleichen Z zu der Meinung gelangen kann, sie stammten aus demselben Geschäftsbetriebe. Ebenso fällt ins Gewicht, ob die Waren für denselben Kundenkreis in Betracht kommen. Ob sie im übrigen ihrer Beschaffenheit oder Natur nach miteinander verwandt sind, ist belanglos (E 95, 230; 98, 226 u. 227; 102, 357; 60, 324: Rauchtabak, Zigaretten, Zigarettenpapier; 67, 36: Gleichartigkeit von technischen und Speiseölen, Sunlight; RG II 13. 4. 23, MW 23, 43: Seifen und zu ihrer Herstellung verwandte ätherische Öle; E 108, 34: Eisen und Stahlwaren, Zwillingszeichen; s. auch die amerikanische Entscheidung Bl 14, 286; PA MW 17, 87). Nicht

§ 5 erforderlich ist es, daß die Waren ihrem Wesen und Stoffe nach gleich sind und selbst miteinander verwechselt werden können (E 72, 148, Bl 10, 266; MW 9, 304; BA 23. 1. 05, Bl 06, 129).

Da es weniger darauf ankommt, den Schutz der Z nicht zu weit auszudehnen, als das Publikum vor Verwechslung und Täuschung zu bewahren, darf der Begriff der Gleichartigkeit keinesfalls eng ausgelegt werden, vielmehr ist es richtig, im Zweifel die Gleichartigkeit festzustellen und auch Möglichkeiten der Zukunft in Betracht zu ziehen (E 72, 148; RGSt 6. 3. 11, Bl 11, 261; s. auch § 12[1] A 8; Salinger GR 16, 99; Edwin Katz MW 19, 67; Herse MW 19, 108). Osterrieth S. 334 A 3 meint: Waren, deren allgemeiner Gebrauchszweck durchaus verschieden ist und deren Abnehmerkreise grundsätzlich getrennt sind, z. B. Kanonenrohre und kleine Gebrauchsgegenstände aus Stahl, wie Aschenbecher, Serviettenringe, könnten nicht als gleichartig angesehen werden, auch wenn sie aus demselben Stoffe bestehen oder aus denselben Herstellungsstätten stammen. Aber auch dies braucht nicht unbedingt zuzutreffen, z. B. dann nicht, wenn die Firma ein weitverbreitetes Z hat und sie entweder die kleinen Stahlwaren führt, ohne sie im Warenverzeichnis angegeben zu haben, oder auch nur im Publikum angenommen werden kann, daß solche mit dem Z versehene Waren von ihr herrühren (E 108, 34).

Jeder Fall bedarf der Prüfung nach seinen besonderen Umständen (E 60, 325). So kann in gewissen Grenzen auch auf die Bekanntheit der sog. Weltmarken, bei denen der Abnehmer leichter geneigt sein wird, an den Betrieb ihrer Inhaber zu denken, Rücksicht genommen werden (Dunkhase MW 18, 176; vgl. E 108, 34: Henckels Zwillingszeichen; PA 1. 7. und 27. 11. 16, MW 24, 56: „Die Stimme seines Herrn"; s. auch Anhang zu § 9 A 26 u. 19: WZ als anerkannte Etablissementsbezeichnungen).

Die Gleichartigkeit ist ein Rechtsbegriff, dessen Beurteilung auch der Nachprüfung in der Revisionsinstanz unterliegt. Über die Gleichartigkeit gewisser Warenpaare haben sich vielfach auf Grund der Verkehrsauffassung Regeln gebildet, deren Anwendbarkeit zwar immer noch von den besonderen Umständen des Falles abhängig ist, deren völlige Nichtberücksichtigung aber das Rechtsmittel der Revision begründen kann, ebenso wie diese auf eine der Lebenserfahrung und notorischen Verkehrsauffassung widersprechende Würdigung der vom Tatrichter maßgeblich festgestellten Umstände des Falles gestützt werden kann. Ist nur ein Teil der in der jüngeren Anmeldung angegebenen Waren mit den Waren des älteren Z gleich oder gleichartig, so steht für die übrigen Waren die Übereinstimmung der Z der Eintragung nicht entgegen. Obwohl sich der Z-Schutz auf die gleichartigen Waren erstreckt, kann er doch für diese nicht eingetragen werden, wenn sie nicht geführt werden oder geführt werden sollen; sonst würde eine Weitererstreckung auf die diesen gleichartigen stattfinden und so fort (unrichtig E 108, 37; s. § 1 A 19). Indessen darf im Widerspruchsverfahren die Gleichartigkeit nicht mit der Begründung verneint werden, daß der Inhaber des älteren Z die fraglichen, für ihn eingetragenen Waren nicht führe, vielmehr hat das PA alle eingetragenen Waren zu berücksichtigen und den Anmelder evtl. auf Klage nach § 9[1] Nr 2, bzw. § 6 Abs 2 zu verweisen (BA 18. 11. 13, MW 13, 334). Im geeigneten Falle kann aber Streichung der betreffenden Waren in dem älteren Warenverzeichnisse nach § 8 Abs 2 Nr 2 (s. dort A 6) erfolgen; auch kann, wenn keine Aussicht besteht, daß der Inhaber des älteren Z solche Waren in seinen Betrieb aufnimmt und im übrigen die beiderseitigen Waren sich fernstehen, bei bloßer Ähnlichkeit die Anwendung des § 20 wegen mangelnder Verwechslungsgefahr abgelehnt werden (Dunkhase GR 19 S. 59 u. 60).

Anm. 6 **Besondere Fälle.** Bei der Frage der Gleichartigkeit kommt es insbesondere darauf an, ob nach der Art der tatsächlichen Geschäftsführung der sich gegenüberstehenden Betriebe Verwechslungsgefahr zu befürchten ist (s. die vier Entscheidungen der BA von September 14 und Februar 15, MW 14 S. 311 u. 312). In dem ersten Falle wurde die Frage verneint, obwohl die Wareneintragung auf „diätetisches, hygienisches und Malzbier" bzw. auf „diätetische Präparate" lautete, weil sich eine Bierbrauerei und eine Schokoladen- und Bonbonfabrik gegenüberstanden. In dem zweiten wurde sie bejaht, obwohl gewisse Waren in dem einen Geschäft noch nicht geführt waren, weil es sich um zwei Import- und Exportgeschäfte handelte, bei denen der Verkehr trotzdem auf Herkunft aus jenen Geschäften schließen konnte. In dem dritten Falle wurde sie ebenfalls bejaht, weil die in Frage stehenden Waren, obwohl nicht geführt, doch dem Geschäfte des älteren Z-Inhabers nahestanden. In dem vierten Falle wurde sie für Biskuitgebäck verneint, weil die Waren Malzschokolade und Malzkakao, bei denen Verwechslungsgefahr an sich angenommen wurde, von der Inhaberin des älteren Z, obwohl für sie eingetragen, tatsächlich bisher nicht geführt waren (vgl. auch BA März und April 14, MW 13, 514).

Es ist nicht ausgeschlossen, daß die Frage der Gleichartigkeit zu verschiedenen Zeiten mit Rücksicht auf veränderte Verkehrsverhältnisse verschieden zu beurteilen ist. So hat das PA früher Schuhwaren und Gummiabsätze für ungleichartig erklärt, erkennt aber in der Entscheidung v. 21. 11. 24, Bl 24, 375 und MW 24, 113 auf Grund der Gestaltung des Verkehrs die Gleichartigkeit von Schuhwaren einerseits, Gummisohlen und Absätzen andererseits an. § 5

Gegen die Gleichartigkeit kann es sprechen, wenn dieselben Z für verschiedene Betriebe lange Jahre unbeanstandet nebeneinander bestanden haben (RG II 5. 1. 23, MW 22, 135: Rex).

Die Zugehörigkeit der Ware zu derselben Klasse des amtlichen Warenverzeichnisses kann in Zweifelsfällen unter Umständen die Gründe für die Gleichartigkeit verstärken, gibt aber kein entscheidendes Kriterium dafür ab (BA 19. 12. 24, MW 24, 238; vgl. E 108, 38).

Das WZ bezieht sich zwar nicht nur auf die eingetragenen Waren (Zigaretten), sondern auch auf die diesen gleichartigen (Zigarren). Ist aber das Z für diese Freizeichen, so entfällt selbstverständlich insoweit der Schutz. Trotzdem kann der Inhaber des Z (Juno) nach § 9 Nr 1 die Löschung eines für letztere Waren (Zigarren) eingetragenen, mit seinem Z verwechslungsfähigen Z (Julo) verlangen, weil sich dies Z auch auf diejenigen (gleichartigen) Waren (Zigaretten) bezieht, für das sein älteres Z eingetragen ist und wirksam ist (soweit sich das Z Julo auch auf Zigaretten bezieht, kollidiert es unmittelbar mit dem klägerischen Z Juno; E. 102, 355; vgl. § 9 Nr 1 A 4).

Die Rohmaterialien, das Halbfabrikat und das Fertigfabrikat sind in der Regel nicht gleichartig, es sei denn, daß sich das eine ohne technische Schwierigkeit aus dem anderen herstellen läßt, so daß mancher Abnehmer denselben Zweck durch Anschaffung des einen oder anderen erreichen kann (Tabak und Tabakwaren; BA 15. 4. 10, MW 9, 322, Bl 10, 239: Garn und Strümpfe; vgl. Niebour MW 18, 3 unten; BA 6. 1. 14, MW 13, 517; E 92, 383: Glasröhren und Thermometer).

Imprägnierte Stoffe und das Imprägnierungsmittel sind nicht für gleichartig erachtet und daher wurde verschiedenen Personen nacheinander für beide Warenarten dasselbe Wortzeichen „Wasserperle" bewilligt (BA 6. 2. 04, Bl 04, 227). Dadurch wurde aber, ähnlich wie bei demselben WZ für Hauptwaren und Verpackungsmittel (s. § 1 A 15) die Gefahr einer Kollision hervorgerufen. Der Inhaber des später erteilten Z (für Imprägnierungsmittel) darf alsdann nicht sein Z so verwenden, daß es auf die Waren bezogen werden kann, für die das Z zuerst erteilt wurde (imprägnierte Stoffe). Eine Z-Verletzung liegt z. B. vor, wenn das Z von dem zweiten Berechtigten auf Ankündigungen u. dgl. angebracht wird, die sich zugleich auf Waren des ersten Berechtigten beziehen. Es kann darin auch unlauterer Wettbewerb gefunden werden, insofern über die Herkunft der letzten Waren Täuschung hervorgerufen wird (ESt 41, 78, Bl 09, 188).

Sind in dem älteren Warenverzeichnisse gewisse Waren vom Schutze ausgenommen, so hindert das nicht, daß ein neues Z wegen Gleichartigkeit dieser von ihm beanspruchten Waren mit den im älteren Warenverzeichnisse unter Schutz gestellten beanstandet wird; z. B. älteres Warenverzeichnis: „Rauch-, Kau- und Schnupftabak ohne Ausdehnung auf Zigarren und Zigaretten"; neue Anmeldung für „Zigaretten und Zigarettenpapier"; Zigaretten gestrichen wegen Gleichartigkeit mit Rauchtabak (BA 18. 3. 02, Bl 02, 197; vgl. § 2 A 16).

Hat das PA den Antrag auf Eintragung eines Z für gewisse Waren wegen bereits erfolgter Eintragung für einen anderen abgelehnt, so kann der Inhaber den Schutz auf diese Waren nicht mit der Begründung ausdehnen, daß sie den für ihn eingetragenen Waren gleichartig seien, vielmehr hat es bei der vom PA ausgesprochenen Beschränkung sein Bewenden (RGSt 4. 7. 13, MW 13, 21). Anders würde die Sache liegen, wenn die Eintragung nur aus dem Grunde abgelehnt wäre, daß der Geschäftsbetrieb sich nicht auf die betreffenden Waren erstrecke.

Da ein Bildzeichen nach Zweck und Wirkung regelmäßig nicht als Kunstwerk anzusehen ist, kann die Nachahmung und Anmeldung für ungleichartige Waren seitens Dritter an sich nicht verboten werden (RG II 5. 11. 15; E 87, 274: Salamander; Bl 16, 25).

Häufig wird die Anmeldung oder Benutzung eines fremden, weithin bekannten WZ für nicht gleichartige Waren in der Absicht, den großen Ruf dieses Z für sich auszunutzen und in dem Bewußtsein, daß damit die Kennzeichnungskraft desselben für den Inhaber geschwächt wird, gegen die guten Sitten verstoßen und eine Klage aus § 826 BGB und § 1 UWG begründen; vgl. Kohler S. 167; LG Elberfeld 14. 9. 24 GR 24, 204 (Odol für Messerschmiedewaren); OLG Dresden 16. 12. 26, MW 26, 220 (Elida; Parfümerie — Gummiwaren); vgl. Anh zu § 9 A 26; § 1 A 20.

Liegt zugleich eine Verletzung des Namensrechts vor, wie in dem Urteile RG II 20. 11. 25, MW 25, 157, so kommt es auf die Gleichartigkeit der Waren nicht an, es genügt die Beeinträchtigung eines wirtschaftlichen Interesses des Namensinhabers (vgl. auch E 111, 192; Anh zu § 9 A 26 und § 9 A 11).

Einzelne Entscheidungen. Vgl. die nach Warenklassen geordnete Übersicht bei Busse S. 123ff. **Anm. 7**

§ 5 Ein aus mehreren Teilen bestehender Apparat ist regelmäßig gleichartig mit seinen einzelnen Teilen, so Schreibmaschinen mit Schreibbändern (BA 28. 10. 01, Bl 02, 28), Lampen und deren Teile, z. B. Glühstrümpfe (BA 20. 10. 05, Bl 06, 60), desgleichen Fahrräder gleichartig mit den Zubehörteilen, einschließlich Luftreifen — hierfür besteht häufig eine gemeinsame Handelsmarke (BA 25. 1. 05, Bl 05, 206). Unrichtig RG 95, 229 (Handschuhe und deren Knöpfe, bei denen übereinstimmende Z verschiedener Betriebe Anlaß zu Täuschungen geben müssen; s. auch Salinger JW 19, 452[15]).

Schmiedestücke aus Stahl gleichartig mit fertigen Messern, Scheren und Gabeln, weil häufig die Rohware bereits mit einem Z versehen wird und daher Ungewißheit über die Herkunft entstehen könnte (BA 30. 3. 00, Bl 00, 377). Im übrigen sind Rohmetalle und Halbfabrikate mit Werkzeugen nicht gleichartig (BA 19. 9. 00, Bl 00, 397).

„Hühneraugenmittel" und „vegetabilischer Leim" gleichartig (BA 25. 4. 98, Bl 98, 136).

Waschmittel und Seifenpulver gleichartig (BA 6. 11. 96, Bl 97, 63).

Gummiwaren sind nicht ohne weiteres gleichartig; z. B. Hartgummikämme nicht mit Radiergummi, Gummibändern, Gummiringen (PA 4. 4. 02, Bl 02, 197).

Brennspiritus zu Leucht-, Koch- und Politurzwecken nicht gleichartig mit Spirituosen eines Brennerei- und Brauereibetriebes — Genever, Bitter, Alkohole (RG II 25. 1. 01, Bl 01, 265; a. M. PA 23. 4. 01, Bl 01, 264).

Sensen (wegen der besonderen zeichenrechtlichen Entwicklung) nicht gleichartig mit Messerschmiedewaren (BA 16. 1. 00, Bl 00, 211).

Petroleum und Tran nicht gleichartig (PA 26. 8. 25, MW 25, 131).

Echte Gold- und Silberwaren gleichartig mit unechten (PA 11. 7. 95, Bl 95, 275).

Damenkleider und Untertaillen gleichartig (BA 15. 11. 13, MW 13, 334).

Sind die gegenüberstehenden Z für einen auswärtigen (den chinesischen) Markt bestimmt und ist das ältere Z dort bereits gut eingeführt, so liegt die Verwechslungsgefahr nahe, und es sind an die Gleichartigkeit der Waren (Farbstoffe — Arzneimittel) geringere Anforderungen zu stellen (BA 14. 3. 14, MW 13, 515).

Mehl und Puddingpulver sind gleichartig (BA 4. 7. 12, MW 12, 105); desgleichen Backmehl und Backpulver (E 72, 147, Bl 10, 266; MW 9, 304).

Nähmaschinen und Fahrräder nicht gleichartig (RG II 6. 12. 12, MW 12, 345).

Kakaobutter und Kakao nicht gleichartig (BA 24. 2. 13, MW 12, 531).

Schuhcreme und Mineralöle nicht gleichartig, da letztere für erstere nicht verwendet werden (BA 14. 3. 13, MW 12, 531).

Schleifmittel und Metallpolituren nicht gleichartig (BA 31. 5. 13, MW 12, 671).

Von dem Standpunkte aus, daß es darauf ankommt, ob das gleiche Z im Verkehr als Hinweis auf die Herkunft aus demselben Geschäftsbetriebe gilt, hat die BA des PA am 9. 10. 24 die Gleichartigkeit von Kaffee, Kaffeesurrogaten, Kaffeezusatz und Getreidekaffee einerseits mit 1. Tee (vgl. hierzu RG II 5. 1. 23, MW 22, 135), 2. diätetischen Präparaten und Malzextrakt, 3. Gewürzen andererseits verneint (Bl 24, 359); ebenso das RG bejaht für Lederschuhwaren und Schuhcreme (9. 2. 23, MW 22, 189).

Limonade u. dgl. nicht gleichartig mit Bier. Daher die Bezeichnung „Urquell-Limetta-Brause" zulässig gegenüber dem Bierzeichen „Urquell" (SächsOLG 1. 3. 11, Bl 12, 22).

Gleichartig: Toilettenseife und flüssiges Parfüm; Tinte und Papier (E 72, 148). Ebenso: Teerfarbstoffe, Lacke und Anstrichfarben (BA 6. 6. 10, Bl 11, 16).

Gleichartig: „Liköre und Spirituosen" mit „Weinen und Likören in genießbarer Hülle", insbesondere „Pralinen mit Likör- und ähnlicher Füllung" (BA 19. 12. 24, MW 24, 187).

Zwei Desinfektionsmittel können nicht deshalb als ungleichartig angesehen werden, weil das eine (Lysol) giftig, das andere (Liasol) ungefährlich und daher als Heilmittel verwendbar ist (RGSt 6. 3. 11, Bl 11, 261; MW 10, 247).

Gleichartig: „Brunnen- und Badesalze" und „Abführmittel in Tablettenform". „Gleiche Verkaufsstätten, Gleichheit des Verwendungszweckes, gleiche Herstellungsstätten; ob eine der Parteien Händler, die andere Fabrikant ist und ob die beiderseitigen Waren aus verschiedenem Material hergestellt werden, ist belanglos" (RG II 13. 2. 12, MW 11, 474).

„Alkoholfreie Brauselimonade, sog. alkoholfreies Bier und stille Limonade" nicht gleichartig mit Likör (BA 19. 5. 12, MW 11, 490).

Brandbinden und Gichtwatte sind als medizinische Verbandstoffe gleichartig (RG II 5. 3. 12, MW 11, 532).

„Werkzeuge des Handwerks" und „Geräte der Ackerwirtschaft" sind als Stahlwaren oder Stahlwerkzeuge gleichartig, da sie regelmäßig in denselben Geschäften vertrieben werden und auch aus den gleichen Ursprungsquellen herrühren (RG II 25. 10. 10, GR 11, 28; MW 10, 154).

Weine und Spirituosen nicht gleichartig trotz häufigen Vertriebs in denselben Stellen, weil sich der Verkehr an diese seit langem geübte Behandlung gewöhnt hat (BA 26. 11. 24, MW 24, 70).

Ist ein Wortzeichen (Fermentin) in Klasse 34 für medizinische Seifen eingetragen und ist bei den vertriebenen Seifen besonders ein Zusatz von Hefe wirksam, so kollidiert damit die spätere Anmeldung eines anderen in Klasse 26d für „medizinische Hefe", die in dessen Betriebe zur Herstellung von Tabletten und Pulvern zum inneren Gebrauch verwendet werden, weil bei dieser Sachlage die beiderseitigen Waren als gleichartig anzusehen sind (RG II 24. 10. 16, MW 16, 141). § 5

Gummikämme und Gumminetze sind gleichartig. Daß der Widersprechende erstere nicht führt und ihm daher das Z hierfür versagt ist, hindert seinen Widerspruch nicht (BA 28. 3. 16, MW 16, 209).

Motorwagen und Wasserfahrzeuge nicht gleichartig (BA 24. 12. 20, GR 20, 39).

Keine Gleichartigkeit zwischen:

1. kondensierter Milch und Konserven oder Käse (BA 17. 12. 24, Bl 25, 9).
2. präparierten Mehlen und Teigwaren (BA 17. 12. 24, Bl 25, 9).

Alkoholfreies oder alkoholarmes Bier nicht gleichartig mit Fruchtextrakten und Gelees (BA 1. 12. 15, MW 15, 348).

Briefpapier im allgemeinen und Briefpapier mit künstlerischer Ausstattung (Luxusbriefpapier) müssen wegen Gemeinsamkeit des Gebrauchszweckes als gleichartig gelten (E 62, 20).

Bier nicht gleichartig mit Spirituosen und Fruchtsäften (RG 13. 3. 14, MW 14, 44; E 101, 25: Gilka); ebensowenig mit Wein oder Schaumwein (BA 26. 11. 08, MW 8, 168).

Zigarren und Zigaretten sind gleichartig (BA 11. 5. 14, MW 14, 88); desgleichen Zigarren, Zigaretten und Zigarettenpapier (E 60, 325); Rauchtabak und Zigarren (BA 6. 12. 95, Bl 96, 17).

Käse und diätetische Präparate gleichartig — weil zu beiden der Yogurthkäse zu rechnen ist (BA 23. 10. 14, MW 14, 162).

Rohmaterialien. Malz und Bier nicht gleichartig (LG München 3. 12. 07, Bl 10, 332).

Jagd- und Revolverpatronen nicht gleichartig mit Sprengstoff (BA 2. 4. 03, Bl 04, 48).

Verbandstoffe nicht gleichartig mit „Taschen-, Reise- und Hausapotheken" (BA 16. 4. 04, Bl 04, 273).

Die hergestellten Waren sind regelmäßig nicht gleichartig mit Hilfsmitteln, die zu ihrer Herstellung dienen. BA 30. 5. 04, Bl 04, 349 (Wortzeichen „Diamalt" gewährt für Diastase und für Backwaren).

Doch sind Schirmstoffe gleichartig mit Schirmen, Stöcken, Gestellen und Schirmfurnituren, weil sie ohne wesentliche Veränderung in den Schirmen verwandt werden (BA 25. 4. 03, Bl 03, 235).

Klosettpapier ist gleichartig mit Zellstoff, weil die meisten Zellstoffabriken ihren Zellstoff selbst in Papier verwandeln und Klosettpapier aus Zellstoff hergestellt wird (BA 27. 11. 99, Bl 00, 209).

Mit „Wein und Spirituosen" wurden als gleichartig erachtet: „alkoholfreie Getränke" und „alkoholfreie Fruchtgetränke", weil darunter im Verkehr häufig auch alkolholarme Getränke verstanden werden und sie als Ersatz für „Wein und Spirituosen" dienen (anders „Limonaden, Mineralwässer, Fruchtsirup und Fruchtessig). BA 26. 3. 10, MW 10, 102; Bl 10, 238. Ebenso mit Bier BA 31. 12. 08, Bl 09, 34 (vgl. die ältere Praxis: MW 8, 23).

Sprechmaschinen und Musikinstrumente gleichartig (BA 18. 12. 09, MW 9, 174).

Margarine gleichartig mit Butter, Speisefetten, Speiseölen. Diese gleichartig mit Naturmilch, getrockneter und kondensierter Milch (E 111, 194). Desgleichen mit Oleomargarine (BA 5. 1. 00, Bl 00, 210).

BA 14. 5. 21, MW 20, 219: Beispiele für Gleich- und Ungleichartigkeit:

Putzmaterial und Stahlspäne nicht gleichartig mit Putzpomade und Poliermitteln für Metalle.

Chemische Produkte für wissenschaftliche Zwecke nicht gleichartig mit Konservierungsmitteln für Nahrungsmittel.

Kassetten nicht gleichartig mit Nähkasten.

Firnisse, Lacke, Beizen, Harze nicht gleichartig mit Wachs.

Wachs gleichartig mit Wichse.

Gummi (Kautschuk) nicht gleichartig mit Gummiarabikum.

Brennmaterialien nicht gleichartig mit Kerzen und Wachsstöcken.

Waren aus Knochen, Horn und Zelluloid nicht gleichartig mit Spielen.

Spieltische nicht gleichartig mit Drechslerwaren.

Zeichen- und Malwaren nicht gleichartig mit Schreibbüchern.

Nach Beschl der BA v. 8. 10. 24, MW 24, 34, ist auf Grund von Handelskammerauskünften festgestellt, daß Klaviere und Klaviersaiten nicht gleichartig sind.

E 98, 226: Gleichartigkeit von Frucht- und Gemüsekonserven.

§ 5 Dagegen nicht von Frucht- oder Gemüsekonserven und Fleisch- oder Fischkonserven (PA 17. 12. 24, Bl 25, 9).

RG II 9. 7. 20 (Stella), MW 20, 32; GR 22, 61: Gleichartigkeit von technischen Ölen einerseits und daraus herzustellenden Fertigfabrikaten, wie Lederappretur, Schwärzen, Bodenfarben, Wichsen, Schuh- und Ledersalben andererseits, weil das Verhältnis der Waren den Schluß auf dieselbe Produktionsstätte nahelege.

Nähnadeln und Nähmaschinennadeln gleichartig mit Sicherheits-, Häkel-, Steck- und Haarnadeln (PA 4. 12. 02, Bl 03, 176).

Füllfederhalter und Bleistifte nicht gleichartig (PA 7. 10. 02, Bl 03, 203).

Anm. 8 **Widerspruchsverfahren. Die Einleitung.** Wenn die Prüfungsstelle (früher Abteilung) zu der Ansicht gelangt ist, daß der Anmeldung keine formellen oder absolut-materiellen Hindernisse entgegenstehen (vgl. § 2 A 5, § 3 A 4, § 10 A 3 u. 4, § 5 A 2), so wendet sie sich der Prüfung auf Priorität zu; hiermit wird zweckmäßig verbunden die Prüfung wegen des Hindernisses der Sperrfrist nach § 4 Abs 3. Ein öffentliches Aufgebot der Inhaber oder Anmelder kollidierender Z findet nicht statt. Vielmehr werden die Inhaber oder Anmelder solcher Z, bei denen das PA die drei Voraussetzungen der Priorität, der Übereinstimmung und der Gleichheit oder Gleichartigkeit der Waren für gegeben erachtet, hiervon durch Zustellung einer Mitteilung (vgl. § 7 Abs 3 und § 10 Abs 3) benachrichtigt, soweit nicht etwa der Anmelder ihre Einwilligung in die Eintragung oder ihren Verzicht auf den Widerspruch nachgewiesen hat. Damit wird den Zustellungsempfängern Gelegenheit zum Widerspruch gegen die Eintragung gegeben und das Widerspruchsverfahren eröffnet. Das PA kann hierbei vorläufig von der Benachrichtigung von Z-Inhabern, die mit in Frage kommen, absehen und das Kollisionsverfahren zunächst auf andere Gegenzeichen beschränken, bei denen mit Zurückweisung der Anmeldung gerechnet wird (PA 6. 5. 25, Bl 25, 128). Wegen der Sperrfrist wird ein eigentliches Widerspruchsverfahren nicht eingeleitet, was aber nicht ausschließt, daß das PA den Sperrfristberechtigten zu einer Erklärung auffordert oder ihn im weiteren Verlaufe der Untersuchung anhört. In geeigneten Fällen pflegt das PA den Anmelder schon vor der Mitteilung an den Gegner von der Sachlage zu benachrichtigen, um ihm Gelegenheit zur Zurücknahme oder Beschränkung der Anmeldung oder zur Verständigung mit dem Gegner zu geben (Busse S. 116 A 5).

Über die Vorbereitung der Tätigkeit des Prüfers bei Ermittlung der Gegenzeichen durch mittlere Verwaltungsbeamte s. Urban MW 20, 84.

Obwohl das Gesetz von dem „Inhaber" des älteren Z spricht, dem Mitteilung gemacht werden soll, so erstreckt sich das Widerspruchsverfahren auch auf Z, die zwar vorher angemeldet, aber noch nicht eingetragen sind, und kann bezüglich dieser auch durchgeführt werden, wenn der Widerspruch nicht für begründet erachtet wird. Im anderen Falle muß es ausgesetzt werden, bis über die Eintragung des Gegenzeichens entschieden ist. Eine Beschwerde hiergegen ist nicht gegeben, da die Beschwerdeinstanz sonst die der ersten Instanz obliegende Sachprüfung vorwegnehmen müßte (PA 19. 5. 15, MW 15, 395).

Die Benachrichtigung ergeht an den eingetragenen Inhaber (§ 7 Abs 3) des älteren Z, und zwar persönlich, nicht an einen etwaigen Bevollmächtigten (PA 19. 10. 06, Bl 06, 322; Niebour MW 25, 139). Anders natürlich in den Fällen des § 23 Abs 2, wenn ein Auslandsvertreter bestellt ist (Mitt des PA Bl 97, 182).

Gehört das Widerspruchszeichen einem Ausländer ohne Inlandsvertreter (§ 23 Abs 2), so fordert das PA ersteren auf, einen Vertreter zu bestellen, und läßt, wenn dieser Aufforderung nicht genügt wird, das Auslandszeichen unbeachtet (Geschäftstätigkeit S. 246).

Nach Busse S. 117 Nr 3 wird ein Widerspruchsverfahren nicht eingeleitet, wenn der Anmelder ein im Verhältnis zum Gegenzeichen älteres Z besitzt (gemeint ist natürlich ein solches, auf Grund dessen die Löschung des Gegenzeichens nach § 9 Abs 1 Nr 1 verlangt werden könnte), da ein Widerspruch jedenfalls vor Gericht beseitigt würde (vgl. Rhenius S. 71). Die dafür von Busse zitierte Entsch PA 6. 5. 25, Bl 25, 128, sagt darüber allerdings nichts.

Anm. 9 **Der Widerspruch.** Der Widerspruch muß binnen einer Notfrist von einem Monat nach Zustellung der Benachrichtigung eingelegt werden. Die Frist berechnet sich, wie die Beschwerdefrist, gemäß § 222 ZPO und §§ 187, 188, 193 BGB (vgl. § 10 A 7 u. 11). Bei Versäumung ist Wiedereinsetzung in den vorigen Stand zulässig (vgl. § 10 A 5). Eine Verlängerung findet nicht statt (PA Bl 95, 209).

Der Widerspruch eines nicht Benachrichtigten ist an sich unbeachtlich und sein Antrag auf Zuziehung zum Verfahren kann als unzulässig verworfen werden (PA 14. 4. 06, Bl 06, 264). Doch kann sich das PA auch veranlaßt finden, wegen des von dem Widersprechenden vertretenen Z das Widerspruchsverfahren zu eröffnen (Geschäftstätigkeit S. 245), ohne daß jedoch gegen die Ablehnung eines entsprechenden Antrags Beschwerde gegeben wäre (PA 14. 4. 06, Bl 06, 264). Eine etwa unter Zahlung der Gebühr eingelegte Beschwerde wird ohne Rückerstattung der Gebühr als unzulässig verworfen (PA 13. 8. 25, MW 25, 249).

Der Widerspruch kann schriftlich oder telegraphisch erhoben werden, aber nicht mündlich **§ 5**
oder telephonisch. Im übrigen bedarf er keiner bestimmten Formulierung, auch keiner Begründung, es muß nur erkennbar sein, daß die Eintragung nicht gewünscht wird. Das PA hat einen Widerspruch in der Erklärung, daß gegen Verwendung des Z nur für die im Verzeichnis enthaltenen Waren nichts eingewendet werde, erblickt, weil das Z-Recht ohne weiteres auch für gleichartige Waren entstehen würde (Geschäftstätigkeit S. 246; PA 3. 12. 00, Bl 01, 176; s. auch Niebour MW 25, 138).

Da es jedoch bei Beurteilung der Verwechslungsfähigkeit und Gleichartigkeit häufig auf die konkreten Umstände ankommt, so ist es für den Widersprechenden in der Regel empfehlenswert, darzulegen, inwiefern in dem gegebenen Falle Verwechslungen der Z im Verkehr zu befürchten sind (vgl. PA 3. 7. 13, Bl 14, 178).

Unrichtigkeiten und Irrtümer in der Begründung sind unschädlich (BA 25. 2. 15, MW 15, 395; BA 4. 2. 05, Bl 06, 131).

Ist z. B. die Benachrichtigung wegen mehrerer Z erfolgt und hat der Widersprechende sich alsdann in der Begründung nur auf ein Z bezogen, so kann im Wege der Auslegung festgestellt werden, daß der Widerspruch auf alle in der Benachrichtigung angegebenen Z gestützt werden sollte (BA 30. 3. 09, Bl 09, 187).

Die Unterlassung des Widerspruchs bedeutet keinen Verzicht. Sie hat daher nicht den Verlust des Klagerechts aus § 9 Abs 1 Nr 1 zur Folge. Ebensowenig ersetzt sie, wenn das Widerspruchszeichen nachträglich gelöscht wird, die Einwilligung des Inhabers zur Eintragung gegen § 4 Abs 3 (BA 30. 11. 06, Bl 07, 13).

Eine unzulässige Beschränkung des Widerspruchs, z. B. örtlicher Art, wird nicht beachtet (BA 22. 6. 98, Bl 98, 217).

Doch kann sich der Widerspruch auf einen Teil der im Verzeichnis enthaltenen Waren beschränken (Geschäftstätigkeit S. 246; PA 8. 1. 00, Bl 00, 205).

Ein Rechtsanspruch des Anmelders auf Benachrichtigung von dem Widerspruche oder auf Beachtung eines von ihm gestellten Antrags auf solche Benachrichtigung wird nicht anerkannt. Das PA hält sich jedoch dazu verpflichtet, wenn eine Erklärung des Anmelders zweckmäßig erscheint (BA 26. 3. 07, Bl 07, 141; PA 13. 4. 04, Bl 04, 347; Geschäftstätigkeit S. 245).

Auch wird regelmäßig ein Antrag des Anmelders auf Benachrichtigung, der schon in der Anmeldung gestellt werden kann, beachtet (Busse A 10). Über die Zweckmäßigkeit der Mitteilung an den Anmelder s. Wiegand MW 8, 2.

Ein Widerruf der Zurücknahme des Widerspruchs nach Ablauf der Frist ist wirkungslos, da er wegen Ablaufs der Frist nicht als selbständiger Widerspruch gelten kann (PA 9. 9. 02, Bl 03, 202). Danach ist anzunehmen, daß der Widerruf innerhalb der Frist wirksam ist und §§ 346, 515 ZPO nicht analog anzuwenden sind (Seligsohn S. 106; Pinzger S. 107). Anders verhält es sich mit dem Verzicht, dessen Widerruf auch innerhalb der Frist nur wegen Irrtums nach § 119 BGB (nicht wegen Irrtums im Beweggrunde) zulässig ist (BA 23. 6. 03, Bl 04, 247).

Eine nachträgliche Erweiterung des ursprünglich auf gewisse Waren beschränkten Widerspruchs ist nach Fristablauf unzulässig (PA 8. 1. 00, Bl 00, 205).

Die Zurücknahme des Widerspruchs nach rechtskräftiger Versagung der Eintragung ist wirkungslos (PA 23. 12. 95, Bl 96, 67).

Die Entscheidung. Nach Abs 1 Satz 2 u. 3 ist das Z einzutragen, wenn ein Widerspruch **Anm. 10**
nicht binnen Monatsfrist erfolgt; anderenfalls entscheidet das PA durch Beschluß, ob die Z übereinstimmen. Der zweite Satz steht in sachlichem Zusammenhange mit § 6 Abs 1 und § 6 Abs 2 Satz 1: Wird die Übereinstimmung verneint, so erfolgt Eintragung; wird sie festgestellt, so ist die Eintragung zu versagen.

Das PA hat also zunächst zu prüfen, ob ein Widerspruch überhaupt vorliegt und ob die etwa vorliegenden Widersprüche in zulässiger Weise, also in gehöriger Form und Frist, von dem eingetragenen Inhaber des Gegenzeichens oder von einem gehörig bevollmächtigten oder sonst legitimierten Vertreter (vgl. insbesondere § 23 Abs 2) desselben erhoben sind. Liegt ein zulässiger Widerspruch nicht vor, so ist nach § 5 Abs 1 Satz 2 das Z einzutragen, und zwar, wenn überhaupt kein Widerspruch erhoben ist, ohne weiteres, sonst, nachdem der Beschluß auf Verwerfung des Widerspruchs als unzulässig, gegen den noch Beschwerde eingelegt werden kann, rechtskräftig geworden ist, vorausgesetzt natürlich, daß nicht noch andere Gegenzeichen vorbehalten geblieben sind (s. A 8).

Liegen zulässige Widersprüche vor, so ist zu prüfen:

1. ob für das Gegenzeichen Priorität gegenüber dem angemeldeten Z besteht (vgl. BA 11. 1. 06, Bl 06, 60);
2. ob die beiden Z übereinstimmen;
3. ob die Waren, für die sie gelten oder gelten sollen, gleich oder gleichartig sind.

§ 5 Danach entscheidet sich die Frage der Übereinstimmung im weiteren Sinne (§ 5 Abs 1 Satz 3). Je nach der Beantwortung wird entweder die Übereinstimmung (oder die Gleichartigkeit) verneint (§ 6 Abs 1), oder die Übereinstimmung festgestellt und dann zugleich die Eintragung versagt (§ 6 Abs 2 Satz 1; s. Begr zum Entw 1913 S. 64). Sind sämtliche Widersprüche durch rechtskräftige Verneinung der Übereinstimmung oder auf andere Weise beseitigt und ergeben sich auch sonst keine Hindernisse, so wird die Eintragung verfügt (§ 6 Abs 1).

Trifft das Moment der Gleichheit oder Gleichartigkeit nur auf einen Teil der beanspruchten Waren zu, so ergeht der Beschluß auf teilweise Eintragung und Versagung.

Das Widerspruchsverfahren ist auszusetzen, wenn das Gegenzeichen noch nicht eingetragen ist; in diesem Falle ist die Entscheidung darüber abzuwarten (A 8). Das Widerspruchsverfahren und die Entscheidung können aber auch aus anderem Grunde, besonders mit Rücksicht auf ein das Gegenzeichen betreffendes, sei es vor dem PA, sei es vor den Gerichten anhängiges Löschungsverfahren, ausgesetzt werden. Das geschieht aber nur, wenn davon ein Einfluß auf die Entscheidung zu erwarten ist, sonst selbst nicht auf beiderseitigen Antrag (BA 27. 11. 97, Bl 98, 158). Im Widerspruchsverfahren selbst wird über die Löschung des Gegenzeichens nicht entschieden, es ist Sache des Anmelders, sie anderweit durch Antrag beim PA oder Klage vor den Gerichten zu betreiben (BA 17. 12. 97, Bl 98, 36). Es ist dann ratsam, mit der Löschungsklage den Antrag auf Verurteilung zur Einwilligung in die sofortige Eintragung des angemeldeten Z zu verbinden, da sonst noch immer die Sperrfrist des § 4 Abs 3 entgegenstehen würde (BA 11. 10. 07, Bl 07, 242).

Wird in erster Instanz der Widerspruch zurückgewiesen, und hiergegen Beschwerde eingelegt, so kann die Beschwerdeinstanz, wenn inzwischen die Eintragung wegen anderer Gegenzeichen rechtskräftig versagt ist, nach ihrem Ermessen, da noch immer die Klage nach § 6 Abs 2 offen bleibt, entweder über die Beschwerde entscheiden oder diese zur Zeit unter Aussetzung des Verfahrens als gegenstandslos erklären. Letzteres ist dann angezeigt, wenn nicht dargelegt wird, daß mit einem Durchdringen der Klage aus § 6 Abs 2 ernstlich zu rechnen ist. (Die Entsch BA 5. 4. 02, Bl 02, 124, wonach in solchem Falle stets zu entscheiden ist, wurde insoweit nicht aufrechterhalten.) BA 6. 5. 25, Bl 22, 128. Vgl. über die Aussetzung Pinzger S. 110, 119.

Das Verfahren nach § 5 als Abschnitt des Eintragungsverfahrens (vgl. § 3 A 4) setzt an sich voraus, daß die Prüfung wegen etwaiger absoluter Eintragungshindernisse und des relativen Hindernisses nach § 4 Abs 3 zugunsten des Z erledigt ist. Es bezieht sich also nur noch auf das relative Hindernis der Kollision mit einem älteren Z. Trotzdem kann aber das PA auch in diesem Abschnitte in erster Instanz jederzeit auf die ersteren Hindernisse, falls sich ein solches nachträglich herausstellt, zurückgreifen und ihretwegen die Eintragung ablehnen, wodurch sich das Verfahren nach § 5 erledigt (BA 9. 6. 97, Bl 97, 233; 1. 6. 98, Bl 98, 131; Geschäftstätigkeit S. 247).

In der Beschwerdeinstanz des Widerspruchsverfahrens findet dagegen eine Prüfung wegen der absoluten Hinderungsgründe nicht statt (BA 1. 2. 07, Bl 07, 142). Der Widersprechende hat auch keinen Anspruch darauf, über absolute Versagungsgründe gehört zu werden (BA 11. 1. 06, Bl 06, 60), vorbehaltlich seines Rechts, deswegen ein Löschungsverfahren zu beantragen. Innerhalb der Übereinstimmung im weiteren Sinne hat die BA freie Hand. Hat z. B. die erste Instanz den Widerspruch wegen Ungleichartigkeit eines Teils der Waren zurückgewiesen, so kann die BA zurückweisen, weil die Z nicht verwechselbar sind (BA 15. 7. 09, Bl 10, 21).

Der Anmelder kann dem Widerspruchsverfahren jederzeit durch Zurückziehung der Anmeldung oder Verzicht auf die Waren, auf die sich der Widerspruch bezieht, ein Ende machen. Der Widersprechende hat kein Recht darauf, daß trotzdem noch über seinen Widerspruch entschieden wird (BA 8. 2. 12, Bl 12, 204). Eine nach Zurücknahme der Anmeldung eingelegte oder aufrechterhaltene Beschwerde des Widersprechenden ist gegenstandslos (BA 15. 6. 07, Bl 07, 220). Die Beschwerdegebühr wird zurückgezahlt (BA 20. 7. 01, Bl 01, 166). Das PA ist auch nicht verpflichtet, über sämtliche Widersprüche zu entscheiden, wenn die Anmeldung auf Grund eines Widerspruches oder nachträglich wegen eines von Amts wegen zu berücksichtigenden Grundes zurückgewiesen ist. Ist in einem solchen Falle von einem Widersprechenden, gegen den auf Nichtübereinstimmung erkannt wurde, Beschwerde eingelegt, so kann, obwohl der durchgedrungene Widerspruch möglicherweise durch Klage aus § 6 Abs 2 noch beseitigt werden kann, die Beschwerde als zur Zeit gegenstandslos erklärt werden, ohne daß über die Kosten entschieden wird (BA 6. 5. 25, Bl 25, 128; gegen BA 5. 4. 02, Bl 02, 124). Das PA hat aber für den Fall, daß ein erhebliches Interesse des Widersprechenden an der Entscheidung über die Übereinstimmung nachgewiesen wird, dem Antrage hierauf stattgegeben, auch wenn die Anmeldung auf Grund eines anderen Gegenzeichens rechtskräftig abgewiesen war (BA 10. 9. 25, MW 25, 132).

Der Anmelder kann die Kollision mit einem älteren Z nicht dadurch vermeiden, daß er seinen Z-Schutz räumlich beschränkt (z. B. „nur für die Ausfuhr nach Ostasien"), da eine solche Begrenzung des Z-Schutzes im Gesetze nicht vorgesehen ist (PA 7. 2. 96, Bl 96, 184). Wohl aber kann er die Kollision durch Beschränkung seines Warenverzeichnisses beseitigen (BA 8. 2. 12, Bl 12, 204). § 5

Kosten. Abs 1 Satz 4. Das PA kann die Parteien des Widerspruchsverfahrens anhören, es kann Ermittlungen jeder Art anstellen (z. B. Auskünfte über Gleichartigkeit von Handelskammern einholen, vgl. BA 8. 10. 24, MW 24, 34) und Beweise erheben. Die hierdurch verursachten Kosten können (oder müssen auf Antrag) in entsprechender Anwendung des § 25 Abs 2 PG dem unterliegenden Teile auferlegt werden. Im übrigen entstehen im Widerspruchsverfahren erster Instanz keine dem PA zu vergütenden Kosten. In der Beschwerdeinstanz ist eine beantragte Anhörung der Parteien notwendig (§ 10 A 7; PG § 26 Abs 3). **Anm. 11**

§ 5 Abs 2. Aus dem Unterbleiben der im ersten Absatze vorgesehenen Mitteilung kann ein Schadensersatzanspruch nicht hergeleitet werden, weder von dem Z-Inhaber noch von dem Anmelder, weder gegen das Reich noch gegen den Beamten, der die Mitteilung unterlassen hat. Dies gilt auch dann, wenn ein solcher Anspruch nach bürgerlichem Rechte (z. B. §§ 839, 826 BGB) begründet wäre, weil das Spezialgesetz vorgeht (Pinzger A 13). Dem geschädigten Z-Inhaber steht selbstverständlich die Löschungsklage aus § 9 Abs 1 Nr 1 offen. **Anm. 12**

Madrider Abkommen. Auch bei der Prüfung der international registrierte Marken (Madrider Abkommen) hat niemand ein Recht darauf, daß sein Z im Widerspruchsverfahren berücksichtigt wird, vielmehr steht dies lediglich im Ermessen der Prüfungsstelle. Eine Beschwerde gegen die Ablehnung ist auch hier unzulässig. Die Beschwerde ist trotz Unzulässigkeit gebührenpflichtig (BA 13. 8. 25, MW 25, 249). Nach Art 5 Abs 2 des internationalen Abkommens muß das PA binnen Jahresfrist nach der Anzeige des Internationalen Bureaus (Art 3 des Abkommens) dem letzteren die Versagung unter Angabe der Zurückweisungsgründe mitteilen, widrigenfalls das Z als zugelassen gilt. Es genügt jedoch ein refus provisoire innerhalb der Frist, der, wenn er bei der endgültigen Beschlußfassung, die auch nach Ablauf der Frist erfolgen kann, nicht aufrechterhalten wird, zurückzunehmen ist. Bei der endgültigen Beschlußfassung dürfen dann aber nur solche Versagungsgründe berücksichtigt werden, die dem Internationalen Bureau fristgemäß mitgeteilt sind. Das Widerspruchsverfahren kann also auf nachträglich ermittelte Widerspruchszeichen nicht ausgedehnt werden (BA 7. 7. 26, Bl 26, 184; MW 26, 28). **Anm. 13**

Für die in Art 11 Abs 2 des Abkommens bezeichneten sog. Übergangsmarken (FrIM S. 33 A 2), d. h. diejenigen Marken, die bereits am 1. Dezember 1922, wo der Beitritt des Reiches wirksam wurde (FrIM S. 55), international registriert waren, ist nach § 3 des Beitrittsgesetzes v. 12. 7. 22 (FrIM S. 47) die patentamtliche Prüfung und damit das Widerspruchsverfahren ausgeschlossen. Sie sind jedoch nach § 9 Abs 1 Nr 1 anfechtbar. Dies gilt auch für die spätere internationale Erneuerung solcher Marken wegen Ablaufs der zwanzigjährigen Schutzfrist, da das internationale renouvellement der deutschen Erneuerung gleichzuachten und nicht als Neuanmeldung zu behandeln ist (BA 2. 12. 26, Bl 26, 265; GR 27, 61; vgl. Heinemann GR 27, 33).

§ 6. § 6

Wird durch den Beschluß (§ 5 Abs. 1) die Übereinstimmung der Zeichen verneint, so ist das neuangemeldete Zeichen einzutragen.

Wird durch den Beschluß die Übereinstimmung der Zeichen festgestellt, so ist die Eintragung zu versagen. Sofern der Anmelder geltend machen will, daß ihm, ungeachtet der durch die Entscheidung des Patentamts festgestellten Übereinstimmung, ein Anspruch auf die Eintragung zustehe, hat er diesen Anspruch im Wege der Klage gegenüber dem Widersprechenden zur Anerkennung zu bringen. Die Eintragung auf Grund einer zu seinen Gunsten ergehenden Entscheidung wird unter dem Zeitpunkt der ursprünglichen Anmeldung bewirkt.

Inhalt.

Anm.		Seite	Anm.		Seite
	Abs 1 und Abs 2 Satz 1.			Abs 2 Satz 2: Klage auf Eintragung.	
1.	Die Beschlüsse	130	3.	Voraussetzungen	131
2.	Tragweite der Beschlüsse	130	4.	Das Urteil	132
	Abs 2 Satz 3.				
5.	Folgen des Urteils	133			

§ 6 **Abs 1 und Abs 2 Satz 1.**

Anm. 1 **Die Beschlüsse.** Die Beschlüsse des PA können lauten (vgl. § 5 A 10):

1. auf Verneinung der Übereinstimmung;
2. auf Feststellung der Übereinstimmung und Versagung der Eintragung;
3. auf teilweise Verneinung der Übereinstimmung und teilweise Versagung der Eintragung.

Die Verneinung der Übereinstimmung kann beruhen auf Mangel der Verwechslungsfähigkeit der Z oder auf Ungleichartigkeit der Waren. Das Wort „Übereinstimmung" setzt in § 6, wie in § 5, beides, sowohl die Identität oder Verwechselbarkeit der Z wie auch die Gleichheit oder Gleichartigkeit der Waren voraus (s. § 5 A 1 Kommissionsverhandlungen), daher auch die Feststellung der Übereinstimmung. Sie bildet den Grund für die Versagung der Eintragung, welche der eigentliche Gegenstand der Entscheidung zu 2 ist (Begr zum Entw 1913 S. 64). Der Beschluß zu 3 setzt voraus, daß bei Übereinstimmung der Z die in der Anmeldung beanspruchten Waren zum Teil gleich oder gleichartig sind mit denen des Widerspruchszeichens, zum Teil nicht. Nach § 5 der AusfVO (Anh Nr 1) sind die Beschlüsse mit Gründen zu versehen, schriftlich auszufertigen und den Beteiligten von Amts wegen zuzustellen. Dem Anmelder wie dem Widersprechenden, und zwar jedem Widersprechenden unabhängig von den anderen (BA 5. 4. 02, Bl 02, 124; welche Entscheidung allerdings zum Teil zu weit geht; vgl. § 5 A 10), steht, wenn er ganz oder teilweise unterliegt, das Rechtsmittel der Beschwerde (oder die Anschlußbeschwerde s. § 10 A 9) zu. Die Eintragung erfolgt, wenn sämtliche Widersprüche endgültig beseitigt sind. Bis zur Eintragung kann auf andere Hindernisse zurückgegriffen werden (s. § 5 A 10). Schon in diesem Abschnitte des Verfahrens können rechtskräftige Urteile der Gerichte die Entscheidung des PA beeinflussen. So kann z. B. der Anmelder ein Urteil wie nach Abs 2 vorlegen, welches den Widersprechenden zur Zurücknahme des Widerspruchs oder zur Einwilligung in die Eintragung verurteilt, das aber nicht auf Mangel der Übereinstimmung gegründet sein darf, wenn es das PA binden soll (s. A 2 u. 5). Ebenso kann der Gegner ein Urteil vorlegen, wonach der Anmelder zur Unterlassung oder zur Zurücknahme der Anmeldung verurteilt wird (vgl. E 100, 8 und § 9 A 6; § 12 A 27; RG II 14. 1. 27, 15. 7. 26: Tula — Tuma). Das Urteil muß in diesen Fällen dem § 894 ZPO genügen. Die bloße Festellung einer Verpflichtung genügt nicht (BA 31. 1. 96, Bl 96, 142).

Anm. 2 **Tragweite der Beschlüsse.** Im Eintragungsverfahren hat allein das PA über die Frage der Übereinstimmung zu entscheiden. Seine Entscheidung ist insbesondere hinsichtlich der Klage aus § 6 Abs 2 für die Gerichte bindend. Die Worte „ungeachtet der durch die Entscheidung des PA festgestellten Übereinstimmung" besagen, daß diese Entscheidung für das Widerspruchsverfahren der §§ 5, 6 endgültig ist (RG 38, 74; 97, 91: Pecose; RG 28. 4. 99, Bl 99, 180 [184 a. E]; 13. 4. 23, MW 23, 43). Sie kann auch damit nicht angefochten werden, daß in einem früheren rechtskräftigen Urteile die Übereinstimmung verneint war (E 38, 73). In diesem Urteile wird freilich nur der Fall behandelt, wo zwei nach älterem Rechte eingetragene Z bei der beantragten Übertragung in die Z-Rolle (§ 24) vom PA als übereinstimmend erachtet wurden, während vorher die auf Grund des älteren Z unter der Herrschaft des alten Rechts angestellte Klage auf Unterlassung der Benutzung des jüngeren Z wegen mangelnder Übereinstimmung rechtskräftig abgewiesen war. Indessen ist davon auszugehen, daß die öffentlich-rechtliche Befugnis des PA zur Feststellung der Übereinstimmung nach § 5 WZG eine selbständige, von abweichenden Entscheidungen anderer Behörden unabhängige ist (BA 29. 10. 96, Bl 97, 62; BA 14. 11. 95, Bl 96, 16; BA 31. 5. 96, Bl 96, 142). Wird daher unter der Herrschaft des neuen Rechts eine Untersagungsklage nach § 12 rechtskräftig abgewiesen, so kann der obsiegende Beklagte daraus nicht das Recht herleiten, vom PA die Eintragung zu verlangen, oder diese mit einer auf gerichtliche Feststellung der Nichtübereinstimmung gestützten Klage aus § 6 Abs 2 zu erzwingen; vgl. Paul Schmid GR 97, 287. Die Rechtskraft jenes Urteils hatte nur zur Folge, daß das unter dem älteren Rechte unbeanstandet gebliebene Z gemäß der Übergangsbestimmung § 24 bis zum 1. 10. 98 unbeanstandet bleiben mußte (RG I 1. 5. 97, Bl 97, 198).

Außerhalb des Eintragungsverfahrens haben dagegen die Gerichte in der Frage der Übereinstimmung volle Freiheit und können insbesondere in einem Streite über die Tragweite des Schutzanspruchs nach §§ 12, 14 im Gegensatze zum PA die Übereinstimmung oder Gleichartigkeit verneinen (E 61, 214; [Bl 05, 295]; 97, 91; ESt 48, 394; Fuld GR 05, 16) oder auf Klage aus § 9[1] Nr 1 bejahen (E 44, 64; 104, 162; RG II 3. 11. 25, GR 26, 77 und MW 25, 150).

Auch das PA kann bei erneuter Anmeldung die früher festgestellte Übereinstimmung verneinen und das Z unter dem Datum der neuen Anmeldung eintragen (PA 23. 12. 95, Bl 96, 67 a. E). Denn seine Entscheidungen bleiben auch als Akte der freiwilligen öffentlichen

Gerichtsbarkeit Verwaltungsakte und sind daher nur der formellen, nicht der materiellen **§ 6**
Rechtskraft fähig (s. § 3 A 8), Cohn GR 14, 188; vgl. für das Patenterteilungsverfahren Rasch (GR 14, 205ff), der allerdings der Patenterteilung materielle Rechtskraft beimißt (S. 253ff).

Die Nachprüfung der Feststellung der Übereinstimmung oder Nichtübereinstimmung durch die Gerichte in einem späteren Verfahren nach § 9 Nr 1 und § 12 ist schlechthin unentbehrlich. Die dem PA in den §§ 5 u. 6 zugemutete Aufgabe, nach der mehrere 100 000 Z enthaltenden Rolle zu prüfen, ob ein neu angemeldetes Z mit einem vorher für gleiche oder gleichartige Waren angemeldeten übereinstimmt oder verwechslungsfähig ist, ist ungemein schwierig und endgültig in vielen Fällen nicht zu lösen, zumal da sich häufig erst beim Nebeneinanderbestehen zweier Z im Verkehr ergibt, ob sie sich genügend unterscheiden oder nicht (vgl. Entwurf von 1913 Erläuterungen S. 53).

Die Eintragung des Z selbst ist wie die Patenterteilung ein rechtsgestaltendes Urteil der dem PA zustehenden freiwilligen Gerichtsbarkeit (s. Duchesne GR 26, 256, unter Berufung auf Kohler, Osterrieth, Seligsohn und Damme).

Abs 2 Satz 2: Klage auf Eintragung.

Voraussetzungen. Sind alle Widersprüche beseitigt und ist die Eintragung erfolgt, **Anm. 3**
so ist das Eintrageverfahren beendigt; alle etwaigen Hindernisse sind dann im Wege der Anfechtung, sei es zeichenrechtlich gemäß §§ 8 u. 9, sei es zivilrechtlich wegen eines überwiegenden Gegenrechts oder nach dem Rechte der unerlaubten Handlungen oder des unlauteren Wettbewerbs (s. Anh zu § 9) geltend zu machen. Anders wenn die Eintragung wegen Übereinstimmung mit einem Widerspruchszeichen versagt ist; alsdann kann der Anmelder noch Klage vor den Gerichten gegen den vorläufig siegreichen Widersprechenden auf Zurücknahme des Widerspruchs oder Einwilligung in die Eintragung erheben, aber nur „ungeachtet der durch die Entscheidung des PA festgestellten Übereinstimmung", d. h. diese steht auch für das Klageverfahren endgültig fest, so daß die Klage sich auf andere Gründe, als mangelnde Übereinstimmung zu stützen hat. Indessen kann der Versagungsbeschluß mit der Klage insofern als ungerechtfertigt angegriffen werden, als behauptet wird, daß dem Gegenzeichen die Priorität gegenüber der Anmeldung fehlt, denn die Frage der Priorität ist stets und auch in diesem Verfahren von den Gerichten nachzuprüfen (s. § 2 A 3; Ganz S. 166ff; E 61, 112; 104, 168; OLG Köln 8. 2. 02, GR 04, 275). Bei dieser Prüfung können nicht nur die internationalen Verträge und der Ausstellungsschutz eine Rolle spielen, sondern es kann auch in Frage kommen, ob mangels Rechts- oder Handlungsfähigkeit des Anmelders oder mangels der Voraussetzungen des § 23, oder aus anderen Gründen die Anmeldung des Gegenzeichens anders zu datieren ist, als es das PA getan hat (vgl. § 2 A 16 u. 19; E 104, 162; Geschäftstätigkeit S. 276; Ganz S. 167). Dagegen darf nicht angenommen werden, daß aus diesen oder ähnlichen Gründen die Eintragung ungültig ist und daher dem Z nicht einmal die Priorität nach dem Datum der Eintragung zuzuerkennen ist (vgl. § 1 A 9; a. A. Ganz S. 163).

Ist das Widerspruchszeichen ein Auslandszeichen, so kann die Klage darauf gestützt werden, daß es nach § 23 Abs 1 keinen Schutz genieße; das RG läßt die Klage auch zu, wenn das Auslandszeichen bei der Eintragung des Heimatschutzes entbehrte, oder wenn es ihn nachträglich verloren hat (s. hierüber § 23 A 16 u. 17).

Die Klage kann ferner darauf gestützt werden, daß der Gegner zur Erhebung des Widerspruchs nach § 7 Abs 2 nicht formell oder nach § 7 Abs 1 wegen Ungültigkeit der Übertragung nicht materiell legitimiert sei; sodann darauf, daß der Kläger Inhaber eines anderen, noch älteren Z sei, in dessen Bereich das angemeldete und das Widerspruchszeichen fielen, so daß er dem Gegner die Geltendmachung des letzteren im Wege des Widerspruchs verbieten könne (vgl. Geschäftstätigkeit S. 268; OLG Hamburg 23. 1. 09, MW 9, 35; Bl 09, 323). Endlich kann die Klage auf zivilrechtliche Gründe gestützt werden, besonders, daß Beklagter vertraglich oder auf Grund letztwilliger Verfügung verpflichtet sei, in die Eintragung des angemeldeten Z, ungeachtet der Kollision, die kein öffentlich-rechtlicher Versagungsgrund ist, zu willigen (E 97, 93; RG II 8. 11. 21: Molly — Moll; MW 21, 130), oder daß die Erhebung des Widerspruchs gegen die guten Sitten oder die Gesetze des Wettbewerbs verstoße, z. B. weil das Z allgemein anerkanntes Kennzeichen des klägerischen Betriebs gewesen sei und noch sei (vgl. E 100, 8).

Ähnliche Gründe können wiederum einredeweise gegen die Klage vorgebracht werden (E 100, 8). Mit Recht beanstandet aber Seligsohn S. 112 den vom RG a. a. O. hypothetisch zugelassenen Einwand, daß das angemeldete Z inzwischen freier Warenname geworden sei, denn hierüber zu befinden ist nach § 4 Abs 1 Nr 1 lediglich Sache des PA.

In sehr vielen Fällen wird die Eintragungsklage mit einer vorbereitenden Löschungsklage verbunden, um so das Widerspruchszeichen und damit den Widerspruch selbst aus dem Wege zu räumen. Dies kann aber nur dann zum Ziele führen, wenn der Löschungsgrund

§ 6 schon zur Zeit der Anmeldung bestanden hat und daher gemäß § 12 Abs 2 den Widerspruch rückwärts des Grundes beraubt. Ist dies nicht der Fall, so stellt sich der Widerspruch ungeachtet der nachträglichen Löschung als berechtigt dar, und der Anmelder kann dann keinesfalls gemäß § 6 Abs 2 Satz 3 die für die erfolgreiche Klage vorgesehene Eintragung unter dem Zeitpunkt seiner Anmeldung verlangen, wird vielmehr die Anmeldung zu erneuern haben (vgl. E 97, 99 und A 4). Die Verurteilung zur Einwilligung in die Löschung des Widerspruchszeichens für sich allein genügt daher nicht, um den Widerspruch zu beseitigen; es muß die Verurteilung zur Zurücknahme des Widerspruchs oder zur Einwilligung in die Eintragung hinzukommen (PA 7. 11. 01, Bl 02, 26).

Statt der Löschungsklage kann natürlich auch geeignetenfalls die Löschung gemäß § 8 Abs 2 Nr 2 beim PA beantragt werden (RG II 26. 9. 13, Bl 13, 390; MW 13, 151). An sich würde der Klage aus § 6² auch nach Löschung des Gegenzeichens noch die Einrede aus § 4 Abs 3 entgegenstehen. Diese entfällt aber, wenn die Eintragung des Gegenzeichens von Anfang an ungerechtfertigt war, weil dann der Inhaber sich so behandeln lassen muß, als sei das Z niemals eingetragen gewesen (vgl. RG II 26. 9. 13 cit.).

Häufig wird die vorbereitende Löschungsklage auf § 9 Abs 1 Nr 2 oder Nr 3 gestützt. Hat ein Geschäftsbetrieb des Gegners, für den das Widerspruchszeichen kennzeichnend geworden sein könnte, überhaupt nicht bestanden, so fällt mit der Löschung nicht nur der Widerspruch, sondern auch die etwaige Berufung auf die Sperrfrist des § 4 Abs 3 (E 97, 99; 100, 10; RG II 29. 10. 20, MW 20, 108: Saxonia).

Selbstverständlich kann die vorbereitende Löschungsklage auch auf zivilrechtliche Gründe (Namen- oder Firmenrecht usw., s. Anh zu § 9) gestützt werden (s. z. B. RG II 12. 11. 14, Bl 15, 109; MW 14, 218: Rosetti).

Die Klage kann nicht darauf gestützt werden, daß das Gegenzeichen wegen eines die Eintragung absolut hindernden Grundes (§§ 1, 4, 23) nicht zu Recht besteht, weil insoweit das PA allein zuständig ist. Ebensowenig auf Verjährung des Widerspruchsrechts oder Ersitzung des Z-Rechts (OLG Celle 5. 1. 97, Bl 97, 264), oder auf ein Vorbenutzungsrecht des Anmelders; auch Art 28 des französisch-deutschen Handelsvertrags vom 2. 8. 62 (FrJM S. 148) gewährt den Franzosen nur ein Recht auf Weiterbenutzung (E 64, 304; 67, 133). Hier wird aber demnächst Art 6b des Unionsvertrags in der Haager Fassung von Oktober/November 25 (Pinzger S. 415) Anh B Ib eingreifen.

Die Klage verjährt in 30 Jahren (Ganz S. 142). Sie kann schon vor Versagung der Eintragung, ja schon vor Beginn des Widerspruchsverfahrens angestellt werden (vgl. A 1 und § 5 A 10; Seligsohn S. 113 A 3; Pinzger A 12).

Anm. 4 **Das Urteil.** Das dem Anmelder günstige Urteil lautet auf Zurücknahme des Widerspruchs oder auf Einwilligung in die Eintragung; war zugleich über die beantragte Löschung des Gegenzeichens zu entscheiden, auch auf Einwilligung in diese. Letztere Verurteilung hat aber nicht immer die erstere zur Folge, ebensowenig eine anderweite Löschung, denn der Widerspruch kann trotzdem gerechtfertigt gewesen sein, ferner kommt noch die Sperrfrist in Betracht. War jedoch der Grund für die Löschung des Widerspruchszeichens schon vor Anmeldung des der Klage zugrunde liegenden Z eingetreten, so erweist sich der Widerspruch nach § 12 Abs 2 von vornherein als unberechtigt, und der Widersprechende ist verpflichtet, aus diesem Grunde in die Zurücknahme und in die Eintragung des Z unter dem Datum der Anmeldung zu willigen (RG 100, 8: Antiformin; 97, 99: Sojin; RG II 26. 9. 13, Bl 13, 390; MW 13, 151: Ovocithine — Ovolecithine; RG II 14. 7. 22, MW 22, 55: Kneipps Malzkaffee; RG II 1. 12. 14, MW 14, 332: Diamant; Anmeldung der Klage 2. 8. 12; damals war aber das Gegenzeichen schon anfechtbar, da es am 20. 6. 12 leer auf die Beklagte übertragen war; RG II 13. 12. 25, MW 25, 156: Pioto; abweichend Ganz S. 148). Wird das Widerspruchszeichen auf Grund eines älteren Z, sei es des Klägers selbst, sei es eines Dritten infolge einer aus § 9 Nr 1 erhobenen Klage gelöscht, so ist anzunehmen, daß der Grund zur Löschung mit der Klagerhebung eingetreten ist, weil die Geltendmachung von dem Willen des Löschungsklägers abhing und an sich beide Z nebeneinander bestehen konnten (Ganz S. 149ff). In diesem Falle kann sich der Kläger auf die Löschung nur dann berufen, wenn die Löschungsklage vor seiner Anmeldung erhoben war, weil sonst die Eintragung seines Z nicht unter dem Datum der Anmeldung (§ 6 Abs 2 Satz 3) gerechtfertigt wäre. Der Löschungsklage steht aber gleich der im Eintragungsverfahren erhobene Widerspruch des älteren Z-Inhabers (RG II 22. 12. 11, Bl 12, 231). Darüber hinaus wird man auch jede sonstige unzweifelhafte Erklärung des Löschungsberechtigten, das neue Z nicht dulden zu wollen, insbesondere eine in Unkenntnis der Eintragung gegen die Benutzung gerichtete Untersagungsklage, der Löschungsklage gleichstellen dürfen (s. Salinger GR 12, 275).

Analog wird man Löschungen wegen eines anderen dem Kläger zustehenden individuellen Gegenrechts (Namensrecht usw.) behandeln müssen.

Hat der Anmelder die Löschung des Gegenzeichens auf Grund eines dessen Anmeldung hindernden Gegenrechts durchgesetzt, so versagt ihm gegenüber die Berufung auf die Sperrfrist (OLG Dresden 11. 2. 14, Bl 14, 379: Kunstschutz, Völkerschlachtdenkmal; dies gilt selbst dann, wenn das Gegenrecht inzwischen erloschen ist, weil ihm gegenüber die Eintragung ohne Recht erfolgt war; ebenso für das Namensrecht RG II 12. 11. 14: Rosetti, Bl 15, 109; MW 14, 217; LG Hamburg 4. 2. 13, MW 12, 527: Clayhills). Mit dem Antrage auf Löschung kann daher der Antrag auf Einwilligung in sofortige Eintragung für den Kläger verbunden werden. **§ 6**

Ist der Antrag auf Einwilligung in die sofortige Eintragung wegen Hinfälligkeit des Gegenzeichens an sich gerechtfertigt, so können dagegen unter Umständen weitere Einreden erhoben werden, z. B. der Inhaber des Gegenzeichens habe inzwischen durch umfangreiche Reklame und entsprechenden Absatz bewirkt, daß es im Publikum allgemein als Kennzeichen seines Betriebs gelte; das Verlangen des Klägers, daß das Z für ihn eingetragen werde, verstoße hiernach gegen das Wettbewerbsrecht (RG II 1. 12. 14, MW 14, 332, Diamant, und E 100, 8, Antiformin).

Obwohl die Frage der Übereinstimmung nicht nur die Verwechslungsfähigkeit der Z, sondern auch die Gleichartigkeit der Ware betrifft, und die Entscheidung des PA hierüber für das Eintrageverfahren einschließlich des Rechtsstreits über die Klage aus § 6 Abs 2 endgültig ist, kann das Gericht doch in die Lage kommen, in diesem letzten Rechtsstreit über Gleichartigkeit von Waren zu entscheiden, nämlich wenn die Klage (verbunden mit einer Löschungsklage) darauf gestützt wird, daß der Gegner (der Widersprechende) einen die angemeldeten Waren betreffenden Geschäftsbetrieb nicht eröffnet habe und nicht führe, und eingewendet wird, der Widersprechende führe andere diesen gleichartige Waren (RG II 13. 4. 23, MW 23, 43: „Homa" für ätherische Öle vom PA versagt wegen des für diese Waren eingetragenen Gegenzeichens „Hora". Klage aus § 6 Abs 2, weil der Gegner ätherische Öle nicht führe und sein Z insoweit zu löschen sei. Einwand, es wurden ferner eingetragene gleichartige Waren (Seife) geführt, die ebenfalls die Anmeldung hinderten). Die hier und in E 108, 37 vertretene Ansicht des RG, daß in einem solchen Falle auch die Teillöschung des Gegenzeichens ausgeschlossen werde, ist nicht zu billigen (s. § 1 A 19; § 5 A 5).

Abs 2 Satz 3.

Folgen des Urteils. Satz 3 bestimmt, daß die Eintragung auf Grund einer zugunsten des Anmelders ergehenden Entscheidung unter dem Zeitpunkte der ursprünglichen Anmeldung bewirkt wird. Damit ist aber nicht gesagt, daß ein auf Zurücknahme des Widerspruchs oder Einwilligung in die Eintragung lautendes Urteil unbedingt zur Eintragung führen muß. **Anm. 5**

Zunächst steht dem PA eine gewisse Nachprüfung der Entscheidung in bezug auf ihre Begründung zu. Hat das Gericht wegen vermeintlicher Nichtübereinstimmung (also unter Überschreitung seiner Zuständigkeit; s. A 1 u. 2) auf Einwilligung erkannt, so kann das PA die Eintragung ablehnen (PA 23. 12. 95, Bl 96, 67). Ferner ist der Vorschrift des Gesetzes, daß die Eintragung unter dem Zeitpunkte der ursprünglichen Anmeldung zu bewirken ist, zu entnehmen, daß der geltend gemachte Anspruch auf Eintragung in diesem Zeitpunkte bestanden haben muß (vgl. A 4). Ergibt die Begründung des Einwilligungsurteils, daß dies nicht der Fall war, so hat das PA die Eintragung für das anhängige Eintragungsverfahren gleichfalls abzulehnen und dem Anmelder zu überlassen, die Eintragung auf Grund einer neuen Anmeldung weiter zu verfolgen (PA 28. 11. 22, Bl 22, 165). Die von Fr. Magnus S. 95, 96 gemachte Unterscheidung zwischen den Fällen, wo das PA bereits rechtskräftig die Eintragung versagt hat, und denen, wo sich das Widerspruchsverfahren noch in einem früheren Stadium befindet, ist nicht gerechtfertigt.

Aber auch wenn das Urteil hiernach vom PA zu beachten ist, beseitigt es nur den Widerspruch und setzt das Verfahren in die Lage zurück, in der es sich ohne ihn befunden hätte. Es können also noch andere Widersprüche in Betracht kommen, und es kann ein vorbehaltenes Widerspruchsverfahren neu eingeleitet werden (§ 5 A 8).

Hat das Gericht den Widerspruch für unbegründet erklärt, weil der Widersprechende nicht Inhaber des Widerspruchszeichens sei, so kann das PA noch Mitteilung gemäß § 5 an den wahren Berechtigten ergehen lassen und so ein neues Widerspruchsverfahren eröffnen (Ganz S. 164).

Ebenso kann nach wie vor auf die absoluten Versagungsgründe oder auf eine etwaige Sperrfrist zurückgegriffen werden.

Nur wenn außer dem beseitigten Widerspruche auch andere Eintragungshindernisse fehlen oder wegfallen, findet die Eintragung gemäß Satz 3 statt.

§ 6a

§ 6a.

Für jedes Zeichen ist vor der Eintragung eine Eintragungsgebühr nach Maßgabe des Tarifs und zur Deckung der durch die vorgeschriebenen Veröffentlichungen (§ 3 Abs. 3) entstehenden Kosten ein Druckkostenbeitrag zu entrichten. Die Höhe des Beitrags wird nach Stufen berechnet, die das Patentamt nach dem Umfang der Veröffentlichungen allgemein festsetzt. Die Berechnung ist unanfechtbar.

Anm. 1 Aus der Begründung des Ges v. 27. 6. 22 Anh Va Art IV Nr 3. Abdruck Bl 22 S. 80, 81.

Für die Eintragung der Z wird zur Zeit keine Abgabe erhoben. Wer mit seiner Anmeldung abgewiesen wird, hat danach genau soviel zu zahlen wie derjenige Anmelder, der einen zehnjährigen Schutz erlangt. Die Erhebung einer besonderen Eintragungsgebühr ist mithin gerechtfertigt.

Die Eintragungen werden im Reichsanzeiger und im WZ-Blatt veröffentlicht (die Veröffentlichungen im Reichsanzeiger sind inzwischen gemäß der neuen Fassung des § 3 Abs 3 in Art IV Ges v. 9. 3. 23, RGBl II 297 Anh V b und der Begründung zu diesem Gesetze Bl 23 S. 97, 99 fortgefallen) . . . Die Veröffentlichungen haben einen sehr verschiedenen Umfang und verursachen erhebliche Kosten, deren Tragung der Reichskasse nicht ferner zugemutet werden kann. Sie sollen fortan von den Z-Inhabern nach Maßgabe ihrer Beteiligung getragen werden. Der Einfachheit wegen erfolgt die Berechnung nach Beitragsstufen derart, daß, wenn der Umfang des Drucksatzes eine bestimmte Grenze überschreitet, der Kostensatz sich erhöht. Die Festsetzung der Stufen ist dem PA vorbehalten, um nach den Bedürfnissen unschwer eine Änderung vornehmen zu können.

Die Einstellung von § 6a beruht auf dem Gesetz zur Erhöhung der patentamtlichen Gebühren v. 27. 6. 22 (RGBl II 619 Art IV Nr 3). Die Worte „nach Maßgabe des Tarifs" entsprechen den späteren Gesetzen und Verordnungen über die patentamtlichen Gebühren v. 12. 7. 23 (RGBl II 295), v. 1. 11. 23 (RGBl II 399) und v. 29. 11. 23 (RGBl II 432: Goldmarktarif). Der neueste Tarif ist enthalten im Ges v. 26. 3. 26 (RGBl II 181 Anh VI) Die Druckkostenbeiträge sind zuletzt festgesetzt durch Bekanntmachung des PA v. 12. 11. 24 (Bl 24, 359).

Da die Veröffentlichungen verschiedenen Umfangs sind, werden die Druckkostenbeiträge nach entsprechenden Stufen berechnet, die das PA im voraus festsetzt. Die demgemäß vom PA im Einzelfalle vorgenommene Berechnung ist nicht anfechtbar, doch kann sie auf Vorstellung vom PA berichtigt werden.

Wegen der Zahlung vor der Eintragung und der Folge der Nichtzahlung s. § 2 A 18 (vgl. Lutter MW 21, 228 und 23, 205ff; Herzfeld MW 26, 2 u. 172).

§ 7

§ 7.

Das durch die Anmeldung oder Eintragung eines Warenzeichens begründete Recht geht auf die Erben über und kann durch Vertrag oder durch Verfügung von Todes wegen auf andere übertragen werden. Das Recht kann jedoch nur mit dem Geschäftsbetriebe, zu welchem das Warenzeichen gehört, auf einen anderen übergehen. Der Übergang wird auf Antrag des Rechtsnachfolgers in der Zeichenrolle vermerkt, sofern die Einwilligung des Berechtigten in beweisender Form beigebracht wird. Ist der Berechtigte verstorben, so ist der Nachweis der Rechtsnachfolge zu führen.

Solange der Übergang in der Zeichenrolle nicht vermerkt ist, kann der Rechtsnachfolger sein Recht aus der Eintragung des Warenzeichens nicht geltend machen.

Verfügungen und Beschlüsse des Patentamts, welche einer Zustellung an den Inhaber des Zeichens bedürfen, sind stets an den eingetragenen Inhaber zu richten. Ergibt sich, daß derselbe verstorben ist, so kann das Patentamt nach seinem Ermessen die Zustellung als bewirkt ansehen oder zum Zwecke der Zustellung an die Erben deren Ermittlung veranlassen.

§ 7

Inhalt.

Anm.		Seite
1.	Aus der Begründung (Entw § 6) S. 14	135
	Abs 1 Satz 1.	
2.	Das übergehende Recht	135
3.	Die Arten des Übergangs	136
	Abs 1 Satz 2.	
4.	Bindung an den Geschäftsbetrieb	137
5.	Folgen der Zuwiderhandlung gegen Satz 2	138
6.	Teilung des Betriebs	138
7.	Verpachtung, Nießbrauch, Pfandrecht	140
8.	Lizenz	140
	Abs 1 Satz 3 u. 4.	
9.	Umschreibung	141
	Abs 2.	
10.	Wirkung der Umschreibung	143
	Abs 3.	
11.	Folge für Zustellungen	144

Aus der Begründung (Entw § 6) S. 14.

Die Rechtsgültigkeit der Übertragung ist durch den Vermerk in der Z-Rolle nicht bedingt. Anm. 1
Um deren Zweck zu sichern, muß jedoch darauf hingewirkt werden, daß Änderungen in der Person des Berechtigten alsbald zur Eintragung gelangen. Daher wird für zeichenrechtliche Ansprüche die Aktiv- und Passivlegitimation des Rechtsnachfolgers von seiner vorgängigen Eintragung in der Rolle abhängig gemacht. Vorher soll er sein Recht anderen Personen gegenüber nicht geltend machen dürfen, während er andererseits zu gewärtigen hat, daß alle Verhandlungen über das Z, auch soweit sie dessen Rechtsbestand zum Gegenstande haben (§§ 7 u. 8 [Ges §§ 8 u. 9]) lediglich mit dem noch in der Rolle angegebenen Inhaber gepflogen werden.

Ein Z, welches für eine Firma eingetragen ist, haftet selbstverständlich an der Firma, und ein Wechsel in der Person der Firmeninhaber bedarf der Eintragung in die Z-Rolle nicht, sofern der Geschäftsbetrieb unter unveränderter Firma fortgesetzt wird.

Abs 1 Satz 1.

Das übergehende Recht. § 7 Abs 1 Satz 1 entspricht dem § 6 PG und unterscheidet Anm. 2
(ähnlich wie dieser) zwischen dem durch die Anmeldung und dem durch die Eintragung begründeten Recht. Letzteres ist das eigentliche WZ-Recht, ersteres gibt bei Vorliegen der gesetzlichen Voraussetzungen eine Anwartschaft auf das WZ-Recht. Das Recht aus der Anmeldung ist ein öffentlich-rechtlicher, gegen das PA gerichteter, nur im patentamtlichen Verfahren, also nicht durch Klage verfolgbarer Anspruch. Es ist aber zugleich ein von der Eintragung abhängiges, bedingtes Prioritätsrecht, das im Falle der Eintragung zu einem rechtlichen Vorzuge des durch die Eintragung begründeten Rechts wird (§ 2 A 2) und diesem alsdann einen patentamtlichen wie auch gerichtlichen Rechtsschutz verschafft, vorher aber schon andere durch die Anmeldung begründete Rechte hindern kann (§ 5 A 8 u. 10).

Das Recht aus der Anmeldung geht mit dem Geschäftsbetrieb derart auf den Rechtsnachfolger über, daß es nunmehr von diesem im patentamtlichen Verfahren weiterverfolgt werden muß (vgl. OLG Dresden 18. 12. 12 A 4; Pinzger A 1).

Ist die Anmeldung aus Gründen, die in der Person des Anmelders liegen, unwirksam, z. B. nach § 23 WZG, und liegen solche Gründe in der Person des Erwerbers nicht vor, so wird die Anmeldung nachträglich mit dem Rechtsübergang wirksam, doch richtet sich die Priorität nach diesem. So wenn eine nach § 23 Abs 1 unzulässige Anmeldung eines Ausländers auf einen Deutschen übertragen wird. Das PA (BA) hat allerdings in diesem Falle in dem Beschlusse v. 23. 9. 03 (Bl S. 283) Neuanmeldung durch den Inländer verlangt, während es in einem ähnlichen Falle (allerdings ohne Rechtsnachfolge) durch Beschluß v. 19. 11. 03 (Bl S. 285) die Anmeldung des Ausländers, die vor dem Beitritt Deutschlands zur Union (1. 5. 1903) erfolgt war, mit der Priorität v. 1. 5. 03 aufrechterhielt, weil der Anmelder nunmehr Unionsangehöriger war. Im umgekehrten Falle, wenn das Recht aus der Anmeldung auf einen Ausländer ohne Niederlassung im Inlande übergehen soll, müssen bei diesem die Bedingungen des § 23 erfüllt sein (PA 4. 3. 01, Bl 01, 248; vgl. § 23 A 6 u. 7).

Beide Rechte gehen so über, wie sie in der Person des Rechtsvorgängers bestanden haben, also mit derselben Priorität, mit derselben Schutzdauer und mit denselben Hinderungs- und Löschungsgründen. Doch ist es denkbar, daß gewisse Eintragungshindernisse oder Löschungsgründe in der Person des Erwerbers nicht fortbestehen und so geheilt werden, da es dafür auf den Zeitpunkt der Eintragung oder der Löschung ankommt. Umgekehrt können aber auch Eintragungshindernisse oder Löschungsgründe in der Person des Erwerbers begründet sein und durch die Übertragung wirksam werden.

Etwaige aus den Rechten entstandene Schadensansprüche gehen nicht ohne weiteres mit über.

§ 7 Anm. 3 **Die Arten des Übergangs.** Das Gesetz spricht in Satz 1 von einem Übergang auf die Erben und von der Übertragung auf andere durch Vertrag oder durch Verfügung von Todes wegen. In Satz 2, der ebenfalls alle Arten des Übergangs in sich schließt, wird im allgemeinen von dem Übergange gesprochen. Satz 1 ist aus dem bürgerlichen Recht zu ergänzen und hatte bei der Entstehung mit verschiedenen bürgerlichen Rechten zu rechnen. Es ist zweifelhaft, wie der erste Fall, Übergang auf die Erben, von dem dritten Fall, Übertragung durch Verfügung von Todes wegen, abzugrenzen ist. Vielleicht hat man nur an das Vindikationslegat gedacht (Pinzger A 4), vielleicht hat man sich nicht scharf den Unterschied zwischen dem Übergange bzw. der Übertragung selbst und der Begründung einer auf Übertragung gerichteten Verpflichtung vergegenwärtigt. Jedenfalls genügt letztere nicht, um die Rechte übergehen zu lassen, vielmehr ist dazu noch ein dinglicher Vertrag erforderlich. Nach heutigem bürgerlichem Rechte sind zu unterscheiden:

1. der Übergang durch Anfall an den Erben mittels Universalsukzession (§ 1942 BGB), bei dem es unerheblich ist, ob nur das gesetzliche Erbrecht oder eine Verfügung von Todes wegen (Testament, Erbvertrag) zugrunde liegt;
2. der Übergang durch dinglichen Vertrag, und zwar
   a) auf Grund eines obligatorischen Vertrags oder einer sonstigen Verpflichtung unter Lebenden;
   b) auf Grund einer nicht auf Erbeinsetzung gerichteten letztwilligen Verfügung, Vermächtnis (§ 2174 BGB).

Es lassen sich übrigens noch andere Fälle des Übergangs denken, z. B. einer dinglich wirkenden Enteignung oder Konfiskation. Ebenso geht bei Untergang des Z-Inhabers das Z auf denjenigen über, der infolge davon das Geschäftsunternehmen erworben hat. Daher sind die WZ der k. k. Tabakregie in Wien nach Auflösung der österreich-ungarischen Doppelmonarchie auf das Ärar der Republik Österreich übergegangen (RGSt I 23. 10. 23; ESt 58, 349; Bl 24, 375; MW 24, 104).

Das WZ kann im Todesfalle mit dem Geschäftsbetriebe auf mehrere Miterben übergehen. Diese können dann im Wege der Erbteilung Geschäftsbetrieb mit Z einem oder mehreren unter ihnen überweisen. Auch ist es zulässig, daß ein selbständiger Teil des Geschäfts mit dem Z von einem Erben übernommen wird, nicht aber, daß das Geschäft mit dem Z nach Warengattungen geteilt wird (vgl. A 6).

Kein Übergang der Rechte findet statt, wenn der Z-Inhaber in Konkurs gerät, denn der Konkursverwalter ist in seiner Eigenschaft als Verwalter nur der amtlich bestellte Vertreter des Gemeinschuldners, in dessen Vermögen Geschäftsbetrieb, Z und Recht aus der Anmeldung verbleiben. Schwebte daher eine Löschungsklage aus § 9 Nr 1 gegen den Gemeinschuldner, so ist nach der Konkurseröffnung der Klageanspruch wie ein Anspruch auf Aussonderung eines zur Masse gehörigen Immaterialgutes zu behandeln (RG II 21. 12. 06, Bl 07, 168; vgl. E 52, 230).

Ist das Z auf eine Firma eingetragen, so geht es (mangels abweichender Vereinbarung) auf denjenigen über, der das Geschäft mit der Firma übernimmt. Einer Umschreibung auf den neuen Firmeninhaber bedarf es nicht (Begründung A 1; ESt 41, 425; 43, 335; vgl. A 9). Bei einem sonstigen Wechsel in der Person der Firmeninhaber geht das Z vorbehaltlich gegenteiliger Vereinbarung mit der Firma und dem Geschäftsbetrieb, zu dem es gehört, auf den oder die neuen Inhaber über. Bei ausländischen Firmen ist die Frage, ob die Firma trotz Löschung und Wiedereintragung als die ursprüngliche bestehen geblieben ist, nach ausländischem Rechte zu beurteilen (E 74, 431, Bl 11, 173).

Eine auf Übergang oder Übertragung (vgl. § 2174 BGB) des Z-Rechts gerichtete letztwillige Verfügung (vgl. §§ 1937ff BGB) bedarf der für solche Verfügungen vorgesehenen Form. Dagegen ist der auf Übergang derselben gerichtete (dingliche) Vertrag formlos (§§ 398, 413 BGB; vgl. RG I 29. 5. 18, Bl 19, 5). Zum Übergang des WZ-Rechts selbst bedarf es nicht der Umschreibung in der Rolle; doch ist nach Abs 2 die Geltendmachung von der Umschreibung abhängig.

Wird daher das WZ (mit dem Geschäft, zu dem es gehört) mit Zustimmung des eingetragenen Inhabers in eine Aktiengesellschaft eingebracht, so wird diese Eigentümerin und kann von dem bisherigen Inhaber die Umschreibung verlangen. § 299a des Versailler Vertrags steht dem vermöge der in Anlage nach Art 303 § 2a enthaltenen Ausnahmebestimmung nicht entgegen (E 104, 369).

Auch der obligatorische, auf Übertragung der Z-Rechte gerichtete Vertrag ist formlos, soweit er nicht seinem sonstigen Inhalt oder seiner Natur nach Formvorschriften unterliegt.

Für Verträge über die deutschen Z-Rechte ist das deutsche Recht, insbesondere § 7 Abs 1 Satz 2 maßgebend, auch wenn sie im Auslande geschlossen werden (E 51, 268; 31, 56).

Wird nach Klage aus dem Z-Recht das Z mit Geschäftsbetrieb veräußert, so führt der ursprüngliche Kläger den Rechtsstreit zugunsten des Rechtsnachfolgers weiter (§ 265 ZPO; Stein zu § 265 II 1 Abs 3 ZPO; KG GR 22, 60). § 7

§ 7 gilt nach § 24d nicht für Verbandszeichen, die überhaupt nicht (vererbt oder) übertragen werden können.

Abs 1 Satz 2.

Bindung an den Geschäftsbetrieb. Durch Satz 2 wird das WZ zum untrennbaren Zubehör des Geschäftsbetriebs, für den es bestimmt ist (§ 1) erklärt mit der Folge, daß es, losgelöst von diesem Betriebe, nicht auf einen anderen Inhaber übergehen kann. Die Bestimmung entspricht dem § 23 HGB, wo die Firma in gleicher Weise zum unselbständigen Zubehör des Handelsgeschäfts erklärt ist. Anm. 4

Der Zweck der Bestimmung ist in E 56, 371 angegeben: „Das Gesetz will den Handel mit WZ, die von dem Geschäftsbetrieb losgelöst sind, verhindern, da anderenfalls die Funktion des Z, auf einen *bestimmten Geschäftsbetrieb* hinzuweisen, gefährdet wäre." Indessen ist der Handel mit WZ dadurch nicht völlig unmöglich gemacht. Selbstverständlich steht nichts dem im Wege, daß jemand ein von ihm gefundenes, wirksames noch nicht eingetragenes Z einem anderen zur eigenen Anmeldung und Eintragung entgeltlich überläßt (vgl. HGZ 1925, HBl Nr 6). Es läßt sich aber auch das Verbot der *Übertragung ohne Geschäftsbetrieb* dadurch umgehen, daß der Inhaber einen anderen Gewerbetreibenden die Eintragung für sich gestattet und dann sein Z löschen läßt (leere Übertragung). Allerdings verliert dann das Z die frühere Priorität. Indessen kann die Vereinbarung auch dahin getroffen werden, daß der ältere Z-Inhaber sein Z bestehen läßt, so daß *tatsächlich* das jüngere Z die Priorität des älteren genießt, wenn dieses erforderlichenfalls Dritten gegenüber geltend gemacht wird (E 44, 71).

Es ist nicht erforderlich, daß Geschäfts- und WZ-Übertragung in einem Akte erfolgen. Erstere kann sich auf Grund eines einheitlichen Entschlusses in Einzelhandlungen vollziehen und bei einer derselben die Übertragung des Z erfolgen. Die Umschreibung kann der Übertragung nachfolgen (KG 19. 10. 12, Bl 13, 331).

Da das Z Zubehör des Geschäftsbetriebs ist, so erstreckt sich die Veräußerung des letzteren in der Regel auf ersteres (§ 314 BGB). Es spricht daher bei Übergang des Geschäftsbetriebs eine Vermutung dafür, daß das Z mit übergegangen ist (E 80, 128). Doch trifft die Vermutung nicht zu, wenn die Firma nicht mit übertragen ist und sie einen wesentlichen Bestandteil des Z bildet (OLG Hamburg 3. 1. 08, Bl 08, 279).

Trotz dieses engen Zusammenhangs zwischen Geschäft und Z ist letzteres nicht etwa eine Eigenschaft des Geschäfts im Sinne von §§ 459ff BGB (vgl. E 63, 57), sondern es bleibt ein daneben bestehendes Recht (RG II 24. 11. 10, GR 11, 33).

Die Konfiskation des ausländischen Vermögens des im Auslande wohnhaften Inhabers eines inländischen Auslandszeichens (Chartreuse) bewirkt nicht dessen Übergang auf den ausländischen Staat oder auf denjenigen, auf den das ausländische Vermögen übergeht, *als Folge der Akzessorietät des Auslandszeichens* (E 69, 8, Bl 08, 249; MW 7, 207). Weitere Folgerungen dürfen aus dieser Entscheidung nicht gezogen werden. Bedenklich würde es sein, anzunehmen, daß bei zu Recht bestehender Konfiskation des Vermögens des ausländischen Inhabers eines Inlandszeichens schlechthin und Übergang seines Geschäftsbetriebs auf den konfiszierenden Staat letzterer nicht auch Inhaber des zu dem Geschäftsbetriebe gehörigen Inlandszeichens würde (vgl. Fuld GR 07, 334; Kohler Arch. f. b. R. 06, 207).

Die Frage, ob der Geschäftsbetrieb (neben dem WZ) übertragen ist, ist eine Tatfrage, die nach ähnlichen Grundsätzen zu entscheiden ist wie die Frage des Erwerbs eines Handelsgeschäfts (mit der Firma) nach §§ 22, 23 HGB. Ohne Bedeutung ist der Nichtübergang der Firma und der Passiva. Dagegen wird der Übergang wesentlicher Aktiva, die die Fortsetzung des alten Geschäfts ermöglichen, in der Regel Voraussetzung sein. Es genügt z. B. die Übertragung des größten Teils des Warenlagers mit den Geschäftspapieren (RG II 4. 11. 19, Bl 20, 93 [97]: Gillette). Ein Vertrag, wonach das Geschäft *ohne Aktiva und Passiva* übertragen werden soll, kann nicht ohne weiteres als genügende Grundlage der Geschäftsübertragung gelten, vielmehr wird darzulegen sein, wie sich die Parteien die Übertragung und Fortsetzung des bestehenden Geschäfts gedacht haben und welches das Substrat der Übertragung ist (RG II 29. 12. 03, Bl 04, 400; Staub HGB § 22 A 6). Unter Umständen kann die Gewährung der Möglichkeit der Fortsetzung des Unternehmens des Veräußerers ohne Übertragung wertvoller körperlicher Sachen genügen, z. B. bei einem Verlagsgeschäft (RG 37, 178).

Keineswegs steht die Einräumung einer Lizenz am WZ unter Umschreibung in der Rolle zugunsten eines fremden Betriebs der Übertragung des Geschäftsbetriebs gleich (E 100, 6).

Über das ausländische Recht s. Kohler S. 155.

In Frankreich ist eine Übertragung des Z-Rechts ohne Geschäftsbetrieb und eine Teilung

§ 7 desselben bei der Übertragung oder im Erbgange rechtswirksam (Pouillet Nr 172 und Nr 157 ff; vgl. E 51, 266).

Wie unser Recht das anglo-amerikanische: As a mere abstract right having no reference to any particular person or property it cannot exist . . . and cannot be sold the reason being that such transfer would be productive of fraud upon the public (Kohler S. 155).

Anm. 5 **Folgen der Zuwiderhandlung gegen Satz 2.** Es ist unzweifelhaft, daß eine Verfügung die gegen das im öffentlichen Interesse erlassene Verbot der Übertragung des WZ losgelöst von seinem Geschäftsbetriebe verstößt, nach § 134 BGB insoweit nichtig ist und dem Erwerber keine Rechte aus dem Z verschaffen kann. Da die Umschreibung (Satz 3) lediglich der formalen Legitimation dient, so kann sie die Unwirksamkeit des gewollten Übergangs nicht heilen, eine etwaige Klage des Pseudoerwerbers aus § 12 ist also einfach mangels der Aktivlegitimation des Klägers abzuweisen (E 51 S. 269, 279: Mariani; E 80, 127; KG 5. 11. 20, MW 20, 194). Klar sind auch die Folgen, wenn der Inhaber sich des Geschäftsbetriebs entäußert, um das Z für sich zu behalten, das dann auf seinen Namen eingetragen bleibt. Die Übertragung des Geschäftsbetriebs verstößt selbstverständlich nicht gegen Satz 2; indessen wird das Z von dem Geschäftsbetrieb losgelöst, es liegt dann Anfechtbarkeit des Z nach § 9 Abs 1 Nr 2 vor, die von jedermann gegen den eingetragenen Inhaber geltend gemacht werden kann (vgl. § 9 A 1 b). Solange darauf hin aber die Löschung nicht erfolgt ist, bleibt er zur Klage aus § 12 legitimiert, der jedoch mit der Löschungswiderklage begegnet werden kann. Zweifelhafter liegt die Sache, wenn das Z ohne Geschäftsbetrieb auf einen anderen für dessen Geschäftsbetrieb übergehen soll. Es ist ausgeführt worden, daß dann, infolge der Nichtigkeit der Verfügung, das Z beim Inhaber verbleibe (so Ganz S. 160). Die herrschende Meinung geht aber mit Recht dahin, daß, wenn auf Grund einer solchen Verfügung das Z auf den Pseudoerwerber umgeschrieben sei, es gegen diesen mit der Löschungsklage nach § 9 Nr 2 angefochten werden könne (E 56, 369: Venus; E 100, 6: Antiformin; RG II 6. 10. 11, GR 12, 70). Der bisherige Inhaber hat sich durch die Umschreibung öffentlich von dem Z losgesagt, sein Geschäftsbetrieb steht also nicht mehr dahinter, und der Nachfolger konnte es mangels eines rechtswirksamen Übergangs nicht erwerben. Das Z ist auch, nachdem es einmal anfechtbar geworden war, durch Rückübertragung an den bisherigen Inhaber nicht mehr zu retten (E 56, 371). Dem Verkehr kann nicht zugemutet werden, den Inhaber, der das Z in öffentlicher Kundgebung durch Eintragung in der Rolle aufgegeben hat, nach wie vor als zeichenberechtigt anzuerkennen, und der Pseudoerwerber ist zur Rückübertragung nicht legitimiert. Anders würde die Sache liegen, wenn eine Veräußerung mit Geschäftsbetrieb vorläge, die im ganzen nichtig oder anfechtbar wäre. Auch wird man den Beteiligten gestatten können, die gegen Satz 2 verstoßende dingliche Verfügung rückgängig zu machen oder aufzuheben, solange die Umschreibung nicht erfolgt ist, etwa wenn sie die Undurchführbarkeit rechtzeitig erkennen (vgl. Ganz S. 160 ff). Die lediglich eine Verpflichtung begründende Verfügung hat überhaupt noch keine zeichenrechtliche Bedeutung.

Im Falle der Löschung läuft übrigens zugunsten des bisherigen Inhabers die zweijährige Sperrfrist des § 4 Abs 3.

Hat der Inhaber eines Betriebs ein Z angemeldet und bringt er während des Anmeldeverfahrens sein Geschäft mit Z in eine offene Handelsgesellschaft ein, so muß er, wenn das Z für diese erworben werden soll, das Anmeldeverfahren für die Gesellschaft durchführen. Geschieht dies nicht und wird das Z, nachdem er selbst seinen Geschäftsbetrieb durch Einbringung des Geschäfts in die Gesellschaft aufgegeben hat, auf seinen Namen eingetragen, so entsteht kein rechtsgültiges Z, dessen Umschreibung die Gesellschaft verlangen könnte (OLG Dresden 18. 12. 12, Bl 14, 356; MW 12, 521). Dagegen liegt eine unzulässige Leerübertragung nicht vor, wenn jemand im Hinblick auf einen zu eröffnenden Geschäftsbetrieb die Eintragung des Z erwirkt und nach der Eintragung, aber vor der Geschäftseröffnung das Z mit dem Unternehmen auf einen anderen überträgt, der alsdann das Geschäft eröffnet (OLG Colmar 21. 11. 13, MW 13, 331).

Anm. 6 **Teilung des Betriebs.** Das Z selbst ist einheitlich und unteilbar. Es kann daher selbst in Verbindung mit einem Teil des Geschäftsbetriebs nicht in der Weise übertragen werden, daß es dem Übernehmer jenes Teiles nur für gewisse Waren zugewiesen wird, während der Veräußerer es für die anderen behält, oder daß es mit entsprechenden Teilen des Geschäftsbetriebs je mehreren Personen für bestimmte Warengattungen überwiesen wird — was Kohler S. 153 und Allfeld Gew Rechtsschutz II 25 S. 39, 40 für zulässig halten —, oder daß es mit einem Teilbetriebe nur für einen bestimmten örtlichen Bezirk übertragen wird. Dies ist schon deshalb unzulässig, weil dadurch ohne besondere Anmeldung und Gebührenzahlung mehrere Z entstehen würden (E 51, 269; 64, 398; 80, 129; RG I 1. 10. 13, Bl 13, 330; RG II 30. 11. 06, Bl 07, 142; KG 11. 11. 03, Bl 10, 370; BA 15. 9. 13, Bl 13, 313). In derartigen Fällen ist nur die Erteilung einer (obligatorischen) Lizenz (s. A 8) an den Übernehmer des Teilbetriebs oder die Übertragung des ganzen Z mit Vorbehalt einer Lizenz möglich.

Zulässig ist dagegen die gänzliche Übertragung des Z mit nur einem abgegrenzten Teile desjenigen Betriebs, für den es eingetragen wurde, so daß bei dem Muttergeschäft nichts von dem Z zurückbleibt. In E 51, 269 ist hierüber gesagt: „Bei Auslegung des Begriffs ‚Geschäftsbetrieb, zu welchem das WZ gehört', ist davon auszugehen, daß darunter nicht unter allen Umständen der gesamte Geschäftsbetrieb des Inhabers oder auch nur derjenige volle Betrieb, der in die Rolle nach § 2 Abs 1 Satz 2 des WZG eingetragen ist, verstanden werden muß, sondern auch ein Teilbetrieb dann fallen kann, wenn das Z tatsächlich nur für einen bestimmt abgrenzbaren Teil des Betriebs (nach Niederlassungen, Betriebsstätten, Waren oder Absatzgebieten) geführt wurde." Dem wird der Fall gleichzustellen sein, daß die Abgrenzung erst bei der Übertragung des Teilbetriebs in der Weise hergestellt wird, daß der Inhaber des verbleibenden Restbetriebs für diesen auf die Führung des WZ verzichtet. Seligsohn WZG (1925) S. 119 meint freilich, daß ein Z, das bei einem gemischten Geschäftsbetriebe für sämtliche Waren eingetragen sei, nur mit dem Gesamtbetriebe übergehen könne. Es liegt aber kein Grund vor, weshalb der Inhaber nicht einen Teil der Waren in dem Warenverzeichnis sollte streichen und dann den sich auf die anderen Waren beziehenden Geschäftszweig mit dem Z sollte übertragen dürfen, indem er den sich auf die gestrichenen Waren beziehenden Geschäftszweig ohne das Z für sich behält oder einem anderen Erwerber überträgt. So ist auch E 51, 269 auszulegen, denn es kann keinen Unterschied machen, ob das Z, das für einen einheitlichen gemischten Geschäftsbetrieb eingetragen war, schon ursprünglich nur für gewisse Waren geführt wurde, oder ob die Beschränkung auf solche erst später durch Streichung der übrigen Waren stattfand. Auch der von Seligsohn zitierte Beschluß der BA v. 15. 9. 13, Bl 13, 313 (nicht 331) steht nicht entgegen. § 7

Im übrigen ist die Begründung des Urteils E 51, 263 (Bl 02, 232) bedenklich, besonders soweit sie einer älteren Theorie Kohlers, die dieser selbst später (WZR S. 207 ff) aufgegeben hat, folgt.

Es bestand für das Wort „Mariani" ein französisches Z, dessen Inhaber dasselbe Wort (mit der Abänderung in A. Mariani) gemäß § 23 WZG in Deutschland anmeldete und eintragen ließ (Oktober und November 1900). Vorher (September 1899) hatte er einer deutschen Gesellschaft ein Verkaufsmonopol für die gedeckte Ware (Vin Mariani) eingeräumt, dieser Gesellschaft im Februar 1901 das deutsche WZ übertragen und im Mai 1901 auf sie umschreiben lassen. Daraufhin versuchte die deutsche Gesellschaft ohne Erfolg, dem Beklagten zu verbieten, von ihm in Frankreich bezogenen, aus dem französischen Geschäft stammenden Vin Mariani unter dieser Bezeichnung in Deutschland zu vertreiben. Die Übertragung des deutschen Z war unzulässig und unwirksam, weil sie ohne den zugehörigen Geschäftsbetrieb erfolgte. Mariani hatte keinen bestehenden Geschäftsbetrieb auf die deutsche Gesellschaft übertragen, sondern ihr nur für ihren eigenen Geschäftsbetrieb ein Verkaufsmonopol zugestanden. Durch die unzulässige Übertragung und Umschreibung unter Loslösung des Z von dem Geschäftsbetriebe, zu dem es gehörte, nämlich dem Marianis, war das Z zugleich anfechtbar geworden (s. A 5; E 56, 371; 100, 6). Was sonst über Akzessorietät, Nichtgebundensein des Z-Rechts an territoriale Grenzen und Einheitlichkeit des in verschiedenen Staaten für denselben Inhaber anerkannten subjektiven Z-Rechts ausgeführt wird, ist bedenklich. Die Frage der Akzessorietät des Auslandszeichens hat mit der Frage über die territorialen Grenzen des Z-Schutzes nichts zu tun. Über letztere s. § 12 A 6, wo die Annahme der Wirkung des Z-Schutzes jenseits der Grenzen des Staates, für den er erteilt ist, bekämpft wird. Ebensowenig kann eine Akzessorietät des Z-Schutzes in dem Sinne anerkannt werden, daß das Auslandszeichen auch nach der Eintragung noch ein Zubehör des Heimatzeichens bleibt und daß nicht nur sein Fortbestand von diesem abhängig ist (s. hierüber § 23 A 16), sondern daß auch das Inverkehrbringen der mit dem Z versehenen Ware im Heimatstaat jedem Dritten das Recht gibt, sie mit dieser Bezeichnung ohne Zustimmung des Z-Inhabers auch in den Staat einzuführen, in dem das Auslandszeichen eingetragen ist (hierüber s. § 12 A 22).

Sodann ist es eine Überspannung des Grundsatzes der Akzessorietät (§ 23 Abs 3), wenn (S. 269) gesagt ist, daß das einmal gemäß § 23 im Inlande rechtmäßig eingetragene Auslandszeichen nur mit dem ausländischen Geschäftsbetrieb übertragen werden könne (ebenso E 80, 129). Hätte Mariani eine selbständige Niederlassung (sei es in Deutschland, sei es in Frankreich) begründet und dieser die Benutzung des Inlandszeichens übertragen, so hätte er diese Niederlassung mit dem Inlandszeichen sehr wohl an einen anderen veräußern können. Der Grundsatz der Akzessorietät gilt nur für die Eintragung, nach der Eintragung aber besteht das Auslandszeichen selbständig, wie ein Inlandszeichen, abgesehen von den Vorschriften des § 23 Abs 1 u. 2; vgl. § 23 A 16. Die Entscheidung mit ihrer überaus verwickelten Begründung beweist nur, in welche Schwierigkeiten man gerät, wenn man annimmt, daß das Z über die Grenzen seines Staates hinaus wirkt, oder daß es nach § 23 Abs 3 beständig von der Fortdauer des Heimatschutzes abhängig bleibt.

Aus der Entscheidung RG 51, 269 zieht das Urteil RG II 21. 4. 11, MW 10, 347 eine

§ 7 Folgerung, die ebenfalls nicht zu billigen ist. Eine in den Vereinigten Staaten von Nordamerika domizilierte „Carborundum Company" hatte sich in Deutschland das Wortzeichen „Carborundum" eintragen lassen und alsdann ihren Geschäftsbetrieb in Deutschland mit dem Z auf den Beklagten übertragen und umschreiben lassen. Beklagter wurde aus § 9 Nr 2 zur Löschung verurteilt, weil ihm nicht der gesamte Geschäftsbetrieb, für den das Z erworben war, übertragen war. Es ist aber nicht einzusehen, warum nicht der ausländische Inhaber eines deutschen Z letzteres mit dem deutschen Geschäftsbetrieb sollte übertragen können, indem er für den ihm verbleibenden ausländischen Betrieb auf die Führung des Z verzichtet, zumal da anzunehmen ist, daß das Z von vornherein wirtschaftlich für den inländischen Geschäftsbetrieb geführt wurde. Der Fall liegt nicht anders, als wenn der deutsche Inhaber eines Gesamtbetriebs einen Teil des letzteren mit dem dazugehörigen Z überträgt und für den ihm verbleibenden Betrieb auf das Z verzichtet.

Es genügt die Übertragung desjenigen Geschäftsteils, mit dem die Führung der Marke verbunden ist; z. B. bei einer das Produkt benennenden Wortmarke der Verkauf des Herstellungsverfahrens oder die Überlassung des Alleinverkaufsrechts, bei anderen Marken Überlassung der Herstellung oder des Vertriebs derjenigen Waren, zu deren Bezeichnung die Marke bestimmt ist. Es muß sich stets um Fortsetzung des Gesamt- oder eines Teilbetriebs des bisherigen Z-Inhabers handeln. Unzulässig ist also die Übertragung der Marke eines bereits aufgegebenen oder liquidierten Geschäftsbetriebs zugunsten eines anderen Geschäftsbetriebs, mögen dabei auch einzelne andere Aktiva mit übertragen werden (so auch die schweizerische Praxis MW 14, 91).

Wird ein Z, das für ein viele Waren umfassendes Geschäft (Import und Export) eingetragen ist, mit einem Teilbetrieb (Futtermittelgeschäft) auf eine auf Waren entsprechender Art beschränkte Firma übertragen, so wird es für alle anderen Waren nach § 9 Abs 1 Nr 2 anfechtbar, und es kann nicht eingewendet werden, daß dem Veräußerer die erwerbende Firma (GmbH) „gehöre" und daß er auch andere Firmen als Hauptbeteiligter kontrolliere und finanziere, die die übrigen Waren zum Gegenstande ihres Betriebs machten (RG II 9. 7. 26, E 114, 276; Bl 27, 10; GR 26, 488; s. auch § 9 Nr 2 A 9).

Bei einer Geschäftsübertragung mit der Firma kann sich auch der Inhaber einen Teil des Geschäfts, auf den sich das Z bezieht, mit diesem vorbehalten und alsdann gegen den neuen Firmeninhaber, auf den nunmehr als solchen das Z eingetragen ist, auf Umschreibung klagen (KG 11. 11. 03, GR 04, 48, Bl 04, 370).

Anm. 7 **Verpachtung, Nießbrauch, Pfandrecht.** Das Geschäft kann mit dem dazugehörigen WZ verpachtet oder zum Nießbrauch hingegeben werden (E 38, 80; 64, 398; vgl. HGB § 22 Abs 2). Der Eigentümer bleibt dann Inhaber des Z, eine Umschreibung findet nicht statt (a. M. anscheinend Kohler S. 65). In der Verpachtung oder der Bestellung des Nießbrauchs liegt im Zweifel die Ermächtigung des Pächters oder Nießbrauchers, die Rechte des Eigentümers aus dem Z im eigenen Namen geltend zu machen, also eine stillschweigende Abtretung der Klagen (vgl. Staub HGB § 22 A 16; E 87, 150; GR 16, 93: Lanolin Liebreich; ESt 29, 353 u. 367; s. auch Finger S. 199, 200). Eine Klage aus eigenem Rechte steht ihnen dagegen nicht zu, da sie nur die Stellung eines Lizenznehmers haben (vgl. E 64, 397; 87, 149 und A 8).

Der Geschäftsbetrieb ist ein der Pfändung oder Verpfändung nicht unterworfenes Immaterialgut (E 95, 237; 70, 226; 68, 54; a. A. Pinzger S. 18). Nur die dazugehörigen Sachen und Rechte, sofern sie selbständig veräußerlich sind, unterliegen der Pfändung und Verpfändung. Ausgeschlossen hiervon ist das WZ als untrennbares Zubehör des Geschäftsbetriebs (Stein § 857 II 3 ZPO; Sydow-Busch § 857 A 1). Es ist auch der Ausübung nach gemäß § 857 Abs 3 ZPO nicht pfändbar (OLG München 22. 12. 16, MW 16, 115).

Dagegen kann der Konkursverwalter das Geschäft mit dem WZ oder mit dem Rechte aus der Anmeldung im Interesse der Gläubiger für die Masse veräußern (Jaeger KonkO § 1 A 8; § 134 A 2; vgl. E 52, 227). Zur Mitveräußerung der zum Geschäft gehörigen Firma, welche ein höchst persönliches Recht des Gemeinschuldners ist, bedarf es dessen Zustimmung (Jaeger § 1 A 7; E 70, 229).

Anm. 8 **Lizenz.** Das Gesetz steht grundsätzlich auf dem Standpunkte, daß das Z nur auf den Geschäftsbetrieb des Inhabers hinweisen soll; daher ist eine dingliche Lizenz am WZ, nach Art der dinglichen Patentlizenz, welche einen andern Geschäftsinhaber in den Stand setzen würde, aus eigenem Rechte seine eigenen Waren oder auch Waren von Dritten mit dem Z zu versehen oder versehen zu lassen, mit dem Wesen des WZ, das auch gerade in der Vorschrift des § 7 Abs 1 Satz 2 zum Ausdruck kommt, unvereinbar und wird allgemein abgelehnt (E 99, 92; 100, 6). Der erwähnte Grundsatz wird jedoch mit Rücksicht auf das Verkehrsbedürfnis nicht rein durchgeführt, wie sich schon daraus ergibt, daß nach § 5 übereinstimmende Z verschiedener Inhaber nebeneinander bestehen können (E 44, 74). Daher ist eine obligatorische Lizenz, bei der der Z-Berechtigte vertragsmäßig darauf verzichtet, dem Begünstigten gegenüber von seinem Z-Rechte Gebrauch zu machen, stets für zulässig erachtet worden (E 44, 71; RGSt 23, 368; E 102, 24; 99, 93). Ein Bedürfnis hierfür hat das Gesetz selbst in dem Falle der Verbandszeichen (§ 24aff) anerkannt, wo die Verbandsangehörigen Lizenznehmer in bezug auf das Verbandszeichen sind. Ein anderer Fall ist der, daß der Z-Berechtigte ein Interesse daran haben kann, seine eigenen Waren durch Dritte, besonders seine Abnehmer, mit dem Z versehen zu lassen, wozu er an sich nur selbst berechtigt ist (E 99, 93). Er kann aber auch ein berechtigtes Interesse daran haben, Dritten, etwa solchen, mit denen er in enger geschäftlicher Verbindung steht und deren Betrieb er zu kontrollieren vermag, den Gebrauch seines Z für ihre eigenen Waren zu bestatten. Keine Lizenz ist übrigens darin zu erblicken, daß der Abnehmer des Z-Berechtigten und die weiteren Abnehmer die rechtmäßig mit dem Z versehene Ware ihrerseits in Verkehr setzen können, ohne daß darin eine Z-Verletzung läge, vielmehr beruht dies darauf, daß insoweit von Rechts wegen das Monopol des Inhabers durch das erstmalige Inverkehrsetzen vernichtet wird (E 50, 231; 51, 265; 103, 363; s. § 12[1] A 22). § 7

Die Wirkung der vertragsmäßigen WZ-Lizenz erschöpft sich darin, daß der Lizenznehmer, soweit er das Z innerhalb des Vertrags benutzt, gegen die Klage aus § 12 durch die Einrede der Lizenz geschützt ist; s. § 12[1] A 37). Der Schutz kann sich auch auf eine von ihm vertragsmäßig bestellte Unterlizenz erstrecken (vgl. E 54, 272). Eine Klage aus § 12 steht dem Lizenznehmer nicht zu.

Die Lizenz hindert nicht die Unterlassungsklage eines Dritten wegen unlauteren Wettbewerbs, wenn durch die erlaubte Benutzung des Z das Publikum getäuscht wird (E 99, 93: MW 20, 59: Gillette). Auch der Lizenzgeber ist in einem solchen Falle nicht an die erteilte Erlaubnis gebunden, sondern kann nach § 12 vorgehen (E 100, 22: Sächs Porzellan-M.). Letztere Entscheidung wird von Allfeld (JW 1920, 971) für richtig gehalten, von Salinger (JW 21, 1503) bekämpft; desgleichen von Friedrichs (MW 23, 87), der unter Berufung auf E 44, 74 und 64, 397 (gegen 53, 95) ausführt, das WZ habe mit dem Schutz anderer nichts zu tun. Ebenso von Ruhfus (MW 20, 125). Auch Ruhfus macht geltend, daß der Z-Inhaber sogar das gleiche Z neben dem seinen gewähren könne, wenn er den Widerspruch nach § 5 unterläßt. Die Entscheidung ist aber prinzipiell für richtig zu erachten, da die Ausnutzung des formalen Z-Rechts den höheren Grundsätzen des Wettbewerbsrechts zu weichen hat (vgl. den Fall Gillette E 99, 93; MW 20, 59). Nur wird man nicht ohne Not ein legitimes und im Wettbewerb erträgliches Lizenzrecht auf diesem Wege zerstören dürfen, auch wenn gelegentliche Täuschungen nicht ganz ausgeschlossen sind (vgl. Osterrieth GR 21, 58).

Wenn auch die Lizenz am WZ nur obligatorisch wirkt, so ist doch nicht ausgeschlossen, daß sie nach dem Lizenzvertrage auf einen Dritten übertragbar ist. So hat RG I 1. 10. 13, MW 13, 143 erkannt, daß der Z-Inhaber, der die Lizenz in eine von ihm gegründete GmbH eingebracht hatte, auch dem Dritten, der in der Folge Geschäft und Vermögen der GmbH erwarb, vertragsmäßig an die Lizenz gebunden sei.

Da die Lizenz nur obligatorisch wirkt, also nur einen Verzicht des Z-Inhabers auf sein Untersagungsrecht bedeutet, so kann sich, wenn mehrere gleiche Z gleichberechtigt nebeneinander bestehen, der Lizenznehmer des einen Z-Inhabers dem anderen gegenüber nur für die Waren seines Lizenzgebers, nicht für seine eigenen Waren auf die Lizenz berufen (RG II 9. 7. 09, Bl 10, 145; MW 9, 136).

Auch wenn der Z-Inhaber eine ausschließliche Lizenz für einen bestimmten Bezirk erteilt hat, so kann weder ein Dritter sich der Unterlassungsklage gegenüber darauf berufen, weil die obligatorische Lizenz das WZ-Recht Dritten gegenüber unberührt läßt, noch geltend machen, daß ihm der Lizenznehmer die Benutzung des Z gestattet hat, weil die Lizenzerteilung eine solche Befugnis des Lizenznehmers nicht ohne weiteres in sich schließt (RG II 14. 6. 12, Bl 12, 313).

Gestattet der Inhaber einem anderen die Benutzung des Z als Bestandteil seiner Firma, so liegt darin im Zweifel auch die Erlaubnis, es dauernd als WZ zu führen (E 102, 24: Torgament). Ebenso KG MW 20, 116 (Cellocoll).

Anders liegt jedoch die Sache, wenn der Vertrag auf der Grundlage geschlossen ist, daß der Lizenzerwerber von dem Z-Inhaber die betreffende Ware bezog. Dann kann der fortdauernde Warenbezug die Bedingung für die Benutzung des Z sein (RG II 23. 9. 13, MW 13, 149).

Abs 1 Satz 3 u. 4.

Umschreibung. Für das Umschreibungsverfahren sind die Abteilungen mit den von ihnen zur Vorbereitung der Beschlüsse beauftragten Vorprüfer, nicht die mit Einzelprüfern besetzten Prüfungsstellen zuständig (§ 10 A 4). Ein Vorbescheid wird auch hier nicht erlassen (§ 10 A 3). Anm. 9

Ist das Z auf eine Firma eingetragen, so bedarf es bei dem Wechsel des Firmeninhabers keiner Umschreibung. Der neue Inhaber ist ohne weiteres zur Geltendmachung des Z-Rechts

§ 7 legitimiert (A 3; BA 15. 10. 03, Bl 03, 208; RG II 18. 11. 02, Bl 03, 209 A). So besonders, wenn ein Einzelkaufmann einen Gesellschafter aufnimmt, oder wenn ein Gesellschafter Geschäft mit Firma allein übernimmt (Elster, Erfinderrecht S. 107).

Das PA verlangt sogar keine Umschreibung, wenn die Firma in einer Gesellschaft, die sie mit entsprechendem Zusatz (GmbH) fortführt, aufgegangen ist (PA 24. 6. 04, Bl 05, 13).

Aus der Geschäftstätigkeit S. 282: „Bei Übertragung inländischer Z auf Ausländer, die im Inland keine Niederlassung besitzen, müssen diese nachweisen, daß sie in ihrem Heimatstaat den Markenschutz für das Z erhalten haben. Dagegen wird bei der Übertragung eines Z von einem Ausländer auf einen anderen Ausländer, auch wenn letzterer einem anderen Staat angehört als ersterer, die Vorlegung eines ausländischen Schutzzeugnisses und der Nachweis der im Ausland erfolgten Umschreibung nicht erfordert. ... Nach Wortlaut und Absicht des Gesetzes ist das PA verpflichtet, die Umschreibung eines Z lediglich auf Grund der Einwilligung des Berechtigten vorzunehmen, die Prüfung der Frage des Geschäftsübergangs, ohne den das Z-Recht nicht übergehen kann, ist den ordentlichen Gerichten vorbehalten; daher fordert das PA keinen Nachweis des Übergangs des Geschäftsbetriebs. Wo aber ein solcher offensichtlich, z. B. nach Erklärungen des Antragstellers, nicht stattgefunden hat, wird dieser darauf hingewiesen, daß die Umschreibung keine Gewähr für den Übergang des Rechts bietet und daß bei mangelnder Übertragung des Geschäftsbetriebs das Z der Löschungsklage nach § 9 Nr 2 ausgesetzt ist. Wird gleichwohl die Umschreibung verlangt, so wird sie vorgenommen. Auf diese Weise können manche Z einen lediglich formalen Rechtsbestand behalten, weil dritten Personen die tatsächlichen Verhältnisse unbekannt sind und deshalb die Anfechtung unterbleibt."

Nach § 3 Nr 3 soll eine etwaige Rechtsnachfolge in die Z-Rolle eingetragen werden. Bei Übertragungen unter Lebenden ist der Antrag auf Umschreibung von dem Rechtsnachfolger zu stellen und die Einwilligung des bisher gemäß Eintragung Berechtigten in beweisender Form beizubringen (PBl 96, 101). Die rechtskräftige Verurteilung zur Einwilligung ersetzt diese (§ 894 ZPO; PA 23. 5. 00, Bl 00, 37). Der Übergang von Todes wegen ist regelmäßig durch Erbschein nachzuweisen.

Eine materielle Prüfung der Berechtigung des Einwilligenden oder des Erblassers findet nicht statt.

War der Inhaber des Z laut Handelsregisterauszug alleiniger Inhaber einer Firma und war das Z auf seinen bürgerlichen Namen eingetragen, so können die durch Erbschein legitimierten Erben die Umschreibung auf die auf sie übergegangene Firma verlangen (§ 22 HGB). Der Nachweis, daß sie als Firmeninhaber im Handelsregister eingetragen sind, ist nicht erforderlich (BA 13. 11. 00, Bl 00, 398).

Unter beweisender Form ist im allgemeinen gerichtliche oder notarielle Beglaubigung gemäß § 129 BGB und §§ 167, 183 FGG zu verstehen. Nach § 191 FGG können auch andere Behörden oder Beamte, wie die Amtsgerichte und Notare durch die Landesgesetzgebung für zuständig erklärt und die Zuständigkeit der Amtsgerichte ausgeschlossen werden. Beglaubigung durch die Polizeibehörde und andere Siegel führende Beamte ist nicht genügend (PA 20. 12. 01, Bl 02, 53). Im Auslande sind nach § 7 Nr 2 des Konsulargerichtsbarkeitsgesetzes (RGBl 00, 214) die deutschen Konsuln zuständig. Im übrigen richtet sich die Form der öffentlichen oder öffentlich beglaubigten Urkunden nach dem ausländischen Rechte. Ausländische Urkunden bedürfen an sich der Legalisation durch den deutschen Konsul oder Gesandten (Ges v. 1. 5. 78 § 2, RGBl S. 89; vgl. KG 6. 12. 97, Bl 99, 159). Doch sieht das PA davon ab, bei amerikanischen und englischen Notariatsurkunden Zuständigkeitsbescheinigungen zu verlangen, weil die Zuständigkeit dieser Notare zur Ausstellung von Bescheinigungen, wonach eine bestimmte Person berechtigt sei, die Übertragungserklärung namens einer als Inhaberin eingetragenen Gesellschaft abzugeben, amtskundig sei (BA 14. 12. 04, Bl 06, 156; PA 2. 5. 12, MW 11, 490). Daraus ergibt sich, daß in solchen Fällen eine Legalisation auch im allgemeinen nicht verlangt wird, was in der Tat von Dunkhase, Beiträge zum PR V 120 für Patentübertragungen bezeugt wird.

Da die Einwilligung bewiesen werden muß, also eine Glaubhaftmachung oder ein prima-facie-Beweis nicht genügt, muß die Urkunde zugleich ergeben, daß der Aussteller der Erklärung, wenn er diese nicht für sich, sondern für den handlungsunfähigen Inhaber oder eine Firma abgibt, dazu legitimiert ist (BA 27. 10. 03, Bl 04, 9; vgl. Bl 06, 156; MW 11, 490). Daher genügen Urkunden nicht, die in den Vereinigten Staaten von Nordamerika einen prima-facie-Beweis erbringen (BA 27. 10. 03, Bl 04, 9; 14. 12. 04, Bl 06, 156).

Das PA darf den Übertragungsvermerk auch dann nicht ablehnen, wenn Zweifel oder Streit über die Gültigkeit der Übertragung bestehen. Vielmehr hat die Umschreibung auf Antrag zu erfolgen, wenn der Antragsteller die Einwilligungserklärung des formell Berechtigten vorlegt, und dem Gegner die Verfolgung seiner Rechte auf dem Prozeßwege zu überlassen (BA 16. 4. 04, Bl 04, 274; BA 11. 12. 02, Bl 03, 207; a. A. Niebour MW 25, 139).

Ein Widerruf der gehörig beurkundeten und angenommenen Einwilligungserklärung ist auch dann ohne Wirkung, wenn er dem PA zugeht, bevor ihm die Einwilligungserklärung mit Antrag auf Umschreibung eingereicht wird (BA 13. 12. 04, Bl 05, 97: Patent). § 7

Einer Einwilligungserklärung bedarf es nicht bei der Umwandlung oder Fusion von Handelsgesellschaften, die im Wege der Universalsukzession erfolgt (z. B. nach § 306 HGB, §§ 80, 81 GmbHG; BA 23. 9. 02, Bl 02, 256).

Bei Auslandszeichen (§ 23) ist der Inlandsvertreter nach § 23 Abs 2 Satz 2 für die Einwilligung bevollmächtigt, doch ist seine Vertretung nach § 23 Abs 2 Satz 1 insoweit keine notwendige (s. § 23 A 11 u. 12; anders Pinzger S. 364).

Das PA prüft die Legitimation des bisher Berechtigten nur formell. War z. B. die Inhaberin eine Kommanditgesellschaft, die in eine ihr Geschäft mit Aktiven und Passiven übernehmende Aktiengesellschaft umgewandelt wurde, so genügt zur Umschreibung die Vorlage der Einwilligungserklärung eines persönlich haftenden Gesellschafters nebst Bescheinigung des Registerrichters, daß er zur Zeit der Erklärung vertretungsberechtigt war. Das PA prüft nicht, ob seine Vertretungsbefugnis vielleicht schon zur Zeit der Erklärung infolge der Auflösung der Kommanditgesellschaft erloschen war. Die Einwilligungserklärung wird dadurch nicht ungültig, daß die Vertretungsbefugnis vor der Eintragung erlischt (BA 11. 12. 02, Bl 03, 207).

Ein Antrag auf Rückgängigmachung der Umschreibung ohne Einwilligung des Erwerbers ist unzulässig (BA 12. 2. 02, Bl 02, 54).

Gegen den den Antrag auf Umschreibung ablehnenden Beschluß der Abteilung ist Beschwerde zulässig (s. § 10 A 8).

Abs 2.

Wirkung der Umschreibung. § 7 Abs 2 entspricht dem § 19 Abs 2 des PG. Ein Gegensatz in bezug auf das Erfordernis der Veröffentlichung besteht nicht mehr, da die Worte „und durch den Reichsanzeiger veröffentlicht“ in § 19 Abs 2 PG laut Art II Ges v. 9. 7. 23 (RGBl II 297) gestrichen sind. (Irrig daher Busse A 8.) Die Vorschrift läßt das materielle Recht am Z unberührt. Das Recht des Rechtsnachfolgers entsteht ohne die Umschreibung; diese ist nur die formale Bedingung für die Legitimation des Erwerbers. Ohne den materiellrechtlichen Erwerbsakt ist die Umschreibung unwirksam und gewährt bei den Gerichten keine Legitimation für die Geltendmachung der Z-Rechte (E 51, 270). Anm. 10

Da das materielle Recht mit der Veräußerung übergeht, so kann es in dem Zwischenstadium zwischen Veräußerung und Umschreibung weder von dem Veräußerer (als nicht mehr Berechtigten) noch von dem Erwerber (als noch nicht formell Legitimierten) geltend gemacht werden. Doch kann der wahre Inhaber von dem unrichtigerweise als Inhaber Eingetragenen die Einwilligung in die Umschreibung verlangen (E 69, 1). Die rechtskräftige Verurteilung in die Einwilligung ersetzt die letztere.

Da das PA bei der Umschreibung regelmäßig nur die Einwilligung des als Inhaber Eingetragenen prüft (BA 23. 5. 00, Bl 00, 378; Geschäftstätigkeit oben A 9), so bietet der Vermerk keine Gewähr dafür, daß eine ordnungsmäßige Übertragung seitens des wirklichen Inhabers, und zwar mit G e s c h ä f t s b e t r i e b stattgefunden hat und ersetzt im Bestreitungsfalle nicht den Beweis hierfür (E 51, 270; 80, 128).

Da die Eintragung keinen o r i g i n ä r e n Erwerb begründet (E 100, 3), so haben die Gerichte die Gültigkeit der Übertragung frei nachzuprüfen. Dem eingetragenen Kläger steht also, ohne daß es der Löschung bedürfte, die Einrede der unwirksamen Übertragung oder mangelnden Aktivlegitimation entgegen (RG 51, 270; 56, 369; s. auch A 5).

Selbstverständlich ist diese Einrede auch dann begründet, wenn der Übertragende nicht der wahre Inhaber war. Der Grundsatz „Hand wahre Hand“ gilt hier nicht wie im Sachenrecht (§ 932 BGB; vgl. RG VI 9. 11. 16, LZ 17, 359 Nr 7).

Dagegen ist das PA nicht verpflichtet, die Berechtigung des als Inhaber Eingetragenen nachzuprüfen, darf ihn vielmehr in allen Fällen als den wahren Inhaber behandeln, wenn es auch nicht gehindert ist, bei offenbarem Mangel der Berechtigung den wirklich Berechtigten zu benachrichtigen oder sonst geeignete Maßnahmen in seinem Interesse zu treffen (s. Abs 3 und Geschäftstätigkeit A 9). Auch bei den Gerichten ist der als Inhaber Eingetragene ohne weiteres für die Klage auf Löschung des Z p a s s i v legitimiert; im Todesfalle sind es seine Erben (§ 9 Abs 3 u. 4). Die Verurteilung zur Einwilligung in die Löschung ist gegen jeden vollstreckbar, auf den das Z etwa inzwischen wieder umgeschrieben ist, auch gegen den wahren Inhaber (RG 56, 371; vgl. § 9 A 12). Das gilt auch, wenn die Löschungsklage zivilrechtlich (Namensrecht usw.) begründet ist (s. § 9 A 14).

Mangels des Erfordernisses der formalen Legitimation durch Eintragung sind alle Anträge, Rechtsbehelfe und Klagen abzuweisen, die aus dem Zeichenrechte hergeleitet werden, insbesondere also Widersprüche, Erneuerungen und Beschwerden im patentamtlichen Ver-

7 § fahren. Vor den Gerichten würde hiernach nur der Eingetragene, der zugleich materiell berechtigt ist, zur Geltendmachung der Rechte aus dem Z legitimiert sein, vor dem PA nur der als Inhaber Eingetragene. Doch ist dieser Grundsatz nicht in aller Strenge durchzuführen. So ist der materiell Berechtigte nach später erlangter formaler Legitimation zur Geltendmachung von Ansprüchen befugt, die in der Zwischenzeit zwischen dem Rechtserwerb und der Umschreibung entstanden sind (ESt 34, 34, Bl 01, 123). Aber auch die Rechtshandlungen, die er in dieser Zwischenzeit in Ausübung des Z-Rechts vornimmt (Klagen, Anträge, Widersprüche, Erneuerungen usw.) werden mit Rückwirkung rechtswirksam, wenn die Umschreibung, sei es auch nach Ablauf der für die Rechtshandlung vorgeschriebenen Frist, bis zur Entscheidung nachgeholt wird (ESt 58, 349, Bl 24, 375).

Ist daher der Geschäftsbetrieb mit Z vertragsmäßig auf einen anderen übergegangen, die Umschreibung aber noch nicht erfolgt, so würde an sich die Löschungsklage aus § 9 Nr 2 gegen den früheren noch eingetragenen Inhaber begründet sein. Erfolgt aber rechtzeitig (d. h. vor der Schlußverhandlung zweiter Instanz) die Umschreibung, so kann sowohl der Beklagte wie auch der Rechtsnachfolger als Nebenintervenient geltend machen (vgl. § 9 Abs 4), daß der Geschäftsbetrieb von dem nunmehr eingetragenen Inhaber fortgeführt wird, und dadurch die Klageabweisung herbeiführen (§ 9 Abs 4; E 44, 49; GR 01, 339; Bl 99, 254: Corin).

Im Gegensatz hierzu hat allerdings die BA durch Beschluß v. 14. 1. 11 (MW 10, 288) einen rechtzeitig erhobenen Widerspruch aus § 5 als unzulässig verworfen, weil das Widerspruchszeichen erst nach Ablauf der Widerspruchsfrist auf den Widersprechenden umgeschrieben war. Dagegen zutreffend Niebour (MW 25, 138).

Abs 3.

Anm. 11 **Folge für Zustellungen.** Aus Abs 2 wird die Folgerung gezogen, daß die Zustellung von Beschlüssen und Verfügungen, die im patentamtlichen Verfahren an den Z-Inhaber zu erfolgen haben, stets an den als Inhaber Eingetragenen zu richten ist. Zu diesen „Beschlüssen und Verfügungen" gehören nicht nur die in § 5 der Ausführungsverordnung (Anh I) erwähnten „Beschlüsse und Entscheidungen", sondern auch die nötigen „Mitteilungen" und „Nachrichten", besonders nach § 5 Abs 1, § 8 Abs 3 und § 9 Abs 5. Die Ausführung der Zustellung erfolgt nach § 10 Abs 3 (s. § 10 A 11).

Ergibt sich, daß der eingetragene Inhaber verstorben ist, so kann das PA nach Ermessen die Zustellung als bewirkt ansehen oder die Ermittlung der Erben veranlassen, um diesen zuzustellen. Analoges gilt, wenn die als Inhaberin eingetragene Firma erloschen ist, oder die als Inhaberin eingetragene juristische Person untergegangen ist, für die Ermittlung der etwaigen Rechtsnachfolger.

Vorb. zu §§ 8 u. 9

Vorbemerkung zu §§ 8 u. 9.

Inhalt.

Anm.		Seite	Anm.		Seite
1.	Dauer und Ende des Zeichenschutzes	144	5.	Teillöschung	145
2.	Zuständigkeit	144	6.	Aussetzung wegen Löschungsverfahrens	145
3.	Löschungsgründe	145			
4.	Rechtskraft	145			

Die Löschung.

1. Dauer und Ende des Z-Schutzes. Die §§ 8 u. 9 behandeln die Dauer (§ 8 Abs 2 Nr 1 und Abs 4) und die Beendigung des Z-Schutzes. Zur Beendigung bedarf es der Löschung der Eintragung in der Rolle, denn es gilt der Grundsatz, daß das Z so lange besteht und vorbehaltlich etwa begründeter Einreden (s. § 12 Abs 1 A 3) auch wirksam ist, als es eingetragen ist (s. § 3 A 6). Mit der Löschung hört der Z-Schutz auf. Auch können von nun an Ansprüche aus dem Z für die Zeit, in der bereits ein Rechtsgrund für die Löschung vorgelegen hat, nicht mehr geltend gemacht werden (§ 12 Abs 2). Andererseits kann das Z auch nach der Löschung zugunsten des bisherigen Inhabers durch die Sperrfrist des § 4 Abs 3 fortwirken (s. § 4 A 38).

2. Zuständigkeit. Zuständig für den Löschungsbeschluß und die Löschung selbst ist ausschließlich das PA. Die verschiedenen Fälle der Löschung unterscheiden sich jedoch dadurch, daß in der in § 8 und in § 9 Abs 5 behandelten das PA auch die Voraussetzungen der Löschung festzustellen hat, während dies in den übrigen Fällen des § 9 sowie in den im Gesetze nicht behandelten, wo der Inhaber auf Grund des bürgerlichen Rechts zur Einwilligung in die Löschung verpflichtet ist (s. Anh zu § 9) Sache der Gerichte ist. Die Gerichte können aber nicht etwa mit Rechtswirkung das PA anweisen, ein Z zu löschen, sondern sie können nur den

Inhaber verurteilen, in die Löschung zu willigen. Ein dahingehendes rechtskräftiges Urteil steht dann, vorbehaltlich der Nachprüfung der Zuständigkeit des Gerichts durch das PA, dem eigenen Antrage des Inhabers auf Löschung gemäß § 8 Abs 1 gleich (§ 894 ZPO) und kann von dem siegreichen Kläger dem PA gegenüber geltend gemacht werden (vgl. § 9 A 2). Hat das Gericht innerhalb seiner zeichenrechtlichen Zuständigkeit erkannt, so ist die Löschung zu verfügen; hat das Gericht aber unter Überschreitung seiner Zuständigkeit einen Tatbestand zugrunde gelegt, für den nach § 8 das PA zuständig ist, so ist die Löschung abzulehnen (vgl. § 6 A 5). Wird die hiergegen zulässige Beschwerde verworfen, so ist der Konflikt zwischen Urteil und Beschluß des PA unlösbar. **Vorb. zu §§ 8 u. 9**

3. Löschungsgründe. Außer den in den §§ 8 u. 9 angeführten gibt es keine zeichenrechtlichen Löschungsgründe. Insbesondere ist der Nichtgebrauch des Z kein Löschungsgrund (s. § 12[1] A 5: Vorrats- und Defensivzeichen; a. A. Rauter GR 05, 192; gegen ihn Heinemann ib. S. 258). Ebensowenig kann das Z deshalb gelöscht werden, weil ein Umstand, welcher bei der Eintragung diese hätte hindern müssen (§ 8 Abs 2 Nr 2), nachträglich eingetreten ist, z. B. Umbildung eines Privatwappens zum öffentlichen Wappen, Wegfall des Auslandsschutzes nach § 23 Abs 3, Wegfall der Unterscheidungskraft, sofern nicht etwa der Tatbestand des § 9 Abs 1 Nr 2 oder Nr 3 gegeben ist. Insbesondere ist der Umstand, daß ein eingetragenes Z sich nachträglich zur Beschaffenheitsangabe oder zum allgemeinen Warennamen entwickelt hat, kein Löschungsgrund (BA 22. 6. 12, Bl 12, 265: Kinematograph; s. auch A 4b; a. A. Kohler S. 136, 254). Hillig (GR 25, 297) will den § 8 Abs 2 Nr 2 entgegen der gemeinen Meinung und der festen Praxis des PA dahin auslegen, daß auch wegen nachträglich eingetretener Löschungsgründe allgemein die Löschung von Amts wegen erfolgen könne, und gelangt auf diesen Wegen zu dem umgekehrten Ergebnis.

Eine gerichtliche Löschungsklage mit der Begründung, daß es sich um eine reine Beschaffenheitsangabe handle, gibt es überhaupt nicht. Die Bemerkung am Schlusse der Entscheidung 73, 170 (MW 9, 384) muß daher dahin verstanden werden, daß der Beklagten die Anregung der Löschung nach § 8 Abs 2 Nr 2 anheimgegeben werden sollte (vgl. Hoffmann MW 12, 546).

Neben den zeichenrechtlichen gelten jedoch zivilrechtliche Löschungsgründe (s. zu 2).

4. Rechtskraft. Der rechtskräftige Löschungsbeschluß, selbst wenn er auf einem rechtskräftigen Urteil auf Einwilligung in die Löschung beruht, entbehrt der materiellen Rechtskraft. Er hindert nicht, daß nach erfolgter Löschung dasselbe Z für die gleichen Waren und auch für den gleichen Inhaber von neuem eingetragen wird, da die Gründe für die Löschung nichts rechtskräftig werden (vgl. Spielmann GR 15, 21). Nur das durch die Löschung vernichtete Recht ist endgültig erledigt. Anders Cohn GR 14, 185, welcher annimmt, daß das PA auch für ein späteres Anmeldeverfahren an die einmal rechtskräftig erkannte Löschung durch materielle Rechtskraft gebunden sei. Die frühere Löschung bezieht sich aber nur auf das eingetragene Recht, nicht auf eine spätere Anmeldung, für die sie allerdings einen gewichtigen Entscheidungsgrund abgeben wird (vgl. auch § 2 A 3 und § 3 A 8).

5. Teillöschung. Der Antrag und die Entscheidung können auf Teillöschung lauten, indem sie sich auf Streichung gewisser Waren im Warenverzeichnisse beschränken. Dagegen gibt es keine Löschung von Teilen eines Z, denn das Ergebnis wäre ein neues Z, das nur durch neue Anmeldung mit entsprechender Priorität begründet werden kann (RG II 4. 3. 13, MW 12, 479; vgl. § 9 A 3).

6. Aussetzung wegen Löschungsverfahrens. Ein schwebendes Löschungsverfahren kann Anlaß zur Aussetzung eines wegen Verletzung des Z-Rechts anhängigen Verfahrens oder des Widerspruchsverfahrens (§ 5 A 10) geben.

Wird in einem Strafverfahren wegen Verletzung des WZ geltend gemacht, daß die Löschung des Z gemäß § 8 Abs 2 Nr 2 oder gemäß § 9 betrieben werden solle, so ist regelmäßig Aussetzung des Verfahrens geboten, um dem Angeklagten hierzu Gelegenheit zu geben (ESt 48, 419, MW 14, 229; abweichend RGSt I 23. 1. 13, GR 13, 96).

Für den Zivilprozeß nach §§ 12, 14 WZG ist maßgebend § 148 ZPO. Es steht danach im Ermessen des Richters, ob die Aussetzung geboten ist. Die Entscheidung unterliegt insoweit nicht der Nachprüfung in der Revisionsinstanz (RG II 23. 4. 12, Bl 13, 53; MW 11, 531). Doch wird bei Anhängigkeit eines Verfahrens nach § 8 Abs 2 Nr 2 in der Regel die Entscheidung des PA zweckmäßig abzuwarten sein.

Die Löschung aus § 9 oder aus zivilrechtlichen Gründen kann der Beklagte ohne weiteres mit der Widerklage betreiben.

§ 8

§ 8.

Auf Antrag des Inhabers wird das Zeichen jederzeit in der Rolle gelöscht.

Von Amts wegen erfolgt die Löschung:

1. **wenn seit der Anmeldung des Zeichens oder seit ihrer Erneuerung zehn Jahre verflossen sind;**
2. **wenn die Eintragung des Zeichens hätte versagt werden müssen. Wird von einem Dritten aus diesem Grunde die Löschung beantragt, so ist gleichzeitig eine Gebühr nach Maßgabe des Tarifs zu entrichten; sie kann, falls der Antrag für berechtigt befunden wird, erstattet werden.**

Soll die Löschung ohne Antrag des Inhabers erfolgen, so gibt das Patentamt diesem zuvor Nachricht. Widerspricht er innerhalb eines Monats nach der Zustellung nicht, so erfolgt die Löschung. Widerspricht er, so faßt das Patentamt Beschluß. Ist die Löschung von einem Dritten beantragt, so gilt hinsichtlich der durch eine Anhörung oder eine Beweisaufnahme verursachten Kosten § 25 Abs. 2 des Patentgesetzes entsprechend.

Soll infolge Ablaufs der zehnjährigen Frist die Löschung erfolgen, so ist von ihr abzusehen, wenn der Inhaber des Zeichens bis zum Ablauf eines Monats nach der Zustellung unter Zahlung der tarifmäßigen Nachholungsgebühr neben der Erneuerungs- und Klassengebühr (§ 2 Abs. 5) die Erneuerung der Anmeldung nachholt; die Erneuerung gilt dann als an dem Tage des Ablaufs der früheren Frist geschehen.

Inhalt.

Anm.		Seite
1.	Zur Entstehungsgeschichte	146
	Abs 1.	
2.	Der Antrag des Inhabers	147
	Abs 2 Nr 1 (Abs 3 u. 4).	
3.	Löschung wegen Zeitablaufs und Erneuerung	147
	Abs 2 Nr 2.	
4.	Geschäftstätigkeit und Entw 1913	148
5.	Allgemeines zu Abs 2 Nr 2	149
6.	Zu den einzelnen Löschungsgründen der Nr 2. Aus der Praxis des PA	149
7.	Milde Praxis des PA bei Handhabung der Nr 2	150
8.	Praxis bei Täuschungsgefahr . . .	151
	Abs 3.	
9.	Verfahren bei der Löschung nach Abs 2 Nr 2	152

Anm. 1 **Zur Entstehungsgeschichte.** a) Während der 10jährigen Frist, selbst längere Zeit vor ihrem Ablaufe, kann die Erneuerung der Anmeldung jederzeit mit der Wirkung erfolgen, daß von dem Zeitpunkte der Erneuerung — nicht des Fristablaufs — eine neue Frist von 10 Jahren zu laufen beginnt (Begr S. 14).

b) Die jetzige Fassung der Abs 2—4 beruht auf Art IV Nr 4 des Gesetzes zur Erhöhung der patentamtlichen Gebühren v. 27. 6. 22 (RGBl II 619; Anh Va). Die Worte „nach Maßgabe des Tarifs" in Abs 2 Nr 2 und die Worte „der tarifmäßigen Nachholungsgebühr" in Abs 4 entsprechen späteren Gesetzen und Verordnungen über die patentamtlichen Gebühren (vgl. zu § 2). Wegen der eventuellen Erstattung der Gebühr für den Antrag eines Dritten auf Löschung vgl. die Begründung zu Art IV Nr 4 des Ges v. 27. 6. 22 in Bl 22, 83.

c) Im Gesetz von 1894 waren die Fälle Abs 1 Nr 1 u. 2 insofern gleichgestellt, als dem PA dem Wortlaute nach die Pflicht auferlegt war, in beiden Fällen beim Vorliegen der betreffenden Voraussetzungen, von Amts wegen zu löschen. Hierbei ist es auch bezüglich der Nr 1 geblieben. Auch der Entw 1913 kennt hier nur die Löschung von Amts wegen (§§ 8 u. 18 Abs 2; Begründung zu §§ 8 u. 9 S. 60). Dagegen erwies sich die Durchführung des Gesetzes bezüglich der Nr 2 als so schwierig und auch so bedenklich, weil es sich vielfach um Z handelte, die sich durchgesetzt hatten und vom Verkehr willig ertragen wurden, über deren Zulässigkeit man auch verschiedener Ansicht sein konnte, daß sich im Laufe der Jahre gewohnheitsrechtlich eine abweichende Praxis entwickelte. Danach wartete das PA regelmäßig eine Anregung zur Löschung von außen ab und behandelte den Anreger ganz wie einen Antragsteller unter Bewilligung eines Beschwerderechts (BA 3. 3. 05, Bl 05, 105; BA 14. 12. 12,

MW 12, 303; BA 22. 3. 12, Bl 12, 178; Geschäftstätigkeit S. 248). Dieser Zustand ist nunmehr durch die neue Fassung der Nr 2, die auf Art IV Nr 4 des Ges v. 27. 6. 22 (s. zu b) beruht, ausdrücklich gesetzlich anerkannt worden, wobei dem nunmehrigen Antragsteller zugleich eine evtl. zu erstattende Gebühr auferlegt wurde. Dies schließt nicht aus, daß in besonders dringenden Fällen (z. B. bei Verstoß gegen die öffentliche Ordnung) die Löschung auch ohne Antrag eines Dritten von Amts wegen erfolgt. Noch weiter ging der Entw 1913, der in den Fällen der Nr 2 die Löschung nur auf Antrag zulassen wollte (Entw § 19 und Begr dazu S. 65). **§ 8**

Abs 1.

Der Antrag des Inhabers. Der Antrag kann entweder von dem (eingetragenen § 7 Abs 2) Inhaber selbst, seinem gesetzlichen Vertreter oder einem Bevollmächtigten (s. § 2 A 12) gestellt werden. Die gesetzliche Vertretung und Vollmacht sind nachzuweisen. Eine besondere Form ist für den Antrag nicht vorgeschrieben, im allgemeinen werden die für die Anmeldung geltenden Vorschriften (s. § 2 A 10) anzuwenden sein. Doch kann das PA im Interesse der Rechtssicherheit besondere Unterlagen, wie Auszüge aus dem Handelsregister, Vormundsbestallung und Beglaubigungen verlangen. Bei Auslandszeichen (§ 23) kann der Antrag sowohl von dem Inhaber selbst, wie auch von dem Inlandsvertreter (§ 23 Abs 2) gestellt werden (s. § 23 A 11 u. 12. Ebenso Pinzger S. 145; a. A. Seligsohn S. 133). Der Antrag kann bis zur erfolgten Löschung widerrufen werden. Er kann sich auf Teillöschung beschränken (s. Vorbem zu §§ 8 u. 9 Nr 5). **Anm. 2**

Dem Antrage des Inhabers steht gleich ein rechtskräftiges Urteil, welches ihn zur Einwilligung in die Löschung verurteilt (s. Vorbem Nr 2).

Neben dem Antrage auf Löschung kommt auch der Verzicht auf das WZ in Betracht (vgl. PG § 9). Es wird anzunehmen sein, daß ein deutlich erklärter Verzicht (der nicht als Antrag auf Löschung gemeint ist) unwiderruflich ist (Pinzger S. 145).

Abs 2 Nr 1 (Abs 3 u. 4).

Löschung wegen Zeitablaufs und Erneuerung. Vgl. Bek des PA v. 3. 10. 03, Bl 03, 263, und Jungmann GR 07, 280: „Die Erneuerung usw." **Anm. 3**

Die Schutzfrist des Z dauert zehn Jahre seit der Anmeldung, endigt also mit dem der Anmeldung entsprechenden Tage gemäß §§ 186, 187 Abs 1, 188 Abs 2, 193 BGB. Die Frist wird unterbrochen durch die Erneuerung, d. h. durch die Erklärung des Inhabers an das PA, das WZ fortführen zu wollen, die in jeder genügend deutlichen Form erfolgen kann. Von der Erneuerung (Abs 2 Nr 1) läuft eine neue zehnjährige Frist (nicht erst von dem Tage des Ablaufs der bisherigen Schutzfrist; Begr S. 14 A 1a; Bek des PA v. 3. 10. 03, Bl 03, 263). Die Erneuerung wird erst wirksam mit der Einzahlung der in § 2 Abs 5 bezeichneten Erneuerungsgebühren, wobei Einzahlung bei einer Postanstalt für das PA genügt (vgl. § 9 PG).

Rechtzeitig erfolgt die Erneuerung, wenn vor Ablauf der Schutzfrist die Erklärung beim PA eingegangen ist und die Erneuerungsgebühren bezahlt sind. Ist dies nicht geschehen, so gibt das PA dem Inhaber gemäß Abs 3 von der bevorstehenden Löschung Nachricht. Bis zum Ablaufe eines Monats nach Zustellung kann der Inhaber die Erneuerung unter Zahlung der tarifmäßigen Nachholungsgebühr (§ 8 Abs 4) sowie der an sich geschuldeten Erneuerungs- und Klassengebühren (§ 2 Abs 5) nachholen. Der zu zahlende Betrag soll in dem Bescheide des PA zahlenmäßig angegeben werden und wird durch eine spätere Änderung des Tarifs nicht berührt (Art IV der VO v. 29. 10. 23, RGBl II 400; Anh Vc). Wird auch diese Frist versäumt, so erfolgt die Löschung. Wiedereinsetzung in den vorigen Stand ist möglich. Erfolgt die Nachholung innerhalb der Monatsfrist, so beginnt die neue zehnjährige Schutzfrist mit dem Ablaufe der alten Frist, also nicht, wie sonst, mit der Erneuerung.

Die Erneuerung ist in die Rolle einzutragen (§ 3 Abs 1 Nr 4). Die Erneuerung kann beliebig oft innerhalb einer Frist von zehn Jahren erfolgen, welche das erstemal von der Anmeldung des Z an, später von der jedesmaligen Erneuerung oder, wenn diese gemäß Abs 3 und 4 verspätet erfolgt, von dem Ablaufe der vorhergehenden zehnjährigen Frist an läuft. Erfolgt die Zahlung zwar fristgemäß, aber später als die Erneuerungserklärung, so ist der Zeitpunkt der Zahlung für den Lauf der neuen Frist maßgebend, sofern nicht die alte Frist vorher abgelaufen ist. Ein Versehen bei der Unterlassung rechtzeitiger Zahlung hindert die Löschung nicht (BA 1. 7. 05, Bl 05, 246).

Erfolgt die Zahlung fristgemäß vor der Erklärung, so sind beide wirkungslos, wenn letztere nach Ablauf der Frist dem PA zugeht. Dies trifft zu, wenn bei Postschecküberweisung der Scheck innerhalb der Frist bei der Postanstalt des Absenders übernommen ist (womit die

§ 8 Zahlung als bewirkt angesehen wird), die auf dem Scheck erklärte Erneuerung dem PA aber erst nach Ablauf der Frist zugeht (PA 4. 5. 10, Bl 10, 290; vgl. § 10 A 7).

Maßgebend für den Beginn der Erneuerungsfrist ist die Anmeldung beim deutschen PA. Die Priorität auf Grund vorheriger Anmeldung im Auslande kommt dafür nicht in Betracht. Die Erneuerung der international registrierten Marken ist gemäß Art 7 des Madrider Abkommens I besonders geregelt (vgl. auch § 5 A 13).

Abänderungen des Z in Anlaß der Erneuerung sind nicht zulässig (PA 22. 5. 03, Bl 03, 236). Wohl aber kann auf Antrag eine Einschränkung durch Streichung eines Teils der Waren des Warenverzeichnisses erfolgen. Hat der Inhaber vor der Erneuerung seine Niederlassung im Inlande aufgegeben, so unterliegt er den Vorschriften des § 23 Abs 1 u. 2. Dagegen kommt es auf den Schutz des Z in der neuen Heimat (§ 23 Abs 3) nicht an, da diese Bedingung nur für Z gilt, die bei der Eintragung Auslandszeichen waren (vgl. § 23 A 16).

Die Erneuerungserklärung steht an sich nur dem eingetragenen Inhaber des Z zu. Ist jedoch das Z noch nicht auf den gegenwärtigen wahren Inhaber in der Rolle umgeschrieben (s. § 7 A 10), so ist dessen Erklärung trotzdem wirksam, wenn bis zur Entscheidung die Beanstandung behoben wird (RGSt 58, 350; s. auch Jungmann GR 07, 282).

Wird mit der Erneuerung unzulässigerweise der Antrag verbunden, die neue Schutzfrist vom Ablaufe der bisherigen an zu berechnen, so wird der Antragsteller über die gesetzlichen Bestimmungen belehrt mit dem Bemerken, daß die Erneuerung unter dem Datum des Eingangs der Erklärung vermerkt werde, wenn der Antragsteller nicht binnen bestimmter Frist ausdrücklich den unzulässigen Antrag aufrechterhalte. Im letzteren Falle wird die Erneuerung als nicht bewirkt angesehen. Der Antragsteller kann aber auch eine etwa vorzeitig erklärte Erneuerung zurückziehen (Jungmann a. a. O. S. 283 u. 281; s. auch PA 26. 11. 04, Bl 05, 104).

Kommt es nicht zur Erneuerung, so wird die etwa gezahlte Erneuerungsgebühr und auch eine etwa gezahlte Nachholungsgebühr zurückgezahlt (Jungmann a. a. O. S. 284).

Die Entscheidung über Erneuerung oder Löschung mangels rechtzeitiger Erneuerung liegt ausschließlich beim PA. Die Gerichte haben die Voraussetzungen nicht nachzuprüfen, es kann also z. B. nicht eingewendet werden, daß infolge vorherigen Untergangs des eingetragenen Z-Inhabers eine Erneuerung nicht mehr habe erfolgen können. ESt 58, 350 (K. K. Österr. Ärar). Selbstverständlich wird dadurch nicht die Anfechtbarkeit des eingetragenen Z aus vor der Erneuerung liegenden Gründen ausgeschlossen. Hat der Inhaber der Löschungsandrohung (Abs 3 Satz 1) widersprochen (Satz 2), etwa mit der Behauptung, die Erneuerung sei rechtzeitig erfolgt, so faßt das PA Beschluß (Satz 3). Lautet der Beschluß auf Löschung, so steht dem Inhaber die Beschwerde zu (§ 10 Abs 2).

Abs 2 Nr 2.

Anm. 4 **Geschäftstätigkeit und Entw 1913.** a) Aus der Geschäftstätigkeit S. 283: Der Grund für eine Löschung nach Nr 2 ist allemal, aber auch nur dann gegeben, wenn ein Grund zur Versagung der Eintragung bestand, also insbesondere wenn die Voraussetzungen der §§ 1, 2, 4 und 23 nicht erfüllt waren. Dagegen liegt Anlaß zur Löschung nicht vor, wenn der Versagungsgrund erst nach der Eintragung entsteht, also z. B. wenn ein Z erst nach der Eintragung von einer inländischen Stadt als Wappen angenommen wird oder mit dem Wappen einer erst später entstehenden Stadt übereinstimmt... Indessen kann, wenn die tatsächlichen Verhältnisse sich so gestalten, daß der Inhalt des Z ein täuschender wird, die Löschung zwar nicht beim PA, wohl aber durch Klage beim Gericht gemäß § 9 Nr 3 herbeigeführt werden. Häufig wird die Löschung beantragt, weil der Inhaber eines älteren übereinstimmenden Z eine Mitteilung nach § 5 nicht erhalten hatte. Dann muß das PA den Antrag ablehnen und den Antragsteller auf § 9 Nr 1 verweisen, weil § 8 Nr 2 einen absoluten Versagungsgrund voraussetzt (vgl. PA 24. 4. 14, MW 13, 513).

b) Entw 1913 formuliert die Nr 2:

„wenn die Eintragung gesetzlich ausgeschlossen war und der Grund der Ausschließung fortbesteht".

Dazu bemerkt die Begr zu §§ 8, 9 S. 60: „Damit sind die sog. absoluten Versagungsgründe gemeint, von denen schon jetzt in der Praxis angenommen wird, daß sie die Löschung nicht rechtfertigen, wenn etwa gegenwärtig die Eintragung deshalb doch nicht ausgeschlossen wäre. Solche Fälle, wo sich die maßgebenden Verhältnisse im Laufe der Zeit geändert haben, kommen nicht selten vor, und der Entwurf will . . . sicherstellen, daß nicht die Form stärker sein darf als die lebendige Gegenwart . . . Dies wird sich besonders als wichtig erweisen, um den dem § 2 Abs 2 zugrunde liegenden Rechtsgedanken (des Art 6 Abs 2 Nr 2 Abs 2 der Pariser Übereinkunft; vgl. § 4 A 21) zur Geltung zu bringen. Weist der Z-Inhaber nach, daß das zur Zeit der Anmeldung nicht unterscheidungskräftige und insofern mit Unrecht eingetragene Z im Verkehr sich inzwischen dennoch durchgesetzt hat und als Kennzeichen seiner Waren gilt, oder daß die damals nicht vorhandene Berechtigung, das in dem Z enthaltene öffentliche Wappen zu führen, ihm seither von der zuständigen Stelle erteilt worden ist, so ist der dem Z anhaftende Mangel geheilt und die Löschung unstatthaft. — Eine besondere Frage ist es, wenn ein Wortzeichen im Laufe der Zeit seine Unterscheidungskraft einbüßt und als Warenname sich einbürgert, und es wird, namentlich auch in bezug auf Arzneimittelzeichen, die Meinung vertreten, daß dies als Grund für die nachträgliche Löschung anzuerkennen sei. Indessen handelt es sich um Ausnahmefälle . . . So richtig der Satz theoretisch ist, das daß Z-Recht erlischt, wenn das Individualzeichen zum Gattungszeichen wird, so kann er doch regelmäßig nur dann praktisch werden, wenn der Berechtigte keine Gegenwehr leistet, wenn also ohnehin das Z über kurz oder lang zum Erlöschen kommen würde. Insofern ist jene Ergänzung des Gesetzes entbehrlich. Auch ohne sie hat sich bisher die Praxis zu helfen gewußt, und der formale Z-Schutz hat nicht hindern können, daß einzelne solcher Wörter als Gattungsbezeichnungen anerkannt sind und allgemein benutzt werden dürfen . . . Daher ist es angezeigt, an dem Grundsatze, daß die Löschung wider Willen des Berechtigten nur zur Beseitigung eines bei der Eintragung vorgekommenen Fehlers dient, ausnahmslos festzuhalten. Anderenfalls würden viele Z der Gefahr von Angriffen ausgesetzt sein, die sich hinterher als unbegründet erweisen und damit den Wert des Schutzes ohne Not beeinträchtigen" (vgl. BA 28. 11. 11, MW 11, 163). § 8

Allgemeines zu Abs 2 Nr 2. § 8 Abs 2 Nr 2 behandelt die öffentlich-rechtlichen, absoluten Löschungsgründe, welche bereits Hindernisse für die Eintragung waren oder hätten sein sollen. Sie sind gegeben, wenn die Eintragung unter Verletzung der Vorschriften des § 1, des § 4, des § 23 oder des § 24a erfolgt ist. Ferner kommen in Betracht das Ges v. 22. 3. 02 (Rotes Kreuz) und die VO v. 3. 8. 16 (Gedenkstücke der Reichsbank); s. § 4 A 31. **Anm. 5**

Der Zweck der Bestimmung ist nur, dem PA Gelegenheit zu geben, eine unrichtige Beurteilung des bei der Eintragung gegebenen Tatbestandes zu berichtigen, nicht aber nachträglich eingetretenen Tatsachen, welche eine Zurücknahme der Eintragung zu rechtfertigen scheinen, zur Wirksamkeit zu verhelfen. Sie wird ferner nach der Praxis des PA eingeschränkt durch den wichtigen Grundsatz, daß das Eintragungshindernis, um die Löschung zu begründen, nicht inzwischen fortgefallen sein darf, sondern noch jetzt fortbestehen muß (s. A 4b). Osterrieth S. 352 führt als Beispiele der Heilung des ursprünglichen Mangels an: Umwandlung eines Freizeichens in ein Individualzeichen; nachträgliche Eröffnung des Geschäftsbetriebs; Begründung einer Niederlassung im Inlande durch den Ausländer. Hierzu kommt der Fortfall des Mangels der Rechts- und Geschäftsfähigkeit in der Person des Anmelders oder jetzigen Z-Inhabers (vgl. § 1 A 9). Sodann kommt es nur darauf an, ob bei ordnungsmäßigem Verlaufe des Anmeldeverfahrens die Eintragung gerechtfertigt gewesen wäre, oder ob sachliche Mängel des Z diese auch bei ordnungsmäßigem Verlaufe hätten hindern müssen. Verfahrensmängel spielen wie bei der Patentnichtigkeit (E 74, 394) keine Rolle (Seligsohn S. 135). Daher ist es z. B. kein Löschungsgrund, daß die Erneuerung des Z hätte abgelehnt werden sollen (BA 17. 7. 09, Bl 09, 315). Ebensowenig, wenn im Eintragungsverfahren die Übereinstimmung des angemeldeten mit einem älteren Z übersehen wurde. Wird trotz der Übereinstimmung eingetragen, so bestehen beide Z rechtswirksam nebeneinander (RG 21. 3. 24, II 295/23, MW 23, 237). Hier hatte der Mitinhaber einer in Liquidation befindlichen Firma, deren Löschung bevorstand, deren Z für eine neue von ihm mitbegründete Firma eintragen lassen und verlangte nach der Löschung der alten Firma von seinem früheren Teilhaber mit Erfolg Unterlassung des Gebrauchs. In seinem Verhalten wurde auch keine Sittenwidrigkeit gefunden, da die Übertragung des ersten Z seitens der in Liquidation befindlichen Firma nach Lage der Umstände ausgeschlossen war. Der Kläger hätte von dem Mitinhaber auch die Löschung des älteren Z nach § 9 Abs 1 Nr 2 verlangen können. Eine Löschung von Amts wegen auf Grund von § 4 Abs 3 kam gegen ihn nicht in Frage, weil zur Zeit seiner Eintragung das ältere Z noch nicht gelöscht war.

Eine Abänderung des Z im Löschungsverfahren, um den Mangel zu beheben, ist nicht zulässig, vielmehr eine neue Anmeldung erforderlich (BA 28. 6. 97, Bl 97, 234).

Dagegen wird man dem PA das Recht zugestehen müssen, nach Analogie von § 319 ZPO eine rein versehentlich erfolgte Eintragung durch Löschung zu berichtigen, z. B. wenn die Eintragung versehentlich erfolgt ist, obwohl im Widerspruchsverfahren nach §§ 5 u. 6 die Übereinstimmung der Z festgestellt war (vgl. E 104, 169). Seligsohn S. 135 sieht in § 6 Abs 2 Satz 1 einen absoluten Versagungsgrund.

Zu den einzelnen Löschungsgründen der Nr 2. Aus der Praxis des PA. In bezug auf den Mangel des Geschäftsbetriebes und der Nichtführung der im Warenverzeichnis enthaltenen Waren werden die Worte „wenn die Eintragung des Z hätte versagt werden müssen" vom PA eng ausgelegt. Es wird dabei erwogen, daß eine jedesmalige Feststellung von Amts wegen, ob die betreffenden Waren auch tatsächlich geführt werden oder der angegebene Geschäftsbetrieb vorhanden ist, nur im Zweifelsfalle und auch dann nicht in er- **Anm. 6**

§ 8 schöpfender Weise, sondern nur bis zur Glaubhaftmachung erfolgt. Mit Rücksicht hierauf wird die Löschung abgelehnt, wenn nur behauptet wird, daß die bei der Eintragung angestellten Ermittlungen zu einem unrichtigen Ergebnis geführt hätten, und der Antragsteller auf die Klage nach § 9 Nr 2 verwiesen (BA 19. 5. 15, MW 15, 395). Immerhin hat das PA hier Freiheit des Ermessens und würde jedenfalls dem Löschungsantrage dann stattgeben können, wenn der Anmelder die Eintragung durch täuschende Angaben erwirkt hat (vgl. auch BA 14. 12. 12, MW 12, 262 und MW 9, 221; ESt 48, 422).

Nicht richtig ist es, daß das Fehlen des Geschäftsbetriebes bei der Eintragung ersichtlich sein müßte. So Freund-M. S. 112 unten. Dagegen BA 24. 4. 23, Bl 23, 70; wie Freund anscheinend auch Dunkhase GR 19, 59 zu Note 7; ferner Busse S. 146.

Löschung des Wortzeichens Felsit (= Feldspat, also Warenname) für Feldspat und keramische Flußmittel (zu denen Felsit oder Feldspat gehört) und für andere Minerale (zu dem es ebenfalls gehört) wegen mangelnder Unterscheidungskraft; für Waren, die Feldspat enthalten, als Beschaffenheitsangabe (BA 23. 2. 15, Bl 15, 107).

Freizeichen. Das PA hat das Z Wibele für Backwaren gelöscht, welches nach der Feststellung ursprünglich Individualbezeichnung, nämlich hergeleitet von dem Namen des Inhabers einer bekannten Konditorei, war, dann aber in den Gemeingebrauch überging und daher mit Unrecht eingetragen wurde (Bl 11, 232).

Die Löschung des lange bestehenden Z „Mönchsliqueur“ wurde abgelehnt, weil weder ein Verstoß gegen § 4 Nr 1 noch gegen § 4 Nr 3 vorliegt (BA 14. 5. 13, MW 12, 671).

Dagegen ist das Wort „Emanatorium“ für Radiumapparate u. dgl. wieder gelöscht worden, weil es für den Verkehr nicht entbehrlich erschien (BA 31. 8. 12).

Ähnlich bezüglich des Z „Triumph“ (BA 28. 11. 11, MW 11, 163).

Gelöscht wurde das Wort „Ovolécithine“ als Beschaffenheitsangabe (BA 21. 3. 12, MW 11, 389).

Desgleichen die Z OG, OC, OK für Gummiabsätze, weil sie schon zur Zeit der Eintragung als Größenangaben aufgefaßt wurden (BA 15. 4. 25, MW 24, 213).

Gelöscht wurde das Z „Hütchen“ für Schokolade, weil das Wort als vor der Eintragung gebräuchliche Beschaffenheitsangabe für schon damals gangbare Formen der Ware nachgewiesen wurde (BA 4. 7. 04, Bl 04, 348).

Wegen des Falles, daß bei der Eintragung die Sperrfrist des § 4 Abs 3 übersehen ist, s. § 4 A 40; vgl. auch § 8 A 7.

Löschung, wenn es sich um ein Auslandszeichen handelt und bei der Eintragung die Voraussetzungen des § 23 Abs 3 nicht gegeben waren. BA 23. 2. 07, Bl 07, 188; BA 18. 11. 02, Bl 03, 203 (Valvoline); vgl. § 23 A 15.

Anm. 7 **Milde Praxis des PA bei Handhabung der Nr 2.** Mit Recht geht das PA von der Anschauung aus, daß bei der Löschung von Amts wegen gegen Widerspruch des Inhabers mit besonderer Vorsicht zu verfahren sei, da bei Löschung eines bestehenden Z erhebliche Werte zerstört werden können, während ein neu angemeldetes Z in der Regel noch keinen erheblichen Wert darstellt. Es ist daher im ersteren Falle zu prüfen, ob das Z ein wirkliches Hemmnis für den redlichen Verkehr darstellt und ob danach ein allgemeines Bedürfnis nach Freigabe vorliegt (BA 24. 4. 03, Bl 03, 152: Vitello; vgl. Heinemann GR 24, 158).

In der Entscheidung v. 20. 3. 22, Bl 22, 47, erklärt die BA: „die Vernichtung bestehender Z-Rechte ist aber — vgl. BA 24. 3. 03, Bl IX 153 — nur ausnahmsweise in dem Falle gerechtfertigt, wenn die Eintragung offenbar gesetzwidrig war“.

Dem entspricht die Praxis des PA, wonach in freier, einschränkender Auslegung des Wortlautes des Gesetzes von der Löschung abgesehen wird:

1. wenn der bei der Eintragung vorhandene Versagungsgrund inzwischen fortgefallen ist, s. A. 5;

2. wenn das Z, obwohl an sich gemäß § 4 Nr 1 nicht zulässig, sich die allgemeine Anerkennung im Verkehr erworben hat (vgl. § 4 A 21);

3. wenn es sich um einen Grenzfall handelt, wo das Urteil über die Schutzfähigkeit sich je nach der Zusammensetzung der Behörde leicht verschieben kann (s. Heinemann MW 5, 75 und die dort angeführten Äußerungen des PA; ferner BA 22. 5. 05 und 6. 6. 05, Bl 05, 172 u. 174). Auch BA 22. 3. 12, Bl 12, 178 verlangt zur Löschung, daß ein Verkehrsbedürfnis nach Freigabe besteht oder daß das Z dem unlauteren Wettbewerb dient.

Insbesondere erfolgt Löschung wegen Außerachtlassung des § 4 Abs 3 regelmäßig nur, wenn sich aus der Eintragung Unzuträglichkeiten für den Inhaber des gelöschten Z oder für den redlichen Verkehr ergeben haben (BA 12. 4. 12, Bl 12, 179).

Umgekehrt kann auch die Löschung abgelehnt werden, weil die Freigabe des Z den unlauteren Wettbewerb fördern würde. So PA 28. 5. 20, MW 19, 210 (GR 20, 81 mit Bemerkung von Osterrieth), betreffend das für eine französische Firma eingetragene Z „Botot“, obwohl das PA die Freizeicheneigenschaft zur Zeit der Eintragung unterstellte, indem es das Bestehenbleiben als einen „Rechtsbehelf“ zur Verhinderung des Gebrauchs einer mittelbar falschen Angabe über den Ursprung der betreffenden Waren im Sinne des Art 274 Abs 2 FV erachtete, weil das Wort auf den ersten französischen Hersteller eines gewissen Mundwassers hinweise und bei freier Verwendung in Deutschland zu Täuschungen Anlaß gebe. § 8

Weitere Beispiele (vgl. auch A 6):

BA 10. 1. 16, MW 16, 207: Die Löschung des Wortzeichens „Colljac“ wird, obwohl verwechslungsfähig mit „Cognac“, unter Berufung auf die grundlegende Entscheidung v. 24. 4. 03, Bl 03, 152—154, abgelehnt, weil es sechs Jahre unbeanstandet eingetragen gewesen ist.

Ähnlich BA GR 24, 89 (Deutscher Meister für Sportbälle).

BA GR 16, 256 (das seit 1875 bestehende Z: Eisernes Kreuz für Kaffeezusatz).

BA 18. 4. 14, MW 14, 86 (Helios-Druck).

Abgelehnt wurde die Löschung von „Fix“ für Druckknöpfe und „Öl“ für Bier trotz zweifelhafter Schutzfähigkeit, nachdem diese im Eintrageverfahren bejaht war (BA 22. 5. und 6. 6. 05, Bl 05, 172). Desgleichen das Z „Kaiserl. Marine“ für Tabakfabrikate, da ein offenbarer Fehler nicht vorliege (§ 4 Nr 3) und ein berechtigtes Verkehrsinteresse nicht verletzt werde (PA 23. 9. 11, MW 11, 57).

Abgelehnt wurde (vielleicht mit Unrecht) im Beschwerdeverfahren die Löschung von „Thalysia“ trotz des Hinweises auf vegetarische Lebensweise und Lebensanschauung und vielfacher Verwendung in diesem Sinne (BA 29. 4. 09, Bl 09, 292).

Andererseits wurde das eingetragene Auslandszeichen „Cordial Médoc“ (mit unwesentlichen Verzierungen) wieder gelöscht, weil es als Herkunfts- und Beschaffenheitsangabe nicht eintragbar war und die Eintragung nur dem Rechtsirrtum verdankte, daß man sich derselben wegen Art 6 des Unionsvertrags nicht entziehen konnte (vgl. UV Art 6 A 1; BA 27. 8. 09, Bl 10, 121; BA 27. 6. 04, Bl 04, 366, 367).

Auf Löschung wurde erkannt, weil der Antragsteller das Z selbst vorher erfolglos angemeldet hatte und es nachher für einen anderen ohne genügenden Grund eingetragen war (BA 3. 3. 05, Bl 05, 105, 113: Moskowiter für Spirituosen; vgl. GR 05, 205).

Praxis bei Täuschungsgefahr. Strenger wird jedoch verfahren, wenn Täuschungsgefahr (§ 4 Abs 1 Nr 3) vorliegt. Daher wurde das Z „Dorndorf“, Name einer bekannten fremden Firma, nachträglich für Schuhwaren gelöscht, weil der Verkehr irrtümlich annehmen würde, diese Firma sei zur Fabrikation von Schuhwaren übergegangen und die gekennzeichneten Waren entstammten ihrem Betriebe (BA 13. 10. 16, MW 16, 259). Anm. 8

Löschung des Z „Portrevin“ (obwohl Phantasiebezeichnung) für griechische und spanische Dessertweine (also nicht Portwein, Produkt des portugiesischen Bezirks Duoro). BA 16. 2. 10, Bl 10, 203; vgl. Handelsabkommen zwischen Deutschland und Portugal v. 20. 3. 26 (RGBl II S. 289; MW 26, 1) Art 6 b.

Der Umstand, daß ein Z von einem anderen vor der Eintragung schutzlos geführt worden ist, gibt dann Anlaß zur Löschung gemäß § 4 Abs 1 Nr 1 oder 3, wenn sich durch diese Führung die Bezeichnung als Sachname für diese Art Ware oder als Ursprungszeichen für den betreffenden Betrieb eingebürgert hatte (BA 1. 12. 09, MW 9, 179; vgl. § 4 A 34).

Da die Täuschungsgefahr im Sinne des § 4 Abs 1 Nr 3 ersichtlich sein muß, um die Versagung der Eintragung zu begründen, so kann auch die Löschung nach § 8 ihretwegen nur erfolgen, wenn 1. die sie begründenden Tatsachen zur Zeit der Eintragung bestanden, 2. es zu ihrer Feststellung nicht erst weiterer Erhebungen bedurfte. Anderenfalls ist der Antragsteller auf die Löschungsklage nach § 9 Abs 1 Nr 3 zu verweisen (PA 17. 12. 98, Bl 99, 40; BA 13. 5. 04, Bl 04, 99, und 5. 12. 01, Bl 04, 18).

Das PA lehnt die Löschung ab, wenn sich erst durch nachträgliche Ermittlungen herausstellt, daß das Z bei der Eintragung trügerisch war, diese Tatsache somit derzeit nicht ersichtlich war (BA 5. 12. 01 und 13. 5. 04, Bl 04 S. 18 u. 399). (Kohler S. 254 hält dies Ergebnis für „grotesk“ und schlägt Änderung des Gesetzes vor.)

Dagegen hat das PA auf Löschung erkannt, wenn zwar erst nachträglich das Z als trügerisch festgestellt wurde, dies aber bei der Eintragung nur infolge irrtumserregender Angaben und Unterlagen übersehen wurde. Die Ersichtlichkeit des Widerspruchs mit den tatsächlichen Verhältnissen werde durch die gelungene Täuschung des PA bei der Anmeldung nicht beseitigt (BA 30. 11. 10, Bl 11, 167).

Handelt es sich um ein trügerisches Z, so konkurriert in gewisser Weise die Rechtsprechung des PA mit der der Gerichte gemäß § 9 Abs 1 Nr 3, obwohl die Voraussetzungen der Löschung im Falle des § 8 Abs 2 Nr 2 in Verbindung mit § 4 Abs 1 Nr 3 andere sind. Das PA hat nur zu löschen, wenn die Täuschungsgefahr bei der Eintragung ersichtlich war und noch fortbesteht, während das Gericht nur zu fragen hat, ob zur Zeit der Entscheidung Täuschungsgefahr vorliegt. Beide Instanzen können innerlich widersprechende Entscheidungen fällen, ohne aneinander gebunden zu sein. Lehnt das PA die Löschung ab, so kann das

§ 8 Gericht trotzdem auf Löschung erkennen und umgekehrt (Kohler S. 137). Das PA hat die Löschung zu vollziehen, wenn gerichtsseitig darauf erkannt ist. Ist in der einen Instanz rechtskräftig auf Löschung erkannt, so erledigt sich das Verfahren in der Hauptsache auch in der anderen Instanz, wenn auch diese angegangen ist, und es ist dann nur noch über die Kosten zu erkennen.

Abs 3.

Anm. 9 **Verfahren bei der Löschung nach Abs 2 Nr 2.** Das Offizialverfahren wegen mangelnder Schutzfähigkeit wird nur noch auf Antrag (früher Anregung) eröffnet. Der Antragsteller hat die Rechte einer Partei, auch das Beschwerderecht (s. A 1c). Das PA kann jedoch bei Zurückziehung des Antrags das Verfahren von Amts wegen fortsetzen (Freund-M. S. 116 unter d).

Der Antrag nach § 8 Abs 2 Nr 2 ist eine Popularanfechtung des Z, wie die Klagen aus § 9 Abs 1 Nr 2 u. 3. Es bedarf dazu keines besonderen Interesses und nicht eines dahinterstehenden Z. Daher ist auch der Ausländer ohne weiteres dazu berechigt, ohne daß die Voraussetzungen des § 23 erfordert werden.

Die Beachtung des Antrags ist von der Zahlung der tarifmäßigen Gebühr (zur Zeit 50 RM; s. Anh Nr VI) abhängig, die, wenn der Antrag zur Löschung führt, regelmäßig auf Kosten des Reiches zurückerstattet wird.

Für das Löschungsverfahren sind, wie für die Umschreibungen, die Abteilungen mit den von ihnen zur Vorbereitung der Beschlüsse beauftragten Vorprüfern, nicht die Prüfungsstellen zuständig (§ 10 A 4). Ein Vorbescheid wird auch hier nicht erlassen (§ 10 A 3), doch kann er ersetzt werden durch die in Abs 3 Satz 1 erwähnte, ebenfalls präjudizierliche „Nachricht". Für den Beschluß auf Löschung gegen den Widerspruch des Inhabers bedarf es der Beratung und Abstimmung in einer Sitzung (§ 4 VO v. 30. 6. 94, Anh Nr 1).

Der Löschungsantrag ist in zwei Ausfertigungen einzureichen (Mitt des PA, Bl 95, 122). Erscheint der Antrag ohne weiteres als ungerechtfertigt, so wird er ohne Benachrichtigung des Inhabers abgelehnt. Erscheint der Antrag dem PA als *sicher* begründet, so ergeht die Benachrichtigung an den Inhaber gemäß Abs 3 Satz 1, was aber die Ausnahme bildet (Geschäftstätigkeit S. 248; vgl. Mitt des PA, Bl 95, 122). Wird binnen Monatsfrist nicht widersprochen, so erfolgt die Löschung (Abs 3 Satz 2). Doch kann sie unterbleiben, wenn sich das PA inzwischen überzeugt, daß ein Löschungsgrund nicht vorliegt (Allfeld S. 527; Seligsohn S. 136 Note 5). In der Regel, nämlich wenn Zweifel bestehen, erläßt das PA nur eine unpräjudizielle Aufforderung an den Inhaber zur Erklärung und eröffnet damit ein kontradiktorisches Verfahren (Geschäftstätigkeit S. 248).

Nach Niebour (MW 25, 140) wird die Nachricht (Abs 3 Satz 1) regelmäßig dem nach den Anmeldeakten Bevollmächtigten zugestellt, was mit Recht von ihm beanstandet wird, da die Vollmacht oft lange zurückliegt und dem Vertreter vielfach keine Verpflichtung mehr obliegt. Richtiger wäre — wie bei der Mitteilung nach § 5 Abs 1 Satz 1 (s. § 5 A 8) — die Zustellung an den Inhaber persönlich, abgesehen von Fällen nach § 23 Abs 2.

Hat der Z-Inhaber keine Niederlassung im Inlande, so kann der Widerspruch von dem gesetzlichen Bevollmächtigten (§ 23 Abs 2), aber auch von ihm selbst erhoben werden, da es sich um *Verteidigung* des Z handelt (§ 23 A 11 u. 12).

Wegen des weiteren Verfahrens s. § 10 A 3 (jedoch kein Vorbescheid s. oben). Nebenintervention wird nicht zugelassen (BA 20. 3. 22, Bl 22, 47). Beiden Teilen steht die Beschwerde zu (§ 10 A 8). Nach Rechtskraft des Löschungsbeschlusses erfolgt die Löschung, die nach § 3 Abs 3 veröffentlicht wird. Der ablehnende Beschluß entbehrt der materiellen Rechtskraft, der Antragsteller kann also jederzeit eine neue Prüfung verlangen (BA 17. 7. 09, Bl 09, 315; vgl. Bl 24, 64ff; a. A. Cohn GR 14, 185).

Die durch eine Anhörung oder Beweisaufnahme entstandenen Kosten sind auf Antrag dem unterliegenden Teile aufzuerlegen. Dies *kann* auch ohne Antrag geschehen (Abs 3 Satz 4; PG § 25 Abs 2; vgl. § 10 A 12).

Im übrigen ist das patentamtliche Löschungsverfahren, abgesehen von der eingangs erwähnten Antragsgebühr sowie der Beschwerdegebühr, gebührenfrei (Pinzger A 3 u. 14).

§ 9

§ 9.

Ein Dritter kann die Löschung eines Warenzeichens beantragen:

1. wenn das Zeichen für ihn auf Grund einer früheren Anmeldung für dieselben oder für gleichartige Waren in der Zeichenrolle oder in den nach Maßgabe des Gesetzes über den Markenschutz vom 30. November 1874 geführten Zeichenregistern eingetragen steht;

2. wenn der Geschäftsbetrieb, zu welchem das Warenzeichen gehört, von dem eingetragenen Inhaber nicht mehr fortgesetzt wird; § 9
3. wenn Umstände vorliegen, aus denen sich ergibt, daß der Inhalt des Warenzeichens den tatsächlichen Verhältnissen nicht entspricht und die Gefahr einer Täuschung begründet.

Hat ein nach dem Gesetz über Markenschutz vom 30. November 1874 von der Eintragung ausgeschlossenes Warenzeichen bis zum Erlasse des gegenwärtigen Gesetzes innerhalb beteiligter Verkehrskreise als Kennzeichen der Waren eines bestimmten Geschäftsbetriebs gegolten, so kann der Inhaber des letzteren, falls das Zeichen nach Maßgabe des gegenwärtigen Gesetzes für einen anderen in die Zeichenrolle eingetragen wird, bis zum 1. Oktober 1895 die Löschung beantragen. Wird dem Antrag stattgegeben, so darf das Zeichen für den Antragsteller schon vor Ablauf der im § 4 Abs. 2 bestimmten Frist in die Zeichenrolle eingetragen werden.

Der Antrag auf Löschung ist im Wege der Klage geltend zu machen und gegen den eingetragenen Inhaber oder, wenn dieser gestorben, gegen dessen Erben zu richten.

Hat vor oder nach Erhebung der Klage ein Übergang des Warenzeichens auf einen anderen stattgefunden, so ist die Entscheidung in Ansehung der Sache auch gegen den Rechtsnachfolger wirksam und vollstreckbar. Auf die Befugnis des Rechtsnachfolgers, in den Rechtsstreit einzutreten, finden die Bestimmungen der §§ 66 bis 69 und 76 der Zivilprozeßordnung entsprechende Anwendung.

In den Fällen des Abs. 1 Nr. 2 kann der Antrag auf Löschung zunächst bei dem Patentamt angebracht werden. Das Patentamt gibt dem als Inhaber des Warenzeichens Eingetragenen davon Nachricht. Widerspricht derselbe innerhalb eines Monats nach der Zustellung nicht, so erfolgt die Löschung. Widerspricht er, so wird dem Antragsteller anheimgegeben, den Anspruch auf Löschung im Wege der Klage zu verfolgen.

Inhalt.

Anm.		Seite
1.	Zur Entstehungsgeschichte des § 9	154
2.	Vergleich mit Entw. 1913	154
3.	Übersicht und Allgemeines	154
	Abs 1 Nr 1.	
4.	Klagevoraussetzungen	155
5.	Freie Beurteilung der Gerichte	156
6.	Einreden, Widerklagen und konkurrierende Klagen	156
7.	Madrider Abkommen	157
	Abs 1 Nr 2.	
8.	Allgemeines	157
9.	Klagevoraussetzungen	158
	Abs 1 Nr 3.	
10.	Klagevoraussetzungen	159
11.	Täuschender Hinweis auf fremden Betrieb	160
12.	Teillöschung	162
13.	Einzelentscheidungen	162
	Abs 2.	
14.	Übergangsbestimmung	163
	Abs 3.	
15.	Klage auf Löschung	163
	Abs 4.	
16.	Rechtsnachfolge und Nebenintervention	164
	Abs 5.	
17.	Antrag beim PA	164
	Anhang zu § 9: Zivilrechtliche Löschungsgründe.	
18.	Allgemeines und Einteilung	164
19.	Name und Firma	165
20.	Wappen	167
21.	Urheberrecht	167
22.	Geschmacksmuster	168
23.	Recht am eigenen Bildnis	168
24.	Ausstattungsbesitz	168
25.	Vertrag	169
26.	Unlauterer Wettbewerb und § 826 BGB	170

§ 9 Anm. 1 **Zur Entstehungsgeschichte des § 9.** a) Aus der Begründung S. 15: Während der Löschungsantrag aus Nr 1 nur ein privates Interesse verfolgt, ist bei Nr 2 u. 3 auch ein öffentliches Interesse beteiligt. Daher wird die Prüfung der Zulässigkeit eines Z unter dem Gesichtspunkte der Nr 3 vor der Eintragung an das PA verwiesen. Diese Prüfung wird jedoch nicht als abschließend angesehen. Den Beteiligten soll die Möglichkeit bleiben, die zur Beurteilung gelangenden, vielfach verwickelten Verhältnisse im Wege des Prozesses nochmals zur erschöpfenden Würdigung zu bringen. Danach war es unvermeidlich, Verhältnisse, die dem PA überhaupt nicht bekanntgeworden sind, insbesondere sich erst nach Eintragung herausgebildet haben, ohne weiteres an die gerichtliche Beurteilung zu verweisen. In den Fällen der Nr 2 wird vielfach keine Meinungsverschiedenheit herrschen und daher ein einfaches Benachrichtigungsverfahren vor dem PA genügen (vgl. Ges Abs 5).

b) Aus dem Kommissionsbericht S. 5 unten: Erklärung der Regierungsvertreter zu Nr 2: Ein Löschungsgrund soll alsdann gegeben sein, wenn der Geschäftsbetrieb überhaupt aufhört oder wenn eine Trennung in der Inhaberschaft des Geschäftsbetriebs und des WZ eintritt. Auf diese letztere Eventualität deuten die Worte hin: „Wenn der Geschäftsbetrieb . . . von dem eingetragenen Inhaber nicht mehr fortgesetzt wird." Dies bezieht sich nicht auf den Tod des eingetragenen Inhabers oder seine Verhinderung, persönlich den Betrieb fortzusetzen; in solchen Fällen genügt die Fortsetzung durch die Erben oder sonstigen Rechtsnachfolger, um die Löschung auszuschließen. Ein Mißverständnis ist durch § 6 (Ges § 7) ausgeschlossen.

Anm. 2 **Vergleich mit Entw. 1913.** Das Gesetz sagt (Abs 1): „Ein Dritter kann die Löschung eines WZ beantragen", und Abs 3: „Der Antrag auf Löschung ist im Wege der Klage geltend zu machen und gegen den eingetragenen Inhaber . . . zu richten." Unter Klage ist die ordentliche gerichtliche Klage zu verstehen. Antrag und Urteil können aber nicht unmittelbar auf Löschung lauten, denn der Inhaber des Z hat keine Verfügung über die Rolle, für die Löschung selbst ist ausschließlich das PA zuständig. Es kann sich daher nur darum handeln, den Inhaber zu einer Willenserklärung zu zwingen (§ 894 ZPO), kraft deren das PA gesetzlich verpflichtet wird, die Löschung vorzunehmen. So ist das Gesetz auch stets in der gerichts- und patentamtlichen Praxis verstanden worden. Antrag und Urteil haben demnach zu lauten auf Verurteilung des Beklagten, die Löschung des Z zu bewilligen, bei Teillöschung: die Streichung gewisser Waren im Warenverzeichnis zu bewilligen. Mit der rechtskräftigen Verurteilung sind gemäß § 894 ZPO (§ 8 Abs 1 WZG) die Voraussetzungen für die Löschung seitens des PA gegeben, da die Bewilligung der Löschung im Sinne der §§ 8 u. 9 dem Antrage des Inhabers auf Löschung gleichzuachten ist (vgl. Vorbem zu §§ 8 u. 9 Nr 2).

Der Entw. 1913 verdeutlicht nur den schon bestehenden Rechtszustand, indem er in § 8 vorschreibt: Das Z wird in der Rolle gelöscht: 1. . . . 2. wenn der Inhaber die Löschung beantragt oder bewilligt; und dem § 9 Abs 1 u. 2 (Ges § 9 Abs 1) folgende Fassung gibt:

Ist das Z auf Grund einer früheren Anmeldung für gleiche oder gleichartige Waren in der Z-Rolle für einen anderen eingetragen, so kann dieser von dem eingetragenen Inhaber verlangen, daß er die Löschung des Z bewilligt.

Den gleichen Anspruch hat jedermann:

1. wenn der Geschäftsbetrieb, für den das Z eingetragen ist, nicht begonnen worden ist oder nicht mehr fortgesetzt wird;

2. wenn der Inhalt des Z den tatsächlichen Verhältnissen nicht entspricht und die Gefahr einer Täuschung begründet.

Die Begründung S. 60 bemerkt dazu: „Das gegen den Inhaber ergangene rechtskräftige Urteil ersetzt nach der ZPO die Bewilligungserklärung selbst. Legt es der Berechtigte dem PA vor, so hat dieses nach § 8 Nr 2 (Ges § 8 Abs 1) die Löschung auszuführen." Durch den Abs 2 („jedermann") wird klargestellt, daß es sich bei den im folgenden behandelten Fällen (Ges Nr 2 u. 3) um Popularansprüche handelt, und durch die Hinzufügung der Worte in Nr. 1: „nicht begonnen worden ist oder", daß der nichtbegonnene dem nicht fortgesetzten Geschäftsbetrieb gleichzuachten ist, was beides auch der festen bisherigen Praxis entspricht (vgl. Begründung S. 61: „Der sog. Popularanspruch nach § 9 Abs 2 entspricht im wesentlichen der gegenwärtigen Rechtslage"). Dasselbe gilt von der Unterdrückung der Worte in § 9 Nr 1 WZG: „oder in den nach Maßgabe des Gesetzes über den Markenschutz v. 30. 11. 74 geführten Z-Registern", denn nach § 24 Abs 2 WZG ist der Schutz dieser Z erloschen, soweit sie nicht bis zum 1. 10. 98 in die Z-Rolle übernommen waren.

Anm. 3 **Übersicht und Allgemeines.** § 9 behandelt die zeichenrechtlichen Löschungsgründe, die zur Zuständigkeit der Gerichte gehören und in Abs 1 erschöpfend aufgezählt sind. Nr 1 erfordert als Klagegrund ein eingetragenes Z, das mit dem anzufechtenden im Sinne des § 5 übereinstimmt und ihm gegenüber die Priorität hat. Es handelt sich hier also um Geltendmachung des Rechts aus dem Zeichen, die bei Auslandszeichen den Bedingungen des § 23 unterliegt. Dagegen sind die Klagen aus Nr 2 u. 3 Popularklagen (s. A 2), mit denen „jedermann" die Handhabe zur Beseitigung unrechtmäßiger Z im öffentlichen Interesse geboten wird. Ein besonderes Interesse des Klägers ist nicht erforderlich (E 104, 314), es kann ihm daher nicht der Einwand der Schikane (§ 226 BGB) entgegengehalten werden, wenn er kein eigenes Interesse an der Rechtsverfolgung hat (E 109, 77; 114, 279). Auf seine Absichten kommt nichts an, nur darf die Klage keine unerlaubte Handlung darstellen und nicht gegen Vertragsrechte verstoßen (E 108, 37). Auch § 23 findet keine Anwendung (s. § 23 A 8; a. M. OLG Hamburg GR 97, 28 Nr 3 und 98, 278 Nr 15). Die Ansprüche aus § 9 können durch Klage und Widerklage geltend gemacht werden, aber nicht als Einrede gegen die Geltendmachung des Z, das an sich so lange besteht und wirksam ist, als es eingetragen ist (E 53, 431; vgl. Vorbem zu §§ 8 u. 9 Nr 1 und § 12 A 35). Die Widerklage oder ein sonst anhängiges Löschungsverfahren kann Anlaß zur Aussetzung eines Verfahrens wegen Verletzung des Z-Rechts geben (ESt 48, 419; vgl. Vorbem zu §§ 8 u. 9 Nr 6). Bei einer nach altem Rechte zu beurteilenden Löschungsklage des älteren Z-Inhabers (§§ 8 u. 11 MSchG v. 1874) hat das RG die exceptio doli zugelassen, weil der Geschäftsbetrieb des Klägers aufgehört hatte (E 30, 1). Diese Entscheidung ist für das neue Recht nicht mehr maßgebend (E 48, 213; 53, 434; RG II 7. 4. 25, MW 24, 197; anders schon nach altem Rechte RGSt 23, 351). § 9

Selbstverständlich kann aber auch der Klage aus dem Z eine Einrede aus stärkerem Gegenrechte entgegenstehen. RG II 8. 2. 24 Recht Nr 1541 sagt: „Die zeichenrechtliche Unwirksamkeit eines WZ — sei es in vollem Umfange oder nur zum Teil — kann nur im Löschungsverfahren nach §§ 8 u. 9 WZG durch Löschungsanregung oder Löschungsklage (Löschungswiderklage) geltend gemacht werden, nicht aber im Wege der Einrede. Denn solange die Eintragung besteht, hat der Eingetragene die Rechte aus der Eintragung." Ein zivilrechtliches stärkeres Gegenrecht kann also auch im Wege der Einrede geltend gemacht werden. Dasselbe muß aber auch von einem auf Zeichenrecht beruhenden stärkeren Gegenrecht, insbesondere dem Rechte des älteren Anmelders gelten, der dem jüngeren die Ausübung seines Rechts verbieten kann (vgl. § 12 A 3.) Ebenso kann gegen die Klage aus dem Z eine Einrede nach dem Rechte der unerlaubten Handlungen oder des unlauteren Wettbewerbs begründet sein (vgl. A 11).

Teillöschung, nur für einen Teil der im Warenverzeichnisse aufgeführten Waren, erfolgt, wenn der Löschungsgrund nur für diese Waren zutrifft, wenn also zwar Verwechslungsfähigkeit der Z an sich besteht, das jüngere Z aber auch für Waren eingetragen ist, die dem des älteren weder gleich noch gleichartig sind (Nr 1); wenn der Geschäftsbetrieb nur für einen Teil der verzeichneten Waren aufgegeben ist (Nr 2); wenn die Angabe nur für einen Teil dieser Waren trügerisch ist (Nr 3; E 74, 312; vgl. Vorbem zu §§ 8 u. 9 Nr 5).

Die Teillöschung beruht auf § 2 Abs 1, wonach der Z-Schutz nur gilt für solche Waren, für die das Z bestimmt ist.

Eine Teillöschung ist nur möglich für bestimmte Waren. Das Z selbst ist unteilbar. Die Vernichtung eines Teils des Z würde die Erteilung eines neuen Z bedeuten, für die das PA im Löschungsverfahren und die Gerichte überhaupt nicht zuständig sind (BA 23. 5. 10, MW 9, 397). Aus einer Bemerkung in RG II 3. 11. 25, GR 26, 80; MW 25, 150 („es sei denn, daß die Klägerin sich mit der Löschung des einzelnen Wortes — in einem Kombinationszeichen — begnügte"), könnte geschlossen werden, daß das RG die Löschung eines Teiles des Z für zulässig hält. Dem wäre nicht beizutreten. Wohl aber kann auf Grund einer Unterlassungsklage die Benutzung eines Teiles des Z untersagt werden, z. B. wegen Bildnisschutzes (Jul. Seligsohn GR 25, 58). Nach der Praxis des PA ist im Erteilungsverfahren nachträglicher Verzicht auf einen Teil des Z, durch den die Übereinstimmung mit einem älteren Z beseitigt wird, zulässig (Jul. Seligsohn a. a. O.).

Abs 2 enthält eine nicht mehr praktische Übergangsvorschrift.

Abs 3 u. 4 enthalten Vorschriften über das Verfahren und die Tragweite der Entscheidung.

Abs 5 gestattet den Versuch, die Löschung nach Abs 1 Nr 2 durch ein einfaches Verfahren vor dem PA herbeizuführen.

Abs 1 Nr 1.

Klagevoraussetzungen. Die Nr 1 ist jetzt zu lesen: Anm. 4

„wenn das Z für ihn auf Grund einer früheren Anmeldung für dieselben oder für gleichartige Waren in der Z-Rolle eingetragen steht".

Die ausgelassenen Worte haben keine praktische Bedeutung mehr (s. A 2).

Die Nr 1 hat den Zweck, Kollisionen zwischen eingetragenen Z, die trotz der Prüfung des PA nach den §§ 5 u. 6 nicht vermieden sind, für den Regelfall zu beseitigen. Das Bestehenbleiben der mehrfachen Eintragung derselben Marke (im Sinne des § 5) wird durch Nr 1 nicht völlig ausgeschlossen, sondern die Beseitigung von dem Willen des älteren Anmelders abhängig gemacht (§ 5 A 2). Solange die beiden Z eingetragen sind, stehen sie Dritten gegenüber mit voller Wirksamkeit gleichberechtigt nebeneinander (E 53, 434; 92, 386).

§ 9 Kläger ist der eingetragene Inhaber des älteren Z, auch wenn er sich im Konkurs oder in Liquidation befindet (E 15, 104 u. 105). Voraussetzung ist also zunächst die Priorität seines Z vor dem angefochtenen. Sodann müssen beide Z eingetragen sein (vgl E 53, 434); daß sie in Gebrauch genommen sind, ist nicht erforderlich (E 82, 245). Endlich muß zwischen ihnen Übereinstimmung im weiteren Sinne der §§ 5 u. 6, also Gleichheit oder Verwechslungsgefahr der Z und Gleichheit oder Gleichartigkeit der Waren bestehen. Hierfür kommen die zu den §§ 5 u. 20 erörterten Grundsätze und Entscheidungen in Betracht. Es entscheidet der Zeitpunkt, wo die beiden Z sich zuerst gegenüberstanden, d. h. der der Anmeldung des jüngeren. Nachträgliche Veränderungen der allgemeinen Wirtschaftsverhältnisse (z. B. durch Krieg und Nahrungsmittelknappheit) kommen nicht in Betracht (E 101, 29: Spirituosen — alkoholfreies Malzbier).

Die Verwechslungsfähigkeit kann die Löschung nur dann begründen, wenn sie hervorgerufen wird durch das jüngere Z, so wie es eingetragen ist und wie es verkehrsüblich in loyaler Weise Verwendung findet. Beruht die Verwechslungsgefahr auf der Hervorhebung einzelner Bestandteile bei der tatsächlichen Verwendung, so liegt eine mißbräuchliche Benutzung vor, der mit der Untersagungsklage begegnet werden kann (E 75, 345; Bl 11, 235; MW 11, 81). Andererseits ist es unerheblich, ob durch besondere Zutaten bei der Benutzung die Verwechslungsgefahr ausgeschlossen wird, denn die Benutzung kann auch ohne diese Zutaten erfolgen (E 109, 230; GR 25, 245).

Enthält das jüngere Z zwei Wörter, von denen nur das eine die Verwechslungsfähigkeit mit dem älteren begründet, so ist trotzdem das ganze Z zu löschen, denn durch die teilweise Aufrechterhaltung würde ein neues Z entstehen (RG II 4. 3. 13, MW 12, 479: Continental — Durable und Constitutional).

Einem älteren WZ gegenüber, das einen Namen oder eine Firma enthält, kann sich der Inhaber des jüngeren nicht auf § 13 berufen, wenn durch die Benutzung desselben Namens oder derselben Firma Verwechslungsgefahr besteht. § 13 rechtfertigt nicht die Benutzung der darin behandelten Bezeichnungen in einem Warenzeichen (RG II 22. 11. 22, MW 12, 295; PA 3. 1. 13, MW 12, 301; RG II 16. 6. 25, MW 25, 14; JW 25, 2759).

Sind die Z verwechslungsfähig (Juno und Julo) und die Waren gleichartig (Zigaretten und Zigarren), so kann Beklagter sich nicht darauf berufen, daß das Z des Klägers für seine Ware anerkanntes Freizeichen ist. Das Gesetz fordert nicht, daß dem Kläger ein Z-Schutz auch für die Ware des Beklagten zusteht. Eine nicht zu duldende Kollision beider Z liegt schon darin, daß sich das jüngere Z auch auf die gleichartigen Waren des älteren Anmelders beziehen würde (E 102, 355).

Auf Grund des WZ „Electra“ wurde der Inhaber des jüngeren Z „Freho-Electro“ zur Einwilligung in die Löschung verurteilt. Daß „Electro“ auch Beschaffenheitsangabe sein kann, kommt hier, wo dieses Wort als wesentlicher Bestandteil eines WZ (neben dem Phantasiewort Freho) die Verwechslungsgefahr mit einem älteren WZ begründet, nicht in Betracht (keine Berufung auf § 13): RG II 2. 2. 26, MW 25, 227). Das von Wertheimer (JW 26, 1978 Nr 6) bekämpfte Urteil ist — wenn man die angenommene Verwechslungsgefahr zwischen Electr**a** und Electr**o** zugibt — einwandfrei, da in der gewählten Zusammensetzung und Wortfolge das Wort „Electro“ sich nicht genügend als Beschaffenheitsangabe zu erkennen gibt und daher bei der Beurteilung der Verwechslungsgefahr nicht ausscheiden kann. Die Hinzufügung des Wortes Freho wirkt unter diesen Umständen ähnlich wie die einer Firma oder Sortenbezeichnung und schließt die Verwechslungsgefahr nicht aus.

Anm. 5 **Freie Beurteilung der Gerichte.** Dem Gericht wird hier die Aufgabe gestellt, die dem PA nach §§ 5 u. 6 obliegende Prüfung auf Priorität, Übereinstimmung und Gleichartigkeit, soweit sie zur Eintragung geführt hat, auf Antrag in vollem Umfange nachzuprüfen, und es wird damit die Beschlußfassung des PA insoweit zu einer vorläufigen herabgemindert. Das PA selbst ist zu einer Berichtigung derselben gemäß § 8 nicht befugt. Umgekehrt verhält es sich mit der Ablehnung der Eintragung. Hier ist die Beschlußfassung des PA jeder Nachprüfung durch die Gerichte entzogen, aber das PA ist auf erneute Anmeldung in der Lage, abweichend zu beschließen. Die Gründe der Ablehnung sind in einem anderen Verfahren für die Gerichte nicht bindend (E 97, 91).

Über die Notwendigkeit der freien Nachprüfung der Gerichte, an der das RG in beständiger Rechtsprechung — gegenüber abweichenden Ansichten von Allfeld S. 502, 533, 561 und Kent S. 204 — festgehalten hat (s. die Urteile § 5 A 1), vgl. § 5 A 1. Selbstverständlich kann der Klage auch teilweise dadurch stattgegeben werden, daß Beklagter verurteilt wird, in die Streichung einzelner im Warenverzeichnis aufgeführter Waren zu willigen (E 104, 162).

Unerheblich ist das Verhalten des Klägers im Widerspruchsverfahren, soweit nicht ein Verzicht daraus herzuleiten ist (a. A. Allfeld a. a. O.).

Anm. 6 **Einreden, Widerklagen und konkurrierende Klagen.** Gegen die Klage aus Nr 1 ist die Einrede möglich, daß der Kläger die Eintragung des jüngeren Z gestattet hat, oder daß dem

jüngeren Anmelder gegen den älteren ein sonstiger zivilrechtlicher Anspruch auf Eintragung § 9
zusteht. Wenn Beklagter behauptet, sein Z sei das ältere, so kann er mit dem Antrage auf Klageabweisung eine Widerklage auf Löschung und Unterlassung verbinden (E 56, 369; vgl. A 3).

Gegen die Löschungsklage aus Nr 1 ist ohne Erhebung einer Löschungswiderklage die Einrede zulässig, daß das Klagezeichen unter Verstoß gegen § 826 BGB oder § 1 UWG zum Nachteil des Beklagten erwirkt sei. Dagegen gibt es für den Beklagten keine Berufung auf § 13 (vgl. A 4; RG II 16. 6. 25, MW 25, 14; JW 25, 2759: Mutag und Matag).

Die Klage aus § 9 Nr 1 verjährt nicht, da, solange das jüngere Z eingetragen ist, die Verletzung des Prioritätsrechts fortdauert. Auch kann eine langjährige Duldung an sich keine exceptio doli gegen die Klage begründen (RG II 10. 2. 99, Bl 99, 150).

Der Löschungsklage aus Nr 1 ist ebensowenig wie der Verletzungsklage aus § 12 gegenüber die Einrede zulässig, daß das Klagezeichen der Löschung unterliegt. Vielmehr bedarf es zur Geltendmachung dieses Rechtsbehelfs der Löschungswiderklage oder eines Löschungsantrags beim PA (E 48, 213; 53, 434; RG II 7. 4. 25, MW 24, 197; vgl. A 3 und § 12 A 35.)

Mit der Löschungsklage kann die Klage auf Unterlassung der Benutzung verbunden werden (E 93, 291, Bl 18, 102; MW 18, 59; ebenso RG II 23. 4. 18, MW 18, 32; vgl. Wassermann MW 18, 156 und § 12 A 26).

Kohler (S. 138) hält schon vor der Eintragung des jüngeren Z eine Klage des Inhabers auf Feststellung, daß es mit einem eingetragenen älteren Z nicht kollidiere, und auf Unterlassung (oder Zurückziehung?) des Widerspruchs für möglich. Freilich sei das PA an die gerichtliche Entscheidung hierüber nicht gebunden. Dem dürfte nicht zuzustimmen sein, da in der gerichtlichen Entscheidung ein Übergriff in die ausschließliche Zuständigkeit des PA (s. § 6 A 1, 2 u. 5) und unter Umständen eine Erzwingung der Eintragung zu erblicken wäre und bei der Feststellungsklage auch mangels Bindung des PA das nach § 256 erforderte rechtliche Interesse fehlen würde. Anders wenn es sich um eine Klage aus § 12 wegen Benutzung des Z oder wegen Unterlassung eines Eingriffs in dasselbe handelt. Daher kann der Inhaber des älteren Z auch schon die bloß beabsichtigte Anmeldung und Eintragung des kollidierenden jüngeren Z bekämpfen und auf Unterlassung oder Zurückziehung der Anmeldung klagen. So die von J. Seligsohn (MW 25, 225ff) mitgeteilten Urteile des LG und KG Berlin und Kohler (S. 177). Denn schon die Anmeldung eines kollidierenden Z bildet einen Eingriff in das eingetragene Z als „die stärkste Bestätigung der Absicht, es demnächst zu gebrauchen" (KG 17. 12. 12, MW 11, 439; Seligsohn S. 190 oben; RG II 24. 9. 26, MW 26, 82: Saccharin; vgl. E 101, 340 und § 12 A 27 u. 28). In einer Verurteilung zur Unterlassung oder Zurückziehung der Anmeldung kann keine Zuständigkeitsüberschreitung erblickt werden, da damit nur die dem Gerichte zustehende Entscheidung nach § 9 Abs 1 Nr 1 vorweggenommen wird.

Madrider Abkommen. Nach dem Madrider Abkommen kann die Klage auch darauf ge- Anm. 7
stützt werden, daß für den Kläger eine frühere Registrierung beim Internationalen Bureau in Bern erfolgt ist (vgl. FrMJ S. 12).

Gegenüber den international registrierten ausländischen Marken wird eine Klage aus § 9 Nr 1 auf Schutzentziehung in Deutschland nicht dadurch gehindert, daß das Prüfungsverfahren nach Art 5 des Madrider Abkommens I beim PA noch schwebt, denn der Schutz der Marken beginnt nach Art 4 des Abkommens, § 7 der V. v. 9. 11. 22, unabhängig von der Erklärung des PA regelmäßig mit der Registrierung. Daher braucht auch die Erledigung eines etwa vor dem PA noch schwebenden Widerspruchsverfahrens nicht abgewartet zu werden (LG Berlin 24. 6. 24, Bl 25, 88). Für die vor dem 1. 12. 22, wo der Beitritt Deutschlands zum Madrider Abkommen wirksam wurde, international registrierten Marken ist die Wirkung der Registrierung erst mit jenem Tage eingetreten (BA 10. 12. 24, MW 25, 164).

Abs 1 Nr 2.

Allgemeines. Die Nr 2 will mittels einer Popularklage dem Grundsatze Geltung ver- Anm. 8
schaffen, daß das WZ mit einem bestimmten Geschäftsbetriebe verbunden sein muß und ohne diesen nicht auf einen anderen übergehen kann (A 1b). Nr 2 findet daher nicht nur seinem Wortlaute nach auf den Fall Anwendung, wenn der eingetragene Inhaber den Geschäftsbetrieb für die betreffenden Waren (ohne ihn zu übertragen) gänzlich aufgibt, sondern auch auf die Fälle, daß er einen Geschäftsbetrieb für die betreffenden Waren überhaupt nicht eröffnet, oder daß er den Geschäftsbetrieb unter Zurückbehaltung des Z auf einen anderen überträgt, oder endlich, daß er nur das Z (ohne den Geschäftsbetrieb) auf einen anderen für dessen Geschäft überträgt (vgl. § 7 A 5; E 67, 351; ESt 48, 423; E 97, 97; 101, 374; 108, 34; 56, 371; 100, 3).

Maßgebend für das Bestehen des Geschäftsbetriebs ist die Erzeugung oder der Vertrieb der im Warenverzeichnisse angegebenen Waren. Soweit diese Waren nicht geführt werden,

§ 9 besteht der Geschäftsbetrieb nicht und ist die Klage aus Nr 2 begründet. Kohler (S. 148) nennt die Z, hinter denen die angegebenen Waren nicht stehen, „blinde Marken". Ist die Marke nur für einen Teil der eingetragenen Waren blind, so erfolgt Teillöschung, indem jene Waren im Verzeichnis gestrichen werden (E 101, 373; 104, 312, (MW 22, 39); 108, 36; a. A. Allfeld S. 534). Wenn der Geschäftsbetrieb von Anfang an nicht bestand, so kann mit der Klage aus Nr 2 das Löschungsverfahren vor dem PA nach § 8 Abs 2 Nr 2 konkurrieren (s. § 8 A 6). Allgemein konkurriert mit der Klage das in Abs 5 geregelte Verfahren vor dem PA zur Erzielung der Löschung auf einfachem Wege.

Die Eröffnung des Konkurses über das Vermögen des Inhabers, die Liquidation des Unternehmens oder eine Firmenänderung bedeuten keine Aufgabe des Geschäftsbetriebs; diese Umstände werden dem PA zweckmäßigerweise lediglich angezeigt, damit die Personen, die über das Z-Recht verfügen können, aus der Rolle hervorgehen. Ebensowenig bedeutet es materiell eine Aufgabe des Geschäftsbetriebs, wenn dieser mit dem Z unter Lebenden oder von Todes wegen auf einen anderen übergeht. Doch ist alsdann nach § 7 Abs 2 Umschreibung erforderlich, um die Legitimation des wahren Berechtigten herzustellen, oder auch, um zu verhüten, daß nach der Vorschrift des Abs 3 der bisher Berechtigte, der persönlich den Geschäftsbetrieb nicht fortsetzt, als Inhaber des Z behandelt wird (E 44, 49). Keine Aufgabe des Geschäftsbetriebs liegt endlich darin, daß ein Teil desselben ohne das Z veräußert und der Restbetrieb mit den Waren, für die das Z gilt, zurückbehalten wird, oder daß umgekehrt ein Teilbetrieb mit diesen Waren und dem Z auf einen anderen übertragen und der Restbetrieb zurückbehalten wird (s. § 7 A 6).

Beklagter ist nach Abs 3 der als Inhaber Eingetragene oder, wenn dieser gestorben, dessen Erben. Ist er auf andere Weise als durch Tod fortgefallen, z. B. durch Löschung der Firma, Untergang der juristischen Person u. dgl., so wird die Klage gegen die Rechtsnachfolger zu richten sein, doch wird alsdann meistens das vereinfachte Verfahren nach Abs 5 zweckmäßiger sein.

Anm. 9 **Klagevoraussetzungen.** Grundsätzlich ist die Klage begründet, wenn ein auf die im Warenverzeichnis genannten Waren gerichteter Geschäftsbetrieb nicht vorhanden ist. Der Geschäftsbetrieb braucht jedoch nicht schon bei der Eintragung bestanden zu haben, da letztere auch im Hinblick auf einen demnächst zu eröffnenden erfolgen kann. Indessen muß die Eröffnung in angemessener Zeit erfolgen. Geschieht dies nicht, so genügt die ernstliche Absicht, ihn später zu eröffnen, nicht (E 67, 352; 97, 97; 101, 374; 108, 34; 69, 380; RG II 8. 11. 21, MW 21, 130).

War der Betrieb eröffnet, so muß er, um die Klage zu rechtfertigen, dauernd eingestellt sein (Allfeld S. 533).

Eine Unterbrechung des Geschäftsbetriebs infolge Konkurses, Abbrennens der Fabrik, zeitweiliger Unrentabilität u. dgl. genügt nicht zur Löschung; wohl aber eine jahrelange Nichtfortsetzung des Geschäfts infolge solcher Ereignisse, wonach dieser als erloschen erscheint, mag auch der Inhaber beabsichtigen, bei günstiger Gelegenheit ein neues Geschäft der gleichen Art zu eröffnen (RG II 14. 12. 06, Bl 07, 167; MW 6, 137).

Zur Begründung der Klage genügt an sich, daß der Geschäftsbetrieb von dem eingetragenen Inhaber nicht fortgesetzt wird. Hat aber ein Rechtsübergang stattgefunden, so kann auch nach Klagerhebung sowohl von dem Beklagten als auch von dem Erwerber als Nebenintervenienten (s. Abs 4) geltend gemacht werden, daß nunmehr die Umschreibung auf diesen, der den Geschäftsbetrieb fortsetze, stattgefunden hat (E 44, 49, Bl 99, 254; GR 01, 339).

Es kommt lediglich auf den Geschäftsbetrieb des Z-Inhabers selbst an. Er kann gegen die Löschungsklage nicht einwenden, daß die von ihm selbst nicht geführten Waren von durch ihn kontrollierten oder finanzierten selbständigen Geschäften mit eigener Rechtspersönlichkeit, denen er Lizenz erteilt habe, geführt würden (RG II 9. 7. 26; E 114, 276; GR 26, 488; JW 27, 103[9], Jüngel; vgl. § 7 A 6).

Ein Geschäftsbetrieb besteht nicht im Sinne des § 9[1] Nr 2, wenn der Z-Inhaber nur die Rohmaterialien für die Waren, für die das Z erwirkt ist, einem anderen zwecks Herstellung und Vertrieb dieser Waren liefert (vgl. § 1 A 17; OLG Hamburg 31. 3. 08, Bl 09, 44; MW 7, 173).

Die Erteilung von Lizenzen für ein patentiertes Erzeugnis ist kein Geschäftsbetrieb im Sinne des Gesetzes (E 101, 407: Simonsbrot).

Ebensowenig kann der Geschäftsbetrieb darin bestehen, daß der Z-Inhaber die Benutzung des Z einem andern für dessen Geschäftsbetrieb überläßt (E 109, 76; 111, 196).

Alle im Warenverzeichnis angegebenen Waren brauchen nicht sofort geführt zu werden. Es genügt, daß sie in den Bereich des Geschäftsbetriebs fallen und daß der Inhaber beabsichtigt, den Betrieb darauf zu erstrecken und diese Absicht in absehbarer Zeit verwirklicht (E 104, 167). Der einheitliche Geschäftsbetrieb, in dessen Bereich die Waren fallen, wird auch dadurch nicht beeinträchtigt, daß der Inhaber aus Konjunkturgründen oder dergleichen

Fabrikation oder Betrieb der einen oder anderen Ware einstellt, indem er sich die Wiederaufnahme für später vorbehält (E 104, 314). **§ 9**

Bei der Teillöschung ist auf die besonderen Umstände des Falles gebührend Rücksicht zu nehmen. Ist es wahrscheinlich, daß sich der Geschäftsbetrieb in absehbarer Zeit auf die fraglichen Waren erstrecken wird, z. B. wenn die geführten Waren gleichartig sind, oder bei Warenhäusern und Exportgeschäften, so ist die Streichung abzulehnen (vgl. Jul. Seligsohn GR 25, 59; s. auch § 1 A 19).

Defensivwarenverzeichnisse werden jedoch nicht anerkannt (E 108, 34; vgl. § 1 A 20). Der Beklagte kann sich auch dem Antrage auf Teillöschung gegenüber nicht darauf berufen, daß sein Z Weltruf genieße und daß er es deshalb, um ihm diese Stellung zu erhalten, als Defensivzeichen für alle Warenklassen habe eintragen lassen. Auch das Defensivzeichen gilt nur für die geführten und die diesen gleichartigen Waren. Eine Firmenmarke gibt es nach deutschem WZ-Recht nicht (E 108, 34: Henkels Zwillingszeichen; s. hierzu § 1 A 19).

Soweit das Z für Waren eigetragen ist, die in dem betreffenden Betriebe nicht in Verkehr gesetzt werden, wie Verpackungsmittel und ähnliches, oder für Waren, die innerhalb des Betriebs verbraucht oder benutzt werden, ohne außerhalb derselben mit anderen Waren zu konkurrieren, oder für Reklameartikel, die nicht gehandelt, sondern unentgeltlich verbreitet werden, ist Teillöschung durch Streichung dieser Waren im Warenverzeichnisse geboten, da der Geschäftsbetrieb im Sinne des Gesetzes sich darauf nicht erstreckt (E 101, 374; 109, 76; RG II 9. 2. 23, MW 22, 148; vgl. § 1 A 14).

Die Voraussetzungen der Klage müssen bei ihrer Erhebung vorliegen (E 67, 353, Bl 08, 221; MW 7, 110). Eine lange Verzögerung oder Unterbrechung des Geschäftsbetriebs wird also geheilt, wenn derselbe bei Erhebung der Klage begonnen oder wieder aufgenommen ist. Es wird aber unter Umständen auch die Entwicklung bis zur Urteilsfällung zu berücksichtigen sein (E 99, 176; vgl. E 85, 203; 54, 127; 101, 29).

Für Verbandszeichen gilt selbstverständlich der Löschungsgrund des § 9 Nr 2 nicht, weil der Verband nach § 24a einen Geschäftsbetrieb nicht zu besitzen braucht; dafür gelten die besonderen Löschungsgründe des § 24e (s. aber auch § 24a A 3).

Abs 1 Nr 3.

Klagevoraussetzungen. Nach § 4 Abs 1 Nr 3 hat das PA die Eintragung zu versagen, **Anm. 10**
wenn das Z „solche Angaben enthält, die ersichtlich den tatsächlichen Verhältnissen nicht entsprechen und die Gefahr einer Täuschung begründen". Ist die Eintragung trotzdem erfolgt, so kann das PA nach § 8 Abs 2 Nr 2 das Z von Amts wegen löschen. Nach § 9 Abs 1 Nr 3 ist die gerichtliche Popularklage auf Löschung begründet, wenn „Umstände vorliegen, aus denen sich ergibt, daß der Inhalt des WZ den tatsächlichen Verhältnissen nicht entspricht und die Gefahr einer Täuschung begründet". In beiden Fällen ist das öffentliche Interesse, eine Verhütung der Täuschung des Publikums, maßgebend. Der Tatbestand ist in der Hauptsache der gleiche und enthält für das Gebiet der Täuschungen durch WZ zugleich die Voraussetzungen der §§ 3—5 UWG (vgl. § 4 A 34). Daher konkurriert hier zum Teil die Rechtsprechung der Gerichte mit der des PA. Nur ist die letztere eine wesentlich beschränktere, einmal durch das Wort „ersichtlich" in § 4 Abs 1 Nr 3 und sodann durch den den § 8 Abs 2 Nr 2 beherrschenden Grundsatz, daß das PA die Löschung nur auf solche Eintragungshindernisse stützen darf, welche zugleich zur Zeit der Eintragung und zur Zeit der Löschung bestanden (s. § 8 A 8 u. 5). In beiden Beziehungen sind die Gerichte nicht gebunden. Sie können daher die Löschung auch auf eine Dezeptivität des Z gründen, welche erst nach der Eintragung eingetreten ist, oder die, wenn sie damals schon bestand, doch nicht „ersichtlich" war, d. h., abgesehen von täuschenden Angaben des Anmelders, die die zuständigen Beamten darüber hinwegsehen ließen, nicht ohne besondere Untersuchung festgestellt werden konnte (s. § 8 A 8). In mehreren Urteilen kommt diese abweichende Stellung der Gerichte dahin zum Ausdruck, daß die Voraussetzungen der Klage aus § 9 Abs 1 Nr 3 nach der Zeit der Klagerhebung zu beurteilen seien, oder zu dieser Zeit vorliegen müßten (E 54, 127; 67, 353; 101, 29). Darin liegt zweierlei: 1. daß die Voraussetzungen nicht schon bei der Eintragung vorgelegen zu haben brauchen, daß also auch eine nachträgliche Dezeptivität zu berücksichtigen ist; 2. daß eine früher etwa vorhandene Dezeptivität, die fortgefallen ist, nicht mehr in Betracht kommt, was ja auch der Rechtsprechung des PA entspricht (s. § 8 A 5). So kann z. B. ein Kombinationszeichen auf die Herkunft aus einem bestimmten Orte hinweisen, der für die Schätzung der Ware von Bedeutung ist. Bestand der Betrieb des Inhabers an diesem Orte, so war das Z einwandfrei; verlegte er ihn nach einem anderen Orte, so wurde es dadurch dezeptiv. Ebenso kann natürlich umgekehrt die ursprünglich vorhandene Dezeptivität durch Verlegung des Betriebs an den bezeichneten Ort wegfallen; vgl. auch den Fall E 85, 197, wo die Bezeichnung „Berliner Rollmops" ursprünglich Beschaffenheitsangabe, also auch für einen außer-

§ 9 halb Berlins wohnenden Produzenten einwandfrei war, später aber im Verkehr zu einer Herkunftsangabe und damit als Z jenes Produzenten dezeptiv wurde.

Im übrigen wird der Ausspruch, daß die Klagevoraussetzungen bei Klagerhebung vorhanden sein müssen, nicht streng wörtlich aufzufassen sein; vielmehr kann auch die weitere Entwicklung bis zur letzten mündlichen Verhandlung mit berücksichtigt werden (a. A. Pinzger S. 166; vgl. A 9). Dem RG liegt gewiß ein Formalismus fern, wonach die Löschungsklage abzuweisen ist, wenn die Dezeptivität erst für einen späteren Zeitpunkt als dem der Klagerhebung festgestellt werden kann, oder wonach umgekehrt auf Einwilligung in die Löschung zu erkennen ist, wenn die bei Klagerhebung vorhandene Dezeptivität inzwischen fortgefallen ist. Von einer Klageänderung kann im ersteren Falle keine Rede sein (E 99, 176). In dem Falle „Rollmops" erklärt das RG (E 85, 203) denn auch, daß es nur darauf ankomme, ob jetzt das inhaltlich unwahre Z die Gefahr einer Täuschung begründe.

Das PA hat die Löschung zu vollziehen, wenn das Gericht auf Einwilligung in die Löschung erkannt hat und das rechtskräftige Urteil vorgelegt hat. Im übrigen sind beide Instanzen nicht aneinander gebunden (s. § 8 A 8 a. E.).

Weder nach § 4 Abs 1 Nr 3 noch nach § 9 Abs 1 Nr 3 genügt es, daß das Z inhaltlich den tatsächlichen Verhältnissen nicht entspricht. Insbesondere ist dies dann unerheblich, wenn irgendeine Irrtumserregung nicht stattfindet, etwa weil die Verhältnisse allgemein bekannt sind oder weil auf den unrichtigen Inhalt im Verkehr nicht geachtet wird. Die Unrichtigkeit muß aber auch eine derartige sein, daß sie eine nach § 3 UWG in Betracht kommende Täuschung, also eine solche, die sich auf Beschaffenheit und Wert der Ware bezieht, hervorruft (vgl. § 4 A 34). Aus diesem Grunde sind z. B. die WZ für den bekannten Benediktinerlikör nicht für täuschend erachtet worden, obwohl sie die Erzeugung in einem Kloster andeuten, was jedenfalls seit 1901, wo die Mönchsorden in Frankreich aufgehoben sind, nicht mehr zutrifft, denn das Publikum legt nur Wert darauf, daß es die echte, seit langen Jahren unter diesem Z und unter der bekannten Ausstattung geführte Ware erhält (LG Hamburg 3. 3. 14, MW 13, 503).

Wie § 4 Abs 1 Nr 3 erfordert auch die Klage aus § 9 Abs 1 Nr 3, daß die Täuschungsgefahr durch den *Inhalt* des Z hervorgerufen wird (E 85, 200; 40, 93; vgl. § 4 A 34). An sich kommt daher eine nicht durch die Verhältnisse gebotene Benutzung des Z nicht in Betracht (E 54, 128). Darunter fällt auch eine durch die Eintragung nicht unter Schutz gestellte besondere Kolorierung. Der Grundsatz schließt aber nicht aus, daß Umstände, unter denen das Z *normalerweise* in den Verkehr tritt, besonders die Waren, für die es bestimmt ist, mit berücksichtigt werden, so z. B. wenn durch das WZ „Schlafe patent" für Matratzen der Anschein hervorgerufen wird, als handle es sich um patentierte Matratzen (E 54, 126, Bl 04, 367). In dieser Entscheidung ist allerdings die an sich gegebene Folgerung durch die bedenkliche Auslegung „Schlafe vorzüglich" umgangen worden. Täuschungen, die durch eine betrügerische Benutzung oder durch einen unlauteren Erwerb des Z verursacht werden, ist durch Klagen aus § 1 UWG, § 826 BGB, unter Umständen auch aus § 12 WZG zu begegnen. In dem Urteile des RG II 6. 2. 00, Bl 00, 213 (Dörings Seife) ist gesagt, daß, wenn auch die *objektive* Gefahr einer Täuschung des Publikums durch den Inhalt des Z gegeben sei, das Z trotzdem den tatsächlichen Verhältnissen *entsprechen* könne, nämlich wenn das in Frage stehende Z im Publikum als Hinweis auf eine (unbefugt geführte) Firma (Döring & Co.) aufgefaßt werde, während der *Anmelder* es auf den ersten Hersteller der Ware (Döring) bezogen wissen wollte. Diese Auffassung dürfte als dem Verkehrsbedürfnis nicht entsprechend abzulehnen sein. Das Z ist vielmehr inhaltlich so zu verstehen, wie es nach der Sachlage vom Publikum verstanden werden muß, und das erste Erfordernis der Nr 3 ist erfüllt, wenn es in *diesem* Sinne den tatsächlichen Verhältnissen nicht entspricht.

Anm. 11 **Täuschender Hinweis auf fremden Betrieb.** Das RG hat im Anschluß an das PA (s. Geschäftstätigkeit S. 265, § 4 A 34) in ständiger Rechtsprechung ausgesprochen, daß ein Z nicht *lediglich* deshalb als inhaltlich unwahr und Täuschungsgefahr begründend zu erachten ist, weil es für einen anderen eingetragen ist oder von ihm benutzt wird und im Verkehr als Kennzeichen der Ware dieses anderen gilt, also nach der Verkehrsauffassung auf die *Herkunft* aus einem bestimmten anderen Betriebe hinweist (E 85, 200: Berliner Rollmops; 40, 93: Dyrektorskie, russische Zigaretten; 44, 17; 55, 35: Germania, amerikanische Äpfel; 100, 8: Antiformin; MW 22, 134: Rex; E 101, 29; 111, 196; RG I 22. 1. 98, Bl 99, 19: Export-Spaten-Bier und Export-Staaten-Bier; RG II 10. 4. 00, Bl 00, 292: Benedictiner; vgl. PBl 99, 40; RG II 13. 7. 06, MW 6, 89: Kayser; RG II 6. 7. 00, Bl 04, 201: Dreieckzeichen für russische Gummischuhe; vgl. auch PBl 98, 34).

Richtig ist, daß die Tatbestände des § 9 Abs 1 Nr 1 und des § 9 Abs 1 Nr 3 verschieden sind und daß keineswegs die Popularklage Nr 3 ohne weiteres gegeben ist, wenn der Tatbestand Nr 1 vorliegt; richtig ist auch, daß die anerkannte Ausstattung regelmäßig nicht stärker zu schützen ist als das eingetragene Z. Indessen muß stets der Zweck der Nr 3, das

Publikum vor Täuschungen im Verkehr zu schützen, im Auge behalten werden, und die Gefahr solcher Täuschung kann sehr wohl auch dann gegeben sein, wenn das Publikum durch trügerischen Hinweis auf einen fremden Betrieb im Sinne des § 3 UWG irregeführt wird. Handelt es sich freilich um eingetragene Z, die im Verkehr noch keine Bedeutung gewonnen haben, so daß die damit bezeichnete Ware nicht dieserhalb im Verkehr geschätzt und begehrt wird, so liegt lediglich ein Interesse des Inhabers vor, durch Verbot und Löschung kollidierender Z ein Hindernis demnächstiger Anerkennung und Wertschätzung seines Z aus dem Wege zu räumen, und besteht kein Anlaß, dieserhalb im Interesse des Publikums eine Popularklage zu gewähren. Sobald aber das Z, ob eingetragen oder nicht, Anerkennung im Verkehr gefunden hat und von Publikum geschätzt wird, ist damit auch notwendigerweise eine Beschaffenheits- oder Qualitätsangabe verbunden, welche gegen Täuschungen zu schützen ist, mag diese Qualitätsangabe auch lediglich darin bestehen, daß nach der Auffassung des Publikums die Ware demselben Betriebe entstammt, wie die früher von ihm bezogene Ware derselben Art, und aus diesem Grunde begehrt wird. Damit ist dann aber auch dasjenige Erfordernis gegeben, welches auch das RG in den erwähnten Entscheidungen für genügend erachtet, um die Nr 3 anzuwenden, nämlich die in dem Z zu erblickende Qualitätsbezeichnung. In diesem Sinne sind auch besonders in neuerer Zeit eine Reihe von Entscheidungen ergangen. So ist in E 69, 236 die Klage zuerkannt, bei Syphons, die mit dem WZ „Urquell" versehen wurden, weil dadurch eine Täuschung über die Herkunft des darin enthaltenen Bieres aus dem Bürgerlichen Brauhaus in Pilsen verursacht werden könnte (vgl. auch Kohler S. 140). Ähnlich E 101, 372, wo für das WZ eines Brauerei- und Restaurationsbetriebs der Z-Schutz für verkehrsüblich ohne Anbringung von WZ zum Genuß auf der Stelle verabfolgte Waren gestrichen wurde, weil dadurch die Täuschung hervorgerufen werde, als sei die Z-Inhaberin Erzeugerin dieser Waren, während sie doch aus anderen Betriebsstätten stammten. In dem Urteil RG II 16. 3. 20, MW 19, 203 ist auf Löschung des Z „Tengelmanns Bona" wegen Gefahr der Verwechslung mit der von der Klägerin seit langen Jahren ohne Eintragung benutzten und dadurch zur Herkunftsangabe gewordenen Sortenbezeichnung „Bona" für Kakao auf Klage aus Nr 3 erkannt worden (vgl. auch RG II 15. 2. 18, Bl 18, 53; MW 17, 214). In dem Urteil v. 9. 2. 23 (MW 22, 151) ist auf Grund der langjährigen Führung der Bezeichnung Underberg-Kalender seitens der Klägerin auf Löschung des WZ Unterberg-Kalender gemäß § 1 UWG erkannt worden, wobei dahingestellt blieb, ob die Klage auch nach § 9 Nr 3 gerechtfertigt sei (vgl. auch RG II 15. 11. 10, GR 11, 31). Auch in dem Urteil RG II 21. 10. 10, Bl 11, 168 (GR 11, 27, MW 10, 123) ist ohne weiteres aus § 9 Nr 3 auf Löschung des für Weine und Spirituosen eingetragenen Z „Schultheißen" erkannt worden, weil es zu dem Irrtum Anlaß gebe, daß die damit bezeichneten Waren aus der bekannten „Schultheiß-Brauerei" stammten (ebenso RG II 9. 5. 02, UW 1, 181: Sala-Spiel). Auch das PA wendet den § 4 Abs 2 Nr 3 häufig in Fällen an, wo die Gefahr des täuschenden Eindrucks der Herkunft aus einem fremden Geschäftsbetriebe hervorgerufen wird (vgl. § 4 A 34, 36, § 8 A 8; anders PA 7. 10. 02, Bl 03, 11 bei Ungleichartigkeit der Waren; Brennabor). § 9

Betrügerisch wurden die Z „Salvator", „Urquell" und „Urquell Malz" für Malz u. dgl. erachtet, weil sie mit bekannten Biermarken identisch waren und dazu dienten, für die Malzwaren des Inhabers unlautere Reklame zu machen (LG München 3. 12. 07, Bl 10, 332).

Das Ergebnis ist also, daß neu eingetragene Z im Falle der eine Täuschung über die Herkunft erweckenden Kollision mit älteren Marken (gleichgültig, ob eingetragen oder nicht), die sich bereits die Anerkennung und Wertschätzung des Publikums erworben haben, schon aus diesem Grunde nach § 9 Abs 1 Nr 3 anfechtbar sind. Man muß aber noch weiter gehen und diese Anfechtbarkeit auf ältere eingetragene Z ausdehnen, die mangels der erforderlichen Betätigung (etwa als bloße Defensiv- oder Vorratszeichen) unbekannt geblieben sind und durch Verwechselbarkeit mit fremden Marken kollidieren, die sich inzwischen im Verkehr durchgesetzt haben und geschätzt werden. Denn wenn nunmehr die älteren Z im Verkehr benutzt werden, so müssen sie auf das Publikum im Sinne des § 3 UWG dezeptiv wirken und sind daher durch „die Entwicklung der Dinge", wie das RG E 111, 196 darlegt, dezeptiv geworden. Dies ist der innere Sinn der erwähnten Goldina-Entscheidung, wenngleich das RG es abgelehnt hat, in diesem Falle die Nr 3 anzuwenden, weil der täuschende Anschein einer „bloß die Herkunft aus einem anderen Betriebe betreffenden Eigentümlichkeit" zur Anwendung nicht genüge, ein Satz, der in seiner Allgemeinheit dem Zwecke der Nr 3, das Publikum vor Täuschungen jeder Art im Sinne des § 3 UWG zu schützen, nicht entspricht, und der auch sonst in dieser Strenge nicht durchgeführt ist. Das RG gelangt dann zu demselben Ergebnis durch Anwendung des § 1 UWG und des § 826 BGB, indem es der Inhaberin des Z in nicht überzeugender Weise vorwirft, sie verstoße durch die Geltendmachung derselben gegen die guten Sitten und müsse sich aus diesem Grunde die Löschung gefallen lassen. Richtiger dürfte hier

§ 9 nur von einem Verstoß gegen § 3 UWG gesprochen werden, was aber zur Anwendung der Nr 3 durchaus genügt. Auch die im Falle Goldina auf Grund des älteren Z erhobene Individualklage aus Nr 1, der die Einrede aus § 3 UWG entgegenstand, mußte der im öffentlichen Interesse gegebenen Popularklage aus Nr 3 weichen.

Bei bekannten und geschätzten Marken bedarf es eines allgemeineren und wirksameren Schutzes des Publikums gegen Täuschung durch Eintragung verwechselbarer Z, als ihn die Individualklage der Nr 1 oder die §§ 1 UWG und 826 BGB gewähren können, zumal da auch mit Zustimmung des Markeninhabers zu rechnen ist (vgl. E 99, 93: Gillette, und 100, 22: Sächsische Porzellanmanufaktur; vgl. zu der Frage Seligsohn GR 06, 228 und Kommentar S. 149; Pinzger S. 165 u. 87; Salinger MW 12, 25 A 1).

Die Dezeptivnatur eines WZ, die darauf beruht, daß es mit dem zur Qualitätsbezeichnung gewordenen WZ oder der Ausstattung eines anderen verwechselt werden kann, kann davon abhängen, ob die beiden Z in demselben Verkehrsgebiete kollidieren; z. B. wird sie unter Umständen zu verneinen sein, wenn der eine seine Marke nur zum Export, der andere nur im Inlande benutzt, zu bejahen, wenn beide nach demselben Auslande (China, vgl. MW 14, 333) exportieren. Ein WZ, das mit einer in Süddeutschland anerkannten Ausstattung kollidiert, kann haltbar sein, wenn es nur in Norddeutschland benutzt wird, kann aber durch Benutzung in Süddeutschland dezeptiv werden. Es unterliegt dann der Löschung, weil eine territoriale Beschränkung nicht möglich ist (vgl. Poppe MW 12, 76).

Anm. 12 **Teillöschung.** Teillöschung auf Grund der Nr 3 erfolgt, wenn die Täuschungsgefahr nur für einen Teil der eingetragenen Waren besteht, z. B. bei einem Z für Butter und Margarine, das auf Naturbutter hinweist (vgl. J. Seligsohn GR 25, 65; RG II 27. 10. 08, MW 8, 130: Kreuznacher Doktorberg für Weine und Schaumweine; RG II 13. 1. 03, Bl 04, 22).

Anm. 13 **Einzelentscheidungen.** Ist ein Wortzeichen mehrdeutig und in dem einen Sinn trügerisch, so kommt es darauf an, wie es im Verkehr verstanden wird (RG II 21. 10. 04, UW 4, 28: Lucca).

Trügerisch sind die Bezeichnungen: „gesetzlich geschützt" oder „patentamtlich geschützt" mangels Patent- oder ähnlichen Schutzes und wenn nicht klar erhellt, daß sie sich auf den WZ-Schutz beziehen (PA 30. 11. 99, Bl 00, 204; 12. 3. 00, Bl 00, 209).

Das WZ einer Thüringer Messerfabrik, das die Angabe: „Garantie Solinger Stahl" enthält, ist dezeptiv, obwohl der Stahl aus Solingen bezogen wird, weil der Durchschnittskäufer annimmt, es handle sich um in Solingen hergestellte Stahlwaren (RG II 20. 5. 24, MW 24, 7).

Die Täuschungsgefahr kann dadurch begründet sein, daß ein Z für Heilmittel den Anschein erweckt, als habe die Ware ein anderes bekanntes und bewährtes Heilmittel in sich aufgenommen und verbessert, z. B. RG II 12. 12. 13: Veronal — Veronacetin (Bl 14, 178; MW 13, 15 und 15, 344); RG II 14. 12. 23: Aspirin — Coffeospirin (MW 23, 156); RG II 23. 12. 24, JW 25, 1285 Nr 18 (Bl 25, 85; MW 24, 133): Aspirin — Citrospirin und Hegospirin (vgl. RG II 23. 3. 26, MW 25, 267).

Trügerisch ist eine Weingutbezeichnung, wenn der Name weder im Kataster eingetragen noch im Volksmunde üblich ist (Kreuznacher Doktorberg; RG II 27. 10. 08, Bl 09, 122; MW 8, 130).

Das Z „Doktor-Stiefel" wurde als trügerisch gelöscht, weil der Ware eine bestimmte ärztliche Vorschrift nicht zugrunde lag (RG II 12. 1. 17, Bl 17, 22; MW 16, 195).

Ein WZ für Papierwaren ist nicht schon deshalb trügerisch, weil die Möglichkeit besteht, daß das damit bezeichnete Papier zur Verpackung von anderen Waren (Schuhen) dient, für die dasselbe Z früher angemeldet und eingetragen ist (E 87, 274: Salamander, Bl 16, 25; JW 16, 194[12]). Kohler regt hier mit Recht die Frage an, ob, für den Fall, daß das Wort „Salamander" Geschäftsbezeichnung der Klägerin geworden wäre, nicht die Anwendbarkeit des § 16 UWG hätte geprüft werden müssen. Noch näher hätte vielleicht, wie Rosenthal (GR 18, 108) ausführt, die Anwendung des § 12 BGB gelegen (vgl. § 14 A 3).

Das WZ für Sublimatpastillen „Prof. Dr. v. A . . ." ist als trügerisch gelöscht worden, weil der genannte Arzt weder der Erfinder oder Hersteller war, noch eine wirksame Kontrolle ausübte, vielmehr die Pastillen nach Qualität und Quantität nur der amtlichen Vorschrift entsprachen und keinerlei Vorzüge vor anderen derartigen Waren hatten (RG II 3. 3. 16, Bl 16, 54; MW 15, 321).

Ebenso das Z „Siriusdraht" und Kristalldraht" für elektrische Glühlampen mit nicht gezogenem Draht, da man in der Glühlampenindustrie unter „Draht" den „gezogenen Draht" versteht (RG II 26. 9. 16, MW 16, 62).

Als trügerisch gelöscht wurde ein WZ für Saaten, die in Deutschland aus schwedischer Saat erzeugt war, weil das Z den Eindruck erweckte, als stamme die Ware unmittelbar aus Schweden (RG II 14. 5. 12, Bl 13, 163; MW 12, 83).

Desgleichen das Z „Apoterie" für Drogeriewaren, weil die Täuschung verursachend, daß die Waren aus einer Apotheke stammten (KG v. 29. 6. 12 mit eingehender Begründung; MW 12, 524; anders BA 8. 3. 11, ebenda S. 523; auch GR 12, 342). **§ 9**

Trügerisch ist die Bezeichnung „Vacuum Expensite" für nicht im Vakuumverfahren hergestellte Öle (OLG Hamburg 2. 2. 09, MW 8, 307)

Trügerisch ist das Z „Radium" für Seifen, die mit Radium nichts zu tun haben; anderenfalls würde es als Beschaffenheitsangabe unzulässig sein (PA 11. 1. 05 und 8. 6. 09, MW 08, 914).

Wegen des Falles „Sütterlin-Feder" s. Anh zu § 9 A 15.

Abs 2.

Übergangsbestimmung. Abs 2 enthält eine nicht mehr praktische Übergangsbestimmung zugunsten von Zeichen, die nach dem Ges von 1874 nicht eintragbar waren, aber am 1. Oktober 1894 als Kennzeichen der Waren eines bestimmten Geschäftsbetriebs galten. Die Geschäftsinhaber konnten bis zum 1. Oktober 1895 durch Löschungsklage die gleichen, neu eingetragenen Z beseitigen (E 41, 72). Abs 2 ist im Entw 1913 fortgeblieben. **Anm. 14**

Abs 3.

Klage auf Löschung. Für die Klagen auf Löschung (richtiger auf Einwilligung in die Löschung s. Vorbem Nr 3 zu §§ 8 u. 9) bestehen, abgesehen von Auslandszeichen (§ 23 Abs 2 Satz 3), keine besonderen Vorschriften bezüglich der örtlichen Zuständigkeit des Gerichts. Regelmäßig ist daher nach §§ 12 u. 13 ZPO das Gericht des Wohnsitzes des Beklagten oder nach § 21 ZPO das Gericht seiner gewerblichen Niederlassung zuständig. Daneben kann, wenn die Erwirkung oder Aufrechterhaltung des Z eine unerlaubte Handlung darstellt, § 32 ZPO in Frage kommen. **Anm. 15**

Sachlich zuständig sind bei Streitwerten bis zu 500 RM die Amtsgerichte, darüber die Landgerichte, und zwar regelmäßig die Kammern für Handelssachen (GVG § 95 Nr 4c; vgl. §§ 96ff). In letzter Instanz ist, wenn die Revisionssumme von über 4000 RM gegeben ist (§ 546 ZPO; VO v. 21. 12. 25, RGBl I 476), nach § 21 WZG und § 8 EGGVG das RG.

Im Falle des Abs 1 Nr 1 ist die Zuständigkeit des PA — abgesehen von versehentlicher Eintragung s. § 8 A 5 — ausgeschlossen. Im Falle der Nr 2 kann auch das PA angerufen werden, muß sich aber im Falle des Widerspruchs der Entscheidung enthalten und den Antragsteller auf die gerichtliche Klage verweisen. Im Falle der Nr 3 können beide Zuständigkeiten nebeneinander bestehen (s. § 8 A 8).

Die Klage ist stets gegen den eingetragenen Inhaber, d. h. den als Inhaber des Z Eingetragenen zu richten, einerlei ob er materiell der Inhaber ist oder nicht. Ist der eingetragene Inhaber gestorben, so richtet sich die Klage gegen dessen Erben. Ist eine Firma als Inhaberin eingetragen, so hindert deren Löschung im Handelsregister die Klage nicht; sie richtet sich dann gegen den Rechtsnachfolger, sofern nicht von der Befugnis des Abs 5 Gebrauch gemacht werden kann und wird. Eine offene Handelsgesellschaft, Kommanditgesellschaft, Aktiengesellschaft, Gesellschaft m. b. H. usw. gelten trotz ihrer Löschung bezüglich des auf sie eingetragenen WZ als fortbestehend, ebenso ihre bisherige gesetzliche Vertretung (E 109, 387 (393). Bei Eintritt in die Liquidation ändert sich lediglich die gesetzliche Vertretung, die bei Vertretung durch einen Prozeßbevollmächtigten eine Unterbrechung des Verfahrens nicht nach sich zieht (ZPO §§ 241, 244; RG II 29. 6. 26, MW 26, 70).

Bei Konkurs des Inhabers richtet sich die Löschungsklage gegen den Konkursverwalter und ist nach Art eines Anspruchs auf Aussonderung des zur Masse gehörigen Immaterialgutes gemäß § 11 KO zu erledigen (RG II 21. 12. 06, Bl 07, 168; vgl. § 7 A 3).

Bei Auslandszeichen ist nach § 23 Abs 2 Satz 2 der Inlandsvertreter gesetzlich befugt, den Beklagten zu vertreten. Sein Wohnsitz ist auch nach Satz 3 in erster Linie maßgebend für den Gerichtsstand. Für die Löschungsklagen gilt keine Verjährung, da der klagebegründende rechtswidrige Zustand sich fortgesetzt erneuert (RG II 10. 2. 99, Bl 99, 151).

Während die Löschung selbst für und gegen alle wirkt, wirkt die Rechtskraft des Urteils auf Einwilligung in die Löschung und Klageabweisung nur unter den Parteien. Der siegreiche Löschungskläger kann also auf die Löschung verzichten. Auch kann in den Fällen der Nr 2 u. 3 ein Dritter trotz der früheren Klageabweisung an sich eine neue Löschungsklage aus demselben Grunde anstellen. Indessen sind hier die Grundsätze über die Rechtskraft in Patentnichtigkeitssachen anzuwenden, wonach vorgeschobene Personen und solche, die lediglich das Interesse des abgewiesenen Klägers verfolgen, sich die Einrede der Rechtskraft gefallen lassen müssen (E 59, 133).

Unter Umständen wird es ratsam sein, daß der Kläger vor Anstellung der Klage den Beklagten auffordert, die Löschung zu beantragen, um sich nicht der Folge des § 93 ZPO auszusetzen.

§ 9

Abs 4.

Anm. 16 **Rechtsnachfolger und Nebenintervention.** Satz 1 ist nicht ganz klar gefaßt. Mit dem „Übergang des WZ" ist für die Zeit vor Erhebung der Klage nur der materielle Übergang des Z-Rechts, nicht die Umschreibung gemeint, denn eine Umschreibung vor Erhebung der Klage hätte zur Folge, daß die Klage nach Abs 3 gegen den aus dieser Umschreibung nach § 7 Abs 2 Legitimierten zu richten wäre, er käme daher als Rechtsnachfolger des Beklagten nicht in Frage. Wohl aber gilt Satz 1 von demjenigen, auf den vor Klagerhebung das materielle Recht übergegangen ist, während die Eintragung noch auf einen anderen lautet. Für die Zeit nach Erhebung der Klage gilt Satz 1 sowohl für denjenigen, auf den das materielle Recht übergegangen ist, als auch für denjenigen, auf den das Z umgeschrieben wird. Die rechtskräftige Verurteilung des Beklagten zur Einwilligung in die Löschung hat also die Tragweite, daß nicht nur er selbst, sondern auch derjenige, auf den, sei es vor oder nach Klagerhebung, das materielle Recht aus dem Z übergegangen ist, wie auch derjenige, auf den die Umschreibung nach Klagerhebung erfolgt, als einwilligend behandelt wird (E 56, 371; vgl. § 7 A 10).

Aus Satz 2 ergibt sich zunächst, daß jeder Rechtsnachfolger im Sinne von Satz 1 dem auf Löschung verklagten eingetragenen Inhaber als Nebenintervenient beitreten kann. Nicht nur die angeführten §§ 66 bis 69 ZPO, sondern, wie Pinzger S. 170 zutreffend bemerkt, auch die §§ 70 bis 74 ZPO finden Anwendung. Aus der Anführung des § 69 ZPO ergibt sich, daß der Rechtsnachfolger als Nebenintervenient wie ein Streitgenosse der Hauptpartei im Sinne des § 61 ZPO zu behandeln ist (Pinzger S. 170; vgl. E 108, 134). Das Gesetz nimmt aber endlich noch Bezug auf den § 76 ZPO und sagt damit, daß der Rechtsnachfolger im Verhältnis zum Beklagten als mittelbarer Besitzer im Sinne dieser Bestimmung sowie des § 868 BGB zu gelten hat. Der Beklagte kann ihn also unter Benennung an den Kläger und unter Streitverkündung zur Erklärung über das behauptete Verhältnis laden und vorläufig (§ 76 Abs 1 ZPO) die Verhandlung zur Hauptsache verweigern. Bei Nichterklärung oder Bestreiten des Benannten ist der Beklagte berechtigt, in die Löschung zu willigen (§ 76 Abs 2). Erkennt der Benannte die Rechtsnachfolge an, so kann er nach Maßgabe von § 76 Abs 3 u. 4 an Stelle des Beklagten in den Rechtsstreit eintreten. Die Zustimmung des Klägers (§ 76 Abs 3) ist nicht erforderlich, da es sich lediglich um den Anspruch auf Löschung handelt, für den der Beklagte als Quasibesitzer für den Rechtsnachfolger auf Grund der Eintragung passiv legitimiert war (vgl. Hellwig, Rechtskraft S. 78, 79; Stein-Jonas ZPO § 76 V, 3; Pinzger S. 170). Die Entscheidung in der Sache selbst ist dann auch gegen den aus dem Rechtsstreite entlassenen Beklagten wirksam und vollstreckbar (§ 76 Abs 4 Satz 2).

Hatte eine demnächst aufgelöste Firma Geschäftsbetrieb nebst Z (ohne Firma) auf einen anderen übertragen, ohne daß zunächst die Umschreibung auf diesen erfolgt ist so ist die Klage aus § 9 Abs 1 Nr 2 zwar an sich gegen die Rechtsnachfolger der Firma begründet, doch kann der Erwerber die Umschreibung erwirken (E 69, 1) und dann als Nebenintervenient bis zur Urteilsfällung in der Berufungsinstanz die Löschung abwenden (RG II 4. 7. 99, Bl 99, 254; E 44, 49; vgl. A 9).

Abs 5.

Anm. 17 **Antrag beim PA.** Hier konkurriert mit der gerichtlichen Klage nach Abs 5 ein Widerspruchsverfahren vor dem PA, das bei nicht rechtzeitig erfolgendem Widerspruche auf einfachem Wege nach Art eines Mahnverfahrens (§§ 688ff ZPO) zur Löschung führt. Handelt es sich um eine im Handelsregister gelöschte Firma als Inhaberin, so kann das PA in analoger Anwendung des § 7 Abs 3 Satz 2 die Nachricht als bewirkt ansehen (Kohler S. 156). Im übrigen gilt § 10 Abs 3. Eine materielle Entscheidung steht dem PA nicht zu, vielmehr bleibt im Falle des Widerspruchs nur der ordentliche Prozeßweg.

Das Verfahren gilt nur für den Fall des Abs 1 Nr 2.

Wenn die vorgebrachten Tatsachen den Antrag auf Löschung nicht rechtfertigen (z. B. wenn nur behauptet wird, der Geschäfts- und Z-Inhaber sei gestorben), so lehnt das PA die Einleitung des Löschungsverfahrens ohne weiteres ab (PA 22. 11. 00, Bl 01, 43; GR 02, 94). Doch kann in der Beschwerdeinstanz der Tatbestand ergänzt und dadurch die Einleitung des Verfahrens bewirkt werden (BA 2. 7. 01, Bl 01, 284).

Für die Form des Widerspruchs und die Widerspruchsfrist gilt das gleiche wie beim Widerspruch nach § 5 (s. § 5 A 9). Auch hier ist Wiedereinsetzung in den vorigen Stand möglich.

Anhang zu § 9: Zivilrechtliche Löschungsgründe.

Anm. 18 **Allgemeines und Einteilung.** Der § 9 Entw 1913 enthält einen neuen Abs 4, um klarzustellen, daß neben den zeichenrechtlichen Gründen für die Klage auf Löschungsbewilligung noch andere auf Vertrag oder Gesetz beruhende bestehen:

„Die Vorschriften anderer Gesetze, die einen Anspruch auf Bewilligung der Löschung begründen, bleiben unberührt." **§ 9**

Die Begr S. 61 sagt dazu: „Zwar ist kein Zweifel, daß auch gegenwärtig z. B. aus dem Gesetze gegen den unlauteren Wettbewerb oder aus dem BGB derartige Ansprüche hergeleitet werden können, aber um so mehr ist es angezeigt, Vorsorge zu treffen, daß hierin durch das neue Gesetz kein Wandel eintritt" (vgl. hierzu RG I 16. 1. 97, E 38, 130ff; RG II 11. 6. 01, E 48, 235ff; E 54, 42 (44).

Die zivilrechtliche Löschungsklage, auf welche § 9 Abs 3 u. 4 analog anzuwenden sind, so daß sie insbesondere gegen den eingetragenen Inhaber des Z zu richten ist, kann beruhen:

1. auf absoluten Gegenrechten;
2. auf einem obligatorischen Anspruche.

Als solche absolute Gegenrechte kommen in Betracht:

a) Name und Firma;
b) Privatwappen;
c) Urheberrechte, einschließlich Geschmacksmuster;
d) das Recht am eigenen Bilde (§§ 22, 23 KunstwerkG);
e) der Ausstattungsbesitz (§ 15 WZG).

Im allgemeinen kommt es bei dem Konflikt zwischen diesen Rechten und dem Z-Recht auf Priorität an, d. h. letzteres muß einem früher entstandenen Rechte der ersteren Art weichen (s. z. B. E 100, 266; 90, 88 a. E.). Eine Ausnahme macht jedoch der Ausstattungsbesitz (s. A 24 und § 15 A 19), dem gegenüber eine gutgläubig erwirkte Z-Eintragung nicht nur nicht zu weichen hat, sondern der seinerseits durch diese vernichtet werden kann.

Die obligatorischen Löschungsansprüche können beruhen:

a) auf Vertrag;
b) auf dem Rechte des unlauteren Wettbewerbs und § 826 BGB;
c) auf Testament, Vermächtnis oder sonstigen Gründen.

Einfache Vorbenutzung des Z ist kein Löschungsgrund.

Name und Firma. Der bürgerliche Name ist in § 12 BGB durch eine Beseitigungs- und Unterlassungsklage gegen unbefugten Gebrauch durch andere geschützt. Weitere Voraussetzung ist lediglich eine Verletzung des Interesses des Namensträgers durch den unbefugten Gebrauch. Letzterer kann darin bestehen, daß der Name zur Eintragung als WZ angemeldet, daraufhin eingetragen und alsdann als WZ benutzt wird (vgl. hierüber Wassermann MW 15, 349ff). Die Verletzung des Interesses wird ohne weiteres zu bejahen sein, wenn, wie es in dem Falle E 74, 308 (Graf Zeppelin; vgl. auch OLG Dresden, Bl 11, 47) zutraf, durch das unbefugt angemeldete und eingetragene WZ auf einen bestimmten Namensträger hingewiesen wird, weil es niemandem zuzumuten ist, daß seine Persönlichkeit ohne seine Zustimmung im geschäftlichen Verkehr in dauernde Verbindung mit einem fremden Betriebe und fremden Waren gebracht wird (E 74, 311). Besteht kein Hinweis auf die Person des Klägers, so kann das Interesse trotzdem gegeben sein, ist aber dann besonders darzulegen (E 42, 151: Schiedmeyer). **Anm. 19**

In dem Falle RG IV 26. 2. 25, GR 25, 222; JW 25, 1632[3] (Sütterlin-Feder) wurde ein rechtsschutzwürdiges Interesse der allein überlebenden Schwester und Erbin des verstorbenen Sütterlin, auf den das Z hinweisen sollte, anerkannt, die unbefugte Benutzung ihres Namens zu verbieten und demgemäß zur Löschung verurteilt. „Ebensowenig wie eine Benutzung fremden Namens im Sinne des § 12 BGB nur dann vorliegt, wenn durch sie auf eine bestimmte Person hingewiesen wird (vgl. E 42, 147), kann auch ein Interesse der Klägerin nicht schon um deswillen geleugnet werden, weil die Beklagte durch die Art der Namensverwendung auf einen anderen Träger desselben Familiennamens hinweist." Die Löschungsklage gegen dasselbe Z aus § 9 Nr 3 ist vom RG II 10. 7. 25 (mit Unrecht) abgewiesen worden, obwohl der Beklagte durch die Bezeichnung für diejenigen, die die Wirksamkeit des auf dem Gebiete des Schreibunterrichts verdienten Sütterlin kannten, Beziehungen zu diesem vortäuschte, die nicht bestanden, offenbar um den Absatz der Waren zu fördern (GR 25, 246 mit Bemerkung der Schriftleitung; MW 25, 15; vgl. § 4 A 36a und § 9 A 13).

Mit Recht hat das RG II 12. 11. 14 (Bl 15, 109; MW 14, 217) den Inhaber Josetti des Defensiv-Z „Rosetti" zugunsten des Namensträgers und Firmeninhabers zur Löschung verurteilt, weil der Kundenkreis des Beklagten das Wort „Rosetti" im Zigarren- und Zigarettenhandel mit dem Kläger in Verbindung bringen werde. Zustimmend Rosenthal Komm § 16 A 67. Dagegen Dunkhase MW 14, 322 (vgl. auch Wassermann MW 15, 350), der mit Unrecht meint, daß dadurch zahllose WZ, wie Rose, Bär, Adler, Rabe, Löwe, Kaiser, Ritter, Schiff usw., gefährdet wären; denn bei derartigen, einen Begriff enthaltenden Namen wird die Beziehung auf einen bestimmten Namensträger nur ausnahmsweise gegeben sein. In diesem Ausnahmefalle wäre aber auch die Priorität der Benutzung im Verkehr zu

§ 9 berücksichtigen. Ist das eingetragene Z bereits im Verkehr bekanntgeworden und eröffnet nachträglich ein Träger des mit dem Z identischen Namens ein gleiches Geschäft, so ist ihm zuzumuten, daß er für genügende Unterscheidung sorgt. In dem vom RG entschiedenen Falle handelte es sich aber um ein im Verkehr überhaupt nicht verwendetes Defensivzeichen, das sogar erst eingetragen wurde als das Geschäft des Klägers bereits bestand. Zutreffend bekämpft Dunkhase allerdings den nebensächlichen Entscheidungsgrund des RG, daß Kläger durch die Eintragung des Z „Rosetti" gehindert werde, sich selbst seinen Namen als Z eintragen zu lassen. Denn ein Recht des Namensträgers, sich diesen Namen auch in Kollision mit einem anderen Z eintragen zu lassen, ist nicht ohne weiteres anzuerkennen.

In dem Falle „Montebello" hat das KG 27. 9. 13 (MW 14, 341) das Interesse verneint, weil in Deutschland kaum ein Käufer von Zigaretten bei jenem Namen an die Familie Montebello denken, sondern darin nur eine Phantasiebezeichnung erblicken würde. Ähnlich OLG Hamburg, MW 15, 368 (Krongold). Umgekehrt hat das LG Berlin 12. 1. 14 im Falle „Modiano" (MW 14, 342) zur Löschung des als Z für Zigaretten eingetragenen Namens verurteilt, weil der Kläger unter seinem Namen in Italien eine Zigarettenfabrik betrieb und auch Zigaretten nach Deutschland lieferte.

Der Prof. Cloetta hatte ein Digitalispräparat „Digalen" erfunden. Die Beklagte ließ sich für ein gleichartiges Mittel das Z „Cloetalen" eintragen. Sie wurde gemäß § 12 BGB und § 9 Nr 3 WZG zur Löschung verurteilt (Bl 13, 391; MW 12, 359).

Es genügt für die Löschungsklage, daß durch den Gebrauch des Namens Beziehungen zum Namensträger vorgetäuscht werden. RG II 9. 2. 12, MW 11, 528 („Seide nach Voemel", wenn der Namensträger die Benutzung seines Namens nicht erlaubt hat).

Andererseits schließt die Erlaubnis des Namensträgers, seinen Namen zur Bezeichnung von Waren zu benutzen, nicht die Zustimmung dazu ein, ihn als WZ eintragen zu lassen (E 54, 43: Sylvester).

Bei rechtmäßiger Firma kann der Eintragung eines schlagwortartigen, im Verkehr eingebürgerten Bestandteils als WZ oder als Bestandteil eines solchen auf Grund des Namensrechts nicht widersprochen werden. Daher wurde die Klage eines Jasmatzi auf Löschung von 11 diesen Namen enthaltenden WZ abgewiesen, weil der Vater des Klägers der Beklagten die Fortführung seiner Firma Georg A. Jasmatzi mit dem Zusatze A.G. bei der Geschäftsübertragung gestattet hatte (RG II 10. 2. 11, MW 10, 283).

Beim Konflikt zwischen WZ einerseits mit Name oder Firma andererseits sind hier, wie im Falle des § 13 (s. dort A 4), die das Wettbewerbsrecht allgemein beherrschenden Grundsätze besonders zu beachten, wonach es darauf ankommt:

1. Täuschung des Publikums zu verhüten;
2. bei Verwechslungsgefahr die Priorität zu schützen;
3. einem unlauteren oder sittenwidrigen Verhalten entgegenzutreten;
4. tunlichst Billigkeitsrücksichten stattzugeben und Härten zu vermeiden.

Auch der Firma als dem Namen des Kaufmanns als solchen (§ 17 HGB) ist der volle Namensschutz des § 12 BGB zuzuerkennen. Das RG hat dies in E 59, 284 für den Einzelkaufmann, in E 88, 422 für die offene Handelsgesellschaft zwar verneint, doch diese letztere Ansicht in dem Urteil RG II 11. 6. 26, E 114, 90 (GR 26, 394; MW 25, 291) jedenfalls für den Fall aufgegeben, daß in der Firma ein Familienname enthalten ist, den ein Teilhaber dafür zur Verfügung gestellt hat. Aber auch diese Beschränkung ist unhaltbar. Schon in E 74, 114 ist juristischen Personen, also auch solchen des Handelsrechts, wie Aktiengesellschaften, Gesellschaften m. b. H. usw. für ihren Namen allgemein der Schutz des § 12 BGB zuerkannt worden (vgl. RGSt 31, 289; E 101, 169). Selbst nichtrechtsfähigen Vereinen ist der Namensschutz gewährt (E 78, 101). In E 109, 213 ist ferner den Aktiengesellschaften auch für schlagwortartige Abkürzungen ihrer Firma (Kwatta, Mitropa) der Schutz des § 12 BGB bewilligt. In dem Urteile RG II 11. 1. 27 (z. Abdr. in RGZ. vorgesehen) ist derselbe Schutz der Salamander-Schuhgesellschaft m. b. H. für die Firmenabkürzung „Salamander" zuerkannt worden, da dieser Schutz nicht auf frei gewählte Phantasieworte zu beschränken, sondern auch auf der Umgangssprache entnommenen Bezeichnungen, die zu Schlagworten geworden seien, zu erstrecken sei. Ebenso ist er dem Decknamen (Pseudonym) zugestanden worden (E 101, 230). Hiernach ist nicht einzusehen, warum der kaufmännische Name allgemein nicht den gleichen Schutz genießen soll und warum der Einzelkaufmann, die offene Handelsgesellschaft und die Kommanditgesellschaft schlechter behandelt werden sollen wie eine noch so unbedeutende Gesellschaft m. b. H.; vgl. LG Berlin 9. 12. 24, MW 24, 208 (GR 25, 159: Osram) — oder wie ein eingetragener oder nichtrechtsfähiger Verein (s. hierzu § 14 A 3).

Das Namensrecht steht nach Art 2 u. 8 der Pariser Übereinkunft auch ausländischen Firmen zu, wenn die Inhaber Verbandsangehörige sind. E 109, 213 (Bl 25, 67; MW 24, 44; GR 24, 202; dazu Levins GR 25, 13); s. zu diesem Urteile auch LG I Berlin

18. 12. 17, MW 17, 165 (Mitropa) und hierzu Osterrieth GR 18, 29; Rosenthal das. 18, 106 und Komm § 16 A 54; Gülland MW 17, 245. **§ 9**

Weitere Entscheidungen zum Firmenschutz gegenüber dem eingetragenen Z: LG Leipzig 9. 4. 19, MW 19, 153 (GR 19, 222: Schweizer Firma und Familie Bally — WZ „Bally"); RG II 5. 3. 26, MW 25, 278; DJZ 26, 897 (Mittelland). In diesem und anderen Urteilen stützt das RG den Schutz der Firma und ihrer schlagwortartigen Abkürzungen gegenüber verwechselbaren WZ auch auf § 16 UWG. So RG II 11. 6. 26, GR 26, 394 (Neuerburg); RG II 13. 2. 25, MW 25, 156 (GR 25, 162: Pioto = Pincus & Otto); RG II 24. 2. 25, MW 25, 127 (O. S. Autometer).

Mit Recht wendet sich Rosenthal (GR 19, 61) gegen die einschränkende Auslegung, welche das RG E 87, 147 a. E. S. 151 (Lanolin) dem § 16 UWG in bezug auf den Namensschutz gegeben hat.

Der Firma sind gleichzustellen schlagwortartige Etablissementsbezeichnungen oder Telegrammadressen, welche im Verkehr anerkannte Kennzeichen eines Geschäftsbetriebs geworden sind (E 77, 73; RDLG 43, 120; Nietzold GR 25, 1ff).

Der Firmenschutz in Verbindung mit dem Schutze des § 16 UWG ist umfassender wie der Schutz eines WZ, weil er bei Gefahr der Verwechslung zweier Firmen die Löschung eines die jüngere Firma enthaltenden WZ auch bei Ungleichartigkeit der beiderseitigen Waren herbeiführen kann (s. den mehrfach erwähnten Fall Neuerburg — Zigaretten und Liköre).

Auch eingetragene WZ oder Bestandteile desselben können im Verkehr anerkannte schlagwortartige Kennzeichen eines bestimmten Geschäftsbetriebs werden und dadurch den umfassenden Firmenschutz erlangen (Julius Seligsohn GR 22, 107ff).

In E 111, 192 („Goldina") wird der Schutz eines ein Unternehmen kennzeichnenden Wortzeichens gegenüber dem eingetragenen WZ auf § 1 UWG und § 826 BGB gestützt und dabei auf volle Gleichartigkeit der sich gegenüberstehenden Waren kein Gewicht gelegt (vgl. § 9 A 11). Auch hier hätte der Firmenschutz und § 16 UWG herangezogen werden können.

Wappen. Das berechtigterweise geführte Wappen, einerlei ob es sich um ein öffentliches oder privates (Familienwappen) handelt, genießt den Schutz des § 12 BGB gegen fremde, unbefugte Benutzung RG IV, E 71, 262. Die auf S. 265 gemachte Einschränkung, daß mit der Benutzung auf den Benutzer als Inhaber des Wappens hingewiesen werden müßte, hat der Senat in dem Urteil v. 22. 5. 24, Bl 25, 30 (MW 24, 43; Gruchot 67, 541) ausdrücklich aufgegeben. Es genügt also jede unbefugte Benutzung des Wappens, auch im geschäftlichen Verkehr, insbesondere zur Bezeichnung von Waren und daher selbstverständlich die Anmeldung zur Z-Rolle und die Eintragung (s. auch E 101, 172; 2, 156). Der Wappeninhaber kann die unberechtigte Eintragung seines Wappens auch mit Abweichungen, die die Verwechslung nicht ausschließen, mit der Löschungsklage anfechten oder ihr durch Unterlassungs- und Feststellungsklage vorbeugen. Die Benutzung von Motiven und Bestandteilen von öffentlichen Wappen in WZ bei genügender Unterscheidung ist im allgemeinen zulässig (s. § 4 A 30). Doch darf dadurch keine Täuschung über die örtliche Herkunft der Ware herbeigeführt werden. Anm. 20

Urheberrecht. Mit dem literarischen Urheberrecht wird ein WZ nicht oft in Konflikt geraten, da Zitate aus Schriftwerken sich nicht zu Wortzeichen zu eignen pflegen. Möglich bleibt aber die unzulässige Entnahme einer Stelle aus einem geschützten Schriftwerke oder die Benutzung eines geschützten Titels (KG 31. 8. 22, MW 22, 97; OLG Dresden 17. 9. 25, MW 26, 56) für ein WZ, vgl. § 12 A 13. Anm. 21

Jedenfalls würde sie durch § 19 Nr 1 des UrheberG v. 19. 6. 01 nicht gedeckt sein.

Zutreffend führt OLG München 22. 6. 17 (Bl 18, 42 und MW 17, 84) aus, daß die Verwendung von kurzen in den Gemeingebrauch übergegangenen Zitaten aus geschützten literarischen Werken, sog. geflügelten Worten, als WZ gestattet ist (WZ für Liköre: Es ist ein Brauch von alters her, wer Sorgen hat, hat auch Likör).

Dagegen wird häufig ein Werk der bildenden Künste oder der Photographie als Bildzeichen benutzt werden. Dies darf innerhalb der Schutzfrist nur mit Genehmigung des Urhebers geschehen, da dieser nach § 15 KunstschutzG v. 9. 1. 07 die ausschließliche Befugnis zur gewerbsmäßigen Verbreitung hat und das WZ auf eine solche abzielt. Ein hiernach unberechtigtes Bildzeichen kann daher von dem Verletzten angefochten werden. Bei Bildnissen einer Person hat nach § 18 Abs 2 KunstschutzG der Besteller und sein Rechtsnachfolger im Zweifel das Recht der Vervielfältigung. Hieraus wird man folgern dürfen, daß er dies Bild auch als WZ eintragen lassen darf, wenn nichts anderes vereinbart ist, unbeschadet der Rechte des Abgebildeten (vgl. Pinzger S. 177).

Ein WZ, das vor Inkrafttreten des KunstschutzG berechtigt war, bleibt nach § 53 Abs 2 daselbst auch ferner berechtigt.

Über das Verhältnis des Kunstschutzes zum WZ und die Verwendung eines Kunstwerkes zum WZ s. Ephraim MW 7, 103.

§ 9 Das Bildzeichen selbst ist regelmäßig nach Zweck und Wirkung kein Kunstwerk. Die Eintragung als WZ für ungleichartige Waren eines anderen ist daher an sich nicht rechtswidrig (E 87, 274: „Salamander"). Doch kann natürlich Kunstwerk- und Z-Schutz vereinigt sein (s. hierüber Nietzold GR 25, 7 und MW 24, 99).

Anm. 22 **Geschmacksmuster.** Besonders häufig kollidiert der Musterschutz mit dem WZ. Letzteres muß einem älteren Muster weichen, da nur der Inhaber des Musters das Recht der gewerbsmäßigen Verbreitung, auch in der Form des WZ hat (E 38, 128). Die Erklärung der Regierungsvertreter zu § 12 KommBer S. 6 Spalte 1 unten (s. § 12 A 1 Nr 2) ist also dahin zu ergänzen, daß zwar Muster und WZ verschiedenen Personen nebeneinander zustehen können, daß aber die Verwendung als Z der Zustimmung des Musterberechtigten bedarf. Wegen der Verwandtschaft des Musters mit einem Bildzeichen läßt sich letzteres in gewissen Grenzen durch ersteres ersetzen, was zweckmäßig ist für sog. Saisonartikel, die eines längeren Schutzes für die Bezeichnung nicht bedürfen, und für die Etikettenfabrikanten, deren Ware zur Bezeichnung anderer Waren dient. Diese Ersetzung des WZ durch geschützte Muster hat zugleich den Vorzug der einfachen und billigen Erlangung eines Schutzes gegen Nachahmung (s. Freund-Magnus S. 128).

Die Löschung eines mit einem geschützten Muster kollidierenden Z ist nur durch gerichtliche Klage zu erzielen. Oft stellt sich aber heraus, daß infolge vielfacher Lizenzen der Etikettenfabrikanten das Muster Freizeichen geworden ist, und daß aus diesem Grunde die Eintragung vom PA versagt oder nachträglich gelöscht werden kann (Geschäftstätigkeit S. 238).

Selbstverständlich muß das Muster dem Ges v. 11. 1. 76 entsprechen, also nicht nur neu, sondern auch eigentümlich sein, um die Löschung eines jüngeren Z zu begründen. Trifft dies zu, so kann es, solange der Schutz dauert, als Ganzes fortbenutzt werden, auch soweit seine etwaigen wörtlichen Bestandteile mit einem später eingetragenen Wortzeichen kollidieren sollten. Wenn es nicht zutrifft, wird es diesem (soweit nicht Wettbewerbsregeln entgegenstehen) weichen müssen (E 40, 101, Bl 98, 74; RG I 22. 1. 98, Bl 99, 19).

Anm. 23 **Das Recht am eigenen Bildnis** beruht auf §§ 22, 23 KunstschutzG. Abgesehen von den Ausnahmen des § 23 kann jeder der Verwendung seines Bildes als WZ durch einen anderen widersprechen. Trifft eine der Ausnahmen des § 23 zu, so setzt der Widerspruch nach § 23 Abs 2 voraus, daß durch die Verwendung ein berechtigtes Interesse des Abgebildeten oder, falls dieser verstorben ist, seiner Angehörigen verletzt wird. Dies wird bei Nr 1 (Bildnisse aus der Zeitgeschichte) und 4 in der Regel ohne weiteres zutreffen, denn, wie das RG E 74, 313 mit Recht sagt, entspricht es nicht dem Geschmacke eines jeden, sein Bildnis auf den Waren eines beliebigen Händlers prangen zu sehen. Bei Nr 2 u. 3 wird das Interesse dann zu verneinen sein, wenn das Z-Bild im Verkehr nicht als Hinweis auf die betreffende Person angesehen wird. Näheres über das Verhältnis des Bildnis- zum WZ-Schutz bei Krüger (GR 08, 91; s. auch E 103, 319 und hierzu Elster MW 21, 185 und Pinzger daselbst S. 120).

Anm. 24 **Ausstattungsbesitz.** Der in § 15 WZG geregelte Ausstattungsbesitz ist, wie das Z selbst, ein Immaterialgut und als solches nicht nur gemäß § 15 bei wissentlicher Verletzung durch eine Schadensersatzklage, sondern nach der richtigen, in der Literatur jetzt fast allgemein vertretenen Ansicht auch bei bloß objektiver Verletzung durch die Untersagungsklage geschützt (s. § 15 A 18; a. A. Pinzger S. 178 u. 303). Nach bisheriger deutscher Rechtsauffassung gilt er aber im Konflikt mit dem eingetragenen Z als ein Recht minderen Ranges. In der älteren Rechtsprechung herrschte die Ansicht, daß er diesem unbedingt zu weichen hätte. Auch in der neueren Rechtsprechung des RG, die im wesentlichen darauf hinausläuft, daß die bewußte und unbefugte Nachahmung einer fremden Ausstattung im Wettbewerb regelmäßig den vollen Tatbestand des § 15 WZG erfüllt und zum Schadensersatz verpflichtet, zugleich aber auch unter § 1 UWG und § 826 BGB fällt (s. besonders E 106, 254 und 77, 433; vgl. Pogge MW 12, 71), ist das Wesen des Ausstattungsbesitzes als eines absoluten Rechts und die daraus schon bei objektiver Verletzung entspringende Unterlassungsklage noch nicht ausdrücklich anerkannt. Die Rechtsentwicklung ist aber augenscheinlich noch im Flusse und würde wohl schon von selbst zu jener Anerkennung gelangen. Ein weiterer Anstoß hierzu wird nun durch den neuen Art 6b der Pariser Konvention in der Fassung der Haager Konferenz v. 8. 10. bis 6. 11. 25 gegeben, der nach Art 18 spätestens mit dem 1. 6. 28 in Kraft zu treten hat und bis dahin ohne Zweifel eine entsprechende Änderung der inneren Gesetzgebung veranlassen muß, um die Inländer den ausländischen Verbandsangehörigen gleichzustellen.

Art 6b verpflichtet die zuständigen Behörden, Marken, welche nach ihrer Kenntnis notorisch im Inlande im Besitze des Angehörigen eines anderen Vertragsstaats sind, für gleichartige Waren nicht einzutragen, oder sie auf den binnen drei Jahren zu stellenden Antrag des Berechtigten (sofern die Gesetzgebung es gestattet, auch von Amts wegen) zu löschen.

Damit wird also der notorische ausländische Ausstattungsbesitz im Inlande als ein bei rechtzeitiger Geltendmachung sogar dem eingetragenen deutschen WZ vorgehendes Recht anerkannt werden (vgl. hierzu Finger S. 615; Pinzger S. 415 und besonders Osterrieth, Haager Konferenz 1925 S. 60ff; Haase MW 26, 171). So weit geht das gegenwärtige deutsche Recht nicht. Vielmehr wird anzunehmen sein, daß die gutgläubige, d. h. unwissentliche Anmeldung einer fremden Ausstattung als WZ weder zu hindern, noch rückgängig zu machen ist, daß vielmehr bei folgender Eintragung das Z den älteren Ausstattungsbesitz vernichtet (s. § 15 A 19). Damit nähert sich der Schutz des letzteren gegenüber der Eintragung als Z für einen Dritten einem Schutze gegen unerlaubte Handlungen, bei dem meistens die §§ 1 UWG und 826 BGB anwendbar sein werden. Immerhin braucht nicht der volle Tatbestand dieser Gesetze gegeben zu sein, sondern der Natur des Ausstattungsbesitzes als eines absoluten Rechts wird insofern Rechnung zu tragen sein, als das Bewußtsein der Anmeldung einer fremden Ausstattung genügen muß, um die Anfechtung zu begründen. Eine gutgläubige Anmeldung ist, obwohl die Ausstattung in den beteiligten Verkehrskreisen als Kennzeichen eines bestimmten Betriebs anerkannt sein muß, immerhin möglich, schon weil ihre Geltung örtlich begrenzt sein kann. § 9

Das RG hat bisher die auf Aneignung einer fremden Ausstattung begründeten Löschungsklagen nur unter dem Gesichtspunkte des § 1 UWG und § 826 BGB behandelt (s. z. B. auch E 66, 239 u. 240; 100, 8; ESt 49, 242; 57, 283). Sehr erheblich ist der Unterschied nicht, da in E 77, 433 angenommen wird, daß das Bewußtsein der Nachahmung im Wettbewerb den Vorsatz der Täuschung unmittelbar ergibt. Auch kann eine bewußte Anlehnung einwandfrei sein, wenn sie sich in erlaubten Grenzen hält und auf genügende Unterscheidung hält (RG II 18. 6. 12, MW 12, 91).

Eine auffallende Übereinstimmung der jüngeren mit der älteren Bezeichnung begründet den Verdacht der Nachahmung in unlauterer Absicht und rechtfertigt es, von dem Mitbenutzer Aufklärung zu verlangen (Gülland & Queck MW 13, 537).

Weitere Urteile zum „unsittlichen Z-Raub" (Aneignung fremder Ausstattungen), der nicht selten darauf ausgeht, dem wirklich Berechtigten Entschädigungen für den Verzicht auf das Z abzunötigen Bl 14, 183; Wertheimer GR 16, 83; LG Hamburg 18. 2. 13, Bl 14, 241: Texaco.

RG II 4. 12. 25, MW 25, 155 gibt nach § 1 UWG der Klage auf Löschung des Z „Blaue Adria" für Zigaretten und Einwilligung in Eintragung für den Kläger statt, weil Beklagter gewußt hat, daß der Kläger jahrelang vorher seine Zigaretten unter dieser Bezeichnung vertrieben hatte (also die Eintragung in Kenntnis seines früheren Besitzstandes erwirkt hatte) und darauf ausgegangen war, die von dem Kläger geleistete Arbeit für sich auszubeuten.

Hat ein Händler als Alleinverkäufer für eine Fabrik deren Ware unter einem von ihr benutzten, nicht eingetragenen Namen vertrieben, so handelt er gegen die guten Sitten, wenn er alsbald nach Ablauf des Vertrags diesen Namen für sich eintragen läßt, und unterliegt der Löschungsklage aus § 1 UWG (RG II 30. 6. 25, MW 25, 74: Garn — Pianos).

Kläger hatte Gasanzünder und Feuerzeuge unter der Bezeichnung „Konus" bzw. „Piccolo" vertrieben. Sein Vorname war Jacques. Der Beklagte hat sich das Z „Konus-Piccolo-Jacques" eintragen lassen und wird zur Löschung verurteilt (KG 13. 3. 12, Bl 12, 268).

Ein unsittlicher Z-Raub liegt nicht vor, wenn ein Z-Inhaber, nachdem er das von einem anderen benutzte, mit dem seinen verwechselbare Z erfolgreich bekämpft hat, auch jenes zweite Z für sich eintragen läßt (RG II 21. 2. 13: Acrophon — Arcrophon; MW 12, 412; ähnlich RG II 6. 7. 26, MW 26, 41: Wagner — Wagnella).

Vertrag. Aus einem Vertrage, in dem der Inhaber eines Z sich zur Löschung verpflichtet hat, oder in welchen Verpflichtungen übernommen sind, die mit der alsdann erfolgten Eintragung des Z nach Treu und Glauben unvereinbar sind, kann auf Einwilligung in die Löschung geklagt werden (RG II 21. 1. 02, UW 1, 109). Nicht selten folgt die Verpflichtung zur Löschung aus einem fiduziarischen Verhältnisse: Anm. 25

Der Ausländer, der sein Z dem Inländer als Treuhänder zur Eintragung und Benutzung in eigenem Namen zwecks Vertriebs seiner Waren im Inlande überläßt, kann bei Ablauf des Vertragsverhältnisses die Löschung verlangen. Er kann ebenso die Löschung eines verwechslungsfähigen Z des Fiduziars verlangen, das sich dieser arglistigerweise nach Vertragsschluß für sich hat eintragen lassen, bevor er die Anmeldung für Rechnung der Klägerin bewirkte (RG II 16. 10. 23, MW 23, 189).

Es verstößt gegen die Vertragstreue, wenn die Vertragspartei, die als Alleinverkäuferin der von der anderen Partei hergestellten Waren von dieser ein Reklamebild zur Förderung des Absatzes erhalten hat, dieses Bild für sich als WZ eintragen läßt. Die Löschungsklage ist aus dem Vertrage und aus § 826 BGB begründet (RG I 7. 10. 08, Bl 09, 36; MW 8, 108).

Abgelehnt wurde dagegen die Löschungsklage, als der Kläger dem Beklagten ein Rezept für einen Tee und ferner eine von dem Beklagten anzumeldende Wortmarke für den Tee und andere Waren gegen Gewinnbeteiligung bei dem Absatze der Waren zur Verfügung gestellt hatte. Das Z sei Eigentum des Beklagten geworden und könne bei Auflösung des Verhält-

§ 9 nisses ohne besondere Vereinbarung nicht zurückverlangt werden (RG II 17. 4. 23, MW 23, 39; Bl 25, 10, GR 23, 174: Eukystol). Hierzu R. Isay GR 23, 181; Wertheimer JW 27, 101[7]).

Anm. 26 **Unlauterer Wettbewerb und § 826 BGB.** Ein WZ, dessen Erwirkung oder zweckentsprechende Benutzung gegen die guten Sitten verstößt, unterliegt nach § 1 UWG der Löschungsklage. Sehr häufig wird dabei auch der die gleiche Folge herbeiführende Tatbestand des § 826 BGB gegeben sein, indem die Erwirkung oder Benutzung von der Absicht getragen wird, einem anderen Schaden zuzufügen.

Schon nach § 8 UWG v. 1896 konnte auf Löschung geklagt werden, wenn das WZ geeignet und zu dem Zwecke erwirkt war, Verwechslungen mit dem Namen oder der Firma eines anderen herbeizuführen (E 48, 239). Mißbräuchlich und sittenwidrig ist eine Anmeldung, die nicht für die eigene Benutzung erfolgt, sondern nur zu dem Zwecke, andere an der Benutzung zu hindern (E 87, 91: Hawaka).

Selbstverständlich verstößt die Erwirkung eines WZ zum Zwecke der Täuschung im Verkehr gegen die guten Sitten und berechtigt zum Antrage auf Löschung RG II 7. 2. 08, Bl 08, 223; MW 7, 167. (Jemand hatte sich das WZ „Urquell" für Wein eintragen lassen, um durch Aufhängen seines mit dem Z versehenen Plakats in Bierwirtschaften den Eindruck hervorzurufen, daß dort Pilsener Bier verschenkt würde.) Ebenso RG II 6. 6. 13, MW 12, 654 (Bona — Mona), wenn die Eintragung erwirkt war, um durch den Gleichklang der Bezeichnungen Verwechslungen mit den Waren des Klägers herbeizuführen.

Unlauter ist eine Anmeldung, die nur dazu dienen soll, einen anderen an der Benutzung einer schon lange vorher befugtermaßen gebrauchten Bezeichnung zu hindern, mag auch die Bezeichnung die abgekürzte Firma des Anmelders enthalten (RG II 23. 3. 17, Bl 17, 78; E 90, 88 ohne diesen Teil des Urteils; Köhler).

Ein unlauterer Wettbewerb wurde darin gefunden (§ 1 UWG), daß ein Kaufmann Reinhold Stiller, welcher unter der Firma Carl Stiller mit seinem Bruder Carl Stiller ein Schuhwarengeschäft betrieb und nach Streit und Trennung Geschäft und Firma übernahm, während der Bruder unter der Firma Carl Stiller jun. ein neues Schuhwarengeschäft gründete, sich eine Reihe von WZ (Schuhstiller, Carl Stiller junior, Carl Stiller) eintragen ließ, welche darauf abzielten, den Bruder in seiner Geschäftstätigkeit durch Monopolisierung des auch ihm gebührenden Namens Carl Stiller und Stiller zu schädigen. Es wurde auf Löschung erkannt (RG II 27. 9. 12, Bl 13, 249; GR 13, 18; MW 12, 85; vgl. E 75, 370 und MW 11, 328, 478, 479). Ebenso wurde auf Löschung aus § 1 UWG erkannt, als jemand sich ein vom Kläger benutztes Reklameschild als WZ eintragen ließ (RG II 16. 1. 13, GR 13, 94; MW 12, 471).

Ebenso aus § 826 BGB bei Anmeldung der Abbildung einer Maschine als WZ, welche genau einer von der Klägerin beim Vertriebe ihrer Waren benutzten Abbildung entsprach (RG II 15. 11. 10, Bl 11, 176; MW 10, 164).

Auf Löschung des Z „Geg" wurde aus § 826 BGB erkannt, weil die Klägerin sich vor der Eintragung der Buchstaben GEG als schlagwortartiger Abkürzung bedient hatte und die Anmeldung des Beklagten zwecks unlauteren Wettbewerbs erfolgte (OLG Köln 6. 5. 10, MW 10, 35).

Auch die Benutzung eines einwandfrei eingetragenen Z (Vorratszeichens) kann gegen die guten Sitten verstoßen und die Löschungsklage begründen, wenn es infolge langer Nichtbenutzung zum Schlag- und Kennwort eines anderen Betriebs geworden ist (E 111, 197: Goldina; vgl. § 9 A 11 und § 12 A 5).

In E 81, 330 (Bl 13, 285; MW 12, 658) wird die Frage erörtert, ob aus dem Gesichtspunkte des unlauteren Wettbewerbs die Löschungsklage gegen einen Z-Inhaber begründet ist, dessen Rechtsvorgänger die Eintragung in Täuschungsabsicht erlangt hat. Die Frage ist mit Recht verneint worden, weil der Erwerber für unerlaubte Handlungen seines Rechtsvorgängers nicht verantwortlich gemacht werden kann. Die Entscheidung könnte allerdings insofern Bedenken erwecken, als sie guten Glauben des Erwerbers annimmt, obwohl sie am Schlusse unterstellt, daß er beim Erwerb die unlautere Absicht seines Rechtsvorgängers gekannt hat. Doch operiert sie in dieser Hinsicht mit heute nicht mehr geltendem Zeichen- und Wettbewerbsrecht und ist daher nicht mehr maßgebend (vgl. dazu Rosenthal Komm § 1 Note 62 und GR 20, 133; s. auch Wienges MW 13, 581, der zugleich darauf hinweist, daß unter Umständen der Rechtsnachfolger für die Verbindlichkeiten seines Vorgängers nach § 25 HGB haften könne).

Nicht zu billigen sind die Urteile RG II v. 1. 12. 14, MW 14, 187 u. 188 (Singer), wo Defensivzeichen als unsittlich gelöscht werden, weil sie mit dem Hauptzeichen nicht verwechslungsfähig seien und daher den Z-Schutz in unzulässiger Weise erweitern. Es muß genügen, daß Zweifel über die Verwechslungsgefahr möglich sind und die Anmeldung gutgläubig erfolgt ist (vgl. § 12 A 5).

Nach § 1 UWG, § 826 BGB sind allgemein bekannte und berühmte Marken (sog. Weltmarken) gegen Verwendung Dritter auch für ungleichartige Waren geschützt, wenn die Verwendung darauf hinausläuft, den guten Ruf des Z ohne Berechtigung für die eigene Geschäftstätigkeit zu verwerten (LG Elberfeld 11. 9. 24, MW 25, 93 u. 264: Odol für Stahlwaren). Es genügt alsdann zur Anwendung des § 826 BGB das Bewußtsein, daß das ältere Z durch die neue Anmeldung und Mitbenutzung entwertet werden kann (OLG Dresden 11. 7. 13, Bl 15, 253; vgl. § 5 A 6 und Leo MW 5, 73: Kodak). Eine lange Duldung der Führung des Gegenzeichens schließt die Klage auf Löschung aus (KG 23. 1. 26, MW 26, 156: Henkels Zwillingszeichen). § 9

Dasselbe gilt von der Aneignung schlagwortartiger Abkürzungen bekannter Firmen als WZ auch für ungleichartige Waren, wenn sie den Zweck hat, den guten Ruf der Firma für eigene Zwecke auszunutzen (RG II 11. 1. 27, z. Abdr. in RGZ. vorgesehen: Salamander).

§ 10. § 10

Anmeldungen von Warenzeichen, Anträge auf Übertragung und Widersprüche gegen die Löschung derselben werden in dem für Patentangelegenheiten maßgebenden Verfahren durch Vorbescheid und Beschluß erledigt. In den Fällen des § 5 Abs. 1 wird ein Vorbescheid nicht erlassen.

Gegen den Beschluß, durch welchen ein Antrag zurückgewiesen wird, kann der Antragsteller, und gegen den Beschluß, durch welchen Widerspruchs ungeachtet die Löschung angeordnet wird, der Inhaber des Zeichens innerhalb eines Monats nach der Zustellung bei dem Patentamt Beschwerde einlegen.

Zustellungen, welche die Eintragung, die Übertragung oder die Löschung eines Warenzeichens betreffen, erfolgen mittels eingeschriebenen Briefes. Kann eine Zustellung im Inland nicht erfolgen, so wird sie durch Aufgabe zur Post nach Maßgabe der §§ 175, 213 der Zivilprozeßordnung bewirkt.

Inhalt.

Anm.		Seite
	Abs 1.	
1.	Die Fassung	171
2.	Übersicht über das maßgebende Recht	172
3.	Das alte Verfahren	172
4.	Neues Verfahren	174
5.	Wiedereinsetzung in den vorigen Stand	175
	Abs 2: Beschwerde.	
6.	Allgemeines und Zuständigkeit	176
7.	Verfahren	176
8.	Sachliche Voraussetzungen	177
9.	Anschlußbeschwerde	177
10.	Großer Senat	178
	Abs 3.	
11.	Zustellungen	178
12.	Kosten	178

Abs 1.

Die Fassung. Abs 1 ordnet das erstinstanzliche Verfahren in WZ-Sachen, ist aber großenteils veraltet, besonders infolge der KerigsVO v. 9. 3. 17 Anh A III S. 331, welche für Patent- und WZ-Sachen die Prüfung der Anmeldung durch eine von einem Prüfer versehene „Prüfungsstelle" eingeführt hat. Nach § 4 der VO war diese nur als eine vorübergehende Regelung gedacht. Der Reichskanzler sollte den Zeitpunkt des Außerkrafttretens bestimmen. Da jedoch eine ähnliche Regelung auch in dem Entw 1913 vorgesehen war, und die Beendigung des Krieges bisher keinen Anlaß zur Aufhebung derselben, die sich bewährt hat (s. Begründung zum Entwurf des Ges v. 1. 2. 26 über Änderung im patentamtlichen Verfahren (RGBl II Nr 5, Bl 26, 42), gegeben hat, besteht kaum eine Aussicht, daß das dem Gesetze entsprechende alte Verfahren wieder eingeführt wird. Anm. 1

Abs 1 betrifft das Anmelde-, das Umschreibungs- und das Löschungsverfahren. Wenn er wörtlich von „Anträgen auf Übertragung" spricht, so beruht das auf einem Vergreifen im Ausdruck, denn die Übertragung des WZ-Rechts erfolgt nach § 7 ohne Mitwirkung des PA durch einfachen Vertrag oder im Wege der Universalsukzession. Der Vorbescheid war schon im alten Verfahren ziemlich unpraktisch geworden. Im Umschreibe- und Löschungsverfahren wurde er niemals angewandt; im letzteren wurde er durch die in § 8 Abs 3 vorgesehene

§ 10 präjudizierliche Benachrichtigung ersetzt, von der aber ebenfalls nur ausnahmsweise noch Gebrauch gemacht wird.

Zur Zeit ist er auch für das Anmeldeverfahren durch § 3 der VereinfVO beseitigt.

Unter Berücksichtigung des vorstehendem kann zur Zeit Abs 1 wie folgt gelesen werden: „Anmeldungen von WZ, Anträge auf Umschreibung und Widersprüche gegen die Löschung derselben werden in den für Patentangelegenheiten maßgebenden Verfahren durch Beschluß erledigt."

Anm. 2 **Übersicht über das maßgebende Recht.** Abs 1 enthält zunächst den Grundsatz der analogen Anwendung der Vorschriften, die das Verfahren in Patentangelegenheiten regeln. § 10 des Entw 1913 bestimmt sachlich übereinstimmend: Soweit sich aus diesem Gesetze nichts anderes ergibt, werden in WZ-Sachen die Vorschriften des PG über die Verfassung und Einrichtung des PA, über das Verfahren und über die Zahlung der Gebühren entsprechend angewendet. Es sind dies die §§ 13—34 PG, die aber nur insoweit gelten, als nicht besondere Vorschriften des WZ-Rechts bestehen.

Ferner ist maßgebend die VO zur Ausführung des Ges zum Schutze der Warenbezeichnungen v. 30. 6. 94 (Anh I), welche wieder in § 8 auf eine Reihe von Bestimmungen der VO zur Ausführung des PG v. 11. 7. 91 (Anh II) Bezug nimmt. Hierzu gehört nicht der das Zustellungswesen in Patentsachen regelnde § 12 dieser VO. Vielmehr ist das patentamtliche Zustellungswesen in WZ-Sachen in § 10 Abs 3 und § 5 AusfVO besonders geregelt.

Bei dem PA sind drei Abteilungen für WZ gebildet, denen die Erledigung der in § 10 Abs 1 behandelten Sachen obliegt. Organisation im allgemeinen s. § 1 AusfVO (vgl. § 2 A 5).

Nach § 3 AusfVO beschließen die Abteilungen bei Anwesenheit von mindestens drei Mitgliedern (also keine Beschränkung auf diese Zahl; Geschäftstätigkeit S. 160).

Nach § 4 bedarf es der Beratung und Abstimmung in einer Sitzung für die Beschlußfassung über die Versagung der Eintragung eines WZ, sowie für Beschlüsse, welche die Übereinstimmung von WZ und in den Fällen des § 8 WZG die Löschung von WZ gegen den Widerspruch des Inhabers betreffen.

§ 3 enthält Bestimmungen über Ausschließung und Ablehnung von Mitgliedern der Abteilungen und über Zuziehung von Sachverständigen; § 5 über die Form der Beschlüsse und Entscheidungen sowie deren Zustellung; § 6 über die Bescheinigung der Eintragung; § 7 über die Verfügung über Modelle, Probestücke u. dgl.; § 8 erklärt endlich folgende Bestimmungen der VO v. 11. 7. 91 (RGBl S. 349) zur Ausführung des PG v. 7. 4. 91 und des Ges, betr den Schutz von Gebrauchsmustern v. 1. 6. 91 (Anh II) für entsprechend anwendbar:

§ 4, betreffend die Geschäftsleitung in den Abteilungen durch den rechtskundigen Vorsitzenden.

§ 6, betreffend die für den Fortgang der Sachen erforderlichen Verfügungen des Vorsitzenden der Abteilung. (In den Anmeldeabteilungen wird für jede Klasse im voraus ein Vorprüfer gemäß § 21 PG sowie ein weiterer Berichterstatter für das Verfahren nach Erlaß des Vorbescheids bestellt. Die Berichterstatter halten den mündlichen Vortrag und entwerfen alle Beschlüsse und Entscheidungen unter Kontrolle des Vorsitzenden und gemäß etwaigem Beschluß der Abteilungen.)

§ 8, betreffend die Abstimmungen in den Abteilungen.

§ 9, betreffend Befugnisse des Präsidenten zur Herbeiführung einer gleichmäßigen Geschäftsbehandlung und Beobachtung gleicher Grundsätze (vgl. Ges und VO v. 1. 2. 26 unten A 7 u. 10).

§ 10, betreffend den Sitzungsdienst.

§ 11, betreffend die Ausfertigung der Beschlüsse und Entscheidungen.

§ 13, betreffend Gebühren der Zeugen und Sachverständigen.

§ 14, betreffend Kosten des Beschwerdeverfahrens (vgl. § 26 Abs 5 PG).

§§ 25, 26, betreffend Befugnisse des Präsidenten bezüglich der inneren Verwaltung.

§ 27, betreffend Datierung der eingehenden Geschäftssachen und Bezeichnung derselben mit einer Geschäftsnummer (maßgebend die Zeit des Eingangs, wenn hiernach die Reihenfolge nicht feststeht, der Übernahme durch den zuständigen Beamten. Bei gleichem Datum entscheidet die Geschäftsnummer über die Priorität; vgl. § 2 A 12).

§ 28, betreffend Vollmacht des Vertreters (s. § 2 A 2).

§ 29, betreffend Erteilung von Abschriften und Auszügen aus den Akten (s. § 3 A 11).

§ 30, betreffend das Siegel des PA.

Anm. 3 **Das alte Verfahren.** Das Anmeldeverfahren gliedert sich in ein vorbereitendes Verfahren vor dem Vorprüfer und ein Beschlußverfahren vor der Abteilung.

Jede Anmeldung geht an den dafür zuständigen Vorprüfer (§ 6 der AusfVO v. 7. 4. 91, oben A 2), der sie auf die formellen Erfordernisse und die materiellen nach §§ 1, 4 u. 23 zu prüfen hat. Findet er die Anmeldung in beiden Beziehungen in Ordnung, so geht sie an die

Abteilung, in deren Namen dann die Prüfung nach § 5 erfolgt. Findet der Vorprüfer etwas zu beanstanden, so erläßt er Vorbescheid, Anfrage oder Auflage (s. unten). In allen Fällen beschließt die Abteilung über die Eintragung. Gegen ihren Beschluß steht sowohl dem Anmelder wie dem etwa Widersprechenden (§ 5) das Rechtsmittel der Beschwerde an die Beschwerdeabteilung I zu. § 10

Der Vorbescheid des Vorprüfers hat den Zweck, den Anmelder auf etwaige formelle (§ 2) oder materielle (§§ 1, 4, 23) Mängel der Anmeldung hinzuweisen und ihm Gelegenheit zur Abhilfe oder zur Äußerung über die Beanstandung binnen einer vom Vorprüfer bestimmten Frist zu geben.

Erklärt sich der Anmelder nicht rechtzeitig auf den Vorbescheid, so gilt die Anmeldung als zurückgenommen, und dem Anmelder verbleibt nur die Möglichkeit einer neuen Anmeldung mit entsprechender Priorität. Anderenfalls entscheidet die Abteilung über die Anmeldung (§ 21 PG; Geschäftstätigkeit S. 179). Der Vorprüfer legt die Anmeldung der Abteilung aber erst vor, wenn er sie zur Beschlußfassung für reif hält, und er hat die Befugnis, die Entscheidungsreife durch Anhörung der Beteiligten, durch Vernehmung von Zeugen und Sachverständigen, sowie durch Vornahme sonstiger zur Aufklärung erforderlicher Ermittlungen herbeizuführen (§ 25 Abs 1 PG). Er ist nicht gezwungen, nur durch Vorbescheid unter Fristsetzung mit dem Anmelder zu verkehren, sondern kann dies auch im Wege einfacher Anfragen und Auflagen ohne Fristsetzung tun. In der Regel bedient er sich des präjudizierlichen Vorbescheids nur dann, wenn nach dem Ergebnis der Vorverhandlungen mit einer Zurückweisung der Anmeldung zu rechnen ist (Geschäftstätigkeit S. 179 (80).

Neben dem Vorbescheid gibt es keine wirksame Androhung, daß die Anmeldung als zurückgezogen gelte, wenn nicht binnen einer gesetzten Frist eine Erklärung erfolge (BA 22. 0. 05, Bl 06, 59).

In der Anmeldeabteilung, die mit mindestens drei Mitgliedern besetzt sein muß, aber nicht auf diese Zahl beschränkt ist (§ 3 AusfVO, s. § 2 A 5) wirkt der Vorprüfer in der Regel als Korreferent mit, darf aber, wenn er einen Vorbescheid erlassen hat, an der Abstimmung nicht teilnehmen (Geschäftstätigkeit S. 180; § 22 Abs 1 PG).

Die Abteilung kann ebenso, wie im früheren Stadium der Vorprüfer, die zur weiteren Aufklärung erforderlichen Maßnahmen treffen (§ 25 Abs 1 PG). Zu diesem Zwecke werden entweder Zwischenverfügungen erlassen, oder es wird die Zurückverweisung in die Vorprüfung beschlossen (Geschäftstätigkeit S. 180). Soll die Zurückweisung der Anmeldung auf Grund von Umständen erfolgen, die dem Anmelder nicht schon durch Vorbescheid mitgeteilt waren, so ist ihm Gelegenheit zur Äußerung darüber binnen bestimmter Frist zu geben (§ 22 Abs 2 PG). Im übrigen steht alles im Ermessen des Vorprüfers und der Abteilung, insbesondere gibt es keine obligatorische mündliche Verhandlung (§ 25 Abs 1 PG).

Das PA hat die Bestimmung des § 10 Abs 1 stets dahin aufgefaßt, daß der Vorbescheid nur dem selbständig handelnden Vorprüfer zusteht und demgemäß aus § 10 Abs 1 Satz 2 hergeleitet, daß der Vorprüfer in den Fällen des § 5 Abs 1 nur namens der Abteilung, deren Entscheidung vorbereitend, auftritt (Geschäftstätigkeit S. 245). Dasselbe gilt von seiner etwaigen vorbereitenden Tätigkeit im Umschreibungs- und Löschungsverfahren, wo nach der Praxis des PA von jeher kein Vorbescheid erlassen wurde, da die Worte „durch Vorbescheid" nach Analogie des Patentverfahrens nur auf „Anmeldungen von WZ" bezogen werden (s. die bei Heimann MW 5, 76ff angeführten Beschlüsse und dazu Heimann MW 5, 75 und 6, 44, sowie Ephraim MW 5, 126). Im Löschungsverfahren kann allerdings der Vorbescheid ersetzt werden durch die ebenfalls präjudizierliche „Benachrichtigung" nach § 8 Abs 3, die namens der Abteilung ergeht. Auch von dieser „Benachrichtigung" wird nur in den Fällen Gebrauch gemacht, wo das PA der Meinung ist, daß es zur Löschung kommen wird, anderenfalls begnügt man sich damit, dem Z-Inhaber die Begründung des Löschungsantrags oder die dafür sprechenden Umstände zur Äußerung mitzuteilen (Geschäftstätigkeit S. 248). Hiernach kam der präjudizierliche Vorbescheid auch vor der VereinfVO nur in dem Stadium des Anmeldeverfahrens vor, in dem es sich um die Prüfung der absoluten Versagungsgründe handelte, und wurde auch hier in der Regel durch eine einfache Verfügung des Vorprüfers ersetzt. Nach der VereinfVO ist er bis auf weiteres gänzlich unpraktisch, und somit der § 10 Abs 1 Satz 2 gegenstandslos geworden.

Ist ein präjudizierlicher Vorbescheid oder eine Benachrichtigung (§ 8 Abs 3) ergangen, so ist die Abteilung nicht verpflichtet, vor der Beschlußfassung den Ablauf der gesetzten Frist abzuwarten, wenn die Erklärung seitens des Anmelders oder Z-Inhabers schon vorher vorliegt (BA 26. 12. 14, MW 47).

Hinsichtlich der Form der Beweisaufnahme vor dem PA (Vorprüfer oder Abteilung) bestehen keine Vorschriften. Doch werden die sich dazu eignenden Vorschriften der ZPO, besonders für den Zeugenbeweis, entsprechend angewendet.

Daher können vor dem PA Zeugen und Sachverständige eidlich vernommen werden

§ 10 (vgl. § 30 PG). Abteilung wie Vorprüfer können die Rechtshilfe der Gerichte in Anspruch nehmen (§ 32 PG). Diese darf auch dann nicht abgelehnt werden, wenn die Beweiserhebung am Amtssitze des PA zu erfolgen hat (RG IV 28. 12. 05, Bl 06, 4).

Anm. 4 **Neues Verfahren.** Hier greift nun bis auf weiteres die Bek über Vereinfachungen im PA v. 9. 3. 17 (RGBl S. 221, Anh III) ein; vgl. dazu Lutter, Kriegsvorschriften S. 9 bis 12 und die Begründung zum Entwurf der VO in Bl 17, 26ff. Sie ist am 20. 3. 17 in Kraft getreten und tritt außer Kraft, wenn der Reichskanzler — jetzt der Reichsjustizminister (§ 5 des Ges v. 5. 3. 19, RGBl S. 286 und Art 56 RVerf) — es bestimmt, was bisher nicht geschehen ist. Nach § 1 werden die Geschäfte des Vorprüfers und der Anmeldeabteilung, soweit es sich um die Prüfung und Eintragung der WZ handelt, einer Prüfungsstelle übertragen, deren Obliegenheiten von einem technischen Mitgliede der Anmeldeabteilung (Prüfer) wahrgenommen werden und deren Bildung, Geschäftskreis und Geschäftsgang der Präsident des PA regelt. Nach § 3 wird in dem Verfahren von der Prüfungsstelle ein Vorbescheid nicht erlassen. Hiernach wird also das gesamte Anmeldungs- und Eintragungsverfahren in erster Instanz von dem Prüfer allein und selbständig erledigt. Er verfügt die Eintragung, wenn keine Anstände vorzuliegen scheinen, er versagt sie, wenn die Voraussetzungen der §§ 1, 2 u. 4 (23) nicht gegeben sind. Im Falle des § 5 macht er (wie übrigens auch nach dem bisherigen ordentlichen Verfahren der Vorprüfer namens der Abteilung) dem Inhaber des Gegenzeichens die vorgeschriebene Mitteilung. Erfolgt kein rechtzeitiger Widerspruch, so verfügt der Prüfer allein die Eintragung, anderenfalls entscheidet er allein über die vorliegenden Widersprüche. Seine Beschlüsse unterliegen ebenso der Beschwerde wie sonst die der Abteilung. Auch bezüglich der Ermittlungen und Beweisaufnahme verbleibt es bei § 25 Abs 1 PG. Nach § 3 der VO in Verbindung mit § 10 Abs 1 WZG (vgl. Begründung zu § 3 Abs 4) hat der Anmelder den Anspruch, auf Antrag einmal gehört zu werden.

Nach dem Wortlaut der Bekanntmachung bleibt es bezüglich der übrigen Obliegenheiten der Anmeldeabteilung, insbesondere also der Anträge auf Übertragung (richtiger Umschreibung) und der Widersprüche gegen die Löschung von WZ (§ 10 Abs 1) beim bisherigen ordentlichen Verfahren. Ganz folgerichtig erscheint das nicht, zumal da es nach § 4a der AusfVO v. 30. 6. 94 für Umschreibungsverfügungen nicht, wie bei Beschlüssen über die Versagung der Eintragung und betreffend die Übereinstimmung von WZ oder die Löschung eines Z gegen den Widerspruch des Inhabers, der Beratung und Abstimmung in einer Sitzung bedarf, wodurch erstere als weniger wichtig gekennzeichnet werden, doch hat sich die Praxis des PA in diesem Sinne entschieden. Abgesehen vom Wortlaute der VO spricht dafür die Erwägung, daß es sich um eine Kriegsverordnung handelt, die durch die Verminderung des Personalbestandes im Kriege notwendig wurde, und daß es zweckmäßig war, hierbei auch den aus den Vorprüfern bestehenden Abteilungen einen größeren Geschäftskreis zu belassen, um den Zusammenhang der Mitglieder und eine einheitliche Rechtsprechung nach Möglichkeit aufrechtzuerhalten (vgl. Geschäftstätigkeit S. 182).

Die Praxis des PA steht aber auch im Einklange mit der Entstehungsgeschichte der VereinfVO, welche gewisse, in dem Entw 1913 vorgesehene Erleichterungen des Geschäftsganges schon jetzt einführen wollte (s. Begründung zur VereinfVO Bl 1917, 26). Nach §§ 20, 21 des PG-Entwurfs sollte das ganze Prüfungsgeschäft erster Instanz, einschließlich der Patenterteilung und der Entscheidung über die Einsprüche von Einzelprüfern selbständig ausgeführt werden, die Abteilungen aber bestehen bleiben für alle Angelegenheiten, die außerhalb der Anmeldungen und Erteilung der Patente liegen (Begründung S. 27). Nach § 20 Nr 2 verblieben ihnen die Patentangelegenheiten, die nicht gesetzlich anderen Stellen zugewiesen sind, insbesondere die Eintragungen und Löschungen in der Patentrolle (§ 27). Nach dem in Bezug genommenen § 27 sind zu den Eintragungen auch die Umschreibungen zu rechnen. Nach § 11 des WZG-Entwurfs wurde die Einzelprüfung eingeführt „für die WZ-Anmeldungen", während die Abteilungen die Angelegenheiten behielten, die gesetzlich nicht anderen Stellen zugewiesen waren, insbesondere die Löschungen in der Z-Rolle. In der Begründung S. 62 wird ebenfalls wiederholt hervorgehoben, daß die Löschung zur Zuständigkeit der Abteilung gehört. Die Umschreibung wird hierbei nicht ausdrücklich miterwähnt, sondern S. 62 unten nur bemerkt, daß die Rolle auch die Änderungen in der Person des Inhabers u. dgl. anzugeben haben. Andererseits wird hervorgehoben, daß die Prüfung der Anmeldungen und die Eintragung der Z Einzelprüfern übertragen werden solle. Daraus ergibt sich zweifelfrei, daß die Löschungen jedenfalls den Abteilungen verbleiben sollten; nach der Analogie beim Patentverfahren und der Beschränkung der Einzelprüfer auf die Anmeldungen und Eintragungen muß aber das gleiche von den Umschreibungen gelten. § 1 VereinfVO muß daher so verstanden werden, daß die Einzelprüfer in Patentsachen zuständig sind für Anmeldung und Erteilung, in WZ-Sachen für Prüfung und Eintragung, soweit letztere der Erteilung des Patents entspricht, und daß alles übrige den

Abteilungen verbleibt, wobei diese sich aber eines damit beauftragten Vorprüfers zur Vorbereitung ihrer Beschlüsse und zum Verkehr mit den Beteiligten bedienen können. **§ 10**

Wiedereinsetzung in den vorigen Stand. Nach älterem Recht wurde im patentamtlichen Verfahren eine Wiedereinsetzung in den vorigen Stand nicht zugelassen. Erst der Weltkrieg gab die Veranlassung dazu. Zuerst sind durch §§ 2 u. 3 der KriegsVO v. 10. 9. 14 (RGBl S. 403) Bestimmungen über Versäumung von Fristen vor dem Patentamt infolge von Verhinderung durch den Kriegszustand erlassen worden. Durch KriegsVO v. 13. 4. 16 (RGBl S. 278) ist Satz 2 des § 2 gestrichen und durch einen neuen Abs 2 ersetzt worden. Schließlich ist durch Art II des Ges v. 27. 4. 20 mittels Einfügung der Worte „oder durch Naturereignisse oder andere unabwendbare Zufälle" in § 2 Abs 1 der erstgenannten VO das Anwendungsgebiet derselben wesentlich erweitert worden (s. Anh IV). **Anm. 5**

Hiernach kann als jetzt gültige Fassung der §§ 2 u. 3 dieser VO die oben nach der Bek des Reichsjustizministeriums v. 7. 12. 23 (S. 1) abgedruckte Formulierung (nebst Zusatz) angesehen werden; vgl. Lutter, MW 23, 208 und Kriegsvorschriften S. 21—26 (wo aber das Ges v. 27. 4. 20 noch nicht mit behandelt werden konnte).

Die Wiedereinsetzung muß binnen einer Frist von zwei Monaten nach Wegfall des Hindernisses beantragt werden; im übrigen sind die §§ 233ff ZPO entsprechend anzuwenden (vgl. BA 22. 7. 18, MW 18, 118). Die Beschränkung des § 234 Abs 3, wonach die Wiedereinsetzung nach Ablauf eines Jahres seit dem Ende der Notfrist nicht mehr beantragt werden kann, gilt im patentamtlichen Verfahren nicht (vgl. Bl 16, 162 zu 1; die im § 1 der Bek v. 13. 4. 16 vorbehaltene Bestimmung des Reichskanzlers ist bisher nicht ergangen). Im übrigen s. betr. des Wiedereinsetzungsverfahrens die Mitt des PA Bl 16, 102ff.

Nach § 236 ZPO ist mit dem Antrag auf Wiedereinsetzung (oder vorher) die versäumte Handlung nachzuholen, also, wenn es sich, wie in der Regel, um die Beschwerde handelt, auch die Beschwerdegebühr einzuzahlen (§ 26 Abs 1 PG). Geschieht dies nicht, so wird mit der Beschwerde auch der Antrag auf Wiedereinsetzung hinfällig und ist abzulehnen (BA 6. 10. 16, MW 17, 183).

Maßgebend ist der Begriff des unabwendbaren Zufalls im Sinne der ZPO und der daraufhin ergangenen Rechtsprechung der Gerichte auf diesem Gebiete. Danach ist Zahlungsunfähigkeit kein Wiedereinsetzungsgrund (BA 25. 9. 22, Bl S. 126). In dem § 22 des Entw 1913 (S. 48) sind als Notfristen, bei denen die Wiedereinsetzung in Frage kommt, aufgeführt: die Frist zur Erklärung über den Vorbescheid (zur Zeit nach § 3 der VereinfVO unpraktisch), sowie die wider den Z-Werber oder den Z-Inhaber oder den Antragsteller (gemeint ist der Antrag gemäß § 8 Abs 3 des Ges) laufende Frist zum Einlegen der Beschwerde gemäß § 21 (wo die betreffenden Beschwerdefälle aufgeführt sind) und zum Zahlen der Beschwerdegebühr. Die Begründung bemerkt dazu S. 66: Die Aufzählung sei eine erschöpfende. Die Wiedereinsetzung gelte nur für die Fälle des Anmelde- und Löschungsverfahrens, wo die Versäumnis den Verlust des Z-Rechts zur Folge hat; außerdem nach Analogie des Patentnichtigkeitsverfahrens für den abgewiesenen Löschungsantrag. Die Wiedereinsetzung solle nicht demjenigen zugute kommen, der in dem an Stelle des Widerspruchsverfahrens neu einzuführenden Aufgebots- und Einspruchsverfahren ohne Erfolg Einspruch eingelegt und dann die Beschwerdefrist versäumt hat. Diese Beschränkungen sind dem geltenden Rechte fremd, da nach den Bek v. 10. 9. 14, 13. 4. 16 und dem Ges v. 27. 4. 20 es neben den sonstigen die Verhinderung betreffenden Erfordernissen genügt, daß die Versäumung der Frist nach gesetzlicher Vorschrift einen Rechtsnachteil zur Folge hat. Danach gilt die Wiedereinsetzung vor allem bei jeder Versäumung einer Beschwerdefrist, also in allen Fällen des § 10 Abs 2, insbesondere auch für den mit seinem Widerspruch gemäß §§ 5 u. 6 Abgewiesenen, ferner für denjenigen, der die Widerspruchsfrist des § 5 versäumt hat.

Es muß sich aber um eine Frist im Sinne des Gesetzes handeln, d. h. um einen Zeitraum, der nach gesetzlicher Vorschrift mit einem bestimmten Ereignis beginnt und dementsprechend eine gewisse Zeit dauert. Daher kommt z. B. die Wiedereinsetzung nicht in Frage, wenn jemand durch eine verzögerte Anmeldung einen Rechtsnachteil erleidet, etwa weil ihm ein anderer zuvorgekommen ist (vgl. BA 22. 9. 16, MW 17, 183; a. A. Pinzger S. 186). Die Löschung des Z, etwa infolge der Versäumung der in § 8 gesetzten Fristen, hindert die Wiedereinsetzung in den vorigen Stand nicht (BA 15. 9. 16, MW 17, 184). Im übrigen kann es sich sowohl um eine gesetzliche wie auch um eine vom PA verfügte Frist (z. B. Vorbescheidsfrist) handeln (Mitt über die Praxis des PA zu § 2 der VO v. 10. 9. 14 Nr 3 Bl 14, 336).

Durch das Berner Abkommen v. 30. 6. 20 (FrMJ S. 177) und das dazu erlassene deutsche Ges v. 3. 8. 20 (FrMJ S. 181; RGBl 20, 1557ff) sind unter den beteiligten Staaten zwecks Erhaltung oder Wiederherstellung der durch den Weltkrieg betroffenen gewerblichen Eigentumsrechte auch die während des Weltkriegs laufenden Fristen in WZ-Sachen, insbesondere die Prioritätsfrist des Art 4 der revidierten Pariser Übereinkunft, in näher bestimmter Weise verlängert worden. Begründung des deutschen Ges MW 20, 50; vgl. hierzu auch

§ 10 das Ges v. 6. 7. 21 zur Sicherung von gewerblichen Schutzrechten deutscher Reichsangehöriger im Ausland (FrMJ S. 185; RGBl S. 828), welches bezweckt, durch Gewährung von Gegenseitigkeit deutschen Staatsangehörigen im Auslande eine noch günstigere Lage zu verschaffen als sie ihnen durch das Berner Abkommen verbürgt wird.

Schon vorher waren die Prioritätsfristen des Art IV des Unionsvertrags durch deutsche, VO v. 7. 5. 15 (RGBl S. 272) und v. 8. 4. 16 (RGBl S. 259) unter Voraussetzung der Gegenseitigkeit bis sechs Monate nach Kriegsende verlängert worden. In dem Beschluß der BA v. 25. 10. 17 heißt es: Da die Frage der Prioritätsfrist bereits Gegenstand der Bek v. 7. 5. 15 sei, sei für den Rechtsbehelf der Wiedereinsetzung kein Raum mehr. Daraufhin wird die Ansicht vertreten, daß gegen Versäumung der Prioritätsfrist überhaupt Wiedereinsetzung nicht stattfinde. So Fr. M. Jüngel S. 101 unter d (s. auch Dunkhase MW 21, 137). Dafür liegt aber kein Grund vor. Der angeführte Beschluß sagt nichts darüber, wie es sich für die spätere Zeit mit der Anwendbarkeit der zunächst nur als KriegsV gedachten Bestimmungen über die Wiedereinsetzung, dem dann aber durch das Ges v. 27. 4. 20 der Stempel der Dauergeltung aufgedrückt ist, verhalten muß. Ohne weiteres wird aber der Rechtsbehelf der Wiedereinsetzung keineswegs durch auf den Kriegszustand berechnete Bestimmungen ausgeschlossen. Auch die Prioritätsfrist ist ohne Zweifel eine Frist, deren Versäumung nach gesetzlicher Vorschrift einen Rechtsnachteil zur Folge hat. Allerdings ist die Gewährung der Wiedereinsetzung hier insofern keine endgültige, als die Priorität in jedem späteren Streit darüber nachzuprüfen ist und somit auch die Berechtigung der Wiedereinsetzung einer Nachprüfung unterliegen kann (vgl. auch österr VO v. 2. 7. 21, Bl 21, 166).

Abs 2: Beschwerde.

Anm. 6 **Allgemeines und Zuständigkeit.** Nach § 16 PG findet in Patentsachen eine — durch die Praxis (vgl. Geschäftstätigkeit S. 187) etwas eingeschränkte — allgemeine frist- und kostenlose Beschwerde gegen die Beschlüsse der Anmelde- und Nichtigkeitsabteilung und daneben nach § 26 eine kostenpflichtige und befristete Beschwerde für den Patentsucher oder den Einsprechenden gegen bestimmte Beschlüsse der Anmeldeabteilung statt. Dagegen gewährt § 10 Abs 2 in WZ-Sachen nur eine kostenpflichtige und an Monatsfrist gebundene Beschwerde (BA 27. und 28. 6. 05, Bl 05, 234; vgl. Ephraim MW 6, 87).

Neben der in Abs 2 vorgesehenen ordentlichen Beschwerde gibt es noch eine Beschwerde im Dienstaufsichtswege wegen gesetzwidrigen oder ungehörigen Verhaltens der patentamtlichen Instanzen an den Präsidenten des PA oder die vorgesetzte Dienstbehörde, das Reichsjustizministerium (s. § 2 A 5). Diese Beschwerde ist kostenlos und an keine Form oder Frist gebunden.

Nach § 2 der AusfVO v. 30. 6. 94 (Anh I) ist für Beschwerden gegen Beschlüsse der Abteilungen (oder der Prüfungsstellen) die Beschwerdeabteilung I des PA zuständig.

Nach § 3 daselbst entscheidet dieselbe in der Besetzung von fünf Mitgliedern, von denen mindestens zwei (darunter der Vorsitzende, s. § 1) rechtskundig sein müssen. Zur Zeit ist diese Besetzung nach der VereinfVO § 2 auf drei Mitglieder ermäßigt, von denen der Vorsitzende rechtskundig ist (Begründung zu § 2 der VereinfVO Abs 3, Bl 17, 26ff).

Nach § 4 AusfVO v. 30. 6. 94 (Anh I) bedarf es zur Beschlußfassung über die Beschwerden der Beratung und Abstimmung in einer Sitzung. Nach § 6 Abs 3 der AusfVO v. 11. 7. 91, Anh II (vgl. § 8 VO v. 30. 6. 94, Anh I) bezeichnet der Präsident des PA für jede Klasse im voraus zwei Berichterstatter.

Anm. 7 **Verfahren.** Nach Art III des Ges v. 1. 2. 26 (in Kraft ab 1. 4. 26) über Änderungen im patentamtlichen Verfahren (RGBl II 26, 127; Begründung Bl 26, 42) hat die Prüfungsstelle oder die Abteilung, deren Beschluß mit der Beschwerde angefochten wird, ihr abzuhelfen, wenn sie sie für begründet hält, anderenfalls hat sie sie ohne sachliche Stellungnahme binnen zwei Wochen der Beschwerdeabteilung vorzulegen. Dies findet jedoch keine Anwendung, wenn dem Beschwerdeführer ein anderer am Verfahren Beteiligter gegenübersteht.

Die Beschwerdefrist berechnet sich gemäß § 222 ZPO (§§ 187, 188, 193 BGB). Die Monatsfrist beginnt daher mit dem Tage der Zustellung und endigt mit dem entsprechenden (bzw. dem letzten) Tage des folgenden Monats. In dieser Zeit muß sowohl die Beschwerde beim PA eingegangen wie auch die Beschwerdegebühr bezahlt sein. Für letzteres genügt die Einzahlung bei der Post. Wird aber die Beschwerde — was zulässig ist — auf dem Abschnitte der Postanweisung (oder des Postschecks) erhoben, so muß dieser innerhalb der Frist beim PA eingegangen sein BA 8. 3. 98, Bl 98, 122. (Patent; vgl. § 8 Abs 2 Nr 1 A 3.)

Gemäß § 26 PG gilt die rechtzeitig eingelegte Beschwerde als nicht erhoben, wenn nicht innerhalb der Frist die tarifmäßige Beschwerdegebühr gezahlt wird. Dies gilt also auch für Beschwerden in Verfahrenssachen, z. B. bei einem Antrage auf Akteneinsicht u. dgl. (BA 2. 5. 18, GR 18, 75).

Eine Beschwerde, die am letzten Tage der Frist nach Ablauf der Dienststunden beim PA eingeht, ist unzulässig (BA 4. 7. 03, Bl 03, 222 [Patent]). § 10

Ist zwar die Beschwerdegebühr rechtzeitig gezahlt, die Beschwerdeschrift aber erst nach Ablauf der Frist beim PA eingegangen, so wird die Beschwerde (ohne Erstattung der Gebühr) als unzulässig verworfen (BA 21. 12. 99, Bl 01, 165). Ebenso bei sonst verspätet eingelegter Beschwerde, die, wie im allgemeinen unzulässige Beschwerden, gebührenpflichtig ist (BA 1. 2., 6. 4. und 4. 5. 00, Bl 01, 165).

Für das Beschwerdeverfahren gilt, neben dem § 10 Abs 2, gemäß § 10 Abs 1 der § 26 PG, welcher wieder auf § 25 Bezug nimmt. Wird daher die Beschwerde für zulässig erachtet — anderenfalls wird sie als unzulässig verworfen —, so richtet sich das weitere Verfahren nach § 25 PG. Auch die Beschwerdeabteilung kann danach, ebenso wie Vorprüfer und Anmeldeabteilung, Beweiserhebungen und sonstige zur Aufklärung erforderliche Ermittlungen veranstalten. Nach § 26 Abs 3 muß indessen auf Antrag die Ladung und Anhörung der Beteiligten erfolgen. Die Einschränkung des Abs 3 Satz 3 fällt zur Zeit nach § 3 Abs 2 VereinfVO fort. Für die Kosten ist § 26 Abs 4 maßgebend (vgl. dazu Niebour MW 23, 20).

Die Beschwerdeinstanz ist an die Begründung der Vorinstanz, auch soweit diese nicht angefochten wird, nicht gebunden. Hat z. B. die erste Instanz die Übereinstimmung bejaht und gewisse Waren wegen Gleichartigkeit gestrichen, so kann die Beschwerde des Widersprechenden, die Streichung weiterer Waren verlangt, aus dem Grunde mangelnder Übereinstimmung zurückgewiesen werden (BA 15. 7. 09, Bl 10, 21). Indessen wird bei der Prüfung auf Übereinstimmung in der Beschwerdeinstanz nicht auf absolute Versagungsgründe eingegangen (s. § 5 A 10).

Sachliche Voraussetzungen. Die Beschwerde ist gegeben: Anm. 8

1. für jeden Antragsteller gegen den Beschluß auf Zurückweisung seines Antrags;
2. für den Z-Inhaber gegen den Beschluß, durch den trotz seines Widerspruchs die Löschung angeordnet wird.

Als Antragsteller im Sinne von Nr 1 wurden in der neueren, jahrzehntelangen Praxis des PA auch der frühere Löschungsanreger — jetzt nach § 8 Abs 2 Nr 2 Satz 2 Antragsteller genannt — sowie der benachrichtigte und widersprechende Inhaber des älteren Z im Falle des § 5 behandelt und werden somit zur Beschwerde zugelassen. Wegen des ersteren s. BA 3. 3. 05, Bl 05, 105; wegen des zweiten BA 24. 6. 98, Bl 98, 159. Weiter kommen besonders in Betracht: der Antrag auf Eintragung (§ 2), auf Umschreibung (§ 7), auf Löschung gemäß § 9 Abs 5 oder § 8 Abs 1 (sei es des Z-Inhabers selbst, sei es eines Dritten, der sich auf freiwillige oder erzwungene Zustimmung desselben zur Löschung in beglaubigter Form beruft). Ferner der Antrag auf Berichtigung einer Eintragung (BA 26. 11. 04, Bl 05, 109), auf Akteneinsicht und Erteilung von Abschriften aus den Anmeldeakten (BA 27. 6. 05, Bl 05, 234) — wobei auch dem Anmelder, der den Anträgen des anderen erfolglos widersprochen hat, die kostenpflichtige Beschwerde zusteht (BA 3. 5. 18, MW 17, 223); der Antrag auf Rückerstattung von Gebühren (BA 28. 6. 05, Bl 05, 235).

Dagegen versagt die Praxis des PA das Beschwerderecht demjenigen, der, ohne eine Mitteilung nach § 5 erhalten zu haben, Widerspruch erhebt oder der mit dem Antrage, ihm eine solche Mitteilung zugehen zu lassen, abgewiesen ist (BA 4. 5. 98, Bl 98, 162; Geschäftstätigkeit S. 249; BA 4. 7. 11, MW 11, 128). Dies gilt auch im Verfahren der Prüfung der international registrierten Marken (BA 13. 8. 25, Bl 25, 211).

Nur vorbereitende Verfügungen, wie z. B. der Beschluß, durch den der eingereichte Druckstock für ungeeignet erklärt und ein vorschriftsmäßiger verlangt wird, unterliegen nicht der Beschwerde, sondern — abgesehen von dem Beschluß der Löschung trotz Widerspruchs — nur solche Beschlüsse, durch die ein Antrag endgültig zurückgewiesen wird. Beschlüsse erster Art können nur zugleich mit dem endgültigen Beschlusse angefochten werden (BA 6. 12. 02, Bl 03, 207; BA 1. 9. 99, Bl 00, 16 [Patent]).

Bedingte Beschwerden werden als unzulässig verworfen (BA 17. 9. 08, Bl 08, 274).

Unzulässig ist eine Beschwerde darüber, daß das Widerspruchsverfahren ausgesetzt wird, weil das Widerspruchszeichen noch nicht eingetragen ist, da der Entscheidung hierüber nicht vorgegriffen werden kann (BA 18. 5. 15, MW 15, 395).

Prozessual zulässig, aber sachlich unbegründet ist die Beschwerde wegen Ablehnung der Löschung, wenn der Antrag sich auf die Übereinstimmung mit einem älteren Z beruft (BA 6. 10. 05, Bl 05, 268).

Anschlußbeschwerde. Anschlußbeschwerde ist nach der Praxis des PA zulässig, und zwar frei von Gebühren (Geschäftstätigkeit S. 187; Duchesne GR 26, 261). Anm. 9

Im Widerspruchsverfahren findet auch Anschlußbeschwerde in rechtsähnlicher Anwendung der §§ 521ff ZPO statt, doch nur wegen derjenigen Z, auf die sich der mit der Beschwerde

§ 10 angefochtene Beschluß bezieht. Die Anschlußbeschwerde ist ohne Fristwahrung und Gebührenzahlung bis zur Beschlußfassung über die Beschwerde zulässig (BA 12. 2. 02 und 17. 3. 02, Bl 02 S. 122, 123); das gleiche wird für das Löschungsverfahren nach § 8 Abs 2 Nr 2 zu gelten haben, wenn es auf Antrag eingeleitet ist.

Anm. 10 **Großer Senat.** Art II des Ges v. 1. 2. 26 (in Kraft ab 1. 4. 26) über Änderungen im patentamtlichen Verfahren (RGBl II 26, 127) sieht die Bildung eines großen Senats bestehend aus sieben Mitgliedern vor, die in WZ-Sachen sämtlich Juristen sein dürfen (Näheres über Zusammensetzung und Verfahren s. § 2 VO v. 1. 2. 26, RGBl II 127). Die Anrufung dieses Senats ist geboten, wenn eine Beschwerdeabteilung von einer Entscheidung einer anderen oder von einer Entscheidung des Großen Senats abweichen will. Die Begründung zu dem Entwurfe des Ges v. 1. 2. 26 ist abgedruckt Bl 26, 42; s. auch Klauer JW 26, 680.

Abs 3.

Anm. 11 **Zustellungen.** Nach § 5 der AusfVO v. 30. 6. 94 (Anh I) sind die Beschlüsse und Entscheidungen des PA mit Gründen zu versehen, schriftlich auszufertigen und allen Beteiligten von Amts wegen zuzustellen.

Zustellungen, welche die Eintragung, die Übertragung (Umschreibung) oder die Löschung von WZ betreffen, erfolgen mittels eingeschriebenen Briefes.

Die Zustellung ist erfolgt durch die Behändigung des eingeschriebenen Briefes an den Empfänger oder dessen Vertreter und kann auch an einem Sonn- oder Festtage geschehen (BA 23. 10. 95, Bl 96, 314). Ein Rückschein pflegt nicht veranlaßt zu werden, nötigenfalls ergeht Anfrage bei der Post oder dem Empfänger über die Zeit der Aushändigung. Wird die Annahme verweigert, so kann die Zustellung als bewirkt angesehen werden (Busse S. 164 A 11).

Kann eine Zustellung im Inlande nicht erfolgen, so genügt die Aufgabe zur Post gemäß §§ 175, 213 ZPO, auch wenn die Sendung als unbestellbar zurückkommt. Handelt es sich um den Inhaber des Z, so sind die Zustellungen gemäß § 7 Abs 3 stets an denjenigen zu bewirken, welcher laut Eintragung als Inhaber gilt. Ergibt die Zustellung, daß dieser verstorben ist oder daß die betreffende juristische Person die Rechtsfähigkeit verloren hat (vgl. z. B. § 24e Abs 1 Nr 1), oder daß die als Inhaberin eingetragene Firma gelöscht ist, so kann das PA nach seinem Ermessen die Zustellung als bewirkt ansehen, oder zum Zwecke der Zustellung die Ermittlung der Rechtsnachfolger veranlassen (§ 7 Abs 3).

§ 176 ZPO ist nicht anwendbar (BA 9. 5. 08, Bl 08, 182 und Duchesne MW 8, 267). Doch kann auch dem bevollmächtigten Vertreter zugestellt werden (vgl. „Bestimmungen" v. 8. 9. 22 § 2e u. f; PA 18. 12. 13, MW 14, 161). Im Falle des § 23 Abs 2 erfolgen alle Zustellungen an den Vertreter.

Anm. 12 **Kosten.** Bezüglich der erstinstanzlichen Kosten des Eintrage- und Löschungsverfahrens enthält das Gesetz nur die Bestimmungen in § 5 Abs 1 Satz 4 und § 8 Abs 3 Satz 2 für den Fall einer Anhörung oder Beweisaufnahme. Es gilt alsdann § 25 Abs 2 PG entsprechend, d. h. auf Antrag müssen, ohne Antrag können die hierdurch verursachten Kosten dem unterliegenden Beteiligten unter entsprechender Anwendung der §§ 92, 95 u. 96 ZPO auferlegt werden (der Begriff der Kosten ist nach § 91 ZPO zu bestimmen); auch die Kosten der Zuziehung eines Anwalts oder Patentanwalts können zuerkannt werden (PA 2. 4. 21, MW 20, 169). Als unterliegend gilt auch derjenige, der in diesen Fällen die Anmeldung, den Widerspruch oder den Antrag auf Löschung zurücknimmt.

Für das Beschwerdeverfahren gilt nach § 10 Abs 1 WZG § 26 Abs 4 PG entsprechend. Das PA kann also nach freiem Ermessen bestimmen, inwieweit einem Beteiligten im Falle des Unterliegens die Kosten des Beschwerdeverfahrens zur Last fallen, sowie anordnen, daß dem Beteiligten, dessen Beschwerde für gerechtfertigt befunden ist, die Beschwerdegebühr zurückgezahlt wird. Das gleiche gilt, wenn die Beschwerde, die Anmeldung, der Widerspruch oder der Löschungsantrag ganz oder teilweise zurückgenommen wird (vgl. auch Lutter MW 21, 230 und Niebour MW 25, 139, der für die Beschränkung des Erlasses von Kostenentscheidungen in der Beschwerdeinstanz eintritt).

Die Anfechtung eines (erstinstanzlichen) Beschlusses nur hinsichtlich des Kostenpunktes ist unzulässig; ebenso eines nur über den Kostenpunkt ergehenden Beschlusses (§ 25 Abs 2 Satz 4 PG). Der in älteren Entscheidungen des PA (s. Pinzger A 17 Abs 1 Satz 3) zum Ausdruck gekommene Standpunkt, daß der Antrag auf Kostenersatz vor dem Beschlusse in der Sache selbst gestellt werden müsse, da hierüber nicht für sich allein entschieden werden könne, findet im Gesetz keinen Anhalt (s. G. Alexander-Katz MW 26, 3).

§ 11. § 11

Das Patentamt ist verpflichtet, auf Ersuchen der Gerichte über Fragen, welche eingetragene Warenzeichen betreffen, Gutachten abzugeben, sofern in dem gerichtlichen Verfahren voneinander abweichende Gutachten mehrerer Sachverständigen vorliegen.

Inhalt.

Anm.		Seite	Anm.		Seite
1.	Aus der Begründung und der Geschäftstätigkeit	179	3.	Das Verfahren	180
2.	Die Voraussetzungen	179	4.	Andere Gutachten und Auskünfte	180

Aus der Begründung und der Geschäftstätigkeit. a) Begründung zu § 11 (Entw § 10): Die dem PA auferlegte Pflicht zur Erstattung von Gutachten sichert — unbeschadet der freien richterlichen Beweiswürdigung — den in der Behörde gesammelten Erfahrungen den gebührenden Einfluß auf die Rechtsprechung. Die Stellung des PA als letzte technische Instanz bringt es mit sich, daß seine Mitwirkung seitens der Gerichte nur in der Form eines sog. Obergutachtens in Anspruch genommen werden darf. Eine entsprechende Beschränkung findet sich in § 18 PG v. 7. 4. 91. **Anm. 1**

b) Aus der Geschäftstätigkeit S. 293ff: Das PA ist die maßgebende Behörde für die Entstehung der Schutzrechte auf dem Gebiete des Patent-, Gebrauchsmuster- und Zeichenwesens. Die Auslegung des Umfangs des Rechts und die Durchführung des Rechtsanspruches ruht ausschließlich in den Händen der Gerichte, nur auf dem Wege der Erteilung von Gutachten hat das PA auf diesem Gebiete mitzuwirken . . .

Die Ablehnung von Gutachten gründet sich zum Teil auf eine Beanstandung der Beweisfrage. So, wenn es sich . . . um nicht eingetragene WZ handelt. Es kommt ferner nicht selten vor, daß zweifelhafte Fragen des Gewerbeschutzrechts, umkleidet von dem technischen Inhalt des Einzelfalles, aufgeworfen werden. Da Rechtsfragen dem Sachverständigenbeweise überhaupt nicht zugänglich sind, so darf insoweit ein Obergutachten nicht abgegeben werden. Dies gilt auch für Fragen, ob aus dem Sachverhalt auf Wissentlichkeit oder grobe Fahrlässigkeit zu schließen ist . . . Im übrigen wird eine allgemeine Fragestellung, ob Eingriff, Verletzung u. dgl. vorliege, dahin verstanden, daß nach der objektiven technischen Übereinstimmung gefragt wird. Eine technisch eingehende Fragestellung gehört, so wünschenswert sie vom Standpunkte des gerichtlichen Verfahrens ist, zu den Seltenheiten . . .

Die meisten Beanstandungen von Ersuchen um Abgabe von Gutachten erfolgen deshalb, weil im gerichtlichen Verfahren widersprechende Gutachten nicht vorliegen. Zuweilen fehlen solche gänzlich, oder es fehlt einem der Gutachten die technische Begründung. Öfter sind von den Parteien Gutachten zu den Akten überreicht worden. Diese gelten, solange der Sachverständige nicht auch seitens der Behörde zugezogen und zu einer Bestätigung seiner Äußerung veranlaßt ist, nur als technische Parteischriftsätze, welche die Voraussetzung für Erteilung eines Obergutachtens nicht erfüllen . . .

Zur Erstattung anderer als der im vorstehenden gekennzeichneten Gutachten ist das PA ohne Genehmigung des Reichskanzlers nicht befugt . . .

Anträge auf Auskunftserteilung gehen dem PA . . . sehr zahlreich zu. Soweit es die Verhältnisse gestatten, wird die Auskunft in weitestem Maße erteilt. Dies bezieht sich insbesondere auf Anfragen, wer der Inhaber oder was der Inhalt eines bestimmten . . . WZ sei.

Die Voraussetzungen. Die Voraussetzungen, unter denen das PA verpflichtet ist, das Gutachten abzugeben, sind: **Anm. 2**

1. Ersuchen eines inländischen Zivil- oder Strafgerichts im gerichtlichen Verfahren. Doch ist das PA durch Erlaß des Reichskanzlers v. 16. 9. 99 (Bl 99, 235) ermächtigt worden, auch einem Ersuchen der Staatsanwaltschaft zu entsprechen. Das schiedsrichterliche Verfahren kann einem gerichtlichen Verfahren nicht gleichgestellt werden, da die Schiedsrichter nach § 1035 ZPO nur eine bedingte und beschränkte Befugnis zur Vernehmung von Sachverständigen haben (a. A. Finger S. 283 oben). Die Schiedsrichter könnten ein Obergutachten des PA höchstens auf dem Umwege über § 1036 mittels Ersuchen seitens des zuständigen Gerichts veranlassen.

2. Die zu beantwortenden Fragen müssen ein in Deutschland eingetragenes Z betreffen; als ein solches hat auch ein nach dem Madrider Abkommen international registriertes Z zu gelten, das in Deutschland nicht zurückgewiesen ist (Madrider Abkommen Art 4 u. 5).

§ 11 Die Fragen dürfen sich also nicht auf rein ausländische Z, oder auf nicht eingetragene Z, wie Namen, Firmen, Ausstattungen usw., beziehen.

3. Es müssen **mehrere** im gerichtlichen Verfahren ergangene Gutachten vorliegen, und diese müssen voneinander abweichen.

Das PA soll nur als Obergutachter in Tätigkeit treten, und zwar nur über gerichtliche Gutachten. Parteigutachten genügen nicht (Geschäftstätigkeit A 1 b). Die Abweichung muß für den Rechtsstreit **erheblich** sein. Sie kann in der Entscheidung, aber auch in der Begründung liegen, da eine unhaltbare Begründung auch die Entscheidung hinfällig macht. Da das PA als technische Behörde in Anspruch genommen wird, muß die Meinungsverschiedenheit eine technische sein. Reine Rechtsfragen kommen nicht in Betracht (s. Geschäftstätigkeit A 1 b). Doch wird die Entscheidung auch der technischen Fragen in WZ-Sachen kaum ohne Berücksichtigung des Gesetzes und rechtlicher Gesichtspunkte möglich sein, da hier die technischen Fragen, wie die der Übereinstimmung und Verwechslungsgefahr, der Gleichartigkeit der Waren, der inhaltlichen Unrichtigkeit eines Z, der Täuschungsgefahr, in der Regel auch eine rechtliche Seite haben.

Ist eine dieser Voraussetzungen nicht gegeben, so kann das PA die Begutachtung ablehnen. Dies gilt auch für die Frage, ob erhebliche Abweichungen vorliegen, wenngleich das PA, wie die Geschäftstätigkeit A 1 b ergibt, geneigt sein wird, dem Ersuchen des Gerichts tunlichst zu entsprechen (a. M. Pinzger A 2 u. 4).

Anm. 3 **Das Verfahren.** Es steht im freien Ermessen des Gerichts, ob das PA um ein Obergutachten ersucht werden soll; an Parteianträge ist der Richter hierbei nicht gebunden (RGSt 29. 6. 05, Bl 05, 241). Die mehreren Gutachten können schriftlich erstattet, zu Protokoll erklärt oder vom Richter durch Niederschrift oder im Tatbestande festgestellt sein. Das Ersuchen ist an den Präsidenten des PA zu richten, zweckmäßig unter Übersendung der Akten (vgl. Busse A 7 I a). Zuständig ist nach § 2 AusfVO v. 30. 6. 94 (Anh I) die Beschwerdeabteilung I, und zwar nach § 3 Abs 2 Satz 2 daselbst in der Besetzung mit drei Mitgliedern. Da die Behörde als solche das Gutachten abgibt, bedarf es keiner Beeidigung (E 6, 337). Die Begutachtung des PA ist eine schriftliche.

Das Gericht kann das PA ersuchen, ein Mitglied zur Vertretung und Erläuterung des Gutachtens in der gerichtlichen Verhandlung zu beauftragen (§ 256 Abs 2 StPO; vgl. § 411 Abs 3 ZPO). Doch ist das PA nicht verpflichtet, einem solchen Ersuchen zu entsprechen; lehnt es die Entsendung eines Mitgliedes ab, so muß das Gericht sich mit dem schriftlichen Gutachten begnügen (RG I 2. 4. 21, Bl 21, 157).

Das Gericht ist an das Gutachten des PA nicht gebunden, sondern hat lediglich nach seiner freien Überzeugung zu erkennen. In Strafsachen ist das Gutachten in der Hauptverhandlung zu verlesen (§§ 249, 256 Abs 1 StPO).

Anm. 4 **Andere Gutachten und Auskünfte.** Gutachten anderer Art, insbesondere für andere Behörden oder Privatpersonen, erteilt das PA unter analoger Anwendung des § 18 Abs 2 PG nur mit Genehmigung der Reichsregierung, vertreten durch den Justizminister (Geschäftstätigkeit A 1 b).

Allerdings enthält § 11 keine dementsprechende Bestimmung, woraus Niebour (MW 24, 167) wohl mit Recht folgert, daß das PA in WZ-Sachen nicht in dieser Weise gebunden sei, so daß die Gerichte, besonders bei Klagen aus § 9 Nr 1, sehr wohl auch ohne die Voraussetzungen des § 11 beim PA anfragen könnten, aus welchem Grunde bei zwei sich gegenüberstehenden Z eine Übereinstimmung nicht angenommen sei oder wie sonst die Frage der Übereinstimmung beurteilt werde, und daß dann der zuständige Prüfer mit der Beantwortung beauftragt werden könnte. Niebour hält ein solches Verfahren für zweckmäßig, um widersprechende Entscheidungen der beiden Behörden tunlichst zu verhüten. Auch einzelne Beamte des PA könnten an sich als Sachverständige vor den Gerichten vernommen werden. Doch gilt hier die Beschränkung des § 408 Abs 2 ZPO und des § 76 Abs 2 StPO, wonach die Vernehmung eines öffentlichen Beamten unstatthaft ist, wenn die vorgesetzte Behörde des Beamten erklärt, daß die Vernehmung den dienstlichen Interessen Nachteile bereiten würde. Der geladene Beamte des PA hat daher durch Vermittlung des Präsidenten des PA die Genehmigung des Justizministers zu seiner Vernehmung nachzusuchen, welche regelmäßig versagt wird (Seligsohn A 4 Abs 1; Pinzger A 6 Abs 1). Auch für außergerichtliche Gutachten bedarf das Mitglied des PA nach § 12 Abs 1 RBG (RGBl 07, 247) der Genehmigung der vorgesetzten Behörde.

Auskünfte tatsächlicher Art kann das PA auch ohne Genehmigung erteilen (Geschäftstätigkeit A 1 b a. E.). Doch pflegt keine Auskunft darüber erteilt zu werden, weshalb im Widerspruchsverfahren nach § 5 ein bestimmtes Gegenzeichen nicht berücksichtigt worden ist (Busse § 5 A 12).

§ 12. § 12

Die Eintragung eines Warenzeichens hat die Wirkung, daß dem Eingetragenen ausschließlich das Recht zusteht, Waren der angemeldeten Art oder deren Verpackung oder Umhüllung mit dem Warenzeichen zu versehen, die so bezeichneten Waren in Verkehr zu setzen sowie auf Ankündigungen, Preislisten, Geschäftsbriefen, Empfehlungen, Rechnungen oder dergleichen das Zeichen anzubringen.

Im Falle der Löschung können für die Zeit, in welcher ein Rechtsgrund für die Löschung früher bereits vorgelegen hat, Rechte aus der Eintragung nicht mehr geltend gemacht werden.

Inhalt.

Anm.		Seite
1.	Aus Begründung und Kommissionsbericht	181
	Abs 1.	
2.	Die Eintragung	182
3.	Das Wesen des WZ-Rechts	183
	I. Positives Benutzungsrecht	183
	II. Unterlassungsklage gegen den Zeicheninhaber	185
4.	Erhaltung des Z an der Ware in dritter Hand	186
5.	Keine Verpflichtung des Inhabers zur Benutzung. Vorrats- und Defensivzeichen	186
6.	Territoriale Begrenzung des Z-Rechts	188
7.	Verletzung im Inlande	190
8.	Gleichartige Waren	191
	Die Zuwiderhandlungen.	
	A. Im allgemeinen.	
9.	Begriffliches und Einteilung	192
10.	Allgemeine Voraussetzungen	192
11.	Fälle unerlaubter Benutzung	193
12.	Fälle erlaubter Benutzung	193
13.	Konflikt und Konkurrenz mit anderen Rechten	193
14.	Versehen der Waren des Inhabers mit dessen Marke	194
15.	Benennung mit dem geschützten Worte	195
	B. Versehen.	
16.	Im allgemeinen	196
17.	Flüssigkeiten u. dgl.	196
18.	Andere Fälle	197
	C. Inverkehrsetzen.	
19.	Allgemeines	197
20.	Feilhalten	198
21.	Feilhalten in Druckschriften	198
22.	Vernichtung des Veräußerungsmonopols	198
	D. Verpackung oder Umhüllung.	
23.	Verpackung und Umhüllung	199
	E. Ankündigungen.	
24.	Im allgemeinen	200
25.	Die einzelnen Fälle	201
	Der gerichtliche Schutz.	
26.	Übersicht	201
27.	Voraussetzungen der Unterlassungsklage	202
28.	Wiederholungsgefahr	203
29.	Aktivlegitimation	203
30.	Passivlegitimation	204
31.	Gerichtsstand	204
32.	Einstweilige Verfügungen und Urteil	205
33.	Verjährung	205
34.	Feststellungsklage. Klagen gegen den Z-Inhaber	206
	Einreden gegen die Klagen aus § 12.	
35.	Das Eintragungsprinzip	206
36.	Vorbenutzung	207
37.	Lizenz	207
38.	Andere Einreden	207
	§ 12 Abs 2.	
39.	Inhalt des Abs 2 im allgemeinen	207
40.	Wesen der Rückwirkung	208
41.	Die Wirkung im einzelnen	208
42.	Eintritt des Löschungsgrundes	208

Aus Begründung und Kommissionsbericht. 1. Aus der Begründung S. 15, 16. **Anm. 1**
a) [zu Abs 1]: Die Rechtswirksamkeit eines Z soll — abweichend von dem bisherigen Gesetze — erst durch die Eintragung begründet werden. Damit wird Übereinstimmung hergestellt mit dem GMG. Die Anmeldung eines Z wird danach in Zukunft nur für die Priorität von rechtlicher Bedeutung sein. Eine weitere Abweichung von dem bestehenden Rechte liegt darin, daß jede Eintragung, auch wenn sie hätte versagt werden müssen, Wirksamkeit äußern soll. Namentlich im Falle der Kollision zweier eingetragener Z sollen, solange der Weg der gerichtlichen Klage nicht beschritten ist, beide Dritten gegenüber wirksam sein. Ein Einwand aus dem Rechte eines Dritten ist unzulässig. Über das gegenseitige Verhältnis der Inhaber kollidierender Z bedarf es besonderer Vorschriften nicht;

§ 12 wird auf Grund einer Eintragung jemand in Anspruch genommen, der klageweise die Löschung der Eintragung zu verlangen berechtigt ist, so ist es selbstverständlich, daß er das Verlangen durch Widerklage geltend machen kann. Neben der Ware und den Verpackungen sind Umhüllungen genannt, um klarzustellen, daß auch Behälter, Flaschen, Büchsen, welche in eine nur vorübergehende Verbindung mit der Ware — etwa beim Feilhalten — gebracht werden, unbefugt mit dem Z nicht versehen werden dürfen. Ebenso steht dem Inhaber ausschließlich die Befugnis zu, das Z im Warenverkehr als Verzierung, insbesondere als Vignette für Ankündigungen, Briefe, Rechnungen, Firmen-Ladenschilder usw. zu verwenden. Aus der dem Eingetragenen eingeräumten Rechtsstellung ergibt sich ohne weiteres, daß er neben den sonstigen Rechtsbehelfen gegen jede unbefugte Verwendung des Z sowohl auf die Feststellung klagen kann, daß sein Gegner zum Gebrauch des Z nicht berechtigt sei, als auch den Anspruch auf Unterlassung des Eingriffs in sein eigenes Recht geltend machen darf.

b) [zu Abs 2]: Das durch die Eintragung begründete Recht wird durch die Löschung beseitigt. Ließe man die Löschung ex nunc wirken, so wäre beispielsweise der Inhaber eines Z, dessen Eintragung von vornherein hätte versagt werden müssen, auch nachdem die Löschung von Amts wegen bewirkt ist, noch in der Lage, für diejenige Zeit, während welcher das Z tatsächlich eingetragen war, Entschädigungsansprüche gegen Dritte geltend zu machen. Dem läßt sich vorbeugen, indem man die Wirkung der Löschung auf den Zeitpunkt zurückverlegt, in welchem bereits ein Rechtsgrund für die Löschung gegeben war. Da, wo die Eintragung hätte versagt werden müssen (Ges § 8 Abs 2 Nr 2), fällt er ohne weiteres mit dem Zeitpunkt der Eintragung zusammen. Das gleiche wird im allgemeinen dann eintreten, wenn die Eintragung hätte beanstandet werden müssen (Ges § 9 Abs 1 Nr 1). In anderen Fällen wird der Zeitpunkt später liegen. Nach der Fassung des Abs 2 kann die Wirkung noch über den Zeitpunkt hinaus zurückbezogen werden, in welchem der Rechtsgrund eingetreten, der den äußeren Anlaß zur Löschung gegeben hat. Wenn beispielsweise durch Urteil wegen Aufgabe des Geschäftsbetriebs (Ges § 9 Abs 1 Nr 2) auf Löschung erkannt ist, so muß gegen den Anspruch des Z-Inhabers aus früherer Zeit die Einrede offenstehen, daß das Z schon vor Aufgabe des Geschäftsbetriebs, etwa weil es überhaupt nicht eintragungsfähig war, hätte zur Löschung gebracht werden können. Daher ist es nicht tunlich, im Löschungsverfahren selbst den Zeitpunkt zu bestimmen, von dem ab die Löschung wirken soll. Diese Feststellung muß dem Rechtsstreite überlassen werden, in welchem über Rechtsverhältnisse aus der Zeit der Eintragung verhandelt wird.

2. Aus dem Kommissionsbericht S. 6: Erklärung der Regierungsvertreter über das Verhältnis zwischen Muster- und Zeichenschutz und über den Umfang des letzteren: Ein Geschmacksmuster kann als Z angemeldet werden. Dann hat der Inhaber des Musterschutzes allein das Recht, das Muster gewerblich nachzubilden, während die Befugnis zur Verwendung als Warenbezeichnung ausschließlich dem Z-Berechtigten zusteht. Diese beiden Befugnisse können nebeneinander bestehen. Es ist auch begrifflich nicht ausgeschlossen, ein eingetragenes Z nachträglich als Muster schützen zu lassen, vorausgesetzt, daß durch die Eintragung die Eigenschaft der Neuheit nicht verlorengegangen ist (vgl. aber hierzu Anh zu § 9 A 22 und E 38, 128).

Ein anderer als der Inhaber darf das Z in keiner Form auf Ware oder Verpackung anbringen, insbesondere nicht als „Verzierung". Der Inhaber ist nicht verpflichtet, auf die Z-Qualität hinzuweisen, etwa durch die Umschrift WZ, Marke od. dgl. Er kann das Z auch in Verbindung mit anderen Zeichnungen, Arabesken, Landschaften usw. anbringen, was einem anderen nicht gestattet ist. Der Entwurf will den ausgedehntesten Schutz gewähren und jeder Irrtumserregung beim kaufenden Publikum vorbeugen.

Abs 1.

Anm. 2 **Die Eintragung.** Abs 1 enthält in Verbindung mit Abs 2 den fundamentalen Grundsatz, daß das WZ-Recht durch die Eintragung entsteht und mit der Löschung endigt (s. A 1 unter Nr 1 und § 3 A 6 u. 7).

§ 7 des Entw 1913 spricht dies deutlicher aus: „Der Z-Schutz dauert bis zur Löschung des Z in der Rolle." Dazu Begr S. 60: „Die Eintragung des Z ist die Voraussetzung nicht nur für den Erwerb des Schutzes, sondern auch für seinen Bestand, so zwar, daß ihm nur die formelle Löschung ein Ende macht. Der Einwand, daß das Z mit Unrecht eingetragen sei, oder daß es nachträglich den Anspruch auf Schutz eingebüßt habe, kann, wie die Fassung zum Ausdruck bringt, der Klage des Z-Inhabers nicht entgegengesetzt werden . . . Daß der Z-Schutz seinem Wesen nach zeitlich unbeschränkt ist und von dem Berechtigten dauernd am Leben erhalten werden kann, ist ein Grundsatz, der aus dem alten Gesetze sich bereits ergibt, der aber wichtig genug ist, um ausdrücklich ausgesprochen zu werden."

Das Z kann aber anfechtbar oder unwirksam sein (s. § 3 A 7).

Der Eintragung steht nach dem Madrider Abkommen die nicht zurückgewiesene internationale Registrierung (Art 5 des Abkommens) gleich (s. § 3 A 5). **§ 12**

Die Eintragung ist auch maßgebend für den Inhalt und Umfang des Z-Schutzes (s. § 3 A 9). Solange das Z eingetragen ist, ist es auch für diejenigen eingetragenen Waren wirksam, die nicht oder nicht mehr geführt werden (ESt 32, 370).

Spätere Zutaten (z. B. in der Ausstattung) oder Abänderungen des Inhabers beim tatsächlichen Gebrauch kommen zeichenrechtlich nicht in Betracht (E 43, 46; Bl 99, 179; GR 02, 387; RG II 11. 12. 23, „Recht" 24 Nr 1543). Doch kann, wenn durch ihre Nachahmung Verwechslungsgefahr verursacht wird, eine Klage aus § 15 WZG oder § 1 UWG gegeben sein (RG II 5. 3. 12, Bl 12, 267, und 4. 1. 16, GR 16, 81).

Das Datum der Eintragung ist maßgebend bei einem Prioritätsstreit zwischen WZ und Firma (E 56, 421; 64, 64; Seligsohn S. 169).

Das Wesen des WZ-Rechts. I. Positives Benutzungsrecht. Das Recht aus dem eingetragenen Z ist ein Immaterialgüterrecht (s. Einleitung Nr 4), welches dem Berechtigten für die eingetragenen oder gleichartigen Waren ein Monopol der Benutzung des Z in der in § 12 Abs 1 näher bezeichneten Art und Weise dergestalt gewährt, daß es jeden anderen von dieser Benutzung ausschließt und den Berechtigten befugt, eine solche Benutzung zu verbieten und die Befolgung des Verbots durch Unterlassungs- oder Beseitigungsklage zu erzwingen. **Anm. 3**

Die herrschende Ansicht geht allerdings dahin, daß in dem WZ-Recht zwei Funktionen enthalten seien, das positive Recht zur eigenen Benutzung und das Recht, anderen die Benutzung zu verbieten. Richtiger dürfte es jedoch sein, sich mit der Annahme des Verbietungsrechts zu begnügen, weil sich alle berechtigten Folgerungen für den Umfang des Rechts daraus herleiten lassen. Ebenso Osterrieth S. 323 (allerdings auf Grund seiner Auffassung des WZ-Rechts als Ausstrahlung der Persönlichkeit) und Salinger GR 12, 272.

Das WZ-Recht fügt bei seiner Entstehung der Rechtssphäre des Inhabers nichts an positivem Inhalte zu. Er kann tun, was er bisher gekonnt hat, nur sind jetzt die anderen von diesem Können rechtlich ausgeschlossen. Seine Berechtigung zum positiven Tun beruht auf der natürlichen Freiheit in Verbindung mit der logischen Tatsache, daß sich sein eigenes Verbietungsrecht nicht gegen ihn selbst richten kann. Allerdings vermag er nunmehr auch die Entstehung anderer, dem seinigen widerstreitender Verbietungsrechte zu hindern, wodurch zugleich für ihn selbst die Möglichkeit zum positiven Tun für die Zukunft gesichert erscheint. Dies ist aber nicht ein neuer positiver Inhalt seines Rechts, sondern nur eine andere Seite des Verbietungsrechts, begründet durch die Notwendigkeit, das Verhältnis mehrerer gleichartiger, miteinander unvereinbarer Verbietungsrechte nach dem Grundsatze der Priorität zu regeln.

Die Benutzungsbefugnis des Inhabers unterscheidet sich inhaltlich in nichts von der des obligatorischen Lizenzträgers, bei dem sie lediglich darin besteht, daß der Inhaber ihm gegenüber auf das Verbietungsrecht verzichtet hat (E 44 S. 73 u. 74).

Wenn das RG E 99, 93 sagt: „Der Lizenznehmer gewänne kein Recht, seine eigene Ware mit dem fremden WZ zu versehen, wenngleich der Inhaber ihm gegenüber auf Geltendmachung von Unterlassungsansprüchen verzichte. Keinesfalls würde durch einen solchen Lizenzvertrag die Anwendung der Bestimmungen des Wettbewerbsgesetzes bei einer gegen sie verstoßenden Benutzung des Z ausgeschlossen werden", so gilt letzteres ebensosehr von dem Rechte des Z-Inhabers selbst.

Auch mit Löschung des Z hört die Befugnis des Inhabers, das Z zu benutzen, keineswegs auf, wohl aber sein Verbietungsrecht. Daher ist auch in § 7 des Entw 1913 nur von einem „Z-Schutz", der bis zur Löschung dauert, nicht aber von einem positiven Z-Recht die Rede.

Es ist an sich nicht wichtig und mehr eine Frage der Auffassung und Konstruktion, ob man dem WZ-Recht noch einen positiven Inhalt neben dem Verbietungsrecht zuschreibt. Indessen ist es schon im Interesse der Ökonomie des Rechts wünschenswert, einem Rechtsinstitute keinen weiteren Inhalt beizulegen, als ihm nach seinem Zwecke unbedingt gebührt, denn solches führt leicht zu unberechtigten Folgerungen, wie sich das gerade in unserem Falle gezeigt hat.

In der älteren Rechtsprechung wird das WZ-Recht auf Grund dieser Lehre als ein Recht ganz besonderer Art behandelt, dessen Ausübung durch keine Gegenrechte oder entgegenstehende Rechtsnormen beeinträchtigt werden könne, solange die Eintragung bestehe, und man behandelt den Inhaber gewissermaßen wie einen König, der kein Unrecht tun kann. So heißt es in E 64, 275: „Wer auf Grund der bestehenden Eintragung sein Z benutzt, übt nur das Recht aus, das ihm das Gesetz gewährt und handelt nicht widerrechtlich; ob er bei der Anmeldung sich bewußt war oder bei der Benutzung des Z sich bewußt sein mußte, daß Verwechslungen mit einem besser berechtigten Z entstehen können, ist für die Frage der Wider-

§ 12 rechtlichkeit der Benutzung des Z nicht entscheidend . . ." Mit dieser Begründung ist die Schadensersatzklage des älteren Z-Inhabers trotz unterstellter Wissentlichkeit des Eingriffs bei Anmeldung und Benutzung des jüngeren Z abgewiesen worden. Ähnlich RGSt 34, 277: „Vor der Löschung kann der Gebrauch des Z seitens des durch die Eintragung Berechtigten als rechtsverletzend auch da nicht angesehen werden, wo damit die Störung eines anderen in seinem dem § 15 entsprechenden Ausstattungsbesitze bezweckt und verbunden ist." Auch hier wurde unterstellt, daß die Anmeldung zum Zwecke der Täuschung erfolgt war (s. auch ESt 30, 211). Diese Auffassung hat auch zur Folge gehabt, daß für lange Zeit eine Klage auf Unterlassung der Benutzung eines eingetragenen Z für unzulässig erachtet wurde, bis man sie schließlich wenigstens in Verbindung mit einer Klage auf Löschung zugelassen hat, was noch in E 56, 371 a. E. für bedenklich angesehen wird.

Alles dies widerspricht allgemeinen Rechtsgrundsätzen und dem Wettbewerbsrecht und findet im Gesetze keinerlei Anhalt.

Der Benutzung des Z können wie jedem anderen Rechte stärkere Gegenrechte und Einwendungen aus allgemeinen Rechtsnormen, besonders des Wettbewerbs, entgegengehalten werden. Wegen der Unterlassungsklage s. Rosenthal Komm § 1 A 67 sowie GR 19, 111 und MW 24, 76; ferner Salinger GR 12, 272; Wassermann MW 18, 156.

Nur das ist richtig, daß die Anfechtbarkeit des Z nicht durch Einrede geltend gemacht werden kann, so daß es hierzu eines Löschungsantrags oder der Löschungsklage bedarf (vgl. § 3 A 6; § 9 A 3). Es kann nur Aussetzung bis zur Erledigung des Löschungsverfahrens beantragt werden (Vorbem 6 zu §§ 8 u. 9). Noch weniger sind Einreden aus Anfechtungsrechten Dritter und überhaupt aus Rechten Dritter zulässig.

Gibt man dem Rechte einen positiven Inhalt, so schwächt man es selbst ab, da es dann die Kraft des Verbietens anderen WZ-Rechten gegenüber, denen es nach dem Grundsatze der Priorität vorgehen müßte, einbüßt. Wenn es in E 64, 274 heißt: „Mit der Anmeldung zur Eintragung greift der Anmeldende noch nicht in das Rechtsgut des früher Eingetragenen ein . . .", so ist das zu bestreiten, denn es liegt darin eine rechtswidrige Störung des Z-Besitzers im Sinne von § 1004 BGB (s. unten A 27 und § 9 A 6). Der ferner dort angegebene Grund, daß die Eintragung auf Grund einer Prüfung des PA gemäß §§ 5 u. 6 erfolgt sei und daher nur durch Löschung beseitigt werden könne — so auch E 93, 291 —, ist an sich unhaltbar, weil die amtliche Vorprüfung nach § 5 ein sicheres Ergebnis nicht verbürgt (Begr zum Entw 1913 S. 53; Osterrieth GR 20, 127 u. 173; Paul Schmid MW 13, 254; Gülland und Queck daselbst S. 529) und daher auch der Nachprüfung der Gerichte nach § 9 Abs 1 Nr 1 unterliegt; er paßt aber auch nicht, soweit eine Prüfung des PA mit Rücksicht auf Gegenrechte gar nicht stattfindet.

In der neueren Rechtsprechung des RG ist denn auch der ältere Standpunkt in der Hauptsache überwunden. Schon in ESt 35, 324 wird ausgesprochen, daß derjenige, welcher die Eintragung einer trügerischen Herkunftsbezeichnung erreicht hat, bei der Benutzung gegen eine Bestrafung aus § 16 WZG nicht geschützt sei.

In E 38, 131 wird dem Satze von Kohler zugestimmt: „Die Marke darf nicht rechtswidrig sein; sie darf nicht in das Recht eines Dritten eingreifen; jede gegen das Recht eines Dritten verstoßende Marke entbehrt des rechtlichen Schutzes."

In E 85, 203 wird für die wissentliche Benutzung eines eingetragenen trügerischen Z (mit unrichtiger Herkunftsangabe) dem Verletzten auch für die Zeit vor der Löschung gemäß § 826 BGB Schadensersatz zugesprochen (Berliner Rollmops).

Allgemein wird für das Gebiet des unlauteren Wettbewerbs ausgesprochen, daß das Recht am eingetragenen Z bei der Kollision mit Wettbewerbsgeboten diesen weichen müsse und seine Ausübung in diesem Falle rechtswidrig werde. ESt 49, 242 (ausführlich: MW 14, 338: „Hamburger F. K." als Schlagwort für Margarine). In E 66, 239 wird die Klage auf Unterlassung der Benutzung eines eingetragenen Z zugesprochen, weil diese Benutzung nach § 826 BGB unzulässig sei (ebenso RG II 3. 6. 13, GR 14, 52; MW 13, 25: Fulton-Sägen; und RG II 25. 1. 24, MW 23, 198: Heims Heilkraft; s. auch Rosenthal § 1 A 59ff). Wenn dort gesagt ist, das WZG sei immerhin ein Sondergesetz und wolle den Grundsätzen des BGB, welche Schutz gegen illoyale Handlungen im Verkehrsleben bezwecken, den Eingang nicht verschließen, so ergibt schon dieser Gesichtspunkt, daß man es bei der Berücksichtigung illoyaler Benutzung nicht bewenden lassen kann, sondern daß, wie bei allen anderen Rechten, jede rechtswidrige Benutzung, d. h. auch eine solche, der ein stärkeres Gegenrecht gegenübersteht, unstatthaft ist (vgl. E 38, 130ff; 48, 235ff; OLG Hamm 23. 12. 13, MW 14, 196). Es wird auch wohl nirgends bestritten werden, daß, wenn der Z-Inhaber sich durch Vertrag verpflichtet, sein eigenes Z nicht zu benutzen, dieser Vertrag rechtswirksam ist und mit der Unterlassungsklage geltend gemacht werden kann (s. RG I 1. 2. 05, MW 7, 166: Hercules). Dasselbe muß aber auch von anderen stärkeren Gegenrechten, z. B. dem Urheberrecht, dem Musterrecht, dem Namens- und Firmenrecht usw. gelten, und zwar wäre es durch nichts gerechtfertigt, in allen diesen Fällen zu verlangen, daß zunächst auf Löschung und nur für die Zukunft auf Grund der erfolgten Löschung auf Unterlassung geklagt wird. Selbstverständlich kann auch der Lizenznehmer den Vertrag einredeweise geltend machen (RG 12. 1. 09, MW 08, 159). § 12

II. Unterlassungsklage gegen den Z-Inhaber. Nach dem heutigen Stande der reichsgerichtlichen Rechtsprechung kann denn auch angenommen werden, daß von dem positiven Benutzungsrecht nur das übrigbleibt, daß ein älterer Z-Inhaber die Unterlassung der Benutzung eines jüngeren, mit dem seinigen kollidierenden Z nur in Verbindung mit einer Löschungsklage und nur für die Zeit nach erfolgter Löschung verlangen kann (E 49, 52; 92 S. 385, 386, Bl 18, 66 und 93, 291; s. auch RG II 25. 1. 24, MW 23, 199).

E 49, 54 (Valvoline) nimmt zugleich an, daß der Inhaber des älteren Z, obwohl er nach § 9 Nr 1 die Löschung des jüngeren Z verlangen könnte, doch gegen die auf Grund des letzteren erhobene Untersagungsklage keine Einrede geltend machen kann, solange dieses eingetragen ist. Freilich könne aus demselben Grunde auch die Untersagungsklage gegen das ältere, noch eingetragene Z keinen Erfolg haben. Bei einem Kombinationszeichen (Wort Valvoline mit Adlerbild) gelte dieses positive Gebrauchsrecht gegenüber einem kollidierenden älteren Z nur für die Kombination, wie sie eingetragen sei, nicht für einzelne Bestandteile derselben.

Daraus würden sich denn auch wohl die befremdlichen Folgerungen ergeben, die in E 64, 273 und in ESt 30, 211 und 34, 277 (s. oben) gezogen sind.

Aber auch das ist unhaltbar und wird mit Recht von Salinger (GR 12, 272), Wassermann (MW 18, 156) und Rosenthal (§ 1 N 67) bekämpft.

Das Vorrecht der Priorität beherrscht das ganze Gesetz, und es ist in keiner Weise einzusehen, warum die Wirkung eines an sich vorgehenden und zur Löschungsklage berechtigenden WZ-Rechts gerade einem ihm gegenüber anfechtbaren jüngeren Rechte versagen sollte. Die Prüfung seitens des PA nach §§ 5, 6 ist eine überaus schwierige und kann keineswegs als abschließend erachtet werden. Die Sache liegt nicht anders wie im Patentrecht, wo die Erteilung des jüngeren Patents den Inhaber des älteren keineswegs hindert, im Falle der Abhängigkeit auf Unterlassung zu klagen. Der Versuch Dunkhases (MW 15, 306), die unterschiedliche Behandlung von Patent und WZ in dieser Hinsicht zu begründen, ist nicht überzeugend. Durch die E 64, 273 wird geradezu eine böswillige Verwendung der Marke gutgeheißen. Dagegen OLG Dresden 22. 3. 06, Bl 07, 222.

Die Verweisung auf die Löschungsklage ist unzureichend, denn nur die Geltendmachung des gegenwärtigen Rechts auf Untersagung gibt die Grundlage für einstweilige Verfügungen auf vorläufige Unterlassung, die nicht verlangt werden kann, wenn bis zur Löschung ein Benutzungsrecht besteht. Der Inhaber des älteren Z kann aufs schwerste geschädigt werden, wenn er die Benutzung des Gegenzeichens ohne Anspruch auf Schadensersatz dulden muß, bis er die Einwilligung in die Löschung rechtskräftig erstritten und dann die Löschung selbst beim PA erwirkt hat. Inzwischen kann sein Z durch den jahrelangen Mißbrauch wertlos geworden sein (vgl. sächs OLG 22. 3. 06, Bl 07, 222).

Die Verweisung des älteren Z-Inhabers auf die Löschungsklage kann nur dann zum Ziele führen, wenn er nicht durch irgendwelche vertragliche Abmachungen daran gehindert ist. Solche können mannigfacher Art sein, z. B. kann bei einem Streit der beiden Z-Inhaber über die Verwechslungsgefahr dem jüngeren Z-Inhaber die Benutzung vergleichsweise oder gegen Entgelt in gewissen Grenzen gestattet sein, oder es kann ihm eine begrenzte Lizenz an dem WZ mit Eintragungsbefugnis bewilligt sein.

§ 8 des MSchG v. 1874 deklariert das Prioritätsprinzip ausdrücklich dahin, daß dem ersten Anmelder das Recht der Z-Benutzung ausschließlich zustehe. Hieran ist durch das Ges v. 1894 nichts geändert worden.

Die hier bekämpfte Lehre vom positiven Benutzungsrechte wird übrigens nicht folgerichtig durchgeführt, wie folgende Urteile ergeben:

Wer ein Z im Bewußtsein der Kollision mit einem älteren Z anmeldet und eintragen läßt und alsdann benutzt, handelt mit allen diesen Akten gegen die guten Sitten und ist demgemäß schadensersatzpflichtig (§ 1 UWG; § 826 BGB; RG II 6. 10. 11, GR 12, 69: Palmin — Kaiserpalin).

RG II 27. 10. 10, MW 10, 191 (Mercier) erkennt an, daß, wenn ein WZ aus einer Firma gebildet sei, der Gebrauch der letzteren zur Warenbezeichnung nicht damit gerechtfertigt werden könne, daß das WZ benutzt werden dürfe. Vielmehr werde der widerrechtliche Gebrauch der Firma „durch die warenzeichenrechtliche Zulässigkeit" nicht rechtmäßig. (Die Verurteilung lautete auf Löschung der Firma gemäß § 8 UWG v. 1896.)

In der E v. 22. 12. 11, Bl 12, 231; GR 12, 136, MW 11, 201 erkennt das RG an, daß die Unterlassung auf Grund des § 1 UWG gefordert werden könne, wenn die Benutzung des Z, so wie es eingetragen ist, bei dem Publikum den Irrtum zu erregen geeignet ist, als ob

§ 12 die mit dem Z versehenen Waren aus dem Gewerbebetrieb des älteren Z-Inhabers herrührten. „Das würde eine Anmaßung seiner gewerblichen Leistungen durch eine Irreführung der in Betracht kommenden Kundschaft enthalten, die den Wettbewerb des Beklagten unlauter förderte und zugleich den des Klägers unlauter beeinträchtigte, somit gegen die guten Sitten im Sinne von § 1 UWG verstieße." Hiermit dürfte praktisch der frühere Standpunkt des RG auch hinsichtlich der Unterlassungsklage des älteren Z-Inhabers aufgegeben sein, denn die Verwechslungsfähigkeit der beiden sich gegenüberstehenden Z ist ja die notwendige Voraussetzung der Klage aus § 12. Vgl. auch OLG Dresden 19. 4. 12, GR 12, 189 a. E.

Auch die neuere Praxis des RG, wonach die Untersagungsklage mit einer Löschungsklage aus § 9 Nr 1 verbunden werden kann (s. oben), ist mit dem Satze nicht vereinbar, daß das Z unbedingt benutzt werden könne, solange es eingetragen sei. Denn es wird hiernach vor der Löschung ein Verbot der Benutzung erlassen, welches sehr wohl vor der Löschung rechtskräftig und vollstreckbar werden kann.

Von seinem Standpunkte aus führt übrigens das RG mit Recht aus, daß sich der erörterte Satz nur auf den Fall bezieht, wo das jüngere Z genau in der Form, in der es eingetragen ist, benutzt wird. Wird es mit einer Abweichung benutzt, durch die erst die Verwechslungsgefahr geschaffen wird, so ist selbstverständlich die Untersagungsklage des Inhabers des älteren Z unabhängig von der Löschungsklage begründet (RGSt III 2. 2. 14, MW 13, 564; RG II 6. 5. 13, MW 13). Letztere Entscheidung zeigt, in welche Schwierigkeit man durch die Annahme eines positiven Benutzungsrechts, das auch gegenüber einem älteren WZ im Falle der Verwechslungsgefahr besteht, gerät. Es handelte sich um einen Konflikt des bekannten Apollinariszeichens (rotes, gleichseitiges Dreieck) mit einem jüngeren Z, das aus einem in Linien stilisierten mongolischen Kopf mit dreieckigem Hute (gleichseitigem Dreieck) bestand. Die Verwechslungsgefahr der beiden Z, so wie sie eingetragen waren, wurde verneint, dagegen für den Fall anerkannt, daß der Inhaber des jüngeren Z den Hut rot färben würde. Obwohl nun zeichenrechtlich die Farbe regelmäßig kein Unterscheidungsmerkmal bildet und folgeweise der Inhaber eines farbig eingetragenen Z dasselbe auch in anderer Farbe oder farblos, der Inhaber eines farblos eingetragenen dasselbe in beliebigen Farben mit Schutzwirkung ausführen kann, so wurde trotzdem erkannt, daß, wenn der Inhaber des jüngeren Z den Hut rot färbe, dadurch das Z völlig verändert werde, so daß es sich nunmehr um ein ganz anderes Z handle, weil das Dreieck in den Vordergrund trete. Mit dieser Begründung gelangte man zur Abweisung der Löschungsklage und zur eventuellen Anerkennung des Rechts auf eine demnächstige Untersagungsklage. Würde aber diese Begründung im Einklange sein mit der doch gewiß berechtigten Annahme, daß die erwähnte Ausführung seitens eines Dritten einen offenbaren Eingriff in das jüngere Z-Recht bedeuten würde? Und könnte nicht der Kläger geltend machen, daß auch er berechtigt sei, sein Dreieck farblos auszuführen, und daß alsdann Verwechslungsgefahr bestehen würde? Die richtige Begründung der an sich zu billigenden Entscheidung besteht einfach darin, daß der Inhaber eines jüngeren Z letzteres nicht so ausführen darf, daß dadurch Verwechslungsgefahr mit einem älteren besteht, daß aber andererseits auch dem Inhaber des älteren Z eine fernliegende und bisher niemals benutzte Darstellung verschlossen ist, vermöge deren erst nachträglich Verwechslungsgefahr mit einem im Verkehr befindlichen jüngeren WZ verursacht wird. Vgl. auch RG II 6. 5. 13, MW 12, 653 (das Apollinaris-Dreieck und ein nichtfarbiges Dreieckszeichen mit der Inschrift Ka — Ha — Van; E 82, 243 a. E. und GR 14, 20) und unten A 8 (über die Bedeutung der Priorität bei Kollisionen).

Auch nach der älteren Rechtsprechung des RG berechtigt der Besitz eines zusammengesetzten Z übrigens nicht dazu, einzelne Bestandteile dieses Z, welche mit einem älteren Z übereinstimmen, zur Warenbezeichnung zu benutzen (RGSt 34, 169, Bl 01, 223: Salvator). Auch hindert die Verwendung eines eingetragenen Z als Bestandteil einer Ausstattung nicht, daß durch letztere der Ausstattungsbesitz eines anderen verletzt wird (RGSt 29, 159, Bl 96, 370).

Anm. 4 **Erhaltung des Z an der Ware in dritter Hand.** Ebensowenig wie ein positives Benutzungsrecht, ist ein Recht des Z-Inhabers darauf anzuerkennen, daß das von ihm angebrachte Z an der Ware in fremder Hand bestehen bleibt (RGSt 42, 189, Bl 09, 221). Der Erwerber der Ware ist vielmehr zeichenrechtlich nicht gehindert, das Z zu entfernen, zu vernichten, zu verändern oder es durch ein anderes Z zu ersetzen, vorbehaltlich der Möglichkeit, daß er damit gegen andere Z-Rechte, gegen andere Gesetze oder gegen eine Vertragspflicht verstößt. Es verstößt z. B. gegen §§ 1 u. 3 UWG, wenn jemand fremde Waren für seine eigenen ausgibt, um dadurch Bestellungen zu erhalten, bei denen er seine eigenen Waren unterschiebt (RG II 1. 5. 17, MW 16, 241; vgl. Marquardt MW 13, 480; Finger MW 18, 88). Unter Umständen kann auch in der Veränderung des Z die unzulässige Anbringung eines mit diesem Z verwechslungsfähigen Z gefunden werden.

Anm. 5 **Keine Verpflichtung des Inhabers zur Benutzung. Vorrats- und Defensivzeichen.** Der

Inhaber ist nicht verpflichtet, das Z zu benutzen, auch ist der Bestand seines Rechts nicht von der Benutzung abhängig (a. A. Rauter GR 05, 192; dagegen Heinemann S. 258 und Ephraim UW 4, 100; Seligsohn S. 172). **§ 12**

Hierauf beruht die Zulässigkeit der Vorrats- und Defensivzeichen, über die sich das RG eingehend in E 97 S. 90, 302 (GR 20, 36ff mit Bemerkungen von Osterrieth) ausgesprochen hat (Pecose und Strahlenkranz; s. auch E 69, 379; 104, 312; 112, 160). Für Vorratszeichen besteht vielfach, besonders in der chemischen Industrie, ein Bedürfnis, um für neue Erzeugnisse sofort ein geeignetes und geschütztes WZ zur Hand zu haben. Defensivzeichen haben den Zweck, das tatsächlich benutzte Hauptzeichen, dem sie ähnlich sind, in seiner Schutzwirkung zu fördern, indem sie bei Benutzung durch Dritte die Prüfung der Verwechslungsfähigkeit mit dem Hauptzeichen erübrigen. Da die Z-Wirkung unabhängig von der Benutzung ist, die übrigens bei den Vorratszeichen auch nur aufgeschoben ist, so haben beide mit der Eintragung die Kraft vollwirksamer Z. Insbesondere genießen sie auch den erweiterten Schutz des § 20 (E 97, 96 u. 305). Indessen ist zu beachten, daß das formale Z-Recht nur ausgeübt werden darf, innerhalb der Grenzen des lauteren Wettbewerbs und der guten Sitten, und nicht zur Verübung unlauterer Handlungen und zur Verletzung materieller Rechte dienen darf (RG 97, 93 u. 94). Vorrats- oder Defensivzeichen, die über diese Grenzen hinausgehen und unter dem Vorwande späterer Benutzung oder der Verteidigung des Hauptzeichens den Schutz für den Inhaber auf Kosten der Mitbewerber ungebührlich ausdehnen, würden nach dem Rechte des unlauteren Wettbewerbs anfechtbar und unwirksam sein (E 111, 195: Goldina; RG II 3. 11. 25: Fex, Bl 26, 186; GR 26, 77; MW 25, 150). Derartigen Z gegenüber müßte auch die Klage aus § 6 Abs 2 durchdringen (E 97 S. 93, 95). Ist das Vorratszeichen mißbräuchlich erwirkt für nicht geführte Waren, so ist die Löschungsklage aus § 9 Abs 1 Nr 2 begründet (RG II 29. 10. 20, MW 20, 108: Saxonia; s. im übrigen zum sog. Defensivwarenverzeichnis § 1 A 19 u. 20). Dagegen kann den Bemerkungen Osterrieths (GR 20, 40) zu den erwähnten E 97, 90 u. 302, die darauf hinauslaufen, die Wirksamkeit berechtigter Vorrats- und Defensivzeichen abzuschwächen, nur eine beschränkte Berechtigung zuerkannt werden. Allerdings sind bei der Frage der Verwechslungsfähigkeit stets die Umstände des Falles, insbesondere die Art der Benutzung zu berücksichtigen. Das kann aber bei den Vorratszeichen an sich keine Rolle spielen, da sie ja zur zukünftigen Benutzung bestimmt sind und daher schon vorher, um dieser Bestimmung zu genügen, als vollwirksame WZ, wie wenn sie schon jetzt im Verkehr wären, behandelt werden müssen. Etwas anders verhält es sich allerdings mit den Defensivzeichen, welche als solche ja nicht zur Verwendung im Verkehr bestimmt sind. Immerhin hat der Inhaber aber auf eine solche Benutzung nicht verzichtet und könnte sie in den Verkehr einführen, soweit dies nicht aus besonderen Gründen ausgeschlossen ist, wie z. B. bei den Singer-Zeichen (MW 14, 187 u. 188), bei denen es sinnwidrig gewesen wäre, das große S durch einen anderen großen Buchstaben zu ersetzen. Man könnte geneigt sein, das Defensivzeichen zwar, so wie es ist, gelten zu lassen, eine Verwechslungsgefahr im Verkehr darüber hinaus aber nur insoweit anzunehmen, als sie auch bezüglich des Hauptzeichens gegeben ist. Darauf läuft auch die E BA 26. 11. 15 (GR 16, 60) wohl hinaus. Das RG hat aber am 4. 12. 25 in E 112, 160 (Bl 26, 126; MW 25, 168) auch diese Einschränkung mit Recht abgelehnt. Es handelte sich um das Hauptzeichen Kornfranck, das Defensivzeichen Kofra und das Gegenzeichen Koffea. Das BG hatte die beiden letzteren für verwechselbar erklärt, dagegen eine Verwechslungsgefahr zwischen Haupt- und Gegenzeichen verneint, aus diesem Grunde die Klage auf Unterlassung des Gebrauchs des Gegenzeichens abgewiesen, weil ein Mißbrauch des förmlichen Z-Rechts vorliege. Das RG führt dagegen zutreffend aus, daß das Defensivzeichen nutzlos wäre, wenn es nur für den Fall der Wirksamkeit des Hauptzeichens gelten sollte, und lehnt zugleich ein bedingtes Z-Recht ab. Außerdem verlangt es von dem Defensivzeichen nicht, daß es mit dem Hauptzeichen verwechselbar sei, wenn auch eine gewisse Ähnlichkeit vorliegen müsse, denn es sei ja gerade der Zweck des Defensivzeichens, etwaige Zweifel über Verwechslungsfähigkeit im voraus dadurch zu erledigen, daß man ein möglicherweise verwechselbares Z unter selbständigen Schutz stelle. Im gegebenen Falle sei übrigens das Defensivzeichen Kofra mit beiden anderen Z verwechselbar. Von einem Mißbrauch könne aber auch abgesehen davon keine Rede sein. Gegen dieses Urteil Rosenthal (GR 26, 184 und JW 26, 1156 Nr 3), dessen Ausführungen darauf hinauslaufen, dem Defensivzeichen nur dann Wirkung zuzuerkennen, wenn zugleich das Hauptzeichen verletzt ist; dem Urteil zustimmend Wassermann (JW ib.).

Richtig ist allerdings, daß ein bloßes Defensivzeichen nicht ohne weiteres behandelt werden darf wie ein im Verkehr befindliches Hauptzeichen, denn die Frage der Verwechslungsgefahr ist stets konkret zu beurteilen und die Tatsache, daß das Z gar nicht benutzt wird, kann dabei nicht außer acht gelassen werden (vgl. § 5 A 3). Man wird daher Rosenthal so weit entgegenkommen dürfen, daß dem Defensivzeichen der Schutz versagt wird, wenn ein berechtigtes Interesse an der Verfolgung des Gegenzeichens mangels Ähnlichkeit mit dem Haupt-

§ 12 zeichen und Möglichkeit der Verwechslung beider fehlt. So im wesentlichen die von Rosenthal in der neuesten Auflage S. 164a zitierte E des RG II v. 29. 10. 26 (Grammophon, Grammofox — Vox) „Recht“ 26, 734; E 114, 360; JW 27, 108[13] (Rosenthal). Noch weiter gehen hieße das ganze eingebürgerte Institut der Defensivzeichen beseitigen und den Zwang zur Benutzung des Z einführen.

Auch in anderer Beziehung kann langer Nichtgebrauch, wie er bei Vorrats- und Defensivzeichen vorkommt, das Z nicht nur beeinträchtigen, sondern, wie der zu § 9 A 11 behandelte Fall Goldina (E 111, 192, Bl 26, 34; MW 25, 72) beweist, sogar zur Vernichtung des Z führen, weil es inzwischen zum Kennzeichen eines anderen Betriebs und dadurch trügerisch geworden ist. Bei diesem Falle scheint auch ein Defensivverzeichnis vorgelegen zu haben, so daß eine Teillöschungsklage aus § 9[1] Nr 2 begründet gewesen wäre, was das RG dahingestellt gelassen hat. Ähnlich RG II 14. 12. 26; (GR 27, 124; JW 27, 774[9]), wo auf Unterlassung der Benutzung eines 10 Jahre nicht benutzten Vorratszeichens (Waldorf-Krone)] für den Fall erkannt wurde, daß der Gegner inzwischen sein jüngeres Z (Batschari-Krone) derart im Verkehr zur Anerkennung gebracht hätte, daß seine Ware allgemein als „Kronenware“ bezeichnet werde, und daß hiernach durch den Gebrauch des älteren Z Verwechslungsgefahr entstehen würde. Auch in E 114, 360 (Bl 27, 46; „Recht“ 26, 733; MW 26, 177) ist das Defensivzeichen „Grammofox“ gegenüber dem Z „Vox“ für unwirksam erklärt, weil letzteres mit dem gegnerischen Hauptzeichen „Grammophon“ keine Ähnlichkeit hatte, und die Klägerin mit der Geltendmachung gezögert hatte, bis das Z „Vox“ sich einbürgern konnte

Aus dem Umstande, daß das Z längere Zeit hindurch nicht zur Benutzung gekommen ist, kann aber nicht ohne weiteres geschlossen werden, daß hierzu überhaupt keine Absicht und in absehbarer Zeit keine Aussicht bestehe. Liegt ein anerkennenswertes Bedürfnis der Inhaberin vor, so ist der Fall einer unzulässigen Beschlagnahme und der übermäßigen Beeinträchtigung des freien Gewerbebetriebs im Sinne von RG 97, 90 nicht gegeben (RG II 4. 3. 24, MW 23, 190; GR 24, 61).

Mit Recht wenden sich Dunkhase (MW 14, 286), Salinger (GR 16, 104ff) und Rosenthal (MW 18, 94) gegen die E des RG v. 1. 12. 14 (MW 14 S. 187, 188, Bl 15, 110), wo die Erwirkung von Defensivzeichen seitens der Firma Singer für unsittlich erklärt wird, weil das Defensivzeichen mit dem Hauptzeichen nicht verwechslungsfähig sei, vielmehr über dessen Bereich hinausgehe, somit einen neuen Z-Schutz zu schaffen bestimmt sei ohne die Absicht, je davon Gebrauch zu machen. Diesen Entscheidungen liegt das Urteil v. 3. 5. 12 (MW 11, 476) zugrunde, wo in nicht unbedenklicher Weise unter Verneinung des Motivschutzes im Gegensatze zum PA (s. Dunkhase MW 14, 286) angenommen ist, daß die von einem großen lateinischen S umfaßte Figur einer Maschinennäherin (das Singerzeichen) nicht verwechslungsfähig sei mit Z, in denen das S durch andere lateinischen Buchstaben (E, K oder G) ersetzt sei (vgl. OLG Hamburg MW 11, 159 u. 12, 483). Das Defensivzeichen soll aber gerade eine Entscheidung erübrigen in Fällen, wo Zweifel über die Verwechslungsfähigkeit bestehen können, und kann daher keinesfalls für unsittlich erklärt werden, wenn solche Zweifel auch nur möglich sind. Es hätte erwogen werden müssen, daß die offenbare Anlehnung an das Singerzeichen von vornherein die Vermutung unlauteren Wettbewerbs begründet und zur Verhütung desselben auch eine evtl. geringfügige Erweiterung des prinzipalen Schutzes in den Kauf genommen werden kann. Zutreffend bezeichnet das OLG Hamm (9. 1. 17, MW 16, 160) dagegen als Mißbrauch, wenn das Defensivzeichen offensichtlich außerhalb des Bereichs des zu schützenden Z liegt, was in dem vorliegenden Falle (Continental — Contra) verneint wurde. In E 69, 380 (Bl 09, 37) hält das RG das Defensivzeichen schon dann für zulässig, wenn es zum besseren Schutze des Hauptzeichens, wenn auch nicht erforderlich, so doch jedenfalls förderlich ist.

Anm. 6 **Territoriale Begrenzung des WZ-Rechts.** Die herrschende Lehre (s. Seligsohn S. 173 u. 236; Pinzger S. 209 u. 217; Finger S. 509), die sich auch auf Urteile des RG stützen kann, nimmt an, daß das WZ-Recht nicht an die Grenzen Deutschlands gebunden sei, sondern seine Wirkung auf die ganze Welt erstrecke, so daß der Inhaber auch Verletzungen dieses Rechts im Auslande, ohne daß ihm dort ein Z-Schutz gewährt sei, verbieten und im Inlande gerichtlich verfolgen könne, wenn dort ein Gerichtsstand begründet sei. (Hiergegen v. Bar, InternPrR II 274ff, S. 280; vgl. auch S. 116ff; Kohler S. 246 u. 249; Osterrieth S. 344ff; Freund-Magnus S. 150; Adler S. 376ff). Der Satz ist ganz unhaltbar und nichts weiter als ein Übergriff in die Rechtssphäre anderer souveräner Staaten, der, wenn er ernstlich durchgeführt und auch auf fremde Staatsangehörige angewandt würde, zu schweren internationalen Konflikten führen könnte. Was die reichsgerichtliche Rechtsprechung anlangt, so ist grundlegend dafür E 18, 28, die noch nach dem alten Rechte ergangen ist und auch wesentlich den § 20 MSchG v. 1874, betr. Auslandszeichen mitverwertet. Hier handelte es sich nicht um WZ, sondern um Namens- und Firmenschutz. (Ein Hamburger hatte Bier in Fässern zum Vertriebe in den Vereinigten Staaten von Nordamerika versandt mit dem Auftrage, es dort in Flaschen zu füllen und die Flaschen mit der Etikette des Klägers „Joh. Hoff's Malt-Extract“ zu versehen.) Die Entscheidung behandelt aber WZ, Namen und Firma als gleichwertig in bezug auf den Schutz im Auslande und gelangt zu dem obigen Satze wesentlich auf Grund einer von Kohler damals vertretenen Theorie des Persönlichkeitsrechts, die dieser inzwischen aufgegeben hat (S. 37), und unter Hervorhebung des Umstandes, daß der Täter ein Inländer sei, indem es die Anwendungsmöglichkeit bei Ausländern dahingestellt läßt (S. 36). Die in vielen Punkten bedenkliche Begründung geht davon aus, daß die fraglichen deutschen Rechtsgüter sonst im Auslande schutzlos sein würden, weil die Anwendung eines ausländischen Schutzgesetzes im Inlande durch Existenz und Tendenz des Reichsgesetzes ausgeschlossen sei, was ebenso unhaltbar ist wie der bestrittene Satz selbst (v. Bar II 280). Dieser wird dann in späteren Entscheidungen wiederholt anerkannt und erwähnt, aber nicht angewendet, da er für die Entscheidung nicht erforderlich war (s. z. B. E 45, 145; 51, 267; 54, 414; RG II 2. 12. 24, MW 24, 82: Aspirin-Substitute; RG II 2. 12. 21, MW 22, 62; RG II 1. 5. 08, Bl 08, 226; E 108, 9). In den meisten dieser Urteile wird Begehung der Verletzung im Inlande festgestellt. In E 45, 145 wird eine Ausnahme von dem Satze für den Fall gemacht, daß der Täter in dem betreffenden Auslandsstaate selbst den betreffenden Z-Schutz genießt, was nicht folgerichtig erscheint, weil es unerheblich ist, ob die Benutzung des Z im Auslande auf Grund eines Individualrechts oder auf Grund einer jedermann zustehenden Befugnis erfolgt. **§ 12**

In dem Urteile RG II 2. 12. 21 (MW 22, 62) heißt es: „Das RG (E 18, 31; 45, 145; 51, 267) hat für das WZ-Recht den Grundsatz aufgestellt, daß der Schutz immaterieller Güter räumlich unbeschränkt gilt und daher ihre Verletzung, auch wenn sie im Auslande geschieht, zivilrechtlich verfolgt werden kann. Das RG hat diesen Grundsatz in Bd 55, 199 ausdrücklich auf das Gebiet des unlauteren Wettbewerbs erstreckt. Denn auch die im Auslande geschehene Zuwiderhandlung wirkt auf die geschäftlichen Beziehungen des Konkurrenten, die ihren Mittelpunkt in dessen geschäftlicher Niederlassung im Inlande haben, gerade so zurück, als wenn sie im Inlande selbst geschehen wäre, da sie zu Zwecken des Wettbewerbs ausgeübt und geeignet ist, dessen Geschäftsbetrieb oder Kredit zu schädigen ...“ In der Tat liegt aber beim unlauteren Wettbewerb die Sache wesentlich anders wie beim WZ, wo es sich um die Verletzung eines absoluten, nur nach den Bedingungen einer einzelstaatlichen Gesetzgebung bestehenden Rechts, nicht um eine nach allgemeiner Kulturanschauung als sittenwidrig geltenden und daher einzelstaatlich für unerlaubt erklärten Handlung handelt. Daher erklärt auch E 55, 200 die Behauptung des Beklagten, die gegen das deutsche Gesetz verstoßenden Äußerungen seien in Luxemburg erlaubt gewesen unter Berufung auf Art 30 EGBGB, für unerheblich. Ferner wird in beiden Urteilen hervorgehoben, daß sich die Wirkung der unerlaubten Wettbewerbshandlung auf das Inland erstrecke; vgl. auch A 23.

In der E 18, 33 wurde der Einwand, der Berechtigte könne sich ja einen Schutz im Auslande verschaffen, mit zwei Gründen zurückgewiesen: 1. die Geltendmachung des vollen Schutzes würde dann in der Regel versagen, wenn der Täter im Inlande wohne; 2. es komme auch der Export von Waren nach von Naturvölkern bewohnten Gegenden in Betracht, wo die Erwirkung eines Schutzrechts ausgeschlossen ist.

Der erste Grund hängt mit dem bereits als unrichtig bezeichneten Satze zusammen, daß die Verletzung ausländischer Rechte in dem betreffenden Auslandsstaate im Inlande nicht geltend gemacht werden könne. Der zweite, lediglich praktische Grund, dürfte heute, wo so ziemlich die ganze Erde unter Kulturvölker aufgeteilt ist, ohne besondere Bedeutung sein, zumal da eine Versendung vom Inlande aus als im Inlande begangene Verletzung zu gelten hat (s. A 7).

Das deutsche WZ-Recht ist ebenso wie das deutsche Patentrecht ein staatlich verliehenes Monopol, und es ist undenkbar, daß die deutsche Behörde ein Monopol auch für andere souveräne Staaten verleiht. Das deutsche Recht erstreckt sich nur auf Deutschland selbst und auf etwaige deutsche Schutzgebiete und Konsulargerichtsbezirke, die auch im Sinne des § 23 Abs 1 als Inland gelten (s. dort A 4). Was in dieser Hinsicht in E 30, 52 für das Patentrecht ausgesprochen ist, muß auch für das WZ gelten.

Der aufgestellte Satz ist nicht in Einklang zu bringen mit dem internationalen Rechtsschutz für WZ, wie er sich besonders auf Grund der Pariser Konvention und des Madrider Abkommens entwickelt hat. Beide gehen durchaus von der territorialen Begrenzung des Markenschutzes aus und bieten für die Erwirkung des Schutzes in fremden Staaten so große Erleichterungen, daß es völlig ungerechtfertigt erscheint, zugunsten eines Z, das sich der dadurch gebotenen Möglichkeiten nicht bedient hat, einen wohlbegründeten Rechtssatz des internationalen Privatrechts preiszugeben. Ebenso OLG Hamburg „Recht“ 24 Nr 1262.

Das Prinzip der Universalität der Marke widerspricht dem ganzen System unseres Gesetzes, das auf dem Prinzip der Nationalität beruht. Maßgebend sind für alle inländische Marken betreffenden Fragen nur die deutschen Verhältnisse. Folgerichtig durchgeführt müßte das

§ 12 Universalitätsprinzip zur Anerkennung des Schutzes aller auswärtigen Marken gelangen — so in der Tat die ältere, jetzt aufgegebene schweizerische Praxis (s. MW 14, 122) —, die aber unbestrittenermaßen in Deutschland keinen Schutz genießen (RGSt 48, 138).

Nach E 110, 176 (s. besonders die letzten Sätze S. 179) scheint auch das RG das Universalitätsprinzip aufgeben zu wollen; jedenfalls ist dort davon nicht die Rede, obwohl die Anwendung gegeben war, denn es war die Einrede erhoben, daß das Z in dem betreffenden Auslande Freizeichen sei.

Wie die Frage strafrechtlich mit Rücksicht auf § 4 Nr 3 StGB zu behandeln ist, wird in RGSt 48, 140 unentschieden gelassen. Es kann aber nicht zweifelhaft sein, daß eine von einem Deutschen im Auslande vorgenommene Benutzung eines deutschen Z nach § 14 nur dann verfolgt werden kann, wenn die Handlung auch nach dem betreffenden ausländischen Recht strafbar ist. So in der Tat RG II 8. 6. 09, Bl 10, 21; MW 09, 63. (Jemand hatte Blechschilder mit einer deutschen Fahrradmarke ins Ausland gesandt, um sie dort an Fahrrädern anbringen zu lassen.) Vgl. Ebermayer § 14 A 18.

Die internationalen Übereinkünfte lassen die territoriale Begrenzung des WZ-Schutzes unberührt. Sie erleichtern nur die Bedingungen der Erlangung des Schutzes dadurch, daß sie insofern die auswärtigen Verbandsangehörigen den Angehörigen des betreffenden Staates gleichstellen (ESt 48, 140).

Was die mit der Frage des Universalmarkenschutzes zusammenhängende Behauptung anlangt, daß ein im Auslande begründetes WZ-Recht niemals vor deutschen Gerichten geltend gemacht werden kann (so E 18, 30; Fr.-Magnus S. 150; Seligsohn S. 174 Abs 4), so nimmt auch Kohler (S. 252 unter II) an, daß ihnen für die Verletzung des ausländischen Z im Auslande die Gerichtsbarkeit fehle, und gibt dafür folgende Begründung: 1. wegen des Untersagungsanspruchs hätten sie keine Befugnis, zu bestimmen, was auf ausländischem Boden geschehen dürfe und was nicht; 2. bei Zusprechung von Entschädigungsansprüchen könne mittelbar eine wirtschaftliche Tätigkeit im Auslande gestört oder unmöglich gemacht werden. Beides ist nicht überzeugend und vor allem nicht zu verstehen, warum gerade beim WZ-Recht über im Auslande entstandene Ansprüche (die natürlich nach dem ausländischen Rechte zu beurteilen sind) nicht sollte entschieden werden können, wenn dafür ein Gerichtsstand gegeben ist. Warum soll z. B. ein Deutscher, der nach Verletzung von englischen Markenrechten seinen Wohnsitz nach Deutschland verlegt, dieserhalb nicht vor den deutschen Gerichten verklagt werden können? Daß eine strafrechtliche Verfolgung nach § 4 Nr 3 StGB möglich wäre, erkennt Kohler an (ib. unter III). Das RG hat in E 45, 145 und 54, 417 anerkannt, daß der ausländische Rechtsschutz wenigstens einredeweise vor deutschen Gerichten geltend gemacht werden kann.

Anm. 7 **Verletzung im Inlande.** Um Begehung der Verletzung im Inlande anzunehmen, genügt es, daß der widerrechtliche Tatbestand sich auch nur teilweise im Inlande vollzogen hat. Daher ist bei einem Angebot der Ware im Auslande unter der geschützten Bezeichnung die Verletzung im Inlande begangen, wenn hier der Angebotsbrief aufgegeben ist (E 108, 9); ebenso, wenn die Ware mit dem Z versehen, vom Inland ins Ausland gesandt oder aus dem Auslande nach dem Inlande bezogen wird (ESt 21, 207), auch wenn sie von vornherein nur für das Ausland bestimmt war (RG 2. 12. 24, MW 24, 82) und wenn dort ein Z-Schutz für den Verletzer besteht (ESt 48, 138: Guttalin; Bl 14, 205). Wird die Ware mit dem Z versehen vom Inlande ins Ausland gesandt, so liegt sowohl für den Tatbestand des rechtswidrigen Versehens wie auch des rechtswidrigen Inverkehrbringens Begehung im Inlande vor (RGSt 48, 141 u. 144, Bl 14, 206, u. 240; MW 14, 185; RG II 2. 12. 24, MW 24, 82: Aspirin-Substitute; RG II 2. 6. 13, MW 13, 25: Fulton-Sägen).

Die Ware wird auch dann im Inlande in Verkehr gesetzt, wenn sie unter steueramtlichem Verschlusse vom Inlande aus zum Zwecke des Exports an die Grenze gesandt wird (RGSt 12. 5. 02, Bl 02, 215).

Ebenso liegt ein Inverkehrbringen im Inlande vor, wenn die im Auslande mit dem Z versehene Ware ins Inland gesandt wird, um von hier wieder ins Ausland befördert zu werden (RGSt 10, 349; 21, 207; RGSt IV 17. 9. 15, Bl 15, 230, sämtlich Patentverletzung betreffend; desgl. bei der bloßen Durchfuhr Kohler S. 185, 250).

Wenn eine Ware im Inlande von einem Unbefugten für Verkehrszwecke mit dem WZ versehen wird, so liegt ohne weiteres Z-Verletzung vor. Der Täter kann sich nicht darauf berufen, daß die Ware zum Export bestimmt und daß das Z im Bestimmungslande ein Freizeichen sei. Die widerrechtliche Kennzeichnung einer Ware oder ihrer Umhüllung stellt, wie der Wortlaut der §§ 12, 19 unzweideutig ergibt, nicht lediglich eine vorbereitende Handlung dar, deren Beurteilung sich nach den rechtlichen Wirkungen des Inverkehrsetzens oder Feilhaltens richtet, sondern vielmehr eine selbständige, der Inverkehrsetzung und Feilhaltung gleichgeordnete Handlung, die für sich die Haftbarkeit des widerrechtlich Handelnden begründet (E 110, 176, Bl 25, 131; MW 25, 135; GR 25, 106).

Ebenso darf auch eine ausländische Ware, die im Auslande mit dem dort eingetragenen Z berechtigterweise versehen ist, dann nicht im Inlande in Verkehr gesetzt werden, wenn hier dasselbe Z für die gleiche Ware für einen anderen eingetragen ist (RG II 1. 5. 08, Bl 08, 226; MW 7, 209). **§ 12**

Gleichartige Waren. Das Gesetz sagt: „Das Recht . . ., Waren der angemeldeten Art . . . mit dem WZ zu versehen." Das bedeutet an sich nur ein Verbietungsrecht (Monopol) für solche Waren, wie sie auf Grund der Anmeldung eingetragen sind (maßgebend ist auch hier die Eintragung, nicht die Anmeldung oder die tatsächliche Benutzung; s. A 2). Indessen ergibt sich aus dem Zwecke des Gesetzes, wie es besonders in den §§ 4 Abs 3; 5 Abs 1; 9 Abs 1 Nr 1 zum Ausdruck kommt, daß sich das Verbietungsrecht auch auf die den eingetragenen gleichartigen Waren (im Sinne dieser Bestimmungen) beziehen muß, weil sonst der Verwechslung der Herkunft Tür und Tor geöffnet wäre (E 108, 37; RG II MW 23, 44; Lutter GR 03, 140). Anm. 8

Im Entw 1913 § 3 heißt es daher: „Der als Inhaber eines WZ für bestimmte Waren Eingetragene ist ausschließlich berechtigt, gleiche oder gleichartige Waren . . . mit dem WZ zu versehen." Hierzu sagt die Begründung S. 58: „Das Z-Recht . . . erstreckt sich auf den ganzen Kreis der gleichartigen Waren und der verwechselbaren Z. Der Begriff der Gleichartigkeit, den der Entwurf aus dem geltenden Gesetze übernimmt, kann weder entbehrt noch auch eingeschränkt werden, wenn man nicht dem Verkehr unleidliche Fesseln anlegen will. Es ist vorgeschlagen, die . . . Klasseneinteilung so zu gestalten, daß der Z-Schutz sich innerhalb der einzelnen Klassen, für die das Z eingetragen ist, erschöpfe, so daß es für keine Ware, die nicht zu dieser Klasse gehört, geschützt sei, innerhalb der Klassen aber alle Waren ergreife ohne Rücksicht auf Gleichartigkeit oder Ungleichartigkeit. Andere wollen innerhalb der Klasse den Schutz so weit reichen lassen, als die Gleichartigkeit der Waren geht, außerhalb der Klasse aber den Z-Schutz als solchen überhaupt versagen und den Inhaber nur insoweit sichern, als der Besitzer eines uneingetragenen Z gegen unlauteren Wettbewerb geschützt werden solle. Es ist aber grundsätzlich verfehlt, das materielle Recht in irgendeine Beziehung zu der rein formalen Einteilung der amtlichen Warenklassen zu bringen. Denn es ist unmöglich, die Waren so einzuteilen, daß jede Klasse nur Waren umfaßt, deren wirtschaftliches Verhältnis zueinander und zu den Waren anderer Klassen gleich ist, und daß sie andererseits vollzählig alle Waren begreift, die als gleichartig untereinander gelten können oder müssen. Die Beziehungen der Waren und ihre wirtschaftliche Verwandtschaft oder Fremdartigkeit sind von so vielen Tatsachen und wechselnden Vorgängen in Verkehr und Handel abhängig und dem unablässigen Wandel in der Art oder den Bedingungen der Fabrikation und des Vertriebs derartj unterworfen, daß ein rechtlicher Zwang, der für die Ware a begründete Z-Schutz habe die Ware b zu erfassen, sei aber nicht auf c auszudehnen, den Bedürfnissen des wirklichen Lebens widersprechen und zu einem unerträglichen Formalismus ausarten würde."

Da das System unseres Gesetzes den Z-Schutz auf die eingetragenen und die diesen gleichartigen Waren beschränkt, so ist es durchaus denkbar, daß ein und dasselbe Z für zwei verschiedene Inhaber, die auf verschiedenen Warengebieten arbeiten, eingetragen steht und daß es zwischen den für sie eingetragenen Waren andere Waren gibt, die sowohl mit den Waren des einen wie auch des anderen gleichartig sind. In diesem Falle würden sie an sich nicht nur Dritten, sondern auch sich gegenseitig die Benutzung des Z für diese gleichartigen Waren verbieten können. Die Annahme des oben abgelehnten positiven Benutzungsrechts würde hier zu einem unlösbaren Konflikt führen, der sich aber bei einem bloßen Verbietungsrechte auf Grund der Priorität einfach löst.

Auch sonst können Kollisionen durch Erteilung gleicher Z an verschiedene Personen für ungleichartige Waren, die sich aber im Verkehr begegnen können, entstehen, z. B. Hauptwaren und Verpackungsmittel (s. § 1 A 15) oder imprägnierte Stoffe und Imprägnierungsmittel (s. § 5 A 6; vgl. auch den Fall Cellit, § 12[1] A 15). Alsdann ist es eine Z-Verletzung, wenn der Inhaber des später erteilten oder angebrachten Z dieses so benutzt, daß es auf die Waren des anderen Berechtigten bezogen werden kann (E 29, 44; ESt 41, 78, Bl 09, 188). Hierbei ist nach Wettbewerbsgrundsätzen nicht nur auf die Priorität des Z, sondern auch darauf Rücksicht zu nehmen, daß derjenige, der die Verbindung von Ware und Z herstellt, die Verwechslungsgefahr tunlichst zu vermeiden hat. Nicht zu billigen ist es aber, wenn Pinzger (S. 211 Abs 2) der Priorität der Z jede Bedeutung abspricht (vgl. auch A 23).

Bei Ungleichartigkeit der Waren (Schuhe — Papier) genügt die bloße Möglichkeit, daß die eine Ware zur Verpackung der anderen benutzt werden könnte, nicht, die Verwendung des für letztere vorher angemeldeten Z (Salamander) für erstere unzulässig zu machen oder den Antrag auf Löschung des jüngeren Z zu begründen (E 87, 274, Bl 16, 25; vgl. § 1 A 15).

Aus der prinzipiellen Erstreckung des Schutzes auf gleichartige Waren folgt keineswegs, daß letztere nun in allen Beziehungen den eingetragenen Waren gleichständen. Vor allem hat jene Erstreckung natürlich nicht die Folge, daß sie sich fortsetzte auf die den gleichartigen Waren gleichartigen usw., denn auf diesem Wege würde der Schutz schließlich das ganze

§ 12 Warensystem ergreifen können (vgl. § 5 A 5). Aber auch der Satz, daß der Schutz so lange besteht, wie das Z eingetragen ist, ohne Rücksicht auf Hindernisse der Eintragung, gilt nur für die Eintragung selbst, nicht auch für etwaige Hindernisse, die einer Eintragung der gleichartigen Waren entgegenstehen könnten. Denn das PA prüft bei der Eintragung nicht, inwieweit letztere etwa für gewisse gleichartige Waren unstatthaft sein würde, z. B. wegen Freizeicheneigenschaft, oder weil das Z insoweit trügerisch wäre, oder weil ein anderes Z, das seine Wirkung auf diese gleichartigen (nicht nur auf die eingetragenen) Waren erstreckt, entgegenstände (vgl. § 13 A 20 und § 4 A 13). Daher ist bei gleichartigen Waren die Einrede zulässig, daß für sie das angeblich verletzende Z Freizeichen ist (E 102, 355; a. M. Lutter GR 03, 141). Unzulässig wäre aber die Einrede, daß die Freizeicheneigenschaft erst nach der Eintragung entstanden ist. Denn der durch die Eintragung an sich entstandenen Wirkung gegenüber würde der Gebrauch des Z nach der Eintragung seitens Dritter rechtswidrig sein.

Der Gebrauch eines fremden Z kann auch bei ungleichartigen Waren unerlaubt sein, indem er unter § 1 UWG oder § 826 BGB fällt (vgl. § 5 A 6).

Die Zuwiderhandlungen.

A. Im allgemeinen.

Anm. 9 **Begriffliches und Einteilung.** Das WZ-Recht enthält die ausschließliche Befugnis, nicht nur die Ware und ihre Verpackung, sondern auch alles, was mit der Verbreitung der Ware zusammenhängt, markenmäßig zu bezeichnen und dadurch die körperliche Sache als das Produkt des Herstellenden oder als den Gegenstand der verbreitenden Tätigkeit einer bestimmten Person zu bezeichnen (Kohler S. 158). Daher kann bei Gleichartigkeit der Waren auf Löschung einer Firma geklagt werden, welche das WZ in sich aufgenommen hat (E 100, 266: Sar Alam; s. A 25).

Dem Z-Recht kann nach dem Gesetze zuwidergehandelt werden durch folgende Arten der unbefugten Benutzung des Z:

1. Versehen von Waren;
2. Versehen ihrer Verpackung oder Umhüllung mit dem Z;
3. Inverkehrsetzen oder Feilhalten der so bezeichneten Waren;
4. Anbringung des Z auf Ankündigungen, Preislisten, Geschäftsbriefen, Empfehlungen, Rechnungen o. dgl.

Eine wesentliche Erweiterung erfährt der Z-Schutz dadurch, daß er nicht nur auf gleichartige Waren erstreckt wird (s. A 8), sondern auch auf verwechselbare Nachbildungen des eingetragenen Z selbst. Hierüber handelt § 20 WZG.

Das „Versehen" ist die äußere Handlung, durch die eine wahrnehmbare Verbindung zwischen Ware und Z derart hergestellt wird, daß zum Ausdruck gelangt, das Z beziehe sich auf die W (ESt 43, 104). Das „Versehen" und das „Anbringen" im Sinne des § 12 kann nicht ohne den Vorsatz irgendeiner Kenntlichmachung der Ware durch das Z erfolgen. Dagegen genügt für das „Inverkehrsetzen" das Bewußtsein des Gekennzeichnetseins, wenn auch die Kenntlichmachung selbst ohne einen solchen Vorsatz, vielleicht durch Zufall, erfolgt ist (vgl. ESt 43, 104). Für alle drei Handlungen bedarf es zivilrechtlich aber nicht des Bewußtseins, daß das Z auf die Herkunft der Ware aus einem bestimmten Betriebe, nämlich dem des Z-Inhabers, hinweise, vielmehr kommt es in dieser Hinsicht lediglich auf die Auffassung des Verkehrs an (vgl. RGSt 43, 110).

Unbefugtes Versehen und unbefugtes Inverkehrsetzen sind selbständige Zuwiderhandlungen, denn der Berechtigte ist ausschließlich befugt, nicht nur die Ware mit seinem Z zu versehen, sondern auch die so bezeichnete Ware erstmalig in Verkehr zu setzen (s. A 19 u. 22).

Anm. 10 **Allgemeine Voraussetzungen.** Der Schutz beschränkt ich auf den Gebrauch des Z, der zur Unterscheidung gleichartiger Waren dient (Osterrieth S. 336). Dabei kommt es nicht auf die Absicht des Gebrauchers an, sondern auf die objektive Wirkung.

Der Gebrauch des Z ohne die Wirkung der Kennzeichnung der von dem Benutzer vertriebenen Waren als von dem Z-Inhaber stammend, ist berechtigt, z. B. Benutzung zur Verzierung, zur Verdeutlichung eines technischen oder begrifflichen Inhalts, als Signierung oder Packzeichen (Osterrieth S. 337; E 101, 375).

Maßgebend ist die Täuschungsgefahr, d. h. die Gefahr, daß der Durchschnittskonsument irrtümlich annimmt, die Ware stamme aus der Produktionsstätte oder dem Handlungshause, das sich des Z bedient, oder das Z sei mit Genehmigung des Inhabers zur Bezeichnung der Ware benutzt. Doch wird die Widerrechtlichkeit der Bezeichnung eigener Waren mit dem fremden WZ durch Hinweis auf die eigene Betriebsstätte nicht ausgeschlossen, weil das Publikum vielfach nicht mit der Verschiedenheit der Betriebsstätten rechnet (ESt 34, 169: Salvatorfest der Spatenbrauerei). Gewerbsmäßige Benutzung ist nicht erforderlich, jedoch ist eine rein private Benutzung ohne Absicht des Inverkehrbringens frei (s. A 12).

Die Zuwiderhandlung setzt eine warenzeichenmäßige Benutzung des Z voraus, d. h. eine solche, die geeignet ist, auf die Herkunft aus einem bestimmten Geschäftsbetriebe hinzuweisen. Enthält daher ein Wortzeichen eine Beschaffenheitsangabe, so kann die Benutzung derselben durch Dritte nicht verboten werden, wenn der Verkehr sie nur als solche, nicht als Hinweis auf den Betrieb des Z-Inhabers auffaßt. Hiernach wurde die Klage aus dem WZ „Buffalo Bill Wild West and Pawnee Bill Far East" für Kinematographenfilme abgewiesen, weil festgestellt war, daß der Beklagte diese Worte nur zur Bezeichnung des Inhaltes der von ihm vorgeführten Filme benutzte und sie im Publikum auch so verstanden wurden (RG II 17. 9. 12, Bl 12, 314; MW 12, 124; GR 12, 341; vgl. § 13 A 16: Rex-Gläser). Im Zweifel ist warenzeichenmäßige Verwendung anzunehmen (s. § 13 A 5). **§ 12**

Fälle unerlaubter Benutzung. Auch die Waren des Z-Inhabers dürfen ohne dessen Zustimmung nicht mit dem Z versehen werden. Dies bezieht sich, von Ausnahmefällen abgesehen, auch auf das echte Z. Näheres s. A 14. Selbstverständlich darf auch ein echtes Z nicht zur Bezeichnung fremder Waren benutzt werden. Die Anbringung des Z kann im Verkehr unsichtbar sein und erst bei Verbrauch der Ware hervortreten (RGSt 25, 18: Anbringung am inneren Teil eines Flaschenkorkes). Die Benutzung des einem anderen geschützten Wortes im eigenen Warenverzeichnisse stellt eine unerlaubte Ankündigung dar (RG II 11. 3. 24, Bl 24, 290: Galalith; s. auch A 15 u. 25). Die widerrechtliche Benutzung kann erfolgen durch Bezeichnung von Waren mit einer unbefugt geführten Firma, in die das WZ aufgenommen ist (E 71, 41: Atikah — Atikah frères). **Anm. 11**

Die Deutung eines an sich erlaubten Bildzeichens durch das geschützte Wort (Neger) in Verbindung mit ersterem („Nur echt mit Neger und Fahne") kann als Anbringung des Wortzeichens angesehen werden (E 102, 54).

Die Herstellung des Z oder einer mit dem Z versehenen Umhüllung für einen anderen und die Vorbereitung des unbefugten Inverkehrsetzens kann als objektive Teilnahme unerlaubt sein (E 104 S. 379 u. 380; 33, 140; 99, 90; s. A 23 u. 27).

Fälle erlaubter Benutzung. Erlaubt ist das weitere Inverkehrbringen einer rechtmäßig mit dem Z versehenen und rechtmäßig in Verkehr gesetzten Ware (s. A 22). **Anm. 12**

Erlaubt ist die Benutzung eines fremden Z als Zeitungstitel (ESt 28, 275) oder zur Bezeichnung des Gegenstandes eines Bildes (ESt 35, 3: „Der neue Kurs"); aber auch zur Bezeichnung eigener Waren in der Weise, daß die Deutung völlig ausgeschlossen ist, daß damit auf den Betrieb des Inhabers hingewiesen werde (ESt 30, 353: „Künstliches Kränchen"; s. A 15).

Erlaubt ist die Benennung eigener Waren mit dem einem anderen geschützten Worte ohne Anbringung gemäß § 12 (E 42, 20: „Creolin"); s. A 15.

Das Verbietungsrecht bezieht sich nur auf die Verwendung des Z im geschäftlichen Verkehr, nicht zu Privatzwecken. Daher ist erlaubt das Auffüllen von mit dem WZ versehenen Gefäßen (Flaschen) mit nicht aus dem Betriebe des Inhabers stammender Flüssigkeit zum Zwecke der Aufbewahrung und demnächstigen Verwendung im eigenen Haushalte oder Betriebe. Dem steht zeichenrechtlich gleich das Einfüllen der Flüssigkeit beim Verkauf in ein vom Käufer dargebotenes gezeichnetes Gefäß zu dessen Privatgebrauch, einerlei, ob der Käufer über die Herkunft der Ware getäuscht wird oder nicht (bei Täuschung des Käufers liegt nur Rechtswidrigkeit in bezug auf Verabfolgung der Ware, nicht aber Z-Verletzung vor): RGSt III 28. 2. 10, MW 09, 387; EStPl 43, 87 (S. 111). Ebenso die Benutzung einer mit dem WZ versehenen sonstigen Umhüllung für fremde Waren zum Privatgebrauch (ib. S. 92). Wird aber das Z angebracht in der Absicht, die so bezeichnete Ware in Verkehr zu bringen, oder wird ohne diese Absicht die so bezeichnete Ware nachträglich in Verkehr gebracht (oder feilgehalten), so liegt Z-Verletzung vor, einerlei, wann die Absicht ausgeführt wird oder ausgeführt werden soll, oder wann das Inverkehrbringen erfolgt (vgl. A 16).

Das Anbringen des eigenen Z auf von anderer Seite bezogenen Waren kann zeichenrechtlich nicht gehindert werden, unter Umständen aber gegen die Regeln des Wettbewerbs und sonstiger Gesetze oder Vertragsrechte verstoßen. Daher kann besonders der Zwischenhändler sein Z auf fremden Waren anbringen (vgl. A 4).

Konflikt und Konkurrenz mit anderen Rechten. Auf Grund des WZ kann die Benutzung eines später erwirkten Geschmacksmusters, welches mit dem Z verwechslungsfähig ist oder das das Wortzeichen enthält, in Verbindung mit solchen Waren, auf die sich das Z bezieht, untersagt werden (LG Aachen MW 16, 207: Druckknopfkarte mit dem geschützten Worte „Elsa"). **Anm. 13**

Es ist nicht ausgeschlossen, daß das WZ zugleich Urheberrechtsschutz genießt, nämlich als Kunstwerk oder Geschmacksmuster im Bildzeichen (Dunkhase MW 15, 309 A 35; Ephraim MW 7, 103). Dadurch würde der Schutz sich auf alle Waren erstrecken (vgl. RG II 16. 1. 13, MW 12, 471; Anh zu § 9 A 21). Auch ein Wortzeichen kann sich in Ausnahmefällen

§ 12 als Schriftwerk (kurzes Gedicht, origineller Spruch, Witz oder ähnliches; vgl. Anh zu § 9 A 21) darstellen und dann den Urheberrechtsschutz genießen (vgl. hierzu Benjamin, der dies ablehnt, GR 21, 84).

Anm. 14 **Versehen der Ware des Inhabers mit dessen Marke.** Dritte dürfen auch die Ware des Inhabers nicht mit dessen Marke versehen (ESt 43, 108); auch nicht bei Reparatur, wenn die alte Marke vernichtet wurde (E 103, 359: Singer). Die Befugnis zur Herstellung erschöpft sich nicht, wie die Befugnis zum Inverkehrsetzen, mit diesem (E 50, 231; 51, 139 und 265; 103, 363).

Der II. Zivilsenat des RG hat diese Sätze ausführlich unter Bezugnahme auf das englische und französische Recht in E 103, 359 begründet und gegenüber Angriffen des KG in dem Urteil v. 12. 6. 25, MW 25, 75 (JW 25, 1999 Nr 11 mit Bemerkung von Rosenthal) aufrechterhalten. Zustimmend RGSt III 24. 1. (14. 2.) 24, MW 24, 17 unter Bezugnahme auf ESt 4, 171 und 23, 366 (369).

Durch das Versehen seiner Ware mit seinem Z übernimmt der Inhaber des Z die Garantie dafür, daß die Ware von ihm herrührt und die im Verkehr bei seinen Waren vorausgesetzten Eigenschaften habe. Diese Garantie wird nicht dadurch ersetzt, daß ein Dritter die Ware des Berechtigten mit dem Z versieht, vielmehr wird ihr damit der trügerische Schein einer solchen Garantie gegeben. Das Einverständnis des Berechtigten mit einer solchen Handlung ist keineswegs vorauszusetzen und daher verstößt sie gegen seine Z-Rechte, die er allein befugt ist auszuüben (RGSt 23, 366; 4, 171; 30, 95; 34, 119 (Pl); RGSt 3. 10. 11, MW 11, 143). Noch weniger zulässig ist ein solches Verfahren, wenn die Ware des Berechtigten irgendwie verändert wird, z. B. durch Beimischungen usw.

Ist die Ware des Inhabers in einer mit dem Z versehenen Originalverpackung enthalten, so ist auch die Anbringung derselben seitens Dritter nach Umpackung auf der neuen Umhüllung unzulässig, weil auch hier die Garantie des Inhabers fehlt.

Auch das Nachziehen und Wiederauffrischen des mehr oder weniger undeutlich gewordenen Originalwarenzeichens enthält einen Eingriff in das Recht des Inhabers (RGSt 14. 2. 24, MW 24, 17).

Auch durch Benutzung des Originalzeichens des Inhabers kann dessen Z-Recht verletzt werden (Kohler S. 182). Insbesondere erfolgt dies dadurch, daß in die mit dem Z versehenen Behältnisse andere Ware eingefüllt und so veräußert oder feilgehalten wird.

Verboten ist auch das Inverkehrsetzen der noch nicht fertigen fremden (Porzellan-) Ware mit der darauf schon angebrachten Marke nach eigener Fertigstellung (E 100, 22).

Ähnlich LG Dresden 8. 2. 00 (Bl 00, 357), wo eine echte, mit dem Z versehene Meißener Schale durch Einschmelzung eines Tintenfasses anderer Herkunft ausgestaltet wurde.

Auch dadurch kann das Z-Recht verletzt werden, daß ein rechtmäßig mit einem Z versehener Maschinenteil derart in eine nicht von dem Z-Inhaber herrührende Maschine (Lampe o. dgl.) eingebaut wird, daß das Z auf die ganze Maschine bezogen wird (Kohler S. 183).

Geschieht solches lediglich im Privatgebrauche des rechtmäßigen Eigentümers, so ist freilich eine Z-Verletzung nicht gegeben. Wohl aber wird eine solche anzunehmen sein, wenn die Herstellung im Auftrage des Eigentümers durch einen Dritten gegen Entgelt erfolgt, oder wenn in dieser Weise auch nur wesentliche Bestandteile der bezeichneten Maschine o. dgl. durch neue ersetzt werden. Ebenso ist es eine Z-Verletzung, wenn ein Dritter gegen Entgelt in seinem Besitze befindliche mit dem Z versehene Teile von Maschinen usw. des Z-Inhabers zwecks Einbaues in eine schadhaft gewordene Maschine des letzteren dem Eigentümer liefert (OLG Hamburg 21. 1. 11, Bl 12, 41: Wenn dort gesagt wird, daß der Dritte wohl an dem ihm übergebenen, mit dem Z versehenen Eisenkern einer zu der Maschine gehörigen Walze einen neuen Gummi- und Lederbezug anbringen dürfe, obwohl dieser wertvoller sei wie der Eisenkern, so dürfte dem nicht zuzustimmen sein, da auch auf diese Weise eine neue, mit dem Z versehene Sache hergestellt und in den Verkehr gebracht wird). Vgl. hierzu E 74, 40 (Bl 10, 313) und Kohler S. 182 und GR 09, 121.

Auch durch Neuauflackierung aufgekaufter alter, mit dem Z versehener Maschinen zum Zwecke des Wiederinverkehrbringens (nicht für den Privatgebrauch) kann eine Z-Verletzung begangen werden (RG II 12. 6. 25, MW 25, 75; JW 25, 1999 Nr 11: „Singer"; RG II 19. 2. 26, MW 25, 230; DJZ 26, 896: Linotype; fabrikneue Aufarbeitung).

Während die teilweise Neuherstellung der Ware unter Beibehaltung der Marke verboten ist, ist eine Reparatur gestattet. Ebenso Wiederanbringen einer abgefallenen Marke (Kohler S. 183; ESt 23, 370; E 103, 359). Ebenso im wesentlichen das englische und französische Recht.

Mit ausdrücklichem oder stillschweigendem Einverständnis des Inhabers ist die Anbringung rechtmäßig.

Das Einverständnis ist vorauszusetzen, wenn die berechtigte Firma einem Apotheker Heilmittelstoff in größeren Mengen zu dem Zwecke liefert, ihn zu Pulver, Pillen usw. zu verarbeiten und ihn in kleinen Dosen an seine Kunden abzugeben (RGSt III 18. 4. 10, GR 11, 35: Aspirin; MW 10, 32; vgl. auch MW 10, 59 und Finger MW 5, 125). § 12

Selbstverständlich auch, wenn Getränke im Faß an den Händler geliefert werden unter Übersendung der bei Abfüllung in Flaschen erforderlichen, mit dem Z versehenen Etiketten.

Benennung mit dem geschützten Worte. Die bloß mündliche Benennung der fremden Ware mit dem geschützten Worte ist an sich frei (RGSt 43, 98; E 42, 20: Creolin; E 73, 232; 100, 9) vorbehaltlich der Bestimmungen über unlauteren Wettbewerb, § 826 BGB oder § 263 StGB; vgl. E 60, 189. Verboten ist nur die Anbringung auf schriftlichen Offerten, Ankündigungen usw., es sei denn, daß klar erhellt, daß die angekündigte Ware nicht mit dem geschützten Worte bezeichnet werden soll (E 95, 211). Danach ist die Einrede zu behandeln, das Wort werde nur als Beschaffenheitsangabe gebraucht (s. § 13 A 16). Unerlaubt ist die Benennung eigener Waren in dem Warenverzeichnisse bei Anmeldung eines eigenen Z mit dem einem anderen geschützten Worte („Galalith"); s. A 11 u. 25. Anm. 15

Hat die Klägerin sich den Namen Cellit (d. h. Azetylzellulose) für einen zur Imprägnierung von Gewebe und Gespinsten geeigneten Stoff schützen lassen, so darf ein anderer nicht Gewebe und Gespinste als Cellitgewebe usw. anpreisen und dadurch den Eindruck erwecken, sie seien mit dem bewährten Imprägnierungsmittel der Klägerin versehen. Auch ist das von ihm für Gespinste usw. erwirkte WZ Cellit zu löschen. Das RG gründet diese Entscheidung auf § 1 UWG und läßt dahingestellt, ob sie sich auch aus dem WZG ergebe. Letzteres ist zu bejahen. Denn wenn der falsche Eindruck erweckt wird, daß die Ware des Beklagten das Imprägnierungsmittel enthalte, so wird die Bezeichnung der Klägerin für einen (angeblichen) Bestandteil der Ware des Beklagten benutzt (§ 12) und deren Z ist als trügerisch gemäß § 9 Nr 3 zu löschen (RG II 15. 2. 24, MW 23, 197; GR 24, 48).

Unerlaubt ist die Benennung eines Teils des eigenen Bildzeichens mit dem geschützten Worte (E 102, 54: „Neger"); s. A 11.

Selbstverständlich kann ein Wortzeichen ohne Beziehung auf Waren oder in Beziehung auf die damit gekennzeichnete Ware des Inhabers in technischen, wissenschaftlichen oder anderen literarischen Erörterungen gebraucht werden. So z. B. wenn ein Arzt besondere von ihm beobachtete Wirkungen des Aspirins (d. h. der Ware des Z-Inhabers) beschreibt. Ebenso in Patentschriften, wenn dabei die gekennzeichnete Ware als Ausgangsstoff oder Bestandteil in einem neuen Verfahren erscheint. Dagegen dürfen in Schriften, die für die Öffentlichkeit bestimmt sind, nicht fremde Waren mit dem geschützten Wortzeichen benannt werden. Dies widerspricht nicht nur dem Zwecke und Wortlaute des § 12 („Ankündigungen"), sondern auch dem berechtigten Interesse des Z-Inhabers, zu verhüten, daß das Wortzeichen zu einer allgemeinen Beschaffenheitsangabe wird (vgl. die Entscheidung des LG Berlin, MW 18, 180; a. A. Lutter daselbst S. 177).

Die mündliche oder selbst stillschweigende Bezeichnung einer anderen gleichartigen und gleichwertigen Ware mit dem geschützten Worte im Geschäftsverkehr kann nach § 14 UWG Untersagungs- und Schadensersatzansprüche begründen (E 60, 189: „Bergalter"; RG II 17. 2. 11, Bl 11, 258: Bénédictine") und nach § 15 UWG strafbar sein. So wenn der Apotheker dem Käufer, der Aspirin verlangt, stillschweigend gleichartige und gleichwertige, aber nicht aus dem Betriebe des Z-Inhabers herrührende Azetylsalizylsäure verabfolgt (ESt 45, 376; Bl 12, 122). Geschieht solches unter Anbringung des Wortes auf der gelieferten Ware, so liegt selbstverständlich Z-Verletzung vor, die nicht damit entschuldigt wird, daß das Wort auch in dem ärztlichen Rezepte steht (RGSt 10. 5. 04, Bl 05, 14; RGSt 13. 4. 01, JW 01, 823 Nr 9).

Kein Verstoß gegen das WZ-Recht liegt darin, daß Ärzte auf Veranlassung der beteiligten Krankenkassen sich auf ihren Rezepten eines geschützten Namens für Arzneimittel bedienen, während die Apotheker daraufhin den Krankenkassenmitgliedern zur Ermäßigung der Kosten vereinbarungsgemäß ein entsprechendes Ersatzmittel verabfolgen; ebensowenig liegt er in der Bestellung der Ware unter dem geschützten Namen, wenn nach vorher getroffener Vereinbarung ein Ersatzprodukt dafür geliefert wird (RGSt I 5. 6. 13, Bl 13, 316; GR 14, 157). RG II 22. 11. 12 (Bl 13, 250; GR 13, 36) erblickt jedoch in dem Vorgehen der Krankenkassen einen Verstoß gegen die guten Sitten (vgl. hierzu Rathenau MW 12, 316).

Es empfiehlt sich legislativ vielleicht, die bloße Bezeichnung der fremden Ware mit dem geschützten Worte im geschäftlichen Verkehr als Z-Verletzung zu behandeln und den § 12 entsprechend zu ergänzen (vgl. MW 16, 227; Magnus MW 13 Beilage nach S. 168 S. 10; Gülland und Queck MW 13, 542). Dadurch würde Übereinstimmung mit § 16 UWG geschaffen, der die Verursachung von Verwechslungsgefahr durch Benutzung fremder Kennzeichnungen im geschäftlichen Verkehr allgemein verbietet.

§ 12 B. Versehen.

Anm. 16 **Im allgemeinen.** Versehen oder Anbringen, was im wesentlichen gleichbedeutend ist (ESt 41, 79; E 36, 16), heißt: das Z in eine räumliche Verbindung mit der Ware bringen, so daß es als Zubehör derselben erscheint (RGSt 21, 216; E 36, 14). Dies kann geschehen, durch Befestigen (Aufkleben) einer das Z tragenden Unterlage (Etikette), aber auch durch Einpressen, Einweben, Einätzen, Aufdrucken u. dgl. auf Waren oder Verpackung. Dem rechtswidrigen Versehen steht gleich die rechtswidrige (warenzeichenmäßige) Benutzung einer vorher rechtmäßig angebrachten Marke (ESt 37, 258; vgl. A 14 u. 17), insbesondere die Benutzung der mit dem Z versehenen Verpackung des Inhabers für die eigene Ware (RGSt 29, 312; 21, 214: Einschütten eines fremden Kakaopulvers in eine im Laden aufgestellte große Dose, die mit dem Namen oder Z des Berechtigten versehen ist).

Dem Versehen mit dem Z steht gleich die Belassung des Z auf in Verkehr gebrachten Ankündigungen u. dgl., die ursprünglich berechtigt waren, nachdem das Recht zur Benutzung aufgehört hat (RGSt 37, 258; Bl 06, 134: Belassen des Wortes „Bodega" auf dem Schaufenster, nachdem dasselbe für einen anderen als Wortzeichen eingetragen war). Dies gilt auch, wenn die Ankündigung (z. B. das Ladenschild) im Eigentume eines Dritten steht (RGSt 26. 11. 07, Bl 08, 220: „Pilsener Urquell"; die Ankündigung ist dann durch Überkleben od. dgl. möglichst unschädlich zu machen; RGSt 16. 5. 96, Bl 96, 247: „Münchener Hofbräu"); vgl. § 14 A 10.

Ebenso stehen gleich:

Die Neuherstellung des bezeichneten Gegenstandes unter Benutzung des mit dem Z versehenen Teils (s. A 14); die Fertigstellung eines von dem Z-Inhaber herrührenden, bereits mit dessen Z versehenen Halbfabrikats (E 100, 22). Durch Verdecken, Überdrucken oder Verkleben des Z wird die Rechtswidrigkeit der Benutzung nicht ausgeschlossen (RGSt 14, 415; 24, 97).

Ein Versehen mit dem Z liegt dann nicht vor, wenn das geschützte Bild sich nicht als WZ, sondern als technisch notwendiger Bestandteil der Ware selbst, insbesondere als Muster, darstellt (s. Levy GR 07, 84). Ein Eingriff in das Z-Recht wurde daher nicht für gegeben erachtet, als B ein (nicht schutzfähiges) Geschmacksmuster, das A sich als WZ für Spielkarten hatte eintragen lassen, zur Ausstattung der Rückseite der Karten benutzte (E 64, 95; Bl 07, 15; vgl. § 1 A 22).

Das Versehen für sich allein ist rechtswidrig, wenn es nicht nur zu Privatzwecken (vgl. A 12), sondern im Hinblick auf einen zukünftigen Verkehr mit der Ware erfolgt (warenzeichenmäßige Verwendung der Marke). Es ist daher unerheblich, ob die demnächstige Inverkehrsetzung durch den Täter oder durch einen anderen erfolgt (vgl. E 110, 178). Es genügt, daß objektive Markenwirkung vorliegt (Kohler S. 184).

Anm. 17 **Flüssigkeiten u. dgl.** Widerrechtlich ist das Versehen von Flüssigkeiten mit einem fremden WZ durch Einfüllen in eine mit dem WZ versehene Flasche zum Zwecke des Verkaufs, sei es a) daß die Flasche mit der Flüssigkeit verkauft wird, sei es b) daß aus der sichtbar im Verkaufslokale stehenden großen Flasche eine geforderte Menge (z. B. Suppenwürze Maggi) zum Verkauf entnommen wird (RGSt IV 13. 12. 10, MW 10, 189; ESt 29, 312; RGSt II 20. 12. 10, MW 10, 194; RGSt I 21. 10. 12 und RGSt V 14. 2. 13, MW 12 S. 185 u. 478; RGSt 3. 10. 10 und 6. 12. 10, MW 10 S. 122 u. 189).

Ein derartiges Umfüllen ist zwar nicht widerrechtlich, wenn es lediglich zu privaten Zwecken erfolgt. Es braucht aber auch nicht gerade zum Zwecke des Verkaufs oder Feilhaltens zu geschehen, sondern es genügt jede Benutzung des Z im geschäftlichen Verkehr, z. B. um einen Käufer in den Glauben zu versetzen, daß er die echte Ware erhalten habe (RGSt 49, 86; MW 14, 301).

Waren die Flaschen mit dem unverwischbaren Z versehen, so wird die Zuwiderhandlung nicht dadurch ausgeschlossen, daß das Z mit einer ein anderes Z enthaltenden Etikette überklebt wird (RGSt 27. 6. 98, Bl 98, 200; RGSt V 5. 2. 15, Bl 15, 138; MW 14, 400: Bilz, Sinalco — Cipria; RGSt IV 6. 2. 14, Bl 14, 203; RGSt V 28. 5. 14, MW 14, 268).

Dem widerrechtlichen Versehen steht es gleich, wenn der in dem bezeichneten Gefäße enthaltenen echten Ware eine andere Ware beigemischt wird (RGSt 5. 4. 06, Bl 06, 333).

Ein widerrechtliches Feilhalten liegt vor, wenn die unechte Ware zunächst zu Privatzwecken (weil das Behältnis unbrauchbar wurde) in die mit dem Z versehene Flasche gefüllt, dann aber letztere sichtbar in dem Verkaufslokal aufgestellt wird (RGSt 20. 3. 05, Bl 05, 149).

Ein rechtswidriges Versehen liegt auch darin, daß die echte Marke von den die echte Ware enthaltenden Flaschen losgelöst, die Ware in ein größeres Gefäß gegossen und später wieder in die Flaschen gefüllt wird, um alsdann die echte Marke wieder anzubringen, denn es wird auch hier die Garantie des Inhabers für die Echtheit zerstört (ESt 23, 369).

Andere Fälle. Ein Versehen kann darin gefunden werden, daß im Schaufenster in der Nähe einer rechtmäßig bezeichneten Ware andere, gleichartige, nicht von dem Z-Inhaber herrührenden Ware so ausgestellt werden, daß auch sie durch das Z gedeckt erscheinen (Allfeld S. 557 Abs 1 a. E. und Zitate; vgl. A 25). **§ 12 Anm. 18**

Durch Anbringung eines Geschmacksmusters auf der Ware kann eine Z-Verletzung begangen werden (RG II 22. 6. 09, Bl 10, 28; MW 09, 95: Lyra mit Verzierungen auf silbernem Tafelzeug).

Die Anbringung des Z auf der verpackten Ware wird dadurch nicht beseitigt, daß auf der Verpackung eine andere, deutlich auf eine andere Firma hinweisende Bezeichnung angebracht wird (RG II 21. 3. 02, Bl 02, 214).

Die Eintragung eines bekannten Bildes als WZ (Madonna von Kevelaar) hindert nicht, daß es auf gleichartigen Waren (Fahnen, Laternen u. dgl.) als Kunstgegenstand oder als religiöses Kennzeichen dargestellt wird (LG Leipzig 16. 6. 99, Bl 00, 211).

Ist nur das Beförderungsmittel (nicht die Ware selbst oder deren Umhüllung) mit dem Z versehen (z. B. Flaschenkasten, Geschäftswagen usw.), so wird der Tatbestand des Versehens nur dann gegeben sein, wenn ersteres als Zubehör der Ware mit der Bestimmung erscheint, als Träger der Bezeichnung der Ware zu dienen. Es kann aber auch eine Anbringung des Z auf Ankündigungen oder dergleichen in Frage kommen, wenn im Verkehr der Anschein erweckt wird, daß das Z zur Kennzeichnung der Ware dienen soll (RGSt I 30. 11. 14, MW 14, 396).

Das Versehen kann so erfolgen, daß das Z gewissermaßen versteckt ist und erst bei Verbrauch der Ware sichtbar wird. Einprägung auf der fest verpackten Eßware; Anbringung an der unteren Fläche eines befestigten Weinkorkes (ESt 25, 20; s. A 11).

C. Inverkehrsetzen.

Allgemeines. Das „Inverkehrsetzen" (oder wie § 14 sagt: das „Inverkehrbringen") bildet neben dem „Versehen" einen selbständigen Tatbestand. Es ist rechtswidrig, auch wenn der Täter die Ware oder ihre Umhüllung nicht mit dem Z versehen hat, sondern nur ein bereits angebrachtes Z benutzt, um die Ware damit in den Verkehr zu bringen (E 110, 178). Dies gilt auch, wenn die Anbringung selbst nicht rechtswidrig war, sondern z. B. von dem Täter oder einem Dritten lediglich für Privatzwecke oder von dem Berechtigten ohne Inverkehrsetzung bewirkt ist; desgleichen wenn es sich um die Benutzung von Ankündigungen usw. handelt, die gemäß dem früheren Geschäftsverhältnis des Verbreiters zu dem Z-Inhaber rechtmäßig mit dem Z versehen waren (RGSt V 14. 10. 10, MW 10, 157; RGSt 43, 177; Bl 10, 242). **Anm. 19**

Ist aber die mit dem Z versehene Ware von dem Berechtigten in Verkehr gesetzt, so ist es keine Z-Verletzung, wenn der neue Besitzer der Ware diese mit dem Z weiter in Verkehr setzt, auch wenn dies der Abmachung mit dem Berechtigten widersprechen sollte (s. A 22).

Das Inverkehrsetzen kann geschehen durch: Verkaufen, Feilhalten, Ausstellen im Schaufenster (RGSt 40, 150; Bl 15, 113), Verleihen, Verschenken, Vermieten, Verpachten (Kohler S. 185).

Entgeltlichkeit ist an sich nicht erforderlich.

Schon das schuldrechtliche Veräußerungsgeschäft genügt zum Tatbestande des Inverkehrsetzens (Kohler S. 184). Selbstverständlich genügt auch die die Veräußerung vollziehende Besitzübertragung, auch wenn das Z bei ersterer noch nicht angebracht war (Kohler S. 185).

Nur die Veräußerung, nicht die Anschaffung und der Gebrauch der mit dem Z versehenen Waren sind verboten (abweichend Seligsohn S. 185 unter Berufung auf Kohler). Daher ist ein gegen das Z-Recht verstoßendes Veräußerungsgeschäft nicht nichtig, weil sich das Verbot nur gegen den Veräußerer richtet (RGRKomm § 134 Nr 2; a. M. Freund-Magnus S. 156, 157; Busse S. 182 Abs 3; vgl. auch Seligsohn S. 185 Abs 2).

Der Verkehr braucht kein inländischer zu sein. Vor allem ist auch die Ausfuhr und Durchfuhr unerlaubt (RGSt 10, 349; 21, 205; s. A 7).

Das Inverkehrsetzen einer Verpackung mit einem für die Ware geltenden Z verstößt an sich noch nicht gegen das Z-Recht (ESt 25, 107), kann aber unter Umständen die Unterlassungsklage rechtfertigen, wenn das Inverkehrsetzen der bezeichneten Ware damit vorbereitet wird (vgl. E 104, 376).

Ein widerrechtliches Inverkehrsetzen liegt vor, wenn der Fabrikant, der auf Bestellung eines anderen Waren angefertigt und mit dem Z des Bestellers versehen hat, sie aber als nicht vertragsmäßig zurücknehmen muß, nunmehr diese mit dem Z versehenen Waren anderweit veräußert (ESt 26, 237; Bl 95, 101).

Keine WZ-Verletzung beim Inverkehrbringen von Altertumswaren, die von Haus aus ein Z tragen, das neuerdings einem anderen geschützt ist (RGSt 43, 314: Porzellangruppe mit gekreuzten Schwertern).

§ 12 **Feilhalten.** Über den Begriff des Feilhaltens und das Verhältnis zum Inverkehrsetzen
Anm. 20 herrscht Meinungsverschiedenheit.

Kohler S. 184 meint: Dem Inverkehrbringen ist das Feilbieten gleichgestellt. Osterrieth S. 342: Das Feilhalten ist eine Form des Inverkehrbringens. Richtiger Rhenius S. 123: Beide erfolgen zum Zwecke der Veräußerung. Zum Inverkehrbringen gehört die Erreichung dieses Zieles, zum Feilhalten die Entgeltlichkeit und das verkehrsmäßige Bereitstellen. Ebenso Schanze GR 98, 38. Adler S. 296: Das Inverkehrsetzen verhält sich zum Feilhalten wie die vollendete Handlung zum Versuch. Abel S. 217: Inverkehrsetzen ist jede menschliche Tätigkeit, durch welche der unbeschränkte oder beschränkte Übergang der tatsächlichen und rechtlichen Verfügungsmacht über eine Ware von einer Person auf eine andere erreicht wird, RGSt III 19. 4. 09 (MW 9, 57): Das Anbieten von Musterkollektionen der falsch bezeichneten Ware sei kein Inverkehrbringen. Erst durch Übertragung der Verfügungsgewalt, der gegenwärtigen Möglichkeit, über die Sache selbst zu verfügen, vollende sich das Inverkehrbringen. Es beruft sich dafür auf zahlreiche Entscheidungen aus dem Gebiete des Nahrungsmittelgesetzes (vgl. ESt 14, 36). Danach ist zum Inverkehrsetzen mehr erforderlich als zum Feilhalten. Letzteres ist, wie RGSt 25, 242 sagt, nur das Anbieten zum Kauf unter Bereithaltung an einer dem Publikum zugänglichen, zum Verkaufe bestimmten Stelle (vgl. E 93, 172; OLG Dresden 4. 12. 23, Bl 25, 3).

Es besteht aber kein Gegensatz zwischen § 12 und § 14 (und § 15), obwohl § 12 das „Feilhalten" nicht, wie § 14, mit anführt. § 14 (§ 15) will schon die Vorbereitung und den Versuch des Inverkehrsetzens mittels Feilhaltens unter Strafe stellen, während die aus § 12 erwachsende Untersagungsklage ohne weiteres auch beim Feilhalten und ähnlichen die Absicht des Inverkehrbringens bekundenden Handlungen gegeben ist (s. § 12 A 1a u. 27). Der Streit über den Begriff des Inverkehrbringens ist daher nicht von erheblicher Bedeutung (vgl. auch Pinzger S. 209 Abs 2).

Eine sofort annehmbare Offerte ist nicht erforderlich. Es genügt ein Ausstellen oder Zurschaustellen der Ware oder eine Verkaufsankündigung in Verbindung mit dem Bereithalten (ESt 40, 150). Eine Verletzung des Z-Rechts durch Feilhalten liegt vor, wenn die Ware in größerer Menge in einem mit dem Z versehenen Behältnis aufbewahrt, dieses bei Nachfrage hervorgeholt und daraus den Kunden, die die Aufschrift sehen konnten, die gewünschte Menge verabfolgt wurde. In letzterer Handlung liegt auch ein Inverkehrsetzen, und durch die Absicht einer derartigen Benutzung des Behältnisses wird zugleich der Tatbestand des Versehens mit dem Z erfüllt (RGSt II 2. 2. 15, Bl 15, 113; MW 14, 265: Lysol). Denn das Umfüllen der fremden Ware in die mit dem Z versehenen Flaschen zu dem Zwecke, aus diesen demnächst feilzubieten und zu verkaufen, stellt für sich den Tatbestand des widerrechtlichen Versehens dar (RGSt I 26. 3. 14, MW 14, 336).

Es genügt, daß das falsche Z als solches im Verkehr funktioniert, daß durch dasselbe Dritten gegenüber (objektiv) ein Falschbeweis geführt wird (vgl. EStPl 43 S. 97 [121] und ESt 21, 219).

Anm. 21 **Feilhalten in Druckschriften.** Das Feilhalten kann auch durch Ankündigung in Zeitungen u. dgl. Druckschriften erfolgen. Der Täter kann sich nicht darauf berufen, daß er die echte Ware habe anbieten wollen, wenn er zu deren Lieferung nicht imstande ist, z. B. weil einem anderen das Verkaufsmonopol übertragen ist (ESt 29, 355: Lahmann-Hemden).

Erlaubt ist das Anbringen des Z auf Ankündigungen der *echten* Ware (im Gegensatze zum Versehen derselben mit dem Z): E 49, 101; vgl. A 22. Selbstverständlich ist es aber widerrechtlich, wenn eine durch Aufarbeitung wesentlich *veränderte*, mit dem Z versehene Maschine unter diesem Z zum Verkauf angeboten wird, denn darin liegt ein Feilhalten einer (infolge der Veränderung) widerrechtlich gekennzeichneten Maschine (RG II 19. 2. 26, MW 25, 230; DJZ 26, 896: Linotype).

Die Hersteller der Druckschrift können nach den Grundsätzen des Presserechts (s. Preßgesetz § 21) nur dann als Täter oder Gehilfen mit der Unterlassungsklage in Anspruch genommen werden, wenn ihnen ein Verschulden zur Last fällt oder wenn der Urheber der Ankündigung weder aus letzterer zu ersehen ist, noch von ihm benannt wird (vgl. A 25 und OLG Hamburg 6. 10. 97, Bl 99, 18).

Anm. 22 **Vernichtung des Veräußerungsmonopols.** Die *Veräußerung der mit dem Z versehenen Ware* seitens des Berechtigten vernichtet dessen Monopol hinsichtlich des Rechts, „die so bezeichneten Waren in Verkehr zu setzen". Es genügt nicht, zu sagen, daß in der erwähnten Veräußerung die Erteilung einer Lizenz für die Weiterveräußerung mit dem Z liegt. Denn die monopolvernichtende Wirkung tritt von Rechts wegen ein und wird durch gegenteilige Abmachungen nicht ausgeschlossen *vorbehaltlich ihrer obligatorischen Wirksamkeit.*

Dies gilt nicht nur von dem eingetragenen WZ, sondern von jeder Warenbezeichnung, Name, Firma und Ausstattung.

In dieser Hinsicht steht das WZ dem Patent und dem Gebrauchsmuster sowie dem Urheberrechte gleich (E 50, 231; Bl 02, 165; UW 1, 180: Kölnisches Wasser; E 51, 139: Patent; E 51, 265; 103, 363; 63, 398: Urheberrecht). § 12

Die Vernichtung des Monopols bewirkt auch, daß das Wortzeichen für Ankündigungen, Preislisten usw. als Beschaffenheitsangabe benutzt werden kann, um kundzutun, daß es sich um echte, von dem Z-Inhaber herrührende Waren handelt (E 49, 103: Brennabor; Bl 06, 222); vgl. A 21.

Der Wiederverkäufer kann auch bei den Ankündigungen der echten Ware das Bildzeichen des Inhabers anbringen (RGSt 26. 4. 01, Bl 01, 224: Auer-Glühkörper).

Diese Verwendung des Z in Ankündigungen der vom Berechtigten veräußerten W ist auch dann erlaubt, wenn die Ware nicht mit dem Z versehen, sondern nur unter ihm gehandelt war und wenn es sich nicht um die Originalpackung, sondern um neue Packungen handelt. Selbstverständlich dürfen die nicht von dem Berechtigten mit dem Z versehenen Waren und Packungen alsdann nicht von dem Erwerber damit versehen werden (RG II 30. 10. 24, MW 24, 81; Bl 25, 84; JW 26, 48; dazu Kent, Gilsonit).

Das RG hat in E 51, 267 u. 268 diese Erschöpfung des Monopols durch erstmaliges Inverkehrsetzen bei Auslandszeichen (§ 23 Abs 3) auf Grund seiner Theorie der Akzessorietät (vgl. § 7 A 6 und § 23 A 16) dahin ausgedehnt, daß die Vernichtung des Monopols durch Inverkehrsetzen im Heimatstaate auch für das inländische Auslandszeichen in der Weise wirke, daß nunmehr jeder beliebige Dritte die so bezeichnete Ware ohne Zustimmung des Z-Inhabers auch in das Inland einführen und weiter vertreiben könne, weil Heimats- und Auslandszeichen als Einheit zu betrachten seien. Nach richtiger Auffassung gilt aber die Akzessorietät nur für das Eintragungsverfahren und ist das einmal eingetragene Auslandszeichen ein selbständiges Inlandszeichen, wie jedes andere (s. § 23 A 16). In dem Urteil v. 15. 10. 26 (MW 26, 110) hat RG II die in E 51, 267ff vertretene Lehre noch dahin erweitert, daß die Vernichtung des Monopols auch gegen den Dritten (deutschen) Z-Inhaber wirke, der sein Z auf Grund einer Vereinbarung mit dem Inhaber eines gleichen im Auslande geführten Z erwirkt habe, laut deren er das Z nur als Treuhänder des Ausländers besitze. Auch dann sollen Dritte die von dem Ausländer im Auslande bezeichnete und dort veräußerte Ware frei ins Inland einführen und dort vertreiben dürfen, auch wenn weder der Inhaber des ausländischen Z noch der des inländischen Z, dem ein Alleinverkaufsrecht für die Ware im Inlande eingeräumt ist, damit einverstanden ist. Dies ist um so ungerechtfertigter, als das inländische Z auf Grund der Anmeldung durch und für den Inländer von vornherein ein reines Inlandszeichen ist und Dritte sich unmöglich auf obligatorische Abreden berufen können, die darüber getroffen sind.

Wenn auch der Käufer einer Markenware nicht an die von dem Z-Inhaber seinen Abnehmern auferlegten Bedingungen gebunden ist (vgl. OLG Hamburg, MW 14, 196), so kann doch in der wissentlichen Ausnutzung des Vertragsbruches dieser Abnehmer ein Verstoß gegen die guten Sitten gefunden werden, z. B. wenn der Z-Inhaber Mindestpreise festgesetzt und seinen Abnehmern die Verpflichtung auferlegt hat, nicht unter diesen Mindestpreisen zu verkaufen und ihren Käufern die gleiche Verpflichtung aufzuerlegen. E 88, 9 (11); LG Stettin GR 16, 127; OLG Hamburg MW 15, 171 mit Zitaten; Rosenthal, Preisschleudern mit Markenartikeln, GR 15, 32; Wernicke ib. S. 35; Urteile ib. S. 43ff; Rosenthal S. 195; Urteile S. 199ff; MW 14, 270; Rosenthal GR 14, 8; Recken ib. S. 66; RG VI 26. 1. 10, MW 9, 231.

D. Verpackung oder Umhüllung.

Verpackung und Umhüllung. Das Markenschutzgesetz von 1874 enthielt nur das Wort „Verpackung". Darunter ist jede Hülle zu verstehen, welche eine einzelne Sache oder Sachmenge in einer dieselbe gegen äußere Einwirkungen mehr oder weniger sicherstellenden Weise umgibt, sie, falls ihr die geschlossene Form abgeht, zu einem Ganzen zusammenfaßt und so die Möglichkeit des wirtschaftlichen Verkehrs fördert (RGSt 21, 214 [218]). Durch Hinzufügung des Wortes Umhüllung im Ges v. 1894 sollte der Begriff erweitert und es sollten auch Behälter, Flaschen, Büchsen usw. (s. A 1 unter 1), welche nur in vorübergehende Verbindung mit der Ware gebracht werden, z. B. eine größere Dose zur Entnahme in kleineren Mengen, die im Schaufenster steht (E 21, 214), eingeschlossen werden. Es genügt jede Verbindung, welche geeignet ist, die Zugehörigkeit zur Ware und die Bestimmung erkennen zu lassen, als Träger der Warenbezeichnung zu dienen (ESt 36, 87; Bl 04, 23; vgl. E 36, 14). Anm. 23

Der Ausdruck „Verpackung oder Umhüllung" begreift daher jedes Behältnis, in dem die Ware verwahrt, transportiert, in den Verkehr gesetzt oder feilgehalten wird, also Fässer, Kannen, Flaschen, Gläser, Körbe, Kisten, Säcke, Büchsen, Dosen, Schaukästen, Schachteln, Tüten usw. Ein Behältnis, das keine Ware enthält, ist keine Verpackung oder Umhüllung im Sinne des § 12, und es fällt daher nicht unter das Gesetz, wenn ein solches Behältnis mit

§ 12 dem für die Ware bestimmten Z versehen wird. Ein „Versehen" liegt aber ebensowohl vor, wenn die Ware in das mit dem Z versehene Behältnis getan wird, wie wenn auf dem die Ware enthaltenden Behältnis das Z angebracht wird (Allfeld II 57). Eine Benutzung des gezeichneten Behältnisses für Waren zu Privatzwecken ist nicht rechtswidrig (s. oben A 12 u. 17).

Das Gesetz spricht von „Waren der angemeldeten Art oder deren Verpackung oder Umhüllung". Damit ist gesagt, daß die zweite Alternative (deren Verpackung oder Umhüllung) den Fall im Auge hat, wo das Z sich auf die Waren bezieht, deren Verpackung oder Umhüllung zu ihrer (der Ware) Kennzeichnung mit dem Z versehen werden. Der andere Fall, wo die Verpackung usw. mit einem Z versehen wird, das sich auf sie selbst bezieht, wird durch die erste Alternative (Waren der angemeldeten Art) gedeckt. Es ist also zu unterscheiden, ob das auf die Verpackung usw. gesetzte Z für die verpackte Ware oder für die Verpackung angemeldet und eingetragen und ob es zur Kennzeichnung der ersteren oder der letzteren bestimmt ist. Zu der ersten Art der Kennzeichnung ist ausschließlich der Inhaber des Z für die Ware, zu der zweiten nur der Inhaber des Z für die Verpackung berechtigt. Daraus folgt, daß derjenige, welcher einem anderen als dem Berechtigten eine mit dem Z für die Ware versehene Verpackung zur Kennzeichnung und Verpackung gleichartiger Ware liefert, an der unerlaubten Handlung desselben teilnimmt oder sie vorbereitet (vgl. A 11). Dies gilt selbst dann, wenn ihm selbst das gleiche Z für die Verpackung zustehen sollte (vgl. A 8 und § 1 A 15). Daraus folgt aber ferner, daß derjenige, welcher im Inlande eine Verpackung mit dem für die Ware bestimmten Z zu dem Zwecke versieht, damit im Auslande gleichartige Waren zu verpacken und zu kennzeichnen, sich einer Inlandsverletzung des Z schuldig macht (s. A 7). Aus diesem Grunde hätte in den Fällen E 18, 28 und 45, 145 auf Verurteilung erkannt werden sollen, denn ein wesentlicher Teil des verletzenden Tatbestandes hatte sich im Inlande vollzogen.

Diese Behandlung ist auch innerlich gerechtfertigt, weil die unbefugte Anbringung des Z zwecks Kennzeichnung der Ware im Inlande, um dem Z-Inhaber im Auslande mit den so gekennzeichneten Waren Konkurrenz zu machen, im Sinne des § 1 UWG gegen die guten Sitten verstößt und somit eine im Inlande begangene Handlung unlauteren Wettbewerbs darstellt. Eine strafrechtliche Verfolgung aus § 14 WZG wäre allerdings ausgeschlossen, weil das Vergehen sich erst mit der Verbindung von Ware und rechtswidrig bezeichneter Verpackung oder Umhüllung vollendet und der Versuch nicht strafbar ist (RGSt 37, 327; vgl. § 14 A 27).

Der Inhaber eines Z für bestimmte Waren ist an sich nicht gehindert, dieses Z auf eine Verpackung und Umhüllung zu setzen, die bereits mit einem fremden Z für diese versehen ist, und sie so für seine Waren zu benutzen. Er ist alsdann aber verpflichtet, etwaige Irrtümer über die Herkunft von Ware oder Verpackung, die besonders dann entstehen können, wenn die Z verwechselbar sind (vgl. E 29, 44), durch besondere Maßnahmen zu verhüten (vgl. § 1 A 15 und § 12 A 8).

E. Ankündigungen usw.

Anm. 24 **Im allgemeinen.** Die Hervorhebung des ausschließlichen Rechts, „auf Ankündigungen, Preislisten, Geschäftsbriefen, Empfehlungen, Rechnungen oder dergleichen" das Z anzubringen ist gegenüber dem Ges v. 1874 neu (s. A 1 unter 1) und stellt einen erweiterten Schutz gegen unlauteren Wettbewerb mittels falscher Herkunftsbezeichnung dar. Sie richtet sich gegen jede urkundliche Benutzung des Z in Beziehung auf die eingetragenen Waren, welche geeignet ist, über deren Herkunft aus einer bestimmten Betriebsstätte Irrtum zu erregen. Auch hier wird warenzeichenmäßige Benutzung des Z vorausgesetzt und im Zweifel als gegeben angenommen (s. A 10). Es genügt also Anbringung derart, daß das Z auf nicht von dem Inhaber herrührende Waren bezogen werden kann (E 95, 211 u. 295).

Die Worte „auf Ankündigungen" sind nicht einschränkend dahin auszulegen, daß der Gebrauch in den Ankündigungen, d. h. im Kontext derselben erlaubt sei. Auch wird in diesem Falle eine warenzeichenmäßige Benutzung des Wortzeichens nicht dadurch ausgeschlossen, daß das Wort zugleich zur Benennung der Ware dient (RG II 3. 3. 99, Bl 99, 154; GR 02, 165 Nr 3).

Die Ankündigung kann lediglich durch das Z erfolgen, z. B. auf Laden- und Geschäftsschildern (ESt 37, 259). Der Anbringung steht gleich die Weiterbenutzung einer Ankündigung, auf der das Z ursprünglich rechtmäßig angebracht war, nachdem das Recht dazu fortgefallen ist (ESt 37, 258: Schaufenster mit dem Worte „Bodega"; s. auch A 16).

Das Wort „Anbringen" (Versehen) ist insofern ausdehnend auszulegen, als auch die Benutzung und das Inverkehrsetzen von Ankündigungen, Preislisten usw., auf denen ein anderer das Z rechtswidrig angebracht hat, unerlaubt ist. Die ältere Ansicht in ESt 35, 416 ist aufgegeben (ESt 43, 177 [179]; s. auch § 14 A 10).

Die Benutzung des Z auf Ankündigungen u. dgl. seitens Dritter ist — im Gegensatze zu dem Versehen der Ware oder ihrer Verpackung mit dem Z — dann erlaubt, wenn es sich um echte von dem Z-Inhaber herrührende Ware handelt (s. A 21, 22). § 12

Anm. 25 **Die einzelnen Fälle.** Die Aufzählung im Gesetze ist, wie die Worte „oder dergleichen" ergeben, nicht erschöpfend, sondern der analogen Ausdehnung fähig, insbesondere auf Gebrauchsanweisungen, Plakate (RG Bl 03, 176), Firmenschilder (RG Bl 96, 247; 97, 230 u. 236), Ladenfenster (RGSt 37, 133), Geschäftswagen (LG I Berlin, Bl 95, 277), Laden- und Geschäftsschilder oder plastische Darstellung am Geschäftshause (E 38, 137; Mampe, Elefant), Geschäftskarten, überhaupt alle auf Reklame und Propaganda hinwirkende Schriftstücke oder sonstige dazu dienlichen Mittel (vgl. Kohler S. 159). Auch Ankündigungen in Zeitungen und ähnlichen Druckschriften gehören hierher (s. A 21).

Eine rechtswidrige Ankündigung kann auch darin erblickt werden, daß eine mit Recht mit dem Z versehene Ware oder ein darauf bezügliches, das Z enthaltendes Plakat so inmitten anderer, gleichartiger, nicht von dem Z-Inhaber herrührender Ware zur Schau gestellt wird, daß das Z auch auf diese bezogen wird (RGSt 17. 3. 98, Bl 98, 116: Kayserzinn; vgl. A 18).

Die Zuwiderhandlung kann auch dadurch erfolgen, daß das Z als Bestandteil in eine frei gewählte Firma aufgenommen wird, wenn der Inhaber dieser Firma gleiche oder gleichartige Waren führt wie die, für die das Z gilt (E 100, 266: Salem Aleikum — Sar Alam; E 110, 236: Malzmann). Es kann alsdann auch mit der Beseitigungsklage aus § 1004 BGB die Löschung der Firma verlangt werden (s. hierüber § 13 A 10 u. 11; RG II 15. 10. 26, MW 26, 141: Flamme).

Auch eine anderweite Kennzeichnung des Geschäftsbetriebs im ganzen durch Anbringung des Z auf Plakaten, Geschäftswagen, Ladenschildern u. dgl. kann aus dem gleichen Grunde widerrechtlich sein (Osterrieth S. 343). Führt das Geschäft andere und andersartige Waren, so kann unlauterer Wettbewerb vorliegen (Osterrieth S. 343 A 5).

Wenn in einem Preisverzeichnis Ergänzungsteile angekündigt werden, die zu den von anderen hergestellten und durch Wortzeichen geschützten Gegenständen passen — z. B. Dichtungsringe für Rexgläser; WZ Rex für Gläser und Dichtungsringe — so liegt in der Benutzung des Wortzeichens keine Z-Verletzung, wenn klar erhellt, daß es sich um Erzeugnisse der Beklagten, nicht der Z-Inhaberin handelt (RG II 28. 9. 23, MW 23, 123), vgl. § 13 A 5 u. 16).

Selbstverständlich ist es keine unerlaubte Benutzung des Z, wenn in einer über die Gewerbetreibenden eines bestimmten Gewerbezweiges berichtenden Veröffentlichung die von den betreffenden Firmen gehandelten Waren unter Beifügung der dafür benutzten Z angegeben werden (OLG Dresden 28. 4. 15, MW 15, 366).

Eine unerlaubte Ankündigung wurde mit Recht darin erblickt, daß Beklagte in dem der Eintragung ihres Z (Rheingold) beigefügten Warenverzeichnisse das der Klägerin geschützte Wort „Galalith" aufgenommen hatte. Mit der Aufnahme dieses Wortes kündige sie öffentlich an, daß sie Waren aus Galalith führe und bezeichne dadurch *ihre* Waren mit der der Klägerin geschützten Bezeichnung. Dies falle unter § 12 WZG („oder dergleichen"). Es gehöre dahin jede urkundliche Bekanntmachung im Verkehr, die in deutlicher Beziehung zum Geschäft stehe und auf dessen Waren hinweise. Es wurde auf Teillöschung erkannt (RG II 11. 3. 24, Bl 24, 290; MW 23, 183; GR 24, 48; dagegen J. Seligsohn GR 25, 64; anders auch früher RG II 3. 3. 99, Bl 99, 118: Creolin; vgl. A 11 u. 15). Mit Recht bemerkt aber Seligsohn (S. 193), daß dann das PA Ersatz des unzulässigen gestrichenen Wortes durch eine andere Bezeichnung zu gestatten habe (vgl. § 3 A 10 a. E.).

Der gerichtliche Schutz.

Anm. 26 **Übersicht.** Aus der objektiven oder bloß fahrlässigen Verletzung des Z-Rechts ergeben sich (vgl. A 1 unter 1a):

1. in analoger Anwendung des § 1004 BGB
   a) die Unterlassungsklage,
   b) die Beseitigungsklage
2. gemäß § 256 ZPO eine Feststellungsklage;

Aus der wissentlichen oder grobfahrlässigen Verletzung außerdem gemäß § 14 WZG Klagen auf Schadensersatz und Rechnungslegung.

Besteht für die Nachahmung ein Z-Schutz, so kann die Unterlassungsklage mit der Löschungsklage verbunden werden (E 93, 291; RG II 28. 9. 23, MW 23, 130; vgl. Wassermann JW 19, 315 zu Nr 16).

Die Unterlassungsklage kann auch mit der Schadensersatzklage nach § 14 verbunden werden. E 77, 217, wonach die Unterlassungsklage bei strafbaren Handlungen in der Regel ausgeschlossen ist (hiergegen jetzt RG II 15. 2. 27, 31. 7. 26, z. Abdr. in RGZ. vorgesehen), steht nicht im Wege, da hier das absolute Recht — nicht unerlaubte Handlung als solche — geltend gemacht wird (RG II 20. 6. 13, MW 13, 73).

§ 12 Es ist keine Klageänderung, sondern zulässige Erweiterung, wenn zuerst wegen der Z-Verletzung auf Schadensersatz geklagt und dann die Unterlassungsklage nachgeschoben wird (RG II 13. 11. 08, Bl 09, 40; MW 8, 134).

Dagegen ist im umgekehrten Falle der Schadensersatzanspruch ein neuer Anspruch im Sinne von § 529² ZPO (RG II 7. 6. 09; Gruchot 64, 731).

Mit der Schadensersatzklage kann auch eine Klage auf Rechnungslegung (Auskunftserteilung) verbunden werden (s. § 14 A. 19).

Mit der Unterlassungsklage wird einer Störung, Gefährdung oder drohender Störung des absoluten Z-Rechts entgegengetreten (E 33, 140; 54, 414; RGKomm BGB § 1004 Note 7). Die Feststellungsklage bezweckt Anerkennung des Rechts durch den Gegner, sie erfordert das rechtliche Interesse des § 256 ZPO und dient vorzugsweise dazu, die Grundlage für andere, noch nicht bestimmt zu formulierende, oder vollen Umfangs geltend zu machende Ansprüche der anderen Art zu beschaffen. Die Beseitigungsklage ist gegeben, wenn ein dem Z-Recht widersprechender Zustand besteht (vgl. RGKomm BGB § 1004 Note 4 u. 7; E 38, 135: Ladenschild; E 100, 266: Firma; RG II 11. 3. 24: Galalith; s. A 11, 15, 25).

In § 19 wird allerdings die Verurteilung zur Beseitigung abhängig gemacht von einem Tatbestande nach §§ 14—16 oder 18. Daraus ist aber nicht zu folgern, daß bei objektiver Verletzung des absoluten Rechts die Beseitigung des noch vorhandenen rechtswidrigen Zustandes nicht gefordert werden könnte (Rosenthal S. 22 u. 75ff; Allfeld S. 563dd; Osterrieth S. 156, 373/74; Rhenius S. 151; vgl. § 19 A 2).

Nach feststehender Praxis wird bei nur objektiver Verletzung des WZ ein Bereicherungsanspruch ebensowenig gewährt wie im Patent- und Gebrauchsmusterrecht, da man die Materie in den drei Gesetzen, im Gegensatz zu den Urheberrechtsgesetzen, als im verneinenden Sinne geregelt erachtet (E 15, 132; 90, 138; RG Bl 99, 107; 00, 201; a. A. Osterrieth S. 372 A 1). An sich würde die Anwendung des § 812 BGB auch hier möglich sein (vgl. RGRKomm A 2c und Rosenthal GR 20, 133).

Der Entw 1913 gewährt in § 23 Abs 1 einen Bereicherungsanspruch, aber nur für die Zeit nach Klagerhebung. Diese Beschränkung widerspricht dem allgemeinen Recht der ungerechtfertigten Bereicherung und ist auch praktisch nicht zu rechtfertigen; vgl. Rosenthal GR 13, 262 und Salinger das. S. 343

Anm. 27 **Voraussetzungen der Unterlassungsklage.** Die praktisch wichtigste der aus der objektiven Verletzung des Z-Rechts entspringenden Klagen ist die Klage auf Unterlassung. Als negatorische Klage nach Analogie von § 1004 BGB setzt sie eine Störung des dem absoluten Rechte entsprechenden Zustandes voraus. In erster Linie kommt als solche die Verletzung selbst in Betracht, vorausgesetzt, daß eine Wiederholung zu befürchten ist, der durch die Klage vorgebeugt werden soll. Es genügt aber auch, dem Zwecke der Klage, künftige Verletzungen zu verhüten, entsprechend, wenn Tatsachen vorliegen, welche die Besorgnis künftiger Eingriffe rechtfertigen, sie als beabsichtigt oder in Vorbereitung begriffen erscheinen lassen (E 54, 415, Bl 04, 249; E 101, 138 u. 340; 104, 379). Dies trifft besonders zu beim Feilhalten (RG II 20. 2. 00, Bl 00, 291: Creolin), wenn man es als Vorbereitung zum Inverkehrsetzen auffaßt (vgl. A 20), aber auch bei jeder anderen die Verletzung vorbereitenden oder die Absicht der Verletzung bekundenden oder nahelegenden Handlung, insbesondere häufig auch bei einem hierauf hinweisenden Bestreiten des Rechts (E 54, 415), z. B. wenn der Gegner den Abnehmern des Z-Inhabers gegenüber behauptet, sie dürften sich der geschützten Bezeichnung nicht bedienen, sie stehe nur ihm zu u. dgl. (RG II 26. 1. 15, MW 14, 257).

Bei Bestreiten des WZ-Rechts durch den Gegner wird, wenn die Besorgnis zukünftiger Zuwiderhandlungen noch nicht dringend ist, unter Umständen eine Feststellungsklage nach § 256 ZPO der geeignete Rechtsbehelf sein, unter Umständen werden auch beide Klagen nebeneinander begründet, oder es wird die Wahl zwischen ihnen offen sein (vgl. E 101, 138 und A 34). Regelmäßig wird aber neben der Untersagungsklage für die entsprechende Feststellungsklage kein Raum mehr sein, da erstere das rechtliche Interesse genügend befriedigt (RG II 1. 3. 10, MW 10, 30).

Die Teilnahme Dritter an im Gange oder auch nur in der Vorbereitung befindlichen Eingriffen (etwa durch Herstellung des unbefugten Z, oder der damit versehenen Umhüllung, durch Herrichtung der verbotswidrig bezeichneten Ware für den Verkehr usw.) begründet die Unterlassungsklage gegen den Teilnehmer (E 99, 90; 33, 140; RG II 14. 6. 04, GR 05, 60 u. 94; RG I 20. 6. 94, Bl 98, 244).

In allen diesen Fällen kommt es auf den subjektiven Tatbestand nicht an, es genügt der objektive Eingriff, die Vorbereitung desselben oder die Teilnahme an diesen Handlungen. So setzt sich der Gewerbetreibende der Unterlassungsklage aus, der mit dem Z versehene Etiketten, Umhüllungen u. dgl. für den Konkurrenten des Z-Inhabers auf Bestellung liefert, einerlei ob es hernach zur rechtswidrigen Verwendung dieses Materials kommt oder nicht (vgl. auch E 54, 415 und RG I 2. 10. 95, JW 1895, 485³³). Daher genügt es auch, wenn der

Beklagte im Auftrage und für Rechnung eines ausländischen Konkurrenten des Klägers dessen mit dem WZ des Klägers versehene Zigaretten gemäß §§ 3 u. 5 des Zigarettensteuergesetzes v. 3. 6. 06 banderoliert hat, weil diese Tätigkeit eine Vorbereitung des widerrechtlichen Inverkehrsetzens darstellt, einerlei ob er dabei gutgläubig war oder nicht (E 104, 380). (Art 309 Abs 2 FV rechtfertigt diese Tätigkeit auch dann nicht, wenn der Auftraggeber Angehöriger einer vormals feindlichen Macht ist.) § 12

Wegen der Gehilfenschaft der Hersteller der Druckschrift, die eine gegen § 12 verstoßende Ankündigung enthält s. A 21.

Eine die Unterlassungsklage begründende Störung und ein Eingriff in das Z-Recht ist auch darin zu erblicken, daß der Gegner seinerseits das Z zur Eintragung in die Rolle anmeldet (Seligsohn S. 190 oben; RG II 24. 9. 26, MW 26, 82: Saccharin; vgl. E 22, 58 und 80, 437: Anmeldung einer Firma; Kohler S. 177 oben; vgl. § 9 A 6).

Unter Umständen auch darin, daß das Z (Etikette) als Geschmacksmuster angemeldet wird.

Wiederholungsgefahr. Da die Unterlassungsklage auf analoger Anwendung des § 1004 BGB beruht, so ist neben der B e e i n t r ä c h t i g u n g des Rechts die Besorgnis weiterer Beeinträchtigung Klagevoraussetzung (E 60, 6 u. 154; RG II 8. 12. 10, GR 11, 79). Diese Voraussetzung wird gewöhnlich als „Wiederholungsgefahr" bezeichnet, obwohl die erste Beeinträchtigungshandlung und die befürchtete weitere Beeinträchtigung verschiedener Art sein können. Letztere wird beim WZ in der Regel in einer Verletzung des Monopols durch eine der in § 12 Abs 1 bezeichneten Handlungen bestehen müssen, während für erstere — neben einer derartigen Handlung — auch ein Tatbestand genügt, welcher die Begehung in Zukunft befürchten läßt. Als Klagevoraussetzung ist die Wiederholungsgefahr an sich vom Kläger zu beweisen (E 78, 213 oben). Das RG hat die früher vertretene gegenteilige Ansicht (vgl. GR 14, 332) in E 78, 212ff und 96, 244 ausdrücklich aufgegeben und in E 98, 269 ebenso erkannt. Trotzdem tritt die alte Ansicht in einer kurzen Bemerkung, die auf FrM S. 161 Bezug nimmt in E 108 S. 10 wieder auf (ebenso E 104, 382 oben unter Bezugnahme auf E 60, 154), was wohl auf Versehen beruht. Ihr liegt indes das richtige Gefühl zugrunde, daß die Erfordernisse des Beweises nicht überspannt werden dürfen, daß eine gewisse Wahrscheinlichkeit genügt und daß häufig schon die Art des Eingriffs oder das Verhalten des Beklagten im Prozesse den besonderen Beweis erübrigt (s. E 98, 269; 96, 245 und 78, 213). Einer Rechtsanmaßung bedarf es nicht (E 108, 10). Unter Umständen genügt der drohende erstmalige Eingriff (E 101, 340; RG II 24. 9. 26, MW 26, 82; vgl. § 9 A 6). Es ist immer mißlich, wenn die Klage trotz erfolgten Eingriffs lediglich aus dem Grunde abgewiesen wird, daß eine Wiederholungsgefahr nicht bewiesen sei, weil der Richter sich dann über den Eingriff selbst nicht zu äußern braucht und die sachlich berechtigte Verteidigung des Rechts versagt, weil der Kläger keine Handhabe erhält, künftige Eingriffe, sei es des Beklagten, sei es Dritter abzuwehren (vgl. den Fall GR 14, 332). Rechtspolitische Gründe sprechen daher entschieden dafür, den Beweis regelmäßig bereits in dem erfolgten Eingriff zu erblicken und dem Beklagten den Gegenbeweis aufzuerlegen. So RG II 18. 2. 08, Bl 09, 294, MW 8, 205: Lindt-Schokolade. Anm. 28

Dem entspricht auch die Äußerung des RG I E 84, 147: „Zum Nachweise dieser Besorgnis mag zwar im allgemeinen die Tatsache ausreichen, daß ein widerrechtliches Verhalten vor Erhebung der Klage bereits verwirklicht worden ist; aber die hieraus sich ergebende Wahrscheinlichkeit der Wiederholung der Rechtsverletzung kann durch die Umstände des einzelnen Falles ausgeschlossen oder in Frage gestellt werden" (vgl. OLG München 5. 12. 13, Bl 14, 354). Es handelt sich also, wie Rosenthal S. 63, 64 (vgl. S. 68, neue Aufl S. 47) zutreffend bemerkt, um einen Prima-facie-Beweis, der vom Beklagten widerlegt werden kann (vgl. auch Cahn GR 17, 160).

Die Wiederholungsgefahr kann angenommen werden, obwohl der Beklagte den Geschäftsbetrieb aufgegeben hat (E 104, 381), besonders wenn er sich nachträglich seines Rechts zu der Zuwiderhandlung berühmt (RG II 27. 1. 22, MW 21, 211).

Lag Täuschungsabsicht vor, so ist trotz gegenteiliger Erklärungen regelmäßig Wiederholungsgefahr anzunehmen (RG II 22. 3. 20, MW 19, 204: Bayernfilms).

Immerhin bildet die Aufgabe des Geschäfts ein Gegenindiz. Ebenso der Umstand, daß die Störung keine gegenwärtige ist, sondern schon weit zurückliegt.

Aktivlegitimation. Der Kläger muß zugleich materiell Inhaber des Z und als solcher eingetragen sein (§ 7 Abs 2). Der Lizenznehmer hat wegen der lediglich obligatorischen Bedeutung der Lizenz, mag er auch Monopolist sein, kein Klagerecht (E 64, 399; 87, 149). Doch kann ihm der Inhaber sein Klagerecht zur Geltendmachung für eigene Rechnung übertragen (s. § 14 A 20). Anm. 29

Wird das Z mit dem Geschäftsbetriebe während des Rechtsstreits veräußert, so setzt der Kläger denselben zugunsten des Rechtsnachfolgers gemäß § 265 ZPO fort, indem er den Klageantrag, soweit erforderlich, entsprechend ändert (Seligsohn S. 194).

§ 12 Durch den Konkurs des Klägers wird der Rechtsstreit unterbrochen und kann nur von dem Konkursverwalter aufgenommen werden (§ 240 ZPO; § 10 KO).

Die Ansprüche sind mit dem Geschäft und dem WZ vererblich und übertragbar (E 86, 254).

Anm. 30 **Passivlegitimation.** Beklagter ist der Störer, insbesondere der Betriebsinhaber, welcher Anlaß zu der Befürchtung gibt, daß aus seinem Betriebe heraus das Z verletzt werde; ferner sind passiv legitimiert seine Angestellten oder Beauftragten, die für seine Rechnung das Z verletzen oder die Verletzung vorbereiten (vgl. A 27).

Die Unterlassungs- oder Beseitigungsklage kann gegen den Inhaber des Betriebs gerichtet werden, wenn seine Angestellten oder Beauftragten im Interesse oder für Rechnung desselben (vgl. RG 83, 424) die WZ-Verletzung begangen haben. Da die Klagen nur objektive Rechtsverletzung erfordern, so kommt es auf Kenntnis des Inhabers oder Verschulden bei Auswahl oder Beaufsichtigung nicht an. Er ist vielmehr dem Verkehr gegenüber verpflichtet, den Betrieb so zu führen oder führen zu lassen, daß unstatthafte Wettbewerbshandlungen, zu denen auch rechtswidrige Benutzung fremder WZ zu rechnen ist, unterbleiben. § 13 Abs 3 UWG enthält einen allgemeinen Wettbewerbsgrundsatz, der auch auf das WZ-Recht anzuwenden ist (vgl. RG II 30. 1. 03; JW. 03, 128 Nr 16; Kohler, Patentrecht S. 550ff; Seligsohn S. 194).

Demgemäß hat das RG in E 109, 276 (GR 25, 43) mit Recht die Unterlassungsklage wegen objektiv rechtswidrigen Eingriffs in den Gewerbebetrieb gegen eine offene Handelsgesellschaft gewährt, deren einer Teilhaber den Eingriff ohne Wissen der anderen im Zustande der Geisteskrankheit begangen hat. Es stehen sich hier die Inhaber der beiden Betriebe mit der verkehrsmäßigen Verpflichtung gegenüber, die von ihrem Betrieb ausgehenden Handlungen so zu gestalten, daß sie keinen rechtswidrigen Eingriff in den Betrieb des anderen darstellen, und es kommt dabei für die Unterlassungsklage nur auf die objektive Rechtswidrigkeit an.

Neben dem Betriebsinhaber haftet der Angestellte oder Beauftragte, der in selbständiger Tätigkeit den Eingriff begangen oder veranlaßt hat (vgl. RG I 18. 11. 16; JW 17, 222 Nr 9: Patent; RGSt 24. 2. 14; MW 13, 567; damit steht nicht im Einklange RG II 14. 12. 26; GR 27, 124; JW 27, 774[9], wo die Klage gegen den Generalvertreter abgewiesen wird, weil ihm nicht ein besonderes, von dem des Geschäftsherrn „unabhängiges unlauteres Verhalten" zur Last falle).

Allerdings wird in solchen Fällen, wenn dem Beklagten lediglich eine objektive Z-Verletzung zur Last fällt, die Voraussetzung der Wiederholungsgefahr besonderer Prüfung bedürfen, und es wird für den Kläger geraten sein, den Beklagten zunächst aufzufordern, die Verpflichtung zur Unterlassung anzuerkennen (vgl. A 32). Gegen den Erben des Störers kann die Unterlassungsklage fortgeführt werden, wenn die Befürchtung auch gegen ihn begründet ist (Rosenthal S. 56; RG 54, 415; Freund S. 161).

Der Konkurs des Beklagten hat an sich eine Unterbrechung des Verfahrens nicht zur Folge, da der Unterlassungsanspruch nicht ohne weiteres die Masse betrifft (§ 240 ZPO). Anders aber, wenn er darauf abzielt, ein vom Gemeinschuldner in Anspruch genommenes, zur Masse gehöriges Recht zu beseitigen oder zu beschränken. In diesem Falle steht nur dem Konkursverwalter die Aufnahme des Rechtsstreits zu (§ 10 KO, E 45, 374; 87, 114).

Streitig ist, ob § 77 ZPO (nominatio auctoris) analoge Anwendung findet auf denjenigen, der behauptet, die WZ-Verletzung in Ausübung des Rechts eines Dritten begangen zu haben; so Seligsohn GR 19, 52 u. Komm S. 194; a. M. Stein ZPO § 77 A 1. Die Ansicht Seligsohns ist folgerichtig und verdient den Vorzug.

Anm. 31 **Gerichtsstand.** Sachlich zuständig ist bei einem Streitwerte bis zu 500 Mark das Amtsgericht (§ 23 Nr 1 GVG), darüber hinaus das Landgericht, und zwar in der Regel die Kammer für Handelssachen (GVG §§ 71; 95 Ziff 4c; vgl. §§ 96ff); für die Revision ist, bei Vorhandensein der Revisionssumme (§ 546 ZPO) das RG zuständig (§ 21 WZG). Was den örtlichen Gerichtsstand anlangt, so ist für die lediglich aus dem absoluten Rechte des Z-Inhabers und § 12 Abs 1 in analoger Anwendung des § 1004 BGB hergeleiteten Klagen der Gerichtsstand der unerlaubten Handlung (§ 32 ZPO) nicht begründet (E 29, 57 a. E.). Es gilt demnach dafür der allgemeine Gerichtsstand des § 12 ZPO, unter Umständen der Gerichtsstand der Niederlassung (§ 21 ZPO), und der Gerichtsstand des Vermögens (§ 23 ZPO).

Der Gerichtsstand der unerlaubten Handlung (§ 32 ZPO) ist in WZ-Sachen nur begründet, wenn gemäß § 14 aus qualifizierter Verletzung unter Wissentlichkeit und grober Fahrlässigkeit geklagt wird. In diesem Falle ist er begründet, einerlei, ob auf Schadensersatz oder Unterlassung (deliktische Unterlassungsklage) oder auf beides geklagt wird (E 78, 55). Wird nur einfache Fahrlässigkeit behauptet, so würde an sich der Tatbestand des § 823 Abs 1 BGB und damit eine zum Schadensersatz verpflichtende unerlaubte Handlung gegeben sein. Allein das WZG, das als Spezialgesetz vorgeht, erkennt dies nicht an, sondern stellt die mit einfacher Fahrlässigkeit begangene Verletzung der unqualifizierten gleich, so daß die Anwendung des § 823 Abs 1 hier ausgeschlossen ist und folgeweise auch die Anwendung des § 32 ZPO. **§ 12**

Schon in E 24, 394 ist anerkannt, daß mit der deliktischen Schadensersatzklage die an sich schon aus dem absoluten Rechte herzuleitende negatorische Klage verbunden und mit jener in dem Gerichtsstand des § 32 ZPO geltend gemacht werden könne (ebenso RG I 19. 6. 15 Bl 15, 229; MW 15, 16). Abgelehnt ist jedoch, daß sie dort auch allein erhoben werden könne, selbst wenn Wissentlichkeit oder grobe Fahrlässigkeit behauptet werde (ebenso RG 26. 2. 90; JW 90, 109[1]). Diese nach altem Rechte ergangenen Entscheidungen sind insoweit nicht mehr maßgebend, weil die deliktische Unterlassungsklage sich erst aus dem neuen Rechte entwickelt hat. Vielmehr kann auch die Unterlassungsklage für sich allein im Gerichtsstande des § 32 erhoben werden, wenn sie sich (als deliktische Unterlassungsklage) auf unerlaubte Handlung stützt (E 78, 256; Rosenthal MW 12, 30). Soweit die Voraussetzungen des Gerichtsstandes des § 32 mit den klagebegründenden Tatsachen zusammenfallen, bedarf es zur Begründung der Zuständigkeit keines Beweises (E 95, 270).

Es wird aber dem Mißbrauche entgegenzutreten sein, daß der deliktische Tatbestand ohne Grund und nur zu dem Zwecke behauptet wird, eine dem Kläger bequeme Zuständigkeit zum Nachteil des Beklagten zu begründen, und es wird in einem solchen Falle die Klage wegen Unzuständigkeit des Gerichts abzuweisen sein; vgl. Stein ZPO Vorbem V zu § 12; Hinrichsen MW 25, 7; Seligsohn S. 197; Rosenthal MW 25, 68.

Ist die deliktische Z-Verletzung in einer Gesamthandlung, die sich aus einer Reihe von an verschiedenen Orten begangenen Einzelhandlungen zusammensetzt, begangen worden, so ist für alle daraus hergeleiteten Ansprüche an jedem dieser Orte der Gerichtsstand des § 32 begründet (E 72, 41 [Pl]; vgl. § 14 A 22).

Wirken an der unerlaubten Handlung nach § 14 mehrere an verschiedenen Orten Tätige in der Weise zusammen, z. B. so, daß der eine auf Bestellung des anderen Umhüllungen mit dem Z widerrechtlich versieht, der andere die Waren hineinfüllt, so ist ein Gerichtsstand für die verbundenen Klagen gegen beide an jedem der beiden Tatorte begründet, da die deliktische Tätigkeit jedes der beiden Beklagten sich auf beide Orte erstreckt hat; vgl. Cahn GR 15, 132.

Einstweilige Verfügungen und Urteil. In WZ-Sachen sind einstweilige Verfügungen nach § 940 ZPO von großer praktischer Bedeutung, da einerseits das Z durch längere Dauer des ihm widersprechenden Zustandes im Prozesse starker Entwertung ausgesetzt ist, andererseits der Gegner, wenn ihm die bisherige Ausübung seines Gewerbebetriebs für längere Zeit untersagt wird, erheblichen Schaden leiden kann (vgl. Seligsohn Note 17; Pinzger Note 31). Einen Schutz des Gegners gewähren einerseits die §§ 921 Abs 2 und 936 ZPO, wonach die einstweilige Verfügung von Sicherheitsleistung abhängig gemacht werden kann, andererseits § 945 ZPO, wonach der Z-Inhaber für den Schaden, der durch eine ungerechtfertigte einstweilige Verfügung entsteht, auch ohne Verschulden verantwortlich ist. Die Härte, die hierin an sich für den Z-Inhaber liegen würde, wird dadurch erheblich gemildert, daß ein Schaden dann für ausgeschlossen zu erachten ist, wenn der Unterlassungsanspruch selbst sich als berechtigt herausstellt (E 65, 68; RG I 4. 10. 13; JW 14, 102 Nr 32). **Anm. 32**

In der Sache selbst steht dem Gerichte freie Prüfung in bezug auf Übereinstimmung der Z, Gleichartigkeit der Waren und Priorität zu, ohne daß es durch etwaige Beschlüsse des PA nach §§ 5 u. 6 gebunden wäre (E 61, 214; 97, 91; ESt 48, 394).

Die Verurteilung ist der konkreten Form der stattgehabten bzw. der befürchteten Störung anzupassen. Sie darf also nicht lauten auf Unterlassung der Benutzung des Klagezeichens — darüber wird in der Regel nicht gestritten, sondern auf Benutzung des *beanstandeten* Z (E 42, 19; RG II 28. 4. 14 Bl 14, 355; E 100, 187).

Die Strafandrohung im Falle der Verurteilung zur Unterlassung (§ 890 ZPO) kann auf Antrag mit der Verurteilung verbunden werden, sonst wird sie vor der Verurteilung zur Strafe in der Vollstreckungsinstanz auf Antrag nachgeholt (§ 890 Abs 2 ZPO; Sydow-Busch A 5).

Hinsichtlich des Kostenpunktes ist § 93 ZPO anwendbar, doch wird häufig in der Art der Störung ein genügender Anlaß zur Unterlassungsklage ohne vorherige Abmahnung erblickt werden können (Berühmung, wissentliche Verletzung usw.; vgl. A 30).

Über zweifelhafte Fragen bei Entscheidung des Kostenpunktes im Unterlassungsprozeß s. Rosenthal MW 24, 221.

Die Verurteilung zu einer Unterlassung hat keine Rechtskraftwirkung für den auf der Zuwiderhandlung beruhenden Schadensersatzanspruch (E 49, 33; anders ein Urteil, das die Zuwiderhandlung feststellt; vgl. E 97, 121).

Verjährung. Die Unterlassungs- und die Beseitigungsklage verjähren nach §§ 194, 195, 198 BGB in 30 Jahren. Die Verjährung beginnt mit der Beendigung des rechtswidrigen Eingriffs, also wenn eine fortgesetzte Handlung in Frage steht, mit Beendigung der letzten **Anm. 33**

§ 12 Einzelhandlung, bei einem rechtswidrigen Dauerzustande mit Beendigung desselben (RG 80, 436; vgl. Finger MW 17, 10).

Diese Verjährungsregeln sind jedoch ohne große praktische Bedeutung, da die Beseitigungsklage mit Beendigung des rechtswidrigen Zustandes gegenstandslos wird und auch die Unterlassungsklage eine präsente, d. h. verhältnismäßig kurze Zeit zurückliegende, Störung voraussetzt, weil anderenfalls die Besorgnis zukünftiger Störungen unbegründet sein wird (vgl. Seligsohn S. 192).

Anm. 34 **Feststellungsklage. Klagen gegen den Z-Inhaber.** Dem Z-Inhaber steht eine Feststellungsklage zu, wenn sein Recht im allgemeinen bestritten wird und Eingriffe drohen, ohne daß eine Unterlassungsklage wegen bestimmter, bereits begangener oder drohender Verletzungen angestellt werden kann (s. A 1a). Jede Feststellungsklage erfordert das rechtliche Interesse des § 256 ZPO. Unter dieser Voraussetzung kann sich der Z-Inhaber besonders zur Vorbereitung einer Schadensersatzklage aus § 14 der Klage auf Feststellung der Zuwiderhandlung oder seines Z-Rechts im allgemeinen oder in gewisser Richtung bedienen, vgl. A 32; E 101, 135 (Patent), unter Umständen auch neben einer Unterlassungsklage (s. A 27). Andererseits kann gegen ihn von dem sein Recht oder die Berechtigung seines Verbots Bestreitenden eine negative Feststellungsklage angestellt werden (E 61, 214; 62, 19, Bl 06, 174). Auch in diesem Falle trifft den Z-Inhaber die Beweislast; vgl. hierüber Fuld GR 05, 16.

Hat der Inhaber des Z einem anderen unberechtigter- und schuldhafterweise die Benutzung einer Warenbezeichnung als einen Eingriff in sein Z-Recht untersagt und dadurch Schaden verursacht, so haftet er nach § 823 Abs 1 BGB wegen Eingriffs in den eingerichteten und ausgeübten Gewerbebetrieb des andern auf Schadensersatz (RG II 2. 1. 17, Bl 17, 54 und MW 16, 153 Singer).

Einreden gegen die Klagen aus § 12.

Anm. 35 **Das Eintragungsprinzip.** Der Grundsatz, daß der Z-Schutz — vorbehaltlich stärkerer Gegenrechte und der Hindernisse aus dem Wettbewerbsrecht — so lange dauert und wirksam ist, als das Z in der Rolle eingetragen steht (s. A 2; RGSt 44, 194 und 48, 391; RG II 23. 5. 23, MW 23, 49), hat die Unzulässigkeit von Einreden zur Folge, die aus einem öffentlich-rechtlichen Löschungsgrunde, also gemäß §§ 8 oder 9 Abs 1 Nr 2 u. 3 hergeleitet sind (RGSt 14. 4. 98, GR 02, 171, betr. § 9[1] Nr 2). Der Gegner kann also nicht einwenden, daß das Z zu Unrecht eingetragen sei oder daß er die Löschung des Z durch einen Antrag nach § 8 Abs 2 Nr 2 oder durch eine Popularklage aus § 9[1] Nr 2 oder 3 herbeiführen könnte, vielmehr ist alsdann eine Löschungswiderklage oder ein Antrag auf Aussetzung gemäß § 148 ZPO oder § 262 Abs 2 StPO zwecks Betreibung der Löschung geboten (RGSt 22. 11. 97, Bl 97, 265; E 48, 213 und 53, 431; RG II 23. 3. 23; MW 23, 49 und 8. 2. 24 ib. S. 182; RGSt 30, 213). Ebensowenig ist eine auf solche Löschungsgründe gestützte Widerklage auf Feststellung, daß der Beklagte berechtigt sei, das Z zu führen, zulässig (RG II 14. 7. 22, MW 22, 59: Kneipp: Malzkaffee). Auch ein dem Beklagten auf Grund eines anderen Rechts zustehender Anspruch auf Löschung kann als solcher nicht einredeweise geltend gemacht werden (RGSt 46, 22; RGSt III 18. 5. 11, MW 10, 382). Selbstverständlich entfällt in solchen Fällen das Recht auf Aussetzung des Verfahrens, wenn die Rechtsgültigkeit des Z unter den Beteiligten bereits rechtskräftig festgestellt ist (RGSt 46, 24). Man kann allgemein sagen, daß die Berufung auf die Anfechtbarkeit des Z als solche keine geeignete Verteidigung gegen Ansprüche aus dem Z ist, wohl aber kann ein Tatbestand, der die Anfechtung begründet, zugleich ein stärkeres Gegenrecht in sich schließen, vermöge dessen dem Gegner die Benutzung des Z freisteht, oder es kann danach der Z-Inhaber nach Grundsätzen des Wettbewerbsrechts an der Geltendmachung des Z gehindert sein (vgl. A 3). Derartige Gegenrechte sind z. B. das Namens- und Firmenrecht, die als solche in § 13 ausdrücklich anerkannt werden. Ebenso gehört dahin das Prioritätsrecht des älteren Z-Inhabers (RG II 22. 9. 99, Bl 00, 83; vgl. A 3). Inhaber solcher Rechte sind nicht auf die Löschungsklage beschränkt, sondern können das Recht auf Benutzung auch einredeweise geltend machen. Ebenso kann eine Einrede auf unerlaubte Handlung bei Erwirkung und Geltendmachung des Z gegründet werden (E 87, 89).

Schon in dem Urteil RG II 4. 7. 05, Bl 06, 173 wird nach § 826 BGB die Einrede gegen die Untersagungsklage anerkannt, „daß Kläger durch seine Z-Anmeldung und dadurch erlangte Eintragung der Beklagten in einer gegen die guten Sitten verstoßenden Weise vorsätzlich Schaden zugefügt habe". Eine entsprechende Einrede ist nunmehr auch nach § 1 UWG begründet.

In dem Urt. v. 16. 6. 25 (Mutag u. Matag), MW 25, 14 läßt RG II gegenüber der Löschungsklage aus § 9 Nr 1 die Einrede aus § 1 UWG, § 826 BGB ohne gleichzeitiges Löschungsverlangen dahin zu, daß Klägerin mit ihrem älteren Z Verwechslungen mit der

Firma der Beklagten (Matag) herbeizuführen beabsichtigt habe. Dasselbe würde natürlich gelten müssen, wenn mit der Löschungsklage eine Untersagungsklage auf Benutzung des Wortes Matag verbunden worden wäre. § 12

Es kann aber nicht geltend gemacht werden, daß das Z wegen seines unsittlichen Charakters nach § 4 Nr 3 nicht hätte eingetragen werden sollen, oder daß die Geltendmachung aus diesem Grunde, oder weil es sich auf sittlich anstößige Waren (Präservativs o. dgl.) beziehe, gegen die guten Sitten verstoße (RGSt II 29. 11. 12, MW 12, 250). Allgemein unzulässig ist auch die Einrede des Freizeichens, sei es, daß behauptet wird, die Freizeicheneigenschaft habe schon bei der Eintragung bestanden — weil hierüber nur das PA in einem Löschungsverfahren nach § 8 Abs 2 Nr 2 erkennen könnte —, sei es, daß behauptet wird, das Z habe sich nach der Eintragung zum Freizeichen entwickelt, weil eine solche Entwicklung rechtlich ausgeschlossen ist (E 38, 77: Cacao Chouva; E 38, 108 u. 137; E 44, 65; 110, 340; vgl § 4 A 8 und § 13 A 17 u. 21).

Vorbenutzung. Ein Recht des Vorbenutzers gegenüber dem eingetragenen Z ist im Gesetze nicht anerkannt. Die Vorbenutzung durch einen anderen als solche ist daher kein Hindernis seines Bestandes oder seiner Wirksamkeit. Doch können hier eingreifen der Ausstattungsschutz und das Recht des unlauteren Wettbewerbs. Dem Vorbenutzer eines französischen Fabrikzeichens steht nach Maßgabe des Art 28 des Deutsch-französischen Handelsvertrags v. 2. 8. 62, des Art 289 des Versailler Friedensvertrags und der Bek v. 10. 5. 20, RGBl S. 946 dem deutschen WZ gegenüber ein Recht auf Fortbenutzung zu (E 64, 304; 67, 133; RG II 20. 11. 06, Bl 07, 166; BA 20, 12. 07, Bl 08, 37; FrJM S. 148; Seligsohn S. 175 unten; Finger MW 15, 335; Wassermann MW 13 Beilage nach S. 168 S. 15). Anm. 36

Der Vertrag gibt dem Franzosen kein Recht, Eintragung des vorbenutzten Z in Deutschland im Widerspruch mit einem bereits eingetragenen Z zu verlangen, oder die Löschung des letzteren zu beantragen (E 67, 135). Er hindert auch nicht, daß auf Grund eines früher angemeldeten deutschen Z die Löschung des gleichwohl für den Franzosen eingetragenen Z aus § 9[1] Nr 1 erfolgt (LG Berlin 16. 3. 03, Bl 04, 276).

Auch der Entw 1913 § 5 will dem Vorbenutzer, der sich Anerkennung im Verkehr erworben hat, ein solches Fortbenutzungsrecht zubilligen unter der Verpflichtung, dabei Verwechslungen zu vermeiden (s. Begr S. 59).

Lizenz. Zulässig ist die Einrede, daß dem Beklagten vertraglich die Benutzung des Z gestattet sei (Lizenz). (RG II 12. 1. 09, MW 8, 159.) Dies kann schon vor Anmeldung und Eintragung des Z geschehen sein (RG II 5. 10. 26, MW 26, 75). Die Erlaubnis ist jedoch unverbindlich, wenn die Benutzung eine Täuschung des Publikums verursacht (E 100, 22: Sächs. Porzellan-Manufaktur). Anm. 37

Ein Verzicht auf Geltendmachung des Verbietungsrechts ist darin erblickt worden, daß dem Dritten vertraglich gestattet wurde, das WZ in der *Firma* zu führen (E 102, 74: Torgament).

Andere Einreden. Zulässig ist die Einrede, daß der als Inhaber in die Rolle eingetragene Kläger mangels gültigen Erwerbs nicht materiell berechtigt sei (E 51, 270); ferner, daß bei dem als Inhaber eingetragenen Ausländer die Bedingungen des § 23 Abs 1 nicht erfüllt seien (wegen § 23 Abs 3 s. § 23 A 17). Anm. 38

Unzulässig ist die Einrede, daß der Inhaber das Z nicht benutze (vgl. jedoch A 3, Vorrats- und Defensivzeichen); ferner, daß für den Beklagten *später* das gleiche Z eingetragen sei, denn alsdann ist die Priorität maßgebend (s. A 3).

Abs 2.

Inhalt des Abs 2 im allgemeinen. Über die Auslegung des Abs 2 herrscht Streit, der im wesentlichen darauf beruht, daß man zum Teil von der dem Gesetze fremden Anschauung einer Nichtigkeit des der Löschung ausgesetzten Z ausgeht so Seligsohn A 11; Kohler S. 133; Allfeld S. 569). Es gibt aber nur eine Anfechtbarkeit und eine Unwirksamkeit des Z (s. § 3 A 7), und die erfolgreiche Anfechtung enthält nicht die Feststellung, daß das Z nicht bestanden *hat*, sondern führt nur zur Beendigung durch die Löschung (s. A 2). Schon die Begründung des Gesetzes (s. A 1, 1b) gibt volle Klarheit: „Das Recht wird erst durch die Löschung beseitigt. Es soll aber verhütet werden, daß der Inhaber eines Z, dessen Eintragung schon hätte versagt werden müssen, noch *nach der Löschung* in der Lage sei, Entschädigungsansprüche für die Zeit des Eingetragenseins gegen Dritte geltend zu machen. Um dies zu erreichen, wird die Wirkung der Löschung auf den Zeitpunkt zurückverlegt, in welchem bereits *ein* Rechtsgrund dafür gegeben war, also, wenn die Eintragung zu versagen war, auf den Zeitpunkt der Eintragung selbst, sonst je nach den Umständen und unabhängig von dem Anlaß der Löschung auf einen anderen Zeitpunkt." Hierzu sagt E 64, 275, Bl 07, 122 zutreffend: „Daraus folgt aber nicht, daß das gelöschte Z auch rückwärts als nicht eingetragen anzusehen wäre, sondern es wird nur dem bisherigen Z-Inhaber für die *Zukunft* die Geltendmachung des Z-Rechts Anm. 39

§ 12 mit rückwirkender Kraft für die Zeit des Vorhandenseins des (d. h. eines) Löschungsgrundes versagt." So auch Pinzger (A 6) unter Berufung auf Kent (S. 306) sowie Rhenius, Krückmann und Schanze.

Anm. 40 **Wesen der Rückwirkung.** Es ist zweifelhaft, ob man unter diesen Umständen mit dem RG und der herrschenden Meinung hier überhaupt von Rückwirkung sprechen kann. Mit guten Gründen vertreten Osterrieth (Lehrbuch S. 357) und Schanze (MW 16, 165ff) die Auffassung — die auch am meisten dem Wortlaut des Gesetzes entspricht —, daß mit der Löschung die nach dem Vorliegen des Löschungsgrundes entstandenen Ansprüche aus dem Z-Recht, soweit sie nicht bereits erledigt sind, vernichtet werden.

Jedenfalls ist die Rückwirkung nur eine beschränkte. Das Gesetz sagt: „Rechte aus der Eintragung können nicht mehr geltend gemacht werden." Soweit sie vor der Löschung geltend gemacht und durch Zahlung, rechtskräftiges Urteil oder in ähnlicher Weise endgültig erledigt sind, hat es dabei sein Bewenden. Dasselbe gilt von einer rechtskräftig erkannten und vollstreckten Strafe oder Buße. Der Angeklagte oder zivilrechtlich in Anspruch Genommene kann aber rechtzeitig das Löschungsverfahren betreiben oder sich auf ein bereits anhängiges Löschungsverfahren berufen und daraufhin Aussetzung gemäß § 261 StPO bzw. § 148 ZPO beantragen (ESt 46, 24; 48, 422, wo für diese Fälle eine Aussetzungspflicht des Richters angenommen wird).

Anm. 41 **Die Wirkung im einzelnen.** Die Geltendmachung von Ansprüchen aus dem bestehenden Z ist an sich nicht widerrechtlich. Daher entsteht ohne Verschulden des Inhabers keine Schadensersatzpflicht wegen Warnungen auf Grund eines nachträglich gelöschten Z, auch wenn der Löschungsgrund vorher eingetreten war (RG II 27. 10. 99, Bl 00, 89; DJZ 00 73 Nr 8; GR 02, 54; vgl. E 34, 277). Zu weit geht indessen E 64, 275 mit der Annahme, daß selbst die wissentliche Benutzung eines Z im Widerspruche mit einem älteren Z-Rechte nicht widerrechtlich sei (s. oben A 3). Vielmehr kann das Z schuldhaft widerrechtlich erlangt sein und benutzt werden, und es kann dann im Falle späterer Löschung und auch unabhängig davon eine Schadensersatzpflicht daraus entstehen (RG II 27. 10. 99 cit.).

Untersagungs- und Beseitigungsklagen sind ohne weiteres mit der Löschung erledigt, da sie eine Verurteilung für die Zukunft bezwecken und den Bestand des Z voraussetzen (Seligsohn S. 198).

Die Löschung, die in der Berufungsinstanz noch nicht vorlag, oder nicht tatbestandsmäßig war, ist in der Revisionsinstanz zu berücksichtigen; sie kann dort zu einer Beweiserhebung und Entscheidung in der Sache selbst oder zur Aufhebung des Berufungsurteils führen. So in Patentsachen RG 63, 140; 65, 303; RGSt 42, 340. Für das WZ-Recht s. Kohler MW 10, 198. A. A. Seligsohn S. 186. Es ist aber nicht richtig, daß das Gericht die ihm bekannte Tatsache der Löschung von Amts wegen zu berücksichtigen hat (so Freund S. 160 oben; Allfeld S. 568 Note 8 a. E.). Es wird jedoch gemäß § 139 ZPO darauf hinweisen können.

Ansprüche auf Schadensersatz wegen Z-Verletzung, die in der Zeit zwischen Eintreten des Löschungsgrundes und der Löschung entstanden sind, erlöschen mit dieser und sind abzuweisen, falls der Kläger nicht beantragt, den Rechtsstreit insoweit für erledigt zu erklären. Soweit die im Prozeß geltend gemachten Ansprüche durch die Löschung hinfällig werden, müssen den Kläger die Prozeßkosten treffen, da die Löschung einem Verzicht auf die Ansprüche (§ 306 ZPO) gleichzuachten ist. Abweichend Seligsohn S. 198.

Erfolgt die Löschung erst nach Verurteilung wegen Verletzung des Z-Rechts zu Schadensersatz, Strafe oder Buße und sind die betreffenden Ansprüche erst nach Eintritt des Löschungsgrundes entstanden, so kann im Zivilprozeß die Vollstreckungsgegenklage (§ 767 ZPO) erhoben werden. Im Strafprozeß kann, soweit Rechtsmittel nicht mehr zulässig sind, die Wiederaufnahme des Verfahrens (§ 359 Nr 5 StPO) beantragt werden. Erfolgt die Löschung aber erst, nachdem die Ansprüche durch Zahlung, Vollstreckung oder dergleichen völlig erledigt sind, so daß es einer weiteren Geltendmachung nicht mehr bedarf (§ 12 Abs 2), so hat es dabei sein Bewenden. Erstattungsansprüche wegen ungerechtfertigter Bereicherung sind nicht begründet, weil das Z zu Recht bestanden hat und die Ausnahmevorschrift des Abs 2 nach endgültiger Erledigung der Ansprüche nicht mehr anwendbar ist.

Anm. 42 **Eintritt des Löschungsgrundes.** Die Löschung kann beruhen:

1. Auf Antrag des Inhabers (§ 8 Abs 1), und zwar, ohne daß dieser zur Einwilligung in die Löschung verurteilt wurde. Dann tritt der Löschungsgrund ein mit Eingang des Antrags beim PA. Ebenso verhält es sich beim Verzicht des Inhabers auf das Z (s. § 8 A 2).

2. Auf Zeitablauf ohne Erneuerung (§ 8 Abs 2 Nr 1). Alsdann tritt der Löschungsgrund ein mit Ablauf der 10 Jahre seit Anmeldung oder seit Erneuerung.

3. Auf Anfechtbarkeit des Z, und zwar:

a) Nach Maßgabe von § 8 Abs 2 Nr 2. Dann fallen Eintragung und Löschungsgrund zusammen.

b) Nach Maßgabe von § 9 Abs 1 Nr 1. Der Löschungsgrund wird als eingetreten zu gelten haben: jedenfalls mit Erhebung der Löschungsklage, möglicherweise aber auch schon mit einer vorhergehenden anderweiten unzweideutigen Erklärung des Löschungsberechtigten (z. B. Widerspruch im Eintragungsverfahren), daß er das neue Z nicht dulden wolle (s. § 6 A 4). § 12

c) Nach Maßgabe von § 9 Abs 1 Nr 2. Ist der Geschäftsbetrieb überhaupt nicht eröffnet worden, so fällt der Eintritt des Löschungsgrundes mit der Eintragung zusammen; sonst mit der endgültigen Aufgabe des Geschäftsbetriebs.

d) Nach Maßgabe von § 9 Abs 1 Nr 3. War das Z von Anfang an trügerisch, so fällt der Eintritt des Löschungsgrundes mit der Eintragung zusammen; sonst ist er zugleich mit der Verwirklichung des Tatbestandes des § 9 Abs 1 Nr 3 gegeben.

e) Wegen eines zivilrechtlichen Anfechtungsgrundes (Anh zu § 9 A 18ff). Hier ist, wie im Falle des § 9 Abs 1 Nr 1 der Bestand des Z von dem Willen des Anfechtungsberechtigten, also des Inhabers des Gegenrechts oder desjenigen, der zu der Löschungsklage wegen unerlaubter Handlung oder wegen unlauterem Wettbewerbs berechtigt ist, abhängig. Es wird also, wie nach 3b, auf die Klagerhebung oder eine sonstige unzweideutige Willenserklärung ankommen.

In allen diesen Fällen braucht nicht der Grund maßgebend zu sein, der zu der Löschung den Anlaß gegeben hat, sondern es kann auch ein anderer, vorher eingetretener Löschungsgrund, vor allem nach § 8 Abs 2 Nr 2 in Betracht kommen (s. A 1, 1b). Dies gilt auch, wenn das Z auf Antrag des Inhabers gelöscht wurde (KG 23. 11. 01, Bl 02, 55). Über die Anwendung des Abs 2 entscheiden die Gerichte frei, ohne Bindung an etwaige Vorantscheidungen im Löschungsverfahren, deren Gründe nicht in Rechtskraft erwachsen. Sie können daher den Eintritt des Löschungsgrundes anderweit bestimmen, ja sie können auch verneinen, daß ein Grund zur Löschung vorgelegen hat. In einem solchen Falle tritt die Rückwirkung nicht ein.

Ist die Löschung nur versehentlich erfolgt und wird daraufhin die Eintragung wieder hergestellt (vgl. § 3 A 10), so kann der Inhaber für die Zeit, wo das Z nicht eingetragen war, keine Rechte daraus herleiten. Selbstverständlich hat aber die versehentliche Löschung keine rückwirkende Kraft.

§ 13. § 13

Durch die Eintragung eines Warenzeichens wird niemand gehindert, seinen Namen, seine Firma, seine Wohnung sowie Angaben über Art, Zeit und Ort der Herstellung, über die Beschaffenheit, über die Bestimmung, über Preis-, Mengen- oder Gewichtsverhältnisse von Waren, sei es auch in abgekürzter Gestalt, auf Waren, auf deren Verpackung oder Umhüllung anzubringen und derartige Angaben im Geschäftsverkehr zu gebrauchen.

Inhalt.

Anm.		Seite
1.	Aus der Begründung	209
2.	Entw 1913	210
3.	Auslegung im allgemeinen	210
4.	Der Einfluß des Wettbewerbsrechts	211
5.	Warenzeichenmäßige Benutzung	212
6.	Warenzeichenmäßig. Einzelentscheidungen	213
	Name und Firma (Wohnung).	
7.	Im allgemeinen	214
8.	Wohnung	215
	Priorität.	
9.	Im allgemeinen	215
10.	Abkürzungen und willkürliche Bezeichnungen	216
11.	Löschung von Firmen	217
12.	Andere Urteile über Priorität	218
	Beschaffenheitsangaben.	
13.	Im allgemeinen	219
14.	Unrichtige Entscheidungen	220
15.	Kombinationszeichen	221
16.	Warenzeichenähnliche Beschaffenheitsangaben	222
17.	WZ und freier Warenname	223
18.	Bedenken gegen die Umwandlungseinrede	226
19.	Patent und WZ	226
20.	WZ und Freizeichen	227

Aus der Begründung S. 16. Die Grenze, welche das Z-Recht in der natürlichen Befugnis jedes Produzenten und Handeltreibenden findet, seine Waren mit dem eigenen Namen, der eigenen Firma usw. zu versehen, ist aus dem geltenden Gesetze übernommen. Nur war wegen der grundsätzlichen Zulassung von Wortzeichen auch noch Vorsorge zu treffen, daß der allgemeine Gebrauch von Herkunfts-, Qualitäts-, Preis-, Mengen-, Gewichtsangaben Anm. 1

§ 13 unter allen Umständen durch die aus einem eingetragenen Z etwa hergeleiteten Ansprüche keine Störungen erleiden kann. Der Entwurf bestimmt, daß derartige Bezeichnungen als ausschließlicher Inhalt eines Z nicht eintragungsfähig sein sollen; er gestattet aber ihre Verwendung in Verbindung mit anderen Wörtern und Figuren zu Z-Zwecken. Derartigen Z gegenüber will der Entwurf die Befugnisse der übrigen Produzenten und Handeltreibenden ausdrücklich wahren. Wer Bezeichnungen der fraglichen Art in das von ihm gewählte WZ aufnimmt, muß darauf gefaßt sein, daß gleiche Bezeichnungen auch von anderen gebraucht, ja selbst in andere WZ aufgenommen werden, sofern nur der letzteren Gesamtgestaltung eine Verwechslung mit dem ersteren WZ ausschließt.

Anm. 2 **Entw 1913.** Der Entw 1913 schlägt in § 4 folgende Fassung des bisherigen § 13 vor: Durch die Eintragung eines WZ wird niemand gehindert, seinen Namen, sein Wappen, seine Firma, seine Wohnung sowie Angaben über Art, Zeit oder Ort der Erzeugung oder des Vertriebs von Waren oder über deren Beschaffenheit, Bestimmung, Preis, Menge, Maß oder Gewicht, auch abgekürzt, auf Waren oder deren Verpackung oder Umhüllung anzubringen und im Geschäftsverkehr zu gebrauchen, soweit dies nicht derart geschieht, daß dadurch die Gefahr einer Verwechslung der Geschäftsbetriebe hervorgerufen wird.

Hierüber sagt die Begründung S. 59: „Dem bewährten Gedanken, daß die Macht des Z-Inhabers nicht zu einer Zuchtrute für den ganzen Verkehr werden darf, gibt § 4 Ausdruck. Die allgemeine Freiheit im Gebrauche der Sprache zum Ankündigen und Umsetzen der Waren bleibt unangetastet. Angaben über die Herkunft oder die Eigenschaften seiner Waren darf jedermann in seinem Geschäftsbetrieb gebrauchen, damit der Wettbewerb ihm möglich bleibt und seine Waren verkehrsfähig werden. Unter den hiernach erlaubten Bezeichnungen, vor denen das Z-Recht haltmachen muß, ist neben Firma und Namen das bisher im Gesetz nicht erwähnte Wappen genannt, weil die Wappen, die im geschäftlichen Verkehr wieder häufiger werden, ihrer Natur und Bestimmung nach den Namen zu ersetzen und zu verkörpern geeignet sind, und weil nach der Rechtsprechung des RG*) das Recht auf Führung eines Wappens dem Rechte auf Führung eines Namens gleichwertig ist. Aber andererseits soll § 4 keinen Freibrief für zügellosen Wettbewerb gewähren. Der Wortlaut des § 13 hat eine scheinbare Unterlage geliefert für die Einführung von Bezeichnungen, die der Inhaber des eingetragenen Z als unredlichen Eingriff in sein Recht empfinden mußte, und mit Recht ist daher gefordert worden, daß hier das Gesetz eine festere Schranke ziehe. Der Entwurf geht davon aus, daß dem Z-Recht an sich starke Wirkung und nachhaltige Bedeutung zukommt und daß es in seiner Ausschließlichkeit vom Verkehr anerkannt und beachtet werden muß. Die Wettbewerber müssen ... vermeiden, daß es zur Täuschung des Verkehrs kommt, sie dürfen unterscheidende Merkmale einer ihnen zustehenden Bezeichnung nicht weglassen, um dadurch näher an die geschützte Bezeichnung heranzukommen, sie müssen in geeigneten Fällen ihre Bezeichnung durch Zusätze so ergänzen, daß sie nicht einen Unbefangenen in den Irrtum versetzen, er habe es mit dem Geschäft des Z-Inhabers zu tun. Gegenüber dem Z-Recht muß sich auch das Recht auf Führung der Firma oder des eigenen Namens eine Einschränkung gefallen lassen, soweit dies im Verkehrsinteresse geboten ist. Sobald die Art, wie jemand eine an sich nicht unberechtigte Bezeichnung führt, ihn dem Vorwurf aussetzt, daß es ihm nur darauf ankommt, sich in den leichten Mitgenuß der Vorteile zu setzen, die der andere durch sein geschütztes Z zu erreichen gewußt hat, ist sein Wettbewerb unlauter und braucht von dem Z-Inhaber nicht geduldet zu werden. In diesem Sinne ist vorgeschrieben, daß die im § 4 gewährleistete Freiheit nicht derart ausgeübt werden darf, daß dadurch eine Gefahr der Verwechslung der Geschäftsbetriebe hervorgerufen wird. Bei der Feststellung dieses Tatbestandes wird den Umständen des Einzelfalles Rechnung getragen werden können. Regelmäßig wird die Gefahr insbesondere schon dann nicht vorliegen, wenn die Gebiete, auf denen sich die beiden Bezeichnungen tatsächlich bewegen, örtlich einander nicht berühren."

Anm. 3 **Auslegung im allgemeinen.** § 13 behandelt die mögliche Kollision des WZ mit 1. für den Individualgebrauch Dritter, 2. für den Allgemeingebrauch notwendigen Bezeichnungen, also 1. Name, Firma und Wohnung eines anderen, 2. Angabe über Art, Zeit und Ort der Herstellung, über die Beschaffenheit, über die Bestimmung, über Preis-, Mengen- oder Gewichtsverhältnisse von Waren. Letztere sind dieselben, die nach § 4 Abs 1 Nr 1, damit sie dem Gemeingebrauch nicht entzogen werden, nicht für sich allein als WZ eingetragen werden dürfen.

Der Konflikt erfährt aber keine eigentliche Lösung, denn wollte man die Bestimmung wörtlich nehmen, so hätte das eingetragene Z in seiner Wirksamkeit überall den erwähnten Bezeichnungen zu weichen, wovon natürlich keine Rede sein kann, da damit der Verwechslungsgefahr Tür und Tor geöffnet wäre. Aus der Gesamtheit dieser Bezeichnungen sind herauszuheben: Name und Firma, da in ihnen die Ausübung von Gegenrechten liegt, welche

*) Vgl. E 71, 262; RG IV 22. 5. 24, MW 24, 43; Bl 25, 130.

an sich dieselbe Geltung beanspruchen können wie das WZ-Recht. Demgemäß sagt E 90, 88 a. E.: „Das WZ-Recht ist nicht stärker als das Namens- oder ältere Firmenrecht." Es wird damit zugleich angedeutet, daß im Konfliktsfalle im großen und ganzen die Priorität zu entscheiden hat (s. hierüber A 9ff). Die Wohnungsbezeichnung ist nicht Gegenstand eines Individualrechts, dient aber auch einem Individualgebrauch. Trotzdem ist sie sachlich der zweiten Gruppe, und zwar der Kategorie „Ort der Herstellung" zuzurechnen. Während das Recht auf Benutzung des eigenen Namens und der eigenen Firma, und zwar auch in abgekürzter Gestalt, gegenüber einem Buchstaben oder Worte enthaltenden Z schon in § 10 Abs 1 MSchG v. 1874 berücksichtigt ist, wurde die zweite Gruppe erst im geltenden Gesetze hinzugefügt. Die Begründung (A 1) scheint anzunehmen, daß insoweit nur ein Konflikt mit Kombinationszeichen, welche derartige Bezeichnungen als Bestandteile enthalten, denkbar sei, da die Eintragung als Einzelzeichen ja nach § 4 Abs 1 Nr 1 ausgeschlossen werde. Dieser Konflikt wird von der Begründung zutreffend in der Weise gelöst, daß der Inhaber des Kombinationszeichens sich die anderweite Benutzung einer darin enthaltenen, unter § 4 Abs 1 Nr 1 fallenden Bezeichnung gefallen lassen müsse, sofern nicht die Gesamtgestaltung des Gegenzeichens die Verwechslungsgefahr mit sich bringe. Sehr häufig aber beruht der Konflikt darauf, daß gegen ein Wortzeichen der Einwand erhoben wird, es hätte nach § 4 Abs 1 Nr 1 nicht eingetragen werden sollen, oder es sei nachträglich zu einer reinen Beschaffenheitsangabe oder dergleichen geworden. Diese Fälle werden später eingehend zu erörtern sein (s. A 16—18). § 13

Der Entw 1913 (s. A 2) hat den wenig sachgemäßen Wortlaut des § 13 erkannt und sucht eine Abhilfe zu schaffen durch Hinzufügung der Worte: „soweit dies nicht derart geschieht, daß dadurch die Gefahr einer Verwechslung der Geschäftsbetriebe hervorgerufen wird". Diese Regelung eignet sich für den Konflikt des WZ mit Beschaffenheitsangaben u. dgl. (Gruppe 2) und kann insoweit im wesentlichen auch als dem geltenden Rechte, wie es sich aus der Handhabung des § 13 durch die Gerichte allmählich herausgebildet hat, entsprechend erachtet werden. Im übrigen aber, d. h. was den Konflikt mit Namen und Firma anlangt, geht sie zugunsten des eingetragenen Z zu weit und berücksichtigt, wie der zweite Teil der Begründung zeigt, zu ausschließlich die Fälle des unlauteren Wettbewerbs und zu wenig die Fälle der Wahrung einer auf Priorität beruhenden Berechtigung (vgl. Dunkhase MW 14, 137, wo übrigens der Fall „Kaputi" — „Kaput", vgl. A 16, nicht ganz richtig dargestellt ist).

§ 13 hat daher den Gerichten eine Aufgabe gestellt, indem er auf die Möglichkeit eines Konfliktes mit Namen- und Firmenrecht sowie mit der Forderung des Verkehrs auf Freihaltung unentbehrlicher Bezeichnungen hinweist, ohne eine bestimmte Regelung zu geben. Hierzu führt auch nicht die häufig gebrauchte Formel: § 13 enthalte keine Ausnahme vom WZ-Schutz, sondern nur die natürliche Begrenzung desselben, denn in Wirklichkeit findet keine Grenzziehung statt, sondern es wird nur auf die Notwendigkeit einer solchen hingewiesen.

Das Recht aus § 13 kann durch Einrede oder Feststellungsklage geltend gemacht werden. Da das eingetragene WZ gemäß § 12 die Vermutung der Wirksamkeit für sich hat, so trifft denjenigen, der sich ihm gegenüber auf § 13 beruft, die Beweislast für die Voraussetzungen der Anwendung.

Der Einfluß des Wettbewerbsrechts. § 13 ist vor allem durch die Entwicklung des Wettbewerbsrechts mit positivem Inhalte versehen worden. Der allgemein als verfehlt erkannte Satz 2 UWG § 16 Abs 2 — das österreichische Recht enthält die gegenteilige Bestimmung; s. Abel GR 26, 21 — hat nicht gehindert, daß der in § 16 enthaltene, auch für das WZ-Recht unentbehrliche und im WZG vielfach zum Ausdruck gekommene Prioritätsgedanke in der Rechtsprechung auf diesem Gebiete, besonders bei der Auslegung des § 13, durchgedrungen ist, so daß der erwähnte Satz kaum mehr beachtet wird. Neuerdings ist er nur noch in dem Urteile RG II 7. 12. 26, GR 27, 191, dessen Begründung auch sonst rückschrittlich und bedenklich ist, ausdrücklich betont worden (s. § 15 A 18). **Anm. 4**

Auch sonst wird in der Rechtsprechung des RG beständig dem formellen WZ-Rechte gegenüber der Vorrang des Wettbewerbsrechts als des Rechts höherer Ordnung zur Geltung gebracht, manchmal sogar in Fällen, wo man vielleicht aus dem richtig ausgelegten WZG heraus zu dem gleichen Ergebnisse hätte gelangen können (vgl. § 9 A 11). Auf dieser Grundlage verbietet sich eine schematische Behandlung der in § 13 angedeuteten Grenzen des WZ-Schutzes dem Wortlaute nach, sondern es sind stets unter billiger Interessenabwägung die nachfolgenden Gesichtspunkte des Wettbewerbsrechts mit zu beachten:

1. die Verwechslungsgefahr ist nach Möglichkeit und Billigkeit zu verhüten;
2. die Priorität ist zu schützen;
3. notwendige oder unentbehrliche Bezeichnungen sind tunlichst zu schonen;
4. der auf unlauteren Wettbewerb, insbesondere auf Verwechslung, gerichteten Absicht ist entgegenzutreten.

§ 13 Infolge dieser sich mit dem Wortlaute des § 13 und auch untereinander bei der Anwendung in den einzelnen Fällen mannigfach kreuzenden Gesichtspunkte ist bei der Handhabung des § 13 unendlich viel dem freien Ermessen, der Verkehrserfahrung und dem gesunden Takte des Richters überlassen. Auch hier lassen sich, wie bei Beurteilung der Verwechslungsgefahr und der Gleichartigkeit der Waren, keine festen, allgemein anwendbaren Regeln geben, sondern nur beachtliche Anhaltspunkte, deren Außerachtlassung jedoch als Rechtsverstoß das Rechtsmittel der Revision begründen kann.

Die Verhütung der Verwechslungsgefahr ist schon der eigentliche Zweck des WZ-Rechts selbst und dient sowohl dem Schutze des Publikums vor Täuschungen wie auch dem Schutze der Inhaber älterer Warenbezeichnungen in ihrem Betriebe. In zahlreichen Entscheidungen, bei denen jüngere an sich nach § 13 zulässig scheinende Bezeichnungen mit älteren Rechten in Konflikt geraten, hat sich das RG der Formel bedient: die jüngere Bezeichnung dürfe nicht „warenzeichenmäßig", d. h. so gebraucht werden, daß darin ein Hinweis auf den Betrieb des älteren Berechtigten erblickt werden könne. Näheres hierüber s. A 5.

Die Priorität kommt hauptsächlich in Betracht bei dem Konflikt absoluter Rechte untereinander: des WZ-Rechts, des Namens- oder Firmenrechts und des Ausstattungsbesitzes. Sie kann aber auch sonst, insbesondere in Verbindung mit dem Gesichtspunkte der Repression unlauteren Wettbewerbs eine Rolle spielen.

Die Schonung notwendiger und unentbehrlicher Bezeichnungen ist besonders bei Konflikt mit WZ geboten. Sind diese auch an sich gegen Verwechslungsgefahr zu schützen, so wird man sich doch vielfach mit einem geringeren Grade des Schutzes begnügen müssen, wenn die Beanstandung der Bezeichnungen andere berechtigte Interessen, sei es der Allgemeinheit, sei es einzelner, allzu schwer schädigen würde. Eine besondere Rolle spielt dieser Gesichtspunkt im Konflikt älterer WZ mit jüngeren Firmen. Diesen wird die Berufung auf § 13 regelmäßig dann versagt, wenn die Verwechslung durch nicht notwendige, frei gewählte Firmenbestandteile hervorgerufen wird.

Über die Berücksichtigung des unlauteren Wettbewerbs in der Handhabung des § 13 mögen folgende Urteile eine gewisse Anschauung geben:

In der Entscheidung RG II 11. 11. 10, GR 11, 29; MW 10, 184 heißt es: § 13 WZG schützt nur den redlichen Geschäftsverkehr und wahrheitsgemäße Beschaffenheitsangaben. Auch durch Benutzung von an sich erlaubten Beschaffenheitsangaben können die Benutzer sehr wohl einen anderen in einer gegen die guten Sitten verstoßenden Weise vorsätzlich schädigen (§ 826 BGB). Es handelte sich um den Bestandteil „Natura Milch" eines WZ, unter welchem Namen ein anderer dem Inhaber des Z Konkurrenz machte. Ähnlich: E 73, 170, MW 9, 384; Bl 10, 267 (Autonapht — Autonaphta).

Die Berufung auf § 13 ist bei unlauterem Wettbewerb stets ausgeschlossen; so wenn eine Beschaffenheitsangabe unnötigerweise gewählt wird, um Verwechslungen mit dem eingetragenen Z hervorzurufen. Bestrafung eines gewissen Unterberg, der durch die Art der Benutzung seines Namens in Verbindung mit der freien Bezeichnung „Boonekamp" Verwechslungen mit dem fremden WZ „Underberg-Boonekamp" herbeiführte (RGSt 6. 3. 08, Bl 08, 224).

Wer die mit dem Z „Solo" verwechselbare Bezeichnung „Volo" für Margarine benutzt, kann sich nicht darauf berufen, daß Solo ein Ort sei, von wo man Speiseöle zur Herstellung von Margarine beziehe, wenn er weder die Ware noch ihre Bestandteile dort bezogen hat, weil höchstens nur wahre und rechtliche Herkunftsangaben dieser Art geschützt sind (RGSt 38, 390; Bl 06, 264).

Die Berufung auf § 13 wurde aus § 1 UWG einer Firma „Richard Grempler Nachf." versagt, die jahrelang für eine andere Firma, „Grempler & Co.", deren Sekt unter der für diese eingetragenen Wortmarke „Grempler" und „Grempler & Co." vertrieben hatte und nun von anderer Seite bezogenen Sekt unter ihrer Firma vertrieb. Verurteilung zur Unterlassung und Schadensersatz (RG II 3. 7. 25, GR 25, 276; MW 25, 32; JW 25, 2758).

Nach dem Gesetze erstreckt sich der Schutz des § 13 auch auf Abkürzungen der dort behandelten Bezeichnungen. Diese sind ohne weiteres zulässig, wenn man im Verkehr das mit der Abkürzung gemeinte Wort noch wiedererkennen kann; bei Name und Firma auch dann, wenn die Abkürzung sich im Verkehr derart Anerkennung verschafft hat, daß sie allgemein auf den dahinterstehenden Gewerbebetrieb bezogen wird. Im übrigen sind auch hier die oben erörterten Gesichtspunkte zu beachten.

Da § 13 nur eine natürliche Begrenzung des deutschen WZ-Rechtes, nicht besondere Schutzrechte für Dritte aufstellt, so kann auch der Ausländer sich auf § 13 berufen, ohne daß für ihn die Bedingungen des § 23 erfüllt sind (RG II 11. 7. 13, MW 13, 201; a. M. RGSt 32, 399; Freund-Magnus S. 176).

Anm. 5 **Warenzeichenmäßige Benutzung.** Nicht nur die WZ, sondern auch Name und Firma sind gegen warenzeichenmäßige Benutzung Dritter, auch wenn sie unter Berufung auf § 13 erfolgt, tunlichst zu schützen. Es darf danach das geschützte Wort (WZ, Name oder Firma) bei Anpreisung oder Ankündigung fremder Waren oder überhaupt in auf solche bezüglichen Veröffentlichungen nicht in einer Weise gebraucht werden, die im Publikum den Eindruck erwecken könnte, als solle damit auf den Betrieb des Berechtigten hingewiesen werden, dieser sei der Produzent oder Händler der betreffenden Waren. Beispiele bieten: E 95, 209 (Pfaff) u. 292 (Birresborn), wo es sich um Z (im ersteren Falle auch um einen Namen handelt); ferner E 100, 187 (Gervais, Z und zugleich Namen). Wohl durfte im Falle Birresborn der Wahrheit gemäß erklärt werden, daß das Mineralwasser aus Birresborn stammt; z. B., da es sich um eine neu erbohrte „Phönix-Quelle" handelt: „Phönix-Sprudel aus Birresborn". In dem Falle „Pfaff" hätte deutlich erklärt werden sollen, daß die Nadeln aus der Fabrik der Beklagten stammten, aber auch für die Pfaffschen Nähmaschinen verwendbar seien. § 13

In dem Urt. des IV. Strafsenats v. 11. 5. 17, MW 17, 82 wird das Wort „warenzeichenmäßig" erläutert: „nach der Auffassung des Publikums als WZ — als Hinweis auf die Herkunftsquelle und als Merkmal der Ware zur Unterscheidung von den Waren aus anderen Betrieben". Der Nachdruck liegt hier, wie die weiteren Ausführungen erkennen lassen, auf den Worten „Auffassung des Publikums". Es kommt darauf an, ob durch die Benutzung des geschützten Wortes der Eindruck hervorgerufen werden kann, es handle sich um Waren aus dem Betriebe des Z-Inhabers. Das erwähnte Urteil führt weiter aus, das geschützte Wort „Salamander" dürfe nicht verwandt werden für Waren aus der Fabrik, die für den Z-Inhaber arbeite, selbst wenn diese Waren ursprünglich für letzteren bestimmt und mit dem Z versehen gewesen, dann aber nach Vernichtung des Z anderweit verkauft seien. Im Zweifel, d. h. wenn auch nur die Möglichkeit obiger Auffassung des Publikums besteht, ist die Verwendung eines Wortzeichens eine warenzeichenmäßige. Bedingung der Zulässigkeit ist daher, „daß die Art und Weise der Ankündigung auch dem unbefangenen Durchschnittskonsumenten klar und unzweideutig erkennen läßt, daß es sich um eine bloße Beschaffenheitsangabe (oder Gattungsbezeichnung) und um eine andere Ware als die des Z-Inhabers handelt" (Hennebergs Desinfektionsapparate). RG II 19. 4. 12, GR 12, 256; MW 11, 469; vgl. auch RG II 12. 2. 04, Bl 04, 311 (WZ Zeiß — Verletzung: Skripturenbinder genau wie „Zeiß").

Es ist hierbei zu beachten, daß in Anlaß des erheblich erweiterten Schutzes gegen unlauteren WB, wie er durch das UWG v. 7. 6. 09, besonders in dessen §§ 3 u. 16, gewährt wurde, auch der Schutz von WZ wie der Namen- und Firmenschutz mit Recht mehr wie früher Förderung erfährt und von der Praxis begünstigt wird (s. BA 21. 1. 19, Bl 19, 42). Auf vorher ergangene Entscheidungen, die sehr geneigt waren, Beschaffenheitsangaben anzunehmen, wie über den Namen und das WZ Singer (RG 56, 160) oder den Namen und die Firma Liberty (RG 69, 310), die der heutigen Auffassung kaum mehr entsprechen, wird daher wegen der eingetretenen allgemeinen Rechtsänderung auf dem Gebiete des Wettbewerbes kein erhebliches Gewicht mehr zu legen sein.

Vielmehr wird prinzipiell das WZ, wie Name und Firma, soweit möglich gegen unbefugte Benutzung im Verkehr zu schützen und die Berufung auf § 13 nur dann zuzulassen sein, wenn es sich um unentbehrliche Bezeichnungen handelt und tunlichst durch Zusätze der Täuschung entgegengewirkt wird (vgl. E 100, 187 a. E.), oder aber wenn der Inhaber des Namens oder des Z diese für den Gemeingebrauch preisgegeben hat, wie dies im Falle des Simonsbrotes (E 101, 407) angenommen wurde.

Der heutigen Auffassung entsprechen auch Entscheidungen wie RGSt 32, 313 (Bl 00, 192) u. 33, 307 nicht mehr recht, da gegenüber dem WZ „Johann Maria Farina gegenüber dem Jülichsplatz" und „Es ist erreicht" die beanstandeten Bezeichnungen (Johann Maria Farina, Köln; Johann Maria Farina gegenüber dem Rudolfsplatz; Unerreichbar) augenscheinlich unlauteren Wettbewerb bezweckten und daher nicht durch § 13 gedeckt waren. Zivilrechtlich hätten sie jedenfalls nicht zugelassen werden dürfen, da die Verwechslungsgefahr vorlag und die Benutzung keineswegs einem berechtigten Interesse entsprach.

Das RG ist an solche aus einem älteren, überwundenen Rechtszustande hervorgegangene Entscheidungen nicht mehr im Sinne des § 136 GVG gebunden.

Unrichtig ist der Standpunkt, daß die Gerichte sich nicht um ein Z zu kümmern brauchten, welches das PA dem § 4 Abs 1 Nr 2 zuwider eingetragen hätte (so Allfeld S. 575 Note 6; Freund S. 180 u. 181), vielmehr steht dem Gerichte eine Kontrolle und Korrektur der Tätigkeit des PA in dieser Hinsicht nicht zu. Hier ist die Löschung nach § 8 Abs 2 Nr 2 der geeignete Rechtsbehelf.

Alles hier Gesagte gilt gemäß § 20 WZG nicht nur von Bezeichnungen, die mit dem geschützten Worte völlig übereinstimmen, sondern auch von solchen, die ihm trotz gewisser Abweichungen so ähnlich sind, daß Verwechslungsgefahr besteht.

Warenzeichenmäßig. Einzelentscheidungen. Gegenüber dem WZ „In aller Munde" für Schokolade, Zuckerwaren u. dgl. wurde die Reklame: „Riquet-Pralinen in aller Munde" **Anm. 6**

§ 13 an Straßenbahnwagen u. dgl. als warenzeichenmäßige Benutzung der geschützten Worte erachtet (RG II 28. 9. 23, MW 23, 124; vgl. A 16).

Ist auch dem Inhaber eines mit einem älteren WZ gleichlautenden Namens oder Firma nach § 13 gestattet, Name oder Firma im Verkehr mit geschützten Waren anzubringen, z. B. als Unterschrift bei Anpreisungen und Inseraten, so darf er sich deren doch nicht als Schlagwort warenzeichenmäßig zur Kennzeichnung der Waren bedienen (E 110, 237: WZ Malzmann-Zigaretten — Aufdruck der abgekürzten Firma des Gegners Malzmann & Co. auf Zigaretten; auch MW 24, 174; Bl 25, 161; JW 25, 1289 Nr 23 mit Bemerkung von Rosenthal).

Vorstehender Ausspruch in der Malzmann-Entscheidung 110, 237 dürfte in der Formulierung zu weit gehen. Getragen wird die Entscheidung dadurch, daß es sich um einen willkürlichen Bestandteil des Namens der Gesellschaft m. b. H. handelte, der dem älteren WZ gegenüber bei Verwechslungsgefahr weichen muß. Hätte es sich aber z. B. um einen Einzelkaufmann A. Malzmann gehandelt, so durfte er sehr wohl diese seine Firma auch warenzeichenmäßig benutzen, wenn er die Verwechslungsgefahr durch geeignete Zusätze tunlichst ausschloß (vgl. die Kritik des Urteils von Kirchberger JW 25, 2106; vgl. auch A 10).

Ein Z, das aus einem Namen und Beschaffenheitsangaben kombiniert ist, darf auch von einem anderen Träger desselben Namens nicht benutzt werden (RG II 2. 6. 05, Bl 05, 251: H.-Polygon-Sparroststäbe).

Eine warenzeichenmäßige Benutzung liegt nicht vor, wenn die Nachahmung eines WZ als Vereinszeichen zur Kennzeichnung bestimmter Personen als Mitglieder hergestellt und vertrieben wird (RGSt 2. 10. 14, MW 14, 187).

Wird aus einem durch Wortzeichen geschützten Heilmittel eine Lösung hergestellt und diese vertrieben, so ist es keine WZ-Verletzung, wenn bei Bezeichnung der Lösung, für die es einen anderen Namen nicht gibt, das Wortzeichen benutzt wird: Pantoponlösung oder Pantopon 0,01 (RGSt I 3. 11. 13, MW 13, 272; vgl. Bl 13, 53; MW 12, 317).

Bei einem Kombinationszeichen bestehend aus einem Bilde und den Worten „Victoria" und „Kreppapier" wurde eine warenzeichenmäßige Benutzung nicht darin erblickt, daß der Beklagte offerierte: „Victoria-Kreppapier (nur ohne diese Bezeichnung), also genau das Kreppapier, das unter dieser Marke von H. geliefert wird". (RGSt II 17. 2. 14, MW 13, 365.)

§ 13 gibt nicht etwa ein Recht, sich die Firma gegenüber einem älteren verwechslungsfähigen Z als Z eintragen zu lassen (BA 4. 7. 04, Bl 05, 14; s. § 5 A 3), sondern nur die Erlaubnis, Name, Firma usw. auf Waren ungeachtet eines an sich entgegenstehenden WZ anzubringen, und zwar in der Regel nicht „warenzeichenmäßig", sondern nur so, daß der unbefangene Durchschnittsverbraucher klar erkennen muß, daß es sich nicht um ein WZ und daß es sich um eine andere Ware als die des Z-Inhabers handelt (RG II 4. 10. 21, MW 21, 79: Vim — C-i-m; RG II 18. 9. 18, Bl 19, 14: Ern; RG II 16. 6. 25, MW 25, 14: Mutag u. Matag).

Name und Firma (Wohnung).

Anm. 7 **Im allgemeinen.** Unter dem Namen (§ 12 BGB) ist der Familienname oder die Verbindung desselben mit einem oder mehrerer Vornamen zu verstehen, nicht der Vorname für sich allein. Wer sich auf § 13 berufen will, muß ein Recht auf den Namen haben. Für Ausländer entscheidet in dieser Hinsicht ihr Heimatsrecht. Doch wird auch ein angenommener Name, der sich im Verkehr durchgesetzt hat, nach § 12 BGB geschützt und berechtigt folgeweise zur Berufung auf § 13 (vgl. § 14 A 6; E 101, 226).

Willkürliche Veränderungen des Namens können nicht unter Berufung auf § 13 gerechtfertigt werden. Alles dies gilt nicht nur von dem Namen physischer, sondern auch von dem juristischer Personen.

Für die Berechtigung zur Führung einer Firma sind die Bestimmungen der §§ 17—24, 30, 37 HGB maßgebend, ferner § 3 GenG und § 4 GmbHG. Minderkaufleute sind nach § 4 HGB nicht firmenberechtigt, werden aber nach der Fiktion des § 5, wenn für sie eine Firma eingetragen ist, für die Dauer der Eintragung als Vollkaufleute behandelt. Letzteres gilt auch für Nichtkaufleute. Auch eine berechtigterweise geführte, nicht eingetragene Firma ist schutzfähig (RGSt 18. 11. 97, Bl 98, 110).

Unbefugte Namens- und Firmenführung ist selbstverständlich nicht geschützt (E 71, 41; Bl 09, 296: Atikah frères).

§ 13 schützt nur den Gebrauch des eigenen Namens, der eigenen Firma. Eine Aktiengesellschaft darf auch mit Genehmigung eines Dritten (z. B. ihres Betriebsleiters) nicht dessen Namen benutzen, um in ein fremdes WZ einzugreifen (RGSt 49, 311; Bl 16, 8; GR 16, 123: WZ „Caesar — Caesar-Platten). Andererseits wird auch hier die Priorität zu beachten sein, so daß z. B. einem Geschäftsmann, welcher auf Grund der Erlaubnis eines anderen seine

Waren mit dessen Namen bezeichnet hatte, dies Verfahren nicht auf Grund eines neu eingetragenen WZ verboten werden kann. § 13

Bei abgekürzter Firma muß hinzukommen, daß die dem Inhalte der Firma als Schlagwort entnommene Abkürzung als solche in den Abnehmerkreisen eingeführt und bekanntgeworden ist (E 56, 418; Bl 04, 250: Fritze; 64, 64: Kayser; 90, 88: Köhler; RGSt IV 26. 4. 12, MW 11, 476: Kardol).

Auch eine anerkannte (eingebürgerte) Etablissementsbezeichnung genießt den Schutz des § 13. Steht ihr die Priorität zu, so braucht sie einem eingetragenen WZ gegenüber nicht zu weichen, vorausgesetzt, daß die Verwendung nicht zum Zwecke der Täuschung erfolgt (E 77, 73: Carborundum; Bl 12, 19; vgl. Finger GR 12, 322).

Ebenso können Telegrammadressen, die im Verkehr zum Kennzeichen der Firma geworden sind, nach § 13 geschützt sein (vgl. Nietzold GR 25, 1ff; OLG Braunschweig 27. 10. 22, MW 24, 235: „Ölkönig"; und E 102, 89: „Eka"; auch GR 23, 46; dazu Osterrieth).

Dem Namen und der Firma steht das Privatwappen nicht gleich, da es nicht wie jene ein unentbehrliches Mittel zur Warenbezeichnung ist (anders Entw 1913 s. A 2). Kann auch der Wappenberechtigte dem Nichtberechtigten die Benutzung des Wappens als Warenbezeichnung und insbesondere die Eintragung desselben als WZ verbieten (s. § 9 A 20), so kann er sich doch demjenigen gegenüber, der sich berechtigterweise dasselbe oder ein verwechselbares Wappen als WZ hat eintragen lassen, nicht auf § 13 berufen, um im Widerspruch mit dem WZ Waren mit dem Wappen zu versehen. Vielmehr wird er durch die Eintragung zugunsten eines anderen Berechtigten von dieser Benutzung des Wappens ausgeschlossen (LG Hamburg 29. 5. 96, Bl 96, 367; a. M. Seligsohn S. 203; Kohler WZ-Recht S. 110).

Wohnung. Unter Wohnung ist zu verstehen der Wohnort und die durch Straße und Nummer bezeichnete Behausung, bei Kaufleuten der Ort oder Sitz der Niederlassung und die nach Straße und Nummer bezeichnete Geschäftsstelle. Anm. 8

Auch hier kommt es auf Verhütung der Verwechslungsgefahr und Priorität an. So würde es z. B. dem auf einer alten Kölner Hausnummer beruhenden Z „Nr 4711" gegenüber unzulässig sein, wenn eine im selben Hause befindliche Konkurrenzfirma ihre Geschäftsstelle mit „Köln Nr 4711" bezeichnete (vgl. den in A 5 erwähnten Fall RGSt 32, 313).

Priorität.

Im allgemeinen. Für § 13 gilt dasselbe entsprechend, was E 77, 29 (zu diesem Urteil Lobe GR 12, 183) als dem § 16 UWG unausgesprochen innewohnende Voraussetzung bezeichnet, daß nämlich „beim Zusammenstoße mehrerer Firmen derjenige Firmeninhaber, dessen Interessen später auftreten, verpflichtet ist, seine Firma von der anderen in einer die Verwechslungsgefahr ausschließenden Weise zu unterscheiden". Denn es ist eine allgemeine Wettbewerbspflicht, nach Möglichkeit Verwechslungen mit der Firma oder den Waren eines anderen zu vermeiden (KG II 8. 11. 12, MW 12, 294). Dabei ist, wie dies auch von Rosenthal GR 18, 147 zu § 16 UWG ausgeführt wird, die Verwechslungsfähigkeit, wie auch sonst im WZ-Recht, nicht schablonenmäßig, sondern stets mit Rücksicht auf die besonderen Umstände zu behandeln. Der strengste Maßstab ist anzulegen, wenn die Absicht auf Verwechslung gerichtet ist; ein strengerer, wenn Freiheit in bezug auf die spätere Bezeichnung gegeben war, als wenn für die spätere Bezeichnung ein gewisser Zwang, wie bei dem Gebrauch des Namens in der Firma, vorlag. Danach wird eine entferntere Verwechslungsmöglichkeit unter Umständen zugelassen werden müssen. Jedenfalls aber ist der Inhaber der späteren Bezeichnung für verpflichtet zu erachten, die Verwechslung, soweit möglich und zumutbar, auszuschließen. Ausnahmsweise kann eine solche Verpflichtung auch dem älter Berechtigten obliegen, nämlich dann, wenn die Verwechslungsgefahr nur zum Nachteil des jünger Berechtigten besteht und dieser nicht in der Lage ist, sie auszuschließen. So lag die Sache in dem Falle OLG Dresden 18. 12. 12 (MW 15, 237), wo die Firma N. Herz, Leipzig, die ältere war, aber die konkurrierende Herz AG zu Frankfurt a. M. (die auch in Leipzig eine Niederlassung hatte) durch drei WZ (Bildzeichen Herz, Wortzeichen „Herz-Stiefel", und „Herzschuhe") durch große Reklame und entsprechende Leistungen ihrem Fabrikat ein solches Ansehen verschafft hatte, daß bei der bloßen Bezeichnung „N. Herz" leicht auf sie als Produzentin geschlossen wurde. Die ältere Konkurrentin wurde daher mit Recht verurteilt, ihre Firma als Warenbezeichnung nur mit einem Zusatz „Leipzig" od. dgl. zu benutzen. Anm. 9

Trotz des § 16 Abs 3 Satz 2 UWG (vgl. A 4) besteht kein Gegensatz zwischen § 16 und dem § 13 WZG. Das RG wendet daher in vielen Urteilen beide Bestimmungen nebeneinander an. So wird in E 90, 88 (Köhler, Haushaltungs- und Spezialmaschinen; auch Bl 17, 78 und MW 16, 238; vgl. MW 8, 84) entschieden, daß Beklagte, die jahrelang ihre Ware unter der abgekürzten Herkunftsbezeichnung „Köhler" vertrieben und diese dadurch im Verkehr zur Anerkennung gebracht habe, daran nicht dadurch gehindert werde, daß die

§ 13 Klägerin den gleichen Namen für sich als WZ habe eintragen lassen. An sich sei sie auch nach § 13 berechtigt, die Abkürzung für andere gleichartige Waren, auf die sie nachträglich ihren Geschäftsbetrieb ausdehne, zu gebrauchen. Doch sei ihr dies nach § 16 UWG insoweit zu verbieten, als Klägerin die Priorität in der Benutzung der abgekürzten Firma zustehe.

Abkürzungen von Namen und Firmen kommen dem eingetragenen Z gegenüber nur dann gemäß § 13 in Betracht, wenn sie den wirklichen Namen oder Firma noch erkennen lassen. So sagt RG II 8. 1. 24, Bl 24, 340 (MW 23, 160): Gegenüber einem älteren Z („Hohner") kann sich der aus § 12 Beklagte nicht darauf berufen, daß seine Bezeichnung („Honos"), die mit jenem verwechslungsfähig ist, eine Zusammenziehung der Anfangssilben der Namen ihrer Firmeninhaber (Holzer und Nossek) sei, denn, um in bezug auf Verwechslungsgefahr als Eigenname behandelt zu werden, dürfe die Abkürzung der Firmenbezeichnung nicht willkürlich sein und im Verkehr wie ein Phantasiewort erscheinen, sondern müsse die wirkliche Firma erkennen lassen, oder aber die schlagwortartige Abkürzung müsse vor der Erwerbung des klägerischen Z-Schutzes sich im Verkehr die Anerkennung als Kennzeichen der Firma erworben haben. Ebenso E 56, 417; RG 9. 5. 24, MW 23, 243 (GR 24, 180). Dies gilt um so mehr, wenn nicht erkennbar ist, daß es sich um eine Firma handeln soll, sondern der Anschein eines WZ erweckt wird (RG II 23. 10. 23, MW 23, 76: Alfa oder Alfa-Laval — AWA; RG II 4. 10. 21, MW 21, 79: Bim — C-i-m; auch Bl 21, 231).

Abkürzungen und willkürlich gewählte Firmenbestandteile sind im Falle der Verwechslungsgefahr dem älteren WZ gegenüber unzulässig (hierüber A 10). Aber auch bei Anbringung von Namen und notwendigen Firmen muß dem älteren WZ gegenüber, soweit irgend möglich, die Verwechslungsgefahr vermieden werden (E 110, 236; RGSt 40, 81; RG II 5. 1. 23, MW 22, 133: „Rex"). Die Priorität ist danach zu beurteilen, wann Name oder Firma auf dem betreffenden Geschäftsgebiete zuerst benutzt wurde (vgl. E 90, 88). Unzulässige Firmen sind der Löschung ausgesetzt (E 100, 266: „Sar Alam"); s. A 10 u. 11.

Wer sich freilich einen alltäglichen Namen (mit Zusatz von geringer Unterscheidungskraft) als WZ eintragen läßt („Meyers Kaffeezusatz"), kann nicht hohe Anforderung an unterscheidende Merkmale späterer Bezeichnungen anderer stellen, bei denen ebenfalls befugterweise der gleiche Name benutzt wird („Meyers Nienburger Kaffeezusatz" daher für berechtigt erklärt; OLG Hamburg 22. 6. 12, Bl 13, 257; MW 12, 101).

Die bildliche Wiedergabe des Firmennamens wird durch § 13 nicht gestattet (RG 23. 2. 23, MW 23, 4: „Boje").

Die Priorität ist auch dann nach Maßgabe des jetzt geltenden Rechts entscheidend, wenn es sich um einen schon unter der Herrschaft älteren Rechts bestehenden Zustand handelt und sie nach dem älteren Rechte unerheblich war (E 111, 66: „Arnheim" [auch Bl 25, 241 und MW 24, 229] zu § 16 UWG gegen E 77, 27 und 78, 265).

Anm. 10 **Abkürzungen und willkürliche Bezeichnungen.** Bei willkürlich gewählten Namens- und Firmenbezeichnungen hängt der Schutz des § 13 von der Priorität ab. So beim Pseudonym (E 101, 226). Besonders aber bei Sachfirmen und bei Firmenabkürzungen.

Bei jüngeren Firmen und Namen (Pseudonymen) besteht die Verpflichtung, soweit tunlich die Kollision mit älteren WZ zu vermeiden. Daher sind insbesondere willkürlich gewählte Bestandteile (Sachfirmen) unerlaubt, die eine Verwechslungsgefahr herbeiführen könnten. Dasselbe gilt von Abkürzungen älterer Firmen, die sich nicht schon vor Anmeldung des Z eingebürgert hatten (RG II 18. 9. 18, MW 18, 61; vgl. RG II 4. 10. 21, JW 21, 1539 Nr 15: Z Bim — abgekürzte Firma Cim; auch MW 21, 79; s. A 9; RG II 9. 5. 24, MW 23, 243: Z „H. W." mit Zutaten — Firmenabkürzung „H. V.").

Ältere Abkürzungen müssen, um sich der Eintragung als WZ gegenüber behaupten zu können, Anerkennung im Verkehr gefunden haben (s. A 7). In diesem Falle können sie die Löschung des WZ begründen (s. § 9 A 19).

Das RG unterscheidet in E 56, 417 (vgl. E 62, 21 und 64, 65) Firmenabkürzungen, die in den beteiligten Abnehmerkreisen bekannt und eingeführt sind, und solche, die „Gemeingut" geworden sind, d. h. die dem allgemeinen Sprachgebrauch und der allgemeinen Verkehrssitte gemäß derart gebildet sind, daß sie für jedermann verständlich sind und daß jedermann die wirkliche Firma daraus zu erkennen und zu rekonstruieren vermag. Letztere sollen trotz Verwechslungsfähigkeit mit einem eingetragenen WZ zulässig sein, auch wenn sie erst nach dessen Eintragung benutzt sind, erstere nur, wenn sie schon vorher benutzt sind. Die Unterscheidung hat ihre Berechtigung, doch wird nach allgemeinen Wettbewerbsgrundsätzen zu berücksichtigen sein, daß nachträglich entstandene Abkürzungen keinesfalls so gebraucht werden dürfen, daß der Verkehr darin das WZ erblickt. In den E 56, 417 und 64, 65 (E 62, 21 betrifft einen anderen Fall) handelte es sich übrigens um den Schutz von Firmenabkürzungen, die schon vor der Eintragung des kollidirenden WZ in den Verkehr getreten waren. Letzteres ist in dem Falle E 64, 65 nach der ausführlichen Wiedergabe Bl 06, 338;

MW 6, 89 auf die Widerklage des Firmeninhabers gemäß § 9 Abs 1 Nr 3 WZG gelöscht worden („Kaiser"); vgl. OLG Hamburg 1. 2. 07, GR 07, 135 und MW 6, 106 („Kaiser-Cognac"). Wegen RG II 3. 11. 25, MW 25, 114 (Reichardt — Reinhardt) s. § 20 A 11. § 13

Ist die abgekürzte Firma lange vor dem WZ auf Reklameartikeln (unentgeltlich verabfolgten Kalendern) benutzt worden, so kann dies vermöge des ähnlichen WZ nicht gehindert werden (RG 9. 2. 23, MW 22, 148; s. § 1 A 14).

Spätere willkürliche Firmenabkürzungen sind bei Gleichartigkeit der Waren und Verwechslungsgefahr mit älteren WZ unzulässig (OLG Hamm 23. 10. 25, MW 26, 27: WZ Ha-Ta-Fa, Firmenabkürzung Ho-Ta-Fa).

Die Firmenabkürzung an sich, wie im WZ, darf nicht so erfolgen, daß dadurch Verwechslungen mit anderen bereits bestehenden Firmen verursacht werden. So wurde auf Klage der bekannten Pianofortefirma „Steinway & Sons" in Neuyork einer konkurrierenden Firma in Braunschweig, „Grotrian, Helfferich, Schulz, Th. Steinweg Nachf.", verboten, sich der Abkürzung „Steinweg" zu bedienen und auf Löschung dieses WZ nach § 9 Abs 1 Nr 3 erkannt (RG I 28. 4. 97, Bl 97, 195).

In ESt 32, 397 (Bl 00, 91) wird die bereits lange geführte Abkürzung „Eagle" einer amerikanischen Firma als Warenbezeichnung dann dem eingetragenen gleichen WZ gegenüber als zulässig erachtet, wenn in dem maßgebenden Verkehrskreise jenes Wort als übliche, regelmäßige und für die Interessenten verständliche Abkürzung der Firma gelten würde (ähnlich ESt 18. 11. 97, Bl 98, 110: „Continental").

Bei Kollision von WZ mit später eingetragenen (oder gegründeten) Firmen ist zu unterscheiden, ob es sich um notwendige oder willkürlich gewählte Bestandteile der letzteren handelt. Bei Namen der Inhaber sind geringere Anforderungen an die Unterscheidung zu stellen wie bei Phantasiebestandteilen. Letztere sind in der Regel zu beseitigen, wenn dadurch Verwechslungsgefahr mit älteren WZ herbeigeführt wird. So hat das OLG Hamburg 22. 2. 98 (Bl 98, 112) mit Recht den Beklagten verurteilt, aus seiner Firma „G. M. Hansa-Kaffeerösterei . . ." das Wort „Hansa" wegen der älteren Klagezeichen „Hansa" und „Hansa-Kaffeerösterei" zu entfernen. Dieser Grundsatz ist in zahlreichen späteren Entscheidungen, auch des RG, z. B. E 110, 237 (Malzmann) und Zitate, zum Ausdruck gekommen. Er trifft besonders später gegründete Aktiengesellschaften und Gesellschaften m. b. H., weil diese in der Wahl ihrer Firma unbeschränkt sind.

Eine jüngere Gesellschaft m. b. H. darf nicht schlagwortartig den Namen eines ihrer Gesellschafter an die Spitze ihrer Firma stellen, wenn dieser Name verwechslungsfähig ist mit dem den Namen eines anderen enthaltenden WZ. § 4 GmbHG nötigt hierzu nicht (RG II 30. 4. 24, MW 23, 245: Constantin — Constantinu).

Ein milder Maßstab dürfte übrigens dann auch bei Gesellschaften m. b. H. und Aktiengesellschaften anzulegen sein, wenn das eingetragene WZ einen gangbaren Namen darstellt und derselbe Name den Gründern oder Mitgliedern der Gesellschaften zukommt und diese ein berechtigtes Interesse haben, ihn in ihre Firma aufzunehmen, z. B. wenn die Gesellschaft aus einer den gleichen Namen enthaltenden Firma hervorgegangen ist. Es kommt im wesentlichen, wie bei § 16 UWG, darauf an, unter tunlichster Schonung anderer berechtigter Interessen die Priorität zu schützen und Verwechslungsgefahr zu verhüten, was vielfach auch bei Gleichheit eines Namens durch geeignete Zusätze und Anordnung der Firmenbestandteile möglich sein wird. In dieser Hinsicht ist vielleicht bei einzelnen Entscheidungen, z. B. E 110, 237 (Malzmann); RG II 6. 7. 26 und 10. 7. 26, MW 26 S. 42 (GR 26, 482) u. 45 (Wagner) die Unterscheidung zwischen notwendigen und nicht notwendigen Firmenbestandteilen mit zu großer Schärfe durchgeführt worden (s. A 6 und § 5 A 4b; vgl. auch MW 25, 85; Kaufmann S. 89 und G. Alexander-Katz; ferner Kirchberger JW 25, 2106 und dazu die Äußerungen von Hoffmann, Rosenthal, Queck und Breit JW 26, 1420ff).

Löschung von Firmen. Gemäß den in A 10 erörterten Grundsätzen sind in zahlreichen Fällen auf Grund älterer WZ Firmen gelöscht worden. (Über den umgekehrten Fall der Löschung eines WZ auf Grund des Namens- und Firmenrechts s. § 9 A 19.) Im allgemeinen besteht dabei die Voraussetzung, daß die unter der Firma geführten Waren mit denen gleich oder gleichartig sind, für die das WZ erteilt ist. Doch wird die Löschung der Firma nicht dadurch ausgeschlossen, daß der Betrieb sich auch auf andere Waren erstreckt, für die das WZ nicht eingetragen ist, da bei einem einheitlichen Geschäft nur eine Firma geführt werden darf. Ist daher die Firmenführung für einen Teil des Geschäfts unzulässig, so muß sie für das Gesamtgeschäft verboten werden (vgl. Staub HGB § 17 A 3; RG II 17. 11. 25, JW 26, 1155 Nr 2: „Adlerwerk"; RG II 11. 6. 26, MW 26, 14: „Westfalia"). Anm. 11

RG II 8. 1. 24, 237/23 („Recht" 24 Nr 475) verbietet die Verwendung eines fremden WZ oder einer mit ihm verwechselbaren Bezeichnung als willkürlich gewählten Bestandteil der Firma mit folgender Begründung: Jede Benutzung eines geschützten Z zum Zwecke der Warenbezeichnung ist verboten. „Da nun eine Firma zunächst und unmittelbar zwar

§ 13 nur der Bezeichnung des Geschäftsbetriebs dient, mittelbar dadurch aber auch die Herkunft der aus ihr stammenden Waren kennzeichnet, so wird das WZ auch dadurch, daß es in einer Firma als deren Bestandteil gebraucht wird, in einer Weise verwendet, die in den nach § 12 WZG geschützten Rechtskreis des WZ-Schutzes eingreift. Wer in einem Geschäfte kauft, das als Firma ein bekanntes oder mit diesem verwechselbares geschütztes WZ führt, nimmt ohne weiteres an, er erhalte mit jenem WZ versehene und dadurch gekennzeichnete Waren." Ähnlich E 100, 266 („Salem Aleikum" — „Sar Alam"); 110, 236 (Malzmann); RG II 4. 1. 24, MW 23, 224; 30. 4. 24, MW 23, 246; vgl. § 12 A 25.

Über die Frage, inwieweit der Registerrichter bei der Eintragung und Löschung von Firmen den gewerblichen Rechtsschutz zu berücksichtigen hat, s. Nietzold GR 27, 1ff.

Weitere Beispiele.

WZ „Hommels Hämatogen" hindert die Benutzung der Firma „Adolf Hommel & Co., Hanau" in der Abkürzung bei der Bezeichnung „Hämatogen von Hommel Hanau", es sei denn, daß diese Abkürzung schon vor Eintragung des WZ zur Anerkennung im Verkehr gelangt ist. RGSt I 20. 5. 14, Bl 14, 372; MW 14, 224 (das Urteil sagt wörtlich: „zum Gemeingut des Verkehrs geworden ist" (vgl. Heimann MW 6, 12).

WZ „Laco" hindert die abgekürzte, in dieser Form nicht vorher eingeführte Firma „Lajaco" für Mäntel (RG II 17. 12. 15, Bl 16, 45; GR 16, 60; MW 15, 354).

RG II 11. 11. 19, Bl 20, 86 und MW 19, 112: WZ „Monopol" — Firma Monopol G. m. b. H. für chemische Produkte. RG und KG Bl 20, 93 und MW 19, 114: WZ „Gillette" — Firma Gillette G. m. b. H.

E 99, 87: WZ „Vernin" — Firma Vernix, Farben und Firniß G. m. b. H.

E 95, 292: WZ „Birresborner Mineralbrunnen" — Firma Birresborner Sprudel-G. m. b. H.

RG II 14. 12. 20, MW 20, 146: WZ „Schloß" — Firma Schloßkonditorei.

RG II 23. 3. 20, E 98, 267 und MW 19, 204: WZ „Bayer" — Firma Bayer. Filmvertriebsgesellschaft.

E 38, 80; Bl 97, 76: Kombinationszeichen mit den Worten „Barbarossa-Brunnen" — Firma mit dem gleichen Zusatz.

ESt 30, 12; Bl 97, 109: Z „Kondor" — Firma Kondor-Fahrradwerke T. & Co.

RG II 16. 11. 00, Bl 01, 181: Z „Karola" — Firma Carola-Parfümerie.

RG II 5. 3. 26, MW 25, 234: WZ „Der Schuhhof" — Firma Schuhhof Steindamm G. m. b. H.

RG II 17. 11. 25, JW 26, 1155 Nr 2: WZ „Adler" — Firma Adlerwerk.

RG II 11. 6. 26, MW 26, 14: WZ „Westfalia" — Firma Westfalia Textil-Großhandel G. m. b. H.

Anm. 12 **Andere Urteile über Priorität.** In der vielbesprochenen Entscheidung RG 55, 241; Bl 04, 233 („Kyriaci frères"; vgl. dazu RG II 14. 10. 04, Bl 05, 33) wird im ersten Teile die Klage der Berliner Firma Kyriaci frères auf Löschung des älteren gleichlautenden WZ des Beklagten dem Grundsatze der Priorität gemäß abgewiesen. Im zweiten Teile wird aber auch die auf Löschung der klagenden Firma wegen Mißbrauchs und Täuschungsabsicht gerichtete Widerklage als nach WZ-Recht (§ 13 WZG) nicht begründet erachtet und nur offengelassen, ob sie nicht aus § 826 BGB zuzusprechen sei. Insoweit ist das Urteil durch die neuere Rechtsprechung des RG (z. B. E 100, 266; vgl. A 5) überholt. (Die Besprechung Schäfers GR 07, 355 legt übrigens einen unrichtigen Tatbestand zugrunde.)

Auch die bekannte Entscheidung des LG Berlin v. 12. 6. 01, Bl 02, 29; UW 1, 135, wonach ein Firmenzeichen als oberer Fassadenabschluß eines Warenhauses in Gestalt eines Globus gegenüber dem damit verwechselbaren älteren Globuszeichen eines anderen Warenhauses zugelassen wurde, weil in diesem architektonischen Schmucke die Beziehung zur Ware fehle, dürfte der heutigen Auffassung nicht mehr entsprechen (vgl. hierzu auch E 38, 135: Figur eines Elefanten).

In der Entscheidung des II. Zivilsenats v. 20. 6. 11, Bl 12, 34 (MW 11, 83; GR 11, 290) handelte es sich um die eingetragenen Z: „Johann Hoffsches Malzextrakt-Gesundheitsbier", „Hoff" und „Hoffsches Malzextrakt". Geklagt war daraufhin auf Unterlassung der Bezeichnungen: „Hoffs Malzextrakt" und „Hoffs Malzextrakt-Gesundheitsbier", welche Beklagter damit verteidigte, daß er nur die Abkürzung seiner Firma „M. Hoff" verwende. Das RG hat das die Klage abweisende Urteil der Vorinstanzen aufgehoben, weil § 13 nur den redlichen Geschäftsverkehr schütze und nicht hindere, daß die Bezeichnungen des Beklagten wegen Gefahr der Verwechslung der beiden Firmen nach § 16 UWG unzulässig sein könnten, sofern er nicht die Priorität der Bezeichnung „Hoff" für sich in Anspruch nehmen könne. Es dürfte aber weitergehend anzunehmen sein, daß diese Bezeichnungen schon lediglich nach WZ-Recht wegen Verwechslungsgefahr unzulässig waren und daß Beklagter sich auf § 13 deshalb nicht berufen konnte, weil er in der Lage und verpflichtet war, für eine bessere Unterscheidung zu sorgen. **§ 13**

Kläger wie Beklagter heißen Boscolo Lisetto. Kläger hat sich den Namen Lisetto als WZ eintragen lassen. Da aber Beklagter sich desselben schon vorher als Abkürzung seiner Firma bedient hat, kann ihm gemäß § 13 der fernere Gebrauch nicht verwehrt werden (RG II 1. 3. 10, MW 9, 313).

Bestrafung wegen Anbringung des Firmenbestandteils „Hansa" auf dem Ladenschilde, weil dieses Wort vor Annahme der Firma für einen anderen eingetragen war (RGSt IV 8. 6. 09, MW 9, 64).

Mit genügenden Zusätzen kann ein schlagwortartiger Name (Jasmatzi), der einer älteren Firma zugleich als WZ geschützt ist, auch in einer jüngeren Firma zulässig sein, indem die Zusätze die Verwechslungsgefahr beseitigen (RG II 22. 11. 12, Bl 13, 137; MW 12, 291; GR 13, 65: Georg A. Jasmatzi A.-G. — Georg Jasmatzi & Söhne).

Die als Schlagwort eingebürgerte Abkürzung „Abdulla" der älteren Firma Abdulla & Co. Ltd. bleibt gegenüber dem später eingetragenen WZ „Addula" zulässig (OLG Hamburg 12. 3, 12, MW 12, 260).

Besteht ein WZ aus einem Namen und einem Freiwort (Kupferberg Gold für Weine), so unterliegt ein jüngeres Z, das ebenfalls aus dem ähnlich klingenden Namen des Inhabers und demselben Freiwort zusammengesetzt ist (Kupffender Gold) trotz § 13 der Löschungs- und Unterlassungsklage (OLG Celle 25. 10. 15, Bl 16, 27).

OLG Hamburg 1. 10. 24, MW 24, 108: Parteien streiten um die Bezeichnung elektrogalvanischer Heilapparate. Beklagter, G. Wohlmuth, hatte solche mit einem Teilhaber in der offenen Handelsgesellschaft G. Wohlmuth & Co. 1909 bis 1913 hergestellt und vertrieben. Das Geschäft war demnächst in den Besitz der Klägerin, der Aktiengesellschaft G. Wohlmuth & Co., übergegangen, welche sich das WZ „Wohlmuth" eintragen ließ und unter dieser Bezeichnung ihre Apparate durch ganz Deutschland in großem Umfange vertrieb. Daraufhin ist dem Beklagten, der ein Konkurrenzgeschäft eröffnete, verboten worden, seine Apparate als Wohlmuth-Apparate zu bezeichnen. Andererseits ist die Klägerin zur Löschung des WZ „Geowohl", das sie sich eintragen ließ, nachdem Beklagter unter dieser Abkürzung seiner Firma begonnen hatte, seine Konkurrenzapparate zu vertreiben, verurteilt worden.

RGSt v. 12. 5. 11, MW 10, 384: Verurteilung aus § 14, weil der Täter durch Verkauf von Broten unter der Bezeichnung: „Original-Brot Karl Herrmann" (Name des Täters) Verwechslungsgefahr mit dem eingetragenen WZ „Heinrich Hermann" (Name des Verletzten) hervorgerufen hat.

RG II 3. 3. 11, MW 10, 387: Klägerin, die A. Horch & Cie., Motorwagenwerke AG., hatte den Namen „Horch" als WZ eintragen lassen. Daraufhin wurde die Beklagte „August Horch Automobilwerke G. m. b. H." verurteilt, den Gebrauch des Wortes „Horch" als Schlagwort zur Bezeichnung ihrer Firma oder ihrer Waren auf dem Gebiete der Automobilfabrikation zu unterlassen.

Beschaffenheitsangaben.

Im allgemeinen. Hat man es bei Namen und Firma mit selbständigen Gegenrechten zu tun, so handelt es sich bei den übrigen in § 13 erwähnten Bezeichnungen, die hier kurz unter dem Begriffe „Beschaffenheitsangaben" zusammengefaßt sein mögen, um Bezeichnungen, deren Eintragung nach § 4 Abs 1 Nr 1 unzulässig ist, weil sie dem Gemeingebrauch vorbehalten bleiben sollen. Während das PA sich um erstere grundsätzlich nicht zu kümmern hat und sie nur ausnahmsweise unter anderen Gesichtspunkten, besonders § 4 Abs 1 Nr 3 (s. § 4 A 36a), oder weil sie im Verkehr zu Freizeichen oder Gattungsbegriffen geworden sind, von der Rolle ausschließen kann, so ist es bei Beschaffenheitsangaben an sich seine Aufgabe, es gar nicht dahin kommen zu lassen, daß sie als WZ auftreten. Diese wesentliche Verschiedenheit bedingt für die Gerichte bei Anwendung des § 13 eine ganz andere Behandlung der Beschaffenheitsangaben wie der bisher erörterten Namens- und Firmenbezeichnungen. Während bei letzteren die Gerichte in voller Freiheit darüber zu entscheiden haben, ob und unter welchen Modalitäten sie nach wettbewerblichen Grundsätzen im Falle des Konflikts mit einem eingetragenen WZ zuzulassen sind, oder nicht, oder ob umgekehrt das WZ dem stärkeren Namens- oder Firmenrecht zu weichen hat, besteht bei Beschaffenheitsangaben eine die Entscheidung der Gerichte begrenzende und bindende ausschließliche Zuständigkeit des PA. **Anm. 13**

Wenn das PA ein WZ eingetragen hat, obwohl Zweifel darüber bestehen können, ob es als Beschaffenheitsangabe oder dergleichen hätte eingetragen werden dürfen, so ist die Eintragung maßgebend, und ein Dritter darf das Wort als Warenbezeichnung nicht benutzen unter Berufung darauf, daß er nur von einer der nach § 13 erlaubten Angaben Gebrauch mache (RGSt I 13. 12. 00, Bl 02, 279: Salvator; RG II 5. 3. 26, MW 25, 234; JW.

§ 13 26, 1977 Nr 5: WZ „Der Schuhhof"), wo es wörtlich heißt: „Ein WZ genießt, solange es eingetragen ist, den Z-Schutz, und die Frage, ob es etwa als Angabe über die Beschaffenheit der Ware oder wegen mangelnder Unterscheidungskraft nach § 1 Ziff 1 WZG nicht hätte eingetragen werden dürfen, gehört nicht zur Zuständigkeit der ordentlichen Gerichte." (E 38, 104; WZ „Dr. Mampes bittere Tropfen"; Einrede der Beklagten aus § 13, daß sie schon lange vor der Eintragung die fast von allen Destillateuren benutzte Bezeichnung „Dr. Mampes bittere Tropfen" angewendet habe, verworfen, weil die Gerichte nicht befugt seien, die Rechtmäßigkeit der Eintragung nachzuprüfen.)

Wie hier Seligsohn S. 205; Pinzger S. 62. Unrichtig: Allfeld S. 575 und Freund S. 176 u. 180 unten.

Auch ein Bild kann Beschaffenheitsangabe im Sinne von § 13 sein (E 101, 344: Ähre für Kaffee-Ersatz; s. § 13 A 16; vgl. § 5 Abs 2 UWG). Ebenso kann eine Herkunftsangabe bildlich erfolgen, z. B. durch ein Stadtwappen (RG II 2. 10. 23, MW 23, 125: Bremer Schlüssel; RG II 22. 2. 24, MW 23, 188: Hamburger Türme; vgl. § 20 A 21 und § 4 A 20).

Anm. 14 **Unrichtige Entscheidungen.** Der in A 13 vertretene Standpunkt ist nicht allgemein in der Rechtsprechung durchgedrungen, man stößt vielmehr nicht selten in den Sammlungen auf Urteile, in denen sog. Beschaffenheitsangaben, obwohl dadurch Verwechslungsgefahr mit dem eingetragenen WZ verursacht wird, der Schutz des § 13 zugebilligt worden ist. In folgendem sollen die wichtigeren dieser Urteile besprochen werden.

Im Lahngebiete gab es fünf der Familie Buderus gehörige Eisenhütten, die nachher zum Teil Eigentum der Aktiengesellschaft Buderus Eisenwerke, zum Teil Eigentum einer anderen Aktiengesellschaft, deren Namen das Wort Buderus nicht enthält, wurden. Erstere ließ sich das Wort Buderus für Gießereiroheisen als WZ eintragen, aber auch letztere brachte solches unter diesem Namen in den Handel. Dies wurde ihr gemäß § 13 durch RG II 21. 4. 03, (UW 2, 120; Bl 06, 224) für den Fall gestattet, daß man in den beteiligten Verkehrskreisen unter Buderus-Eisen ein Roheisen von bestimmten Eigenschaften verstehe, das aus einer der fünf Hütten stamme und dort zuerst von Buderus hergestellt sei. Für diesen Fall wurde also dem WZ die Wirksamkeit versagt, weil es von vornherein Gattungsbezeichnung für ein aus verschiedenen Betrieben stammendes Eisen (also für ein auf diese beschränktes Genus) gewesen sei.

Die Entscheidung ist bedenklich, weil sie einen Übergriff der Gerichte in die Zuständigkeit des PA enthält. Hat das PA eine Marke, die als Beschaffenheitsangabe gelten könnte, eingetragen, so muß sie auch bis zur Löschung, zu der das PA selbst gemäß § 8 Abs 2 Nr 2 allein zuständig ist, als WZ beachtet werden.

In dem Falle E 55, 34 (Germania-Äpfel; vgl. § 9 A 11) hat das RG in einer zweiten Entscheidung vom gleichen Tage (Bl 04, 207) der hier aus § 12 verklagten Klägerin für den Fall entsprechenden Beweises die Einrede aus § 13 mit der Befugnis zugebilligt, sich nach wie vor der für die Gegnerin inzwischen eingetragenen Bezeichnung als Beschaffenheitsangabe für die von ihr importierten Äpfel zu bedienen.

Unrichtig: RGSt V 8. 4. 10, MW 10, 156 („Fußwohl" für Badepulver).

Ebenso unrichtig RG II 6. 5. 98, Bl 98, 165; GR 02, 167, wo bei dem Z „Rosen" für (tatsächlich rosa gefärbte) Santelölkapseln die Benutzung für dieselbe Ware eines Dritten zugelassen wurde, weil sie einen Zusatz von Rosenöl enthielte.

Wegen Simonsbrot s. A 17.

Unrichtig: RG II 14. 3. 99, JW S. 238 Nr 42 und GR 02, 166 (Kaiseröl).

Unrichtig ist auch die Amphibolin-Entscheidung RG II 26. 11. 01, Bl 03, 177 und JW 02, 33, die annimmt, derjenige, der vor der Eintragung seine Ware mit dem geschützten Namen benannt habe, könne das gemäß § 13 auch später tun, und zwar warenzeichenmäßig, und sich dabei mit Unrecht auf E 42, 20 (Creolin) beruft, wo nur allgemein die bloß mündliche Benennung freigegeben wird. Nicht hierher gehört die mehrfach für die unrichtige Ansicht zitierte E 49, 101 (Brennabor), wo nur die Ankündigung unter dem geschützten Namen bei der Weiterveräußerung der von dem Z-Inhaber bezogenen und von diesem bezeichneten Waren freigegeben wird.

Ebensowenig gehört hierher RG II 6. 3. 00, Bl 00, 217, wo die Unterlassungsklage auf Grund des Z Creolin (s. oben) wegen der Bezeichnung Kresolin abgewiesen wurde, weil letztere allgemeine Benennung eines Kresol enthaltenen Desinfektionsmittels sei.

Unrichtig dagegen auch RG II 11. 3. 98, Bl 98, 113, wo die Unterlassungsklage auf Grund des Z Styria bei Benutzung des gleichen Wortes als einer geographischen Benennung abgewiesen wurde. Dagegen PA 18. 2. 98, Bl 98, 114, wo die Übereinstimmung nur dann verneint wird, wenn es sich unzweideutig um eine geographische Angabe (z. B. „made in Styria") handelt.

Nicht zu billigen ist es, daß im Urt v. 13. 7. 18 (OLG Hamburg, MW 18, 115) die Benutzung eines eingetragenen WZ „Mineral Rubber" als Beschaffenheitsangabe (Kautschuk mit mineralischen Zusätzen oder ein dem Kautschuk ähnliches Produkt mineralischen Ursprungs) allgemein gestattet wird. Zutreffendenfalls wäre die Löschung nach § 8 in Frage gekommen. Solange aber das WZ eingetragen war, mußte es um so mehr geschützt werden, als es sich nicht einmal um eine für den Verkehr, besonders den deutschen, unentbehrliche Bezeichnung handelt. Richtig OLG Dresden 28. 6. 18, MW 18, 141 („Zickzack", angeblich Beschaffenheitsangabe für eine gewisse Art von Riemenverbindern). **§ 13**

Unrichtig OLG Celle 23. 2. 10, MW 9, 321: Da das Wort „Knickebein" seit langem Beschaffenheitsangabe für eine bestimmte Art von Likör war, so konnte wegen des für Schokolade nachträglich eingetragenen WZ „Knickebein" der Gebrauch der Bezeichnung „Knickebein Pralinen" nicht verboten werden.

In dem Urteil RG II 22. 12. 25, MW 25, 202 ist die Klage aus dem eingetragenen Z „Dr. Schreibers Abortin" gegenüber der Bezeichnung „Abortin Höchst" mit Recht abgewiesen, weil das Wort „Abortin" schon zur Zeit der Eintragung Beschaffenheitsangabe war. Der Begründung ist aber nicht beizustimmen, wenn sie sagt: Beklagter verletze durch Gebrauch des Wortes „Abortin" das Z-Recht der Klägerin, könne sich aber trotzdem auf § 13 berufen. Vielmehr war das Wort „Abortin" in dem Kombinationszeichen von Anfang an allein nicht schutzfähig, sondern nur in der Kombination, so daß das Schutzrecht durch den alleinigen Gebrauch jenes Wortes nicht verletzt werden konnte. Wäre das Wort für die Klägerin allein eingetragen worden, so hätte Beklagter sich auf den Mangel der Eintragungsfähigkeit nicht berufen können.

Nicht befriedigend RG II 11. 12. 25, MW 25, 169; GR 26, 121. WZ der Klägerin „Baskerville" für Schrifttypen. Beklagte vertreibt Schrifttypen unter der Bezeichnung „Baskerviller Antiqua und Cursiv" und rechtfertigt dies damit, daß vor mehr als 150 Jahren ein englischer Schriftgießer namens Baskerville eine eigenartige Schrift erfunden habe, die nach ihm benannt und auch jetzt noch unter diesem Namen bekannt sei, obwohl sie seit mehr als 100 Jahren nicht gehandelt sei. Das RG hat diese Verteidigung gelten lassen, soweit Beklagte Typen vertreibe, die genau der Schrift Baskerville entsprächen, nicht aber soweit sie nur zur Hervorbringung einer ihr mehr oder weniger angenäherten, ähnlichen Schrift dienten. Richtiger wäre sofortige Verurteilung nach der Klage gewesen, da Beklagte das klägerische WZ unbefugt benutzt hat. Ein Hinweis darauf, daß sie Typen vertreibe, mit denen die von Baskerville erfundene Schrift hervorgebracht werde (einerlei, ob genau entsprechend oder mit gewissen Abweichungen), hätte in anderer Weise und so deutlich erfolgen müssen, daß eine Verwechslung mit den Typen der Klägerin ausgeschlossen war.

Kombinationszeichen. Anders verhält es sich, worauf schon in der Begründung A 1 hingewiesen wird, bei Kombinationszeichen, in denen die Beschaffenheitsangabe nur einen für sich nicht schutzfähigen Bestandteil darstellt. So ist z. B. in dem WZ „Stollwercks Extra zart" für Schokolade, das zweite Wort reine Beschaffenheitsangabe und nicht monopolisierbar. Daher kann daraufhin die Bezeichnung „Tengelmanns Extrazart" nicht ohne weiteres verboten werden (E 77, 265, MW 11, 324; Bl 12, 21). Die Benutzung der in WZ enthaltenen reinen Beschaffenheitsangaben kann aber gegen § 826 BGB und § 1 oder § 16 UWG verstoßen und wird dann nicht durch § 13 WZG gerechtfertigt (RG II 11. 11. 10, Bl 11, 170: Natura-Milch; s. A 4; s. auch E 77, 265 a. E.: Seligsohn S. 205 hält dies Urteil für unrichtig, weil § 13 überhaupt nicht anwendbar sei). **Anm. 15**

Aber auch hierfür ist die auch bei § 4 Abs 1 Nr 1 (s. § 4 A 22) gebotene Einschränkung zu machen, daß für das Z wesentliche, originelle, sonst nicht gebräuchliche Angaben über die Beschaffenheit usw. nicht in einer Weise benutzt werden dürfen, welche die Gefahr der Verwechslung mit dem Z und damit eine Täuschung über die Herkunft der Ware hervorruft. In beiden Fällen muß sich also der Verkehr, soweit er es vermag, solcher Bezeichnungen bedienen, welche die Verwechslungsgefahr ausschließen. Dies ist der Kern der reichsgerichtlichen Entscheidungen, wonach die für das WZ wesentlichen Elemente nicht „warenzeichenmäßig", d. h. so, daß dadurch der Eindruck einer Benutzung des WZ und folgeweise Verwechslungsgefahr hervorgerufen wird, angebracht werden dürfen (vgl A 16).

Auf Grund des WZ „N.s Universalmagenpulver" kann die Bezeichnung „Max Ernst N.s (verst. P. F. W. N.s Sohn) Universalmagenpulver" nicht verboten werden, da es sich um eine reine und nicht originelle Beschaffenheitsangabe mit Hinzufügung der beiden Firmen, die unter sich hinreichend deutlich unterschieden sind, handelt (RG II 17. 6. 04, UW 3, 114).

Auf Grund des WZ „Original ♂ Bashenowo" für Asbest kann anderen die Bezeichnung Bashenowo-Asbest nicht verboten werden, weil Bashenowo der Hauptverladeplatz der gesamten Asbestproduktion des Uralgebiets ist (LG Hamburg 4. 2. 13, MW 12, 526; s. auch RG II 4. 11. 21, Bl 22, 29: Palliativ-Salbe; auch MW 21, 196; vgl. S. 148, wo aber Verstoß gegen § 826 BGB angenommen ist).

§ 13 Ist in dem WZ eine an sich erlaubte Beschaffenheitsangabe kombiniert mit einem anderen Bestandteil, sei dieser auch ein Freizeichen, so ist die Benutzung der Gesamtkombination nicht nach § 13 zulässig (RG II 15. 3. 10, MW 9, 383: der Name Guyot in einer roten Scheibe für Hosenträger).

Ebenso RGSt 6. 3. 14. MW 14, 151.

Wenn das eingetragene Wort in Zusammensetzung mit einem anderen Worte benutzt wird und in dieser Verbindung den Eindruck einer Beschaffenheitsangabe macht, können Zweifel entstehen, ob das Wortzeichen warenzeichenmäßig benutzt ist (ESt 36, 199: WZ „Blitz" für Telephonverzeichnisse — „Blitztelephonbuch"). In derartigen Fällen ist die neuere Praxis mit Recht strenger und würde wohl ohne weiteres WZ-Verletzung annehmen. Eine WZ-Verletzung ist anzunehmen, wenn das Wortzeichen in einer Verbindung erscheint, welche die durch erstere gekennzeichnete Ware als Gattung erscheinen läßt, welche durch die Hinzufügung eine Spezialisierung erhält. Unrichtig daher E 41, 69, Bl 99, 277), worin angenommen wird daß gegenüber dem Wortzeichen „Lanolin" die Zusammensetzung „Boroglyzerinlanolin" ein selbständiges und zulässiges neues WZ darstellt. Eine derartige Praxis müßte zu einer Entwertung der wichtigsten WZ führen und ist durch die neuere Rechtsprechung überholt (s. auch § 20 A 3 Nr 10).

Richtig: RG II 10. 2. 03, UW 2, 76 („Spatensalvator", Verletzung des Z „Salvator").

Anm. 16 **Warenzeichenähnliche Beschaffenheitsangaben.** Selbstverständlich lassen sich im Verkehr bei Ankündigung und Anpreisung fremder Waren Beschaffenheitsangaben u. dgl., die irgendwie mit WZ Ähnlichkeit haben und mit ihnen verwechselt werden können, gar nicht vermeiden, und der Verkehr hat einen berechtigten Anspruch darauf, sie trotzdem benutzen zu dürfen. Besonders darf der natürliche und notwendige Gebrauch der gangbaren Ausdrücke (dénominations nécessaires nach Pouillet Nr 81) nicht gehindert werden. Jedoch ist auch hierbei die warenzeichenmäßige Benutzung (A 5) verwechselbarer Bezeichnungen durchaus zu vermeiden (vgl. Begründung zu Entw 1913 A 2). Es muß also in der äußeren und inneren Form des Gebrauchs alles Auffällige und Ungebräuchliche, z. B. die ungewöhnliche Verwendung eines Ausdrucks, die ungebräuchliche Hervorhebung des Wortes, kurz alles, was bei flüchtiger Kenntnisnahme den Eindruck der Benutzung als WZ machen könnte, vermieden werden. Daher hätte z. B. in dem Falle RGSt 25. 9. 14, MW 14, 234 ohne weiteres auf Zurückweisung der Revision erkannt werden sollen. Der Angeklagte wußte, daß für Insektenvertilgungsmittel das Wortzeichen „Kaputi" eingetragen und ihm wegen Verwechslungsfähigkeit die Eintragung des von ihm angemeldeten Z „Kaputt" versagt war. Er benutzte dann das Z „Kaput", obwohl auch dafür Verwechslungsgefahr vorlag, es nach dem gewöhnlichen Sprachgebrauch nicht als Ausdruck für das Vernichten von Ungeziefer verwendet zu werden pflegt und er sich bewußt war, möglicherweise gegen das Gesetz zu verstoßen. Trotzdem wurde das erste Urteil zu seinen Gunsten gemäß § 13 aufgehoben, weil das Publikum das Wort „Kaput" in Beziehung zu der Ware setzen und darin eine Bestimmungsangabe erblicken könne. Die Verteidigung aus § 13 wurde nur für den Fall verworfen, daß der Angeklagte die Bezeichnung nicht sowohl zur Angabe über die Bestimmung der Ware, als zu dem Zwecke wählte, Verwechslungen herbeizuführen. Diese Auffassung, wonach § 13 mit einem eingetragenen WZ verwechslungsfähige Beschaffenheits- und Bestimmungsangaben, auch wenn sie keineswegs dem gewöhnlichen Sprachgebrauch entsprechen und sogar im Bewußtsein der Verwechslungsfähigkeit gewählt sind, an sich gestatte, und eine Ausnahme nur für den Fall gemacht wird, daß die Absicht auf Verwechslungen gerichtet sei, entspricht weder dem Zwecke der Bestimmung noch der heute herrschenden Praxis (vgl. oben A 4).

Demgemäß ist in E 99, 87 gegenüber dem WZ „Vernin" die Bezeichnung „Vernix" als unzulässig erachtet, da sie für Firniß ungewöhnlich sei. Ähnlich RG 4. 11. 21, Bl 22, 29 (MW 21, 196 und S. 148) bezüglich des Z „Palliativ-Salbe", das Herkunftskennzeichen des Klägers geworden war, weil dem Beklagten andere gangbare Bezeichnungen, wie Haut- oder Wundsalbe zur Verfügung gestanden hätten. Nicht zu billigen ist die Ausführung des RG E 101, 346 u. 347. Die Entscheidung selbst ist richtig, weil die Kornähre als Freizeichen für Kaffee-Ersatzmittel festgestellt war. Wäre dies aber nicht der Fall gewesen, so konnte dem Z-Berechtigten der Schutz nicht deswegen nach § 13 abgesprochen werden, weil das Bild der Kornähre sich zugleich als Beschaffenheitsangabe für Kaffee-Ersatz kennzeichnete, denn die Verwendung eines solchen Bildes hierfür war keineswegs notwendig und naheliegend, und sie mußte der Verwechslungsgefahr halber vermieden werden. Auch die Beispiele des RG a. a. O. (Hufeisen für eine Schmiede, Barbierbecken für Barbiere) betreffen Freizeichen und sind aus diesem Grunde des Individualschutzes unfähig (vgl. Ruhfus MW 21, 32).

Besondere Vorsicht zur Verhütung der warenzeichenmäßigen Benutzung ist am Platze, wenn bei Ankündigungen fremder Waren auf die geschützte Ware unter Benennung derselben mit dem WZ Bezug genommen wird. So ist z. B. in E 95, 209 in der Ankündigung von

„Nähnadeln zur Pfaff-Nähmaschine" Z-Verletzung angenommen, weil der geschützte Name „Pfaff" warenzeichenmäßig hervortrat; vgl. auch E 95, 292 (Birresborner Mineralbrunnen). § 13

Erfolgt die Charakterisierung eigener Waren durch einen Zusatz „nach", „Ersatz" oder „System" o. dgl. zu dem geschützten Namen oder sonstigen Wortzeichen eines anderen, so muß dem unbekannten Durchschnittsverbraucher unzweideutig erkennbar sein, daß es sich um andere Ware als die des Z-Inhabers handelt. Hierzu genügen die erwähnten Zusätze in der Regel nicht, da der Z-Inhaber sich derselben Benennung bedienen könnte und somit zugleich ein warenzeichenmäßiger Hinweis auf seine Ware gegeben ist. E 110, 339, MW 24, 199; Bl 25, 188: „nach Tallquist"; RGSt 8. 10. 06, Bl 08, 143; GR 08, 164. (Die Entscheidung selbst, wonach die Bezeichnung „Caledonian Pattern" für Schlittschuhe trotzdem wegen erheblicher Abweichung von dem Wortzeichen „Caledonia" zulässig sei, kann nicht gebilligt werden.)

Wenn Zubehörteile zu fremden Waren angeboten werden, ist es vielfach unvermeidlich, sich des fremden Wortzeichens zu bedienen, weil die dadurch gedeckten Waren kaum anders zu bezeichnen sind. Hierbei ist aber die Verwechslungsgefahr durch geeignete Fassung oder Zusätze auszuschließen. Dem ist z. B. in den Fällen E 74, 40 (Bl 10, 313) und RG II 5. 1. 23, Bl 23, 190 und MW 22, 133 (Rexgläser), welches Urteil aber von Rosenthal und Cahn JW 24 S. 701, 702 bekämpft, von Friedrichs (MW 23, 209) gebilligt wird, genügt worden. Dagegen wurde die Ankündigung „für Torpedo" und „für F. & S." verboten (RG II 27. 3. 25, MW 24, 205 und GR 25, 224; vgl. § 20 A 10).

Zu den Beschaffenheitsangaben im Sinne von § 13 wird nur eine solche Bezeichnung gerechnet, welche die Beschaffenheit direkt wiedergibt und ohne Zuhilfenahme der Phantasie versinnbildlicht (RG II 28. 9. 23, MW 23, 125 im Anschluß an Seligsohn; daher „In aller Munde" für Zuckerwaren usw. nicht Beschaffenheitsangabe).

Ebensowenig kann die Bezeichnung „Rembrandt" für Briefpapier mit Abbildung Rembrandtscher Bilder als eine für jedermann verständliche Beschaffenheitsangabe gelten (E 62, 20; s. auch RGSt 30. 11. 09, MW 9, 306: Technolexicon).

Unzulässig ist die Benutzung der in § 13 angegebenen Bezeichnungen mit an sich unnötigen Zutaten, welche geeignet sind, das geschützte Z eines anderen in die Erinnerung zu bringen.

Unzulässig ist auch die Berufung auf § 13 bei neuen und eigentümlichen Bezeichnungen, die zwar geeignet sind, als Name eines Erzeugnisses zu dienen, aber bei der Eintragung als WZ nicht die verkehrsübliche Bezeichnung waren (RGSt 39, 171, Bl 07, 17: Autochrom — Autochromie; Verbindung von Autotypie und Chromolithographie; vgl. auch RGSt 17. 9. 07, MW 7, 88).

Unzulässig ist die Verbindung der abgekürzten Firma mit einer Beschaffenheitsangabe derart, daß dabei das einem anderen geschützte WZ herauskommt (RG II 2. 6. 05, Bl 05, 251: H. = Polygom-Spar-Roststäbe; s. A 6).

Die Anwendung des § 13 kann nicht deshalb verlangt werden, weil das Z „Beschaffenheitsangabe" für die Waren des Beklagten geworden sei (RG II 30. 5. 05, Bl 05, 295; MW 4, 79: Ankerzichorie).

Die vom RG in der Pantopon-Entscheidung v. 19. 12. 12, Bl 13, 53 zugelassene Verteidigung, das Ersatzpräparat könne nicht wohl anders als mit dem geschützten Namen bezeichnet werden, ist nicht als stichhaltig anzuerkennen (Rathenau MW 12, 318).

S. im allgemeinen zur Frage des Wortzeichenschutzes für Arzneimittel: Rathenau, Festgabe für Kohler S. 373ff; Zschr. f. angewandte Chemie 10 S. 535ff; ArchBürgR 17, 1ff (Leitsätze MW 9, 299); Worms GR 07, 68; Seligsohn GR 07, 340; Rathenau ebenda 06, 195. Rathenau hat ohne Erfolg einen Zusatz zu § 8 Abs 2 vorgeschlagen, wonach drittens die Löschung erfolgt, wenn das Z zur allgemein üblichen Warenbenennung geworden ist. Dagegen zutreffend Doermer GR 06, 255. Levin hat vom ärztlichen Standpunkte sogar die völlige Beseitigung des Wortzeichenschutzes für Arzneimittel verlangt (MW 5, 113; dazu Finger ib. S. 124).

Das Anbringen des geschützten Wortes auf den nachgeahmten (gleichartigen) Arzneimitteln durch den Apotheker wird auch dadurch nicht entschuldigt, daß der Arzt in dem Rezept jenes Mittel vorgeschrieben und ebenso bezeichnet hatte und eine Medizinalverordnung die Abschrift des Rezepts auf dem Behältnis anordnet (RGSt 10. 5. 04, Bl 05, 14: Aspirin R.).

WZ und freier Warenname. In der älteren Rechtsprechung hatte die auf § 13 gestützte Einrede gegen die Klage aus § 12, daß das Z im allgemeinen Verkehr zur Gattungsbezeichnung, zur Beschaffenheitsangabe oder zum freien Warennamen geworden sei und daß niemand bei dem Gebrauche mehr an den Betrieb des Inhabers denke, verhältnismäßig gute Aussichten, und es sind daraufhin wertvolle WZ, wie „Singer" (E 56, 160) oder „Vaseline" (E 73, 229) für unwirksam erklärt worden; ebenso ist es manchen Namen- und Firmenrechten ergangen, z. B. in E 40, 64 (Liebig); E 69, 310 (Liberty; auch Bl 09, 37); vgl. auch PA 16. 12. 10, Bl 11, 234 (Wiebele für Backwaren). In dieser Hinsicht hat sich ein entschie- Anm. 17

§ 13 dener Wandel der Rechtsauffassung vollzogen (vgl. Salinger GR 13, 265). Man hat erkannt, daß es gerade das Ziel des Inhabers eines Wortzeichens sein muß, seine Waren mit der geschützten Bezeichnung so populär zu machen, daß sie alle Waren ähnlicher Art verdrängt und so im Verkehr die Herkunftsbezeichnung zur Sachbezeichnung wird (PA 6. 11. 08, Bl 09, 19). Allbekannte Beispiele hierfür sind: Aspirin, Formamint, Saccharin E 108, 11; Weck MW 23, 119; Lysol MW 12, 252 usw.; vgl. auch die Entscheidungen kanadischer Gerichte über die Z Aspirin und Vaseline, wo das Argument: ein Z könne nicht gleichzeitig deskriptiv und distinktiv sein („No man can get a monopoly of the english language") zurückgewiesen wird, in GR 24, 105.

In dem Galalith-Urteil (RG II 11. 3. 24, Bl 24, 290) wird der Einwand, Galalith sei zum reinen Warennamen für „Kunsthorn" geworden, mangels genügenden Beweisantritts, da nur allgemein auf Sachverständige Bezug genommen war, verworfen. Eine Umbildung zum freien Warennamen könne bei eingetragenen Z nur dann angenommen werden, wenn ganz besondere Umstände vorliegen und ein ganz strikter Nachweis für die Umgestaltung der Bedeutung im Verkehr erbracht werde. Die Einrede sei keineswegs zu begünstigen, denn sonst würden gerade die wertvollsten Z Gemeingut werden, weil ihnen dann bald bei einem Teile des Publikums der Charakter einer Beschaffenheitsangabe beigelegt werde. Ebenso E 108, 11 (Saccharin, Bl 24, 308).

Hier wurde noch erwogen, daß die Klägerin schon lange vor der Eintragung ihre Ware Saccharin nannte, daß ihr während des Krieges ein Monopol für die Herstellung von Süßstoff bewilligt wurde, und daß, als später noch eine andere Firma zur Herstellung von Süßstoff zugelassen wurde, diese ihr Produkt „Zuckerin" nannte. Demgegenüber falle es nicht ins Gewicht, daß in verschiedenen Schriftwerken allgemein der künstliche Süßstoff als Saccharin bezeichnet werde. Es genüge, daß die sachverständigen Kreise sich über die Tatsachen klar waren und daß der Inhaber der mißbräuchlichen Benutzung seines Z entgegentrat (vgl. dazu PA 1896 Bl 96, 76). Ähnlich E 110, 339 (Tallquist); RG II 19. 10. 23, MW 23, 119 (Weck).

Auch die E des IV. Strafsenats v. 6. 7. 23, RGSt 57, 354 (Bl 24, 167; GR 23, 223, MW 23, 238, Grammophon) steht auf einem strengen Standpunkt. Es zitiert RGSt 39, 171, wonach § 13 nur solche Angaben über „Art und Beschaffenheit" betrifft, die sich ausschließlich als solche kennzeichnen. Es dürfe ihnen also nicht daneben noch die Bedeutung einer bestimmten Herkunftsbezeichnung innewohnen. Die Umbildung eines WZ zu einer Gattungsbezeichnung sei daher ausgeschlossen, solange noch ein beteiligter Verkehrskreis an der Bedeutung des Wortes als Hinweises auf einen Geschäftsbetrieb festhält. Entscheidend sei der allgemeine Sprachgebrauch, dessen Entwicklung der Z-Inhaber dadurch entgegentreten könne, daß er die Benutzung seines Wortzeichens durch andere bekämpfe; vgl. Ausführung des PA Geschäftstätigkeit S. 236:

„Der Gewerbetreibende sucht sich oft für einen neuen, ausschließlich von ihm — unter Patentschutz oder ohne einen solchen — hergestellten Artikel oder für einen nach einem besonderen Verfahren hergestellten Gegenstand vermittels der Eintragung als WZ einen Namen zu sichern, unter dem er die Ware in den Verkehr einführen und im Publikum bekanntmachen will. Andererseits verbindet sich auch regelmäßig bei dem Publikum mit dem neuen Namen von selbst die Vorstellung, daß ihm eine neue, von der bisher vorhandenen in irgendeiner Richtung abweichende Ware geboten wird. Insofern das Wortzeichen in diesem Sinne mit einem bestimmten Produkt verknüpft ist und dem Z-Inhaber die ausschließliche Benennung der Ware im Verkehr sichert, gewährleistet es, solange das Produkt nur unter diesem Namen im Verkehr bekannt ist, dem Z-Inhaber ein Monopol im Handel mit der betreffenden Ware, das erst dann von der Konkurrenz durchbrochen wird, wenn es ihr gelingt, die Ware auch unter einem anderen Namen im Verkehr einzubürgern. Hieraus erklärt sich der beträchtliche Wert, der einzelnen Wortzeichen im Verkehr beigemessen wird (z. B. Antipyrin, Salvator) usw."

Auf die Auffassung der unmittelbaren Verbraucher, welche sich leicht daran gewöhnen, eine Wortmarke oder einen Namen allgemein zur Warenbezeichnung zu benutzen, ohne über die Herkunft nachzudenken, ist (im Gegensatz zu E 69, 310) kein besonderes Gewicht zu legen, vielmehr kommt es auf das Bewußtsein der wirklich Sachverständigen und vor allem darauf an, daß die Konkurrenten durch den Z-Inhaber an einer mißbräuchlichen Benutzung gehindert werden (E 108, 13).

Keinesfalls genügt es, um eine Entwicklung zum freien Warennamen anzunehmen, wenn die der Ware entsprechende Warengattung in der wissenschaftlichen Literatur mit dem geschützten Namen bezeichnet wird, weil die Ware den Markt beherrscht und die gleichartigen Waren anderer Betriebe mehr oder weniger verdrängt hat (Diehl und Häuser GR 04, 77 und 80; E 108, 12: Saccharin).

Nur wenn der Z-Inhaber es duldet, daß Waren anderer Herkunft unter dem geschützten Namen gehandelt werden und die Wahrnehmung seiner Rechte unterläßt, könnte der Name zur reinen, allgemeinen Gattungsbezeichnung werden und der Schutz verlorengehen, indem alle in Betracht kommenden Verkehrskreise die Erinnerung an das Recht des Inhabers und die Herkunft aus seinem Betriebe verlieren. Es genügt also, wenn ein nicht unerheblicher Teil des Publikums sich noch der ursprünglichen Herkunftsbezeichnung bewußt ist (E 24, 78; 100, 9: Antiformin; 100, 182: Gervais; 108, 11: Saccharin). In der Weck-Entscheidung (MW 23, 119) heißt es: der Behauptung der Umwandlung stehe schon das eigene Vorbringen der Beklagten entgegen, daß die Klägerin sich fortgesetzt um die Wahrung ihrer Rechtsstellung bemühe. Ähnlich RG II 14. 12. 23, MW 23, 156 (Aspirin; vgl. auch ungar. PA 6. 1. 11, GR 11, 145); RG II 2. 12. 24, Bl 25, 70; MW 24, 82 erblickt in der Verwendung der Bezeichnung „Aspirin-Substitute" grobfahrlässige Verletzung seitens der sachverständigen Beklagten wegen Allbekanntheit des klägerischen WZ (s. auch RG u. KG Bl 20, 93 u. MW 19, 114: Gillette; RG II 20. 12. 07, Bl 08, 198: Palmin). Auch dann wird strikter Nachweis der Umwandlung nach Eintragung verlangt, wenn dieselbe bezüglich eines charakterisierenden Bestandteils eines Kombinationszeichens behauptet wird (RG II 22. 12. 25, MW 25, 202: Dr. Schreibers Abortin; vgl. A 14). **§ 13**

Analoges gilt von dem Schutz des Namens und der Firma gemäß § 12 BGB und § 37 Abs 2 HGB; vgl. E 100, 187 (Gervais); 74, 308 (Zeppelin). Daß ein als WZ eingetragenes Phantasiewort ebenso wie ein Familienname durch den allgemeinen Sprachgebrauch zum freien Warennamen werden kann, ist vom RG in folgenden Urteilen anerkannt: E 40, 64 (Liebig); RG II 21. 4. 03, Bl 06, 224 (Buderus); E 56, 165 u. 166 (Singer; auch Bl 06, 226); daselbst Zitate älterer Urteile; E 69, 310 (Liberty; Bl 09, 37); E 73, 229 (Vaseline; Bl 10, 309; MW 9, 309); endlich aus neuester Zeit E 101, 407 (Simonsbrot).

Bezüglich des Wortes Singer (angemeldet 1879) befand sich das RG im Einklange mit Entscheidungen des PA s. BA 7. 9. 98, GR 98, 294 mit Bemerkungen von A. Seligsohn; vgl. § 4 A 13; BA 7. 7. 04, Bl 05, 13; BA 11. 12. 05, Bl 10, 301 (MW 5, 53). Ebenso hat das PA bei dem Z „Rekord" die Umwandlung anerkannt und daraufhin den Widerspruch gegen ein dieses Wort enthaltendes Kombinationszeichen (ebenso wie in der Entscheidung über „Singer" v. 11. 12. 05) zurückgewiesen.

Auch bei dem Wortzeichen „Kinematograph" hat das PA Umwandlung zum freien Warennamen angenommen (BA 22. 6. 12, Bl 12, 265).

In der E 101, 407 (Simonsbrot) hat das RG Unwirksamkeit des WZ nach § 13 angenommen (s. S. 412), weil 1. das WZ von vornherein mangels eines geeigneten Geschäftsbetriebs (lediglich Verwertung eines Patents durch Lizenzen; vgl. § 1 A 17) unwirksam und unfähig zur Herkunftsbezeichnung gewesen sei; 2. vor Anmeldung desselben durch den Kläger zur reinen Beschaffenheitsangabe geworden sei, weil der frühere Inhaber des Z und Inhaber des darin enthaltenen Namens es für den allgemeinen Gebrauch durch beliebige, die Ware herstellende Gewerbetreibende preisgegeben hat. Der erste Grund dürfte nicht stichhaltig sein, da er wohl die Löschungsklage aus § 9² begründen, aber ohne Ersatz dieser Klage nicht einredeweise gegen die Klage aus § 12 geltend gemacht werden konnte. Auch der zweite Grund trägt nicht die Entscheidung, denn ein Name, der vor Erwirkung eines WZ Beschaffenheitsangabe geworden ist, kann zwar ein Monopol für den Anmelder nicht mehr begründen (Kohler GR 96, 38), doch kann dies nicht nach § 13 durch Einrede geltend gemacht werden, vielmehr hat das PA nach § 8 Abs 2 Nr 2 darüber zu befinden.

Der gegenwärtige Stand der Rechtsprechung dürfte hiernach kurz, wie folgt, zu kennzeichnen sein:

1. Es gibt keine Einrede aus § 13, daß ein Wortzeichen schon bei der Eintragung freier Warenname oder Freizeichen gewesen ist (s. § 12 A 35).

2. Ebensowenig ist die Einrede zulässig, daß das Z sich nachträglich zum Freizeichen entwickelt hat (s. § 4 A 8 und § 12 A 35).

3. Dagegen ist grundsätzlich die Möglichkeit gegeben, daß sich das eingetragene Z nachträglich zum freien Warennamen umwandelt und daß hieraus eine Einrede nach § 13 hergeleitet wird. Doch ist eine solche Umwandlung nur höchst ausnahmsweise, im wesentlichen nur dann anzunehmen, wenn der Z-Inhaber das Z dem Verkehr preisgegeben hat, indem er unter Unterlassung der Wahrnehmung seiner Rechte die Benutzung für fremde Waren duldet. In der neueren Rechtsprechung sind derartige Fälle kaum mehr anerkannt worden. Die Umwandlung ist selbst bei relativer Unentbehrlichkeit der Bezeichnung, wie sie z. B. bei neuen chemischen Produkten, Arzneimitteln u. dgl. gegeben ist, regelmäßig verneint worden. Anderen Erzeugern der gleichen Ware wird es überlassen, andere Bezeichnungen zu erfinden und einzubürgern.

In dem Urteil RG II 1. 10. 26, Bl 27, 98; MW 26, 74; GR 27, 57, JW 27, 106[11] a Allfeld (Linotype) hat das RG eine Klage auf Unterlassung des Gebrauchs der eingetragenen Bezeichnung als Gattungsbegriff (Systembezeichnung) in fachwissenschaftlichen Zeitschriften, weil dadurch die Gefahr der Umwandlung in eine Beschaffenheitsangabe hervorgerufen werde, abge-

§ 13 wiesen, weil nach der Feststellung eine solche Gefahr nicht bestehe. Dabei ist die Tatsache verwertet worden, daß nach der Rechtsprechung (E 108, 11; 110, 341) eine solche Umwandlung nur ganz ausnahmsweise und unter besonderen Umständen angenommen werde.

Auch das PA führt in dem Löschungsverfahren betr. des Z „Professor Heinrich Roggen" von 1906—1908 Bl 09, 215ff aus, daß ein Name nur dadurch zur Beschaffenheitsangabe werden könne, daß er von seinem Inhaber der Allgemeinheit preisgegeben werde.

Anm. 18 **Bedenken gegen die Umwandlungseinrede.** Bei der in A 17 geschilderten Entwicklung der Rechtsprechung fragt es sich, ob überhaupt noch an die Zulässigkeit der Einrede, daß ein WZ sich nach der Eintragung zur Beschaffenheitsangabe oder zum freien Warennamen umgewandelt hat, festgehalten werden kann, abgesehen allenfalls von dem seltenen Falle, wo der Inhaber unter ausdrücklichem oder offensichtlichem Verzichte auf seine Rechte dasselbe für den Verkehr freigegeben hat. Allgemein anerkannt ist, daß eine solche Entwicklung zum Freizeichen ausgeschlossen ist, weil es nach der Eintragung an der Freiheit der Benutzung mangelt (s. § 4 A 8). Dasselbe würde aber auch bei der Entwicklung zum freien Warennamen zutreffen, ganz abgesehen davon, daß eine begriffliche Unterscheidung zwischen freiem Wortzeichen (Wortfreizeichen) und freiem Warennamen unmöglich ist (s. § 4 A 9).

Beachtung, wenigstens de lege ferenda, verdient die Ansicht Kohlers, GR 96, 42 u. 45 unten (vgl. WZ-Recht S. 254 u. 135, 136), daß das PA Eintragungen von Worten, die nach der Eintragung zu reinen Beschaffenheits-, Herkunfts- o. dgl. -Bezeichnungen geworden sind, in analoger Anwendung des § 8 Abs 2 Nr 2 wieder löschen könne. Dann wäre jedenfalls ein einheitliche Behandlung gesichert und es wären die Gerichte der Aufgabe enthoben, im einzelnen Streitfalle Beweiserhebungen über die Frage zu veranstalten (vgl. auch Freund, Wortmarke, Festschrift für Kohler S. 362ff). S. im übrigen Kohler S. 95—104 zur Umwandlungsfrage.

Indessen hat das PA bei Abfassung des Entw 1913 die Frage geprüft, ob in § 8 Abs 2 Nr 2 die Löschungsbefugnis des PA auf den Fall der Umwandlung zum freien Warennamen auszudehnen sei, hat aber davon Abstand genommen, weil eine solche Löschungsbefugnis entbehrlich sei und in der Hauptsache nur zur Beunruhigung des Besitzes wertvoller Z führen würde (s. § 8 A 4b).

Das Interesse, daß der Verkehr daran haben kann, Bezeichnungen, die ein Z-Inhaber neu eingeführt hat, allgemein für Waren der gleichen Art zu gebrauchen, darf nicht überschätzt werden. Ihm steht ein oft weit größeres Interesse des Publikums gegenüber, die betreffende Ware aus der bewährten Betriebsstätte zu beziehen, die sie zuerst erzeugt und unter der geschützten Bezeichnung in Verkehr gebracht hat. Dies trifft ganz besonders bei Arzneien (Salvarsan, Aspirin, Antipyrin usw.) zu. Vgl. Rudolf Isay GR 23, 177; Weber ebenda S. 104ff; Doermer GR 15, 179; Hillig GR 25, 294.

Nach der holländischen Rechtsprechung kann ein einmal erworbenes Recht auf eine Wortmarke dem Berechtigten nicht dadurch verlorengehen, daß das Wort später zum Gattungsnamen wird (MW 23, 4). Derselben Ansicht war Seligsohn in der 2. Aufl S. 83 u. 174—175 für das deutsche Recht, während er in der 3. Aufl S. 207 u. 208 die Ansicht des RG ohne Widerspruch referiert.

Umgekehrt wird in Frankreich die Eintragung von Worten, welche bestimmt sind, die allgemein übliche Bezeichnung einer Ware zu werden, nicht geduldet und einem solchen dennoch eingetragenen WZ der Schutz abgesprochen (Kassationshof 24. 6. 08: Vernichtung des Zeichens Pyramidon, Bl 09, 146).

Kohler S. 134 unten u. S. 135 verneint die Zuständigkeit der Gerichte, eine eingetragene Marke unter Berufung auf § 13 für unwirksam zu erklären, und hält deshalb die Vaseline-Entscheidung (E 73, 229) für unrichtig.

Wenn eine eingetragene Marke auf Grund der Entwicklung nach der Eintragung für unwirksam erklärt wird, so bleibt sie formell als Marke bestehen, eine Handhabung zur Löschung gibt es nicht (s. auch Pinzger S. 247; Seligsohn S. 208).

Bei der Frage, ob eine auf absolutem Rechte (WZ, Name oder Firma) beruhende Individualbezeichnung zur reinen Beschaffenheitsangabe für gewisse Waren geworden ist, ist jedenfalls unter Anwendung moderner Wettbewerbsregeln mit allergrößter Vorsicht zu verfahren, da fast immer unlauterer Wettbewerb zugrunde liegen wird. In der Regel wird die Frage nur dann zu bejahen sein, wenn die Bezeichnung offensichtlich oder ausdrücklich von dem Berechtigten für den Verkehr preisgegeben ist; vgl. § 8 A 4b (Entw 1913). Dann werden der Geltendmachung des Z aber auch andere Einreden (exceptio doli, § 226 BGB) entgegenstehen.

Anm. 19 **Patent und WZ.** Der Hauptzweck des Erfinderrechts ist es, die Erfindung dem Gemeingebrauch zuzuführen, was durch Gewährung eines zeitweiligen Monopols an den Erfinder erkauft wird. Dagegen will das WZ-Recht dem Inhaber die gewählte Herkunftsbezeichnung für unbeschränkte Dauer schützen, und es besteht nicht das geringste öffentliche Interesse daran, sie der Allgemeinheit zugänglich zu machen. Letztere ist vielmehr an einer möglichst langen Dauer einer Blüte des bestehenden Geschäfts und des darauf hinweisenden Herkunftszeichens interessiert (vgl. Edwin Katz, MW 19, 65). Dieser grundlegende Unterschied zwischen Erfinder- und WZ-Recht wird verkannt, wenn in einzelnen RG-Entscheidungen die Frage aufgeworfen wird, ob das für eine patentierte Ware genommene Wortzeichen, mit dem die Ware benannt wurde, nicht nach Erlöschen des Patentschutzes ebenfalls ins Freie fiele (E 100, 9 u. 101, 412). § 13

Vorzugsweise handelt es sich bei den angeblich für den Verkehr unentbehrlichen Warennamen, die die beiden RG-Entscheidungen im Auge haben, um Nahrungs-, Genuß- und Arzneimittel (vgl. A 16 a. E.) oder um Stoffe, welche auf chemischem Wege hergestellt werden, also um Gegenstände, die als solche nicht patentierbar sind, sondern bei denen nur ein bestimmtes Herstellungsverfahren patentiert werden kann (§ 1 Abs 2 Nr 2 PG). Diese Gegenstände dürfen daher von vornherein auch nach einem anderen Verfahren hergestellt werden und sind alsdann unter einem anderen noch nicht geschützten Namen in den Verkehr zu bringen. Daraus ergibt sich, daß Patent und WZ nichts miteinander zu tun haben und kein Grund vorliegt, den WZ-Schutz vom Patentschutz abhängig zu machen, wie es allerdings durch eine Novelle von 1919 in England, offenbar zur Bekämpfung der deutschen chemischen Industrie, geschehen ist (Weber, GR 23, 104). Es ist schlechterdings nicht einzusehen, warum WZ für Gegenstände, die ursprünglich noch einem patentierten Verfahren hergestellt sind, eine geringere Schutzdauer haben sollten als für Gegenstände, auf die dies nicht zutrifft. Die Hauptsache ist, daß das Publikum durch den Schutz des Z die Sicherheit behält, die Ware nach wie vor aus der bewährten Quelle zu erhalten; den Konkurrenten muß es überlassen bleiben, den Absatz ihrer Erzeugnisse unter einem anderen Namen durch die Güte ihrer Leistung und Werbetätigkeit zu fördern (vgl. hierzu Kloeppel und Kent JW 21, 1535 Nr 13; Hillig GR 25, 296; Kent JW 26, 46 zu 1).

Daher dürfen patentierte Artikel, die zugleich unter WZ-Schutz stehen und während des Z-Schutzes nur unter dem geschützten Namen gehandelt wurden, nach Aufhören des Patentschutzes zwar von anderen hergestellt und vertrieben werden, aber nicht unter dem geschützten Namen. So kann es kommen, daß der WZ-Schutz dauerhafter und wertvoller ist wie der Patentschutz, wenn die Ware unter dem geschützten Namen so beliebt geworden ist, daß das Publikum die gleiche Ware unter anderem Namen ablehnt und sich deren Herstellung nicht lohnen würde. Aber auch hierdurch wirkt das WZ nur vorteilhaft für die Allgemeinheit, denn da natürlich die Beliebtheit einer Ware von ihrer Güte abhängt, und die Wirksamkeit des geschützten Namens ein wertvolles Kapital darstellt, so besteht ein ständiger Sporn für den Z-Inhaber, die Ware stets in der bestmöglichen Beschaffenheit und zu günstigen Bedingungen zu liefern.

Für den Ausstattungsbesitz hat das RG. denn auch verneint, daß er bei einem patentierten Gegenstande mit dem Erlöschen des Patentschutzes ebenfalls hinfällig werde (RG II 15. 11. 10, GR 11, 31).

Anders liegt die Sache selbstverständlich, wenn die betreffende Bezeichnung, ohne während der Patentdauer eingetragen worden zu sein, Warenname geworden ist. Dann kann sie nachträglich weder von dem Patentinhaber noch von einem anderen durch Anmeldung monopolisiert werden. Die dennoch erfolgte Eintragung wäre der Löschung nach § 8 Abs 2 Nr 2 ausgesetzt (vgl. Oberster Gerichtshof der Vereinigten Staaten von Nordamerika 1. 6. 15, Bl 15, 240).

WZ und Freizeichen. Da § 13 für Freizeichen nicht gilt, ist die Einrede, das geltend gemachte Z sei Freizeichen oder habe sich zum Freizeichen entwickelt oder es sei mit einem Freizeichen verwechselbar, zufolge des Eintragungsprinzips (§ 12 A 2) an sich ausgeschlossen. **Anm. 20**

Die Behauptung, das Klagezeichen sei von vornherein als Freizeichen oder wegen Ähnlichkeit mit einem solchen nicht eintragbar gewesen, kann nur für einen Aussetzungsantrag zwecks Herbeiführung der Löschung nach § 8 Abs 2 Nr 2 in Betracht kommen (ESt 48, 389; E 110, 340: Tallquist; E 38, 137; 44, 60).

Die E des V. StS 48, 389 führt aber weiter aus: Dasselbe gelte von der Einrede, das von dem Beklagten benutzte Z sei ein Freizeichen. Die gegenteilige Ansicht des III. StS ESt 44, 192 (Mil Ford — Milford) ist laut ESt 48, 400 aufgegeben worden (beide Urteile auch MW 14, 140ff). Hiergegen richten sich beachtenswerte Ausführungen Dunkhases (MW 14, 131ff), der zutreffend darauf hinweist, daß die Prüfung des PA gemäß §§ 4 u. 20 auf Freizeicheneigenschaft von anderen Gesichtspunkten erfolgt wie die Prüfung des PA nach §§ 5 u. 6 und der Gerichte nach §§ 9 Abs 1 Nr 1, 12 u. 20 auf Verwechslungsfähigkeit von Individualzeichen und daß somit die Eintragung nicht verbürge, daß das eingetragene Z nicht in letzterem Sinne mit einem Freizeichen verwechselbar sei. Allerdings kann sich nun das Gericht bei Prüfung der Einrede auf den Standpunkt des PA bei Anwendung des § 4

§ 13 stellen und die Einrede mit der Begründung zurückweisen, daß bei Richtigkeit der Behauptung das PA die Anmeldung unzweifelhaft nicht hätte zulassen können und daß danach der Beklagte auf § 8 Abs 2 Nr 2 zu verweisen sei. So scheint der dem RG unterbreitete Fall tatsächlich gelegen zu haben, da nur von beiderseits aufgedruckten Firmen, deren Hinzufügung zu einem Freizeichen in der Regel die Eintragung des Gesamtzeichens nicht zulässig macht (s. § 4 A 11), und im übrigen geringfügigen Abweichungen die Rede ist (S. 394). Die Begründung geht aber weit darüber hinaus, indem sie die Entscheidung lediglich auf die Verwechslungsfähigkeit der beiden sich gegenüberstehenden Z im Verkehr abstellt. Eine solche Verwechslungsfähigkeit des Klagezeichens mit einem Freizeichen ist aber durch die Eintragung nicht verneint worden. War das Z trotzdem eintragefähig, so muß sich der Inhaber nach der Eintragung auch im Verkehr die Einschränkung durch den Allgemeingebrauch des Freizeichens gefallen lassen. Denn die Eintragung ist selbstverständlich in dem Sinne zu verstehen, daß dadurch der Allgemeingebrauch eines Freizeichens nicht gestört wird. Die Sache liegt also ähnlich wie bei der Auslegung eines Patentes nach dem Stande der Technik zur Zeit der Anmeldung (s. Gutachten des I. ZS des RG zum Entwurf eines PG S. 18ff). Dies entspricht auch der ESt V 4. 7. 13, MW 13, 21, wo ausgeführt ist, daß, wenn eine Z-Eintragung vom PA für gewisse Waren abgelehnt sei, der Inhaber eine Ausdehnung des Schutzes auf diese Waren nicht mit der Behauptung verlangen könne, daß sie den für ihn eingetragenen Waren gleichartig seien (vgl. § 5 A 6).

Ist die Nachahmung bei Unterstellung, daß es sich dabei um ein Freizeichen handelt, unvereinbar mit der erfolgten Eintragung, wird mit anderen Worten die Unrechtmäßigkeit der letzteren behauptet, so ist diese Behauptung im Verletzungsverfahren allerdings unbeachtlich und der Beklagte auf § 8 zu verweisen. Ist sie aber nach der Praxis des PA mit der erfolgten Eintragung vereinbar und liegt nur Verwechselbarkeit der beiden Z in gewöhnlichem Sinne vor, so ist die Untersuchung unumgänglich, ob die Nachahmung gemeinfrei ist, und bejahendenfalls ist die Klage abzuweisen (vgl. auch Pinzger S. 62 oben). Anders liegt die Sache, wenn nicht Identität der Nachahmung mit einem Freizeichen — sei es vollkommene, sei es eine solche mit unerheblichen Abweichungen —, sondern nur Ähnlichkeit (Verwechselbarkeit) mit einem solchen behauptet wird. Denn niemand hat das Recht, durch Benutzung eines umgestalteten Freizeichens in ein eingetragenes WZ einzugreifen. Ebenso wenn die Behauptung dahin geht, die Nachahmung sei nach der Eintragung Freizeichen geworden. Denn in Kollision mit einem eingetragenen WZ kann sich ein Freizeichen nicht entwickeln (§ 4 A 8).

Auch der I. StS hatte in der E v. 26. 9. 10, Bl 10, 332 angenommen, daß bei jedem mit dem eingetragenen Z verwechselbaren Z die Einrede unzulässig sei, daß es ein Freizeichen sei. Denn der Eintragungsbeschluß des PA besage nicht nur, daß das eingetragene Z kein Freizeichen sei, sondern auch, daß kein Freizeichen bestehe, bezüglich dessen die Voraussetzungen des § 20 vorlägen. (Auf die von Dunkhase später hervorgehobenen Unterschiede von Ähnlichkeit und Identität wurde also auch hier keine Rücksicht genommen.)

Zulässig ist gegenüber einem Kombinationszeichen die Einrede, die etwaige Verwechslungsfähigkeit beruhe lediglich auf einem Bestandteile des Klagezeichens, das für sich Freizeichen sei (s. § 4 A 10).

Ebenso ist die Einrede zulässig, daß das eingetragene Z oder das von dem Beklagten benutzte, mit dem eingetragenen verwechslungsfähige Z für diejenigen Waren, für welche es von dem Beklagten benutzt ist und die mit den für den Kläger eingetragenen Waren nur gleichartig sind, Freizeichen ist (E 102, 355: Juno — Julo). Denn die Eintragung eines Z für gewisse Waren wird dadurch nicht nach § 4 Abs 1 ausgeschlossen, daß es für mit jenen gleichartige Waren Freizeichen ist. Das PA verneint daher mit der Eintragung die Freizeicheneigenschaft nur für die eingetragenen, nicht für die mit diesen gleichartigen Waren (vgl. § 4 A 13). A. M. Finger MW 14, 248 von dem unrichtigen Standpunkte aus, daß es einen abstrakten Maßstab der Verwechslungsfähigkeit wie der Gleichartigkeit gäbe, der auch bei Prüfung der Freizeicheneigenschaft nach § 4 anzulegen sei. Finger stimmt daher auch der E RGSt 48, 389 durchaus zu. Dagegen zutreffend Dunkhase MW 14, 358; vgl. § 4 A 10.

§ 14

§ 14.

Wer wissentlich oder aus grober Fahrlässigkeit Waren oder deren Verpackung oder Umhüllung, oder Ankündigungen, Preislisten, Geschäftsbriefe, Empfehlungen, Rechnungen oder dergleichen mit dem Namen oder der Firma eines andern oder mit einem nach Maßgabe dieses Gesetzes geschützten Warenzeichen widerrechtlich versieht oder dergleichen widerrechtlich

gekennzeichnete Waren in Verkehr bringt oder feilhält, ist dem Verletzten zur Entschädigung verpflichtet. § 14

Hat er die Handlung wissentlich begangen, so wird er außerdem mit Geldstrafe oder mit Gefängnis bis zu sechs Monaten bestraft. [Die Strafverfolgung tritt nur auf Antrag ein. Die Zurücknahme des Antrags ist zulässig.]*)

Inhalt.

Anm.		Seite
	Aus Begründung und Kommissionsbericht. Entw 1913. Übersicht.	
1.	Gesetzesmaterialien	229
2.	Übersicht	229
	Abs 1.	
3.	Name, Firma, WZ	230
4.	Abkürzungen	232
5.	Lizenz am Namen	232
	Objektiver Tatbestand.	
6.	Namen	233
7.	Firma	234
8.	WZ	234
9.	Wappen	234
10.	Versehen, Inverkehrbringen, Feilhalten	234
11.	Widerrechtlich	235
	Subjektive Voraussetzungen.	
12.	Übersicht	235
13.	Wissentlichkeit	235
14.	Fahrlässigkeit	236
15.	Gemeinsames	236
	Rechtsfolgen.	
16.	Allgemeines	237
17.	Unterlassungsklage	237
18.	Schadensersatz	237
19.	Rechnungslegung	238
20.	Aktivlegitimation	238
21.	Passivlegitimation	239
22.	Gerichtsstand	239
	Abs 2.	
23.	Rechtsänderungen	240
24.	Wissentlichkeit. Irrtum	240
25.	Dolus	241
26.	Täter und Teilnehmer	241
27.	Die Tat	241
28.	Verjährung	242
29.	Aussetzung	242

Aus Begründung und Kommissionsbericht. Entw 1913. Übersicht.

Gesetzesmaterialien. 1. Aus der Begründung S. 16: Die Änderungen bezwecken die Herstellung der Übereinstimmung mit den für Patente und Gebrauchsmuster geltenden Vorschriften. **Anm. 1**

2. Aus dem Berichte S. 7: Die Regierungsvertreter erklärten, daß die Anbringung von Namen, Firmen oder WZ auf Schildern, Geschäftswagen usw. zweifellos unter die Ankündigungen im Sinne des § 13 des Entwurfs (Ges § 14) falle; ferner sei es, wie bereits zu § 11 (Ges § 12) bemerkt, nicht zweifelhaft, daß auch die Anbringung zur Verzierung, z. B. als Vignette auf Briefbogen nach § 13 unzulässig sei.

3. Der Entw 1913 §§ 23 u. 26 enthält keine Bestimmungen mehr über die widerrechtliche Benutzung von Namen und Firmen zur Warenbezeichnung. Danach soll der besondere strafrechtliche Schutz des § 14 Abs 2 für Namen und Firmen, die nicht etwa als WZ eingetragen sind, aufgegeben werden. Was den zivilrechtlichen Schutz des Abs 1 anlangt, so hat man offenbar angenommen, daß er ausreichend und sogar in höherem Maße durch § 12 BGB, § 37 Abs 2 HGB und § 16 UWG gewährt werde (vgl. Pinzger S. 281 oben).

Übersicht. § 14 gibt gegenüber dem § 12 einen erweiterten Schutz des WZ und zugleich von Namen und Firma für den Fall, daß Waren oder deren Verpackung oder Umhüllung oder Ankündigungen o. dgl. wissentlich oder grobfahrlässig mit dem Namen oder der Firma eines anderen oder mit einem nach Maßgabe des WZG geschützten Z widerrechtlich versehen, oder dergleichen widerrechtlich gekennzeichnete Waren in Verkehr gebracht oder feilgehalten werden; der Täter ist dem Verletzten nach Abs 1 zur Entschädigung verpflichtet und wird nach Abs 2, wenn er die Handlung wissentlich begangen hat, außerdem mit Geldstrafe — gemäß GeldstrVO v. 6. 2. 24 (RGBl I 44) von 3 RM bis zu 10000 RM — oder mit Gefängnis bis zu 6 Monaten bestraft. § 20 findet auch hier Anwendung. **Anm. 2**

Für WZ kann die Verletzung nur bei eingetragenen oder gleichartigen Waren erfolgen, für Namen und Firma dagegen bei Waren jeder Art (ESt 26, 233), und auch dann, wenn

---

*) Gestrichen durch § 3a Ges v. 21. 3. 25, RGBl S. 115, betr. Beitritt zum Madrider Abkommen v. 2. 6. 11.

§ 14 der Verletzte selbst überhaupt keine Waren führt (ESt 29, 363). Der Schutz erstreckt sich, wie bei § 12, auch auf die eigenen Waren des Berechtigten, die ein Dritter nicht unbefugt mit dessen Namen, Firma oder Z versehen darf (RGSt Pl 43, 87; vgl. § 12 A 14).

Obwohl es der ausgesprochene Zweck des § 14 war (s. A 1 unter 1), Übereinstimmung mit dem Patent- und Gebrauchsmusterrecht herzustellen, hat die ältere Rechtsprechung des RG in ungerechtfertigter Weise einen Unterschied konstruiert zwischen dem durch Verletzung des WZ-Rechts und Verletzung der anderen beiden gewerblichen Schutzrechte verursachten Schaden (s. besonders E 58, 323ff) und hat demgemäß auch in WZ-Sachen einen Anspruch auf Rechnungslegung abgelehnt. Dieser Standpunkt ist in der Hauptsache durch E 108, 1 überwunden, wo dem Verletzten ein Anspruch auf Auskunftserteilung zugebilligt wird, was wohl zu der Erwartung berechtigt, daß im weiteren Verlaufe der Anspruch auf Schadensersatz nach § 14 Abs 1 ebenso behandelt werden wird wie der durch eine Patent- oder Gebrauchsmusterverletzung begründete. Näheres hierüber s. A 18 u. 19.

Abs 1.

Anm. 3 **Name. Firma. WZ.** Während das verletzte WZ seinen Schutz lediglich in § 12 und § 14 findet, werden Name und Firma außerdem durch § 12 BGB, § 37 Abs 2 HGB und § 16 UWG derart geschützt, daß man für diese absoluten Rechte wegen des zivilrechtlichen Schutzes nicht mehr auf § 14 Abs 1 zurückzugreifen braucht (vgl. Entw 1913 A 1 unter 3).

Die erwähnten Bestimmungen lauten:

1. § 12 BGB:

   Wird das Recht zum Gebrauch eines Namens dem Berechtigten von einem anderen bestritten oder wird das Interesse des Berechtigten dadurch verletzt, daß ein anderer unbefugt den gleichen Namen gebraucht, so kann der Berechtigte von dem anderen Beseitigung der Beeinträchtigung verlangen. Sind weitere Beeinträchtigungen zu besorgen, so kann er auf Unterlassung klagen.

2. § 37 Abs 2 HGB:

   Wer in seinen Rechten dadurch verletzt wird, daß ein anderer eine Firma unbefugt gebraucht, kann von diesem die Unterlassung des Gebrauchs der Firma verlangen. Ein nach sonstigen Vorschriften begründeter Anspruch auf Schadensersatz bleibt unberührt.

3. § 16 Abs 1 u. 2 UWG:

   Wer im geschäftlichen Verkehr einen Namen, eine Firma oder die besondere Bezeichnung eines Erwerbsgeschäfts, eines gewerblichen Unternehmens oder einer Druckschrift in einer Weise benutzt, welche geeignet ist, Verwechslungen mit dem Namen, der Firma oder der besonderen Bezeichnung hervorzurufen, deren sich ein anderer befugterweise bedient, kann von diesem auf Unterlassung der Benutzung in Anspruch genommen werden.

   Der Benutzende ist dem Verletzten zum Ersatze des Schadens verpflichtet, wenn er wußte oder wissen mußte, daß die mißbräuchliche Art der Benutzung geeignet war, Verwechslungen hervorzurufen.

Bestritten ist allerdings die Tragweite des § 37 Abs 2 HGB. Nach der herrschenden Meinung (E 56, 189; 114, 93; Staub A 18) soll diese Bestimmung nur im Sinne von § 37 Abs 1 zu verstehen sein und danach den firmenrechtlich (§§ 17ff HGB) unzulässigen Gebrauch der Firma voraussetzen. Ob diese Einschränkung dem Zwecke und Wortlaute des Abs 2 entspricht, kann dahingestellt bleiben, da er insoweit ausreichend durch § 12 BGB und § 16 UWG ergänzt oder ersetzt wird.

Eine weitere Einschränkung des § 37 Abs 2 HGB ist in älteren Entscheidungen des RG (s. Staub A 20 Abs 1 a. E. und besonders E 3, 165 und 36, 13) dahin gemacht, daß in der unbefugten Bezeichnung von Waren mit einer fremden Firma ein unbefugter Gebrauch dieser Firma nicht zu erblicken sei. Dies erscheint willkürlich, weil es dem Zwecke und selbst dem Wortlaute des Gesetzes nicht entspricht (s. Staub a. a. O.). Neuerdings hat denn auch RG II 17. 10. 24 (JW 25, 363 Nr 18) ausgesprochen, daß sich § 37 HGB nicht nur gegen den unbefugten Gebrauch einer Firma als Firma richte, sondern gegen jede unbefugte Benutzung derselben durch Dritte im geschäftlichen Verkehr, welche das Interesse des Firmeninhabers beeinträchtigt.

Auch RG II 6. 2. 00, Bl 00, 213, 215 („Dörings Seife") steht auf dem Standpunkte, daß in der Bezeichnung von Waren mit einer Firma ein unbefugter Gebrauch derselben nach Art 27 (§ 37) HGB liegen kann.

Wichtiger ist aber, daß man neuerdings mehr und mehr von der älteren Ansicht, daß die Firma, der kaufmännische Name § 17 Abs 1 HGB, nicht den Schutz des § 12 BGB genieße — so besonders E 59, 284 und 88, 421 —, zurückgekommen ist. Zunächst ist allen juristischen Personen, auch denen des Handelsrechts, der Namensschutz zuerkannt worden (E 74, 114; RGSt 31, 289; 101, 169); dann auch nichtrechtsfähigen Vereinen (E 78, 101); ferner schlagwortartigen Bestandteilen der Firma einer Aktiengesellschaft (E 109, 213: „Kwatta", „Mitropa"); endlich dem Decknamen (E 101, 230). Hiernach ist es unhaltbar, für Einzelkaufleute, offene Handelsgesellschaften und Kommanditgesellschaften eine Ausnahme zu machen (vgl. § 9 A 19). § 14

Gegen E 59, 284 (der Einzelkaufmann, der eine andere Firma als seinen Namen führt, kann gegen Beeinträchtigungen seines Firmenrechts nicht den § 12 BGB anrufen) und E 88, 421 (die offene Handelsgesellschaft genießt bei Mißbrauch des in ihrer Firma enthaltenen Namens eines ihrer Gesellschafter nicht den Schutz des § 12 BGB) wandte sich daher das Urteil der 16. ZK des LG I Berlin v. 9. 12. 24, MW 24, 208; GR 25, 159 („Osram"), weil danach jeder unbedeutenden Gesellschaft m. b. H. für ihre Firma der weitergehende Schutz des § 12 zustehen würde, während große offene Handelsgesellschaften und Kommanditgesellschaften ihn entbehren müßten. Es ist danach auf Löschung des WZ „Osram" für Füllfederhalter erkannt worden, obwohl die Klägerin (Osram-Kommanditgesellschaft) bisher solche nicht hergestellt und vertrieben hatte. Vgl. auch Rosenthal GR 25, 69.

Das RG II hat nunmehr in dem Urteil v. 11. 6. 26, E 114, 90 („Neuerburg"); Bl 27, 7; GR 26, 394; MW 25, 291, die in E 88, 421 vertretene Ansicht ausdrücklich aufgegeben, und insbesondere der offenen Handelsgesellschaft den Schutz des Namens nach § 12 BGB wenigstens für den ihm vorliegenden Fall zugebilligt, wo in der Firma der Familienname eines Teilhabers enthalten war. Hierbei kann aber nicht haltgemacht werden, sondern es ist der Firma unbeschränkt der volle Namensschutz zuzubilligen, und es ist gleichgültig, ob man dies aus § 12 BGB oder aus § 37 Abs 2 HGB herleitet, oder auch aus § 16 UWG, dessen Tatbestand, wie das RG in E 114, 90 bemerkt, in solchen Fällen im wesentlichen mit dem des § 12 BGB zusammenfällt. Auf diesem Standpunkte steht überwiegend das neuere Schrifttum: Gerdes MW 18, 1ff; Osterrieth GR 18, 29; Rosenthal GR 18, 106 und Kommentar § 16 N 54; vgl. Wassermann MW 15, 353. A. M. Gülland MW 17, 245 mit ausführlichen Literaturnachweisen.

Auch Pinzger S. 280 N 23 und Seligsohn S. 230 A 13 Abs 3 (anders S. 220 unten) billigen der Firma den vollen Schutz des Namens zu. Ebenso Ebermayer A 15 a. E. Pinzger und Ebermayer erkennen danach zutreffend an, daß bei Verletzung des Rechts aus Namen und Firma schon bei leichter Fahrlässigkeit nach § 823 Abs 1 BGB ein Schadensersatzanspruch erwächst und daß bei objektiver Verletzung die Bereicherung nach § 812 BGB verlangt werden kann. Selbstverständlich erwächst auch nach Analogie von § 1004 BGB bei objektiver Verletzung die Unterlassungsklage.

Auch abgesehen von den subjektiven Voraussetzungen und der Bereicherungsklage findet § 14 WZG in dem § 12 BGB eine wesentliche Ergänzung, weil der Namens- und Firmeninhaber nicht nur, wie nach § 14, der unbefugten Benutzung seines Namens (Firma) zur Bezeichnung von Waren entgegentreten kann, sondern die unbefugte Benutzung ganz allgemein verbieten kann, vorausgesetzt, daß sein Interesse verletzt ist. Eine ähnliche Ergänzung findet § 14 in § 16 UWG, welcher lediglich voraussetzt, daß objektiv die beanstandete Firmen- oder Namenbenutzung geeignet ist, die Gefahr einer Verwechslung mit der älteren Firma oder dem vorher benutzten Namen eines anderen hervorzurufen. Diese Bestimmungen haben daher die weittragende Wirkung, daß ein Namen- oder Firmeninhaber lediglich kraft seiner Priorität die Führung oder Benutzung fremder Namen oder Firmen dann verbieten kann, wenn sie Verwechslung mit seinem Namen oder seiner Firma im geschäftlichen Verkehr verursacht. Dasselbe gilt von schlagwortartigen Bestandteilen der Firmen (vgl. E 109, 213: „Kwatta").

Das RG hat daher in dem Falle „Neuerburg", welches Wort den schlagwortartigen kennzeichnenden Teil der klagenden Firma bildet, der Beklagten bei ihrer jüngeren, firmenrechtlich nicht zu beanstandenden Firma, in der derselbe Name enthalten war, die Benutzung dieses Namens als schlagwortartige Bezeichnung, insbesondere auch als WZ, verboten, obwohl sie andere Waren führte wie die Klägerin, weil sonst Verwechslungen im Verkehr und Täuschungen über die beiderseitigen Beziehungen entstehen würden; auch ist auf Löschung ihres eingetragenen Z erkannt. Ebenso ist auf Löschung von Kombinationszeichen der Beklagten erkannt worden, in denen neben einer bildlichen Darstellung oder neben anderen Worten das Wort „Neuerburg" enthalten war, weil auch hierin ein täuschender Hinweis auf die Klägerin läge.

Selbstverständlich dienen beide Bestimmungen insbesondere auch dem Schutze von Namen und Firma gegen unbefugte Warenbezeichnungen (E 100, 186; Rosenthal § 16 A 8; vgl. unten A 6).

Auch hier sind die Regeln eines gesunden Wettbewerbsrechts und billiger Interessenabwägung zu beobachten, wie sie in § 13 A 4 dargelegt sind. Wäre in E 114, 318 (Cohrs

§ 14 & Ammé), auch MW 26, 85 und GR 27, 64) der Grundsatz der tunlichsten Schonung notwendiger Bezeichnungen berücksichtigt worden, wäre das Urteil vielleicht anders ausgefallen.

Es ist nicht gerechtfertigt, wenn Rosenthal GR 18, 107 noch die Einschränkung macht, daß eine Sachfirma nur insoweit geschützt sei, als es sich um eine reine Phantasiebezeichnung, wie „Mitropa", „Nivea", „Bedag" usw., handele, so daß naheliegende bildliche Ausdrücke, wie „Jungborn" für ein Erholungsheim, „Normalzeit" für ein Uhrengeschäft, den Inhaber der betreffenden Firma nicht berechtigten, anderen diese Bezeichnung für ihre Waren zu verbieten. Vielmehr dürfte in der Regel ein anderes Uhrengeschäft nach Begründung jener Firma nicht berechtigt sein, sich des Wortes „Normalzeit" als Warenbezeichnung zu bedienen. Dies ist auch nicht der von Rosenthal dafür zitierten Entscheidung RG II 12. 2. 15, JW 15, 455 Nr 11 (vgl. die unter denselben Parteien ergangene Vorentscheidung RG 78, 265) zu entnehmen, vielmehr ist hier das Berufungsurteil aufgehoben, weil nicht erhelle, daß die zwischen den Zifferblättern der (anscheinend elektrisch betriebenen) Uhren der Beklagten angebrachten Worte „Normalzeit der Sternwarte" als Bezeichnung des Geschäfts und nicht lediglich als Hinweis, daß die Uhr die Normalzeit angebe, im Publikum angesehen werde. Daraus ergibt sich demnach nur, daß Firmen mit Sachbezeichnungen, die im Verkehr nicht zu entbehren sind, die verkehrsübliche, nicht warenzeichenmäßige Verwendung nicht hindern, was auch dem § 13 WZG entspricht. In anderen derartigen Fällen, wie in dem von Rosenthal gewählten Beispiele „Erholungsheim Jungborn," wird es außerdem häufig an dem zur Anwendung des § 12 BGB erforderlichen verletzten Interesse (insbesondere mangels Verwechslungsgefahr) fehlen. Rosenthal hat die Einschränkung übrigens in der neuen Auflage seines Kommentars § 16 N 54 nicht wiederholt. Daß auch das Wort „Jungborn" nach § 16 UWG schutzfähig sein kann, erkennt RG II 4. 1. 27, 154/26 an.

Anm. 4 **Abkürzungen.** Über den Schutz von schlagwortartigen Abkürzungen von Firmen und die Konflikte mit älteren Bezeichnungen gilt dasselbe wie bei § 13 (s. dort A. 10; vgl. auch § 9 A 19).

So ist der Schutz des § 14 anerkannt worden für die Buchstaben O. S. als schlagwortartige Abkürzung der Firma O. S. Autometer-Werke Eduard Seignol. RG II 24. 2. 25, MW 24, 157 (verwechselbar mit Osa Apparate-Gesellschaft m. b. H.); s. auch E 114, 90 („Neuerburg").

Der Täter kann sich nicht darauf berufen, daß die so bezeichnete Ware von einer Firma herrührt, in der derselbe Name enthalten ist, wenn der Verkehr den Hinweis auf eine bekanntere Firma bezieht und der Täter sich dessen bewußt ist (ESt 40, 395; Bl 08, 148: Mumm — G. H. Mum & Co., Rheims — Maria Mum & Co., Sablon-Montigny). Dies schließt aber (vorbehaltlich eines etwaigen unlauteren Wettbewerbs) nach § 13 WZG nicht aus, daß die zweite Firma ihre Waren unter vollständiger Firmenangabe in den Verkehr bringt, auch wenn dadurch unvermeidliche Verwechslungen hervorgerufen werden können (ESt 40, 81; Bl 07, 243).

Anm. 5 **Lizenz am Namen.** Die Überlassung der Benutzung des Namens an andere (vgl. Kohler GR 98, 197) hat wie die Lizenz an WZ nur obligatorische Wirkung (s. § 7 A 8; E 64, 397; 87, 149; RGRKomm BGB § 12 N 2). Sie stellt nur einen Verzicht auf Geltendmachung des Namensschutzes gegenüber dem Begünstigten dar.

Die Benutzung kann mit Bindung für die Erben über die Lebenszeit des Namensträgers hinaus gestattet werden (vgl. E 87, 147).

Der Namensschutz kann nur von dem Namensträger selbst geltend gemacht werden, der indessen auch den Schaden des Lizenzträgers einklagen kann, wie er diesem auch das Klagerecht für einen bestimmten Fall oder allgemein im voraus abtreten kann (E 87, 150; vgl. A 20). Er kann dem Lizentiaten auch die Eintragung des Namens als WZ gestatten und ihm dadurch ein eigenes absolutes Recht auf warenzeichenmäßige Benutzung des Namens gewähren. Doch bedarf es hierzu der besonderen Erlaubnis (E 54, 43: „Sylvester").

Das PA prüft die Berechtigung zur Benutzung eines fremden Namens als WZ nur unter dem Gesichtspunkte des § 4 Abs 2 Nr 3 (s. dort A 36a).

Hat ein Ausländer einem Deutschen die Benutzung seines Namens zur Warenbezeichnung gestattet, so kann weder er noch der Deutsche es hindern, daß Dritte, welche die mit dem Namen bezeichnete Ware rechtmäßig im ausländischen Verkehr erworben haben, sie unter diesem Namen in Deutschland weiter vertreiben (E 51, 263, 271; Bl 02, 232: „Mariani").

Die Erlaubnis ist unwirksam, wenn keinerlei Beziehungen des Namensträgers zu der zu bezeichnenden Ware bestehen und so Täuschung im Verkehr verursacht werden könnte (E 40, 61; 100, 25).

Objektiver Tatbestand. § 14

Namen. Zur Anwendbarkeit des § 12 BGB heißt es in E 108, 232: Anm. 6

„Ein Gebrauch des Namens kann ... auch dann vorliegen, wenn jemand sonstwie (d. h. ohne sich den Namen eines anderen beizulegen, ihn als eigenen Personennamen zu führen) den fremden Namen mit sich in Verbindung bringt, indem er ihn z. B. zur Bezeichnung seines Geschäfts, seiner Ware, seiner gewerblichen, künstlerischen und literarischen Erzeugnisse benutzt." Hierfür wird auf die Protokolle zum BGB 2. Lesung Bd. 6 S. 113 verwiesen, wo von dem Mißbrauch zu Reklamezwecken, zur Bezeichnung von Waren, auf Schildern usw. die Rede ist; ferner auf E 54, 42; 74, 310; 100, 186; JW 01, 765; Warn 1911 Nr 222.

Beim Namen und bei der Firma gehört es zum objektiven Tatbestand des § 14, daß ein bestimmter Namens- oder Firmenträger durch die Bezeichnung in der Weise in seinem Rechte verletzt wird, daß sie im Verkehr als auf ihn hinweisende Herkunftsbezeichnung aufgefaßt wird. Nur dieser Verletzte war nach § 14 Abs 2 zum Strafantrag berechtigt, nicht etwa ein beliebiger Träger desselben Namens oder derselben Firma (ESt 30, 91; Bl 97, 164: Dr. Mampes bittere Tropfen). Dadurch unterscheidet sich der Tatbestand des § 14 von dem des § 12 BGB, welcher nur ein verletztes Interesse im allgemeinen erfordert. Es genügt hier jedes des Rechtsschutzes würdige Interesse, also nicht nur ein familien- oder vermögensrechtliches, sondern auch ein ideales und selbst ein Affektionsinteresse (E 74, 310 u. 311: Zeppelin).

Der Namensträger hat nach § 12 BGB „das Recht auf den ausschließlichen Gebrauch seines Namens gegenüber jedem, der nicht ebenfalls das Recht auf diesen Namen hat, vorausgesetzt nur, daß das Interesse des Berechtigten dies erfordert" (E 56, 190).

Nicht jeder Namensträger hat nach § 14 das Verbietungsrecht; insbesondere nicht bei weitverbreiteten Namen, bei denen eine Beziehung auf den einzelnen Namensträger durch bloße Verwendung seines Namens noch nicht gegeben ist. Anders bei genügender Individualisierung (RGSt 29, 331; 30, 91; 31, 30). Daher kann auch nicht ohne weiteres der Benutzung historischer Namen durch einen Träger desselben Namens widersprochen werden. Anders von demjenigen Träger, auf dessen Person hingewiesen wird (E 74, 308: Graf Zeppelin). Ebenso sind Namen, die zur Beschaffenheitsangabe geworden sind (Liberty, Liebig, Singer; vgl. § 13 A 17) frei (s. auch Finger MW 5, 1).

Zum objektiven Tatbestande genügt es, daß der Name eines anderen in eine so enge Verbindung zu den Waren gebracht wird, daß der Anschein entsteht, als ob der Namensträger die Qualität der Waren mit seinem Namen decke (RGSt I 29. 11. 09, Bl 10, 307; MW 9, 305: Anpreisung der „vorzüglichen von Berlepschen" Nistkästen).

Der Name ist schutzfähig ohne Rücksicht auf gewerbliche Niederlassung (ESt 29, 333 und 365 und 31, 32; vgl. auch Art 8 Unionsvertrag).

Auch das Pseudonym ist geschützt (E 101, 226; Kohler S. 120).

Bei mißbräuchlicher Benutzung des Namens oder der Firma im Sinne des § 14 findet § 20 Anwendung. So erfolgte Verurteilung, weil Angeklagter in der Absicht, auf die bekannte Zigarettenfirma A. Constantin hinzuweisen, Zigaretten mit der Bezeichnung „Constanz" versehen hatte (RGSt III 16. 12. 12, MW 12, 347; ebenso RGSt III 5. 12. 12, ib. S. 348: „Mamp" für Karl Mampe). Dies gilt auch für die Klage aus § 12 BGB (RG II 10. 11. 26, MW 26, 203).

Die Benutzung eines fremden Namens ohne Ermächtigung des Namensinhabers bei Empfehlung oder Charakterisierung einer Ware, ist nicht unbedingt widerrechtlich; es muß dabei eine besondere Beziehung des Namensträgers zur Ware, welche für deren Wertschätzung von Einfluß ist, vorgetäuscht werden, z. B. daß der Namensträger die Ware mit der Autorität seines Namens decke (ESt 31 S. 33 u. 34; 29, 331: „Nach System Lahmann"; ESt 30, 91: Dr. Mampe). Doch braucht sich der Namensträger nicht gefallen zu lassen, daß der gute Ruf seines Namens indirekt zur Förderung des Absatzes einer fremden Ware ausgenutzt wird (E 86, 123: „Garlock Ersatz"; RG II 9. 2. 12, MW 11, 528: „Seide nach Voemel").

Die neuere Rechtsprechung ist hier strenger geworden und nimmt an, daß die Verletzung regelmäßig durch den Zusatz „System" o. dgl. zu dem fremden Namen oder der Firma nicht ausgeschlossen wird (RGSt II 13. 5. 12, Bl 13, 227).

Bei Anbringung des fremden Namens auf Rechnungen oder Geschäftspapieren genügt es, wenn ersterer der Ware als Eigenschaftswort beigelegt ist, oder der Name sonst in bezug auf die Ware gewerblich verwertet ist. Keineswegs braucht der Anschein erweckt zu werden, als sei der Namensträger der Aussteller der Rechnung usw. (E 36, 15).

Die Erben eines verstorbenen Erfinders können nicht hindern, daß auf ihren Erblasser bei Veräußerung einer Ware, bei der dessen Erfindung in Betracht kommt, hingewiesen wird. Wohl aber können sie die einfache Benutzung des Namens, den auch sie tragen, als

§ 14 Warenbezeichnung verbieten (RG II 14. 2. 11, MW 10, 255: Unzulässig „Lanolinum Liebreich", zulässig „Dr. Oskar Liebreichs Lanolin"). Das Namensrecht einer bestimmten Person erlischt mit ihrem Tode und kann nicht von den Erben geltend gemacht werden (vgl. E 87, 147).

Hat der Angeklagte mit dem eingedruckten Namen eines anderen versehene Flaschen mit seiner Ware gefüllt, dann aber diesen Namen mit einer seine eigene Firma enthaltenen Etikette überklebt und so die Flaschen in Verkehr gebracht, so ist die Freisprechung gerechtfertigt, wenn im Verkehr der überklebte Name nur als Eigentumsmarke angesehen wird (RGSt IV 25. 11. 14, MW 14, 400).

Versieht jemand Musikstücke mit dem Namen eines anderen als des angeblichen Urhebers, so ist er nicht nach § 14 strafbar, da er nicht über die Herkunft der Ware aus einem Geschäftsbetriebe täuscht, sondern über den Urheber einer geistigen Schöpfung (RGSt 39, 93; Bl 06, 314; vgl. § 1 A 16).

Anm. 7 **Firma.** Es muß sich um eine Firma handeln, die im berechtigten Gebrauche des Inhabers steht, wenn sie auch in das Handelsregister nicht eingetragen ist. Sie muß also nach den Vorschriften des HGB gebildet sein (RGSt 28. 9. 99, Bl 00, 86: „Tostedter Meierei"; doch ist bei diesem Urteile zu beachten, daß § 20 Anwendung findet und daß auch die Benutzung einer gangbaren Abkürzung der eigentlichen Firma durch andere unter § 14 fällt; vgl. auch RGSt 18. 11. 97, Bl 98, 111).

Die Benutzung einer fingierten Firma fällt an sich nicht unter § 14, kann aber unter § 16 oder unter das UWG fallen (Allfeld S. 581 b).

Ausländische Namen und Firmen sind unter der Voraussetzung des § 23 geschützt (E 46, 126). Die Bestellung eines inländischen Vertreters ist nicht erforderlich (RGSt 31, 30). Über die Frage, ob Rechtsschutz im Heimatstaate besteht, entscheidet das dortige Recht (RGSt 14, 59).

§ 14 ist (ebenso wie § 16 UWG) dann nicht anwendbar, wenn durch Gebrauch einer neuen Firma nicht Verwechslungsgefahr mit einer bestimmten alten Firma, sondern der Eindruck hervorgerufen wird, zwei ältere Firmen hätten sich zusammengeschlossen (Lübecker Privatbank und Lübecker Commerzbank gegen Commerz- und Privatbank: E 103, 396).

Anm. 8 **Warenzeichen.** Bei WZ entspricht der objektive Tatbestand des § 14 dem Tatbestande des § 12 Abs 1.

Die Störung braucht aber keine präsente zu sein, auch ist Wiederholungsgefahr nicht erforderlich, da es sich um Schadensersatz handelt. Das tatsächlich gebrauchte, aber nicht eingetragene Z genießt nicht den Schutz des § 14 (RG 18, 93), unter Umständen aber des § 15. Ebensowenig das ausländische Z, wenn es nicht ohne inländischen Widerspruch international registriert ist (Madrider Abkommen).

Anm. 9 **Wappen.** Auch das Wappen genießt den Schutz des § 12 BGB (E 71, 262). Die in diesem Urteil gemachte Einschränkung in bezug auf Warenbezeichnungen hat der Senat in dem Urteil v. 22. 5. 24 (Bl 25, 130; MW 24, 43) aufgegeben (vgl. Prot z. BGB VI, 113).

Anm. 10 **Versehen. Inverkehrbringen. Feilhalten.** Die Begriffe sind dieselben wie nach § 12, nur ist hier das Feilhalten neben dem Inverkehrbringen ausdrückliches Tatbestandsmerkmal (s. § 12 A 20). Versehen ist gleichbedeutend mit Anbringen (s. § 12 A 16).

Das Inverkehrbringen oder Feilhalten bildet neben dem Versehen einen selbständigen Tatbestand. Es ist widerrechtlich, auch wenn die Waren vorher nicht widerrechtlich mit dem Namen, der Firma oder dem Z versehen waren (z. B. zu Privatzwecken oder von dem Berechtigten selbst); s. § 12 A 19; ESt 5, 105. Es genügt, daß die Bezeichnung zur Zeit des Inverkehrbringens nicht mehr berechtigt war (ESt 20, 112) oder daß das Inverkehrbringen gegen den Willen des Berechtigten (etwa von dem Diebe) erfolgt.

Für das Inverkehrbringen oder Feilhalten genügt es, daß die Waren objektiv widerrechtlich gekennzeichnet sind, von wem ist gleichgültig (Allfeld S. 586 N 8 Abs 3; ESt 5, 106; 20, 112; 26, 237). Die widerrechtliche Handlung kann auch in einem Unterlassen bestehen, so z. B. in der Belassung einer fremden Firma oder eines WZ auf einem Geschäftsschilde o. dgl., wo sie rechtmäßig angebracht war, nachdem das Recht zur Benutzung aufgehört hat (Bodega, Pilsner Urquell, Hofbräuhaus München); s. § 12 A 16; oder in der Unterlassung des Widerrufs einer Verkaufskommission (RGSt Goltd. Archiv 54,. 74).

Der Tatbestand des widerrechtlichen Versehens ist noch nicht vollendet, wenn die zur Umhüllung und Verpackung bestimmten Gegenstände mit dem Z versehen werden, vielmehr ist insoweit — anders wie bei Ankündigungen usw. — eine Verbindung mit der Ware erforderlich (RGSt 37, 327; Bl 05, 35).

Das Wort „versehen" im ersten Teile der Bestimmung ist ausdehnend auszulegen. Unter den § 14 fällt danach nicht nur das Inverkehrbringen der widerrechtlich bezeichneten Waren, sondern auch der Ankündigungen, Preislisten usw., auch wenn sie vorher ohne Rechtswidrigkeit mit dem Z versehen waren, z. B. zu einer Zeit, wo das Z noch nicht eingetragen war oder der Täter noch keine Kenntnis davon hatte (RGSt 43, 177; MW 10, 94; Bl 10, 242; RGSt 37, 258; RG II 17. 9. 07, Bl 08, 42. Die ältere Ansicht ESt 35, 416 ist aufgegeben; s. ESt 43, 179). **§ 14**

Andererseits ist das Inverkehrbringen von altertümlichen Gegenständen, die von ihrem Hersteller mit einem Z versehen waren, das zufällig später für einen Dritten als WZ eingetragen ist, mit jenem Z nicht widerrechtlich (RGSt 43, 314: Porzellangruppe mit gekreuzten Schwertern).

Widerrechtlich. RGSt 9. 2. 06 (JW 06, 496 Nr 47): Widerrechtlich heißt „zu einem vom Gesetz gemißbilligten Zwecke." Daher braucht das Versehen der Umhüllung der Ware mit dem fremden Z oder die Verbindung der Ware mit der mit dem Z versehenen Umhüllung nicht widerrechtlich zu sein, wenn es sich lediglich um Aufbewahrung handelt. Anders wenn die Ware mit dieser Bezeichnung in Verkehr gebracht werden soll. **Anm. 11**

Der widerrechtliche Namensgebrauch wird dadurch nicht ausgeschlossen, daß der Namensträger weder Produzent noch Händler ist und seinerseits sich seines Namens zur Bezeichnung von Waren nicht bedient (ESt 29, 363; s. A 2).

Auch die Benutzung des eigenen Namens oder der eigenen Firma kann nach § 1 UWG widerrechtlich sein, wenn sie zum Zwecke der Täuschung im Verkehr erfolgt (a. M. Allfeld S. 586 Abs 2). Sie kann ferner nach § 16 UWG unerlaubt sein.

Die Widerrechtlichkeit wird auch dadurch nicht ausgeschlossen, daß der Täter auf Anstiftung eines von dem Z-Inhaber Beauftragten (agent provocateur) handelt, der seine Geneigtheit zur Z-Verletzung erproben sollte (ESt 23, 363: Patent; eine wirkliche Billigung des Z-Inhabers liegt nicht vor). Anders LG Hamburg 10. 10. 99 (Bl 00, 327). Ebensowenig wird sie dadurch ausgeschlossen, daß der Täter die Abnehmer von der Unwahrheit der Bezeichnung unterrichtet (ESt 42, 140).

Nicht widerrechtlich handelt, wer sich auf einen Lizenzvertrag berufen kann. Doch kann auch dann Widerrechtlichkeit vorliegen, wenn der Lizenzträger die Erfüllung des Vertrags und die Zahlung der Lizenzen dauernd verweigert (RGSt 28. 10. 15, GR 16, 89; Bl 15, 251; MW 15, 338); selbstverständlich auch dann, wenn er die Bedingungen der Lizenz überschreitet (RGSt V 6. 6. 13, MW 13, 29). Wirkungslosigkeit der Lizenzerteilung wegen unlauteren Wettbewerbs s. § 7 A 8.

Ebenso handelt der nicht widerrechtlich, der sich auf § 13 berufen kann (ESt 33, 307).

Das „Versehen" ist nur dann widerrechtlich, wenn es zum Zwecke des Inverkehrbringens erfolgt (§ 12 A 19).

Subjektive Voraussetzungen.

Übersicht. Es ist zu unterscheiden: **Anm. 12**

a) nach dem Gegenstande des Schutzes,

b) nach den Schutzgesetzen.

1. Das WZ wird geschützt durch § 12 und § 14. § 12 erfordert nur objektive Widerrechtlichkeit für die Unterlassungsklage. § 14 erfordert grobe Fahrlässigkeit oder Wissentlichkeit für den Entschädigungsanspruch, Wissentlichkeit für den Strafanspruch.

2. Der Name wird geschützt durch § 14 WZG, § 12 und § 823 Abs 1 BGB und § 16 UWG. § 12 BGB und § 16 UWG gewähren einen Unterlassungsanspruch bei objektiver Widerrechtlichkeit. § 823 Abs 1 BGB gewährt einen Schadensersatzanspruch bei fahrlässiger Verletzung; ebenso § 16 Abs 2 UWG. § 14 WZG erst bei grobfahrlässiger oder wissentlicher Verletzung. Endlich entsteht bei wissentlicher Verletzung nach § 14 Abs 2 auch ein Strafanspruch.

3. Die Firma wird geschützt durch § 14 WZG, durch § 12, § 823 Abs 1 BGB, durch § 37 Abs 2 HGB und durch § 16 UWG. § 12 BGB, § 37 Abs 2 HGB und § 16 UWG gewähren bei objektiver Widerrechtlichkeit den Unterlassungsanspruch. § 823 Abs 1 BGB, § 37 Abs 2 HGB und § 16 Abs 2 UWG gewähren den Schadensersatzanspruch bei einfacher Fahrlässigkeit; § 14 WZG erst bei grobfahrlässiger oder wissentlicher Verletzung. Endlich entsteht bei wissentlicher Verletzung nach § 14 Abs 2 der Strafanspruch.

Wissentlichkeit. Der Täter muß das Bewußtsein haben, daß er ohne Befugnis Waren mit der fremden Kennzeichnung versieht, in Verkehr bringt oder feilhält und so ein fremdes Kennzeichnungsmittel benutzt. Eine Absicht (Zweckvorstellung) wird nicht erfordert, Eventualdolus genügt (ESt 6, 277; 14, 419; 42, 138; Ebermayer A 11). **Anm. 13**

Die Wissentlichkeit wird durch tatsächlichen Irrtum dann ausgeschlossen, wenn der Täter sich den Tatbestand anders vorstellt, als es der Wirklichkeit entspricht, und der so vorgestellte Tatbestand nicht unter das Gesetz fällt. Selbstverständlich schließt dieser Irrtum grobe Fahrlässigkeit nicht aus.

Für die zivilrechtliche Norm des § 14 Abs 1 ist aber auch der Rechtsirrtum erheblich, zufolge dessen der Täter in Unkenntnis über das Bestehen oder die Bedeutung einer Rechts-

§ 14 norm irrtümlich annimmt, sein Tun falle nicht unter das Gesetz und sei nicht widerrechtlich. Denn der Vorsatz (§ 276 BGB) schließt in sich die Erkenntnis der Rechtswidrigkeit des Handelns (E 72, 6; 73, 337; 86, 289; 110, 17; Pinzger S. 262/263; Ebermayer A 12; a. A. Seligsohn S. 225). Auch hier schließt der Rechtsirrtum grobe Fahrlässigkeit nicht aus, auch ist bei der Frage, ob er selbst grobfahrlässig ist, ein strenger Maßstab anzulegen (E 110, 17).

Nicht zu billigen ist die Ansicht in RG 14, 75, daß der Beklagte den Irrtum beweisen muß; doch wird er den Sachverhalt aufzuklären haben (Allfeld S. 593).

Täuschung des Publikums und darauf gerichtete Absicht sind nicht Erfordernis (ESt 29, 314; 34, 229).

Beim Namen oder der Firma muß der Täter sich der Beziehung der Bezeichnung auf einen anderen als Berechtigten bewußt gewesen sein. Es genügt nicht, daß er irgendeinen Namen verwendet, in dem Bewußtsein, daß ihm selbst der Name nicht zusteht. Beim WZ muß er sich der Eintragung desselben bewußt sein. Verwendet er Flaschen mit fremdem Namen oder WZ zur Auffüllung mit eigener Ware, so muß er sich bewußt gewesen sein, daß im Verkehr mit einer Herkunftsbezeichnung für den Inhalt (nicht etwa für die Flaschen selbst) gerechnet wird (ESt 30, 91: „Dr. Mampes bittere Tropfen"; RGSt 21. 12. 15, GR 16, 89).

Male fides superveniens schadet, wenn sie vor Vollendung der Tat, bei Fortsetzung eines rechtswidrigen Tuns eintritt (RG 109, 277; E 85, 202; vgl. Rosenthal GR 26, 97). Dagegen schadet dolus subsequens (Nichtrückgängigmachen) nicht (RG: Bl 95, 317).

Bei den §§ 14 u. 15 spielt der dolus eventualis eine erhebliche Rolle, da der Täter häufig bestreiten wird, daß er den Schutz des nachgeahmten Z oder Ausstattung gekannt hat. In solchen Fällen wird meistens die Feststellung der bewußten Nachahmung zum Zwecke des Wettbewerbs genügen, da der Täter regelmäßig mit der Möglichkeit eines bestehenden Rechtsschutzes rechnen wird (vgl. E 106, 255 u. 256; 77, 433; RGSt 42, 137; vgl. Liertz MW 6, 69ff a. E.).

Ein Eventualdolus des Anfertigers der Etiketten als Gehilfe des Täters kann angenommen werden, wenn er den Bestand des Z gekannt hat und aus nichtigen Gründen und ohne Erkundigung annimmt, es werde erloschen sein (RGSt 21. 2. 99, Bl 99, 229; GR 02, 357).

Der Täter muß das Bewußtsein der Bezeichnung der Ware haben. Legt er der nicht geschützten Ware nur einen auf die Ware des Z-Inhabers hinweisenden, das Z enthaltenden Beidruck bei, um dafür Reklame zu machen, so fehlt es an der Wissentlichkeit (RGSt 17. 4. 04, GR 05, 62).

Anm. 14 **Fahrlässigkeit.** Der Begriff der Fahrlässigkeit bestimmt sich nach § 276 BGB. Grobe Fahrlässigkeit liegt vor, wenn die im Verkehr erforderliche Sorgfalt in besonders schwerer Weise vernachlässigt wird. Über die Abgrenzung von dolus eventualis s. RGSt 21, 420. Demjenigen, welcher die Ware u. dgl. mit dem fremden Z versieht, wird regelmäßig eine Erkundigungspflicht obliegen, demjenigen, der die ohne sein Zutun falsch bezeichnete Ware in den Verkehr bringt, dagegen nicht (Freund S. 188, 189; Allfeld S. 595).

Grobe Fahrlässigkeit ist bei Verwechslungsgefahr anzunehmen, wenn der Beklagte von dem Gegner darauf hingewiesen war und das PA die Eintragung für ihn abgelehnt hatte (RG II 4. 1. 24, MW 23, 224: „Ulema" — „Ulwena"); desgleichen bei Fortsetzung der Benutzung, nachdem das PA die Übereinstimmung festgestellt hatte (RG II 25. 4. 11, MW 11, 13).

Der Umstand, daß die erste Instanz die Verwechslungsfähigkeit der beiden Z verneint hat, hindert den Berufungsrichter nicht, grobe Fahrlässigkeit festzustellen (RG II 20. 3. 25, MW 24, 200).

Anm. 15 **Gemeinsames.** Durch Anbringung eines Vermerks „Schutzmarke" u. dgl. kann der Inhaber auf das Z aufmerksam machen und so eine gewisse Vermutung für Dolus oder grobe Fahrlässigkeit begründen (Freund S. 189 Abs 2). Unzulässig ist aber der Vermerk „patentamtlich (oder ‚gesetzlich') geschützt", weil auf Patent- oder Gebrauchsmusterschutz hindeutend (s. § 1 A 2; PG § 40; UWG §§ 3 u. 4).

Auf Grund eines dem Täter vorher erteilten Gutachtens angesehener Fachleute kann Dolus oder Fahrlässigkeit als ausgeschlossen gelten (Freund S. 190 oben).

Die Klagerhebung des Gegners begründet auch für die folgenden Verletzungen an sich nicht Wissentlichkeit oder grobe Fahrlässigkeit (Freund S. 190).

Die Anwendung des § 831 BGB ist bei § 14 Abs 1 ausgeschlossen (E 70, 74). Schadensersatz kann daher von dem Geschäftsherrn nur verlangt werden, wenn er selbst die Verletzung wissentlich oder grobfahrlässig verursacht hat, was unter Umständen auch durch vorsätzliche oder grobfahrlässige Vernachlässigung der Aufsichtspflicht geschehen kann. Juristische Personen haften nach § 31 BGB.

Rechtsfolgen. § 14

Allgemeines. Wegen objektiver Verletzung aller drei Rechte mittels Warenbezeichnung ist die Unterlassungsklage gegeben, und zwar beim WZ nach § 12 WZG, beim Namen und der Firma nach § 12 BGB (§ 37 Abs 2 HGB; § 1004 BGB). Anm. 16

Daneben besteht unter den Voraussetzungen des § 256 ZPO die Feststellungsklage. Das hierzu erforderliche rechtliche Interesse muß als gegeben erachtet werden, wenn die Feststellungsklage mit einer Klage auf Unterlassung oder auf Schadensersatz verbunden wird, um die Grundlage für künftige Schadensersatzansprüche zu gewinnen.

Die Frage des Schadensersatzes ist für das Warenzeichenrecht ausschließlich, analog dem Patent- und Gebrauchsmusterrecht, durch das WZG geregelt. Danach erfordert der Anspruch beim WZ nach § 14 wissentliche oder grobfahrlässige Verletzung. Ein Bereicherungsanspruch ist nicht gegeben (E 108, 6).

Anders verhält es sich bei Verletzung des Namens- oder Firmenrechts. Auch hier entsteht ein Anspruch auf Schadensersatz unter den in § 14 bezeichneten Voraussetzungen. Damit konkurriert aber auch ein solcher aus § 823 Abs 1 BGB wegen einfach-schuldhafter Verletzung des absoluten Rechts und aus § 16 Abs 2 UWG wegen einfach-schuldhafter Verletzung des Prioritätsrechts; und endlich bei bloß objektiver Verletzung ein Bereicherungsanspruch gemäß § 812 BGB (vgl. A 3; Pinzger S. 280 A 23 und S. 284 Abs 2; Ebermayer A 15 a. E.; abgesehen von Bereicherung ebenso Seligsohn S. 230).

Nach der neuesten Rechtsprechung des RG (E 108, 6) ist mit dem Schadensersatzanspruch (oder dem Bereicherungsanspruch) auch ein Anspruch auf Rechnungslegung (Auskunft) verbunden (s. A 19).

Die Unterlassungsklage verjährt in 30 Jahren (s. § 12 A 33). Die Schadensersatzklage gemäß § 852 BGB in 3 bzw. 30 Jahren. Der Bereicherungsanspruch in 30 Jahren (§ 198 BGB).

Ausländer können die Ansprüche nur nach den Bedingungen des § 23 geltend machen, vorbehaltlich abweichender Bestimmungen in Staatsverträgen.

Unterlassungsklage. Bei objektiv widerrechtlicher Benutzung einer fremden Firma zur Warenbezeichnung ist die Untersagungsklage sowohl nach Firmenrecht (§ 37 HGB; s. Staub A 20), nach § 12 BGB (s. A 3) wie nach WZ-Recht begründet. Letzteres, weil die Firma ein nach § 14 — ebenso wie die Ausstattung nach § 15 (s. dort A 18) — geschütztes Rechtsgut ist. Anders die ältere Rechtsprechung des RG, z. B. RG II 5. 3. 01 (Bl 01, 250), die den vollen Tatbestand des § 14, also Wissentlichkeit oder grobe Fahrlässigkeit, verlangte. Analog ist der Name nicht nur nach § 12 BGB, sondern auch nach § 14 UWG geschützt. Für das WZ gründet sich die Unterlassungsklage auf § 12 WZG. Für alle drei Rechtsgüter ist aber schon bei objektiv rechtswidriger Verletzung die Unterlassungsklage auch aus § 14 selbst herzuleiten, weil sie auch nach dieser Bestimmung, wenn auch nur unter gewissen subjektiven Voraussetzungen, geschützt sind (E 60, 6; 61, 369). Anm. 17

Der Versuch oder die Vorbereitung einer Handlung nach § 14 begründet nach Analogie von § 1004 BGB als Bedrohung des geschützten absoluten Rechts ebenfalls die Unterlassungsklage (vgl. § 12 A 27).

Schadensersatz. § 14 Abs 1 stimmt überein mit § 35 Abs 1 PG und § 9 Abs 1 GMG. Es war auch die Absicht des Gesetzgebers, Übereinstimmung zwischen dem WZG und den anderen beiden Gesetzen in bezug auf die Entschädigungspflicht herzustellen (s. A 1 unter 1). Hieraus ergibt sich, daß der Begriff der Entschädigung hier dieselbe Bedeutung hat wie dort, wo sich durch die Rechtsprechung des RG (s. besonders E 35, 63; 43, 56; 50, 115; 95, 220) ein Gewohnheitsrecht dahin gebildet hat, daß der Verletzte nach seiner Wahl entweder den Ersatz des Schadens fordern darf, den er durch die rechtswidrige Benutzung unmittelbar erleidet, oder eine angemessene Lizenzgebühr oder endlich den von dem Gegner selbst erzielten Gewinn. In letzterer Beziehung ist ihm, ebenfalls in ständiger Rechtsprechung, zugleich ein Anspruch auf Rechnungslegung zuerkannt worden (E 46, 17; 62, 321; 70, 249). Gestützt wurden diese Ansprüche zunächst auf § 687 Abs 2 BGB und analogen Bestimmungen des gemeinen Rechts (s. E 35, 71 ff; 46, 17 ff; 70, 250 ff). Doch es wurde der § 687 Abs 2 in Verbindung mit §§ 681, 666 u. 667 BGB, die nur den Fall *wissentlich* unberechtigter fremder Geschäftsführung betreffen, ausgedehnt auf die in den drei Gesetzen über gewerblichen Rechtsschutz in bezug auf die Entschädigungspflicht der Wissentlichkeit gleichgestellte grobe Fahrlässigkeit (E 62, 320 und 70, 249). Anm. 18

Es ist daher geboten, für die Art der Begründung der Entschädigungsforderung und den Umfang der Entschädigung nach § 14 Abs 1 WZG dieselben Grundsätze anzuwenden wie im Patent- und Gebrauchsmusterrecht, denn der Tatbestand ist im übrigen genau derselbe. Ebenso Osterrieth S. 373, 160. Wenn es in E 58, 325 heißt: Die Benutzung eines Z von seiten eines Unberechtigten bei dem Vertriebe eigener Ware sei kein Geschäft, auf

§ 14 welches der Z-Inhaber ein Recht hätte und welches er sich insofern aneignen könnte, als durch die widerrechtliche Benutzung seines WZ eine besondere Einnahme erzielt sei, so ließe sich dasselbe bei der Benutzung einer fremden Erfindung sagen. Die Anwendung des Begriffs des „fremden Geschäfts" ist in dem einen Falle nicht kühner und nicht weniger gerechtfertigt wie in dem anderen. Auch bei Benutzung einer fremden Erfindung kann der Gewinn zum Teil auf besonderer Tätigkeit des Täters oder auf eigenen Erfindungen desselben beruhen. Es ist ja auch nicht gesagt, daß er stets den ganzen bei dem konkreten Geschäft erzielten Gewinn herauszugeben hat, vielmehr soll er nur den durch die rechtswidrige Benutzung erzielten herausgeben. Gerade bei der WZ-Verletzung wird aber beides eher zusammenfallen wie bei der Erfindungsbenutzung. Denn in der Regel dient die falsche Kennzeichnung dazu, einen Absatz zu erzielen, den man sonst nicht erzielt hätte, und regelmäßig wird dem Berechtigten durch den Absatz der falschen Ware eine eigene Absatzmöglichkeit entzogen. Der Täter wird über seinen Gewinn Rechnung zu legen haben und kann dabei ausführen, inwieweit er etwa auf besonderen, von der rechtswidrigen Benutzung unabhängigen Umständen beruht. Der Richter wird dann gemäß § 287 ZPO ohne allzu minutiöse Erwägungen, indem er den normalen Verlauf zugrunde legt, die Entschädigung zu bemessen haben (s. auch RGSt 6, 278).

E 58, 324 sagt über die Höhe der Entschädigung: Es sei darunter eine volle, den wirklichen Schaden und den entgangenen Gewinn umfassende Entschädigung zu verstehen, aber nicht eine unmittelbar auf Restitution der widerrechtlich bezogenen Vorteile gehende Verpflichtung, wenn auch das Maß dieser Vorteile nach Umständen für die Beurteilung des entgangenen Gewinns von Bedeutung sein könne.

Der unmittelbar verursachte Schaden ist entweder ein spezieller, insofern der Absatz des Verletzten nach Maßgabe des unberechtigten fremden Absatzes eingeschränkt wird, oder ein allgemeiner, den ganzen Geschäftsbetrieb ergreifender, indem die Marke und das Geschäft durch minderwertige Konkurrenz ihr Ansehen verlieren. Auch insoweit ist die Pflicht zur Rechnungslegung unentbehrlich (s. E 50. 321 und 108, 7).

Die den Gerichten nach § 287 ZPO zustehende Befugnis, nach freier Überzeugung, ohne Bindung an Beweisanträge über die Frage, ob ein Schaden entstanden sei, zu entscheiden, erstreckt sich auch auf die Frage der Verwechslungsgefahr, wenn sie Voraussetzung für die Entstehung eines Schadens ist (RG II 4. 11. 21, Bl 22, 29: „Palliativ").

§ 254 BGB ist bei Mitverschulden des Beschädigten, z. B. wenn er die Verletzung wissentlich geduldet hat, anwendbar (Kohler S. 191).

Bei wissentlicher Verletzung ist Aufrechnung mit Gegenforderungen des Täters ausgeschlossen (§ 393 BGB).

Anm. 19 **Rechnungslegung.** Der II. ZS des RG hat in dem Urteile v. 4. 5. 23 (E 108, 1) in Anlehnung an E 90, 139 und unter Berufung auf Dernburg und Rosenthal im Falle des § 14 Abs 1 einen Anspruch auf Auskunftserteilung gemäß § 260 BGB gewährt (ebenso RG II 2. 12. 24, MW 24, 84). Zwar handelte es sich in E 90, 139 um einen Bereicherungsanspruch, der auch nach dem jetzigen Standpunkte des II. ZS nach WZ-Recht nicht begründet ist (E 108, 6). Indessen erfordere Treu und Glauben, daß dem Schadensersatzberechtigten, der sich ohne Verschulden über den Umfang seines Rechts im Ungewissen befinde, dadurch geholfen werde, daß dem Verletzten eine Auskunftspflicht, der er mit Leichtigkeit genügen könne, auferlegt werde. Die Entscheidung selbst ist gewiß zu begrüßen. Einfacher wäre es aber gewesen, unter Berufung auf das bei Patent- und Gebrauchsmusterrecht entstandene Gewohnheitsrecht und auf die völlig gleichartige Rechtslage, die in den älteren Entscheidungen zu Unrecht bestritten wird, den Anspruch auf Auskunft und Rechnungslegung in direkter bzw. analoger Anwendung des § 687 Abs 2 BGB (vgl. §§ 681, 666 daselbst) zuzusprechen und dadurch insoweit die wünschenswerte Übereinstimmung in den drei nahe verwandten Rechtsgebieten herzustellen (vgl. A 18). Im Ergebnisse übereinstimmend Gerdes GR 24, 96, der jedoch die Pflicht zur Rechnungslegung aus § 249 BGB herleiten will unter unzutreffender Berufung auf E 89, 99. Ferner Günther Alexander-Katz MW 23 S. 71, 72, der den Anspruch auf Rechnungslegung bei unerlaubten Handlungen lediglich auf die regelmäßige Unmöglichkeit der Ermittlung des Gewinnes durch eigene Tätigkeit des Berechtigten stützt (s. auch Rosenthal HRZ 19, 118 und GR 20, 33).

Die prozessuale Behandlung ist dieselbe wie bei Patentverletzungen. Es genügt also, daß der Kläger eine wissentliche oder grobfahrlässige Verletzung aus nicht rechtsverjährter Zeit dartut, dann ist es Sache des Beklagten, über den vollen Umfang der begangenen Verletzungen Auskunft zu erteilen (E 107, 255).

Anm. 20 **Aktivlegitimation.** Zur Geltendmachung des Schadensersatzanspruchs berechtigt ist der Verletzte, also der Namensträger, der Firmeninhaber, der Inhaber des WZ. Im letzteren Falle ist weiteres Erfordernis, daß er zur Zeit der Verletzung nicht nur materiell Inhaber des Z war, sondern daß er auch als Inhaber in die Rolle eingetragen ist (§ 7 Abs 2). Durch eine spätere Umschreibung auf einen anderen wird aber seine Legitimation zur Klage bezüglich des von ihm erlittenen Schadens nicht beseitigt. **§ 14**

Mehrere Verletzte können entweder jeder für sich oder als unechte Streitgenossen nach § 60 ZPO gemeinschaftlich klagen (E 103, 396).

Ist das WZ für eine Firma eingetragen, so ist der jeweilige Inhaber der Firma berechtigt, namens der Firma oder unter seinem bürgerlichen Namen zu klagen, vorausgesetzt, daß er der Verletzte ist, d. h. daß die Verletzung in die Zeit fällt, wo er Inhaber der Firma war (vgl. RGSt 43, 335).

Diese Entscheidung spricht zwar nur von der Berechtigung zur Stellung des Strafantrags, der jetzt weggefallen ist, muß aber auch für die Klageberechtigung gelten. Das gleiche gilt von ESt 41, 373 (Bl 10, 306), wonach bei der offenen Handelsgesellschaft jeder Teilhaber, auch wenn er nicht vertretungsberechtigt ist, und auch im Stadium der Liquidation Strafantrag stellen konnte.

Wenn Freund S. 191 auch den Generalagenten unter Berufung auf RGSt 12, 272 (richtig: 327) als Verletzten anführt, so ist zu bemerken, daß gerade diesem in der angezogenen Entscheidung die Berechtigung zum Strafantrag im eigenen Namen abgesprochen wird.

Nicht legitimiert ist der Lizenzträger, mag er auch Monopolist sein, da die Lizenz am WZ oder Namen — im Gegensatz zu der ausschließlichen Patentlizenz (E 83, 93) — nur ein obligatorisches Recht gewährt (E 64, 397; Bl 07, 142; und 87, 149: „Lanolin Liebreich"; auch MW 16, 88 und GR 16, 93; vgl. auch Rosenthal Note 61 und oben § 12 A 29; Finger MW 5, 1). Diese Auffassung steht nicht recht im Einklang mit der der Strafsenate (ESt 29, 353 u. 367; 38, 39), die auch den Monopolisten als Verletzten behandeln und ihn zum Strafantrag berechtigt erachteten. Da die Lizenz nur ein obligatorisches Recht gegen den WZ-Inhaber auf Gestattung der Benutzung gewährt, so ist die Auffassung der Zivilsenate, daß der Lizenznehmer (auch als Monopolist) nicht Verletzter ist, die richtige (s. auch Salinger MW 14, 385). Dies entspricht auch der Begründung zu § 24f des Gesetzes (s. Bl 13 S. 180, 181).

In RGSt 38, 39 a. E. wird auch in unzutreffender Weise auf das Patentrecht, wo die ausschließliche Lizenz ein dingliches Recht ist, Bezug genommen; dagegen RGSt 12, 328; vgl. auch RG I 1. 11. 16 (MW 16, 136), wonach der Inhaber einer ausschließlichen Patentlizenz ohne eigene Eintragung und ohne Eintragung des Patentinhabers, von dem er die Lizenz erworben hat, zur Verletzungsklage legitimiert ist.

Der Inhaber des Namens usw. kann aber sein Klagerecht auf den Lizenznehmer übertragen, vorausgesetzt, daß eine die Wertschätzung beeinflußende Bezeichnung seines Namens zu der Ware besteht (ESt 29, 355; E 40, 61; 87, 150).

Andererseits wird anzunehmen sein, daß der Inhaber des WZ-, Namens- oder Firmenrechts auch den Schaden seines Monopolisten oder Lizenzträgers in eigenem Namen wird geltend machen können (vgl. Staub HGB § 383 A 20).

Wird das Geschäft mit WZ verpachtet oder zu Nießbrauch hingegeben, so liegt darin zugleich die Ermächtigung für den Pächter oder Nießbraucher, während der Dauer des Verhältnisses Verletzungen des Z im eigenen Namen zu verfolgen (§ 7 A 7).

Dasselbe gilt für den Vorstand eines Vereins zur Gewährung von Rechtsschutz an die Mitglieder, soweit deren Rechte im Sinne von § 14 verletzt werden (vgl. RGSt 21, 11, GR 12, 135).

Der Schadensersatzanspruch kann abgetreten und gepfändet werden (RG 16, 15 und § 400 BGB). Doch liegt in der Übertragung des Geschäftsbetriebes nebst WZ nicht ohne weiteres die Abtretung vorher entstandener Ansprüche (Kohler S. 188).

Passivlegitimation. Beklagter ist der Täter oder dessen Erben; bei Schuldübernahme z. B. nach §§ 25 u. 28 HGB, § 419 BGB auch der Schuldübernehmer (RG 15, 133). Juristische Personen haften neben ihren Vertretern gemäß §§ 31, 86, 89 BGB für die von diesen begangenen Rechtsverletzungen (RG JW 04, 167; E 57, 38). Die offene Handelsgesellschaft haftet für die Handlungen ihrer vertretungsberechtigten Gesellschafter nach § 126 HGB (E 15, 121). **Anm. 21**

Bei nicht verfassungsmäßiger Vertretung juristischer und bei Vertretung physischer Personen kann eine Haftung nach §§ 831, 832 BGB begründet sein, doch gilt dies nicht für Klagen aus § 14 Abs 1 (s. A 15).

Bei derselben falschen Bezeichnung können mehrere Personen nacheinander die Tat begehen und haftbar werden, z. B. der Fabrikant und mehrere Wiederverkäufer.

Schadensersatzpflichtig ist auch derjenige, der dem Täter wissentlich Beihilfe leistet. Grobfahrlässige Unterstützung genügt aber nicht zur Begründung der Schadensersatzpflicht (vgl. RG I 22. 6. 12, Bl 13, 122: betrifft Patentverletzung).

Mittäter, Anstifter und Gehilfen haften als Gesamtschuldner (BGB §§ 830, 840).

Gerichtsstand. Soweit aus unerlaubter Handlung geklagt wird (§ 14 Abs 1 WZG; § 831 **Anm. 22**

§ 14 BGB), ist der Gerichtsstand des § 32 ZPO begründet. Dies gilt auch für die deliktische Unterlassungsklage (E 78, 55; vgl. § 12 A 31). Wird lediglich aus § 16 Abs 2 UWG geklagt, so gilt § 24 UWG (s. Rosenthal A 6 S. 69).

Wird aus §§ 14 oder 15 wegen unerlaubter Handlung auf Schadensersatz geklagt und liegen eine Reihe von widerrechtlichen Benutzungshandlungen in einheitlicher Tat vor, so ist der Gerichtsstand des § 32 ZPO an jedem Orte, wo eine der Handlungen begangen ist, für die Gesamttat begründet (BZS 18. 10. 09, E 72, 41; MW 9, 226).

Abs 2.

Anm. 23 **Rechtsänderungen.** Abs 2 enthält eine Strafandrohung für den Fall der wissentlichen Begehung der in Abs 1 bezeichneten Handlungen. Er hat gegenüber dem Gesetze von 1894 mehrere Änderungen erfahren:

1. Zufolge der durch die Geldentwertung und Einführung der neuen Goldmark notwendig gewordenen Änderungen in den Gesetzen und Verordnungen, wie sie in der jetzt maßgebenden VO v. 6. 2. 24 (RGBl I 44) zu Eingang aufgeführt sind, ist die Festsetzung der Geldstrafe auf 150 bis 5000 RM hinfällig geworden und nunmehr Geldstrafe schlechthin angedroht. Das gleiche gilt für die §§ 15 u. 16 und für die in § 18 angeordnete Buße.

Die Beträge ergeben sich aus der VO über Vermögensstrafen und Bußen v. 6. 2. 24 (RGBl I 44) Art I, IV u. VIII. Nach der in Art I (der nach Art VIII für das gesamte Reichs- und Landesrecht gilt) festgesetzten neuen Fassung des § 1 Abs 2 StGB stellen sich die in den §§ 14 bis 16 WZG behandelten Straftaten als „Vergehen" dar. Nach § 27 StGB neuer Fassung beträgt die Geldstrafe bei Vergehen, soweit nicht höhere Beträge oder Geldstrafe in unbeschränkter Höhe angedroht sind oder werden, mindestens 3 Goldmark und höchstens 10000 Goldmark. Nach dem neuen § 27a StGB kann sie, wenn das Vergehen auf Gewinnsucht beruht, auf 100000 Goldmark erhöht werden. Nach Art IV beträgt eine an den Verletzten zu zahlende Buße mindestens 3, höchstens 10000 Goldmark (s. ferner Art I StGB n. F. § 27c).

2. Nach § 3a des Ges über den Beitritt des Reiches zu dem Madrider Abkommen, betr. die Unterdrückung falscher Herkunftsangaben auf Waren, v. 21. 3. 25 (RGBl II 115) fallen in § 14 Abs 2 und in § 15 die beiden letzten Sätze fort. Diese lauteten: „Die Strafverfolgung tritt nur auf Antrag ein. Die Zurücknahme des Antrags ist zulässig." Danach sind die in den beiden Paragraphen behandelten strafbaren Handlungen nicht mehr Antragsvergehen.

Nach § 374 Abs 1 Nr 8 StPO in der ab 1. 4. 24 geltenden Fassung (RGBl 24 I 360) können alle Verletzungen des literarischen, künstlerischen und gewerblichen Urheberrechts, soweit sie als Vergehen strafbar sind, vom Verletzten im Wege der Privatklage (ohne vorgängige Anrufung der Staatsanwaltschaft) verfolgt werden. Unter der nicht ganz deckenden Bezeichnung „gewerbliches Urheberrecht" ist hier im Sinne Allfelds (Vorwort zum Kommentar S. VIff) das WZ-Recht mitzuverstehen, das sonst unberücksichtigt geblieben wäre. Die öffentliche Klage wird nach § 376 StPO von der Staatsanwaltschaft nur dann erhoben, wenn dies im öffentlichen Interesse liegt. Ihr kann sich nach § 395 StPO der Verletzte als Nebenkläger anschließen. Zuständig sind nach § 24 Nr 2 des GVG neuer Fassung (RGBl 24 I 302) die Amtsgerichte, und zwar im Falle der Privatklage nach § 25 Abs 1 Nr 2 daselbst der Amtsrichter allein. Mit Recht weist Ebermayer A 22 auf die bedenkliche Folge dieser Regelung hin, daß danach das RG in allen Fragen des gewerblichen Urheberrechts als Revisionsgericht in Strafsachen so gut wie ausgeschaltet ist.

Anm. 24 **Wissentlichkeit. Irrtum.** Der Begriff der Wissentlichkeit ist derselbe wie nach Abs 1. Der Rechtsirrtum wird jedoch nach der festen Praxis der Strafsenate des RG hier anders behandelt. Der Irrtum über das Bestehen und den Inhalt einer Strafrechtsnorm wird nicht beachtet; es genügt also, wenn der Täter sich einer Sachlage bewußt ist, die, abgesehen von dem Momente der Wissentlichkeit, die Voraussetzungen des § 14 Abs 2 erfüllt, wobei als Inhalt der Strafrechtsnorm auch die §§ 12, 13 u. 20 WZG., § 12 BGB und § 37 HGB als darin in Bezug genommen gelten (ESt 30, 98; 42, 138 u. 139; 29, 314, 356 u. 357; 15, 350; 21, 208; Seligsohn S. 225; Pinzger S. 263; Ebermayer § 14 N 12 — unter Hervorhebung der gegen diese Rechtsprechung bestehenden Bedenken).

Ein Irrtum über das Strafgesetz liegt z. B. vor, wenn der Täter annimmt, er dürfe die Nachahmung benutzen, weil sie von ihm oder einem Dritten zum WZ-Schutze angemeldet sei (ESt 42, 139; Bl 09, 42).

Ebenso wenn der Täter glaubt, er dürfe das fremde Z benutzen, weil die bezeichnete Ware nicht als reguläre Handelsware, sondern als Ramschware in den Verkehr gebracht werde (RGSt II 23. 2. 09, Bl 09, 171); oder wenn er meint, für den Schutzumfang sei die im

WZ-Blatt angegebene Warenklasse, nicht das eingetragene Warenverzeichnis maßgebend (RGSt 30. 3. 08, Bl 08, 172). **§ 14**

Auch ein Irrtum über die Tragweite des § 13, der auch die strafrechtlichen Vorschriften umfaßt, ist im allgemeinen unbeachtlich (RGSt 38, 392). Anders wenn der Täter in einem das Z enthaltenden zusammengesetzten Worte irrtümlich eine bloße Beschaffenheitsangabe erblickt (ESt 36, 202).

Die irrige Meinung des Angeklagten, das verletzte Z sei ein Freizeichen, fällt nicht unter § 59 StGB und schützt nicht vor Strafe (RGSt IV 8. 10. 15, MW 15, 123; ESt 48, 395).

Unbeachtlich ist der Irrtum, daß das WZ einer Firma wegen Wechsels ihrer Inhaber nicht mehr geschützt sei (RGSt 17. 3. 05, Bl 05, 209). Desgleichen der Glaube, man brauche die Eintragung des Z nicht zu beachten, weil ein Löschungsanspruch bestehe (RGSt I 4. 3. 12, MW 11, 475). Ebenso der Glaube des Täters, er habe das Recht zur Benutzung ersessen (RGSt I 5. 10. 11, GR 11, 336).

Es ist ein unbeachtlicher Irrtum, wenn der Täter meint, er dürfe nach Teilung oder Auflösung der mit dem rechtmäßigen Z versehenen Ware die Teile oder die Lösung seinerseits mit dem Z versehen (ESt 30, 95, [98]).

Zur Wissentlichkeit genügt das Bewußtsein, das Z nachzubilden. Die irrige Meinung, daß die Abweichungen hinreichend sind, um die Strafbarkeit der Nachbildung auszuschließen, ist unerheblich (RGSt 22. 4. 97, Bl 97, 134). Jedoch schließt die Überzeugung, daß die beiden Z nicht verwechselt werden können, die Strafbarkeit aus, da es sich evtl. um einen Irrtum über Tatsachen handelt (RGSt 10. 10. 95, Bl 95, 321).

Dolus. Die Strafbarkeit des Versehens setzt die Absicht voraus, die Ware in Verkehr zu bringen. Es genügt aber die Absicht, sie ins Ausland zu bringen, selbst wenn dort kein Z-Recht besteht (vgl. E 110, 176; s. auch Kohler S. 193, 249 unten; RG 15. 12. 04, JW 34, 247). **Anm. 25**

Täuschung oder Täuschungsabsicht erfordert der Tatbestand nicht (ESt Pl 43, 94 u. 105; RGSt 5. 1. 15, MW 14, 265; RGSt 16. 6. 14, MW 14, 362). Erforderlich ist dagegen der Vorsatz, die Ware warenzeichenmäßig zu kennzeichnen, sei es, daß zu diesem Zwecke das Z angebracht, sei es, daß das schon vorhandene Z zu dem Zwecke im Verkehr benutzt wird (RGSt 43, 97 u. 99).

Wer eine Ankündigung mit fremdem WZ (Abbildung und Wort) nachahmt, ohne zu wissen, daß es ein WZ ist, handelt im Sinne des § 14 wissentlich mit bedingtem Vorsatz, wenn er mit jener Möglichkeit rechnet und die Ankündigung auch für den Fall der Wirklichkeit gewollt hat. Es kann auch ein Vergehen nach § 4 UWG in Frage kommen (RGSt 16. 6. 14, MW 14, 337).

Täter und Teilnehmer. Täter ist derjenige, der die falsche Kennzeichnung wissentlich vornimmt mit dem Willen, daß die so gekennzeichnete Ware, Umhüllung mit der sie enthaltenden Ware, Ankündigung usw. in den Verkehr gebracht werden soll; aber auch derjenige, welcher die falsch gekennzeichnete Ware usw. wissentlich in den Verkehr bringt. Wird die Tat mit Wissen und Willen des Geschäftsherrn von seinen Angestellten ausgeführt, so ist er der Täter, die Angestellten, wenn sie wissentlich handeln, sind Gehilfen. So wenn der Geschäftsherr duldet, daß sein Branntwein zum Zwecke des Verkaufs in die mit dem fremden Z versehene Flasche eingefüllt wird (RGSt II 1. 12. 11, Bl 12, 122; GR 12, 71). Mehrere Geschäftsinhaber, die wissentlich zusammenwirken, sind Mittäter. Bei juristischen Personen, offenen Handelsgesellschaften u. dgl. sind die für sie wissentlich handelnden Vertreter als Täter zu behandeln. **Anm. 26**

Die Tat. Die Tat ist vollendet mit der falschen Kennzeichnung, die mit der Absicht des Inverkehrbringens erfolgt, oder mit dem Inverkehrbringen oder dem Feilhalten. **Anm. 27**

Bei der Kennzeichnung von Verpackung oder Umhüllung bedarf es jedoch zur Vollendung der Verbindung mit der Ware (RGSt 13, 390). Schädigung wird nicht erfordert (ESt 24, 98; 31, 32).

Der Versuch ist nicht strafbar. Daher straflos auch Beschaffung von Etiketten oder von mit dem Z versehenen Umhüllungen; doch kann die Mitwirkung Dritter hierbei als Beihilfe strafbar sein, wenn das Vergehen demnächst zur Vollendung kommt (Ebermayer A 17).

Hat der Täter sowohl das Z nachgeahmt wie auch die von ihm bezeichnete Ware in Verkehr gesetzt, so ist regelmäßig eine Gesamthandlung, nicht zwei selbständige Handlungen, anzunehmen (RGSt 35, 91; Bl 02, 199).

Wenn der Täter aus einem einheitlichen Entschlusse heraus mehrere Male wissentlich die Tat begeht (Waren widerrechtlich kennzeichnet, oder widerrechtlich gekennzeichnete Waren in den Verkehr setzt oder feilhält), so liegt ein fortgesetztes Vergehen vor. Die Einheitlichkeit (§ 73 StGB) wird dadurch nicht ausgeschlossen, daß es sich teils um einen fremden Namen, teils um ein fremdes WZ handelt (ESt 43, 134). Beruhen die Einzelhandlungen

§ 14 auf selbständigen Entschlüssen, so liegt Realkonkurrenz (§ 74 StGB) vor. Umfaßt die vorsätzliche Nachahmung eine geschützte Ausstattung mit einem in ihr enthaltenen eingetragenen WZ, so liegt Tateinheit von Vergehen nach §§ 14 u. 15 vor, und die Bestrafung hat nach § 14 zu erfolgen (RGSt 48, 149; Bl 14, 146). Ebenso ist Idealkonkurrenz bei § 14 Abs 2 und StGB § 263 möglich (ESt 14, 3; 43, 121).

Vollzieht sich der strafbare Tatbestand auch nur teilweise im Inlande, so ist die Tat nach den inländischen Gesetzen als im Inlande begangen zu bestrafen (s. § 12 A 7). Daher ist eine im Auslande getätigte Beihilfe oder Anstiftung zu der im Inlande begangenen Tat nach inländischem Rechte zu bestrafen (ESt 19, 149; 25, 426). Wer im Inlande Waren mit einem fremden Z versieht, und sie ins Ausland schickt, kann sich nicht darauf berufen, daß ihm dort dasselbe Z geschützt ist (ESt 48, 138). Die im Auslande begangene Tat, die, wenn im Inlande begangen, nach § 14 Abs 2 strafbar wäre, ist in der Regel straflos (§ 4 Abs 1 StGB). Daher auch die im Inlande getätigte Beihilfe oder Anstiftung zu der im Auslande begangenen Haupttat (ESt 14, 128). Ausnahmsweise kann Bestrafung nach Maßgabe von § 4 Abs 2 Nr 3 StGB eintreten (vgl. § 12 A 6). Die vorsätzlich widerrechtliche Anbringung des Z ist keine Urkundenfälschung (ESt 17, 282; 34, 55; 36, 15; MW 24, 18).

Wegen der Behandlung von nachträglich bekanntgewordenen Einzelhandlungen bei rechtskräftiger Aburteilung einer fortgesetzten Straftat s. Ebermayer A 19 Abs 3.

Anm. 28 **Verjährung.** Die Strafverfolgung verjährt in 5 Jahren (§ 67 Abs 2 StGB). Auch wenn das Vergehen durch Verbreitung von gedruckten Ankündigungen u. dgl., die mit dem Z versehen sind, erfolgt, findet § 22 PreßG keine Anwendung (ESt 40, 270; 42, 87; Bl 09, 189).

Bei dem fortgesetzten Vergehen beginnt die Verjährung erst mit dem Abschlusse der Gesamttätigkeit (ESt 10, 205).

Anm. 29 **Aussetzung.** Über die Aussetzung des Strafverfahrens wegen Betreibung des Löschungsverfahrens s. Vorbem 6 zu §§ 8 u. 9.

§ 15

§ 15.

Wer zum Zwecke der Täuschung in Handel und Verkehr Waren oder deren Verpackung oder Umhüllung, oder Ankündigungen, Preislisten, Geschäftsbriefe, Empfehlungen, Rechnungen oder dergleichen mit einer Ausstattung, welche innerhalb beteiligter Verkehrskreise als Kennzeichen gleichartiger Waren eines andern gilt, ohne dessen Genehmigung versieht, oder wer zu dem gleichen Zwecke derartig gekennzeichnete Waren in Verkehr bringt oder feilhält, ist dem Verletzten zur Entschädigung verpflichtet und wird mit Geldstrafe oder mit Gefängnis bis zu drei Monaten bestraft. [Die Strafverfolgung tritt nur auf Antrag ein. Die Zurücknahme des Antrags ist zulässig.]*)

Inhalt.

Anm.		Seite	Anm.		Seite
1.	Materialien und Entw 1913	242	11.	Analoge Anwendung des WZ-Rechts	249
2.	Begriffliches	244	12.	Anerkennung im Verkehr	251
3.	Wesen des Schutzrechts	245	13.	Verlust des Ausstattungsbesitzes	252
4.	Örtliche Beschränkung	246	14.	Aktiv- und Passivlegitimation	253
5.	Neuheit	246	15.	Objektiver Tatbestand	253
6.	Wort als Ausstattung	247	16.	Subjektiver Tatbestand	253
7.	Technische Vorzüge	247	17.	Rechtsschutz bei vollem Tatbestande	253
8.	Ausstattung, Geschmacksmuster und Gebrauchsmuster	247	18.	Unterlassungs- und Feststellungsklage	254
9.	Ausstattung und WZ	248	19.	Verteidigung der Ausstattung gegen WZ-Eintragung	255
10.	Keine unmittelbare Anwendung der §§ 1—14 WZG	249	20.	Nachahmung einer nicht geschützten Ausstattung	256

Anm. 1 **Materialien und Entw 1913.** 1. Aus der Begründung zu § 14 des Entw S. 16, 17: Auf manchen Gebieten des Verkehrs beansprucht neben den zur Unterscheidung von Waren gewählten Z die besondere Art, in welcher der Geschäftsmann seine Ware oder seine Ver-

*) Gestrichen durch § 3a Ges v. 21. 3. 25, RGBl S. 115, betr. Beitritt zum Madrider Abkommen v. 2. 6. 11.

§ 15

packung für die Abnehmer ausstattet, als Bezeichnung der Quelle, aus welcher die Ware stammt, eine erhebliche wirtschaftliche Bedeutung. Zahlreiche Genußmittel, namentlich Tabak, Liköre, Tee, Schokoladen, viele Luxuswaren, namentlich Parfümerien, Mode- und Toilettenartikel, aber auch unentbehrliche Gegenstände des täglichen Verbrauchs, wie Butter Honig, Zwirn, Nadeln, Seifen, Kerzen, Zündhölzer usw. werden den Konsumentenkreisen in einer charakteristischen äußeren Ausstattung dargeboten. Das charakterisierende Merkmal ist meist mit der Ware oder mit den zu ihrer Verpackung oder Umhüllung verwendeten Behältern, Gefäßen, Flaschen usw. in äußere Verbindung gebracht; es kann aber auch in der eigentümlichen Formung der Ware oder der Verpackung bestehen. Die Besonderheit der Ausstattung ist teils durch die Natur der Ware oder der Verpackung bedingt, teils hat sie den Zweck, die Ware zu zieren oder ihr ein im Verkehr auffallend hervortretendes äußeres Ansehen zu gewähren.

Mit der Redlichkeit im Verkehr verträgt es sich nicht, wenn die charakteristische, in den Abnehmerkreisen bekannte und als Ursprungszeichen behandelte Art der äußeren Ausstattung, unter der ein bestimmtes Geschäft seine Waren in den Verkehr zu bringen gewohnt ist, von einem anderen zu dem Zweck benutzt wird, um mittels einer Täuschung des Publikums die Wertschätzung der eigenen Ware zu steigern . . . Hiergegen will der Entwurf einen straf- und zivilrechtlichen Schutz e i n f ü h r e n, der aber nicht in dem Umfange wie für WZ gewährt werden kann. Letztere haben lediglich den Zweck der Unterscheidung von Waren, sie sind unabhängig von Art und Verpackung der Ware; sie werden nur durch die Willkür des Verkäufers bestimmt und können daher bedingungslos als sein Eigentum betrachtet werden. Die Ausstattung hat dagegen auch andere Zwecke, und oft vorwiegend den Zweck, die Ware zu schützen und zu schmücken; Art und Verpackung der Waren, nicht allein die Willkür des Verkäufers, sind für ihre Gestaltung stets mehr oder weniger bestimmend; vielfach werden daher lediglich aus Zweckmäßigkeitsrücksichten verschiedene Verkäufer auf eine ähnliche Ausstattung ihrer Waren verfallen können, und es ist ausgeschlossen, jede Verzierungs-, Aufmachungs- und Verpackungsweise eines Verkäufers ohne weiteres als sein Eigen anzusehen . . . bei den Ausstattungsformen muß zu der Wahl des Verkäufers der offenkundige Wille des kaufenden Publikums, jene Formen als das charakteristische Eigen dieses e i n e n Verkäufers anzusehen, noch hinzutreten, wenn hier ein Rechtsschutz berechtigt erscheinen soll. Nach dem Entwurfe soll daher Schutz nur dasjenige finden, was im redlichen Verkehr als eigentümlicher Hinweis auf eine bestimmte Warenquelle schon zweifellose Anerkennung errungen hat. Erst dann verletzt die Verwertung einer solchen Kennzeichnung zugunsten von Waren, die aus einer anderen Quelle stammen, das Interesse der ehrlichen Produktion, und nicht minder des kaufenden Publikums, selbst wenn sie nicht mit einer nachweisbaren Schädigung des einzelnen Käufers verbunden ist. Von einer Anmeldung oder Eintragung kann der Schutz nicht abhängig sein, da die Auffassung des an der Ware interessierten Publikums über den Eintritt desselben entscheidet . . .

2. Aus dem Kommissionsbericht S. 7: Im § 14 ist gegenüber dem im vorigen Jahre vorgelegten Entwurf eine Änderung vorgenommen, indem die Worte „in den beteiligten Verkehrskreisen" ersetzt wurden durch „innerhalb beteiligter Verkehrskreise", weil es nicht die Absicht ist, den Schutz nur dann zu gewähren, wenn innerhalb a l l e r beteiligten Verkehrskreise die Ausstattung als Kennzeichen bekannt ist. Zu den Ausstattungen oder deren Verpackung im Sinne des § 14 ist alles zu rechnen, was zur Verzierung, Aufmachung, Etikettierung usw. dient.

Die Regierungsvertreter erklärten auf Anfrage, es sei nach dem Entwurfe prinzipiell nicht unzulässig, Etiketten als Marken anzumelden. Dagegen sei z. B. eine eigenartige Verschnürung von Warenballen, die Form einer Flasche u. dgl., also äußere Formen der Verpackung, welche als ein eigentümliches Kennzeichen eines bestimmten Geschäftsbetriebes gelten, wohl nach § 14 geschützt, jedoch nicht als WZ eintragungsfähig. Den Schutz des § 14 sollen aber nicht nur derartige äußere Kennzeichen, sondern auch eintragungsfähige WZ genießen, welche auf der Ware oder der Verpackung als Verzierung oder zur Aufmachung usw. benutzt sind.

3. Entw 1913 § 34 Abs 1: Wer ein nicht eingetragenes WZ, welches innerhalb beteiligter Verkehrskreise als Kennzeichen der Waren eines anderen angesehen wird, oder eine Ausstattung oder sonstige Warenbezeichnung, für welche das gleiche gilt, derart benutzt, daß Verwechslungen der Geschäftsbetriebe im Verkehre hervorgerufen werden können, kann von dem Verletzten auf Unterlassung verklagt werden. Abs 2 gewährt für den Fall der wissentlichen oder fahrlässigen mißbräuchlichen Benutzung einen Anspruch auf Schadensersatz und Beseitigung oder Vernichtung. Abs. 3 betrifft Veröffentlichungsbefugnis der obsiegenden Partei und Verjährung.

Hierzu bemerkt die Begründung: Der (im Verkehr ohne Eintragung anerkannte) Z-Besitzer hat kein Ausschließungsrecht gegen andere, aber diese müssen, wenn sie das Z

§ 15 ihrerseits benutzen, alles vermeiden, was geeignet ist, jenem unlauteren Wettbewerb zu bereiten. Solchen braucht der Z-Besitzer nicht zu dulden. Entsteht die Gefahr, daß durch die Art, wie ein anderer das Z benutzt, sein Geschäft für das des Z-Besitzers gehalten wird, so steht diesem ein Anspruch auf Unterlassung und bei Vorsatz oder Fahrlässigkeit auch auf Schadensersatz zu. Der eingetragene Inhaber des Z geht, wie hierbei festzuhalten ist, dem bloßen Z-Besitzer trotz der Verkehrsanerkennung vor; nur wenn der letztere seinen Besitz bis in die der Anmeldung vorangegangene Zeit zurückführt, kann er sich überhaupt gegenüber den Eingetragenen behaupten. Selbst dann aber ist, wie ein Vergleich mit § 5 zeigt, seine Rechtsstellung gegenüber dem eingetragenen Inhaber eine wesentlich schwächere als gegenüber einem nicht eingetragenen Benutzer. Andererseits ist der Schutz des eingetragenen Z-Inhabers gegen fremde Benutzung nach Voraussetzungen und Umfang erheblich stärker ausgestaltet als der sog. formlose Z-Schutz.

Insbesondere erscheint die Aufnahme von Strafvorschriften über den Eingriff in ein nicht auf Eintragung beruhendes Z-Recht nicht angezeigt . . . Was von nicht eingetragenen Z hiernach gilt, soll aber nach der Absicht des Entwurfs auch solchen Warenbezeichnungen zugute kommen, die überhaupt nicht fähig sind, eingetragen zu werden, mögen sie im weiteren Sinne als Z angesprochen werden können oder nicht. Namentlich der Schutz der Ausstattung, der jetzt im § 15 des Gesetzes geregelt ist, wird auf diese Weise sichergestellt und auf das ihm gebührende Maß zurückgeführt. Sie ist wie Geschäftszeichen u. dgl. nach Maßgabe des § 16 UWG zu behandeln (abgekürzt). Demgemäß kommt nunmehr das erschwerende Merkmal in Fortfall, daß dem Benutzer einer fremden Ausstattung die Absicht, Täuschung in Handel und Verkehr hervorzurufen, nachgewiesen werden muß, und der Unterlassungsanspruch ist auch nicht mehr davon abhängig, daß weitere Störungen des Berechtigten drohen . . .

Anm. 2 **Begriffliches.** Ausstattung ist die eigenartige Form, in der ein Gewerbetreibender eine oder mehrerer Arten der von ihm vertriebenen Waren in regelmäßiger Wiederholung in den Verkehr treten läßt und die dadurch geeignet ist, Kennzeichen seines Betriebs zu werden. Es kann sich um Form, Farbe oder verzierende Zutaten der Ware selbst oder auch um eine eigenartige Verpackung oder Umhüllung, oder um einen eigenartigen Verschluß, Verschnürung u. dgl. handeln (vgl. BA 1. 3. 07, Bl 07, 162): „Ausstattung, Aufmachung einer Ware ist die besondere Gestaltung ihrer Außenseite, ihrer Oberfläche oder Verpackung oder Umhüllung, sozusagen das Gewand, mit dem sie in den Verkehr, zumal den Kleinhandel tritt.“ Auch Ankündigungen, Preislisten, Geschäftsbriefe, Empfehlungen, Rechnungen oder andere in Beziehung zu den vertriebenen Waren stehende Hilfsmittel des Geschäfts sind der eigenartigen Ausstattung fähig. So wurde sog. Dekortafeln für Emaillegeräte, die an die Wiederverkäufer, um Bestellungen durch ihre Kunden darauf zu erhalten, geliefert wurden, der Ausstattungsschutz zuerkannt (RG II 23. 3. 26, MW 25, 265).

Während das Bildzeichen seinem Wesen nach in einer flächenartigen Gestaltung besteht, weil nur so die Eintragung möglich ist, kann die Ausstattung, welche der Eintragung nicht bedarf, auch in plastischen Eigentümlichkeiten der Ware und ihrer Verpackung bestehen (RG II 16. 11. 26 74/26 E 115, 235; vgl. § 1 A 22).

Schutzfähige Ausstattung kann alles sein, was zur Kennzeichnung zu dienen vermag, z. B. die besondere Gestalt der Ware (Kugelform) oder von deren Hülle (eigenartig geformte Flasche), eine besondere Farbe (Farbenzusammenstellung), ein besonderes Muster für Ware oder Verpackung, bildliche Darstellungen, Worte, Buchstaben und Zahlen (vgl. Dunkhase MW 15, 184 A 4). Ein fünfzeiliger Aufdruck in bestimmter Farbe (auf Zigaretten) kann den Ausstattungsschutz genießen (LG Dresden 23. 6. 10, MW 10, 223).

Nach Osterrieth S. 380 kann die Ausstattung bestehen in der Form der Ware, der Umhüllung oder Verpackung oder Aufmachung oder in einzelnen Bestandteilen der letzteren; isolierbaren Bild- und Wortzeichen (als WZ geeignet); charakteristischen Ziermotiven, Leisten, Umrahmungen, Farbwirkungen (diagonal laufender Strich) usw.; Kombinierung einzelner nicht charakteristischer Bestandteile zu einer charakteristischen Zusammenstellung (z. B. Zigarrenpackung). Bei einer in Worten bestehenden Ausstattung kommt auch Klang und Sinn in Betracht. Auch Namen, Firmen und Etablissementsbezeichnungen können zur Ausstattung verwandt werden. Eine natürliche Eigenschaft der Ware (Farbe) kann nicht Ausstattung sein. Bei Namen, Firmen und Etablissementsbezeichnungen konkurriert der Schutz des § 15 mit dem des § 14 sowie des § 12 BGB, § 37 Abs 2 HGB, § 16 UWG. Die Ausstattung braucht nicht von vornherein zur Kennzeichnung bestimmt zu sein; sie kann lediglich aus ästhetischen Gründen angebracht sein und dann durch Eigenart und Gewöhnung des Publikums zum anerkannten Kennzeichen werden.

Die Eigenart braucht nicht darin zu beruhen, daß der betreffende Gewerbebetrieb der erste oder einzige ist, der sich dieser Ausstattung bedient. Sie schließt aber aus, daß diese Ausstattung für Waren der betreffenden Art auch anderweit in dem Maße benutzt wird, daß sie für einen bestimmten Betrieb nicht mehr kennzeichnend sein kann. Denn Voraussetzung des Schutzes ist, daß sie innerhalb beteiligter Verkehrskreise für Waren gewisser Art als Kennzeichen eines bestimmten Betriebs gilt (E 71, 386). **§ 15**

Eine besondere Art der Herstellung der Ware, die ihre äußere Erscheinung beeinflußt, kann nicht Gegenstand der Ausstattung sein (E 71, 387; vgl. A 7).

Auch eine Zeitung kann eine Ausstattung haben, wenngleich der Titel nur nach § 16 UWG geschützt ist (EStr 40, 343; auch Bl 08, 46; MW 7, 141).

Wesen des Schutzrechts. Obwohl § 15 wie ein Strafgesetz oder wie eine zivilrechtliche Vorschrift zur Unterdrückung unerlaubter Handlungen gefaßt ist, muß das Schutzrecht, das sich an die Ausstattung knüpft, doch als ein Privatrecht, und zwar als ein absolutes gegen jedermann wirkendes, ebenso wie das WZ-Recht, aufgefaßt werden. Denn es steht nur einem bestimmten Berechtigten zu, bei dem individuelle Voraussetzungen verwirklicht sind, kann von diesem, jedenfalls bei einer qualifizierten Verletzung, gegen jedermann verfolgt werden und stellt sich im Gegensatz zu rein persönlichen Rechten als ein Verkehrsgut dar, weil es mit dem Geschäft vererblich und übertragbar ist. Insofern es an einen tatsächlichen Zustand geknüpft ist, hat es Ähnlichkeit mit dem Besitze, der ebenfalls als ein Recht im Sinne des § 823 Abs 1 anerkannt ist, und wird daher zutreffend als Ausstattungsbesitz bezeichnet. Dem entspricht, daß es von dem Berechtigten originär durch eine Art von Okkupation erworben wird, wozu allerdings noch die Anerkennung des Verkehrs hinzutreten muß. Anm. 3

Sein Gegenstand ist aber nicht eine körperliche Sache, sondern ein abstraktes Kennzeichnungsmittel, das sich in unbegrenzter Wiederholung konkret herstellen läßt, und sein Wesen besteht darin, daß der Berechtigte alle anderen mindestens von einer qualifizierten Herstellung, ob darüber hinaus, wird später zu erörtern sein, ausschließen kann. Denn es ist anerkannt, daß bei Vorliegen der subjektiven Voraussetzungen auf seiten des Verletzers auch die Untersagungsklage erhoben werden kann. Hiernach handelt es sich wie bei den übrigen gewerblichen Schutzrechten, insbesondere dem WZ-Recht, um ein Immaterialgüterrecht, bestehend in einem Monopole des Berechtigten. Als Monopol wird es auch vom RG in E 71, 386 bezeichnet. Die Auffassung des Ausstattungsbesitzes als eines selbständigen Rechts, aus dem schon bei objektiver Verletzung nach Analogie von § 1004 BGB die Untersagungsklage entspringt, ist im Schrifttum überwiegend vertreten (s. Seligsohn A 3 und die Zitate unten in A 18), wird aber vom RG noch nicht anerkannt. Nach E 47, 101; 73, 255; 85, 34 ist es lediglich ein gegen gewisse Eingriffe geschützter tatsächlicher Zustand. Ein tatsächlicher Zustand wird aber dann zum Rechte, wenn er nur bei einer bestimmten Person berechtigt, bei allen anderen — wenigstens bei Kenntnis der Sachlage — unerlaubt und der Unterdrückung durch den einen Berechtigten ausgesetzt ist (vgl. auch J. Seligsohn MW 22, 130). Der anerkannte Ausstattungsbesitz umschließt die sog. Individualzeichen, welche allgemein als Individualrechte aufgefaßt werden, da ihre Entwicklung zum Freizeichen ausgeschlossen ist (s. z. B. BA 3. 12. 10, MW 12, 185: „Danziger Goldwasser"; auch Bl 11, 150; vgl. Veracius GR 98, 239 und § 4 A 6 u. 8). Im Auslande sind vielfach anerkannte Ausstattungen ebenso geschützt wie eingetragene WZ (vgl. den Art 6b des Unionvertrags in der Haager Fassung von 1925).

Im Urteil v. 4. 6. 20, MW 20, 33 (Serie des Inselverlags) läßt es das RG dahingestellt, ob der Ausstattung eine dem WZ ähnliche Natur eines immateriellen Rechtsgutes beizulegen ist oder ob seine Verletzung zugleich die des eingerichteten Gewerbebetriebes ist und so indirekt zur Gewährung der Negatoria zu gelangen ist (vgl. auch RGRKomm BGB vor § 823 6 III: vorbeugende Unterlassungsklage bei objektiver Verletzung von geschützten Lebensgütern und Interessen). Der zweite Gesichtspunkt muß aber versagen, da niemand ein Recht darauf hat, daß sein Gewerbebetrieb in demselben Zustande erhalten bleibt, in dem er sich gerade befindet, vielmehr jeder Gewerbetreibende sich die erheblichsten Einschränkungen durch erlaubte Handlungen konkurrierender Gewerbetreibender gefallen lassen muß.

Nach der Ansicht des RG ist § 15 in zivilrechtlicher Hinsicht durch § 1 UWG und § 826 BGB überholt (Ebermayer A 1). In E 106, 254 heißt es denn auch: „Hat der eingetragene Z-Inhaber sein Z in bewußter Nachahmung zu Zwecken des Wettbewerbs und der Täuschung des Publikums gewählt, so fällt ein solches Verhalten unter § 826 BGB und § 1 UWG", was natürlich um so mehr von einem nicht eingetragenen gelten müßte (vgl. auch E 77, 432).

Der Unterschied zwischen dem Wesen des Schutzrechts nach § 15 und dem bloßen Schutze gegen unerlaubte Handlungen ist aber unbestreitbar und tritt z. B. klar hervor, wenn man § 15 mit § 16 vergleicht, obwohl auch diese Bestimmung nicht nur dem Schutze des Publikums im allgemeinen gegen Täuschung im Verkehr, sondern zugleich dem Schutze einer ganzen Gattung von Gewerbetreibenden gegen unlauteren Wettbewerb dient. Alle dieser Gattung Zugehörige sind zur Benutzung der betreffenden Herkunftsbezeichnung befugt, während sie für andere unerlaubt ist, allein jene Befugnis beruht nicht auf einem Individualrecht, sondern lediglich auf tatsächlichen Voraussetzungen, die bei jeder beliebigen anderen Person zugleich und in gleicher Weise verwirklicht werden könnten. Für die betreffenden Personen ist die

§ 15 Benutzung nur um deswillen erlaubt, weil die Bezeichnung bei ihnen der Wahrheit entspricht, während sie bei den anderen unwahr und täuschend ist. Von einem auf individuellem Besitze (im weiteren Sinne) beruhenden Rechte, das dem Berechtigten mit dem Geschäfte überallhin folgt und mit ihm vererbt und übertragen werden könnte, ist also keine Rede.

In anderen ähnlichen Fällen ist das RG weniger bedenklich in der Anerkennung eines Individualrechts gewesen. So hat es in E 109, 50 (MW 24, 66) unter Berufung auf E 60, 6; 61, 269 den auf Ausstellungen erlangten Besitz von Auszeichnungen (Medaillen, Diplomen und Preisen) für ein „persönliches Recht" des Inhabers erklärt, dessen Anmaßung durch einen Dritten eine Verletzung dieses Rechts im Sinne des § 823 Abs 1 BGB darstelle und dem Verletzten auch bei bloß objektiv rechtswidrigem Verhalten einen Anspruch auf Untersagung verschaffe. (Für die Zeit nach Klagerhebung ist wegen vorsätzlichen Handelns auf Schadensersatz erkannt worden.)

Gesetz- und Sittenwidrigkeit machen die Ausstattung unzulässig und schutzunfähig (Osterrieth S. 383).

Die Zeit der Entstehung des Schutzes hängt von der Kraft der Kennzeichnung und der Reklame ab. Auch ist eine Unterbrechung des Schutzes möglich (Osterrieth S. 382). Ferner kann eine Individualausstattung Freizeichen und ein Ausstattungswort Gattungsbezeichnung werden (vgl. E 106, 250: „Fritz-Reuter-Malzkaffee)".

Der Ausländer (im Sinne des § 23) genießt den Ausstattungsschutz nur bei festgestellter Gegenseitigkeit (§ 23 Abs 1), soweit nicht die Staatsverträge ein anderes bestimmen und nur solange der Heimatsschutz besteht (E 85, 37).

Die §§ 15, 16 enthalten Bestimmungen gegen unlauteren Wettbewerb, welche nach Art 10b Pariser Konvention allen Verbandsangehörigen zugute kommen (Kohler S. 174; Osterrieth und Axter S. 24, 219; Freund S. 310; RG II 17. 10. 05, JW S. 743 Nr 11).

Bei Ausstattung gibt es auch einen Kollektivschutz oder erweiterten Motivschutz für eine Serie ungleich ausgestatteter Waren, wenn ein einheitlicher Gedanke zugrunde liegt, der sich als Kennzeichen des Betriebs durchgesetzt hat, z. B. Zigarettenpackungen mit den Bildern bekannter Berliner Schauspielerinnen, Likörausstattungen mit Darstellungen aus volkstümlichen Märchen, Ausstattung der Bücher des Inselverlags in verschiedenen Mustern, die von einem einheitlichen Grundzuge beherrscht werden (RG MW 20, 33; vgl. Julius Seligsohn MW 22, 129).

Dieselbe Ausstattung kann mehreren Betrieben für verschiedenartige Waren oder für verschiedene örtliche Bezirke zustehen, selbst wenn dies auf Nachahmung beruht (RGSt 11. 5. 06, Bl 06, 337). Die Nachahmung kann indessen gegen § 1 UWG verstoßen.

Es ist aber auch nicht ausgeschlossen, daß der Ausstattungsschutz mehreren Gewerbetreibenden für dieselbe Ausstattung, die gleichen Waren und dieselben Verkehrskreise zusteht, ebenso wie das bei eingetragenen WZ möglich ist (a. M. E 85, 34ff). Warum sollten nicht zwei Gewerbetreibende verabredetermaßen sich in dieser Weise der gleichen Ausstattung bedienen und dafür die Anerkennung im Verkehr durchgesetzt haben. Es genügt, daß das Publikum der Überzeugung ist, daß die so gekennzeichneten Waren stets den gleichen Ursprung haben, mag es sich dabei auch um einen Doppelbetrieb handeln. (Allfeld II S. 89; vgl. Seligsohn S. 250 oben). In diesem Falle kann die Geltendmachung des Gesamtschadens entweder von beiden Berechtigten als Mitklägern oder von einem von ihnen auf Grund einer Zession des anderen erfolgen. Auf diesem Wege ließe sich auch zu einer Art Verbandsausstattung nach Analogie der §§ 24aff gelangen, wobei die Regel des § 24f durch eine satzungsgemäße Zession der Ansprüche der einzelnen Mitglieder an den Verband zu ersetzen wäre.

Anm. 4 **Örtliche Beschränkung.** Der Ausstattungsschutz ist örtlich beschränkt, wenn er sich nur in einem begrenzten Teile Deutschlands Anerkennung verschafft hat (E 79, 295; RGSt 16. 10. 99, Bl 00, 88: „Der unlautere Wettbewerb, dem entgegengetreten werden soll, ist auch im engeren Kreise möglich"; Allfeld S. 617; Kohler GR II 175).

Innerhalb eines kleineren abgeschlossenen Gebiets (Stadt- oder Landkreis) genügt es aber, wenn er nur bei einem Teil des dortigen in Betracht kommenden Verkehrskreises Anerkennung gefunden hat, weil dann die Möglichkeit der Täuschung durch Nachahmungen allgemein nicht ausgeschlossen erscheint. Nur wenn die Ausstattung als Ursprungszeugnis in dem betreffenden Bezirke unbekannt geblieben ist, versagt der Schutz (RGSt 9. 7. 14, Bl 16, 84; MW 14, 225).

Die Beschränkung braucht nicht scharf abgegrenzt zu sein. So kann der Schutz bestehen für eine Fabrik, die Halbfabrikate an wenige Abnehmer liefert (Osterrieth S. 380). Dieselbe Ausstattung kann mehreren je für einen örtlichen Bezirk für die gleichen Waren zustehen (s. A 3).

Anm. 5 **Neuheit.** Neuheit ist nicht Voraussetzung. Auch eine längst bekannte Darstellung (Fritz-

Reuter-Bild in Mecklenburg) kann kennzeichnend für einen bestimmten Betrieb sein. Nur darf sie nicht für gleiche oder gleichartige Waren im allgemeinen Gebrauch oder im Gebrauch mehrerer stehen (E 106, 253, Bl 23, 156). **§ 15**

Auch für die betreffende Ware braucht die Ausstattung nicht neu, d. h. eine erstmalig gewählte zu sein, es kommt nur darauf an, daß sie sich als Kennzeichen des Betriebs durchgesetzt hat (RG II 20. 2. 17, MW 16, 245).

Wort als Ausstattung. Die ältere Rechtsprechung des RG nahm an, daß ein Wortzeichen keinen Ausstattungsschutz begründe (E 38, 167; RG II 14. 5. 09, Bl 09, 319; MW 9, 89). Doch ist dann mehrfach § 1 UWG angewandt worden (s. auch RG II 11. 12. 08, Bl 09, 190; MW 8, 154: Reichardts Armee-Kakao). **Anm. 6**

Dieser im Schrifttum bekämpfte Standpunkt (s. Osterrieth S. 289; Kloeppel GR 10, 331; Seligsohn S. 34 und S. 246; a. A. Allfeld II 87) ist denn auch vom RG aufgegeben worden.

In ESt 39, 410 a. E. werden die Worte (Henry Clay Habana" und „Bock y Ca. Habana" als Ausstattung behandelt.

RG II 18. 12. 25 ([Universal] MW 25, 200; GR 26, 284) erkennt ausdrücklich an, daß auch eine wörtliche Bezeichnung „falls sie eigenartig ausgestaltet ist, z. B. schlagwortartigen Charakter hat", Ausstattungsschutz erwerben kann, und daß der Erwerb des Schutzes nicht davon abhängt, ob die betreffende Kennzeichnung auch gemäß § 4 Nr 1 eingetragen werden durfte.

RG II 5. 11. 26, MW 26, 175 nimmt an, daß ein Wort auch dann für eine Ware Ausstattungsschutz erhalten kann, wenn es nicht auf der Ware selbst angebracht, sondern in Ankündigungen u. dgl. zur Bezeichnung benutzt wird (Bärenstiefel).

In ESt 35, 180 werden die Worte „Oberfensteröffner Frische Luft" als Ausstattung auf Ankündigungen, Preislisten und Geschäftsbriefen behandelt (s. ferner ESt 43, 258: Hamburg Explosives; RGSt 29. 1. 15, MW 15, 21; RG II 15. 2. 18 und 16. 3. 20, Bl 18, 53; MW 17, 214 und MW 19, 203). (Klägerin hat das Wort „Bona" lange Zeit für eine bestimmte Sorte Kakao benutzt und daraufhin mit Erfolg auf Löschung und Unterlassung der Benutzung des eingetragenen Gegenzeichens „Tengelmanns Bona" geklagt.) Vgl. den zuungunsten der Klägerin entschiedenen Fall Bona — Mona (MW 14, 303 und MW 12, 654).

Die als Kennzeichen eines Betriebs anerkannten sog. Schlagworte (Kennworte) für Waren, von denen bei Rosenthal (§ 1 Art 56) und Nietzold (GR 25, 6) die Rede ist, sind nichts anderes als Wortausstattungen (vgl. auch RG II 19. 12. 12, MW 13, 25: Natura-Milch).

Technische Vorzüge. Beim Ausstattungsschutz kommen Vorzüge technischer oder funktioneller Art, die den Gebrauchszweck der Ware fördern sollen, nicht in Betracht. Sind sie als solche durch Patent oder Gebrauchsmuster geschützt, so werden sie mit Ablauf dieses Schutzes frei, sonst sind sie es von vornherein. Den Ausstattungsschutz begründen nur ästhetische Zutaten zur Ware (E 40, 67; RG II 11. 3. 10, Bl 11, 18; E 69, 31: Sternseide; 100, 250: Gasmessergehäuse). Daher ist schon in der Entscheidung des RG (54, 173, Bl 03, 286 und 69, 31, Bl 08, 277) der Schutz der „Sternseide" des Klägers Gütermann beschränkt worden auf 1. die Art der Bewickelung, 2. die Größe der inneren Kreisfläche und 3. die Etikette des Sterns, und es ist sogar zweifelhaft, ob das RG hier nicht in der Erstreckung des Schutzes auf die „Art der Bewickelung" schon zu weit geht. Denn diese hat, besonders wenn sie durch eine Maschine erfolgt, auch ihre technische Bedeutung und kann insoweit, wenn sie vorteilhaft ist, der Konkurrenz nicht dauernd entzogen werden (vgl. Benjamin GR 26, 565). Denn eine besondere Art der Herstellung der Ware, die ihre äußere Erscheinung beeinflußt (maschinelle Politur) gewährt als solche nicht der Ausstattungschutz, sondern kann nur durch Patent oder Gebrauchsmuster (in dem Produkt des Verfahrens) geschützt sein. Ist sie auf diese Weise nicht geschützt, so muß die Anwendung jedermann freistehen (E 71, 387; Bl 10, 149; MW 9, 141). **Anm. 7**

Wenn auch technische Vorzüge an sich den Ausstattungsschutz nicht begründen können, so kann doch in der Nachahmung der besonderen (technisch nicht notwendigen) Ausgestaltung derselben eine Verletzung des Ausstattungsbesitzes gefunden werden (RG IV StS 17. 11. 14, MW 14, 393; s. auch Cahn GR 27, 31). Das gleiche gilt von einer sklavischen, sich nicht auf die funktionellen Teile beschränkenden Nachahmung einer Maschine (Sächs OLG 8. 5. 24, MW 24, 45: Alfa- und Hema-Separator).

Ausstattung, Geschmacksmuster und Gebrauchsmuster. Über das Verhältnis dieser drei Schutzrechte zueinander heißt es in E 100, 250 (Gasmessergehäuse): Auch wenn mit der technischen Ausgestaltung ein ästhetischer Zweck verfolgt wurde, genießt sie den Ausstattungsschutz an sich nicht, sondern nur soweit, wie die ästhetische Ausgestaltung über den technischen Zweck hinausgeht. Soweit dies nicht der Fall ist und ein Patent- oder Gebrauchsmusterschutz nicht besteht, ist sie frei. Dagegen schließen Ausstattungs- und Geschmacksmusterschutz sich keineswegs aus, vielmehr ist mit der Ausstattung regelmäßig ein ästhetischer Zweck **Anm. 8.**

§ 15 verbunden. Auf die Absicht bei der Formgebung kommt nichts an, erheblich ist nur, ob ein technischer Zweck objektiv erreicht wird.

Daher ist ein Muster, das einen notwendigen Bestandteil der Ware bildet (z. B. als Rückseite einer Spielkarte) zwar nicht des WZ-Schutzes fähig, weil das Z eine selbständige Zutat zur Ware sein muß (E 64, 98), wohl aber würde sie als Ausstattung schutzfähig sein. Denn auch eine besondere Ausgestaltung der Ware selbst und ihrer technisch notwendigen Bestandteile kann den Ausstattungsschutz begründen (E 40, 67: Shannon-Registrator; RGSt 3. 5. 09, MW 8, 300: eigentümliche Form der Zigarre; E 54, 173 und 69, 34: Sternseide).

Für den Gegenstand eines Gebrauchsmusters kann nach Ablauf dieses Schutzrechts nicht weiterer Schutz unter dem Gesichtspunkt der Ausstattung begehrt werden, soweit nicht in der besonderen Ausgestaltung ein rein ästhetischer Überschuß gegeben ist. Dagegen kann sehr wohl ein WZ oder ein Geschmacksmuster, das begrifflich nicht (wie das Gebrauchsmuster) im Gegensatze zur Ausstattung steht, sondern wie dieses ästhetischen Inhalts ist, nach Erlöschen jener Schutzrechte, wenn die gesetzlichen Voraussetzungen gegeben sind, Ausstattungsschutz (oder Z-Schutz) genießen (E 112, 352: Sternseide; MW 25, 196, Bl 26, 187; RG II 16. 11. 26; E 115, 235; JW 27, 102[8]; MW 26, 172). Gebrauchsmuster und Ausstattungsschutz schließen sich gegenseitig aus (E 112, 354; Bl 26, 187; GR 26, 224; RG II 1. 10. 26, GR 26, 593 und MW 26, 76); s. hierüber auch Herm. Isay GR 26, 449, der zutreffend darlegt, daß der Ausstattungsschutz nicht möglich ist, soweit die betreffende Ausstattung die notwendige Folge einer bestimmungsgemäßen Verwendung einer gemeinfreien Maschine sei. Bedenklich ist jedoch seine Annahme, dies gelte auch, wenn diese Maschine mit geringen Abweichungen benutzt werde. Denn wenn gerade hierdurch eine rein ästhetische Wirkung erzielt wird, kann sehr wohl eine schutzfähige Ausstattung entstehen (s. auch Cahn GR 27, 31, der sich nicht ohne Grund gegen die Entscheidung RG II 1. 10. 26, GR 26, 593 wendet, weil sie nicht genügend berücksichtige, daß die in Frage stehende Ausstattung [Fläschchen in Form einer Schnecke] zugleich eine von den technischen Zwecken unabhängige eigentümliche Form benutze).

Wirth (GewR 26, 502) möchte das Verhältnis der drei „Funktionsbegriffe" Gebrauchsmuster, Geschmacksmuster und Ausstattung dahin festlegen, daß das Gebrauchsmuster den Vorrang vor den beiden anderen, das Geschmacksmuster den Vorrang vor der Ausstattung hat. Jedes des Gebrauchsmusterschutzes fähige Gebilde soll danach die anderen beiden Rechte ausschließen, jedes des Geschmacksmusterschutzes fähiges den Ausstattungsschutz. Die Behandlung des RG dürfte dem praktischen Bedürfnisse mehr entsprechen. Danach schließt ein gebrauchsmusterschutzfähiges Gebilde die anderen beiden Schutzrechte aus, und es kann auch das eingetragene Gebrauchsmuster nach Ablauf des Schutzes nicht als Ausstattung aufrechterhalten werden. Dies gilt auch von technisch vorteilhaften Gebilden, die (etwa mangels der Neuheit) des Gebrauchsmusterschutzes nicht fähig sind. Dagegen kann ein Geschmacksmuster sehr wohl auch unter dem Gesichtspunkte der Ausstattung geschützt sein und letzteren Schutz nach Ablauf des Geschmacksmusterschutzes fortgenießen, wenn die weitere Voraussetzung der Anerkennung als Herkunftsbezeichnung im Verkehr hinzukommt. Es besteht kein wesentliches Interesse, einem bloßen Geschmacksmuster, das sich diese Kennzeichnungskraft erworben hat, den dauernden Ausstattungsschutz zu versagen, da sich das ästhetische Interesse durch langen Gebrauch abzunutzen pflegt. Vor allem aber läßt sich eine Grenze zwischen einem des Geschmacksmusterschutzes fähigen Gebilde und einer gefälligen Ausstattung nicht wohl ziehen.

Anm. 9 **Ausstattung und Warenzeichen.** Der Begriff der schutzfähigen Ausstattung ist inhaltlich ein weiterer wie der des eingetragenen WZ (KommBer A 1 Nr 2; RGSt II 5. 1. 09, Bl 09, 170; vgl. BA 1. 3. 07, Bl 07, 162). Es gibt kein der Eintragung fähiges WZ, welches nicht auch des Ausstattungsschutzes fähig wäre (Seligsohn § 1 A 10; RGSt 14, 63: Etikette als WZ). Aber nicht alle Bedingungen der Eintragungsfähigkeit gelten für die Schutzfähigkeit der Ausstattung, vielmehr hängt diese nur davon ab, daß begrifflich eine Ausstattung vorliegt (was auch auf das eintragungsfähige WZ zutrifft) und daß die Anerkennung im Verkehr erzielt ist. Weitere gesetzliche Vorschriften bestehen nicht, wie beim eingetragenen WZ nach §§ 1 bis 9 (vgl. RGSt 38, 439). Aber begrifflich und aus allgemeinen Rechtsgründen treffen gewisse Bedingungen des Rechtsschutzes auf beide zu, besonders die Bedingung der Unterscheidungskraft und des Einklangs mit der öffentlichen Ordnung (§ 4 Nr 2 u. 3 WZG). Näheres hierüber A 10 u. 11.

Ein eintragungsfähiges WZ, welches sich die Anerkennung im Verkehr erworben hat, genießt somit als Individualzeichen den Schutz des § 15 und verliert ihn mit der Entwicklung zum Freizeichen (vgl. § 4 A 6 bis 8).

Aber nicht jede Ausstattung kann WZ sein. Dies ist insbesondere dann ausgeschlossen, wenn erstere in der Auffassung des Publikums sich lediglich als ein Bestandteil der Ware oder ihrer Umhüllung darstellt (BA 15. u. 18. 6. 14, Bl 14 Nr 231; vgl. § 1 A 22).

Bestandteile einer Ausstattung können eingetragene WZ oder auch Freizeichen bilden (RGSt 13. 6. 11, MW 11, 143). **§ 15**

Wird das Bild einer Ausstattung als WZ eingetragen, so entsteht kein WZ-Schutz für die Ausstattung, sondern nur für das eingetragene Bild (RGSt 34, 278; Bl 01, 251: Benedictiner-Ausstattung).

Wenn zwei Ausstattungen WZ enthalten, so können sie als Ausstattungen verwechselbar sein, obschon die Verwechselbarkeit der WZ zu verneinen ist (RG II. StS 5. 1. 09, Bl 09, 170).

Die Sicherheit des Schutzes ist beim WZ erheblich größer wie beim Ausstattungsbesitz, weil er dort durch die Eintragung scharf abgegrenzt ist, während hier das unsichere Moment der Anerkennung im Verkehr entscheidet, dessen Feststellung besonders bei Mehrheit der in Betracht kommenden Waren oft schwierig ist. Da WZ und Ausstattung gegenständlich häufig zusammenfallen, so können sie miteinander kollidieren. Kohler (S. 175) will hier lediglich die Priorität entscheiden lassen. Nach der älteren Rechtsprechung des RG muß dagegen die Ausstattung stets dem eingetragenen Z weichen. Die neuere Rechtsprechung (s. E 106, 250; Bl 23, 156; MW 22, 136) gibt zwar auch grundsätzlich dem WZ den Vorzug, aber unter Berücksichtigung der Regeln des Wettbewerbsrechts. Danach überwindet ein gutgläubig erworbenes WZ auch den älteren Ausstattungsbesitz, hat ihm aber bei Schlechtgläubigkeit des Erwerbers zu weichen (vgl. ESt 49, 242). Näheres über den Konflikt in A 19 unten und § 9 A 24.

Die Verletzung der fremden Ausstattung wird dadurch nicht ausgeschlossen, daß der Nachahmung das eigene WZ eingefügt wird (ESt 29, 159).

Keine unmittelbare Anwendung der §§ 1 bis 14 WZG. Die §§ 1 bis 14 beziehen sich an sich nur auf das eingetragene WZ (abgesehen von § 14, der auch Namen und Firma behandelt). Sie sind daher auf den Ausstattungsschutz nicht unmittelbar anwendbar (ESt 34, 28; 38, 439). Besonders gilt dies von den Eintragungshindernissen nach § 4 Abs 1 Eingang und Nr 1 u. 2. Bei Freizeichen kann der Mangel nicht abstrakt, sondern nur nach der Auffassung der beteiligten Verkehrskreise festgestellt werden (Osterrieth S. 381). **Anm. 10**

Die Ausschließungsgründe des § 4 Abs 1 Nr 1 gelten für Ausstattungen nicht, entsprechend der neueren Praxis, daß Z, die sich im Verkehr allgemeine Anerkennung erworben haben, trotz eines solchen Hindernisses eingetragen werden können (s. § 4 A 21).

Auch eine Zusammenstellung von Buchstaben oder Zahlen kann Ausstattung sein (RGSt 38, 435; Bl 06, 335: O. J. O.).

Auch Worte, die als Beschaffenheitsangabe nicht eintragbar wären, können Gegenstand des Ausstattungsbesitzes sein (vgl. den von Abel GR 26, 22 mitgeteilten österreichischen Fall „Primeros"; RG II 18. 12. 25: „Universal", MW 25, 200; RG II 14. 1. 13, MW 12, 348: „Non plus ultra"; RGSt 1. 12. 10, Bl 11, 13, MW 10, 164: „Blitzblank" und „Überzugspolitur"). Hier erfolgte Verurteilung nach § 4 UWG, doch wurde zugleich der objektive Tatbestand des § 15 WZG angenommen; ESt 35, 180: „Oberfensteröffner Frische Luft". Ebenso kann eine Herkunftsbezeichnung Ausstattung sein (ESt 43, 258: „Hamburg Explosives").

Ferner ist die Benutzung ausländischer Wappen in Ausstattungen nicht ohne weiteres geeignet, ihnen den Schutz des § 15 zu entziehen (ESt 34, 29 [32]). Doch wird z. B. einer trügerischen Ausstattung (§ 4 Abs 1 Nr 3, § 16) — aus Gründen des Wettbewerbsrechts — der Schutz zu versagen sein (vgl. RGSt 34, 31).

Ebenso RG II 5. 11. 26 (MW 26, 175): „Berliner Bär".

Analoge Anwendung des WZ-Rechts. Soweit es dem Zwecke des Gesetzes entspricht, ist die analoge Anwendung der für das WZ geltenden Grundsätze auf die Ausstattung geboten. **Anm. 11**

§ 1.

Da es sich um Kennzeichnung der Ware eines bestimmten Betriebes handelt, ist Unterscheidungskraft erforderlich. Diese kann aber auch darauf beruhen, daß sich die Bezeichnung als Kennzeichen der Herkunft aus einem bestimmten Betriebe im Verkehr durchgesetzt hat (RG II 3. 11. 25, 567/24: „Lavendel-Orangen" für Kölnisches Wasser, MW 25, 149; JW 26, 565 Nr 10: Bemerkung von Edwin Katz).

In dem Falle „Gillette" konnte der Klägerin ein besonderer Ausstattungsschutz für ihre Kästchen für Rasierapparate (abgesehen von ihrem WZ) nicht zuerkannt werden, da sie sich von den sonst üblichen nur dadurch unterscheiden, daß sie das Innere des Deckels zur Anbringung des WZ benutzt und hierin ein besonderes Kennzeichen des Fabrikats der Klägerin nicht zu erblicken war (RG II 9. 10. 23, MW 23, 184). Ebenso wurde in der Kriegszeit einer Kalenderausstattung, welche lediglich in der Bezeichnung „Kriegskalender", der Anbringung der deutschen Farben und dem Bilde des Deutschen Kaisers bestand, weil diese Ausstattungs-

§ 15 bestandteile an sich damals sehr nahelagen und vielfach im Gebrauch waren, mangels eines individuellen Gepräges der Ausstattungsschutz versagt (OLG Dresden 5. 1. 16, Bl 16, 181; MW 15, 390; s. auch RG 15. 12. 15, MW 16, 45).

Die Ausstattung kann ebenso wie das eingetragene Z die Herstellungs- oder die Vertriebsstätte kennzeichnen.

Die Grundsätze über die territorialen Grenzen des Z-Schutzes gelten auch für den Ausstattungsschutz (RGSt 48, 143; Bl 14, 240; MW 14, 186; s. auch A 12).

Die Ausstattung setzt, wie das WZ, eine Ware voraus. Daher ist die Ausstattung von Büchern, Zeitungen und Zeitschriften nach § 15 schutzfähig (ESt 40, 343; Bl 08, 46; MW 7, 141), nicht aber eine solche, die sich lediglich auf unkörperliche Leistungen bezieht, z. B. die Aufmachung der Schriften eines Anwalts, eines Auskunfts- oder Baubureaus. Hier kann nur Schutz nach UWG oder allgemeinen Bestimmungen in Frage kommen. Das gleiche gilt von Betrieben, die auf Arbeitsleistungen gerichtet sind, z. B. Transportunternehmungen oder auf gemischte Betriebe, wie Gasthöfe u. dgl., bei denen die Lieferung von Waren nur im inneren Betriebe erfolgt. Daher fällt die Nachahmung der Ausstattung eines Hotelwagens oder eines sonstigen Personentransportmittels nicht unter § 15. Hier, sowie beim Druckschriftentitel, greift jedoch der Schutz des § 16 UWG ein.

§ 7.

Auch der Ausstattungsschutz ist an einen bestimmten Geschäftsbetrieb gebunden und geht unter, wenn der letztere aufgegeben oder die Ausstattung ohne denselben auf einen anderen übertragen wird (E 85, 30). Denkbar ist jedoch, daß bei Überlassung der Ausstattung ohne Geschäft durch Gewöhnung des Publikums an den Betrieb des Erwerbers für diesen ein neuer Ausstattungsbesitz entsteht (E 85, 36 unten).

Bei Übertragung eines Teils eines Gesamtbetriebes (Nebengeschäft) geht der mit diesem verbundene Ausstattungsbesitz keineswegs ohne weiteres auf den Erwerber über, sondern verbleibt dem bisherigen Inhaber des Gesamtbetriebes (RGSt 43, 170; MW 10, 93; Bl 10, 204).

Es besteht kein genügender Grund, mit E 85, 34ff die Möglichkeit einer obligatorischen Lizenz an der Ausstattung zu verneinen. Die Begründung dafür (S. 36) würde auch auf das WZ zutreffen (s. Salinger MW 14, 384 und Zitate; Rosenthal GR 19, 108; vgl. auch RGSt 1. 5. 05, Bl 05, 251 und RGSt 9. 6. 14, MW 14, 337). Für die Zulässigkeit der Lizenz spricht schon das Wort „Genehmigung" in § 15.

Es konnte in E 85, 30 nur in Frage kommen, ob die ausländische Klägerin ihren Ausstattungsbesitz in Deutschland etwa dadurch verloren hatte, daß sie nach Erteilung der ausschließlichen Lizenz selbst keine Waren mehr in Deutschland herstellte und vertrieb, sondern das deutsche Geschäft nach ihrem Rezepte und unter ihrer Kontrolle der Lizenznehmerin überließ. Aber auch diese Frage wird von Salinger a. a. O. zutreffend verneint. Der Ausstattungsbesitz der Klägerin bestand in Deutschland weiter, solange er in Deutschland anerkannt war und Klägerin nicht etwa überhaupt ihren Geschäftsbetrieb (auch in Frankreich) aufgegeben hatte. Der tatsächliche Zustand und das damit verbundene Recht konnte sehr wohl durch den Vertrieb der mit ihrem Namen und ihrer Ausstattung versehenen Waren seitens ihrer Lizenznehmerin aufrechterhalten werden, ebenso wie ein deutscher Gewerbetreibender seinen Ausstattungsbesitz dadurch aufrechterhalten kann, daß er ihn einem anderen für einen Teil Deutschlands zur ausschließlichen Benutzung überläßt.

§§ 12 u. 13.

Auch diese Bestimmungen finden entsprechende Anwendung.

Der anerkannte Ausstattungsbesitz gewährt, wie das eingetragene WZ, ein Monopol auf die Benutzung, d. h. ein Recht, andere von der Benutzung auszuschließen; ein Monopol, das bei Veräußerung der ausgestatteten Ware hinsichtlich der Herstellung bestehenbleibt, hinsichtlich der Weiterverbreitung aber untergeht (vgl. § 12 A 22).

Gleichheit oder Gleichartigkeit der Ware ist Voraussetzung, und es sind bei Feststellung des letzteren Begriffes die konkreten Umstände, besonders die Gefahr der Täuschung des Publikums, zu berücksichtigen.

Der Umfang des Schutzes hinsichtlich des Versehens von Waren usw. mit der Ausstattung entspricht dem § 12; das Feilhalten, das in § 12 im „Inverkehrbringen" eingeschlossen ist, wird hier, wie in § 14, besonders erwähnt. Die Art der Benutzung braucht nicht dieselbe zu sein; die Anbringung auf den Waren kann z. B. gegen die geschützte Verwendung in Inseraten (Geschäftsankündigungen) verstoßen und umgekehrt. Entscheidend ist stets die Täuschungsgefahr. Die Art und Weise des Gebrauchs und der Anbringung wird aber mehr ins Gewicht fallen wie beim WZ (Osterrieth S. 385).

Auch die Ausstattung darf nicht ohne Genehmigung des Berechtigten für dessen eigene

Waren benutzt werden. Zwischen zwei konkurrierenden Ausstattungen entscheidet die Priorität. § 15
Doch ist es möglich, daß eine gutgläubig eingeführte jüngere Ausstattung eine ältere für einen gewissen Bezirk oder überhaupt in der Anerkennung des Publikums verdrängt und die Herrschaft erlangt (vgl. Osterrieth S. 387).

§ 20.

§ 20 WZG findet auf den Ausstattungsschutz Anwendung (RGSt 16. 12. 95, Bl 96, 175). Es ist daher auch die Verwechslungsgefahr zu berücksichtigen, welche durch die besondere Art der Benutzung, z. B. Ausschenken aus einer Flasche, wobei ein Teil der Ausstattung verdeckt bleibt, erfolgen kann (RG II 5. 7. 04, GR 05, 61: „Bénédictine").

Auf Abweichungen in Einzelheiten kommt es nicht an; entscheidend ist, wie beim WZ, das Gesamtbild. Es genügt, daß die Verwechslungsgefahr bei einem Teil der Abnehmer besteht, sie kann z. B. bei dem Großabnehmer (Wiederverkäufer) ausgeschlossen sein (RG II 23. 3. 26: „Dekortafeln", MW 25, 265; E 106, 255).

Auch beim Ausstattungsschutz kann es sich um eine Kombination von stärkeren und schwächeren Bestandteilen handeln, von denen die letzteren für den Eindruck des Gesamtbildes weniger ins Gewicht fallen (RG II 10. 10. 24, MW 24, 41: Klosterliköre; vielfach üblich: Name eines Heiligen; „nach alten Rezepten"; Darstellung von Heiligen, Mönchen, Klöstern, Wappen u. dgl.).

Die Hinzufügung der eigenen oder die Weglassung der fremden Firma schließt eine rechtswidrige Benutzung der der letzteren geschützten Ausstattung nicht aus (ESt 48, 144). Ebensowenig wird eine Zuwiderhandlung gegen § 15 dadurch ausgeschlossen, daß in der vom Verletzer benutzten Ausstattung ein für ihn eingetragenes Z enthalten ist (RGSt III 2. 11. 11, GR 12, 71: „Burg Giebichenstein").

Dem Ausstattungsbesitz gegenüber ist ebensowenig, wie beim eingetragenen WZ, eine exceptio ex iure tertii dahin zulässig, daß die klägerische Ausstattung für einen Dritten als WZ eingetragen oder mit einem solchen WZ verwechslungsfähig sei, denn dies schließt die Anerkennung im Verkehr nicht aus (a. M. Levy MW 13, 479).

Anerkennung im Verkehr. Die wichtigste Bedingung des Ausstattungsbesitzes, welche Anm. 12
die für das WZ erforderliche Eintragung zu ersetzen hat, ist die, daß die Ausstattung „innerhalb beteiligter Verkehrskreise als Kennzeichen gleichartiger Waren eines anderen gilt" (s. hierüber Dunkhase MW 15, 183). Das Publikum braucht nicht den Namen, die Firma oder den Niederlassungsort des Inhabers zu kennen. Es genügt, daß sich das Publikum oder maßgebende Teile desselben beim Anblick der mit der Ausstattung versehenen Ware bewußt ist, daß sie ein und derselben Herkunft entstammt (ESt 43, 259; 38, 439; 32, 152; RG II 23. 3. 26, MW 25, 265; vgl. Dunkhase MW 15 S. 184 u. 188). Diese Auffassung des Publikums muß aber auch eine im wesentlichen zutreffende sein und bleiben, d. h. es dürfen sich nicht dauernd Waren derselben Art mit gleicher Ausstattung, die aus einem anderen Betriebe stammen, im Verkehr befinden. Läßt der Ausstattungsbesitzer dies geschehen, so geht sein Ausstattungsbesitz und damit sein Ausschließungsrecht verloren, auch wenn das Publikum der irrigen Meinung sein sollte, daß es sich um seine Ausstattung handle (ESt 31, 29). Auch gibt es ohne tatsächliche Benutzung des Berechtigten keinen Ausstattungsbesitz, selbst wenn das Publikum die Ausstattung fälschlich einem bestimmten Betriebe zuschreibt (ESt 29, 249; Bl 97, 108). Es kann dann unlauterer Wettbewerb, aber nicht eine unerlaubte Handlung nach § 15 vorliegen. Die tatsächliche Anerkennung entscheidet (E 106, 252). Eine darauf gerichtete Absicht des Inhabers ist also nicht Bedingung. In der Regel wird zur Gewöhnung des Publikums eine länger dauernde Benutzung erforderlich sein (RG 106, 250). Doch ist dies kein notwendiges Erfordernis und es kann durch Reklame, große Verbreitung u. dgl. vielfach ersetzt werden (E 77, 432; RGSt 1. 12. 02, Bl 05, 270). Ohne Gewöhnung des Publikums entsteht der Schutz des § 15 noch nicht, doch kann in der Aneignung einer erst eingeführten Ausstattung (rechtswidrige Entnahme) ein unlauterer Wettbewerb gefunden werden (Osterrieth S. 381). Allgemeiner Gebrauch und gutgläubiger Gebrauch mehrerer in denselben Verkehrskreisen und für dieselben Waren schließt die Anerkennung aus. Letztere gilt nur für diejenigen Waren, für die sie sich durchgesetzt hat, ein allgemeines Recht auf eine bestimmte Form der Ausstattung gibt es nicht, vorbehaltlich der Unterdrückung unlauteren Wettbewerbs (vgl. A 3).

Entscheidend ist die Auffassung des Publikums, gleichgültig wie sie zustande gekommen ist (E 77, 432). Nicht notwendig ist es, daß die Ausstattung besonders eigenartig und neu ist, wennschon dies die Erlangung der Kennzeichnungskraft zu beschleunigen vermag (E 106, 253; 77, 432; RG II 4. 6. 20, MW 20, 33).

Die Anerkennung braucht nicht für die, d. h. sämtliche bei der Ware beteiligten Verkehrskreise zu bestehen, sie kann sich z. B. auf die Wiederverkäufer beschränken. Sie kann auch territorial beschränkt sein und für Exportware nur in bestimmten Auslandskreisen bestehen.

§ 15 Somit können mehrere Ausstattungsrechte für dieselben Waren nebeneinander bestehen s. A 1 Nr 2).

Maßgebend ist die Kenntnis der Abnehmer und besonders die der Konsumenten; die Konkurrenten kommen nicht in Betracht (RG II 18. 4. 13, MW 13, 23; J. Seligsohn MW 25, 224; E 106, 253; RG II 22. 2. 27 227/22; 260/26).

Beteiligter Verkehrskreis im Sinne des § 15 können auch die unmittelbaren Abnehmer des Verletzten sein (RGSt 32, 150; Bl 03, 14).

Die Anerkennung bestimmt den räumlichen und zeitlichen Umfang des Schutzes und seine Begrenzung auf bestimmte Waren (Osterrieth S. 376).

Da es auf eine bestimmte Kenntnis der Person des Berechtigten im Verkehr nicht ankommt, so kann der Ausstattungsbesitz eines Fabrikanten auch dadurch verletzt werden, daß sein **Abnehmer**, der die Ware dauernd mit der geschützten Ausstattung vertreibt, und daher als Ausstattungsbesitzer angesehen wird, Waren eines anderen Fabrikanten mit derselben Ausstattung vertreibt (vgl. dem von Dunkhase MW 15, 187 erörterten Rechtsfall, der von RG MW 14, 334 abweichend beurteilt ist).

Hat ein Gewerbetreibender auf einem Spezialgebiete (Pfefferminzpastillenpackung) eine bestimmte Ausstattung allein benutzt und als Kennzeichen seines Betriebs zur Anerkennung gebracht, so wird der Ausstattungsbesitz dadurch nicht ausgeschlossen, daß diese Ausstattung auf einem verwandten Gebiere (Schokoladenpackung) Gemeingut war (RG II 6. 3. 25, MW 24, 173).

Ungleichmäßigkeit der Ausstattung hindert die Anerkennung der Kennzeichnung im Verkehr nicht, wenn sie einen genügend einheitlichen Charakter besitzt, um sich als Z der Herkunft aus einem bestimmten Betriebe durchzusetzen. Auch kann sich die Ausstattung trotz vereinzelter früherer Benutzung durch längeren und gleichmäßigen Gebrauch sowie geeignete Reklame doch als Kennzeichen eines bestimmten Betriebs durchsetzen (RG II 4. 6. 20, MW 20, 33 und GR 20, 67: Inselverlag).

Hat eine inländische Ausstattung im **Auslande** die Anerkennung im Verkehr gefunden, so wird der Ausstattungsbesitz verletzt, wenn ein anderer **vom Inlande aus** Ware mit derselben Ausstattung in das betreffende Auslandsgebiet sendet. Hat die Ausstattung aber nur im Inlande Anerkennung gefunden, so verstößt die Verwendung für Waren, die ins Ausland vertrieben werden, nicht gegen § 15, weil dann eine Täuschung im Verkehr ausgeschlossen ist (RG II 23. 2. 15, MW 14, 334). Eine objektive Verletzung (vgl. A 18) wäre aber gegeben.

Anm. 13 **Verlust des Ausstattungsbesitzes.** Im allgemeinen finden auf die Endigung des Ausstattungsschutzes durch Verlust der Anerkennung im Verkehr die Grundsätze Anwendung, welche für die Entwicklung des Individualzeichens zum Freizeichen (s. § 4 A 8) maßgebend sind (vgl. BA 1. 3. 07, Bl 07, 163). Solange daher der Berechtigte seinen Ausstattungsbesitz verteidigt und Verletzungen entgegentritt, ist eine ausnahmsweise anderweite Benutzung nicht beachtlich; ebensowenig kann eine mißbräuchliche (mala fide) Benutzung den Schutz beeinträchtigen (RGSt 38, 444 oben; E 79 S. 295 u. 296).

Solange die Ausstattung Anerkennung als Individualrecht im Verkehr genießt, dauert ihr Rechtsschutz fort, denn er ist nicht wie der des WZ an eine bestimmte Zeit oder Erneuerungshandlung gebunden.

Der Ausstattungsbesitz geht also dadurch verloren, daß der Berechtigte geraume Zeit hindurch die Benutzung durch konkurrierende Gewerbetreibende duldet, mag auch diese Mitbenutzung zunächst eine mißbräuchliche gewesen zu sein. Es genügt, daß durch die Mitbenutzung die Ausstattung nicht mehr überwiegend als Kennzeichen des Betriebes des ursprünglich Berechtigten angesehen wird, mag auch ein unerheblicher Teil des Publikums noch an dieser Auffassung festhalten (E 79, 292; Bl 12, 294; MW 12, 185: „Danziger Goldwasser"; vgl. dazu die in tatsächlicher Würdigung abweichende Entscheidung der BA des PA v. 3. 12. 10, Bl 11, 150; MW 12, 198; RG II 23. 3. 26, MW 25, 265: Dekortafeln).

Der Ausstattungsbesitz geht ferner verloren, wenn der Berechtigte den Betrieb aufgibt oder die Ausstattung dauernd nicht mehr benutzt. Doch kann bezüglich der älteren Waren eine Aufgabe der Benutzung noch nicht darin gefunden werden, daß die Ausstattung für die jüngeren Waren durch eine andere ersetzt wird.

Wird die Ausstattung allgemein als Kennzeichen einer bestimmten Warensorte (z. B. von Likör) benutzt, so geht der Schutz verloren. Der Berechtigte kann dies aber verhindern, wenn er seinen Besitz mit allen ihm zu Gebote stehenden gesetzlichen Mitteln verteidigt. Dann ist die Benutzung durch einzelne andere Gewerbetreibende, in deren Ausstattung das Publikum nur die des Berechtigten erblickt, eine mißbräuchliche, die den Besitz nicht aufhebt (RG II 28. 6. 98, Bl 98, 220: „Benediktiner"; vgl. OLG Hamburg 24. 6. 99, Bl 00, 286; s. auch RG II 31. 1. 11, MW 10, 284: Ausstattung der französischen Tabakregie).

Die bloße Tatsache der Nachahmung durch andere genügt nicht, um den Verlust für erwiesen zu erachten. Denn sie kann auf Mißbrauch beruhen, indem das Publikum aus der

Nachahmung auf den Betrieb des Berechtigten schließt, oder sie kann, wenn dieser sie duldet, § 15
sich in anderen örtlichen oder sachlichen Verkehrskreisen abspielen, die für seinen Besitz nicht in Betracht kommen (RGSt 11. 5. 06, Bl 06, 337).

War der Ausstattungsbesitz bei Erhebung der Klage durch den Berechtigten gegeben, so kommt die spätere Benutzung durch den Beklagten oder andere, die rechtskräftig zur Unterlassung verurteilt sind, nicht in Betracht (RG II 8. 2. 24, MW 23, 186; GR 24, 46; RG II 24. 1. 19, MW 18, 136: Inhalatoren mit Doppelkugel).

Aktiv- und Passivlegitimation. Es gilt das gleiche wie bei § 14 (s. dort A 20 u. 21). Anm. 14
Verletzter ist auch hier der Inhaber der Ausstattung, nicht etwa der getäuschte Käufer.

Ebenso wie bei § 14 haben auch bei § 15 die Strafsenate den sog. Monopolisten als den Verletzten behandelt (RGSt 1. 5. 05, Bl 05, 251). Es gilt hier das zu § 14 A 20 Gesagte.

Objektiver Tatbestand. Wie in § 14 sind auch hier das Versehen und das Inverkehr- Anm. 15
setzen oder Feilhalten für sich genügend, um bei dem erforderlichen Bewußtsein und der erforderlichen Absicht Schadensersatzpflicht und Strafbarkeit zu begründen.

Auch der Begriff der Widerrechtlichkeit ist derselbe wie nach § 14.

Die Zuwiderhandlung gegen § 15 wird dadurch nicht ausgeschlossen, daß die mit der Ausstattung des Verletzten verwechselbare Ausstattung ein dem Täter geschütztes WZ enthält (ESt 29, 159).

Der Ausstattungsbesitz kann auch dadurch verletzt werden, daß die Ausstattung verändert wird, um darüber zu täuschen, daß die Ware in diesem Zustande von der verletzten Firma in den Verkehr gebracht sei (Heeresgläser der Firma Zeiß. Veränderung der für die Zweckbestimmung benutzten Kennzeichnung, um vorzutäuschen, daß es sich um Originalzivilgläser handle; RGSt III 14. 2. 24, MW 24, 17).

Subjektiver Tatbestand. Die Absicht muß auf Täuschung gerichtet sein, insoweit genügt Anm. 16
also nicht dolus eventualis (vgl. ESt 24, 256). Im übrigen muß sich der Täter aller Tatbestandsmerkmale bewußt gewesen sein, also dessen, daß die Ausstattung als Kennzeichen gleichartiger Waren eines anderen im Verkehr anerkannt ist und daß er widerrechtlich handelt. In der Regel wird das Bewußtsein der Nachahmung ausreichen, um den ganzen Tatbestand mit Eventualdolus festzustellen (E 77, 433; 106, 256; ESt 57, 283; Rosenthal § 1 Note 28).

Besonders genügt eine „sklavische Nachahmung", um den Dolus zu begründen (RG II 23. 3. 26, MW 25, 265).

Mit dem vollen Tatbestande des § 15 ist ohne weiteres auch ein Verstoß gegen § 1 UWG und § 826 BGB gegeben (RG II 23. 3. 26, MW 25, 265).

Die Täuschungsabsicht braucht sich nicht auf die Beschaffenheit der Ware zu beziehen, sie muß sich auf die Herkunft der Ware aus einem bestimmten Geschäftsbetriebe beziehen (RGSt IV 19. 1. 12, MW 11, 382).

Wegen Irrtum gilt dasselbe wie bei § 14 (s. dort A 13 u. 24).

Mittäterschaft ist auch durch intellektuelle oder vorbereitende Unterstützung des den Tatbestand verwirklichenden Täters bei vorhandenem Täterwillen denkbar (ESt 57, 284).

Nicht erforderlich ist, daß die Täuschung erreicht ist (ESt 42, 141). Die beabsichtigte Täuschung muß sich auf den geschäftlichen Verkehr beziehen, ausgeschlossen ist Täuschung im häuslichen oder freundschaftlichen Verkehr, etwa bei Schenkungen. Der zu Täuschende braucht aber nicht der unmittelbare Abnehmer zu sein (E 106, 255); häufig ist dieser unterrichtet und die Täuschung auf die Konsumenten berechnet. Absicht der Vermögensbeschädigung ist nicht erforderlich.

Rechtsschutz bei vollem Tatbestande. Bezüglich Schadensersatz und Bestrafung sind die Anm. 17
Rechtsfolgen (wie nach § 14) im WZG abschließend geregelt. Es gelten also die in § 15 bestimmten Voraussetzungen. § 823 Abs 1 BGB findet keine Anwendung. Daher genügt zum Schadensersatzanspruch bloßes Verschulden nicht. Ebensowenig ist ein Bereicherungsanspruch bei objektiver Verletzung nach § 812 BGB gegeben. Die Grundsätze über Patent- und Gebrauchsmusterrecht finden (wie nach § 14) entsprechende Anwendung. Zivilrechtlich entspringt daher aus dem vollen Tatbestande des § 15 nicht nur ein Anspruch auf Schadensersatz, sondern auch auf Unterlassung und Rechnungslegung (s. § 14 A 17, 18 u. 19). Wegen der Unterlassungsklage s. unten A 18.

Der volle Tatbestand erfüllt zugleich die Voraussetzungen des § 1 UWG und des § 826 BGB (E 77, 432 und 106, 254).

Der Ausstattungsbesitz behauptet sich auch gegenüber dem eingetragenen WZ, wenn dieses unter Verstoß gegen § 826 BGB oder § 1 UWG durch Aneignung einer zur Eintragung als WZ geeigneten Ausstattung erworben ist. Der daraus entspringende Schadensersatzanspruch kann zur gänzlichen oder teilweisen Löschung des WZ führen (vgl. § 9 A 24).

Ausländer sind nur nach § 23 Abs 1 u. 3 geschützt. Dagegen besteht kein Vertreterzwang nach § 23 Abs 2.

§ 15 Ist der volle Tatbestand des § 15 verwirklicht, so hat der Verletzte nicht nur Anspruch auf Schadensersatz, sondern es tritt zugleich Bestrafung ein, und zwar Geldstrafe von 3 bis 10000 RM oder Gefängnis bis zu 3 Monaten. Die Voraussetzungen sind also die gleichen. Grobe Fahrlässigkeit löst nicht, wie bei § 14, die Schadensersatzpflicht aus. Ebenso genügt weder für Schadensersatzpflicht noch für Bestrafung die Wissentlichkeit, wie nach § 14, sondern es ist die Absicht der Täuschung in Handel und Verkehr erforderlich. Die bewußte Nachahmung einer fremden Ausstattung genügt also an sich selbst dann nicht, wenn sich der Täter zugleich bewußt war, daß dieselbe Kennzeichen des fremden Betriebes war. Wegen des Beweises s. jedoch A 16.

Da das Vergehen nach § 15 schon durch das Versehen oder Feilhalten vollendet wird, so kommt es für diese Begehungsformen nicht darauf an, ob die dabei vorhandene Täuschungsabsicht nachher aufgegeben ist und z. B. die Kunden bei der Veräußerung über die Sachlage aufgeklärt werden (ESt 42, 141).

Wegen fortgesetztem Vergehen und Idealkonkurrenz s. § 14 A 27.

Anm. 18 **Unterlassungs- und Feststellungsklage.** Die vom RG bisher noch versagte Unterlassungsklage bei nur objektiver Verletzung des Ausstattungsbesitzes rechtfertigt sich schon aus dem Gesichtspunkte, daß es sich nach § 15 um ein, wenn auch dem Wortlaute nach nur unter gewissen subjektiven Voraussetzungen auf seiten des Gegners, geschütztes Rechtsgut handelt (vgl. § 14 A 17).

Denn die neuere Praxis des RG hat überall sonst im Anschluß an E 60, 6 und 61, 369 den Grundsatz befolgt, daß, sobald ein Rechtsgut gegen unerlaubte Handlungen geschützt ist, mag dieser Schutz einen Vorsatz, grobe oder leichte Fahrlässigkeit voraussetzen, ihm auch ein Schutz gegen objektiv rechtswidrige Verletzung in Gestalt der Unterlassungsklage zuzubilligen ist. Gewisse Ausnahmen von diesem Grundsatze, die besonders in der Rechtsprechung des VI. ZS des RG aufgestellt sind, kommen hier nicht in Betracht (dagegen jetzt auch RG II 15. 2. 27, 317/26 E. . . .). Die Notwendigkeit eines solchen Schutzes leuchtet gerade im gegenwärtigen Falle zwingend ein, weil der Bestand des Rechtsgutes abhängig davon ist, daß Zuwiderhandlungen und Verletzungen entgegengetreten wird, denn sobald solche im gewissen Umfange erfolgen, fehlt es ja an der allgemeinen Anerkennung im Verkehr, welche seine Voraussetzung bildet (E 79, 292). Der Berechtigte muß also ein Mittel haben, diese Anerkennung aufrechtzuerhalten und sich im berechtigten Besitze zu behaupten, und dazu ist die Schadensersatzklage aus § 15 nicht geeignet, weil sie gutgläubigen Verletzungen gegenüber versagt. Das Gericht kann die Klage abweisen, indem es den Bestand des Ausstattungsbesitzes völlig dahingestellt läßt und nur verneint, daß der Beklagte auf Täuschung ausgegangen ist oder daß er sich der allgemeinen Anerkennung der klägerischen Kennzeichnung bewußt gewesen sei. So kann der Beklagte dann in der Verletzung fortfahren und andere können ihm gutgläubig folgen, wodurch die vielleicht völlig unanfechtbare Rechtsposition des Klägers zerstört wird. Der Ausstattungsbesitz ist aber auch als ein mit dem Geschäft verbundenes Immaterialgüterrecht anzuerkennen, das nach Analogie von § 1004 BGB negatorisch zu schützen ist (s. A 3). Die ältere Rechtsprechung des RG kann nicht mehr maßgebend sein, da auf Grund der nachherigen Gesetzgebung über unlauteren Wettbewerb dem WZ-Recht eine ganz andere Bedeutung wie früher zukommt. Ist der Ausstattungsbesitz imstande, ein später angemeldetes und eingetragenes WZ zu überwinden und zu zerstören (E 106, 250), so muß er auch imstande sein, sich gegen seine eigene Zerstörung durch objektiv rechtswidrige Eingriffe zu wehren. Fast die ganze neuere Literatur steht auf demselben Standpunkte (s. Ephraim MW 5, 55; Salinger MW 12, 23 und GR 13, 342; Rosenthal GR 19, 107 und Komm § 1 N 74 mit Zitaten; J. Seligsohn MW 22, 130; Nietzold GR 25, 8ff; Allfeld II S. 90; Freund S. 209; Osterrieth S. 384; Kohler S. 175; Finger MW 18, 90; 6, 168; Komm S. 426 A 13; Seligsohn N 3, besonders a. E., und N 4 S. 253 unten; Busse S. 201 unten, A 4; Kent S. 445f; Schmid S. 99; Rhenius S. 144; Dernburg BR I S. 349 Nr 23; Gierke DPrR I S. 746 u. 106; OLG Hamburg GR 98, 151. Abweichend Pinzger S. 302 A 8; früher auch Allfeld Komm S. 625 unter d und unter Berufung auf beide Ebermayer A 8. Dagegen auch das RG, das auch für die Unterlassungsklage den vollen Tatbestand des § 15 fordert (RG II 11. 10. 01, JW 01, 808 Nr 20; E 47, 101; 73, 255; 85, 34; RG II 8. 10. 10, Bl 11, 129). Wegen der Rechtsprechung des RG vor 1908 s. die Übersicht bei Finger MW 6, 168.

In E 100, 3 (S. 8) gewährt aber das RG dem Beklagten für seine anerkannte „Herkunftsbezeichnung" Antiformin Feststellungswiderklage auf Nichtberechtigung des Klägers zur Benutzung und Eintragung als WZ aus § 1 UWG, § 826 BGB. Dies kommt der Gewährung einer Unterlassungsklage wegen objektiver Verletzung aus § 15 WZG gleich, denn es handelt sich um eine Wortausstattung.

In dem Urteil v. 4. 6. 20, MW 20, 33 (Inselverlag; Gruchot 64, 731) heißt es: „Es kann dahingestellt bleiben, ob der Ausstattung eine dem WZ ähnliche Natur eines immateriellen

Rechtsgutes beizulegen ist, dessen Verletzung unmittelbar einen Unterlassungsanspruch aus § 1004 BGB auslöst, oder ob sie ein Unterscheidungsmittel ist, das zwar selbst nicht mit negatorischem Rechtsschutz bekleidet ist, aber, da sie eine bestimmte Erwerbstätigkeit kennzeichnen soll, den dieser gewährten Rechtsschutz genießt, wenn mit ihrer Nachahmung eine Verletzung dieser Erwerbstätigkeit eintritt. Dies aber ist stets der Fall, da die Nachahmung einer fremden Ausstattung zugleich einen unlauteren Wettbewerb darstellt, gegen den die Unterlassungsklage nach § 1 und § 13 UWG gegeben ist." Später ist hinzugefügt: „Für den Negatorienanspruch des § 1 UWG genügt die Tatsache, daß objektiv eine Nachahmung und eine Verwechslungsgefahr vorliegt." Die zweite Alternative dieser Begründung entbehrt der genügenden Schlüssigkeit oder Klarheit. Eine bewußte Nachahmung der fremden Ausstattung wird nicht einmal festgestellt, vielmehr läßt der Schlußsatz darauf schließen, daß sie nicht für erforderlich erachtet wird. Die unbewußte Nachahmung einer fremden Ausstattung kann aber keinenfalls einen Verstoß gegen die guten Sitten im Sinne des § 1 UWG begründen. Selbst die bewußte Nachahmung genügt dafür an sich noch nicht, denn an sich steht es jedem Gewerbetreibenden frei, ihm zweckmäßig erscheinende Wettbewerbshandlungen eines anderen auch in seinem Betriebe einzuführen, auch dann, wenn sie die Ausstattung der gehandelten Ware betreffen (s. A 20). **§ 15**

Die Gewährung der Negatoria bei „objektiver Nachahmung" einer fremden Ausstattung, die sich als Kennzeichen des fremden Betriebes im Verkehr durchgesetzt hat, läßt sich daher nur mit der prinzipalen Begründung rechtfertigen, daß man in dieser Ausstattung ein immaterielles Rechtsgut erblickt, das unmittelbar nach Analogie von § 1004 BGB geschützt ist.

Das OLG Hamburg schließt sich in dem Urteil v. 9. 11. 25, HGZ 26 Nr 7 (Füllfederhalter Montblanc) der Ansicht an, daß die objektive Verletzung des Ausstattungsbesitzes als eines geschützten Rechtsgutes die Unterlassungsklage begründet.

Ebenso OLG Dresden 31. 12. 25, ein Urteil, das aber vom RG II 7. 12. 26, GR 27/191, unter Festhaltung der alten Ansicht aufgehoben ist. (Die Begründung des letzteren Urteils ist zum Teil bedenklich und wenig überzeugend.)

Auch der Entw 1913 § 34 (S. 49) gewährt dem im Verkehr anerkannten Besitzer eines nicht eingetragenen WZ oder einer Ausstattung die Untersagungsklage gegen andere, die durch ihre Benutzung Verwechslungsgefahr hervorrufen (s. A 1 Nr 3).

Das englische Recht gewährt in diesen Fällen, wo durch Nachahmung einer fremden Ausstattung Täuschungsgefahr verursacht wird, die action for passing off. (To pass off goods as those of an other person). Sebastian Trade marks 271ff; Eyck MW 11, 340; Imhülsen GR 10, 379.

Für die Gewährung des Unterlassungsanspruchs bei einer objektiven Verletzung spricht auch die Analogie des § 16 Abs 3 Satz 1 UWG (Rosenthal § 1 Note 74). Denn was ist eine anerkannte Warenausstattung anderes als ein Geschäftsabzeichen im Sinne dieser Bestimmung? Die unmittelbare Anwendung ist allerdings durch die positive Vorschrift des § 16 Abs 3 Satz 2 untersagt (vgl. hierzu § 13 A 4).

Die Durchführung des negatorischen Ausstattungsschutzes wird allerdings infolge des oft überhaupt und besonders dem Umfange nach schwer feststellbaren Erfordernisses der Anerkennung im Verkehr unter Umständen schwierig sein. Da diese Anerkennung nicht selten lokal begrenzt ist, so können auch sehr wohl mehrere gleiche geschützte Ausstattungen in Deutschland nebeneinander bestehen. Wäre z. B. die in E 106, 250 behandelte Fritz Reuter-Ausstattung (wie wohl zu vermuten) nur in Mecklenburg für den Kläger zur Anerkennung gelangt, so würde er die ohne Täuschungsabsicht oder ohne unlautere Absicht erfolgende Benutzung in einem anderen Lande nicht verbieten können, und es könnte dort dafür von einem anderen Ausstattungsschutz erworben werden.

Unter den Voraussetzungen des § 256 ZPO kann der Ausstattungsbesitz auch mittels Feststellungsklage geltend gemacht werden. Ebenso findet eine solche gegen die Anmaßung des Ausstattungsbesitzes statt (Österrieth S. 387).

Verteidigung der Ausstattung gegen WZ-Eintragung. Zweifelhaft ist die Frage inwieweit mit der Unterlassungs- oder Löschungsklage auf Grund des Ausstattungsbesitzes der Anmeldung, Eintragung und Benutzung eines WZ entgegengetreten werden kann (vgl. hierüber auch § 9 A 24). **Anm. 19**

Die ältere Rechtsprechung des RG gewährte auch bei Schlechtgläubigkeit des Anmelders dem eingetragenen WZ den Vorzug vor dem Ausstattungsbesitz (s. z. B. E 44, 13, Bl 99, 152; RG II 2. 3. 00, Bl 00, 216; GR 01, 301 und RG I 22. 1. 98, Bl 99, 19: Spaten- und Staatenbier; RG II 10. 4. 00, Bl 00, 292: Benedictiner; Löschung nur aus § 9 Nr 3; vgl. auch ESt 34, 275 und § 12^1 A 3).

Unter dem Einfluß der Rechtsentwicklung auf dem Gebiete des Wettbewerbsrechts ist jetzt aber allgemein anerkannt, daß ein eingetragenes WZ dann einem bei der Anmeldung bestehenden Ausstattungsbesitz weichen muß, wenn die Anmeldung gegen § 15 selbst (in

§ 15 seinem vollen Tatbestande) oder gegen § 1 UWG (§ 826 BGB) verstößt (s. § 9 A 24). Im Schrifttum wird zum Teil eine noch weitergehende Ansicht vertreten. Kohler (S. 175) läßt im Konflikt zwischen WZ und Ausstattung lediglich die Priorität entscheiden. Ihm folgen Salinger (GR 13, 343) und Rosenthal (N 79). Diese Ansicht dürfte aber dem geltenden Rechte nicht entsprechen. Schon die entgegengesetzte Fassung des § 12 einerseits, des § 15 andererseits läßt klar erkennen, daß es sich nicht um gleichgeordnete Rechte handelt, sondern daß das WZ-Recht ein stärkeres Recht ist. Diese Auffassung ergibt sich auch aus der Begründung des Entwurfs zu § 15 (s. A 1 unter 1). Vor allem aber erkennt der Entwurf 1913 (s. A 1 unter 3) ausdrücklich an, daß ceteris paribus dem Z, das die Prüfung bestanden hat, eine Überlegenheit vor dem nicht eingetragenen, jedoch im Verkehr anerkannten, gebührt. So ist auch der § 34 Abs 1 des Entwurfs zu verstehen; vgl. Begründung Bl 13, 67; Kloeppel MW 13 S. 54 u. 55 und Quade ib. S. 477 (weiter wollen gehen Kloeppel, Grundlagen des Markenschutzes S. 28ff; Mittelstädt GR 13, 231, Salinger ib. S. 342 und Finger MW 12, 624). Nach § 5 des Entwurfs soll nur das Ausschließungsrecht des WZ-Inhabers zugunsten des Ausstattungsbesitzers dadurch beschränkt werden, daß diesem unter gewissen Bedingungen ein Fortbenutzungsrecht gewährt wird (das sich aus dem geltenden Rechte nicht herleiten läßt, vgl. Magnus MW 13 Beil. nach S. 168 S. 7ff; Paul Schmid MW 13, 183ff; Kirchberger ib. S. 259ff).

Auch rechtspolitisch ist es richtig, das wohlerworbene eingetragene Z vor dem nicht eingetragenen zu begünstigen (vgl. Gülland und Queck MW 13 S. 528 u. 534).

Man wird daher bei dem durch die neuere Rechtsprechung gewonnenen Standpunkte stehenbleiben müssen mit der Maßgabe, daß der Ausstattungsbesitzer auf Löschung klagen kann, wenn der Z-Inhaber bei der Anmeldung von dem Ausstattungsbesitze Kenntnis hatte, denn dann wird unbedenklich in der Aneignung der betreffenden Bezeichnung ein Handeln gegen die guten Sitten im Sinne des § 1 UWG zu erblicken sein; Kenntnis und Schlechtgläubigkeit werden anzunehmen sein, wenn eine im Verkehr befindliche Ausstattung bewußt nachgeahmt und so zur Rolle angemeldet wird (vgl. A 16). Dieser Standpunkt wird auch in dem Urteile des RG II v. 15. 2. 27 340/26 (z. Abdr. in RGZ vorgesehen) vertreten, welches, wenn 1. dem Anmelder des Z bei der Anmeldung die ältere Ausstattung des Gegners bekannt war und wenn 2. letztere zu dieser Zeit bereits Anerkennung im Verkehr gefunden hatte, dem Ausstattungsbesitzer den Schutz des § 1 UWG und des § 826 BGB zuerkennt, anderenfalls aber dem eingetragenen Z wegen seiner Priorität den Vorzug gibt.

Der bevorstehenden Anmeldung seiner Ausstattung als WZ durch einen anderen kann der Berechtigte ohne weiteres mit der Unterlassungsklage entgegentreten und den anderen dadurch zugleich in schlechten Glauben versetzen. Dies auch dann, wenn sein Ausstattungsbesitz lokal begrenzt ist.

Ist das WZ aber gutgläubig angemeldet und führt diese Anmeldung demnächst zur Eintragung, so erlischt die Untersagungsklage des Ausstattungsbesitzers nicht nur gegenüber dem Z-Inhaber, sondern auch Dritten gegenüber, und er selbst ist der Untersagungsklage des Z-Inhabers ausgesetzt (RG II 10. 2. 99, GR 02, 199).

Denn gegenüber der Tatsache der Eintragung und der daraus entspringenden Untersagungsklage des Z-Inhabers stellt sich die Fortbenutzung der Ausstattung als rechtswidrig dar und entbehrt zugleich der Anerkennung im Verkehr. Nach der gutgläubigen Anmeldung hat auch der bisherige Ausstattungsbesitzer keine Möglichkeit mehr, die Eintragung auf Grund seines Vorbenutzungsrechts zu verhindern. Von dem schlechtgläubigen Anmelder kann er Zurücknahme der Anmeldung und nach der Eintragung Einwilligung in die Löschung verlangen, aber auch Unterlassung der Benutzung (s. § 12 A 3; Rosenthal § 1 N 67 u. 79).

Nach Art 6b des Unionsvertrags in der Fassung der Haager Beschlüsse auf der Konferenz v. 8. 10. bis 6. 11. 25 (s. Klauer MW 25, 63; Finger S. 609; Pinzger S. 401ff) verpflichten sich die Vertragsstaaten, solche Marken, die, ohne eingetragen zu sein, notorisch Kennzeichen des Angehörigen eines anderen Staates sind, von der Eintragung auszuschließen. Auch ist die Löschung der im Widerspruch hiermit eingetragenen Z mit Antragsfrist von drei Jahren vorgesehen, welche Frist entfällt, wenn die Eintragung im bösen Glauben verlangt ist. Die Vereinbarung tritt nach Art 18 spätestens am 1. 5. 28 in Kraft. Sie macht einen Akt der deutschen Gesetzgebung erforderlich (s. Klauer JW 26, 680).

Anm. 20 **Nachahmung einer nicht geschützten Ausstattung.** In letzter Zeit ist die Frage, ob und unter welchen Voraussetzungen die Nachahmung einer nicht geschützten Ausstattung gegen die guten Sitten verstößt und daher Ansprüche aus § 1 UWG und § 826 BGB begründen kann, lebhaft erörtert worden.

Grundsätzlich ist mit Dunkhase MW 20, 83 davon auszugehen, daß ein jeder Gewerbetreibender befugt ist, dasjenige, was er auf ehrliche Weise kennenlernt, für sein Gewerbe nutzbar zu machen, sofern er dadurch kein fremdes Recht verletzt (RG II 28. 10. 24, MW 24, 88[2]).

So hat RG II 30. 10. 17, MW 17, 155 es mit Recht zugelassen, daß ein deutscher Tabakhändler die Art der Anbringung eines kennzeichnenden Papierringes seitens der österreichischen Tabaksregie auf Virginiazigarren nachahmte, wobei er die österreichischen Farben durch die deutschen und die österreichische Aufschrift durch eine sachgemäße andere ersetzte. Ebenso das KG 3. 1. 17 bei Nachahmung einer nicht geschützten Zigarrenpackung. MW 16, 198; GR 1917, 192 mit kritischer Bemerkung von Osterrieth. Ebenso RG II 24. 4. 14, MW 15, 20: Füllfederhalter; RG II 12. 6. 14, MW 14, 183: Palmin — Cocoline; Anlehnung an eine ältere Ausstattung für Buttterersatzmittel bei genügender Unterscheidung. Ebenso E 79, 415; RG II 3. 2. 11, Bl 12, 337; MW 11, 533 [10, 312]: Nachbildung der Form der Sunlight-Seife bei genügender [?] sonstiger Unterscheidung. Allerdings wird die Grenze dann überschritten, wenn die Nachahmung in der Weise und in dem Bewußtsein erfolgt, daß dadurch Verwechslungen hervorgerufen werden können, und dies wird nicht nur dann anzunehmen sein, wenn der Nachahmer in dem Bewußtsein handelte, daß die Ausstattung Kennzeichen eines fremden Betriebs sei, sondern auch, wenn die Nachahmung eine sklavische, auf Vermeidung besonderer Kennzeichnung gerichtete ist (RG II 20. 21. 7, MW 15, 245; OLG 6. 6. 13, MW 12, 577; KG 8. 11. 16, MW 16, 202; Rosenthal MW 19, 91). **§ 15**

Die Nachahmung einer fremden Ausstattung in der Absicht, Verwechslungen herbeizuführen, verstößt stets gegen die guten Sitten und fällt unter § 1 UWG (RG II 16. 6. 14, GR 1916, 184; E 77, 433; RG II 3. 11. 25: Lavendel Orangen; MW 25, 149). Sie fällt unter den weiteren Begriff des sittenwidrigen Z-Raubs, der die Unterlassungs- und evtl. die Löschungsklage (s. § 9 A 24) begründen kann und in gewissen Grenzen das in Deutschland nicht anerkannte Recht der bloßen Vorbenutzung ersetzt (vgl. Wertheimer GR 1916, 83).

Es verstößt gegen die guten Sitten, wenn jemand unmittelbar die mit Kosten verbundene Reklame eines anderen für sich ausnutzt (RG II 29. 1. 18, MW 17, 136; Ankündigung eines Theaterunternehmers, daß die von einem Konkurrenten ausgegebenen Vorzugskarten auch in seinem Theater eine Preisermäßigung genießen sollten). Oder wenn er den Ruf eines fremden Namens für die eigene Ware ausnutzt (E 86, 123: Garlock-Ersatz) und dazu Lobe MW 16, 129; ebenso KG 9. 1. 24, MW 24, 68: Benutzung von Warenbezeichnungen eines fremden Katalogs bei Angebot eigener Waren; RG II 31. 3. 16, MW 16, 157: Ankündigung eines Fabrikanten, daß sein Fabrikat die genaue Nachahmung der Ware eines anderen darstelle; E 101, 2: Nachahmung nicht geschützter Möbelmuster unter Ausnutzung der Kosten und der Arbeit, die ein anderer darauf verwandt hat; OLG Hamm 28. 4. 14, MW 15, 239: Abbildung von Konkurrenzfabrikaten in Katalogen; vgl. Rosenthal GR 1919, 109.

Ob aber die sklavische Nachahmung eines fremden Erzeugnisses (insbesondere Maschinen) schon unter dem Gesichtspunkt gegen die guten Sitten verstößt, daß der Wettbewerber sich auf diese Weise, ohne daß es der Gebrauchszweck des Gegenstandes erfordert, die Verwertung fremder Arbeit und Erfahrung zunutze macht (so KG 3. 12. 24, GR 25, 40), ist mindestens zweifelhaft. Vor allem ist dabei nicht außer acht zu lassen, daß eine geschützte Erfindung nach Ablauf der Schutzfrist Gemeineigentum wird und von jedermann nachgeahmt werden darf und daß ein Erfindungsschutz für die sonstigen Zutaten der Ausführung überhaupt nicht bestanden hat. Soweit eine Täuschung des Publikums über die Herkunft ausgeschlossen wird, wird man daher nicht verlangen können, daß derjenige, der sich einer fremden freigewordenen Erfindung bemächtigt, besondere Mühe und Kosten aufwendet, um sie in einer eigenartigen Form auszuführen (s. Benjamin GR 25 S. 36ff u. 111ff: „Schutz vor dem Erfinder" und Osterrieth ebenda S. 131ff, der die interessante Frage anregt, ob nicht unter Umständen ein Verstoß gegen die guten Sitten aus urheberrechtlichen Gesichtspunkten angenommen werden könne; s. auch Kahn GR 25, 333).

RG I nimmt in E 111, 254 (MW 25, 34) unter Berufung auf RG II 4. 6. 20 (Inselverlag; s. oben A 18) an, daß schon die bloße Nachahmung eines fremden Erzeugnisses bei objektiv vorhandener Verwechslungsgefahr, ohne Bewußtsein der Verursachung von Täuschung im Verkehr, unter § 1 UWG falle (Käthe Kruse-Puppen), wobei dahingestellt bleibe, ob nicht zugunsten der Verletzten ein Musterschutz bestand (ähnlich RG I 30. 10. 26, E 115, 180; MW 26, 199). Dies dürfte zu weit gehen. Ohne die Grundlage eines subjektiven Rechts kann die einfache Nachahmung fremder für den Wettbewerb vorteilhafter besonders technischer Eigenheiten nicht als ein Verstoß gegen die guten Sitten angesehen werden. Ein solcher Grundsatz wäre ein unerträglicher Hemmschuh für den allgemeinen Fortschritt. Gegen die Annahme des RG spricht auch die Erwägung, daß der Klägerin auf diese Weise ein zeitlich unbegrenzter Schutz zuteil wird, während sie bei Bestehen eines Musterrechts nur für einen begrenzten Zeitraum geschützt wäre (vgl. hierzu die Ausführungen von Benjamin GR 25, 268 auf einem ähnlichen Gebiete). Es ist nicht ausgeschlossen, daß das RG hier in Wahrheit einen Ausstattungsschutz hat gewähren wollen, wofür auch der Hinweis auf die „Verwechslungsgefahr" zu sprechen scheint (s. hierzu J. Seligsohn GR 26, 240; Goldbaum GR 26, 299ff; Allfeld JW 26, 564 zu Nr 9; 27, 110[13a]).

§ 15 Eine Abgrenzung der erlaubten und der gegen die guten Sitten des Wettbewerbs verstoßenden Nachahmung unternimmt E 73, 294 (297) betreffend Nachbildung von Künstlergrammophonplatten: „Nur wird allerdings in der bloßen Nachahmung ... ein Verstoß gegen die guten Sitten regelmäßig nicht zu finden sein ..." (anders aber im vorliegenden Falle) „... die Beklagten haben sich nicht etwa das Verfahren der Klägerin zur Herstellung der Platten angeeignet und auf Grund dieses Verfahrens Platten hergestellt; sie benutzen vielmehr die fertige Arbeitsleistung der Klägerin, um dieser eine gefährlichen Konkurrenz zu machen. Diese Arbeitsleistung ist, wie ihnen bekannt, das Ergebnis erheblicher Mühen und Kosten ... Diese Mühen und Kosten ersparen sie bei Herstellung der Platten durch die Ausnutzung der Arbeitsleistung der Klägerin; nur die technischen Unkosten haben sie aufzuwenden, die im Vergleich zu jenen Kosten gering sind. Hierdurch setzen sie sich in die Lage, die von ihnen hergestellten und in vollendeter Weise nachgeahmten Platten zu erheblich niedrigeren Preisen in den Handel zu bringen, als die Klägerin es tun kann, so daß diese nicht mit ihnen zu konkurrieren vermag. Ein solches Vorgehen, das die Klägerin um die Früchte ihrer eigenen Arbeit bringt, ... verstößt ... gegen die guten Sitten des anständigen Geschäftsverkehrs." Auch dieses Urteil wird aber von J. Seligsohn wohl mit Recht für zu weitgehend erachtet (GR 26, 247), weil beim Nichtvorhandensein eines Schutzrechts oder nach dessen Erlöschen die Nachbildung in jeder Form zugelassen werden müsse, um ein ewiges Monopol zu verhüten. Vielleicht aber könnte in solchen Fällen dem nachschaffenden Künstler ein Urheberrecht zugebilligt werden (vgl. die Aufsätze von Elster und Smoschewer GR 27 S. 42 u. 50).

Sehr weit geht auch RG II 12. 3. 26 (MW 25, 271), wo es sich um die Nachahmung eines zweckmäßigen Bezeichnungssystems in einem Kataloge handelt: „Redlichkeit und Anstand im Geschäftsverkehr verbieten es unter allen Umständen, daß jemand ohne irgendwelche eigenen Aufwendungen oder Leistungen tatsächlich die Früchte fremden Schaffens zu ernten sucht." Nach diesem Grundsatze würde jede rein zweckmäßige, durch kein Gesetz geschützte, geschäftliche Maßnahme für den, der sie zuerst anwendet, für alle Zeit monopolisiert werden, sofern nicht jemand in Unkenntnis derselben zufällig auf denselben Gedanken kommt. Es wird zu unterscheiden sein zwischen unmittelbarer Nachahmung des Erzeugnisses selbst und der freien Arbeitsmethode, die dazu geführt hat. Bei unmittelbarer Nachahmung wird dem Nachahmer die Verpflichtung deutlicher Unterscheidung aufzuerlegen sein, damit der Irrtum ausgeschlossen wird, daß sein Erzeugnis das des Herstellers des nachgeahmten sei (s. auch J. Seligsohn [Fritze] GR 26, 250). Gegen die bloße Nachahmung der ungeschützten Arbeitsmethode eines anderen, bei denen ein unterscheidbares Produkt herauskommt und die Absicht der Verwechslung ausgeschlossen ist, wird nichts einzuwenden sein, auch wenn der Kenner die Arbeitsmethode wiedererkennt und daher zunächst geneigt ist, auf die gleiche Herkunft zu schließen. (So kann möglicherweise der Fall E 111, 254 gelegen haben, denn es wird nicht näher dargelegt, worauf die festgestellte Verwechslungsgefahr beruhen soll.) Auch die von Herm. Isay (GR 26, 83) zur Bekämpfung von Osterrieth und Benjamin angeführten anglo-amerikanischen Urteile laufen im wesentlichen darauf hinaus, daß der Nachahmer verpflichtet ist, den Irrtum zu vermeiden, daß sein Produkt das Erzeugnis seines Vorgängers ist, also sich des „passing off" (der Unterschiebung) zu enthalten. (Hierzu Benjamin GR 26, 186 und Isay ib. S. 253; s. auch R. Wirth Justiz 26, 630; s. zu der Frage auch Respondek GR 26, 459, der besonders auf das volkswirtschaftliche Bedürfnis der Normalisierung und allgemeinster Anwendung der als die zweckmäßigste erkannten Konstruktion hinweist; Benjamin GR 26, 265).

§ 16

§ 16.

Wer Waren oder deren Verpackung oder Umhüllung oder Ankündigungen, Preislisten, Geschäftsbriefe, Empfehlungen, Rechnungen oder dergleichen fälschlich mit einem Staatswappen oder mit dem Namen oder Wappen eines Ortes, eines Gemeinde- oder weiteren Kommunalverbandes zu dem Zwecke versieht, über Beschaffenheit und Wert der Waren einen Irrtum zu erregen, oder wer zu dem gleichen Zwecke derartig bezeichnete Waren in Verkehr bringt oder feilhält, wird mit Geldstrafe oder mit Gefängnis bis zu sechs Monaten bestraft.

Die Verwendung von Namen, welche nach Handelsgebrauch zur Benennung gewisser Waren dienen, ohne deren Herkunft bezeichnen zu sollen, fällt unter diese Bestimmung nicht.

§ 16

Inhalt.

Anm.		Seite	Anm.		Seite
1.	Aus Begründung und Kommissionsbericht	259	5.	Die Bezeichnungsmittel	262
2.	Beeinflussung durch spätere Gesetzgebung und Verkehrsanschauung	260	6.	Art der Täuschung	263
3.	Ergänzung durch Staatsverträge	261	7.	Rechtsfolgen	263
	Abs 1.			Abs 2.	
4.	Tatbestand im allgemeinen	262	8.	Im allgemeinen	265
			9.	Bier-Bezeichnungen	265
			10.	Weitere Beispiele	266

Aus Begründung und Kommissionsbericht. 1. Aus der Begründung S. 17, 18: Während § 14 (Ges § 15) etwaigen Täuschungen über die Produktions- oder Verkaufsstelle einer Ware vorbeugen will, soll § 15 (Ges § 16) einer Irreführung der abnehmenden Kreise über den Produktions- oder Handelsort entgegenwirken. Innerhalb der Internationalen Union zum Schutze des gewerblichen Eigentums ist auf der Madrider Konferenz von 1890 eine Bestimmung vereinbart und von hervorragenden Staaten des Unionsverbandes auch endgültig angenommen worden, nach welcher Waren mit einer Ursprungsangabe, in der einer der vertragschließenden Staaten oder ein Ort innerhalb dieser Staaten fälschlich als Ursprungsland oder Ursprungsort genannt wird, bei der Einfuhr mit Beschlag belegt werden sollen*). Bei Gelegenheit internationaler Verhandlungen hat auch Deutschland die Verpflichtung anerkannt, gegen fälschliche Ursprungsangaben einen gesetzlichen Schutz einzuführen . . . bei der Begrenzung der strafbaren Handlungen ist indessen darauf zu achten, daß es eine große Reihe von Bezeichnungen gibt, die sich zwar äußerlich als Herkunftsangaben darstellen, in der Tat aber weniger die Herkunft als die allgemeine Natur einer Ware bezeichnen sollen. Auch in der Gesetzgebung auswärtiger Staaten, sowie in der internationalen Union zum Schutze des gewerblichen Eigentums**) ist dies zur Anerkennung gelangt, indem solche örtliche Benennungen, welche nur einen sog. „Gattungsnamen" für die Ware abgeben, von dem gesetzlichen oder vertragsmäßigen Schutze ausdrücklich ausgenommen worden sind. Bezeichnungen, wie „Berliner Blau", „Schweinfurter Grün", Thorner Pfefferkuchen", „Bayrisches Bier" (so auch Geschäftstätigkeit s. § 4 A 35), „Schweizer Käse", „Westfälischer Schinken", „Braunschweiger Zervelatwurst", „Kölnisches Wasser", „Kognak"***), „Wiener Würste" sind nicht bestimmt, die Herkunft der Ware anzugeben; sie werden auch in den Abnehmerkreisen als Herkunftsbezeichnungen nicht betrachtet. Anm. 1

Besonders häufig finden sich Bezeichnungen dieser Art im Verkehr mit Tabak und mit Wein. Im Verkehr mit Tabak ist von Alters her der Gebrauch eingebürgert, Erzeugnisse, welche in der Form, in der Packung, in der Beschaffenheit, in der Herstellungsweise gewisse Eigentümlichkeiten aufweisen, mit den Namen desjenigen Ortes oder Landes zu bezeichnen, dessen Produkte zuerst jene Eigentümlichkeiten zeigten und hierdurch im Verkehr bekannt geworden sind. Die Bezeichnung „Pariser" soll nicht darauf hindeuten, daß der Schnupftabak in Paris hergestellt sei, sie ist der Name einer gewissen Sorte, die ursprünglich durch eine charakteristische Packungsform nach außen kenntlich war. In gleicher Weise haben für die Zigarrenfabrikation Bezeichnungen wie „Havana", „Amsterdam" und andere, spanischen, niederländischen oder amerikanischen Orten entlehnte Namen ihre geographische Bedeutung längst verloren. (Es folgen ähnliche Ausführungen über die Bezeichnung von Weinen, die durch die verschiedenen Weingesetze überholt sind.)

Der Entwurf betrachtet es nicht als seine Aufgabe, in Verkehrsgewohnheiten einzugreifen, welche in langjähriger Entwicklung sich herausgebildet und schon um deswillen innere Berechtigung erworben haben. Auch vom Standpunkte des Konsumenten aus liegt kein Bedürfnis vor, Gattungsnamen, deren Bedeutung ihm bekannt ist oder bekannt sein müßte, der bisher üblichen Verwendung zu entziehen. Wo die Grenze liegt ist Tatfrage. Ländernamen sind von dem Schutze ausgeschlossen, weil ihre Verwendung fast immer nur eine charakterisierende Bedeutung hat und jedenfalls nur Hinweise von solcher Allgemeinheit enthält, daß dabei eine Absicht zu täuschen nicht vorausgesetzt werden kann.

Ob der Name oder das Wappen für sich allein oder in Verbindung mit anderen wörtlichen oder figürlichen Elementen auf die Ware gesetzt worden ist, bleibt ohne Belang; auch die mißbräuchliche Benutzung eines Siegels, welches Namen oder Wappen eines Ortes ent-

*) Madrider Abkommen betr. die Unterdrückung der falschen Herkunftsangaben auf Waren v. 14. 4. 91, revidiert in Washington am 2. 6. 11. Anhang B III a. Deutschland ist ihm zum 12. 6. 25 beigetreten.

**) Madrider Abkommen Art. 4.

***) S. aber hierzu Weingesetz v. 1. 2. 23, RGBl I S. 107.

§ 16 hält, beispielsweise eines sog. Hopfensiegels, wie solche von einzelnen Gemeinden zur Beglaubigung des Ursprungs ihrer Hopfenerzeugnisse verwendet zu werden pflegen, fällt unter § 15. Es genügt, wenn der Ortsname, sei es für sich allein, sei es mit einer anderen Angabe, z. B. einer Firma dergestalt zu der Ware oder ihrer Verpackung in Beziehung gesetzt ist, daß die Meinung entstehen kann, als ob die Ware von dem bezeichneten Orte herrühre. Wenn eine Domizilangabe zu einem Irrtum über den Herkunftsort und folgeweise über Beschaffenheit und Wert der Ware Anlaß geben kann, so wird es eines Vermerks über den wirklichen Herkunftsort bedürfen, um diesen Irrtum auszuschließen.

Abs 2 soll das Geltungsgebiet des Abs 1 gegenüber den zu Gattungsnamen gewordenen Ortsbezeichnungen in einer jeden Zweifel ausschließenden Weise abgrenzen.

2. Aus dem Kommissionsbericht S. 7: Gegenüber einem Antrage auf Streichung des Abs 2 wurde bemerkt, daß der § 15 bei der ersten Veröffentlichung des Entwurfs in weiten Kreisen der Gewerbetreibenden Beunruhigung hervorgerufen habe, besonders beim Wein- und Tabakhandel. Es sei deshalb die Strafbarkeit beschränkt auf den Fall, wo eine falsche Herkunftsbezeichnung zu dem Zwecke angewandt werde, um über Beschaffenheit und Wert der Ware zu täuschen, und es sei der Abs 2 hinzugefügt, welcher die Tragweite des Abs 1 klarzustellen beabsichtige.

An zahlreichen Beispielen wurde nachgewiesen, wie allgemein der Gebrauch von Ortsnamen für Warenbezeichnungen sei, ohne die Absicht des Betrugs, so z. B. Thorner Pfefferkuchen, Schweizer Käse, Teltower Rüben, Westfälischer Schinken, Braunschweiger Wurst, Aachener Printen, Mainzer Sauerkraut, Cubazigarren usw. Dazu wurde bemerkt, daß § 15 nicht etwa die Pflicht beseitige, einer ausdrücklichen Forderung, Waren aus dem betreffenden Lande oder Orte zu liefern, nachzukommen. Ein Lieferant, der einer solchen Forderung gegenüber Waren anderen Ursprungs liefere, mache sich des Betrugs schuldig.

Anm. 2 **Beeinflussung durch spätere Gesetzgebung und Verkehrsanschauung.** § 16 WZG ist großenteils durch spätere Gesetzgebung überholt. Der Verkehr mit Weinen und mit Weinbrand (Kognak*)) ist eingehend geregelt in dem WeinG v. 7. 4. 09 (RGBl S. 393**)) und der Novelle hierzu v. 1. 2. 23 (RGBl I S. 107), welche auf Art 275 FV beruht. Nach § 6 des ersteren Gesetzes dürfen im gewerbsmäßigen Verkehr mit Wein geographische Bezeichnungen nur zur Kennzeichnung der Herkunft verwendet werden. § 16 Abs 2 WZG und § 1 Abs 3 UWG von 1896 (jetzt § 5 Abs 1 UWG von 1909) finden auf die Benennung von Wein keine Anwendung, mit der Maßgabe, daß es zulässig bleibt, die Namen einzelner Gemarkungen oder Weinbergslagen, die mehr als einer Gemarkung angehören, zu benutzen, um gleichartige und gleichwertige Erzeugnisse benachbarter oder nahegelegener Gemarkungen oder Lagen zu bezeichnen. Letztere Ausnahme gilt jedoch nach dem neuen § 7a (Art I Nr 1 des Ges v. 1. 2. 23) für die Verwendung von französischen und portugiesischen geographischen Bezeichnungen ebensowenig, wie die für die Benennung von Verschnitten Erleichterungen gewährende Bestimmung des § 7 WeinG v. 7. 4. 09 (vgl. im übrigen FrMJ S. 154 und Wassermann, MW Nov 1924, 26). Wegen des für Deutschland hiernach maßgebenden französischen Ges v. 6. 5. 19 s. MW 19, 25. Vor allem greifen die §§ 1, 3—5 und 13 UWG ein, welche einen viel umfassenderen Rechtsschutz gegen falsche Herkunftsbezeichnungen gewähren und auch höhere Strafen androhen (§ 4), wie § 16 WZG (vgl. auch Entw 1913 Begr zu §§ 38, 39 S. 69; der Entwurf wollte den § 16 fallen lassen). § 16 WZG ist daher in letzter Zeit fast ganz aus der Rechtsprechung verschwunden und wird im wesentlichen nur noch in Strafsachen zitiert, um eine etwaige ideale Konkurrenz (StGB § 73) mit anderen Tatbeständen, besonders nach § 4 UWG festzustellen. Die letzte, in der offiziellen Sammlung abgedruckte RGEntsch, in der § 16 eingehend behandelt wird, ist die bekannte, viel angefochtene v. 19. 4. 12, E 79, 250, betr. die Bezeichnung „Radeberger Pilsener“, bei der es sich aber auch nicht um Anwendung des § 16 WZG., dessen subjektiver Tatbestand nicht vorlag, handelte, sondern um die Auslegung des § 5 UWG und folgeweise des damit übereinstimmenden § 16 Abs 2 WZG. Wegen der unter das UWG fallenden falschen Herkunftsangaben wird auf Rosenthal § 1 N 47, 48, § 3 N 14 und § 5 N 3—5 verwiesen. Die Ausführungen und Beispiele der Begründung zu § 16 Abs 2 sind nur mit Vorsicht anwendbar. Ob eine Herkunftsangabe zur Gattungsbezeichnung geworden ist, entscheidet sich nach der jeweiligen, durchaus der Änderung fähigen Verkehrsauffassung (RG 88, 197 auch MW 14, 262; Rosenthal § 5 N 2). Es wird in objektiver Hinsicht immer darauf ankommen, ob die prima facie geographisch und rein sprachlich unrichtige Angabe allgemein oder mit unerheblichen Aus-

---

*) Diese Bezeichnung ist gemäß Art 275 FV und Art 1 Nr 4 Abs 3 des Ges v. 1. 2. 23, RGBl I S. 107 nur zulässig für Erzeugnisse, die nach französischem Rechte so bezeichnet werden dürfen.

**) Zu § 17 des WeinG v. 7. 4. 09 betr. die Bezeichnung von Schaumwein ist am 6. 5. 25 (RGBl I S. 83) eine neue Ausführungsverordnung ergangen.

nahmen im Verkehr so verstanden wird, daß Täuschungen ganz oder so gut wie ganz ausgeschlossen sind (vgl. E 99, 135, Norwegische Sardinen). Es ist unverkennbar, daß in dieser Beziehung die Verkehrsauffassung gegenüber der unverhältnismäßig milden, wie sie zur Zeit der Entstehung des WZG herrschte, besonders auch durch internationale Einflüsse, eine strengere geworden ist (vgl. Wassermann, MW Nov 1924, 24; Niebour, MW 19, 20; Finger, MW 17, 74; Becker, GR 22, 117ff). § 16

Ergänzung durch Staatsverträge. § 16 bezweckt den Schutz des Publikums gegen Täuschung durch falsche Herkunftsbezeichnungen, aber auch den Schutz konkurrierender Firmen gegen unlauteren Wettbewerb, sei es, daß diese befugt sind, die Herkunftsbezeichnung zu führen, und sie in der Ausnutzung dieser Befugnis beeinträchtigt werden, sei es, daß der Täter sich solchen gegenüber, die gleich ihm die Herkunftsbezeichnung nicht führen dürfen, in unlauterer Weise einen Vorsprung verschafft. Ergänzende Bestimmungen enthalten Art 10 der Pariser Übereinkunft, sowie das Madrider Abkommen von 1891 über die Unterdrückung falscher Herkunftsangaben auf Waren. Nach Art 10 sind bei der Einfuhr nach Deutschland auf Antrag eines beteiligten Verbandsangehörigen zu beschlagnahmen (vgl. WZG § 17) Erzeugnisse, die als Herkunftsbezeichnung fälschlich den Namen eines bestimmten Ortes tragen, wenn diese Bezeichnung einem erfundenen oder einem zum Zwecke der Täuschung entlehnten Handelsnamen beigefügt wird. Nicht berücksichtigt sind also andere geographische Herkunftsbezeichnungen (Gebiets- und Ländernamen) und ebensowenig der Fall, daß jemand seinem eigenen Handelsnamen eine falsche Herkunftsbezeichnung hinzufügt. Nach Art 10 Abs 2 gilt als Beteiligter jeder Produzent, Fabrikant oder Kaufmann, welcher die Produktion oder die Fabrikation des Erzeugnisses oder den Handel mit demselben betreibt und in dem fälschlich als Herkunftsort bezeichneten Ort oder in der Gegend, in der dieser Ort liegt, seine Niederlassung hat. Jene Beschränkungen sind durch das Madrider Abkommen für die Angehörigen der dabei beteiligten Staaten beseitigt, indem Art 1 desselben die Beschlagnahme jedes eine falsche Herkunftsangabe tragenden Erzeugnisses bei der Einfuhr auf Antrag eines Beteiligten (Art 2) anordnet, wenn sich die Angabe auf eines der vertragschließenden Länder bezieht. Einen noch umfassenderen und abschließenden Schutz gegen falsche Herkunftsbezeichnungen gewährt, zugleich unter Berücksichtigung des Art 274 Abs 2 FV, das Ges über den Beitritt des Reiches zu dem erwähnten Madrider Abkommen v. 21. 3. 25, RGBl II 115, abgedruckt mit Begründung in Bl 25, 75ff. Laut Bek v. 4. 6. 25, RGBl II 287 ist der Beitritt Deutschlands am 12. 6. 25 erfolgt und damit auch das Ges v. 21. 3. 25 (§ 1 desselben schon vorher) in Kraft getreten. Anm. 3

§ 2 des Gesetzes lautet:

> **§ 2.** Waren, die an sich selbst oder auf ihrer Aufmachung oder ihrer äußeren Verpackung irgendwelche Warenzeichen (Marken), Namen, Aufschriften oder sonstige Zeichen tragen, die unmittelbar oder mittelbar falsche Angaben über Ursprung, Gattung, Art oder charakteristische Eigenschaften dieser Waren darstellen, unterliegen bei ihrer Einfuhr oder Ausfuhr der Beschlagnahme zum Zwecke der Beseitigung der unrichtigen Angaben.
>
> Die Beschlagnahme erfolgt durch die Zollbehörde; diese ordnet auch die zur Beseitigung der falschen Angaben erforderlichen Maßnahmen an. Wird den Anordnungen der Zollbehörde nicht entsprochen oder ist die Beseitigung untunlich, so setzt die Zollbehörde durch Strafbescheid (§ 419 der Strafprozeßordnung) die Einziehung der Waren fest.

Danach erfolgt die Beschlagnahme der hinsichtlich ihres Ursprungs (sowie bezüglich Gattung, Art oder charakteristische Eigenschaften vgl. FV Art 274 Abs 2) unmittelbar oder mittelbar fälschlich bezeichneten Waren bei der Einfuhr, wie bei der Ausfuhr unabhängig von einem Antrage, also von Amts wegen, durch die Zollbehörde. Nach der Begründung soll aber diese Behörde nicht verpflichtet sein, jede eingehende Ware darauf zu untersuchen, ob ihre Bezeichnung einwandfrei ist, vielmehr wird sie in der Regel nur dann einschreiten, wenn ihr bei der gewöhnlichen Abfertigung Verstöße in die Augen fallen oder wenn sie von beteiligter Seite darauf aufmerksam gemacht wird. Hierbei wird auch nicht unterschieden, welchem Staate die falsche Herkunftsangabe angehört, und ob der Verletzte Verbandsangehöriger ist. Im Interesse des vielleicht subjektiv schuldlosen Eigentümers soll die Beschlagnahme nicht stets die Einziehung zur Folge haben, sondern wenn tunlich nur die Beseitigung der unrichtigen Angaben, unter Umständen durch Unbrauchbarmachen z. B. bei Seifen und Schokoladentafeln durch Zerbrechen der Ware. Nur wenn die Beseitigung unausführbar ist, z. B. bei Messerschmiedewaren mit Ätzungen, Stoffen mit Einwebungen, verfallen die Waren der Einziehung oder der Vernichtung. Das Einziehungsverfahren regelt sich, wie bei § 17 WZG, nach § 419 StPO.

Was die in Art 274 Abs 2 FV ebenfalls verlangte Beschlagnahme der fälschlich bezeichneten Waren in Innerdeutschland angeht, so bieten, wie die Begründung darlegt, die deutschen Gesetze ausreichende Handhabe dafür. Sie verweist auf § 25 UWG in Verbindung mit §§ 1, 3 daselbst, wonach Sequestration im Wege der einstweiligen Verfügung erwirkt wer-

§ 16 den kann; ferner für strafbare Handlungen (z. B. § 4 UWG und § 16 WZG), auf die gemäß §§ 94ff StPO und §§ 42—44 StGB dem Strafrichter, dem Staatsanwalte und der Polizei zustehende Beschlagnahme.

Zur gründlicheren Unterdrückung der unrichtigen Herkunftsangaben und anderen falschen Bezeichnungen wird sodann gemäß § 3 des Ges das Erfordernis des Strafantrages bei den strafbaren Handlungen nach §§ 14, 15 WZG, sowie § 4 UWG beseitigt. § 22 UWG wird entsprechend geändert und darin zugleich den im § 13 Abs 1 bezeichneten Gewerbetreibenden und Verbänden das Recht zur Privatklage neben dem Verletzten (§ 374 Abs 1 Nr 7 StPO) zuerkannt, das ihnen nach dem früheren Wortlaut bei Wegfall der Strafantragsbefugnis nicht zustehen würde. Die öffentliche Klage wird bei allen Vergehen nach UWG und WZG — das WZR wird in § 374 StPO Nr 8 unter gewerblichem Urheberrecht mitverstanden (vgl. Allfeld, Vorwort zum Komm von 1904 S. VIff) — nur im öffentlichen Interesse erhoben (§ 376 StPO).

Art 4 des Madrider Abkommens macht einen den § 16 Abs 2 WZG und § 5 Abs 1 UWG entsprechenden Vorbehalt wegen der gattungsmäßigen Bezeichnungen, in den jedoch die geographischen Herkunftsbezeichnungen für die Erzeugnisse des Weinbaus nicht inbegriffen sind. Letztere Beschränkung hat lange Zeit, besonders wegen des in Deutschland als allgemeinen Warennamens geltenden Wortes Kognak, den Beitritt Deutschlands zur Madrider Vereinbarung verhindert. Diese Bedenken sind aber durch Art 275 FV und das auf Grund desselben erlassene Gesetz zur Anwendung des WeinG v. 1. 2. 23 (RGBl S. 107) gegenstandslos geworden (vgl. oben A 2).

Abs 1.

Anm. 4 **Tatbestand im allgemeinen.** Der Tatbestand des § 16 entspricht in objektiver Beziehung im großen und ganzen dem der §§ 14 (12) und 15, in subjektiver Beziehung dem des § 15, so daß in den meisten Punkten auf die Erläuterungen zu diesen Paragraphen bezug genommen werden kann. Nur die Bezeichnungsmittel und demgemäß auch der Inhalt der beabsichtigten Täuschung sind verschieden. In § 14 sind es Namen, Firma oder WZ, in § 15 ist es die Ausstattung, in § 16 sind es Staatswappen oder Namen oder Wappen eines Ortes, eines Gemeindeverbands oder weiteren Kommunalverbands. In subjektiver Hinsicht wird, wie bei § 15 der Zweck der Täuschung in Handel und Verkehr erfordert, der in beiden Fällen nicht erreicht zu werden braucht (ESt 34, 35; vgl. § 15 A 16); während aber der Inhalt der Täuschung in § 15 darin besteht, daß ein Irrtum über die Herkunft aus einem bestimmten Betriebe erregt werden soll, muß hier beabsichtigt sein, einen Irrtum über den Ort der Erzeugung oder des Vertriebs zu erregen, und zwar im Hinblick auf die besondere Wertschätzung, die der bezeichneten Ware wegen dieses Herstellungs- oder Vertriebsortes im Publikum zuteil wird. Wie im Falle des § 15 genügt Eventualdolus nicht (vgl. § 15 A 16). Auch hier bilden Versehen, Inverkehrbringen und Feilhalten selbständige, für sich allein strafbare Tatbestände (vgl. § 14 A 10).

Das Vergehen kann auch hier durch Unterlassung begangen werden, z. B. durch Belassen eines schon vorhandenen Schildes mit der falschen Ankündigung „Pilsener Bier". Auch der Generalvertreter einer Brauerei macht sich des Vergehens schuldig, wenn er die Beseitigung unterläßt (RGSt 37, 131; GR 05 S. 211 u. 238, Bl 04, 428).

§ 20 WZG ist auch hier anwendbar; ebenso § 13, doch muß die Möglichkeit eines Irrtums über den Herstellungsort der Ware durch geeignete Zusätze ausgeschlossen werden (Begr A 1 unter 1; RGSt 9. 4. 00, DJZ 1900, 422, wo der richtigen Angabe des Wohnorts fälschlich das Wort „Manufaktur" beigefügt war; Allfeld S. 629d).

§ 23 WZG kommt hier für die strafrechtliche Verfolgung, die im öffentlichen Interesse geschieht, nicht in Betracht; wohl aber, wenn eine Zivilklage wegen Benutzung einer ausländischen Ortsbezeichnung auf § 16 gestützt wird; vgl. Rhenius N 1; Allfeld N 3.

Anm. 5 **Die Bezeichnungsmittel.** Ein Staatswappen oder das Wappen eines Ortes, eines Gemeinde- oder weiteren Kommunalverbands fällt insofern unter § 16, als die damit erfolgte Bezeichnung von Waren usw. den Irrtum erwecken kann, daß die Ware aus dem betreffenden Staate usw. stammt. Denn die falsche Herkunftsbezeichnung kann eine figürliche oder wörtliche sein (RGSt 15. 5. 14, GR 1916, 188; Krone in Verbindung mit den Worten „Emser Karamellen"). Daher kann der Hinweis auf den Ort auch in anderer Weise, z. B. durch Abbildung desselben, Ortsplan u. dgl. erfolgen. Auch WZ mit Wappen, die nicht gegen § 4 Abs 1 Nr 2 verstoßen, können nach § 16 verboten sein (Allfeld S. 628).

Die Befugnis zur Führung des Wappens schließt nicht, wie bei § 4[1] Nr 2 und Abs 2, den Tatbestand des § 16 aus, da dieser nicht den Schutz des Wappeninhabers, sondern den des Publikums und der konkurrierenden Gewerbetreibenden gegen unlauteren Wettbewerb bezweckt.

In der unbefugten Bezeichnung mit einem ausländischen Staatswappen kann dann keine Täuschung im Sinne des § 16 gefunden werden, wenn der Täter seine Niederlassung in dem betreffenden Staate hat. Doch kann darin ein unlauterer Wettbewerb liegen (ESt 30, 406; Bl 98, 39). **§ 16**

Als wörtliche Herkunftsbezeichnung ist jede Ortsbezeichnung, die Bezeichnung ganzer Länder eingeschlossen, zu betrachten (Allfeld S. 629; Allfeld II S. 95; a. M. Freund S. 213; Seligsohn S. 285; Pinzger S. 308 mit dem argumentum e contrario). Allerdings will auch die Begr S. 18 A 1 Nr 1 die Länder ausschließen. Es hat aber keinen Sinn, den täuschenden Hinweis auf ein Land teilweise freizugeben, indem man zwar den Hinweis durch das Wappen verbietet, aber den direkten wörtlichen Hinweis zuläßt. „Ort" ist im weitesten Sinne zu verstehen (vgl. Art 10 Unionvertrages: localité determinée = bestimmter Ort) und begreift auch nach der herrschenden Meinung die Bezeichnung von Landschaften, die keinen Kommunalverband bilden. Übrigens greifen hier die §§ 1, 3 u. 4 UWG, § 826 BGB und § 263 StGB, sowie § 2 des Beitrittsgesetzes v. 21. 3. 25 (s. A 3) ein.

Art der Täuschung. Die Bezeichnung muß „fälschlich" sein, so daß ein Irrtum über den Ort der Produktion oder des Vertriebs entstehen kann. Zusätze, die auf anderen Ursprung hinweisen, schließen gemäß § 20 den Tatbestand nicht immer aus. Vielfach handelt es sich um Angaben, daß die Ware der an dem betreffenden Orte produzierten an Beschaffenheit gleich oder ähnlich ist, dann muß aber deutlich erhellen, daß der Ursprung ein anderer ist (Allfeld Note 6). **Anm. 6**

Fälschlich ist die Bezeichnung, wenn statt des wahren Herkunftsorts ein anderer vorgetäuscht wird. Welches der wahre Herkunftsort ist und was nach der gewählten Bezeichnung als Herkunftsort erscheint, darüber entscheidet die Auffassung des Verkehrs (Seligsohn S. 259 N 4 Abs 2). Für Schaumweine z. B. ist maßgebend der Ort der endgültigen Herstellung, nicht der Ort, von dem die „Cuvée" bezogen wird. So schon RGSt 28, 353; Bl 96, 190 (193); BA 16. 12. 98, Bl 99, 228; s. jetzt § 17 Abs 1 des WeinG. v. 7. 4. 09 nebst AusfB v. 6. 6. 25 A 2; vgl. Seligsohn S. 266 N 10. Es muß aber bezweckt werden, daß über „Beschaffenheit und Wert der Ware" ein Irrtum erregt wird, und dazu bedarf es der Angabe eines Ortes, der nach Auffassung des Verkehrs hierfür von Erheblichkeit ist. Die falsche Angabe eines Ortes, bei dem dies nicht zutrifft und der eine Täuschungsabsicht in anderer Richtung zugrunde liegt, würde also den Tatbestand nicht erfüllen; vgl. Freund S. 216 oben; RGSt 21. 12. 97, Bl 98, 38 (Hallische Zichorie, Gattungsname).

Andererseits kommt es auf den tatsächlichen (inneren) Wert der Ware nicht an, sondern nur auf den Verkehrswert, und es genügt, daß ein erheblicher Teil der Abnehmer der Herkunft aus dem betreffenden Orte in bezug auf Beschaffenheit und Wertschätzung der Ware Bedeutung beimißt (ESt 47, 421ff und Zitate; ESt 28, 373ff; Allfeld S. 637b; Freund S. 214 Abs 4). Dies wird zwar meistens nur bei dem Produktionsorte — sei es dem des Rohstoffs, sei es dem der Verarbeitung und Fertigstellung — der Fall sein. Doch kann auch eine Handelsvertriebsstätte Gewähr für die gute Beschaffenheit der Waren bieten (E 43, 257; Hamburg Explosives der Dynamit-Gesellschaft Nobel). Eine Ortsangabe ohne nähere Erläuterung wird regelmäßig als Produktionsort verstanden werden, und es bedarf daher unter Umständen der nötigen Zusätze, um einen Irrtum hierüber auszuschließen, wenn z. B. ein Zwischenhändler seinen Wohnort auf der Ware angibt (Freund S. 215; Allfeld S. 629 d und 631 a).

Die Tatsache, daß eine Ware ihren Weg ins Ausland über einen bestimmten Hafen nehmen soll, kann nicht genügen, um diesen Hafen als Herkunfsort zu bezeichnen (ESt 43, 255).

§ 16 ist nicht anwendbar, wenn sich die Täuschung nicht auf den Herkunftsort, sondern auf die Art der Herstellung nach dem an dem angegebenen Orte geübten Verfahren bezieht (RGSt 31, 1; Bl 98, 198; GR 02, 383, Jena Zylinder).

Wenn auch Täuschung über Beschaffenheit und Wert der Ware bezweckt sein muß, so braucht doch nicht die Absicht der Vermögensbeschädigung vorzuliegen. Das Vergehen wird daher nicht dadurch ausgeschlossen, daß die Ware zu dem angemessenen oder einem noch geringeren Preise verkauft wird (RGSt 36, 60, GR 05, 211, Bl 03, 237: falsche Weinbergslage).

Die beabsichtigte Irrtumserregung muß sich kumulativ sowohl auf die Beschaffenheit, als auch den Wert der Ware beziehen (ESt 28, 372). Hält der Täter den Tatbestand des Abs 2 für gegeben, so liegt Täuschungsabsicht nicht vor (Allfeld S. 637 Abs 4; S. 644 A 15; Ebermayer N 7; vgl. ESt 36, 202).

Rechtsfolgen. § 16 stellt sich an sich lediglich als Strafgesetz dar. Bei Vorliegen des vollen Tatbestandes ist auf Geldstrafe von 3 bis zu 10000 RM, gemäß VermögensstrafenV. v. 6. 2. 24 Art I, RGBl I S. 44, §§ 27ff, oder auf Gefängnis bis zu sechs Monaten zu erkennen; vgl. § 14 A 23. Auch hier findet die Verfolgung in der Regel nur durch Privatklage statt (StPO § 374 Abs 1 Nr 7 u. 8; § 376). Idealkonkurrenz ist möglich mit §§ 14 u. 15 WZG, § 4 UWG, § 263 StGB und mit den Strafbestimmungen des Weingesetzes. § 18 (Buße) findet keine Anwendung, da im WZG ein Anspruch auf Entschädigung nicht bestimmt ist. Dagegen ist **Anm. 7**

§ 16 anwendbar § 19 Abs 1 (Beseitigung und Vernichtung) nicht aber § 19 Abs 2 (Bekanntmachungsbefugnis).

Da § 16 ein Schutzgesetz im Sinne von § 823 Abs 2 BGB ist, so löst die Zuwiderhandlung auch einen zivilrechtlichen Schadensersatzanspruch und bei Wiederholungsgefahr die Unterlassungsklage aus (E 38, 168; 53, 401; Kohler GR 05, 305 (308); Freund S. 216 Abs. 5; Allfeld S. 639 sub b. Nach der früher herrschenden Ansicht müssen auch für die Unterlassungsklage sämtliche Voraussetzungen des § 16 gegeben sein, insbesondere Täuschungsabsicht (E 38, 168; 53, 401; RG 10. 6. 14, Bl 14, 310).

Nach der neueren Rechtsprechung des RG über die quasi-negatorische (vorbeugende) Unterlassungsklage (E 60, 7; 61, 369; 77, 217; 82 S. 62 u. 63; 95, 341ff; RG IV 21. 4. 25, JW 1393, 23) löst aber § 16 auch bei bloß objektiver Zuwiderhandlung die Unterlassungsklage des Verletzten aus, denn § 16 bezweckt neben dem Schutze des Publikums im allgemeinen, auch den Schutz der Gewerbetreibenden des Ortes, auf den sich die falsche Angabe bezieht, sowie der mit dem Täter konkurrierende Gewerbetreibende überhaupt in dem Rechtsgute ihres Gewerbebetriebes (RG II 19. 12. 99, Bl 00, 328; GR 02, 382; vgl. E 77, 217; so auch Osterrieth GR 14, 59). Es ist richtig, mit dem RG die quasi-negatorische Unterlassungsklage auf die objektive Verletzung eines gemäß § 823 Abs 2 BGB geschützten Rechtsguts, und nicht auf das vom RG nicht anerkannte (E 69, 403) allgemeine subjektive Persönlichkeitsrecht zu stützen (so Lobe GR 1917), da dieses der gesetzlichen Bestimmtheit einer Abgrenzung entbehrt und daher jedesmal einer besonderen Begründung bedürfte. Jedes Verbotsgesetz kann daher die quasi-negatorische Unterlassungsklage begründen, soweit es nicht lediglich den Schutz der Allgemeinheit und nicht zugleich von individuellen Rechtsgütern bezweckt (E 77, 220ff). Soweit für letztere ein strafrechtlicher Schutz besteht, hängt allerdings die Zulässigkeit der Unterlassungsklage nach der Rechtsprechung des früheren VI. ZS des RG davon ab, ob neben dem strafrechtlichen Schutz noch ein besonderes zivilrechtliches Rechtsschutzbedürfnis besteht (E 77, 222; 82, 64; hiergegen jetzt RG II 15. 2. 27 317/26 E....).

Ein solches besonderes Rechtsschutzbedürfnis kann unter anderem dadurch begründet sein, daß der Beweis der strafbaren Handlung sich nur im Zivilprozeß durch Eideszuschiebung erbringen läßt (OLG Hamm 4. 6. 15, MW 15, 391: Beleidigung durch anonyme mittels Schreibmaschine hergestellte Briefe).

Hiernach wird die Unterlassungsklage versagen können, wenn der volle, besonders auch der subjektive Tatbestand des § 16 offenbar gegeben ist. Um so mehr besteht dafür ein Bedürfnis in Fällen, in denen dies nicht der Fall ist, wo die Strafverfolgung unsicher oder aussichtslos erscheint, oder wo über den objektiven Tatbestand, insbesondere über die Unrichtigkeit oder Unzulässigkeit der Angabe, gestritten wird. Allerdings wird dann regelmäßig auch der Tatbestand des § 3 UWG gegeben sein, der nach ausdrücklicher Vorschrift die Unterlassungsklage begründet.

Soweit durch eine objektive Verletzung des geschützten Rechtsguts — hier des bestehenden Gewerbebetriebs — ein rechtswidriger Zustand bestehenbleibt, gestaltet sich die quasi-negatorische Unterlassungsklage zur Beseitigungsklage, wenn dem Täter die Beseitigung ohne besonderen Aufwand möglich ist (vgl. Rosenthal IV. A S. 83ff). Auf einem anderen Standpunkt steht RG II 8. 10. 15, GR 16, 95 und MW 15, 123 (Seydlitz-Atlas), wo für die Beseitigungsklage bei objektiv widerrechtlicher Beeinträchtigung des Gewerbebetriebes gefordert wird, daß der rechtswidrige Zugriff sich unmittelbar gegen den Bestand des Gewerbebetriebs richte. Diese abweichende Behandlung der Unterlassungs- und Beseitigungsklage ist nicht folgerichtig und wird mit Recht von Osterrieth GR 1916, 95 sowie von Lobe, Kohler und Rosenthal (s. dessen Kommentar IV. A S. 39ff u. 85ff) bekämpft; s. auch Mansfeld in RGRKomm BGB § 1004 A 4 u. 7. (Da diese Materie in erster Linie zum unlauteren Wettbewerbsrecht gehört, kann hier nicht näher darauf eingegangen werden.)

Seligsohn § 16 Note 1 erklärt sich nicht deutlich darüber, ob er die Unterlassungsklage schon bei objektiver Verletzung für zulässig hält. Die Zitate von RG 38, 165; 48, 114; 53, 400; 56, 271 lassen an sich darauf schließen, daß er den vollen Tatbestand erfordert. Unmittelbar darauf zitiert er aber E 60, 6 und RGRKomm BGB Vorbem. 6 III vor § 823 über die vorliegende Unterlassungsklage, wonach objektive Rechtswidrigkeit genügt. Pinzger S. 307 verlangt den vollen Tatbestand. Praktisch kommt es auf diese Frage weniger an, denn es greift hier jetzt § 3 UWG ein, wonach die Unterlassungsklage schon bei objektiver Täuschung über den Ursprung von Waren, wenn sie durch öffentliche Bekanntmachung oder in Mitteilungen, die für einen größeren Kreis von Personen bestimmt sind, erfolgt; ferner § 13 Abs 2 Nr 1 UWG, wonach die Schadensersatzklage im Falle des § 3 nur an die Voraussetzung geknüpft ist, daß der Täter die Unrichtigkeit kannte oder kennen mußte. Es genügt also bloße Fahrlässigkeit (Rosenthal § 3 N 68).

Verletzt ist jeder Produzent (ausnahmsweise auch Händler) gleichartiger Waren an dem betreffenden Orte, aber auch jeder durch den unlauteren Wettbewerb geschädigte Konkurrent

(KG 10. 6. 14, Bl 19, 309, „Klageberechtigt ist der zum Gebrauche der Ortsbezeichnung Berechtigte, durch den Mißbrauch Gestörte“; vgl. Unionsvertrag Art 10 Abs 2). Im Falle des § 3 UWG können auch die in § 13 Abs 1 daselbst bezeichneten Verbände auf Unterlassung klagen, nicht aber, wenn die Klage auf § 16 WZG gestützt wird (RG 19. 12. 99, Bl 00, 328). Alle diese Ansprüche stehen auch Unionsangehörigen unabhängig von § 23 WZG und § 28 UWG zu (Unionsvertrag §§ 10, 10b). **§ 16**

Die Eintragung der falschen Herkunftsangabe als WZ hindert weder die Straf- noch Zivilklage (ESt 35, 324; RGSt 23. 3. 03, Bl 04, 23). Ebensowenig, daß die sie enthaltende Ausstattung Anerkennung im Verkehr gefunden hat, oder daß der Betreffende das fremde Staatswappen, das zur Täuschung über den Produktionsort Anlaß gibt, zu führen berechtigt ist (es muß dann die Täuschung durch geeignete Zusätze od. dgl. ausgeschlossen werden); vgl. A 5.

Abs 2.

Im allgemeinen. Abs 2 entspricht dem Abs 1 des § 5 UWG. Danach sind Bezeichnungen erlaubt, die ihre ursprüngliche Bedeutung als örtliche Herkunftsangaben verloren haben und vom Verkehr als Beschaffenheitsangabe (Gattungsbezeichnung) benutzt werden (Rosenthal § 5 N 1). Wie Personennamen, so können auch Ortsnamen zur Qualitätsbezeichnung werden, besonders bei Bier und Tabakwaren (s. Begr A 1). Es kommt auf den Handelsgebrauch (§ 346 HGB), die Verkehrssitte an, und zwar desjenigen Kreises, in dem die Ware abgesetzt werden soll. Es entscheidet aber nur der redliche Verkehr, mißbräuchliche Gewohnheiten können keinen Handelsbrauch begründen (Freund S. 218 Abs 4). Es ist in dem betreffenden Verkehrskreise ein allgemeiner Gebrauch, der durch geringfügige Ausnahmen nicht ausgeschlossen wird, erforderlich (RG 19. 12. 00, Bl 00, 328; RG II 8. 11. 01, Bl 02, 32; vgl. die Beispiele bei Rosenthal N 8ff). Selbst wenn die örtliche Bezeichnung zum reinen Warennamen geworden ist, kann sie durch Zusätze, wie „echt“, „natürlich“, „Original“ u. dgl. oder durch Hinzufügung eines Orts- oder Staatswappens wieder Herkunftsbezeichnung werden (s. Rosenthal § 5 N 11ff). Der Handelsgebrauch erstreckt sich nicht ohne weiteres auf gleichartige oder verwandte Waren (RGStr 31, 289). **Anm. 8**

Zweckmäßig würde eine Praxis sein, wonach geographische Bezeichnungen, die als Herkunftsangaben unrichtig wären, nur dann geduldet werden, wenn es sich um reine Beschaffenheitsangaben in dem Sinne handelt, daß die Herkunft der Ware aus dem betreffenden Orte nicht mehr besonders geschätzt wird, z. B. Berliner Blau, Frankfurter und Wiener Würstchen; vgl. GR 23, 160ff und KG Bl 14, 310 (Emser Karamellen; s. auch A 10).

Unzulässig sind unrichtige Herkunftsangaben besonders dann, wenn die Qualität der Ware von dem besonderen Klima oder der Bodenbeschaffenheit eines Orts oder einer Gegend abhängig ist, oder wenn ein Ort durch besondere Geschicklichkeit der Bevölkerung in der Herstellung der Ware bekannt geworden ist; vgl. Becker GR 22, 117ff; MW 15, 166 mit reicher Kasuistik; dort wird auch die in RG 28. 9. 15, GR 1916, 91 ausgesprochene Regel erwähnt:

„Grundsätzlich ist daran festzuhalten, daß Bezeichnungen von Waren, die von dem Namen eines Ortes oder einer Gegend abgeleitet sind, so lange als Bezeichnung ihrer Herkunft zu betrachten sind, als nicht zweifelsfrei ihre Bestimmung lediglich als Beschaffenheitsangabe feststeht“ (vgl. auch E 99, 135, Norwegische Sardinen).

Anhaltspunkte für die Beurteilung der Berechtigung einer freien Herkunftsangabe bieten die Verhandlungen des Handelsvertragsvereins v. 18. 10. 12, MW 12, 151. Eine Herkunftsangabe, die an sich Beschaffenheitsangabe geworden ist, kann durch Beifügungen u. dgl. (Firma, fremde Sprache) wieder die erste Eigenschaft erlangen (RG 15. 6. 14, Camembert; vom PA neuerdings schlechthin als Herkunftsangabe angesehen; s. § 4 Nr 3 A 36c; GR 16, 187 und MW 14, 337; s. auch RGSt 47, 421, echt englischer Cheviot, und RGSt 39, 410, Bl 07, 169; Henry Clay order Bock y Ca., Habana). Dieselbe Entwicklung ist dadurch möglich, daß die Produktionsstätten des betreffenden Ortes im Laufe der Zeit einen besonderen Ruf erlangen, vermöge dessen gerade auf diese Herkunft Wert gelegt wird (E 85, 199, Berliner Rollmops).

Bierbezeichnungen. In ständiger Rechtsprechung hat das RG anerkannt, daß, wenn dem an sich eine Herkunftsbezeichnung enthaltenden Biernamen, wie Pilsener und Münchener (GR 15, 102), eine andere Herkunftsbezeichnung hinzugefügt wird, die nur dahin verstanden werden kann, daß das Bier in einem anderen Orte gebraut ist, z. B. „Radeberger Pilsener“ (E 79, 250; MW 20, 79 oder Bautzener Münchener, MW 23, 152; weitere Beispiele Dunkhase MW 15, 115; MW 14 S. 226 u. 227), ein unlauterer Wettbewerb nicht gegeben ist, ein Standpunkt, der in der Literatur im Anschluß an das PA, s. § 4 A 36, fast allgemein bekämpft wird (vgl. die letzterwähnte Entsch MW 23, 152). Anders ist entschieden in dem Falle des Urt v. 9. 10. 23, wo die Etikette neben der Bezeichnung „Kulmbacher Friedensbier“ hiervon getrennt die Worte „Dresdner Waldschlößchen“ enthielt, weil daraus nicht mit Sicherheit **Anm. 9**

§ 16 entnommen werden könne, daß es sich um in Dresden gebrautes Bier handle (MW 23, 151, JW 25, 2455). Ähnlich RG II 11. 6. 14, GR 15, 99 und BA 13. 1. 14, Bl 14, 14 (Wicküler-Elberfelder Pilsner); 28. 11. 13, GR 14, 162 (Deutsch Pilsener) und 13. 6. 13 ib. S. 55 (Germania Pilsner).

Andererseits hat das RG II 2. 2. 17, MW 16, 137 sogar die Bezeichnung „Sternpils" für ein in Craty gebrautes Bier für zulässig erklärt, weil nach den tatsächlichen Feststellungen eine Täuschung der Abnehmer ausgeschlossen sei (Lobe MW 16, 130 bemerkt hierzu, es hätte in diesen Fällen auch geprüft werden müssen, ob nicht unlauterer Wettbewerb insofern vorliege, als der Benutzer der Bezeichnung dadurch den durch fremde Arbeit und Aufwendungen, erzeugten Ruf einer anderen Ware für seine Zwecke ausbeute).

RG II 8. 11. 01, Bl 02, 32, wo die Bezeichnung „Erlanger" für ein in Leipzig gebrautes Bier zugelassen wurde, weil nach den Feststellungen ein Irrtum der beteiligten Verkehrskreise ausgeschlossen war, kann wohl als durch die neuere Rechtsprechung überholt gelten; vgl. ferner JW 1925 S. 2455ff Nr 4—6 mit Bemerkungen von Wassermann.

Für Herkunftsbezeichnungen wurden erklärt: Dortmunder (E 58, 136); Münchner (daher unzulässig Urbock Münchener für in Berlin hergestelltes Bier; RG II 2. 2. 12, MW 11, 422 und GR 12, 193); anders jedoch früher bei Exportbier, wo „Münchener" für die Hamburger Exporteure und die überseeischen Abnehmer als Gattungsname festgestellt war (RG II 19. 12. 99, Bl 00, 328); Pilsner (RGSt 37, 131); Pilsner Hansa-Quell (RG II 10. 3. 12); Kulmbacher (RG II 9. 10. 23, MW 23, 151); das gleiche muß natürlich gelten für Erlanger, Nürnberger u. dgl.

Daß die vielfach bekämpften Entscheidungen des RG bisher mehrfach in demselben Sinne erfolgt sind, schließt nicht aus, daß auch auf diesem Gebiete die strengere Verkehrsauffassung durchdringt. Es handelt sich im wesentlichen um den Begriff der guten Sitten des Wettbewerbs, welcher sehr wohl unter dem Einfluß einer feineren und anspruchsvolleren Verkehrsauffassung der Änderung und Verschärfung fähig ist (vgl. Osterrieth GR 15, 55). Über die österr. Praxis s. MW 13, 81; vgl. auch MW 13, 166 (danach auch unzulässig: „nach Pilsener Art" u. dgl.).

Anm. 10 **Weitere Beispiele.** Eine große Menge von Beispielen und Entscheidungen über unzulässige Herkunftsbezeichnungen und solche, die gemäß § 16 Abs 2 trotz wörtlicher Unrichtigkeit als reine Beschaffenheitsangaben zulässig sind s. bei Wassermann MW 19, 55ff, 79ff u. 99ff. Daselbst auch eingehende Erörterung der RGEntsch über Pilsener Bier; s. ferner Wassermann MW 8, 187.

Andere Entscheidungen u. dgl.: Braunschweiger Wurst ist Herkunftsbezeichnung (RG II 28. 9. 15, GR 1916, 91; MW 15, 166). „Emser Karamellen" dgl.; wenn nicht Produkt der staatlichen Quellen, nur zulässig mit dem deutlichen Zusatz „künstlich" od. dgl. (KG Berlin 10. 6. 14, Bl 14, 307; vgl. auch PA Bl 96, 242 „Kräuchen").

Auch durch bildliche Darstellung kann eine unzulässige Herkunftsangabe erfolgen (RGSt 15. 5. 14, MW 14, 181, Emser Karamellen mit dem Bild der Krone). Ebenso RGStr 22. 10. 12, GR 13, 20. Doch wird überwiegend die Bezeichnung „Emser" schon an sich als Herkunftsangabe angesehen (GR 13, 99; vgl. auch KG 10. 6. 14, MW 13, 596). Im Jahre 1925 wurden die Wortzeichen Emser Wasser, Emser Pastillen, Emser Salz und Emser Quellsalz zugunsten der Preuß. Regierung eingetragen (Mitteilung des PA 25, 142).

Ägyptische Zigaretten ist Herkunftsbezeichnung (OLG Hamburg 24. 2. 09, MW 8, 227; Handelskammer Berlin MW 7, 106; s. auch S. 166 u. 171; RG II 12. 6. 25, MW 25, 29; vgl. auch Joseph MW 8, 288 über „russische Zigaretten").

Thorner Honigkuchen ist Beschaffenheitsangabe; doch darf nicht wahrheitswidrig (durch Anbringung des Thorner Wappens u. dgl.) der Eindruck erweckt werden, daß die Ware aus Thorn stamme (RG II 17. 4. 03, Bl 04, 24). Nordhäuser ist für Spirituosen Gattungsbegriff (anders: echter Nordhäuser) Fuld MW 4, 37.

Karlsbader Salz freier Warenname (BA 5. 6. 97, Bl 97, 193).

Pralinés de Carlsbad Herkunftsbezeichnung (RGSt 31, 289; Bl 98, 268).

Halle'sche Zichorie ist Sortenbezeichnung (RGSt 21. 12. 97, Bl 98, 38).

Unzulässig ist die auf einen allgemeinen Kundenkreis berechnete Bezeichnung „Dekor Meißen" oder „Meißener Zwiebelmuster" für nicht in Meißen hergestelltes Porzellan (RG II 16. 3. 26, MW 25, 240; JW 26, 1984 Nr 10).

Steinhäger ist an sich Beschaffenheitsangabe, anders mit dem Zusatz echt (RG II 4. 12. 23, Recht 24 Nr 279 und MW 23, 162; vgl. GR 1915, 205).

„Echter Steinhäger" zulässig, wenn die Herstellungsstätte in nächster Nähe von Steinhagen liegt; unzulässig die täuschende Angabe „die führende Qualitätsmarke" (OLG Hamm 11. 12. 23 MW 26, 118).

„Schwarzwalder Uhr" ist Herkunftsbezeichnung (Haasis MW 12, 645).

Tokayer ist Herkunftsbezeichnung; daher unzulässig, einen Wein anderer Herkunft als „Medizinaltokayer" zu benennen (RGSt IV 1. 11. 11 MW 11, 261; RGSt V ESt 40, 288 Bl 08, 43; MW 7, 141). § 16

Camembert ist Herkunftsbezeichnung s. § 4 A 36c (BA 21. 1. 19, Bl 19, 11; anders RGSt 15. 6. 14, MW 14, 337, wo aber wegen der Art der Benutzung, französische Worte und Abbildung normannischer Bäuerinnen, Herkunftsbezeichnung angenommen wurde).

Rheinlachs ist Herkunftsbezeichnung (OLG Hamburg Bl 18, 34, MW 16, 257).

§ 17. § 17

Ausländische Waren, welche mit einer deutschen Firma und Ortsbezeichnung oder mit einem in die Zeichenrolle eingetragenen Warenzeichen widerrechtlich versehen sind, unterliegen bei ihrem Eingang nach Deutschland zur Einfuhr oder Durchfuhr auf Antrag des Verletzten und gegen Sicherheitsleistung der Beschlagnahme und Einziehung. Die Beschlagnahme erfolgt durch die Zoll- und Steuerbehörden, die Festsetzung der Einziehung durch Strafbescheid der Verwaltungsbehörden (§ 459 der Strafprozeßordnung).

Inhalt.

Anm.		Seite	Anm.		Seite
1.	Kommissionsbericht	267	6.	Widerrechtlichkeit	268
2.	Zweck und Inhalt im allgemeinen	268	7.	Eingang nach Deutschland	269
3.	Konkurrierende Gesetze	268	8.	Antrag und Sicherheitsleistung	269
	Satz 1.			Satz 2.	
4.	Ausländische Waren	268	9.	Verfahren	269
5.	Die Bezeichnungen	268			

Kommissionsbericht. § 17 (Entw § 15a) verdankt seine Entstehung einem Beschlusse der Reichstagskommission. Anm. 1

Aus dem Kommissionsbericht S. 8. § 15a bezweckt die Verhinderung rechtswidriger Warenbezeichnungen durch Ausländer. Wenn der Verletzte nachweist, daß eine widerrechtliche Anwendung seiner Firma, seines Namens oder seines WZ vorliegt, sollen derartig bezeichnete Waren nicht zur Einfuhr oder Durchfuhr zugelassen werden. Gegenüber dem Inländer, der etwa im Auslande den durch dieses Gesetz gewährten Schutz verletzt, kommen, gleichgültig ob er die widerrechtlich bezeichneten Waren einzuführen versucht oder nicht, die Strafbestimmungen der §§ 13ff (Ges §§ 14ff) zur Anwendung, darüber besteht kein Zweifel. Diese Strafparagraphen werden aber gegen den Ausländer, der widerrechtlich bezeichnete Waren einführt, tatsächlich nicht angewendet werden können.

Die Regierungsvertreter bemerkten, schon jetzt könnten auf Antrag des Verletzten Präventivmaßregeln, als Beschlagnahme durch den Staatsanwalt, einstweilige Verfügungen durch Zivilgerichte ergriffen werden. Keinesfalls dürften die Zoll- und Steuerbehörden unter allen Umständen verpflichtet sein, dem Antrag des Verletzten zu folgen. Die Kommission erwog, daß die schon jetzt vorhandenen Rechtsmittel, Beschlagnahmen usw. nicht ausreichten, weil es darauf ankomme, rechtswidrig bezeichnete Waren sofort festzuhalten, wenn sie über die Grenzen kommen. Der vorgesehene Fall werde nicht gar zu oft vorkommen, ein Fehlgreifen der Behörden sei nicht so sehr zu fürchten, auch handle es sich bei der Beschlagnahme nur um eine vorläufige Sistierung, worauf die Verwaltungsbehörden, denen die nötigen Kräfte und Kenntnisse zur Prüfung zweifellos zur Seite stehen, dann erst die Entscheidung über die Einziehung zu treffen hätten. Eine unbegründete Beschlagnahme durch die Zollbehörden könne also im schlimmsten Falle nur eine Verzögerung der Weiterversendung um wenige Tage herbeiführen. — In anderen Ländern, besonders in Großbritannien, sei man nicht so ängstlich bei der Behandlung dort eingeführter deutscher Waren.

Die Zollbehörden sollten nicht unbedingt verpflichtet sein, auf jeden Antrag hin ohne weiteres die Beschlagnahme vorzunehmen. Sie sollten prüfen, ob rechtliche Ansprüche des angeblich Verletzten vorliegen, danach die Warensendung untersuchen und wenn sich eine Verletzung des Markenrechts herausstelle, zur Beschlagnahme greifen. Es werde also immerhin ein arbiträres Ermessen der Zoll- und Steuerbehörden Platz greifen. Sie seien nur verpflichtet, in eine schleunige Prüfung der Voraussetzungen des Antrags einzutreten und nach dem Ergebnisse zu verfahren.

§ 17 Bezüglich des Kostenaufwandes des Verletzten zur Begründung des Strafantrags bemerkten die Regierungsvertreter, es sei schon in der StPO §§ 443ff (vgl. §§ 437, 503) vorgesehen, daß dem Nebenkläger die ihm erwachsenen notwendigen Auslagen zu erstatten sind.

Anm. 2 **Zweck und Inhalt im allgemeinen.** Die Bestimmung verfolgt ähnliche Zwecke, wie die §§ 14 u. 16. Sie ist aber vorzugsweise gegen Ausländer gerichtet, welche die Interessen inländischer Produzenten und Konsumenten durch widerrechtliche Anbringung einer deutschen Firma nebst Ortsbezeichnung oder eines deutschen eingetragenen Z auf in Deutschland einzuführende Waren verletzen und die wegen ihres ausländischen Wohnsitzes nur ausnahmsweise im Inlande mit Erfolg zur Verantwortung zu ziehen sind. Daher soll dem Inverkehrsetzen in Deutschland durch Beschlagnahme an der Grenze vorgebeugt werden (s. A 1). Die deutsche Ausstattung (§ 15) ist in § 17 nicht berücksichtigt.

Anm. 3 **Konkurrierende Gesetze.** § 17 verfolgt im wesentlichen den gleichen Zweck, wie Art 9 der Pariser Übereinkunft, geht aber insofern weiter wie diese, als er auch die Beschlagnahme der widerrechtlich gekennzeichneten Waren im Falle der Durchfuhr anordnet, was nach Abs 5 des Art 9 von der Pariser Übereinkunft nicht verlangt wird. Der Handelsname wird aber durch Art 9 in Verbindung mit Art 8 ganz allgemein für alle Verbandsangehörigen geschützt, und zwar ohne die Bedingung, daß ihm eine (deutsche) Ortsbezeichnung hinzugefügt sein muß. Ferner begreift der Ausdruck in Abs 1 „marque de fabrique ou de commerce" nach der französischen Auffassung auch die Ausstattung. Endlich wird in Abs 3 die Verpflichtung zur Beschlagnahme auch dem Ausfuhrlande auferlegt. Eine noch wesentlichere Ergänzung erhält § 17 durch § 2 des Ausführungsgesetzes zum Madrider Herkunftsabkommen v. 21. 3. 25 (s. § 16 A 3). Danach erstreckt sich die Beschlagnahme auf Kennzeichnung von Waren mit irgendwelchen WZ (Marken, also einschließlich Ausstattungen), Namen, Aufschriften oder sonstigen Z, die unmittelbar oder mittelbar falsche Angaben u. a. über Ursprung dieser Waren darstellen. Geschützt werden also durch die Beschlagnahme nicht nur die in den Verbandsstaaten, sondern auch die in anderen Staaten geschützten Z im weitesten Umfange. Die Beschlagnahme erfolgt von Amts wegen sowohl bei der Einfuhr als auch bei der Ausfuhr. Sie erfolgt aber nicht zum Zwecke der Einziehung, sondern zum Zwecke der Beseitigung der unrichtigen Angaben (vgl. § 16 A 3).

Vielfach werden die §§ 40 bzw. 42 StGB bei widerrechtlich bezeichneten, in Deutschland eingeführten Waren anwendbar sein und die Beschlagnahme noch im Inlande ermöglichen (Ebermayer A 1).

Abs 1.

Anm. 4 **Ausländische Waren.** Ausländische Waren sind solche, die vom Auslande nach Deutschland eingeführt oder durch Deutschland durchgeführt werden sollen, auch wenn der Betrieb, aus dem sie stammen, ein inländischer ist. Es ist gleichgültig, wem die Waren gehören und welcher Staatsangehörigkeit der Absender oder der Empfänger ist.

Anm. 5 **Die Bezeichnungen.** Die Ware muß widerrechtlich mit einer deutschen Firma und Ortsbezeichnung oder mit einem in Deutschland eingetragenen WZ versehen sein. Der Eintragung in Deutschland steht die internationale Registrierung nach dem Madrider Abkommen nicht gleich. Zwar müßten gemäß Art 4, 5 des Madrider Abkommens die vom PA anerkannten international registrierten Marken ebenso behandelt werden, wie die in die Z-Rolle eingetragenen WZ. Es fehlt aber an einer Bestimmung, um sie für die Beschlagnahmebehörde kenntlich zu machen, da das vom PA geführte „Nebenregister" keinen öffentlichen Glauben und keine rechtliche Bedeutung hat (s. Merkblatt bei FrJM S. 60 unter VIII).

Bei der Firma kommt es auf die Niederlassung im Inlande an, um sie als deutsch zu kennzeichnen. Eintragung ins Handelsregister wird nicht gefordert.

Ausstattungen und örtliche Herkunftsbezeichnungen genießen den Schutz des § 17 nicht, ebensowenig genügt die Bezeichnung mit einer Firma ohne deutsche Ortsbezeichnung. Nach dem Kommissionsbericht (A 1) steht der Name des Verletzten seiner Firma gleich, was auch im Schrifttum allgemein anerkannt wird (Allfeld S. 646 N 3c; Freund S. 222 unten; Seligsohn A 3; Pinzger, mit abweichender Begründung, A 3; Finger A 3; Busse A 3). Da es des Antrags des Verletzten bedarf, kommen nur wirklich existierende, nicht fingierte Firmen in Betracht (Allfeld S. 647 Abs 2).

Der Schutz des § 17 sollte durch den Entwurf 1913 wesentlich verstärkt werden. Insbesondere sollte Versehen „mit einem deutschen Handelsnamen" für sich genügen. Mit „Handelsnamen" (Nom commercial im Sinne des Art 8 der Pariser Übereinkunft) war gemeint: die Firma des Kaufmanns, der bürgerliche Name des Minderkaufmanns, die Firma der Handelsgesellschaft, Genossenschaft usw. (s. Entw § 37 und Begr S. 68).

Anm. 6 **Widerrechtlichkeit.** Zur Widerrechtlichkeit genügt die objektiv widerrechtliche Benutzung der Firma, des Namens oder des WZ. § 20 WZG ist anzuwenden (Freund S. 223c). Beim

WZ muß es sich um Waren handeln, auf die sich der Schutz des Z erstreckt; Name und Firma sind dagegen ohne Rücksicht auf die Art der Waren geschützt (Allfeld S. 648 Abs 3). § 17

Subjektives Verschulden des Absenders ist in keiner Weise erforderlich. Daher kommt es auch nicht darauf an, ob die Ware mit dessen Wissen und Willen die Grenze überschreitet (Pinzger A 4; Ebermayer A 5).

Über die objektive Widerrechtlichkeit entscheidet das deutsche Recht. Der Eigentümer kann sich nicht darauf berufen, daß er im Auslande nach dortigem Rechte befugt war, das Z anzubringen (RGSt III 2. 3. 05, Bl 05, 247; GR 05, 240; MW 4, 81. Wenn in dieser Entscheidung aber weiter ausgeführt wird, daß auch eine unlautere, gegen die guten Sitten verstoßende Anmeldung und Geltendmachung des Gegenzeichens die Einziehung nicht ausschließe, solange das Gegenzeichen nicht gelöscht sei, so entspricht das nicht mehr dem heutigen Rechte. Die Einrede des unlauteren Z-Raubes ist auch bei Ausländern beachtlich).

Eingang nach Deutschland. Es ist gleichgültig, ob die Ware zur Einfuhr oder zur Durchfuhr eingeht. Maßgebend ist der Zeitpunkt des Eintreffens bei der deutschen Zollstelle, auch wenn diese im Auslande liegt (Ebermayer A 5; vgl. ESt 18, 242). **Anm.** 7

Antrag und Sicherheitsleistung. Die Beschlagnahme ist abhängig von einem Antrage des Verletzten und von Sicherheitsleistung. Verletzter ist der Inhaber der widerrechtlich benutzten Firma, des Namens oder WZ (vgl. § 14 A 20). Eine besondere Form des Antrags ist nicht vorgeschrieben, er kann telegraphisch erfolgen. **Anm.** 8

Der Zollbehörde wird die Befugnis zuzugestehen sein, wenn sie anderweit von der Widerrechtlichkeit der Bezeichnung unterrichtet ist, die Ware auch ohne bereits vorliegenden Antrag des Verletzten vorläufig anzuhalten und dem Verletzten zur Stellung des Antrags durch Benachrichtigung Gelegenheit zu geben (Seligsohn N 5 Abs 3; Finger N 5; Ebermayer N 6; a. M. Allfeld S. 649; Kent Nr 784).

Ebenso wird die Zollbehörde dem Antragsteller unter vorläufiger Anhaltung der Ware eine angemessene Frist zur Sicherheitsleistung zu gewähren haben. Die Art und Höhe der Sicherheit unterliegt ihrem freien Ermessen. § 176 StPO wird entsprechend anzuwenden sein.

Der im Auslande ansässige Inhaber eines deutschen WZ kann den Antrag nur unter den Bedingungen des § 23 und durch einen Inlandsvertreter stellen, soweit er sich nicht auf internationale Verträge berufen kann.

Satz 2.

Verfahren. Die Zoll- und Steuerbehörden sind nur bei Eingang der Ware zur Beschlagnahme zuständig; eine spätere Beschlagnahme im Inlande kann nur nach Maßgabe der §§ 94ff StPO erfolgen (Allfeld S. 648 N 3; Freund S. 223, 2a). Die Zollbehörde prüft nach freiem Ermessen, ob der Antrag begründet ist und ob, wenn die Voraussetzungen der Beschlagnahme nicht liquide sind, die Ware einstweilen angehalten werden soll (Allfeld S. 648 N 4; Freund S. 223, 2b). **Anm.** 9

Zuständig ist die Zollstelle, der die Abfertigung obliegt.

Während die Beschlagnahme Sache der Zollbehörde ist, wird die Einziehung durch Strafbescheid der Verwaltungsbehörde gemäß §§ 419ff StPO, d. h. nach dem Verfahren bei Zuwiderhandlungen gegen die Vorschriften über die Erhebung öffentlicher Abgaben und Gefälle festgesetzt. Maßgebend sind hiernach die §§ 386ff der Reichsabgabenordnung (RGBl 1919 S. 2083ff), wonach das zuständige Finanzamt den Strafbescheid erläßt, vorbehaltlich des Antrags der Beteiligten auf gerichtliche Entscheidung gemäß §§ 420ff StPO.

Den Beteiligten ist, soweit sie erreichbar sind, der Strafbescheid zuzustellen (Ebermayer A 1).

Die Einziehung erfolgt zugunsten des Reichsfiskus (Pinzger N 8; Busse N 11; Finger N 6; Ebermayer N 8; irrtümlich Seligsohn N 8).

Bevor die Ware nach der Einziehung dem Verkehr zugeführt wird, ist die widerrechtliche Kennzeichnung zu beseitigen (Allfeld N 5, 6; Freund S. 225d).

§ 18. § 18

Statt jeder aus diesem Gesetze entspringenden Entschädigung kann auf Verlangen des Beschädigten neben der Strafe auf eine an ihn zu erlegende Buße erkannt werden. Für diese Buße haften die zu derselben Verurteilten als Gesamtschuldner.

Eine erkannte Buße schließt die Geltendmachung eines weiteren Entschädigungsanspruchs aus.

§ 18

Inhalt.

Anm.		Seite
	Abs 1.	
1.	Wesen der Buße	270
2.	Voraussetzungen	270
3.	Höhe und Umfang	270
4.	Mehrheit der Beteiligten	270
5.	Stellung des Richters	271
	Abs 2.	
6.	Buße und Entschädigung	271

Abs 1.

Anm. 1 **Wesen der Buße.** § 18 entspricht dem § 15 des Markenschutzgesetzes v. 30. 11. 74, abgesehen von der Höhe der Buße. Nach den Motiven zu § 15 sollte dem Bedürfnisse nach Vereinfachung der Verfolgung des Entschädigungsanspruchs gedient werden. Danach ist die Buße Entschädigung nicht Strafe (RGSt 12, 223; 44, 296; 53, 208; Kohler Handb des PR S. 578). Sie kann aber nur im Strafverfahren zuerkannt werden, und zwar ohne Rücksicht auf einen bestehenden oder nicht mehr bestehenden anderweiten zivilrechtlichen Schadensersatzanspruch nach freiem Ermessen des Strafrichters (Ebermayer A 1; RGSt 44, 296). Aus der Natur als Entschädigung ergibt sich, daß sie nur auf Antrag des Verletzten zugesprochen wird, daß der Berechtigte darauf verzichten kann (ESt 31, 335), daß ihretwegen keine Begnadigung stattfindet, daß es keine reformatio in pejus bedeutet, wenn nach Aufhebung des Urteils zugunsten des Angeklagten und Zurückweisung in die erste Instanz dort nachträglich auf Buße erkannt wird (ESt 15, 439; 44, 295; vgl. StPO § 404 Abs 1), daß sie bei Idealkonkurrenz zuerkannt werden kann, auch wenn die Strafe gemäß § 73 StGB nach einem anderen Gesetze zu bemessen ist (ESt 12, 223).

Anm. 2 **Voraussetzungen.** Die Buße tritt an Stelle jeder „aus diesem Gesetze" entspringenden Entschädigung. Danach ist der Antrag nur in den Fällen der §§ 14, 15 zulässig. Denn mag auch unter Umständen in dem Falle des § 16 ein Antrag auf Entschädigung begründet sein, so beruht er doch nicht auf Vorschriften des WZG, sondern entspringt anderen Rechtsnormen (Allfeld N 2 Abs 2; Freund S. 226 Abs 5). Auf Buße kann nur neben der Strafe erkannt werden (ESt 44, 298). Voraussetzung ist also ein Strafverfahren nach §§ 14, 15, dem sich der Beschädigte (Verletzte) als Nebenkläger anschließen muß, und die Bestrafung des Täters bei Festsetzung einer Verletzung des § 14 oder § 15, mag auch die Strafe gemäß § 73 StGB auf Grund eines anderen, höhere Strafe androhenden Gesetzes verhängt werden (ESt 12, 223; 44, 295; Freund S. 227 Abs 4; Allfeld S. 651 Abs 4).

Täter und Verletzte müssen die Rechtskraft des Urteils erleben. Nur Anspruch und Schuld aus dem rechtskräftigen Urteil gehen auf die Erben über (Ebermayer § 188 StGB A 3).

Anm. 3 **Höhe und Umfang.** Die Höhe der Buße bestimmt sich jetzt nach Art IV der VO v. 6. 2. 24 (RGBl I S. 44) über Vermögensstrafen und Bußen und beträgt danach mindestens 3 RM, höchstens 10 000 RM. Die Buße umfaßt neben dem Vermögensschaden auch den immateriellen, insbesondere psychischen Schaden (RGSt 24, 397; 41, 334). Die Zuerkennung erfolgt, innerhalb des Antrags und der Höchstgrenze, nach freiem Ermessen des Gerichts, das dabei an ziffernmäßigen Nachweis nicht gebunden ist (RGSt 6, 398; 17, 190). Indessen kann der Antrag abgelehnt werden, wenn das Gericht sich nicht überzeugt hält, daß ein Schaden entstanden ist (vgl. A 5; Freund S. 227 Abs 5, 6; Allfeld S. 651 Abs 4, 5, S. 652 Abs 3). Neben der Buße kann der Verletzte in seiner Eigenschaft als Nebenkläger die ihm durch das Verfahren erwachsenen notwendigen Auslagen ersetzt verlangen (vgl. Allfeld N 8).

Anm. 4 **Mehrheit der Beteiligten.** Auch gegen jeden Teilnehmer kann auf Buße erkannt werden (RGSt 38, 194, Bl 06, 61). Sind mehrere wegen Beteiligung an derselben Tat (oder an einer Mehrheit von Straftaten) verurteilt, so ist auf eine Gesamtbuße zu erkennen, für die die Verurteilten als Gesamtschuldner haften (RGSt 37, 400, Bl 06, 208). Unzulässig ist es aber, gegen verschiedene in demselben Verfahren Angeklagte auf eine Gesamtbuße zu erkennen, wenn sie nicht wegen derselben, sondern wegen verschiedener Straftaten verurteilt werden (ESt 33, 13, Bl 00, 254).

Von mehreren Beschädigten kann jeder ohne Rücksicht auf den anderen den ihm erwachsenen Schaden geltend machen; doch kann ihnen, wenn sie in Ansehung des verletzten Rechts in Gemeinschaft stehen, zusammen nicht mehr als der Höchstbetrag zugebilligt werden (E 41, 380).

Bei der geschädigten offenen Handelsgesellschaft kann jeder Teilhaber auch im Liquidationsstadium als Nebenkläger die Zuerkennung der vollen der Gesellschaft gebührenden Buße wegen ihrer Unteilbarkeit an sich selbst verlangen. Mit der rechtskräftigen Zuerkennung erlischt jeder weitere Entschädigungsanspruch der Gesellschaft. Durch die Zahlung an den Nebenkläger wird der Verurteilte auch der Gesellschaft und den anderen Teilhabern gegenüber frei (RGSt 52, 81; 41, 379).

Stellung des Richters. Die Zuerkennung einer Buße ist nicht davon abhängig, daß der Antrag auf eine bestimmte Summe gerichtet ist. Auch ist nicht nur das von dem Nebenkläger beigebrachte Material zu berücksichtigen, sondern es können auch ohne solches Anhaltspunkte aus der Verhandlung für eine Zubilligung nach freiem Ermessen entnommen werden (RGSt II 28. 1. 08, MW 7, 209; vgl. RGSt 17, 190). § 18 Anm. 5

Der Richter kann sich der Zuerkennung einer Buße nicht aus dem Grunde entziehen, daß über die Höhe des Schadens keine volle Sicherheit herrsche (ESt 6, 191; 17, 399; 44, 299).

Er ist bei Feststellung der Höhe nicht an die Vorschriften der §§ 243, 244 (jetzt 244, 245) StPO gebunden, sondern hat nach Analogie des § 287 ZPO zu entscheiden (ESt 44, 299). Nur wenn die Verhandlung keinerlei Anhaltspunkte für das Bestehen oder die Höhe des Schadens gebracht hat oder die Prüfung zu einer unzweckmäßigen Verzögerung des Verfahrens führen würde, kann der Antrag abgelehnt und der Nebenkläger auf den Weg des Zivilprozesses verwiesen werden. Die Möglichkeit, daß mangels genügender Unterlagen die zuzuerkennende Buße den Betrag des Schadens nicht erreichen werde, genügt hierfür nicht (ESt 6, 399; 44, 296; 60, 12; MW 26, 49).

Abs 2.

Buße und Entschädigung. Eine rechtskräftig erkannte Buße schließt jeden weiteren Entschädigungsanspruch aus. Der Antrag kann bis zur rechtskräftigen Verurteilung zurückgenommen werden (§ 404 Abs 2 StPO), jedoch kann der Verletzte das Urteil nicht lediglich zu diesem Zwecke anfechten. Die Ablehnung des Antrags auf Buße hindert die Geltendmachung eines zivlrechtlichen Entschädigungsanspruchs nicht. Ebensowenig wird der Antrag auf Buße durch Zuerkennung oder Aberkennung des zivilrechtlichen Entschädigungsanspruchs oder durch Verjährung des letzteren unzulässig, nur ist bei Zuerkennung der Buße der rechtskräftig zuerkannte Schadensersatz zu berücksichtigen (RGSt 9, 225; Freund S. 227 Abs 3; Allfeld S. 654 Abs 2, 3; Ebermayer StGB § 188 A 8). Anm. 6

§ 19. § 19

Erfolgt eine Verurteilung auf Grund der §§ 14—16, 18, so ist bezüglich der im Besitze des Verurteilten befindlichen Gegenstände auf Beseitigung der widerrechtlichen Kennzeichnung, oder, wenn die Beseitigung in anderer Weise nicht möglich ist, auf Vernichtung der damit versehenen Gegenstände zu erkennen.

Erfolgt die Verurteilung im Strafverfahren, so ist in den Fällen der §§ 14 und 15 dem Verletzten die Befugnis zuzusprechen, die Verurteilung auf Kosten des Verurteilten öffentlich bekanntzumachen. Die Art der Bekanntmachung sowie die Frist zu derselben ist in dem Urteil zu bestimmen.

Inhalt.

Anm.		Seite
1.	Allgemeines	271
	Abs 1.	
2.	Voraussetzungen	271
3.	Beseitigung oder Vernichtung	272
	Abs 2.	
4.	Veröffentlichungsbefugnis	273

Allgemeines. § 19 entspricht im wesentlichen dem § 17 des MSchG v. 1874. Abs 1 erfordert eine Verurteilung auf Grund der §§ 14, 15 oder 16 — die Miterwähnung des § 18 ist ohne Bedeutung, da auch seine Anwendung wieder eine Verurteilung aus § 14 oder § 15, und zwar im Strafverfahren erfordert — einerlei, ob im Zivil- oder Strafprozeß, wogegen Abs 2 Verurteilung aus § 14 oder § 15 im Strafverfahren voraussetzt. Die im Abs 1 angeordneten Maßnahmen, Beseitigung der widerrechtlichen Kennzeichnung und nötigenfalls Vernichtung der damit versehenen Gegenstände, sind polizeiliche Vorbeugungsmaßregeln, die weitere Rechtsverletzungen verhüten sollen, also nicht Strafe. (Seligsohn A 1 Abs 1; Allfelld A 1 Abs 1.) Dagegen ist die in Abs 2 verordnete Veröffentlichungsbefugnis Strafe (ESt 35, 19). Man kann annehmen, daß die Beseitigung oder Vernichtung (Abs 1), wenn sie im Zivilprozeß zuerkannt wird, zugleich eine Art von Schadensersatz darstellt (vgl. Pinzger A 1). Anm. 1

Abs 1.

Voraussetzungen. Obwohl das Gesetz die Verurteilung im Zivil- und im Strafprozeß gleichstellt, so besteht doch ein wesentlicher Unterschied insofern, als nach § 308 ZPO ein An- Anm. 2

§ 19 trag des Verletzten erforderlich ist, über den nicht hinausgegangen werden darf. Es wird eine Verurteilung je aus dem vollen Tatbestande der §§ 14—16 vorausgesetzt. Im Falle des § 14 genügt also im Zivilprozeß grobe Fahrlässigkeit, während im Strafprozesse Wissentlichkeit gegeben sein muß. In den Fällen der §§ 15 u. 16 wird stets Täuschungsabsicht erfordert. Erfolgt die Verurteilung demgemäß, so ist der Richter — bei entsprechendem Antrage im Zivilprozesse, von Amts wegen im Strafprozesse — verpflichtet, auf Beseitigung oder Vernichtung zu erkennen. Liegt nach der Verurteilung im Strafprozesse Idealkonkurrenz mit einem schwereren Vergehen vor und wird auf Strafe aus einem anderen Strafgesetze erkannt, so kann gleichwohl § 19 Abs 1 angewandt werden, weil es sich hier nicht um Strafe handelt (Allfeld S. 656 unten; Ebermayer A 5; dagegen RGSt 5. 3. 12, GR 12, 255; Seligsohn A 1 Abs 2 a. E.; Kent Nr 824).

Wie Pinzger A 1 zutreffend bemerkt, folgt der Anspruch auf Beseitigung im Falle der §§ 14 u. 15 im Zivilprozesse schon ohnehin aus dem Anspruche auf Schadensersatz nach dem Gesichtspunkt der Wiederherstellung (§ 249 BGB). Dasselbe würde gelten bei einem aus § 16 im Zivilprozesse geltend gemachten Schadensersatzanspruch. Der Anspruch ist aber auch bereits bei objektiver Verletzung des absoluten Rechts in den Fällen der §§ 14, 15 u. 16 gemäß § 1004 BGB gegeben (s. § 12 A 26).

Aus §§ 40 u. 42 StGB können die Folgen des § 19 Abs 1 nicht hergeleitet werden. Auch können auf Grund dieser Bestimmungen die widerrechtlich gekennzeichneten Waren, Umhüllungen usw. nicht eingezogen werden, da sie nicht durch das Verfahren hervorgebracht sind, sondern allenfalls nur die zur Begehung gebrauchten oder bestimmten Gegenstände, Werkzeuge, Stempel, Etiketten usw. (Ebermayer N 4; Näheres Seligsohn A 4).

Weitere Voraussetzung ist der Besitz des Verurteilten zur Zeit der Vollstreckung (RGSt 37, 139). Es genügt die tatsächliche Gewalt über die Sache (§ 854 BGB), auch die eines Besitzdieners (§ 855 BGB) oder Mitbesitzers (§ 866 BGB). Mittelbarer Besitz (§ 868 BGB) genügt nicht (RG 37, 131; Freund S. 229; Allfeld S. 657 N 3). Das Gericht hat also auf Antrag im Zivilprozeß, von Amts wegen im Strafprozeß auf Beseitigung der Kennzeichnung oder auf Vernichtung zu erkennen, „soweit sich die Gegenstände im Besitze des Verurteilten befinden", ohne das Vorhandensein dieser Voraussetzung festzustellen oder zu prüfen (RG II 4. 1. 24, MW 23, 223). Das Weitere ist Sache der Vollstreckungsbehörden, da es auf den Besitz zur Zeit der Vollstreckung ankommt. (Wem die Gegenstände gehören, ist gleichgültig.)

Dagegen ist die Frage, ob Beseitigung oder Vernichtung, im Urteil zu regeln (Freund S. 229 Abs 6; Allfeld S. 657 N 4; vgl. S. 660 N 2 a. E.; vgl. A 3). Zur Sicherung des Anspruchs kann im Zivilprozeß einstweilige Verfügung (§ 935 ZPO) ergehen, im Strafprozeß kann die Beschlagnahme (§ 94 StPO) verfügt werden.

Im Zivilprozeß kann eine Verurteilung aus §§ 14 u. 15 auch gegen die Erben des Täters ergehen; daher kann auch gegen sie nach § 19 Abs 1 erkannt werden (Allfeld S. 657 oben). Stirbt der Verurteilte nach Rechtskraft des Urteils, so ist dieses gegen die Erben vollstreckbar (Allfeld S. 658 Abs 2). Dagegen wird der Strafprozeß durch den Tod des Angeklagten und im Falle der Privatklage, auch des Privatklägers beendet (§ 393 StPO). Erlebt aber der Verurteilte die Rechtskraft des Strafurteils, so kann die verhängte Maßnahme, weil es sich nicht um eine Strafe handelt, in seinen Nachlaß vollstreckt werden (Kohler S. 197; Seligsohn A 3 Abs 4; Ebermayer A 5; a. M. Pinzger A 4 Abs 2).

Auch wenn sich die Verurteilung nicht auf alle im Besitz des Verurteilten befindlichen, widerrechtlich gekennzeichneten Gegenstände bezieht, ist die Beseitigung (bzw. Vernichtung) bezüglich aller auszusprechen. Es genügt also z. B., wenn die Verurteilung auch nur wegen Inverkehrbringens eines dieser Gegenstände erfolgt ist, weil sich im übrigen keine Schuld feststellen ließ (Kohler S. 187).

Anm. 3 **Beseitigung oder Vernichtung.** Der Beseitigung der Kennzeichnung (evtl. der Vernichtung) unterliegen die widerrechtlich gekennzeichneten Gegenstände, also Waren, Verpackung, Umhüllung usw. (s. § 12), nicht dagegen etwa das WZ tragende Etiketten, die mit der Ware noch nicht verbunden sind. Diese unterliegen nur einer Maßnahme nach § 40 StGB (RGSt III 7. 4. 10, MW 10, 32).

Bei der Anordnung und Durchführung ist tunlichst das Interesse des Verurteilten zu wahren.

Ist die Beseitigung der Kennzeichnung, d. h. Aufhebung der Verbindung möglich, so ist für die Vernichtung kein Raum (RGSt 26. 1. 11, Bl 11, 235).

Die widerrechtliche Kennzeichnung ist schon dann „beseitigt", wenn die Ware von der mit der Kennzeichnung versehenen Umhüllung getrennt wird, z. B. indem die Flüssigkeit aus der widerrechtlich bezeichneten Flasche ausgegossen wird (RGSt 14. 6. 10, MW 10, 60; 20. 12. 10, MW 10, 194).

Es darf dann auch nicht auf Vernichtung der Flaschen erkannt werden (RGSt 5. 3. 12; „Recht" 06, 1329 Nr 3259).

Diese an sich leichteste Art der Maßnahme nach § 19 ist zunächst ins Auge zu fassen. Ist sie wirtschaftlich nicht ausführbar, so kommt zunächst die Beseitigung der Kennzeichnung auf der Umhüllung, demnächst deren Vernichtung in Betracht; schließlich ist, wenn die milderen Maßnahmen versagen, auf Vernichtung der Ware selbst zu erkennen. Daneben ist aber auch die Anwendbarkeit des § 40 StGB zu prüfen (ESt 45, 13 u. 340). **§ 19**

Abs 2.

Veröffentlichungsbefugnis. Abs 2 findet nur im Strafverfahren und nur bei Verurteilung aus §§ 14 oder 15, also bei Wissentlichkeit bzw. Täuschungsabsicht, Anwendung. Dann ist aber der Ausspruch obligatorisch, unabhängig von einem Antrage des Verletzten. Nur diesem kann die Befugnis zugesprochen werden, sie geht auf die Erben auch dann nicht über, wenn die Entscheidung zu Lebzeiten des Verletzten rechtskräftig geworden ist (RGSt 16, 73). Ist dagegen der Verurteilte nach Rechtskraft der Entscheidung gestorben, so kann der Verletzte die Befugnis auf Kosten seiner Rechtsnachfolger ausüben (Allfeld N 5 Abs 2; Seligsohn S. 279 Abs 6; Ebermayer A 7). Zur Art der Bekanntmachung gehört auch die Frage, ob nur Tenor oder auch Urteilsgründe; in der Regel wird ersteres genügen (RGSt 20, 1). Die Bestimmung ist obligatorisch, sie kann in der Revisionsinstanz nicht nachgeholt werden (RG II 17. 9. 25, „Recht“ 25, 791 Nr 2556). **Anm. 4**

Wenn im Falle der Idealkonkurrenz die Strafe aus einem anderen, die Publikationsbefugnis nicht vorsehenden Strafgesetze verhängt wird, kann die Befugnis aus Abs 2 nicht zugesprochen werden, weil es sich um Strafe handelt (s. A 1 und Ebermayer A 7). Doch kann dann unter Umständen § 23 UWG anwendbar sein.

Über Art und Frist der Bekanntmachung, auch über die Auswahl der Zeitungen entscheidet das Gericht nach freiem Ermessen (Freund S. 230 Abs 2 u. 3). Daneben besteht die Befugnis des Verletzten und seines Gegners, im Zivil- und Strafprozeß das Urteil mit oder ohne Entscheidungsgründe auf eigene Kosten zu veröffentlichen (Freund S. 230 unten; Rosenthal § 23 N 3). Doch darf diese Befugnis nicht mißbräuchlich, z. B. nach unangemessener Zeit, in übermäßigem Umfange usw. ausgeübt werden, widrigenfalls der Veröffentlichende sich nach § 826 BGB oder § 1 UWG verantwortlich machen kann (Rosenthal § 23 N 3a — das Zitat JW 07, 228 ist unrichtig).

§ 20. **§ 20**

Die Anwendung der Bestimmungen dieses Gesetzes wird durch Abweichungen nicht ausgeschlossen, mit denen fremde Namen, Firmen, Zeichen, Wappen und sonstige Kennzeichnungen von Waren wiedergegeben werden, sofern ungeachtet dieser Abweichungen die Gefahr einer Verwechselung im Verkehr vorliegt.

Inhalt.

Anm.		Seite
1.	Aus den Vorverhandlungen zum Gesetze	273
2.	Entw 1913	274
3.	Aus der Geschäftstätigkeit S. 269ff.	275
4.	Allgemeines zu § 20	276
5.	Verwechslungsgefahr im allgemeinen	277
6.	Stellung der Gerichte	278
7.	Einzelne allgemeine Grundsätze über Verwechslungsgefahr	279
8.	Verwechslungsgefahr im Verkehr	280
9.	Art des Gebrauchs	281
10.	Hinzufügungen und Weglassungen	282
11.	Wort und Wort im allgemeinen	284
12.	Bild und Bild im allgemeinen	285
13.	Wort und Bild im allgemeinen	286
14.	Kombinationszeichen im allgemeinen	287
15.	Beispiele: I. Wort und Wort	288
	II. Bild und Bild	290
	III. Wort und Bild	290
	IV. Kombination	291
16.	Färbung	291
	Motivschutz, starke und schwache Zeichen.	
17.	Im allgemeinen	294
18.	Motivschutz im allgemeinen	295
19.	Motivschutz. Voraussetzungen	295
20.	Motivschutz. Beispiele	297
	Schwache Zeichen.	
21.	Im allgemeinen	298
22.	Einzelentscheidungen	301

Aus den Vorverhandlungen zum Gesetze. Der entsprechende § 18 des MSchG v. 1874 lautete: **Anm. 1**

„Der dem Inhaber eines Warenzeichens, eines Namens oder einer Firma nach Inhalt dieses Gesetzes gewährte Schutz wird dadurch nicht ausgeschlossen, daß das Waren-

§ 20 zeichen, der Name oder die Firma mit Abänderungen wiedergegeben sind, welche nur durch Anwendung besonderer Aufmerksamkeit wahrgenommen werden können."

Der Regierungsentwurf zum § 18 WZG entsprach dem § 20 des Gesetzes mit der Maßgabe, daß der Eingang lautete:

„Der nach Inhalt dieses Gesetzes gewährte Schutz wird usw." und daß an Stelle des Wortes „Abweichungen" beide Male das Wort „Abänderungen" stand. Die Änderungen des Entwurfs beruhen auf Beschluß der Reichstagskommission.

Begr S. 18, 19:

Die Bestimmung des geltenden Gesetzes hat in der Literatur und in zahlreichen gerichtlichen Entscheidungen die sinngemäße Auslegung gefunden, daß der Z-Schutz gegenüber geringfügigen, den Gesamteindruck im Verkehr nicht wesentlich beeinflußenden Abänderungen in der Wiedergabe des Z-Bildes nicht versagen soll. Nach der Begründung eines reichsgerichtlichen Urteils aus dem Jahre 1880

„kommt es nicht darauf an, ob zwei WZ, wenn sie nebeneinanderliegend verglichen werden, Unterscheidungsmerkmale zeigen, auch nicht, ob eine Täuschung geschäftskundiger Kaufleute möglich sei, sondern nur darauf, ob die Konsumenten irregeführt, d. h. veranlaßt werden können, indem sie mit Rücksicht auf ein ihnen bekanntes WZ eine ihnen zusagende Ware suchen, statt der Ware des einen Gewerbetreibenden die Ware des anderen zu kaufen".

Trotzdem sind gegen die Bestimmung des geltenden Gesetzes vielfach Beschwerden gerichtet worden. Aus diesem Grunde und um in den beteiligten Verkehrskreisen selbst die Tragweite des Gesetzes durch den Ausdruck desselben schärfer erkennbar zu machen, ist die im Entwurf vorgesehene Fassung gewählt.

Aus dem Kommissionsbericht S. 8, 9:

Die veränderte Fassung wurde gewählt, damit unzweifelhaft feststehe, daß alle Bestimmungen dieses Gesetzes sich nicht nur auf genau gleiche Z, Namen usw. beziehen, sondern auch auf ähnliche Z, Namen usw., d. h. auf solche, welche im Verkehr der Gefahr einer Verwechslung unterliegen. Ferner wurde in Übereinstimmung mit den Regierungsvertretern festgestellt, daß auch die teilweise Anwendung eines WZ oder die Anwendung eines eingetragenen Z mit Zusätzen die Ähnlichkeit und die Gefahr einer Verwechslung mit sich bringen könne.

Es handle sich nicht darum, ob beim Vergleich zweier vorliegender Z, Namen oder Worte Verschiedenheiten zu erkennen sind, sondern nur darum, ob der Käufer einer Ware, und insbesondere der weniger gebildete, dem nicht beide Z nebeneinander vorlagen, der sich nur des von ihm gesuchten Z erinnert, durch das andere Z getäuscht werden kann. Dabei ist es ganz gleich, ob das Gesamtbild die Ähnlichkeit zeigt, oder ob wesentliche Bestandteile eines geschützten Z übernommen sind, oder aus welchen Gründen immer die Gefahr der Verwechslung entspringen mag! Das Wort „Abänderungen" wurde durch „Abweichungen" ersetzt, um dem etwa möglichen Mißverständnis zu begegnen, als ob die Bestimmungen des Gesetzes nur Anwendung finden sollen, wenn ein geschütztes Z abgeändert nachgeahmt wird; der Schutz soll immer dann eintreten, wenn die Gefahr der Verwechslung vorliegt. Bei der Beurteilung, ob eine Verwechslungsgefahr vorliegt, wird das PA im Interesse des kaufenden Publikums und der Bekämpfung des unlauteren Wettbewerbs die Grenzen nicht zu eng ziehen und im Zweifelsfalle auf Zurückweisung erkennen.

Anm. 2 **Entw 1913.** Der Entw 1913 erweitert den § 20 dahin, daß er auch bei Verschiedenartigkeit der Waren anwendbar sei, sofern ungeachtet derselben die Gefahr einer Verwechslung der Geschäftsbetriebe bestehe. Dazu sagt die Begr S. 68: „Es kommt vor, daß die Waren, die der Z-Berechtigte auf den Markt bringt, unzweifelhaft von anderer Art sind als diejenigen eines anderen, daß es aber dennoch auf Kosten des geschäftlichen Rufes oder wirtschaftlichen Vorteils des Berechtigten geht, wenn der andere seine Waren unter dessen Z in Verkehr bringt. Wer z. B. Erzeugnisse herstellt, bei deren Vertrieb oder zu deren Verpackung andere ungleichartige Waren erforderlich sind, sieht sich leicht einem derartigen unlauteren Wettbewerb eines Fabrikanten dieser Waren ausgesetzt. Es erscheint unbillig und kann im Verkehr Verwirrung stiften, wenn dasselbe Z von dem einen für die von ihm hergestellten Gefäße, von dem anderen für seine in den Gefäßen vertriebenen Erzeugnisse, von einem Dritten für ganz andersartige, aber in sonst gleiche Gefäße gefüllte Waren geführt werden darf." In der Regel wird dies Problem auch schon auf Grund des geltenden Gesetzes sachgemäß zu lösen sein. Die Gefäße gehören zu der „Umhüllung" im Sinne von § 12 und können daher nicht von einem anderen für eine bestimmte Gattung von Waren benutzt werden, wenn sie mit einem für diese Ware eingetragenen Z versehen sind und dadurch die Gefahr einer Verwechslung der Warenbetriebe entsteht (s. hierüber § 1 A 15; § 5 A 6 und § 12 A 8 u. 23). Soweit sonst durch das Versehen ungleichartiger Waren verschiedener Betriebe mit dem gleichen Z Verwechslungsgefahr verursacht werden kann, wird vielfach der Schutz gegen unlauteren Wettbewerb eingreifen. In der Regel wird einer derartigen Gefahr aber auch schon von vornherein durch eine weite Auslegung des Begriffs der Gleichartigkeit vorgebeugt werden können (s. § 5 A 5 u. 6). **§ 20**

Aus der Geschäftstätigkeit S. 269 ff. Die die Gefahr der Verwechslung begründenden Umstände können entweder in dem Z selbst oder in Begleiterscheinungen liegen. **Anm. 3**

1. **Starke und schwache Motive.** Was die in dem figürlichen Z selbst liegenden Momente betrifft, so kann der maßgebende Gesamteindruck auch dann derselbe sein, wenn die Einzelheiten durchaus voneinander abweichen. Auch die Gemeinsamkeit des Motivs kann die Übereinstimmung zweier Bildzeichen begründen. Ist das Motiv neu oder besonders eigenartig, oder steht es zu der Ware nicht in innerer Beziehung, oder ist es in der betreffenden Warenklasse bisher wenig benutzt, so kann dem Erstanmelder ein Motivschutz in gewissem Maße unbedenklich gewährt werden. Anders dagegen, wenn das Z eine beschreibende Natur hat, d. h. in figürlicher Weise gewisse Eigenschaften der Ware, deren Herstellung und Verwendung oder Wirkungsweise usw. zum Ausdruck bringt. Derartige beschreibende Z-Motive sind z. B. die Kuh für Molkereiprodukte, die Wäscherin für Waschmittel, die Blume für Parfümerien, der Soldat für Militärbedarfsartikel. Es hieße, die Interessen der übrigen Geschäftsbetriebe einer Warenklasse zugunsten eines einzelnen schädigen, wollte man ein solches Motiv der Benutzung Gleichberechtigter durch Eintragung in die Z-Rolle entziehen. Bei derartigen Z kommt es daher auf die besondere Ausstattung des an sich freien Motivs an. Dasselbe gilt natürlich von einem Freizeichenmotiv. Viele Etiketten sind in ihrer Gesamterscheinung Gemeingut geworden, ohne daß eine bestimmte Form derselben als Freizeichen feststellbar wäre. Derartige in den Einzelheiten vom Verkehr wohl zu unterscheidende Etiketten finden sich z. B. in der Industrie der leonischen Waren, in der Eau-de-Cologne-Fabrikation und bei den die Herstellung und den Vertrieb von Kaffeesurrogaten betreibenden Geschäften (vgl. E 101, 34: Ähren). Ähnlich steht es mit den zahlreichen Z, die sich an Motive der nach § 4 Ziff 2 von der Eintragung ausgeschlossenen Wappen anlehnen. Wie das Recht auf Benutzung der Berufs- und Innungswappen allen Angehörigen des gleichen Gewerbes gemeinsam ist, so besteht ein gewisses Bedürfnis der Geschäftswelt, das heimatliche Staats- oder Gemeindewappenmotiv als einen Hinweis auf den Ursprung der Ware zu verwenden. Besonders ist bei deutschen Z-Anmeldern das Bild des Reichsadlers beliebt, der durch Allerhöchsten Erlaß v. 16. 3. 72 den deutschen Fabrikanten, abgesehen von der Form eines Wappenschildes, freigegeben ist. Bei allen derartigen Z wird ebenfalls die Gleichheit des Motivs nicht ohne weiteres als die Übereinstimmung begründend angenommen, und infolgedessen befinden sich zahlreiche den Reichsadler, den preußischen Adler, den Berliner Bär, das Münchener Kindl, die Hamburger Türme als Motiv enthaltende Z in der Rolle, ohne daß dies in der Praxis zu Reibungen geführt hat.

2. **Färbung.** In vielen Fällen beruht die Gefahr der Verwechslung in der Verwendung der gleichen Färbung. Da die Anmeldung meist, die Veröffentlichung ausschließlich in schwarzer Färbung erfolgt, die Gefahr der Verwechslung jedoch nach Maßgabe der tatsächlichen Verwendung berücksichtigt werden muß, so werden in Zweifelsfällen farbige Z-Darstellungen eingefordert. Mit einem ohne Farbenverschiedenheiten eingetragenen Z kann, wie auch das RG ausgesprochen hat, ein anderes Z dadurch verwechselbar werden, daß dieses verschieden gefärbt ist, und daß so die sonst etwa vorhandenen Unterschiede verschleiert werden. Andererseits genießt, wer sich ein im Verkehr farbig geführtes Figurenbild als Z in Schwarzdruck eintragen läßt, einen Schutz gegenüber einem ähnlichen Z nur insoweit, als, abgesehen von der Färbung, eine Verwechslungsgefahr besteht, nicht aber, soweit die Verwechslungsgefahr nur durch die beiderseits angewendete und übereinstimmende Färbung herbeigeführt ist.

3. **Benutzung von Bestandteilen.** Die Verwechslungsgefahr beruht häufig darauf, daß wesentliche Einzelheiten in beiden Z übereinstimmen, sei es daß das ältere Z ganz oder in seinen beherrschenden Bestandteilen in das neue übernommen ist, und zwar so, daß das ältere Z in seiner Individualität erkennbar bleibt. Geht es dagegen in dem neuen Z organisch auf, so daß es als selbständiger Z-Bestandteil nicht mehr aufgefaßt werden kann — z. B. Bild eines Hirsches eingefügt in das Bild einer Parforcejagd derart, daß niemand an das ältere Hirschzeichen mehr erinnert wird —, so wird die Verwechslungsgefahr zu verneinen sein. Die Verschiedenheit der den Z-Bildern beigefügten Namen, Buchstaben und Warenabbildungen, denen der Verkehr einen unterscheidenden Wert nicht beimißt, beseitigt die Übereinstimmung nicht.

4. **Wort und Bild.** Steht ein Wortzeichen zum Vergleich mit figürlichen Z, die dieses Wort als Inschrift enthalten, so wird regelmäßig die Übereinstimmung angenommen, da

§ 20 das Bildzeichen dann regelmäßig im Verkehr mit diesem Worte benannt zu werden pflegt, z. B. Figur mit dem Worte „Excelsior“ als „Excelsiorzeichen“.

Daher steht das PA auch im Gegensatze zum RG auf dem Standpunkte, daß Wortzeichen mit solchen Bildzeichen übereinstimmen, die den Begriff des Wortes figürlich wiedergeben, z. B. das Wort „Adler“ mit einem Bilde, das durch die Darstellung eines Adlers beherrscht und daher im Verkehr als „Adlerzeichen“ angesprochen wird. Das RG hat dagegen entschieden, daß die Eintragung der Wortzeichen „Königin von Holland“ und „Königin Wilhelmina“ die Benutzung eines Bildzeichens mit der Königin Wilhelmina im Krönungsschmuck nicht behindere.

5. **Wortzeichen.** Bei Wortzeichen kann die Verwechslungsgefahr beruhen auf Übereinstimmung des Begriffes; so sind die Worte „Mohr“ und „Neger“ als übereinstimmend erachtet worden; andererseits wurde die Übereinstimmung der Worte „Viktoria“ und „Viktoria Augusta“ verneint, weil sie verschiedene Vorstellungen erwecken.

6. **Sprachen.** Auch in dieser Hinsicht gelten die lebenden Verkehrssprachen als gleichwertig, daher wurde Übereinstimmung zwischen „Blitz“ und „Eclair“ sowie zwischen „Stern“ und „Estrella“ angenommen.

7. **Wortstamm.** Auch die Gleichheit des Wortstammes kann Übereinstimmung begründen, jedoch regelmäßig dann nicht, wenn das Stammwort in Beziehung zur Ware steht, wenn es Freizeichen oder sonst vielfach benutzt ist, wenn ein Bedürfnis vorhanden ist, es der Allgemeinheit zur Benutzung freizuhalten. (Ähnlich verhält es sich mit den Motiven bei Bildzeichen.) Dieser Umstand fällt besonders bei den zahlreichen, an Ausdrücke der chemischen Technologie sich anlehnenden Wörtern ins Gewicht und kann dazu führen, die Übereinstimmung schon bei Verschiedenheit der dem Stammworte angefügten Endsilbe zu verneinen; so bei den Wörtern „Lucie“, „Lucia“ und „Lucinda“ für Beleuchtungsgegenstände.

8. **Klangwirkung.** Im Verkehr wohl das schwerstwiegende Moment ist bei Wortzeichen die Klangwirkung. Auch hier ist die Übereinstimmung um so eher zu verneinen, je weniger das Wort Phantasiewort ist, je mehr es sich als Andeutung der Beschaffenheit, der Bestimmung usw. der Ware oder als Änderung eines Freiwortes darstellt.

9. **Wortbild.** Aber auch die figürliche Übereinstimmung von Wortzeichen kommt in Frage, weil zahlreiche Käufer, besonders Ausländer, weder den Begriff noch die einzelnen Buchstaben als solche kennen und daher auf den figürlichen Eindruck des Wortes angewiesen sind.

10. **Wortentnahme.** Kehrt das ältere Z in dem neu gebildeten Worte in seiner Eigenart wieder, so stimmen die Z regelmäßig überein (z. B. „Monopol“ — „Lorraine-Monopol“ und „Lanolin“ — „Boroglyzerinlanolin“, die allerdings das KG unter Billigung des RG für nicht übereinstimmend erklärt hat).

11. **Nebenumstände.** Aber auch Umstände, die außerhalb der Z liegen, kommen für die Frage der Übereinstimmung in Betracht. Gewisse Klassen von Waren gestatten nur die Anbringung einfacher Z, z. B. in der Metallindustrie, wo die Z — abgesehen von den für die Verpackung bestimmten Etiketten und Schablonen — sich mittels Stempels auf die Ware schlagen lassen müssen. Ähnlich in der keramischen Industrie. Andere Waren (z. B. Uhren, Feininstrumente, Schmuckgegenstände) gestatten nur die Anbringung kleiner Z. Die Papierindustrie ist auf die eigenartigen Wasserzeichen angewiesen. Diese durch die Natur der Ware bedingte Begrenzung in der Wahl von Z hat zur Folge, daß die betreffenden Verkehrskreise dazu erzogen sind, ein besonderes Maß von Aufmerksamkeit anzuwenden und schon verhältnismäßig geringen Unterschieden Bedeutung beizumessen. Im Gegensatz dazu verfügt z. B. der Weinhandel, die Tabak- und die Parfümerieindustrie über die Möglichkeit, aus zahlreichen Einzelheiten zusammengesetzte Z zu verwenden. Hier kann daher geringfügigen Unterschieden eine Unterscheidungskraft nicht zuerkannt werden. Bei Massenartikeln erscheint das eingeprägte Z, weil die Pressung schnell und ohne Sorgfalt erfolgt, nicht immer mit der erforderlichen Deutlichkeit und wird wegen Minderwertigkeit der Ware vom Beschauer mit geringer Sorgfalt geprüft. Dagegen kann bei wertvollen, seltenen Waren vorausgesetzt werden, daß der Käufer dem Z erhöhte Aufmerksamkeit widmet.

12. **Abnehmerkreis.** Zum Teil bemißt sich die Verwechslungsgefahr auch danach, ob der Abnehmerkreis sich aus Sachverständigen, aus Leuten mit erhöhter Urteilskraft zusammensetzt, oder ob die Ware für das große, weniger urteilsfähige Publikum bestimmt ist. Chemische Rohstoffe und Halbfabrikate der verschiedensten Art werden ausschließlich von Zwischenhändlern und Fabrikanten gekauft; beschränkt und sachkundig ist der Abnehmerkreis auch bei zahnärztlichen und maschinentechnischen Bedarfsartikeln. Ein besonders scharfer Beobachter der Z ist der in den chinesischen Küstenstädten ansässige chinesische Zwischenhändler.

Anm. 4 **Allgemeines zu § 20.** § 20 dehnt den für das eingetragene Z nach § 12 bestehenden Schutz aus auf ähnliche Z, bei denen nach den Umständen des Falles die Gefahr besteht, daß die mit ihnen versehenen Waren dem Betriebe des Z-Inhabers zugeschrieben werden, weil sie, wie Kohler sagt, in der Charakterisierungszone des eingetragenen Z liegen. Es handelt sich also um eine ähnliche Erweiterung des Z-Schutzes wie im Falle der Gleichartigkeit der Waren. Auch hier stehen nicht etwa die verwechslungsfähigen Z dem eingetragenen Z gleich, so daß der Z-Inhaber einen Schutz genösse, wie wenn sie eingetragen wären. Daher bezieht sich sein Schutz auch nicht auf solche Z, welche mit ihnen im Verhältnis der Verwechslungsgefahr stehen. Auch die Verwechslungsgefahr ist konkret zu beurteilen und kann bei demselben Z, wenn es mehrfach für verschiedene Warenarten erteilt ist und bei demselben Gegenzeichen in dem einen Falle bestehen, in dem anderen Falle nicht (Kohler, WZR S. 170; Dunkhase MW 14, 135; 15, 305). Benutzt der Z-Inhaber selbst sein Z mit Abweichungen, wie sie § 20 im Auge hat, so ist er unter Umständen der Untersagungsklage eines Dritten ausgesetzt, denn es ist möglich, daß dessen eingetragenes Z infolge der Abweichungen mit dem modifizierten Z des ersteren verwechslungsfähig ist (s. Dunkhase MW 14, 136). § 20

Ist das eingetragene Z mit dem Gegenzeichen nicht verwechslungsfähig, so kommt es nicht darauf an, daß letzteres verwechslungsfähig ist mit besonderen Formen, in denen der Inhaber sein eingetragenes Z im Verkehr benutzt, mögen die Abweichungen von dem eingetragenen Z auch an sich nicht erheblich sein. Stets muß die Eintragung selbst mit der angeblichen Nachahmung verglichen werden (E 19, 170). Doch kann hier unter Umständen ein Ausstattungsschutz des Z-Inhabers in Frage kommen.

§ 20 gilt grundsätzlich auch für Vorrats- und Defensivzeichen (s. jedoch Näheres darüber § 12 A 5; abweichend Pinzger S. 335).

§ 20 erstreckt sich über den Bereich des § 12 hinaus auf alle Bestimmungen des Gesetzes (RGSt 48, 143), soweit sie nicht, wie § 23 Abs 3 und § 24, ihrem Zwecke und Inhalte nach davon ausgeschlossen sind (RGSt 31, 11; Bl 98, 198; GR 02, 383). Er gilt auch für § 19 Abs 1 (Beseitigung); a. M. Ebermayer § 20 N 1. Insbesondere erstreckt sich seine Wirkung grundsätzlich auch auf Freizeichen, einerlei, ob es sich um die Eintragung oder die einredeweise Berufung auf Freizeicheneigenschaft handelt (ESt 48, 393ff, 139; auch MW 14, 140 u. 185; bekämpft von Niebour GR 15, 131); vgl. jedoch hierzu § 4 A 10 und § 13 A 20).

Als Abweichungen kommen auch bloße Zusätze und Fortlassungen und eine Verbindung beider in Betracht. Erstere schließen in der Regel die Verwechslungsfähigkeit nicht aus (Näheres A 10). Fortlassungen ebenfalls in der Regel dann nicht, wenn sie sich auf schutzunfähige oder wenig charakteristische Bestandteile beziehen. Es kommt aber stets auf den Gesamteindruck (RGSt 26, 403) und auf das Erinnerungsbild an (E 60, 154; RGSt 40, 246).

Mit Recht sagt Kohler, WZR S. 160, daß es sich bei § 20 nicht um eine positivrechtliche Erstreckung handle, sondern daß die Bestimmung im Wesen des Z als eines Eindruckszeichens begründet sei und daß daher auch bei allen Verkehrsvölkern der Satz: „Gleicher Eindruck, Gleichheit des Z" wiederkehre.

§ 20 kann gemäß §§ 157, 242 BGB auch bei Verträgen anwendbar sein, so wenn die Verpflichtung übernommen wird, ein bestimmtes Z wegen Verwechslungsgefahr mit einem gegnerischen Z nicht mehr zu führen (RG II 1. 2. 05, Bl 05, 235: „Herkules-Wolle").

Verwechslungsgefahr im allgemeinen. (Siehe auch § 5 A 3.) Die Verwechslungsfähigkeit ist der wichtigste Rechtsbegriff des WZ-Rechts wie des Wettbewerbsrechts überhaupt. Sie unterliegt insofern, wie der nächstwichtige Begriff der Gleichartigkeit der Waren, der Nachprüfung in der Revisionsinstanz, wenngleich es sich bei beiden zugleich, und zwar vorwiegend um Tatfragen handelt. **Anm. 5**

Das RG bedient sich der Formel: Die Verwechslungsgefahr liegt zwar an sich auf dem Gebiete der tatsächlichen Würdigung; die Frage aber, ob der Tatrichter diese Würdigung auf Grund zutreffender rechtlicher Erwägung vorgenommen hat, ist in der Revisionsinstanz nachprüfbar. So z. B. RG II 1. 10. 26 (MW 26, 185). Aber auch hier ist eine schablonenmäßige Anwendung des Rechts nach festen Regeln nicht möglich, vielmehr kommt es stets auf die besonderen Umstände des Falles mit an (BA 16. 5. 14, MW 14, 148; Dunkhase MW 14, 288 u. 358; Osterrieth JW 25, 1289 zu Nr 22). An die Feststellung der Tatumstände durch den Tatrichter ist der Revisionsrichter selbstverständlich gebunden. Allgemeine, bei der Nachprüfung zu berücksichtigende Anhaltspunkte gewähren die Lebenserfahrung des Richters und die Kenntnis des Verkehrs, wie sie auch in einer umfangreichen Rechtsprechung und Literatur Ausdruck gefunden haben. Vgl. Kohler GR 16, 73. Eine instruktive, wenn auch nicht erschöpfende Zusammenstellung der hieraus geschöpften Regeln s. bei Niebour GR 18, 124. Aus einer ähnlichen Darstellung von Kohler GR 16, 74 ist, ohne Haftung am Wortlaute, im wesentlichen folgendes hervorzuheben: 1. Nicht das sprachliche Wortverständnis ist maßgebend, sondern die Auffassung des Publikums. 2. Bei einer mißverständlichen Erklärung genügt es nicht, daß daneben die Handhabe zum richtigen Verständnis geboten wird. 3. Der Richter darf die Verwechslungsfähigkeit nicht nach dem Eindrucke der neben-

§ 20 einanderliegenden Marken würdigen. 4. Nicht sein Befund ist maßgebend, sondern der Eindruck im Publikum. 5. Auch mit Torheit bei dem Publikum muß gerechnet werden. 6. Das Z muß in seiner Gesamtheit in Betracht gezogen werden. 7. Sind zwei Z ähnlich in den deskriptiven, unähnlich in den Phantasiebestandteilen, so ist die Verwechslungsfähigkeit regelmäßig zu verneinen. 8. Die Deskriptivabkunft einer Wortmarke muß berücksichtigt werden. 9. Bei der Wortmarke kommen Klang und Bild in Betracht. 10. Auch ähnlich lautende Worte oder sonst ähnliche Z können nicht verwechselbar sein, wenn entweder der Verkehr sich genau auskennt oder sich durch längeres Nebeneinanderbestehen der Z gewöhnt hat, auf die Unterschiede zu achten. 11. Die gleichen Z können bei gewissen Waren verwechslungsfähig, bei anderen nebeneinander zulässig sein, weil die Urteilsfähigkeit des Publikums auf dem einen Warengebiete eine größere ist wie auf dem anderen.

Aus dem letzten besonders wichtigen Grundsatze der konkreten Beurteilung (vgl. A 4) folgt auch, daß die Verwechslungsgefahr sich mit der Zeit steigern kann (RG 17. 12. 09, MW 9, 250), daß aber auch zur gleichen Zeit, je nach den verschiedenen Verkehrskreisen, ein jüngeres Z mit zwei älteren verwechselbar sein kann, besonders wenn es aus beiden zusammengesetzt ist, weil ein erheblicher Teil des Publikums an das eine, ein anderer an das andere Z erinnert wird. Dies ist in den Urteilen RG II 1. 10. 26, 564/25 u. 565/25 (MW 26, 185 u. 186) verkannt worden. Es waren gegen das Z des Beklagten, welches einen aufrechtstehenden Anker, über dessen Schaft in der Mitte horizontal ein von rechts nach links gerichteter Fisch vorüberzieht, zwei Löschungsklagen erhoben worden, die eine auf Grund eines Ankerzeichens, die andere auf Grund eines Fischzeichens. Das BG hat beiden Klagen stattgegeben, indem es erwog, der Beschauer, dem das erste Gegenzeichen bekannt sei, werde in dem Z des Beklagten den Anker, derjenige aber, dem das zweite Gegenzeichen bekannt sei, den Fisch als die Hauptsache ansehen und so bestehe bezüglich beider Gegenzeichen Verwechslungsgefahr. Das RG hat dies für rechtsirrig und widerspruchsvoll erklärt. Bei der Verwechslungsgefahr komme es nicht auf die Beurteilung und besondere Einstellung dieses oder jenes Beschauers, sondern nur darauf an, ob objektiv, d. h. für jeden beliebigen Durchschnittsbeschauer die Gefahr einer Verwechslung bestehe. Es hat dann angenommen, daß das OLG in Wahrheit doch den Anker als Hauptbestandteil im Z des Beklagten erachte und hat demgemäß die erste Revision zurückgewiesen, im zweiten Falle aber die Klage abgewiesen. Diese Beurteilung tut den tatsächlichen Verhältnissen Gewalt an. Es ist sehr wohl möglich, daß ein jüngeres Kombinationszeichen mehrere ältere Z, die die kombinierten Bestandteile je als Hauptbestandteil enthalten, verletzt (vgl. z. B. BA 31. 3. 14, MW 13, 513). Auch genügt es, daß je ein erheblicher Teil des Publikums in beiden Fällen der Verwechslungsgefahr unterliegt, und zwar der eine in bezug auf das erste, der andere in bezug auf das zweite Gegenzeichen, je nach dem Kreise, in dem das eine oder das andere vorwiegend bekannt ist. Man kann nicht erwarten, daß beide Gegenzeichen überall gleichmäßig bekannt sind; in diesem Falle würde auch wohl die Verwechslungsgefahr bezüglich beider zu verneinen sein, weil sich dann das Kombinationszeichen von beiden unterscheidend abheben würde. Warum soll aber nicht ein Teil des Publikums, der sich an den Anker erinnerte, über den Fisch des Kombinationszeichens hinwegsehen und der andere Teil umgekehrt über den Anker, und warum sollen nicht beide und zugleich die betreffenden Inhaber der Z gegen diese Täuschung geschützt werden? Wenn in zahlreichen Urteilen von dem Durchschnittsbeschauer oder dem Durchschnittskonsumenten, auf dessen Täuschung es ankomme, die Rede ist, so gibt es doch auch für diesen maßgebenden Teil des Publikums keinen allgemein geltenden, objektiven Maßstab der Verwechslungsgefahr (vgl. A 8).

Anm. 6 **Stellung der Gerichte.** Die Frage der Verwechslungsgefahr ist von den Gerichten nach allen Richtungen, ohne Bindung an etwaige Vorentscheidungen des PA, frei zu prüfen (s. § 5 A 1; § 6 A 2). Dies gilt auch bezüglich eines Streites über Freizeicheneigenschaft von Z-Bestandteilen (s. § 4 A 15; vgl. § 13 A 20).

Um im Streit über die Verwechslungsfähigkeit eine günstigere Position zu haben, kann der Anmelder neben dem für die Benutzung ins Auge gefaßten Z ähnliche Z als Defensivzeichen anmelden (s. § 12 A 5).

Die Frage der Verwechslungsgefahr ist eine Tatsachenfrage. Maßgebend ist nicht die im Verkehr wünschenswerte oder erforderliche Vorsicht des Käufers, sondern die tatsächlich in erheblichen Verkehrskreise beim Einkauf und bei der Prüfung des Z nach der Erinnerung geübte geringere Vorsicht. Auch die Prüfung des PA und der Gerichte hat daher vorwiegend nach Erfahrungsgrundsätzen, nicht nach Rechtsgrundsätzen zu erfolgen (BA 25. 5. 23, Bl S. 89). Die Rechtsprechung hat also nicht die Aufgabe, das Publikum zu einer sorgfältigeren Prüfung anzuhalten und gewissermaßen zu erziehen, sondern es so, wie es sich tatsächlich verhält, vor Irrtum zu bewahren und dem unlauteren Mißbrauche von Warenbezeichnungen entgegenzuwirken.

Der Begriff der Verwechslungsgefahr ist bei den verschiedenen Arten von Z kein verschiedener, jedoch sind an das Maß der diese Gefahr ausschließenden Abweichungen nicht überall die gleichen Anforderungen zu stellen (RG II 30. 1. 25: Degea; MW 25, 137). § 20

Zur Begründung der Verwechslungsgefahr genügt eine naheliegende Möglichkeit; es bedarf nicht der Feststellung, daß bereits Verwechslungen vorgekommen sind; andererseits kann aus vorgekommenen Verwechslungen nicht unbedingt auf die Gefahr geschlossen werden (E 109, 226 a. E.; RG II 10. 11. 08, MW 8, 150). Selbstverständlich bieten sie aber in der Regel einen Anhalt dafür.

Besteht die Absicht, Verwechslungen mit einem älteren Z herbeizuführen, so spricht die Vermutung für die Gefahr (RG II 26. 10. 09, MW 9, 225; 12. 6. 25, JW 2001 Nr 12; 4. 5. 26, GR 26, 341; MW 26, 10). Desgleichen wenn vorsätzliche Nachahmung gegeben ist (RGSt 19, 318; Bondi GR 09, 77; OLG Hamburg 14. 2. 07, MW 7, 143).

Fehlt es allerdings an der objektiven Verwechslungsgefahr, so spielt das subjektive Moment keine Rolle (RG JW 24, 1514; RG II 9. 7. 26, Bl 26, 215; GR 26, 485).

Für die Revisionsinstanz hebt Kohler GR 16, 73 zutreffend hervor, daß ein Rechtsirrtum im Urteil darin gefunden werden kann, daß naheliegende Anhaltspunkte für die Beurteilung unberücksichtigt geblieben sind (Mangel der Begründung), und daß im Zweifel für das „Zensurierungsrecht" des Revisionsgerichts zu entscheiden ist, um die Entwicklung eines sicheren und einheitlichen Industrierechts zu fördern. Denn es ist in der Tat die wichtigste Aufgabe des Revisionsrichters, eine sich aus der Vorentscheidung ergebende verkehrsrechtliche Regel daraufhin zu prüfen, ob sie nach seiner — mutmaßlich umfassenderen — Erfahrung dem Verkehrsbedürfnisse entspricht und an Stelle der unzweckmäßigen Regelung die zweckmäßige zu setzen. Dieser Aufgabe darf er sich keinesfalls durch Berufung auf „tatsächliche Feststellung" entziehen.

Einzelne allgemeine Grundsätze über Verwechslungsgefahr. Anm. 7

a) Bild- und Wortzeichen.

Das Bildzeichen wirkt zunächst durch das im Auge hervorgerufene Bild, ebenso das Wortzeichen, besonders bei eigentümlicher typographischer Gestaltung. Daneben wirkt dieses aber auch sehr wesentlich durch den Klang des gesprochenen Wortes. Beide wirken endlich regelmäßig durch eine begriffliche Vorstellung, die sie hervorrufen; vgl. für Bildzeichen: RGSt 9. 10. 14 (Bl 15, 167); für Wortzeichen: E 80, 226; 104, 314; 109, 229; PA 19. 1. 07 (Bl 07, 122; MW 6, 194).

Auf diese drei Eindrücke kommt es somit bei Beurteilung der Gefahr der Verwechslung zweier Z an. Stehen sich Wortzeichen gegenüber, so werden sie demnach zu prüfen sein nach Bild-, Klang- und Begriffswirkung; handelt es sich um zwei Bildzeichen, so kommt hauptsächlich die Bildwirkung, regelmäßig aber auch die Begriffswirkung (das Motiv) in Betracht. Schon hieraus läßt sich folgern, daß das PA und die Literatur (gegenüber der älteren Auffassung des RG) recht haben, wenn sie annehmen, daß auch regelmäßig eine Verwechslungsgefahr zwischen einem Bild- und einem Wortzeichen zufolge der Begriffswirkung nicht ausgeschlossen ist, ähnlich wie die Klangwirkung nicht nur beim Sprechen, sondern auch beim Lesen zur Geltung kommt (Kohler S. 168, 169). Jedoch genügt nicht irgendwelche Beziehung zwischen beiden, sondern das Wort muß die natürliche und gegebene Bezeichnung des Bildes sein (RG II 16. 11. 26, MW 26, 137; Freund S. 245 Abs 2). Näheres über die Frage unten A 13.

Maßgebend ist die dem Z zugrunde liegende Idee und die Hervorrufung derselben im Bewußtsein des Publikums (E 53, 92: „Sternbleistifte"; RG I 1. 2. 05, Bl 05, 235; MW 7, 166: „Herkuleswolle"; Kohler S. 160: „Gleicher Eindruck, gleiches Z").

b) Kombinationszeichen.

Freizeichen oder Beschaffenheitsangaben als Bestandteile von Z kommen regelmäßig für die Verwechslungsgefahr nicht in Betracht (E 98, 267). Im übrigen können gewisse Eindruck machende Elemente in ihrer Gleichheit die Gefahr begründen, aber auch die Eigentümlichkeit der Zusammenstellung bei Verschiedenartigkeit der Elemente. Die Aufnahme des älteren Z in eine Kombination hebt regelmäßig die Verwechslungsgefahr nicht auf, dagegen ist die Entnahme von Einzelheiten zulässig, wenn nicht der Eindruck des Gesamtzeichens erweckt wird (E 98, 267; 53, 97).

Bei zwei Z, die beide Anklänge an ein bekanntes drittes, älteres Z enthalten, kann die Verwechslungsfähigkeit nicht auf die allen drei Z gemeinsamen Bestandteile gestützt werden (PA 26. 9. 18, MW 18, 42: Benedictiner — Mampedictiner, Dictiner — Gerodictiner; ob die letztere Bezeichnung mit der ersteren verwechslungsfähig ist, war nicht zu prüfen).

§ 20 c) Sonstiges.

Bei Z von Eigentümlichkeit und großer Unterscheidungskraft (z. B. Henckels Zwillinge) wird die Verwechslungsfähigkeit leichter angenommen werden wie bei wenig eigentümlichen, zumal solchen, bei denen Freizeichen und vielfach übliche Bestandteile beherrschend sind.

Auch eine bestimmte Kolorierung kann das WZ kennzeichnen und ist, wenn eingetragen, bei Beurteilung der Verwechslungsgefahr zugrunde zu legen. Ist sie nicht eingetragen, ist zwar der Inhaber befugt, sich ihrer zu bedienen, doch darf bei Beurteilung der Verwechslungsgefahr nur das eingetragene Z zugrunde gelegt werden (E 43, 93; Bl 99, 179; ESt 33, 90; 40, 244). Hierbei aber wird zu berücksichtigen sein: 1. daß das ohne Kolorierung eingetragene Z an sich für alle Farben geschützt ist, 2. ob der Anmelder diejenige Kolorierung, welche die Verwechslungsgefahr verstärkt, vor dem Gegner benutzt hat (s. A 16).

Die Verwechslungsgefahr kann dadurch erheblich gemindert werden, daß die Zusammensetzung des jüngeren Z auf ein bekanntes älteres Z der Inhaberin hinweist; ferner dadurch, daß bei der Höhe des Anschaffungspreises ein massenweiser Absatz nicht in Betracht kommt, sondern jeder Kauf mit besonderer Überlegung ausgeführt zu werden pflegt: Phonola, Triumphola, Triphonola (RG II 2. 10. 23, Bl S. 163).

Bei Z für Bier kommt es besonders auf Namen und Herstellungsort an. Sind diese in beiden Z deutlich unterschieden vorhanden, so wird die Verwechslungsgefahr in der Regel ausgeschlossen sein (RG II 8. 10. 26, MW 26, 138: Pschorr, München — Peschl, Passau).

Anm. 8 **Verwechslung im Verkehr.** Wenn § 20 den Verkehr vor der Gefahr der Verwechslung bewahren will, so hat er dabei diejenigen Verkehrskreise im Auge, für die die Waren bestimmt sind, also deren Abnehmer, und zwar unter diesen hauptsächlich diejenigen, deren Bedarf die Nachfrage nach den Waren bestimmt, d. h. die Konsumenten (RG II 30. 4. 24, MW 23, 245). Bei letzteren ist aber auch mit untergeordneten Personen zu rechnen, die in ihrem Auftrage den Einkauf besorgen: Dienstboten, Lehrlinge u. dgl. Häufig wird in diesem Zusammenhange von der Maßgeblichkeit der Anschauung des Durchschnittskäufers gesprochen. Selbstverständlich ist dabei aber nicht an einen bestimmten einheitlichen Typ zu denken, in welchem sich gewissermaßen die Resultante aus allen denkbaren Graden von Klugheit und Dummheit, Erfahrung und Verkehrsfremdheit, Vorsicht und Sorglosigkeit, Aufmerksamkeit und Unaufmerksamkeit verwirklicht, sondern es ist darunter die überwiegende breite mittlere Schicht der Käufer zu verstehen, von der nur diejenigen ausgeschieden werden, bei denen die gedachten Eigenschaften in einem besonders hohen Grade vorhanden sind (vgl. A 5 a. E.). Außergewöhnliche geistige oder körperliche Mängel, Unerfahrenheit, Unaufmerksamkeit usw. kommen daher ebensowenig in Betracht wie das Gegenteil. Innerhalb der bezeichneten mittleren Schicht können aber wieder die größten Verschiedenheiten obwalten, und es kann im gegebenen Falle bei dem einen die Gefahr der Täuschung bestehen, bei dem anderen nicht. Um die Verwechslungsgefahr anzunehmen, muß es genügen, daß ein nicht unerheblicher Teil des Publikums der Gefahr unterliegt. (Kohler S. 163) Alles dies kommt auch bei einer etwaigen Beweiswürdigung in Betracht. So können vielleicht Sachverständige und erste Abnehmer die Gefahr nach der von ihnen gemachten Erfahrung und Kenntnis verneinen, während sie trotzdem in erheblichem Maße vorhanden ist. Bei besonders billigen Massenartikeln ist die Gefahr verhältnismäßig groß, bei großen, kostspieligen Gegenständen, Maschinen u. dgl. gering. Maßgebend ist zwar im allgemeinen die Anschauung der deutschen Verkehrskreise (BA 24. 11. 00, Bl. 01, 50); doch muß bei Waren, die ausgeführt zu werden pflegen, auch mit der des Auslandes gerechnet werden (RG II 2. 11. 14, MW 14, 333: Export nach China).

Maßgebend ist die Auffassung des Durchschnittspublikums schlechthin, nicht etwa des gebildeten Durchschnittspublikums (RG II GR 25, 245). Auch eine Täuschung, bei der der Käufer die ihm nach Kaufrecht obliegende Untersuchungspflicht verabsäumt, kann die Verwechslungsgefahr begründen (RGSt II 20. 10. 03, GR 05, 243).

Wenn auch in erster Linie die Verbraucher bei der Prüfung der Verwechslungsgefahr in Betracht kommen, so ist doch zu berücksichtigen, daß vielfach die betreffenden Waren (hier Rasierapparate) auch von anderen, weniger kundigen Personen (Frauen, zu Geschenkzwecken) gekauft werden (RG II 6. 5. 21, MW 21, 97: Gillette).

Die Verwechslungsgefahr wird nicht dadurch ausgeschlossen, daß der eine Z-Inhaber nur an Verbraucher, der andere nur an Wiederverkäufer absetzt (E 106, 255).

Handelt es sich bei den Abnehmern um wissenschaftlich und technisch durchgebildete Personen, denen die Unterscheidung zweier Z auch bei geringen Unterschieden und bei Abnutzung durch Bearbeitung zuzumuten ist, so kann die Verwechslungsgefahr zu verneinen sein (E 92, 388: Schottsche Glasröhren).

Bei pharmazeutischen Artikeln (Jodpräparaten), die nur auf ärztliche Anordnung verabfolgt werden, ist die Verwechslungsgefahr gering, da als der Täuschung ausgesetzt nur Ärzte,

Apotheker und Großhändler in Betracht kommen (RG II 13. 4. 15, MW 14, 360: Leptynol — Litinol). **§ 20**

Ist das beanstandete Z nur in Preislisten, die für die Händlerkundschaft bestimmt sind, benutzt worden, so ist für die Frage der Verwechslungsgefahr nur deren Auffassung, nicht die der Durchschnittskonsumenten maßgebend (RG II 19. 10. 23, MW 23, 127: Hummer mit Mayonnaiseglas; vgl. auch RG II 6. 3. 24, MW 23, 179).

Unterscheiden sich die für ein Halbfabrikat (Glasröhren) bestimmten WZ bei der Anbringung genügend voneinander, so darf eine Verwechslungsgefahr nicht deswegen angenommen werden, weil die Z bei der Weiterverarbeitung zu Fertigfabrikaten (Thermometer u. dgl.) durch die ersten Abnehmer undeutlich werden und alsdann in der Hand der Abnehmer dieser Fertigfabrikate Verwechslungen ausgesetzt sind (E 92, 386, MW 17, 249).

Art des Gebrauchs. Die Art, wie das Z tatsächlich im Verkehr erscheint, und wie es sich dort ausgewirkt hat, ist von erheblicher Bedeutung für die Verwechslungsgefahr (vgl. A 3 Nr 11). Besonders ist die bestimmungsmäßige und verkehrsübliche Art des Gebrauchs in Betracht zu ziehen (RG II 15. 10. 07, Bl 08, 45). Bei Z, die in kleinem Maßstabe verwandt werden, genügen verhältnismäßig geringe Unterscheidungsmerkmale, weil in solchen Fällen eine genaue Betrachtung (unter Umständen mit der Lupe) erforderlich und vorauszusetzen ist (RG II 3. 2. 14, MW 13, 495: Einprägungen auf Nähnadeln; E 63, 241, Bl 06, 334: Prägung auf Silberwaren). Wenn aber eine so genaue Betrachtung nicht verkehrsüblich ist und die Z beim Gebrauch undeutlich werden, muß umgekehrt die Anforderung an die Unterscheidbarkeit gesteigert werden (RG II 28. 9. 15, Bl 15, 231, MW 15, 163: Aufdruck auf Mehlsäcke, Undeutlichwerden durch Mehlstaub; RG II 12. 6. 25, JW 25, 2001 Nr 12: Schlagzeichen auf Eisenwaren; RG II 22. 5. 24, MW 24, 8: grobe Säcke). Anm. 9

Beruht aber die Verwechslungsgefahr darauf, daß bei der Art des Gebrauchs die die Z charakterisierenden Merkmale notwendigerweise zurücktreten und nur die beiden gemeinsamen schwachen, oder im Gemeingebrauch stehenden Bestandteile übrigbleiben, so kann sich der Inhaber des älteren Z hierauf nicht berufen, da er dann selbst die Verwechslung durch die Wahl des schwachen Bestandteils hervorgerufen hat (E 97, 307: Strahlenkranz).

Durch langes Nebeneinanderbestehen beider Z und Gewöhnung des Verkehrs an die Unterschiede kann die Verwechslungsgefahr ausgeschlossen werden (E 100, 265; RG Bl 95, 280; vgl. E 40, 21).

Der Umstand, daß beide Z lange Zeit nebeneinander bestanden haben, ohne daß Verwechslungen bekanntgeworden sind, kann als Grund dafür dienen, die Verwechslungsgefahr auch für die Zukunft zu verneinen (RG II 14. 5. 26, MW 26, 14: Ein laufender Stier — zwei miteinander kämpfende Stiere).

Gegenüber einem allgemein bekannten Z ist die Verwechslungsgefahr verhältnismäßig größer, als wenn sich zwei weniger verbreitete Z gegenüberstehen (RG II 21. 12. 23, Bl 26, 185; Recht 24, 1547; RG II 19. 9. 13, GR 14, 160; MW 13, 148: Lindt — Schokolade).

Die Verwechslungsgefahr kann auch darauf gegründet werden, wie das Z im Verkehr erscheint und benannt wird, z. B. nach dem charakteristischen Teile eines Bildzeichens (RG II 15. 1. 01, GR 02, 386: Stern — Cement).

Daher können auch schwache Bestandteile die Verwechslungsgefahr begründen, wenn sie sich im Verkehr als kennzeichnend durchgesetzt haben, besonders wenn das Z nach ihnen benannt wird (RG II 4. 4. 24, MW 23, 241: Dreieckszeichen Batschari; RG II 29. 10. 26, MW 26, 107: Asbach Uralt; vgl. A 21 u. 22).

Die Verwechslungsgefahr zweier Z kann an sich nicht auf Gleichheit der Verpackung oder der sonstigen Ausstattung gegründet werden (RGSt 26, 391). Doch kann bei Ähnlichkeit zweier Z die Benutzung einer ähnlichen Ausstattung die Verwechslungsgefahr vervollständigen.

Andererseits kann wegen der vom Z abweichenden tatsächlichen Benutzung eines eingetragenen Z allein die Verwechslungsgefahr nicht verneint werden (E 109, 230, GR 25, 245; vgl. § 9 A 4).

Handelt es sich um Waren, die nach Ostasien gehen, so kann die Verwechslungsgefahr für zwei Bildzeichen angenommen werden, die im europäischen Verkehr als nicht verwechselbar gelten würden. Es genügt, daß die Gefahr für einen wesentlichen Teil des Absatzgebiets besteht (RG II 10. 10. 99, Bl 00, 188: Bildnisse königlicher Frauen mit Tracht aus verschiedenen Jahrhunderten).

Auch die Priorität des Gebrauchs kann für die Frage der Verwechslungsgefahr von Bedeutung sein. Stehen sich z. B. zwei ähnliche aus einem abgekürzten Firmennamen bestehende WZ gegenüber (Reichardt und Reinhardt für Kakao), so kann sich der Inhaber des älteren Z zur Begründung der Verwechslungsgefahr nicht darauf berufen, daß er neuerdings das Z in einer schrägen von links unten nach rechts oben gerichteten Schreibweise benutze — die nicht in der Eintragung vermerkt ist —, wenn ihm der Inhaber des jüngeren Z damit voran-

§ 20 gegangen ist (RG II 3. 11. 25, MW 25, 114; JW 26, 1157 Nr 5). Zweifelhaft ist, inwieweit auch die Berufung auf Klang- und Bildwirkung versagt, wenn der Inhaber des jüngeren Z dieses in seinem Betriebe eher benutzt hat, als der Inhaber das ältere Z. Das RG bejaht das in der zitierten Entscheidung allgemein bezüglich der Klangwirkung, verneint es aber bezüglich der Bildwirkung, ohne diese Unterscheidung näher zu begründen. Richtiger dürfte es sein, an die Verwechslungsgefahr in beidem Sinne größere Anforderungen zu stellen, wenn sich der Inhaber des jüngeren Z auf Priorität der Benutzung berufen kann (vgl. A 11).

Da das Gegenzeichen Odin für Waren der verschiedensten Art (Ein- und Ausfuhrgeschäft) eingetragen ist, ist die Neueintragung Wotan für Werkzeugmaschinen und Werkzeuge als zulässig erachtet worden (BA 17. 3. 16, MW 16, 209).

Ebenso ist dem Widerspruche gegen eine Eintragung für pharmazeutische und therapeutische Präparate keine Folge gegeben, weil das Widerspruchszeichen (Troposan) seit der vor fünf Jahren erfolgten Eintragung für derartige Waren nicht benutzt wurde und die Angabe, daß die Benutzung in Zukunft beabsichtigt werde, unzureichend erschien, um eine Verwechslungsgefahr festzustellen (BA 20. 11. 16, MW 16, 259).

Anm. 10 **Hinzufügungen und Weglassungen.** Die Benutzung eines eingetragenen Z, besonders eines Wortzeichens, mit einem Zusatz oder einer sonstigen Beigabe genügt in der Regel nicht zur Unterscheidung (ESt 14, 418). Häufig ist dies ausgesprochen bei den Zusätzen „System", „Ersatz" u. dgl., weil damit zu rechnen ist, daß dieselben leicht der Wahrnehmung eines flüchtigen Beschauers entgehen können, und dieser mithin nur den Eindruck des Z selbst empfängt (vgl. Finger, „Die Bezeichnung von Ersatzwaren" MW 14, 356; Wille GR 03, 95).

Die Benutzung fremder Namen und Z mit dem Zusatze „Ersatz" u. dgl. ist auch in der Regel nach Wettbewerbsrecht unzulässig, weil sie fremde Arbeitsleistungen und -aufwendungen in einer gegen die guten Sitten verstoßenden Weise ausbeutet (Lobe MW 16, 129; vgl. § 15 A 20).

Beispiele.

E 86, 123 (GR 16, 65: Garlock Ersatz.).

E 110, 339 („nach T. W. Tallquist").

RG II 2. 12. 24, Bl 25, 70 (MW 24, 82; GR 25, 66; JW 26, 46 mit Bemerkungen von Kent, „Aspirin-Substitute"; grobe Fahrlässigkeit angenommen).

RGSt 31. 3. 13, MW 12, 517 (GR 13, 185: „System Vermorel").

RGSt 21. 2. 11, MW 10, 286 (Aspirin E [= Ersatz]).

RG II 13. 5. 12, MW 12, 656.

RGSt 17. 10. 11, MW 11, 202 („Art Hertrichsbitter").

KG 9. 1. 24, MW 24, 68 („System Mergenthaler").

LG Berlin 6. 4. 21, MW 20, 256 (System Massey Harris).

LG Berlin 3. 11. 20, MW 20, 193 (System Gillette).

Vgl. auch die Übersicht Bl 07, 188ff (System Alfa).

Gegenüber dem WZ „Torpedo" und „F. & S." sind die Bezeichnungen „für Torpedo" und „für F. & S." als unzulässig erklärt (RG II 27. 3. 25, MW 24, 205; GR 25, 224; vgl. § 13 A 16).

Auch die Hinzufügung der eigenen Firma bei Benutzung eines fremden WZ mit dem Worte „System" schließt die Verletzung nicht aus (RG II 29. 9. 03, Bl 04, 177; UW 3, 34).

Unter Umständen ist eine andere Behandlung möglich:

Im Urteil v. 14. 11. 11, Bl 12, 37 (GR 12, 104) hält RG II dem WZ Chartreuse gegenüber die Bezeichnung „Ersatz für Chartreuse" dann für zulässig, wenn die ersten beiden Worte ebenso hervortreten, wie das dritte, so daß kein Zweifel darüber obwalten kann, daß es sich nicht um die echte Ware handelt. Ähnlich RGSt 8. 3. 06, GR 06, 263 (Acid. acetylosalycylic. Ersatz für Aspirin).

In einer Druckschrift waren eine Reihe von Rezepten zur Herstellung von „Noa's Originalextrakten" (Destillationsprodukten) mit Angabe der Preise, zu denen sie von Noa bezogen werden könnten, angegeben, darunter „No. 47 Getreidekümmel à la Gilka". Hierin ist eine Verletzung des WZ „Gilka" nicht erblickt (RG II 31. 3. 03, UW 2, 108; GR 04, 101).

In der E RG II 14. 11. 11, MW 11, 197 werden zwei Z mit deutlicher Hervorhebung der Worte „Ersatz für" als zulässig erachtet, während auf Löschung eines dritten erkannt ist, bei welchem diese Worte hinter dem Schlagwort „Chartreuse" zurücktreten.

Auch auf diesem Gebiete ist die anfänglich mildere (s. z. B. RGSt 29, 331 „nach System Lahmann") oder schwankende (s. RGSt 29, 363 „garantiert nach System Dr. Lahmann") Rechtsprechung in neuerer Zeit mit Recht strenger geworden, so daß die dagegen früher nicht ohne Grund erhobenen Angriffe (vgl. z. B. M. Seligsohn, Zusätze zu Warenbezeichnungen, MW 13, 307) jetzt großenteils als erledigt gelten können. Bedenken sind wohl nur noch bezüglich der Bierbezeichnungen zu erheben (vgl. § 16 A 9).

Da das Publikum vielfach nur das Z selbst im Gedächtnis bewahrt und sich um Namen, Firma oder Wohnort des Inhabers nicht kümmert, so wird die Verwechslungsgefahr regelmäßig nicht beseitigt, wenn ein anderer bei Benutzung des fremden Z seinen Namen, seine Firma oder seinen Wohnort hinzufügt. Um so mehr gilt dies natürlich, wenn die hinzugefügten Angaben unrichtig sind (BA 7. 3. 14, MW 13, 515; E 100, 187: Deutscher Gervais). **§ 20**

RG II 17. 6. 13, GR 14, 159 und MW 12, 652 (die Hinzufügung einer Firma zu einer Warenbezeichnung ist in der Regel kein genügendes Unterscheidungsmerkmal, es sei denn, daß durch die Beifügung das Gesamtbild des Z geändert, das gegenüberstehende Z in seiner Individualität und Erkennbarkeit zerstört wird). Ebenso E 53, 97; RG II 16. 4. 26, MW 25, 268; RGSt II 18. 2. 10 (weil das WZ bezweckt, die Ware zu unterscheiden, ohne daß auf die Firma geachtet wird). MW 10, 56.

RG II 23. 6. 05, Bl 06, 146 sagt: „Die Hinzusetzung von Namen oder Firmen zu einer fremden Warenbezeichnung dient in der Regel nicht zur Unterscheidung, sondern stiftet vielmehr Verwirrung" (Bl 03, 213).

RG II 5. 3. 26, MW 25, 233.

RGSt 14, 418.

Anders in der Regel, wenn das Z selbst einen Familiennamen darstellt, da hier mit einer Mehrheit von Trägern des Namens gerechnet und daher auf Zusätze geachtet wird. So hat das PA gegenüber dem Z „Oldenkott" das jüngere Z „Familie Oldenkott" zugelassen (MW 20, 195; dabei ist selbstverständlich die Berechtigung zur Namensführung vorausgesetzt).

Vermehrfachung.

Vermehrfachung der Zeichenbestandteile schließen in der Regel die Verwechslungsgefahr nicht aus, schon deshalb, weil der Inhaber berechtigt ist, sein Z mehrfach anzubringen (E 53, 97, Star Pencils — Three Stars; RG II 21. 3. 02, Bl 02, 211, 4 Ringe, statt 3; PA 29. 1. 26, MW 25, 214, Stock — zwei gekreuzte Stöcke für Feilen).

Anders jedoch, wenn durch die Vermehrfachung zugleich ein neues Motiv eingeführt wird (RG II 14. 5. 26, MW 26, 14, ein laufender Stier — zwei miteinander kämpfende Stiere).

Sonstige Fälle.

Wird ein älteres Z deutlich erkennbar in ein jüngeres Kombinationszeichen aufgenommen, so liegt in der Regel Verwechslungsgefahr vor (RG 26. 6. 95, Bl 95, 282).

Die Verwechslungsgefahr kann auch bestehen, wenn das Wortzeichen (Bénédictine, abgeändert in Benedictiner) hervorgehoben in einer Etikette verwandt wird, welche Zusätze enthält, die beim Lesen und Nachdenken dazu führen müssen, anzunehmen, daß man es nicht mit der echten Ware zu tun hat (RGSt 28. 11. 02, Bl 03, 209).

Hinzufügungen schließen besonders dann die Verwechslungsgefahr nicht aus, wenn die schlagwortähnliche Wirkung des älteren Z bestehenbleibt. Dies trifft zu, wenn die Hinzufügung schwach ist (E 98, 267: Bayer — Bayernfilms; E 98, 28: Ha Ka — Ha Ha bleibt Sieger).

Kommen zwei Z nur in einem bestimmten ausländischen (chinesischen) Verkehr miteinander in Berührung, so entscheidet die Auffassung der dortigen Verkehrskreise über die Verwechslungsfähigkeit. Zutaten des Inhabers zum eingetragenen Z beim Gebrauch desselben kommen zeichenrechtlich für die Verwechslungsfähigkeit nicht in Betracht, doch kann die Nachahmung eine Klage aus § 1 UWG begründen (RG II 4. 1. 16, GR 1916, 181; MW 15, 294).

RG II 20. 5. 15, MW 15, 228 („Satin Augusta, eigene Ausrüstung"; die Unterlassungsklage war rechtskräftig zugesprochen; vor dem RG handelte es sich nur noch um den Schadensersatz, wegen dessen die Klage abgewiesen ist; die Annahme der Begründung, daß die in der Verkaufsankündigung enthaltene Angabe „Satin Aug." keine „warenzeichenmäßige" Benutzung enthalte und daher zulässig sei, ist unhaltbar).

In der Entsch RG II 14. 11. 11, MW 11, 197 werden gegenüber der Benutzung des geschützten Schlagwortes „Chartreuse" die Hinzufügungen „Ächt Alpenkräuter Liqueur" und einer Landschaft für bedeutungslos erklärt.

WZ „Victoria" für Turnschuhe verletzt durch die Bezeichnung „Jahn-Turnschuh (Victoria-Turnschuh mit dem Jahn-Kopf")（RGSt II 3. 2. 11, MW 10, 215).

„Nach dem Originalrezept von H. F." (RGSt v. 11. 5. 15, Bl 1915, 223).

Klagezeichen: ein Stern; Hinzufügung von Halbmond und Kreuz in Gegenzeichen (RG II 28. 9. 15, Bl 1915, 231).

„Creolin Columbia" verwechselbar mit „Creolin Guilelmo Pearson Milano" (E 42, 19).

OLG Dresden MW 20, 195 (Rex — Rotorex).

§ 20 **Ausnahmen.**

Selbstverständlich kann durch eine geeignete Hinzufügung die Verwechslungsgefahr ausgeschlossen werden, s. z. B. ESt 30, 353 „Künstliches Kränchen"; RG II 9 7. 12, MW 12, 37 (Dr. Ernst S.'s künstliches Karlsbader Salz).

Da das Z Hakao für Waren der verschiedensten Art eingetragen ist und regelmäßig nicht in Verbindung mit der Ware Malz gebraucht wird, so ist die jüngere Anmeldung „Hacomalz" nicht als verwechslungsfähig angesehen (PA 22. 2. 17, MW 16, 208).

Weglassungen.

Auch Weglassungen, die das Z noch erkennen lassen, schließen die Verwechslungsgefahr in der Regel nicht aus. So wird durch Weglassung der in einem fremden WZ enthaltenen Firma in der Regel die Verwechslungsgefahr nicht vermieden (RGSt V 15. 2. 10, MW 9, 385, Henry Clay, Habana, Julian Alvarez).

Anders liegt natürlich die Sache, wenn die Firma der beherrschende Bestandteil eines WZ, z. B. neben freien Bestandteilen ist. Dann wird die Verwechslungsgefahr regelmäßig dadurch ausgeschlossen, daß die Firma des Z durch eine andere ersetzt wird (z. B. Underberg Boonekamp — Schroeders Boonekamp) (RG II 10. 11. 25, MW 25, 144).

Anm. 11 **Wort und Wort im allgemeinen** (vgl. A 7). Das Wortzeichen wirkt nach Bildwirkung, Klangwirkung und nach dem sprachlichen Sinn (E 104, 315), ohne daß alle drei Wirkungen stets in einem Z vereinigt zu sein brauchen. Die Bildwirkung kann durch eine charakteristische Typographie hergestellt oder gesteigert werden. Da das Wortzeichen auch beim Lesen innerlich gehört und im Verkehr vorzugsweise mündlich verbreitet wird, so ist die Klangwirkung stets zu beachten und in der Regel die wichtigste. Die Sinnwirkung fehlt vielfach, auch ein ganz sinnloses Z (Phantasiewort) kann besonders durch auffallenden Klang und den Reiz des Geheimnisses, das dahinter zu liegen scheint, sehr wirksam sein. Ist die Ware im Verkehr beliebt geworden, so wirkt es wie ein fremdartiger Name, der die Beliebtheit, wie bei sympathischen Personen, zu steigern vermag (Osterrieth). Bei Bild- und Klangwirkung entscheidet, wie beim Bild, der Gesamteindruck und die Möglichkeit seiner Modifizierung in der Erinnerung; bei der Klangwirkung auch die Verschiedenheit und die häufigen Mängel der Aussprache und des Gehörs.

Da Wortzeichen auf Auge, Ohr und begriffliches Vorstellungsvermögen wirken können, so ist regelmäßig eine Prüfung auf Verwechslungsgefahr nach allen drei Richtungen (Wortbild, Klang und Wortsinn) geboten und die Verwechslungsgefahr nur dann zu verneinen, wenn sie in keiner dieser drei Richtungen vorliegt (E 109, 229; 104, 315; RG II 14. 12. 23, Recht 24 Nr 1548).

Bestehen die Hauptbestandteile von zwei Z aus einem Namen, so genügen schon geringe Unterschiede oder Zutaten, um die Verwechslungsgefahr auszuschließen, weil der Verkehr bei Namen auf solche Unterscheidungsmerkmale zu achten pflegt. Das PA hat daher die Z Lehmann und Hermann Lehmann, Dr. Graf und Graf, Stabsarzt Dr. Fischer und Dr. med. Fischer als hinreichend unterschieden angesehen (Beschl 15. 5. 12, MW 12, 137).

Schwer verständlich ist das Urteil RG II 3. 11. 25, MW 25, 114. Es handelt sich um das ältere WZ „Reichardt" und das jüngere der Beklagten „Reinhardt" für Kakao. Beide sind Abkürzungen der beiderseitigen Firmen, von denen die der Beklagten die ältere ist, die auch die Abkürzung bereits lange gebraucht hatte, ehe die Klägerin gegründet war und ihre Abkürzung benutzte. Das RG erkannte danach an, daß die Löschungs- und Unterlassungsklage auf die Ähnlichkeit des Klanges nicht gestützt werden könne, wohl aber käme Ähnlichkeit des Wortbildes in Betracht, da die abweichende Schreibweise (Reichardt in diagonaler Lage) eine genügende Unterscheidung in der Erinnerung nicht begründen könne. Die Unterscheidung zwischen Klang- und Bildwirkung dürfte nicht gerechtfertigt sein. Klägerin mußte bei der Eintragung ihres Namenszeichens damit rechnen, daß Verwechslungsgefahren mit ähnlich klingenden und aussehenden Namenszeichen nicht ausgeschlossen seien (s. § 5 A 4b), und konnte der Beklagten die lange vorher zur Warenbezeichnung benutzte Abkürzung ihrer Firma nicht untersagen (vgl. § 13 A 10). Durften so beide Warenbezeichnungen nebeneinander bestehen, so lag auch kein genügender Grund vor, Verwechslungsgefahr nach § 9[1] Nr 1 anzunehmen und auf Löschung der Eintragung gegen Beklagte zu erkennen (vgl. oben A 9).

Worte, die sich beim Lesen deutlich unterscheiden, können wegen ihres ähnlichen Klanges verwechselbar sein: Ha Ha und Ha Ka (E 98, 20). Die Endungen an, at, in, yl, on, ol, gen (sehr gangbar bei chemischen und pharmazeutischen Produkten) können, wenn sie mit einem Phantasiewort oder Namen verbunden werden, gegenüber einem mit letzteren an sich verwechselbaren Worte, eine genügende Unterscheidung begründen (vgl. PA 9. 12. 95, Bl 96, 14, Antipyrin). Andererseits können sie, wenn sie mit beiden ähnlichen Stämmen verbunden werden, die Verwechslungsgefahr steigern (RG II JW 21, 270[3]: Chologen — Dologen).

Bei Beurteilung der Verwechslungsgefahr von Wörtern kommt im deutschen Verkehr zunächst nur die Bedeutung in deutscher Sprache in Betracht. Daher sind die Worte Stern und Star nicht für verwechslungsfähig erachtet worden, weil bei „Star" nicht an den Stern, sondern an den Vogel gedacht wird (PA 15. 11. 15, MW 15, 348). Bei Worten der toten Sprachen kommt die Bedeutung nur dann für die Verwechslungsgefahr in Betracht, wenn sie allgemein bekannt ist. Daher z. B. nicht bei Rastrum = Rechen, Harke (PA 1. 10. 13 MW 13, 122). **§ 20**

Da bei Wortzeichen die Verwechslungsgefahr auf Gleichheit des Sinnes beruhen kann, so werden verschiedene Worte gleicher Bedeutung (Synonyme) regelmäßig verwechselbar sein (RGSt 34, 313, Bl 05, 269, Negergarn — Mohrengarn). In dieser Hinsicht werden auch die gangbaren Verkehrssprachen (besonders Deutsch, Englisch und Französisch) im großen und ganzen als gleichwertig zu behandeln sein (Geschäftstätigkeit A 3 Nr 6). Besonders gilt dies, wenn es sich um Synonyme zweier Fremdsprachen handelt, weil in der Wahl eines fremdsprachigen Wortes die Auffassung zum Ausdruck kommt, daß das in Betracht kommende Publikum die Bedeutung auch in dem fremden Gewande verstehen werde (s. PA 6. 6. 13, MW 12, 587, La Reine — La Reina — Queen; PA 10. 4. 13, MW 12, 531 § 5 A 4f; E 80, 226, Adelante — Avanti; 81, 171, Spongia = Blotting — Esponja).

Stehen sich ein deutsches Wort und ein fremdsprachiges von gleicher Bedeutung gegenüber, so wird zu prüfen sein, ob letzteres dem Verständnis der in Betracht kommenden Verkehrskreise nahe genug liegt, um Verwechslungsgefahr befürchten zu müssen (s. PA MW 12, 263; PA 14. 5. 13, MW 12, 671, Kronprinz und Prince royal für Weine verwechselbar).

Handelt es sich um eine lebende Sprache, die nicht Verkehrssprache ist, so besteht Verwechslungsgefahr, wenn die Ware nach dem betreffenden Lande ausgeführt wird oder von dort stammt (s. A 8 u. 9).

Bei Wortzeichen für pharmazeutische Produkte kann Verwechslungsgefahr dadurch hervorgerufen werden, daß die geschützte Bezeichnung in einer neuen Bezeichnung als Bestandteil aufgenommen und dadurch der Eindruck erweckt wird, daß die Inhaberin des Z eine abgeänderte oder verbesserte Ware, welche die ursprüngliche als Bestandteil enthält, herausgebracht hat (Veronacetin, Coffeospirin, Citrospirinum, Hegospirin u. dgl.; vgl. § 9 A 13; unrichtig E 41, 69, Boroglycerinlanolin; s. oben A 3 Nr 10 und § 13 A 15).

Auch bei einem an sich nicht verwechslungsfähigen eingetragenen Z kann Verwechslungsgefahr mit einem älteren Z durch eine mißbräuchliche, von der Eintragung abweichende Art des Gebrauchs hervorgerufen werden (RGSt 48, 146: Singer — Der Sieger; auch Bl 14, 144). Übrigens sind in der Entsch des II. ZS v. 6. 12. 12, MW 12, 345 die beiden Z für verwechselbar erklärt und ist der Beklagte zur Löschung des Z „Der Sieger" verurteilt worden.

Bei sehr kurzen Wortzeichen ist die Verwechslungsgefahr geringer, da sie sich leicht der Erinnerung einprägen. Daher Bis und Bis vis nicht verwechslungsfähig (PA 1. 5. 14, MW 14, 87). Doch kommt es dabei stets auf die Eigenart des Falles an; so wurden z. B. Bully und Sully für verwechslungsfähig erklärt (PA 13. 9. 13, MW 13, 122).

Bei zusammengesetzten Wortzeichen kann schon die Benutzung eines charakteristischen Bestandteils genügen, um die Verwechslungsgefahr zu begründen. Dies gilt besonders dann, wenn einer schlagwortartigen Benennung nur die Firma hinzugefügt ist (E 42, 18; vgl. Bl 98, 162, Creolin Guglielmo Pearson, Milano; RG II 3. 3. 99, Bl 99, 154).

Firmenabkürzungen, die am Ende den Buchstaben G (Gesellschaft) oder die Buchstaben AG (Aktiengesellschaft) enthalten, sind im Verkehr so häufig, daß es für die Unterscheidung nur auf den vorhergehenden Bestandteil, nicht auf die Gleichheit jener Buchstaben ankommt. Daher wurde das Z Feg gegenüber dem Z Geg für zulässig erachtet (PA 8. 10. 13, MW 13, 123). Ebenso Hemag und Demag: PA 25. 5. 25, MW 24, 215. Im Gegensatz hierzu wurden vom RG „Degea" (Deutsche Gasglühlicht-Auer G. m. b. H.) und „Teageh" (Thermos-A.-G.) für verwechselbar erklärt (RG II 30. 1. 25, MW 25, 137; JW 25, 1289 Nr 22 mit kritischer Bemerkung von Osterrieth).

Bild und Bild im allgemeinen. (Vgl. A 7 und Wille GR 03, 89ff.) Stehen sich zwei Bildzeichen gegenüber, so kann die Verwechslungsgefahr entweder auf Ähnlichkeit der äußeren Form, oder auf Gleichheit des Motivs, d. h. des begrifflichen Inhaltes, beruhen. In erster Beziehung ist die Beurteilung, abgesehen von den in den A 4ff erörterten allgemeinen Gesichtspunkten, eine im wesentlichen tatsächliche. In letzter Beziehung wird auf die Darstellung des Motivschutzes A 17ff Bezug genommen. **Anm. 12**

Die Wirksamkeit des Motivs kann durch eine wörtliche Angabe des Gegenstandes verstärkt werden, z. B. bei den verschiedenartigen Darstellungen einer Person (E 62, 18: Rembrandt; E 106, 250: Fritz Reuter; E 102, 54: Negerzwirn).

Da auch die Bildzeichen meistens in Schwarzdruck eingetragen werden, so kommt es in erster Linie auf die zeichnerische Darstellung an, indessen kann auch die Färbung für die Verwechslungsgefahr von Bedeutung sein, besonders wenn sie — sei es in der einzureichenden Darstellung selbst, sei es durch Angabe in der Beschreibung — mit eingetragen ist (vgl. OLG

§ 20 Hamm 1. 10. 15, MW 15, 319: Kathreiners Malzkaffee), aber auch, wenn sie bloß auf der Übung des Z-Inhabers beruht; vgl. A 16.

Schon die Entnahme besonders kennzeichnender Teile des Bildes kann die Verwechslungsgefahr begründen (E 53, 94).

Zwei Bildzeichen können verwechselbar sein, auch wenn sie begrifflich und in der Bildform der Bestandteile voneinander völlig abweichen. Es kommt auf den bildlichen Gesamteindruck an (RG II 12. 6. 1925; Bl 25, 272; MW 25, 12; JW 25, 2001 Nr 12 mit Bemerkung von Rosenthal, Schlüsselzeichen und Fahnenzeichen bei Messerschmiedewaren).

Die Verwechslungsgefahr ist dringender, wenn die beiden Bildzeichen mehrere Merkmale gemeinsam haben (BA 15. 11. 13, MW 13, 334, Frauenfigur im weiten Reifrock mit Pfau).

Bei Monogrammzeichen genügen schon kleinere Unterschiede, um die Verwechslungsgefahr auszuschließen (PA 21. 4. 11, MW 11, 21; vgl. aber OLG Jena 28. 3. 25, MW 24, 236).

Dasselbe gilt von der Darstellung des Porträts bekannter Persönlichkeiten, das in dieser Hinsicht ebenso zu behandeln ist, wie ein Eigenname oder eine Firma (s. A 10 u. 11; RG II 15. 2. 27 340/26).

Anm. 13 **Wort und Bild im allgemeinen.** (Vgl. A 7). In älteren Entscheidungen hat das RG erklärt, daß die Gefahr einer Verwechslung zwischen einem Bildzeichen und einem Wortzeichen auch dann ausgeschlossen sei, wenn sie begrifflich dasselbe bedeuteten (z. B. das Bild eines Adlers und das Wort „Adler"; ESt 32, 368, Bl 00, 44). Ausführlich begründet ist dieser Standpunkt in E 62, 18 (Rembrandt; Bl 06, 174; MW 5, 57); s. auch RGSt 26. 4. 00, Bl 00, 255. Das PA (s. z. B. Bl 01, 51) und fast das gesamte Schrifttum (s. Cantor MW 12, 541) sind dagegen der Ansicht, daß Wort- und Bildzeichen durch Erweckung derselben begrifflichen Vorstellung verwechslungsfähig sein *können*. Abweichend Finger MW 4, 9; 12, 629; Komm S. 498.

Kohler GR 97, 10 nahm einen vermittelnden Standpunkt ein. Er spricht zwar dem PA die Befugnis zu, bei Verwechslungsgefahr die Eintragung des jüngeren Z als trügerisch (§ 4 Abs 1 Nr 3) zu versagen, nimmt aber im Gegensatz zum PA (vgl. Bl 96, 73) beim Gebrauch des jüngeren Z nicht Markenverletzung, sondern unlauteren Wettbewerb an. In seinem WZ-Recht S. 189 hat er aber diese Ansicht aufgegeben und sich der des PA angeschlossen. Diese Ansicht teilt auch das Österr. Ministerium MW 12, 107, während der Österr. Verw.-Gerichtshof 13. 6. 13, MW 12, 590 dem RG gefolgt ist (vgl. auch MW 5, 130).

Das RG hält an dem alten Standpunkt noch fest in E 97, 304, während in E 98, 229 insofern eine Wendung festzustellen ist, als erklärt wird, diese Ansicht sei nur „zeichenrechtlich" vertreten worden, eine Verwechslungsmöglichkeit sei aber nicht ausgeschlossen, und es könne insbesondere mittels des kollidierenden jüngeren Z unlauterer Wettbewerb geübt werden.

In dem Urt v. 31. 1. 22, Bl 23, 108 (MW 21, 238) erklärt das RG, es habe seinen früheren Standpunkt auch in E 98, 225 (229) nicht aufgegeben. Seine Auffassung beruhe aber lediglich auf dem formalzeichenrechtlichen Grunde, daß der Schutz am Bilde sich nur auf die äußere Erscheinung, nicht aber auf den mit der Z-Form verbundenen Sinn erstrecke und daß daher die bloße Benennung der Ware mit dem dem Bildzeichen entsprechenden Worte keine „Wiedergabe" (§ 20 WZG) des geschützten Z sei. Dies schlösse aber die *tatsächliche* Verwechslungsfähigkeit zwischen Bild und Wort nicht aus. Daher könne die Ausnutzung des letzteren sehr wohl unlauteren Wettbewerb enthalten, wie auch die Kennzeichnung kraft eines Bildzeichens durch ein entsprechendes Wortzeichen geschwächt werde und daher Anlaß zur Eintragung eines Wort-Defensivzeichens gegeben sein könne. Der Z-Inhaber könne aber auch der Schwächung seines Z durch ein Wortzeichen nach der Bestimmung des UWG in Verbindung mit §§ 823, 824, 826 BGB entgegentreten. Eine andere Frage sei es, ob der streng formelle Standpunkt gegenüber den Anforderungen des Verkehrs, der sich immer mehr daran gewöhnt habe, die Ware nach dem Gegenstand des Bildes zu benennen, noch aufrechterhalten werden könne, was aber im gegebenen Falle nicht entschieden zu werden brauche.

In E 106, 250 (256) hat das RG sodann Verwechslungsfähigkeit zwischen der das Bildnis Fritz Reuters enthaltenden *Ausstattung* des Klägers und dem Wortzeichen des Beklagten „Fritz Reuter" angenommen.

Hiernach scheint das RG nicht abgeneigt zu sein, sich der vom PA und fast dem gesamten Schrifttum vertretenen Ansicht anzuschließen. Der für die „formelle" Auffassung angeführte Grund, daß sich der Z-Schutz am Bilde nur auf die äußere Gestaltung, nicht auf den damit verbundenen Sinn erstrecke, ist eine petitio principii, die durch die Auffassung des Verkehrs widerlegt wird. Sie ist auch unvereinbar mit der Behandlung des Motivschutzes bei Bildzeichen, bei der das RG in ständiger Rechtsprechung auf den begrifflichen Inhalt des Bildzeichens das entscheidende Gewicht legt (s. z. B. E 108, 1, lachendes und weinendes Gesicht; RG II 14. 11. 22, Bl 23, 25, Doppeltier). Sie ist ebenso unvereinbar mit der in E 101, 346 ausgesprochenen Ansicht, daß auch ein Bild eine Beschaffenheitsangabe darstellen könne. In dem Urt v. 11. 1. 27 wird auf Grund des Namensschutzes einer G. m. b. H.

für ihre schlagwortartige Bezeichnung „Salamander" nicht nur auf Löschung eines Wortzeichens Salamander, sondern auch des entsprechenden Bildzeichens erkannt, weil darin der betreffende Tierbegriff für jedermann erkennbar bildlich wiedergegeben sei; vgl. § 9 A 19 u. 26. § 20

Der Entwurf 1913 begründet den dem § 20 entsprechenden § 35: „Die Anwendung der Bestimmungen dieses Gesetzes wird weder durch die Verschiedenheit der Z-Form (Bild- und Wortzeichen), noch durch sonstige Abweichungen ausgeschlossen, mit denen usw. In der Begründung (S. 68) heißt es dazu: Der gegenteilige Standpunkt entspricht nicht der überwiegenden Auffassung des Verkehrs und schränkt den unlauteren Wettbewerb nicht in dem wünschenswerten Maße ein. Da das WZ nicht nur sinnlich wahrgenommen wird, sondern auch die Vorstellung des Begriffs auslöst, so kann man das Z sich auch an dem Begriffe merken, und wenn, wie unstreitig, verschiedene Worte zeichenrechtlich übereinstimmen können, weil sie den gleichen Sinn haben, so bedeutet es eine ungerechtfertigte Einengung des Z-Schutzes, wenn man eine Übereinstimmung zwischen einem Wort- und einem Bildzeichen, welche beide den gleichen Begriff wiedergeben, grundsätzlich ausschließt." Im konkreten Falle entscheide die Verkehrsauffassung darüber, ob Verwechslungen zu besorgen sind.

Eine Verwechslungsfähigkeit zwischen Bild und Wort kann nämlich nur dann angenommen werden, wenn letzteres als die nächstliegende wörtliche Wiedergabe des ersteren erscheint; vgl. A 7. Daher wurde Übereinstimmung zwischen dem Worte „Schlüssel" und dem Bilde von zwei gekreuzten Schraubenschlüsseln verneint (BA 13. 2. 12, Bl 12, 120). Allgemeine Grundsätze über die Verwechselbarkeit von Wort und Bild lassen sich schwer aufstellen. Entscheidend ist stets, ob eine Verwechslung nach den Umständen des besonderen Falles zu befürchten ist. Vgl. über die ganze Frage die ausführlichen Darlegungen von Duchesne MW 8 S. 65 u. 94.

Nach dem formalen Standpunkte des RG könnte zeichenrechtlich jedes Wortzeichen dadurch usurpiert werden, daß man durch besondere Schrift oder sonstige Ausgestaltung ein Bildzeichen daraus herstellt; s. z. B. das Beispiel BA 19. 3. 26, MW 25, 213 („Stern").

RG II 5. 11. 26 601/26 (MW 27, 175) erklärt, daß auch, wenn man eine Verwechslungsgefahr zwischen Wort- und Bildzeichen nicht annähme (was dahingestellt bleibt), doch in dem Verfahren nach § 6 Abs 2 die Entscheidung des PA, welche die Übereinstimmung feststellt, maßgebend ist, so daß die Klage auf andere Gründe, z. B. unlauteren Wettbewerb, gestützt werden müsse.

Es ist nicht richtig, das UWG zu Hilfe zu rufen, um auf dem Gebiete des Z-Rechts zu Ergebnissen zu gelangen, die ohne weiteres bei sachgemäßer Auslegung des WZG selbst zu erzielen sind, weil man dadurch den geistigen Gehalt dieses Gesetzes vermindert und entwertet, ganz abgesehen davon, daß man dadurch leicht zu einer unangemessenen Ausdehnung des § 1 UWG und des Begriffs der Sittenwidrigkeit verleitet wird.

Handelt es sich um ein kombiniertes Bildzeichen und wird in einem neuen Z nur das dem einen Bildbestandteile entsprechende Wort verwandt (Stern), so kann regelmäßig eine Verwechslungsgefahr nicht geltend gemacht werden, es sei denn, daß der betreffende Bildbestandteil der beherrschende Teil des Kombinationszeichens ist (RG II 17. 10. 22, MW 22, 111 unten).

Die Verwechslungsfähigkeit bei Wort und Bild, welche an sich dieselbe Begriffsvorstellung erwecken, kann durch Hinzufügung eines Wortes, das eine andere Begriffsvorstellung erweckt, zum Bilde abgeschwächt oder beseitigt werden (vgl. Niebour, GR 1918, 124).

Von jedem Standpunkte aus bedenklich ist die Entsch RG II 7. 6. 12, MW 11, 534, wo es sich um die Verwechslungsfähigkeit eines einen Bergmann darstellenden Z mit einer das Brustbild eines solchen mit der Unterschrift „mit dem alten Bergmann", enthaltenden Z (beide für Seifen) handelte. Besonders letztere auf den Bergmann als wesentliches Kennzeichen hinweisende Unterschrift hätte zur Bejahung der Verwechslungsgefahr führen müssen, die indessen unter Bezugnahme auf E 62, 22 u. 23 (Rembrandt) verneint ist.

Kombinationszeichen im allgemeinen (vgl. A 7). Bei der Kombination von Wort und Bild kann beides geschützt sein (s. z. B. E 109, 228: die Stimme seines Herrn; E 38, 80: Barbarossa Brunnen). Es kann aber auch ein Bestandteil so überwiegen, daß er den Gesamteindruck bestimmt (RG II 6. 10. 25, MW 25, 92, Bild eines Skiläufers). Anm. 14

Bei Kombinationszeichen überwiegt in der Regel der wörtliche Bestandteil, da sich der Verkehr zur Bezeichnung der Ware mehr des Worts, wie des Bilds bedient (E 109, 229: die Stimme seines Herrn; E 53, 94: Star Pencils; RG II 4. 5. 26: Beka; JW 26, 2079; MW 26, 5).

Bei zusammengesetzten Z kann die Verwechslungsfähigkeit trotz Ähnlichkeit im ganzen verneint werden, wenn die beherrschenden Bestandteile, auf die sich die Aufmerksamkeit der in Betracht kommenden Abnehmerkreise zu richten pflegt, sich genügend unterscheiden (RG II 6. 3. 24, MW 23, 179).

§ 20 In der Regel ist auf schutzunfähige Bestandteile, die nur in einer räumlichen, rein äußerlichen Verbindung zum übrigen Inhalt stehen, bei der Vergleichung keine Rücksicht zu nehmen (RG II 24. 4. 00, Bl 01, 120: „Approbiertes Kaffeesurrogat" und Medaille; Freizeichen-Bestandteile). Dies gilt insbesondere von figürlichen Bestandteilen, die sich nur als Verzierung oder Umrahmung eines Wortes oder des Hauptbildes darstellen.

Bei Kombinationszeichen aus Bild und Wort, wo letzteres die Bedeutung des Bildes wiedergibt, genügt zur Verletzung die Wiedergabe desselben Wortes zu einem abweichenden Bilde (RG II 16. 4. 26, MW 25, 270: King Edward VII.).

Die Hinzufügung eines Bildes zu einem an sich verwechslungsfähigen Worte schließt in der Regel die Verwechslungsfähigkeit nicht aus (RG II 6. 7. 23, MW 23, 121: Naja — Najade mit dem Bild einer solchen; vgl. OLG Hamburg MW 22, 202: Wort- und Bildzeichen Pfarrer Kneipp — Bild und Name eines Kaufmanns Kneip).

Wird einem Bildzeichen das seiner Bedeutung entsprechende Wort hinzugefügt, so werden beide für sich geschützt sein, wenn das Wort für sich schutzfähig ist; anders, wenn es als vielfach anderweit benutztes (schwaches) Z für sich nicht schutzfähig wäre. In letzterem Falle ist nur die Kombination und das Bild in seiner Eigenart für sich geschützt (das Wort „Stern" ist gewissermaßen nur Unterschrift unter dem Bilde; RG II 17. 10. 22, MW 22, 112).

Bei dem Kombinationszeichen „Exzelsior-Riemen mit zwei gegeneinander wirkenden Lokomotiven" (RG II 18. 11. 98, Bl 00, 158) wurde besonderer Schutz des Wortes „Exzelsior" (obwohl es nach dem Ges von 1874 für sich nicht hätte eingetragen werden können; vgl. § 24 A 4) für den Fall angenommen, daß durch weitere Feststellung (wie sie demnächst erfolgte), die Freizeichen-Eigenschaft verneint werden. Dagegen wurde gegenüber dem Kombinationszeichen „Maria Clementina Martin-Kloster Frau" mit bildlichem Beiwerk das einfache Wortzeichen „Martin" nicht für verwechselbar gehalten, weil dieses Wort in dem ersteren Z zurücktritt (RG II 29. 9. 25, MW 25, 93).

Anm. 15

Beispiele.

I. Wort und Wort.

X (Icks-)haken — Nixofixhaken verwechselbar (RG I 6. 3. 15, GR 16, 68). (Die Entscheidung ist auf § 826 BGB, nicht auf § 12 WZG gestützt, anscheinend aus Zuständigkeitsgründen).

Isabella — Dorabella verwechselbar (OLG Kassel 11. 11. 15, MW 15, 170).

Aperitol — Appetitol (für medizinische Bonbons) verwechselbar (RG II 11. 5. 15, MW 15, 200).

Granol — Carmol nicht verwechslungsfähig (RG II 25. 1. 16, MW 15, 337).

Alka — Oxalka nicht verwechslungsfähig (BA 25. 6. 15, MW 15, 396).

Noblesse — Nobility verwechslungsfähig, Amerika (Bl 14, 243).

Doppelspaten — Spatenac (für Liköre) nicht verwechslungsfähig (RG II 13. 3. 14, MW 14, 44).

Pyramidon — Primadon verwechslungsfähig (LG Berlin MW 14, 85).

Abendstimmung — Abendruhe verwechslungsfähig (BA 16. 5. 14, MW 14, 198).

Abendpfeife — Abendfreude, verwechslungsfähig (BA 16. 5. 14, MW 14, 198).

A. Horch und Marke Horch — August Horch verwechslungsfähig (PA 4. 11. 09 und 28. 2. 10, MW 14, 406).

Imperator und Kaiser, nicht verwechslungsfähig (BA 28. 11. 14, MW 14, 408).

Pilsener Urquell — Pilsener Export (oder Import-)quell nicht verwechslungsfähig (RG II 15. 4. 13, GR 14, 23; MW 12, 249).

Adelante — Avanti verwechslungsfähig, weil beide „vorwärts" bedeuten (E 80, 226; Bl 13, 164; MW 12, 249).

„Rob. Craiy & Sons. Spongin — Blotting" verwechslungsfähig mit „Esponja" (E 81, 172; Bl 13, 165; auszugsweise MW 12, 479).

Ha — Ci — Fa und Ho — Ci — Ma verwechslungsfähig (RG II 27. 2. 23, MW 22, 191).

Ce — Ha — We und Dehawe nicht verwechslungsfähig (BA 30. 3. 16, MW 16, 209).

Fox einerseits, Fix und Doppel-Fix andererseits desgleichen (RG II 14. 2. 22, MW 21, 242).

Ira und Hyra (RG II 27. 1. 22, MW 21, 211) verwechselbar.

Hygis und Glygis (Schweiz BG 20. 9. 21, MW 21, 196) verwechselbar.

Vim und C — i — m (RG II4. 10. 21, MW 21, 79) verwechselbar.

Sulfo-ichthyolicum und Sulfo-ichtulfonicum verwechselbar (LG I Berlin 5. 4. 21, MW 21, 40).

Tussothym — Toluthym verwechselbar (LG Berlin MW 19, 151: Hustenmittel).

Alsterperle — Alsterparole, Frühlingsfee — Frühlingsbraut für Tabakfabrikate verwechselbar (OLG Karlsruhe MW 18, 142).

E 92, 392 (MW 17, 215) Hindenberg und Hindenburg für Liköre nicht verwechslungsfähig. Bedenklich s. Rosenthal Zschr für Industrierecht 19, 73. **§ 20**

Bursolin und Basolin nicht verwechslungsfähig (MW 17, 56; Schweiz. Reichel).

Kammerherr und Bannerherr nicht verwechslungsfähig (PA 1. 12. 24, MW 24, 70).

Chinosol und Pinosol (pharmazeutische Mittel) verwechslungsfähig (RG 4. 7. 16, MW 16, 56).

„Kaiserin" und „Augusta Victoria" nicht verwechslungsfähig (RG II 6. 2. 17, MW 16, 140).

Josetti — Rosetti (für Tabakwaren) verwechslungsfähig (BA 24. 2. 16, MW 16, 208).

Minerva und Pallas nicht verwechslungsfähig, als Synonym für ersteres Wort kommt Pallas Athene oder Athene in Betracht. Anders Aphrodite oder Venus und „die Schaumgeborene". Anders auch, wenn es sich um Wort- und Bildzeichen handelt (BA 20. 11. 16, MW 16, 211).

Salvatose — Somatose nicht verwechslungsfähig (Österreich 31. 7. 24; GR 24, 138; vgl. 24, 99).

Homosan und Gonosan — Chromosan für Heilmittel (besonders bei Geschlechtskrankheiten) verwechslungsfähig (RG II 22. 10. 15, GR 1916, 88; MW 15, 354).

Degea (Deutsche Gasglühlicht-Auer-GmbH) — Teageh (Thermos-AG) verwechslungsfähig (RG II 30. 1. 25, MW 25, 137).

Senola nicht verwechslungsfähig mit Phenola oder Menhola, wohl aber mit Serona (BA 31. 5. 13, MW 13, 41).

Paradies — Alpenparadies verwechslungsfähig (RGSt IV 10. 10. 13, MW 13, 203).

Palmoline und Palmose nicht verwechslungsfähig (OLG Colmar MW 13, 331).

Bizet (Komponist) und Bezet (Zeitungsname) trotz der verschiedenen Bedeutung, die häufig nicht erkannt werden wird, für Tabakwaren verwechslungsfähig (BA 30. 1. 14, MW 13, 333).

Dagegen „Partner" und „Parterre" wegen der verschiedenen Bedeutung nicht verwechslungsfähig (BA 30. 1. 14, MW 13, 334).

Celestial Harp und Celestial Echo für Mundharmonikas verwechslungsfähig (da das Wort Celestial nicht als schwach anzusehen ist; BA 7. 4. 14, MW 13, 513).

„Fuchs — Rabe" verwechslungsfähig mit „Fuchs" und mit „Rabe" (BA 31. 3. 14, MW 13, 513).

Pia nicht verwechslungsfähig mit Pe A, da letzteres als Firmanabkürzung zu deuten ist (BA 20. 3. 14, MW 13, 516).

„Nordens — Yedling" (norw. = Nord-Liebling) nicht verwechslungsfähig mit „Mein Liebling", da das Wort Liebling ein vielfach gebrauchtes, schwaches Z ist (BA 17. 3. 14, MW 13, 517).

Vogesia und Vosges Trotters Cigarettes nicht verwechselbar, zumal da das Wort „Vosges" (franz. Departement, wo Tabak gebaut wird) eine freie Herkunftsbezeichnung ist (BA 11. 10. 12, MW 12, 138).

Palmona und Baumona für Pflanzenmargarine nicht verwechselbar (OLG Düsseldorf 14. 5. 12, MW 12, 259).

Waku nicht verwechselbar mit Vaculus und Vacutor (alle für Staubsauger), weil der Stamm Vacu schwach ist (Vacuum) (PA 20. 9. 12, MW 12, 264).

Singer und „der Sieger" für Nähmaschinen verwechselbar (RG II 6. 12. 12, MW 12, 345, s. oben A 11).

Akrophon und Aurophon für Hörapparate verwechselbar (RG II 21. 2. 13, MW 12, 411).

Continental und Constitutional verwechslungsfähig (RG II 4. 3. 13, MW 12, 479).

Pilsener Exportquell und Importquell nicht verwechselbar mit Urquell und Pilsener Urquell (RG II 15. 4. 13, MW 12, 517).

Carmol und Carnoliquid nicht verwechselbar (KG 15. 3. 13, MW 12, 585; BA 27. 6. 12 ib. S. 587; dagegen verwechselbar: Carmol und Kardol (RGSt IV 26. 4. 12, MW 11, 476).

Hygiama und Hygiogen für Nähr- und Heilmittel nicht verwechselbar (RG II 2. 5. 13, MW 12, 655).

Issolin und Islugin verwechselbar (BA 6. 2. 12, Bl 12, 34; Klangwirkung).

Rapidol und Rapidin für Öle nicht verwechselbar, weil der Ton auf der letzte Silbe liegt und „Rapid" nur Beschaffenheitsangabe (schnell trocknend). (Österr. Minist. 13. 7. 11, Bl 12, 270).

Salamander und Salambo für Schuhwaren verwechselbar (OLG Dresden 19. 4. 12, GR 12, 189).

Das Z „Henneberg Desinfectionsapparate" wird durch die Bezeichnung „Hennebergsche Dampfdesinfektoren aller Art in verbesserter Ausführung" verletzt (RG II 19. 4. 12, GR 12, 256; MW 11, 469).

Malzena und Maizena verwechselbar (E 72, 147; MW 9, 304, Bl 10, 266).

§ 20 Neocithin und Biocitin nicht verwechselbar (E 74, 303, Bl 11, 150; GR 11, 79).

El Hijo Prodijo verwechselbar mit El Prodigio (weil beide der in Deutschland wenig bekannten spanischen Sprache angehörig; BA 26, 6. 11, MW 11, 19).

Gioconda und Monna Lisa verwechslungsfähig (weil synonyme Bezeichnungen des Gemäldes von Leonarda da Vinci); dagegen Monna Lisa und Monna Vanna genügend unterschieden (PA 13. 11. 11, MW 11, 161).

Fußgold und Fußwohl für Strümpfe verwechslungsfähig (OLG Dresden 15. 11. 11, MW 11, 268).

Rheingold und L'or du Rhin für Schaumwein nicht verwechslungsfähig, weil die Namen deutscher Weine nicht in fremde Sprachen übersetzt zu werden pflegen (OLG Darmstadt 22. 12. 11, MW 11, 269).

Queen und Queen Victoria für Zigaretten verwechselbar (RG II 30. 1. 12, MW 11, 475); desgleichen Queen und God save the Queen (RG II 22. 11. 10, GR 11, 78; MW 10, 214).

Ibu und Wibu (für Margarine) verwechselbar (RG II 22. 5. 25, MW 24, 227).

Bona und Leubona (für Margarine) verwechselbar, obwohl der Inhaber des letzteren Z geltend machte, daß es sich auf seinen Wohnort Leuben beziehe (OLG Dresden GR 25, 82).

Die Worte Mutag und Matag, beides abgekürzte Firmennamen, sind verwechslungsfähig, da die Eigenschaft als Firmenbezeichnung für den Durchschnittsverbraucher nicht immer erkannt und daher der geringe Unterschied nicht beachtet werden wird (RG II 16. 6. 25, MW 25, 14).

Lysol — Liasol verwechselbar (RGSt 6. 3. 11, MW 10, 247).

Nutrose — Nutrol verwechselbar (RG II 28. 11. 00, GR 02, 57, Bl 00, 253).

Silicar und Silicarborund (für Schleifmittel) verwechselbar (RGSt IV 8. 6. 09, Bl 10, 144).

Guttalin und Bottalin (für Lederfett u. dgl.) verwechselbar (RG II 17. 12. 09, MW 9, 250).

Salem Aleikum und Salim Pascha verwechselbar (RGSt 7. 7. 08, Bl 8, 111).

Etna Engina Oil und Enta Machinery Oil verwechselbar (RG II 2. 2. 09, MW 8, 249).

Vera oder Original-Vera verwechselbar mit dem Z Hera (RG II 10. 1. 08, Bl 08, 220).

Bénédictine (für Liköre) und Benedeck verwechselbar (RG II 22. 9. 05, Bl 06, 148; vgl. RG II 5. 7. 04, Bl 05, 30, UW 4, 5).

„Hofer Löwenbräu Hof in Bayern" nicht verwechselbar mit „Löwenbräu München" (RG II 13. 10. 05, MW 5, 47).

Bei dem Export nach Ostindien ist das Wort „Favored" für Lampenzylinder verwechselbar mit dem Z „Favoritlampe" (OLG Hamburg 31. 5. 05, Bl 05, 252).

„Edler von Lorch" für Liköre begründet die Löschung von „Edle von Neuerburg" (RG II 3. 11. 25, MW 25, 113).

„Bally" (für Schuhwaren) begründet Löschung von Ballux (RG II 22. 12. 25 574/24).

Die Firmenzeichen „Steinway" und „Steinmetz" sind verwechselbar (RG II 29. 6. 26, MW 26, 70).

Die Firmenzeichen „Reemtsma" und „Tesma" nicht verwechselbar (RG II 23. 11. 26, MW 26, 179).

II. Bild und Bild.

Mit einem Z, das als Hauptbestandteil den bayrischen Löwen enthält (Löwenbräu), ist ein Z mit der Darstellung des Erasmus von Rotterdam und einer Hafenansicht, sowie zwei flankierenden heraldischen Löwen als Beiwerk nicht verwechselbar (BA 2. 6. 13, MW 12, 670).

Das Wortzeichen „Sonne" und Bildzeichen, die schematisch eine strahlende Sonne andeuten, hindern nicht die Eintragung des Schattenbilds der Stadt Leipzig mit einer Sonne am Himmel (PA und LG Leipzig MW 9, 348).

Turmbild für Seifen. Eschenheimer Turm — Holstentor in Lübeck verwechselbar (OLG Hamburg 14. 2. 07, MW 7, 143).

Monogrammzeichen sind als Bildzeichen zu behandeln. Daher kommt es auf die Gleichheit der Buchstaben nicht besonders an, wenn das Gesamtbild ähnlich ist (RG II 5. 3. 26, MW 25, 233; zwei aus je drei Buchstaben bestehende Monogramme, von denen das eine von einem C, das andere von einem G kreisförmig umschlossen ist, verwechselbar).

III. Wort und Bild.

Wort „Zwillinge" — Bild zweier völlig gleicher rauchender Männer — verwechselbar (BA 20. 1. 17, MW 16, 207).

Für Klägerin war das Bild eines Hirsches und ferner eines Rehes als WZ für Farben eingetragen. Daraufhin wurde das jüngere Wortzeichen des Beklagten „Kayser-Rehhirschfarben" gelöscht, und zwar (in Beachtung von RG 62, 22/23) nicht in Anwendung des § 9 Nr 1, sondern des § 1 UWG (OLG Hamburg 29. 6. 15, MW 15, 239).

Wort „El Canario" (Kanarienvogel) nicht verwechslungsfähig mit einem Vogelbild mit der Überschrift „Piepmatz", da letzteres nicht ungezwungene Benennung für Kanarienvogel (BA 23. 11. 12, MW 12, 588). **§ 20**

Das Bild eines Löwen und das Wort „Löwen-Urgold" für Biere verwechslungsfähig (BA 3. 6. 12, MW 12, 588).

Wort „Schützenmarke" übereinstimmend mit dem Bilde eines Bogenschützen (BA 27. 6. 07, Bl 07, 221).

IV. Kombination.

Bei zwei Z für Kakao und Schokolade, die als Bildbestandteile jedes einen Sonnenstrahlenkranz und daneben einerseits das Wort „Sonnenstaub", andererseits die Firma Suchard mit einer dampfenden Tasse Kakao aufweisen, wurde die Verwechslungsgefahr wegen der überwiegenden Charakterisierung durch die letzten Bestandteile verneint (OLG Hamburg 4. 1. 16, MW 15, 343).

Zu dem Kombinationszeichen „Die Stimme seines Herrn" (E 109, 226, Bl 25, 69; MW 24, 75) ist dem Wort und dem Bilde je ein selbständiger Schutz unabhängig voneinander zuerkannt worden. Demgemäß wurde Verwechslungsfähigkeit des jüngeren Wortzeichens „Die Stimme der Welt" nach **Wortklang** und **Wortbild** angenommen.

Keine Verwechslungsfähigkeit des Wortzeichens „Silesia" mit einem Kombinationszeichen, in dem dasselbe Wort enthalten ist, weil es hier als Herkunftsbezeichnung für zum Export nach Amerika bestimmte Waren auftritt (BA 28. 5. 14, MW 14, 162).

Bei Kombinationszeichen, die aus der Firma und einem Bilde bestehen, muß, wenn die Firmen ähnlich sind, besonders auf genügende Unterscheidung im Bilde hingewirkt werden. Daher wurde zugunsten des älteren WZ der Firma „H. Nettelbeck Com. Ges." das jüngere der Firma „H. C. F. Nettelbeck G. m. b. H." gelöscht, weil sich beide abgesehen von den Firmen nur dadurch unterscheiden, daß im ersteren ein Segelschiff, im zweiten ein Dampfschiff dargestellt war (RG II 28. 4. 14, MW 14, 218).

Da das Wort Conus als Beschaffenheitsangabe nicht schutzfähig ist, so sind zwei Z, von denen das eine einen Kegel mit der Bezeichnung Conus, das andere ein Trapez mit der kreisförmigen Umschrift Conus darstellt, nicht verwechslungsfähig. Aus demselben Grunde vermag auch der Bestandteil „Conus" nicht die Verwechslungsgefahr mit dem Wortzeichen „Cosinus" zu begründen (PA 12. 12. 14, MW 14, 239).

RG II 20. 6. 13, MW 13, 73: Frauenbüste mit fliegendem Haar, einerseits mit Wortzeichen „Prisma", andererseits „Priscillia" verwechslungsfähig.

Mit dem Z „Kronenmarke" mit Abbildung einer Krone sind die Wortzeichen „Milchkrone" und „Gerstenkrone" verwechselbar, weil das Kronenmotiv für Futtermittel noch nicht verbraucht ist (BA 14. 10. 12, MW 12, 138).

Die Darstellung des Gottes Dionysos auf einem mit Panthern bespannten Wagen nebst Überschrift „Dionysos" ist verwechselbar mit dem Wortzeichen Dionysos (beide für Weine und Spirituosen), BA 28. 6. 12, MW 12, 139.

Wird bei einem Kombinationszeichen dem Bilde ein dasselbe erläuterndes Wort hinzugefügt, so werden in der Regel andere Hinzufügungen (wörtliche oder bildliche) dagegen zurücktreten und die Verwechslungsfähigkeit zu bejahen sein, wenn in ersterem Punkte im wesentlichen Übereinstimmung herrscht (E 53, 94, Bl 03, 210: Star Pencils). Daher wurden die Z **Salamander** mit dem Bilde eines Salamanders und **Santander** mit der Hinzufügung „Deutsches Fabrikat" oder mit der Hinzufügung einer Landschaft, welchen Hinzufügungen keine erhebliche Kennzeichnungskraft zukam, für verwechslungsfähig erachtet (RG II 19. 9. 11, Bl 11, 325; MW 11, 194; GR 11, 334).

Besteht ein Kombinationszeichen aus lauter freien Bestandteilen neben der Wiedergabe der Firma, so liegt doch eine Verletzung vor, wenn die Kombination in ihrer Anordnung genau nachgeahmt und nur der Firmenhinweis durch die Firma des Nachahmers ersetzt wird (OLG Köln 4. 10. 12, MW 12, 658).

Der selbständige Wortschutz besteht besonders auch dann, wenn das Wort geeignet ist, als Schlagwort zur Bezeichnung der Ware zu dienen (RG II 26. 9. 05, MW 5, 47: Stockmanshofer Pomeranzen für Liköre).

Verwechslungsgefahr zwischen zwei Bildzeichen für Fahrräder, bestehend aus Raubvögeln mit dem Wortzusatze „Adler" bzw. „Geier". (Obergericht Zürich 20. 4. 04, GR 04, 362).

Verwechslungsgefahr zwischen der Kombination eines sechseckigen Sterns mit der Umschrift „Star-oil" mit dem Wortzeichen „Sternoline" (ebenfalls für Öle), RG II 2. 7. 01, Bl 01, 269).

Färbung. Die Anmeldung des Z mit bestimmter Färbung ist zulässig (s. § 2 A 14), doch werden sie meistens in Schwarzdruck angemeldet, was selbstverständlich die Benutzung in Farbe nicht ausschließt. In der Rechtsprechung des RG ist mehrfach der Satz ausgesprochen, **Anm. 16**

§ 20 „das unkoloriert eingetragene WZ decke alle Wiedergaben in irgendeiner Farbe" (ESt 7, 218; 33, 93; RG II 20. 3. 25, MW 24, 200).

Das englische Markenrecht hat die ausdrückliche Bestimmung: A trade mark may be registered in any colour or colours and such registration shall (subject to the provisions of this Act) confer on the registered owner the exclusive right to use the same in that or any other colour or colours (SchimaJBl 93, 421).

In E 69, 376 (MW 10, 188, Bl 09, 37; GR 08, 350; vgl. GR 11, 76) ist weiter gesagt, „die Anmeldung eines Z mit einer bestimmten Teilkolorierung decke in Ermangelung abweichender Erklärung des Anmelders auch jede andere Färbung des betreffenden Teils" (rote Streifen; „Nur echt mit Rotband").

Diese Sätze sind an sich richtig, doch ist die Anwendung im einzelnen ohne Unbilligkeit und ohne Verletzung berechtigter Interessen nur möglich bei Berücksichtigung der in § 13 A 4 erörterten Gesichtspunkte des Wettbewerbsrechts. Vor allem ist der Priorität erhebliche Bedeutung beizulegen.

Hiernach sind folgende Fälle zu unterscheiden:

I. Das Z ist mit der Färbung eingetragen. Dann bildet diese einen integrierenden Bestandteil des Z sowohl bei der Kollision mit älteren als auch mit jüngeren Z. Kollidiert es infolge der Färbung mit einem älteren eingetragenen Z, so kann es von dessen Inhaber nach § 9 Abs 1 Nr 1 angefochten werden, auch wenn es ohne die Färbung nicht kollidieren würde und sein Inhaber bereit ist, diese Ausführung aufzugeben. Dasselbe gilt bei Kollision mit einer älteren anerkannten Ausstattung, wenn die Anmeldung in Kenntnis derselben erfolgt ist (vgl. § 15 A 19). Dagegen hat das Z bei Kollision mit jüngeren Z unbedingt den Vorrang, und sein Inhaber kann das eingetragene jüngere Z nach § 9 Abs 1 Nr 1 anfechten oder, wenn bei diesem die Färbung nicht eingetragen ist und auf ihr die Verwechslungsgefahr beruht, nach § 12 Abs 1 die Unterlassung der Benutzung mit dieser Färbung verlangen (ESt 33, 93; RG II 6. 5. 13, MW 12, 514 u. 653: das rote Apollinaris-Dreieck). Letzteres gilt auch bei kollidierenden jüngeren Ausstattungen.

II. Das Z ist ohne Färbung einzutragen. Dann ist der Inhaber an sich in der Wahl irgendeiner Färbung frei. Kollidiert das Z aber infolge der gewählten Färbung mit einem älteren, mit Färbung eingetragenen Z, so kann dessen Inhaber von ihm die Unterlassung der gewählten Färbung verlangen. Dasselbe gilt von dem Inhaber einer älteren anerkannten Ausstattung, weil auch die nachträgliche Färbung eines in Schwarzdruck eingetragenen Z insoweit nur Ausstattungswert hat. Kollidiert der Inhaber eines ohne Färbung eingetragenen Z infolge der von ihm gewählten Färbung mit einem jüngeren Z, so wird es in der Regel auf die Priorität der Benutzung der betreffenden Färbung ankommen. Stehen sich nämlich zwei WZ gegenüber, die unkoloriert eingetragen und so nicht verwechslungsfähig sind, die aber bei einer später bei der Benutzung eingeführten gleichen Kolorierung verwechslungsfähig werden (vgl. Geschäftstätigkeit S. 271, oben A 3 Nr 2), so kann der ältere Z-Inhaber dem jüngeren diese Kolorierung nur dann verbieten, wenn er sie zuerst eingeführt hat (vgl. RG I 9. 10. 97, JW S. 579 Nr 51: Liebigs Fleischextrakt; ESt 33, 94). Denn es entspricht nicht den guten Sitten des Wettbewerbs, daß der ältere Z-Inhaber dadurch Verwechslungen hervorruft, daß er ohne Not durch die tatsächliche Ausgestaltung seines Z dieses dem des jüngeren Z-Inhabers annähert. Dasselbe muß gelten, wenn der ältere Z-Inhaber sich eine bestimmte Kolorierung hat schützen lassen und durch Abänderung derselben Verwechslungen mit einem jüngeren Z hervorruft, das bisher unbeanstandet neben dem seinen benutzt worden ist (E 43, 93, Bl 99, 79: Doppel-Ritter-Kaffee). Ist das jüngere Z in einer bestimmten Kolorierung eingetragen und so mit dem älteren Z, wie es eingetragen ist und tatsächlich bisher benutzt wurde, nicht verwechslungsfähig, so kann der jüngere Z-Inhaber dem älteren sogar eine Kolorierung, welche Verwechslungen mit dem jüngeren Z hervorzurufen geeignet ist, verbieten (vgl. Kohler S. 74, 170); die Eintragung der Kolorierung kann also das Herrschaftsgebiet der Marke über ihren graphischen Inhalt erweitern. Bestände freilich an sich eine Verwechslungsgefahr zwischen beiden Z so, wie sie eingetragen sind, oder bei Vergleichung des jüngeren mit dem älteren in der Form, in der letzteres bisher benutzt ist, so würde der ältere Z-Inhaber die Löschung des jüngeren Z nach § 9 Nr 1 verlangen können. Mit Recht berücksichtigt das PA daher auch bei der Eintragung und Prüfung gemäß §§ 5 u. 6 die tatsächliche Benutzung der Z und fordert in Zweifelsfällen farbige Z-Darstellungen ein, denn es ist natürlich unmöglich, im voraus die Verwechslungsmöglichkeit für alle denkbaren Farbenkombinationen vorauszusehen.

Auch der E 69, 376 kann hiernach nicht in allen Punkten beigetreten werden, da sie die neueren Grundsätze des Wettbewerbsrechts noch nicht genügend berücksichtigt. Benutzt z. B. ein anderer vor dem Z-Inhaber ein mit dessen Z, so wie es eingetragen ist, nicht verwechslungsfähiges Z mit einer ähnlichen kolorierten Zutat in anderer Farbe (gelbe Streifen), so wird die Verwechslungsfähigkeit nicht damit begründet werden können, daß das ältere Z ja auch mit gelben Streifen ausgeführt werden könnte und dann die Gefahr der Verwechslung bestände. Anders wenn der ältere Z-Inhaber zuerst die andere Kolorierung in den Verkehr eingeführt hat und dann die Verwechslung durch den zweiten herbeigeführt wird. Es ist aber unbillig und widerspricht den guten Sitten, daß der bestehende Verkehr gestört wird durch die Art der Benutzung eines formalen Rechts, an die der Inhaber selbst vorher nicht gedacht hat und an der er kein berechtigtes Interesse hat. Auf dieser Grundlage entscheidet sich auch die Streitfrage, ob die Wirkung eines farbig eingetragenen Z sich beschränkt auf diese Eintragung (s. Rauter, GewRschutz 08, 314). Grundsätzlich ist die Frage mit dem RG und Seligsohn S. 293 zu verneinen. Maßgebend ist in erster Linie die Zeichnung, welche sowohl bei schwarzer wie kolorierter Eintragung in beliebigen Farben ausgeführt werden kann. Für die Frage der Verwechslungsfähigkeit ist aber zunächst nur die Eintragung und sodann sind diejenigen Ausführungsformen maßgebend, welche der Z-Inhaber selbst in den Verkehr eingeführt hatte, ohne mit anderen vorher benutzten Z in Konflikt zu geraten (RGSt 25. 6. 07, Bl 08, 39; E 40, 244).

RG II 16. 5. 24, GR 24, 181 und MW 24, 9 (Underberg — Albrecht ca. Schröder) sagt: „Die Farbe ist für das WZ nicht entscheidend, denn mag es schwarz oder farbig eingetragen sein, so kann es in jeder beliebigen Farbe benutzt werden. Bei dem Vergleiche mit einem jüngeren Z ist also an sich von der Farbe abzusehen und festzustellen, ob die Zeichnungen an sich verwechslungsfähig sind." Ist aber so die Verwechslungsfähigkeit zu verneinen, so bleibt eine Verwechslungsmöglichkeit infolge gleichartiger Farbengebung übrig. Diese ist dann zugunsten des älteren Z maßgebend, wenn a) das ältere Z mit dieser Färbung eingetragen ist oder b) wenn es in dieser Färbung die Priorität hat. Trifft beides nicht zu, sondern hat das jüngere Z die Priorität der Färbung, so kommt die Übereinstimmung nur zu seinen Gunsten in Betracht.

In dem Falle RG II 12. 6. 25, MW 25, 29 handelt es sich um eine Reihe von sich gegenüberstehenden Z für Zigaretten, bestehend aus diagonal geteilten Rechtecken mit verschiedenartigem Bildwerk, bei denen die durch die diagonale Teilung entstehenden Dreiecke verschiedenartig gefärbt waren. Das RG erklärt, diese diagonale Teilung dürfe auch bei späteren Z der Beklagten nicht zur Begründung der Verwechslungsfähigkeit mit älteren Z der Klägerin herangezogen werden, weil die Beklagte sie schon bei ihren älteren Z vor der Klägerin benutzt habe

RGSt 6. 3. 08, Bl 08, 224 sagt (von dem Standpunkt aus, daß jeder sein Z so lange benutzen kann, wie es eingetragen steht): man dürfe sich des Z nicht in der Weise bedienen, daß durch besondere Färbung u. dgl. Verwechslung mit einem älteren Z entsteht.

Mit der nur möglichen tatsächlichen Benutzung einer bestimmten Färbung kann die Verwechslungsgefahr nicht begründet werden: So ist im Urteil RG II 6. 5. 13, E 82, 243 (GR 14, 20) ausgesprochen, daß ein in Schwarzdruck eingetragenes Z freilich in allen Farben geschützt sei und von dem Inhaber an sich in allen Farben benutzt werden könne. Nichtsdestoweniger komme es bei Kollision mit einem älteren Z auf die tatsächliche Art der Benutzung an. Seien also die Z bei der tatsächlichen Benutzung des jüngeren Z nicht verwechslungsfähig, so könne die Löschung des letzteren nicht aus dem Grunde verlangt werden, weil bei etwaiger Benutzung in einer bestimmten Färbung durch Zurücktreten charakteristischer Merkmale Verwechslungsfähigkeit entstehen würde. Vielmehr sei der Inhaber des älteren Z bei Eintritt dieses hypothetischen Falles in der Lage, die Verwechslung durch die Klage aus §§ 12 oder 14 abzuwehren (Apollinaris — Ka-Ha-Van in Verbindung mit Dreiecken).

Dementsprechend wird in dem Falle RG II 6. 5. 13, Bl 13, 314 dargelegt, daß durch Kolorierung eines schwarz eingetragenen Z das Wesen des Z nicht derart geändert werden dürfe, daß es, so wie es eingetragen sei, nicht mehr zu erkennen sei. In diesem Falle liege eine Benutzung des Z nicht vor. Greife es in dieser Ausgestaltung in ein anderes Z ein, so könne auf Unterlassung geklagt werden. Der Inhaber des anderen Z könne aber nicht auf Löschung klagen, weil es möglicherweise in dieser die Gefahr der Verwechslung begründenden Kolorierung benutzt werden könnte.

Durch die tatsächliche Benutzung einer geeigneten Färbung kann eine sonst vorhandene Verwechslungsgefahr ausgeschlossen werden:

So verneint RGSt I 23. 6. 13, GR 14, 284, MW 13, 66 die Verwechslungsfähigkeit, wenn das an sich — in Schwarzdruck — verwechslungsfähige jüngere Z durch charakteristische Färbung sich von dem älteren Z genügend unterscheidet. Dabei wird Bezug genommen auf RGSt 40, 244 (Bl 08, 39), wo ausgesprochen ist: Die tatsächliche Farbengebung des Z-Inhabers — der an sich zu jeder Farbengebung berechtigt ist — ist bei Beurteilung der Verwechslungsgefahr beachtlich, denn dadurch, daß ein Dritter dieselbe Färbung wählt, kann eine Verwechslungsgefahr hervorgerufen werden, die sonst nicht bestehen würde (s. auch RG I 9. 10. 97, Bl 97, 255 a. E.).

§ 20 In der vorerwähnten Entscheidung (GR 14, 284) läßt es das RG dahingestellt, ob „unter Umständen" der Z-Inhaber nachträglich die Färbung des jüngeren Z wählen, dadurch Verwechslungsgefahr hervorrufen und den Konkurrenten zur Unterlassung zwingen könne. Dieses Verfahren würde aber mit den Grundsätzen des Wettbewerbs nicht vereinbar sein, es sei denn, daß es durch ganz besondere Umstände gerechtfertigt würde.

Eine bestimmte Farbengebung für ein WZ kann auch an sich allgemein anerkanntes Kennzeichen im Sinne des § 15 geworden sein und daher Verwechslungsfähigkeit mit einer Gegenausstattung begründen, die an sich vermöge genügender bild- und wortzeichnerischer Unterschiede mit dem WZ als solches nicht verwechslungsfähig wäre (RG II 21. 12. 23, MW 23, 128: Stollwerck'sche Schokoladenpackung; auch JW 24, 1513 Nr 7 mit Bemerkung von Fuld; vgl. dazu das Endurteil des OLG, MW 24, 209).

Es ist möglich, daß die Unterscheidungskraft eines Z nur auf einer bestimmten, eingetragenen Farbenanordnung beruht. Dann genießt es den Schutz nur in dieser oder in einer ihr nahekommenden Färbung (RG II 9. 10. 14, MW 14, 261: Orangefarbener Streifen).

Motivschutz, starke und schwache Zeichen.

Anm. 17 **Im allgemeinen.** Diese Begriffe sind neuere Ergebnisse der Rechtsprechung, die in vielen Fällen zur Begründung der Annahme der Verwechslungsgefahr oder ihrer Verneinung dienen. Sie werden schon in der „Geschäftstätigkeit" eingehend behandelt (s. A 3).

Von dem Motive eines Z kann gesprochen werden, wenn über die unmittelbare Erscheinungsform oder (bei Wort- und ähnlichen Z) über den unmittelbar gegebenen Begriff hinaus eine weitere Vorstellung hervorgerufen wird, die, in Sprache umgesetzt, zum Träger des Z im Verkehr werden und Verwechslung mit anderen Z hervorrufen kann, auf die dieselbe Benennung passen würde. So liegt der speziellen Darstellung eines Schiffes (MW 23, 154) das Motiv „Schiff" im allgemeinen zugrunde, dem Z eines doppelten Pferdes oder Löwen (Bl 23, 25) das Motiv „Doppeltier", dem Wortzeichen „schwarze oder blonde Locken" für Tabake (MW 23, 164) das Motiv „Locken". Werden nun diese Motive bei den betreffenden Z zum ersten Male benutzt, so werden sie einen weit stärkeren Eindruck hinterlassen, als wenn sie als solche schon bekannt und vielfach benutzt worden sind. Ersterenfalls werden die Z sich in ihrem Motive (d. h. in ihrem begrifflichen Inhalte; RG II 11. 7. 16, MW 16, 58) der Erinnerung einprägen können, während im zweiten Falle der Verkehr sich bewußt ist, daß dies abstrakte Erinnerungsbild zur Unterscheidung nicht genügt, sondern daß die Zutaten mit in Betracht kommen, weil es mehrere Z mit dem gleichen Motive gibt. In beiden Fällen kann das Motiv das ganze Z oder — bei Kombinationszeichen — nur einen Teil desselben beherrschen. Ist nun vermöge der Neuheit des Motivs die Gefahr der Verwechslung des betreffenden Z mit späteren gleichartigen Z erheblich, weil man wegen der Wiederkehr des Motivs geneigt ist, auf dieselbe Herkunft der Ware zu schließen, so können die späteren Z nicht im Verkehr geduldet werden und müssen dem älteren Z weichen, dem hiernach ein „starkes" Motiv zuzuschreiben ist. Ähnlich spricht man von starken und schwachen Z überhaupt oder von starken und schwachen Bestandteilen derselben, wenn eine das Z beherrschende Figur oder der durch das Wort gegebene Begriff oder Klang auf dem in Frage kommenden Gebiete zum ersten Male auftritt, dadurch ein über die unmittelbare Erscheinungsform hinausgehendes, allgemeines Erinnerungsbild hervorruft und so die Verwechslungsgefahr in bezug auf spätere gleichartige Z fördert, und wenn andererseits schwache Bestandteile der Z, wie Beschaffenheitsangaben u. dgl., regelmäßig für die Verwechslungsgefahr nicht in Betracht kommen (s. z. B. BA 7. 4. 13, MW 12, 531: Globus).

Der Gegensatz von starken und schwachen Z — in der Regel handelt es sich dabei um Bestandteile derselben — wird besonders klar, wenn man sich Kombinationszeichen mit einem originellen Teile einerseits und solche vorstellt, die aus Freizeichen, Zahlen, Buchstaben, Beschaffenheitsangaben usw. im Sinne von § 4 mit anderen, vielleicht schon vorbenutzten Bestandteilen zusammengestellt sind. Der originelle Bestandteil der ersteren kann dann zum Träger des Z im Verkehr werden und trotz sonstiger Verschiedenheit die Gefahr der Verwechslung mit späteren Z bewirken, bei denen er wiederkehrt. Umgekehrt kann diese Gefahr trotz Gleichheit wesentlicher Bestandteile ausgeschlossen sein, weil sie wegen häufiger Vorbenutzung im Verkehr nicht mehr beachtet werden, d. h. weil sie schwach sind.

Mit Recht betrachtet daher die Rechtsprechung Stärke oder Schwäche der Z-Motive oder oder ihrer Bestandteile für einen Faktor, der für Annahme oder Verneinung der Verwechslungsgefahr von Bedeutung ist. Bei starkem Motiv schreibt man dem Z den Motivschutz zu, bei schwachem verneint man ihn.

Es kommt schließlich aber auch hier immer auf den Gesamteindruck an. So sind z. B. die Z „Kupferberg Gold" und „Kupfender Gold" wegen großer Ähnlichkeit im Wortbilde wie im Klange mit Recht für verwechslungsfähig erklärt worden, obwohl es sich im ersten

Teile um Firmennamen — bei denen auch auf geringere Unterschiede geachtet zu werden pflegt —, im zweiten Teile um ein Freizeichen handelt (OLG Celle 23. 10. 15, MW 15, 170). **§ 20**

Motivschutz im allgemeinen. Der Motivschutz beruht auf einer begrifflichen Verallgemeinerung der unmittelbar durch das Z gegebenen Vorstellung. So standen sich z. B. in RGSt 19, 317 gegenüber: ein auf dem Wasser schwimmender Schwan und eine stehende Gans; die begriffliche Verallgemeinerung ergab als gemeinsames Bild: einen leicht schattierten Vogel mit langem Halse und gehobenen Flügeln auf schwarzem Grunde mit ähnlichem Beiwerk; daraufhin ist Verwechslungsgefahr angenommen. **Anm. 18**

Es kommt darauf an, inwieweit diese Verallgemeinerung dem Durchschnittskäufer bei der Erinnerung an das Z zuzutrauen ist. Der Motivschutz findet seine Grenze einerseits dort, wo der allgemeinere Begriff auf demselben Warengebiete vorbenutzt ist, andererseits dort, wo die Verallgemeinerung zum nicht mehr monopolisierbaren Freibegriff führt.

In der Regel spricht man von Verwechslungsfähigkeit infolge von Gleichheit des Motivs nur dann, wenn sich die beiden verglichenen Z auf den Generalnenner eines gemeinsamen sprachlichen Begriffes bringen lassen, z. B. „Mohr" und „Neger" (einerlei ob Bild- oder Wortzeichen) auf den Begriff eines dunkelfarbigen Mannes. Man könnte aber auch jede Verwechslungsfähigkeit auf Gleichheit eines Motivs im weiteren Sinne zurückführen, z. B. bei den sprachlich sinnlosen Z „Ha-Ci-Fa" und „Ho-Ci-Ma" (A 15 I) auf Gleichheit des Wortbild- und Klangmotivs.

Die Beurteilung der Verwechslungsfähigkeit bei Z hat daher, insofern sie Feststellung des schutzfähigen Motivs (im weiteren Sinne) des Klagezeichens bedeutet, eine große Ähnlichkeit mit der Patentauslegung, denn auch diese beruht auf Verallgemeinerung der unmittelbar durch den Patentanspruch gegebenen technischen Vorstellung und auf Abstraktion von entbehrlichen Begriffsmerkmalen.

Aus einem verbrauchten (schwachen) Motiv kann daher durch besondere Ausgestaltung (Konkretisierung) ein geschütztes Motiv hervorgehen (BA 10. 9. 25, MW 25, 132: „Mohrenknabe" — eilfertig schreitender Mohrenknabe in Pluderhosen und Schnabelschuhen mit vorgestreckten Armen: Sarotti).

Auch kann durch Nachahmung der besonderen Ausgestaltung eines schwachen Motivs (Kellnerin in Verbindung mit einem Bierfaß) die Verwechslungsgefahr begründet werden (RG 8. 10. 26, MW 26, 111).

Motivschutz. Voraussetzungen. Der Motivschutz setzt voraus, daß das verwandte Motiv neben der Neuheit auch eine gewisse Eigenart hat, also sich nicht auf eine Darstellung der Ware, ihre Herstellung, ihre Benutzungsart u. dgl. beschränkt, mit anderen Worten unterscheidungskräftig ist (RG II 15. 1. 26, MW 25, 201). **Anm. 19**

Hat ein Bildzeichen ein eigenartiges Motiv (lachendes Gesicht im Lager einer Maschine, wo das angepriesene Schmieröl wirken soll, und dazu als Gegensatz ein weinendes Gesicht, um Trauer über das minderwertige Konkurrenzprodukt auszudrücken), so ist die Verwechslungsgefahr gegeben, sobald ein anderer sich desselben Motivs, wenn auch mit erheblichen figürlichen Abweichungen, bedient. Es genügt, wenn das Motiv in der Hauptsache von der Nachahmung ergriffen und gedeckt wird (E 108, 1). Ähnlich RG II 14. 11. 22, Bl 23, 25 und MW 22, 113 (Doppeltier: Pferd oder Löwe und Giraffe); RG II 23. 2. 23, MW 23, 4 (Boje); RG II 29. 5. 23, MW 23, 44; vgl. MW 24, 61 (Die Stimme seines Herrn; Hund vor Schalltrichter einer Sprechmaschine — geigenspielender Hase und singende Vögel vor demselben; Wirkung des Grammophons auf Tiere); RG 12. 10. 23, MW 23, 120 und 19. 2. 26, MW 25, 228 (Personifikation einer Kaffeekanne). Ähnlich für Wortzeichen: RG II 2. 10. 23, MW 23, 164 („Locken" als Bezeichnung für Tabake; schwarze oder blonde Locken — Weserlocken).

Es ist aber zu beachten, daß die Gleichheit der Z immer nur insoweit in Betracht kommt, als sie das gleiche Erinnerungsbild hervorruft; es ist mit anderen Worten stets nachzuprüfen, ob in der Tat Verwechslungsgefahr vorliegt, was unter Umständen trotz Gleichheit des Motivs vermöge einer originellen Ausgestaltung ausgeschlossen sein kann. Je allgemeiner ferner der Begriff gefaßt werden muß, um Gleichheit des Motivs zu begründen, desto eher ist der Motivschutz zu versagen. Es ist z. B. zweifelhaft, ob bei der Bewilligung des Motivschutzes in dem bekannten Falle „Die Stimme seines Herrn" (MW 23, 44) nicht schon zu weit gegangen ist.

Der Anmelder hat das Motiv selbst durch die angegebenen Worte eingeschränkt und individualisiert, die Abstraktion: „Wirkung des Grammophons auf Tiere" geht über diesen Rahmen hinaus. Jedenfalls würde es unrichtig sein, die Abstraktion noch mehr zu erweitern, etwa auf „Wirkung des Grammophons auf lebende Wesen", indem man z. B. ein Bild „Tanzende Kinder vor einer Sprechmaschine" verbieten wollte.

Abgelehnt wurde daher mit Recht die Übereinstimmung bei einer Anmeldung, bei der

§ 20 ein kleines Mädchen der Stimme ihres Vaters (Papas voice) an dem Sprechapparate lauschte (MW 25, 79). Denn die Darstellung der Wirkung eines Grammophons an sich ist Freimotiv und kann nicht monopolisiert werden, weil sie unter § 4 Nr 1 und § 13 fällt und im Gemeingebrauch nicht zu entbehren ist. Im Falle MW 23, 44 enthielt das Bild des Gegners zugleich ein neues eigenartiges Motiv: „Tierkonzert unter Mitwirkung eines Grammophons", das gegenüber dem des Klagezeichens als solches wohl genügende Unterscheidungskraft hatte. Andererseits könnte auch bei völliger Aufgabe des Motivs wegen Ähnlichkeit der Darstellung Verwechslungsgefahr bestehen, z. B. wenn der hörende Hund durch ein anderes Tier ersetzt oder das Grammophon in einer Gruppe nicht zuhörender Hunde dargestellt würde. Vielleicht hätte sich die Entscheidung MW 23, 44 aus diesem Gesichtspunkte noch überzeugender begründen lassen. Vgl. hierzu Julius Seligsohn MW 22, 35 und die Zusammenstellung der Nachahmungen dieses „Weltzeichens" in MW 24 S. 53ff u. 73ff.

In dem Falle BA 24. 1. 11 (MW 11, 211) handelte es sich ebenfalls um das Z „Die Stimme seines Herrn". Es wurde damit als übereinstimmend erkannt, ein später angemeldetes Z, welches einen Vogel Phönix auf den Schalltrichter eines Grammophons zufliegend darstellte. Hier wird als gemeinsames, die Verwechslungsgefahr begründendes Motiv bezeichnet: „Funktion eines Sprechapparates in Verbindung mit einem Tierbilde". In dem Urteil RG II 10. 7. 25 (MW 25, 17) wurde die Möglichkeit anerkannt, daß die Z „Grammofox" und „Vox" deshalb verwechselbar sein könnten, weil ersteres an das Z der Klägerin „Die Stimme seines Herrn" und den darin verwandten „Foxterrier" erinnere und dieselbe Erinnerung bei dem Publkum auch durch das Wort „Vox" (in der Aussprache „Fox") erweckt werden könne.

Für öffentliche Bauwerke und Denkmäler, die für gemeinfrei zu erachten sind, ist ein Motivschutz in der Regel nicht anzuerkennen, es sei denn, daß sie sich bei einem bestimmten Z als besonderes Kennzeichen des Betriebes im Verkehr durchgesetzt haben (BA 30. 6. 15, MW 15, 324: Völkerschlachtdenkmal; ebenso BA 2. 1. 14, Bl 14, 52: Urfttalsperre und Edertalsperre).

Insbesondere können auch zwei an sich ähnliche Städtebilder die Verwechslungsfähigkeit nicht begründen, wenn sonst genügende Unterscheidungsmerkmale bestehen (BA 6. 5. 14, MW 14, 87: Silhouetten von Mannheim und Hamburg).

In dem Urteil RG II 13. 10. 99 (Bl 00, 35) heißt es, die Verwechslungsgefahr zwischen einem den Martinsturm in Landshut darstellenden Z und einem einer Gesamtansicht von Landshut, auf der ebenfalls der Turm erscheint, neben einem besonderen charakteristischen Bestandteil (ausgestreckter Arm mit Schmalzlerglas) enthaltendem Z dürfe nicht darauf gegründet werden, daß der unter ersterem vertriebene Tabak im Verkehr als Landshuter Turmtabak bezeichnet werde. Diese Begründung ist nicht zu billigen (vgl. den obigen Fall BA 30. 6. 15, MW 15, 324). Die Verwechslungsgefahr war aber deshalb zu verneinen, weil ein städtisches Baudenkmal nicht derart monopolisiert werden kann, daß es die Benutzung eines völlig verschiedenen Kombinationszeichens hindert, bei dem jenes Baudenkmal nur als nebensächlicher Bestandteil mit erscheint.

Auch Bildnisse und Namen von Personen, die der Zeitgeschichte angehören, werden vielfach gemeinfrei sein. Doch läßt sich eine allgemeine Regel darüber nicht geben, insbesondere ist sie nicht mit § 23 KunstschutzG zu begründen. So BA 18. 1. 14, Bl 14, 53 (MW 14, 239); dagegen zutreffend Bueren GR 16, 47. Sind sie beherrschender Bestandteil eines eingetragenen Z, so können unerhebliche Abweichungen oder nicht unterscheidungskräftige Zutaten die anderweitige Benutzung nicht zu einer zulässigen machen. So wurde Übereinstimmung angenommen zwischen dem eingetragenen Z „Prinz Ernst August" (der nachmalige Herzog von Braunschweig) und dem später angemeldeten „Ernst August Cumberland" mit dem eine Photographie des Herzogs nach dem Leben verbunden war (BA 11. 4. 14, Bl 14, 325).

Besteht das ältere Z aus der Kombination zweier Motive (Schlüssel und Anker), von denen das eine (Anker) schwach ist, so erstreckt sich der Motivschutz nicht auf Z, welche den schwachen Bestandteil (Anker) in besonderer Ausgestaltung darstellen (RG II 22. 6. 22, MW 22, 52).

Ist jedoch in einem solchen Falle der starke und zugleich beherrschende Teil beiden Z gemeinsam, so ist Verwechslungsgefahr gegeben (RG II 9. 2. 23, MW 22, 189: aus einer Weltkugel hervorbrechender Arm — an sich nicht geschützt —, der einen Schuh hält).

Einem einfachen, einheitlichen Z (wie Krone, Stern u. dgl.) kann nicht um deswillen der Motivschutz abgesprochen werden, weil es wegen vielfacher Verwendung auf anderen Gebieten als schwach zu erachten sei (RG II 28. 9. 15, Bl 15, 231; MW 15, 163).

Auch ein Z, das auf anderen Gebieten Freizeichen ist, kann auf einem bestimmten Gebiete Motivschutz haben: Krone für Treibriemen (OLG Hamburg 2. 7. 24, HGZ 24 Nr 134).

Ein Z-Motiv kann gemeinfrei, also an sich Freizeichen, sein, doch kann besondere Ausgestaltung ein schutzfähiges Z begründen (RG II 28. 4. 14, MW 14, 219: Schiff — altertümliches Segelschiff; RG II 13. 10. 14, MW 11, 221: Globus; Wertheim—Tietz). **§ 20**

Durch originelle Umgestaltung kann die Verwechslungsgefahr trotz Benutzung eines älteren Motivs vermieden werden. So hat PA 3. 7. 12 (MW 12, 105) angenommen, daß durch das ältere Z einer Glocke eine Neueintragung nicht gehindert werde, bestehend aus drei Glocken mit dem Worte „Dreiklang", weil diese eigenartige Darstellung nicht als Glockenmarke angesprochen werden könne.

Motivschutz. Beispiele. Das Motiv kann aus einer einfachen geometrischen Figur in Verbindung mit bestimmter Farbe bestehen. Rotes Dreieck der englischen Bierfirma Baß & Co.: MW 22, 200. **Anm. 20**

Abgelehnter Motivschutz.

Hat jemand für eine bestimmte, an sich nach § 4 Abs 1 Nr 1 nicht schutzfähige vierstellige Zahl (4711) die Anerkennung im Verkehr als sein Kennzeichen und schließlich die Eintragung erzielt, so kann er daraufhin nicht den Motivschutz für jede beliebige vierstellige Zahl beanspruchen (RG II 9. 7. 26, JW 26, 2536 — bekämpft von Rosenthal das. 27, 104 Nr 10 —; Bl 26, 215; GR 26, 485; MW 26, 68; hierzu Elster MW 26, 67 und § 4 A 21: Preciosa 1871).

Motivschutz verneint wegen häufigen Vorgebrauchs für ein Segelschiff bei Farbe usw.: RG II 21. 9. 23, MW 23, 154; s. auch OLG Hamburg, MW 19, 93 (Segelschiff des Inselverlags); für das Wort „Krone" bei Tabakfabrikaten: RG II 6. 11. 23, ib. 156; für das Bild eines schnupfenden Bauern bei Schnupftabak: RG II 25. 4. 22, MW 22, 40. (Die Darstellung dieses Falles bei Rosenthal MW 22, 147 ist unrichtig: Das RG unterstellt nicht einen Motivschutz der Klägerin für das Brustbild eines schnupfenden Mannes, vielmehr nur für das Bild eines aus der Schmalzlerflasche und vom Handrücken schnupfenden Bauern. Dieses Motiv sei bisher nicht benutzt worden. Das allgemeine Motiv eines schnupfenden Mannes stehe der Klägerin nicht zu, da neben ihrem noch acht andere WZ mit dem Bilde eines Schnupfers im Verkehr seien.)

Auf Grund eines Bild- oder Wortzeichens „Geisha" kann nicht jede Abbildung einer Japanerin verboten werden (RG II 17. 6. 10, MW 10, 61).

Verwechslungsgefahr verneint bei einem Z für Schmirgelglas mit Erdkugel und aufgesetzter Schmirgelscheibe sowie Unterschrift „Rapidor" gegenüber dem älteren, aus zwei Erdkugeln bestehenden Z, da das Motiv der Erdkugel verbraucht sei (RG II 1. 10. 18, MW 18, 29).

Abgelehnt wurde ein Motivschutz für eine diagonale Teilung der Oberfläche von Zigarettenschachteln bei verschiedener Färbung der beiden Dreiecke, und es wurde das kennzeichnende Merkmal in dem aufgedruckten Wortzeichen „Muretti" erblickt (RG II 12. 6. 25, GR 25, 275; MW 25, 95).

Eine Vanilleschote ist für Vanille Freizeichen und genießt keinen Motivschutz. Es kommt daher auf den Eindruck der Gesamtkombination an (RG II 16. 4. 09, MW 8, 279).

Mit dem Grundsatze, daß die Schutzfähigkeit eines starken Motivs nicht durch Abänderungen oder Zutaten aufgehoben wird, dürften die von Rosenthal MW 18, 94 angeführten Entscheidungen des RG („Hase" — drei Hasen auf Brückenbogen: GR 12, 70 und MW 11, 200; „Singer", weibliche Figur an der Nähmaschine, umfaßt von verschiedenen Buchstaben: MW 14, 187) nicht im Einklange stehen.

Anerkannter Motivschutz.

Gekreuzte Schwerter für Meißener Porzellan (BA 29. 10. 96, Bl 97, 62).

Bild eines auf einer Fläche (Tisch) sitzenden, arbeitenden Schneiders mit übergeschlagenen Beinen für Herren- und Knabenkleidung (RG II 15. 1. 26, MW 25, 201).

Automobil in einem Bildzeichen für Zigaretten (RG II 19. 1. 03, UW 2, 119; GR 04, 345).

BA 28. 9. 20, MW 20, 122: Ein Frosch, ein Hund oder ein Mensch mit aufgespanntem Regenschirm (hierbei wurde auch Gewicht auf die Anbringung in kleinem Maßstabe gelegt).

OLG Hamm, MW 24, 68: Blätterloser Baum, Eisenbaum.

RG II 17. 9. 15, MW 16, 109: Globus für Strümpfe u. dgl.

RGSt IV 9. 10. 14, Bl 15, 137; MW 14, 302: Person mit Binde über dem einen Auge.

RG II 14. 7. 22, MW 22, 55; 23. 4. 18, MW 18, 31; 1. 6. 15, MW 15, 122; vgl. MW 14, 193, OLG Hamm: Bild eines katholischen Geistlichen für Kneipp-Malzkaffee u. dgl.; vgl. PA, MW 21, 42. Abgelehnt wurde dagegen der Schutz des gleichen Motivs für Heilmittel, weil die Idee, einen Geistlichen mit der Herstellung und Verordnung von Heilmitteln in Verbindung zu bringen, nicht eigenartig und neu gewesen sei (RG II 15. 2. 27, 340/26).

§ 20 PA 23. 12. 07, Bl 08, 38: Weibliche Person, die sich mit einem im Bette liegenden Kinde beschäftigt bei sonstigen Abweichungen.

RG I 1. 2. 05, Bl 05, 235; MW 7, 166: Herkules für Wollgarn — männliche Kraftgestalt ohne die Attribute des Herkules.

Schwache Zeichen.

Anm. 21 **Im allgemeinen.** Schwache Z nennt man Z von geringer Kennzeichnungskraft, deren Schutzbereich darum ein verhältnismäßig kleiner ist, so daß sie Z mit verhältnismäßig geringen Abweichungen neben sich dulden müssen (E 53, 96; RG II 17. 6. 13, MW 12, 652).

Ein Beispiel bieten die Z „Phenola" und „Phenotan", welche für nicht verwechslungsfähig erklärt wurden, weil beide von dem gemeinfreien (also kein schutzfähiges Motiv enthaltenden) Namen Phenol (= Karbolsäure) abgeleitet waren (PA 5. 7. 15, MW 15, 35); ferner „Krone" und „Adler" mit abweichenden Zutaten (RG II 9. 5. 22, MW 22, 38).

Praktisch handelt es sich in der Mehrzahl der Fälle um zusammengesetzte Z, bei denen die Schwäche, also die geringe Kennzeichnungskraft, darauf beruht, daß wesentliche Bestandteile derselben schwach sind, sei es, daß sie, für sich betrachtet, als Z nicht schutzfähig sind oder daß sie auf dem betreffenden Gebiete oder im allgemeinen stark verbraucht sind. Derartige schwache Bestandteile, die auch im Verkehr nicht beachtet zu werden pflegen, können in der Regel die Verwechslungsgefahr nicht begründen (PA 18. 12. 95, Bl 97, 76). Dies schließt natürlich nicht aus, daß das Gesamtzeichen, mag es auch aus lauter schwachen Bestandteilen zusammengesetzt sein, oder wenn sein beherrschender Bestandteil schwach ist, solange es eingetragen steht, geschützt wird und daß sogar im einzelnen Falle die Verwechslungsgefahr lediglich auf der Benutzung dieses schwachen Bestandteils durch andere beruhen kann. Möglicherweise ist das Z aus diesem Grunde nach § 8 Abs 2 Nr 2 anfechtbar. Daraus folgt, daß ein ganz einfaches und einheitliches Z, wie z. B. „Stern", „Krone" u. dgl. (als Bild- oder Wortzeichen), von Haus aus zwar anfechtbar, aber nicht schwach sein kann. Denn da es zu schützen ist und die Unterscheidung von jüngeren Z nur auf dem einfachen Worte oder Bilde beruhen kann, so wird die Benutzung durch andere nicht nur für sich allein, sondern auch als des beherrschenden Bestandteils einer Kombination regelmäßig die Verwechslungsgefahr begründen. Im letzteren Falle liegt die Sache freilich dann anders, wenn das beherrschende Z von vornherein in einer Mehrheit von Z (z. B. das Bildzeichen der Krone in verschiedener Ausgestaltung) auftritt, oder wenn der erste Inhaber des Z das Auftreten weiterer Konkurrenzzeichen mit demselben Motive duldet. Dann wird auch das an sich einfache Z zu einem solchen mit verschiedenen Merkmalen, von denen nicht abstrahiert werden kann, und das zugrunde liegende Motiv (der Allgemeinbegriff) wird der Unterscheidungskraft entbehren und schwach sein. Auch hier kommt es selbstverständlich auf den Gesamteindruck der beiden sich gegenüberstehenden Z an. So hat z. B. das PA 30. 6. 15 (MW 15, 324) die Verwechslungsfähigkeit eines die Umgegend Leipzigs darstellenden Landschaftsbildes, welches auch das Völkerschlachtdenkmal als wenig hervortretenden Bestandteils enthielt, mit dem älteren, nur dieses Denkmal darstellenden Z auch mit Rücksicht darauf verneint, daß öffentliche Denkmäler in der Regel des Motivschutzes nicht fähig sind.

Andererseits wurden die Z „Fürstenstolz" und „Fürstengold" für Schokolade u. dgl. für verwechslungsfähig erklärt, obwohl „Fürst" für diese Ware Freizeichen (PA 5. 5. 14, MW 14, 87). Ebenso wurden die Z „Rheumasan" und „Rheumazone" für verwechslungsfähig erklärt, obwohl das Wort „Rheuma" an sich nicht schutzfähig ist (PA 18. 3. 25, Bl 25, 83; s. § 5 A 4f). Ebenso OLG Stuttgart 23. 3. 09 und PA 15. 10. 08, Bl 09, 226: Davids Harp und Druids Harp).

Der Begriff von schwachen Z hat hiernach besondere Bedeutung bei der Vergleichung zweier Z mit denselben schwachen Bestandteilen, oder wenn es sich fragt, ob das jüngere Z durch Hinzufügung eines schwachen Bestandteils bei sonstiger Ähnlichkeit der Verwechslungsgefahr entgeht. Solche schwachen Bestandteile sind z. B. die sonst auf demselben Gebiete vielfach benutzte Krone, der Stern, der Adler, der Löwe, das Schiff usw., oder Nachbildungen von Städtewappen, wie die Hamburger Türme, der Bremer Schlüssel, der Berliner Bär, in Wortzeichen naheliegende, auf die Ware hinweisende Wortstämme, wie „Luci" für Beleuchtungsgegenstände. Sie können weder für sich noch in der Kombination für den Z-Inhaber monopolisiert werden. Hierher gehören z. B. eine Kombination mit dem Bremer Schlüssel: RG II 2. 10. 23, MW 23, 125; zwei Elefanten mit dem Hamburger Wappen: RG II 22. 2. 24, MW 23, 188; Berliner Bär: RG II 5. 11. 26, MW 26, 175 auch JW 27, 772[5]); RG II 10. 11. 25, MW 25, 144 (Underberg — Albrecht ca. Schröder; Boonekamp); PA 10. 6. 99, Bl 00, 206: Lucin, Lucia, Lucinda. Doch kann dafür ein Ausstattungsschutz erworben werden (RG II 5. 11. 26, MW 26, 175).

Es ist aber stets dabei festzuhalten, daß das Z, solange es eingetragen ist, gemäß dieser Eintragung geschützt ist und daß ihm der Schutz bei vorliegender Verwechslungsgefahr nicht wegen Schwäche seiner Bestandteile versagt werden darf. Vielmehr kann letztere nur einen Anhalt dafür gewähren, daß bei genügender sonstiger Unterscheidbarkeit keine Verwechslungsgefahr vorliegt. § 20

So hat das PA (MW 20, 122) die Eintragung von „Kaliklorin" wegen des älteren „Kaliklora" abgelehnt, obwohl die Ähnlichkeit beider auf den schwachen, auf chlorsaures Kali hinweisenden Bestandteilen beruht.

Vgl. RG II 20. 6. 05, Bl 06, 146; MW 05, 20 (Frau oder Mädchen in einem Bett ruhend); RG II 17. 11. 25 (Adler); MW 25, 152.

Es ist daher nicht richtig, wenn gesagt worden ist (Niebour MW 21, 119), „die Verwechslungsgefahr darf sich nicht stützen auf Übereinstimmung oder Ähnlichkeit nicht schutzfähiger Elemente, wie Freizeichen, Zahlen, Beschaffenheitsangaben usw.". Denn auch wegen dieser Übereinstimmung kann mangels sonstiger ausreichender Unterscheidungsgründe eine das Verbot oder die Löschung rechtfertigende Verwechslungsgefahr vorliegen, ebenso wenn die Übereinstimmung auf der Gleichheit oder Ähnlichkeit nur sonstiger schwacher Elemente beruht. In der Regel werden allerdings bei der Vergleichung die nicht schutzfähigen und schwachen Elemente auszuscheiden und die Verwechslungsgefahr gegebenenfalls wegen sonstiger Unterscheidungsgründe zu verneinen sein (vgl. E 101, 347: Ähre als Freizeichen für Kaffee-Ersatz; auch Bl 21, 178). Es kann aber auch die Verwechslungsgefahr wegen Hinzufügung schwacher oder nicht schutzfähiger Elemente verneint werden, wenn sie das Gesamtzeichen beherrschen. So ist z. B. der Buchstabe G nicht schutzfähig, kann aber in einem nur als Rahmen erscheinenden Rhombus eine genügende Unterscheidung dieser Kombination von anderen bewirken (RG II 6. 5. 21, MW 21, 97: Gillette). Ähnlich E 97, 307: Ist beiden Z ein schwaches Motiv (Strahlenkranz) gemeinsam, so kann auch die Hinzufügung eines Motivs, das an sich Freizeichen ist (Axt und Beil), die Verwechslungsgefahr ausschließen.

Bei Z, die als Hauptbestandteil nur eine Kombination von Buchstaben, also an sich nicht schutzfähigen Elementen, enthalten und bei denen die Möglichkeit der Verwechslung mit gleichartigen Z in Frage steht, kann die Frage nur nach dem Eindrucke entschieden werden, den die sich gegenüberstehenden Buchstabenkombinationen hervorrufen. Ein Beispiel bietet RG II 5. 7. 21, MW 21, 56 (einerseits Buchstaben MW, andererseits MWE., jedesmal in einem Kreise; Verwechslungsgefahr verneint). Ähnlich: PA 5. 7. 21, GR 22, 33 mit Bemerkung von Osterrieth (Dreieck mit T und verschiedenen Zutaten). Andererseits wurde die Übereinstimmung bejaht wegen des in beiden Z vorhandenen Eisernen Kreuzes, das bei der in der Kriegszeit erfolgten Anmeldung des jüngeren Z als schwach anzusehen war (PA 24. 3. 16, GR 16, 256).

Das RG hat in E 98, 231 („Krone"; vgl. auch MW 22, 38) ausgesprochen, daß auch die vielfache Verwendung eines Z auf anderen Warengebieten die Kennzeichnungskraft auf einem Gebiete beeinträchtigen kann, wo dies Z sonst nicht verwendet wird. Dieser Satz ist in einer Entscheidung v. 17. 10. 22, JW 24, 185 Nr 24, auch MW 22, 108 (Stern für Kaffee-Ersatz), noch schärfer formuliert worden: „Ein Z entbehrt allgemein der kennzeichnenden Unterscheidungskraft im Verkehr schon dann, wenn es auf einem Gebiete der Warenerzeugung oder des Warenhandels, das nicht als weitentlegenes reines Spezialgebiet zu betrachten ist, ein vielfach gebräuchliches Z geworden ist" (vgl. auch RG II 6. 7. 00 (Dreieckzeichen für Gummischuhe).

Das PA hat sich in einem eingehend begründeten Beschlusse der Beschwerdeabteilung v. 2. 7. 24 (MW 23, 253) hiergegen gewandt, weil nach dem deutschen Z-Recht das WZ grundsätzlich nicht als Firmen- oder Fabrikmarke, sondern nur für bestimmte Waren erteilt werde und daher auch vielfach Z für bestimmte Waren den vollen Schutz genössen, die auf anderen Gebieten Freizeichen seien, z. B. Queen für Zigaretten, obwohl Freizeichen für Zigarren (vgl. auch E 102, 355; Juno und Freund S. 52 sub c). Das PA hat mit dieser Begründung eine Anmeldung für alkoholische Getränke, deren wesentlicher Bestandteil drei Herzen bildete, zurückgewiesen, weil das gleiche Motiv auf demselben Gebiete schon anderweit in WZ verwendet und daher Verwechslungsgefahr anzunehmen sei, obwohl das Herzzeichen auf anderen Gebieten, wie unterstellt wurde, häufig im Verkehr benutzt werde. Die Entscheidung des PA ist gewiß richtig, doch trifft sie im Grunde genommen nicht die bekämpften Ausführungen des RG. Der Grundsatz, daß die Verwechslungsgefahr nur in Betracht kommt, wenn die Z für die gleichen oder gleichartigen Waren eingetragen sind, wird nicht berührt durch die Annahme, daß die Kennzeichnungskraft eines Z oder Z-Bestandteils, von der diese Verwechslungsgefahr abhängen kann, durch Vorgänge auf anderen Warengebieten, welche das Publikum geneigt machen, weniger darauf zu achten, gelitten hat. Diese Kennzeichnungskraft ist eine reine auf Grund sachverständiger Erfahrung oder durch Beweis feststellbare Tatsache, und es muß mit dem RG erfahrungsgemäß angenommen werden, daß sie durch starken Verbrauch auf gewissen Gebieten allgemein in Mitleidenschaft gezogen werden kann.

§ 20 Diese Abschwächung der Kennzeichnungskraft durch Benutzung auf anderen Gebieten muß dann allerdings ausdrücklich festgestellt werden; es darf nicht ohne weiteres aus der Benutzung auf Schwäche und Nichtbeachtbarkeit geschlossen werden (RG II 9. 5. 24, MW 23, 243; auch GR 24, 180).

Auch das PA erkennt in obiger Entscheidung die Berechtigung des Standpunkts des RG bezüglich solcher Motive an, „welche z. B. wegen der ihnen innewohnenden Eigenschaft als rühmender Hinweis auf die besondere Güte der Ware, wie Sterne und Kronen, oder z. B. auch wegen ihrer vielfachen Benutzung als sog. Signierungszeichen, wie Anker oder Davidstern (Hexagramm), für alle Warengattungen mehr oder weniger verbraucht sind und schon bei der Eintragung des zu verteidigenden Z stark in Gebrauch waren" (vgl. bezüglich des Sterns auch BA 24. 12. 20, GR 20, 39). Es kann zugegeben werden, das besonders die etwas scharfe Formulierung des RG in dem Urteil v. 17. 10. 22 (s. oben) einer gewissen Einschränkung bedarf und daß stets die konkreten Umstände berücksichtigt werden müssen. Dies ist auch die Ansicht Osterrieths, der JW 24, 186 Nr 24 zu diesem Urteil bemerkt: „Die Ausführungen des RG treffen unzweifelhaft auf viele Fälle zu. Indessen scheint es bedenklich, eine erfahrungsgemäß häufig beobachtete Regel schlechthin zu einem Grundsatz zu erheben. Jedenfalls sind auch Fälle denkbar, in denen ein vielfach gebrauchtes und daher im allgemeinen schwaches Z-Motiv auf einem besonderen Verkehrsgebiet zu einem sehr wirksamen Unterscheidungsmerkmal wird ... Der Beweis, daß ein im allgemeinen viel benutztes Motiv im Einzelfall Kennzeichnungskraft besitzt, sollte immer offenbleiben."

Edwin Katz (MW 23, 69; vgl. auch Rosenthal daselbst S. 174) verwirft überhaupt die Unterscheidung zwischen starken und schwachen Z und hält sie jedenfalls bei der Bestimmung des Schutzumfangs für bedeutungslos. Letzterer bestimme sich vielmehr nach der Anerkennung die das Z sich auf Grund der Güte der dahinterstehenden Ware im Verkehr errungen hat. Er verweist dafür auf weltbekannte Z, wie 4711 (Parfümeriewaren Mühlens), Aspirin, Dreieckzeichen (Zigaretten Batschari) und Zwillingszeichen (Henckels). So gewiß es richtig ist, daß der Wert des Z neben anderen Faktoren, wie Eindrucks- und Unterscheidungskraft, Reklame u. dgl. auch auf der Güte der Ware beruht, so zeigen gerade die angeführten Beispiele und die ihnen von Katz gegenübergestellten (Darstellungen aus dem Volks- und Tierleben des fernen Ostens, von Landschaften, Bauwerken usw.), daß man sehr wohl starke und schwache Z unterscheiden kann nach ihrer bestimmungsgemäßen Geeignetheit an sich, d. h. nach dem Grade, indem sie das Erinnerungsvermögen zu beeinflussen vermögen, und daß damit parallel geht ein Vermögen, ähnliche Z aus dem Felde zu schlagen, mit anderen Worten der Schutzumfang. Der Zahl 4711 ist übrigens der ihr von Katz zuerkannte Motivschutz vom RG gegenüber der Zahl 1871 abgesprochen worden (s. A 20). Bei dem Dreieckszeichen Batschari hat auch das RG die Entscheidung über den Schutzumfang davon abhängig gemacht, ob sich das Z im Verkehr als Kennzeichen der Firma durchgesetzt hatte (RG 4. 4. 24, MW 23, 241; ebenso Asbach Uralt: MW 26, 107; vgl. A 9 u. 22). Häufig entscheidet Eigenheit und Neuheit über den Schutzumfang bei Bildzeichen, nämlich über die Frage, ob das Motiv und in welchem Maße es geschützt ist (vgl. E 108, 1: Schmieröl; Bl 23, 25: Doppeltier; MW 23, 44: Die Stimme seines Herrn). Auch das PA urteilt bei der Prüfung gemäß § 5 nach diesem Gesichtspunkt, indem es z. B. das Bild eines geflügelten Fußes oder Schuhes für Schuhwerk für ein schwaches Motiv erklärt, bei dem Abweichungen im übrigen genügen, um die Verwechslungsgefahr auszuschließen (MW 23, 84).

Richtig ist freilich, daß Alter und Erfolg im Verkehr die Stärke eines Z auf einem bestimmten Gebiete trotz Verbrauchtheit auf anderen Gebieten begründen können (vgl. A 9). Es ist durchaus denkbar, daß z. B. die Krone in zurückliegender Zeit auf einem bestimmten Warengebiete mit voller Kennzeichnungskraft angemeldet wurde und sich auf diesem Gebiete wegen der anerkannten Güte der bezeichneten Ware als starkes Z behauptet hat, während sie seither auf anderen Gebieten ein schwaches oder gar ein Freizeichen geworden ist (HGZ 24 Nr 1347; vgl. A 19). In einem solchen Falle kann seine Kennzeichnungskraft durch die Abnutzung auf anderen Gebieten nicht leiden, während die Krone als Bestandteil neuer, noch nicht zu größerer Anerkennung gelangter Z der Kennzeichnungskraft entbehren wird. So auch OLG Hamburg (MW 23, 12) bezüglich des in jahrhundertelangem Gebrauche der Klägerin oder ihrer Rechtsvorgänger für Wolle stehenden Sternzeichens der Norddeutschen Wollkämmerei und Kammgarnspinnerei und PA ib S. 84; s. ferner RG II 28. 9. 15, betr. das Sternzeichen für Thomasmehl (Bl 15, 231; MW 15, 163, BA 27. 3. 14, MW 13, 512: Dreiecksform bei Schuhen mit Gummisohlen; BA 19. 3. 26, MW 25, 213: Sternzeichen für Farben).

Im übrigen ist der Abschwächung bestehender Z auf verwandten Gebieten tunlichst dadurch zu begegnen, daß man den Begriff der Gleichartigkeit der Waren, den konkreten Bedürfnissen entsprechend, soweit zieht, daß eine Täuschung des Publikums über die Herkunft der Waren nach Möglichkeit ausgeschlossen wird (vgl. § 5 A 5 und E 108, 34).

Um den Schutzumfang durch Feststellung der Schwäche eines Z-Bestandteils einzuschränken, dürfen im allgemeinen nur Parallelzeichen herangezogen werden, welche Geltung im Verkehr erlangt haben, bloße Eintragung insbesondere als Defensiv- oder Vorratszeichen genügt nicht. Denn es ist darzutun, daß der Verkehr den als schwach bezeichneten Bestandteilen keine Unterscheidungskraft mehr beimißt und sie deshalb nicht mehr beachtet. Indessen wird der Darlegungspflicht durch den Hinweis auf die Eintragung genügt, Sache des Gegners ist es dann, darzutun, daß es sich nur um „papierne Z" handelt (RG II 17. 10. 22, MW 22, 110: Stern bei Kaffeesurrogaten). § 20

Einzelentscheidungen. Ist das Kronenmotiv (sei es bildlich oder wörtlich) auf dem betreffenden Warengebiet verbraucht, so kommt es auf die besondere Ausgestaltung an. Auch ein Gebrauch auf anderen Warengebieten kann ein Motiv schwächen (E 98, 225: Helm- und Kaiserkrone). Anm. 22

Enthalten die beiden Z die gleichen schwachen Bestandteile (Strahlenkranz), so kommen diese für die Verwechslungsfähigkeit nicht in Betracht, und es können dann auch Zutaten unterscheidend wirken, welche an sich Freizeichen für die betreffenden Waren sind (Axt und Beil bei Metallwaren; E 97, 302 [306]).

Hat Klägerin (Batschari) zuerst das an sich schwache Dreieckszeichen in den Verkehr eingeführt und als sie kennzeichnend eingebürgert, so liegt Verwechslungsgefahr vor, wenn Beklagte dasselbe Z, wenngleich mit anderen Zutaten, benutzt. Anders wenn das Dreiecksmotiv schon vor der Anmeldung der Klage im Verkehr mit Zigaretten gebräuchlich war (RG II 4. 4. 24, MW 23, 241; ebenso RG II 29. 10. 26, MW 26, 107: Asbach Uralt).

In der vorstehenden Sache Batschari hat das BG festgestellt, daß vor der Anmeldung des betreffenden Dreieckszeichens die Zigaretten der Klägerin im Verkehr nicht als „Dreieckszigaretten" bekannt waren, daß das Publikum vielmehr in erster Linie den Namen der Zigaretten und des Fabrikanten berücksichtige, in zweiter Linie aber nicht die Dreiecke als solche, sondern den Inhalt (bei der Klägerin von einem Kreise umgebene Buchstaben A. B. C. = A. Batschari Cigarettes), der bei den Parteien ganz verschieden war. Danach ist die Verwechslungsgefahr ohne Rechtsirrtum als verneint erachtet und die Revision der Klägerin in dem Urteil RG II 10. 11. 26, MW 26, 104 zurückgewiesen.

Entgegengesetzt RG II 26. 11. 26, MW 26, 180 bei zwei Ankerzeichen für Handschuhe, deren Verwechslungsgefahr wegen genügender Verschiedenheit verneint wurde. Die Behauptung, daß die Handschuhe des älteren Inhabers im Verkehr als Ankerhandschuhe bekannt seien, wurde mangels Verwechslungsgefahr für unerheblich erklärt. Nur nebenbei wird bemerkt, daß das Ankerzeichen „ziemlich" oder „fast" schwach sei. In den Urteilen Batschari und Asbach wird gerade die Entscheidung über Verwechslungsgefahr davon abhängig gemacht, ob ein bestimmtes (obwohl schwaches) in beiden Z wiederkehrendes Motiv für den älteren Inhaber Anerkennung im Verkehr gefunden hat (vgl. A 21).

Da die Krone für Tabakwaren ein schwaches Motiv ist, konnte die Eintragung für ein eigentümliches aus drei Kronen gebildetes Z gegenüber einem älteren Z mit einer Krone nicht versagt werden (BA 24. 4. 14, MW 13, 513).

Die amerikanische Flagge (bei Schaumweinen) kann keinen Motivschutz genießen (BA 30. 12. 10, MW 10, 227).

Das Adler-Motiv schwach für Weine und Schaumweine (OLG Colmar 11. 5. 11, MW 10, 352).

Für Zigarren, Zigarillos und Schweizer Stumpen ist das Wort Brasilianos, welches lediglich die Herkunft des Tabaks angebe, in Verbindung mit dem von alters her bekannten und gebräuchlichen Bilde eines Indianers mit Tabakblättern nicht für unterscheidungskräftig und daher nicht für geeignet erachtet, die Verwechslungsgefahr bei zwei Kombinationszeichen zu begründen (RG II 11. 7. 16, MW 16, 58; vgl. MW 15, 368).

Haben zwei Z einen schwachen Bestandteil gemeinsam (Dreiecksform; einerseits Dreizackstern, andererseits stilisierte Menschengruppe in Dreiecksform), so kann die Verwechslungsgefahr nicht lediglich auf diese Gemeinsamkeit gegründet werden; vielmehr ist zu untersuchen, ob trotz der Verschiedenheit der Ausführung im übrigen Verwechslungsgefahr besteht (RG II 29. 6. 26, MW 26, 71).

Ein Z, das auf ein ganzes Gewerbe hinweist (z. B. Schuh oder Stiefel für die Schuhmacherei), kann von einem einzelnen Gewerbebetrieb dieser Art nicht monopolisiert werden und bildet innerhalb eines Gesamtzeichens einen schwachen Bestandteil (RGSt 9. 10. 14, Bl 1915, 137).

Ist die Bezeichnung „Schnee" für Waschmittel schwach, so gilt doch nicht das gleiche für alle zusammengesetzten Worte, in denen dieser Bestandteil vorkommt. Danach können z. B. Schneekönig und Schneemann Verwechslungsfähigkeit begründen, wenn sie den Hauptbestandteil der sich gegenüberstehenden Z bilden (RG II 11. 11. 24, MW 24, 84; JW 27, 101 Nr 6).

§ 20 Ist der Hauptteil eines jüngeren Z mit dem älteren Z verwechslungsfähig, so wird die Verwechslungsfähigkeit durch Hinzufügung eines schwachen Bestandteils in der Regel nicht beseitigt (RG II 13. 1. 20; E 98, 28; auch Bl 20, 87 und MW 19. 201; Haka — Ha Ha bleibt Sieger).

Ist der beherrschende Bestandteil („Berger") des älteren Z in dem jüngeren nicht vorhanden, so kommt es nicht darauf an, ob hinsichtlich des hinzugefügten schwachen Bestandteils (Stern) Ähnlichkeiten bestehen (RG II 4. 5. 26; MW 26, 7; JW 26, 1980 Nr 7: Berger Goldstern für Schokolade; gilt auch bei Ausstattungen).

In dem Urteil v. 2. 10. 23 (MW 23, 125; JW 25, 1287 Nr 20) sagt das RG: „Es ist zutreffend, daß der Bestandteil des WZ der Klägerin, der Bremer Schlüssel, für beide Parteien — Firmen, die in Bremen ihren Sitz haben — als schwaches Z anzusehen ist und keinen Motivschutz genießen kann. Jedenfalls konnte der vielfach im Verkehr zur Ausstattung und zur Symbolisierung der Herkunft benutzte Bremer Schlüssel nicht von der Klägerin monopolisiert werden. Er ist in Wahrheit nichts weiter als eine bildliche Angabe über die Herkunft der Ware im Sinne des § 13, die keinem Bremer Gewerbetreibenden verboten sein kann. Es ist für den Begriff des schwachen Z nicht wesentlich, daß die vielfache anderweite Benutzung überall bekannt ist und daß seine Bedeutung überall erkannt wird . . . Solche Wahrzeichen . . . können nicht monopolisiert, sondern höchstens mit Beiwerk für ein WZ benutzt werden . . . Danach wurde die Verwechslungsgefahr mit dem klägerischen Z (Bremer Schlüssel, durchflochten von zwei Zweigen) für das Gegenzeichen (Hanseaten-Bonbon, bzw. Schokolade mit Nachbildung der Wappen aller drei Hansestädte) verneint.

Ähnlich RG II 22. 2. 24, MW 23, 188, wo die Zutat der Hamburger Türme nicht für ausreichend erachtet ist, um die Verwechslung der beiderseitigen, Elefanten enthaltenden Z auszuschließen.

Enthält das klägerische Z einen schwachen Bestandteil (Stern) neben einem starken Wortzeichen (Brema-Seife), so ist bei Prüfung der Verwechslungsgefahr mit dem Wortzeichen des Gegners (Brama) der schwache Bestandteil des ersteren außer acht zu lassen (RG II 25. 9. 23, MW 23, 158).

Wenn auch im allgemeinen bei schwachen Z (oder Bestandteilen von solchen) eine verhältnismäßig geringfügige Abweichung genügt, um Verwechslungsgefahr auszuschließen, da der Verkehr hier gewohnt ist, auf Einzelheiten in der Darstellung zu achten, so trifft dies doch dann nicht zu, wenn das schwache Z der einzige oder der Haupt- und beherrschende Bestandteil des Gesamtzeichens ist und die Nachahmung nur Zutaten (vier Buchstaben) enthält, die im Verkehr nicht beachtet zu werden pflegen und bei der Benutzung des Z (Einschlagen in Stahlwaren) sonstige Abweichungen wirkungslos werden (RG II 12. 2. 24, MW 23, 177; Ecksteinzeichen; vgl. andererseits RG II 6. 10. 22, MW 22, 112: Dreieck bei Gummiwaren, wo das Dreieck nicht als beherrschender Bestandteil erachtet wird, und RG II 16. 2. 23, MW 22, 132, wo die Gemeinsamkeit der drei Buchstaben A. B. C. nicht für genügend erachtet wurde, um das Z von Aug. Ballings & Co. mit dem bekannten Batscharizeichen für verwechslungsfähig zu erklären).

Da der Rhombus bei Rasierapparaten als schwaches Z festgestellt ist, kann er für sich allein die Gefahr der Verwechslung des Z der Klägerin (weißer Rhombus mit G, durchweg schwarz ausgefärbter Rhombus und schwarz ausgefärbter Rhombus mit dem pfeildurchzogenen Wort Gillette) mit dem Z der Beklagten (schwarz ausgefärbter Rhombus mit anderen weißen Inschriften) nicht begründen. Die beherrschenden Momente (Buchstabe G und einheitliche Ausfärbung einerseits, weiße Schriftzeichen Be — Be andererseits) begründen aber eine genügende Unterscheidung (RG II 9. 10. 23, MW 23, 184: Gillette; vgl. MW 21, 97).

Die Abschwächung durch konkurrierende Z wird dadurch nicht beseitigt, daß diese Z früher eingetragen waren und nachträglich gelöscht sind. Die abschwächende Wirkung beruht darauf, daß die Z nebeneinander im Verkehr benutzt werden (E 98, 228: Krone). Auch ein Bild- und ein gleichbedeutendes Wortzeichen können sich gegenseitig schwächen (E 98, 229).

Besteht ein Kombinationszeichen in der Hauptsache aus schwachen Bestandteilen, so kann der Schutz in ihrer besonderen Anordnung begründet sein (OLG Köln 4. 10. 12, MW 12, 659: La Caoba).

Die Worte „Hamburg-Berlin" in einem gemischten Z für Zigarren sind schwach (RGSt II 6. 6. 13, MW 13, 22).

Bei pharmazeutischen Produkten sind die Silben „Bios" oder „Bio" im Anfang des Wortzeichens schwach und kommen daher für die Verwechslungsgefahr nicht in Betracht. Daher Biokolansikat gegenüber Biokolade für zulässig erklärt (BA 8. 10. 13, MW 13, 122).

Gegenüber dem Z „Richter & Co. Veldenzer Karlsberger" wurde die jüngere Bezeichnung „Max Ferdinand Richter Veldenzer Karlsberger" für zulässig erklärt, da die Worte Veldenzer Karlsberger als Herkunftsbezeichnung (für Wein) nicht schutzfähig seien und sich im übrigen die beiden Firmen gegenüberständen (RG II 16. 9. 13, MW 13, 197).

Da das Wort „Marsch" als Herkunftsangabe schwach ist, so sind die dieses Wort enthaltenden Zusammensetzungen hierdurch untereinander nicht verwechslungsfähig (M.-Blume, M.-Freude, M.-Stern usw.; PA 13. 1. 14, MW 13, 394). § 20

Die Bezeichnung Base-Ball oder Base-Ball-Schläger kann für Mundharmonikas nicht als Beschaffenheitsangabe und somit als schwach gelten, wenn auch auf die Form der Ware hingedeutet wird (BA 22. 12. 24, MW 24, 113).

Die Firmenabkürzung Ipe wurde für ein schwaches Z und daher die jüngere Firmenabkürzung A P A nicht für verwechslungsfähig erklärt (RG II 16. 10. 23, MW 23, 79).

RG 29. 11. 13, MW 13, 326 (Schmetterling schwaches Motiv für Schokoladewaren).

Der Ochsenkopf ist für Fleischwaren ein schwaches Z (RG II 17. 6. 13, MW 12, 652).

Die Darstellung von Schnur und Siegel bei Zigarettenetiketten ist schwach und kann bei sonst genügenden Abweichungen die Übereinstimmung nicht begründen (BA 21. 5. 13, MW 12, 670).

Schwache Bestandteile sind die Silben „cithin" oder „citin" als bekannte Abkürzung der freien Bezeichnung „Lecithin". Daher wurden die Worte Neocithin und Biocitin nicht für verwechslungsfähig erklärt (E 74, 303, Bl 11, 150). Schwach sind die Silben „Radi" bei Z für Radiergummi. Daher Radifix und Radirit nicht verwechselbar (RG II 15. 3. 10, MW 9, 384). Bei Schmierölen kann auf die Buchstaben C. T. (= cold test) die Verwechslungsgefahr nicht gegründet werden (RG II 6. 2. 06, MW 5, 94).

Eine Verletzung des aus zwei Freizeichen bestehenden Wortzeichens „Original-Bullrich" (für ein Reinigungssalz, natron bicarb.) wird nicht durch eine Bezeichnung mit dem Freizeichen „Bullrich-Salz" und dem getrennt und quer dazu angebrachten Freiwort „Original" verübt (RG II 28. 2. 02, MW 1, 138).

§ 21.

§ 21

In bürgerlichen Rechtsstreitigkeiten, in welchen durch Klage oder Widerklage ein Anspruch auf Grund dieses Gesetzes geltend gemacht ist, wird die Verhandlung und Entscheidung letzter Instanz im Sinne des § 8 des Einführungsgesetzes zum Gerichtsverfassungsgesetze dem Reichsgericht zugewiesen.

Inhalt.

Anm.		Seite	Anm.		Seite
1.	Aus der Begründung S. 19	303	2.	Zweck und Inhalt des § 21	303

Aus der Begründung S. 19. Der Entwurf (§ 19) beschränkt sich darauf, für bürgerliche Rechtsstreitigkeiten die Entscheidung letzter Instanz unter allen Umständen dem RG vorzubehalten. Durch eine ausdrückliche Bestimmung die Entscheidung erster Instanz, soweit sie in die Zuständigkeit der Landgerichte fällt, den Kammern für Handelssachen zuzuweisen, erscheint nicht erforderlich, da der Ausdruck „Marke" im § 101 Nr 3c des GVG im weiteren Sinne zu verstehen ist und nach der Auffassung des Entwurfs mit dem Begriff „Warenbezeichnung" zusammenfällt. (Im GVG, jetzt § 95 Nr 4c, ist seit der Fassung von 1898 das Wort „Marke" durch „Warenbezeichnungen" ersetzt.) Anm. 1

Zweck und Inhalt des § 21. Die Bestimmung will für das Recht der Warenbezeichnung, ebenso wie der gleichlautende § 27 Abs 2 UWG für das Recht des unlauteren Wettbewerbs eine einheitliche Rechtsprechung sichern und schließt daher für dieses Rechtsgebiet die Zuständigkeit oberster Landesgerichte im Sinne des § 8 EG z. ZPO aus. Sie ist nur für Bayern von Bedeutung, dem einzigen Lande, in dem ein oberstes Landesgericht besteht. Im übrigen wird der Instanzenzug nicht berührt, so daß nicht etwa auf Grund des § 21 eine Amtsgerichtssache, oder eine Sache, in der die Revisionssumme nicht gegeben ist, an das RG gelangen kann (Allfeld S. 674 Abs 4). Anm. 2

Zweifellos gehören zu den Ansprüchen, die auf Grund dieses Gesetzes geltend gemacht werden:

1. die Untersagungsklage aus § 12 und die entsprechende positive und negative Feststellungsklage;
2. die Entschädigungsklage aus §§ 14, 15 (nebst 19 Abs 1);
3. die Löschungsklage aus § 9;
4. die Klage auf Eintragung aus § 6 Abs 2.

Ob eine erweiterte Auslegung gerechtfertigt ist, so daß auch eine, sei es auf den vollen, sei es lediglich auf den objektiven Tatbestand der §§ 14, 15 gestützte Unterlassungsklage, sowie eine nicht auf den § 9 gegründete Klage auf Löschung eines WZ und eine auf den Tatbestand des § 16 gestützte Unterlassungs- und Schadensersatzklage ebenso zu behandeln sind (a. A.

§ 21 Allfeld S. 674 N 2), kann dahingestellt bleiben. Denn alle diese Ansprüche wären auf Grund des BGB oder des UWG geltend zu machen, für welche Gesetze nach Art 6 EGBGB und § 27 Abs 2 UWG das gleiche gilt, wie für das WZG nach § 21.

Da alle diese Bestimmungen bezwecken, die Rechtseinheit auf den betroffenen Rechtsgebieten aufrechtzuerhalten, so muß es im Falle einer Klagenverbindung (§ 260 ZPO) genügen, wenn auch nur einer der geltendgemachten Ansprüche auf Grund der dem RG als Revisionsinstanz vorbehaltenen Gesetze geltend gemacht wird (Seligsohn S. 296 Abs 2; Busse S. 232 oben; Finger A 12c S. 511).

§ 22

§ 22.

Wenn deutsche Waren im Ausland bei der Einfuhr oder Durchfuhr der Verpflichtung unterliegen, eine Bezeichnung zu tragen, welche ihre deutsche Herkunft erkennen läßt, oder wenn dieselben bei der Zollabfertigung in Beziehung auf die Warenbezeichnungen ungünstiger als die Waren anderer Länder behandelt werden, so ist der Reichsrat ermächtigt, den fremden Waren bei ihrem Eingang nach Deutschland zur Einfuhr oder Durchfuhr eine entsprechende Auflage zu machen, und anzuordnen, daß für den Fall der Zuwiderhandlung die Beschlagnahme und Einziehung der Waren erfolge. Die Beschlagnahme erfolgt durch die Zoll- und Steuerbehörden, die Festsetzung der Einziehung durch Strafbescheid der Verwaltungsbehörden (§ 459 der Strafprozeßordnung).

Die Bestimmung ist bisher noch nicht praktisch geworden, da weder der ehemalige Bundesrat, noch der jetzige Reichsrat von der ihnen erteilten Ermächtigung Gebrauch gemacht haben.

Nach der Begründung zum Entw § 20 S. 19 richtet sie sich gegen die Englische Merchandise Act 1887, wonach in England einzuführende fremde Waren mit englischer Bezeichnung (so daß sie für englische gehalten werden könnten) mit einer deutlichen Herkunftsbezeichnung versehen sein müssen. Dabei begnügte man sich nicht mit einer Bezeichnung der Verpackung, sondern verlangte, daß die Ware selbst mit „Manufactured" oder „Made in Germany" gezeichnet sei. Der zweite Nebensatz: „oder wenn dieselben — behandelt werden" ist erst durch die Kommission (Bericht S. 9) für den Fall eines damals noch nicht vorliegenden Bedürfnisses der Vergeltung hinzugefügt worden. Der anzudrohende Rechtsnachteil besteht, wie nach § 17, in Beschlagnahme und Einziehung (vgl. Anm zu § 17).

Der Entw 1913 (§ 39 S. 50, Begr S. 70) wollte die der Regierung gegebene Befugnis wesentlich erweitern und die Strafandrohung verschärfen.

§ 23

§ 23.

Wer im Inland eine Niederlassung nicht besitzt, hat auf den Schutz dieses Gesetzes nur Anspruch, wenn in dem Staate, in welchem seine Niederlassung sich befindet, nach einer im Reichsgesetzblatt enthaltenen Bekanntmachung deutsche Warenbezeichnungen in gleichem Umfang wie inländische Warenbezeichnungen zum gesetzlichen Schutze zugelassen werden.

Der Anspruch auf Schutz eines Warenzeichens und das durch die Eintragung begründete Recht können nur durch einen im Inland bestellten Vertreter geltend gemacht werden. Der letztere ist zur Vertretung in dem nach Maßgabe dieses Gesetzes vor dem Patentamt stattfindenden Verfahren sowie in den das Zeichen betreffenden bürgerlichen Rechtsstreitigkeiten und zur Stellung von Strafanträgen befugt. Für die das Zeichen betreffenden Klagen gegen den eingetragenen Inhaber ist das Gericht zuständig, in dessen Bezirk der Vertreter seinen Wohnsitz hat, in dessen Ermangelung das Gericht, in dessen Bezirk das Patentamt seinen Sitz hat.

Wer ein ausländisches Warenzeichen zur Anmeldung bringt, hat damit den Nachweis zu verbinden, daß er in dem Staate, in welchem seine Niederlassung sich befindet, für dieses Zeichen den Markenschutz nachgesucht und

erhalten hat. Die Eintragung ist, soweit nicht Staatsverträge ein anderes bestimmen, nur dann zulässig, wenn das Zeichen den Anforderungen dieses Gesetzes entspricht. § 23

Inhalt.

Anm.		Seite
1.	Aus Begründung und Kommissionsbericht. Ges v. 31. 3. 1913	305
2.	Aus der Geschäftstätigkeit. S. 276ff.	306
3.	Übersicht	306
4.	Inland	307
5.	Niederlassung	307
6.	Nichterfüllung und Fortfall der Bedingungen	308
	Abs 1.	
7.	Gegenseitigkeit	308
8.	Schutz dieses Gesetzes	309
9.	Niederlassung im Inlande	310
	Abs 2.	
10.	Anwendungsgebiet	310
11.	Satz 1: Vertreterzwang	310
12.	Satz 2: Vollmacht	311
13.	Satz 3: Gerichtsstand	312
	Abs 3.	
14.	Inhalt	312
	Abs 3 Satz 1.	
15.	Der Heimatsschutz	312
16.	Fortfall des Heimatsschutzes	313
17.	Stellung der Gerichte	316
	Abs 3 Satz 2.	
18.	Anforderungen des deutschen Gesetzes	317
19.	Staatsverträge	317

Aus Begründung und Kommissionsbericht. Ges v. 31. 3. 13. 1. Aus der Begründung S. 19. Nach dem Vorbilde des PG und GMG soll für ausländische Z-Inhaber der Vertreterzwang eingeführt werden, um sowohl den beteiligten Kreisen als auch dem PA den geschäftlichen Verkehr mit den im Auslande wohnhaften Berechtigten zu erleichtern. Sodann ist die Bestimmung des § 20 Nr 3 des Markengesetzes fallen gelassen, nach welcher ein Z-Schutz in Deutschland nur insofern und auf so lange bestehenbleibt, als der Anmeldende in dem Lande seines Wohnsitzes in der Benutzung des Z geschützt ist. Der aus der Natur der Sache sich ergebende Grundsatz, daß ein Ausländer das ausschließliche Benutzungsrecht für ein WZ nur dann erhalten kann, wenn er in dem Lande seines Wohnsitzes auf dieses Recht Anspruch hat, ist auch im Entwurf zum Ausdruck gekommen. Hat jedoch der Ausländer den Schutz bei uns einmal erlangt, so besteht, auch abgesehen von den praktischen Schwierigkeiten der Durchführung, kein ausreichender Grund, die Geltung des Schutzes auf die Dauer jenes älteren Rechts zu begrenzen. Die Mehrzahl der in neuerer Zeit geschlossenen internationalen Verträge hat, wie für Patente und Muster, so auch für Marken eine derartige Beschränkung aufgegeben, und es würde nicht im deutschen Interesse liegen, ihrer Beseitigung durch neue, den früheren Grundsatz aufrechterhaltende Vorschriften entgegenzuwirken. Anm. 1

Hinzu tritt endlich die Bestimmung, daß die Auslandszeichen, um zur Eintragung zugelassen zu werden, allen formellen wie materiellen Anforderungen des neuen Gesetzes entsprechen müssen, da der Ausländer grundsätzlich nicht besser gestellt sein darf, wie der Inländer. Eine Ausnahme ist jedoch zugunsten derjenigen Staaten vorbehalten, mit denen im Wege internationaler Verträge eine ausdrückliche und die Gegenseitigkeit gewährleistende Vereinbarung dahin getroffen ist, daß die in dem Gebiete des einen Teils geschützte Marke in dem Gebiete des anderen Teils zur Eintragung zugelassen werden soll, auch wenn sie den hier geltenden Formvorschriften nicht genügt. Solche Vereinbarungen bestehen mit Österreich-Ungarn und mit Italien (Marque telle quelle gemäß Art 6 der betreffenden Verträge von 1892; RGBl S. 291 u. 296; vgl. Art 6 des Unionsvertrags).

§ 21 des Entw (Ges § 23) findet auf die deutschen Schutzgebiete und auf diejenigen auswärtigen Bezirke, in denen das Reich die Konsulargerichtsbarkeit ausübt, keine Anwendung. Niederlassungen in den Schutzgebieten und Niederlassungen von Reichsangehörigen oder Schutzgenossen in den unserer Konsulargerichtsbarkeit unterstehenden Bezirken sind im Sinne des Entwurfs als inländische Niederlassungen anzusehen.

2. Die Fassung des Ges von § 23 Abs 1 und § 23 Abs 3 Satz 1 beruht auf Beschlüssen der Kommission. Abs 1 schließt mit den Worten: „deutsche Warenbezeichnungen in gleichem Umfange wie inländische Warenbezeichnungen zum gesetzlichen Schutz zugelassen werden", während es im Entwurf hieß: „deutsche Warenbezeichnungen einen Schutz genießen". Gemäß § 23 Abs 3 Satz 1 hat der Anmelder nachzuweisen, daß er in dem Heimatsstaate „für dieses Z den Markenschutz nachgesucht und erhalten hat", während nach dem Entwurfe nur nachzuweisen war, daß in dem Heimatsstaate „die Voraussetzungen erfüllt sind, unter welchen der Anmeldende dort einen Schutz für sein Z beanspruchen kann".

§ 23 3. Aus dem Kommissionsbericht S. 19, 20. Ein Mitglied der Kommission wies darauf hin, daß man in Leipzig (vgl. § 20 Nr 1 MSchG v. 1874) Ausländern unter dem bestehenden Recht die Eintragung von WZ gestattet habe, ohne den Nachweis, daß diese nach dem englischen Markenrecht in England eingetragen waren, und nur auf die Bemerkung hin, daß der Antragsteller in England durch das gemeine Recht (Common Law) gegen Nachahmung dieser Z geschützt sei, daß er also dort „einen" Schutz genieße. Um diese Auffassung in der Folge zu verhindern, wurden die Abänderungsanträge zu Abs 1 und Abs 3 von der Kommission angenommen.

4. Nach Art I des Ges v. 31. 3. 13 (RGBl S. 236) zur Ausführung der erweiterten Pariser Übereinkunft v. 2. 6. 11 (Washington) findet § 23 Abs 1 auf Reichsangehörige keine Anwendung.

Anm. 2 **Aus der Geschäftstätigkeit** S. 276ff. Als Schutz im Heimatsstaat gilt nicht ein bloßer Schutz des Z nach bürgerlichem Recht, vielmehr muß daselbst ein besonderer Markenschutz erworben sein. Das angemeldete Z muß mit dem im Heimatsstaat geschützten im wesentlichen identisch sein, auch darf sich der inländische Z-Schutz lediglich auf diejenigen Waren erstrecken, für die das Z im Heimatsstaat geschützt ist. Abänderungen des angemeldeten Z im Laufe des Prüfungsverfahrens, auch solche, die lediglich den Einklang mit den deutschen Bestimmungen bezwecken (z. B. Entfernung eines Staatswappens), sind regelmäßig unzulässig, weil dadurch die Identität mit dem ausländischen Z verlorengehen würde. Das im Inland angemeldete Z kann keine frühere Priorität erhalten, als die der Erlangung des Markenschutzes im Heimatsstaate, da letztere eine wesentliche Voraussetzung für den deutschen Z-Schutz bildet. Im Falle einer früheren Anmeldung in Deutschland wird daher gleichwohl bei der Eintragung der Tag der späteren Anmeldung im Auslande zugrunde gelegt. Nach Abs 2 Satz 1 sind Ausländer persönlich zur Wahrnehmung ihrer Rechte nicht befähigt. Bei persönlicher Anmeldung und nachträglicher Bestellung eines Vertreters gilt als Tag der Anmeldung der Tag, an dem die Bestellung zur Kenntnis des PA gelangt ist. Ist der bisherige Vertreter fortgefallen und ein neuer nicht bestellt, so ruht das Z-Recht; auch ein Widerspruch gemäß § 5 kann inzwischen nicht erhoben werden.

Die Bestimmung in Staatsverträgen über die Marke telle quelle greift nicht durch, wo es sich nicht um die äußere Gestaltung, sondern um innere Eigenschaften der Marken handelt. Praktisch wird das bei Wortzeichen und Freizeichen. Die Ablehnung eines Wortzeichens aus dem Gesichtspunkt der Beschaffenheits- usw. Angabe wird demnach durch die vorgängige Eintragung in einem Vertragsstaat nicht gehindert. Ebensowenig ist die Prüfung auf Freizeicheneigenschaft ausgeschlossen. Im übrigen ist, da die Schutzfähigkeit von Wortzeichen in den Vertragsstaaten anerkannt ist, das Anwendungsgebiet der genannten Bestimmung auf nebensächliche Fälle beschränkt.

Anm. 3 **Übersicht.** § 23 hat vermöge seiner nicht glücklichen Fassung zu vielen Meinungsverschiedenheiten Anlaß gegeben. Der Rechtsprechung des RG kann hier, insbesondere zu Abs 3 nicht überall beigetreten werden. § 23 handelt von den „Auslandszeichen", d. h. Warenbezeichnungen (im weitesten Sinne) desjenigen, der im Inlande keine Niederlassung oder, bei dem Namensschutz, keinen Wohnsitz hat (Ausländer im Sinne des § 23). Wer im Inlande eine Niederlassung oder als Namensträger einen Wohnsitz hat (Inländer im Sinne des § 23), genießt den vollen Schutz der deutschen Gesetze ohne besondere Voraussetzungen, insbesondere bezüglich der Staatsangehörigkeit. Dies gilt auch für den inländischen Treuhänder, auf dessen Namen ein Z für Rechnung eines Ausländers eingetragen werden soll oder eingetragen ist (ESt 16, 312).

Abs 1 wird in wesentlichen Punkten beeinflußt und geändert durch Art I des Ges v. 31. 3. 13 (s. A 1 unter 4), welcher seine Geltung für Reichsangehörige allgemein aufhebt, sowie durch Art 2 u. 3 des Pariser Unionsvertrags, der als späteres veröffentlichtes Reichsgesetz vorgeht; denn nach den letzterwähnten Bestimmungen sind nicht nur die Staatsangehörigen der Vertragsstaaten in bezug auf Warenbezeichnungen den Reichsangehörigen gleichgestellt, sondern es stehen ihnen auch gleich die Angehörigen der außerhalb des Vertrags stehenden Staaten, „welche im Gebiete eines der Verbandsländer ihren Wohnsitz oder tatsächliche und wirkliche gewerbliche oder Handelsniederlassungen haben". Hiernach steht im Sinne des Abs 1 der Wohnsitz in Deutschland, wie in den übrigen Verbandsländern, der Niederlassung gleich, und daher hat § 40 des Entw 1913 den Abs 1 mit Recht unter Berufung auf das geltende Recht (s. Begr S. 71 und zu §§ 21, 22 GMG S. 45) wie folgt gefaßt:

> Wer weder Reichsangehöriger ist, noch im Reichsgebiet oder in einem deutschen Schutzgebiete einen Wohnsitz oder eine Niederlassung besitzt, hat auf den Schutz dieses Gesetzes nur Anspruch, wenn in dem Staate, wo sich sein Wohnsitz oder seine Niederlassung befindet, usw.

Der Eingang des Abs 2 setzt Personen, wie sie in Abs 1 (der jetzigen Fassung) behandelt werden, voraus und ist daher dahin zu verstehen: „Der Anspruch desjenigen, der im Inlande eine Niederlassung nicht besitzt, auf Schutz eines WZ und sein durch die Eintragung begründetes Recht usw." § 23

Aber auch im Sinne des Abs 2 muß der Wohnsitz in Deutschland einer dort bestehenden Niederlassung gleichgeachtet werden, denn, wer im Inlande wohnt, bedarf naturgemäß nicht eines dort wohnenden Vertreters, sondern kann sich selbst vertreten. Demgemäß gibt der Entwurf 1913 in § 41 (S. 50) dem ersten Satze des Abs 2 folgende im wesentlichen der herrschenden Auffassung des geltenden Rechts entsprechende Fassung (vgl. Begr zu § 41 S. 71 und zu § 54 PG Entw S. 36):

„Wer im Reichsgebiet einen Wohnsitz oder eine Niederlassung nicht hat, kann den Anspruch auf Eintragung eines WZ und das durch die Eintragung begründete Recht nur geltend machen, wenn er im Reichsgebiet einen Vertreter bestellt hat."

Eine Abweichung vom geltenden Rechte besteht nur darin, daß der Anmelder oder Inhaber des Z seine Rechte nicht mehr durch den Vertreter geltend zu machen braucht. In dieser Hinsicht soll Übereinstimmung mit dem PG geschaffen werden.

Auch Abs 3, der von der Anmeldung eines „ausländischen WZ" spricht, ist aus der bisherigen Fassung des Abs 1 zu erläutern. Die Eingangsworte sind daher wie folgt zu verstehen: „Wer, ohne im Inlande eine Niederlassung zu besitzen, ein WZ zur Anmeldung bringt usw." (vgl. Allfeld S. 689 sub b). Ein Wohnsitz im Inlande genügt danach bei Abs 3 nicht.

Abs 1 spricht nicht von WZ (im engeren Sinne), sondern allgemein von „Warenbezeichnungen". Darunter sind zu verstehen WZ im engeren Sinne (Schutz gemäß § 9 Abs 1 Ziff 1 §§ 12, 14, 17), Namen und Firma (Schutz gemäß §§ 14 u. 17), Ausstattungen (Schutz gemäß § 15) und Herkunftsbezeichnungen (Schutz gemäß § 16; vgl. Pariser Konvention Art 2). Abs 2 bezieht sich lediglich auf WZ im engeren Sinne (ESt 31, 31; RGSt III 22. 1. 12, Bl 13, 226). Abs 3 dem Wortlaute nach ebenfalls, er ist aber dem Sinne nach entsprechend auszudehnen auf Warenbezeichnungen im allgemeinen im Sinne von Abs 1 (RGSt 38 440; E 46, 125 Pl).

Hiernach stellt § 23 im wesentlichen folgende Anforderungen an Auslandszeichen:

1. nach Abs 1 für den Schutz aller Warenbezeichnungen: Gewährleistung der Gegenseitigkeit;
2. nach Abs 2 für das Eintragungsverfahren und für die Geltendmachung der Rechte aus einem eingetragenen Z Vertretung durch einen im Inlande Wohnenden;
3. nach Abs 3 für die Eintragung von WZ und für den Schutz anderer Warenbezeichnungen den Heimatsschutz.

Inland. Der Begriff Inland hat in den drei Absätzen nicht dieselbe Bedeutung. Überall genügt Niederlassung im Deutschen Reich, einschließlich der Insel Helgoland und der Freihafengebiete (RGSt 21, 205). Im Sinne von Abs 1 u. 3 sind aber auch die Schutzgebiete einzurechnen und ferner für Reichsangehörige und Schutzgenossen die deutschen Konsulargerichtsbezirke (s. Begr A 1 Nr 1; PA 7. 5. 09, Bl 09, 292; vgl. E 77, 262, Bl 12, 121). Anm. 4

Nach der Kaiserlichen VO v. 4. 7. 14 (RGBl S. 256) findet das WZG auch in den Konsulargerichtsbezirken Anwendung, zugunsten von Ausländern aber nur insoweit, als die Gegenseitigkeit verbürgt ist. Auch danach ist für Reichsangehörige der Konsulargerichtsbezirk im Sinne von § 23 Abs 1 u. 3 als Inland anzusehen; Abs 1 war für sie schon vorher nach Reichsges v. 31. 3. 13 allgemein unanwendbar (s. A 3).

Niederlassungen von Ausländern in den Konsularbezirken gelten als solche in dem Heimatsstaate (PA 7. 5. 09, Bl 09, 292; vgl. hierzu Wassermann, „Anschluß" S. 187ff und Festgabe S. 171 u. 193; RG II 21. 3. 02, Bl 02, 211).

Wegen der Schutzgebiete s. auch Kaiserliche VO v. 9. 11. 00 § 4 (RGBl S. 1006). Als Konsulargerichtsbezirke kommen zur Zeit nur Abessinien, Persien und Spanisch-Marokko in Betracht (FrMJ S. 94), ferner einstweilen nach Ges u. VO v. 24. 7. bzw. 31. 7. 25 (RGBl II Nr 34 S. 735) Ägypten.

Nach Abs 2 sind gemäß der Absicht des Gesetzes, den Verkehr mit dem PA zu erleichtern, Schutzgebiete und Konsulargerichtsbezirke (auch für deutsche Niederlassungen) nicht als Inland zu behandeln (Kohler S. 225, 247; Allfeld S. 685; Freund S. 256).

Niederlassung. Eine Niederlassung ist eine Geschäftsstelle, von der aus für den Inhaber unmittelbar und dauernd Geschäfte abgeschlossen werden (§ 21 ZPO). Es kann sich um die Hauptniederlassung des Gewerbetreibenden, aber auch um eine Neben- (Zweig-) Niederlassung handeln (E 41, 66; Bl 98, 118; ESt 35, 415). Ein Lokal, in dem nur Waren hergestellt (z. B. ein Sägewerk) oder gelagert, oder Bestellungen entgegengenommen oder nur gelegentlich Geschäfte abgeschlossen werden, genügt nicht (RG II 24. 5. 97, GR 98, 152 Nr 3). Anm. 5

§ 23 Der Satz, daß eine Neben- oder Zweigniederlassung genügt, um die Anwendung des § 23, wenn sie im Inlande liegt, auszuschließen, gilt auch für die Niederlassung im Auslande, auf die die Behauptung der Gegenseitigkeit (Abs 1) oder des Heimatschutzes (Abs 3) gegründet wird.

Allfeld S. 682 N 4, Rhenius S. 156 und OLG Hamburg 29. 6. 96 (HGZ 96 Nr 40, GR 97, 28[2]) haben allerdings angenommen, daß der Ausländer, der sich auf die Gegenseitigkeit beruft, in dem betreffenden Staate seine Hauptniederlassung haben muß. Dagegen aber mit Recht Seligsohn S. 303 N 7 und S. 309 A 17 unten unter Heranziehung des Art 3 der Pariser Konvention. Ebenso Kohler S. 212 § 48 II.

Es genügt eine gewerbliche Niederlassung mit einer gewissen Selbständigkeit, sei es als Produktiv-, sei es als Vertriebsstätte. Eintragung ins Handelsregister ist weder genügend, noch unbedingt erforderlich (E 44, 66). Die Waren, auf die sich das Z bezieht, brauchen nicht aus der inländischen Niederlassung herzurühren oder dort vertrieben zu werden (Kohler S. 211; Allfeld N 2b S. 680). Das Z kann auf die ausländische Hauptniederlassung Bezug nehmen (PA 13. 5. 05, Bl 05, 399; Kohler S. 205).

Die Niederlassung muß dem Berechtigten gehören, es genügen also keine rechtlichen Beziehungen, insbesondere ein Auftragsverhältnis zu einem anderen selbständigen Betriebe, z. B. einem Kommissionär oder Agenten, oder die Beteiligung an einem fremden Geschäfte, z. B. Besitz von Geschäftsanteilen bei einer GmbH.

Für den Namensschutz ist eine gewerbliche Niederlassung überhaupt nicht erforderlich, es kommt auf den Wohnsitz des Namensträgers an (ESt 29 S. 333 u. 365; 31, 32). Ferner steht im Sinne von Abs 1 und Abs 2 der Wohnsitz im Inlande der Niederlassung daselbst gleich (s. A 3).

Anm. 6 **Nichterfüllung und Fortfall der Bedingungen.** Sind die Bedingungen des Abs 1 und Abs 3 bei der Eintragung eines Z nicht erfüllt, so liegt eine ungerechtfertigte Eintragung im Sinne des § 8 Abs 2 Nr 2 vor, die das Z nach Maßgabe dieser Bestimmung der Löschung von Amts wegen aussetzt. Eine gerichtliche Löschungsklage wegen Mangels oder nachherigem Fortfalls der Bedingungen ist nicht gegeben. Die Gerichte haben nach dem System des deutschen WZ-Rechts die Berechtigung der Eintragung auch in diesem Punkte nicht nachzuprüfen (a. A. RG 100, 3; 80, 127; vgl. A 17). Dagegen haben beide Behörden gemäß Abs 1 dem Z den Schutz zu versagen, wenn sich herausstellt, daß zur Zeit der Geltendmachung die Gegenseitigkeit nicht gewährleistet ist, z. B. weil die Niederlassung in einen Auslandsstaat verlegt wurde, mit dem ein Gegenseitigkeitsverhältnis nicht besteht (a. A. Kohler S. 157 u. 205). Ebenso ist der Mangel der etwa nach Abs 2 erforderlichen Vertretung stets von Amts wegen zu beachten. Aus dem Fehlen des Inlandsvertreters bei der Anmeldung oder Eintragung kann die Ungültigkeit oder Unwirksamkeit des Z nicht hergeleitet werden, weil es sich um einen Verfahrensmangel handelt (vgl. § 8 A 5).

Die Voraussetzungen des § 23 müssen auch bei der Umschreibung von einem Inländer auf einen Ausländer (der im Inlande eine Niederlassung nicht hat) erfüllt werden. Anderenfalls ist die Umschreibung abzulehnen (PA 4. 3. 01, Bl 01, 248; vgl. Kohler S. 212 u. 205).

Der Fortfall des Heimatsschutzes nach der Eintragung hat auf den Bestand und die Wirksamkeit des Z keinen Einfluß (a. A. E 100 S. 5; vgl. A 16 u. 17).

Erwirbt der Berechtigte eine Niederlassung im Inlande, so hört die Geltung des § 23 auf.

Bei mehreren Berechtigten ist § 23 anwendbar, wenn auch nur einer eine Niederlassung im Inlande nicht besitzt (Freund S. 257 unten).

Die Bedingungen brauchen zur Zeit der Anmeldung noch nicht erfüllt zu sein, doch datiert die Priorität erst von der Zeit der Erfüllung. Schwebt das Eintragungsverfahren wegen des Heimatszeichens, so kann die deutsche Anmeldung nicht mangels Heimatsschutzes abgewiesen werden. BA 23. 10. 06, Bl 07, 10; s. aber auch A 15 a. E. (Pariser Union).

Bei den übrigen Warenbezeichnungen sind die Voraussetzungen des Abs 1 und Abs 3 stets bei der Geltendmachung zu beachten (E 46, 129, Pl).

Abs 1.

Anm. 7 **Gegenseitigkeit.** Abs 1 stellt das Erfordernis der internationalen Gegenseitigkeit auf. Ausländer im Sinne des § 23 haben auf den Schutz dieses Gesetzes nur dann Anspruch, wenn in dem Staate ihrer Niederlassung deutsche Warenbezeichnungen in gleichem Umfange wie inländische Warenbezeichnungen zum gesetzlichen Schutze zugelassen sind. „Inländische Warenbezeichnungen" bedeutet hier solche des betreffenden ausländischen Staates. Es wird also nicht verlangt, daß unsere Warenbezeichnungen dort ebenso geschützt sind, wie in Deutschland. Die Voraussetzung ist dann und nur dann als erfüllt anzusehen, wenn eine dementsprechende Bekanntmachung des Reichskanzlers im Reichsgesetzblatt ergangen ist.

Nach § 5 RGes v. 4. 3. 19 (RGBl S. 286) und Art 56 der RVerf v. 11. 8. 19 erfolgt die

Prüfung und Bekanntmachung der Gegenseitigkeit nicht mehr durch den Reichskanzler, sondern durch den Reichsminister der Justiz. Die Bekanntmachung kann nach § 1 des RGes v. 13. 10. 23 (RGBl I 959) entweder im Reichsgesetzblatt oder im Reichsministerialblatt oder im Reichsanzeiger erfolgen. **§ 23**

Eine Nachprüfung durch die Gerichte ist ausgeschlossen (RGSt 34, 277; vgl. Entwurf 1913 Begr zu § 40 a. E. S. 71; RGSt 57, 283). Der Schutz beginnt mit der Bekanntmachung (Allfeld S. 684 Abs 2).

Die besondere Bekanntmachung wird ersetzt durch einen im Reichsgesetzblatt veröffentlichten Staatsvertrag, nach dem zwischen Deutschland und einem anderen Staate die Gegenseitigkeit des Schutzes der Warenbezeichnungen vereinbart ist (RGSt 19, 275). Daher ist auch für Angehörige der Pariser Union die Gegenseitigkeit ohne weiteres als verbürgt anzusehen (PA 19. 11. 03, Bl 03, 285; s. A 3). Der Krieg hat den Unionsschutz für das feindliche Ausland nicht aufgehoben (RGSt 57, 283). Daher entfällt auch die Prüfung der Gegenseitigkeit für die nach dem Madrider Abkommen international registrierten Marken (FrJM S. 17). Nach dem RG v. 31. 3. 13 Art I (RGBl S. 236) gilt Abs 1 auch nicht für Deutsche ohne Niederlassung im Inlande (s. A 3).

Ist die Anmeldung eines Unionsangehörigen erfolgt, bevor Deutschland dem Unionsvertrag beigetreten war und bestand vorher keine Gegenseitigkeit, so ist durch den Beitritt Deutschlands die Anmeldung rechtswirksam geworden (PA 19. 11. 03, Bl 03, 285).

Ist die Eintragung gemäß der Bekanntmachung des Reichsjustizministers erfolgt, so gilt das Z, solange es eingetragen ist, auch wenn später eine gegenteilige Bekanntmachung erfolgt; eine Löschung aus diesem Grunde ist im Gesetze nicht vorgesehen. Doch haben alsdann die Behörden, PA wie Gerichte, dem Z den gesetzlichen Schutz zu versagen. Das Z erlischt dann durch Löschung gemäß § 8 Abs 2 Nr 1 mangels Erneuerung, da der Inhaber auf Erneuerung keinen Anspruch hat. Wird inzwischen die Gegenseitigkeit wieder als verbürgt erklärt, so wird das Z wieder mit der alten Priorität vollwirksam.

Die deutschen Marken müssen in dem betreffenden Staate den inländischen gleichberechtigt sein, sie müssen unter denselben Bedingungen zum Schutze zugelassen werden und diesen im selben Umfange genießen.

Der Irrtum, daß eine Bekanntmachung nicht erfolgt sei, ist kein Irrtum über das Strafrecht (Allfeld S. 684).

Nach PA 23. 9. 03, Bl 03, 283 soll eine Auslandsanmeldung, bei der es an der Gegenseitigkeit fehlt, nicht mit Wirkung auf einen Inländer übertragen werden können. Vielmehr wird Neuanmeldung durch den Inländer verlangt. Dies dürfte dem Grundsatze widersprechen, daß die Voraussetzungen des § 23 oder die Bedingungen seiner Nichtanwendbarkeit bei der Anmeldung noch nicht gegeben zu sein brauchen und daß nur die Priorität davon berührt wird (s. A 6; vgl. § 7 A 2).

Abs 1 ist übrigens jetzt von geringerer Bedeutung, da er nur noch für den nicht unionsangehörigen Ausländer gilt, mit dessen Heimatsstaat kein besonderer Gegenseitigkeitsvertrag abgeschlossen ist, während Abs 2 u. 3 ihre Geltung behalten haben für Inländer und Ausländer, die im Inlande weder Wohnsitz noch Niederlassung haben (vgl. Begr zum Entw 1913 zu § 40 WZG und §§ 21, 22 GMG S. 71, 45).

Die Gegenseitigkeit besteht mit folgenden Staaten, die nicht zur Union gehören: Rußland, Venezuela, Guatemala, Costa Rica, Ecuador, Argentinien, Island, Südafrikanische Union und Südwestafrika, Bolivien, Kolumbien, China, Persien (Bl 27, 45), Haiti (Bl 27, 46). Ägypten (Bl 27, 6). Mit Chile besteht keine Gegenseitigkeit.

Schutz dieses Gesetzes. Über die Schutzbestimmungen und die Objekte des Schutzes s. A 3. **Anm. 8**

Soweit der Ausländer sich auf Bestimmungen des bürgerlichen Rechts zum Schutze seines Namens oder seiner Firma beruft (z. B. § 12 BGB, § 37 Abs 2 HGB, § 826 BGB), bedarf es nicht der Feststellung der Gegenseitigkeit. Wegen unlauteren Wettbewerbs gilt § 28 UWG, wo der bedingungslose Schutz von einer Hauptniederlassung im Inlande abhängig gemacht ist und ebenso die ausländische Hauptniederlassung den Staat bestimmt, der die Gegenseitigkeit gewähren muß.

Aber auch hier greifen entscheidend ein: 1. das RGes v. 31. 3. 13 (RGBl 236ff), welches in Art 1 auch den § 28 der Anwendbarkeit auf Reichsangehörige entzogen hat und 2. der Pariser Unionsvertrag in den Art 1 bis 3, wonach (in Verbindung mit dem eben genannten Reichsgesetze) nicht nur alle Verbandsangehörige ohne Rücksicht auf Wohnsitz und Niederlassung, sondern auch die Schutzgenossen im Sinne des Art 3, welche in irgendeinem Verbandsstaate Wohnsitz oder Niederlassung haben, den Schutz der deutschen Gesetze zur Unterdrückung des unlauteren Wettbewerbs genießen.

Wenn der Z-Schutz eines Ausländers nach Z-Recht und nach den Bestimmungen des UWG (§§ 23 bzw. 28) versagt, so kann doch für ihn eine Klage aus § 826 BGB begründet

§ 23 sein (RG II 11. 7. 13, MW 13, 201: Bartolo; vgl. OLG Hamburg 30. 10. 13, MW 13, 327: Texaco).

Zu den Schutzbestimmungen, von denen der Ausländer mangels Erfüllung der Bedingungen des § 23 ausgeschlossen ist, gehört nicht der § 13 WZG (vgl. § 13 A 4).

Da es sich bei den Popularklagen des § 9 Nr 2 u. 3 nicht um ein individuelles Interesse des Klägers, sondern um ein öffentliches Interesse des Inlandes handelt, können sie ohne weiteres auch von Ausländern erhoben werden. § 23 findet insoweit keine Anwendung (Freund S. 121; vgl. § 9 A 3).

Anm. 9 **Niederlassung im Inlande.** Zufolge des RGes v. 31. 3. 13 steht die deutsche Reichsangehörigkeit der Niederlassung im Inlande im Sinne des Abs 1 gleich; demgemäß auch zufolge Art 1 bis 3 des Unionsvertrages die Zugehörigkeit zur Union. Aus Art 3 des Unionsvertrags in Verbindung mit dem erwähnten Reichsgesetze folgt weiter, daß auch der Wohnsitz im Inlande der Niederlassung daselbst im Sinne des Abs 1 gleichsteht (vgl. A 3). Hieraus ergibt sich, daß es genügt, wenn ein Ausländer, der in Deutschland wohnt, von einer ausländischen Niederlassung seine Waren vertreibt, um ihn von den Bedingungen des Abs 1 zu entbinden. Anders bei Abs 3, wo der Wohnsitz im Inlande auch für einen Reichsangehörigen, abgesehen vom Namensrechte, nicht genügt, um ihn von der Bedingung des Heimatsschutzes zu entbinden; vgl. A 3 u. 5 (abweichend Allfeld N 2 S. 680 Abs 2 und Freund S. 257).

Wer im Inlande eine Niederlassung hat, genießt den Schutz für alle von ihm vertriebenen oder hergestellten Waren (Kohler S. 211; Allfeld S. 680 Note 2b).

Abs 2.

Anm. 10 **Anwendungsgebiet.** Als Inland im Sinne des Abs 2 gilt nur das Deutsche Reich ohne Schutzgebiete und Konsulargerichtsbezirke (s. A 4).

Da § 23 Abs 2 auch die Reichsangehörigen trifft, die im Inlande keine Niederlassung oder keinen Wohnsitz haben (einschließlich der in den Schutzgebieten und Konsulargerichtsbezirken domizilierten), s. A 3 u. 4, so sind ihm auch die Unionsangehörigen insoweit unterworfen (s. Unionsvertrag Art 2 Satz 2 und Schlußprotokoll dazu unter c; FrJM S. 95 unten; Kohler S. 228).

Nach Art 311 VersaillerFV behalten die Einwohner der von Deutschland abgetrennten Gebiete trotz Wechsels der Staatsangehörigkeit den vollen Genuß aller gewerblichen, literarischen und künstlerischen Eigentumsrechte, deren Inhaber sie zur Zeit der Trennung waren. Ebenso behalten die Deutschen im Reiche diese Rechte für die abgetrennten Gebiete, solange sie nach deutschem Rechte bestehen. Dadurch ist den abgetrennten Gebieten für die zur Zeit der Abtrennung bestehenden Schutzrechte dieser Art einschließlich ihrer Geltendmachung für die Dauer ihres Bestehens der Charakter als Inland beigelegt. Demnach kommt auch die Vorschrift des § 23 Abs 2 den Einwohnern der abgetrennten Gebiete gegenüber insoweit nicht zur Anwendung (RG II 20. 3. 23, MW 23, 40).

Auf den Schutz des Namens, der Firma und der Ausstattung bezieht sich Abs 2 nicht (PA 1. 7. 99, Bl 99, 278; Kohler S. 223). Das gleiche gilt von den Herkunftsbezeichnungen. Abs 2 gilt also nur für einzutragende oder eingetragene WZ (RGSt 31, 31).

Abs 2 gilt nur für das Verfahren vor dem PA und den Gerichten, nicht für Rechtsgeschäfte im allgemeinen.

Anm. 11 **Satz 1. Vertreterzwang.** Abs 2 weicht von § 12 PG darin ab, daß die Anmeldung des WZ und die sonstigen auf Eintragung abzielenden Handlungen, sowie die Rechte aus der Eintragung nur durch einen Inlandsvertreter geltend gemacht werden können, während nach Patentrecht die Bestellung eines Inlandsvertreters lediglich Voraussetzung der Betätigung des Berechtigten ist. Solange ein Vertreter nicht vorhanden ist, ruht die Geltendmachung des Z-Schutzes (A 2; RGSt 36, 413). Durch den Fortfall des Vertreters wird das Recht selbst nicht berührt (RGSt 6, 119; Allfeld S. 685 N 7 Abs 3). Rechtsverletzungen aus der Zeit, wo ein Vertreter nicht vorhanden war, können durch einen neuen Vertreter verfolgt werden (Kent Nr 913). Es handelt sich nicht um einen gesetzlichen Vertreter im Sinne der ZPO, sondern um einen gesetzlichen Bevollmächtigten (ESt 36, 416).

Abs 2 Satz 1 bestimmt den Vertreterzwang dahin, daß der Ausländer (im Sinne von Abs 1) 1. den Anspruch auf Schutz eines WZ, 2. das durch die Eintragung begründete Recht nur durch einen inländischen Vertreter geltend machen kann. Der ersterwähnte Anspruch entspricht dem „Anspruch auf die Erteilung eines Patents" in § 12 PG, bedeutet also den im Anmeldeverfahren geltend zu machenden öffentlich-rechtlichen Anspruch auf Eintragung eines WZ sowie die Klage aus § 6 Abs 2 (unrichtig: E 69, 4, wo erläutert wird „gegen Eingriffe Dritter in das Z", was dasselbe besagen würde, wie „das durch die Eintragung begründete Recht").

Das zweiterwähnte Recht aus der Eintragung ist das WZ-Recht selbst mit den in § 5 (Widerspruchsrecht; PA Bl 95, 99), § 9 Abs 1 Nr 1 (Prioritätsrecht), § 12 Abs 1 (Untersagungsrecht), § 14 Abs 1 (Schadensersatzrecht), § 17 (Anspruch auf Beschlagnahme und Einziehung), § 18 (Anspruch auf Buße) gegebenen Ansprüchen. Darin ist inbegriffen jede Art der Geltendmachung des Z-Rechts in einem Zivil- oder Strafverfahren (Strafantrag, Privat- oder Nebenklage; ESt 36, 414). Alle diese Ansprüche können nur durch den Inlandsvertreter als gesetzlichen Bevollmächtigten geltend gemacht werden. Werden sie unmittelbar von dem Berechtigten erhoben, einerlei ob beim PA, bei den Gerichten oder den in § 17 genannten Verwaltungsbehörden, so sind sie als unzulässig mangels der vorgeschriebenen Vertretung zurückzuweisen (ESt 36, 414; E 69, 4). **§ 23**

Auf einen Streit über das Z, insbesondere wenn der angeblich Z-Berechtigte von dem als Inhaber Eingetragenen die Einwilligung zur Umschreibung verlangt, findet § 23 Abs 2 keine Anwendung (E 69, 4; in einem solchen Falle ist eine einstweilige Verfügung zulässig, daß sich der als Inhaber Eingetragene der Benutzung des Z zu enthalten habe). Daher besteht auch kein Vertreterzwang für den Antrag auf Löschung nach § 8 Abs 1, für die Einwilligung in die Umschreibung nach § 7 Abs 1, bei einer Verteidigung des Z gegen Löschungsanträge, bei einer Übertragung des durch die Anmeldung begründeten Rechts (§ 7 Abs 1).

Soweit der Vertreterzwang besteht, sind Erklärungen und Rechtshandlungen, die nicht durch den Vertreter erfolgen, wirkungslos; die nachträgliche Bestätigung durch den Vertreter gilt als neue Erklärung; dies gilt besonders auch von der direkten Anmeldung durch den Ausländer (ESt 36, 416; Bl 04, 368); vgl. § 2 A 12.

Ist eine Frist zu beobachten, so ist die nur von der Partei innerhalb der Frist vorgenommene Handlung wirkungslos und kann nach Ablauf nicht von dem Vertreter genehmigt werden (BA 6. 6. 10, MW 10, 319).

Eine Klage des nicht im Inlande angesessenen Z-Inhabers, die nicht durch einen im Inlande bestellten Vertreter geltend gemacht wird, ist abzuweisen. Doch ist der Mangel als geheilt anzusehen, wenn in den unteren Instanzen nachträglich der Vertreter auftritt und die Prozeßführung genehmigt (RG II 23. 1. 00, Bl 00, 255). In der Revisionsinstanz ist eine solche Heilung des Mangels ausgeschlossen, wenn seinetwegen die Klage abgewiesen war. Ist der Mangel unbeachtet geblieben, so kann der als Inlandsvertreter in die Z-Rolle eingetragene Vertreter die Prozeßführung auch noch in der Revisionsinstanz mit Erfolg genehmigen (RG II 22. 12. 25, MW 25, 199: Bally — Ballux; RG II 30. 11. 06, Bl 07, 142).

Für das Verfahren der Prüfung der international registrierten Marken findet gemäß § 8 Abs 1 Satz 2 der VO v. 9. 11. 22 eine Milderung des Vertreterzwanges statt (vgl. FrMI S. 53 und S. 21 A 4). Über die dadurch entstehenden Schwierigkeiten s. Niebour MW 24, 98.

Satz 2. Vollmacht. Abs 2 Satz 2 bestimmt den gesetzlichen Inhalt der Vollmacht des bestellten Vertreters, welcher weiter geht wie der Ausschluß des Vertretenen von der selbständigen Geltendmachung seiner Rechte, so daß insoweit der Vertreter zwar handeln kann, aber nicht muß, und der Mandant seine Rechte auch selbst wahrnehmen kann. Die gesetzliche Vollmacht erstreckt sich auf das gesamte nach Maßgabe dieses Gesetzes vor dem PA stattfindende Verfahren, also auch auf die Einwilligung in die Umschreibung § 7 Abs 1 (a. A. Pinzger S. 364) und auf den Antrag auf Löschung § 8 Abs 1 (vgl. § 7 A 9 und § 8 A 2), auf alle das Z betreffenden bürgerlichen Rechtsstreitigkeiten und auf die Geltendmachung der Z-Rechte im Strafverfahren insbesondere, die Stellung von Strafanträgen (E 36, 415). Letzteres kommt nicht mehr in Betracht, da die strafbaren Handlungen nach § 14 nicht mehr Antragsdelikte sind. Die §§ 17 u. 18 sind nicht besonders erwähnt, doch ist, da nach Satz 1 die betreffenden Anträge nur durch den Vertreter gestellt werden können, anzunehmen, daß sich seine gesetzliche Vollmacht auch hierauf erstreckt und es einer Spezialvollmacht nicht bedarf. Das gleiche gilt hinsichtlich des Anschlusses als Nebenkläger in einem nach § 14 stattfindenden Strafverfahren bzw. der Erhebung der Privatklage nach § 374 Nr 8 StPO (vgl. § 376). **Anm. 12**

Der Vertreter ist auch zur Zurückziehung der Anmeldung befugt (vgl. § 2 A 12; Seligsohn S. 307 A 13a; BA 11. 3. 11, MW 11, 162).

Da sich Abs 2 nur auf WZ im engeren Sinne bezieht, so erstreckt sich die gesetzliche Vollmacht des gemäß Abs 2 bestellten Vertreters (Satz 2) auch nur auf die „das Z" betreffenden Handlungen. Er ist also insbesondere ohne eine weitergehende Spezialvollmacht nicht befugt zur Stellung von Strafanträgen wegen Verletzung eines dem Ausländer zustehenden Namens-, Firmen- und Ausstattungsrechts (RGSt III 22. 1. 12, Bl 13, 226; MW 12, 564; GR 12, 187).

Durch Abs 2 Satz 2 wird der Inhalt der Vollmacht ein für allemal gesetzlich festgelegt (ESt 36, 415). Eine Beschränkung desselben ist unzulässig, denn sie würde bedeuten, daß

§ 23 ein Vertreter im Sinne des Abs 2 überhaupt nicht bestellt ist (Freund S. 260 Abs 1; a. A Allfeld S. 686 Abs 5).

Name und Wohnort des Vertreters sind nach § 3 Nr 3 in die Z-Rolle einzutragen. Der Vertreter hat dem PA seine Bevollmächtigung durch eine schriftliche, auf eine prozeßfähige, mit ihrem bürgerlichen Namen bezeichnete Person lautende Vollmacht nachzuweisen (§ 8 VO v. 30. 6. 94 und § 28 VO v. 11. 7. 91: Anh I u. II; vgl. § 2 A 12).

Anm. 13 **Satz 3. Gerichtsstand.** Satz 3 ordnet einen besonderen Gerichtsstand für die das Z betreffenden Klagen gegen den eingetragenen Inhaber an, um einen Ersatz zu geben für den allgemeinen Gerichtsstand nach § 13 ZPO, der mangels eines Wohnsitzes des Inhabers im Inlande ausfällt. Es wird demgemäß dem fehlenden Wohnsitze des Inhabers der Wohnsitz des Vertreters substituiert, und wenn es auch an diesem fehlt, der Sitz des PA.

Der Gerichtsstand des Satz 3 ist kein ausschließlicher, er soll dem Gegner des Z-Inhabers nur die Sicherheit geben, daß er seine Rechte unter allen Umständen in Deutschland verfolgen kann. Der Gerichtsstand im Bezirke des PA trifft den Fall, daß ein Vertreter nicht vorhanden ist; denn ein Vertreter, der nicht im Inlande seinen Wohnsitz oder dauernden Aufenthalt hat, ist kein Vertreter im Sinne des Abs 2 (ESt 36, 416, Bl 04, 368; vgl. Allfeld S. 688 Abs 1 a. E.); seine Vollmacht erlischt freilich nicht ohne weiteres mit der Verlegung des Wohnsitzes ins Ausland, so daß durch Rückverlegung desselben ins Inland dem Vertreterzwang wieder genügt ist (Allfeld S. 688 N 10).

Abs 3.

Anm. 14 **Inhalt.** Abs 3 enthält im ersten Satze den sog. Grundsatz der Akzessorietät des Auslandszeichens, dem von verschiedenen Schriftstellern eine über den Wortlaut und die Absicht des Gesetzes hinausgehende Ausdehnung gegeben wird (s. A 16). Das Gesetz sagt lediglich, daß die Eintragung eines deutschen Auslandszeichens von dem Nachweise abhängig sei, daß der Anmelder in dem Staate, in welchem seine Niederlassung sich befindet, für dieses Z den Markenschutz nachgesucht und erhalten hat. Dieser Grundsatz ist gewohnheitsrechtlich ausgedehnt worden auf alle geschützten Warenbezeichnungen, also auf Namen, Firma, Etablissementsbezeichnung und Ausstattung, und hat insoweit, da hier eine Eintragung in Deutschland nicht in Frage kommt und auch im Auslande damit nicht zu rechnen ist, naturgemäß die Bedeutung erhalten, daß das Bestehen des Heimatsschutzes bei jeder Geltendmachung nachzuweisen ist, so daß der Inlandsschutz mangels dieses Nachweises versagt, auch wenn früher einmal der Heimatsschutz bestanden haben sollte (ESt 38, 44 und Zitate; E 40, 64; 46, 125: Liebig; 85, 37: Ausstattung).

Satz 2 fügt eine weitere Voraussetzung hinzu, die lediglich für die Eintragung von WZ gilt: daß nämlich, soweit nicht Staatsverträge ein anderes bestimmen — wobei hauptsächlich der Pariser Unionsvertrag Art 6 in Betracht kommt —, das Z den Anforderungen des deutschen WZG entspricht.

Um die Anwendung des Abs 3 auszuschließen, genügt ein Wohnsitz im Inlande, abgesehen von dem Namensschutz (s. A 5) nicht, weil WZ, Firma und Ausstattung an einen Geschäftsbetrieb gebunden sind. Ebenso bestimmt sich der Heimatsschutz nach dem Rechte des Staates, in dem sich die ausländische Niederlassung befindet, abgesehen vom Namen, wo auch in dieser Hinsicht der ausländische Wohnsitz entscheidet (vgl. A 3 u. 5). Über den Begriff Inland im Sinne des Abs 3 s. A 4.

Abs 3 gilt für Reichsangehörige und demnach auch für Verbandsangehörige der Pariser Konvention (Art 2 Satz 2 und Art 6 Abs 1 daselbst; FrMJ S. 95, 106 N 2 unten; Osterrieth W S. 61; RG 60, 217; vgl. A 3).

Doch findet nach dem Madrider Abkommen bei den internationalen Marken eine Prüfung auf Heimatsschutz nicht statt, weil dieser schon Voraussetzung für die Registrierung ist (FrMJ S. 17).

Es ist keine Umgehung des Abs 3, wenn der Ausländer, der selbst den Schutz mangels Heimatsschutzes nicht erlangen kann, dem Inländer ein bestimmtes Z zwecks Eintragung auf dessen Namen als seinem Fiduziar überläßt, um dann im eigenen Namen für Rechnung des Ausländers dessen Waren im Inlande zu vertreiben (RG II 16. 10. 23, MW 23, 189; vgl. RGSt 16, 312).

Abs 3 Satz 1.

Anm. 15 **Der Heimatsschutz.** Bei WZ wird Eintragung im Auslande vorausgesetzt. Es genügt also nicht, daß im Heimatsstaate überhaupt ein gesetzlicher Schutz besteht (z. B. in England nach common law), sondern es muß „der Markenschutz nachgesucht und erhalten" sein. Dies setzt ein dem deutschen äußerlich ähnliches Verfahren der Anmeldung und Eintragung — wenn auch ohne materielle Prüfung — voraus (Seligsohn S. 309; Allfeld S. 689). Daß diese Regelung gesetzlich getroffen ist, ergibt sich aus dem Wortlaute und der Begründung

(s. A 1 Nr 2). De lege ferenda ist sie zu mißbilligen (s. Kohler GR 07, 221; WZR S. 210). **§ 23**
Die Beschränkung findet auf die übrigen Warenbezeichnungen keine Anwendung, vielmehr genügt hier der Schutz nach gemeinem Rechte (RGSt 38, 440ff: für Ausstattung; vgl. RG II 27. 10. 05, Bl 06, 209, wo der Heimatsschutz für die Ausstattung bei Verbandsstaaten auf Grund des § 10b der Pariser Übereinkunft für gegeben erachtet wird).

Das Z darf nur für diejenigen Waren, die dem Auslandsschutz zugrunde liegen, eingetragen werden, also bei Engländern nach Maßgabe der betreffenden englischen Warenklasse (BA 25. 5. 04, Bl 04, 308; PA 29. 11. 00, Bl 02, 9).

§ 20 findet keine Anwendung, vielmehr ist — abgesehen von unwesentlichen Änderungen — völlige Übereinstimmung erforderlich (oben A 2; PA 17. 12. 00, Bl 01, 47). Daher darf bei ausländischen Z-Zusammenstellungen (§ 1 A 23) kein Teil weggelassen werden (BA 17. 1. 07, Bl 07, 121). Ebenso bei Kombinationszeichen (PA 15. 10. 00, Bl 01, 46; BA 5. 9. 25, MW 25, 50: Bild mit den Worten „Herkules-Brand"). Für die Weglassung kann bei ausländischen, aus Bild und Wort bestehenden Z nicht geltend gemacht werden, daß im Heimatsstaate auch das Wort für sich Schutz genieße (BA 18. 11. 02, Bl 03, 203: „Valvoline"). Etwas freier BA 24. 5. 01 (Bl 01, 283), wo die Weglassung eines kleingedruckten ausländischen Registrierungsvermerks gestattet wird.

Die Prüfung des Heimatsschutzes ist, wie bei allen Eintragungserfordernissen, lediglich Sache des PA. Eine Nachprüfung der Gerichte ist im Gesetze nicht vorgesehen. Anders allerdings das RG (s. A 17).

Der Nachweis ist bei der Anmeldung zu erbringen, regelmäßig durch Eintragungsbescheinigung (Allfeld S. 689e; Freund S. 260 Abs 4). Das PA befindet über den Nachweis nach freiem Ermessen (Freund S. 260 Abs 5).

Stellt sich nachträglich heraus, daß die Eintragung mangels Heimatsschutzes zu Unrecht erfolgt war, so findet Löschung gemäß § 8 Abs 2 Nr 2 statt (s. § 8 A 4a u. 6).

Bei den übrigen Warenbezeichnungen findet die Prüfung des Heimatsschutzes jedesmal bei der Geltendmachung, vorzugsweise also durch die Gerichte, statt (s. A 14). Der Bestand des Heimatsschutzes beurteilt sich stets nach dem betreffenden ausländischen Recht, beim WZ desjenigen Landes, in dem das Z eingetragen ist, bei Firma, Etablissementsbezeichnung und Ausstattung des Ortes der Niederlassung (ESt 14, 66).

Beim Namensschutz tritt in Ermangelung einer gewerblichen Niederlassung an Stelle des Rechts der letzteren das Recht des Staates, dem der Namensträger oder derjenige, dem das Recht am Gebrauche des Namens zusteht, angehört (E 40 S. 63 u. 64: Liebig; E 100, 182; Pl E 46, 125).

Der Heimatsschutz muß bei WZ zur Zeit der Anmeldung, aber auch zur Zeit der Eintragung vorhanden sein. War er zur Zeit der Anmeldung gegeben und stellt sich später heraus, daß er zur Zeit der Eintragung wieder erloschen war, so wird das eingetragene Z von Amts wegen (§ 8 Abs 2 Nr 2) wieder gelöscht (BA 5. 5. 04, Bl 04, 304; GR 05, 212). War der Heimatsschutz zur Zeit der Anmeldung noch nicht vorhanden, wird er aber nachgewiesen, bevor über die Eintragung entschieden ist, so verzögert sich die Priorität des Z entsprechend; denn das im Inlande angemeldete Z kann keine frühere Priorität erhalten als die der Erlangung des Markenschutzes im Heimatland (s. Geschäftstätigkeit A 2).

Gemäß der Art 4 u. 6 der Pariser Konvention wird jedoch die Priorität vom Tage der Anmeldung im Auslandsstaate berechnet, wenn auch die Eintragung dort erst später stattgefunden hat (Haager Vereinbarungen 1925 Art 6 Abs 5, MW 25, 55; Finger S. 614 N 5; Pinzger S. 415 oben).

Fortfall des Heimatsschutzes. Bei den nichteingetragenen Warenbezeichnungen ist es **Anm. 16**
selbstverständlich, daß ihr Schutz im Inlande beständig abhängig bleibt von dem Schutze in der Heimat, so daß, wenn dieser fortfällt, sie auch im Inlande schutzlos werden (s. A 14). Für eingetragene WZ ergibt sich aber das Gegenteil aus dem klaren Wortlaute des Gesetzes und der ausdrücklich in der Begründung erklärten Absicht des Gesetzgebers. Das Gesetz macht lediglich die Eintragung von dem Bestehen des Heimatsschutzes abhängig, und nach der Begründung sollte der in § 20 Abs 2 Nr 3 des Ges von 1874 enthaltene Grundsatz der fortdauernden Bindung des Inlandsschutzes an den Heimatsschutz aufgegeben werden. Durch die Eintragung wird daher das Auslandszeichen ein selbständiges Inlandszeichen, das — vorbehaltlich der Bedingungen in § 23 Abs 1 u. 2 — ganz wie ein deutsches WZ zu behandeln ist, nur daß eine ungerechtfertigte Eintragung, welche die Anfechtbarkeit nach § 8 Abs 2 Nr 2 begründet, auch darauf beruhen kann, daß der Heimatsschutz bei der Eintragung in Wirklichkeit nicht bestand (s. A 15).

Diese Ansicht wird im Schrifttum überwiegend vertreten, besonders von Rhenius S. 160; Kohler GR 07, 223 und WZR S. 210; Osterrieth S. 447; Finger S. 541; Seligsohn S 311 oben und schon GR 05, 20; Busse S. 239 unten; Freund S. 261 Abs 3; Kent S. 582; Osterrieth-Axter S. 40. Eine Gegenansicht, die zum Teil zurückzuführen ist auf eine ältere, von

§ 23 ihm selbst im WZR S. 207ff aufgegebene Theorie Kohlers, will in dieser Hinsicht die eingetragenen Z ebenso behandelt wissen wie die nichteingetragenen und ihnen also ebenfalls bei Fortfallen des Heimatsschutzes den Inlandsschutz versagen.

So: v. Bar, Internationales Privatrecht II 280ff,
Allfeld S. 691cc;
Lau, „Anschluß" S. 126; GR 02, 202 und 03, 265.
Pinzger Note 20 S. 372.
Ganz S. 157.

Lau will beim Fortfall des Heimatsschutzes eine Löschungsklage gewähren, wofür das Gesetz keinen Anhalt bietet (dagegen auch Allfeld S. 692).

Die Rechtsprechung des RG ist nicht einheitlich, scheint sich aber neuerdings der im Schrifttum herrschenden Ansicht zuzuwenden.

Obwohl die Plenarentscheidung 46, 125 (Liebig) es nur mit dem Namensschutze zu tun hatte und auf S. 129 erklärt wird, daß die Gesetzesänderung und die Begründung des Entwurfs in ihrer Bedeutung für die Anwendung des Gesetzes hier nicht zu erörtern seien, sind doch auf S. 129ff auf das eingetragene WZ bezügliche Äußerungen enthalten, aus denen die Ansicht entnommen werden könnte, daß auch dessen Bestand dauernd von dem des Heimatsschutzes abhängig sei; darauf fußend, stellt E 51, 267 den Grundsatz auf, daß gleiche, für eine und dieselbe Person in verschiedenen Staaten eingetragene WZ eine Einheit bilden, daß sich das im Niederlassungsstaate anerkannte Z demgemäß nur auf den anderen Staat, in dem es gleichfalls anerkannt werde, erstrecke. Daraus ergebe sich die akzessorische Natur des inländischen Auslandszeichens, wie sie in der Plenarentscheidung dargelegt sei. Dies kann kaum anders verstanden werden als im Sinne der fortdauernden Voraussetzung des Heimatsschutzes. Der Ausspruch in E 51, 267 hängt, wie die Gründe ergeben, eng zusammen mit der gleichfalls unrichtigen Auffassung, daß das Z-Recht als Persönlichkeitsrecht seine Wirksamkeit über die Grenzen des Staates, in dem es anerkannt werde, hinauserstrecke (s. hierüber § 12 A 6).

Nach E 69, 1 hat aber der Grundsatz der Akzessorietät nicht zur Folge, daß die Konfiskation des Vermögens des Inhabers des inländischen Auslandszeichens im Auslande auch den Übergang des inländischen Z auf den Vermögensnachfolger mit sich bringt. Dort wird S. 8 dieser Grundsatz denn auch in Beschränkung auf die Entstehung des Inlandszeichens formuliert. Unter Bezugnahme hierauf heißt es in E 80, 125: „Es muß zur Zeit der Eintragung des Z in die deutsche Z-Rolle dem ausländischen Z, auf Grund dessen es nur eintragbar ist, in seinem Heimatsstaate zeichenrechtlicher Schutz zukommen . . . Es herrscht in der Literatur Streit darüber, ob der durch die Eintragung in die deutsche Z-Rolle der ausländischen Marke einmal gewährte Schutz fortfällt, wenn nachträglich im Heimatsstaate der Schutz erlischt. Es soll sich aber hier . . . um einen Fall handeln, in dem schon zur Zeit der Eintragung der Marke in Deutschland die Marke im Heimatsstaate in Wirklichkeit den Schutz, der die Voraussetzung für die Eintragung in die deutsche Z-Rolle bildet, nicht gehabt hat."

Die neueste Stellungnahme des RG enthält das „Antiformin"-Urteil E 100, 3, wo gesagt wird:

Ist gemäß § 23 WZG für einen Ausländer ein Z in Deutschland eingetragen, so setzt dies voraus, daß es in seinem Heimatsstaate rechtlichen Bestand hatte. Das RG hat die Rechtswirksamkeit der ausländischen WZ-Eintragung als Quelle für den vom Beklagten (als Rechtsnachfolger des Anmelders) behaupteten Rechtserwerb zu prüfen. Mangelt aber dem Hauptzeichen schon nach dem Rechte des Heimatsstaates der rechtliche Bestand, so entfällt dieser auch dem akzessorischen Z in Deutschland, da beide zusammen ein einheitliches Z bilden (RG 46, 129; 51, 263; 80, 125; RGSt 35, 322). Da nun der Anmelder weder in Schweden noch in Deutschland einen Geschäftsbetrieb bezüglich des fraglichen Desinfektionsmittels hatte — was nach beiden Rechten Voraussetzung der Entstehung des WZ-Schutzes ist —, so haftet auch der Übertragung des deutschen akzessorischen Z auf den Beklagten dieser Rechtsmangel an, weil niemand mehr Rechte auf einen anderen übertragen kann, als er selbst hat, so daß Kläger schon aus diesem Grunde die Löschung verlangen kann.

Die Entscheidung selbst ist richtig und rechtfertigt sich aus § 9 Abs 1 Nr 2, weil der Geschäftsbetrieb, der der Anmeldung zugrunde lag, niemals bestanden hat (was nach bekannter Praxis der Nichtfortsetzung gleichsteht). Die Löschungsklage wird auch dadurch nicht ausgeschlossen, daß das Z nachträglich auf einen anderen (den Beklagten) übertragen und umgeschrieben wurde, der einen Geschäftsbetrieb hatte, denn die Übertragung eines Z, das nicht Zubehör eines Geschäftsbetriebes war, ist nach § 7 Abs 1 unwirksam. Diese Übertragung und Umschreibung hatte nur zur Folge, daß die Löschungsklage gemäß § 9 Abs 3 nunmehr gegen den Beklagten zu richten war. Die Begründung der Entscheidung ist aber zum Teil zu beanstanden. Wäre das Z lediglich gemäß § 23 Abs 3 als Akzessorium des schwedischen Z und weil dieses mit Unrecht eingetragen war, unwirksam, so wäre nur das

PA nach § 8 Abs 2 Nr 2 zuständig, es zu löschen, dagegen wäre eine gerichtliche Löschungsklage nicht begründet. § 23

Das RG hat aber auch mit Unrecht geprüft, ob das Heimatszeichen den schwedischen Schutz zu Recht genießt. Nach Abs 3 kommt es nur darauf an, ob der Inhaber in dem Heimatsstaate für dieses Z den Markenschutz nachgesucht und erhalten hat, d. h. ob das Z dort angemeldet und eingetragen ist. Solange diese Eintragung besteht, ist die Bedingung des § 23 Abs 3 als erfüllt anzusehen. Der Grundsatz der Akzessorietät wird überspannt, wenn man in jedem einzelnen Falle untersuchen wollte, ob in dem Heimatsstaate Löschungsgründe vorhanden sind. Es genügt durchaus, daß das Z den Anforderungen des deutschen Rechts entsprechen muß und daß die deutschen Löschungsgründe in Betracht gezogen werden, vorausgesetzt, daß das Z vermöge seiner Eintragung im Heimatsstaate dort formell wirksam ist (Freund S. 262 Abs 1; vgl. Allfeld S. 691 cc). Auch nach § 24 war nicht zu prüfen, ob die alte Marke materiell zu Recht bestand, sondern nur, ob sie formell korrekt eingetragen war (Freund S. 265 Abs 3; RG 42, 15; 49, 54; 53, 431; Kohler S. 210; Allfeld S. 694 Abs 2, S. 695 N 2; E 38, 137). Ebenso knüpft Art 6 Abs 2 der Pariser Konvention den Schutz der Marke telle quelle an den Heimatsschutz in dem Sinne, daß die Marke im Ursprungslande vorschriftsmäßig eingetragen ist, ohne Rücksicht auf den materiellen Heimatsschutz (FrMZ S. 107 Abs 2; Osterrieth-Axter S. 163).

Immerhin läßt sich das Urteil materiell mit der hier vertretenen Auffassung vereinigen, denn es beruht darauf, daß das Z bereits bei seiner Eintragung in Schweden und folgeweise auch in Deutschland der Rechtswirksamkeit entbehrte. Pinzger Note 20 S. 371 Abs 2 versteht denn auch, obwohl er selbst für die Fortdauer der Voraussetzung ist, die Rechtsprechung des RG im entgegengesetzten Sinne. Er beruft sich allerdings mit Unrecht dafür auf RGSt 11, 233, die noch unter der Herrschaft des Ges v. 1874 ergangen ist, nach dessen § 20 Abs 2 Nr 3 über die Fortdauer der Voraussetzung kein Zweifel bestehen konnte. Auch Seligsohn S. 311 findet den Grundsatz der Fortdauer in den Urteilen des RG nicht ausgesprochen. Die ESt 35, 321, Bl 02, 280 („Valvoline") steht gleichfalls nicht entgegen, da sie nur eine gerichtliche Nachprüfung der Rechtmäßigkeit der Eintragung, unabhängig von der Entscheidung des PA, anordnet (vgl. BA 18. 11. 02, Bl 03, 203); s. hierüber A 17.

Dafür, daß sich der Grundsatz der Gegenseitigkeit weiter erstreckt als der Grundsatz der Akzessorietät, spricht auch die verschiedene Fassung der Abs 1 u. 3 (Kohler GR 07, 221).

Auch das PA steht auf dem Standpunkte, daß der Fortbestand des Auslandszeichens nicht vom Fortbestande des ausländischen Schutzes abhängig ist, sondern daß dieser Schutz nur bei der ersten Eintragung nachzuweisen ist (s. BA 18. 11. 02, Beschluß erster Instanz, Bl 03, 204: „Valvoline").

Dem entspricht das Verfahren bei der Umschreibung. Erfolgt diese von einem Inländer auf einen Ausländer, so wird der Nachweis des ausländischen Schutzes gefordert (s. A 6); nicht aber bei der Umschreibung des Auslandszeichens von einem Ausländer auf einen einem anderen Staate angehörigen Ausländer (Geschäftstätigkeit S. 282; oben § 7 A 9).

PA BA 7. 10. 09 (Bl 10, 189) sagt: „Die akzessorische Natur des dem Auslandszeichen gebührenden Schutzes kommt nur bei der Begründung des inländischen Schutzes zur Geltung und auch hier nicht für die materielle Bewertung des Z-Inhalts. In letzterer Hinsicht ist ein Auslandszeichen, und zumal ein in der Z-Rolle eingetragenes, mit demselben Maße zu messen wie ein Inlandszeichen."

Das PA prüft demnach auch mit Recht nicht bei der Erneuerung des Z, wenn der Inhaber inzwischen seine Niederlassung ins Ausland verlegt hat, ob die Voraussetzung des § 23 Abs 3 gegeben ist, da es bei der Eintragung hierauf nicht ankam (Jungmann GR 07, 281; vgl. § 8 A 3).

Auch der Entw 1913 schließt sich dieser Auffassung an. § 40 Abs 2 Satz 1 (S. 50) lautet: „Wer ein ausländisches WZ anmeldet, muß nachweisen, daß er dafür in dem Lande, wo sich sein Wohnsitz oder seine Niederlassung befindet, den Z-Schutz nachgesucht und erhalten hat." Die Begr (S. 71) bemerkt dazu: „Abs 2 gibt dem in § 23 Abs 3 des bisherigen Gesetzes ausgesprochenen Grundsatz Ausdruck, daß für ein ausländisches Z der deutsche Formalschutz nur zusätzlicher Natur ist und nur dann erworben werden kann, wenn der formale Markenschutz im Heimatsstaate nachgewiesen wird. Der Grundsatz gilt in mehr oder weniger scharfer Form in den meisten Staaten und kann, solange das der Fall ist, von Deutschland nicht aufgegeben werden. (Der in Washington gemachte Versuch, ihn durch internationale Verständigung zu beseitigen, sei erfolglos geblieben.) Es bleibt daher einstweilen nichts übrig, als den geltenden Zustand des inneren deutschen Rechts aufrechtzuerhalten." Davon, daß auch der Fortbestand des deutschen Z-Schutzes von dem ausländischen abhängig sein soll, ist also keine Rede. Häufig wird aber der deutsche Schutz aus denselben Gründen hinfällig werden, aus dem der Heimatsschutz erloschen ist (vgl. E 100, 3: „Antiformin").

Auch Osterrieth („Die Washingtoner Konferenz", Berlin 1912), der bedauert, daß der

§ 23 von Deutschland vorgeschlagene Grundsatz der Unabhängigkeit des Auslandszeichens nicht durchgedrungen sei (10 Länder dafür, 5, besonders Frankreich, dagegen), stellte W S. 50 fest, daß nach der herrschenden Lehre und Praxis der Schutz in Deutschland nur von der Erfüllung der Förmlichkeit der Eintragung im Ursprungslande abhängig gemacht werde, dagegen nicht von dem Bestehen eines tatsächlichen Schutzes (ebenso Wassermann MW 12, 116; die Berufung, unter anderem auf die nach altem Rechte ergangene Entscheidung RGSt 11, 233, trifft allerdings schon wegen § 20 Nr 3 MSchG nicht recht zu). Er bezeichnet daher den Abs 3 als eine Halbheit und schlägt vor, nunmehr den Grundsatz der Akzessorietät konsequent durchzuführen, indem man den Abs 3 wie folgt ändere: „Die Eintragung und der Fortbestand eines ausländischen Z ist von dem Nachweis abhängig, daß das Z in dem Staate, in dem die Niederlassung des Anmelders oder seines Rechtsnachfolgers sich befindet, eingetragen und tatsächlich geschützt ist."

Eine Ausnahme will er für Länder gewähren, die uns Gegenseitigkeit gewähren (vgl. auch Osterrieth W S. 61).

Insofern kann Osterrieths Auffassung aber nicht als richtig anerkannt werden, als er annimmt, daß eine Erweiterung des Grundsatzes der Akzessorietät mit der Pariser Übereinkunft verträglich wäre. Vielmehr geht aus dem Wortlaute des Art 6 Abs 1 u. 2 in Verbindung mit der Erläuterung dazu im Zusatzprotokolle Abs 1 (FrMJ S. 126) klar hervor, daß die Zulassung zur inländischen Eintragung nur von dem Nachweise der Eintragung im Ursprungslande abhängig gemacht werden darf und daß die späteren Schicksale der einmal eingetragenen Marke nur von dem inländischen Rechte abhängen sollen. Daß die spätere Löschung der Marke im Ursprungslande oder gar Umstände, welche geeignet sind, diese Löschung herbeizuführen, auch die Löschung und Aufhebung des Schutzes der Inlandsmarke herbeiführen sollen, ist nirgends angedeutet und hätte gesagt werden müssen, wenn es gewollt wäre (vgl. zum Pariser Unionsvertrage unten Art 6 A 2 u. 3).

Das österreichische Staatsamt für Handel und Gewerbe usw. hat in einer Entscheidung v. 13. 7. 20 (Bl 21, 34) unter Berufung auf die Meinungsäußerung Deutschlands in Washington, daß der Grundsatz der Akzessorietät nach dem Unionsvertrage überhaupt nicht gelte, ausgesprochen, daß der deutsche Unternehmer bei Anmeldung und Erneuerung einer Marke in Österreich wie ein österreichischer zu behandeln sei, also lediglich den Bestand eines deutschen Unternehmens, nicht aber die Eintragung der gleichen Marke in Deutschland nachzuweisen habe.

Eine wirkliche Einheit der Marken und demzufolge Fortdauer der Voraussetzung ihres Schutzes im Heimatsstaate besteht dagegen bei den nach dem Madrider Abkommen international registrierten Marken, denn sie werden nicht als deutsche Marken eingetragen, sondern erlangen den Schutz im Inlande nur als Marken des Heimatsstaats vermöge der internationalen Registrierung. Dieser durch die Registrierung erlangte Schutz hört daher nach Art 6 des Abkommens auf mit dem Ende des gesetzlichen Schutzes im Heimatslande (FrMJ zu Art 6 S. 23; Seligsohn S. 374 Abs 2; Pinzger S. 436 Nr 3; Finger S. 639).

Anm. 17 **Stellung der Gerichte.** Das RG nimmt für die Gerichte die Befugnis in Anspruch, frei nachzuprüfen, ob die Eintragung eines Auslandszeichens mit Rücksicht auf die Voraussetzung des Heimatschutzes gerechtfertigt war, und dem Z den Schutz zu versagen, wenn die Frage nach Ansicht des Gerichts zu verneinen ist (ESt 35, 321: Valvoline; E 80, 126 u. 127: Magnolia; E 100, 3: Antiformin). Letztere Entscheidung hat auch wegen hiernach unrechtmäßiger Eintragung dem Antrage auf Einwilligung in die Löschung stattgegeben. Diese Stellungnahme widerspricht dem das Gesetz beherrschenden Eintragungsprinzip, wonach das Z so lange in Kraft ist, als es eingetragen ist, die Gerichte die zeichenrechtliche Rechtmäßigkeit der Eintragung nicht nachzuprüfen haben und die Löschung aus zeichenrechtlichen Gründen in dem Gesetze erschöpfend geregelt ist (s. § 12 A 2 u. 35; § 3 A 6 u. 7 und Vorbem zu §§ 8 u. 9 unter 3). Letztere Regelung ist aber für den vorliegenden Fall dahin erfolgt, daß die Entscheidung über die Löschung wegen unrechtmäßiger Eintragung nach § 8 Abs 2 Nr 2 nur dem PA zusteht. Mit Unrecht beruft sich das Urteil E 80, 127 für die Zulässigkeit der gerichtlichen Nachprüfung auf Entscheidungen des PA selbst. Die zitierte Entscheidung des PA 18. 11. 02, Bl 03, 205 sagt im Gegenteil, daß die deutschen Gerichte „die Tatsache der deutschen Eintragung als Gewähr für den erteilten Auslandsschutz ansehen konnten und mußten". Das PA erkennt nur die eigene Nachprüfung gemäß § 8 Abs 2 Nr 2 WZG als zulässig an. Weiteres sagt auch die zweite zitierte Entscheidung PA 5. 5. 04, Bl 04, 304 nicht.

Der Gegensatz der Fassung von Abs 1 und Abs 3 des § 23 läßt deutlich erkennen, daß den Gerichten in bezug auf die Gegenseitigkeit eine selbständige Prüfung obliegt, während in bezug auf den Heimatsschutz die einmal erfolgte Eintragung wie jede andere zu behandeln ist. Es ist auch ganz unbedenklich, die Prüfung wegen der Gegenseitigkeit den Gerichten zu überlassen, weil es hier nach Abs 1 nur auf die Bekanntmachung des Reichsjustizministers ankommt. Dagegen ist es durchaus unzweckmäßig, die oft sehr schwierige Frage, ob der Heimatschutz bei der Eintragung bestanden hat, im Verletzungsprozesse der Nachprüfung zahlreicher, vielleicht sehr verschieden urteilender Gerichte zu überlassen, da die Versagung des Schutzes internationale Wirkungen auslösen kann und daher einheitlich von der zentralen Verwaltungsbehörde beurteilt werden muß. Noch unhaltbarer ist es, wenn jedes Gericht in Konkurrenz mit dem PA auf Grund einer Verneinung des Heimatschutzes zur Zeit der Eintragung auf Löschung erkennen kann. § 23

In der E v. 2. 3. 05, Bl 05, 247 untersucht der III. StS nicht, ob das verletzte Z noch im Auslande geschützt ist, oder ob es zur Zeit der Eintragung geschützt war, sondern er begnügt sich mit der erfolgten Eintragung im Inlande, woraus gemäß § 23 Abs 3 in Ermangelung gegenteiliger Anhaltspunkte zu schließen sei, daß der Inhaber dem PA gegenüber den Nachweis erbracht habe. Das kommt fast auf den hier vertretenen Standpunkt hinaus, daß die Prüfung, ob die Eintragung gemäß § 23 Abs 3 zu Recht erfolgt ist, lediglich nach § 8 Abs 2 dem PA obliegt, denn in Strafsachen sind die gegen die Verurteilung sprechenden Momente von Amts wegen zu prüfen. Tatsächlich wird auch der Verurteilte auf die Möglichkeit hingewiesen, „auf dem geordneten Rechtswege" die Löschung des Gegenzeichens herbeizuführen (S. 249).

Die Internationale Vereinigung für gewerblichen Rechtsschutz, deutsche Gruppe, hat auf ihrer Tagung vom Mai 1923, die der Vorbereitung einer neuen Revision der Pariser Vereinbarung gewidmet war, in einstimmiger Beschlußfassung den Antrag, die Akzessorietät des Auslandszeichens gänzlich fallen zu lassen, wiederholt. (Über die dafür sprechenden Gründe s. auch Kohler GR 07, 223; Seligsohn GR 06, 243.) Dabei wurde festgestellt, daß auch die französische Gruppe jetzt auf demselben Standpunkt steht und damit der letzte Widerstand beseitigt sei (GR 23, 162ff; vgl. auch Handelskammer Berlin MW 7, 115). Da hiernach mit einer baldigen Aufhebung des § 23 Abs 3 zu rechnen ist, empfiehlt es sich nicht, ihm jetzt noch eine über seinen Wortlaut hinausgehende Auslegung zu geben. Bei WZ wird man sich daher materiell mit der im Auslande erfolgten Eintragung zu begnügen und die Prüfung, ob danach die Eintragung im Inlande gerechtfertigt sei, gemäß § 8 Abs 2 Nr 2 dem PA zu überlassen haben. Ebenso die schweizerische Praxis (s. MW 14, 172). Der Schutz des Namens, der Firma und der Ausstattung bleibt dagegen abhängig von dem Schutz im Ursprungslande.

Es ist weiter eine Überspannung des Grundsatzes der Akzessorietät, wenn in verschiedenen Reichsgerichtsentscheidungen angenommen wird, daß ein Ausländer das für ihn im Inlande eingetragene Z nicht mit seinem dortigen Geschäftsbetriebe übertragen könne, sondern daß hierzu die Übertragung seines Gesamtgeschäftsbetriebs (also auch des etwaigen ausländischen) erforderlich sei (s. hierüber § 7 A 6).

Abs 3 Satz 2.

Anforderungen des deutschen Gesetzes. Grundsätzlich muß das ausländische WZ, um zur Eintragung zugelassen zu werden, allen formellen und materiellen Anforderungen des deutschen Gesetzes entsprechen (Begründung A 1 Nr 1). Das gleiche gilt analog von den übrigen Warenbezeichnungen, insbesondere der Ausstattung, die also, um geschützt zu werden, dem Begriffe der deutschen Ausstattung entsprechen und vor allem in Deutschland im Sinne des § 15 die Anerkennung im Verkehr errungen haben muß. Ebenso gilt dies — vorbehaltlich der Staatsverträge — von der Anerkennung der international registrierten Marken gemäß Art 5 des Madrider Abkommens. Bei Eintragung und Anerkennung richtet sich alsdann der Inhalt und Umfang des Schutzes nach dem deutschen Rechte (Kohler S. 210 u. 225; RG 27. 10. 05, Bl 06, 209). Ebenso die Rechtsgültigkeit einer etwaigen Übertragung (E 51, 263). **Anm. 18**

Ist das Auslandszeichen im Inlande rechtmäßig eingetragen, so kommt es daher nicht darauf an, ob gewisse Bestandteile des Z nach dem Heimatsrechte für sich nicht schutzfähig sind, vielmehr kann gemäß dem inländischen Rechte auch auf diese Bestandteile die Verwechslungsfähigkeit gegründet werden (E 81, 171: Spongia blotting und Valvoline; auch Bl 13, 165; MW 12, 479; RG II 27. 10. 05, Bl 06, 209; MW 5, 34: Henry Clay; s. auch PA 7. 10. 09, Bl 10, 189 oben A 16).

Staatsverträge. Eine Ausnahme von der Regel des Abs 3 Satz 2, die Marke telle quelle, gilt nach Art 6 des Unionsvertrags für Verbandsangehörige. Sie ist aber, nachdem in Deutschland die Wortmarke zugelassen ist, und nach den in Art 6 Abs 2 zugelassenen Zurückweisungsgründen von geringer Bedeutung. Auch Marken, die nur aus Zahlen oder Buchstaben bestehen (§ 4 Abs 1 Nr 1), können regelmäßig mangels Unterscheidungskraft zurückgewiesen werden (Art 6 Abs 2 Nr 2), es sei denn, daß sie im deutschen Verkehr Anerkennung gefunden haben (Art 6 Abs 2 Nr 2 Abs 2 und FrMJ S. 109 Abs 2). In diesem Falle werden sie aber auch jetzt gewohnheitsrechtlich als Inlandszeichen zugelassen (s. FrMJ S. 110 Nr 7 **Anm. 19**

§ 23 und oben § 4 A 21). Marken, die nur aus Buchstaben und Zahlen bestehen, können allerdings Verbandsangehörigen gegenüber nicht lediglich wegen dieser ihrer Form oder als unzweckmäßig ausgeschlossen werden (Kohler S. 240ff).

Die materiellen Zurückweisungsgründe sind in Art 6 Abs 2 der Washingtoner Fassung des Unionsvertrags erschöpfend und im wesentlichen dem deutschen Rechte entsprechend formuliert. Daneben kommt es gemäß Schlußprotokoll zu Art 6 Abs 1 nur noch auf die ordnungsmäßige Eintragung im Heimatsstaate an.

§ 24

§ 24.

Auf die in Gemäßheit des Gesetzes über Markenschutz vom 30. November 1874 in die Zeichenregister eingetragenen Warenzeichen finden bis zum 1. Oktober 1898 die Bestimmungen jenes Gesetzes noch ferner Anwendung. Die Zeichen können bis zum 1. Oktober 1898 jederzeit zur Eintragung in die Zeichenrolle nach Maßgabe des gegenwärtigen Gesetzes angemeldet werden und unterliegen alsdann dessen Bestimmungen. Die Eintragung darf nicht versagt werden hinsichtlich derjenigen Zeichen, welche auf Grund eines älteren landesgesetzlichen Schutzes in die Zeichenregister eingetragen worden sind. Die Eintragung geschieht unentgeltlich und unter dem Zeitpunkt der ersten Anmeldung. Über den Inhalt der ersten Eintragung ist ein Zeugnis der bisherigen Registerbehörde beizubringen.

Mit der Eintragung in die Zeichenrolle oder, sofern eine solche nicht erfolgt ist, mit dem 1. Oktober 1898 erlischt der den Warenzeichen bis dahin gewährte Schutz.

Inhalt.

Anm.		Seite	Anm.		Seite
1.	Aus Begründung und Kommissionsbericht	318	4.	Geltung des neuen Gesetzes	319
2.	Aus der Geschäftstätigkeit	319	5.	Ältere landesgesetzlich geschützte Z.	319
3.	Zweck und Inhalt im allgemeinen	319	6.	Priorität	320

Anm. 1 **Aus Begründung und Kommissionsbericht.** a) Aus der Begründung S. 20: Der Entwurf will die gerichtlichen Z-Register, in welchen die zur Zeit geschützten WZ eingetragen stehen, im Interesse der Übersichtlichkeit und Klarheit des ganzen Z-Wesens beseitigen. Die eingetragenen Z sollen daher in die neue Z-Rolle binnen bestimmter Frist übertragen werden. Es darf dies aber nur unter Wahrung der alten Priorität der Z verlangt werden ... Wenngleich es wünschenswert sein würde, die mit der Neueinrichtung des Z-Wesens verbundenen Vorteile möglichst bald in volle Wirksamkeit zu setzen, so erheischen doch praktische Rücksichten, vor allem auch das Interesse der zur Zeit eingetragenen Z-Inhaber, eine längere Übergangsfrist. Der Entwurf will daher für die vorhandenen Z bis spätestens zum 1. 10. 98 das Ges v. 30. 11. 74 in Geltung belassen. Daß die zu übertragenden Z nach Maßgabe des neuen Gesetzes schutzberechtigt sein müssen, begründet keine Härte gegen die Z-Inhaber. In der Hauptsache ist darin nur die Forderung enthalten, daß die nach Maßgabe des Ges v. 30. 11. 74 ohne jede nähere Prüfung von den Gerichten eingetragenen Z jetzt von dem PA daraufhin geprüft werden sollen, ob sie bei ihrer ersten Eintragung schutzberechtigt waren. Soweit sich herausstellt, daß ein zu übertragendes Z seinem Inhalte nach zwar nicht dem alten Gesetze genügt hat, wohl aber dem neuen Gesetze entspricht, sollen nur die Anforderungen des letzteren zugrunde gelegt werden. In einem Falle haben indessen Z, welche auch diesen Anforderungen nicht genügen, Anspruch auf Übertragung, nämlich, wenn sie schon vor der reichsgesetzlichen Regelung des Markenschutzes nach Landesrecht geschützt waren. Insoweit kann dem schon vorher erworbenen und im § 3 MSchG vorbehaltlos anerkannten Z-Recht auch in Zukunft die Anerkennung nicht versagt werden.

b) Aus dem Kommissionsbericht S. 9: Zu einem Antrage, bei den schon vor 1874 landesgesetzlich geschützten Z auch das Datum der ersten Eintragung nach Landesrecht in die neue Z-Rolle mit aufzunehmen, erklärten die Regierungsvertreter: Die Eintragung unter dem Zeitpunkte der Erlangung des landesgesetzlichen Schutzes in die neue Z-Rolle (statt unter dem Zeitpunkte der Anmeldung zu den bisherigen Registern) sei nicht tunlich, weil jener Zeitpunkt nicht immer mit Sicherheit festzustellen sein werde. Auch sei ein praktisches Bedürfnis hierfür nicht anzuerkennen. Namentlich könnten derartige Z nicht als Freizeichen beanstandet werden, weil sie bei Inkrafttreten des Ges v. 1874 als unter landesgesetzlichem Schutz stehend anerkannt worden seien. Sie bleiben daher gegen Beanstandung geschützt, wenn sie unter dem Zeitpunkte ihrer Anmeldung zu dem alten Register übernommen würden, weil dieser Zeitpunkt für die Beurteilung der Freizeichenqualität maßgebend sei. Übrigens werde voraussichtlich kein Bedenken bestehen, in der Z-Rolle auf Antrag zu vermerken, daß ein Z auf Grund eines älteren landesgesetzlichen Schutzes zur Eintragung gelangt sei. (Beispiel eines älteren landesgesetzlichen Schutzes s. BA 3. 12. 97, Bl 98, 137). **§ 24**

Aus der Geschäftstätigkeit S. 278: Am 1. 10. 94 waren noch 21 288 solcher alter Z vorhanden. Von diesen wurden bis Ende 1900 11289 in die Rolle des PA übertragen und 2636 Übertragungsanmeldungen ohne Eintragung erledigt. Einige wenige Anmeldungen harren noch (1902) infolge besonderer Umstände der Erledigung. Den Rest, also etwa 35%, haben die Inhaber aufgegeben, ohne den Versuch der Neuanmeldung zu machen. **Anm. 2**

Im übrigen vgl. über die Handhabung der Übergangsbestimmungen durch das PA die Geschäftstätigkeit S. 278—282.

Zweck und Inhalt im allgemeinen. § 24 ist eine Übergangsbestimmung, die für die Gegenwart nur noch beschränkte Bedeutung hat. Keine Bedeutung mehr hat Abs 1 Satz 1. **Anm. 3**

Alle älteren Z, die nicht bis 1. 10. 98 zur Eintragung angemeldet wurden, sind erloschen. Ebenso diejenigen, welche zwar rechtzeitig angemeldet, aber nicht eingetragen wurden.

Abs 2.

Damit ist auch diese Bestimmung für die Gegenwart erledigt. Lediglich Übergangsbedeutung haben ferner Abs 1 Satz 2, 4 u. 5, soweit sie die formalen Bedingungen der Eintragung der älteren Z in die Rolle, insbesondere die Anmeldefrist regeln. Von Bedeutung für die Gegenwart bleibt folgendes:

1. Nach Abs 1 Satz 2 konnten die in die Register eingetragenen Z nur nach Maßgabe des gegenwärtigen Gesetzes angemeldet werden und unterlagen alsdann dessen Bestimmungen (A 4).
2. Nach Satz 3 durfte die Eintragung nicht versagt werden hinsichtlich derjenigen Z, welche auf Grund eines älteren landesgesetzlichen Schutzes in die Register eingetragen waren (A 5).
3. Nach Satz 4 erfolgte die Eintragung unter dem Zeitpunkte der ersten Anmeldung (A 6).

Geltung des neuen Gesetzes. Die älteren Z konnten — abgesehen von dem soeben unter 2 bezeichneten — nur nach Maßgabe des gegenwärtigen Gesetzes angemeldet werden, mußten also dessen Bedingungen entsprechen. War dies nicht der Fall und wurden sie trotzdem eingetragen, so waren sie der Löschung nach § 8 Abs 2 Nr 2 ausgesetzt. Nach der Eintragung unterlagen sie den Bestimmungen des neuen Gesetzes. **Anm. 4**

Die eingetragenen Z älteren Ursprungs haben daher dieselbe Wirkung wie die nach dem neuen Gesetze eingetragenen, insbesondere genießen Wortzeichen, die nach dem alten Gesetze nur als Bildzeichen, vermöge ihrer besonderen Schreibweise oder Ausstattung, geschützt waren, den vollen Schutz des neuen Gesetzes als solche (E 42, 17; vgl. Bl 98, 162: Creolin). Es kommt auch nicht mehr in Betracht, ob die alte Marke früher materiell zu Recht bestand, z. B. ob es sich um eine damals unzulässige Wortmarke handelte (Freund S. 265 Abs 3).

War vor 1894 ein aus Bild und Worten bestehendes Z eingetragen, so können nunmehr die Worte, wenn sie einen charakteristischen Bestandteil des Z bilden, für sich geschützt sein (E 38, 83: Barbarossa-Brunnen). (Dieser Gesichtspunkt ist in der E des RG II 28. 4. 99, Bl 99, 180 [Flora Parfumerie] nicht genügend beachtet worden. Die gebilligte Ausführung des BG, es ergebe sich nicht die Absicht der Z-Inhaberin bei der Übertragung, daß es sich nicht nach wie vor um ein bloßes Bildzeichen handeln solle, ist offenbar rechtsirrig, da es lediglich auf die objektive Wirkung im Verkehr ankommen kann.)

Bei Z, die auf Grund des § 24 neu eingetragen wurden, gilt die Schutzdauer des neuen Gesetzes, also datierend von der neuen Anmeldung (§ 8 Abs 2 Nr 1), und gelten die Löschungsgründe des neuen Gesetzes (§§ 8 u. 9), für die die neue Eintragung maßgebend ist. Es kann daher die Löschung oder Unwirksamkeit nicht damit begründet werden, daß nach altem Rechte ein gleiches Z, das nicht übertragen wurde, mit besserer Priorität bestanden hatte (E 53, 431, Bl 04, 95). Solange das Z eingetragen ist, genießt es den Schutz der §§ 12, 14 u. 17 (E 38, 137).

Ältere landesgesetzlich geschützte Z. Schon unter dem MSchG v. 1874 konnte nach § 3 Abs 1 daselbst die Eintragung von WZ, deren Benutzung für den Anmeldenden landesgesetzlich geschützt war, nicht versagt werden. Dieses Privilegium ist auch nach Abs 1 Satz 3 in der Weise aufrechterhalten worden, daß solche Z den Anforderungen des neuen Gesetzes bei der Eintragung nicht unterliegen. Wegen der Frage, ob ein solcher landesgesetzlicher Schutz bestanden hat, hat sich das PA bei der Anmeldung mit einer Bescheinigung der Registerbehörde begnügt, wonach das Z seinerzeit auf Grund eines solchen Schutzes eingetragen **Anm. 5**

§ 24 worden sei (Finger S. 553 Abs 7; Allfeld S. 696 Abs 3). Danach ist eine Löschung solcher Z gemäß § 8 Abs 2 Nr 2 im allgemeinen ausgeschlossen. Nur in bezug auf die Frage, ob die Eintragung wegen Freizeicheneigenschaft ungerechtfertigt war, hat sich das PA eine Nachprüfung vorbehalten (Bl 97, 105). Im übrigen sind auch diese Z nach dem jetzt geltenden Gesetze zu behandeln. Es liegt daher auch kein Grund vor, in bezug auf sie die Löschungsklage des § 9 Abs 1 Nr 2 u. 3 auszuschließen (a. M. Kent Nr 303 u. 964).

Anm. 6 **Priorität.** Nach Abs 1 Satz 4 hatte das PA bei der Neueintragung die Priorität nach dem Zeitpunkte der ersten Anmeldung festzustellen, und zwar, wie auch sonst, vorbehaltlich späterer Nachprüfung durch das PA selbst oder durch die Gerichte (s. § 2 A 2 a. E.). In einem etwaigen Prioritätsstreite ist daher zu prüfen: 1. ob das neu eingetragene Z mit der alten Marke identisch war, wobei § 20, abgesehen von geringfügigen Abweichungen nicht anwendbar ist (PA: Bl 94, 54; BA 27. 10. 95, Bl 96, 18; RG 44, 62); 2. ob die alte Marke korrekt eingetragen war (Freund S 265 Abs 3 und Zit.). Wird eine dieser Fragen verneint, so gilt das Z als neu eingetragen und hat nur die Priorität der neuen Anmeldung (E 53, 436).

Sind auf Grund älteren landesgesetzlichen Schutzes mehrere gleiche Z für dieselben Waren für verschiedene Inhaber in die Z-Register eingetragen worden, so kommt es auf die Priorität des ursprünglichen Erwerbs nicht an. Die Z bestehen gleichberechtigt nebeneinander (RG II 9. 7. 09, Bl 10, 145; MW 9, 136). Dasselbe gilt bei der Konkurrenz eines früher landesgesetzlich geschützten Z mit einem solchen, das bis zum Beginn des Jahres 1875 im Verkehr allgemein als Kennzeichen der Waren eines bestimmten Gewerbetreibenden gegolten hat (§ 9 MSchG v. 1874; E 61, 112, Bl 05, 270; UW 4, 102).

Die Verbandszeichen §§ 24 a bis h.

Vorbemerkung.

Entstehungsgeschichte. Durch Ges v. 31. 3. 13 zur Ausführung der revidierten Pariser Übereinkunft v. 2. 6. 11 (Washingtoner Revision) Art III Nr 2 (RGBl 13, 236ff) wurden diese Bestimmungen eingeschoben, um der den Verbandsländern in Art 7b UV auferlegten Verpflichtung zu genügen. Nach Art 7b sind im Ursprungslande geschützte Verbandsmarken auch dann in den Verbandsländern zuzulassen, wenn die Verbände eine eigene gewerbliche oder Handelsniederlassung nicht besitzen. Jedem Lande steht es jedoch frei, besondere Bedingungen für den Schutz der Verbandsmarken aufzustellen. Die Verbandsmarke dient dem Gebrauche der Mitglieder, für die der Verband auf diese Weise eine gewisse Bürgschaft hinsichtlich der Güte der Waren übernimmt (s. Denkschrift 2a). Auch ist sie geeignet, den Schutz der örtlichen Herkunftsbezeichnung (§ 16) zu fördern und zu ergänzen (Stern MW 20, 30).

In anderen Verbandsstaaten ist der Schutz der Verbandsmarke teils durch Gesetz, teils durch Gewohnheitsrecht eingeführt (s. FrMI zu Art 7b Abs 3 S. 112). Literatur über die Verbandsmarken s. FrMI S. 130 unten. Nach FrMI waren bis Ende 1923 113 Verbandszeichen eingetragen, darunter 8 für Ausländer (S. 131 Abs 3).

Ein wichtiges Auslegungsmittel für die neuen §§ 24a—h, die nach Art IV des Ges v. 31. 3. 13 in Verbindung mit Art 18 Abs 1 des Unionsvertrags am 2. 5. 13 in Kraft getreten sind, sind die Denkschrift zur Paris-Washingtoner Übereinkunft v. 2. 6. 11 (Bl 13, 170), die Begründung des Ges v. 31. 3. 13 (Bl 13, 176) und der Kommissionsbericht zur Vorberatung dieses Gesetzes (Bl 13, 181), da das Gesetz dem dem Reichstag vorgelegten Gesetzentwurf entspricht.

Materialien. a) Aus der Denkschrift (Bl 13, 174): Die Verbandsmarke dient hauptsächlich dem Zwecke, eine von dem Verbande gebotene Gewähr für Güte oder sonstige Beschaffenheit der Ware durch das Z nach außen hin kundzugeben. Daß der Verband selbst einen Geschäftsbetrieb besitzt, von dem aus der Verkehr mit den Waren sich vollzieht (das in Deutschland geltende Erfordernis der Individualmarke) wird für die Verbandsmarke nicht gefordert, es genügt, wenn die einzelnen Verbandsmitglieder diese Voraussetzung erfüllen ... Der Verband kann örtlich begrenzt sein, indem er für die Erzeugnisse einer gewissen Gegend Gewähr bieten will, oder darüber hinaus einen größeren Kreis von Gewerbsgenossen umfassen, die gleiche oder gleichartige Waren vertreiben.

b) Aus der Begründung des Ges v. 31. 3. 13: „Das Bedürfnis für Verbandsmarken zeigt sich besonders in der Art und Weise, wie die beteiligten Kreise versucht haben, im Rahmen des bestehenden Gesetzes solche ‚Kollektivmarken' zur Eintragung zu bringen. Der gewöhnliche Weg ist der, daß ein Mitglied des Verbandes, das einen eigenen Geschäftsbetrieb hat, das Z als Treuhänder auf seinen Namen eintragen läßt und dann den übrigen Mitgliedern des Verbandes die Befugnis einräumt, das Z zu benutzen. In dieser Weise haben zahlreiche

Verbände die Eintragung eines Z für ihre Verbandszwecke erlangt. Daneben findet sich der Weg, daß sämtliche Verbandsmitglieder, ein jedes für sich, das Verbandszeichen zur Anmeldung bringen. Endlich haben zahlreiche Verbände, die eigene Rechtspersönlichkeit besitzen, sich in der Weise geholfen, daß sie einen nebensächlichen Geschäftsbetrieb einrichteten und daraufhin das WZ erwirkten, das tatsächlich aber nicht für ihren eigenen Betrieb, sondern für den Betrieb ihrer Mitglieder bestimmt ist. Es ist ersichtlich, daß alle diese Wege Umwege sind, um das wirtschaftlich erwünschte Ziel zu erreichen, und daß die Eintragung in solchen Fällen nicht immer eine genügende Sicherheit für den Bestand des Z bietet. Schwierigkeiten müssen namentlich dann entstehen, wenn der Treuhänder, auf dessen Namen das Z eingetragen steht, stirbt, oder wenn sein Geschäftsbetrieb in Fortfall kommt. Auch dann ist die Rechtslage unsicher, wenn ein Verband des öffentlichen Rechts genötigt ist, lediglich deshalb einen Geschäftsbetrieb zu eröffnen und zu erhalten, um sich die juristische Möglichkeit der Eintragung des Z zu verschaffen. In solchen Fällen stellt die Unterbrechung oder Einstellung des Betriebs die Rechtsbeständigkeit des Z in Frage. Auch ist der Einwand, daß der Betrieb nur ein Scheinbetrieb sei, unter Umständen nicht ausgeschlossen . . . § 24

Die vorgeschlagenen Neuerungen fügen sich in den Rahmen des bisherigen Rechts und bringen nur solche Änderungen, die das Wesen des Verbandszeichens mit Rücksicht auf den Träger des Z-Rechts verlangt."

c) Aus dem Kommissionsbericht Bl 13, 182ff. Erklärung des Präsidenten des PA S. 182: „Soweit die Angaben bei der Anmeldung der Z einen Einblick in die obwaltenden Verhältnisse gestatten, läßt sich annehmen, daß schon jetzt etwa 50 solcher Z in der Rolle verzeichnet sind. Die Z gehören den verschiedensten Verkehrsgruppen an. In Betracht kommen in erster Linie die Landwirtschaft und der Verkehr mit Nahrungsmitteln und Getränken, sodann auch die Bekleidungsindustrie und einzelne andere Industrien. Endlich gehören hierher die sog. Ausstellungszeichen, d. h. Z, die von Vereinen für die auf einer Ausstellung zur Schau gestellten Waren zur Z-Rolle angemeldet werden."

Bei den Verhandlungen wurde festgestellt, daß die Verbandsmarken ebensowohl Händlerverbänden wie Erzeugerverbänden zustehen müßten (Bl 13 S. 182, 183).

§ 24a. § 24a

Rechtsfähige Verbände, die gewerbliche Zwecke verfolgen, können, auch wenn sie einen auf Herstellung oder Vertrieb von Waren gerichteten Geschäftsbetrieb nicht besitzen, Warenzeichen anmelden, die in den Geschäftsbetrieben ihrer Mitglieder zur Kennzeichnung der Waren dienen sollen (Verbandszeichen).

Die juristischen Personen des öffentlichen Rechtes stehen den bezeichneten Verbänden gleich.

Auf die Verbandszeichen finden die Vorschriften über Warenzeichen Anwendung, soweit nicht in §§ 24a—24h ein anderes bestimmt ist.

Materialien. a) Begründung (Bl 13, 179): „Die Mitgliedschaft muß auf Inhaber von Geschäftsbetrieben im Sinne des § 1 WZG beschränkt sein, im übrigen soll der Kreis der berechtigten Verbände möglichst wenig eingeengt sein. Sie können Geschäfte für eigene Rechnung betreiben, wie z. B. die landwirtschaftlichen Ein- und Verkaufsgenossenschaften, oder sich mit der Förderung der gewerblichen Interessen ihrer Mitglieder begnügen. Im Einklang mit Art 1 des Schlußprotokolls zur Washingtoner Akte sind die Worte „gewerbliche Zwecke" in ihrer weitesten Bedeutung zu verstehen. Indessen soll das Recht der Verbandsmarke nur rechtsfähigen Verbänden gewährt werden . . . In zweiter Linie handelt es sich um öffentlich-rechtliche Verbände, die sich den Schutz gewerblicher Interessen ihrer Bezirkseingesessenen zur Aufgabe gemacht haben, z. B. Gemeinden und größere Kommunalverbände, in deren Bezirk Waren einer bestimmten Art und Eigenschaft gewonnen oder erzeugt werden. **Anm. 1**

Die Verbände können mehrere Verbandszeichen führen, z. B. Schokoladefabrikanten eines für Schokolade, ein zweites für Kakao, Landwirtschaftskammern für verschiedene Pferdeschläge. Die Verbandszeichen können ebensowohl Wort- wie Bildzeichen sein."

b) Bei der Kommissionsberatung (Bl 13, 185) wurde einstimmig festgestellt, daß das Gesetz auch die Rechtsform des rechtsfähigen Vereins denjenigen Gewerbetreibenden, die ein Verbandszeichen zu führen beabsichtigen, zur Verfügung stellen wolle und solle, und daß ein Verband, der lediglich zu diesem Zwecke gegründet sei und einen eigenen Geschäftsbetrieb nicht unterhalte, als Idealverein im Sinne des § 21 BGB anzusehen sei.

§ 24a

Abs 1 u. 2.

Anm. 2 **Die Verbände.** Die Verbände müssen rechtsfähig sein, weil sie Träger des WZ-Rechts sein sollen und alle daraus entspringenden Ansprüche (§§ 12, 14 u. 17 WZG) auch für Rechnung der Mitglieder (§ 24f) geltend zu machen haben. Die Rechtsfähigkeit eines ausländischen Verbandes bestimmt sich nach dem Recht seines Staates. Die Mitglieder sind nur Lizenznehmer (§ 24f A 1); sie müssen einen Geschäftsbetrieb haben, in dem das Z verwendet wird. Selbstverständlich kann auch ein Verband, der Inhaber eines Geschäftsbetriebs ist, ein Z für sich eintragen lassen und dessen Gebrauch seinen Mitgliedern freigeben. Das wäre aber kein Verbandszeichen im Sinne der §§ 24aff FrMJ S. 131 Abs 4 (vgl. aber auch unten zu § 24g).

Die Verbände sind entweder privatrechtliche, vorzugsweise Vereine, oder öffentlichrechtliche (s. Begründung A 1a).

Sie können selbst ein Gewerbe ausüben und sich dabei des Verbandszeichens bedienen. In der Regel werden sie aber „gewerbliche Zwecke" nur insofern „verfolgen", als sie bestimmt sind, die gewerblichen Interessen ihrer Mitglieder zu fördern.

Wenn der Verband selbst ein Gewerbe betreibt, wird er regelmäßig in der Form der rechtsfähigen Wirtschaftsgesellschaft (Aktiengesellschaft, G. m. b. H., oder Genossenschaft u. dgl.) auftreten müssen. Als Verein mit nicht lediglich idealen Zwecken bedürfte er nach § 22 BGB der staatlichen Verleihung der Rechtsfähigkeit. Ein Verein, der lediglich bezweckt, seinen Mitgliedern ein Verbandszeichen zur Verfügung zu stellen, ist als Idealverein (§ 21 BGB) anzusehen, s. A 1b.

Auch eine Kommanditgesellschaft auf Aktien kann für ihre selbständigen Mitglieder ein Verbandszeichen anmelden (PA 21. 10. 24, GR 25, 16).

Abs 3.

Das Verbandszeichen. Die Verbandszeichen bilden eine Ausnahme von der Regel, daß die Z nur für den eigenen Geschäftsbetrieb des Anmelders eingetragen werden können (s. § 1 A 17). Es ist nicht nötig, daß jedes Mitglied des Verbandes alle die Waren führt, für die der Verband das Z angemeldet hat. Es genügt, daß alle diese Waren innerhalb des Verbandes geführt werden, um die Anwendung des § 9 Abs 1 Nr 2 auszuschließen. Nach der Entstehungsgeschichte des Gesetzes (s. § 24e A 1) könnte die Anwendung des § 9[1] Nr 2 überhaupt ausgeschlossen erscheinen; man hat nämlich geglaubt, daß diese Bestimmung unanwendbar sei, weil für den Verband ein Geschäftsbetrieb nicht erfordert werde. Dabei ist übersehen, daß 1. das WZ nur für bestimmte Waren eingetragen und aufrechterhalten werden kann, 2. daß es mit einem (hier mehreren) bestimmten Geschäftsbetrieben verbunden ist. Die Vorschriften über WZ finden aber auf Verbandszeichen nach § 24a Abs 3 Anwendung, soweit in den §§ 24a—h nicht ein anderes bestimmt ist, und dies ist in beiden Punkten nicht geschehen. Daher muß die Löschungsklage aus § 9[1] Nr 2 gewährt werden, wenn entweder alle zum Verbande gehörigen Geschäftsbetriebe aufgegeben werden, oder wenn die im Warenverzeichnisse angegebenen Waren von keinem der zugehörigen Geschäfte mehr geführt werden. Im letzteren Fall ist evtl. auf Teillöschung zu erkennen. Noch weiter zu gehen und die Löschung schon dann auszusprechen, wenn auch nur einer der zugehörigen Geschäftsbetriebe zu bestehen aufhört oder wenn nicht sämtliche zugehörigen Geschäfte alle angemeldeten Waren führen, ist nicht begründet (vgl. hierzu Zeller GR 26, 157 u. 261).

Die Verbandszeichen sind, abgesehen von ihrer Zweckbestimmung, WZ im Sinne des WZ-Gesetzes, auf die alle für diese geltenden gesetzlichen Bestimmungen, soweit nichts Besonderes vorgeschrieben ist, Anwendung finden.

Der Verband kann sich mehrere Z schützen lassen, darunter auch Defensiv- und Vorratszeichen. Auch der Ausstellungsschutz gilt für Verbandszeichen (FrMJ S. 131 Abs 8; s. auch Begründung A 1a).

Die Mitglieder dürfen das Z nur auf Grund einer Erlaubnis des Verbandes und gemäß der darüber vom Verbande erlassenen Bestimmungen benutzen. Eine anderweite Benutzung wäre Eingriff in ein fremdes WZ-Recht und würde einer Klage aus §§ 12, 14 unterliegen (s. § 14 A 11 und Stern MW 20, 5). Selbstverständlich kann der Verband selbst, wenn er einen eigenen Gewerbebetrieb besitzt, das Verbandszeichen ohne weiteres für diesen benutzen.

§ 24b

§ 24b.

Der Anmeldung des Verbandszeichens muß eine Zeichensatzung beigefügt sein, die über Namen, Sitz, Zweck und Vertretung des Verbandes, über den Kreis der zur Benutzung des Zeichens Berechtigten, die Bedin-

gungen der Benutzung und die Rechte und Pflichten der Beteiligten im Falle der Verletzung des Zeichens Auskunft gibt. Spätere Änderungen sind dem Patentamt mitzuteilen. Die Einsicht der Satzung steht jedermann frei. § 24b

Materialien. a) Aus der Begründung Bl 13, 180: „Das PA wird aus dem Inhalt der Satzung namentlich zu ersehen haben, ob ein Verband im Sinne der neuen Vorschriften anzuerkennen ist. Die Angaben der Satzung treten zugleich an die Stelle der hier fehlenden Bezeichnung eines eigenen Geschäftsbetriebs des anmeldenden Verbandes. Auch für dritte Personen ist es unter Umständen wichtig, durch Einsicht in die Satzung sich über die obwaltenden Rechtsverhältnisse, namentlich darüber zu unterrichten, wie die Benutzung und Geltendmachung der Z-Rechte zwischen dem Verband und seinen Mitgliedern geregelt ist.“ Anm. 1

b) Bei der Kommissionsberatung (Bl 13, 185) erklärte der Präsident des PA: „Das PA soll in dem Verfahren aus §§ 24aff lediglich prüfen, ob die allgemeinen Voraussetzungen für eine Z-Eintragung vorliegen (§§ 1ff WZG), ob Antragsteller ein rechtsfähiger Verband im Sinne des § 24a ist und ob die formellen Erfordernisse des § 24b erfüllt sind, d. h. ob eine Z-Satzung mit dem dort angegebenen Inhalt vorgelegt ist, und ob die Gebühren bezahlt sind. Eine sachliche Nachprüfung liegt dem PA nicht ob, eine derartige Prüfung würde auf eine gewerbepolizeiliche Tätigkeit hinauslaufen, die den Aufgaben des PA fremd ist. . . . Die Nachreichung einer neuen oder geänderten Z-Satzung wird regelmäßig im eigenen Interesse des Verbandes liegen, weil der Verband mit der Satzung über die normale Art der Benutzung des Z öffentlich Auskunft gibt. Ergibt sich zwischen Verbandszweck und Z-Benutzung ein Widerspruch, der das allgemeine Interesse berührt, so setzt sich der Verband der Klage gemäß § 24e Nr 2 aus.“ Die Kommission war hiermit einverstanden und zugleich darüber einig, daß von der Z-Satzung verlangt werden könne, daß sie darüber Bestimmungen treffe, unter welchen Umständen dem einzelnen Mitgliede das Recht zur Führung des Verbandszeichens zu entziehen sei.

c) Der frühere Abs 2, betr. die Gebühren (RGBl 13, 238 und RGBl 22 II 621) ist in der Bek v. 7. 12. 23 (RGBl II 450) weggelassen, weil die Gebühren sich nunmehr aus den gesetzlichen Tarifen ergeben (letzter Tarif laut Ges v. 26. 3. 26, RGBl II 181 Anh VI).

Die Satzung. Da der Hauptzweck des Verbandes im Hinblick auf das Z, dessen Wirksamkeit auf die Dauer davon abhängt, darin besteht, die durch das Z gedeckten Leistungen der Mitglieder auf entsprechender Höhe zu erhalten, so muß die Satzung Auskunft geben über die Bedingungen der Benutzung (vgl. Wertheimer GR 13, 79). Der Verband wird daher regelmäßig eine Instanz schaffen, welche die Waren der Mitglieder in geeigneter Weise auf ihre Güte prüft und ein Mitglied, das durch schlechte Waren das Verbandsinteresse schädigt, zur Erfüllung der Verbandspflicht anhält oder schlimmstenfalls von der Benutzung des Z ausschließt. Bestimmte Vorschriften hierüber gibt das Gesetz nicht, die Verbände sind also insoweit autonom. Anm. 2

Wird trotz Auflage keine vorschriftsmäßige Z-Satzung eingereicht, so ist die Eintragung abzulehnen. Ein Zwangsmittel für die Mitteilung der Änderungen ist nicht vorgesehen (vgl. A 1 b).

Die satzungswidrige Benutzung des Z seitens der Mitglieder wäre eine Z-Verletzung aus demselben Grunde wie die des Lizenznehmers, der die Lizenzbedingungen überschreitet (vgl. § 24a A 3).

§ 24c.

§ 24c

Über die Einrichtung der Rolle für die Verbandszeichen trifft das Patentamt Bestimmung.

Begründung (Bl 13, 180): „Die Einrichtung der Rolle wird im wesentlichen die gleiche sein wie die der gewöhnlichen Z-Rolle. Eine Abweichung ergibt sich jedoch schon daraus, daß hier der Geschäftsbetrieb fehlt und daß das Z als Verbandszeichen kenntlich gemacht werden muß. Ob hierzu eine besondere Rolle einzurichten ist, oder ob ein Vermerk in der allgemeinen Rolle genügt, wird lediglich von praktischen Erwägungen abhängen. Der Entwurf hat davon abgesehen, diese Fragen zu regeln, will vielmehr dem PA den Erlaß der erforderlichen Bestimmungen überlassen.“

Eine besondere Rolle für Verbandszeichen ist nicht eingerichtet. In der allgemeinen Rolle wird das Verbandszeichen als solches gekennzeichnet (FrMJ S. 133).

Der Entw 1913 hat sich dieser Praxis angeschlossen und bestimmt (statt des gestrichenen § 24c) in § 29 Abs 3 (S. 49): In der Z-Rolle wird das Z als Verbandszeichen benannt. Über die Satzung und ihre Änderungen sind Vermerke in die Rolle aufzunehmen.

§ 24d

§ 24d.

Das durch die Anmeldung oder Eintragung des Verbandszeichens begründete Recht kann als solches nicht auf einen anderen übertragen werden.

Die Übertragung des Verbandszeichens ist an sich schon nach der Natur der Sache durch § 7 Abs 1 Satz 2 ausgeschlossen (vgl. Seligsohn S. 317). Es erschien aber auch nicht zweckmäßig, für Verbandszeichen eine Ausnahme zu machen, weil Täuschungen im Verkehr zu befürchten sind. Auch Neuanmeldung seitens eines anderen vor Ablauf der Sperrfrist mit Zustimmung des Verbandes wird unter Umständen wegen Täuschungsgefahr nach § 4 Abs 1 Nr 3 unzulässig sein.

Wird lediglich die juristische Form des Verbandes geändert, z. B. durch Umwandlung einer Aktiengesellschaft in eine G. m. b. H. o. dgl., wobei Vermögen und Mitgliedschaften unverändert bleiben, so wird eine Übertragung im Sinne von § 24d nicht anzunehmen sein (Pinzger S. 381; vgl. § 7 A 9).

Bei der Kommissionsberatung war man darüber einverstanden, daß mit Zustimmung des Verbandes, der sein Verbandszeichen nicht mehr führen wolle, selbstverständlich das alte Z für einen anderen Verband neu eingetragen werden könne. Natürlich handle es sich hier auch im Sinne der Gebühren um eine Neuanmeldung (Bl 13, 186).

§ 24e

§ 24e.

Ein Dritter kann unbeschadet der Vorschriften im § 9 Nr. 1, 3 die Löschung des Verbandszeichens beantragen,

1. wenn der Verband, für den das Zeichen eingetragen ist, nicht mehr besteht;

2. wenn der Verband duldet, daß das Zeichen in einer den allgemeinen Verbandszwecken oder der Zeichensatzung widersprechenden Weise benutzt wird. Als eine solche mißbräuchliche Benutzung ist es anzusehen, wenn die Überlassung der Benutzung des Zeichens an andere zu einer Irreführung des Verkehrs Anlaß gibt.

In den Fällen der Nr. 1 findet § 9 Abs. 5 Anwendung.

Anm. 1 **Materialien.** a) Begründung (Bl 13, 180): „Die Löschungsgründe des § 8 und des § 9 müssen im allgemeinen auch für Verbandszeichen gelten. Nicht anwendbar ist der im § 9 Nr 2 aufgeführte Löschungsgrund, da das Vorhandensein eines Geschäftsbetriebs nicht Voraussetzung der Eintragung eines Verbandszeichens ist. Dieser Vorschrift entspricht es jedoch, wenn nach dem Entwurfe die Löschung dann gefordert werden kann, wenn der Verband aufgehört hat, zu bestehen. In diesem Falle rechtfertigt es sich auch, den im § 9 Abs 5 für die Fälle der Nr 2 vorgesehenen abgekürzten Weg zur Erlangung der Löschung zu eröffnen, zumal da es Schwierigkeiten machen kann, sie nach der Auflösung des Verbandes im Klagewege herbeizuführen."

b) Aus der Kommissionsberatung (Bl 13, 186): Bezüglich des Verfahrens bei einem Löschungsantrage nach § 24e Abs 1 Nr 1 und Abs 2 erklärte der Präsident des PA: „Das PA gibt dem als Inhaber des WZ Eingetragenen von dem Antrag Nachricht. Ergibt sich bei der Zustellung, daß der Antrag dem eingetragenen Inhaber, da er nicht mehr vorhanden ist, nicht behändigt werden kann, so wird die Zustellung gemäß § 12 der für das patentamtliche Zustellungswesen geltenden Kaiserlichen VO v. 11. 7. 91 (RGBl S. 349)*) durch Aufgabe zur Post nach Maßgabe der §§ 161, 175**) ZPO bewirkt. Geht innerhalb eines Monats ein Widerspruch nicht ein, so erfolgt, wie in § 9 Abs 5 WZG bestimmt ist, die Löschung des Z. Erst im Falle eines Widerspruchs ist dem Antragsteller anheimzugeben, den Anspruch auf Löschung im Wege der Klage zu verfolgen. Die Klage würde, wenn es an einem Zustellungsbevollmächtigten fehlt, gegen den gemäß § 1913 BGB bestellten Pfleger zu richten sein."

Zu § 24e Nr 2 Satz 2 wurde festgestellt: „Wenn von einer Irreführung des ‚Verkehrs' gesprochen werde, so ist der geschäftliche Verkehr, dem die ganze Gesetzgebung über gewerblichen Rechtsschutz diene, gemeint. Der Tatbestand werde also nicht durch jede Irreführung

*) Diese Bezugnahme ist irrtümlich. § 12 der VO v. 11. 7. 91 gilt in WZ-Sachen nicht. Vielmehr ist einschlägig § 10 Abs 3 WZG, aus dem aber dasselbe folgt.

**) Jetzt §§ 175, 213.

der Öffentlichkeit oder unbeteiligter Dritter erfüllt. Freilich könne gegebenenfalls die Täuschung von Konsumenten sehr wohl als Irreführung des Verkehrs im obigen Sinne in Betracht kommen." § 24 e

Löschungsklagen. Da mangels eines für das Verbandszeichen maßgebenden Geschäftsbetriebs des Verbandes § 9 Abs 1 Nr 2 nicht unmittelbar anwendbar ist, mußte in anderer Weise Vorsorge für die Löschung eines durch Fortfallen des Verbandes hinfällig gewordenen WZ getroffen werden. In der Regel wird hierzu der gemäß Abs 2 beim PA nach § 9 Abs 5 zu stellende Antrag genügen (wegen der Zustellung s. § 10 A 11). Eine neue Popularklage ist für den Fall bewilligt, daß der Verband eine mißbräuchliche Benutzung des Z duldet, insbesondere wenn er sie Dritten in einer zur Irreführung Anlaß gebenden Weise gestattet. Abgesehen von § 9 Abs 1 Nr 2 gelten die gewöhnlichen Löschungsgründe der §§ 8 u. 9 sowie des bürgerlichen Rechts. Aber auch § 9 Abs 1 Nr 2 ist bei Fortfall sämtlicher Geschäftsbetriebe oder bei dauernder Nichtführung der angemeldeten Waren entsprechend anzuwenden (s. § 24a A 3). Die Löschungsklagen richten sich gegen den Verband, dessen gesetzliche Vertretung für diesen Zweck fortdauert (E 109, 392). Anm. 2

§ 24 f. § 24 f

Der Anspruch des Verbandes auf Entschädigung wegen unbefugter Benutzung des Verbandszeichens (§ 14) umfaßt auch den einem Mitglied erwachsenen Schaden.

Materialien. Aus der Begründung (Bl 13, 181): „Der Verband als solcher wird, da er keinen Geschäftsbetrieb hat, in der Regel nicht geschädigt sein, er wird also Entschädigungsansprüche nicht geltend machen können. Das einzelne Verbandsmitglied wiederum, das tatsächlich geschädigt ist, kann kraft Z-Rechts keinen Schadenersatz verlangen, da es nur Lizenznehmer ist und kein eigenes Markenrecht besitzt ... Der Entwurf sieht daher vor, daß die Geltendmachung des dem einzelnen Mitglied erwachsenen Schadens dem Verbande zufällt. In welcher Weise alsdann die Auseinandersetzung zwischen dem Verbande und dem Mitglied erfolgt, bleibt der Festsetzung durch die Verbandssatzung überlassen." Anm. 1

Aktiv- und Passivlegitimation. Nur der Verband ist berechtigt, die Ansprüche aus dem Z geltend zu machen, den Mitgliedern fehlt als bloßen Lizenznehmern (s. A 1) dafür die Aktivlegitimation. Daher muß auch der von ihnen erlittene Schaden mit der Klage aus § 14 vom Verbande geltend gemacht werden. Auch einem Mitgliede, dem ein Monopol für einen bestimmten Bezirk erteilt ist, steht die Klage aus eigenem Rechte nicht zu. Es ist aber nicht ausgeschlossen, daß der Verband ihm das Klagerecht generell oder für den einzelnen Fall abtritt, und daß es insoweit als Zessionar seinen eigenen Schaden im eigenen Namen einklagen kann (vgl. § 14 A 20). Auch die sonstigen Ansprüche aus dem Z, insbesondere die Unterlassungsklage, stehen nur dem Verbande zu. Da der Verband den von den Mitgliedern erlittenen Schaden nur für dessen Rechnung geltend macht, so wird man die außergerichtliche Verfügung des Mitglieds darüber (durch Verzicht, Vergleich u. dgl.) für wirksam erachten müssen, denn insoweit würde dann dem Verbande eine exceptio doli entgegenstehen (vgl. E 90, 246ff; ebenso Pinzger GR 24, 9 und Komm § 24 f A 1; a. A. FrMJ S. 134 und Seligsohn zu § 24 f). Anm. 2

Für Löschungsklagen ist nur der Verband als Inhaber des Z passiv legitimiert (vgl. § 24e A 2). Dagegen liegt kein Grund vor, einem Dritten, der in seinem besseren Rechte durch die Benutzung des Z seitens eines Mitglieds verletzt wird, die Unterlassungs- oder Schadensersatzklage gegen dieses zu versagen. FrMJ S. 134 oben und Pinzger GR 24, 9; Komm § 24a A 6, wollen sie nur nach Löschung des Z gewähren, lassen aber die Verbindung einer Klage auf Löschung gegen den Verband und einer Klage auf Unterlassung gegen das Mitglied zu (s. dagegen § 12 A 3 II).

Über die Möglichkeit einer Verbandsausstattung und den Ersatz des diesen Fall nicht berücksichtigenden § 24 f s. § 15 A 3 a. E.

§ 24 g. § 24 g

Wird dem Patentamt nachgewiesen, daß ein eingetragenes Warenzeichen bis zum Inkrafttreten dieses Gesetzes von einem Verband als Verbandszeichen geführt wurde, so ist das Zeichen auf Antrag des Verbandes als Verbandszeichen in der Rolle umzuschreiben. Der Antrag muß innerhalb eines Jahres seit dem Inkrafttreten dieses Gesetzes gestellt werden und

§ 24g **den für die Anmeldung eines Verbandszeichens bestehenden Vorschriften entsprechen. Mit dem Eingang des Antrags beginnt die Frist für die Erneuerung des Zeichens.**

§ 24g enthält eine Übergangsbestimmung, welche seit dem 7. 5. 14 (ein Jahr nach Inkrafttreten des Ges v. 31. 3. 13) ohne Bedeutung ist*). Sie ermöglichte vorübergehend die Eintragung als Verbandszeichen für solche Z, welche für den Treuhänder eines Verbandes auf den eigenen Geschäftsbetrieb eingetragen waren, aber verbandssatzungsmäßig den Mitgliedern zur Benutzung überlassen wurden. Ein Beispiel bei FrMJ S. 134 Abs 4. Es ist auch in Zukunft nicht ausgeschlossen, daß ein Treuhänder für ein eigenes Geschäft ein Z anmeldet und führt und es einem oder mehreren Auftraggebern zur Mitbenutzung überläßt. Nur die unmittelbare Umschreibung eines gewöhnlichen Z als Verbandszeichen, welche an sich durch § 7 Abs 1 Satz 2 ausgeschlossen wird, kann jetzt nicht mehr stattfinden (PA: Bl 15, 44).

Das PA versagt aber auch die Eintragung eines Z, das geradezu als Verbandszeichen dienen soll, für ein Mitglied des Verbandes, da es dann nicht die Aufgabe erfüllen würde, die Herkunft aus einem Betriebe zu kennzeichnen (PA: Bl 16, 44, MW 16, 46; vgl. auch E 87, 89). Zutreffend folgert Stern (MW 17, 151) aus dieser Entscheidung, daß ein tatsächliches Verbandszeichen, das bisher auf den Namen eines zum Verbande gehörigen Treuhänders eingetragen war, nach Ablauf der Umschreibungsfrist des § 24g auch nicht mehr von diesem Treuhänder erneuert werden kann. Sonst könnten auch in Zukunft die Verbandszeichen unter Vermeidung der dafür geschuldeten höheren Gebühren (s. VO v. 26. 3. 26, RGBl S. 181) auf den Namen eines Treuhänders angemeldet und erneuert werden, was, wie Stern hervorhebt, auch dem § 24a Abs 1, wonach Verbandszeichen von den Verbänden selbst anzumelden sind, widersprechen würde (vgl. § 1 A 17).

§ 24h

§ 24h.

Die Vorschriften über Verbandszeichen finden auf ausländische Verbandszeichen nur dann Anwendung, wenn nach einer im Reichsgesetzblatt enthaltenen Bekanntmachung die Gegenseitigkeit verbürgt ist.

Auf ausländische Verbände findet § 23 WZG Anwendung, was in § 24h für das Erfordernis der Gegenseitigkeit ausdrücklich gesagt ist. Dieser Paragraph und mithin § 23 Abs 1 findet aber nach Art 2 des Unionsvertrags auf die Verbände der Unionsländer keine Anwendung, wohl aber unterliegen sie dem Vertreterzwang (§ 23 Abs 2) und der Voraussetzung des Heimatschutzes (§ 23 Abs 3).

§ 25

§ 25.

Die zur Ausführung dieses Gesetzes erforderlichen Bestimmungen über die Einrichtung und den Geschäftsgang des Patentamts sowie über das Verfahren vor demselben werden durch Verordnung des Reichspräsidenten unter Zustimmung des Reichsrats getroffen.

In der neuen Fassung heißt es statt „Kaiserliche Verordnung unter Zustimmung des Bundesrats" der jetzigen Reichsverfassung (Art 179; vgl. Ges v. 4. 3. 19, §§ 3, 4, RGBl S. 285) entsprechend: „Verordnung des Reichspräsidenten unter Zustimmung des Reichsrats."

In Gemäßheit des § 25 ist die Ausführungsverordnung v. 30. 6. 94 I. Warenzeichen (RGBl S. 495, Bl I 9) erlassen worden (s. Anh I) ferner die Ausführungsverordnungen v. 10. 5. 03 (RGBl S. 218) und v. 17. 5. 06 (RGBl S. 474), betr. Bildung zweier neuer Abteilungen für Warenzeichen.

*) Sie ist daher schon im Entw 1913 weggelassen worden (Begründung S. 67).

Anhang A. Deutsche Gesetze.

I. Verordnung zur Ausführung des Gesetzes zum Schutz der Waarenbezeichnungen vom 12. Mai 1894 (Reichs-Gesetzbl. S. 441) und des Gesetzes, betreffend den Schutz von Gebrauchsmustern, vom 1. Juni 1891 (Reichs-Gesetzbl. S. 290). Vom 30. Juni 1894.

Wir Wilhelm, von Gottes Gnaden Deutscher Kaiser, König von Preußen usw. verordnen auf Grund der Bestimmung im §. 25 des Gesetzes zum Schutz der Waarenbezeichnungen vom 12. Mai 1894 (Reichs-Gesetzbl. S. 441) und auf Grund der Bestimmung im §. 14 des Gesetzes, betreffend den Schutz von Gebrauchsmustern, vom 1. Juni 1891 (Reichs-Gesetzbl. S. 290) im Namen des Reichs, nach erfolgter Zustimmung des Bundesraths, was folgt:

I. Waarenzeichen.

§. 1. Für die auf Waarenzeichen bezüglichen Angelegenheiten wird in dem Patentamt eine besondere Abtheilung gebildet, welche die Bezeichnung:

Abtheilung für Waarenzeichen

führt.

Die Abtheilung besteht aus einem rechtskundigen Mitgliede als Vorsitzenden und aus Mitgliedern, welche rechtskundig oder in einem Zweige der Technik sachverständig sind. Die Zuweisung der Mitglieder an die Abtheilung erfolgt durch den Reichskanzler.

Im Falle der Verhinderung eines Mitgliedes kann der Präsident des Patentamts einem anderen Mitgliede der Behörde die Vertretung übertragen.

§. 2. Für Beschwerden gegen die Beschlüsse der Abtheilung für Waarenzeichen, sowie für die Erstattung von Gutachten gemäß §. 11 des Gesetzes vom 12. Mai 1894 ist die Beschwerdeabtheilung I des Patentamts zuständig.

§. 3. Die Beschlußfähigkeit der Abtheilung für Waarenzeichen ist durch die Anwesenheit von mindestens drei Mitgliedern bedingt.

Die Beschwerdeabtheilung I entscheidet über Beschwerden gegen die Beschlüsse der Abtheilung für Waarenzeichen in der Besetzung von fünf Mitgliedern, von denen mindestens zwei rechtskundig sein müssen. Soweit es sich um die Erstattung von Gutachten handelt, genügt die Anwesenheit von drei Mitgliedern.

Die Bestimmungen der Civilprozeßordnung über Ausschließung und Ablehnung der Gerichtspersonen finden entsprechende Anwendung.

Zu den Berathungen können Sachverständige, welche nicht Mitglieder sind, zugezogen werden; dieselben dürfen an den Abstimmungen nicht theilnehmen.

§. 4. Der Berathung und Abstimmung in einer Sitzung bedarf es

a) in der Abtheilung für Waarenzeichen für die Beschlußfassung über die Versagung der Eintragung eines Waarenzeichens, sowie für Beschlüsse, welche die Übereinstimmung von Waarenzeichen und in den Fällen des §. 8 des Gesetzes vom 12. Mai 1894 die Löschung von Waarenzeichen gegen den Widerspruch des Inhabers betreffen;

b) in der Beschwerdeabtheilung I für die Beschlußfassung auf Beschwerden gegen Beschlüsse der Abtheilung für Waarenzeichen.

§. 5. Die Beschlüsse und Entscheidungen erfolgen im Namen des Patentamts; sie sind mit Gründen zu versehen, schriftlich auszufertigen und allen Betheiligten von Amtswegen zuzustellen.

§. 6. Ueber die Eintragung eines Waarenzeichens in die Zeichenrolle erhält der Inhaber eine Bescheinigung.

§. 7. Ueber Modelle, Probestücke und sonstige Unterlagen einer Anmeldung trifft, insoweit deren Aufbewahrung nicht mehr für erforderlich erachtet wird, der Präsident des Patentamts im Einvernehmen mit der Abtheilung für Waarenzeichen Verfügung.

§. 8. Im Uebrigen finden auf die Einrichtung und den Geschäftsgang des Patentamts und das Verfahren vor demselben in Angelegenheiten des Schutzes der Waarenzeichen die Bestimmungen in den §§. 4, 6, 8 bis 11, 13, 14, 25 bis 30 der Kaiserlichen Verordnung vom 11. Juli 1891 (Reichs-Gesetzbl. S. 349) entsprechende Anwendung.

II. Gebrauchsmuster.

§. 9. Insoweit in Angelegenheiten des Schutzes von Gebrauchsmustern das Patentamt zur Erstattung von Gutachten ermächtigt wird, sind hierfür die Beschwerdeabtheilungen, und zwar jede innerhalb derjenigen Zweige der Technik zuständig, welche ihr hinsichtlich der Patentangelegenheiten gemäß den §§. 1 und 2 der Kaiserlichen Verordnung vom 11. Juli 1891 zugewiesen sind.

Urkundlich unter Unserer Höchsteigenhändigen Unterschrift und beigedrucktem Kaiserlichen Insiegel.

Gegeben Kiel, den 30. Juni 1894,
an Bord Meiner Yacht „Hohenzollern".

(L. S.) Wilhelm.

von Boetticher.

II. Verordnung zur Ausführung des Patentgesetzes vom 7. April 1891 und des Gesetzes, betreffend den Schutz von Gebrauchsmustern, vom 1. Juni 1891. Vom 11. Juli 1891.

Wir Wilhelm, von Gottes Gnaden Deutscher Kaiser, König von Preußen usw. verordnen auf Grund der Bestimmungen im §. 17 des Patentgesetzes vom 7. April 1891 (Reichs-Gesetzbl. S. 79) und im §. 14 des Gesetzes, betreffend den Schutz von Gebrauchsmustern, vom 1. Juni 1891 (Reichs-Gesetzbl. S. 290) im Namen des Reichs, nach erfolgter Zustimmung des Bundesraths, was folgt:

I. Patentangelegenheiten.

§. 1. Im Patentamt werden für die Patentanmeldungen vier Abtheilungen gebildet, welche die Bezeichnung

Anmeldeabtheilung

führen und durch den Zusatz I, II, III, IV unterschieden werden.

Der Reichskanzler bestimmt, für welche Gebiete der Technik eine jede der Abtheilungen zuständig ist.

Zu dem Geschäftskreis der Anmeldeabtheilungen gehören auch die Beschlüsse über Eintragungen und Löschungen in der Patentrolle (§. 19 des Patentgesetzes) für das einer jeden Abtheilung zugewiesene Gebiet der Technik.

§. 2. Für Beschwerden gegen die Beschlüsse der Anmeldeabtheilungen und der Nichtigkeitsabtheilung (§§. 16, 26 des Patentgesetzes) werden zwei Abtheilungen gebildet, welche die Bezeichnung

Beschwerdeabtheilung

führen und durch den Zusatz I und II unterschieden werden.

Die Beschwerdeabtheilung I ist zuständig für Beschwerden gegen Beschlüsse der Anmeldeabtheilungen I und II, sowie für Beschwerden gegen Beschlüsse der Nichtigkeitsabtheilung. Die Beschwerdeabtheilung II ist zuständig für Beschwerden gegen Beschlüsse der Anmeldeabtheilungen III und IV.

Die Beschwerdeabtheilungen sind außerdem, und zwar jede innerhalb des durch Absatz 2 festgesetzten Geschäftskreises, zuständig für die vom Patentamt abzugebenden Gutachten.

§. 3. Meinungsverschiedenheiten zwischen mehreren Abtheilungen über die Zuständigkeit werden von dem Präsidenten entschieden.

Für Anträge oder Gesuche, welche andere, als die in den §§. 1 und 2 bezeichneten Angelegenheiten betreffen, wird die Zuständigkeit von dem Präsidenten bestimmt.

§. 4. Die Geschäftsleitung in den Anmeldeabtheilungen steht dem zum Vorsitz berufenen rechtskundigen Mitgliede, die Geschäftsleitung in den Beschwerdeabtheilungen und in der Nichtigkeitsabtheilung dem Präsidenten zu. Ueber die Vertretung des Präsidenten im Vorsitz trifft der Reichskanzler Bestimmung.

§. 5. Die Zuweisung der Mitglieder an die Abtheilungen erfolgt durch den Reichskanzler.

Im Falle des Todes, der Erkrankung oder der längeren Abwesenheit eines Mitgliedes können in die davon betroffene Abtheilung, solange das Bedürfniß dieses erfordert, durch den Präsidenten Mitglieder anderer Abtheilungen zur Aushülfe berufen werden.

§. 6. In den Abtheilungen trifft der Vorsitzende die für den Fortgang der Sachen erforderlichen Verfügungen.

In den Anmeldeabtheilungen bezeichnet er für jede Klasse der Anmeldungen im Voraus das Mitglied, welchem die Vorprüfung (§. 21 des Patentgesetzes) obliegt, sowie einen weiteren Berichterstatter für das Verfahren nach Erlaß des Vorbescheides.

In den Beschwerdeabtheilungen und in der Nichtigkeitsabtheilung bezeichnet der Präsident für jede Klasse im Voraus zwei Berichterstatter.

An Stelle der hiernach berufenen Mitglieder können für den einzelnen Fall andere Berichterstatter bezeichnet werden.

Die Berichterstatter halten den mündlichen Vortrag in der Sitzung und entwerfen alle Beschlüsse und Entscheidungen. Der Vorsitzende prüft die Entwürfe und stellt sie fest. Ueber sachliche Meinungsverschiedenheiten beschließt die Abtheilung.

§. 7. In den Anmeldeabtheilungen bedarf es der Berathung und Abstimmung in einer Sitzung für Beschlüsse über die Bekanntmachung der Anmeldung, sowie für Beschlüsse, durch welche die Anmeldung oder ein Einspruch ganz oder theilweise zurückgewiesen wird.

Für die Beschlüsse der Beschwerdeabtheilungen, durch welche eine auf Grund des §. 16 des Patentgesetzes erhobene Beschwerde erledigt wird, sowie für die nach §§. 26, 29 und 30 des Patentgesetzes ergehenden Entscheidungen der Beschwerdeabtheilungen und der Nichtigkeitsabtheilung bedarf es der Berathung und Abstimmung in einer Sitzung. An den Entscheidungen nehmen außer dem Präsidenten und dem weiteren rechtskundigen Mitgliede die beiden für die Sache bestellten Berichterstatter und ein drittes von dem Präsidenten vorher bestimmtes technisches Mitglied theil.

§. 8. Bei den Abstimmungen entscheidet die absolute Mehrheit der Stimmen, bei Stimmengleichheit die Stimme des Vorsitzenden.

Ist eine Anhörung der Betheiligten (Patentgesetz §. 25, §. 26 Absatz 3, §. 30 Absatz 2) vorhergegangen, so kann ein Mitglied, welches hierbei nicht zugegen gewesen ist, an der Abstimmung nicht theilnehmen.

§. 9. Dem Präsidenten liegt es ob, auf eine gleichmäßige Behandlung der Geschäfte und auf die Beobachtung gleicher Grundsätze hinzuwirken. Zu diesem Behufe ist er befugt, den Berathungen aller Abtheilungen beizuwohnen, auch sämmtliche Mitglieder zu Plenarversammlungen zu vereinigen und die Berathung des Plenums über die von ihm vorgelegten Fragen herbeizuführen.

§. 10. Die Sitzungen der Abtheilungen finden der Regel nach an bestimmten Tagen und zu bestimmten Stunden statt. Die Verfügung darüber steht dem Präsidenten zu.

§. 11. Die Ausfertigungen der Beschlüsse und Entscheidungen der Abtheilungen erhalten die Unterschrift:

Kaiserliches Patentamt

und zusätzlich die vorschriftsmäßige Bezeichnung der Abtheilung.

§. 12. Für das Zustellungswesen gelten folgende Vorschriften:

1. Zustellungen, welche den Lauf der im §. 26 Absatz 1 des Patentgesetzes bezeichneten Frist bedingen, sowie Zustellungen in dem Verfahren vor der Nichtigkeitsabtheilung erfolgen durch die Post. Auf diese Zustellungen finden die Vorschriften der Civilprozeßordnung mit nachstehenden Maßgaben Anwendung.

   Der vom Präsidenten bestimmte Beamte trägt für die Bewirkung der Zustellung Sorge und beglaubigt die zu übergebenden Abschriften. Er übergiebt die Schriftstücke in einem verschlossenen, mit der Adresse der Person, an welche zugestellt werden soll, sowie mit der Geschäftsnummer versehenen Briefumschlag der Post zur Zustellung. Auf den Briefumschlag wird der Vermerk gesetzt: „Vereinfachte Zustellung.". Eine Bescheinigung der Uebergabe an die Post (Civilprozeßordnung §§. 177, 179) ist nicht erforderlich.

   Die von dem Postboten aufzunehmende Zustellungsurkunde muß die Adresse und die Geschäftsnummer des Briefes, den Ort und die Zeit der Zustellung, sowie die Person, welcher zugestellt ist, und wenn die Zustellung nicht an den Adressaten persönlich erfolgt ist, den Grund hiervon angeben. Die Urkunde ist von dem Postboten zu unterschreiben. Abschrift der Zustellungsurkunde wird nicht übergeben. Der Tag der Zustellung ist von dem Postboten auf dem Briefumschlag zu vermerken.

2. Zustellungen, welche den Lauf sonstiger Fristen bedingen, erfolgen mittelst eingeschriebenen Briefes.

   Kann in den Fällen der Nr. 1 und 2 eine Zustellung im Inlande nicht erfolgen, so wird sie durch Aufgabe zur Post nach Maßgabe der §§. 161, 175 der Civilprozeßordnung bewirkt.

§. 13. Zeugen und Sachverständige erhalten Gebühren nach Maßgabe der Gebührenordnung vom 30. Juni 1878 (Reichs-Gesetzbl. S. 173).

§. 14. Zu den Kosten des Verfahrens, über welche das Patentamt nach §. 26 Absatz 5 und §. 31 des Patentgesetzes zu bestimmen hat, gehören außer den aus der Kasse des Patentamts bestrittenen Auslagen diejenigen den Betheiligten erwachsenen Kosten, welche nach freiem Ermessen des Patentamts zur zweckentsprechenden Wahrung der Ansprüche und Rechte nothwendig waren.

§. 15. Ist eine Patentgebühr (§. 8 Absatz 2 des Patentgesetzes) nicht innerhalb sechs Wochen nach der Fälligkeit entrichtet, so benachrichtigt das Patentamt hiervon den Patentinhaber.

Aus dem Umstande, daß der Patentinhaber eine Benachrichtigung nicht erhält, erwachsen Rechtsfolgen nicht.

§. 16. Die Orte außerhalb Berlins, an welchen eine Auslegung der Patentanmeldungen erfolgen soll, sowie die Art und Zeitdauer dieser Auslegung werden vom Reichskanzler bezeichnet. Wenn eine Auslegung an diesen Orten unterbleibt, so wird dadurch ein Mangel des Verfahrens nicht begründet.

§. 17. Der Präsident verfügt im Einvernehmen mit der für die Anmeldung zuständigen Abtheilung über Modelle und Proben, deren Rückgabe nicht binnen sechs Monaten nach endgültiger Abweisung der Anmeldung oder nach der Bekanntmachung von der Ertheilung des Patents (§. 27 Absatz 1 des Patentgesetzes) beantragt ist.

§. 18. Soweit für Patentangelegenheiten aus der Zeit vor dem 1. Oktober 1891 Uebergangsbestimmungen erforderlich sind, werden dieselben vom Reichskanzler erlassen.

II. Angelegenheiten des Gebrauchsmusterschutzes.

§. 19. Für Anträge in Sachen des Schutzes von Gebrauchsmustern wird in dem Patentamt eine besondere Anmeldestelle errichtet.

Die Leitung dieser Stelle liegt einem von dem Reichskanzler bezeichneten rechtskundigen Mitgliede ob.

Im Falle einer Verhinderung dieses Mitgliedes kann der Präsident einem anderen rechtskundigen Mitgliede die Vertretung übertragen.

§. 20. Die Verfügungen der Anmeldestelle erhalten die Unterschrift:

Kaiserliches Patentamt,
Anmeldestelle für Gebrauchsmuster.

§. 21. Ueber Vorstellungen gegen die Verfügung der Anmeldestelle befindet der Präsident.

§. 22. Aenderungen in der Person des Eingetragenen oder des nach § 13 Absatz 2 des Gesetzes vom 1. Juni 1891 bestellten Vertreters, welche in der Rolle vermerkt werden sollen, sind in beweisender Form zur Kenntnis des Patentamts zu bringen.

§. 23. Nach der Eintragung in der Rolle erhält der Eingetragene eine Ausfertigung des Eintragungsvermerks.

§. 24. Der Präsident verfügt über Modelle, deren Rückgabe nicht binnen vier Jahren nach Ablauf der Schutzfrist beantragt wird.

III. Gemeinschaftliche Bestimmungen.

§. 25. Die Einrichtung der Büreaus, die Verwaltung der Kasse, der Bibliothek und der Sammlungen werden durch den Präsidenten geordnet. Der Präsident erläßt die erforderlichen Geschäftsanweisungen.

§. 26. Die Leitung und Beaufsichtigung des gesamten Geschäftsbetriebes steht dem Präsidenten zu. Er verfügt in allen Verwaltungsangelegenheiten.

§. 27. Sämmtliche eingehende Geschäftssachen werden, ohne Rücksicht auf ihren verschiedenen Inhalt, nach der Zeit ihres Eingangs mit einer laufenden Nummer, als Geschäftsnummer, und mit dem Datum bezeichnet.

Geschäftssachen, welche während der Dienststunden eingehen, sind alsbald, andere Geschäftssachen bei dem Wiederbeginn der Dienststunden von dem dazu bestimmten Beamten hiernach zu bezeichnen. Wenn die Reihe des Eingangs nicht feststeht, so sind sie nach der Reihe, in welcher sie von dem Beamten übernommen werden, mit der Bezeichnung zu versehen.

Von zwei an demselben Tage an das Patentamt gelangten Geschäftssachen gilt diejenige als später eingegangen, welche die höhere Geschäftsnummer trägt.

§. 28. Vertreter in Patentangelegenheiten und in Angelegenheiten des Gebrauchsmusterschutzes haben dem Patentamt gegenüber ihre Bevollmächtigung durch eine Vollmacht nachzuweisen.

Die Vollmachten müssen auf prozeßfähige, mit ihrem bürgerlichen Namen bezeichnete Personen lauten.

Sind mehrere Personen bevollmächtigt, so gelten dieselben für befugt, sowohl gemeinschaftlich als auch einzeln die Vertretung wahrzunehmen. Eine abweichende Bestimmung dürfen die Vollmachten nicht enthalten.

§. 29. Das Patentamt kann nach seinem Ermessen von den bei ihm beruhenden Eingaben und Verhandlungen, soweit die Einsicht in dieselben gesetzlich nicht beschränkt ist, an jedermann Abschriften und Auszüge gegen Einzahlung der Kosten ertheilen.

§. 30. Das Siegel des Patentamts enthält in der Mitte den Reichsadler und in der Umschrift die Worte „Kaiserliches Patentamt".

Urkundlich unter Unserer Höchsteigenhändigen Unterschrift und beigedrucktem Kaiserlichen Insiegel.

Gegeben Buckingham Palace London, den 11. Juli 1891.

(L. S.) Wilhelm.
von Boetticher.

III. Bekanntmachung über Vereinfachungen im Patentamt. Vom 9. März 1917. (RGBl 17, 221.)

Der Bundesrat hat auf Grund des §. 3 des Gesetzes über die Ermächtigung des Bundesrats zu wirtschaftlichen Maßnahmen usw. vom 4. August 1914 (Reichs-Gesetzbl. S. 327) folgende Verordnung erlassen:

§ 1. Die Geschäfte des Vorprüfers und der Anmeldeabteilung im Patentamt werden, soweit es sich um die Prüfung der Anmeldungen und die Erteilung der Patente handelt, einer Prüfungsstelle übertragen. Die Obliegenheiten der Prüfungsstelle werden von einem technischen Mitglied der Anmeldeabteilung wahrgenommen (Prüfer).

Entsprechendes gilt für die Prüfung und Eintragung der Warenzeichen.

Der Präsident des Patentamts regelt die Bildung, den Geschäftskreis und den Geschäftsgang der Prüfungsstellen.

§ 2. Die Beschwerdeabteilungen entscheiden in der Besetzung mit drei Mitgliedern. Unter diesen müssen sich bei der Entscheidung über Beschwerden gegen die Beschlüsse der Prüfungsstellen in Patentsachen zwei technische Mitglieder befinden.

§ 3. In dem Verfahren vor der Prüfungsstelle wird ein Vorbescheid nicht erlassen. Die Prüfungsstelle hat, solange nicht die Bekanntmachung der Anmeldung beschlossen ist, auf Antrag den Patentsucher anzuhören.

Die Vorschrift im § 26 Abs. 3 Satz 3 des Patentgesetzes vom 7. April 1891 (Reichs-Gesetzbl. S. 79) fällt fort.

§ 4. Diese Verordnung tritt am 20. März 1917 in Kraft. Der Reichskanzler bestimmt den Zeitpunkt des Außerkrafttretens.

Berlin, den 9. März 1917.

Der Stellvertreter des Reichskanzlers
Dr. Helfferich

IV. a) Bekanntmachung, betreffend vorübergehende Erleichterungen auf dem Gebiete des Patent-, Gebrauchsmuster- und Warenzeichenrechts. Vom 10. September 1914. (RGBl 14, 403.)

Der Bundesrat hat auf Grund des § 3 des Gesetzes über die Ermächtigung des Bundesrats zu wirtschaftlichen Maßnahmen usw. vom 4. August 1914 (Reichs-Gesetzbl. S. 327) folgende Verordnung erlassen:

§ 2. Wer durch den Kriegszustand verhindert worden ist, dem Patentamt gegenüber eine Frist einzuhalten, deren Versäumung nach gesetzlicher Vorschrift einen Rechtsnachteil zur Folge hat, ist auf Antrag wieder in den vorigen Stand einzusetzen. Die Wiedereinsetzung muß innerhalb einer Frist von zwei Monaten beantragt werden; im übrigen sind die Bestimmungen der §§ 233ff. der Zivilprozeßordnung entsprechend anzuwenden.

§ 3. Die Vorschriften der §§ 1, 2 finden zugunsten von Angehörigen ausländischer Staaten nur dann Anwendung, wenn in diesen Staaten nach einer im Reichs-Gesetzblatt enthaltenen

Bekanntmachung den deutschen Reichsangehörigen gleichartige Erleichterungen gewährt werden.

§ 4. Diese Verordnung tritt mit dem Tage der Verkündung in Kraft.

Berlin, den 10. September 1914.

Der Stellvertreter des Reichskanzlers.
Delbrück

b) **Bekanntmachung über Erleichterungen im Patent-, Gebrauchsmuster- und Warenzeichenrechte. Vom 13. April 1916. (RGBl 16, 278.)**

Der Bundesrat hat auf Grund des § 3 des Gesetzes über die Ermächtigung des Bundesrats zu wirtschaftlichen Maßnahmen usw. vom 4. August 1914 (Reichs-Gesetzbl. S. 327) folgende Verordnung erlassen:

§ 1. Im § 2 der Verordnung, betreffend vorübergehende Erleichterungen auf dem Gebiete des Patent-, Gebrauchsmuster- und Warenzeichenrechts, vom 10. September 1914 (Reichs-Gesetzbl. S. 403) wird Satz 2 gestrichen und folgender Absatz 2 angefügt:

> Die Wiedereinsetzung muß innerhalb einer Frist von zwei Monaten nach dem Wegfall des Hindernisses beantragt werden. Der Reichskanzler bestimmt, von welchem Zeitpunkt an der Antrag nicht mehr zulässig ist. Im übrigen sind die Bestimmungen der §§ 236ff. der Zivilprozeßordnung entsprechend anzuwenden.

§ 3. Diese Verordnung tritt mit dem Tage der Verkündung in Kraft. Der Reichskanzler bestimmt den Zeitpunkt des Außerkrafttretens.

Berlin, den 13. April 1916.

Der Stellvertreter des Reichskanzlers
Delbrück

c) **Gesetz, betreffend eine verlängerte Schutzdauer bei Patenten und Gebrauchsmustern sowie die Wiedereinsetzung in den vorigen Stand im Verfahren vor dem Reichspatentamt. Vom 27. April 1920. (RGBl 20, 675.)**

Die verfassungsgebende Deutsche Nationalversammlung hat das folgende Gesetz beschlossen, das mit Zustimmung des Reichsrats hiermit verkündet wird:

Artikel II

Wiedereinsetzung

Im § 2 Satz 1 der Verordnung, betreffend vorübergehende Erleichterungen auf dem Gebiete des Patent-, Gebrauchsmuster- und Warenzeichenrechts vom 10. September 1914 (Reichs-Gesetzbl. S. 403) werden hinter den Worten „durch den Kriegszustand" folgende Worte eingefügt:

„oder durch Naturereignisse oder andere unabwendbare Zufälle".

Berlin, den 27. April 1920.

Der Reichspräsident
Ebert

Der Reichsminister der Justiz
Dr. Blunck

V. a) **Gesetz zur Erhöhung der patentamtlichen Gebühren. Vom 27. Juni 1922. (RGBl II S. 619.)**

Der Reichstag hat das folgende Gesetz beschlossen, das mit Zustimmung des Reichsrats hiermit verkündet wird:

Art. I. Das Gesetz über patentamtliche Gebühren vom 4. Juni 1920 (Reichsgesetzbl. S. 1135) und das Gesetz, betreffend die patentamtlichen Gebühren, vom 6. Juli 1921 (Reichsgesetzbl. S. 826) werden aufgehoben.

Art. II. Das Patentgesetz vom 7. April 1891 (Reichsgesetzbl. S. 79) wird dahin geändert:

1. Im § 8 wird
c) im Abs. 3 Satz 2 das Wort „zehn" ersetzt durch das Wort „hundert";
3. Der § 25 erhält folgenden Abs. 2:

In dem Beschlusse, der über die Erteilung des Patents gefaßt wird, sind auf Antrag die durch eine Anhörung oder eine Beweisaufnahme verursachten Kosten dem unterliegenden Beteiligten aufzuerlegen; die §§ 92, 95, 96 der Zivilprozeßordnung gelten entsprechend. Über diese Kosten ist auf Antrag auch dann Bestimmung zu treffen, wenn die Anmeldung oder der Einspruch ganz oder teilweise zurückgenommen wird; in solchen Fällen ist der Zurücknehmende als Unterliegender anzusehen. Eine Bestimmung nach Satz 1, 2 kann auch dann getroffen werden, wenn ein Antrag nicht gestellt ist. Die Anfechtung eines Beschlusses nur hinsichtlich des Kostenpunkts ist unzulässig; das gleiche gilt von der Anfechtung eines nur über den Kostenpunkt ergehenden Beschlusses.

4. Im § 26 wird

b) dem Abs. 5 folgender Zusatz angefügt:

Das gleiche gilt, wenn die Beschwerde, die Anmeldung oder der Einspruch ganz oder teilweise zurückgenommen wird.

Art. IV. Das Gesetz zum Schutze der Warenbezeichnungen vom 12. Mai 1894 (Reichsgesetzbl. S. 441) wird dahin geändert:

1. an die Stelle des § 2 Abs. 3 treten folgende Vorschriften:

Bei der Anmeldung jedes Zeichens ist eine Anmeldegebühr von zweihundert Mark und für jede Klasse oder Unterklasse der in der Anlage beigefügten Warenklasseneinteilung, für die der Schutz begehrt wird, eine Klassengebühr von hundert Mark zu entrichten. Werden in einer Anmeldung mehr als zwanzig Klassen oder Unterklassen in Anspruch genommen, so ist für die über zwanzig hinausgehende Zahl von Klassen oder Unterklassen eine Gebühr nicht zu zahlen.

Führt die Anmeldung aus einem Grunde nicht zur Eintragung, der für alle angemeldeten Waren ohne Unterschied der in Anspruch genommenen Klassen oder Unterklassen zutrifft, so wird die für mehr als eine Klasse oder Unterklasse gezahlte Gebühr erstattet. Diese Vorschrift findet keine Anwendung, wenn die Eintragung wegen Übereinstimmung des angemeldeten Zeichens mit einem für dieselben oder gleichartige Waren früher angemeldeten Zeichen versagt wird.

Bei jeder Erneuerung der Anmeldung ist eine Erneuerungsgebühr von dreihundert Mark und für jede Klasse oder Unterklasse, für welche die Erneuerung begehrt wird, eine Klassengebühr von einhundert Mark zu entrichten. Satz 2 des Abs. 3 gilt entsprechend.

Die amtliche Festsetzung der Anzahl der durch eine Anmeldung betroffenen Klassen und Unterklassen ist unanfechtbar.

Die Reichsregierung kann mit Zustimmung des Reichsrats die Warenklasseneinteilung ändern.

2. Der § 5 Abs. 1 erhält folgenden Zusatz:

Hinsichtlich der durch eine Anhörung oder eine Beweisaufnahme verursachten Kosten gilt § 25 Abs. 2 des Patentgesetzes entsprechend.

3. Als § 6a werden folgende Vorschriften eingestellt:

Für jedes Zeichen ist vor der Eintragung eine Eintragungsgebühr von zweihundert Mark und zur Deckung der durch die vorgeschriebenen Veröffentlichungen (§ 3 Abs. 3) entstehenden Kosten ein Druckkostenbeitrag zu entrichten. Die Höhe des Beitrags wird nach Stufen berechnet, die das Patentamt nach dem Umfang der Veröffentlichungen allgemein festsetzt. Die Berechnung ist unanfechtbar.

4. Im § 8 treten an die Stelle der Abs. 2, 3 folgende Vorschriften:

Von Amts wegen erfolgt die Löschung

1. wenn seit der Anmeldung des Zeichens oder seit ihrer Erneuerung zehn Jahre verflossen sind;
2. wenn die Eintragung des Zeichens hätte versagt werden müssen. Wird von einem Dritten aus diesem Grunde die Löschung beantragt, so ist gleichzeitig eine Gebühr von zweihundert Mark zu entrichten; sie kann, falls der Antrag für berechtigt befunden wird, erstattet werden.

Soll die Löschung ohne Antrag des Inhabers erfolgen, so gibt das Patentamt diesem zuvor Nachricht. Widerspricht er innerhalb eines Monats nach der Zustellung nicht, so erfolgt die Löschung. Widerspricht er, so faßt das Patentamt Beschluß. Ist die Löschung von einem Dritten beantragt, so gilt hinsichtlich der durch eine Anhörung oder eine Beweisaufnahme verursachten Kosten § 25 Abs. 2 des Patentgesetzes entsprechend.

Soll infolge Ablaufs der zehnjährigen Frist die Löschung erfolgen, so ist von ihr abzusehen, wenn der Inhaber des Zeichens bis zum Ablauf eines Monats nach der Zustellung unter Zahlung einer Nachholungsgebühr von hundert Mark neben der Erneuerungs- und Klassengebühr (§ 2 Abs. 5) die Erneuerung der Anmeldung nachholt; die Erneuerung gilt dann als an dem Tage des Ablaufs der früheren Frist geschehen.

5. § 24b Abs. 2 — eingestellt durch Artikel III Ziffer 2 des Gesetzes zur Ausführung der revidierten Pariser Verbandsübereinkunft vom 2. Juni 1911 zum Schutze des gewerblichen Eigentums vom 31. März 1913 (Reichsgesetzbl. S. 236) — erhält folgende Fassung:

Bei der Anmeldung jedes Verbandszeichens ist eine Anmeldegebühr von tausend Mark und für jede Klasse oder Unterklasse von Waren, für die der Schutz begehrt wird, eine Klassengebühr (§ 2 Abs. 3) von fünfhundert Mark zu zahlen. Bei jeder Erneuerung der Anmeldung ist eine Erneuerungsgebühr von zweitausend Mark und für jede Klasse oder Unterklasse, für welche die Erneuerung begehrt wird, eine Klassengebühr von fünfhundert Mark zu bezahlen (§ 2 Abs.5). Die Vorschriften des § 2 Abs. 3 Satz 2, Abs. 4, Abs. 5 Satz 2, Abs. 6 finden Anwendung, desgleichen § 6a mit der Maßgabe, daß die Eintragungsgebühr für ein Verbandszeichen tausend Mark beträgt.

Berlin, den 27. Juni 1922.

Der Reichspräsident
Ebert

Der Reichsminister der Justiz
Dr. Radbruch

b) **Gesetz über die patentamtlichen Gebühren. Vom 9. Juli 1923. (RGBl II S. 297.)**

Der Reichstag hat das folgende Gesetz beschlossen, das mit Zustimmung des Reichsrats hiermit verkündet wird:

Art. IV. Im § 3 des Gesetzes zum Schutze der Warenbezeichnungen vom 12. Mai 1894 (Reichsgesetzbl. S. 441) wird der Abs. 3 durch folgende Vorschrift ersetzt:

Jede Eintragung, soweit sie nicht nur die im Abs. 1 Nr. 3 bezeichneten Änderungen betrifft, und jede Löschung wird vom Patentamt in regelmäßig erscheinenden Übersichten veröffentlicht (Warenzeichenblatt).

Art. VIII. Die Reichsregierung wird ermächtigt, den Wortlaut des Patentgesetzes, des Gesetzes, betreffend den Schutz von Gebrauchsmustern, und des Gesetzes zum Schutze der Warenbezeichnungen im Reichsgesetzblatt unter Berücksichtigung der Änderungen bekanntzumachen, die sich aus dem vorliegenden Gesetz und den Gesetzen vom
6. Juni 1911 (Reichsgesetzbl. S. 243),
31. März 1913 (Reichsgesetzbl. S. 236) und
27. Juni 1922 (Reichsgesetzbl. II S. 619)
ergeben. Dabei ist an Stelle bestimmter Gebührenbeträge der Hinweis auf den Tarif zu setzen.

Berlin, den 9. Juli 1923.

Der Reichspräsident
Ebert

Der Reichsminister der Justiz
Dr. Heinze

c) **Verordnung über die patentamtlichen Gebühren. Vom 29. Oktober 1923. (RGBl. II, 399.)**

Auf Grund des Ermächtigungsgesetzes vom 13. Oktober 1923 (Reichsgesetzbl. I S. 943) verordnet die Reichsregierung hinsichtlich der patentamtlichen Gebühren (Reichsgesetzbl. 1923 II S. 297, 354) folgendes:

Art. IV. In den Bescheiden, die das Patentamt den Beteiligten gemäß § 8 Abs. 3 Satz 3 und § 24 Abs. 1 Satz 3 des Patentgesetzes, § 8 Abs. 1 Satz 5 des Gesetzes, betreffend den Schutz von Gebrauchsmustern (Artikel II Nr. 1 und 3, III dieser Verordnung), und § 8 Abs. 4 des Gesetzes zum Schutze der Warenbezeichnungen zustellt, soll der zu zahlende Betrag zahlenmäßig angegeben werden. Die Höhe des zu zahlenden Betrags wird durch eine spätere Änderung des Tarifs nicht berührt.

Art. VI. Bei der Bekanntmachung des Wortlauts des Patentgesetzes, des Gesetzes betreffend den Schutz von Gebrauchsmustern, und des Gesetzes zum Schutze der Warenbezeichnungen gemäß Artikel VIII des Gesetzes vom 9. Juli 1923 (Reichsgesetzbl. II S. 297) sind auch die aus den Artikeln II und III dieser Verordnung sich ergebenden Änderungen sowie alle Änderungen anderer Gesetze zu berücksichtigen, durch die der Inhalt der neu bekanntzumachenden drei Gesetze berührt wird.

Berlin, den 29. Oktober 1923.

Der Reichskanzler
Dr. Stresemann

Der Reichsminister der Justiz
Dr. Radbruch

VI. Gesetz über die patentamtlichen Gebühren. Vom 26. März 1926.

Der Reichstag hat das folgende Gesetz beschlossen, das mit Zustimmung des Reichsrats hiermit verkündet wird:

Art. I. Für die patentamtlichen Gebühren, die nach dem Inkrafttreten dieses Gesetzes fällig werden, tritt an die Stelle des durch Artikel I der Verordnung vom 28. Februar 1924 (Reichsgesetzbl. II S. 45) vorgeschriebenen Tarifs der anliegende Tarif.

Art. II. 1. § 8 Abs. 2 des Patentgesetzes (Reichsgesetzbl. 1923 II S. 437) erhält folgende Fassung:

Zusatzpatente (§ 7) sind von den Gebühren für das zweite und jedes folgende Jahr der Dauer des Patents ausgenommen. In den Fällen des § 7 Abs. 2 tritt jedoch, sobald die Gebührenzahlung für das Hauptpatent fortfällt, für das selbständig gewordene Zusatzpatent die Gebührenpflicht ein, wobei sich der Fälligkeitstag und der Jahresbetrag der Gebühr nach dem Anfangstage des bisherigen Hauptpatents bestimmt.

2. Im § 19 Abs. 4 des Patentgesetzes fallen die Worte: „oder Änderungen in der Person, im Namen oder im Wohnort des Patentinhabers oder seines Vertreters" fort.

Art. III. Im § 3 Abs. 3 des Gesetzes zum Schutze der Warenbezeichnungen (Reichsgesetzbl. 1923 II S. 445) fallen die Worte: „soweit sie nicht nur die im Abs. 1 Nr. 3 bezeichneten Änderungen betrifft", fort.

Art. IV. Dieses Gesetz tritt am 1. April 1926 in Kraft.

Gebührentarif

Es beträgt die Gebühr:

I. Bei Patenten:

	Reichsmark
1. für die Anmeldung (§ 20 Abs. 3 des Patentgesetzes)	25
2. a) für das 1. Patentjahr (§ 24 Abs. 1)	30
b) „ „ 2. „ (§ 8 „ 1)	30
c) „ „ 3. „ (§ 8 „ 1)	30
d) „ „ 4. „ (§ 8 „ 1)	30
e) „ „ 5. „ (§ 8 „ 1)	50
f) „ „ 6. „ (§ 8 „ 1)	75
g) „ „ 7. „ (§ 8 „ 1)	100
h) „ „ 8. „ (§ 8 „ 1)	150
i) „ „ 9. „ (§ 8 „ 1)	200
k) „ „ 10. „ (§ 8 „ 1)	300
l) „ „ 11. „ (§ 8 „ 1)	400
m) „ „ 12. „ (§ 8 „ 1)	500
n) „ „ 13. „ (§ 8 „ 1)	600
o) „ „ 14. „ (§ 8 „ 1)	700
p) „ „ 15. „ (§ 8 „ 1)	800
q) „ „ 16. „ (§ 8 „ 1)	900
r) „ „ 17. „ (§ 8 „ 1)	1000
s) „ „ 18. „ (§ 8 „ 1)	1200
3. für die Einlegung der Beschwerde (§ 26 Abs. 1)	20
4. für den Antrag auf Erklärung der Nichtigkeit oder auf Zurücknahme oder auf Erteilung einer Zwangslizenz (§ 28 Abs. 4, § 11)	50
5. für die Anmeldung der Berufung (§ 33 Abs. 1)	150

II. Bei Gebrauchsmustern:

1. für die Anmeldung (§ 2 Abs. 5 des Gesetzes, betreffend den Schutz von Gebrauchsmustern)	15
2. für die Verlängerung der Schutzfrist (§ 8 Abs. 1)	60

III. Bei Warenzeichen:

1. für die Anmeldung — Anmeldegebühr — (§ 2 Abs. 3 des Gesetzes zum Schutze der Warenbezeichnungen)	15
2. für die Anmeldung — Klassengebühr — (§ 2 Abs. 3)	5
3. für die Eintragung (§ 6a)	15
4. für die Erneuerung — Erneuerungsgebühr — (§ 2 Abs. 5)	50
5. für die Erneuerung — Klassengebühr — (§ 2 Abs. 5)	5
6. für die Anmeldung eines Verbandszeichens — Anmeldegebühr — (§ 24a Abs. 3, § 2 Abs. 3)	100

	Reichsmark
7. für die Anmeldung eines Verbandszeichens — Klassengebühr — (§ 24a Abs. 3, § 2 Abs. 3)	15
8. für die Eintragung eines Verbandszeichens (§ 24a Abs. 3, § 6a)	100
9. für die Erneuerung eines Verbandszeichens — Erneuerungsgebühr — (§ 24a Abs. 3, § 2 Abs. 5)	500
10. für die Erneuerung eines Verbandszeichens — Klassengebühr — (§ 24a Abs. 3, § 2 Abs. 5)	15
11. für die Einlegung der Beschwerde (§ 10 Abs. 2)	20
12. für den Antrag auf Löschung (§ 8 Abs. 2 Nr. 2)	50

IV. Sonstige Gebühren:

1. Zuschlagsgebühr für die Nachholung:

a) der Zahlung einer Patentjahresgebühr (I Nr. 2a bis s des Tarifs; § 24 Abs. 1 Satz 2, § 8 Abs. 3 Satz 2 des Patentgesetzes), b) der Zahlung der Gebühr für die Verlängerung eines Gebrauchsmusters (II Nr. 2 des Tarifs; § 8 Abs. 1 Satz 4 des Gesetzes, betreffend den Schutz von Gebrauchsmustern), c) der Erneuerung eines Warenzeichens (III Nr. 4 und 9 des Tarifs; § 8 Abs. 4, § 24a Abs. 3 des Gesetzes zum Schutze der Warenbezeichnungen),	10 v. H. der nachzuzahlenden Gebühr, jedoch mindestens 5 Reichsmark

2. Reichsgebühr für den Antrag auf internationale Markenregistrierung (§ 2 Abs. 2 des Gesetzes über den Beitritt des Reichs zu dem Madrider Abkommen über die internationale Registrierung von Fabrik- oder Handelsmarken, vom 12. Juli 1922 — Reichsgesetzbl. II S. 669, 779 —) . . . 50 Reichsmark.

Berlin, den 26. März 1926.

Der Reichspräsident
von Hindenburg

Der Reichsminister der Justiz
Marx

Anhang B. Internationale Verträge und dazugehörige deutsche Gesetze.

I. Der Pariser Unionsvertrag.

a) Washingtoner Fassung.

Vorbemerkung.

Der für das WZ-Recht wichtigste Staatsvertrag ist die Pariser Verbandsübereinkunft (Convention d'Union de Paris du 20 Mars 1883 pour la protection de la propriété industrielle). Der Vertrag wurde zuerst unter anderen Staaten geschlossen, der Beitritt Deutschlands erfolgte zum 1. 5. 03. Schon vorher hatte am 14. 12. 00 eine Revision in Brüssel stattgefunden. Die jetzt gültige Fassung ist unter Mitwirkung des Reichs am 2. 6. 11 in Washington vereinbart und im RGBl. 13 S. 209ff als Reichsgesetz (s. E 85, 375) veröffentlicht worden; Denkschrift hierzu Bl 13, 155. Nach Art 18 trat die neue Fassung gleichzeitig mit dem Ausführungsgesetz v. 31. 3. 13 (RGBl S. 236; s. Art IV daselbst) am 2. 5. 13 in Kraft (s. hierzu Osterrieth, Die Washingtoner Konferenz, Berlin 1912); Begründung und Kommissionsbericht zum Ausführungsgesetz Bl 13, 176 u. 181. Die letzte Revision fand in der Zeit v. 8. 10. bis 6. 11. 25 auf der Konferenz im Haag statt, zugleich mit einer Revision der beiden Madrider Abkommen. Nach Art 18 dieser neuesten Fassung tritt dieselbe spätestens am 1. 6. 28 in Kraft (Abdruck Bl 26 S. 4ff; MW 25, 53 u. GR 26, 511; s. auch Osterrieth GR 25 S. 309ff; JW 26, 313; Klauer MW 25, 63; sodann die Kommentare von Pinzger S. 401ff u. Finger S. 609ff; deutsche Übersetzung Bl 26 Nr 9 S. 190ff u. GR 26 S. 511ff). Maßgebend ist überall der französische Text, in dem das einzige unterzeichnete Exemplar abgefaßt ist (Art 19).

Für das WZ-Recht sind von besonderer Bedeutung:

Art 2. Grundsätzliche Gleichstellung der Verbandsangehörigen und Begriff der Verbandsangehörigkeit.

Art 3. Ausdehnung dieses Begriffs.

Art 4. Prioritätsrecht.

Art 6. Marke telle quelle.

Art 7. Unabhängigkeit von der Natur der Ware.

Art 7b. Verbandsmarken.

Art 8. Handelsname.

Art 9 u. 10. Beschlagnahme widerrechtlich bezeichneter Waren.

Art 10b. Schutz gegen unlauteren Wettbewerb.

Art 11. Ausstellungsschutz.

Art 12. Zentralisierung der Anmeldungen.

Art 13. Internationales Bureau in Bern.

Endlich das Schlußprotokoll.

Das PA veröffentlicht alljährlich im Blatte eine Übersicht der Staaten, welche dem Verbande am 1. Januar des betreffenden Jahres angehörten (ebenso für die beiden Madrider Abkommen). Letzte Übersicht für den 1. 1. 27 (Bl 27, 26); s. ferner die Kommentare von FrMJ S. 91ff; Seligsohn S. 330ff; Busse S. 279ff.

Convention d'Union de Paris du 20 mars 1883 pour la Protection de la Propriété industrielle revisée à Bruxelles le 14 décembre 1900 et à Washington le 2 juin 1911.

Article premier.

Les pays contractants sont constitués à l'état d'Union pour la protection de la propriété industrielle.

Pariser Verbandsübereinkunft vom 20. März 1883 zum Schutze des gewerblichen Eigentums, revidiert in Brüssel am 14. Dezember 1900 und in Washington am 2. Juni 1911.

Artikel 1.

Die vertragschließenden Länder bilden einen Verband zum Schutze des gewerblichen Eigentums.

Article 2.

Les sujets ou citoyens de chacun des pays contractants jouiront, dans tous les autres pays de l'Union, en ce qui concerne les brevets d'invention, les modèles d'utilité, les dessins ou modèles industriels, les marques de fabrique ou de commerce, le nom commercial, les indications de provenance, la répression de la concurrence déloyale, des avantages que les lois respectives accordent actuellement ou accorderont par la suite aux nationaux. En conséquence, ils auront la même protection que ceux-ci et le même recours légal contre toute atteinte portée à leurs droits, sous réserve de l'accomplissement des conditions et formalités imposées aux nationaux. Aucune obligation de domicile ou d'établissement dans le pays où la protection est réclamée ne pourra être imposée aux ressortissants de l'Union.

Artikel 2.

Die Untertanen oder Bürger der vertragschließenden Länder sollen in allen übrigen Ländern des Verbandes in betreff der Erfindungspatente, der Gebrauchsmuster, der gewerblichen Muster oder Modelle, der Fabrik- oder Handelsmarken, der Handelsnamen, der Herkunftsbezeichnungen und der Unterdrückung des unlauteren Wettbewerbs die Vorteile genießen, welche die betreffenden Gesetze den Staatsangehörigen gegenwärtig gewähren oder in Zukunft gewähren werden. Demgemäß sollen sie denselben Schutz wie diese und dieselbe Rechtshilfe gegen jeden Eingriff in ihre Rechte haben, vorbehaltlich der Erfüllung der Förmlichkeiten und Bedingungen, welche den Staatsangehörigen durch die innere Gesetzgebung auferlegt werden. Die Verpflichtung, einen Wohnsitz oder eine Niederlassung in dem Lande zu haben, wo der Schutz beansprucht wird, darf den Verbandsangehörigen nicht auferlegt werden.

Article 3.

Sont assimilés aux sujets ou citoyens des pays contractants, les sujets ou citoyens des pays ne faisant pas partie de l'Union, qui sont domiciliés ou ont des établissements industriels ou commerciaux effectifs et sérieux sur le territoire de l'un des pays de l'Union.

Artikel 3.

Den Untertanen oder Bürgern der vertragschließenden Länder werden gleichgestellt die Untertanen oder Bürger der dem Verbande nicht beigetretenen Länder, welche im Gebiet eines der Verbandsländer ihren Wohnsitz oder tatsächliche und wirkliche gewerbliche oder Handelsniederlassungen haben.

Art 2 bestimmt in Satz 1, daß die Untertanen oder Bürger der Verbandsstaaten in allen übrigen Ländern in bezug auf den gewerblichen Rechtsschutz ebensogut behandelt werden sollen wie die Staatsangehörigen dieser Länder. Mit „Staatsangehörigen" ist hier das maßgebende französische Wort „nationaux" übersetzt worden, über dessen Bedeutung früher lebhafter Streit herrschte. Osterrieth-Axter S. 25ff verstehen unter „nationaux" in Art 2 nicht die Staatsangehörigen, sondern diejenigen, zu deren Gunsten als „Inländern" die inländische Gesetzgebung erlassen ist, welche wie Inländer danach behandelt werden, also in WZ-Sachen gemäß § 23 WZG solche, die im Inlande eine Niederlassung haben. Demgemäß sollen die Verbandsangehörigen diesen gleichgestellt, folglich nicht nur wie die Reichsangehörigen von der Vorschrift des § 23 Abs 1, sondern auch ohne Niederlassung im Inlande von den Vorschriften der Abs 2 u. 3 des § 23 entbunden sein. Diese Auffassung ist verfehlt (E 60, 217; vgl. ESt 48, 140). Nur für den unlauteren Wettbewerb kommt nach Art 10b der Konvention trotz § 28 UWG allen Verbandsangehörigen auch ohne Niederlassung im Inlande der Inlandsschutz zu (E 60, 220). Für Reichsangehörige bestimmt dies ausdrücklich Art I des Ausführungsgesetzes v. 31. 3. 13 (RGBl S. 236). Osterrieth scheint an seiner Ansicht auch noch neuerdings in „Die Washingtoner Konferenz 1912" festzuhalten, denn seine Ausführungen S. 10ff u. 104 können dahin verstanden werden, der Begriff sei auf der Washingtoner Konferenz in seinem Sinne festgestellt. Dies wäre nicht richtig. Schon Art 3 ergibt, daß darunter nur die Staatsangehörigkeit verstanden wird. Durch den Zusatz in Art 2 (jetzt Satz 3) „Aucune obligation de domicile ou d'établissement dans le pays ou la protection est réclamée ne pourra être imposée aux ressortissants de l'Union" wird nur klargestellt, daß die Gewährung des inländischen Schutzes Verbandsangehörigen gegenüber nicht davon abhängig gemacht werden darf — wie es Franzosen gegenüber in Belgien geschehen war — oder durfte (denn nach Zusatzprotokoll zu Art 2b ist der Zusatz „interprétatif" und daher rückwirkend), daß der Verbandsangehörige in dem anderen Verbandslande, wo er Schutz begehrt, einen Wohnsitz oder eine Niederlassung hat. Dies hindert nicht die Auflegung von erschwerenden Bedingungen, wie Vertreterzwang und Heimatsschutz nach § 23 Abs 2 u. 3 WZG, die auch den eigenen Staatsangehörigen, der im Inlande weder Wohnsitz noch Niederlassung hat, treffen (vgl. Zusatzprotokoll zu Art 2c). Auf solche erschwerende Bedingungen bezieht sich der Vorbehalt in Satz 2 des Art 2.

Durch Art 3 wird der Kreis der Schutzberechtigten wesentlich erweitert. Es gehören danach dazu auch diejenigen, welche, ohne Staatsangehörige eines der Unionstaaten zu sein, im Gebiet

eines Unionslandes Wohnsitz oder eine (ernstliche) gewerbliche oder Handelsniederlassung haben. Wird das Recht von mehreren geltend gemacht, so muß jeder von ihnen schutzberechtigt sein (BA 18. 11. 04, Bl 04, 259). Die Prüfung der Schutzberechtigung erfolgt von Amts wegen (FrMJ S. 95 Abs 6).

Sachlich erstreckt sich der Schutz nach Art 2 Satz 1 (vgl. Art 10b) nicht nur auf eingetragene WZ, sondern auf alle Warenbezeichnungen im Sinne von § 23 Abs 1, also Namen, Firmen, Geschäftsbezeichnungen, Ausstattungen und örtliche Herkunftsbezeichnungen, ferner auf das ganze Gebiet des unlauteren Wettbewerbs. Das WZG wird berührt in dem § 23 Abs 1, der für Verbandsangehörige ebensowenig gilt wie für Reichsangehörige. Dagegen werden Abs 2 u. 3 § 23, die auch für Reichsangehörige gelten, nicht berührt. Die Gleichberechtigung erstreckt sich also auf den ganzen Umfang des WZG, insbesondere auch auf die §§ 16 u. 17. Sie wird wesentlich ergänzt durch die Einbeziehung des UWG sowie dadurch, daß § 826 BGB die Ausländer gegenüber den Reichsangehörigen ohnehin nicht benachteiligt.

Die besonderen Vorschriften der Prozeßgesetze in bezug auf Ausländer, § 110 ZPO (Sicherheitsleistung) und § 114 (Armenrecht) werden nach Schlußprotokoll zu Art 2 unter c nicht berührt, doch gelten hierüber vielfach Sonderabkommen; s. besonders das Haager Abkommen v. 17. 7. 05 (RGBl 09, 410 Art 17 u. 20); vgl. Sydow-Busch-Krantz ZPO § 110 N 5 u. § 114 N 4. Der Grundsatz des Art 2 ist zuungunsten der deutschen Reichsangehörigen verletzt durch Art 306 Abs 5 des Versailler Friedensvertrags (FrMJ. S. 96 N 4; S. 157 unten und S. 159 A 2).

Article 4.

a) Celui qui aura régulièrement fait le dépôt d'une demande de brevet d'invention, d'un modèle d'utilité, d'un dessin ou modèle industriel, d'une marque de fabrique ou de commerce, dans l'un des pays contractants, ou son ayant cause, jouira, pour effectuer le dépôt dans les autres pays, et sous réserve des droits des tiers, d'un droit de priorité pendant les délais déterminés ci-après.

b) En conséquence, le dépôt ultérieurement opéré dans l'un des autres pays de l'Union avant l'expiration de ces délais, ne pourra être invalidé par des faits accomplis dans l'intervalle, soit, notamment, par un autre dépôt, par la publication de l'invention ou son exploitation, par la mise en vente d'exemplaires du dessin ou du modèle, par l'emploi de la marque.

c) Les délais de priorité mentionnés ci-dessus seront de douze mois pour les brevets d'invention et les modèles d'utilité et de quatre mois pour les dessins et modèles industriels et pour les marques de fabrique ou de commerce.

d) Quiconque voudra se prévaloir de la priorité d'un dépôt antérieur, sera tenu de faire une déclaration indiquant la date et le pays de ce dépôt. Chaque pays déterminera à quel moment, au plus tard, cette déclaration devra être effectuée. Ces indications seront mentionnées dans les publications émanant de l'Administration compétente, notamment sur les brevets et les descriptions y relatives. Les pays contractants pourront exiger de celui qui fait une déclaration de priorité la production d'une copie de la demande (description, dessins, etc.) deposée antérieurement, certifiée conforme par l'Administration qui l'aura reçue. Cette copie sera dispensée de

Artikel 4.

a) Derjenige, welcher in einem der vertragschließenden Länder ein Gesuch um ein Erfindungspatent, ein Gebrauchsmuster, ein gewerbliches Muster oder Modell, eine Fabrik- oder Handelsmarke vorschriftsmäßig hinterlegt, oder sein Rechtsnachfolger soll zum Zwecke der Hinterlegung in den anderen Ländern während der unten bestimmten Fristen und vorbehaltlich der Rechte Dritter ein Prioritätsrecht genießen.

b) Demgemäß soll die hiernächst in einem der übrigen Verbandsländer vor Ablauf dieser Fristen bewirkte Hinterlegung durch inzwischen eingetretene Tatsachen, wie namentlich durch eine andere Hinterlegung, durch die Veröffentlichung der Erfindung oder deren Ausübung, durch das Feilbieten von Exemplaren des Musters oder Modells, durch die Anwendung der Marke nicht unwirksam gemacht werden können.

c) Die oben erwähnten Prioritätsfristen sollen zwölf Monate für Erfindungspatente und Gebrauchsmuster und vier Monate für gewerbliche Muster oder Modelle und für Fabrik- oder Handelsmarken betragen.

d) Wer die Priorität einer vorhergehenden Hinterlegung in Anspruch nehmen will, hat eine Erklärung über die Zeit und das Land dieser Hinterlegung abzugeben. Jedes Land bestimmt, bis wann die Erklärung spätestens abgegeben werden muß. Die Angaben sind in die von der zuständigen Behörde ausgehenden Veröffentlichungen, insbesondere in die Patenturkunden und die zugehörigen Beschreibungen, aufzunehmen. Die vertragschließenden Länder können von demjenigen, welcher eine Prioritätserklärung abgibt, fordern, daß er die frühere Anmeldung (Beschreibung, Zeichnungen usw.) in einer Abschrift vorlegt, die von der Behörde, welche die Anmeldung empfangen hat, als überein-

toute légalisation. On pourra exiger qu'elle soit accompagnée d'un certificat de la date du dépôt, émanant de cette Administration, et d'une traduction. D'autres formalités ne pourront être requises pour la déclaration de priorité au moment du dépôt de la demande. Chaque pays contractant déterminera les conséquences de l'omission des formalités prévues par le présent article, sans que ces conséquences puissent excéder la perte du droit de priorité.

e) Ultérieurement d'autres justifications pourront être demandées.

stimmend bescheinigt ist. Diese Abschrift soll von jeder Legalisation befreit sein. Es kann gefordert werden, daß ihr eine von dieser Behörde ausgestellte Bescheinigung über die Zeit der Hinterlegung und eine Übersetzung beigefügt wird. Andere Förmlichkeiten für die Prioritätserklärung dürfen bei der Hinterlegung des Gesuchs nicht gefordert werden. Jedes vertragschließende Land wird die Folgen der Außerachtlassung der durch den gegenwärtigen Artikel vorgesehenen Förmlichkeiten bestimmen, jedoch dürfen diese Folgen über den Verlust des Prioritätsrechts nicht hinausgehen.

e) Später dürfen andere Nachweisungen gefordert werden.

Das Prioritätsrecht.

Anm. 1 **Abs a bis c. Die Voraussetzungen.** Auf Grund der vorschriftsmäßigen Anmeldung eines WZ in einem Verbandsstaate genießt der der Union angehörige Anmelder — nicht, wie der Wortlaut besagt, jeder beliebige Anmelder (s. BA 8. 6. 14, MW 14, 31) — in allen übrigen Verbandsstaaten binnen der Frist von vier Monaten ein Prioritätsrecht dergestalt, daß jede weitere fristgemäß von ihm bewirkte Anmeldung insofern als zur Zeit der ersten Anmeldung erfolgt angesehen wird, als eine nach dieser Zeit von anderer Seite erfolgte Anmeldung als eine spätere behandelt wird. Die erste Anmeldung braucht nicht in dem Heimatsstaate erfolgt zu sein (FrMJ S. 101 Bc), sie braucht auch nicht zur Eintragung geführt zu haben (Kohler S. 239; Allfeld S. 708 unter f). Es kann also ein Deutscher oder der Inhaber einer deutschen Niederlassung auf Grund der Anmeldung in einem anderen Unionstaate für eine fristgemäße neue Anmeldung in Deutschland die Priorität der Erstanmeldung beanspruchen, und zwar auch dann, wenn letztere nicht zur Eintragung geführt hat, vorbehaltlich des § 23 Abs 3 WZG. Die Dauer des Schutzes berechnet sich in jedem Verbandsstaate stets nach der dort erfolgten Anmeldung (Allfeld S. 706 oben; FrMJ S. 101C Abs 1).

Das Prioritätsrecht geht an sich auf den Rechtsnachfolger über, erlischt aber, wenn dieser nicht Verbandsangehöriger ist (anders das Schweizer Recht; FrMJ S. 99 unten, 100 oben; Allfeld S. 708d).

Die Unionsangehörigkeit muß bei der ersten sowie bei der zweiten Anmeldung für den Anmelder gegeben sein. Bei Anmeldung durch mehrere muß sie bei allen Anmeldern vorliegen (BA 18. 2. 04, Bl 04, 259, Patent; Seligsohn S. 336 A 2).

Die zweite Anmeldung muß in einem anderen Lande erfolgen wie die erste; ein Prioritätsrecht auf Grund der Voranmeldung in demselben Staate ist nicht anerkannt (FrMJ S. 99 Nr 1).

Vorbehalten sind die Rechte Dritter, d. h. solche, welche auch einem zur Zeit der Voranmeldung in dem betreffenden Verbandsstaate angemeldeten WZ entgegenstehen würden, z. B. ein Namens- oder Firmenrecht, Vertragsrechte, Ansprüche aus unlauterem Wettbewerb u. dgl. (vgl. FrMJ S. 102 Nr 3). Auf der Washingtoner Konferenz erwähnte man besonders das Recht aus einer früheren Anmeldung sowie das in manchen Ländern anerkannte Recht aus einer früheren Benutzung (OsterriethW S. 51 unten).

Vorausgesetzt wird Identität der Z, der Waren und des Geschäftsbetriebes (vgl. § 23 A 15 WZG); § 20 WZG findet also, vorbehaltlich unerheblicher Abweichungen keine Anwendung (Vereinigte Staaten von Nordamerika 12. 2. 07, Bl 08, 7; Kohler S. 240; Allfeld S. 707, sub b; anderer Ansicht Osterrieth-Axter S. 77). Die Verwechslungsgefahr hat mit der Frage nichts zu tun.

Anm. 2 **Zeiten und Fristen.** Für die Prüfung auf Schutzfähigkeit (insbesondere Freizeicheneigenschaft) ist der Zeitpunkt der Stammanmeldung maßgebend (Osterrieth S. 468).

Falls zur Zeit der ersten Anmeldung die Voraussetzungen des Art 4 — Verbandsangehörigkeit des Anmelders oder des Staates der ersten Anmeldung — noch nicht gegeben sind, aber innerhalb der Prioritätsfrist eintreten, so genießt der Anmelder für den Rest der Prioritätsfrist die Vorteile des Art 4. Hat er also innerhalb der Prioritätsfrist eine weitere Anmeldung in einem Verbandsstaate bewirkt, so gilt diese gegenüber einer in den Rest der Prioritätsfrist fallenden anderweiten Anmeldung als die frühere (vgl. hierzu Allfeld S. 714 N 7 u. S. 708 sub d).

Die Priorität kann nur von demselben Rechtssubjekt geltend gemacht werden, dem das Recht aus der ausländischen Anmeldung zusteht. Erfolgt die inländische Anmeldung von einem anderen und erwirbt dieser das Recht aus der ausländischen Anmeldung erst nach Ablauf der Prioritätsfrist, so versagt die Priorität (BA 16. 1. 07, Bl 07, 128). Anders in Patentsachen, wo das Prioritätsrecht für die deutsche Anmeldung ohne das ausländische Patent übertragen werden kann (BA 16. 12. 05, Bl 06, 127).

Die Anmeldung und Geltendmachung des Prioritätsrechts kann nach Anmeldung im Heimatsstaate trotz des § 23 Abs 3 WZG erfolgen, bevor der Heimatsschutz erlangt ist. Anderenfalls würde, falls in dem Heimatsstaate die Anmeldung einer Vorprüfung unterliegt, die Prioritätsfrist leicht verstreichen können, bevor die Priorität im Auslande geltend gemacht werden könnte. Die Entscheidung über die Auslandsanmeldung ist zu vertagen, bis der Nachweis der Eintragung im Heimatsstaate nachgeliefert, oder die dortige Anmeldung in anderer Weise erledigt wird BA 23. 10. 06, Bl 07, 10).

Die Frist berechnet sich in Deutschland nach den §§ 187ff BGB (BA 9. 1. 07, Bl 07, 29; FrMJ S. 100 B a; Allfeld S. 713 N 6a; Kohler S. 239, 4).

Maßgebend für die Einhaltung der Frist ist der Einlauf beim PA, nicht etwa die Aufgabe bei einer Postanstalt eines Unionstaates (PA 18. 3. 10, MW 12, 490).

Gegen die Versäumung der Frist kann Widereinsetzung in den vorigen Stand gewährt werden (s. § 10 A 5 WZG; a. M. FrMJ S. 101 Abs 3). Selbstverständlich kann eine ungenügende Anmeldung, z. B. eine solche, für die eine Prioritätserklärung nicht abgegeben ist (G v. 31. 3. 13 Art II und Bek v. 8. 4. 13), bei noch laufender Prioritätsfrist wiederholt werden (FrMJ S. 101 Abs 3).

Die Zuerkennung der Priorität durch das PA unterliegt späterer Nachprüfung (s. A 4).

Ist nur die erste Voranmeldung wirksam? Streitig ist, ob nur die erste Anmeldung in einem Verbandsstaate das Prioritätsrecht begründet, oder ob es durch jede folgende Anmeldung von neuem begründet wird (s. Lemker GR 07, 262). **Anm. 3**

Die herrschende Meinung (vgl. FrMJ S. 100 B b) nimmt mit Recht das erste an, da die Bestimmung bezweckt, dem ersten Anmelder eine ausgiebige (auf vier Monate bestimmte) Frist zu gewähren, um den Schutz auch in anderen Staaten zu erwerben. Auch das Internationale Bureau in Bern bekennt sich zu dieser Ansicht (FrMJ S. 100 Abs 6 a. E. u. S. 76, 77; a. A. Allfeld S. 706 unten; Seligsohn S. 337 N 4). Auch die BA des PA hatte in den Beschlüssen v. 11. 4. 08, Bl 08, 180 u. 2. 12. 09, MW 9, 235 die herrschende Ansicht (Kohler S. 239 II 1) vertreten, ist aber in der Entsch. v. 27. 6. 13 (die übrigens nicht in dem amtlichen Organ, sondern nur in der ZIndustrR 13, 183 u. in den Mitteilungen v. VDPA 13, 160 abgedruckt ist) davon abgegangen, weil 1. der Wortlaut des Art IVa für die Gegenmeinung spreche, 2. in dem in Washington beschlossenen Absatz d die Rede sei von der Priorität „d'un dépôt antérieur", während es nach der früheren Auslegung hätte heißen müssen „du dépôt ...". Indessen ist letzteres Argument wenig überzeugend, da die Ausdrucksweise des Abs d auch sehr wohl vereinbar ist mit der früheren Auslegung, wenn man die Vorstellung zugrunde legt, daß nur ausnahmsweise eine weitere Voranmeldung in einem anderen Staate stattgefunden hat. Was aber den Absatz a anlangt, so kann nicht zugegeben werden, daß er bei natürlichem Verständnis für die zweite Auslegung spricht, vielmehr erscheint diese durchaus gekünstelt, wenn man den Zweck der Bestimmung in Betracht zieht, dem Anmelder Gelegenheit zu geben, die Anmeldung zuerst in einem Staate zu erproben und ihm dann noch eine geräumige Frist für Nachanmeldungen in anderen Staaten zu gewähren. Für eine Anordnung, wonach auch jede weitere Anmeldung (sofern nicht zufällig vorher ein Hindernis eingetreten ist), die Prioritätsfrist in Lauf setzen soll, fehlt es dagegen an einem zureichenden Grunde. Die Entscheidung des PA v. 27. 6. 13 selbst ist aus einem anderen Grunde, der dem Beschlusse der BA v. 10. 1. 14, Bl 14, 10 zugrunde liegt, richtig. Es handelte sich nämlich beide Male um eine Erfindung, die zuerst erfolglos in Deutschland, dann binnen Jahresfrist zum zweiten Male mit Erfolg in Frankreich (bzw. Österreich) und nun wiederum binnen Jahresfrist in Deutschland zum Patent angemeldet war. Hier konnte sich der Anmelder auf die Priorität der zweiten Anmeldung deshalb berufen, weil die erste Anmeldung in Deutschland für eine spätere Anmeldung in demselben Lande nach Absatz a überhaupt keine prioritätrechtliche Bedeutung hatte, da letztere sich beschränkte auf „le dépôt dans les autres pays". Denn es folgt daraus, daß für Deutschland die Zweitanmeldung in Frankreich (oder Österreich) im Sinne des Art 4 Abs a die erste und Priorität begründende war (vgl. A 1 und FrMJ. S. 99 unter 1 Abs 1).

Auch der Haager Text von 1925 (MW 25, 53ff) hat sich jetzt in Art 4c Abs 2: „Ces délais commencent à courir de la date du dépôt de la première demande dans un pays de l'Union" der herrschenden Meinung angeschlossen.

Form der Geltendmachung. Abs d u. e behandeln die Form der Geltendmachung des Prioritätsrechts. Es ist eine Erklärung über die Zeit und das Land der ersten Anmeldung abzugeben. Jedes Land bestimmt die Zeit, zu der die Erklärung abgegeben sein muß. In Deutschland muß sie bei der Anmeldung des WZ abgegeben werden (G v. 31. 3. 13 Art II u. Bek v. 8. 4. 13 Anh B I c, d ...), widrigenfalls der Prioritätsanspruch für diese Anmeldung verwirkt ist. Nach Konventionsrecht kann ferner die Vorlegung der früheren Anmeldung in einer von der Behörde des Ursprungslandes zu beglaubigenden Abschrift vorgeschrieben werden, welche von jeder Legalisation frei ist; daneben kann eine von derselben Behörde ausgestellte Bescheinigung über die Zeit der Anmeldung sowie eine Übersetzung gefordert werden. Weitere Förmlichkeiten dürfen nicht gefordert und die Außerachtlassung derselben höchstens mit dem Verlust des Prioritätsrechts bedroht werden. Nach den obenerwähnten deutschen Bestimmungen können diese Beweisurkunden nachgebracht werden. **Anm. 4**

Wird der Auflage des PA binnen einer zu bestimmenden Frist nicht genügt, so kann dasselbe die Priorität für verwirkt erklären.

Das PA prüft vor Eintragung des Z auch den geltend gemachten Prioritätsanspruch und trägt die Anerkennung des Prioritätsdatums in die Rolle ein. Diese Feststellung unterliegt jedoch späterer Nachprüfung sowohl seitens des PA selbst, wie auch der Gerichte in einem Streite über die Priorität (BA 19. 12. 14, Bl 15, 29; E 104, 162; vgl. § 2 A 2 WZG; FrMJ S. 102 Abs 3).

Article 4bis.

Les brevets demandés dans les différents pays contractants par des personnes admises au bénéfice de la Convention aux termes des articles 2 et 3, seront indépendants des brevets obtenus pour la même invention dans les autres pays adhérents ou non à l'Union.

Cette disposition doit s'entendre d'une façon absolue, notamment en ce sens que les brevets demandés pendant le délai de priorité sont indépendants, tant au point de vue des causes de nullité et de déchéance, qu'au point de vue de la durée normale.

Elle s'applique à tous les brevets existant au moment de sa mise en vigueur.

Il en sera de même, en cas d'accession de nouveaux pays, pour les brevets existant de part et d'autre au moment de l'accession.

Artikel 4b.

Die Patente, deren Erteilung in den verschiedenen vertragschließenden Ländern von den zur Wohltat der Übereinkunft nach Maßgabe der Art. 2 und 3 verstatteten Personen beantragt wird, sollen von den für dieselbe Erfindung in anderen zum Verbande gehörenden oder nicht gehörenden Ländern erteilten Patenten unabhängig sein.

Diese Bestimmung ist ohne jede Einschränkung zu verstehen, insbesondere in dem Sinne, daß die während der Prioritätsfrist angemeldeten Patente sowohl hinsichtlich der Gründe der Nichtigkeit und des Verfalls als auch hinsichtlich der gesetzmäßigen Dauer unabhängig sind.

Sie findet auf alle zur Zeit ihres Inkrafttretens bestehenden Patente Anwendung.

Für den Fall des Beitritts neuer Länder soll es mit den im Zeitpunkt des Beitritts auf beiden Seiten bestehenden Patenten ebenso gehalten werden.

Article 5.

L'introduction, par le breveté, dans le pays où le brevet a été délivré, d'objets fabriqués dans l'un ou l'autre des pays de l'Union, n'entraînera pas la déchéance.

Toutefois, le breveté restera soumis à l'obligation d'exploiter son brevet conformément aux lois du pays où il introduit les objets brevetés, mais avec la restriction que le brevet ne pourra être frappé de déchéance pour cause de non-exploitation dans un des pays de l'Union qu'après un délai de trois ans, compté à partir du dépôt de la demande dans ce pays, et seulement dans le cas où le breveté ne justifierait par des causes de son inaction.

Artikel 5.

Die durch den Patentinhaber bewirkte Einfuhr von Gegenständen, welche in einem oder dem anderen Verbandsland hergestellt sind, in das Land, in welchem das Patent erteilt worden ist, soll den Verfall des letzteren nicht zur Folge haben.

Gleichwohl soll der Patentinhaber verpflichtet bleiben, sein Patent nach Maßgabe der Gesetze des Landes, in welches er die patentierten Gegenstände einführt, auszuüben, jedoch mit der Einschränkung, daß der Verfall eines Patents wegen Nichtausübung in einem Verbandsland erst nach Ablauf von drei Jahren seit der Hinterlegung des Gesuchs in diesem Lande und nur dann ausgesprochen werden kann, wenn der Patentinhaber Gründe für seine Untätigkeit nicht dartut.

Article 6.

Toute marque de fabrique ou de commerc régulièrement enregistrée dans le pays d'origine sera adimse au dépôt et protégée telle quelle dans les autres pays de l'Union.

Toutefois, pourront être refusées ou invalidées:

1° Les marques qui sont de nature à porter atteinte à des droits acquis par des tiers dans le pays où la protection est réclamée.

2° Les marques dépourvues de tout

Artikel 6.

Jede im Ursprungslande vorschriftsmäßig eingetragene Fabrik- oder Handelsmarke soll so wie sie ist in den anderen Verbandsländern zur Hinterlegung zugelassen und geschützt werden.

Es können jedoch zurückgewiesen oder für ungültig erklärt werden:

1. Marken, die geeignet sind, Rechte zu verletzen, die von Dritten in dem Lande, wo der Schutz beansprucht wird, erworben sind.
2. Marken, die jeder Unterscheidungskraft

caractère distinctif, ou bien composées exclusivement de signes ou d'indications pouvant servir, dans le commerce, pour désigner l'espèce, la qualité, la quantité, la destination, la quantité, la destination, la valeur, le lieu d'origine des produits ou l'époque de production, ou devenus usuels dans le langage courant ou les habitudes loyales et constantes du commerce du pays où la protection est réclamée.

Dans l'appréciation du caractère distinctif d'une marque, on devra tenir compte de toutes les circonstances de fait, notamment de la durée de l'usage de la marque.

3° Les marques qui sont contraires à la morale ouà l'ordre public.

Sera considéré comme pays d'origine le pays où le déposant a son principal établissement.

Si ce principal établissement n'est point situé dans un des pays de l'Union, sera considéré comme pays d'origine celui auquel appartient le déposant.

entbehren oder ausschließlich aus Zeichen oder Angaben zusammengesetzt sind, die im Verkehre zur Bezeichnung der Art, der Beschaffenheit, der Menge, der Bestimmung, des Wertes, des Ursprungsorts der Waren oder der Zeit der Erzeugung dienen können, oder die in der üblichen Sprache oder in den redlichen und ständigen Verkehrsgepflogenheiten des Landes, wo der Schutz beansprucht wird, gebräuchlich geworden sind.

Bei der Würdigung der Unterscheidungskraft einer Marke sind alle Tatumstände zu berücksichtigen, insbesondere die Dauer des Gebrauchs der Marke.

3. Marken, die gegen die guten Sitten oder die öffentliche Ordnung verstoßen.

Als Ursprungsland soll das Land angesehen werden, in welchem der Hinterlegende seine Hauptniederlassung hat.

Liegt die Hauptniederlassung nicht in einem der Verbandsländer, so soll als Ursprungsland dasjenige angesehen werden, welchem der Hinterlegende angehört.

Marke telle quelle.

Vorbemerkung. Art 6 war von vornherein für das deutsche Recht, nachdem dieses die Wort- **Anm. 1** marken eingeführt hatte, von verhältnismäßig geringer Bedeutung. Es bezieht sich nur auf eingetragene WZ und enthält für diese die Regel, daß die im Ursprungslande eingetragene Marke in den anderen Verbandsländern „so wie sie ist" zur Eintragung zugelassen werden soll. Dieser Grundsatz erlitt aber von vornherein wesentliche Einschränkungen.

Vor der Washingtoner Revision konnte man die Beschränkung der Klausel telle quelle auf Grund der damaligen Nr 4 des Zusatzprotokolles (s. Freund S. 314) dahin formulieren, daß die materiellen Zurückweisungs- und Löschungsgründe des staatlichen WZ-Rechts dadurch nicht berührt werden, so daß die Klausel sich nur auf die Form der Marke beziehe. Das ist jetzt nicht mehr angängig, da die Washingtoner Fassung in Abs 2 sämtliche Zurückweisungs- und Ungültigkeitsgründe unter drei Nummern erschöpfend formuliert (unrichtig FrMJ S. 108 N 3a Abs 2). Im wesentlichen stimmen sie bei Berücksichtigung des Schlußprotokolls zu Art 6 mit den Unzulässigkeits- und Löschungsgründen des deutschen Rechts in den §§ 1, 4, 5, 6, 8, 9 u. 24aff des WZG überein. Soweit dies noch nicht der Fall war, hat das Ausführungsgesetz v. 31. 3. 13 und ferner die Praxis des PA (s. § 4 A 21 WZG), Übereinstimmung herzustellen gesucht, und wird es im Sinne des deutschen Rechts liegen, diese auch sonst aufrechtzuerhalten.

Daher ist die ältere Literatur und Rechtsprechung, welche auf der übrigens an sich zweifelhaften Unterscheidung von Vorschriften über die Form der Marke und solchen über ihre sachliche Beschaffenheit beruhte, wie z. B. RG II 11. 3. 10, Bl 11, 18 (die materiellen Erfordernisse des deutschen Rechts werden durch Art 6 nicht berührt); PA 7. 1. 11, Bl 11, 128 (Shirley); PA 27. 8. 09, Bl 10, 121 (Cordial Médoc); PA 27. 12. 07, Bl 08, 39 (Tannate — gerbsaures Salz); PA 17. 12. 09, MW 9, 176; PA 7. 9. 06, Bl 06, 310 (G. A.), heute ohne Bedeutung; dies um so mehr, weil einerseits in Art 6 Abs 2 Nr 2 der Mangel an Unterscheidungskraft als Eintragungshindernis anerkannt wird, andererseits nach der neuen, zum Gewohnheitsrecht gewordenen, auf Art 6 Abs 2 Nr 2 Abs 2 beruhenden Praxis des PA (s. § 4 A 21 WZG), dieser Mangel durch Anerkennung der Marke im Verkehr überwunden wird.

Abs 1: Voraussetzungen. Die Marke muß im Ursprungslande vorschriftsmäßig, d. h. dem **Anm. 2** dortigen Rechte gemäß, eingetragen sein. Ob ihr dort auf Grund der Eintragung der materielle Schutz zuteil wird, oder ob ihr dieser auf Grund außerhalb der Eintragung liegender Tatsachen streitig gemacht werden kann, kommt nicht in Betracht. Es genügt der durch die Eintragung gegebene Prima-facie-Beweis des Z-Rechts. Gleichgültig ist besonders, ob die Eintragung im Ursprungslande lediglich auf Grund einer Anmeldung oder, wie in Deutschland, auf Grund einer sachlichen amtlichen Prüfung erfolgte. In eine Untersuchung, wie sie z. B. das RG in E 100, 3 (Antiformin, s. § 23 A 16 WZG) wegen der materiellen Rechtsbeständigkeit einer schwedischen Marke angestellt hat, darf das PA also nicht eintreten. Die Eintragung muß bei der Entscheidung über die Anmeldung bestehen und demgemäß für einen nach Ermessen des PA nicht zu weit zurückliegenden Zeitpunkt nachgewiesen werden (Pinzger A 2 Abs 2).

* Es ist auch hier vollständige Übereinstimmung mit der Auslandsmarke erforderlich (vgl. Art 4 A 1 u. § 23 A 15 WZG; österr. HMin 6. 7. 04, Bl 05, 282).

Vorbehalten sind in Abs 1 des Art 6 die formellen Vorschriften des Eintragungsrechts der Einzelstaaten. Der Verbandsangehörige muß daher in Deutschland das Z nach § 2 WZG anmelden und den sonstigen damit verbundenen Pflichten genügen. Er unterliegt damit auch den Gebühren des § 6a und den Vorschriften über die Erneuerung in § 8. Ferner gilt für ihn der Vertreterzwang des § 23 Abs 2, falls er nicht im Inlande eine Niederlassung hat. Was § 23 Abs 3 Satz 1 anlangt, so stimmt er, richtig verstanden (vgl. § 23 A 15 bis 17 WZG) mit Art 6 Abs 1 überein, indem in beiden Fällen lediglich vorschriftsmäßige Eintragung im Heimatsstaate verlangt wird. Jedenfalls darf nach Art 6 nicht mehr, insbesondere nicht Fortbestand des Heimatsschutzes verlangt werden. § 23 Abs 3 Satz 2 wird durch den hier vorliegenden Staatsvertrag eingeschränkt.

Anm. 3 **Abs 2: Gründe für Zurückweisung und Ungültigkeit.** Was die Gründe für Zurückweisung und Ungültigkeitserklärung in Art 6 Abs 2 (vgl. hierzu das Schlußprotokoll) anlangt, so werden durch Nr 1 gedeckt die §§ 5, 6, 9 Abs 1 Nr 1 WZG und das bürgerliche Recht, soweit danach wegen Verletzung von Rechten Dritter die Löschung verlangt werden kann (s. § 9 A 18ff WZG).

Nr 2 deckt die Eintragungshindernisse des § 1 und des § 4 Abs 1 Eingang sowie Nr 1. Der an sich durch die Form der Marke (Zahlen, Buchstaben u. dgl.) gegebene Mangel an Unterscheidungskraft wird ersetzt durch langen Gebrauch und dadurch verursachte Anerkennung im Verkehr (Nr 2 Abs 2), was der gegenwärtigen Praxis des PA entspricht.

Nr 3 (in Verbindung mit Schlußprotokoll zu Art 6 Abs 2 bis 4) deckt die deutschen Vorschriften in § 4 Abs 1 Nr 2 WZG (in Verbindung mit § 4 Abs 2), Nr 3 und § 9 Abs 1 Nr 3, welche ebenfalls die Aufrechterhaltung der guten Sitten oder der öffentlichen Ordnung bezwecken; ferner aber auch die zeichenrechtlichen Vorschriften in § 4 Abs 3 (Sperrfrist) und § 9 Abs 1 Nr 2 (Versagung oder Löschung wegen Mangels des Geschäftsbetriebes). Es handelt sich hier um Vorschriften im Sinne des Zusatzprotokolls zu Art 6 Abs 4, aber um solche, die die öffentliche Ordnung betreffen, denn sie bezwecken, ebenso wie § 4 Abs 1 Nr 3 und § 9 Abs 1 Nr 3 der Täuschung des Publikums vorzubeugen, und zwar einer Täuschung über den Geschäftsbetrieb, zu dem das Z gehört (vgl. § 7 A 4 a. E., englisches Recht). Endlich werden gedeckt andere deutsche Bestimmungen, die die Führung gewisser Z im Interesse der öffentlichen Ordnung und der Sittlichkeit verbieten, besonders § 7 des Ges zum Schutze des Genfer Neutralitätszeichens v. 22. 3. 02 (s. § 4 A 31 WZG und FrMJ S. 108 unten und S. 190ff).

Hiernach hat das PA, nachdem es die ordnungsmäßige Eintragung im Ursprungslande festgestellt hat, das durch einen Inlandsvertreter gemäß § 23 Abs 2 WZG angemeldete Z ebenso zu prüfen wie ein deutsches Z, und nach der Eintragung unterliegt dasselbe ebenfalls, vorbehaltlich des § 23 Abs 2, den allgemeinen deutschen Gesetzen; vgl. Pinzger S. 414 Abs 2; BA 16. 6. 22, MuW 23, 172 a. E.

Anm. 4 **Abs 3 u. 4. Ursprungsland.** Was als Ursprungsland anzusehen ist, ergeben die Abs 3 u. 4. Prinzipiell ist es das Land, wo der Anmeldende seine Hauptniederlassung hat. Ist dieses aber kein Verbandsland, so bestimmt die Staatsangehörigkeit des Anmelders das Ursprungsland. Demnach kann sich auf Art 6 nicht berufen, wer weder seine Hauptniederlassung in einem Verbandslande hat, noch Staatsangehöriger eines solchen ist. Hat z. B. ein Deutscher seine Hauptniederlassung in China, so kann er sich weder auf eine Eintragung dort noch auf eine solche z. B. in England berufen, denn China ist nicht Verbandsland und England kommt weder als Land der Hauptniederlassung, noch als das der Staatsangehörigkeit in Betracht. Indessen steht nach Art 3 der Staatsangehörigkeit der Wohnsitz oder irgendeine Niederlassung in einem Verbandsstaate gleich (Osterrieth-Axter S. 158ff; Seligsohn S. 344 A 9).

Article 7.	Artikel 7.
La nature du produit sur lequel la marque de fabrique ou de commerce doit être apposé ne peut, dans aucun cas, faire obstacle au dépôt de la marque.	Die Natur des Erzeugnisses, auf welchem die Fabrik- oder Handelsmarke angebracht werden soll, darf in keinem Falle die Hinterlegung der Marke hindern.

Die Zulassung darf insbesondere nicht abgelehnt werden, weil die Waren, auf denen die Marke angebracht werden soll, monopolisiert sind. Selbstverständlich sind aber beim Gebrauch der Marke die die Ware betreffenden Gesetze zu beachten (FrMJ. zu Art 7).

Article 7bis.	Artikel 7b.
Les pays contractants s'engagent admettre au dépôt et à protéger les marques appartenant à des collectivités dont	Die vertragschließenden Länder verpflichten sich, Marken, die Verbänden gehören, deren Bestehen dem Gesetze des Ursprungs-

l'existence n'est pas contraire à la loi du pays d'origine, même si ces collectivités ne possédent pas un établissement industriel ou commercial.

Cependant chaque pays sera juge des conditions particulières sous lesquelles une collectivité pourra être admise à faire protéger ses marques.

landes nicht zuwiderläuft, auch dann zur Hinterlegung zuzulassen und zu schützen, wenn diese Verbände eine gewerbliche oder Handelsniederlassung nicht besitzen.

Es steht jedoch jedem Lande zu, frei darüber zu bestimmen, unter welchen besonderen Bedingungen ein Verband zum Schutze seiner Marken zugelassen werden kann.

Durch Art III Nr 2 des Ges v. 31. 3. 13 sind die die Verbandszeichen betreffenden §§ 24a bis h in das WZG eingestellt, und es ist damit der Verpflichtung genügt.

Article 8.

Le nom commercial sera protégé dans tous les pays de l'Union sans obligation de dépôt, qu'il fasse ou non partie d'une marque de fabrique ou de commerce.

Artikel 8.

Der Handelsname soll in allen Verbandsländern, ohne Verpflichtung zur Hinterlegung, geschützt werden, gleichviel, ob er den Teil einer Fabrik- oder Handelsmarke bildet oder nicht.

Der Schutz des Handelsnamens eines Unionsangehörigen in Deutschland entspricht dem inneren deutschen Recht. § 23 Abs 2 u. 3 WZG finden auf Angehörige anderer Unionstaaten ebenso wie auf Deutsche Anwendung. Ist der Name wesentlicher Bestandteil eines WZ, so ist er nach §§ 12 und 14 WZG geschützt, sonst genießt er den Schutz des § 12 BGB und des § 14 WZG, außerdem des UWG.

Article 9.

Tout produit portant illicitement une marque de fabrique ou de commerce, ou un nom commercial, sera saisi à l'importation dans ceux des pays de l'Union dans lesquels cette marque ou ce nom commercial ont droit à la protection légale.

Si la législation d'un pays n'admet pas la saisie à l'importation, la saisie sera remplacée par la prohibition d'importation.

La saisie sera également effectuée dans le pays où l'apposition illicite aura eu lien, ou dans le pays où aura été importé le produit.

La saisie aura lieu à la requête soit du ministère public, soit de toute autre autorité compétente, soit d'une partie intéressée, particulier ou société, conformément à la législation intérieure de chaque pays.

Les autorités ne seront pas tenues d'effectuer la saisie en cas de transit.

Si la législation d'un pays n'admet ni la saisie à l'importation, ni la prohibition d'importation, ni la saisie à l'intérieur, ces mesures seront remplacées par les actions et moyens que la loi de ce pays assurerait en pareil cas aux nationaux.

Artikel 9.

Jedes widerrechtlich mit einer Fabrik- oder Handelsmarke oder mit einem Handelsnamen versehene Erzeugnis ist bei der Einfuhr in diejenigen Verbandsländer, in welchen diese Marke oder dieser Handelsname Recht auf gesetzlichen Schutz hat, zu beschlagnahmen.

Läßt die Gesetzgebung eines Landes die Beschlagnahme bei der Einfuhr nicht zu, ist die Beschlagnahme durch das Verbot der Einfuhr zu ersetzen.

Die Beschlagnahme ist auch in dem Lande vorzunehmen, wo die widerrechtliche Anbringung stattgefunden hat, oder in dem Lande, wohin das Erzeugnis eingeführt worden ist.

Die Beschlagnahme erfolgt gemäß der inneren Gesetzgebung jedes Landes auf Antrag entweder der Staatsanwaltschaft oder einer anderen zuständigen Behörde oder einer beteiligten Partei, sei diese eine Einzelperson oder eine Gesellschaft.

Die Behörden sollen nicht gehalten sein, die Beschlagnahme im Falle der Durchfuhr zu bewirken.

Läßt die Gesetzgebung eines Landes weder die Beschlagnahme bei der Einfuhr noch das Einfuhrverbot noch die Beschlagnahme im Inland zu, so sind diese Maßnahmen durch diejenigen Klagen und Rechtsbehelfe zu ersetzen, die das Gesetz dieses Landes im gleichen Falle den Staatsangehörigen sichert.

Diese Bestimmung entspricht dem § 17 WZG, dessen Schutz jedoch auf Handelsnamen anderer Verbandsangehörigen ausgedehnt wird (vgl. Osterrieth W S. 86—88).

Article 10.

Les dispositions de l'article précédent seront applicables à tout produit portant

Artikel 10.

Die Bestimmungen des vorigen Artikels sollen auf jedes Erzeugnis anwendbar sein, faussement, comme indication de provenance, le nom d'une localité déterminée, lorsque cette indication sera jointe à un nom commercial fictif ou emprunté dans uns intention frauduleuse.

Est réputé partie intéressée tout producteur, fabricant ou commerçant, engagé dans la production, la fabrication ou le commerce de ec produit, et établi soit dans la localité faussement indiquée comme lieu de provenance, soit dans la région où cette localité est située.

welches als Bezeichnung der Herkunft fälschlich den Namen eines bestimmten Ortes trägt, wenn diese Bezeichnung einem erfundenen oder einem zum Zwecke der Täuschung entlehnten Handelsnamen beigefügt wird.

Als Beteiligter gilt jeder Produzent, Fabrikant oder Kaufmann, welcher die Produktion oder die Fabrikation des Erzeugnisses oder den Handel mit demselben betreibt und in dem fälschlich als Herkunftsort bezeichneten Orte oder in der Gegend, in der dieser Ort liegt, seine Niederlassung hat.

Art 10 enthält eine Ausdehnung des Art 9 auf den Fall, daß eine täuschende Herkunftsbezeichnung gebraucht wird durch Verbindung eines fingierten oder zum Zwecke der Täuschung entlehnten Handelsnamens mit einem falschen Ortsnamen. Dadurch deckt er zum Teil den Tatbestand des § 16 WZG. Der Entw 1913 zu einem neuen WZG schlägt in § 38 in Anlehnung an Art 10 eine Bestimmung vor, wonach ausländische Waren, die durch ihre Bezeichnung den Irrtum erregen, daß sie in Deutschland oder einem deutschen Schutzgebiet erzeugt seien, bei der Einfuhr oder Durchfuhr beschlagnahmt oder eingezogen werden können (S. 49; Begr S. 69).

Article 10bis.

Tous les pays contractants s'engagent à assurer aux ressortissants de l'Union une protection effective contre la concurrence déloyale.

Artikel 10b.

Alle vertragschließenden Länder verpflichten sich, den Angehörigen des Verbandes einen wirksamen Schutz gegen unlauteren Wettbewerb zu sichern.

Article 11.

Les pays contractants accorderont, conformément à leur législation intérieure, une protection temporaire aux inventions brevetables, aux modèles d'utulité, aux dessins ou modèles industriels, ainsi qu'aux marques de fabrique ou de commerce, pour les produits qui figureront aux expositions internationales officielles ou officiellement reconnues, organisées sur le territoire de l'un d'eux.

Artikel 11.

Die vertragschließenden Länder werden den patentfähigen Erfindungen, den Gebrauchsmustern, den gewerblichen Mustern oder Modellen sowie den Fabrik- oder Handelsmarken für Erzeugnisse, welche auf den im Gebiet eines von ihnen veranstalteten amtlichen oder amtlich anerkannten internationalen Ausstellungen zur Schau gestellt werden, in Gemäßheit der Gesetzgebung jedes Landes einen zeitweiligen Schutz gewähren.

Vgl. Anh B I e.

Article 12.

Chacun des pays contractants s'engage à etablir un service spécial de la Propriété industrielle et un dépôt central pour la communication au public des brevets d'invention, des modèles d'utilité, des dessins ou modèles industriels et des marques de fabrique ou de commerce.

Ce service publiera, autant que possible, une feuille périodique officielle.

Artikel 12.

Jedes der vertragschließenden Länder verpflichtet sich, eine besondere Behörde für das gewerbliche Eigentum und eine Zentral-Hinterlegungsstelle zur Mitteilung der Erfindungspatente, der Gebrauchsmuster, der gewerblichen Muster oder Modelle und der Fabrik- oder Handelsmarken an das Publikum einzurichten.

Dieses Amt wird nach Möglichkeit eine amtliche Zeitschrift herausgeben.

Article 13.

L'Office international institué à Berne sous le nom de Bureau international pour la protection de la Propriété industrielle est placé sous la haute autorité du Gouvernement de la Confédération suisse, qui en régle l'organisation et en surveille le fonctionnement.

Le Bureau international centralisera les renseignements de toute nature relatifs à la

Artikel 13.

Das unter dem Namen „Internationales Büro zum Schutze des gewerblichen Eigentums" zu Bern errichtete internationale Amt ist der hohen Autorität der Regierung der Schweizerischen Eidgenossenschaft unterstellt, die seine Einrichtung regelt und seine Geschäftsführung überwacht.

Das internationale Büro hat die auf den Schutz des gewerblichen Eigentums bezüg-

protection de la Propriété industrielle, et les réunira en une statistique générale, qui sera distribuée, à toutes les Administrations. Il procédera aux études d'utilité commune intéressant l'Union et rédigera, à l'aide des documents qui seront mis à sa disposition par les diverses Administrations, une feuille périodique en langue française sur les questions concernant l'objet de l'Union.

Les numéros de cette feuille, de même que tous les documents publiés par le Bureau international, seront répartis entre les Administrations des pays de l'Union, dans la proportion du nombre des unités contributives ci-dessous mentionnées. Les exemplaires et documents supplémentaires qui seraient réclamés, soit par lesdites Administrations, soit par des sociétés ou des particuliers, seront payés à part.

Le Bureau international devra se tenir en tout temps à la disposition des membres de l'Union, pour leur fournir, sur les questions relatives au service international de la propriété industrielle, les renseignements spéciaux dont ils pourraient avoir besoin. Il fera sur sa gestion un rapport annuel qui sera communiqué à tous les membres de l'Union.

La langue officielle du Bureau international sera la langue française.

Les dépenses du Bureau international seront supportés en commun par les pays contractants. Elles ne pourront, en aucun cas, dépasser la somme de Soixante mille francs par année.

Pour déterminer la part contributive de chacun des pays dans cette somme totale des frais, les pays contractants et ceux qui adhéreraient ultérieurement à l'Union seront divisés en six classes, contribuant chacune dans la proportion d'un certain nombre d'unités, savoir:

1re classe	 25	unités,
2e ,,	 20	,,
3e ,,	 15	,,
4e ,,	 10	,,
5e ,,	 5	,,
6e ,,	 3	,,

Ces coefficients seront multipliés par le nombre des pays de chaque classe, et la somme des produits ainsi obtenus fournira le nombre d'unités par lequel la dépense totale doit être divisée. Le quotient donnera le montant de l'unité de dépense.

Chacun des pays contractants désignera, au moment de son accession, la classe dans laquelle il désire être rangé.

Le Gouvernement de la Confédération suisse surveillera les dépenses du Bureau international, fera les avances nécessaires

lichen Mitteilungen aller Art zu sammeln und in einer allgemeinen Statistik zu vereinigen, welche an alle Regierungen zu verteilen ist. Es hat sich mit gemeinnützigen Studien, welche für den Verband von Interesse sind, zu beschäftigen und mit Hilfe des ihm von den verschiedenen Regierungen zur Verfügung gestellten Aktenmaterials ein periodisches Blatt in französischer Sprache zu redigieren, welches die den Gegenstand des Verbandes betreffenden Fragen behandelt.

Die Nummern dieses Blattes sowie alle von dem internationalen Büro veröffentlichten Schriftstücke sind auf die Regierungen der Verbandsländer im Verhältnis der Zahl der unten erwähnten Beitragseinheiten zu verteilen. Die außerdem von den genannten Regierungen oder von Gesellschaften oder Privatpersonen etwa beanspruchten Exemplare und Schriftstücke sind besonders zu bezahlen.

Das internationale Büro hat sich jederzeit zur Verfügung der Verbandsmitglieder zu halten, um ihnen über die auf die internationale Verwaltung des gewerblichen Eigentums bezüglichen Fragen die besonderen Mitteilungen zu machen, deren sie bedürfen könnten. Über seine Amtsführung hat es jährlich einen Bericht zu erstatten, welcher den Mitgliedern des Verbandes mitzuteilen ist.

Die Amtssprache des internationalen Büros soll die französische Sprache sein.

Die Ausgaben des internationalen Büros werden gemeinsam von den vertragschließenden Ländern getragen. Sie dürfen in keinem Falle die Summe von 60 000 Franken jährlich übersteigen.

Um den Beitrag jedes Landes zu dieser Gesamtsumme der Kosten zu bestimmen, werden die vertragschließenden Länder und diejenigen, welche dem Verbande später beitreten möchten, in sechs Klassen geteilt, von denen jede im Verhältnis einer bestimmten Zahl von Einheiten beiträgt, nämlich:

die 1. Klasse	 25	Einheiten,
„ 2. „	 20	„
„ 3. „	 15	„
„ 4. „	 10	„
„ 5. „	 5	„
„ 6. „	 3	„

Diese Koeffizienten werden mit der Zahl der Länder jeder Klasse multipliziert, und die Summe der so erhaltenen Produkte bildet die Zahl von Einheiten, mit der die Gesamtausgabe zu dividieren ist. Der Quotient ergibt dann den Betrag der Ausgabeeinheit.

Jedes der vertragschließenden Länder wird bei seinem Beitritt die Klasse angeben, welcher es zugeteilt zu werden wünscht.

Die Regierung der Schweizerischen Eidgenossenschaft wird die Ausgaben des internationalen Büros überwachen, die nötigen

et établira le compte annuel, qui sera communiqué à toutes les autres Administrations.

Vorschüsse leisten und die Jahresrechnung aufstellen, welche allen anderen Regierungen mitgeteilt wird.

Article 14.

La présente Convention sera soumise à des revisions périodiques, en vue d'y introduire les améliorations de nature à perfectionner le système de l'Union.

A cet effet, des Conférences auront lieu, successivement, dans l'un des pays contractants entre les Délégués desdits pays.

L'Administration du pays où doit siéger la Conférence préparera, avec le concours du Bureau international, les travaux de cette Conférence.

Le directeur du Bureau international assistera aux séances des Conférences, et prendra part aux discussions sans voix délibérative.

Artikel 14.

Die vorliegende Übereinkunft soll periodischen Revisionen unterzogen werden, um Verbesserungen herbeizuführen, welche geeignet sind, das System des Verbandes zu vervollkommnen.

Zu diesem Zwecke werden der Reihe nach in einem der vertragschließenden Länder Konferenzen zwischen den Delegierten der genannten Länder stattfinden.

Die Regierung des Landes, in welchem die nächste Konferenz tagen soll, hat mit Hilfe des internationalen Büros die Arbeiten dieser Konferenz vorzubereiten.

Der Vorsteher des internationalen Büros hat den Sitzungen der Konferenzen beizuwohnen und an den Verhandlungen ohne beschließende Stimme teilzunehmen.

Article 15.

Il est entendu que les pays contractants se réservent respectivement le droit de prendre séparément, entre eux, des arrangements particuliers pour la protection de la Propriété industrielle, en tant que ces arrangements ne contreviendraient point aux dispositions de la présente Convention.

Artikel 15.

Man ist einverstanden, daß die vertragschließenden Länder sich das Recht vorbehalten, einzeln miteinander besondere Abmachungen zum Schutze des gewerblichen Eigentums zu treffen, sofern diese Abmachungen den Bestimmungen der vorliegenden Übereinkunft nicht zuwiderlaufen.

Article 16.

Les pays qui n'ont point pris part à la présente Convention seront admis à y adhérer sur leur demande.

Cette adhésion sera notifié par la voie diplomatique au Gouvernement de la Confédération suisse, et par celui-ci à tous les autres.

Elle emportera, de plein droit, accession à toutes les clauses et admission à tous les avantages stipulés par la présente Convention, et produira ses effets un mois après l'envoi de la notification faite par le Gouvernement de la Confédération suisse aux autres pays unionistes, à moins qu'une date postérieure n'ait été indiquée par le pays adhérent.

Artikel 16.

Die Länder, welche an der vorliegenden Übereinkunft nicht teilgenommen haben, sollen auf ihren Antrag zum Beitritt zugelassen werden.

Dieser Beitritt ist auf diplomatischem Wege der Regierung der Schweizerischen Eidgenossenschaft und von dieser den übrigen anzuzeigen.

Er hat mit voller Rechtswirkung den Anschluß an alle Bestimmungen und die Zulassung zu allen Vorteilen zur Folge, welche in der vorliegenden Übereinkunft vereinbart sind, und tritt einen Monat nach der Absendung der Anzeige durch die Regierung der Schweizerischen Eidgenossenschaft an die übrigen Verbandsländer in Kraft, sofern das beitretende Land nicht einen späteren Zeitpunkt angibt.

Article 16 bis.

Les pays contractants ont le droit d'accéder en tout temps à la présente Convention pour leurs colonies, possessions, dépendances et protectorats, ou pour certains d'entre eux.

Ils peuvent à cet effet soit faire une déclaration générale par laquelle toutes leurs colonies, possessions, dépendances et protectorats sont compris dans l'accession, soit nommer expressément ceux qui y sont

Artikel 16b.

Die vertragschließenden Länder haben das Recht, der gegenwärtigen Übereinkunft jederzeit für ihre Kolonien, Besitzungen, abhängigen Gebiete und Protektorate oder für einzelne von ihnen beizutreten.

Sie können zu diesem Zwecke entweder eine allgemeine Erklärung abgeben, durch die alle ihre Kolonien, Besitzungen, abhängigen Gebiete und Protektorate in den Beitritt einbegriffen werden oder ausdrücklich diejenigen

compris, soit se borner à indiquer ceux qui en sont exclus.

Cette déclaration sera notifiée par écrit au Gouvernement de la Confédération suisse, et par celui-ci à tous les autres.

Les pays contractants pourront, dans les mêmes conditions, dénoncer la Convention pour leurs colonies, possessions, dépendances et protectorats, ou pour certains d'entre eux.

Article 17.

L'exécution des engagements réciproques contenus dans la présente Convention est subordonnée, en tant que de besoin, à l'accomplissement des formalités et règles établies par les lois constitutionnelles de ceux des pays contractants qui sont tenus d'en provoquer l'application, ce qu'ils s'obligent à faire dans le plus bref délai possible.

Article 17 bis.

La Convention demeurera en vigueur pendant un temps indéterminé, jusqu'à l'expiration d'une année à partir du jour où la dénonciation en sera faite.

Cette dénonciation sera adressée au Gouvernement de la Confédération suisse. Elle ne produira son effet qu'à l'égard du pays qui l'aura faite, la Convention restant exécutoire pour les autres pays contractants.

Article 18.

Le présent Acte sera ratifié, et les ratifications en seront déposées à Washington au plus tard le 1er avril 1913. Il sera mis à exécution, entre les pays qui l'auront ratifié, un mois après l'expiration de ce délai.

Cet Acte, avec son Protocole de clôture, remplacera, dans les rapports entre les pays qui l'auront ratifié: la Convention de Paris du 20 mars 1883; le Protocole de clôture anneseé à cet Acte; le Protocole de Madrid du 15 avril 1891 concernant la dotation du Bureau international, et l'Acte additionnel de Bruxelles du 14 décembre 1900. Toutefois, les Actes précités resteront en vigueur dans les rapports avec les pays qui n'auront pas ratifié le présent Acte.

Article 19.

Le présent Acte sera signé en un seul exemplaire, lequel sera déposé aux archives du Gouvernement des États-Unis. Une copie certifiée sera remise par ce dernier à chacun des Gouvernements unionistes.

nennen, welche darin einbegriffen sind, oder aber sich darauf beschränken, diejenigen anzugeben, welche davon ausgeschlossen sind.

Diese Erklärung soll schriftlich der Regierung der Schweizerischen Eidgenossenschaft und von dieser allen übrigen bekanntgegeben werden.

Die vertragschließenden Länder können in gleicher Weise die Übereinkunft für ihre Kolonien, Besitzungen, abhängigen Gebiete und Protektorate oder für einzelne von ihnen kündigen.

Artikel 17.

Die Ausführung der in der vorliegenden Übereinkunft enthaltenen gegenseitigen Verbindlichkeiten unterliegt, soweit nötig, der Erfüllung der Förmlichkeiten und Vorschriften, welche die verfassungsmäßigen Gesetze derjenigen vertragschließenden Länder erfordern, die deren Anwendung herbeizuführen gehalten sind, was sie in möglichst kurzer Frist zu tun sich verpflichten.

Artikel 17b.

Die Übereinkunft soll auf unbestimmte Zeit bis zum Ablauf eines Jahres vom Tage der Kündigung ab in Kraft bleiben.

Diese Kündigung soll an die Regierung der Schweizerischen Eidgenossenschaft gerichtet werden. Sie erstreckt ihre Wirkung nur auf das Land, welches sie ausspricht; für die übrigen vertragschließenden Länder bleibt die Übereinkunft wirksam.

Artikel 18.

Die gegenwärtige Akte soll ratifiziert und die Ratifikationen sollen in Washington spätestens am 1. April 1913 hinterlegt werden. Sie tritt in den Ländern, welche sie ratifiziert haben, einen Monat nach Ablauf dieser Frist in Kraft.

Diese Akte mit ihrem Schlußprotokoll tritt in den Beziehungen zwischen den Ländern, die sie ratifiziert haben, an Stelle folgender Akte: Pariser Übereinkunft vom 20. März 1883, Schlußprotokoll dazu, Madrider Protokoll vom 15. April 1891, betreffend die Ausstattung des Internationalen Büros, und Brüsseler Zusatzakte vom 14. Dezember 1900. Jedoch bleiben die angeführten Akte in den Beziehungen zu denjenigen Ländern in Kraft, welche die gegenwärtige Akte nicht ratifiziert haben.

Artikel 19.

Die gegenwärtige Akte wird in einem einzigen Exemplar unterzeichnet, das im Archiv der Regierung der Vereinigten Staaten hinterlegt werden wird. Eine beglaubigte Abschrift wird von dieser den Regierungen der Verbandsländer übermittelt werden.

En foi de quoi les Plénipotentiaires respectifs ont signé le présent Acte.

Fait à Washington, en un seul exemplaire, le deux juin 1911.

Zu Urkund dessen haben die betreffenden Bevollmächtigten die gegenwärtige Akte unterzeichnet.

Geschehen zu Washington in einem einzigen Exemplar am 2. Juni 1911.

(Folgen die Namen.)

Protocole de clôture.

Au moment de procéder à la signature de l'Acte conclu à la date de ce jour, les Plénipotentiaires soussignés sont convenus de ce qui suit:

Ad Article premier.

Les mots „Propriété industrielle", doivent être pris dans leur acception la plus large; ils s'étendent à toute production du domaine des industries agricoles (vins, grains, fruits, bestiaux, etc.), et extractives (minéraux, eaux minérales, etc.).

Ad Article 2.

a) Sous le nom de brevet d'invention sont comprises les diverses espèces de brevets industriels admises par les législations des pays contractants, telles que brevets d'importations, brevets de perfectionnement, etc., tant pour les procédés que pour les produits.

b) Il est entendu que la disposition de l'article 2 qui dispense les ressortissants de l'Union de l'obligation de domicile et d'établissement a un caractère interprétatif, et doit, par conséquent, s'appliquer à tous les droits nés en raison de la Convention du 20 mars 1883, avant la mise en vigueur du présent Acte.

c) Il est entendu que les dispositions de l'article 2 ne portent aucune atteinte à la législation de chacun des pays contractants, en ce qui concerne la procédure suivie devant les tribunaux et la compétence de ces tribunaux, ainsi que l'élection de domicile ou la constitution d'un mandataire requises par les lois sur les brevets, les modèles d'utilité, les marques, etc.

Ad Article 4.

Il est entendu que, lorsqu'un dessin ou modèle industriel aura été déposé dans un pays en vertu d'un droit de priorité basé sur le dépôt d'un modèle d'utilité, le délai de priorité ne sera que celui que l'article 4 a fixé pour les dessins et modèles industriels.

Ad Article 6.

Il est entendu que la disposition du premier alinéa de l'article 6 n'exclut pas le droit d'exiger du déposant un certificat d'enregistrement régulier au pays d'origine, délivré par l'autorité compétente.

Schlußprotokoll.

Im Begriffe, die Unterzeichnung der am heutigen Tage abgeschlossenen Akte zu vollziehen, sind die unterzeichneten Bevollmächtigten über Nachstehendes übereingekommen:

Zu Artikel 1.

Die Worte „gewerbliches Eigentum" sollen in ihrer weitesten Bedeutung verstanden werden; sie umfassen jede Produktion auf dem Gebiete der Landwirtschaft (Wein, Getreide, Früchte, Vieh usw.) und der Gewinnung der Bodenschätze Mineralien, Mineralwässer usw.).

Zu Artikel 2.

a) Unter der Bezeichnung „Erfindungspatente" sind die von den Gesetzgebungen der vertragschließenden Länder zugelassenen verschiedenen Arten gewerblicher Patente, wie Einführungs-, Verbesserungs- usw. Patente einbegriffen, und zwar sowohl für Verfahren als auch für Erzeugnisse.

b) Es besteht Einverständnis, daß die Bestimmung des Art. 2, welche die Verbandsangehörigen von der Verpflichtung eines Wohnsitzes und einer Niederlassung befreit, auslegender Art ist und daher auf alle Rechte Anwendung finden muß, die auf Grund der Übereinkunft v. 20. März 1883 vor dem Inkrafttreten der gegenwärtigen Akte entstanden sind.

c) Es besteht Einverständnis, daß die Gesetzgebung der vertragschließenden Länder über das Verfahren vor den Gerichten und die Zuständigkeit dieser Gerichte sowie die Vorschriften der Gesetze, betreffend Patente, Gebrauchsmuster, Marken usw. über die Wahl des Wohnsitzes oder die Bestellung eines Vertreters durch die Bestimmungen des Art. 2 in keiner Weise berührt werden.

Zu Artikel 4.

Es besteht Einverständnis, daß, wenn in einem Lande ein gewerbliches Muster oder Modell unter Inanspruchnahme eines auf die Anmeldung eines Gebrauchsmusters gegründeten Prioritätsrechts hinterlegt wird, die Prioritätsfrist nur diejenige sein wird, die der Art. 4 für gewerbliche Muster und Modelle bestimmt hat.

Zu Artikel 6.

Es besteht Einverständnis, daß die Bestimmung des ersten Absatzes des Art. 6 nicht die Befugnis ausschließt, vom Hinterlegenden eine von der zuständigen Behörde ausgestellte Bescheinigung der ordnungsmäßigen Eintragung im Ursprungslande zu verlangen.

Il est entendu que l'usage des armoiries, insignes ou décorations publiques qui n'aurait pas été autorisé par les pouvoirs compétents, ou l'emploi des signes et poinçons officiels de contrôle et de garantie adoptés par un pays unioniste, peut être considéré comme contraire à l'ordre public dans le sens du n° 3 de l'article 6.

Ne seront, toutefois, pas considérées comme contraires à l'ordre public les marques qui contiennent, avec l'autorisation des pouvoirs compétents, la reproduction d'armoiries, de décorations ou d'insignes publics.

Il est entendu qu'une marque ne pourra être considérée comme contraire à l'ordre public pour la seule raison qu'elle n'est pas conforme à quelque disposition de la législation sur les marques, sauf le cas où cette disposition elle-même concerne l'ordre public.

Le présent Protocole de clôture, qui sera ratifié en même temps que l'Acte conclu à la date de ce jour, sera considéré comme faisant partie intégrante de cet Acte, et aura même force, valeur et durée.

En foi de quoi, les Plénipotentiaires respectifs ont signé le présent Protocole.

Fait à Washington, en un seul exemplaire, le deux juin 1911.

Es besteht Einverständnis, daß der Gebrauch von öffentlichen Wappen, Abzeichen oder Ehrenzeichen, der nicht durch die zuständigen Stellen gestattet wurde, oder der Gebrauch der in einem Verbandsland eingeführten amtlichen Prüfungs- und Gewährzeichen und -stempel als gegen die öffentliche Ordnung verstoßend im Sinne der Nr. 3 des Art. 6 angesehen werden kann.

Es sollen jedoch Marken nicht als gegen die öffentliche Ordnung verstoßend angesehen werden, wenn sie mit Ermächtigung der zuständigen Stellen die Darstellung von öffentlichen Wappen, Abzeichen oder Ehrenzeichen enthalten.

Es besteht Einverständnis, daß eine Marke nicht schon deshalb als gegen die öffentliche Ordnung verstoßend angesehen werden kann, weil sie einer Vorschrift des Markenrechts nicht entspricht, es sei denn, daß diese Bestimmung selbst die öffentliche Ordnung betrifft.

Das gegenwärtige Schlußprotokoll, welches gleichzeitig mit der am heutigen Tage geschlossenen Akte ratifiziert werden soll, soll als wesentlicher Teil dieser Akte angesehen werden und dieselbe Kraft, Gültigkeit und Dauer haben.

Zu Urkund dessen haben die betreffenden Bevollmächtigten das gegenwärtige Protokoll unterzeichnet.

Geschehen zu Washington in einem einzigen Exemplar am 2. Juni 1911.

(Folgen die Namen.)

b) Haager Fassung.

Vorbemerkung.

Vgl. Vorbemerkung zu I a oben.

Die getroffenen Änderungen der Washingtoner Fassung sind vorwiegend redaktioneller Natur. Hierzu gehört insbesondere die Hineinarbeitung des fortgefallenen Schlußprotokolls in den Haupttext des Abkommens. Für das WZ-Recht wichtige sachliche Änderungen enthalten die Art 4, 6, 6 bis und 6 ter.

Convention d'Union de Paris du 20 mars 1883 pour la protection de la Propriété industrielle revisée à Bruxelles le 14 décembre 1900, à Washington le 2 juin 1911**) et à la Haye le 6 novembre 1925.

Article premier.

Les pays contractants sont constitués à l'état d'Union pour la protection de la propriété industrielle.

La protection de la propriété industrielle a pour objet les brevets d'invention, les modèles d'utilité, les dessins ou modèles industriels, les marques de fabrique ou de commerce, le nom commercial et les indications de provenance ou appellations d'origine, ainsi que la répression de la concurrence déloyale*).

Pariser Verbandsübereinkunft vom 20. März 1883 zum Schutze des gewerblichen Eigentums, revidiert in Brüssel am 14. Dezember 1900, in Washington am 2. Juni 1911 und im Haag am 6. November 1925.

Artikel 1.

Die vertragschließenden Länder bilden einen Verband zum Schutze des gewerblichen Eigentums.

Der Schutz des gewerblichen Eigentums hat zum Gegenstand die Erfindungspatente, die Gebrauchsmuster, die gewerblichen Muster oder Modelle, die Fabrik- oder Handelsmarken, den Handelsnamen und die Herkunftsangaben oder Ursprungsbezeichnungen sowie die Unterdrückung des unlauteren Wettbewerbs.

*) Vgl. dieses Blatt XVII, 207 Nr 108.

**) Transposé de l'article 2 du texte de Washington.

La propriété industrielle s'entend dans l'acception la plus large, et s'applique non seulement à l'industrie et au commerce proprement dits, mais également au domaine des industries agricoles (vins, grains, feuilles de tabac, fruits, bestiaux, etc.) et extractives (minéraux, eaux minérales, etc.)*).

Parmi les brevets d'invention sont comprises les diverses espèces de brevets industriels admises par les législations des pays contractants, telles que brevets d'importation, brevets de perfectionnement, brevets et certificats d'addition, etc.**).

Das gewerbliche Eigentum wird in der weitesten Bedeutung verstanden und nicht allein auf Gewerbe und Handel im eigentlichen Sinne des Wortes bezogen, sondern ebenso auf das Gebiet der Landwirtschaft (Wein, Getreide, Rohtabak, Früchte, Vieh usw.) und der Gewinnung der Bodenschätze (Mineralien, Mineralwässer usw.).

Zu den Erfindungspatenten zählen die von den Gesetzgebungen der vertragschließenden Länder zugelassenen verschiedenen Arten gewerblicher Patente, wie Einführungspatente, Verbesserungspatente, Zusatzpatente, Zusatzbescheinigungen usw.

Abs 1 wiederholt den früheren Art 1 unverändert.

Abs 2 gibt ohne sachliche Änderung gegen früher eine Bestimmung des Begriffs „gewerbliches Eigentum". Die für das WZ-Recht wichtigen Materien, die darunter fallen, sind: die Fabrik- oder Handelsmarken (einschließlich der nicht eingetragenen), der Handelsname, die Herkunftsangaben oder Ursprungsbezeichnungen und die Unterdrückung des unlauteren Wettbewerbs.

Abs 3 stellt im Einklange mit dem deutschen Recht fest, daß sich dieser Begriff nicht nur auf Gewerbe und Handel im eigentlichen Sinne bezieht, sondern auch auf die Landwirtschaft (Wein, Getreide, Rohtabak, Früchte, Vieh usw.), sowie auf die Gewinnung der Bodenschätze (Mineralien, Mineralwässer usw.). Auch dies bedeutet keine sachliche Änderung gegen früher.

Abs 4 betrifft nur den Patentschutz.

Article 2.

Les ressortissants de chacun des pays contractants jouiront dans tous les autres pays de l'Union, en ce qui concerne la protection de la propriété industrielle, des avantages que les lois respectives accordent actuellement ou accorderont par la suite aux nationaux, le tout sans préjudice des droits spécialement prévus par la présente Convention. En conséquence, ils auront la même protection que ceux-ci et le même recours légal contre toute atteinte portée à leurs droits, sous réserve de l'accomplissement des conditions et formalités imposées aux nationaux.

Toutefois, aucune condition de domicile ou d'établissement dans le pays où la protection est réclamée ne peut être exigée des ressortissants de l'Union, pour la jouissance d'aucun des droits de propriété industrielle.

Sont expressément réservées les dispositions de la législation de chacun des pays contractants relatives à la procédure judiciaire et administrative et à la compétence, ainsi qu'à l'élection de domicile ou à la constitution d'un mandataire, qui seraient requises par les lois sur la propriété industrielle***).

Artikel 2.

Die Angehörigen eines jeden der vertragschließenden Länder sollen in allen übrigen Ländern des Verbandes in bezug auf den Schutz des gewerblichen Eigentums die Vorteile genießen, welche die betreffenden Gesetze den Staatsangehörigen gegenwärtig gewähren oder in Zukunft gewähren werden, und zwar unbeschadet der durch die gegenwärtige Übereinkunft besonders vorgesehenen Rechte. Demgemäß sollen sie denselben Schutz wie diese und dieselbe Rechtshilfe gegen jeden Eingriff in ihre Rechte haben, vorbehaltlich der Erfüllung der Förmlichkeiten und Bedingungen, welche den Staatsangehörigen durch die innere Gesetzgebung auferlegt werden.

Jedoch darf in keiner Weise der Genuß irgendeines Rechtes des gewerblichen Eigentums für die Verbandsangehörigen von der Bedingung abhängig gemacht werden, daß sie einen Wohnsitz oder eine Niederlassung in dem Lande haben, wo der Schutz begehrt wird.

Ausdrücklich bleiben vorbehalten die Vorschriften der Gesetzgebung eines jeden der vertragschließenden Länder über das gerichtliche und das Verwaltungsverfahren und die Zuständigkeit sowie über die Wahl des Wohnsitzes oder die Bestellung eines Vertreters, die etwa nach den Gesetzen über das gewerbliche Eigentum erforderlich sind.

---

*) Transposé du Protocole de clôture ad article 1er.

**) Transposé du Protocole de clôture ad article 2 (a).

***) Transposé du Protocole de clôture ad article 2 (c).

Abs 1. Die Worte „sujets ou citoyens" in Satz 1 sind ersetzt durch das Wort „ressortissants", welches die Staatsangehörigkeit bezeichnet. Nach der in Art 1 Abs 2 gegebenen Definition brauchten die einzelnen Schutzgegenstände nicht mehr besonders aufgezählt zu werden, sondern konnten unter dem Gesamtbegriff „propriété industrielle" zusammengefaßt werden. Hinzugefügt sind die Worte: „le tout sans préjudice des droits spécialement prévus par la présente convention." Hiernach soll gewährleistet werden, daß die fremden Verbandsangehörigen die ihnen in der Konvention zugesicherten Rechte auch dann genießen, wenn etwa die eigenen Staatsangehörigen auf Grund ihrer Landesgesetzgebung schlechter behandelt werden. Dies dürfte für Deutschland nicht in Betracht kommen, da voraussichtlich, soweit erforderlich, durch das Ausführungsgesetz das bestehende Recht zugunsten der deutschen Staatsangehörigen entsprechend geändert werden wird; vgl. wegen der Marke telle quelle auch oben I a Art 6 A 3 a. E. — Satz 2 wiederholt den unveränderten früheren Satz 2 des Art 2.

Abs 2 enthält lediglich den Satz 3 der früheren Fassung mit redaktionellen Änderungen. Die deklaratorische Bestimmung im Schlußprotokoll zu Art 2 sub b ist fortgefallen.

Abs 3 enthält Schlußprotokoll zu Art 2 sub c.

Article 3.

Sont assimilés aux ressortissants des pays contractants les ressortissants des pays ne faisant pas partie de l'Union, qui sont domiciliés ou ont des établissements industriels ou commerciaux effectifs et sérieux sur le territoire de l'un des pays de l'Union.

Artikel 3.

Den Angehörigen der vertragschließenden Länder werden gleichgestellt die Angehörigen der dem Verbande nicht beigetretenen Länder, welche im Gebiet eines der Verbandsländer ihren Wohnsitz oder tatsächliche und wirkliche gewerbliche oder Handelsniederlassungen haben.

Auch hier ist der Begriff „sujets ou citoyens" ersetzt worden durch den der „ressortissants", was keine sachliche Änderung bedeutet. Die Zusammenfassung der in Art 2 u. 3 begünstigten fremden Staatsangehörigen ergibt den Begriff der „ressortissants de l'Union" (Unionsangehörigen), der in Art 10bis verwendet wird.

Article 4.

a) Celui qui aura régulièrement fait le dépôt d'une demande de brevet d'invention, d'un modèle d'utilité, d'un dessin ou modèle industriel, d'une marque de fabrique ou de commerce, dans l'un des pays contractants, ou son ayant cause, jouira, pour effectuer le dépôt dans les autres pays, et sous réserve des droits des tiers, d'un droit de priorité pendant les délais déterminés ci-après.

b) En conséquence, le dépôt ultérieurement opéré dans l'un des autres pays de l'Union, avant l'expiration de ces délais, ne pourra être invalidé par des faits accomplis dans l'intervalle, soit, notamment, par un autre dépôt, par la publication de l'invention ou son exploitation, par la mise en vente d'exemplaires du dessin ou du modèle, par l'emploi de la marque.

c) Les délais de priorité mentionnés ci-dessus seront de douze mois pour les brevets d'invention et les modèles d'utilité et de six mois pour les dessins et modèles industriels et pour les marques de fabrique ou de commerce.

Ces délais commencent à courir de la date du dépôt de la première demande dans un pays de l'Union; le jour du dépôt n'est pas compris dans le délai.

Artikel 4.

a) Derjenige, welcher in einem der vertragschließenden Länder ein Gesuch um ein Erfindungspatent, ein Gebrauchsmuster, ein gewerbliches Muster oder Modell, eine Fabrik- oder Handelsmarke vorschriftsmäßig hinterlegt, oder sein Rechtsnachfolger soll zum Zwecke der Hinterlegung in den anderen Ländern während der unten bestimmten Fristen und vorbehaltlich der Rechte Dritter ein Prioritätsrecht genießen.

b) Demgemäß soll die hiernächst in einem der übrigen Verbandsländer vor Ablauf dieser Fristen bewirkte Hinterlegung durch inzwischen eingetretene Tatsachen, wie namentlich durch eine andere Hinterlegung, durch die Veröffentlichung der Erfindung oder deren Ausübung, durch das Feilbieten von Exemplaren des Musters oder Modells, durch die Anwendung der Marke nicht unwirksam gemacht werden können.

c) Die oben erwähnten Prioritätsfristen sollen zwölf Monate für Erfindungspatente und Gebrauchsmuster und sechs Monate für gewerbliche Muster oder Modelle und für Fabrik- oder Handelsmarken betragen.

Diese Fristen laufen von dem Zeitpunkt an, zu dem das erste Gesuch in einem Verbandslande hinterlegt wird; der Tag der Hinterlegung wird nicht in die Frist eingerechnet.

Si le dernier jour du délai est un jour férié légal dans le pays où la protecti on est réclamée, le délai sera prorogé jusqu'au premier jour ouvrable qui suit.

d) Quiconque voudra se prévaloir de la priorité d'un dépôt antérieur sera tenu de faire une déclaration indiquant la date et le pays de ce dépôt. Chaque pays déterminera à quel moment, au plus tard, cette déclaration devra être effectuée.

Ces indications seront mentionnées dans les publications émanant de l'Administration compétente, notamment sur les brevets et les descriptions y relatives.

Les pays contractants pourront exiger de celui qui fait une déclaration de priorité la production d'une copie de la demande (description, dessins, etc.) déposée antérieurement. La copie, certifiée conforme par l'Administration qui aura reçu cette demande, sera dispensée de toute légalisation, et elle pourra en tous cas être déposée à n'importe quel moment dans le délai de trois mois à dater du dépôt de la demande ultérieure. On pourra exiger qu'elle soit accompagnée d'un certificat de la date du dépôt émanant de cette Administration, et d'une traduction.

D'autres formalités ne pourront être requises pour la déclaration de priorité au moment du dépot de la demande. Chaque pays contractant déterminera les conséquences de l'omission des formalités prévues par le présent article, sans que ces conséquences puissent excéder la perte du droit de priorité.

Ultérieurement d'autres justifications pourront être demandées.

e) Lorsqu'un dessin ou modèle industriel aura été déposé dans un pays en vertu d'un droit de priorité basé sur le dépôt d'un modèle d'utilité, le délai de priorité ne sera que celui fixé pour les dessins ou modèles industriels *).

En outre, il est permis de déposer dans un pays un modèle d'utilité en vertu d'un droit de priorité basé sur le dépôt d'une demande de brevet et inversement.

f) Si une demande de brevet contient la revendication de priorités multiples, ou si l'examen

Ist der letzte Tag der Frist in dem Lande, wo der Schutz begehrt wird, ein gesetzlicher Feiertag, so erstreckt sich die Frist auf den nächstfolgenden Werktag.

d) Wer die Priorität einer vorhergehenden Hinterlegung in Anspruch nehmen will, hat eine Erklärung über die Zeit und das Land dieser Hinterlegung abzugeben. Jedes Land bestimmt, bis wann die Erklärung spätestens abgegeben werden muß.

Die Angaben sind in die von der zuständigen Behörde ausgehenden Veröffentlichungen, insbesondere in die Patenturkunden und in die zugehörigen Beschreibungen aufzunehmen.

Die vertragschließenden Länder können von demjenigen, welcher eine Prioritätserklärung abgibt, fordern, daß er die frühere Anmeldung (Beschreibung, Zeichnungen usw.) in Abschrift vorlegt. Die Abschrift mit Richtigkeitsbescheinigung der Behörde, die diese Anmeldung empfangen hat, ist von jeder Legalisation befreit und kann auf alle Fälle zu beliebiger Zeit innerhalb einer Frist von drei Monaten nach der späteren Anmeldung eingereicht werden. Es kann gefordert werden, daß ihr eine von dieser Behörde ausgestellte Bescheinigung über die Zeit der Hinterlegung und eine Übersetzung beigefügt wird.

Andere Förmlichkeiten für die Prioritätserklärung dürfen bei der Hinterlegung des Gesuchs nicht gefordert werden. Jedes vertragschließende Land wird die Folgen der Außerachtlassung der durch den gegenwärtigen Artikel vorgesehenen Förmlichkeiten bestimmen, jedoch dürfen diese Folgen über den Verlust des Prioritätsrechts nicht hinausgehen.

Später dürfen andere Nachweisungen gefordert werden.

e) Wenn in einem Lande ein gewerbliches Muster oder Modell unter Inanspruchnahme eines auf die Anmeldung eines Gebrauchsmusters gegründeten Prioritätsrechts hinterlegt wird, so ist die Prioritätsfrist nur die für gewerbliche Muster oder Modelle bestimmte.

Im übrigen ist es zulässig, in einem Lande ein Gebrauchsmuster unter Inanspruchnahme eines auf die Hinterlegung eines Patentgesuchs gegründeten Prioritätsrechts zu hinterlegen und umgekehrt.

f) Enthält ein Patentgesuch die Inanspruchnahme mehrerer Prioritäten oder ergibt die Prüfung, daß ein Gesuch nicht ein-

*) Transposé du Protocole de clôture ad article 4.

révèle qu'une demande est complexe, l'Administration devra, tout au moins, autoriser le demandeur à la diviser dans des conditions que déterminera la législation intérieure, en conservant comme date de chaque demande divisionnaire la date de la demande initiale et, s'il y a lieu, le bénéfice du droit de priorité.

heitlich ist, so muß die Behörde dem Anmelder mindestens gestatten, das Gesuch nach Maßgabe der Vorschriften der inneren Gesetzgebung zu teilen, wobei ihm für jedes Teilgesuch als Eingangszeit die Zeit des Eingangs des ursprünglichen Gesuchs und gegebenenfalls das Prioritätsvorrecht erhalten bleibt.

Die Absätze a und b sind unverändert geblieben. Abs 1 von 4 c enthält den bisherigen Abs c, jedoch mit der wichtigen Änderung, daß die Prioritätsfrist für Geschmacksmuster und WZ von vier auf sechs Monate erhöht wird.

Hinzugefügt sind zwei weitere Absätze, welche die Berechnung der Frist im Einklange mit dem deutschen Recht regeln und zugleich die Bestimmung enthalten, daß nur die erste Anmeldung in einem fremden Verbandslande das Prioritätsrecht begründet (s. oben I a A 3).

Der Absatz d hat einen Zusatz erhalten, wonach für die Beibringung der Prioritätsbelege eine Mindestfrist von drei Monaten gewährt werden muß.

Im übrigen ist Art 4 in bezug auf das WZ-Recht nicht geändert worden.

Article 4 bis.

Les brevets demandés dans les différents pays contractants par des ressortissants de l'Union seront indépendants des brevets obtenus pour la même invention dans les autres pays, adhérents ou non à l'Union.

Cette disposition doit s'entendre d'une façon absolue, notamment en ce sens que les brevets demandés pendant le délai de priorité sont indépendants, tant au point de vue des causes de nullité et de dêchéance, qu'au point de vue de la durée normale.

Elle s'applique à tous les brevets existant au moment de sa mise en vigueur.

Il en sera de même, en cas d'accession de nouveaux pays, pour les brevets existant de part et d'autre au moment de l'accession.

Artikel 4 bis.

Die Patente, deren Erteilung in den verschiedenen vertragschließenden Ländern von den Verbandsangehörigen beantragt ist, sollen von den für dieselbe Erfindung in anderen zum Verbande gehörenden oder nicht gehörenden Ländern erteilten Patenten unabhängig sein.

Diese Bestimmung ist ohne jede Einschränkung zu verstehen, insbesondere in dem Sinne, daß die während der Prioritätsfrist angemeldeten Patente sowohl hinsichtlich der Gründe der Nichtigkeit und des Verfalls, als auch hinsichtlich der gesetzmäßigen Dauer unabhängig sind.

Sie findet auf alle zur Zeit ihres Inkrafttretens bestehenden Patente Anwendung.

Für den Fall des Beitritts neuer Länder soll es mit den im Zeitpunkte des Beitritts auf beiden Seiten bestehenden Patenten ebenso gehalten werden.

Betrifft nur den Patentschutz.

Article 5.

L'introduction, par le breveté, dans le pays où le brevet a été délivré, d'objets fabriqués dans l'un ou l'autre des pays de l'Union, n'entraînera pas la déchéance.

Toutefois chacun des pays contractants aura la faculté de prendre les mesures législatives nécessaires pour prévenir les abus qui pourraient résulter de l'exercice du droit exclusif conféré parlebrevet, par exemple faute d'exploitation.

Ces mesures ne pourront prévoir la déchéance du brevet que si la concession de licences obligatoires

Artikel 5.

Die durch den Patentinhaber bewirkte Einfuhr von Gegenständen, welche in einem oder dem anderen Verbandslande hergestellt sind, in das Land, in welchem das Patent erteilt worden ist, soll den Verfall des letzteren nicht zur Folge haben.

Indessen steht es jedem der vertragschließenden Länder frei, soweit erforderlich, gesetzliche Maßnahmen zu treffen, um Mißbräuche zu verhüten, die sich aus der Ausübung des ausschließlichen Rechtes, wie es durch das Patent verliehen ist, ergeben könnten, z. B. das Unterlassen der Ausführung.

Diese Maßnahmen dürfen den Verfall des Patentes nur daun vorsehen, wenn die Gewährung von Zwangslizenzen zur Ver-

ne suffisait pas pour prévenir ces abus.

En tout cas, le brevet ne pourra pas faire l'objet de telles mesures avant l'expiration d'au moins trois années à compter de la date où il a été accordé et si le breveté justifie d'excuses légitimes.

La protection des dessins et modèles industriels ne peut être atteinte par une déchéance quelconque pour introduction d'objets conformes à ceux qui sont protégés.

Aucun signe ou mention d'enregistrement ne sera exigé sur le produit, pour la reconnaissance du droit.

Si, dans un pays, l'utilisation de la marque enregistrée est obligatoire, l'enregistrement ne pourra être annulé qu'après un délai équitable et si l'intéressé ne justifie pas des causes de son inaction.

hütung dieser Mißbräuche nicht ausreichen würde.

Solchen Maßnahmen darf das Patent erst nach Ablauf von mindestens drei Jahren seit seiner Erteilung und nur dann unterworfen werden, wenn der Inhaber als berechtigt anzuerkennende Entschuldigungsgründe nicht dartut.

Der Schutz gewerblicher Muster und Modelle darf wegen der Einfuhr von Gegenständen, die mit den geschützten übereinstimmen, in keiner Weise vom Verfalle betroffen werden.

Daß auf dem Erzeugnis ein Zeichen oder ein Vermerk als Hinweis auf die Eintragung angebracht ist, soll kein Erfordernis für die Anerkennung des Rechts sein.

Ist in einem Lande der Gebrauch der eingetragenen Marke vorgeschrieben, so darf die Eintragung erst nach Ablauf einer angemessenen Frist und nur dann für ungültig erklärt werden, wenn der Beteiligte keine Gründe für seine Untätigkeit dartut.

Auf das WZ-Recht bezieht sich nur der Abs 7. Er setzt aber voraus, daß das Landesrecht einen Benutzungszwang für die Marke enthält, was für Deutschland nicht zutrifft.

Article 5bis.

Un délai de grâce, qui devra être au minimum de trois mois, sera accordé pour le payement des taxes prévues pour le maintien des droits de propriété industrielle, moyennant le versement d'une surtaxe, si la législation nationale en impose une.

Pour les brevets d'invention, les pays contractants s'engagent en outre, soit à porter le délai de grâce à six mois au moins, soit à prévoir la restauration du brevet tombé en déchéance par suite de non-payement de taxes, ces mesures restant soumises aux conditions prévues par la législatio nintérieure.

Artikel 5bis.

Für die Zahlung der Gebühren, die für die Aufrechterhaltung der gewerblichen Schutzrechte vorgesehen sind, soll eine Nachfrist von mindestens drei Monaten gewährt werden, und zwar unter Auferlegung eines Zuschlags, falls die nationale Gesetzgebung einen solchen vorschreibt.

Für die Erfindungspatente verpflichten sich die vertragschließenden Länder außerdem, entweder die Nachfrist auf mindestens sechs Monate zu erstrecken oder die Wiederherstellung des infolge Nichtzahlung von Gebühren verfallenen Patents vorzusehen; die Bedingungen dieser Maßnahmen zu regeln, bleibt der inneren Gesetzgebung vorbehalten.

Abs 1 gilt auch für WZ, während Abs 2 nur den Patentschutz betrifft. Abs 1 verlangt eine Gnadenfrist von mindestens drei Monaten für die Nachzahlung von Gebühren und für Zuschläge, von denen die Aufrechterhaltung der gewerblichen Schutzrechte abhängig gemacht ist. Dies wird eine Änderung des § 8 Abs 4 WZG erfordern, der nur eine Nachfrist von einem Monat bewilligt.

Article 5ter.

Dans chacun des pays contractants ne seront pas considérés comme portant atteinte aux droits du breveté:

1⁰ l'emploi, à bord des navires des autres pays de l'Union, des moyens faisant l'objet de son brevet dans le corps du navire, dans les machines,

Artikel 5ter.

In keinem der vertragschließenden Länder soll als Eingriff in die Rechte des Patentinhabers angesehen werden:

1. der an Bord von Schiffen der anderen Verbandsländer stattfindende Gebrauch patentierter Einrichtungen im Schiffskörper, in den Maschinen, dem Takelwerk, den Geräten und sonstigem Zu-

agrès, apparaux et autres accessoires, lorsque ces navires pénétreront temporairement ou accidentellement dans les eaux du pays, sous réserve que ces moyens y soient employés exclusivement pour les besoins du navire;

2⁰ l'emploi des moyens faisant l'objet du brevet dans la construction ou le fonctionnement des engins de locomotion aérienne ou terrestre des autres pays de l'Union ou des accessoires de ces engins, lorsque ceux-ci pénétreront temporairement ou accidentellement dans ce pays.

behör, wenn die Schiffe zeitweilig oder unbeabsichtigt in die Gewässer des Landes gelangen, vorausgesetzt, daß diese Einrichtungen dort lediglich für die Bedürfnisse des Schiffes verwendet werden;

2. der Gebrauch patentierter Einrichtungen im Bau oder in der Arbeitsweise der Luft- oder Landfahrzeuge der anderen Verbandsländer oder des Zubehörs solcher Fahrzeuge, wenn diese zeitweilig oder unbeabsichtigt in dieses Land gelangen.

Betrifft nur den Patentschutz.

Article 6.

Toute marque de fabrique ou de commerce régulièrement enregistrée dans le pays d'origine sera admise au dépôt et protégée telle quelle dans les autres pays de l'Union.

Toutefois, pourront être refusées ou invalidées:

1⁰ Les marques qui sont de nature à porter atteinte à des droits acquis par des tiers dans le pays où la protection est réclamée.

2⁰ Les marques dépourvues de tout caractère distinctif, ou bien composées exclusivement de signes ou d'indications pouvant servir, dans le commerce, pour désigner l'espèce, la qualité, la quantité, la destination, la valeur, le lieu d'origine des produits ou l'époque de production, ou devenus usuels dans le langage courant ou les habitudes loyales et constantes du commerce du pays où la protection est réclamée.

Dans l'appréciation du caractère distinctif d'une marque, on devra tenir compte de toutes les circonstances de fait, notamment de la durée de l'usage de la marque.

3⁰ Les marques qui sont contraires à la morale ou à l'ordre public.

Il est entendu qu'une marque ne pourra être considérée comme contraire à l'ordre public pour la seule raison qu'elle n'est pas conforme à quelque disposition de la législation sur les marques, sauf le cas où cette disposition elle-même concerne l'ordre public *).

Sera considéré comme pays d'origine:

Artikel 6.

Jede im Ursprungslande vorschriftsmäßig eingetragene Fabrik- oder Handelsmarke soll so, wie sie ist, in den anderen Verbandsländern zur Hinterlegung zugelassen und geschützt werden.

Es können jedoch zurückgewiesen oder für ungültig erklärt werden:

1. Marken, die geeignet sind, Rechte zu verletzen, die von Dritten in dem Lande, wo der Schutz beansprucht wird, erworben sind.

2. Marken, die jeder Unterscheidungskraft entbehren oder ausschließlich aus Zeichen oder Angaben zusammengesetzt sind, die im Verkehr zur Bezeichnung der Art, der Beschaffenheit, der Menge, der Bestimmung, des Wertes, des Ursprungsortes der Waren oder der Zeit der Erzeugung dienen können, oder die in der üblichen Sprache oder in den redlichen und ständigen Verkehrsgepflogenheiten des Landes, wo der Schutz beansprucht wird, gebräuchlich geworden sind.

Bei der Würdigung der Unterscheidungskraft einer Marke sind alle Tatumstände zu berücksichtigen, insbesondere die Dauer des Gebrauchs der Marke.

3. Marken, die gegen die guten Sitten oder die öffentliche Ordnung verstoßen.

Es besteht Einverständnis, daß eine Marke nicht schon deshalb als gegen die öffentliche Ordnung verstoßend angesehen werden kann, weil sie einer Vorschrift des Markenrechts nicht entspricht, es sei denn, daß diese Bestimmung selbst die öffentliche Ordnung betrifft.

Als Ursprungsland soll gelten:

---

*) Transposé du Protocole de clôture ad article 6 (al. 4).

Le pays de l'Union où le déposant a un établissement industriel ou commercial effectif et sérieux, et, s'il n'a pas un tel établissement, le pays de l'Union où il a son domicile et, s'il n'a pas de domicile dans l'Union, le pays de sa nationalité, au cas où il est ressortissant d'un pays de l'Union.

En aucun cas le renouvellement de l'enregistrement d'une marque dans le pays d'origine n'entraînera l'obligation de renouveler l'enregistrement dans les autres pays de l'Union où la marque aura été enregistrée.

Le bénéfice de la priorité reste acquis aux dépôts de marques effectués dans le délai de l'article 4, même lorsque l'enregistrement dans le pays d'origine n'intervient qu'après l'expiration de ce délai.

La disposition de l'alinéa 1 n'exclut pas le droit d'exiger du déposant un certificat d'enregistrement régulier, délivré par l'autorité compétente du pays d'origine, mais aucune légalisation ne sera requise pour ce certificat*).

Das Verbandsland, in dem der Hinterlegende eine tatsächliche und wirkliche gewerbliche oder Handelsniederlassung hat, und wenn er eine solche Niederlassung nicht hat, das Verbandsland, wo er seinen Wohnsitz hat, und, falls er keinen Wohnsitz innerhalb des Verbandes hat, das Land seiner Staatsangehörigkeit, sofern er Angehöriger eines Verbandslandes ist.

In keinem Falle soll die Erneuerung der Eintragung einer Marke im Ursprungslande die Verpflichtung mit sich bringen, die Eintragung auch in den anderen Verbandsländern zu erneuern, in denen die Marke eingetragen worden ist.

Das Vorrecht der Priorität bleibt den während der Frist des Artikel 4 bewirkten Markenhinterlegungen auch dann erhalten, wenn die Eintragung im Ursprungslande erst nach dem Ablauf dieser Frist erfolgt.

Die Bestimmung des Abs. 1 schließt nicht die Befugnis aus, von dem Hinterlegenden eine von der zuständigen Behörde des Ursprungslandes ausgestellte Bescheinigung über die ordnungsmäßige Eintragung zu verlangen; es ist jedoch keine Legalisation dieser Bescheinigung erforderlich.

Abs 1 u. 2 wiederholen die früheren Bestimmungen; Abs 2 Nr 3 hat jedoch durch Aufnahme des Abs 4 aus dem Schlußprotokoll zu Art 6 einen zweiten Absatz erhalten.

In Abs 3 ist der Begriff des Ursprungslandes geändert. Es wird in erster Linie nicht mehr eine Hauptniederlassung in einem Verbandsstaate erfordert, sondern es genügt jede „tatsächliche und wirkliche" gewerbliche oder Handelsniederlassung daselbst. Fehlt eine solche, so entscheidet der Wohnsitz in einem Verbandsstaate und in dritter Linie die Staatsangehörigkeit.

Die Abs 4—6 sind neu.

Abs 4 bestimmt, daß die Erneuerung der Marke im Ursprungslande nicht die Verpflichtung nach sich ziehen soll, die Marke auch in den anderen Ländern, wo sie eingetragen ist, zu erneuern. In diesen Ländern erfolgt die Erneuerung also unabhängig von der im Ursprungslande eingetragenen Marke, nach den für erstere geltenden Bestimmungen.

Abs 5 enthält eine sachlich wichtige Bestimmung dahin, daß das Prioritätsrecht zeitlich unabhängig ist von der Eintragung im Ursprungslande. Die Marke telle quelle kann also schon vor dieser Eintragung innerhalb der Prioritätsfrist angemeldet werden und verliert die Priorität nicht dadurch, daß die Eintragung im Heimatlande etwa erst nach Ablauf der Frist erfolgt. Hierdurch wird die Anwendung des § 23 Abs 3 WZG im übrigen nicht ausgeschlossen.

Abs 6 hat den Abs 1 des Schlußprotokolls zu Art 6 hier eingefügt, jedoch mit dem Zusatze, daß eine Legalisation (durch den zuständigen Konsul usw.) der Eintragungsbescheinigung nicht verlangt werden kann.

Article 6bis.

Les pays contractants s'engagent à refuser ou à invalider, soit d'office si la législation du pays le permet, soit à la requête de l'intéressé, l'enregistrement d'une marque de fabrique ou de commerce qui serait la reproduction ou l'imitation, susceptible de faire confusion, d'une marque que l'autorité compétente du pays de l'enregistrement estimera

Artikel 6bis.

Die vertragschließenden Länder verpflichten sich, die Eintragung einer Fabrik- oder Handelsmarke abzulehnen oder für ungültig zu erklären, die das Ebenbild oder die verwechselbare Nachahmung einer anderen Marke ist, sofern es nach Ansicht der zuständigen Behörde des Eintragungslandes dort notorisch feststeht, daß diese Marke bereits dem Angehörigen eines anderen vertragschließenden Landes gehört und für gleiche oder gleich-

*) Transposé du Protocole de clôture ad article 6 (al. 1).

y être notoirement connue comme étant déjà la marque d'un ressortissant d'un autre pays contrcatant et utilisée pour des produits du même genre ou d'un genre similaire.

Un délai minimum de trois ans devra être accordé pour réclamer la radiation de ces marques. Le délai courra de la date de l'enregistrement de la marque.

Il ne sera pas fixé de délai pour réclamer la rediation des marques enregistrées de mauvaise foi.

artige Waren benutzt wird. Die Ablehnung oder Ungültigkeitserklärung hat entweder von Amts wegen zu geschehen, wenn die Gesetzgebung des Landes dies zuläßt, oder auf Antrag des Beteiligten.

Für den Anspruch auf Löschung solcher Marken muß eine Frist von mindestens drei Jahren gewährt werden. Die Frist läuft vom Zeitpunkt der Eintragung der Marke an.

Gegenüber bösgläubig erwirkten Eintragungen ist der Löschungsanspruch an keine Frist gebunden.

Hier wird eine wichtige neue Bestimmung zugunsten der im Inlande, nach Ansicht des PA, notorisch bekannten Marken eines fremden Verbandsangehörigen getroffen*). Eintragung der Marke im Auslande ist nicht erforderlich, es kann sich also um eine Ausstattung im Sinne des § 15 WZG handeln (vgl. Osterrieth JW 26, 314; GR 25, 311). Ebensowenig ist bereits im Inlande erfolgte Benutzung Bedingung. Es genügt aber nicht die Anerkennung des Besitzes im Ursprungslande, sondern es muß eine solche im Inlande hinzutreten. Sind diese Voraussetzungen nach Ermessen des PA erfüllt, so hat es die Eintragung desselben Z für einen anderen bei gleichen oder gleichartigen Waren abzulehnen, oder wenn sie trotzdem erfolgt ist, sie für ungültig zu erklären, d. h. wieder zu löschen. Unerheblich ist, ob der Anmelder die Marke des Ausländers gekannt hat oder nicht. Doch war die Konferenz einig darüber, daß das Hindernis versagt, wenn der Anmelder dasselbe Z schon vor dessen Notorietät gutgläubig benutzt hat (Klauer MW 25, 65). Die Löschung erfolgt von Amts wegen, wenn die inländische Gesetzgebung dies zuläßt, sonst auf Antrag des Verletzten. In Deutschland wird also § 8 Abs 2 Nr 2 WZG anzuwenden sein. Für den Antrag auf Löschung ist eine Frist von mindestens drei Jahren seit der Eintragung zu gewähren; war aber der Anmelder in bösem Glauben, so ist der Antrag an keine Frist gebunden.

Art 6bis wird eine Abänderung des § 4 und des § 8 WZG nötig machen; vielleicht auch des § 15 WZG, dem dann zweckmäßig auch die Gewährung einer Unterlassungsklage bei objektiver Verletzung des Ausstattungsbesitzes hinzuzufügen wäre.

Article 6ter.

Les pays contractants conviennent de refuser ou d'invalider l'enregistrement et d'interdire, par des mesures appropriées, l'utilisation, à défaut d'autorisation des pouvoirs compétents, soit comme marques de fabrique ou de commerce, soit comme éléments de ces marques, des armoiries, drapeaux et autres emblèmes d'État des pays contractants, signes et poinçons officiels de contrôle et de garantie adoptés par eux, ainsi que toute imitation au point de vue héraldique.

L'interdiction des signes et poinçons officiels de contrôle et de garantie s'appliquera seulement dans les cas où les marques qui les comprendront seront destinées à être utilisées sur des marchandises du même genre ou d'un genre similaire.

Pour l'application de ces dispositions les pays contractants conviennent de se communiquer réciproquement, par l'intermédiaire du Bureau international de Berne, la

Artikel 6ter.

Die vertragschließenden Länder vereinbaren, sofern es an der Ermächtigung der zuständigen Stellen fehlt, die Wappen, Fahnen und anderen staatlichen Hoheitszeichen der vertragschließenden Länder, die in ihnen eingeführten amtlichen Prüfungs- und Gewährzeichen und -stempel sowie alles, was vom heraldischen Gesichtspunkt Nachahmung davon ist, von der Eintragung als Fabrik- oder Handelsmarken oder als Bestandteile davon auszuschließen oder solche Eintragungen für ungültig zu erklären, ferner den Gebrauch dieser Zeichen zu gleichem Zweck mittels geeigneter Maßnahmen zu verbieten.

Das Verbot der amtlichen Prüfungs- und Gewährzeichen und -stempel soll nur dann Anwendung finden, wenn die Marken mit diesen Zeichen für gleiche oder gleichartige Waren bestimmt sind.

Zur Ausführung dieser Bestimmungen vereinbaren die vertragschließenden Länder, daß eine Liste derjenigen staatlichen Hoheitszeichen und amtlichen Prüfungs- und Gewährzeichen und -stempel, die sie jetzt oder in Zukunft

*) Art 6bis sagt wörtlich: „La marque d'un ressortissant d'un autre pays contractant", doch ist dies gemäß Art 3 in weiterem Sinne zu verstehen (s. Klauer MW 25, 65 Fußnote).

liste des emblèmes d'État, signes et poinçons officiels de contrôle et de garantie, qu'ils désirent ou désireront placer, d'une façon absolue ou dans certaines limites, sous la protection du présent article, ainsi que toutes modifications ultérieures apportées à cette liste. Chaque pays contractant mettra à la disposition du public, en temps utile, les listes notifiées.

unumschränkt oder in gewissen Grenzen unter den Schutz des gegenwärtigen Artikels zu stellen wünschen, unter Vermittlung des Berner Internationalen Büros ausgetauscht wird, und daß ebenso alle späteren Abänderungen dieser Liste ausgetauscht werden. Jedes vertragschließende Land wird die ihm mitgeteilten Listen zu rechter Zeit öffentlich zugänglich machen.

Tout pays contractant pourra, dans un délai de douze mois à partir de la réception de la notification, transmettre, par l'intermédiaire du Bureau international de Berne, au pays intéressé, ses objections éventuelles.

Jedes vertragschließende Land kann innerhalb einer Frist von zwölf Monaten nach dem Empfang der Mitteilung seine etwaigen Einwendungen durch das Berner Internationale Büro dem betreffenden Lande übermitteln.

Pour les emblémes d'État notoirement connus, les mesures prévues à l'alinéa 1 s'appliqueront seulement aux marques enregistrées après la signature du présent Acte.

In betreff der notorisch bekannten staatlichen Hoheitszeichen sollen die im Abs. 1 vorgesehenen Maßnahmen nur auf Marken Anwendung finden, die nach der Unterzeichnung der gegenwärtigen Akte eingetragen sind.

Pour les emblèmes d'État qui ne seraient pas notoirement connus, et pour les signes et poinçons officiels, ces dispositions ne seront applicables qu'aux marques enregistrées plus de deux mois après réception de la notification prévue par l'alinéa 3.

In betreff der staatlichen Hoheitszeichen, die nicht notorisch bekannt sind, und der amtlichen Kennzeichen und Stempel, sind diese Bestimmungen nur auf Marken anwendbar, die später als zwei Monate nach dem Empfang der im Abs. 3 vorgesehenen Mitteilung eingetragen sind.

En cas de mauvaise foi, les pays auront la faculté de faire radier même les marques enregistrées avant la signature du présent Acte et comportant des emblèmes d'État, signes et poinçons.

Im Falle bösen Glaubens steht es den Ländern frei, auch solche Marken zur Löschung zu bringen, die vor der Unterzeichnung der gegenwärtigen Akte eingetragen sind und staatliche Hoheitszeichen, Kennzeichen und Stempel aufweisen.

Les nationaux de chaque pays qui seraient autorisés à faire usage des emblèmes d'État, signes et poinçons de leur pays, pourront les utiliser, même s'il y avait similitude avec ceux d'un autre pays.

Die Angehörigen eines jeden Landes, die zum Gebrauch der staatlichen Hoheitszeichen, Kennzeichen und Stempel ihres Landes ermächtigt sind, dürfen sie auch dann benutzen, wenn sie denen eines anderen Landes ähnlich sein sollten.

Les pays contractants s'engagent à interdire l'usage non autorisé, dans le commerce, des armoiries d'États des autres pays contractants, lorsque cet usage sera de nature à induire en erreur sur l'origine des produits.

Die vertragschließenden Länder verpflichten sich, den unbefugten Gebrauch der Staatswappen der anderen vertragschließenden Länder im Handel zu verbieten, wenn dieser Gebrauch zur Irreführung über den Ursprung der Waren geeignet ist.

Les dispositions qui précèdent ne font pas obstacle à l'exercise, par les pays, de la faculté de refuser ou d'invalider, par application du n° 3 de l'alinéa 2 de l'article 6, les marques contenant, sans autorisation, des armoiries, drapeaux, décorations*) et autres emblèmes d'État ou des signes et poinçons officiels adoptés par un pays de l'Union.

Die vorstehenden Bestimmungen hindern die Länder nicht an der Ausübung der Befugnis, gemäß Artikel 6 Abs. 2 Nr. 3 Marken abzulehnen oder für ungültig zu erklären, die ohne Ermächtigung Wappen, Fahnen, Ehrenzeichen und andere staatliche Hoheitszeichen oder in einem Verbandslande eingeführte amtliche Kennzeichen oder Stempel enthalten.

Art 6 ter beruht auf dem früheren Schlußprotokoll zu Art 6 Abs 2 u. 3, jedoch in wesentlicher Erweiterung. Die im Schlußprotokoll enthaltene Befugnis der Länder, Marken als gegen die

*) Transposé du Protocole de clôture ad article 6 (al. 2).

öffentliche Ordnung verstoßend gemäß Art 6 Abs 2 Nr 3 abzulehnen oder zu löschen, die ohne Ermächtigung Wappen, Fahnen, Ehrenzeichen und andere staatliche Hoheitszeichen oder in einem Verbandslande eingeführte amtliche Kennzeichen oder Stempel enthalten, wird in Art 6 ter Abs 10 aufrechterhalten. Daneben wird aber in Abs 1 dem Verbandsstaate nunmehr die Verpflichtung auferlegt, derartige Marken abzulehnen und zu löschen und außerdem den Gebrauch solcher Marken durch geeignete Maßnahmen zu verbieten. Den erwähnten Z ist gleichgestellt: toute imitation au point de vue héraldique, d. h. eine abweichende Darstellung, die noch den Anschein eines Hoheitszeichens usw. erweckt (vgl. Klauer MW 25, 65).

Die Abs 2—9 geben Ausführungsbestimmungen zu der in Abs 1 auferlegten Verpflichtung.

Nach Abs 2 wird für das Verbot der amtlichen Prüfungs- und Gewährzeichen und Kontrollstempel Gleichheit oder Gleichartigkeit der betreffenden Waren vorausgesetzt, während die Hoheitszeichen bedingungslos verboten sind.

Abs 3 u. 4 treffen Anordnungen über die gegenseitige Mitteilung derjenigen Z, deren Schutz beansprucht wird.

Die Abs 5 u. 6 enthalten Übergangsbestimmungen zur Bevorzugung von Marken, die bereits vor der Unterzeichnung des Abkommens (6. 11. 25) oder vor Ablauf von zwei Monaten nach Empfang der in Abs 3 vorgesehenen Mitteilung eingetragen sind, wobei unterschieden wird zwischen notorisch bekannten Hoheitszeichen u. dgl. einerseits und nicht notorisch bekannten Hoheitszeichen und amtlichen Z und Stempeln andererseits.

Nach Abs 7 fällt eine solche Vergünstigung im Falle bösen Glaubens fort.

Abs 8 erläutert die Gebrauchsbefugnis im Falle der Ermächtigung zur Führung der Z dahin, daß sie nicht durch Ähnlichkeit der betreffenden Z mit denen eines anderen Landes ausgeschlossen wird.

Abs 9 enthält eine Erweiterung des Abs 1 dahin, daß der unbefugte Gebrauch der Staatswappen der anderen Verbandsländer nicht nur zum Zwecke der Warenbezeichnung, sondern allgemein dann zu verbieten ist, wenn er zur Irreführung über den Ursprung der Ware geeignet ist.

Art 6 ter wird eine Ergänzung des § 4 Abs 1 Nr 2 WZG erfordern; vielleicht auch, insoweit nach Abs 1 u. 9 der unbefugte Gebrauch der fraglichen Z unabhängig von einem Täuschungszweck zu verbieten ist, des § 16 WZG. In der Hauptsache wird der Zweck dieser Verpflichtung durch Anwendung der §§ 3 u. 4 UWG erreicht werden.

Article 7.

La nature du produit sur lequel la marque de fabrique ou de commerce doit être apposée ne peut, dans aucun cas, faire obstacle à l'enregistrement de la marque.

Artikel 7.

Die Natur des Erzeugnisses, auf welchen die Fabrik- oder Handelsmarke angebracht werden soll, darf in keinem Falle die Eintragung der Marke hindern.

Nur redaktionell geändert: enregistrement für dépôt.

Article 7bis.

Les pays ocntractants s'engagent à admettre au dépôt et à protéger les marques appartenant à des collectivités dont l-existence n'est pas contraire à la loi du pays d'origine, même si ces collectivités ne possèdent pas un établissement industriel ou commercial.

Cependant chaque pays sera juge des conditions particulières sous lesquelles une collectivité pourra être admise à faire protéger ses marques.

Artikel 7bis.

Die vertragschließenden Länder verpflichten sich, Marken, die Verbänden gehören, deren Bestehen dem Gesetze des Ursprungslandes nicht zuwiderläuft, auch dann zur Hinterlegung zuzulassen und zu schützen, wenn diese Verbände eine gewerbliche oder Handelsniederlassung nicht besitzen.

Es steht jedoch jedem Lande zu, frei darüber zu bestimmen, unter welchen besonderen Bedingungen ein Verband zum Schutze seiner Marken zugelassen werden kann.

Unverändert.

Article 8.

Le nom commercial sera protégé dans tous les pays de l'Union sans obligation de dépôt ou d'enregistrement, qu'il fasse ou non partie d'une marque de fabrique ou de commerce.

Artikel 8.

Der Handelsname soll in allen Verbandsländern, ohne Verpflichtung zur Hinterlegung oder Eintragung, geschützt werden, gleichviel, ob er den Teil einer Fabrik- oder Handelsmarke bildet oder nicht.

Statt „obligation de dépôt" ist zur Verdeutlichung gesagt: „obligation de dépôt ou d'enregistrement".

Article 9.

Tout produit portant illicitement une marque de fabrique ou de commerce, ou un nom commercial, sera saisi à l'importation dans ceux des pays de l'Union dans lesquels cette marque ou ce nom commercial ont droit à la protection légale.

La saisie sera également effectuée dans le pays où l'apposition illicite aura eu lieu, ou dans le pays où aura été importé le produit.

La saisie aura lieu à la requête soit du ministère public, soit de toute autre autorité compétente, soit d'une partie intéressée personne physique ou morale, conformément à la législation intérieure de chaque pays.

Les autorités ne seront pas tenues d'effectuer la saisie en cas de transit.

Si la législation d'un pays n'admet pas la saisie à l'importation, la saisie sera remplacée par la prohibition d'importation ou la saisie à l'intérieur.

Si la législation d'un pays n'admet ni la saisie à l'importation, ni la prohibition d'importation, ni la saisie à l'intérieur, et en attendant que cette législation soit modifiée en conséquence, ces mesures seront remplacées par les actions et moyens que la loi de ce pays assurerait en pareil cas aux nationaux.

Artikel 9.

Jedes widerrechtlich mit einer Fabrik- oder Handelsmarke oder mit einem Handelsnamen versehene Erzeugnis ist bei der Einfuhr in diejenigen Verbandsländer, in welchen diese Marke oder dieser Handelsname Recht auf gesetzlichen Schutz hat, zu beschlagnahmen.

Die Beschlagnahme ist auch in dem Lande vorzunehmen, wo die widerrechtliche Anbringung stattgefunden hat, oder in dem Lande, wohin das Erzeugnis eingeführt worden ist.

Die Beschlagnahme erfolgt gemäß der inneren Gesetzgebung jedes Landes auf Antrag entweder der Staatsanwaltschaft oder einer anderen zuständigen Behörde oder einer beteiligten Partei, sei diese eine natürliche oder eine juristische Person.

Die Behörden sollen nicht gehalten sein, die Beschlagnahme im Falle der Durchfuhr zu bewirken.

Läßt die Gesetzgebung eines Landes die Beschlagnahme bei der Einfuhr nicht zu, so ist die Beschlagnahme durch das Verbot der Einfuhr oder die Beschlagnahme im Inland zu ersetzen.

Läßt die Gesetzgebung eines Landes weder die Beschlagnahme bei der Einfuhr noch das Einfuhrverbot, noch die Beschlagnahme im Inlande zu, so sind diese Maßnahmen bis zu einer entsprechenden Änderung der Gesetzgebung durch diejenigen Klagen und Rechtsbehelfe zu ersetzen, die das Gesetz dieses Landes im gleichen Falle den Staatsangehörigen sichert.

Die Änderungen sind unwesentlich; Abs 2 ist an die fünfte Stelle gekommen, und es sind die Worte hinzugefügt: „ou là saisie a l'intérieur".

In dem jetzigen Abs 3 (früher 4) sind die Worte „particulier ou société" ersetzt durch: „personne physique ou morale".

Im letzten Absatze sind, um eine eventuelle Änderung der Gesetzgebung anzuregen, die Worte hinzugefügt: „en attendant que cette législation soit modifiée en conséquence".

Article 10.

Les dispositions de l'article précédent seront applicables à tout produit portant faussement, comme indication de provenance, le nom d'une localité ou d'un pays déterminé, lorsque cette indication sera jointe à un nom commercial fictif ou emprunté dans une intention frauduleuse.

Sera en tout cas reconnu comme partie intéressée, que ce soit une personne physique ou morale, tout producteur, fabricant ou commerçant engagé dans la production, la fabrication ou le commerce de ce produit et établi soit dans la localité faussement indiquée comme lieu de provenance, soit dans la région où cette localité est située, soit dans le pays faussement indiqué.

Artikel 10.

Die Bestimmungen des vorigen Artikels sollen auf jedes Erzeugnis anwendbar sein, welches als Bezeichnung der Herkunft fälschlich den Namen eines bestimmten Ortes oder Landes trägt, wenn diese Bezeichnung einem erfundenen oder einem zum Zwecke der Täuschung entlehnten Handelsnamen beigefügt wird.

Als Beteiligter, mag er eine natürliche oder eine juristische Person sein, ist in jedem Falle jeder Produzent, Fabrikant oder Kaufmann anzuerkennen, welcher die Produktion oder die Fabrikation des Erzeugnisses oder den Handel mit demselben betreibt und in dem fälschlich als Herkunftsort bezeichneten Orte oder in der Gegend, in der dieser Ort liegt, oder in dem fälschlich bezeichneten Lande seine Niederlassung hat.

Zu Abs 1 ist klargestellt, daß auch der Mißbrauch eines Ländernamens getroffen werden soll, was dem richtig verstandenen geltenden Rechte entspricht, und es ist dies auch im Abs 2 berücksichtigt. Außerdem ist hier durch den Zusatz „que ce soit une personne physique ou morale" darauf hingewiesen, daß auch eine juristische Person „Beteiligter" (partie intéressée) sein kann.

Article 10bis.

Les pays contractants sont tenus d'assurer aux ressortissants de l'Union une protection effective contre la concurrence déloyale.

Constitue un acte de concurrence déloyale tout acte de concurrence contraire aux usages honnêtes en matière industrielle ou commerciale.

Notamment devront être interdits:

1° tous faits quelconques de nature à créer une confusion par n'importe quel moyen avec les produits d'un concurrent;

2° les allégations fausses, dans l'exercice du commerce, de nature à discréditer les produits d'un concurrent.

Artikel 10bis.

Die vertragschließenden Länder sind gehalten, den Angehörigen des Verbandes einen wirksamen Schutz gegen unlauteren Wettbewerb zu sichern.

Den Tatbestand unlauteren Wettbewerbs erfüllt jede Wettbewerbshandlung, die den anständigen Gebräuchen auf dem Gebiete des Gewerbes oder des Handels zuwiderläuft.

Insbesondere sind zu untersagen:

1. jegliches Tun, das geeignet ist, auf welchem Wege es auch sei, eine Verwechslung mit den Waren eines Wettbewerbers hervorzurufen;
2. die falschen Angaben im Handelsbetriebe die den Ruf der Waren eines Wettbewerbers gefährden.

Die bisherige allgemeine Bestimmung ist in der Weise ausgebaut, daß als unlauterer Wettbewerb zu gelten hat: „jede Wettbewerbshandlung, die den anständigen Gebräuchen auf dem Gebiete des Gewerbes und des Handels zuwiderläuft". Als Sonderfälle sind hervorgehoben: 1. Verursachung von Verwechslung mit den Waren eines Mitbewerbers, 2. Anschwärzung im Sinne des § 14 UWG. Alles dies entspricht dem deutschen Recht.

Article 10ter.

Les pays contractants s'engagent à assurer aux ressortissants des autres pays de l'Union des recours légaux appropriés pour réprimer efficacement tous les actes visés aux articles 9, 10 et 10bis.

Ils s'engagent, en outre, à prévoir des mesures pour permettre aux syndicats et associations représentant l'industrie ou le commerce intéressé et dont l'existence n'est pas contraire aux lois de leurs pays, d'agir en justice ou auprès des autorités administratives, en vue de la répression des actes prévus par les articles 9, 10 et 10bis, dans la mesure où la loi du pays dans lequel la protection est réclamée le permet aux syndicats et associations de ce pays.

Artikel 10ter.

Die vertragschließenden Länder verpflichten sich, den Angehörigen der anderen Verbandsländer geeignete Rechtsbehelfe zu gewähren, um die in den Artikeln 9, 10 und 10bis bezeichneten Handlungen wirksam zu unterdrücken.

Sie verpflichten sich weiter, Maßnahmen zu treffen, die es den Verbänden und Vereinigungen, welche die beteiligten Gewerbe- und Handelskreise vertreten und deren Bestehen den Gesetzen ihres Landes nicht zuwiderläuft, gestatten, die Unterdrückung der in den Artikeln 9, 10 und 10 bis bezeichneten Handlungen vor den Gerichten oder Verwaltungsbehörden in dem Maße zu betreiben, wie es das Gesetz des Landes, in dem der Schutz beansprucht wird, den Verbänden und Vereinigungen dieses Landes gestattet.

Der Art 10ter ist neu. Den Verbandsangehörigen sollen geeignete Rechtsbehelfe zur Unterdrückung der in den Art 9, 10 u. 10bis bezeichneten Handlungen geboten werden, und es sollen bei der Geltendmachung dieser Rechte die ausländischen Verbände im Sinne von § 13 UWG den inländischen gleichgestellt werden. Letzteres wird in § 13 UWG zum Ausdruck zu bringen sein.

Article 11.

Les pays contractants accorderont, conformément à leur législation intérieure, une protection temporaire aux inventions brevetables, aux modèles d'utilité, aux dessins ou modèles industriels ainsi qu'aux marques de fabrique ou de commerce, pour les produits qui figureront aux expositions internationales officielles ou officiellement

Artikel 11.

Die vertragschließenden Länder werden den patentfähigen Erfindungen, den Gebrauchsmustern, den gewerblichen Mustern oder Modellen sowie den Fabrik- oder Handelsmarken für Erzeugnisse, welche auf den im Gebiet eines von ihnen veranstalteten amtlichen oder amtlich anerkannten internationalen Ausstellungen zur Schau gestellt werden, in Gemäß-

reconnues, organisées sur le lerritoire de l'un d'eux.

Cette protection temporaire ne prolongera pas les délais de l'article 4. Si plus tard le droit de priorité est invoqué, l'Administration de chaque pays pourra faire partir le délai de la date de l'introduction du produit dans l'exposition.

Chaque pays pourra exiger, comme preuve de l'identité de l'objet exposé et le la date d'introduction, les pièces justificatives qu'il jugera nécessaires.

heit der Gesetzgebung jedes Landes einen zeitweiligen Schutz gewähren.

Dieser zeitweilige Schutz verlängert die Fristen des Artikel 4 nicht. Wenn später das Prioritätsrecht beansprucht wird, so kann die Regierung eines jeden Landes die Frist mit dem Zeitpunkt beginnen lassen, zu dem das Erzeugnis in die Ausstellung eingeführt worden ist.

Jedes Land kann zum Nachweis der Übereinstimmung des ausgestellten Gegenstandes und der Zeit der Einführung die ihm notwendig erscheinenden Belege fordern.

Neu sind die Abs 2 u. 3. In Abs 2 wird erklärt, daß die Prioritätsfrist sich nicht etwa durch den provisorischen Ausstellungsschutz verlängert. Ferner hat danach jeder Verbandsstaat das Recht, bei Gewährung dieses Schutzes und nachheriger Prioritätsbeanspruchung die Prioritätsfrist schon von der Einführung der Ware in die Ausstellung an zu berechnen, so daß also die an sich geltende Prioritätsfrist sich infolge des Ausstellungsschutzes verkürzen kann. Abs 3 gibt jedem Lande das Recht, die ihm notwendig erscheinenden Belege bezüglich des beanspruchten Ausstellungsschutzes zu fordern.

Article 12.

Chacun des pays contractants s'engage à établir un service spécial de la propriété industrielle et un dépôt central pour la communication au public des brevets d'invention, des modèles d'ulité, des dessins ou modèles industriels et des marques de fabrique ou de commerce.

Ce service publiera une feuille périodique officielle.

Artikel 12.

Jedes der vertragschließenden Länder verpflichtet sich, eine besondere Behörde für das gewerbliche Eigentum und eine Zentralhinterlegungsstelle zur öffentlichen Mitteilung der Erfindungspatente, der Gebrauchsmuster, der gewerblichen Muster oder Modelle und der Fabrik- oder Handelsmarken einzurichten.

Dieses Amt wird ein amtliches, regelmäßig erscheinendes Blatt herausgeben.

Article 13.

L'Office international institué à Berne sous le nom de Bureau international pour la protection de la propriété industrielle est placé sous la haute autorité du Gouvernement de la Confédération suisse, qui enrégle l'organisation et en surveille le fonctionnement.

La langue officielle du Bureau international est la langue française.

Le Bureau international centralise les renseignements de toute nature relatifs à la protection de la propriété industrielle, il les réunit et les publie. Il procède aux études d'utilité commune intéressant l'Union et rédige, à l'aide des documents qui sont mis à sa disposition par les diverses Administrations, une feuille périodique, en langue française, sur les questions concernant l'objet de l'Union.

Les numéros de cette feuille, de mêmee que tout les documents publiés par le Bureau international, sont répartis entre les Administrations des pays de l'Union dans la proportion du nombre des unités contributives ci-dessous mentionnées. Les exemplaires et documents supplémentaires

Artikel 13.

Das unter dem Namen „Internationales Büro zum Schutze des gewerblichen Eigentums" zu Bern errichtete Internationale Amt ist der hohen Autorität der Regierung der Schweizerischen Eidgenossenschaft unterstellt, die seine Einrichtung regelt und seine Geschäftsführung überwacht.

Die Amtssprache des Internationalen Büros ist die französische Sprache.

Das Internationale Büro sammelt die auf den Schutz des gewerblichen Eigentums bezüglichen Mitteilungen aller Art und vereinigt und veröffentlicht sie. Es beschäftigt sich mit gemeinnützigen Studien, welche für den Verband von Interesse sind, und redigiert mit Hilfe des ihm von den verschiedenen Regierungen zur Verfügung gestellten Aktenmaterials ein regelmäßig erscheinendes Blatt in französischer Sprache, welches die den Gegenstand des Verbandes betreffenden Fragen behandelt.

Die Nummern dieses Blattes sowie alle von dem Internationalen Büro veröffentlichten Schriftstücke werden auf die Regierungen der Verbandsländer im Verhältnis der Zahl der unten erwähnten Beitragseinheiten verteilt. Die außerdem von den genannten Regierungen oder von Gesellschaften oder Privat-

qui seraient réclamés, soit par lesdites Administrations, soit par des sociétés ou des particuliers, seront payés à part.

Le Bureau international doit se tenir en tout temps à la disposition des pays de l'Union, pour leur fournir, sur les questions relatives au service international de la propriété industrielle, les renseignements spéciaux dont ils pourraient avoir besoin. Le Directeur du Bureau international fait sur sa gestion un rapport annuel qui est communique à tous les pays de l'Union.

Les dépenses du Bureau international seront supportées en commun par les pays contractants. Jusqu'à nouvel ordre, elles ne pourront pas dépasser la somme de cent-vingt mille francs suisses par année. Cette somme pourra être augmentée, au besoin, par décision unanime d'une des Conférences prévues à l'article 14.

Pour déterminer la part contributive de chacun des pays dans cette somme totale des frais, les pays contractants et ceux qui adhéreront ultérieurement à l'Union sont divisés en six classes, contribuant chacune dans la proportion d'un certain nombre d'unités, savoir:

1re	classe	25 unités
2e	,,	20 ,,
3e	,,	15 ,,
4e	,,	10 ,,
5e	,,	5 ,,
6e	,,	3 ,,

Ces coefficients sont multipliés par le nombre des pays de chaque classe, et la somme des produits ainsi obtenus fournit le nombre d'unités par lequel la dépense totale doit être divisée. Le quotient donne le montant de l'unité de dépense.

Chacun des pays contractants désignera, au moment de son accesion, la classe dans laquelle il désire être rangé.

Le Gouvernement de la Confédération suisse surveille les dépenses du Bureau international, fait les avances nécessaires et établit le compte annuel qui sera communiqué à toutes les autres Administrations.

Article 14.

La présente Convention sera soumise à des revisions périodiques, en vue d'y introduire les améliorations de nature à perfectionner le système de l'Union.

A cet effet, des Conférences auront lieu, successivement, dans l'un des pays contractants entre les Délégués desdits pays.

L'Administration du pays où doit siéger la Conférence préparera, avec le concours du Bureau international, les travaux de cette Conférence.

personen etwa beanspruchten Exemplare und Schriftstücke sind besonders zu bezahlen.

Das Internationale Büro hat sich jederzeit zur Verfügung der Verbandsländer zu halten, um ihnen über Fragen der internationalen Verwaltung des gewerblichen Eigentums die besonderen Mitteilungen zu machen, deren sie bedürfen könnten. Der Direktor des Internationalen Büros erstattet über seine Amtsführung jährlich einen Bericht, der allen Verbandsländern mitgeteilt wird.

Die Ausgaben des Internationalen Büros werden gemeinsam von den vertragschließenden Ländern getragen. Bis auf weiteres dürfen sie die Summe von einhundertzwanzigtausend Schweizer Franken jährlich nicht übersteigen. Diese Summe kann im Bedarfsfalle durch einstimmigen Beschluß einer der im Artikel 14 vorgesehenen Konferenzen erhöht werden.

Um den Beitrag jedes Landes zu dieser Gesamtsumme der Kosten zu bestimmen, werden die vertragschließenden Länder und diejenigen, welche dem Verbande später beitreten werden, in sechs Klassen geteilt, von denen jede im Verhältnis einer bestimmten Zahl von Einheiten beiträgt, nämlich:

die 1.	Klasse	. . . . .	25 Einheiten,
" 2.	"	. . . . .	20 "
" 3.	"	. . . . .	15 "
" 4.	"	. . . . .	10 "
" 5.	"	. . . . .	5 "
" 6.	"	. . . . .	3 "

Diese Koeffizienten werden mit der Zahl der Länder jeder Klasse multipliziert, und die Summe der so erhaltenen Produkte bildet die Zahl der Einheiten, mit der die Gesamtausgabe zu dividieren ist. Der Quotient ergibt dann den Betrag der Ausgabeeinheit.

Jedes der vertragschließenden Länder wird bei seinem Beitritt die Klasse angeben, welcher es zugeteilt zu werden wünscht.

Die Regierung der Schweizerischen Eidgenossenschaft überwacht die Ausgaben des Internationalen Büros, leistet die nötigen Vorschüsse und stellt die Jahresrechnung auf, die allen anderen Regierungen mitgeteilt wird.

Artikel 14.

Die gegenwärtige Übereinkunft soll periodischen Revisionen unterzogen werden, um Verbesserungen herbeizuführen, die geeignet sind, das System des Verbandes zu vervollkommnen.

Zu diesem Zwecke werden der Reihe nach in einem der vertragschließenden Länder Konferenzen zwischen den Delegierten der genannten Länder stattfinden.

Die Regierung des Landes, in welchem die nächste Konferenz tagen soll, hat mit Hilfe des Internationalen Büros die Arbeiten dieser Konferenz vorzubereiten.

Le Directeur du Bureau international assistera aux séances des Conférences, et prendra part aux discussions sans voix délibérative.

Article 15.

Il est entendu que les pays contractants se réservent respectivement le droit de prendre séparément, entre eux, des arrangements particuliers pour la protection de la propriété industrielle, en tant que ces arrangements ne contreviendraient point aux dispositions de la présente Convention.

Article 16.

Les pays qui n'ont point pris part à la présente Convention seront admis à y adhérer sur leur demande.

Cette adhésion sera notifiée par la voie diplomatique au Gouvernement de la Confédération suisse, et par celui-ci à tout les autres.

Elle emportera, de plein droit, accession à toutes les clauses ot admission à tous les avantages stipulés par la présente Convention, et produira ses effets un mois après l'envoi de la notification faite par le Gouvernement de la Confédération suisse aux autres pays unionistes, à moins qu'une date postérieure n'ait été indiquée par le pays adhérent.

Article 16 bis.

Les pays contractants ont le droit d'accéder en tout temps à la présente Convention pour leurs colonies, possessions, dépendances et protectorats, ou territoires administrés en vertu d'un mandat de la Société des Nations, ou pour certains d'entre eux.

Ils peuvent à cet effet soit faire une déclaration générale par laquelle toutes leurs colonies, possessions, dépendances et protectorats et les territoires visés à l'alinéa 1, sont compris dans l'accession, soit nommer expressément ceux qui y sont compris, soit se borner à indiquer ceux qui en sont exclus.

Cette déclaration sera notifiée par écrit au Gouvernement de la Confédération suisse, et par celui-ci à tous les autres.

Les pays contractants pourront, dans les mêmes conditions, dénoncer la Convention pour leurs colonies, possessions, dépendances et protectorats, ou pour les territoires visés à l'alinéa 1, ou pour certains d'entre eux.

Der Direktor des Internationalen Büros hat den Sitzungen der Konferenzen beizuwohnen und an den Verhandlungen ohne beschließende Stimme teilzunehmen.

Artikel 15.

Man ist einverstanden, daß die vertragschließenden Länder sich das Recht vorbehalten, einzeln miteinander besondere Abmachungen zum Schutze des gewerblichen Eigentums zu treffen, sofern diese Abmachungen den Bestimmungen der gegenwärtigen Übereinkunft nicht zuwiderlaufen.

Artikel 16.

Die Länder, welche an der gegenwärtigen Übereinkunft nicht teilgenommen haben, sollen auf ihren Antrag zum Beitritt zugelassen werden.

Dieser Beitritt ist auf diplomatischem Wege der Regierung der Schweizerischen Eidgenossenschaft und von dieser den übrigen anzuzeigen.

Er hat mit voller Rechtswirkung den Anschluß an alle Bestimmungen und die Zulassung zu allen Vorteilen zur Folge, welche in der gegenwärtigen Übereinkunft vereinbart sind, und tritt einen Monat nach der Absendung der Anzeige durch die Regierung der Schweizerischen Eidgenossenschaft an die übrigen Verbandsländer in Kraft, sofern das beitretende Land nicht einen späteren Zeitpunkt angibt.

Artikel 16 bis.

Die vertragschließenden Länder haben das Recht, der gegenwärtigen Übereinkunft jederzeit für ihre Kolonien, Besitzungen, Nebengebiete und Protektorate oder für die von ihnen auf Grund eines Völkerbundmandates verwalteten Gebiete oder für einzelne von ihnen beizutreten.

Sie können zu diesem Zwecke entweder eine allgemeine Erklärung abgeben, durch die alle ihre Kolonien, Besitzungen, Nebengebiete und Protektorate und die im Abs. 1 bezeichneten Gebiete in den Beitritt einbegriffen werden, oder ausdrücklich diejenigen nennen, welche darin einbegriffen sind, oder sich darauf beschränken, diejenigen anzugeben, welche davon ausgeschlossen sind.

Diese Erklärung soll schriftlich der Regierung der Schweizerischen Eidgenossenschaft und von dieser allen übrigen bekanntgegeben werden.

Die vertragschließenden Länder können in gleicher Weise die Übereinkunft für ihre Kolonien, Besitzungen, Nebengebiete und Protektorate oder für die im Abs. 1 bezeichneten Gebiete oder für einzelne von ihnen kündigen.

Article 17.

L'exécution des engagements réciproques contenus dans la présente Convention est subordonnée, en tant que de besoin, à l'accomplissement des formalités et règles établies par les lois constitutionelles de ceux des pays contractants qui sont tenus d'en provoquer l'application, ce qu'ils s'obligent, à faire dans le plus bref délai possible.

Article 17 bis.

La Convention demeurera en vigueur pendant un temps indéterminé, jusqu'à l'expiration d'une année à partir du jour où la dénonciation en sera faite.

Cette dénonciation sera adressée au Gouvernement de la Confédération suisse. Elle ne produira son effet qu'à l'égard du pays qui l'aura faite, la Convention restant exécutoire pour les autres pays contractants.

Article 18.

Le présent Acte sera ratifié ej les ratifications en seront déposées à La Haye au plus tard le 1er mai 1928. Il entrera en vigueur, entre les pays qui l'auront ratifié, un mois après cette date. Toutefois, si auparavant il était ratifié par six pays au moins, il entrerait en vigueur, entre ces pays, un mois après que le dépòt de la sixième ratification leur aurait été notifié par le Gouvernement de la Confédération suisse et, pour les pays qui ratifieraient ensuite, un mois après la notification de chacune de ces ratifications.

Cet Acte remplacera, dans les rapports entre les pays qui l'auront ratifié, la Convention d'Union de Paris de 1883 revisée à Washington le 2 juin 1911 et le Protocole de clôture, lesquels resteront en vigueur dans les rapports avec les pays qui n'auront pas ratifié le présent Acte.

Article 19.

Le présent Acte sera signé en un seul exemplaire, lequel sera déposé aux archives du Gouvernement des Pays-Bas. Une copie certifiée sera remise par ce dernier à chacun des Gouvernements des pays contractants.

EN FOI DE QUOI les Plénipotentiaires respectifs ont signé le présent Acte.

Fait à La Haye, en un seul exemplaire, le 6 novembre 1925.

(Signatures.)

NOTE. — Le texte revisé de la Convention a été signé par les Délégués plénipoten-

Artikel 17.

Die Ausführung der in der gegenwärtigen Übereinkunft enthaltenen gegenseitigen Verbindlichkeiten unterliegt, soweit nötig, der Erfüllung der verfassungsrechtlichen Förmlichkeiten und Vorschriften derjenigen vertragschließenden Länder, die deren Anwendung herbeizuführen gehalten sind; sie verpflichten sich, es in möglichst kurzer Frist zu tun.

Artikel 17 bis.

Die Übereinkunft soll auf unbestimmte Zeit bis zum Ablauf eines Jahres vom Tage der Kündigung ab in Kraft bleiben.

Diese Kündigung soll an die Regierung der Schweizerischen Eidgenossenschaft gerichtet werden. Sie erstreckt ihre Wirkung nur auf das Land, welches sie ausspricht, für die übrigen vertragschließenden Länder bleibt die Übereinkunft wirksam.

Artikel 18.

Die gegenwärtige Akte soll ratifiziert und die Ratifikationen sollen im Haag spätestens am 1. Mai 1928 hinterlegt werden. Sie tritt unter den Ländern, die sie ratifiziert haben, einen Monat nach diesem Zeitpunkt in Kraft. Sollte sie jedoch schon früher von mindestens sechs Ländern ratifiziert sein, so soll sie unter diesen Ländern einen Monat, nachdem ihnen die Hinterlegung der sechsten Ratifikation von der Regierung der Schweizerischen Eidgenossenschaft angezeigt worden ist, in Kraft treten und für die Länder, die sie in der Folgezeit ratifizieren, jeweils einen Monat nach der Anzeige der Ratifikation.

Diese Akte tritt in den Beziehungen zwischen den Ländern, die sie ratifiziert haben, an die Stelle der in Washington am 2. Juni 1911 revidierten Pariser Übereinkunft von 1883 und des Schlußprotokolls, die jedoch in den Beziehungen zu denjenigen Ländern in Kraft bleiben, welche die gegenwärtige Akte nicht ratifiziert haben.

Artikel 19.

Die gegenwärtige Akte wird in einem einzigen Exemplar unterzeichnet, das im Archiv der Regierung der Niederlande hinterlegt werden wird. Eine beglaubigte Abschrift wird von dieser den Regierungen der vertragschließenden Länder übermittelt werden.

Zu Urkund dessen haben die Bevollmächtigten die gegenwärtige Akte unterzeichnet.

Geschehen im Haag in einem einzigen Exemplar am 6. November 1925.

(Unterschriften.)

tiaires de tous les pays ci-dessus énumérés*), exception faite pour la Turqui.

Manquent donc, au bas de ce document, les signatures des pays contractants suivants: Bulgarie, Grèce, Lettonie, Luxembourg, Roumanie, Turquie.

D'après une décision de la Conférence, prise dans la deuxième séance plénière, du 5 novembre 1925, le Protocole de signature reste ouvert jusqu'au 1er décembre.

Die in den Art 12—19 getroffenen Änderungen sind für das WZ-Recht ohne Bedeutung.

c) Gesetz zur Ausführung der revidierten Pariser Übereinkunft vom 2. Juni 1911 zum Schutze des gewerblichen Eigentums. Vom 31. März 1913.

(RGBl 13, 236ff.)

Art. I. Die Vorschriften im § 13 Abs. 1 des Gesetzes, betr. den Schutz von Gebrauchsmustern, vom 1. Juni 1891 (RGBl. S. 290), im § 23 Abs. 1 des Gesetzes zum Schutze der Warenbezeichnungen vom 12. Mai 1894 (RGBl. S. 441) und im § 28 des Gesetzes gegen den unlauteren Wettbewerb vom 7. Juni 1909 (RGBl. S. 499) finden auf Reichsangehörige keine Anwendung.

Art. II. Der Reichskanzler bestimmt, bis wann für die Anmeldung eines Patents, eines Gebrauchsmusters, eines Musters oder Modells, eines Warenzeichens die im Art. 4 Abs. d der revidierten Pariser Übereinkunft vom 2. Juni 1911 zum Schutze des gewerblichen Eigentums vorgesehene Prioritätserklärung über Zeit und Land der Voranmeldung abzugeben ist, und ob die dort bezeichneten Beweisurkunden gleichzeitig mit der Prioritätserklärung beigebracht werden müssen. Wenn die Erklärung oder die Beweisurkunden nicht zu dem bestimmten Zeitpunkt eingereicht werden, so wird der Prioritätsanspruch für die Anmeldung verwirkt.

Art. III. Das Gesetz zum Schutze der Warenbezeichnungen vom 12. Mai 1894 (RGBl. S. 441) wird dahin abgeändert:

1. Der § 4 erhält folgende Fassung:

§ 4. Die Eintragung in die Rolle ist zu versagen für Freizeichen sowie für Warenzeichen,

1. welche ausschließlich in Zahlen, Buchstaben oder solchen Wörtern bestehen, die Angaben über Art, Zeit und Ort der Herstellung, über die Beschaffenheit, über die Bestimmung, über Preis-, Mengen- oder Gewichtsverhältnisse der Ware enthalten;
2. welche Staatswappen oder sonstige staatliche Hoheitszeichen oder Wappen eines inländischen Ortes, eines inländischen Gemeinde- oder weiteren Kommunalverbandes enthalten;
3. welche Ärgernis erregende Darstellungen oder solche Angaben enthalten, die ersichtlich den tatsächlichen Verhältnissen nicht entsprechen und die Gefahr einer Täuschung begründen.

Die Vorschrift der Nr. 2 findet keine Anwendung, wenn der Anmelder befugt ist, das Wappen oder Hoheitszeichen in dem Warenzeichen zu führen.

Zeichen, welche gelöscht sind, dürfen für die Waren, für welche sie eingetragen waren, oder für gleichartige Waren zugunsten eines anderen als des letzten Inhabers erst nach Ablauf von zwei Jahren seit dem Tage der Löschung von neuem eingetragen werden.

2. Als §§ 24a bis 24h werden folgende Vorschriften eingestellt:

§ 24a. Rechtsfähige Verbände, die gewerbliche Zwecke verfolgen, können, auch wenn sie einen auf Herstellung oder Vertrieb von Waren gerichteten Geschäftsbetrieb nicht besitzen, Warenzeichen anmelden, die in den Geschäftsbetrieben ihrer Mitglieder zur Kennzeichnung der Waren dienen sollen (Verbandszeichen).

Die juristischen Personen des öffentlichen Rechtes stehen den bezeichneten Verbänden gleich.

---

*) „Deutschland, Österreich, Belgien, Brasilien, Cuba, Dänemark, Dominikanische Republik, Spanien, Estland, Vereinigte Staaten von Amerika, Finnland, Frankreich, Großbritannien und Nord-Irland, Kanada, Australien, Ungarn, Italien, Japan, Marokko, Mexiko, Norwegen, Niederlande, Polen, Danzig, Portugal, Königreich der Serben, Kroaten und Slowenen, Schweden, Schweiz, Syrien und Groß-Libanon, Tschechoslowakei, Tunis, Türkei."

Auf die Verbandszeichen finden die Vorschriften über Warenzeichen Anwendung, soweit nicht in §§ 24a bis 24h ein anderes bestimmt ist.

§ 24b. Der Anmeldung des Verbandszeichens muß eine Zeichensatzung beigefügt sein, die über Namen, Sitz, Zweck und Vertretung des Verbandes, über den Kreis der zur Benutzung des Zeichens Berechtigten, die Bedingungen der Benutzung und die Rechte und Pflichten der Beteiligten im Falle der Verletzung des Zeichens Auskunft gibt. Spätere Änderungen sind dem Patentamt mitzuteilen. Die Einsicht der Satzung steht jedermann frei.

Für jedes Verbandszeichen ist bei der Anmeldung eine Gebühr von hundertfünfzig Mark, bei der Erneuerung der Anmeldung eine Gebühr von fünfzig Mark zu entrichten. Führt die erste Anmeldung nicht zur Eintragung, so werden von der Gebühr hundert Mark erstattet.

§ 24b Abs. 2 ist in der neuesten Fassung weggefallen.

§ 24c. Über die Einrichtung der Rolle für die Verbandszeichen trifft das Patentamt Bestimmung.

§ 24d. Das durch die Anmeldung oder Eintragung des Verbandszeichens begründete Recht kann als solches nicht auf einen anderen übertragen werden.

§ 24e. Ein Dritter kann unbeschadet der Vorschriften im § 9 Nr. 1, 3 die Löschung des Verbandszeichens beantragen,

1. wenn der Verband, für den das Zeichen eingetragen ist, nicht mehr besteht;
2. wenn der Verband duldet, daß das Zeichen in einer den allgemeinen Verbandszwecken oder der Zeichensatzung widersprechenden Weise benutzt wird. Als eine solche mißbräuchliche Benutzung ist es anzusehen, wenn die Überlassung der Benutzung des Zeichens an andere zu einer Irreführung des Verkehrs Anlaß gibt.

In den Fällen der Nr. 1 findet § 9 Abs. 5 Anwendung.

§ 24f. Der Anspruch des Verbandes auf Entschädigung wegen unbefugter Benutzung des Verbandszeichens (§ 14) umfaßt auch den einem Mitglied erwachsenen Schaden.

§ 24g. Wird dem Patentamt nachgewiesen, daß ein eingetragenes Warenzeichen bis zum Inkrafttreten dieses Gesetzes von einem Verband als Verbandszeichen geführt wurde, so ist das Zeichen auf Antrag des Verbandes als Verbandszeichen in der Rolle umzuschreiben. Der Antrag muß innerhalb eines Jahres seit dem Inkrafttreten dieses Gesetzes gestellt werden und den für die Anmeldung eines Verbandszeichens bestehenden Vorschriften entsprechen. Mit dem Eingang des Antrags beginnt die Frist für die Erneuerung des Zeichens.

§ 24h. Die Vorschriften über Verbandszeichen finden auf ausländische Verbandszeichen nur dann Anwendung, wenn nach einer im Reichs-Gesetzblatt enthaltenen Bekanntmachung die Gegenseitigkeit verbürgt ist.

Art. IV. Dieses Gesetz tritt gleichzeitig mit der revidierten Pariser Übereinkunft vom 2. Juni 1911 zum Schutze des gewerblichen Eigentums in Kraft.

d) Bekanntmachung, betreffend die Geltendmachung des in Artikel 4 der revidierten Pariser Übereinkunft vom 2. Juni 1911 zum Schutze des gewerblichen Eigentums vorgesehenen Prioritätsrechts. Vom 8. April 1913.

(RGBl Nr 24 S. 241.)

Auf Grund des Art. II des Gesetzes zur Ausführung der revidierten Pariser Übereinkunft vom 2. Juni 1911 zum Schutze des gewerblichen Eigentums, vom 31. März 1913 (Reichsgesetzbl. S. 236) wird bestimmt:

Die in Art. 4 Abs. d der genannten Übereinkunft vorgesehene Prioritätserklärung über Zeit und Land der Voranmeldung ist bei der Anmeldung des Patents, des Gebrauchsmusters, des Musters oder Modells, des Warenzeichens abzugeben. Die gleichzeitige Beibringung der Beweisurkunden ist bis auf weiteres nicht erforderlich.

Berlin, den 8. April 1913.

Der Reichskanzler
i. V.: Delbrück

e) Gesetz, betreffend den Schutz von Erfindungen, Mustern und Warenzeichen auf Ausstellungen. Vom 18. März 1904.

(RGBl 04, 141.)

Erfindungen, Gebrauchsmustern, Mustern und Modellen, die auf einer inländischen oder ausländischen Ausstellung zur Schau gestellt werden, sowie Warenzeichen, die auf einer daselbst zur Schau gestellten Ware angebracht sind, wird ein zeitweiliger Schutz in Gemäßheit der nachfolgenden Bestimmungen gewährt:

1. Durch eine Bekanntmachung des Reichskanzlers im Reichs-Gesetzblatte wird im einzelnen Falle die Ausstellung bestimmt, auf die der zeitweilige Schutz Anwendung findet.
2. Der zeitweilige Schutz hat die Wirkung, daß die Schaustellung oder eine anderweitige spätere Benutzung oder eine spätere Veröffentlichung der Erfindung, des Musters oder des Warenzeichens der Erlangung des gesetzlichen Patent-, Muster- oder Zeichenschutzes nicht entgegenstehen, sofern die Anmeldung zur Erlangung dieses Schutzes von dem Aussteller oder dessen Rechtsnachfolger binnen einer Frist von sechs Monaten nach der Eröffnung der Ausstellung bewirkt wird. Die Anmeldung geht anderen Anmeldungen vor, die nach dem Tage des Beginns der Schaustellung eingereicht worden sind.

II. Madrider Abkommen I.

a) Washingtoner Fassung.

Arrangement de Madrid du 14 avril 1891, pour l'Enregistrement International des Marques de Fabrique ou de Commerce, revisé à Bruxelles le 14 décembre 1900 et à Washington le 2 juin 1911.

Article premier.

Les sujets ou citoyens de chacun des pays contractants pourront s'assurer, dans tous les autres pays, la protection de leurs marques de fabrique ou de commerce acceptées au dépôt dans le pays d'origine, moyennant le dépôt des dites marques au Bureau international, à Berne, fait par l'entremise de l'Administration du dit pays d'origine.

Article 2.

Sont assimilés aux sujets ou citoyens des pays contractants les sujets ou citoyens des pays n'ayant pas adhéré au présent Arrangement qui, sur le territoire de l'Union restreinte constituée par ce dernier, satisfont aux conditions établies par l'article 3 de la Convention générale.

Article 3.

Le Bureau international enregistrera immédiatement les marques déposées conformément à l'article premier. Il notifiera cet enregistrement aux diverses Administrations. Les marques enregistrées seront publiées dans une feuille périodique éditée par le Bureau international, au moyen des indications contenues dans la demande d'enregistrement et d'un cliché fourni par le déposant.

Si le déposant revendique la couleur à titre d'élément distinctif de sa marque, il sera tenu:

1° de le déclarer, et d'accompagner son dépôt d'une mention indiquant la couleur ou la combinaison de couleurs revendiquée;

2° de joindre à sa demande des exemplaires de ladite marque en couleur, qui

Madrider Abkommen vom 14. April 1891, betreffend die internationale Registrierung von Fabrik- und Handelsmarken, revidiert in Brüssel am 14. Dezember 1900 und in Washington am 2. Juni 1911.

(RGBl 22 II 670ff.)

Artikel 1.

Die Untertanen oder Bürger eines jeden der vertragschließenden Länder können sich den Schutz ihrer im Ursprungslande zur Hinterlegung zugelassenen Fabrik- oder Handelsmarken in allen übrigen vertragschließenden Ländern dadurch sichern, daß sie die Marken durch Vermittlung der Behörde des Ursprungslandes bei dem Internationalen Büro in Bern hinterlegen.

Artikel 2.

Den Untertanen oder Bürgern der vertragschließenden Länder werden gleichgestellt die Untertanen oder Bürger der dem gegenwärtigen Abkommen nicht beigetretenen Länder, die in dem Gebiete des durch dieses Abkommen begründeten engeren Verbandes den durch Artikel 3 der Hauptübereinkunft festgesetzten Anforderungen genügen.

Artikel 3.

Das Internationale Büro trägt die gemäß Art. 1 hinterlegten Marken ohne weiteres in ein Register ein. Es zeigt diese Registrierung den verschiedenen Behörden an. Die registrierten Marken werden in einem von dem Internationalen Büro regelmäßig herausgegebenen Blatt unter Verwendung der in dem Registrierungsgesuch enthaltenen Angaben und eines vom Hinterleger gelieferten Druckstocks veröffentlicht.

Wenn der Hinterleger die Farbe als unterscheidendes Merkmal seiner Marke in Anspruch nimmt, so ist er verpflichtet:

1. es ausdrücklich zu erklären und seiner Anmeldung einen Vermerk beizufügen, der die in Anspruch genommene Farbe oder Farbenzusammenstellung angibt;
2. seinem Antrag farbige Darstellungen der Marke beizulegen, die den Anzeigen des

seront annexés aux notifications faites par le Bureau international. Le nombre de ces exemplaires sera fixé par le Règlement d'exécution.

En vue de la publicité à donner, dans les pays contractants, aux marques enregistrées, chaque Administration recevra gratuitement du Bureau international le nombre d'exemplaires de la susdite publication qu'il lui plaira de demander. Cette publicité sera considérée dans tous les pays contractants comme pleinement suffisante, et aucune autre ne pourra être exigée du déposant.

Article 4.

A partir de l'enregistrement ainsi fait au Bureau international, la protection de la marque dans chacun des pays contractants sera la même que si cette marque y avait été directement déposée.

Toute marque enregistrée internationalement dans les quatre mois qui suivent la date du dépôt dans le pays d'origine, jouira du droit de priorité établi par l'article 4 de la Convention générale.

Article 4bis.

Lorsqu'une marque, déjà déposée dans un ou plusieurs des pays contractants, a été postérieurement enregistrée par le Bureau international au nom du même titulaire ou de son ayant cause, l'enregistrement international sera considéré comme substitué aux enregistrements nationaux antérieurs, sans préjudice des droits acquis par le fait de ces derniers.

Article 5.

Dans les pays où leur législation les y autorise, les Administrations auxquelles le Bureau international notifiera l'enregistrement d'une marque, auront la faculté de déclarer que la protection ne peut être accordée à cette marque sur leur territoire. Un tel refus ne pourra être opposé que dans les conditions qui s'appliqueraient, en vertu de la Convention générale, à une marque déposée à l'enregistrement national.

Elles devront exercer cette faculté dans le délai prévu par leur loi nationale, et, au plus tard, dans l'année de la notification prévue par l'article 3, en indiquant au Bureau international leurs motifs de refus.

Ladite déclaration, ainsi notifiée au Bureau international, sera par lui transmise sans délai à l'Administration du pays d'origine et au propriétaire de la marque. L'intéressé aura les mêmes moyens de recours que si la marque avait été par lui directement déposée dans le pays où la protection est refusée.

Internationalen Büros beigefügt werden. Die Zahl dieser Darstellungen wird durch die Ausführungsordnung festgestellt.

Um die registrierten Marken in den vertragschließenden Ländern zur allgemeinen Kenntnis zu bringen, erhält jede Behörde von dem Internationalen Büro unentgeltlich die von ihr gewünschte Anzahl von Stücken der obenerwähnten Veröffentlichung. Diese Bekanntgabe hat in allen vertragschließenden Ländern als in jeder Hinsicht ausreichend zu gelten; vom Hinterleger darf keine weitere gefordert werden.

Artikel 4.

Von dem Zeitpunkt der hiernach im Internationalen Büro vollzogenen Registrierung an ist die Marke in jedem der vertragschließenden Länder ebenso geschützt, wie wenn sie dort unmittelbar hinterlegt worden wäre.

Jede Marke, die innerhalb von vier Monaten seit dem Tage der Hinterlegung im Ursprungsland international registriert worden ist, genießt das durch Art. 4 der Hauptübereinkunft festgesetzte Prioritätsrecht.

Artikel 4b.

Wenn eine in einem oder mehreren der vertragschließenden Länder bereits hinterlegte Marke später von dem Internationalen Büro zugunsten desselben Inhabers oder seines Rechtsnachfolgers registriert worden ist, so tritt die internationale Registrierung an die Stelle der früheren nationalen Registrierungen, unbeschadet der durch letztere erworbenen Rechte.

Artikel 5.

Die Behörden, denen das Internationale Büro die Registrierung einer Marke anzeigt, sind in den Ländern, deren Gesetze sie hierzu ermächtigt, zu der Erklärung befugt, daß dieser Marke der Schutz in ihrem Gebiete nicht gewährt werden kann. Eine solche Zurückweisung ist jedoch nur unter denjenigen Voraussetzungen zulässig, die auf Grund der Hauptübereinkunft bei einer zur nationalen Registrierung hinterlegten Marke Anwendung finden würden.

Von dieser Befugnis müssen sie binnen der von ihrem Heimatsgesetze vorgesehenen Frist, spätestens aber innerhalb eines Jahres nach der im Art. 3 vorgesehenen Anzeige Gebrauch machen, wobei sie die Zurückweisungsgründe dem Internationalen Büro anzugeben haben.

Die derart dem Internationalen Büro bekanntgegebene Erklärung wird von ihm unverzüglich der Behörde des Ursprungslandes und dem Eigentümer der Marke übermittelt. Der Beteiligte hat dieselben Rechtsmittel, wie wenn die Marke von ihm unmittelbar in dem Lande hinterlegt worden wäre, in welchem der Schutz versagt worden ist.

Article 5bis.

Le Bureau international délivrera à toute personne qui en fera la demande, moyennant une taxe fixée par le Règlement d'exécution, une copie des mentions inscrites dans le Registre relativement à une marque déterminée.

Article 6.

La protection résultant de l'enregistrement au Bureau international durera 20 ans à partir de cet enregistrement, mais ne pourra être invoquée en faveur d'une marque qui ne jouirait plus de la protection légale dans le pays d'origine.

Article 7.

L'enregistrement pourra toujours être renouvelé suivant les prescriptions des articles 1 et 3.

Six mois avant l'expiration du terme de protection, le Bureau international donnera un avis officieux à l'Administration du pays d'origine et au propriétaire de la marque.

Article 8.

L'Administration du pays d'origine fixera à son gré, et percevra à son profit, une taxe qu'elle réclamera du propriétaire de la marque dont l'enregistrement international est demandé. A cette taxe s'ajoutera un émolument international de cent francs pour la première marque, et de cinquante francs pour chacune des marques suivantes, déposées en même temps par le méme propriétaire. Le produit annuel de cette taxe sera réparti par parts égales entre les pays contractants par les soins du Bureau international, après déduction des frais communs nécessités par l'exécution de cet Arrangement.

Article 8bis.

Le propriétaire d'une marque internationale peut toujours renoncer à la protection dans un ou plusieurs des pays contractants, au moyen d'une déclaration remise à l'Administration du pays d'origine de la marque, pour être communiquée au Bureau international, qui la notifiera aux pays que cette renonciation concerne.

Article 9.

L'Administration du pays d'origine notifiera au Bureau international les annulations, radiations, renonciations, transmissions et autres changements qui se produiront dans la propriété de la marque.

Le Bureau international enregistrera ces changements, les notifiera aux Administra-

Artikel 5b.

Das Internationale Büro erteilt auf Antrag jedem gegen eine Gebühr, die durch die Ausführungsordnung festgesetzt wird, eine Abschrift der mit Bezug auf eine bestimmte Marke in das Register eingetragenen Angaben.

Artikel 6.

Der durch die Registrierung bei dem Internationalen Büro erlangte Schutz dauert zwanzig Jahre von dem Zeitpunkt dieser Registrierung an; er kann jedoch nicht für eine Marke in Anspruch genommen werden, die in dem Ursprungslande keinen gesetzlichen Schutz mehr genießt.

Artikel 7.

Die Registrierung kann nach Maßgabe der Vorschriften der Art. 1 und 3 jederzeit erneuert werden.

Sechs Monate vor Ablauf der Schutzzeit weist das Internationale Büro die Behörde des Ursprungslandes und den Eigentümer der Marke auf den Fristablauf hin.

Artikel 8.

Die Behörde des Ursprungslandes kann nach ihrem Ermessen eine Gebühr festsetzen und zu ihren Gunsten von dem Eigentümer der Marke, deren internationale Registrierung beantragt wird, erheben. Zu dieser Gebühr tritt eine internationale Abgabe von hundert Franken für die erste Marke und von je fünfzig Franken für alle weiteren von demselben Anmelder gleichzeitig hinterlegten Marken. Das Jahresertrágnis dieser Gebühr wird, nach Abzug der durch die Ausführung dieses Abkommens verursachten gemeinsamen Kosten, zu gleichen Teilen unter die vertragschließenden Länder durch das Internationale Büro verteilt.

Artikel 8b.

Der Eigentümer einer internationalen Marke kann jederzeit durch eine an die Behörde des Ursprungslandes gerichtete Erklärung auf den Schutz in einem oder in mehreren der vertragschließenden Länder verzichten; die Erklärung wird dem Internationalen Büro mitgeteilt und von diesem den durch den Verzicht betroffenen Ländern bekanntgegeben.

Artikel 9.

Die Behörde des Ursprungslandes teilt dem Internationalen Büro die Nichtigkeitserklärungen, Löschungen, Verzichtleistungen, Übertragungen und anderen Veränderungen mit, die in bezug auf das Eigentumsrecht an der Marke eintreten.

Das Internationale Büro trägt diese Veränderungen in das Register ein, zeigt sie den

tions des pays contractants, et les publiera aussitôt dans son journal.

On procédera de même lorsque le propriétaire de la marque demandera à réduire la liste des produits auxquels elle s'applique.

L'addition ultérieure d'un nouveau produit à la liste ne peut être obtenue que par un nouveau dépôt effectué conformément aux prescriptions de l'article 3. A l'addition est assimilée la substitution d'un produit à un autre.

Behörden der vertragschließenden Länder an und veröffentlicht sie sogleich in seinem Blatte.

Das gleiche Verfahren greift Platz, wenn der Eigentümer der Marke den Antrag stellt, die Liste der Erzeugnisse zu verkürzen, für welche die Marke Anwendung findet.

Die nachträgliche Hinzufügung eines neuen Erzeugnisses zu der Liste kann nur durch eine neue, gemäß den Vorschriften des Artikel 3 bewirkte Hinterlegung erlangt werden. Der Hinzufügung steht der Ersatz eines Erzeugnisses durch ein anderes gleich.

Article 9 bis.

Lorsqu'une marque inscrite dans le registre international sera transmise à une personne établie dans un pays contractant autre que le pays d'origine de la marque, la transmission sera notifiée au Bureau international par l'Administration de ce même pays d'origine. Le Bureau international enregistrera la transmission et, après avoir reçu l'assentiment de l'Administration à laquelle ressortit le nouveau titulaire, il la notifiera aux autres Administrations et la publiera dans son journal.

La présente disposition n'a point pour effet de modifier les législations des pays contractants qui prohibent la transmission de la marque sans la cession simultanée de l'établissement industriel ou commercial dont elle distingue les produits.

Nulle transmission de marque inscrite dans le Registre international, faite au profit d'une personne non établie dans l'un des pays contractants, ne sera enregistrée.

Artikel 9b.

Wenn eine im internationalen Register eingetragene Marke auf eine Person übertragen wird, die in einem anderen vertragschließenden Lande als dem Ursprungslande der Marke ansässig ist, so ist die Übertragung durch die Behörde dieses Ursprungslandes dem Internationalen Büro anzuzeigen. Das Internationale Büro trägt die Übertragung in das Register ein, zeigt sie, sobald die Zustimmung der für den neuen Markeninhaber zuständigen Behörde eingegangen ist, den anderen Behörden an und veröffentlicht sie in seinem Blatte.

Die vorstehende Bestimmung berührt in keiner Weise die in den vertragschließenden Ländern geltenden Gesetze, durch welche die Übertragung einer Marke ohne gleichzeitige Übertragung des Gewerbe- oder Handelsunternehmens, dessen Erzeugnisse durch die Marke gekennzeichnet werden, verboten wird.

Die Übertragung einer im internationalen Register eingetragenen Marke auf eine Person, die in keinem der vertragschließenden Länder ansässig ist, wird in das Register nicht eingetragen.

Article 10.

Les Administrations régleront d'un commun accord les détails relatifs à l'exécution du présent Arrangement.

Artikel 10.

Die Behörden werden die Einzelheiten wegen der Ausführung des gegenwärtigen Abkommens gemeinschaftlich ordnen.

Article 11.

Les pays de l'Union pour la protection de la propriété industrielle qui n'ont pas pris part au présent Arrangement seront admis à y adhérer sur leur demande, et dans la forme prescrite par la Cenvention générale.

Dés que le Bureau international sera informé qu'un pays ou une de ses colonies a adhéré au présent Arrangement, il adressera à l'Administration de ce pays, conformément à l'article 3, une notification collective des marques qui, à ce moment, jouissent de la protection internationale.

Cette notification assurera, par elle-même, auxdites marques le bénéfice des précédentes dispositions sur le territoire

Artikel 11.

Die dem Verbande zum Schutze des gewerblichen Eigentums angehörenden Länder, die an dem gegenwärtigen Abkommen nicht teilgenommen haben, werden auf ihren Antrag und in der durch die Hauptübereinkunft vorgeschriebenen Form zum Beitritt zugelassen.

Sobald das Internationale Büro von dem Beitritt eines Landes oder einer seiner Kolonien zu dem vorliegenden Abkommen in Kenntnis gesetzt worden ist, sendet es der Behörde dieses Landes gemäß Artikel 3 eine Sammelanzeige über diejenigen Marken, die zu diesem Zeitpunkt den internationalen Schutz genießen.

Diese Anzeige sichert von selbst den bezeichneten Marken die Vorteile der vorangehenden Bestimmungen in dem Gebiete des bei-

du pays adhérent, et fera courir le délai d'un an pendant lequel l'Administration interessée peut faire la déclaration prévue par l'article 5.

Article 12.

Le présent Arrangement sera ratifié, et les ratifications en seront déposées à Washington au plus tard le 1er avril 1913.

Il entrera en vigueur un mois à partir de l'expiration de ce délai, et aura la même force et durée que la Convention générale.

En foi de quoi, les Plénipotentiaires respectifs ont signé le présent Arrangement.

Fait à Washington, en un seul exemplaire, le deux juin 1911.

b) Règlement pour l'exécution de l'Arrangement concernant l'Enregistrement International des Marques de Fabrique ou de Commerce, revisé à Washington le 2 juin 1911.

Article premier.

Toute demande tendant à obtenir l'enregistrement international d'une marque de fabrique ou de commerce en vertu de l'Arrangement du 14 avril 1891 revisé, devra être adressée par le propriétaire de la marque à l'Administration du pays d'origine en la forme que cette dernière pourra prescrire.

Article 2.

Lorsque la marque sera régulièrement enregistrée dans le pays d'origine, l'Administration de ce pays adressera au Bureau international de la Propriété industrielle, à Berne:

A. Une demande d'enregistrement, en double exemplaire, rédigée en langue française, portant une représentation de la marque et indiquant:

1° le nom du propriétaire de la marque;
2° son adresse;
3° les produits ou marchandises auxquels la marque est destinée;
4° la date d'enregistrement de la marque dans le pays d'origine et son numéro d'ordre.

B. Un cliché de la marque, pour la reproduction typographique de cette dernière dans la publication qui en sera faite par le Bureau international. Ce cliché doit reproduire exactement la marque, de manière que tous les détails en ressortent visiblement; il ne doit pas avoir moins de 15 millimètres ni plus de 10 centimètres, soit en longueur, soit en largeur. L'épaisseur exacte du cliché doit être de 24 milli-

tretenden Landes und setzt die Jahresfrist in Lauf, während welcher die beteiligte Behörde die im Artikel 5 vorgesehene Erklärung abgeben kann.

Artikel 12.

Das gegenwärtige Abkommen soll ratifiziert und die Ratifikationsurkunden sollen in Washington spätestens am 1. April 1913 hinterlegt werden.

Es tritt einen Monat nach Ablauf dieser Frist in Kraft und soll dieselbe Geltung und Dauer haben wie die Hauptübereinkunft.

Zu Urkund dessen haben die Bevollmächtigten das gegenwärtige Abkommen unterzeichnet.

So geschehen zu Washington, in einem einzigen Exemplar, am zweiten Juni 1911.

b) Ausführungsverordnung zum Abkommen, betreffend die internationale Registrierung von Fabrik- oder Handelsmarken, revidiert zu Washington, den 2. Juni 1911.
(Bl 22, 121; MW 21, 224; GR 22, 198.)

Artikel 1.

Jeder Antrag auf internationale Registrierung einer Fabrik- oder Handelsmarke gemäß dem revidierten Abkommen vom 14. April 1891 ist von dem Eigentümer der Marke an die Behörde des Ursprungslandes in der von dieser vorgeschriebenen Form zu richten.

Artikel 2.

Sobald die Marke im Ursprungslande vorschriftsmäßig registriert worden ist, übersendet die Behörde dieses Landes dem Internationalen Büro für das gewerbliche Eigentum in Bern:

A. ein Gesuch um Registrierung in zwei Stücken; das Gesuch ist in französischer Sprache abzufassen und hat eine Darstellung der Marke sowie folgende Angaben zu enthalten:

1. den Namen des Eigentümers der Marke,
2. seine Anschrift,
3. die Erzeugnisse oder Waren, für welche die Marke bestimmt ist,
4. den Tag der Registrierung der Marke im Ursprungsland und ihre Ordnungsnummer.

B. einen Druckstock der Marke für den Abdruck in der von dem Internationalen Büro zu veranlassenden Veröffentlichung der Marke. Der Druckstock muß die Marke genau wiedergeben, so daß alle ihre Einzelheiten daraus sichtbar hervortreten; er soll nicht weniger als 15 mm und nicht mehr als 10 cm lang und breit sein. Die genaue Druckhöhe des Druckstocks soll 24 mm betragen, entsprechend der Höhe der Drucklettern. Der Druckstock wird

mètres, correspondant à la hauteur des caractères d'imprimerie. Ce cliché sera, deux ans après sa publication, retourné au propriétaire de la marque, à ses frais, s'il en a fait la demande. Tout cliché non réclamé à la fin de la troisième année pourra être détruit.

Le Bureau insérera dans le formulaire remis au déposant une mention prévoyant cette remise et indiquant si le propriétaire désire rentrer en possession de son cliché.

C. Si le déposant revendique la couleur à titre d'élément distinctif de sa marque:

Quarante exemplaires sur papier, d'une reproduction en couleur de la marque. Si cette marque comporte plusieurs parties séparées, elles devront être réunies et collées, pour chacun des 40 spécimens, sur une feuille de papier fort.

Dans ce même cas, la demande devra porter une brève mention, en lanque française, indiquant la couleur ou la combinaison de couleurs revendiquée.

Au cas où l'une ou l'autre des conditions relatives à la couleur ne serait pas remplie, le Bureau international procédera à l'enregistrement de la marque et à sa notification sans tenir compte de la couleur.

D. Le montant de l'émolument international adressé par un mandat postal ou par un autre mode d'envoi, en indiquant le nom et l'adresse du propriétaire de la marque.

La demande d'enregistrement sera établie sur un formulaire fourni gratuitement aux Administrations par le Bureau international.

Article 3.

Le Bureau international procédera sans retard à l'inscription de la marque dans un registre qui contiendra les indications suivantes:

1º le numéro d'ordre de la marque;
2º le nom du propriétaire de la marque;
3º son adresse;
4º les produits ou marchandises auxquels la marque est appliquée;
5º le pays d'origine de la marque;
6º la date de l'enregistrement et le numéro d'ordre dans le pays d'origine;
7º les mentions relatives à la situation de la marque telles que: refus de protection, limitations, transmissions, renonciations, radiations, etc.;
8º la date de l'enregistrement au Bureau international;
9º la date de la notification aux Administrations contractantes.

zwei Jahre nach seiner Veröffentlichung dem Eigentümer der Marke auf seine Kosten zurückgesandt, sofern er es beantragt hat. Jeder am Endes des dritten Jahres nicht zurückgeforderte Druckstock kann vernichtet werden.

Das Büro rückt in das dem Hinterleger zugehende Formular einen Vermerk ein, der auf die Rückgabe hinweist und angibt, ob der Eigentümer wieder in den Besitz seines Druckstocks zu kommen wünscht.

C. wenn der Hinterleger die Farbe als unterscheidendes Merkmal seiner Marke in Anspruch nimmt:

Vierzig farbige Darstellungen der Marke auf Papier. Besteht die Marke aus mehreren getrennten Teilen, so müssen sie bei jedem einzelnen der 40 Stücke auf einem Blatte von steifem Papier zusammengesetzt und aufgeklebt sein.

In diesem Falle muß das Gesuch einen kurzen Vermerk in französischer Sprache enthalten, der die in Anspruch genommene Farbe oder Farbenzusammenstellung angibt.

Falls die eine oder die andere Anforderung in Ansehung der Farbe nicht erfüllt ist, schreitet das Internationale Büro zu der Registrierung der Marke und zu ihrer Anzeige, ohne auf die Farbe Rücksicht zu nehmen.

D. den Betrag der internationalen Abgabe, die durch Postanweisung oder auf irgendeinem anderen Wege unter Angabe des Namens und der Anschrift des Eigentümers der Marke zu zahlen ist.

Für das Registrierungsgesuch ist ein Vordruck zu benutzen, der den Behörden von dem Internationalen Büro unentgeltlich geliefert wird.

Artikel 3.

Das Internationale Büro schreitet unverzüglich zur Eintragung der Marke in ein Register, das nachstehende Angaben enthält:

1. die Ordnungsnummer der Marke,
2. den Namen des Eigentümers der Marke,
3. seine Anschrift,
4. die Erzeugnisse oder Waren, für welche die Marke verwendet wird,
5. das Ursprungsland der Marke,
6. den Tag der Registrierung und die Ordnungsnummer im Ursprungslande,
7. die Vermerke über die Rechtslage der Marke; z. B. Versagung des Schutzes, Beschränkungen, Übertragungen, Verzichtleistungen, Löschungen usw.
8. den Tag der Registrierung bei dem Internationalen Büro,
9. das Datum der Anzeige an die Behörden der vertragschließenden Länder.

Article 4.

L'inscription une fois faite dans le registre, le Bureau international certifiera sur les deux exemplaires de la demande que l'enregistrement a eu lieu, et les revêtira tous deux de sa signature et de son timbre. Un de ces exemplaires restera dans les archives du Bureau; l'autre sera renvoyé à l'Administration du pays d'origine.

En outre, le Bureau international notifiera aux Administrations l'enregistrement opéré, en envoyant à chacune d'elles une reproduction typographique de la marque et en leur indiquant:

1° la date et le numéro d'ordre de l'enregistrement international;

2° le nom et l'adresse du déposant;

3° les produits ou marchandieses auxquels la marque est destinée;

4° le pays d'origine de la marque, ainsi que sa date d'enregistrement et son numéro d'ordre dans ledit pays.

Dans le cas prévu par l'article 2, lettre C, la susdite notification mentionnera, en outre, le dépôt en couleur, et sera accompagnée d'un exemplaire de la reproduction en couleur de la marque.

Article 5.

Le Bureau international publiera ensuite la marque dans une feuille périodique. Cette publication consistera dans la reproduction de la marque, accompagnée des indications mentionnées à l'article 4, alinéa 2, et, le cas échéant, de la mention prévue sous la lettre C de l'article 2.

Chaque Administration recevra gratuitement du Bureau international le nombre d'exemplaires qu'il lui conviendra de demander de la publication relative à l'enregistrement international.

Au commencement de chaque année, le Bureau international fera peraître une table où seront indiqués, par ordre alphabétique, et par pays contractant, les noms des propriétaires des marques ayant fait l'objet des publications effectuées dans le cours de l'année précédente.

Article 6.

La notification de refus prévue par l'article 5 de l'Arrangement sera transmise au Bureau international en trois expéditions identiques, destinées: l'une au Bureau précité, l'autre à l'Administration du pays d'origine, la troisième au propriétaire de la marque.

Si le refus est motivé par l'existence d'un dépôt antérieur, ces notifications devront indiquer la marque avec laquelle il y a

Artikel 4.

Nach erfolgter Eintragung im Register bescheinigt das Internationale Büro auf den beiden Stücken des Gesuchs, daß die Registrierung stattgefunden hat, und versieht beide mit seiner Unterschrift und mit seinem Amtssiegel. Das eine Stück bleibt im Archiv des Büros, das andere wird der Behörde des Ursprungslandes zurückgeschickt.

Außerdem gibt das Internationale Büro den Behörden die erfolgte Registrierung bekannt, indem es einer jeden von ihnen einen Abdruck der Marke übersendet und ihnen mitteilt:

1. den Tag und die Ordnungsnummer der internationalen Registrierung,
2. den Namen und die Anschrift des Hinterlegers,
3. die Erzeugnisse oder Waren, für welche die Marke bestimmt ist,
4. das Ursprungsland der Marke sowie den Tag ihrer Registrierung und ihre Ordnungsnummer in diesem Lande.

In dem im Artikel 2 zu C vorgesehenen Falle wird in der Anzeige außerdem auf die Hinterlegung in Farben hingewiesen und eine farbige Darstellung der Marke beigefügt.

Artikel 5.

Das Internationale Büro veröffentlicht hierauf die Marke in einem regelmäßig erscheinenden Blatte. Diese Veröffentlichung besteht in der Wiedergabe der Marke und bringt daneben die im Artikel 4 Abs. 2 und gegebenenfalls die im Artikel 2 zu C bezeichneten Angaben.

Jede Behörde erhält durch das Internationale Büro unentgeltlich die die internationale Registrierung betreffende Veröffentlichung in der von ihr gewünschten Anzahl von Stücken.

Zu Beginn eines jeden Jahres veröffentlicht das Internationale Büro eine alphabetisch und nach den vertragschließenden Ländern geordnete Übersicht der Namen der Eigentümer der im Vorjahr veröffentlichten Marken.

Artikel 6.

Die im Artikel 5 des Abkommens vorgesehene Anzeige von der Versagung des Schutzes wird dem Internationalen Büro in drei gleichlautenden Ausfertigungen übermittelt, von denen die eine für das vorerwähnte Büro, die zweite für die Behörde des Ursprungslandes, die dritte für den Eigentümer der Marke bestimmt ist.

Wird die Versagung mit dem Vorhandensein einer früheren Hinterlegung begründet, so hat die Anzeige die Marke anzugeben, mit

collision, en spécifiant: le nom et le domicile de son propriétaire; sa date d'enregistrement et son numéro d'ordre. Un fac-similé sera joint à la notification, si cela est possible.

Article 6 bis.

La taxe prévue par l'article 5 bis de l'Arrangement pour les copies ou extraits du registre, est fixée à deux francs par copie ou extrait.

Lorsque les mentions relatives à plusieurs marques pourront être réunies sur la même feuille, la taxe sera réduite à un franc pour chacune des marques en plus de la première.

Tout extrait, certificat ou recherche demandés au Bureau international, en outre des documents dont la délivrance est obligatoire, donnera lieu à la perception d'une taxe analogue.

Article 7.

Les changements survenus dans la propriété d'une marque, et qui auront fait l'objet de la notification prévue par les articles 9 et 9 bis de l'Arrangement, seront consignés dans le registre du Bureau international, sauf dans le cas où, aux termes du troisième alinéa de ce dernier article, la transmission ne pourra être enregistrée. Le Bureau international notifiera à son tour aux Administrations contractantes les changements enregistrés et les publiera dans son journal, en tenant compte des dispositions du premier alinéa de l'article 9 bis de l'Arrangement, quand le nouveau propriétaire sera établi dans un État contractant autre que le pays d'origine de la marque.

Article 8.

Le renouvellement du dépôt international donnera lieu aux mêmes opérations que le dépôt primitif.

L'avis officieux prévu par l'article 7 de l'Arrangement doit être expédié par le Bureau international dans le cours des six premiers mois de la dernière année de la durée de la protection.

Article 9.

Au commencement de chaque année le Bureau international établira le compte des dépenses faites au cours de l'année précédente pour le service de l'enregistrement international; le montant de ce compte sera déduit du total de recettes, et l'excédent de celles-ci sera réparti par parts égales entre tous les pays contractants.

der Kollision besteht, unter Bezeichnung des Namens und des Wohnsitzes ihres Eigentümers, des Tages ihrer Registrierung und ihrer Ordnungsnummer. Eine Darstellung ist womöglich der Anzeige beizufügen.

Artikel 6b.

Die im Artikel 5b des Abkommens vorgesehene Gebühr für Abschriften oder Auszüge aus dem Register wird auf zwei Franken für jede Abschrift oder jeden Auszug festgesetzt.

Sofern sich die auf meherere Marken bezüglichen Angaben auf demselben Blatte vereinigen lassen, so ermäßigt sich die Gebühr auf einen Franken für die zweite und jede folgende Marke.

Abgesehen von den Urkunden, zu deren Ausstellung eine Verpflichtung besteht, wird für jeden bei dem Internationalen Büro nachgesuchten Auszug, für jede Bescheinigung oder Nachforschung eine entsprechende Gebühr erhoben.

Artikel 7.

Die in den Eigentumsverhältnissen eingetretenen Veränderungen, die den Gegenstand einer in den Artikeln 9 und 9b des Abkommens vorgesehenen Anzeige gebildet haben, werden im Register des Internationalen Büros verzeichnet, es sei denn, daß gemäß dem dritten Absatz des letztgenannten Artikels die Übertragung nicht registriert werden kann. Das Internationale Büro gibt seinerseits die eingetragenen Veränderungen den Behörden der vertragschließenden Länder bekannt und veröffentlicht sie in seinem Blatte, wobei den Bestimmungen des Artikel 9b Abs. 1 des Abkommens für den Fall Rechnung zu tragen ist, daß der neue Eigentümer in einem anderen vertragschließenden Lande als dem Ursprungslande der Marke ansässig ist.

Artikel 8.

Die Erneuerung der internationalen Hinterlegung erfolgt in derselben Weise wie die ursprüngliche Hinterlegung.

Der im Artikel 7 des Abkommens vorgesehene Hinweis ist vom Internationalen Büro im Laufe der ersten sechs Monate des letzten Jahres der Schutzfrist abzusenden.

Artikel 9.

Zu Beginn eines jeden Jahres stellt das Internationale Büro eine Rechnung über die im Laufe des vorangegangenen Jahres für den Dienst der internationalen Registrierung gemachten Ausgaben auf; der so berechnete Betrag wird von der Gesamtsumme der Einnahmen abgezogen und der Überschuß zu gleichen Teilen unter alle vertragschließenden Länder verteilt.

Article 10.

La notification collective prescrite par l'article 11 de l'Arrangement contiendra les mêmes indications que les notifications prévues par les articles 4 et 7 du présent règlement.

Artikel 10.

Die durch Artikel 11 des Abkommens vorgeschriebene Sammelanzeige umfaßt dieselben Angaben wie die in den Artikeln 4 und 7 der vorliegenden Ausführungsordnung vorgesehenen Mitteilungen.

Article 11.

Le présent règlement entrera en vigueur en même temps que l'Arrangement auquel il se rapporte et il aura la même durée.

Les Administrations contractantes pourront toujours y apporter, d'un commun accord, conformément aux dispositions de l'article 10 dudit Arrangement, les modifications, qui leur paraîtront nécessaires.

Artikel 11.

Die gegenwärtige Ausführungsordnung tritt gleichzeitig mit dem Abkommen, auf das sie sich bezieht, in Kraft und soll die gleiche Dauer haben.

Die vertragschließenden Behörden können daran jederzeit in gegenseitigem Einverständnis, entsprechend den Bestimmungen des Artikel 10 des Abkommens, die ihnen notwendig erscheinenden Abänderungen vornehmen.

c) Gesetz über den Beitritt des Reiches zu dem Madrider Abkommen über die internationale Registrierung von Fabrik- oder Handelsmarken. Vom 12. Juli 1922.

(RGBl II 669.)

Der Reichstag hat das folgende Gesetz beschlossen, das mit Zustimmung des Reichsrats hiermit verkündet wird:

§ 1. Dem Beitritt des Reichs zu dem Madrider Abkommen vom 14. April 1891 über die internationale Registrierung von Fabrik- oder Handelsmarken, revidiert in Brüssel am 14. Dezember 1900 und in Washington am 2. Juni 1911, wird zugestimmt.

Das Abkommen wird nachstehend veröffentlicht.

§ 2. Der beim Reichspatentamt einzureichende Antrag auf internationale Registrierung (Artikel 1 des Abkommens) ist auch für solche Warenzeichen zulässig, die vor dem Beitritt des Reichs in die Rolle eingetragen worden sind.

Für jedes Zeichen ist außer der im Artikel 8 Satz 2 des Abkommens vorgesehenen internationalen Gebühr eine dem Reiche zufallende Gebühr von fünfhundert Mark (50 GM.) an die Kasse des Reichspatentamts zu entrichten. Im Falle einer wesentlichen Änderung der wirtschaftlichen Verhältnisse kann die Reichsregierung mit Zustimmung des Reichsrats eine entsprechende Erhöhung oder Ermäßigung der letztgenannten Gebühr anordnen.

§ 3. Die international registrierten ausländischen Marken unterliegen nach Maßgabe der inneren deutschen Gesetze der Prüfung, ob ihnen der Warenzeichenschutz gewährt werden kann (Artikel 5 des Abkommens). Von der Prüfung sind jedoch die im Artikel 11 Abs. 2 des Abkommens bezeichneten Marken ausgenommen.

§ 4. Die zur Ausführung dieses Gesetzes erforderlichen Vorschriften erläßt die Reichsregierung.

§ 5. Der § 1 dieses Gesetzes tritt mit der Verkündung, im übrigen tritt das Gesetz mit dem Tage in Kraft, an dem nach einer im Reichsgesetzblatt enthaltenen Bekanntmachung der im § 1 vorgesehene Beitritt wirksam wird.

d) Verordnung über die internationale Registrierung von Fabrik- oder Handelsmarken. Vom 9. November 1922.

(RGBl II 778ff.)

Auf Grund des § 4 des Gesetzes über den Beitritt des Reichs zu dem Madrider Abkommen über die internationale Registrierung von Fabrik- oder Handelsmarken vom 12. Juli 1922 (RGBl. II S. 669) wird hierdurch bestimmt:

§ 1. Die Vorschriften über den Geschäftsgang und das Verfahren in Warenzeichensachen sind in Angelegenheiten der internationalen Markenregistrierung sinngemäß anzuwenden, soweit in dieser Verordnung nichts anderes bestimmt ist.

§ 2. Für die Anträge auf internationale Registrierung von Warenzeichen wird in dem Reichspatentamt eine besondere Stelle errichtet, welche die Bezeichnung „Markenstelle" führt. Die Leitung dieser Stelle liegt einem von dem Präsidenten bezeichneten Mitglied ob.

Die Markenstelle bearbeitet auch die sonstigen auf die internationale Markenregistrierung bezüglichen Angelegenheiten, soweit nicht die Zuständigkeit anderer Stellen gesetzlich begründet ist.

Rechtsmittel gegen Bescheide der Markenstelle finden nicht statt. Über Beschwerden befindet der Präsident.

§ 3. Wer bei dem Reichspatentamt die internationale Registrierung seines Zeichens beantragt, hat glaubhaft zu machen, daß die internationale Abgabe (Artikel 8 des Abkommens) an das Internationale Büro in Bern abgeführt ist. Die Zahlung dieser Abgabe an die Kasse des Reichspatentamts ist unwirksam.

Die Reichsgebühr (§ 2 Abs. 2 des Gesetzes) ist mit dem Antrag zu entrichten. Ist jedoch das Warenzeichen bei Einreichung des Antrags noch nicht in der Rolle eingetragen, so wird die Gebühr erst mit der Eintragung fällig.

§ 4. Tag und Nummer der internationalen Registrierung sind in der Zeichenrolle zu vermerken. Der Vermerk wird nicht veröffentlicht.

§ 5. Wird die Erneuerung der internationalen Registrierung bei dem Reichspatentamt beantragt, so ist die Reichsgebühr erneut zu zahlen. Die erneute Entrichtung der internationalen Abgabe ist glaubhaft zu machen.

§ 6. Der Verzicht des Berechtigten auf den internationalen Schutz in einem oder in mehreren der Verbandsländer wird in die Zeichenrolle nicht eingetragen.

§ 7. Die internationale Registrierung einer ausländischen Marke hat die gleiche Wirkung, wie wenn die Marke für die dabei angegebenen Waren zur Eintragung in die Zeichenrolle angemeldet und eingetragen worden wäre. Die Wirkung tritt für die vor dem 1. Dezember 1922 international registrierten Marken mit dem Tage der Sammelanzeige (Artikel 11 des Abkommens), frühestens aber mit dem genannten Kalendertage, für die später registrierten Marken mit dem Tage der Registrierung ein. Die Wirkung entfällt und gilt als niemals eingetreten, wenn und soweit der Marke der Warenzeichenschutz versagt wird.

In die Zeichenrolle werden die Marken nicht eingetragen.

§ 8. Der durch die Vermittlung des Internationalen Büros erworbene Warenzeichenschutz kann weiterhin nur durch einen im Inland bestellten Vertreter geltend gemacht werden. Es kann jedoch, wenn ein Vertreter nicht bestellt ist, bei der Prüfung der Marke (§ 3 des Gesetzes) eine Erklärung, durch die das gegen die Gewährung des Zeichenschutzes erhobene Bedenken entkräftet wird, zugelassen werden.

Die Gewährung des Schutzes soll nicht deswegen beanstandet werden, weil die Bezeichnung des Geschäftsbetriebs fehlt.

§ 9. Die im Artikel 9b Abs. 1 des Abkommens vorgesehene Zustimmung wird dem Internationalen Büro nur erklärt, wenn und soweit die Marke von dem neuen Inhaber bei dem Reichspatentamt angemeldet und in die Zeichenrolle eingetragen worden ist.

§ 10. Werden die Vorschriften im § 8 Abs. 2 Nr. 2, Abs. 3 (Artikel IV Nr. 4 des Gesetzes vom 27. Juni 1922, RGBl. II S. 619) und im § 9 Abs. 1, 3, 4, 5 des Gesetzes zum Schutze der Warenbezeichnungen vom 12. Mai 1894 (RGBl. S. 441) gegen eine international registrierte ausländische Marke in Anwendung gebracht, so tritt an die Stelle der Löschung die Entziehung des Schutzes.

e) Bekanntmachung über die internationale Registrierung von Fabrik- oder Handelsmarken. Vom 9. November 1922.

(RGBl II Nr 31 S. 779.)

Unter Bezugnahme auf die §§ 1, 5 des Gesetzes über den Beitritt des Reichs zu dem Madrider Abkommen über die internationale Registrierung von Fabrik- oder Handelsmarken vom 12. Juli 1922 (Reichsgesetzbl. II S. 669) wird hierdurch bekanntgemacht, daß der Beitritt des Reichs zu dem genannten Abkommen der Schweizerischen Regierung am 19. Oktober 1922 angezeigt worden ist und mit dem 1. Dezember 1922 wirksam wird.

Berlin, den 9. November 1922.

Der Reichsminister der Justiz
gez. Dr. Radbruch

f) Haager Fassung.

Arrangement de Madrid du 14 avril 1891 concernant l'enregistrement international des marques de fabrique ou de commerce revisé à Bruxelles le 14 décembre 1900, à Washington le 2 juin 1911*) et à la Haye le 6 novembre 1925.

Madrider Abkommen vom 14. April 1891, betreffend die internationale Registrierung von Fabrik- oder Handelsmarken, revidiert in Brüssel am 14. Dezember 1900, in Washington am 2. Juni 1911 und im Haag am 6. November 1925.

*) Vgl. dieses Blatt 28, 94 Nr. 116.

Les soussignés, dûment autorisés par leurs gouvernements respectifs, ont, d'un commun accrod, arrêté le texte suivant, qui remplacera l'Arrangement de Madrid du 14 avril 1891, revisé à Washington le 2 juin 1911, savoir:

Article premier.

Les ressortissants de chacun des pays contractants pourront s'assurer, dans tous les autres pays, la protection de leurs marques de fabrique ou de commerce enregistrées dans le pays d'origine, moyennant le dépôt desdites marques au Bureau international, à Berne, fait par l'entremise de l'Administration dudit pays d'origine.

Fait règle pour la définition du pays d'origine, la disposition y relative de l'article 6 de la Convention générale d'Union pour la protection de la propriété industrielle.

Article 2.

Sont assimilés aux ressortissants des pays contractants les sujets ou citoyens des pays n'ayant pas adhéré au présent Arrangement qui, sur le territoire de l'Union restreinte constituée par ce dernier, satisfont aux conditions établies par l'article 3 de la Convention générale.

Article 3.

Toute demande d'enregistrement international devra être présentée sur le formulaire prescrit par le Règlement d'exécution, et l'Administration du pays d'origine de la marque certifiera que les indications qui figurent sur ces demandes correspondent à celles du registre national.

Si le déposant revendique la couleur à titre d'élément distinctif de sa marque, il sera tenu:

1° de le déclarer et d'accompagner son dépôt d'une mention indiquant couleur ou la combinaison de couleurs revendiquée;

2° de joindre à sa demande des exemplaires de ladite marque en couleur, qui seront annexés aux notifications faites par le Bureau international. Le nombre de ces exemplaires sera fixé par le Règlement d'exécution.

Le Bureau international enregistrera immédiatement les marques déposées conformément à l'article premier. Il notifiera cet enregistrement sans retard aux diverses Administrations. Les marques en-

Die Unterzeichneten haben auf Grund ordnungsmäßiger Vollmachten ihrer Regierungen im gemeinschaftlichen Einverständnis die folgende Vertragsfassung festgestellt, die an die Stelle des am 2. Juni 1911 zu Washington revidierten Madrider Abkommens vom 14. April 1891 treten soll.

Artikel 1.

Die Angehörigen eines jeden der vertragschließenden Länder können sich den Schutz ihrer im Ursprungslande eingetragenen Fabrik- oder Handelsmarken in allen übrigen vertragschließenden Ländern dadurch sichern, daß sie die Marken durch Vermittlung der Behörde des Ursprungslandes bei dem Internationalen Büro in Bern hinterlegen.

Maßgebend für den Begriff des Ursprungslandes ist die diesbezügliche Bestimmung des Artikel 6 der Hauptverbandsübereinkunft zum Schutze des gewerblichen Eigentums.

Artikel 2.

Den Angehörigen der vertragschließenden Länder werden gleichgestellt die Untertanen oder Bürger der dem gegenwärtigen Abkommen nicht beigetretenen Länder, die in dem Gebiete des durch dieses Abkommen begründeten engeren Verbandes den durch Artikel 3 der Hauptübereinkunft festgesetzten Anforderungen genügen.

Artikel 3.

Jedes Gesuch um internationale Registrierung muß auf dem von der Ausführungsordnung vorgeschriebenen Vordruck eingereicht werden, und die Behörde des Ursprungslandes der Marke bescheinigt, daß die Angaben in diesen Gesuchen denen des nationalen Registers entsprechen.

Wenn der Hinterleger die Farbe als unterscheidendes Merkmal seiner Marke in Anspruch nimmt, so ist er verpflichtet:

1. es ausdrücklich zu erklären und seiner Anmeldung einen Vermerk beizufügen, der die in Anspruch genommene Farbe oder Farbenzusammenstellung angibt;
2. seinem Antrag farbige Darstellungen der Marke beizulegen, die den Anzeigen des Internationalen Büros beigefügt werden. Die Zahl dieser Darstellungen wird durch die Ausführungsordnung festgestellt.

Das Internationale Büro trägt die gemäß Artikel 1 hinterlegten Marken ohne weiteres in ein Register ein. Es zeigt diese Registrierung unverzüglich den verschiedenen Behörden an. Die registrierten Marken werden

registrées seront publiées dans une feuille périodique éditée par le Bureau international, au moyen des indications contenues dans la demande d'enregistrement et d'un cliché fourni par le déposant.

En vue de la publicité à donner, dans les pays contractants, aux marques enregistrées, chaque Administration recevra gratuitement du Bureau international le nombre d'exemplaires de la susdite publication qu'il lui plaira de demander. Cette publicité sera considérée dans tous les pays contractants comme pleinement suffisante, et aucune autre ne pourra être exigée du déposant.

Article 4.

A partir de l'enregistrement ainsi fait au Bureau international, la protection de la marque dans chacun des pays contractants sera la même que si cette marque y avait été directement déposée.

Toute marque qui a été l'objet d'un enregistrement international jouira du droit de priorité établi par l'article 4 de la Convention générale, sans qu'il soit nécessaire d'accomplir les formalités prévues dans la lettre d de cet article.

Article 4 bis.

Lorsqu'une marque, déjà déposée dans un ou plusieurs des pays contractants, a été postérieurement enregistrée par le Bureau international au nom du même titulaire ou de son ayant cause, l'enregistrement international sera considéré comme substitué aux enregistrements nationaux antérieurs, sans préjudice des droits acquis par le fait de ces derniers.

Article 5.

Dans les pays où leur législation les y autorise, les Administrations auxquelles le Bureau international notifiera l'enregistrement d'une marque, auront la faculté de déclarer que la protection ne peut être accordée à cette marque sur leur territoire. Un tel refus ne pourra être opposé que dans les conditions qui s'appliqueraient, en vertu de la Convention générale, à une marque déposée à l'enregistrement national.

Les Administrations qui voudront exercer cette faculté de vront notifier leurs refus, avec indication des motifs, au Bureau international, dans le délai prévu par leur loi nationale, et, au plus tard, avant la fin d'une année comptée à partir de l'enregistrement international de la marque.

in einem regelmäßig erscheinenden, von dem Internationalen Büro herausgegebenen Blatt unter Verwendung der in dem Registrierungsgesuch enthaltenen Angaben und eines vom Hinterleger gelieferten Druckstocks veröffentlicht.

Um die registrierten Marken in den vertragschließenden Ländern zur allgemeinen Kenntnis zu bringen, erhält jede Behörde von dem Internationalen Büro unentgeltlich die von ihr gewünschte Anzahl von Stücken der obenerwähnten Veröffentlichung. Diese Bekanntgabe hat in allen vertragschließenden Ländern als in jeder Hinsicht ausreichend zu gelten; vom Hinterleger darf keine weitere gefordert werden.

Artikel 4.

Von dem Zeitpunkt der hiernach im Internationalen Büro vollzogenen Registrierung an ist die Marke in jedem der vertragschließenden Länder ebenso geschützt, wie wenn sie dort unmittelbar hinterlegt worden wäre.

Jede Marke, die Gegenstand einer internationalen Registrierung gewesen ist, genießt das durch Artikel 4 der Hauptübereinkunft festgesetzte Prioritätsrecht, ohne daß es nötig ist, die unter dem Buchstaben d jenes Artikels vorgesehenen Förmlichkeiten zu erfüllen.

Artikel 4 bis.

Wenn eine in einem oder mehreren der vertragschließenden Länder bereits hinterlegte Marke später von dem Internationalen Büro zugunsten desselben Inhabers oder seines Rechtsnachfolgers registriert worden ist, so ist die internationale Registrierung als an die Stelle der früheren nationalen Registrierungen getreten anzusehen, unbeschadet der durch letztere erworbenen Rechte.

Artikel 5.

Die Behörden, denen das Internationale Büro die Registrierung einer Marke anzeigt, sind in den Ländern, deren Gesetze sie hierzu ermächtigen, zu der Erklärung befugt, daß dieser Marke der Schutz in ihrem Gebiete nicht gewährt werden kann. Eine solche Zurückweisung ist jedoch nur unter denjenigen Voraussetzungen zulässig, die auf Grund der Hauptübereinkunft bei einer zur nationalen Registrierung hinterlegten Marke Anwendung finden würden.

Die Behörden, die von dieser Befugnis Gebrauch machen wollen, müssen ihre Zurückweisungen unter Angabe der Gründe dem Internationalen Büro innerhalb der von ihrem Heimatsgesetze vorgesehenen Frist, spätestens aber vor Ablauf eines Jahres nach der internationalen Registrierung der Marke anzeigen.

Le Bureau international transmettra sans retard à l'Administration du pays d'origine et au propriétaire de la marque ou à son mandataire, si celui-ci a été indiqué au Bureau par ladite Administration, un des exemplaires de la déclaration de refus ainsi notifiée. L'intéressé aura les mêmes moyens de recours que si la marque avait été par lui directement déposée dans le pays où la protection est refusée.

Les Administrations qui, dans le délai maximum sus indiqué d'un an, n'auront adressé aucune communication au Bureau international seront censées avoir accepté la marque.

Das Internationale Büro übermittelt unverzüglich der Behörde des Ursprungslandes und dem Eigentümer der Marke oder seinem Vertreter, falls dieser dem Büro von jener Behörde angegeben worden ist, eines der Stücke der in dieser Weise angezeigten Zurückweisungserklärung. Der Beteiligte hat dieselben Rechtsmittel, wie wenn die Marke von ihm unmittelbar in dem Lande hinterlegt worden wäre, in dem der Schutz versagt ist.

Es wird angenommen, daß die Behörden, die innerhalb der oben genannten Längstfrist von einem Jahr keine Mitteilung an das Internationale Büro gerichtet haben, die Marke genehmigt haben.

Article 5 bis.

Les pièces justificatives de la légitimité d'usage de certains éléments contenus dans les marques, tels que armoiries, écussons, portraits, distinctions honorifiques, titres, noms commerciaux ou noms de personnes autres que celui du déposant, ou autres inscriptions analogues, qui pourraient être réclamées par les Administrations des pays contractants, seront dispensées de toute certification ou légalisation autre que celle de l'Administration du pays d'origine.

Artikel 5 bis.

Die Belege für die Rechtmäßigkeit des Gebrauchs gewisser Markenbestandteile — wie Wappen, Wappenschilder, Bildnisse, Auszeichnungen, Titel, Handels- oder Personennamen, die anders lauten als der des Hinterlegers, oder andere Inschriften ähnlicher Art —, die von den Behörden der vertragschließenden Länder etwa eingefordert werden, sind von jeder anderen Beglaubigung oder Legalisation als derjenigen der Behörde des Ursprungslandes befreit.

Article 5 ter.

Le Bureau international délivrera à toute personne qui en fera la demande, moyennant une taxe fixée par le Règlement d'exécution, une copie des mentions inscrites dans le Registre relativement à une marque déterminée.

Il pourra aussi, contre rémunération, se charger de faire des recherches d'antériorité parmi les marques internationales.

Artikel 5 ter.

Das Internationale Büro erteilt auf Antrag jedem gegen eine Gebühr, die durch die Ausführungsordnung festgesetzt wird, eine Abschrift der mit Bezug auf eine bestimmte Marke in das Register eingetragenen Angaben.

Es kann auch Nachforschungen in den internationalen Marken nach älteren Registrierungen gegen Entgelt übernehmen.

Article 6.

La protection résultant de l'enregistrement au Bureau international durera vingt ans à partir de cet enregistrement (sous réserve de ce qui est prévu à l'article 8 pour le cas où le déposant n'aura versé qu'une fraction de l'émolument international), mais elle ne pourra être invoquée en faveur d'une marque qui ne jouirait plus de la protection légale dans le pays d'origine.

Artikel 6.

Der durch die Registrierung bei dem Internationalen Büro erlangte Schutz dauert zwanzig Jahre von dem Zeitpunkt dieser Registrierung an (vorbehaltlich dessen, was im Artikel 8 für den Fall vorgesehen ist, daß der Hinterleger nur einen Teil der internationalen Abgabe entrichtet hat); der Schutz kann jedoch nicht für eine Marke in Anspruch genommen werden, die in dem Ursprungslande keinen gesetzlichen Schutz mehr genießt.

Article 7.

L'enregistrement pourra toujours être renouvelé suivant les prescriptions des articles 1 et 3 pour une nouvelle période de vingt ans à compter depuis la date de renouvellement.

Artikel 7.

Die Registrierung kann nach Maßgabe der Vorschriften der Artikel 1 und 3 jederzeit erneuert werden, und zwar für einen weiteren Zeitabschnitt von zwanzig Jahren, gerechnet vom Zeitpunkt der Erneuerung an.

Six mois avant l'expiration du terme de protection, le Bureau international rappellera au propriétaire de la marque, par l'envoi d'un avis officieux, la date exacte de cette expiration.

Si la marque présentée en renouvellement du précédent dépôt a subi une modification de forme, les Administrations pourront se refuser à l'enregistrer à titre de renouvellement et le même droit leur appartiendra en cas de changement dans l'indication des produits auxquels la marque doit s'appliquer, à moins que, sur notification de l'objection par l'intermédiaire du Bureau international, l'intéressé ne déclare renoncer à la protection pour les produits autres que ceux désignés en mêmes termes lors de l'enregistrement antérieur.

Lorsque la marque n'est pas admise à titre de renouvellement, il pourra être tenu compte des droits d'antériorité ou autres acquis par le fait de l'enregistrement antérieur.

Article 8.

L'Administration du pays d'origine fixera à son gré, et percevra à son profit, une taxe nationale qu'elle réclamera du propriétaire de la marque dont l'enregistrement international est demandé.

A cette taxe s'ajoutera un émolument international (en francs suisses) de cent cinquante francs pour la première marque, et de cent francs pour chacune des marques suivantes, déposées en même temps au Bureau international au nom du même propriétaire.

Le déposant aura la faculté de n'acquitter au moment du dépôt international qu'un émolument de cent francs pour la première marque et de soixante-quinze francs pour chacune des marques déposées en même temps que la première.

Si le déposant fait usage de cette faculté, il devra, avant l'expiration d'un délai de dix ans compté à partir de l'enregistrement international, verser au Bureau international un complément d'émolument de soixant-quinze francs pour la première marque et de cinquante francs pour chacune des marques déposées en même temps que la première, faute de quoi, à l'expiration de ce délai, il perdra le bénéfice de son enregistrement. Six mois avant cette

Sechs Monate vor Ablauf der Schutzzeit erinnert das Internationale Büro den Eigentümer der Marke durch Zusendung eines Hinweises an den genauen Zeitpunkt dieses Ablaufs.

Hat die zur Erneuerung der vorangehenden Hinterlegung eingereichte Marke eine Formveränderung erfahren, so können die Behörden die Eintragung unter dem Gesichtspunkte der Erneuerung ablehnen; das gleiche Recht steht ihnen zu im Falle einer Änderung des Warenverzeichnisses, sofern nicht der Beteiligte, nachdem er von der Beanstandung durch das Internationale Büro verständigt worden ist, auf den Schutz für andere, als die mit denselben Ausdrücken bei der vorigen Registrierung bezeichneten Waren verzichtet.

Wenn die Marke nicht unter dem Gesichtspunkt der Erneuerung zugelassen wird, so kann den durch die Tatsache der vorigen Registrierung erworbenen Vorrangs- und sonstigen Rechten gleichwohl Rechnung getragen werden.

Artikel 8.

Die Behörde des Ursprungslandes kann nach ihrem Ermessen eine nationale Gebühr festsetzen und zu ihren Gunsten von dem Eigentümer der Marke, deren internationale Registrierung beantragt wird, erheben.

Zu dieser Gebühr tritt eine internationale Abgabe (in Schweizer Franken) von einhundertfünfzig Franken für die erste Marke und von je einhundert Franken für alle weiteren gleichzeitig beim Internationalen Büro im Namen desselben Eigentümers hinterlegten Marken.

Der Hinterleger ist befugt, bei der internationalen Hinterlegung nur eine Abgabe von einhundert Franken für die erste Marke und von je fünfundsiebzig Franken für alle gleichzeitig mit der ersten hinterlegten Marken zu entrichten.

Macht der Hinterleger von dieser Befugnis Gebrauch, so muß er vor Ablauf einer Frist von zehn Jahren seit der internationalen Registrierung bei dem Internationalen Büro eine Ergänzungsabgabe von fünfundsiebzig Franken für die erste Marke und von je fünfzig Franken für alle weiteren gleichzeitig mit der ersten hinterlegten Marken einzahlen; hat er dies bei Ablauf der Frist nicht getan, so geht er des Vorteils seiner Registrierung verlustig. Sechs Monate vor dem Fristablauf erinnert das Internationale Büro den Hinterleger durch Zusendung eines Hinweises für alle Fälle an den genauen Zeitpunkt dieses Ab-

expiration, le Bureau international rappellera au déposant, par l'envoi d'un avis officieux, à toutes fins utiles, la date exacte de cette expiration. Si le complément d'émolument n'est pas versé avant l'expiration de ce délai au Bureau international, celui-ci radiera la marque, notifiera cette opération aux Administrations et la publiera dans son journal.

Lorsque la liste des produits pour lesquels la protection est revendiquée contiendra plus de cent mots, l'enregistrement de la marque ne sera effectué qu'après payement d'une surtaxe à fixer par le Règlement d'exécution.

Le produit annuel des diverses recettes de l'enregistrement international sera réparti par parts égales entre les pays contractants par les soins du Bureau international, après déduction des frais communs nécessités par l'exécution du présent Arrangement.

Si, au moment de l'entrée en vigueur du présent Arrangement revisé, un pays ne l'a pas encore ratifié, il n'aura droit, jusqu'à la date de son adhésion postérieure, qu'à une répartition de l'excédent de recettes calculé sur la base des anciennes taxes.

Article 8 bis.

Le propriétaire d'une marque internationale peut toujours renoncer à la protection dans un ou plusieurs des pays contractants, au moyen d'une déclaration remise à l'Administration du pays d'origine de la marque, pour être communiquée au Bureau international, qui la notifiera aux pays que cette renonciation concerne.

Article 9.

L'Administration du pays d'origine notifiera au Bureau international les annulations, radiations, renonciations, transmissions et autres changements apportés à l'inscription de la marque.

Le Bureau inscrira ces changements dans le Registre international, les notifiera à son tour aux Administrations des pays contractants, et les publiera dans son journal.

On procédera de même lorsque le propriétaire de la marque demandera à réduire la liste des produits auxquels elle s'applique.

Ces opérations peuvent être soumises à une taxe qui sera fixée par le Règlement d'exécution.

laufs. Ist die Ergänzungsabgabe nicht vor Ablauf der Frist bei dem Internationalen Büro eingezahlt, so löscht dieses die Marke, zeigt die Löschung den Behörden an und veröffentlicht sie in seinem Blatt.

Enthält das Warenverzeichnis mehr als einhundert Wörter, so wird die Registrierung der Marke erst nach Zahlung eines durch die Ausführungsordnung festzusetzenden Zuschlags vorgenommen.

Das Jahresertrāgnis der verschiedenen Einnahmen aus der internationalen Registrierung wird nach Abzug der durch die Ausführung des gegenwärtigen Abkommens verursachten gemeinsamen Kosten zu gleichen Teilen durch das Internationale Büro unter die vertragschließenden Länder verteilt.

Hat ein Land das gegenwärtige revidierte Abkommen zur Zeit seines Inkrafttretens noch nicht ratifiziert, so hat es bis zum Zeitpunkte seines späteren Beitritts nur Anspruch auf eine Verteilung des auf der Grundlage der alten Gebühren errechneten Einnahmeüberschusses.

Artikel 8 bis.

Der Eigentümer einer internationalen Marke kann jederzeit durch eine an die Behörde des Ursprungslandes gerichtete Erklärung auf den Schutz in einem oder in mehreren der vertragschließenden Länder verzichten; die Erklärung wird dem Internationalen Büro mitgeteilt und von diesem den durch den Verzicht betroffenen Ländern bekanntgegeben.

Artikel 9.

Die Behörde des Ursprungslandes teilt dem Internationalen Büro die der Eintragung der Marke hinzugeschriebenen Nichtigkeitserklärungen, Löschungen, Verzichtleistungen, Übertragungen und anderen Veränderungen mit.

Das Büro trägt diese Veränderungen in das internationale Register ein, zeigt sie seinerseits den Behörden der vertragschließenden Länder an und veröffentlicht sie in seinem Blatte.

Ebenso wird verfahren, wenn der Eigentümer der Marke den Antrag stellt, das Warenverzeichnis zu verkleinern.

Diese Amtshandlungen können mit einer Gebühr belegt werden, die durch die Ausführungsordnung festgesetzt wird.

L'addition ultérieure d'un nouveau produit à la liste ne peut être obtenue que par un nouveau dépôt effectué conformément aux prescriptions de l'article 3.

A l'addition est assimilée la substitution d'un produit à un autre.

Die nachträgliche Hinzufügung einer neuen Ware zu dem Verzeichnis kann nur durch eine neue, gemäß den Vorschriften des Artikel 3 bewirkte Hinterlegung erlangt werden.

Der Hinzufügung steht der Ersatz einer Ware durch eine andere gleich.

Article 9 bis.

Lorsqu'une marque inscrite dans le Registre international sera transmise à une personne établie dans un pays contractant autre que le pays d'origine de la marque, la transmission sera notifiée au Bureau international par l'Administration de ce même pays d'origine. Le Bureau international, après avoir reçu l'assentiment de l'Administration à laquelle ressortit le nouveau titulaire, enregistera la transmission, la notifiera aux autres Administrations et la publiera dans son journal en mentionnant, si possible, la date et le numéro d'enregistrement de la marque dans son nouveau pays d'origine.

Nulle transmission de marque inscrite dans le Registre international, faite au profit d'une personne non admise à déposer une marque internationale, ne sera enregistrée.

Artikel 9 bis.

Wenn eine im internationalen Register eingetragene Marke auf eine Person übertragen wird, die in einem anderen vertragschließenden Lande als dem Ursprungslande der Marke ansässig ist, so ist die Übertragung durch die Behörde dieses Ursprungslandes dem Internationalen Büro anzuzeigen. Das Internationale Büro trägt, sobald die Zustimmung der für den neuen Markeninhaber zuständigen Behörde eingegangen ist, die Übertragung in das Register ein, zeigt sie den anderen Behörden an und veröffentlicht sie in seinem Blatte. Dabei wird, wenn möglich, der Zeitpunkt und die Nummer der Eintragung der Marke in ihrem neuen Ursprungslande angegeben.

Die Übertragung einer im internationalen Register eingetragenen Marke auf eine Person, die zur Hinterlegung einer internationalen Marke nicht zugelassen ist, wird in das Register nicht eingetragen.

Article 9 ter.

Les dispositions des articles 9 et 9 bis concernant les transmissions n'ont point pour effet de modifier les législations des pays contractants qui prohibent la transmission de la marque sans la cession simultanée de l'établissement industriel ou commercial dont elle distingue les produits.

Artikel 9 ter.

Die Bestimmungen der Artikel 9 und 9 bis über die Übertragungen berühren in keiner Weise die in den vertragschließenden Ländern geltenden Gesetze, durch welche die Übertragung einer Marke ohne gleichzeitige Übertragung des Gewerbe- oder Handelsunternehmens, dessen Waren durch die Marke gekennzeichnet werden, verboten ist.

Article 10.

Les Administrations régleront d'un commun accord les détails relatifs à l'exécution du présent Arrangement.

Artikel 10.

Die Behörden werden die Einzelheiten wegen der Ausführung des gegenwärtigen Abkommens im gemeinschaftlichen Einverständnis ordnen.

Article 11.

Les pays de l'Union pour la protection de la propriété industrielle qui n'ont pas pris part au présent Arrangement seront admis à y adhérer sur leur demande, et dans la forme prescrite par la Convention générale.

Dès que le Bureau international sera informé qu'un pays ou une de ses colonies a adhéré au présent Arrangement, il adressera à l'Administration de ce pays, conformément à l'article 3, une notification collective des marques qui, à ce moment, jouiront de la protection internationale.

Artikel 11.

Die dem Verbande zum Schutze des gewerblichen Eigentums angehörenden Länder, die an dem gegenwärtigen Abkommen nicht teilgenommen haben, werden auf ihren Antrag und in der durch die Hauptübereinkunft vorgeschriebenen Form zum Beitritt zugelassen.

Sobald das Internationale Büro von dem Beitritt eines Landes oder einer seiner Kolonien zu dem gegenwärtigen Abkommen in Kenntnis gesetzt worden ist, sendet es der Behörde dieses Landes gemäß Artikel 3 eine Sammelanzeige über diejenigen Marken, die zu diesem Zeitpunkt den internationalen Schutz genießen.

Cette notification assurera, par elle-même, auxdites marques le bénéfice des précédentes dispositions sur le territoire du pays adhérent, et fera courir le délai d'un an pendant lequel l'Administration intéressée peut faire la déclaration prévue par l'article 5.

Toutefois, chaque pays en adhérant au présent Arrangement pourra déclarer que, sauf en ce qui concerne les marques internationales ayant déjà fait antérieurement dans ce pays l'objet d'un enregistrement national identique encore en vigueur et qui seront immédiatement reconnues sur la demande des intéressés, l'application de cet Acte sera limitée aux marques qui seront enregistrées à partir du jour où cette adhésion deviendra effective.

Cette déclaration dispensera le Bureau international de faire la notification collective susindiquée. Il se bornera à notifier les marques en faveur desquelles la demande d'être mis au bénéfice de l'exception prévue à l'alinéa précédent lui parviendra, avec les précisions nécessaires, dans le délai d'une année à partir de l'accession du nouveau pays.

Diese Anzeige sichert von selbst den bezeichneten Marken die Vorteile der vorangehenden Bestimmungen in dem Gebiete des beitretenden Landes und setzt die Jahresfrist in Lauf, während welcher die beteiligte Behörde die im Artikel 5 vorgesehene Erklärung abgeben kann.

Indessen kann jedes Land bei seinem Beitritt zu dem gegenwärtigen Abkommen erklären, daß, soweit nicht internationale Marken in Betracht kommen, die schon vorher in diesem Lande Gegenstand einer gleichen, noch gültigen nationalen Registrierung gewesen sind und die auf Antrag der Beteiligten ohne weiteres anerkannt werden, die Anwendung dieser Akte sich beschränkt auf diejenigen Marken, welche an oder nach dem Tage registriert werden, wo dieser Beitritt wirksam wird.

Diese Erklärung entbindet das Internationale Büro von der oben angegebenen Sammelanzeige. Es beschränkt sich auf die Anzeige der Marken, wegen deren ihm der Antrag auf die Vergünstigung der in dem vorhergehenden Absatz vorgesehenen Ausnahme nebst den erforderlichen näheren Angaben innerhalb eines Jahres nach dem Beitritt des neuen Landes zugeht.

Article 12.

Le présent Arrangement sera ratifié, et les ratifications en seront déposées à La Haye, au plus tard le 1er mai 1928.

Il entrera en vigueur un mois après cette date et aura la même force et durée que la Convention générale.

Cet Acte remplacera, dans les rapports entre les pays qui l'auront ratifié, l'Arrangement de Madrid de 1891, revisé à Washington le 2 juin 1911. Toutefois, celui-ci restera en vigueur dans les rapports avec les pays qui n'auront pas ratifié le présent Acte.

EN FOI DE QUOI, les Plénipotentiaires respectifs ont signé le présent Arrangement.

Fait à La Haye, en un seul exemplaire, le 6 novembre 1925.

(Signatures.)

Artikel 12.

Das gegenwärtige Abkommen soll ratifiziert und die Ratifikationsurkunden sollen im Haag spätestens am 1. Mai 1928 hinterlegt werden.

Es tritt einen Monat nach diesem Zeitpunkt in Kraft und soll dieselbe Geltung und Dauer haben wie die Hauptübereinkunft.

Diese Akte tritt in den Beziehungen zwischen den Ländern, die sie ratifiziert haben, an die Stelle des am 2. Juni 1911 in Washington revidierten Madrider Abkommens von 1891. Das letztere bleibt jedoch in den Beziehungen zu den Ländern in Kraft, die die gegenwärtige Akte nicht ratifiziert haben.

Zu Urkund dessen haben die Bevollmächtigten das gegenwärtige Abkommen unterzeichnet.

So geschehen im Haag in einem einzigen Exemplar am 6. November 1925.

(Unterschriften.)

Note. — Cet Arrangement a été signé par les Délégués plénipotentiaires des pays contractants suivants: Allemagne, Autriche Belgique, Brésil, Cuba, Dantzig (Ville libre de), Espagne, France, Hongrie, Italie, Maroc, Mexique, Pays-Bas, Portugal, Royaume des

Serbes, Croates et Slovènes, Suisse, Tchécoslovaquie, Tunisie.

Manquent encore au bas de ce document les signatures des pays contractants suivants: Lettonie, Luxembourg, Roumanie et Turquie.

Règlement pour l'exécution de l'arrangement concernant l'enregistrement international des marques de fabrique ou de commerce*) revisé à la Haye le 6 novembre 1925.

Article premier.

Toute demande tendant à obtenir l'enregistrement international d'une marque de fabrique ou de commerce en vertu de de l'Arrangement du 14 avril 1891 revisé, devra être adressée par le propriétaire de la marque à l'Administration du pays d'origine en la forme que cette dernière prescrira dans son règlement national.

Article 2.

Lorsque la marque sera régulièrement enregistrée dans le pays d'origine, l'Administration de ce pays adressera au Bureau international de la propriété industrielle, à Berne:

A. Une demande d'enregistrement, en double exemplaire, portant une représentation distincte de la marque, uniquement en impression noire obtenue au moyen du cliché accompagnant le dépôt. Cette demande sera établie sur le formulaire fourni par le Bureau international et sera rédigée en langue française. Le formulaire sera rempli par l'Administration du pays d'origine ou celle-ci veillera à ce qu'il soit rempli correctement. La demande indiquera:

1° le nom du propriétaire de la marque;

2° son adresse; s'il est fait mention de plus d'une adresse, celle à laquelle les notifications devront être envoyées;

3° le cas échéant, le nom et l'adresse du mandataire;

4° les produits ou marchandises auxquels la marque est destinée (indication précise du genre de produits sans énumération trop détaillée);

5° la date de la dernière inscription (enregistrement ou renouvellement) de la marque dans le pays d'origine et son numéro d'ordre;

Ausführungsordnung zum Abkommen, betreffend die internationale Registrierung von Fabrik- oder Handelsmarken, revidiert im Haag am 6. November 1925.

Artikel 1.

Jeder Antrag auf internationale Registrierung einer Fabrik- oder Handelsmarke gemäß dem revidierten Abkommen vom 14. April 1891 ist von dem Eigentümer der Marke an die Behörde des Ursprungslandes zu richten, und zwar in der von dieser durch nationale Vorschriften geregelten Form.

Artikel 2.

Sobald die Marke im Ursprungslande vorschriftsmäßig registriert worden ist, übersendet die Behörde dieses Landes dem Internationalen Büro für das gewerbliche Eigentum in Bern:

A. in zwei Stücken ein Gesuch um Registrierung, auf dem sich, einzig und allein in Schwarzdruck, eine mittels des der Hinterlegung beigefügten Druckstocks hergestellte deutliche Wiedergabe der Marke befindet. Dieses Gesuch ist auf dem vom Internationalen Büro gelieferten Vordruck zu fertigen und in französischer Sprache abzufassen. Der Vordruck ist von der Behörde des Ursprungslandes auszufüllen, oder diese hat darauf zu achten, daß er ordnungsmäßig ausgefüllt wird. Das Gesuch hat anzugeben:

1. den Namen des Eigentümers der Marke;

2. seine Anschrift und, wenn mehr als eine Anschrift erwähnt ist, diejenige, an die die Mitteilungen geschickt werden sollen;

3. gegebenenfalls den Namen und die Anschrift des Vertreters;

4. die Erzeugnisse oder Waren, für welche die Marke bestimmt ist (genaue Angabe der Art der Waren ohne eine zu sehr ins einzelne gehende Aufzählung);

5. den Zeitpunkt der letzten Eintragung (Ersteintragung oder Erneuerung) der Marke im Ursprungslande und ihre Ordnungsnummer;

*) Vgl. dieses Blatt 28, 121 Nr 155.

6° s'il y a lieu, la date et le numéro de l'enregistrement international antérieur.

B. Un cliché de la marque, pour la reproduction typographique de cette dernière dans la publication qui en sera faite par le Bureau international. Ce cliché doit reproduire exactement la marque, de manière que tous les détails en ressortent visiblement; il ne doit pas avoir moins de 15 millimètres ni plus de 10 centimètres, soit en longueur, soit en largeur. L'épaisseur exacte du cliché doit être de 24 millimètres, correspondant à la hauteur des caractères d'imprimerie. Ce cliché sera, deux ans après sa publication, retourné au propriétaire de la marque, aux frais de celui-ci, s'il en a fait la demande. Tout cliché non réclamé à la fin de la troisième année sera détruit.

Le formulaire de demande d'enregistrement fera mention de ces dernières dispositions et portera une rubrique dans laquelle il sera indiqué si le propriétaire de la marque désire ou non rentrer en possession de son cliché.

C. Si le déposant revendique la couleur à titre d'élément distinctif de sa marque: quarante exemplaires, sur papier, d'une reproduction en couleur, dont les dimensions ne dépasseront pas 20 centimètres de côté. Un des exemplaires sera fixé sur chacune des demandes d'enregistrement à côté de l'empreinte en noir. Si la marque comporte plusieurs parties séparées, elles devront être réunies et collées, pour chacun des quarante spécimens, sur une feuille de papier fort. La demande devra porter une brève mention en langue française indiquant uniquement la couleur ou la combinaison de couleurs revendiquée pour les parties essentielles de la marque. Au cas où l'une ou l'autre des conditions relatives à la couleur ne serait pas remplie, le Bureau international procédera à l'enregistrement et à la notification de la marque sans tenir compte de la couleur, si le dépôt n'a pas été régularisé dans un délai fixé par lui.

D. Le montant de l'émolument international, à moins qu'il n'ait été envoyé d'avance et directement au Bureau international par le propriétaire de la marque. Cette somme devra être versée en

6. zutreffendenfalls den Zeitpunkt und die Nummer der früheren internationalen Registrierung;

B. einen Druckstock der Marke für die Abbildung in der vom Internationalen Büro zu veranlassenden Veröffentlichung der Marke. Der Druckstock muß die Marke genau abbilden, so daß alle ihre Einzelheiten daraus sichtbar hervortreten; er soll nicht weniger als 15 Millimeter und nicht mehr als 10 Zentimeter lang und breit sein. Die genaue Druckhöhe des Druckstocks soll 24 Millimeter betragen, entsprechend der Höhe der Drucklettern. Der Druckstock wird zwei Jahre nach seiner Veröffentlichung dem Eigentümer der Marke auf seine Kosten zurückgesendet, sofern er es beantragt hat. Jeder am Ende des dritten Jahres nicht zurückgeforderte Druckstock wird vernichtet.

Der Vordruck des Registrierungsgesuches enthält einen Hinweis auf diese Bestimmungen und trägt eine Spalte, in der anzugeben ist, ob der Eigentümer der Marke wieder in den Besitz seines Druckstocks zu gelangen wünscht oder nicht;

C. wenn der Hinterleger die Farbe als unterscheidendes Merkmal seiner Marke in Anspruch nimmt: vierzig farbige Abbildungen auf Papier, deren Seitenabmessungen 20 cm nicht überschreiten dürfen. Eine davon ist auf jedem der Registrierungsgesuche neben dem Schwarzdruck zu befestigen. Besteht die Marke aus mehreren getrennten Teilen, so müssen sie bei jedem einzelnen der 40 Stücke auf einem Blatte von steifem Papier zusammengesetzt und aufgeklebt sein. Das Gesuch muß einen kurzen Vermerk in französischer Sprache enthalten, der einzig und allein die für die wesentlichen Teile der Marke in Anspruch genommene Farbe oder Farbenzusammenstellung angibt. Falls die eine oder die andere Anforderung in Ansehung der Farbe nicht erfüllt ist, schreitet das Internationale Büro zu der Registrierung der Marke und zu ihrer Anzeige, ohne auf die Farbe Rücksicht zu nehmen, es sei denn, daß die Hinterlegung innerhalb einer von ihm gestellten Frist in Ordnung gebracht worden ist;

D. den Betrag der internationalen Abgabe, sofern er nicht im voraus und unmittelbar an das Internationale Büro vom Eigentümer der Marke eingesandt worden ist. Diese Summe muß bei dem Internationalen Büro bar eingezahlt oder ihm durch

espèces au Bureau international, ou lui être envoyée par mandat postal, ou par versement sur son compte de chèques postaux ou par chèque tiré sur une banque de Berne. Tout payement devra être accompagné de l'indication du nom et du domicile du propriétaire de la marque.

Les demandes d'enregistrement devront préciser à quelle date, sous quelle forme et par qui ce payement aura été effectué; elles indiqueront aussi si l'émolument international est payé immédiatement pour les 20 ans ou seulement pour les 10 premières années.

Lorsqu'une marque renferme des inscriptions dans une langue ou en caractères généralement peu connus, on pourra exiger du propriétaire qu'il joigne à son dépôt international une douzaine d'exemplaires d'une traduction en français de ces inscriptions, afin d'accélérer l'examen de la marque dans quelques pays.

Le cas échéant et dans le même but, l'Administration du pays d'origine aura la faculté de certifier sur la demande d'enregistrement que le déposant a justifié auprès d'elle du droit à l'usage de l'armoirie, du portrait, de la distinction honorifique ou du nom d'un tiers qui figure dans la marque.

Les formulaires de demande d'enregistrement international seront fournis gratuitement aux Administrations par le Bureau international.

Le renouvellement du dépôt international donnera lieu aux mêmes opérations que le dépôt primitif.

Postanweisung oder durch Einzahlung auf sein Postscheckkonto oder durch einen auf eine Berner Bank lautenden Scheck zugesendet werden. Bei jeder Zahlung muß der Name und der Wohnsitz des Eigentümers der Marke angegeben werden.

Die Registrierungsgesuche müssen genau angeben, zu welchem Zeitpunkte, in welcher Form und durch wen die Zahlung erfolgt ist; auch müssen sie angeben, ob die internationale Abgabe sofort für die 20 Jahre oder nur für die ersten 10 Jahre gezahlt ist.

Enthält eine Marke Inschriften in einer im allgemeinen wenig bekannten Sprache oder Schrift, so kann vom Eigentümer gefordert werden, daß er seiner internationalen Hinterlegung ein Dutzend Stücke einer Übersetzung dieser Inschriften ins Französische beifügt, damit die Prüfung der Marke in einigen Ländern beschleunigt wird.

Zum gleichen Zwecke steht es der Behörde des Ursprungslandes frei, gegebenenfalls auf dem Registrierungsgesuch zu bescheinigen, daß der Hinterleger ihr das Recht zum Gebrauche des Wappens, des Bildnisses, der Auszeichnung oder des Namens eines Dritten nachgewiesen hat, die in der Marke vorkommen.

Die Vordrucke für Gesuche um internationale Registrierung werden den Behörden vom Internationalen Büro unentgeltlich geliefert.

Die Erneuerung der internationalen Hinterlegung erfolgt in derselben Weise wie die ursprüngliche Hinterlegung.

Article 2 bis.

Si le Bureau international constate qu'une demande d'enregistrement est incomplète ou irrégulière, il est autorisé à surseoir à l'enregistrement de cette marque, mais doit en aviser sans retard l'Administration intéressée, à laquelle il appartiendra de notifier au Bureau international que la demande doit être modifiée, retirée ou maintenue.

Le Bureau pourra notamment, et en observant la même procédure, surseoir à l'enregistrement:

Artikel 2 bis.

Wenn das Internationale Büro feststellt, daß ein Registrierungsgesuch unvollständig oder nicht ordnungsmäßig ist, so ist es berechtigt, die Registrierung der betreffenden Marke auszusetzen, muß aber unverzüglich die beteiligte Behörde davon benachrichtigen, der es obliegt, dem Internationalen Büro anzuzeigen, daß das Gesuch geändert, zurückgezogen oder aufrechterhalten werden soll.

Insbesondere kann das Büro unter Beobachtung des gleichen Verfahrens die Registrierung aussetzen:

1° si la demande contient des indications de produits trop vagues, telles que „marchandises diverses“, „et autres produits“ et, en particulier, l’expression „etc.“;

2° si le cliché reçu ne donne pas une empreinte suffisamment claire des éléments de la marque;

3° si la marque porte le signe d’une croix pouvant être confondue avec la „Croix-Rouge“ et si, pour éviter des refus certains, il y a lieu d’obtenir du propriétaire la déclaration préalable que la marque ne sera employée nien couleur rouge, ni en une couleur similaire.

Lorsqu’un dépôt de ce genre n’est pas régularisé dans les six mois, le Bureau international est autorisé à fixer un délai de même longueur pour la liquidation de l’affaire. Il en avertira aussi bien le propriétaire de la marque ou son mandataire, que l’Administration qui a demandé l’enregistrement. Ces deux délais partent de la date de la notification du Bureau international. Ceux-ci écoulés, sans qu’une réponse soit parvenue à ce Bureau, le dépôt pourra être considéré comme abandonné et l’émolument sera renvoyé au déposant après déduction de 20 francs au maximum.

Lorsqu’une demande d’enregistrement incomplète ou irrégulière fait partie d’un dépôt collectif de plusieurs marques, l’enregistrement de toute la collection sera suspendu à moins que l’Administration intéressée ou le propriétaire de la marque n’autorise le Bureau international à considérer celle-ci comme sortie du dépôt collectif et à la traiter comme marque isolée.

Article 3.

Le Bureau international procédera sans retard à l’inscription de la marque dans un registre qui portera une empreinte de celle-ci et contiendra les indications suivantes:

1° le numéro d’ordre de la marque;
2° le nom du propriétaire de la marque;
3° son adresse;
4° les produits ou marchandises auxquels la marque est appliquée;
5° le pays d’origine de la marque;
6° la date de la dernière inscription (enregistrement ou renouvellement)

1. wenn das Gesuch zu unbestimmte Warenangaben enthält, wie „marchandises diverses“, „et autres produits“ und besonders den Ausdruck „etc.“;

2. wenn der Druckstock keinen genügend klaren Abdruck der Bestandteile der Marke liefert;

3. wenn die Marke die Darstellung eines mit dem „Roten Kreuz“ verwechselbaren Kreuzes enthält und wenn zur Vermeidung sicherer Zurückweisungen im voraus vom Eigentümer eine Erklärung beigebracht werden soll, daß die Marke weder in roter noch in einer ähnlichen Farbe gebraucht werden wird.

Sofern eine Hinterlegung dieser Art nicht innerhalb von sechs Monaten in Ordnung gebracht wird, ist das Internationale Büro ermächtigt, eine Frist von gleicher Dauer für die Erledigung der Angelegenheit zu setzen. Es benachrichtigt hiervon sowohl den Eigentümer der Marke oder seinen Vertreter als auch die Behörde, die um die Registrierung ersucht hat. Beide Fristen laufen von dem Zeitpunkt an, wo das Internationale Büro die Benachrichtigung veranlaßt hat. Sind sie abgelaufen, ohne daß eine Antwort bei diesem Büro eingegangen ist, so kann die Hinterlegung als zurückgenommen angesehen werden und die Abgabe wird dem Hinterleger nach Abzug von höchstens 20 Franken zurückgesendet.

Gehört ein unvollständiges oder nicht ordnungsmäßiges Registrierungsgesuch zu einer Sammelhinterlegung mehrerer Marken, so wird die Registrierung der ganzen Sammlung ausgesetzt, es sei denn, daß die beteiligte Behörde oder der Eigentümer der Marke das Internationale Büro ermächtigt, sie als aus der Sammelhinterlegung ausgesondert anzusehen und als Einzelmarke zu behandeln.

Artikel 3.

Das Internationale Büro schreitet unverzüglich zur Eintragung der Marke in ein Register, das einen Abdruck der Marke trägt und nachstehende Angaben enthält:

1. die Ordnungsnummer der Marke,
2. den Namen des Eigentümers der Marke,
3. seine Anschrift,
4. die Erzeugnisse oder Waren, für welche die Marke verwendet wird,
5. das Ursprungsland der Marke,
6. den Zeitpunkt der letzten Eintragung (Ersteintragung oder Erneuerung) und

et le numéro d'ordre dans le pays d'origine;

7° les mentions relatives à une revendication de couleur, à un enregistrement international antérieur rappelé lors du nouveau dépôt, etc.;

8° la date de l'enregistrement au Bureau international;

9° la date de la notification aux Administrations et de la publication;

10° les mentions relatives à la situation de la marque, telles que: refus de protection, limitations, transmissions, renonciations, radiations, etc.

die Ordnungsnummer im Ursprungslande,

7. die Vermerke über die Inanspruchnahme einer Farbe, über eine bei der neuen Hinterlegung in Erinnerung gebrachte frühere internationale Registrierng usw.,

8. den Zeitpunkt der Registrierung bei dem Internationalen Büro,

9. den Zeitpunkt der Anzeige an die Behörden und der Veröffentlichung,

10. die Vermerke über die Rechtslage der Marke, z. B. Versagung des Schutzes, Beschränkungen, Übertragungen, Verzichtleistungen, Löschungen usw.

Article 4.

L'inscription une fois dans le registre, le Bureau international certifiera sur les deux exemplaires de la demande sous quelle date et sous quel numéro l'enregistrement a eu lieu, et les revêtira tous deux de sa signature et de son timbre Un de ces exemplaires restera dans les archives du Bureau, l'autre sera renvoyé à l'Administration du pays d'origine, laquelle, après avoir pris note desdites indications, le transmettra au propriétaire de la marque ou à son mandataire. En outre, le Bureau international notifiera sans retard aux Administrations l'enregistrement opéré, en envoyant à chacune d'elles une reproduction typographique de la marque, accompagnée des indications mentionnées sous les chiffres 1 à 8 de l'article 3.

Dans le cas prévu par l'article 2, lettre C, la susdite notification sera accompagnée d'un exemplaire de la reproduction en couleur de la marque.

Artikel 4.

Nach erfolgter Eintragung im Register bescheinigt das Internationale Büro auf den beiden Stücken des Gesuchs, unter welchem Zeitpunkt und unter welcher Nummer die Registrierung stattgefunden hat, und versieht beide mit seiner Unterschrift und seinem Amtssiegel. Das eine Stück bleibt im Archiv des Büros, das andere wird der Behörde des Ursprungslandes zurückgeschickt, die es dem Eigentümer der Marke oder seinem Vertreter übersendet, nachdem sie von den Angaben Vermerk genommen hat. Außerdem zeigt das Internationale Büro unverzüglich den Behörden die erfolgte Registrierung an, indem es einer jeden von ihnen einen Abdruck der Marke mit den im Artikel 3 zu Nr. 1 bis 8 aufgeführten Angaben übersendet.

In dem im Artikel 2 zu C vorgesehenen Falle wird der Anzeige eine farbige Darstellung der Marke beigefügt.

Article 5.

Le Bureau international publiera la marque dans sa feuille périodique „Les Marques internationales". Cette publication consistera dans la reproduction de la marque, accompagnée des indications mentionnées sous les chiffres 1 à 8 de l'article 3. Chaque Administration recevra gratuitement du Bureau international le nombre d'exemplaires de cette feuille qu'il lui conviendra de demander; toutefois la gratuité ne s'étendra pas aux numéros déjà parus au moment où cette demande est formulée.

Au commencement de chaque année, le Bureau international fera paraître une table où seront indiqués, par ordre alphabétique et par pays contractants, les noms des propriétaires des marques ayant fait l'objet des publications effectuées dans le cours de l'année précédente.

Artikel 5.

Das Internationale Büro veröffentlicht hierauf die Marke in seinem regelmäßig erscheinenden Blatte „Les Marques internationales". Diese Veröffentlichung besteht in der Abbildung der Marke und bringt daneben die im Artikel 3 zu Nr. 1 bis 8 aufgeführten Angaben. Jede Behörde erhält durch das Internationale Büro unentgeltlich die von ihr gewünschte Anzahl von Stücken dieses Blattes; jedoch erstreckt sich die Unentgeltlichkeit nicht auf die Nummern, die bereits zu der Zeit erschienen sind, wo dieser Wunsch zum Ausdruck gebracht wird.

Zu Beginn eines jeden Jahres veröffentlicht das Internationale Büro eine alphabetisch und nach den vertragschließenden Ländern geordnete Übersicht der Namen der Eigentümer der im Vorjahr veröffentlichten Marken.

Article 6.

La notification de refus prévue par l'article 5 de l'Arrangement sera transmise au Bureau international en trois expéditions identiques destinées: l'une au Bureau précité, l'autre à l'Administration du pays d'origine, la troisième au propriétaire de la marque ou à son mandataire. Cette notification, faite sur formulaire, devra indiquer au moins le pays du refus, la date d'expédition de l'avis de refus, le numéro et la date de l'enregistrement international de la marque, le nom et le domicile du propriétaire et les motifs du refus. Les notifications de refus provisoires devront indiquer le délai dans lequel les intéressés devront faire valoir leurs droits.

Si le refus est motivé par l'existence d'un dépôt antérieur, la notification devra préciser la marque, nationale ou internationale, avec laquelle il y a collision et spécifier le nom et le domicile du propriétaire de cette marque antérieure, la date d'enregistrement de celle-ci et son numéro d'ordre. L'Administration refusante joindra un facsimilé à la notification chaque fois qu'elle en aura à sa disposition.

L'avis portera au verso un aperçu des dispositions essentielles de la loi relatives aux refus et indiquera quel est le délai de recours contre ceux-ci et à quelle autorité ce recours devra être adressé.

Artikel 6.

Die im Artikel 5 des Abkommens vorgesehene Anzeige von der Zurückweisung wird dem Internationalen Büro in drei gleichlautenden Ausfertigungen übermittelt, von denen die eine für das vorerwähnte Büro, die zweite für die Behörde des Ursprungslandes, die dritte für den Eigentümer der Marke oder seinen Vertreter bestimmt ist. Diese auf einem Vordruck abzufassende Anzeige muß mindestens angeben: das Land, das die Zurückweisung ausspricht, den Zeitpunkt der Ausfertigung des Zurückweisungsbescheides, die Nummer und den Zeitpunkt der internationalen Registrierung der Marke, den Namen und den Wohnsitz des Eigentümers und die Gründe der Zurückweisung. Die Anzeigen vorläufiger Zurückweisungen müssen die Frist angeben, binnen deren die Beteiligten ihre Rechte geltend zu machen haben.

Wird die Zurückweisung mit dem Vorhandensein einer früheren Hinterlegung begründet, so hat die Anzeige die nationale oder internationale Marke genau anzugeben, mit der Kollision besteht, unter Bezeichnung des Namens und des Wohnsitzes des Eigentümers dieser älteren Marke, des Zeitpunktes ihrer Registrierung und ihrer Ordnungsnummer. Die zurückweisende Behörde fügt der Anzeige eine Darstellung bei, sofern sie eine solche zu ihrer Verfügung hat.

Der Bescheid trägt auf der Rückseite einen Abriß der wesentlichen gesetzlichen Vorschriften über die Zurückweisungen und gibt an, innerhalb welcher Frist und bei welcher Behörde ein Rechtsmittel hiergegen eingelegt werden kann.

Article 7.

Les changements survenus dans l'inscription d'une marque et qui auront fait l'objet de la notification prévue par les articles 9 et 9 bis de l'Arrangement seront consignés dans le registre international. Est excepté le cas où la transmission ne pourra être enregistrée parce qu'elle est faite au profit d'une personne non admise à déposer une marque internationale, ou parce que l'assentiment de l'Administration du nouveau pays duquel ressortit le cessionnaire n'aura pas été obtenu.

Le Bureau international notifiera a son tour aux Administrations les changements enregistrés et les publiera dans son journal.

Ces mêmes dispositions feront règle si le domicile du propriétaire d'une marque est transféré d'un pays dans un autre.

Dans le cas où un transfert de propriété ou de domicile ne pourra pas être enregistré, le Bureau in-

Artikel 7.

Die an der Eintragung einer Marke eingetretenen Veränderungen, die den Gegenstand der in den Artikeln 9 und 9 bis des Abkommens vorgesehenen Anzeige gebildet haben, werden im Register des Internationalen Büros verzeichnet. Ausgenommen ist der Fall, daß die Übertragung deswegen nicht registriert werden kann, weil sie zugunsten einer zur Hinterlegung einer internationalen Marke nicht zugelassenen Person erfolgt oder weil die Zustimmung der Behörde des neuen Landes, dem der Erwerber angehört, nicht zu erlangen gewesen ist.

Das Internationale Büro gibt seinerseits die eingetragenen Veränderungen den Behörden bekannt und veröffentlicht sie in seinem Blatte.

Dieselben Bestimmungen greifen Platz, wenn der Wohnsitz des Eigentümers einer Marke von dem einen in ein anderes Land verlegt wird.

Kann eine Eigentumsübertragung oder Wohnsitzverlegung nicht registriert werden, so ersucht das Internationale Büro die Behörde

ternational demandera à l'Administration de l'ancien pays d'origine l'autorisation de radier la marque.

Article 8.

Les taxes prévues par les articles 5ter, 8 et 9 de l'Arrangement et qui, d'une manière générale, sont payables d'avance et toujours en francs suisses, sont fixées comme suit:

A. Taxes pour les transmissions, modifications de noms, changements de domicile, rectifications nécessitées par une faute du déposant, limitations de produits par suite de renonciation, ou renonciations à la protection pour un pays ou un groupe de pays: 30 francs pour une seule marque et 10 francs pour chacune des marques en plus de la première appartenant au même propriétaire et faisant l'objet de la même opération et de la même notification. Dans ces taxes sont compris les frais de notification aux Administrations, et, s'il y a lieu, de publication de ces opérations. Sont exemptes de taxes les limitations et renonciations notifiées simultanément avec la demande d'enregistrement, les radiations générales, les opérations qui sont la suite d'un avis de refus provisoire ou d'un arrêt judiciaire et celles qui seraient englobées dans une demande de renouvellement.

B. Taxes pour les copies ou extraits du Registre international des marques: 5 francs par marque. Toutefois, lorsque les mentions relatives à plusieurs marques pourront être réeunies sur la même feuille, la taxe sera réduite à 2 francs pour chacune des marques en plus de la première. Les demandes de ces documents concernant plusieurs marques devront indiquer s'il s'agit d'extraits séparés ou d'un extrait global. Tout autre extrait, attestation ou recherche (autres que celles sous lettre C) demandé au Bureau international en outre des documents dont la délivrance est obligatoire, donnera lieu à la perception d'une taxe analogue.

C. Taxe pour recherches d'antériorité parmi les marques internationales déjà enre-

des bisherigen Ursprungslandes um die Ermächtigung, die Marke zu löschen.

Artikel 8.

Die durch die Artikel 5ter, 8 und 9 des Abkommens vorgesehenen Gebühren, die ganz allgemein im voraus und stets in Schweizer Franken zu zahlen sind, werden wie folgt festgesetzt:

A. Gebühren für Übertragungen, Namensänderungen, Wohnsitzverlegungen, durch einen Fehler des Hinterlegers verursachte Berichtigungen, Beschränkungen des Warenverzeichnisses infolge Verzichtes, oder Verzichtleistungen auf den Schutz für ein Land oder eine Gruppe von Ländern: 30 Franken für eine einzelne Marke und 10 Franken für jede weitere den Gegenstand derselben Amtshandlung und derselben Anzeige bildenden Marke desselben Eigentümers.

In diesen Gebühren sind die Kosten der Anzeige an die Behörden und gegebenenfalls der Veröffentlichung der Amtshandlungen einbegriffen. Gebührenfrei sind Beschränkungen und Verzichte, die zugleich mit dem Registrierungsgesuch angezeigt werden, allgemeine Löschungen, Amtshandlungen, welche die Folge einer vorläufigen Zurückweisung oder einer gerichtlichen Entscheidung sind, und solche, die etwa in ein Erneuerungsgesuch verschmolzen sind.

B. Gebühren für Abschriften oder Auszüge aus dem internationalen Markenregister: 5 Franken für jede Marke. Sofern sich die auf mehrere Marken bezüglichen Angaben auf demselben Blatte vereinigen lassen, so ermäßigt sich jedoch die Gebühr auf 2 Franken für die zweite und jede folgende Marke. Die Gesuche um solche Urkunden über mehrere Marken müssen angeben, ob es sich um getrennte Auszüge oder einen Sammelauszug handelt. Abgesehen von den Urkunden, zu deren Ausstellung eine Verpflichtung besteht, wird für jeden anderen bei dem Internationalen Büro nachgesuchten Auszug, für jede Bescheinigung oder Nachforschung (soweit sie nicht zu den unter dem Buchstaben C genannten gehören) eine entsprechende Gebühr erhoben.

C. Gebühr für Nachforschungen in den bereits registrierten internationalen Marken nach älteren Registrierungen: 5 Franken

gistrées: 5 francs par marque. Si la recherche doit porter sur de nombreuses catégories de produits ou à la fois sur une marque figurative et sur une dénomination, ou si une marque figurative contient plus d'un élément essentiel, cette taxe sera doublée. Il en sera de même lorsque le demandeur omettra de préciser sur quel genre de produits doit porter la recherche ou de joindre un dessin ou une esquisse de la marque figurative au sujet de laquelle il désire être renseigné. Le Bureau international peut, à son gré, différer toute recherche en attendant les précisions qu'il demandera.

für jede Marke. Soll sich die Nachforschung auf zahlreiche Warengattungen oder gleichzeitig auf eine Bildmarke und eine Benennung erstrecken oder enthält eine Bildmarke mehr als einen wesentlichen Bestandteil, so verdoppelt sich diese Gebühr. Ebenso wird es gehalten, wenn der Antragsteller versäumt, genau anzugeben, auf welche Warengattung sich die Nachforschung erstrecken soll, oder keine Zeichnung oder Skizze der Bildmarke beifügt, über die er unterrichtet zu werden wünscht. Das Internationale Büro kann nach seinem Ermessen jede Nachforschung bis zum Eingange der von ihm erforderten genauen Angaben aufschieben.

D. Surtaxe prévue par l'article 8 de l'Arrangement lorsque la liste des produits pour laquelle la protection d'une marque est revendiquée dépasse 100 mots: 1 franc pour chaque ligne supplémentaire imprimée dans „Les Marques internationales" (une ligne contenant en général 8 à 10 mots).

D. Zuschlag gemäß Artikel 8 des Abkommens, wenn das Warenverzeichnis 100 Wörter überschreitet: 1 Franken für jede überschießende Druckzeile in „Les Marques internationales" (eine Zeile enthält im allgemeinen 8 bis 10 Wörter).

Article 9.

Au commencement de chaque année, le Bureau international établira le compte des dépenses faites au cours de l'année précédente pour le service de l'enregistrement international; le montant de ce compte sera déduit du total des recettes, et l'excédent de celles-ci sera réparti par parts égales entre tous les pays contractants, en attendant que d'autres modalités de répartition aient été déterminées d'un commun accord par les pays contractants.

Artikel 9.

Zu Beginn eines jeden Jahres stellt das Internationale Büro eine Rechnung über die im Laufe des vorangegangenen Jahres für den Dienst der internationalen Registrierung gemachten Ausgaben auf; der so berechnete Betrag wird von der Gesamtsumme der Einnahmen abgezogen und der Überschuß zu gleichen Teilen unter alle vertragschließenden Länder verteilt, solange nicht andere Verteilungsregeln im gemeinschaftlichen Einverständnis von den vertragschließenden Ländern aufgestellt worden sind.

Article 10.

La notification collective, pour autant qu'elle est prévue par l'article 11 de l'Arrangement, contiendra les mêmes indications que les notifications prévues par les articles 4 et 7 du présent Règlement.

Artikel 10.

Soweit im Artikel 11 des Abkommens eine Sammelanzeige vorgesehen ist, hat sie dieselben Angaben zu enthalten, wie die in den Artikeln 4 und 7 der gegenwärtigen Ordnung vorgesehenen Anzeigen.

Article 11.

Le présent Règlement entrera en vigueur en même temps que l'Arrangement auquel il se rapporte et il aura la même durée. Les Administrations pourront toutefois y apporter, conformément aux dispositions de l'article 10 dudit Arrangement, les modifications qui leur paraîtront nécessaires d'aprés le mode de procéder déterminé à l'article suivant.

Artikel 11.

Die gegenwärtige Ordnung tritt gleichzeitig mit dem Abkommen, auf das sie sich bezieht, in Kraft und soll die gleiche Dauer haben. Die Behörden können jedoch, entsprechend den Bestimmungen des Artikel 10 des Abkommens die ihnen notwendig erscheinenden Abänderungen daran vornehmen; dabei ist in der in dem folgenden Artikel bestimmten Weise zu verfahren.

Article 12.

Les propositions de modifications du présent Règlement, formulées par un pays contractant ou par le Bureau international, seront communiquées par ce dernier aux Administrations, qui lui feront parvenir leur avis dans le délai de six mois. Si, après l'expiration de ce délai, la proposition est adoptée par la majorité des Administrations sans qu'aucune Administration se soit prononcée pour le rejet ou la modification du texte proposé, elle entrera en vigueur pour tous les pays contractants trois mois après le jour où le Bureau international aura notifié cette acceptation aux Administrations.

NOTE. — Le présent Règlement a été adopté par la Conférence de La Haye dans la deuxième séance plénière du 5 novembre 1925.

Artikel 12.

Vorschläge eines vertragschließenden Landes oder des Internationalen Büros zur Abänderung der gegenwärtigen Ordnung werden von dem letzteren den Behörden mitgeteilt, die ihm innerhalb einer Frist von sechs Monaten ihre Meinungsäußerung zukommen lassen. Ergibt sich alsdann, daß der Vorschlag von der Mehrzahl der Behörden angenommen ist, und daß keine Behörde sich für die Ablehnung oder für Änderung des vorgeschlagenen Wortlauts ausgesprochen hat, so tritt der Vorschlag für alle vertragschließenden Länder drei Monate nach dem Tage in Kraft, an dem das Internationale Büro diese Annahme den Behörden angezeigt hat.

III. Madrider Abkommen II.

a) Gesetz, betr. den Beitritt des Reichs zu dem Madrider Abkommen, betreffend die Unterdrückung falscher Herkunftsangaben auf Waren v. 14. 4. 91. Vom 21. März 1925.

(RGBl II 115.)

Aus der Begründung des Ges v. 21. 3. 25 betr. den Beitritt Deutschlands zum Madrider Abkommen II, Bl 25, 78ff:

Art 10 der Pariser Konvention läßt Gebiets- und Ländernamen unberücksichtigt und schützt Ortsnamen nur dann, wenn der als Herkunftsbezeichnung fälschlich verwendete Ortsname in Verbindung mit einem erfundenen oder einem zum Zwecke der Täuschung entlehnten Handelsnamen in Erscheinung tritt. Diese Einschränkungen sind beseitigt. Die sich aus Art 1 u. 2 ergebenden Verpflichtungen sind Deutschland im wesentlichen schon durch Art 274 Abs 2 des Friedensvertrags auferlegt.

Infolge des Beitritts genießt Deutschland nunmehr die Gegenseitigkeit. Dasselbe gilt bezüglich der Verschärfung des Schutzes des Weinbaues, welche dem Art 275 FV und dem Ges v. 1. 2. 23, RGBl I 107 entspricht. Im übrigen ist der Inhalt des Art 4 bereits in § 16 Abs 2 WZG und § 5 Abs 1 UWG enthalten.

Was das Mittel der Unterdrückung der unrichtigen Herkunftsangaben anlangt, so wählt der § 2 des Beitrittsgesetzes, in Anlehnung an § 17 WZG, die Beschlagnahme (nicht das in Art 1 der Konvention wahlweise vorgeschriebene Einfuhrverbot). Die Beschlagnahme steht den Zollbehörden zu, die — abweichend von § 17 WZG — von Amts wegen einzuschreiten haben, ohne daß sie zu einer jedesmaligen Untersuchung der eingehenden Waren in bezug auf einwandfreie Bezeichnung verpflichtet sind. Die Einziehung findet (vgl. § 19 Abs 1 WZG) nur dann statt, wenn die Beseitigung der unrichtigen Angaben in anderer Weise nicht möglich ist.

Der Reichstag hat das folgende Gesetz beschlossen, das mit Zustimmung des Reichsrats hiermit verkündet wird:

§ 1. Dem Beitritt des Reichs zu dem Madrider Abkommen vom 14. April 1891, betreffend die Unterdrückung falscher Herkunftsangaben auf Waren, revidiert in Washington am 2. Juni 1911, wird zugestimmt.

Das Abkommen wird nachstehend veröffentlicht.

§ 2. Waren, die an sich selbst oder auf ihrer Aufmachung oder ihrer äußeren Verpackung irgendwelche Warenzeichen (Marken), Namen, Anschriften oder sonstige Zeichen tragen, die unmittelbar oder mittelbar falsche Angaben über Ursprung, Gattung, Art oder charakteristische Eigenschaften dieser Waren darstellen, unterliegen bei ihrer Einfuhr oder Ausfuhr der Beschlagnahme zum Zwecke der Beseitigung der unrichtigen Angaben.

Die Beschlagnahme erfolgt durch die Zollbehörde; diese ordnet auch die zur Beseitigung der falschen Angaben erforderlichen Maßnahmen an. Wird den Anordnungen der Zollbehörde nicht entsprochen oder ist die Beseitigung untunlich, so setzt die Zollbehörde durch Strafbescheid (§ 419 der Strafprozeßordnung) die Einziehung der Waren fest.

§ 3. a) Im § 14 Abs. 2 und im § 15 des Gesetzes zum Schutze der Warenbezeichnungen vom 12. Mai 1894 (Reichsgesetzbl. S. 441) fallen die beiden letzten Sätze fort.

b) § 22 des Gesetzes gegen den unlauteren Wettbewerb vom 7. Juni 1909 (Reichsgesetzbl. S. 499) erhält folgende Fassung:

Die Strafverfolgung tritt, mit Ausnahme der in den §§ 4, 6, 10, 11 bezeichneten Fälle, nur auf Antrag ein. In den Fällen der §§ 8, 12 hat das Recht, den Strafantrag zu stellen, jeder der im § 13 Abs. 1 bezeichneten Gewerbetreibenden und Verbände.

Die Zurücknahme des Antrags ist zulässig.

Wegen der nach § 4 strafbaren Handlungen ist ebenso wie bei den nur auf Antrag verfolgbaren Handlungen (§§ 8, 12) neben dem Verletzten (§ 374 Abs. 1 Nr. 7 der Strafprozeßordnung) jeder der im § 13 Abs. 1 bezeichneten Gewerbetreibenden und Verbände zur Privatklage berechtigt.

Um unrichtige Herkunftsangaben wirksam unterdrücken zu können, soll die Verfolgung der in §§ 14, 15 WZG und § 4 UWG bezeichneten strafbaren Handlungen nicht mehr von einem Antrage des Verletzten abhängig sein. An der Vorschrift des § 376 StPO (RGBl 24, 360), wonach die öffentliche Klage wegen der in § 379 bezeichneten strafbaren Handlungen nur dann erhoben wird, wenn dies im öffentlichen Interesse liegt, wird durch den Fortfall des Strafantrags nichts geändert*). Neben dem Verletzten sind auch die in § 13 Abs 1 bezeichneten Verbände zur Erhebung der Privatklage berechtigt.

§ 4. Der § 1 dieses Gesetzes tritt mit dem auf die Verkündung folgenden Tage, im übrigen tritt das Gesetz mit dem Tage in Kraft, an dem nach einer im Reichsgesetzblatt enthaltenen Bekanntmachung der im § 1 vorgesehene Beitritt wirksam wird.

b) Arrangement de Madrid du 14 avril 1891 concernant la répression des fausses indications de provenance sur les marchandises, revisé à Washington le 2 juin 1911,

conclu entre

le Brésil, Cuba, l'Espagne, la France, la Grande-Bretagne, le Portugal, la Suisse et la Tunisie.

Les Soussignés, dûment autorisés par leurs Gouvernements respectifs, ont, d'un commun accord, arrêté le texte suivant, gui remplacera l'Arrangement signé à Madrid le 14 avril 1891, savoir:

Article premier.

Tout produit portant une fausse indication de provenance dans laquelle un des pays contractants, ou un lieu situé dans l'un d'entre eux, serait directement ou indirectement indiqué comme pays ou comme lieu d'origine, sera saisi à l'importation dans chacun desdits pays.

La saisie sera également effectuée dans le pays où la fausse indication de provenance aura été apposée, ou dans celui où aura été introduit le produit muni de cette fausse indication.

Si la législation d'un pays n'admet pas

b) Madrider Abkommen vom 14. April 1891, betreffend die Unterdrückung falscher Herkunftsangaben auf Waren, revidiert in Washington am 2. Juni 1911,

(RGBl 1925 II, 116.)

abgeschlossen zwischen

Brasilien, Cuba, Spanien, Frankreich, Großbritannien, Portugal, der Schweiz und Tunis.

Die Unterzeichneten haben auf Grund ordnungsmäßiger Vollmachten ihrer Regierungen die folgende Vertragsfassung vereinbart, die an die Stelle des zu Madrid am 14. April 1891 unterzeichneten Abkommens treten soll:

Artikel 1.

Jedes eine falsche Herkunftsangabe tragende Erzeugnis wird, wenn in ihr eines der vertragschließenden Länder oder ein darin belegener Ort unmittelbar oder mittelbar als Land oder als Ort des Ursprunges angegeben ist, bei der Einfuhr in ein jedes der genannten Länder beschlagnahmt.

Die Beschlagnahme erfolgt ebenso in dem Lande, wo die falsche Herkunftsangabe angebracht, oder in dem, wohin das mit der falschen Angabe versehene Erzeugnis eingeführt worden ist.

Läßt die Gesetzgebung eines Landes die Be-

*) Danach fallen die nach §§ 14, 15 WZG strafbaren Handlungen unter Nr 7 oder 8 des § 374 StPO, so daß auch ihretwegen Privatklage erhoben werden kann. Im Sinne des § 374 Nr 8 wurde danach das WZ-Recht zum „gewerblichen Urheberrecht" gerechnet.

la saisie à l'importation, cette saisie sera remplacée par la prohibition d'importation.

Si la législation d'un pays n'admet pas la saisie à l'intérieur, cette saisie sera remplacée par les actions et moyens que la loi de ce pays assure en pareil cas aux nationaux.

Article 2.

La saisie aura lieu à la requête soit du ministère public, soit de toute autorité compétente, par exemple, l'Administration douanière soit d'une partie intéressée, particulier ou société, conformément à la législation intérieure de chaque pays.

Les autorités ne seront pas tenues d'effectuer la saisie en cas de transit.

Article 3.

Les présentes dispositions ne font pas obstacle à ce que le vendeur indique son nom ou son adresse sur les produits provenant d'un pays différent de celui de la vente; mais, dans ce cas, l'adresse ou le nom doit être accompagné de l'indication précise, et en caractères apparents, du pays ou du lieu de fabrication ou de production.

Article 4.

Les tribunaux de chaque pays auront à décider quelles sont les appellations qui, à raison de leur caractère générique, échappent aux dispositions du présent Arrangement, les appellations régionales de provenance des produits vinicoles n'étant cependant pas comprises dans la réserve spécifiée par cet article.

Article 5.

Les Etats de l'Union pour la protection de la Propriété industrielle qui n'ont pas pris part au présent Arrangement seront admis à y adhérer sur leur demande, et dans la forme prescrite par l'article 16 de la Convention générale.

Article 6.

Le présent Arrangement sera ratifié, et les ratifications en seront déposées à Washington au plus tard le 1er avril 1913.

Il entrera en vigueur un mois à partir de l'expiration de ce délai, et aura la même force et durée que la Convention générale.

En Foi De Quoi, les Plénipotentiaires respectifs ont signé le présent Arrangement.

Fait à Washington, en un seul exemplaire, le 2 juin 1911.

schlagnahme bei der Einfuhr nicht zu, so tritt an die Stelle dieser Beschlagnahme das Verbot der Einfuhr.

Läßt die Gesetzgebung eines Landes die Beschlagnahme im Innern nicht zu, so treten an die Stelle dieser Beschlagnahme die Klagen und Rechtsbehelfe, die das Gesetz dieses Landes im gleichen Falle den Staatsangehörigen sichert.

Artikel 2.

Die Beschlagnahme erfolgt auf Antrag entweder der Staatsanwaltschaft oder einer zuständigen Behörde, zum Beispiel der Zollverwaltung, oder einer beteiligten Partei, sei sie ein einzelner oder eine Gesellschaft, gemäß der inneren Gesetzgebung jedes Landes.

Im Falle der Durchfuhr sind die Behörden nicht verpflichtet, die Beschlagnahme zu bewirken.

Artikel 3.

Die gegenwärtigen Bestimmungen hindern den Verkäufer nicht, seinen Namen oder seine Adresse auf den Erzeugnissen anzugeben, die aus einem anderen Lande als dem des Verkaufs herkommen; in diesem Falle muß jedoch in Verbindung mit der Adresse oder dem Namen das Land oder der Ort der Herstellung oder der Erzeugung genau und in deutlichen Buchstaben angegeben werden.

Artikel 4.

Die Gerichte eines jeden Landes haben zu entscheiden, welche Bezeichnungen gattungsmäßig sind und deswegen nicht unter die Bestimmungen des gegenwärtigen Abkommens fallen; die geographischen Herkunftsbezeichnungen für die Erzeugnisse des Weinbaues sind jedoch in dem Vorbehalte dieses Artikels nicht inbegriffen.

Artikel 5.

Die dem Verbande zum Schutze des gewerblichen Eigentums angehörenden Staaten, die an dem gegenwärtigen Abkommen nicht teilgenommen haben, sollen auf ihren Antrag zum Beitritt in der durch Artikel 16 der Hauptübereinkunft vorgeschriebenen Form zugelassen werden.

Artikel 6.

Das gegenwärtige Abkommen soll ratifiziert und die Ratifikationsurkunden sollen in Washington spätestens am 1. April 1913 hinterlegt werden.

Es tritt einen Monat nach Ablauf dieser Frist in Kraft und hat die gleiche Geltung und Dauer wie die Hauptübereinkunft.

Zu Urkund dessen haben die Bevollmächtigten das gegenwärtige Abkommen unterzeichnet.

So geschehen zu Washington, in einer einzigen Ausfertigung, am 2. Juni 1911.

c) Haager Fassung.

Arrangement de Madrid du 14 avril 1891 concernant la répression des fausses indications de provenance sur les marchandises revisé à Washington le 2 juin 1911*) et à la Haye le 6 novembre 1925.

Les soussignés, dûment autorisés par leurs gouvernements respectifs, ont, d'un commun accord, arrêté le texte suivant, qui remplacera l'Arrangement de Madrid du 14 avril 1891, revisé à Washington le 2 juin 1911, savoir:

Article premier.

Tout produit portant une fausse indication de provenance dans laquelle un des pays contractants, ou un lieu situé dans l'un d'entre eux, serait directement ou indirectement indiqué comme pays ou comme lieu d'origine, sera saisi à l'importation dans chacun desdits pays.

La saisie sera également effectuée dans le pays où la fausse indication de provenance aura été apposée, ou dans celui où aura été introduit le produit muni de cette fausse indication.

Si la législation d'un pays n'admet pas la saisie à l'importation, cette saisie sera remplacée par la prohibition d'importation.

Si la législation d'un pays n'admet pas la saisie à l'intérieur, cette saisie sera remplacée par les actions et moyens que la loi de ce pays assure en pareil cas aux nationaux.

A défaut de sanctions spéciales assurant la répression des fausses indications de provenance, les sanctions prévues par les dispositions correspondantes des lois sur les marques ou les noms commerciaux seront applicables.

Article 2.

La saisie aura lieu à la diligence de l'Administration des douanes qui avertira immédiatement l'intéressé, personne physique ou morale, pour lui permettre de régulariser, s'il le désire, la saisie opérée conservatoirement; toutefois, le Ministère public ou toute autre autorité compétente pourra requérir la saisie, soit à la demande de la partie lésée, soit d'office; la procédure suivra alors son cours ordinaire.

Les autorités ne seront pas tenues d'effectuer la saisie en cas de transit.

Madrider Abkommen vom 14. April 1891, betreffend die Unterdrückung der falschen Herkunftsangaben auf Waren, revidiert in Washington am 2. Juni 1911 und im Haag am 6. November 1925.
(Bl 1926 S. 11 u. 196.)

Die Unterzeichneten haben auf Grund ordnungsmäßiger Vollmachten ihrer Regierungen im gemeinschaftlichen Einverständnis die folgende Vertragsfassung festgestellt, die an die Stelle des am 2. Juni 1911 in Washington revidierten Madrider Abkommens vom 14. April 1891 treten soll.

Artikel 1.

Jedes eine falsche Herkunftsangabe tragende Erzeugnis wird, wenn in ihr eines der vertragschließenden Länder oder ein darin belegener Ort unmittelbar oder mittelbar als Land oder als Ort des Ursprungs angegeben ist, bei der Einfuhr in ein jedes der genannten Länder beschlagnahmt.

Die Beschlagnahme erfolgt ebenso in dem Lande, wo die falsche Herkunftsangabe angebracht, oder in dem, wohin das mit der falschen Angabe versehene Erzeugnis eingeführt worden ist.

Läßt die Gesetzgebung eines Landes die Beschlagnahme bei der Einfuhr nicht zu, so tritt an die Stelle dieser Beschlagnahme das Verbot der Einfuhr.

Läßt die Gesetzgebung eines Landes die Beschlagnahme im Innern nicht zu, so treten an die Stelle dieser Beschlagnahme die Klagen und Rechtsbehelfe, die das Gesetz dieses Landes im gleichen Falle des Staatsangehörigen sichert.

Mangels besonderer, die Unterdrückung falscher Herkunftsangaben sichernder Zwangsvorschriften sind die entsprechenden Zwangsvorschriften der Gesetze über die Marken oder die Handelsnamen anwendbar.

Artikel 2.

Die Beschlagnahme erfolgt auf Betreiben der Zollbehörde, die den Beteiligten, sei er eine natürliche oder eine juristische Person, sofort benachrichtigt, damit er, wenn er will, der nur fürsorglich bewirkten Beschlagnahme Rechtsbeständigkeit verschaffen kann. Die Staatsanwaltschaft oder jede andere zuständige Behörde kann jedoch auf Antrag des Verletzten oder von Amts wegen um die Beschlagnahme ersuchen; das Verfahren nimmt dann seinen gewöhnlichen Lauf.

Im Falle der Durchfuhr sind die Behörden nicht verpflichtet, die Beschlagnahme zu bewirken.

*) Vgl. dieses Blatt 31, 76 Nr 56.

Article 3.

Les présentes dispositions ne font pas obstacle à ce que le vendeur indique son nom ou adresse sur les produits provenant d'un pays différent de celui de la vente; mais, danc se cas, l'adresse ou le nom doit être accompagné de l'indication précise, et en caractères apparents, du pays ou du lieu de fabrication ou de production, ou d'une autre indication suffisante pour éviter toute erreur sur l'origine véritable des marchandises.

Article 4.

Les tribunaux de chaque pays auront à décider quelles sont les appellations qui, à raison de leur caractère générique, échappent aux dispositions du présent Arrangement, les appellations régionales de provenance des produits vinicoles n'étant cependant pas comprises dans la réserve spécifiée par cet article.

Article 5.

Les États de l'Union pour la protection de la propriété industrielle qui n'ont pas pris part au présent Arrangement seront admis à y adhérer sur leur demande, et dans la forme prescrite par l'article 16 de la Convention générale.

Les stipulations de l'article 16 bis de la Convention d'Union s'appliquent au présent Arrangement.

Article 6.

Le présent Acte sera ratifié et les ratifications en seront déposées à La Haye au plus tard le 1er mai 1928.

Il entrera en vigueur, entre les pays qui l'auront ratifié, un mois après cette date et aura la même force et durée que la Convention générale. Toutefois, si auparavant il était ratifié par six pays au moins, il entrerait en vigueur, entre ces pays, un mois après que le dépôt de la sixième ratification leur aurait été notifié par le Gouvernement de la Confédération suisse et pour les pays qui ratifieraient ensuite, un mois après la notification de chacune de ces ratifications.

Le présent Acte remplacera, dans les rapports entre les pays qui l'auront ratifié, l'Arrangement conclu à Madrid le 14 avril 1891 et revisé à Washington le 2 juin 1911. Ce dernier restera en vigueur dans les rapports avec les pays qui n'auront pas ratifié le présent Acte.

Artikel 3.

Die gegenwärtigen Bestimmungen hindern den Verkäufer nicht, seinen Namen oder seine Anschrift auf den Erzeugnissen anzugeben, die aus einem anderen Lande als dem des Verkaufs herkommen; in diesem Falle muß jedoch in Verbindung mit der Anschrift oder dem Namen das Land oder der Ort der Herstellung oder der Erzeugung genau und in deutlichen Buchstaben angegeben oder eine andere Angabe beigefügt werden, die ausreicht, um jeden Irrtum über den wirklichen Ursprung der Waren zu verhüten.

Artikel 4.

Die Gerichte eines jeden Landes haben zu entscheiden, welche Bezeichnungen gattungsmäßig sind und deswegen nicht unter die Bestimmungen des gegenwärtigen Abkommens fallen; die geographischen Herkunftsbezeichnungen für die Erzeugnisse des Weinbaues sind jedoch in dem Vorbehalte dieses Artikels nicht einbegriffen.

Artikel 5.

Die dem Verbande zum Schutze des gewerblichen Eigentums angehörenden Staaten, die an dem gegenwärtigen Abkommen nicht teilgenommen haben, sollen auf ihren Antrag zum Beitritt in der durch Artikel 16 der Hauptübereinkunft vorgeschriebenen Form zugelassen werden.

Die Abmachungen des Artikels 16 bis der Verbandsübereinkunft finden auf das gegenwärtige Abkommen Anwendung.

Artikel 6.

Die gegenwärtige Akte soll ratifiziert und die Ratifikationsurkunden sollen im Haag spätestens am 1. Mai 1928 hinterlegt werden.

Sie tritt unter den Ländern, die sie ratifiziert haben, einen Monat nach diesem Zeitpunkt in Kraft und hat die gleiche Geltung und Dauer wie die Hauptübereinkunft.

Sollte sie jedoch schon früher von mindestens sechs Ländern ratifiziert sein, so soll sie unter diesen Ländern einen Monat, nachdem ihnen die Hinterlegung der sechsten Ratifikation von der Regierung der Schweizerischen Eidgenossenschaft angezeigt worden ist, in Kraft treten und für die Länder, die sie in der Folgezeit ratifizieren, jeweils einen Monat nach der Anzeige einer jeden Ratifikation.

Die gegenwärtige Akte tritt in den Beziehungen zwischen den Ländern, die sie ratifiziert haben, an die Stelle des am 14. April 1891 in Madrid geschlossenen, am 2. Juni 1911 in Washington revidierten Abkommens. Dieses bleibt in den Beziehungen zu denjenigen Ländern in Kraft, die die gegenwärtige Akte nicht ratifiziert haben.

EN FOI DE QUOI, les Plénipotentiaires respectifs ont signé le présent Arrangement.

Fait à La Haye, en un seul exemplaire, le 6 novembre 1925.

(Signatures.)

NOTE. — Cet Arrangement a été signé par les Délégués plénipotentiaires des pays suivants: Allemagne, Brésil, Cuba, Dantzig (Ville libre de), Espagne, France, Grande-Bretagne, Maroc, Portugal, Suisse, États de Syrie et du Grand Liban, Tchécoslovaquie, Tunisie.

Manque encore au bas de ce docum ent la signature de la Lettonie.

Zu Urkund dessen haben die Bevollmächtigten das gegenwärtige Abkommen unterzeichnet.

So geschehen im Haag in einer einzigen Ausfertigung am 6. November 1925.

IV. Andere Staatsverträge.

Die deutsch-russischen Verträge v. 12. 10. 25 (RGBl II 26, 1; vgl. Meersheim-Soest und Paul Wohl JW 26, 330).
Verträge mit Österreich und mit Ungarn v. 17. 11. 08 (RGBl 08, 656 u. 660).
Handelsabkommen zwischen Deutschland und Portugal v. 20. 3. 26 (RGBl II 289).
Berner Abkommen über die Erhaltung oder Wiederherstellung der durch den Weltkrieg betroffenen gewerblichen Eigentumsrechte v. 30. 6. 20 nebst dem dazu erlassenen Durchführungsgesetze v. 3. 8. 20 (RGBl 20, 1557).

Register wichtiger Zeichenstellen.

(Die Zahlen verweisen auf die Seiten.)

A

Abortin 221, 225.
Adler 286, 291.
Administration der Kronenquelle 38.
Ähre 77, 81, 222.
Anarchist 102.
Antiformin 32, 131, 132, 133, 138, 160, 314, 316.
Antipyrin 76.
Apis 85,
Arnheim 216.
Asbach Uralt 281, 301.
Aspirin 34, 189, 190, 195, 223, 225, 282, 285.
Atikah 193, 214.
Auer 199.
Autochrom 223.
Autonapht 212.

B

Bally 167, 290, 311.
Bär 116.
Barbarossa 287.
Bärenstiefel 247.
Baskerville 221.
Batschari 188, 281, 301.
Bayer 203, 218, 283.
Benedictiner 160, 195, 249, 251, 252, 255, 279, 290.
Berliner Bär 249.
Berliner Rollmops 159, 184, 265.
Birresborn 213, 218, 223.
Blitz 222.
Bock y Ca. 247.
Bodega 196, 200, 234.
Boje 216.
Bona 161, 170, 247, 290.
Boonekamp 94, 212, 284, 298.
Botot 150.
Bremer Schlüssel 101, 220, 302.
Brennabor 220.
Buderus 220, 225.
Buffalo Bill 193.
B. & W. 86.

C

Caesar 214.
Camembert 107, 267.
Carborundum 140, 215.
Cellit 191, 195.
Chartreuse 38, 75, 282, 283.
Chologen 284.
Cohrs & Ammé 231.
Continental 188, 217.
Cordial Médoc 151.
Creolin 193, 195, 202, 220, 283, 285.
Cuvée 263.

D

Danziger Goldwasser 116, 245, 252.
Degea 46, 285.
Dekortafeln 251, 252.
Deutz-Motor 89.
DLG-Hochzucht 86.
Doppelkugel-Inhalatoren 253.
Doppel-Ritter 292.
Doppeltier 286, 294.
Dörings Seife 160, 230.
Dorndorf 151.
Dreieck-Z. 160, 186, 292, 293, 297, 299.

E

Eagle 217.
Eka 215.
Elberfelder Farben 89.
Emser Karamellen 262, 265.
Ern 214.
Erntee 85.
Es ist erreicht 213.
Eukystol 169.
Excelsior 288.
Extrazart 221.

F

Johann Maria Farina 213.
Formamint 35.
Freho-Electro 156.
Fritze 215.

Fritz Reuter 246, 255, 285, 286.
Fulton-Sägen 184, 190.

G

Galalith 60, 193, 195, 201, 202, 224.
Garlock 233, 257.
Germania 160, 220.
Gervais 33, 213, 283.
Gilette 86, 137, 141, 162, 218, 225, 249, 280.
Gilka 125, 282.
Gilsonit 199.
Globin 116.
Globus 218, 294.
Glocke 297.
Goldina 161, 167, 187.
Grammofox 188.
Grammophon 91, 188, 224.
Grempler 212.
Guttalin 190.

H

Ha Ka — Ha Ha 283, 284.
Hamburg Explosives 249, 263.
Hansa 217, 219.
Hase 297.
Hapag 46, 86.
Hawaka 44, 170.
Heims Heilkraft 184.
Henckel Zwillinge 42, 44, 122, 171, 280.
Henneberg 213.
Henry Clay 247, 265, 284, 317.
Herkules 117, 184, 277, 279, 298.
Herz 116, 215.
Hindenburg 49.
Hoff 189, 218.
Hohner 216.
Hora — Homa 133.
Horch 219.

J

Jaeger 91.
Jasmatzi 166, 219.
Jena Zylinder 263.
In aller Munde 213.
Inselverlag 32, 245, 252, 254, 257.
Insulin 79.
Jungborn 232.
Juno — Julo 84, 123, 228.
I.X.L. 86.

K

Kaffeekanne 295.
Kaiser 217.
Kakao Chouva 70, 207.
Kaputi 222.
Karbol 215.
Käthe Kruse-Puppen 257.
Kathreiners Malzkaffee 45.
Kayser 160, 201, 215.
Kindl-Bräu 120.
Kinematograph 145, 225.
Kneipp 206, 288, 297.
Kofra 46, 187.
Köhler 170, 215.
Kölnisches Wasser 199.
Kongo 97.
Krähnchen 193, 284.
Krone 296, 297, 298, 299, 300, 301.
Kupferberg 219, 294.
Kwatta 166, 231.
Kyriaci frères 46, 218.

L

Lachendes Gesicht 295.
Lahmann 198, 282.
Lance-Parfum 91.
Lanolin 78, 81, 82, 222, 234, 239.
Lavendel Orangen 257.
Lecithin 303.
Leibniz 45.
Liberty 213, 223.
Liebig 223, 292, 312, 313, 314.
Lindt 203, 281.
Linotype 194, 198, 225.
Locken 294, 295.
Löwenbräu 50, 120.
Lucin 117, 298.
Lux — Luhns — Luns 116.
Lyra 197.
Lysol 124, 224, 290.

M

Maggi 196.
Magnolia 316.
Malzmann 201, 214, 217, 218.
Mampe Elefant 46, 201, 218.
Dr. Mampes bittere Tropfen 82, 220, 233, 236.
Mariani 138, 139, 232.
Mercier 185.

Merkur 77, 79, 80.
Meyer 216.
Milford 227.
Mitropa 166, 231.
Mittelland 167.
Monopol 75, 116, 218.
Mumm & Co. 118, 232.
Mutag — Matag 206, 214.

N

Naja 288.
Natura-Milch 221, 247.
Neger 193, 195, 285, 295.
Nettelbeck 291.
Neuerburg 167, 231.
Nordpol 97.
Normalzeit 232.
Norwegische Sardinen 265.

O

Oberfensteröffner Frische Luft 247, 249.
Odin — Wotan 282.
Odol 44, 123, 171.
OG, OC, OK 150.
Oldenkott 283.
O. S. Autometer 167, 232.
Österr. Sensenzeichen 76, 79, 80.
Osram 166, 231.
Ovolécithine 132, 150.

P

Palliativ-Salbe 221, 222, 238.
Palmin 185, 225.
Pantopon 214, 223.
Pecose 187.
Pfaff 213, 223.
Phonola 280.
Pioto 132, 167.
Professor-Heinrich-Roggen 82.

Q

Quanto — Tanto 119.
Queen 116, 285, 290, 299.

R

Radeberger Pilsener 265.
Red Seal 49.
Reichard — Reinhardt 217, 281, 284.
Reichsadler 101.
Rekord 225.
Rembrandt 223, 285, 286.
Rex 121, 123, 160, 216, 223.
Rheumasan 298.
Rhombus 302.
Rosetti 110, 132, 133, 165.
Rote Streifen 292.
Rotes Kreuz 101.

S

Saccharin 78, 203, 224.
Sächsische Porzellan-Manuf. 141, 162, 194, 197, 207, 235, 297.
Sahara 97.
Salamander 123, 166, 171, 191, 213, 287, 291.
Salvator 75, 186, 192, 219, 222.
Sar Alam 192, 201, 216, 218.
Saxonia 132, 187.
Schiedmeyer 165.
Schiff 294, 297.
Schlafe patent 160.
Schleifsteine 59, 71.
Schlüssel 287, 296.
Schmalzlerflasche 297.
Schokobona 41.
Schokoladenmädchen 80.
Schottsche Glasröhren 280, 281.
Der Schuhhof 220.
Schuppenpanzerfarbe 80.
Schwarze Hand 109.
Shannon-Registrator 247.
Simonsbrot 41, 42, 77, 80, 82, 158, 213, 225.
Sinalco 196.
Singer 77, 84, 170, 187, 188, 194, 213, 223, 225, 285, 297.
Sojana (Sojin) 42, 110, 132.
Spielkartenausstattung 248.
Spongia 285, 317.
Steinway 217.
Stella 126.
Stern 279, 281, 283, 285, 287, 288, 291, 298.
Sternseide 247, 248.
Stier 281, 283.
Stiller 170.
Stimme seines Herrn 40, 122, 287, 291, 295, 296.
Strahlenkranz 83, 187, 299, 301.
Styria 220.

Sunlight-Seife 257.
Sütterlin 165.
Sylvester 166, 232.

T

Tallquist 223, 224, 227.
Tula 130.

U

Ulema 236.
Underberg 293.
Underberg-Kalender 40, 161.
Uneun 50.
Universal 247.
Universalmagenpulver 221.
Urquell 40, 161, 170, 196.

V

Valvoline 185, 313, 315, 316, 317.
Vaseline 81, 223, 225.
Venus 138, 143.
Vernin 93, 218, 222.
Victoria-Kreppapier 214.
Vim — Cim 214, 216.
Vitello 93.
Voemel 233.
4711 S. 215.

W

Wagner — Wagnella 169, 217.
Wasserperle 123.
Weck 224, 225.
Westfalia 217.
Wohlmuth 219.

Z

Zeiß 213, 253.
Zeppelin 78, 165, 168, 225, 233.

Sachregister.

(Die Zahlen verweisen auf die Seiten.)

A

Ältere Zeichen, § 9 Abs 2 163; Zweck und Inhalt des § 24 318, 319; Geltung des neuen Gesetzes 319; ältere landesgesetzlich geschützte Z 319; Priorität 320.
Änderungen des Gesetzes 28.
Anmeldung, Rechtsnatur 54; Form und Inhalt 55; deutsche Sprache 55; Bedeutung für Priorität 55; Einheit 56; Schriftlichkeit 56; Anmelder 56; Auslandszeichen 55, 57; Vertretung und Vollmacht 56; Geschäftsbetrieb 58; Warenverzeichnis 58; Druckstock 60; Gebührenzahlung 60, 61; Abänderungen 60; Eingang beim Patentamt 66.
Anfechtung des Z. 69.
Ärgerniserregende Darstellungen, Uneintragbarkeit 101; Begriff 102; Einzelentscheidungen 102.
Ausländer als Inhaber des Z 38, 313, 154.
Auslandszeichen, Akzessorietät 137, 312; Entstehung und Tragweite des § 23 305, 306; Praxis des PA 306; Inland 307, 310; Niederlassung 307; Nichterfüllung und Fortfall der Bedingungen 308; Gegenseitigkeit 308; Schutz dieses Gesetzes 309; Vertreterzwang 310; Vollmacht 311; Gerichtsstand 312; Heimatschutz 312; Anwendung des § 20 313; Fortfall des Heimatschutzes 313; Rechtsprechung des RG über Heimatschutz 314; PA über Heimatschutz 315; Zuständigkeit betr. Heimatschutz 316; Anforderungen des deutschen Gesetzes 317; Wirkung des — 317; Anmeldung des — 57, 309, 310, 311, 313.
Auslegung des Gesetzes 29.
Ausstattung, Immaterialgüterrecht 33, 245; Entstehungsgeschichte 242; Begriff 244; Örtliche Beschränkung 246; Neuheit 246; Färbung 234; Wort als — 247; Technische Vorzüge 247; —, Geschmacksmuster und Gebrauchsmuster 247; — und WZ 248; Analoge Anwendung des WZ-Rechts 249 bis 251; Anerkennung im Verkehr 251; Verlust des Ausstattungsbesitzes 252; Schadensersatz und Strafe 253 ff.; a) voller Tatbestand 253; b) Unterlassung und Feststellungsklage 254; c) Kollision von WZ und — 255; d) unlautere Nachahmung 256.

B

Beschaffenheitsangaben u. dgl., Phantasieworte 73; Übersicht 86; allgemeine Grundsätze 87, 88; Wirkung des Unionsvertrags 88; Einschränkung der Regel 89; neuere Praxis 90; Verkehrsbedürfnis 91; fremde Sprache 93; Einzelentscheidungen 93.
Beschreibung 52, 57.
Beseitigung oder Vernichtung nach § 19, Voraussetzungen 271; Beseitigung oder Vernichtung 272; Veröffentlichungsbefugnis 273.
Bestimmungen 52, 62.
Buße, Inhalt des § 18 270; Mehrheit der Beteiligten 270; Stellung des Richters 271; — und Entschädigung 271.

D

Darstellung 57.
Defensivzeichen 187.

E

Einreden gegen Klage aus § 12, im allgemeinen 206; Vorbenutzung 207; Lizenz 207; freier Warenname 223; Freizeichen 225.
Eintragung des Warenzeichens, Eintragung für andere 38; Eintragungsprinzip 181, 182, 206; Eintragungsrecht 54; Gang des Eintragungsverfahrens 67; Bedeutung der Eintragung 68; Zuständigkeit 69; Eintragung und Schutzumfang 70; Änderungen und Berichtigungen 70; Veröffentlichung 71; Eintragungsgebühr 134.
Erneuerung, Frist 147, 148; Erneuerungsgebühr 147; Nachholungsgebühr 147; Zuständigkeit 148.

F

Feilhalten 182, 198.
Feststellungsklage gegen Z-Inhaber 206.
Freizeichen, Begriff 73, 75, 77; Entwicklung zum — 75, 78; — und Warengleichartigkeit 76, 84; Entscheidungen über — 76, 85; — und Individualrecht 79; Gutgläubigkeit 79; Übersetzung 80; — und freier Warenname 80; — und eingetragenes Z 81; Anwendung des § 20 83; Kombination 83; Motiv 84; Feststellung des — 84; Zuständigkeit für die Feststellung 84.

G

Gebührentarif 61, 335.
Geltungsgebiet 28.
Geschäftsbetrieb, mehrere — 38, 52; — als Voraussetzung der Eintragung 37; Begriff 40; Spediteure und Frachtführer 41;

Vergebung von Lizenzen 41; Auskunftei 41; Sanatorium 41; eigener — 41; Bestand des — 42; als Voraussetzung des Z-Bestandes 157; — und Warenverzeichnis 42.
Geschmacksmuster 182, 247.
Gleichartigkeit, Begriff 121; Verkehrsanschauung 121; Revisionsgericht 122; Geschäftsbetrieb 122; veränderte Verkehrsverhältnisse 122; Freizeichen 123; unlauterer Wettbewerb bei Ungleichartigkeit 123; Einzelentscheidungen 123; Kollision bei Ungleichartigkeit 191.
Gutachten des Patentamts, Voraussetzungen 179; Verfahren 180; andere Gutachten und Auskünfte 180.

H

Haager Abkommen 337, 351, 379, 398.
Herkunftsangaben (örtliche), Uneintragbarkeit im allgemeinen 97; besondere Regeln 97; Einzelentscheidungen 99; falsche — 258, 261, 345, 362, 395ff.

J

Inhalt des WZG, 30.
Inland, Verletzung im — 190.
International registrierte Marken 67, 68, 54, 129, 179, 183, 370ff.
Inverkehrsetzen, allgemeines 197, 234, 253; Vernichtung des Monopols 198.

K

Klage auf Einwilligung in Löschung, Entstehungsgeschichte 154; Übersicht 154; Passivlegitimation 163; Rechtsnachfolger, Nebenintervention 164; Antrag beim Patentamt 164.
Klage des älteren Zeicheninhabers, Voraussetzungen 155; Freiheit der Gerichte 156; Einreden 156; Widerklagen 157; Madrider Abkommen 157.
Klage wegen mangelnden Geschäftsbetriebs, Allgemeines 157; Voraussetzungen 158; Teillöschung 158, 159.
Klage wegen Täuschungsgefahr, Voraussetzungen 159; täuschender Hinweis auf fremden Betrieb (Qualitätsbezeichnung) 160; Teillöschung 162; Einzelentscheidungen 162.
Klassengebühren 52.
Klassensystem 52.
Kombination, schutzunfähige Bestandteile 75; Verwechslungsgefahr 275, 279, 287.

L

Löschung, Zuständigkeit 144; Löschungsgründe 145; Rechtskraft 145; Teillöschung 145, 155; Aussetzung wegen Löschungsverfahrens 145; auf Antrag des Inhabers 147; wegen Zeitablaufs 147; wegen unzulässiger Eintragung 148; Heilung des Eintragungsmangels 149; mangelnder Geschäftsbetrieb 149; Freizeichen 150; milde Praxis bei Eintragungsmängeln 150; Praxis bei Täuschungsgefahr 151; Verfahren bei Löschung wegen Eintragungsmängeln 152; Rückwirkung 207, 208; Eintritt des Löschungsgrundes 208.

M

Madrider Abkommen I 370ff, **II** 395ff.
Modelle und Probestücke 52.

O

Örtliche Herkunftsbezeichnungen, Rechtsschutz, Entstehungsgeschichte 259; spätere Gesetzgebung und Verkehrsanschauung 260; Staatsverträge 261; Tatbestand des § 16 262; die Bezeichnungsmittel 262; Art der Täuschung 263; Rechtsfolgen 263; Schutz des Verkehrsgebrauchs 265; Bierbezeichnungen 265; andere Beispiele 266.

P

Pariser Unionsvertrag, Washingtoner Fassung 337; Haager Fassung 351; Entstehungsgeschichte 337; Übersicht 337, 351; Verbandsangehörige 338, 352, 353; Nationaux 338; Bezeichnungen 339; Prioritätsrecht 340, 353—355, 358; a) Voraussetzungen 340; b) Zeiten und Fristen 340, 355; c) erste Voranmeldung 341; d) Form der Geltendmachung 341. — **Marke telle quelle** 343, 357; a) Entwicklung 343; b) Voraussetzungen 343; c) Gründe der Zurückweisung 344; d) Ursprungsland 344, 358.
Natur des Erzeugnisses 344, 361; Verbandsmarken 344, 361; Handelsname 345, 361; widerrechtliche Bezeichnungen 345, 362; unlauterer Wettbewerb 346, 363; Ausstellungsschutz 346, 363; Internationales Bureau 346, 364; Schlußprotokoll 350; Gebührenzahlung 356; Ausstattungsschutz 358, 359; Hoheitszeichen 351, 359 bis 361; Rechtsbehelfe 363.
„Patentamtlich geschützt“ 37.
Priorität, Name und Firma 215; Verschiebung 53; Grundsatz der — 215; Abkürzungen 216; Firmenlöschung 217; Entscheidungen 218.

R

Rolle 54; Inhalt 66; Öffentlichkeit 71.
Reichsgericht, Inhalt des § 21 303.
Retorsion, Inhalt des § 22 304.

S

Schadensersatz und Strafe, Übersicht 229; Name, Firma, WZ. 230, 234; Namensschutz der Firma 231; Etablissementsbezeichnung 232; Abkürzungen 232; Lizenz am Namen 232; Namensschutz 233; Wappen 234; Versehen, Inverkehrbringen, Feilhalten 234;

widerrechtlich 235; subjektiver Tatbestand 235; Wissentlichkeit 235; Fahrlässigkeit 236; Klagen 237; Rechnungslegung 238; Aktiv- und Passivlegitimation 238, 239; Gerichtsstand 239; Strafverfolgung 240—242.

Schutz gegen widerrechtliche Bezeichnung bei der Einfuhr, Entstehungsgeschichte des § 17 267; Zweck, Inhalt und konkurrierende Gesetze 268; ausländische Waren 268; Bezeichnungen 268; Widerrechtlichkeit 268; Eingang nach Deutschland 269; Antrag und Sicherheitsleistung 269; Verfahren 269.

Sperrfrist, Zweck und Tragweite 74, 109; Rechtsprechung des Patentamts 110. Einschränkung der Bestimmung 109, 111.

T

Trügerische Zeichen, Uneintragbarkeit 73, 103, Löschung 159 ff.; Ersichtlichkeit 74, 104; Begriff 103; Täuschung über den Inhaber 103; fremde Namen u. dgl. 105; fremde Sprache 107; örtliche Herkunft 107; Einzelentscheidungen 108, 162.

U

Übereinstimmung, Entstehungsgeschichte 112; Übersicht 115; Begriff 115; Praxis des Patentamts 116; schwache Bestandteile 116; Namen und Firmen 117; fremde Sprachen 118; Kombinationszeichen 118; Bild und Wort 119; Bild und Bild 120; Wort und Wort 120; Klage auf Eintragung 131; Klagevoraussetzungen 131; konkurrierende Rechtsbehelfe 132; Urteil auf die Klage 132; Sperrfrist 133; Folgen des Urteils 133.

Übergang des Zeichenrechts, Übertragung und Rollenvermerk 135; das übergehende Recht 135; Arten des Übergangs 136; obligatorischer und dinglicher Vertrag 136; Bindung an den Geschäftsbetrieb 137; Auslandszeichen, Akzessorietät 137; Folgen der Trennung vom Geschäftsbetrieb 138; Sperrfrist 138; Teilung des Betriebs 138; Verpachtung, Nießbrauch, Pfandrecht 140; Lizenz 140; Zustellungen 144.

Umschreibung, Verfahren 141; Auslandszeichen 142; Firmen 142; Legitimationsprüfung 143; Wirkung 143; „Hand wahre Hand"? 143; Gegenrechte 143; Prüfung der Gerichte 144.

Unterlassungsklage, gegen den Z-Inhaber 185; des Inhabers, Voraussetzungen 202; Wiederholungsgefahr 203; Aktivlegitimation 203; Passivlegitimation 204; Gerichtsstand 204; einstweilige Verfügungen und Urteile 205; Verjährung 205.

Unterscheidungskraft, Allgemeines 47; amtliche Z 47, 48; Ornamente, Linien u. dgl. 48; Signierungs- oder Packerzeichen 48; Abbildungen von Waren u. dgl. 49; Personen der Zeitgeschichte 49; Kaufmann, Prokurist 50.

V

Verbandszeichen, Entstehungsgeschichte 320; Materialien 320; rechtsfähige Verbände 321, 322; Verbandszeichen 322; Lizenz der Mitglieder 322; Anmeldung, Satzung 322; Änderungen 323; Rolle 323; Übertragung 324; Löschung 322, 324; Löschungsklagen 325; Entschädigungsanspruch 325; Übergangsbestimmung 325; ausländische Verbandszeichen 326.

Verfahren vor dem Patentamt, Fassung des § 10 171; einschlägige Gesetze 172; altes Verfahren, Vorbescheid 172; neues Verfahren 174; VereinfVO 174; Wiedereinsetzung in den vorigen Stand 175; Prioritätsfrist 176; Beschwerde 176; Voraussetzungen der Beschwerde 177; Anschlußbeschwerde 177; Großer Senat 178; Zustellung 178; Kosten 178.

Verletzung des WZ, Einteilung 192; allgemeine Voraussetzungen 192; warenzeichenmäßige Benutzung 193, 212, 213, 222; erlaubte und unerlaubte Benutzung 193; Benennung mit dem geschützten Worte 195.

Versagungsgründe. Übersicht 74.

Versehen oder Anbringen, im allgemeinen 196; Ware des Inhabers 194; Flüssigkeiten 196; andere Fälle 197, Verpackung oder Umhüllung 199; Ankündigungen 200.

Verwechslungsgefahr, Materialien zu § 20 273; Praxis des Patentamts 275; starke und schwache Motive 275, 280, 294; Färbung 275, 280, 285, 291; Kombination 275, 279, 287; Wortzeichen 276, 279, 284, 285; Wort und Bild 275, 286; Nebenumstände, Art des Gebrauchs 276, 281; Abnehmerkreis 276, 280; konkrete Beurteilung 277, 278; Maßgeblichkeit der Eintragung 277; Zusätze und Fortlassungen 277, 282, 283, 284; allgemeine Anwendbarkeit des § 20 277; Stellung des Revisionsgerichts 277, 279; tatsächliche und rechtliche Beurteilung 277; Freiheit der Gerichte 278; Verwechslungsabsicht 279; Bildzeichen 279, 285; Priorität 281, 291; System, Ersatz usw. 282; Firmenzusatz 283; Vermehrfachung des Z 283; Entscheidungen: a) Wort und Wort 288; b) Bild und Bild 290; c) Wort und Bild 290; d) Kombination 291; Motivschutz 295; Beispiele 297; schwache Z 298—301; schwache Z, Beispiele 301.

Vorratszeichen 186.

W

Wappen, Staatswappen u. dgl. 73; Uneintragbarkeit 100; besondere Regeln 101; österr. — 101; rotes Kreuz 101; Gedenkstücke der Reichsbank 101.

Waren, Begriff 36, 39; sittenwidrige — 39; Bestandteile 39; Etiketten 39; Hilfsartikel 39, 40; Eigentum nicht erforderlich 41.

Warenverzeichnis 42, 52.
WZG, WZG und UWG 31.
WZ-Recht, Natur 32; Wesen des Rechts 183; Monopol 33, 37, 183; Recht auf Erhaltung in dritter Hand 186; Immaterialgüterrecht 33, 183; positives Benutzungsrecht 183; wirtschaftliche Bedeutung 34; Subjekt des Rechts 37; Firma als Inhaberin 38; mehrere Inhaber 38; Rechts- und Geschäftsfähigkeit 38; WZ und freier Warenname 82, 223, 226; Benutzungspflicht 186, 37, 188; territoriale Begrenzung 139, 188; Konflikt und Konkurrenz mit anderen Rechten 193; Verkehrsgrenzen 209, 210; Kollision mit Individualrechten 210; Kollision mit notwendigen Bezeichnungen 211; Kollision mit Name und Firma 214; desgl. Wohnung 215; desgl. mit Beschaffenheitsangaben 219, 222; Entscheidungen darüber 220; Kollision mit Kombinationszeichen 221; Patent- und WZ 226; WZ und Freizeichen 227.
Wettbewerbsrecht, Einfluß für die Entwicklung des WZ-Rechts 31; Auslegung des § 13 nach — 211; Defensivwarenverzeichnisse 43.
Widerspruchsverfahren, Einleitung 126; der Widerspruch 126; Entscheidung 127; Beschwerdeinstanz 128; Kosten 129; Mitteilung 126; unterlassene Mitteilung 129; Madrider Abkommen 129; Inhalt der Beschlüsse 130; Tragweite der Beschlüsse 130; Nachprüfung der Gerichte 131.

Z

Zahlen und Buchstaben, Uneintragbarkeit 73; Ausnahmen 85.
Zeichen, Begriff 37; Fabrik- und Handelszeichen 36, 46; Neuheit? 37; Herkunftsbezeichnungen 37; Bild- und Wortzeichen 37; Schutz 37; Schutz für gleichartige Waren 191; Benutzungspflicht? 37; Begriff und Zweck 44; äußere Form 44; Inhalt 45; Gebrauchsanweisungen 45; Zeichenzusammenstellung 45; Wortzeichen 45; Firma als — 46; Druckschriftentitel 46; Anfechtbarkeit 68, 69, 182, 184; Unwirksamkeit 68, 69, 182, 225; Nichtigkeit? 68.
Zeichenschutz, Dauer und Ende 144; Schutzbehelfe, Übersicht 201; Feststellungsklage 206.
Zivilrechtliche Löschungsgründe, Übersicht 164; Name und Firma 165; Wappen 167; Urheberrecht 167; Geschmacksmuster 168; eigenes Bildnis 168; Ausstattungsbesitz 168; Vertrag 169; unlauterer Wettbewerb 170.

Kolibri 360 GmbH
Ferdinand-Jühlke-Straße 7
99095 Erfurt, Deutschland
produktsicherheit@kolibri360.de